Johann Georg Helm

Frachtrecht

Johann Georg Helm

Frachtrecht

Güterbeförderung auf der Straße

W DE G

1979

Walter de Gruyter · Berlin · New York

Sonderausgabe der Kommentierung der §§ 425 bis 452 HGB, des GüKG, der KVO, CMR, u. a. aus: Handelsgesetzbuch, Großkommentar, 3. Auflage, Band 5.

Dr. *Johann Georg Helm* ist o. Professor für Privat- und Wirtschaftsrecht an der Universität Erlangen/Nürnberg, Vorstand am Institut für Wirtschaftsrecht in Nürnberg.

CIP-Kurztitelaufnahme der Deutschen Bibliothek

Helm, Johann Georg:
Frachtrecht : Güterbeförderung auf d. Straße / Johann Georg Helm. – Berlin, New York : de Gruyter, 1979.
ISBN 3-11-007948-8

Printed in Germany

Satz und Druck: Walter de Gruyter & Co., Berlin 30
Bindearbeiten: Lüderitz & Bauer, Buchgewerbe GmbH, Berlin 61

Vorwort

Das vorliegende Werk enthält eine vollständige Kommentierung des gesamten Landfrachtrechts. Da die §§ 425 bis 452 HGB heute durch speziellere Vertragsordnungen weitgehend verdrängt sind, mußten alle in Betracht kommenden Sonderbestimmungen abgedruckt und kommentiert werden. Für Rechtspraxis und Rechtsprechung des Landfrachtrechts sind vor allem die Vorschriften der KVO und der CMR maßgeblich: Diese sind in den Anhängen II und III nach § 452 eingehend kommentiert.

Die Unübersichtlichkeit der Rechtsmaterie machte es erforderlich, dem Leser Hilfen zur Auffindung der Vorschriften und zum Überblick zu geben. Neben dem von Herrn Rechtsanwalt Dr. Dr. Volker Kluge erstellten Sachregister sollen hierzu vor allem die grundrißartigen Überblicke in den Kommentierungen der Vorschriften des HGB dienen, insbesondere zu §§ 425 und 429 HGB. Mit diesen Überblicken soll zugleich der Zusammenhang des Frachtrechts, der durch die speziellen Regelungen verloren zu gehen droht, gewahrt werden.

Das Buch gibt den Stand vom Sommer 1978 wieder. Die Änderungen der ADSp und der KVO vom Oktober 1978 konnten noch berücksichtigt werden.

Nürnberg, im Februar 1979

Johann Georg Helm

Inhaltsübersicht

Handelsgesetzbuch

SECHSTER ABSCHNITT

Frachtgeschäft

Seite

§ 425 (Definition des Frachtführers) . . . . . D 1
§ 426 (Frachtbrief) . . . . . D 39
§ 427 (Begleitpapiere) . . . . . D 53
§ 428 (Lieferfrist; Verhinderung der Beförderung) . . . . . D 56
§ 429 (Haftung des Frachtführers) . . . . . D 60
§ 430 (Umfang des Ersatzes) . . . . . D 111
§ 431 (Haftung für Gehilfen) . . . . . D 127
§ 432 (Mehrere Frachtführer) . . . . . D 129
§ 433 (Verfügungsrecht des Absenders) . . . . . D 139
§ 434 (Rechte des Empfängers vor Ankunft des Frachtgutes) . . . . . D 149
§ 435 (Rechte des Empfängers nach der Ankunft des Frachtgutes) . . . . . D 150
§ 436 (Zahlungspflicht des Empfängers) . . . . . D 156
§ 437 (Hindernisse für die Ablieferung) . . . . . D 163
§ 438 (Erlöschen der Ansprüche gegen den Frachtführer) . . . . . D 169
§ 439 (Verjährung) . . . . . D 175
§ 440 (Gesetzliches Pfandrecht) . . . . . D 178
§ 441 (Rechte und Pflichten des letzten Frachtführers) . . . . . D 183
§ 442 (Haftung des abliefernden Frachtführers) . . . . . D 189
§ 443 (Rang mehrerer Pfandrechte) . . . . . D 192
§ 444 (Ladeschein) . . . . . D 195
§ 445 (Inhalt des Ladescheins) . . . . . D 199
§ 446 (Ladeschein und Frachtvertrag) . . . . . D 201
§ 447 (Legitimation durch Ladeschein) . . . . . D 203
§ 448 (Rückgabe des Ladescheins) . . . . . D 205
§ 449 (Nachfolgender Frachtführer) . . . . . D 207
§ 450 (Wirkung der Übergabe des Ladescheins) . . . . . D 207
§ 451 (Gelegenheitsfrachtführer) . . . . . D 209
§ 452 (Güterbeförderung durch die Post) . . . . . D 210
Anhang I: Güterkraftverkehrsgesetz (GüKG) . . . . . D 211
Anhang II: Kraftverkehrsordnung für den Güterverkehr mit Kraftfahrzeugen (KVO) . . . . . D 274
Anhang III: Übereinkommen über den Beförderungsvertrag im internationalen Straßenverkehr (CMR) . . . . . D 431
Anhang IV: Beförderungsbedingungen für den Möbelverkehr (BefBMö) . . . D 527
Anhang V: Allgemeine Beförderungsbedingungen für den gewerblichen Güternahverkehr mit Kraftfahrzeugen (AGNB) . . . . . D 534
Anhang VI: Güternahverkehr der Eisenbahnen auf der Straße . . . . . D 550
Sachregister . . . . . D 557

Sechster Abschnitt

Frachtgeschäft

§ 425

Frachtführer ist, wer es gewerbsmäßig übernimmt, die Beförderung von Gütern zu Lande oder auf Flüssen oder sonstigen Binnengewässern auszuführen.

Inhaltsübersicht

Literatur

A. Das auf Frachtverträge anzuwendende Recht Anm. 1

I. Anwendungsbereich und Bedeutung des HGB-Landfrachtrechts

II. Überblick über das Frachtrecht aller Sparten Anm. 2

1. Unterscheidung nach den verwendeten Verkehrsmitteln Anm. 3
a) Eisenbahnfrachtvertrag Anm. 4
b) Binnenschiffahrtsrecht Anm. 5
c) Seefrachtrecht Anm. 6
d) Luftfrachtgeschäft Anm. 7

2. Landfrachtrecht; Unterabgrenzungen Anm. 8
a) Beförderung mit anderen Transportmitteln als Kraftfahrzeugen Anm. 9
b) Grenzüberschreitender Kraftverkehr Anm. 10
c) Innerdeutsches Kraftfahrzeug-Transportrecht Anm. 11
aa) Beförderung von Möbeln, Umzugsgut und gleichgestellten Gütern Anm. 12
bb) Beförderung im Güterfernverkehr durch gewerbliche Unternehmer Anm. 13
cc) Frachtbeförderung im innerdeutschen Güternahverkehr und Güterliniennahverkehr durch gewerbliche Unternehmer Anm. 14
dd) Beförderung von Ladungsgütern im Güterfernverkehr durch die Eisenbahn Anm. 15
ee) Beförderung von Stückgut auf der Straße durch die Eisenbahn Anm. 16
ff) Beförderung von Luftfrachtgütern auf der Straße Anm. 16a

3. Kombinierte Transporte, Behälter-, Paletten- und Huckepack-Verkehr Anm. 17
a) Grundsätzliches Anm. 18
aa) Gebrochener Verkehr
bb) Echter Durchfrachtvertrag Anm. 19
b) Sonderbestimmungen für kombinierte Transporte Anm. 20
aa) CIM und EVO
bb) CMR und innerdeutsches Landtransportrecht Anm. 21
c) Bestrebungen zur Schaffung internationalen Einheitsrechts Anm. 22
d) Typische Vertragsbedingungen für kombinierte Transporte Anm. 23
aa) Durchfrachtverkehr der Reedereien Anm. 24
bb) Kombinierter Großcontainer-Verkehr der europäischen Eisenbahnen Anm. 25
cc) Das FIATA Combined Transport B/L (FBL) Anm. 26
dd) CT-Dokument der Internationalen Handelskammer Anm. 27

III. Internationales Privatrecht und internationales Einheitsrecht Anm. 28

B. Begriff und Rechtsnatur des Frachtführers und des Frachtvertrags Anm. 29

I. Allgemeines

II. Die am Frachtvertrag beteiligten Personen. Terminologie Anm. 30

1. Der Frachtführer (Unternehmer) Anm. 31
2. Der Absender Anm. 31
3. Der Empfänger Anm. 32

III. Definition und Abgrenzung des Frachtvertrags Anm. 33

1. Die einzelnen Merkmale der Definition des § 425 HGB
a) Beförderung
aa) Ortsveränderung
bb) Beförderungserfolg als Leistungsgegenstand Anm. 34

cc) Sonderfall: Abfallbeseitigung Anm. 35
dd) Beförderungsmittel Anm. 36
ee) Beförderung als Hauptpflicht Anm. 37
b) Güter Anm. 38
c) Zu Lande oder auf Binnengewässern Anm. 39
d) Übernahme der Beförderung Anm. 40
e) Gewerbsmäßigkeit Anm. 41
f) Übernahme der Obhut Anm. 42
2. Abgrenzung des Frachtvertrags von anderen Vertragstypen Anm. 43
a) Speditionsvertrag
b) Miete von Beförderungsmitteln Anm. 44
c) Lohnfuhrvertrag, Dienstvertrag usw. Anm. 45
d) Schleppvertrag Anm. 46
e) Lagerverträge Anm. 47
f) Unentgeltliche Verträge; Beförderung als Nebenpflicht Anm. 48
g) Kaufverträge als Umgehungsgeschäfte im Hinblick auf das zwingende Tarifrecht Anm. 49
h) Gepäcktransport bei Personenbeförderung Anm. 50
3. Die Rechtsnatur des Frachtvertrags Anm. 51
a) Werkvertrag
b) Geschäftsbesorgungsvertrag Anm. 52
c) Vertrag zugunsten Dritter Anm. 53
4. Besondere Formen des Frachtvertrags Anm. 54
a) Unterfrachtvertrag, Zwischenfrachtvertrag, Teilfrachtvertrag
b) Dauerfrachtverträge und Rahmenverträge Anm. 55

C. Abschluß und Beendigung des Frachtvertrages Anm. 56

I. Abschluß
1. Abschlußfreiheit und Abschlußzwang, Nichtigkeit
2. Frachtvertrag als formfreier Konsensualvertrag Anm. 57
3. Schweigen als Abschlußerklärung Anm. 58
4. Nichtigkeit Anm. 59
5. Verschulden bei Vertragsschluß Anm. 60

II. Beendigung Anm. 61
1. Allgemeine Beendigungsgründe
2. Beendigungstatbestände nach Werkvertragsrecht Anm. 62
3. Frachtvertragliche Beendigungsgründe Anm. 63
4. Konkurs Anm. 64
5. Tod einer Partei (bzw. Auflösung als juristische Person) Anm. 65
a) Der Tod des Frachtführers
b) Der Tod des Absenders Anm. 66

D. Die Pflichten des Frachtführers aus dem Frachtvertrag Anm. 67

I. Hauptpflichten des Frachtführers
1. Beförderung Anm. 68
2. Obhut Anm. 69
3. Ablieferung Anm. 70
4. Befolgung von Verfügungen des Absenders oder Empfängers Anm. 71

II. Nebenpflichten des Frachtführers Anm. 72
1. Lagerung Anm. 73
2. Benachrichtigung und Einholung von Anweisungen Anm. 74
3. Weiterversendung, Einlagerung beim Lagerhalter Anm. 75
4. Verzollung Anm. 76
5. Einziehung von Nachnahmen Anm. 77
6. Versicherung Anm. 78
7. Mängelrüge für den Absender Anm. 79
8. Weitere Nebenpflichten Anm. 80

E. Die Rechte des Frachtführers aus dem Frachtvertrag Anm. 81

I. Anspruch auf Frachtzahlung
1. Der normale Frachtanspruch
2. Fracht für Teilstrecken, zusätzliche Beförderung, nicht ausgeführte Beförderung Anm. 82

II. Ersatz von Aufwendungen Anm. 83

III. Schadensersatzansprüche gegen den Absender Anm. 84

IV. Sicherungsrechte Anm. 85

F. Die Rechtsstellung von Absender und Empfänger Anm. 86

Literatur

A. Systematische Darstellungen

1. Deutsches Frachtrecht, insbesondere Landfrachtrecht

Eingehende systematische Darstellungen des deutschen Landfrachtrechts aus neuerer Zeit fehlen völlig. Noch immer muß daher auf die in fast allen Einzelheiten veraltete, aber in der Gesamtkonzeption vorzügliche Darstellung von Ernst Rundnagel, Beförderungsgeschäfte, in: Handbuch des gesamten Handelsrechts, hrsg. von Victor Ehrenberg, Bd. 5, Abt. II, Kap. 7, Leipzig 1915 verwiesen werden (zitiert: „Rundnagel"). Veraltet ist die kurze Darstellung von Gierke, Handels- und Schiffahrtsrecht, 8. Aufl. 1958. Die Kurzlehrbücher des Handelsrechts sparen das Frachtrecht praktisch ganz aus der Darstellung aus. Zum Frachtrecht der DDR siehe Bergner/Bäcker/Lange/Teuchert, Internationales Verkehrsrecht, Grundriß, Berlin-Ost 1969.

2. Internationale Standardwerke

Im internationalen Bereich ist besonders auf Rodière, Droit des Transports (Transports terrestres et aériens), 2. Aufl., Paris 1977 hinzuweisen; ferner auf die Darstellungen im Rahmen der „International Encyclopedia of Comparative Law, Vol. XII (Law of Transport), von der bisher erschienen sind: Chapter 1, Introduction to Transport Law and Combined Transports (Rodière, 1972) und Chapter 2, „Carriage by Rail" (Haenni, 1973).

3. Monographien zum Haftungsrecht

Zu den Haftungsproblemen des Frachtrechts sind mehrere monographische Darstellungen aus neuerer Zeit in deutscher Sprache vorhanden. Siehe Helm, Haftung für Schäden an Frachtgütern, Studien zur Schadensersatzpflicht aus Frachtgeschäften und zur Konkurrenz vertraglicher und außervertraglicher Ersatzansprüche, 1966 (vergriffen); Becker, Die Haftung der Eisenbahn nach nationalem und internationalem Frachtrecht, Verkehrswissenschaftliche Forschungen 19, 1968; Heuer, Die Haftung des Frachtführers nach der CMR, 1975; Aisslinger, Die Haftung des Straßenfrachtführers und die Frachtführerhaftpflichtversicherung, Zürich 1975.

B. Kommentare zum HGB

Schlegelberger/Geßler, Handelsgesetzbuch, 5. Aufl., Band VI, 1977; Baumbach/Duden, HGB, 22. Aufl. 1977; Heymann/Kötter, HGB, 4. (21.) Aufl. 1971; Bandasch, HGB, 2. Aufl. 1973; zur älteren Literatur siehe Gierke/Sandrock, Handels- und Wirtschaftsrecht, Band 1, 9. Aufl. 1975, S. 53ff.

C. Literatur zu Spezialgebieten des Frachtrechts

1. Zum GüKG siehe vor Anm. 1 zu § 1 GüKG, Anh. I nach § 452.
2. Zur KVO siehe Vorbem. zur KVO, Anh. II nach § 452.
3. Zur CMR siehe vor Anm. 1 zu Art. 1 CMR, Anh. III nach § 452.
4. Zum Möbeltransport siehe Vorbem. vor Anh. IV nach § 452 (BefBMö).
5. Zu den AGNB siehe vor Anm. 1 zu § 1 AGNB, Anm. V nach § 452.
6. Zur Güterbeförderung auf der Straße durch die Eisenbahn siehe Vorbem. zu Anh. VI nach § 452.
7. Zum Luftrecht siehe Vorbem. zu Anh. VII nach § 452.
8. Zum Eisenbahnfrachtrecht siehe Anm. 4 zu § 425.
9. Zum Binnenschiffahrtsrecht siehe Anm. 5 zu § 425.
10. Zum Seefrachtrecht siehe Anm. 6 zu § 425.
11. Zum kombinierten Transport siehe Anm. 17 zu § 425.
12. Zur Transportversicherung siehe Anm. 100 zu § 429.

D. Periodika

Im innerdeutschen Bereich werden frachtrechtliche Beiträge und Entscheidungen laufend veröffentlicht in folgenden Zeitschriften: Versicherungsrecht (VersR); Betriebsberater (BB); Der Betrieb (DB); Außenwirtschaftsdienst des Betriebsberaters/Recht der Internationalen Wirtschaft (AWD/RIW); Verkehrsrechts-Sammlung (VRS); Versicherungspraxis (VP); Zeitschrift für Versicherungswesen (ZfV); Wertpapier-Mitteilungen (WM); ferner verstreut in den allgemeinen juristischen Zeitschriften. Tagesfragen und aktuelle Berichte zum Transportrecht finden sich in der „Deutschen Verkehrszeitung“ (DVZ) und im „Transportdienst“. Die Rechtsprechung des BGH ist zu einem erheblichen Teil in Lindenmaier/Möhring, Nachschlagewerk des Bundesgerichtshof, Zivilrechtliche Serie, zu den betreffenden Gesetzen abgedruckt.

Für den internationalen Bereich siehe vor allem die mehrsprachig in Antwerpen erscheinende Zeitschrift „Europäisches Transportrecht“ (ETR). Für die einzelnen Spezialgebiete existieren in vielen Ländern spezielle Zeitschriften und Sammlungen. Siehe hierzu die Hinweise in den angegebenen Buchveröffentlichungen.

A. Das auf Frachtverträge anzuwendende Recht

Anm. 1

I. Anwendungsbereich und Bedeutung des HGB-Landfrachtrechts

§§ 425–452 HGB enthalten die heute weitgehend überholte und durch Spezialbestimmungen bzw. Beförderungsbedingungen verdrängte Regelung des Landfrachtrechts. Die gesetzlichen Spezialnormen des Landfrachtrechts beziehen sich auf den Transport mit Kraftfahrzeugen. Für andere Landtransporte ist an sich noch HGB-Recht anwendbar. Dieses ist aber dispositiv und wird – z. B. durch die ADSp im Bereich der Spediteurtätigkeit – für alle Arten von Beförderungsmitteln teilweise abbedungen.

Die meisten Vorschriften des HGB-Landfrachtrechts sind danach heute nicht mehr oder nur noch sehr begrenzt (ergänzend) anwendbar, soweit die Spezialregeln nichts aussagen bzw. ausnahmsweise nicht eingreifen; siehe hierzu BGH v. 22. 1. 1971, BGHZ 55, 217 (219). Praktische Bedeutung haben noch: § 425 (Definition des Frachtgeschäfts); § 429 (Haftung des Frachtführers, nur noch ausnahmsweise oder ergänzend anwendbar); § 430 (Haftungsbegrenzung); § 431 (Gehilfenhaftung); § 432 (Haftung beim Unterfrachtgeschäft); §§ 435, 436 (Rechtsstellung des Empfängers); §§ 440–443 (Frachtführer-Pfandrecht); § 451 (Gelegenheitsfrachtgeschäft). Fast völlig außer Anwendung sind die §§ 444–450 HGB (Ladescheinrecht), da im Landfrachtverkehr schon seit langer Zeit keine Ladescheine mehr ausgestellt werden und im Binnenschiffahrtsrecht, für das nach § 26 BSchG die §§ 445–450 an sich gelten, die Spezialklauseln der Verlade- und Transport- bzw. Konnossementsbedingungen vorgehen; vgl. z. B. den Fall BGH v. 2. 7. 1973, NJW 1973, 2107. In keinem praktischen Fall können Vorschriften des HGB-Landfrachtrechts ohne weiteres angewandt werden. Wegen der Aufspaltung des Frachtrechts in Sparten (Land-, Eisenbahn-, Binnenschiffahrt-, See- und Luftfrachtrecht, Speditionsrecht), sowie durch die Unterteilung des Landfrachtrechts in Güternahverkehr, Güterfernverkehr, Möbelbeförderung und Kraftverkehr der Deutschen Bundesbahn, ferner im Hinblick auf die internationalen Abkommen, muß in jedem Frachtrechtsfall zunächst untersucht werden, welche Normen anzuwenden sind.

Anm. 2

II. Überblick über das Frachtrecht aller Sparten

Im folgenden soll ein Überblick über die frachtrechtlichen Regelungen gegeben werden: Hierbei sollen die Anwendungsbereiche in großen Zügen gegeneinander abgegrenzt werden. Einzelheiten müssen den Kommentierungen zu den betreffenden Bestimmungen entnommen werden. Siehe zur Übersicht auch Herber, JZ 1974, 629ff.

Anm. 3

1. Unterscheidung nach den verwendeten Verkehrsmitteln

Hierbei ist zunächst nach dem tatsächlich benutzten Verkehrsmittel zu fragen. In aller Regel kommt es für die Anwendbarkeit nicht auf das vereinbarte, sondern auf das wirklich benutzte Verkehrsmittel an. Zubringerdienste mit dem Kraftwagen unterliegen jedoch vielfach den Regeln, die für das hauptsächlich verwendete Beförderungsmittel gelten. Siehe dazu unten Anm. 15, 16, 20.

Andererseits kann auch die Haftung des Landfrachtführers für Eisenbahnstrecken, bei denen die Bahn als Unterfrachtführer eingesetzt wird, dem Landfrachtrecht (KVO, CMR) unterliegen. Siehe dazu Anm. 21 und § 33 c KVO, Anhang II nach § 452.

Problematisch ist die Frage, welche Regelung anwendbar ist, wenn die geschuldete Beförderung mit einer anderen als der ursprünglich vorgesehenen Art von Beförderungsmittel – etwa durch Unterfrachtführer (vgl. § 432 HGB) – ausgeführt wird. Dies ist besonders wegen der unterschiedlichen Ausgestaltung der Haftung von Bedeutung; vgl. Anm. 37ff. zu § 429.

Die Anwendungsbereiche der einzelnen, überwiegend zwingenden Haftungsregelungen hängen vom tatsächlich benutzten Beförderungsmittel, von der Entfernung (Güterfern- oder Nahverkehr) und der Beförderungsstrecke (internationale Beförderung, CMR, CIM, WA) ab. Nur in engen Grenzen kann die Haftungsregelung frei vereinbart werden (im Güternahverkehr mit Kraftfahrzeugen und im Binnenschiffahrtsrecht). Daher muß für die wirklich ausgeführte Beförderung in jedem Fall nach dem – weitgehend anhand objektiver Kriterien ermittelten – Spezialrecht gehaftet werden. Dies schließt nicht aus, daß der Beförderer, der den Frachtvertrag ursprünglich für ein anderes Beförderungsmittel abschließt, gegenüber seinem Vertragspartner nach den für die ursprünglich vorgesehene Beförderungsart geltenden Grundsätzen haften kann. § 33 c KVO sieht dies ausdrücklich vor, wenn der KVO-Frachtführer die Beförderung mit der Eisenbahn bewirkt. Soweit derartige Spezialregelungen nicht bestehen, wird man zwischen zwei Fällen zu unterscheiden haben. Erfolgt die Beförderung mit einem anderen Beförderungsmittel im Einverständnis mit dem Absender, so kann in diesem Einverständnis eine Änderung des ursprünglichen Frachtvertrags, eventuell auch die Gestattung einer abweichenden Bestimmung der Leistung durch den Beförderer nach § 315 BGB liegen. Dann werden nur die für die Ausführung maßgeblichen Regeln anzuwenden sein. Ändert der Beförderer dagegen die Transportart ohne Einverständnis des Absenders, so kann darin eine schuldhafte positive Forderungsverletzung des Frachtführers gesehen werden, für deren Folgen er dem Absender haftet. Dies kann in der Praxis zu einer Haftungserweiterung führen. Zur Frage des anwendbaren Rechts beim Selbsteintritt des Spediteurs siehe Anm. 5 zu § 412. Siehe ferner zu Transporten, bei denen das zu verwendende Transportmittel vom Beförderer noch festgelegt wird und zu kombinierten Transporten mit mehreren Transportmitteln unten Anm. 18ff.

a) Eisenbahnfrachtvertrag **Anm. 4**

Literatur:

Becker, Die Haftung der Eisenbahn nach nationalem und internationalem Frachtrecht, 1968; Finger, Eisenbahnverkehrsordnung, 4. Aufl. 1970; Goltermann/Konow, Eisenbahnverkehrsordnung, Loseblattkommentar, Bd. I, EVO; Bd. II CIM/CIV, Haenni, International Encyclopedia of Comparative Law XII, 2, 1973; Wick, Das internationale Eisenbahnfrachtrecht, Wien 1974.

Für die Güterbeförderung mit Eisenbahnen des öffentlichen Verkehrs gilt im grenzüberschreitenden Bereich das internationale Übereinkommen über den Eisenbahnfrachtverkehr (CIM) abgedruckt und erläutert in Anh. II nach § 460 HGB. Auch im Verkehr mit der DDR ist die CIM anwendbar. Siehe die Erläuterungen zu Art. 1 CIM.

Für den innerstaatlichen Bereich gilt die Regelung der §§ 453–459 HGB, ergänzt durch die Eisenbahnverkehrsordnung (EVO, abgedruckt und erläutert in Anh. I nach

§ 460 HGB). Soweit die Eisenbahnen die Beförderung durch Kraftfahrzeuge vornehmen, gilt grundsätzlich Landfrachtrecht; doch genießen die Eisenbahnen eine rechtliche Sonderstellung, die teilweise zur Anwendung von Eisenbahnrecht führt; s. dazu unten Anm. 15, 16.

Anm. 5 **b) Binnenschiffahrtsrecht**

Literatur:

Laeuen, Freizeichnungen in den Frachtverträgen der internationalen Rheinschiffahrt, Diss. Frankfurt 1966; Vortisch/Zschucke, Binnenschiffahrts- und Flößereirecht, 3. Aufl. 1964 (teilweise veraltet); Referate des Rotterdamer Kongresses, ETR 1967, Sonderheft.

Für die Frachtbeförderung durch Binnenschiffe gilt das Gesetz über die privatrechtlichen Verhältnisse der Binnenschiffahrt von 1895 i.d.F. v. 1898 (BSchG). Dieses Gesetz, das z.T. auf das Landfrachtrecht und das Seerecht des HGB weiterverweist, ist zur Gänze dispositiv gestaltet und wird daher in der Praxis sehr weitgehend durch die unterschiedlichen Verlade- und Transport- bzw. Konnossementsbedingungen der Binnenschiffahrt verdrängt. In diesem Kommentar ist es weder abgedruckt noch kommentiert. S. zur Information die oben im Literaturverzeichnis angegebene Literatur. Maßgeblich für die Anwendung des Binnenschiffahrtsrechts ist die Ausführung des Transports mit einem Binnenschiff. Hierzu gehören nicht nur die selbstfahrenden Frachtschiffe, Anhangkähne und Schubleichter, sondern nach richtiger Auffassung auch die schwimm- und manövrierfähigen barge-Container. Wegen des dispositiven Charakters des deutschen Binnenschiffahrtsrechts kann allerdings das auf solche Transporte anzuwendende Recht vertraglich – auch durch AGB – bestimmt werden. Es ist also auch die Vereinbarung der Anwendung von Seerecht möglich.

Anm. 6 **c) Seefrachtrecht**

Literatur:

Abraham, Das Seerecht (Grundriß), 4. Aufl. 1974; Schaps/Abraham, Das Deutsche Seerecht, 1. Teil, Seehandelsrecht, 4. Aufl. 1978: Prüßmann, Seehandelsrecht, 1968; Richter-Hannas/Richter/Trotz, Seehandelsrecht Berlin (Ost) 1977; Schlegelberger/Liesecke, Seehandelsrecht, 2. Aufl. 1964.

Für die Beförderung von Gütern mit Seeschiffen ist das Seerecht des HGB (§§ 485ff., insbesondere §§ 556ff.) maßgeblich. Dieses ist traditionsgemäß im Großkommentar zum HGB weder abgedruckt noch kommentiert. Abgrenzungsprobleme bestehen hier vor allem gegenüber der Binnenschiffahrt im Falle der Benutzung von Binnenwasserstraßen durch seegängige Schiffe (z.B. durch Rhein-See-Motorschiffe, Köln-London) oder auch bei Durchfrachtgeschäften oder im LASH-Verkehr; s. zum kombinierten Transport Anm. 17ff.

Die Abgrenzung zwischen Binnenschiffahrtsrecht und Seefrachtrecht kann hierbei erhebliche praktische Bedeutung gewinnen, weil im Seefrachtrecht unter bestimmten Voraussetzungen zwingende Normen, die im Landfracht- und Binnenschiffahrtsrecht keine Parallele haben, die Freizeichnung verbieten.

Anm. 7 **d) Luftfrachtgeschäft**

Für den Luftfrachtverkehr besteht keine einheitliche Rechtsgrundlage; s. hierzu die Vorbem. zum Anh. VII nach § 452. Dieser Anhang enthält auch Abdrucke der betreffenden Bestimmungen sowie der Beförderungsbedingungen der Deutschen Lufthansa. Folgende Rechtsnormen regeln den Luftfrachtvertrag:

aa) Im internationalen Bereich das Abkommen zur Vereinheitlichung von Regeln über die Beförderung im internationalen Luftverkehr (Warschauer Abkommen,

WA) in seinen drei Fassungen von 1929, 1955, 1971, je nach Mitgliedschaft der betreffenden beteiligten Länder; s. Anhang VII/2, 3 nach § 452).

bb) Für den innerdeutschen Bereich und den Verkehr mit Ländern, die nicht dem WA angehören, gelten die §§ 44–52, 55–57 des Luftverkehrsgesetzes (LuftVG), Anh. VII/1 nach § 452.

cc) Soweit die überwiegend zwingenden unter aa) und bb) genannten Vorschriften es zulassen, gelten die Beförderungsbedingungen der Fluggesellschaften, die zumeist der internationalen IATA Empfehlung Nr. 1013 entsprechen (Anhänge VII, 4–7 nach § 452).

Beim Luftfrachtvertrag besteht die Hauptpflicht in der Beförderung der Güter durch Luftfahrzeuge. Dies schließt nicht aus, daß auch Bodenbeförderungen erforderlich werden, z. B. die Verbringung der Güter zum Flugzeug im Flughafenbereich, eventuell auch Abholen und Ausliefern außerhalb dieses Bereichs. Soweit es sich hierbei um Hilfstätigkeiten handelt, gilt für sie Luftbeförderungsrecht. Stellt sich dagegen die Beförderung als Vorgang mit eigenem Gewicht dar, – etwa bei kombiniertem Transport mit Containern oder bei An- und Abtransport über erhebliche Strecken, so liegt ein gemischter Luft-Landfrachtvertrag vor, auf dessen Landbeförderungsteil das Landfrachtrecht Anwendung findet.

2. Landfrachtrecht; Unterabgrenzungen **Anm. 8**

Das Landfrachtrecht war ursprünglich im HGB einheitlich geregelt, es ist jedoch heute in einzelne Teilgebiete zersplittert, die untereinander durch sehr unterschiedliche Kriterien abgegrenzt werden.

a) Beförderung mit anderen Transportmitteln als Kraftfahrzeugen **Anm. 9**

Die Sonderregeln gelten nur für Beförderungen mit Kraftwagen. Auf andere Landbeförderungen sind die §§ 425ff. HGB unverändert anwendbar.

b) Grenzüberschreitender Kraftverkehr **Anm. 10**

Innerhalb der Kraftfahrzeugbeförderung ist zwischen grenzüberschreitendem und innerdeutschem Transport zu unterscheiden. Beim grenzüberschreitenden Verkehr kann das Übereinkommen über den Beförderungsvertrag im internationalen Straßengüterverkehr (CMR) Anwendung finden, wenn die Voraussetzungen seines Art. 1 vorliegen. Fehlen diese Anwendungsvoraussetzungn (etwa beim Transport von Umzugsgut oder Leichen), dann gilt nationales Recht, entweder innerdeutsches und/oder ausländisches; siehe hierzu das in Anh. III zu § 452 abgedruckte Abkommen und die dortigen Erläuterungen.

c) Innerdeutsches Kraftfahrzeug-Transportrecht **Anm. 11**

Ist innerdeutsches Kraftfahrzeug-Frachtrecht maßgeblich, dann ist vorrangig das Güterkraftverkehrsgesetz (GüKG, abgedruckt und teilweise kommentiert in Anh. I nach § 452) anzuwenden, das neben seinem vor allem öffentlich-rechtlichen Kern auch wichtige zivilrechtliche Bestimmungen enthält. Zu diesen gehören neben der Ermächtigungsnorm des § 20 Abs. 5 vor allem die §§ 20a, 22, 23, 26, 27, 85, 84, 94. Das GüKG ist jedoch nicht auf alle mit dem Kraftfahrzeug ausgeführten Güterbeförderungen anzuwenden. Vielmehr nehmen § 4 GüKG und die „Freistellungsverordnung" die Beförderung besonderer, dort bezeichneter Güter von der Anwendung des GüKG und damit der zwingenden Tarife und Beförderungsbedingungen aus. Siehe dazu § 4 GüKG in Anhang I nach § 452 und die dort abgedruckte Freistellungsverordnung. Im Bereich dieser Ausnahmen gilt grundsätzlich Vertragsfreiheit, soweit nicht andere

Spezialnormen öffentlich-rechtlicher Art (z. B. Leichenrecht, Recht der Abfallbeseitigung) eingreifen. Nach Auffassung des BGH gilt ferner das HGB-Landfrachtrecht dann, wenn eine Güterfernbeförderung zwar formlos vereinbart, dann aber abredewidrig nicht durchgeführt worden ist; BGH vom 22. 1. 1971, BGHZ 55, 217 (219); siehe näheres dazu in Anm. 9 zu § 15 KVO, Anh. II nach § 452.

Irreführend ist § 1 GüKG, nach dem die Beförderung von Gütern mit Kraftfahrzeugen „ausschließlich" dem GüKG unterliegen soll. In privatrechtlicher Hinsicht bietet das GüKG nur einige Rahmenvorschriften und die Ermächtigungsgrundlagen für die das materielle Recht enthaltenden Rechtsverordnungen, die ihrerseits unterschiedliche Geltungsbereiche haben. Soweit das GüKG gilt, muß also zur Feststellung der anzuwendenden Vorschriften nochmals zwischen mehreren Unterarten des Frachtvertrags unterschieden werden:

Anm. 12 **aa) Beförderung von Möbeln, Umzugsgut und gleichgestellten Gütern**

Für diese hat der Bundesverkehrsminister durch Verordnung vom 21. 7. 1961 die Beförderungsbedingungen für den Möbelverkehr (BefBMö, Abdruck Anh. IV nach § 452) zwingend vorgeschrieben. Die BefBMö gelten für alle gewerblichen Beförderer von Möbeln usw. ohne Rücksicht darauf, ob die Beförderung in den Nah- oder Fernverkehrsbereich fällt.

Anm. 13 **bb) Beförderung im Güterfernverkehr durch gewerbliche Unternehmer**

Im Bereich des Güterfernverkehrs (Definition in § 3 GüKG, Anh. I nach § 452) gilt die Kraftverkehrsordnung (KVO, abgedruckt und erläutert Anh. II nach § 452 HGB). Ausnahmen des Anwendungsbereichs siehe in § 1 KVO und § 4 GüKG und der dortigen Kommentierung, Anh. I nach § 452. Zur Anwendung auf Speditionsverträgen siehe Anm. 5ff. zu § 412; 7, 13 und 14 zu § 413 sowie unten Anm. 43.

Anm. 14 **cc) Frachtbeförderung im innerdeutschen Güternahverkehr und Güterliniennahverkehr durch gewerbliche Unternehmer**

Im Bereich des Güternahverkehrs (Definition in § 2 GüKG) und des Güterliniennahverkehrs (§ 90ff. GüKG) existiert nur für grenzüberschreitende Transporte (siehe Anm. 10) und für Möbelbeförderungen (siehe Anm. 12) zwingendes Recht. Im allgemeinen innerdeutschen Güternahverkehr fänden daher an sich die Regeln des Landfrachtrechts des HGB Anwendung, die jedoch von den Parteien abbedungen werden können. Die ältere Rechtsprechung des BGH zur Unabdingbarkeit des HGB- und BGB-Rechts ist durch die Novelle zum GüKG von 1969 überholt, insbesondere die Urtt. v. 8. 11. 1967 (I b ZR 35/65 und I b ZR 135/65, BGHZ 49, 218ff. und 221ff.). Siehe hierzu z.B. OLG Frankfurt, VersR 1977, 735 (736). Jedoch gilt im Güternahverkehr zwingendes Tarifrecht bezüglich der Beförderungsentgelte. Siehe §§ 84ff. GüKG Anh. I nach § 452; siehe dazu BGH v. 1. 3. 1974, I ZR 48/73 (unveröffentlicht) und v. 18. 6. 1976, VersR 1976, 1129.

Neben der Vereinbarung können auch Handelsbräuche bestimmte Konditionen zum Vertragsinhalt machen. Ohne Anspruch auf Vollständigkeit können folgende Bestimmungen als dominierend betrachtet werden:

aaa) Die Allgemeinen Deutschen Spediteurbedingungen (ADSp, abgedruckt und kommentiert in Anh. I nach § 415 HGB). Diese werden regelmäßig von Spediteuren vereinbart; Beispielsfall: BGH v. 18. 6. 1976, VersR 1976, 1129f.

bbb) Die Allgemeinen Beförderungsbedingungen für den gewerblichen Güternahverkehr mit Kraftfahrzeugen (AGNB, abgedruckt in Anh. V nach § 452 HGB). Die

AGNB werden von Güternahverkehrsunternehmen häufig vereinbart, teilweise auch als Handelsbrauch betrachtet.

ccc) Lokale Geschäftsbedingungen der Fuhrunternehmer, z. B. die „Allgemeinen Bedingungen der gewerblichen Fuhrunternehmer in Hamburg", siehe BGH v. 15. 10. 1971, WM 1972, 49 (51).

ddd) Besonders problematisch ist die Rechtslage, wenn nach den Bedingungen des Beförderungsunternehmers mehrere Bedingungen (z. B. AGNB und ADSp) gleichzeitig in bezug genommen sind; siehe dazu Anm. 5 zu § 1 AGNB.

eee) Soweit nichts anderes vereinbart ist und kein Handelsbrauch eingreift, gilt das unveränderte Landfrachtrecht des HGB.

dd) Beförderung von Ladungsgütern im Güterfernverkehr durch die Eisenbahnen Anm. 15

Soweit die Eisenbahn bzw. die von ihnen beauftragten Subunternehmer Massengüter (Wagenladungen) im Güterfernverkehr transportieren, gilt die KVORb, eine etwas abgewandelte Fassung der KVO (mit abgedruckt in Anh. II zu § 452). Für den Stückgutverkehr ist die KVORb nach ihrem § 1 Abs. 4 nicht maßgeblich.

ee) Beförderung von Stückgut auf der Straße durch die Eisenbahn Anm. 16

Für diese Beförderung verweist § 4 KVORb auf die Bestimmungen der EVO und die Tarife. Als Teil des dort für maßgeblichen Tarifrechts gelten die „Bedingungen für die Stückgutbeförderung durch die deutsche Eisenbahn von Haus zu Haus". Die Stückgut-Beförderungsbedingungen sind in Anh. VI nach § 452 abgedruckt. Sie nehmen inhaltlich weitgehend auf die EVO Bezug, insbesondere hinsichtlich des Frachtbriefs und der Haftungsbestimmungen.

ff) Beförderung von Luftfrachtgütern auf der Straße Anm. 16a

Die Beförderung von Luftfrachtgütern ist aus der zwingenden Wirkung des GüKG durch § 1 Ziff. 4 der Freistellungsverordnung zum GüKG (siehe Anm. 2 zu § 4 GüKG, Anh. I zu § 452) ausgenommen. Die Beförderungsbedingungen unterstellen diese Beförderungen zulässigerweise dem Luftrecht. Siehe Art. 11 BefBFracht, Langform, Anh. VII/4 nach § 452.

3. Kombinierte Transporte, Behälter-, Paletten- und Huckepackverkehr Anm. 17

Literatur:

Referate des Antwerpener Kongresses vom 26.–29. November 1975, Europäisches Transportrecht 1975, S. 561–766 (überwiegend in englischer Sprache); Seminario sui Trasporti Combinati, Genova 23.–26. Mai 1972, Selci Umbro (Perugia) 1974, Referate auch abgedruckt in: Il Diritto Marittimo 1972, S. 146ff. (in englischer, französischer und italienischer Sprache); Kröger, Haftungsprobleme in Übersee-Container-Verkehr, Hamburg 1967; Norf, Das Konnossement im gemischten Warenverkehr, 1976; Scheer, Die Haftung des Beförderers im gemischten Überseeverkehr, Schriftenreihe für den kombinierten Verkehr I, Hamburg 1969; Ganten, Die Rechtsstellung des Unternehmers beim kombinierten Verkehr, erscheint 1978/79.

Aufsätze: Berlingieri, Il Diritto Marittimo 1971, 146; Capelle, Festschrift für Felgentraeger, Göttingen 1969, 261ff.; Eisenbahn-Zentralamt, Zeitschr. f. d. Internationalen Eisenbahnverkehr 1972, 198ff.; Figert, VersR 1972, 611ff.; Helm, Festschrift für Hefermehl, 1976, 57ff. = ETR 1977, 679ff.; Herber, Hansa 1973, 7ff.; Lau, Hansa 1972, 1731ff.; Loewe, ETR 1972, 650ff.; Peyrefitte, Le Droit Maritime Français 1973, 643ff. und 707ff.; Ramberg, ETR 1974, 2ff.; Romanelli, Il Diritto

Marittimo 1973, 243 ff.; Scheer, BB 1969, 177 ff.; Van Dieken, Hansa 1973, 1622; Zocher, VW 1974, 981 ff.; Züchner, VersR 1966, 900; Baunack, Die Bundesbahn 1977, 189.

Zum kombinierten Verkehr (mit Schwerpunkt Huckepackverkehr) gibt die Studiengesellschaft für den kombinierten Verkehr e.V., Unterlindau 1, 6000 Frankfurt 21, laufend Literaturübersichten heraus.

a) Grundsätzliches

Moderne Verkehrstechniken, insbesondere Behälter, Paletten und Huckepackverkehr ermöglichen es, Güter in rationeller Weise in mehreren aufeinander folgenden Beförderungsmitteln zu transportieren. Daher sind besonders seit den 60iger Jahren sog. „kombinierte" Transporte in steigendem Maße in den Vordergrund des Interesses getreten. Unter gemischten oder kombinierten Transporten (englisch: combined transport, multi-modal transport, intermodal transport; französisch: transport combiné, transport intermodal, transport multi-mode) versteht man die Beförderung von Sendungen mit zwei oder mehreren aufeinander folgenden verschiedenartigen Transportmitteln, die einem insgesamt einheitlichen Beförderungszweck dienen. Kombinierter Transport kann z. B. die Beförderung mit dem Kraftwagen zur Eisenbahn, von dort zum Seehafen, nach Übersee mit dem Seeschiff mit anschließenden Eisenbahn- und Kraftfahrzeugtransporten sein.

Unter „Huckepack-Verkehr" wird vor allem die Beförderung von beladenen Lastkraftwagen durch die Eisenbahn verstanden; siehe dazu § 3 GüKG, Anh. I nach § 452 sowie Art. 2 CMR, Anh. III nach § 452, sowie die dortigen Kommentierungen. Züchner, VersR 1966, 900 ff., dessen Ausführungen zum GüKG allerdings überholt sind. Eine entsprechende Rechtslage besteht jedoch auch in anderen Fällen, in denen ein beladenes Beförderungsmittel auf einem anderen Beförderungsmittel transportiert wird, z. B. beim Transport von Eisenbahnwaggons auf Schiffen oder auf Kraftfahrzeugen.

Weder im innerdeutschen Bereich noch in dem überwiegend durch zwischenstaatliche Abkommen geregelten grenzüberschreitenden Frachtverkehr gibt es allgemeine, auf alle Frachtverträge ohne Rücksicht auf das Verkehrsmittel anwendbare Gesetzesbestimmungen. Im Falle des kombinierten Transports steht somit grundsätzlich keine den gesamten Transport umfassende einheitliche Regelung zur Verfügung. Vielmehr reisen die Frachtgüter – von wenigen Sonderfällen abgesehen – für jede Beförderungsstrecke unter separater rechtlicher Ordnung: die Seebeförderung untersteht dem Seerecht, die Eisenbahnbeförderung dem nationalen oder internationalen Eisenbahnrecht, die Straßenbeförderung der CMR oder KVO usw. Dieser Umstand erschwert die Kalkulation einer einheitlichen Haftung sowie die Versicherung und macht es unmöglich, mit einem der gesetzlich vorgesehenen Transportdokumente alle kombinierten Transporte zu erfassen.

Je nach Gestaltung der Rechtsbeziehungen zwischen den beteiligten Personen lassen sich Grundtypen der Durchführung kombinierter Transporte unterscheiden, die auch auf die Anwendbarkeit der betreffenden Normen Einfluß haben.

Anm. 18 **aa) Gebrochener Verkehr**

Als gebrochenen Verkehr bezeichnet man die kombinierte Beförderung, wenn jeder der beteiligten Beförderer die vertraglichen Pflichten nur für seinen eigenen Beförderungsabschnitt übernimmt. Wird das Frachtgut (im Behälter oder auch anders) von einem Beförderungsmittel in das nächste umgeladen, so reist es aufgrund eines neuen Frachtvertrages weiter. Demnach gilt für jede Strecke die betreffende maßgebliche Haftungsordnung, (s. o. Anm. 2 ff.) und es wird das jeweils passende Beförderungsdokument (Konnossement, Ladeschein, Frachtbrief) ausgestellt. Gebrochene Transporte kommen in unterschiedlicher Gestalt vor. Der Verlader kann die verschiedenen aufeinander folgenden Verträge mit den Beförderern selbst oder durch Bevollmächtigte in eigenem Namen abschließen. Er kann sich auch eines oder mehrerer Spediteure bedienen, die dann in eigenem Namen auftreten (s. Anm. 23 zu § 407–409). Häufig – vor allem im Seeverkehr – wird auch der anschließende Frachtvertrag vom vorhergehenden Beförderer im eigenen Namen für Rechnung des Absenders abgeschlossen – der Frachtführer handelt dann hinsichtlich des selbst ausgeführten Transportweges als Frachtführer, hinsichtlich des weiteren Abschnittes als Spediteur. Dieses Verfahren ist insbesondere im gemischten Überseeverkehr gebräuchlich und wird durch ein sog. „unechtes Durchkonnossement" dokumentiert (s. dazu eingehend Scheer, a.a.O.).

bb) Echter Durchfrachtvertrag Anm. 19

In den Vordergrund des Interesses tritt seit jüngerer Zeit der echte Durchfrachtvertrag (CTO-Vertrag). Nach dem Prinzip der Vertragsfreiheit ist es möglich, daß ein Beförderungsunternehmer die gesamte kombinierte Beförderung als eigene Verpflichtung übernimmt, und sie über die einzelnen Streckenabschnitte entweder selbst ausführt oder durch Unterfrachtführer ausführen läßt. Der Beförderer wird in diesem Falle nach neuerer international üblicher Terminologie als Combined Transport Operator (CTO) bzw. französisch als entrepreneur du transport combiné (ETC) bezeichnet. Der CT-Vertrag wird häufig so gestaltet, daß der CTO zwar die Beförderung von einem Ort an einen anderen bestimmten Platz übernimmt, sich aber die Bestimmung der zu verwendenden Transportmittel und des Beförderungsweges sowie die Auswahl der Unterfrachtführer vorbehält. Verträge solcher Art sind vor allem im Großcontainertransport üblich. Der CT-Vertrag ist gesetzlich nicht geregelt; seine vertragliche Ausgestaltung durch allgemeine Geschäftsbedingungen stößt innerhalb des überwiegend zwingenden Transportrechts der verschiedenen Sparten auf erhebliche rechtliche Schwierigkeiten. Grundsätzlich gilt hier, daß die Vertragsbeziehungen, insbesondere die Haftung für selbst ausgeführte Beförderungsteile dem jeweils dafür bestimmten zwingenden Recht unterliegen. Das gleiche gilt für die Rechtsbeziehung zwischen CTO und Unterfrachtführer, da insoweit der CTO Absender ist. Siehe zur Haftung für Schaden am Container: Scheer, BB 1969, 117ff. Inwieweit für den CT-Vertrag selbst, also den Vertrag zwischen dem CTO und dem Absender, das zwingende Recht der durch Unterfrachtführer ausgeführten Beförderungen ebenfalls zu gelten hat, hängt davon ab, ob sich – wie dies überwiegend der Fall ist – die zwingenden Bestimmungen des für die Ausführung geltenden Frachtrechts durchsetzen. Siehe dazu die folgenden Anmerkungen.

b) Sonderbestimmungen für kombinierte Transporte Anm. 20

In bescheidenem Maße und nur für Sondersituationen erlauben die geltenden Bestimmungen die Anwendung eines einheitlichen Rechts auf multi-modale Transporte.

aa) CIM und EVO

Nach Art. 2 § 1–3 CIM besteht die Möglichkeit, das Eisenbahnnetz ergänzende Schiffahrts- und Kraftwagenlinien in die beim Zentralamt in Bern geführte Streckenliste einzutragen. Auf den kombinierten Transport kann dann einheitlich die CIM angewandt werden. Für Eisenbahn/See-Beförderungen können nach Art. 63 CIM seerechtliche Haftungsbefreiungen vertraglich vereinbart werden. Von der Möglichkeit, einheitlich die CIM auf kombinierte Transporte anzuwenden, wird vor allem im

Eisenbahn-See-Verkehr Gebrauch gemacht. Eingetragene Kraftwagenlinien sind dagegen selten.

Genau umgekehrt erlaubt Art. 2 § 4 CIM es, internationale Eisenbahntransporte von der Geltung der CIM auszunehmen, wenn diese im internationalen multi-modalen Verkehr in Verbindung mit anderen Beförderungsarten stattfinden und die entsprechenden Tarifvereinbarungen mit den beteiligten Unternehmen dies festlegen. Somit könnten z. B. linienmäßige Anschluß- und Zubringertransporte aufgrund eines modernen Transportdokumentes auch für die Eisenbahnstrecken dem Seerecht vertraglich unterworfen werden. Im Verhältnis zur Kraftfahrzeugbeförderung würde es z. B. ermöglicht, auf die Eisenbahnbeförderung die CMR kraft Tarifrechts anzuwenden und den multi-modalen Transport einheitlich durch den CMR-Frachtbrief zu dokumentieren. Wick, Das internationale Eisenbahnfrachtrecht 1975, Wien 1974, S. 37f. bezieht diese Regelung nur auf die Kombination mit Luft- und Seetransporten, was aber nicht der Fassung der CIM entspricht; s. dazu Becker, Die Haftung der Eisenbahn nach nationalem und internationalem Frachtrecht, 1968, S. 174.

Selbst wenn von den durch die CIM eröffneten Möglichkeiten in größerem Umfang Gebrauch gemacht würde, könnten sie allerdings kaum ausreichen, alle Schwierigkeiten zu beseitigen, da sie praktisch auf Linienverkehr bzw. auf Tarifabsprachen mit Großunternehmern beschränkt bleiben müßten.

Für den internationalen Containerverkehr erweitern Art. 60 § 2 und Art. 2, 3 des Anh. V zur CIM (RiCo) den Anwendungsbereich der CIM auf die Abholungs- und Zuführungstransporte mit anderen Verkehrsmitteln, soweit diese von der Eisenbahn übernommen werden. Damit ist die einheitliche Herrschaft der CIM für internationale Containertransporte innerhalb Europas bis zur Grenze der UdSSR ermöglicht. Die 23 europäischen CIM-Eisenbahnen (einschließlich der CIM-Ostblockländer) wickeln diese Transporte durch ihre gemeinsame internationale Container-Gesellschaft „Intercontainer" ab. Jedoch ist die Anwendung der CIM/RiCo auf den ganzen Transport nicht möglich, soweit die Abholung oder Zuführung nicht durch die Eisenbahn oder in deren Auftrag, sondern durch einen selbständigen Kraftverkehrsunternehmer im Auftrag des Absenders oder Empfängers erfolgt.

Für das innerdeutsche Recht läßt die EVO in § 2 Abweichungen praktisch überhaupt nicht zu. Innerdeutsche Anschlußtransporte mit der Eisenbahn können daher dem Haftungssystem des Hauptbeförderungsmittels (z. B. Seeschiff) nicht unterstellt werden. Als Beförderungsdokumente können jedoch nach § 55 Abs. 2 EVO abweichende Dokumente (also insbesondere Durchfrachtdokumente) zugelassen werden. Eine Erstreckung des Eisenbahnrechts auf die Kraftfahrzeugzubringerstrecken im Containerverkehr ist ebenfalls im innerdeutschen Recht nicht vorgesehen. Daher ist die innerdeutsche Annahmeorganisation der Deutschen Bundesbahn für Großcontainerverkehr (Transfracht GmbH in Frankfurt) als Landfrachtführer tätig und beschäftigt die Deutsche Bundesbahn als Unterfrachtführer. Im Verhältnis zum Absender wird dann jedoch die eisenbahnrechtliche Haftung vertraglich vereinbart. Dies ist im Hinblick auf die dispositive Gestaltung des deutschen Landfrachtrechts zulässig.

Anm. 21 **bb) CMR und innerdeutsches Landtransportrecht**

Die CMR unterstellt in Art. 2 den Huckepackverkehr ihrer Regelung. Das Beförderungspapier für den gesamten Transport ist demnach der CMR-Frachtbrief. Für die Haftung des Beförderers gilt nach Art. 2 Abs. 1 S. 2 das zwingende Frachtrecht des den LKW befördernden Transportmittels, wenn der Schaden nachweislich durch ein Ereignis verursacht worden ist, das nur während oder wegen der Beförderung durch dieses Transportmittel und nicht durch eine Handlung oder Unterlassung des Straßenbeförderers eingetreten sein kann. Die unaufklärbaren Fälle und die während der Straßenbeförderung eingetretenen Schäden unterliegen dagegen ausschließlich der CMR. Im Innenverhältnis zwischen CMR-Frachtführer und dem Huckepackbeförderer des LKW, also etwa im Verhältnis CMR-Frachtführer/Eisenbahn oder CMR-Frachtführer/Verfrachter ist das Recht des Trägerbeförderungsmittels maßgeblich.

Für Container- und Palettenbeförderung gilt Art. 2 CMR nicht. Werden also Container oder Paletten vom Schiff, der Schiene oder vom Flugzeug auf die Straße umgeladen und umgekehrt, so ist für jeden Teil der Beförderung die betreffende Regelung (CMR, CIM, Haager Regeln, WA oder nationale Rechte) maßgeblich. Eine Ausnahme macht der Container-Abhol- oder Zubringerdienst der Eisenbahn, welcher der CIM/RiCo unterliegt.

Im innerdeutschen Bereich gestattet § 3 Abs. 2 GüKG für den Huckepack- und Behälterverkehr dem Straßenfrachtführer, die Eisenbahnbeförderung vertraglich mit zu übernehmen. Zwischen ihm und dem Absender gilt dann Kraftwagenfrachtrecht (KVO). Beförderungsdokument ist der KVO-Frachtbrief. Die Haftung des Straßenbeförderers für Teilstrecken, die er mit der Eisenbahn ausführen läßt, kann nach § 33 c KVO auch außerhalb des Huckepack- und Behälterverkehrs dem Kraftfahrzeugfrachtrecht unterliegen. S. die Erläuterungen zu § 33 KVO, Anh. II nach § 452.

c) Bestrebungen zur Schaffung internationalen Einheitsrechts **Anm. 22**

Die Bestrebungen zur Vereinheitlichung des Rechts der kombinierten Transporte haben bisher nur im Bereich des öffentlichen Rechts zu einem Erfolg geführt, nämlich zu dem Abkommen über sichere Container, Amtsblatt des BM f. Verkehr, Heft 16 v. 31. 8. 1977. Dazu Herber, Hansa 1973, S. 7ff. sowie Franz und Hartwig, Hansa 1973, S. 345. Um die Schaffung eines internationalen Abkommens über den Containerverkehr haben sich bereits mehrere Institutionen erfolglos bemüht: 1956 das römische Institut für die Vereinheitlichung des Privatrechts (UNIDROIT); 1965 das Comité Maritim International (CMI); ferner die Europäische Wirtschaftskommission (ECE) und die Internationale Beratende Maritime Kommission (IMCO). ECE und IMCO haben auf der Weltcontainerkonferenz von 1972 einen gemeinsamen Entwurf eines internationalen Übereinkommens über die Haftung im internationalen kombinierten Verkehr (TCM) zur Unterzeichnung vorgelegt. Die Annahme dieses Entwurfes scheiterte jedoch am Widerspruch der Entwicklungsländer und der sozialistischen Staaten. Neuere Bemühungen der UNCTAD haben bisher zu keinen Erfolgen geführt. Zum neuesten Stand siehe Ganten, Hansa 1978, 648. Am ehesten erfolgversprechend scheint der Versuch der Internationalen Handelskammer in Paris (ICC) zu sein, die einheitliche Regeln für ein Dokument des Kombinierten Transports ausgearbeitet und empfohlen hat; siehe dazu unten Anm. 27. Zu den Rechtsvereinheitlichungsbestrebungen s. neben der oben vor Anm. 1 angegebenen Literatur insbesondere Herber, Hansa 1973, 7ff., ferner die Stellungnahme des Zentralamts für den internationalen Eisenbahnverkehr, IZ 1974, 126–140.

Der TCM-Entwurf sah u. a. die Schaffung eines übertragbaren, dem Konnossement vergleichbaren Dokuments für kombinierte Transporte vor. Für die Haftung des CTO waren zwei alternative Lösungen vorgeschlagen: Eine einheitliche Haftungsregelung, die alle Haftungsfälle beim kombinierten Transport umfassen sollte (Einheitssystem) und eine Regelung, nach der die Haftung des CTO aus den für die einzelnen Beförderungsabschnitte geltenden Normen zusammengesetzt sein sollte. Nur im Falle ungeklärten Schadensortes oder ungeklärter Schadensursache und bei Eigenhaftung des CTO sollte die Konvention eine besondere Haftungsregelung vorsehen. Dieses sog. „Network-System" ließe sich leichter in die zwingende Haftungsregelung der verschiedenen internationalen Abkommen mit ihren unterschiedlichen Mitgliederständen einpassen. Es hätte daher bessere Durchsetzungschancen und liegt den als Ersatz für das gescheiterte Abkommen ausgestellten privaten Geschäftsbedingungen zugrunde, s. unten Anm. 24.

Anm. 23 **d) Typische Vertragsbedingungen für kombinierte Transporte**

Das Ineinandergreifen der verschiedenen Rechtsordnungen macht den kombinierten Transport zu einem Vorgang, dessen rechtliche Zusammenhänge vielleicht von einem großen Speditionsunternehmen noch überschaut werden können, der aber für normale Verlader ein reines Spiel des Zufalls ist. Nach dem Scheitern des TCM-Projekts übernehmen daher in zunehmendem Maße private Institutionen und Dokumente die Aufgabe, dem Verlader praktische und überschaubare Möglichkeiten der Haftung, Versicherung und Dokumentation anzubieten.

Anm. 24 **aa) Durchfrachtverkehr der Reedereien**

Seit langem stellen Reedereien Durchkonnossemente von unterschiedlicher Art aus. Soweit die Reeder im Dokument die Beförderungspflicht für die ganze Strecke einschließlich der Land- und Eisenbahnanschlußtransporte übernehmen, sind diese Durchkonnossemente in Wahrheit Dokumente des kombinierten Transports. Inwieweit es möglich ist, die Dokumentationswirkung von Konnossementen auf Landtransporte zu erstrecken – was auch die Anwendbarkeit der seerechtlichen Haftungsordnung auf Landtransporte mit sich bringen würde – ist in Einzelheiten seit langem umstritten, s. dazu eingehend Scheer a.a.O. Zur Übersicht Abraham, Seerecht, 4. Aufl. 1974, S. 211 ff. mit Angaben zur neueren Literatur; Schaps/Abraham, Das deutsche Seerecht, 4. Aufl. 1978, Anh. I zu § 656.

Anm. 25 **bb) Kombinierter Großcontainer-Verkehr der europäischen Eisenbahnen**

Für den internationalen Bereich haben die europäischen Eisenbahnen die Abwicklung ihres Verkehrs mit Großcontainern einer gemeinsamen Organisation, der „Intercontainer", mit Sitz in Brüssel, übertragen. Diese übernimmt – im allgemeinen durch die entsprechenden nationalen Gesellschaften als Agenten – die Güter im Container oder stellt Container zur Beladung ab. Sie stellt dem Verlader ein besonderes Dokument, den Intercontainer-Übergabeschein aus. Aus den Geschäftsbedingungen von Intercontainer ergibt sich, daß sie die Rolle eines Beförderers übernehmen will. Intercontainer überträgt jedoch die Beförderung auf andere Beförderer weiter, und zwar in der Regel auf die beteiligten Eisenbahnen aufgrund der CIM/RiCo. Sie tritt dem Verlader ihre Ansprüche gegen die Eisenbahn oder andere Beförderer ab, ohne für deren Strecken eine Haftung zu übernehmen. Daneben wird nur eine begrenzte Haftung für Eigenverschulden vertraglich akzeptiert. Diese Lösung ist zumindest nach deutschen Recht bisher frei zulässig, während in Auslandsrechten, z.B. im französischen Recht im Hinblick auf die zwingende Spediteurhaftung u.U. Probleme entstehen können. Für den ganzen Container-Transport ab Übernahme durch Intercontainer gilt nach dieser Organisation des Transports im Regelfalle, also eventuell von Haus zu Haus, reines Eisenbahnfrachtrecht; insbesondere besteht durchweg die CIM/RiCO-Haftung, wenn der Container-Transport nur durch Eisenbahnen und ihre beauftragten Unternehmer erfolgt. Allerdings ist Intercontainer frei, andere Beförderer oder Transportmittel als die Eisenbahn einzusetzen. Es ist daher auch möglich, daß Intercontainer die Güter nur bis zu einem Container-Terminal auf der Grundlage des CIM-Frachtbriefs versendet, von dort jedoch die Beförderung einem selbständigen Kraftfahrzeugfrachtführer überträgt, wonach dann entweder CMR oder nationales Kraftfahrzeugfrachtrecht anzuwenden ist. Somit sichert die von den Eisenbahnen gewählte Konstruktion nicht die einheitliche Anwendung gleichen Rechts auf den gesamten Transport.

S. zum Intercontainer-Übergabeschein Anm. 2, 3, 4, 6, 13 zu § 426.

Für den reinen Binnenverkehr und für den deutschen Seehafen-Container-Verkehr hat die Deutsche Bundesbahn die Abwicklung des Großcontainer-Transports auf ihre Tochtergesellschaft Transfracht GmbH, Frankfurt, übertragen. Diese übernimmt die Container-Beförderung aufgrund des Transfracht-Übergabescheins und der Transfracht-Geschäftsbedingungen. Transfracht verpflichtet sich zur Beförderung als Landfrachtführer und beschäftigt die Deutsche Bundesbahn als Unterfrachtführer. Für die Beziehung zwischen Transfracht und Verlader wird nach den Geschäftsbedingungen die eisenbahnrechtliche Haftung nach EVO vereinbart. Die hierfür in § 18 Abs. 1 Transfracht-Geschäftsbedingungen vorgenommene Verweisung auf das Eisenbahnrecht ist zulässig, da § 2 Abs. 2 GüKG für diesen Fall nicht paßt. Der Transfracht-Übergabeschein wird ausdrücklich als Landfrachtbrief nach § 426 HGB bezeichnet – allerdings mit atypischem Inhalt, s. hierzu Anm. 2, 3, 4, 6, 13 zu § 426. Insgesamt läßt sich aus diesen Vertragsgestaltungen erkennen, daß die Container-Gesellschaften der europäischen Eisenbahnen zwar die Stellung eines CT-Operators übernehmen, aber eine Eigenhaftung für Beförderungsschäden, insbesondere bei ungeklärtem Schadensort, ablehnen. Nicht einmal eine durchgehende Haftung nach CIM/RiCo ist garantiert.

cc) Das FIATA Combined Transport B/L (FBL) **Anm. 26**

Für kombinierte Transporte, zunächst vor allem für den kombinierten See/Landverkehr hat der Internationale Spediteurverband FIATA ein besonderes Durchkonnossement geschaffen. Dieses ist kein Konnossement im Sinne der Haager Regeln oder auch des deutschen Seefrachtrechts, sondern ein von einem Spediteur ausgestelltes Dokument, durch das der Spediteur als Unternehmer im kombinierten Transport (CTO) die Beförderung und Haftung übernimmt. In der Ausgestaltung der auf diesem Dokument aufgedruckten Geschäftsbedingungen ähnelt es dem 1972 gescheiterten TCM-(network)System; siehe dazu oben Anm. 23. Die einzelnen Beförderer, darunter die Eisenbahn- und Kraftwagenbeförderer, von denen die Teile des kombinierten Transports ausgeführt werden, sind Vertragspartner des CTO (Spediteurs) und haften ihm nach Maßgabe der jeweils geltenden Rechtsnormen (Seerecht, Luftrecht, CIM, CMR, SMGS, nationale Rechtsordnungen). Der Spediteur selbst übernimmt als CTO eine begrenzte primäre Haftung für alle Schäden. Für Schadensfälle, die sich im Obhutsbereich eines bestimmten Beförderers ereignet haben, haftet der Spediteur dem Auftraggeber nach Maßgabe des für diesen Beförderer geltenden zwingenden Rechts. Für die unaufgeklärten Fälle verbleibt es bei der CTO-Haftung im Rahmen der Grenzen des FBL. Dieses Haftungssystem kann ergänzt werden durch eine vom Spediteur genommene Haftpflichtversicherung, welche die Haftung des Spediteurs gegenüber seinem Auftraggeber deckt, und, wenn nötig, die Ansprüche des Spediteurs gegen einzelne Beförderer im Regreßwege geltend macht. In einem Schadensfall haftet somit nach dem FBL-System praktisch zunächst der Transportversicherer; dieser wendet sich im Regreßweg an den Spediteur bzw. dessen Haftpflichtversicherer, dieser wiederum im Regreß gegen den einzelnen Beförderer oder dessen Haftpflichtversicherer. Alle entstehenden Rechtsunsicherheiten können somit aus der Sicht des Verladers durch die Transportversicherung ausgeschaltet werden. Dadurch wird jedoch nur eine Verlagerung des Schadensersatzprozesses in den Regreßbereich erreicht.

Zur wertpapierrechtlichen Qualifikation des FBL s. Anm. 10 zu § 444 HGB.

dd) CT-Dokument der Internationalen Handelskammer **Anm. 27**

Nach dem Scheitern der Container-Konferenz 1972 hat die Internationale Handelskammer in Paris (ICC) im Jahre 1973 den Versuch gemacht, einheitliche Regeln für ein Dokument des kombinierten Transports (CT-Dokument) aufzustellen (Broschüre Nr. 273), Neufassung Dokument Nr. 298, Okt. 1975. Zur wertpapierrechtlichen Seite dieses Dokuments s. Anm. 10 zu § 444 HGB.

Die Haftungsregelung der von der ICC entworfenen, diesem Dokument zugrunde liegenden internationalen Geschäftsbedingungen ähnelt sehr stark der bereits für das FBL angegebenen und lehnt sich ebenfalls stark an den TCM-(network) Entwurf der IMCO/ECE an. In der Umschreibung der network-Haftung sind diese Bedingungen jedoch genauer und komplizierter als die des FBL. Auch die Grenzen der Haftung des Operators sind nicht voll mit denen des FBL identisch.

Anm. 28 **III. Internationales Privatrecht und internationales Einheitsrecht**

Das internationale Privatrecht (Kollisionsrecht) spielt für den deutschen Landfrachtverkehr keine bedeutende Rolle mehr, seitdem das Übereinkommen über den Beförderungsvertrag zum internationalen Straßengüterverkehr (CMR) in Kraft getreten ist; siehe Anhang III nach § 452. Art. 1 Abs. 1 dieses Übereinkommens läßt dieses dann schon gelten, wenn beim grenzüberschreitenden Straßengüterverkehr entweder der Ort der Übernahme des Guts oder der vorgesehene Ablieferungsort in einem Vertragsstaat liegt. Sowohl der einkommende wie der ausgehende Verkehr mit der Bundesrepublik Deutschland unterliegt damit der CMR; überdies auch jeder Transport, der in einem der anderen Vertragsstaaten beginnt oder endet (wenn z. B. ein deutscher Verlader Güter aus der Schweiz nach der DDR transportieren läßt).

Die CMR enthält materielles deutsches Privatrecht internationalen Ursprungs. Ihr Art. 1 Abs. 1 bindet die deutschen Gerichte als kollisionsrechtliche Norm und zwingt sie zur Anwendung der CMR in den von dieser vorgesehenen Fällen, auch wenn die mitberührten Staaten der CMR nicht angehören. Daß hiernach u. U. der selbe Frachtvertrag von einem deutschen oder einem ausländischen Gericht unter verschiedene Normen gestellt werden wird, ist zwar ein Nachteil dieser Lösung, muß aber angesichts der klaren Regelung des Art. 1 Abs. 1 CMR in Kauf genommen werden; siehe Anm. 1 zu Art. 1 CMR.

Die allgemeinen Kollisionsnormen des deutschen internationalen Privatrechts für Schuldverträge oder für Frachtverträge greifen somit im Landverkehr nur ein, wenn der Übernahme- und der Ablieferungsort weder in der Bundesrepublik Deutschland noch in einem anderen Vertragsstaat der CMR liegen; ferner dann, wenn die CMR eine Frage nicht oder nicht ausreichend präzise regelt und auch keine Regelung durch Interpretation oder Analogie zu entnehmen ist; Beispielsfall: Ausstellung einer unrichtigen Spediteur-Übernahmebescheinigung durch den CMR-Frachtführer; OLG Düsseldorf, VersR 1975, 232. Die ergänzende Anwendung nationalen Rechtes im Rahmen der CMR sollte jedoch soweit wie möglich vermieden werden; siehe eingehend Anm. 3f. zu Art. 1 CMR. Muß ein nicht der CMR unterliegender Fall von einem deutschen Gericht entschieden werden, so muß entsprechend der Rechtsprechung der deutschen Gerichte der Schwerpunkt des Vertrages (sog. „hypothetischer Parteiwille“) gesucht werden; siehe grundsätzlich für das ergänzend zur CMR anzuwendende Recht: BGH vom 21. 12. 1973, VersR 1974, 325 (326) = NJW 1974, 412f. = MDR 1974, 470f. = LM Nr. 3 zu CMR = AWD 1974, 160f. = ETR 1975, 91ff. Fehlt es an genügenden Anhaltspunkten, so kann das Recht des Erfüllungsortes der geschuldeten Leistung maßgeblich sein; die Parteien können sich auch vor Gericht noch durch Einlassung auf deutsches Recht einigen; OLG Düsseldorf, VersR 1975, 232.

Die Rechtslage entspricht hinsichtlich der Ergänzung durch nationales Recht weitgehend der für den Speditionsvertrag bestehenden; siehe dazu Anm. 17 zu §§ 407–409; ferner BGH vom 12. 1. 1966, VersR 1966, 461 (462) (Jugoslawische „Flußschiffahrt“). Aus der jüngsten Rechtsprechung zum internationalen Privatrecht siehe ferner BGH vom 3. 3. 1976, WM 1976, 511 (512f.) = JZ 1976, 607 = DB 1976, 1009; vom 9. 3. 1977, NJW 1977, 1586 = AWD 1977, 294f. (Handelsmakler); OLG Düsseldorf, VersR 1975, 232f.; zum Speditionsvertrag OLG München vom 30. 10. 1974, VersR 1975, 129. Zum Statut des internationalen Schuldvertrags und zum internationalen Klauselrecht siehe auch Landfermann, AWD 1977, 445; Staudinger/Firsching, Kommentar zum BGB, 10./11. Aufl. 1978, Anm. 279ff. und 550 vor Art. 12 EGBGB; Kegel, Internationales Privatrecht, 4. Aufl. 1977, 285ff.

Für den Bereich der Binnenschiffahrt enthalten die verwendeten Formulare für Frachtbriefe und Binnenkonnossemente in der internationalen Rheinschiffahrt regelmäßig eine Rechtswahlklausel für das deutsche Binnenschiffahrtsgesetz (BSchG), teilweise auch für das deutsche Recht im ganzen. Dies gilt auch für die schweizerischen, französischen, niederländischen und belgischen Formulare. Das deutsche Binnenschiffahrtsrecht ist zur Gänze abdingbar, so daß die ausländischen Schiffahrtsunternehmen unter seiner Herrschaft ihre Formularverträge unbeschränkt zugrunde legen können. Ob eine solche Rechtswahl zur Umgehung zwingenden einheimischen Rechts durch ausländische Reedereien zulässig ist, kann in diesem Zusammenhang kaum von Bedeutung sein, da die Verweisung auf deutsches Recht nicht dem für deutsche Gerichte maßgeblichen deutschen ordre public widersprechen kann.

Besonders problematisch ist die Frage, welche Regelung anwendbar ist, wenn die geschuldete Beförderung mit einer anderen als der ursprünglich vorgesehenen Art von Beförderungsmittel – etwa durch Unterfrachtführer (vgl. § 432 HGB) – ausgeführt wird. Dies ist besonders wegen der unterschiedlichen Ausgestaltung der Haftung von Bedeutung; vgl. Anm. 37ff. zu § 429.

B. Begriff und Rechtsnatur des Frachtführers und des Frachtvertrags Anm. 29

I. Allgemeines

Nach der gesetzlichen Definition des § 425 ist Frachtführer, wer gewerbsmäßig die Beförderung von Gütern zu Lande oder auf Binnengewässern übernimmt, d. h. wer Frachtverträge abschließt. Der Frachtführerbegriff wird also mittelbar durch den Begriff des Land- oder Binnenschiffahrts-Frachtvertrages bestimmt.

Da durch § 451 HGB das Landfrachtrecht auch für Gelegenheitsfrachtführer gilt, sofern sie nur Kaufleute sind, enthält die Abgrenzung des Vertragstyps „Frachtvertrag" die eigentlichen Kriterien für die Anwendbarkeit der §§ 426ff. HGB.

Der Frachtführer ist stets Kaufmann kraft Gesetzes, auch ohne Eintragung in das Handelsregister (sogenannter „Mußkaufmann"), § 1 Abs. 2 Ziff. 5 HGB. Eine auf den Betrieb von Frachtgeschäften gerichtete Personengesellschaft ist somit zwingend OHG oder KG.

Die geführte Berufsbezeichnung des die Beförderung Übernehmenden ist für die Frage, ob er Frachtführer ist, ob also das Landfrachtrecht Anwendung findet, ebensowenig von Bedeutung, wie die Bezeichnung die dem Geschäft von den Parteien gegeben wird. Insbesondere ist der Möbelspediteur in aller Regel Frachtführer; siehe Anm. 4 zu §§ 407–409 und oben Anm. 12. Für den Berufsspediteur kann, wenn er Frachtgeschäfte abschließt, insoweit Frachtrecht gelten, insbesondere auch im Falle des Selbsteintritts und der Sammelladungsspedition; siehe die Anmerkungen zu §§ 412, 413 sowie unten Anm. 43.

II. Die am Frachtvertrag beteiligten Personen. Terminologie. Anm. 30

1. Der Frachtführer (Unternehmer)

Das Landfrachtrecht des HGB bezeichnet den Güterbeförderer als „Frachtführer". Diese Terminologie wurde in die deutsche Übersetzung der CMR aufgenommen und gilt somit auch für den grenzüberschreitenden Straßengüterverkehr. Sie ist auch BSchG verwendet. Allerdings sprechen die gebräuchlichen Verlade- und Transportbedingungen der Binnenschiffahrt regelmäßig von der „Reederei". Das innerdeutsche Spezialrecht des Güterkraftverkehrs bedient sich – im Zusammenhang mit der öffentlich-rechtlichen Regelung des Erlaubnisrechts im GüKG – des farblosen Ausdrucks „Unternehmer" (KVO, BefBMö, AGNB). Die ADSp sprechen stets nur vom „Spediteur", auch soweit er nicht als solcher, sondern als Frachtführer tätig wird. Die KVORb spricht nur von der „Reichsbahn". Damit ist heute die Deutsche Bundesbahn als Frachtführer im Güterfernverkehr mit Kraftfahrzeugen zu verstehen. Die terminologischen Unterschiede sind sachlich bedeutungslos. In allen Fällen handelt es sich um Frachtführer im Sinne der §§ 25 ff. HGB.

Die anderen Sparten des Frachtrechts haben eine eigene Terminologie. Im Seefrachtrecht heißt der Frachtführer „Verfrachter", im Luftfrachtrecht des WA, des LVG und der deutschen Fassung der IATA-Bedingungen wird nur der Terminus „Luftfrachtführer" benutzt. Dieser gilt jedoch, anders als im Landfrachtrecht, auch für die Tätigkeit als Personenbeförderer.

In internationalen Abkommen werden die Frachtführer (und Personenbeförderer) aller Sparten englisch als „carrier", französisch als „transporteur" bezeichnet; nur im Eisenbahnrecht ist stets von „railway" oder „chemin de fer" die Rede.

Anm. 31

2. Der Absender

„Absender" im Sinne des Landfrachtrechts ist der Vertragspartner des Frachtführers. Die Spezialregelungen schließen sich teilweise dieser Terminologie an (KVO, KVORb, CMR). Die BefBMö, die AGNB und die ADSp bezeichnen dagegen den Absender als „Auftraggeber". Auch das deutsche und internationale Eisenbahnrecht bezeichnet den Vertragspartner als Absender, ebenso das Luftfrachtrecht. Im Seerecht heißt der Absender „Befrachter"; bestimmte Funktionen werden aber vom sogenannten „Ablader" übernommen; siehe dazu z. B. §§ 563 ff., 642, 645 ff. HGB.

Wer Absender ist, ergibt sich im allgemeinen aus der Eintragung im Frachtbrief; doch kann die durch diese begründete Vermutung widerlegt werden; siehe z. B. zur KVO BGH v. 30. 1. 1964, VersR 1964, 479 (480). Die Ermittlung kann im Einzelfall sehr schwierig sein, wenn verdeckte Stellvertretung und komplizierte gesellschaftsrechtliche Kooperationsformen auf der Absenderseite vorliegen. Zur Ermittlung, wer Absender ist, muß auf die gesamten Umstände (z. B. Bestätigungsschreiben, Provisions- und Frachtzahlungen) abgestellt werden. Siehe hierzu BGH a. a. O. Ob derjenige, der den Frachtvertrag mit dem Frachtführer abgeschlossen hat, ein Eigeninteresse an Ware und Beförderung hat oder nur als Strohmann eines anderen handelt, hat auf seine Stellung als Absender keinen Einfluß; BGH vom 23. 6. 1955, WM 1955, 1324, (1325). Siehe ferner das Urteil des niederländischen Hoge Raad vom 13. 12. 1973, ETR 1974, 602 ff.; dazu Czapski, AWD 1974, 161 und Dorrestein, ETR 1974, 724.

Anm. 32

3. Der Empfänger

Als Empfänger wird in allen frachtrechtlichen Regelungen derjenige bezeichnet, an den das Frachtgut adressiert ist, an den also nach dem Frachtvertrag auszuliefern ist. Hierbei ist zunächst der ursprünglich bezeichnete Empfänger gemeint. Allerdings besteht in der Regel auch die Möglichkeit des Absender, durch nachträgliche Verfügung eine andere Person als den ursprünglich bezeichneten Empfänger zu benennen (siehe §§ 433 Abs. 1 HGB; § 27 Abs. 1 d KVO; § 27 Abs. 1 d KVORb; Art. 12 Abs. 1 CMR; § 5 Abs. 1 BefBMö; Art. 12 Abs. 1 WA; § 72 Abs. 1 d EVO; Art. 22 § 1 Abs. 3 c CIM. Spätestens nach der Auslieferung kann kein neuer Empfänger mehr benannt werden. Wird eine solche vertragsändernde Verfügung getroffen, so wird die neu benannte Person Empfänger. Sie wird dann auch gesetzlich so bezeichnet. Siehe zur Rechtsstellung des Empfängers als Begünstigter aus einem Frachtvertrag zugunsten Dritter unten Anm. 53.

Schließlich kann im Falle der Ausstellung eines Ladescheins – wie er im Binnenschiffahrtsrecht noch üblich ist – der Empfänger auch durch die wertpapierrechtliche Legitimation bestimmt sein; vgl. Anm. 2 zu § 447 sowie die Anm. zu §§ 433–435.

Somit kann zusammenfassend festgehalten werden: Empfänger ist derjenige, an den nach dem jeweiligen Stand des Frachtvertrags das Frachtgut auszuliefern ist bzw. an den das Frachtgut berechtigterweise ausgeliefert worden ist.

III. Definition und Abgrenzung des Frachtvertrags **Anm. 33**

1. Die einzelnen Merkmale der Definition des § 425 HGB

a) Beförderung

aa) Ortsveränderung

Zentrales Bestimmungselement des Frachtvertrags ist die „Beförderung". Darunter versteht man die Verbringung von Personen oder Sachen von einem Ort an einen anderen, also die Überwindung einer räumlichen Distanz. Hierbei braucht es sich nicht um die Verbringung von einem geographisch bezeichneten Ort an einen anders bezeichneten zu handeln; so schon ROHG 12, 196 (198) zu Art. 390 AHGB. Es genügt vielmehr auch die Ortsveränderung auf kürzester Distanz, z. B. für Transport von Möbeln von einem Zimmer in ein anderes. Beförderungstätigkeit ist somit auch das Verladen, der Gepäcktransport usw. Auch der Dienstmann befördert Güter, siehe jedoch unten Anm. 41.

bb) Beförderungserfolg als Leistungsgegenstand **Anm. 34**

Mit dem Begriff „Beförderung" wird der gesamte Vorgang – eingeschlossen den Erfolg – bezeichnet. Ein Frachtvertrag liegt somit nur vor, wenn der Erfolg, also die Verbringung von Ort zu Ort, geschuldet wird. Damit erweist sich der Frachtvertrag als Sonderfall des Werkvertrags. Von ihm sind zu unterscheiden solche Verträge, bei denen der Unternehmer nicht den Erfolg der Tätigkeit, die Verbringung an einen anderen Ort schuldet, so z. B. der Mietvertrag über ein Beförderungsmittel, der Dienstvertrag für zu leistende Beförderungstätigkeit, der Lohnfuhrvertrag.

cc) Sonderfall: Abfallbeseitigung **Anm. 35**

Zweifelhaft ist es heute, ob der Vertrag auf Beseitigung von Abfällen Frachtvertrag ist. In Anm. 3 zu § 425 der Vorauflage vertrat Ratz die Meinung, daß es hierbei an einem bestimmten Ort fehle, an den die Abfälle zu verbringen seien. Dies kann jedoch nach den heutigen Verhältnissen von Fall zu Fall verschieden sein. In aller Regel wird bei solchen Verträgen wohl nicht nur das Fortschaffen des Mülls, sondern das Verbringen an einen zulässigen Abladeplatz geschuldet. Wird also Altöl von dem betreffenden Beförderungsunternehmer in einen Flußlauf gepumpt, statt an die zulässige Altölsammelstelle gebracht zu werden, oder werden giftige Abfallstoffe nicht auf die vorgeschriebene Giftdeponie, sondern irgendwo sonst abgeladen, so ist die Hauptpflicht aus dem Frachtvertrag nicht erfüllt.

Die Abfallbeseitigung ist nach § 1 Ziff. 9 der Freistellungsverordnung zum GüKG (siehe Anm. 2 zu § 4 GüKG, Anh. I nach § 452) von der Anwendung des GüKG ausgenommen. Für diesen Bereich gilt daher weder die Tarifregelung über Entgelte, noch sind die Beförderungsbedingungen (KVO) zwingend anzuwenden. Waschbergemassen aus Schachtanlagen fallen nicht unter § 1 Ziff. 9 Freistellungs-VO; BGH vom 6. 2. 1976, MDR 1976, 555 im Gegensatz zur Vorentscheidung des OLG Düsseldorf vom 27. 9. 1974, DB 1974, 2001. Siehe auch BGH vom 30. 11. 1973, LM GüKG Nr. 47 (Beförderung von Waschberge im Güternahverkehr als Transportgeschäft).

Zur öffentlich-rechtlichen Seite der Abfallbeförderung siehe die VO über das Einsammeln und Befördern von Abfällen (Abfallbeförderungsverordnung – AbfBefV) vom 29. 7. 1974, BGBl. 1975 I S. 1581; Abdruck bei Hein/Eichhoff u.a. GüKG Bd. I G 280.

Anm. 36 **dd) Beförderungsmittel**

Für die Frage, ob ein Frachtvertrag vorliegt, ist es gleichgültig, mit welchen Mitteln die Beförderung vorgenommen wird, ob z. B. mit Kraftfahrzeug, durch Tragen oder mit Pferdewagen, Schlitten oder gar durch Treiben von Vieh (ROHG 13, 133 ff.). Das vereinbarte oder tatsächlich benutzte Beförderungsmittel ist aber für die Bestimmung des anzuwendenden Sonderrechts von entscheidender Bedeutung; siehe Anm. 3 ff. Ferner kann die Beförderung mit einem anderen als dem vereinbarten Beförderungsmittel eine Vertragsverletzung darstellen.

Anm. 37 **ee) Beförderung als Hauptpflicht**

Die Beförderungspflicht muß die Hauptpflicht des betreffenden Vertrages sein. Verträge mit anderen Hauptmerkmalen, nach denen nur nebenbei Beförderungsleistungen zu erbringen sind, fallen nicht unter den Begriff des Frachtvertrags, so z. B. Lagerverträge, Kaufverträge mit Bringverpflichtung usw.; siehe im einzelnen unten Anm. 44 ff.

Anm. 38 **b) Güter**

Der Beförderungsvertrag kann sich auf Personen oder auf Güter beziehen. Man unterscheidet daher zwei Untergruppen, die Personenbeförderungsverträge und die Frachtverträge. Es liegt auf der Hand, daß der strukturelle Unterschied vor allem darin liegt, daß bei der Personenbeförderung keine Herrschaft des Beförderers über den Beförderungsgegenstand und damit auch keine Obhutspflicht begründet wird; siehe zum Personenbeförderungsvertrag die Kommentierung zu § 460 HGB.

Der Begriff „Gut" oder „Güter" umfaßt alle körperlichen Gegenstände, die befördert werden können (RGZ 20, 47 (49 f.)); hierzu können auch Container gehören; siehe Anm. 7 zu § 429.

Zu den Gütern gehören danach auch Sachen, die nicht Gegenstände des Handelsverkehrs (Waren) sind. Auch wertlose Sachen (z. B. Abfälle, Müll) können daher Güter sein.

Der „Güter"-Begriff des § 425 entspricht dem eisenbahnrechtlichen in § 453 HGB. Die EVO dagegen unterscheidet zwischen „Gütern", Reisegepäck, Leichen und Tieren, so daß der Begriff „Güter" dort einen eigenen Inhalt hat. Siehe die Kommentierung zu §§ 453 und 459 HGB. Welche Güter befördert werden, ist allerdings im Hinblick auf die anwendbaren Bestimmungen privatrechtlicher Art von Bedeutung. § 1 FreistellungsVO (s. oben Anm. 35 sowie Anm. 22 zu § 4 GüKG Anh. I nach § 452) nimmt die Transporte bestimmter dort aufgeführter Güter von der Anwendung des GüKG und damit den Tarifbestimmungen wie auch der KVO bzw. der BefBMö aus. In diesem Bereich gilt somit weitgehende Vertragsfreiheit.

Anm. 39 **c) Zu Lande oder auf Binnengewässern**

Dieser Teil der Definition unterscheidet den Landfrachtvertrag von anderen Frachtverträgen: Vom Seefrachtvertrag (geregelt in §§ 556–663 b HGB; siehe oben Anm. 6); vom Luftfrachtvertrag (siehe Anm. 7 und Anhang VII nach § 452).

Indessen ist die Abgrenzung des § 425 erst vollständig, wenn §§ 453–460 HGB und das Binnenschiffahrtsgesetz vollständig herangezogen werden. Ohne die Sonderregelung des 7. Abschnitts (§§ 453–460 HGB) und des speziellen Eisenbahnrechts (EVO, CIM, siehe Anhänge nach § 460 HGB) würde die Güterbeförderung durch die Eisenbahn, da sie zu Lande erfolgt, unter § 425 fallen. Die gesetzliche Sonderregelung macht jedoch klar, daß der Eisenbahnfrachtvertrag nicht dem Landfrachtrecht unterstehen soll. Für die Binnenschiffahrt ist die Rechtslage etwas anders. An sich fällt die Beförderung von Gütern mit Binnenschiffen unter § 425. Jedoch ist ein beträchtlicher Teil des Landfrachtrechts durch die speziellen Normen des (jüngeren) BSchG von 1895 (1898) verdrängt. Siehe im einzelnen Anm. 5.

Zum Luftfrachtvertrag siehe oben Anm. 7.

Auch in seinem definierten Anwendungsbereich ist das HGB-Landfrachtrecht durch Spezialnormen verdrängt. Siehe oben Anm. 1.

d) Übernahme der Beförderung **Anm. 40**

Dieses Definitionsmerkmal stellt klar, daß eine vertragliche Bindung zwischen den Parteien erforderlich ist und daß die Hauptpflicht des Frachtführers die Erbringung der Beförderungsleistung sein muß. Der Frachtvertrag unterscheidet sich damit vom Speditionsvertrag, weil durch diesen vom Spediteur nicht die Beförderungsleistung, sondern nur die Besorgung der Versendung durch Dritte geschuldet wird. Von anderen Verträgen, die ebenfalls Beförderungspflichten umfassen, ist der Frachtvertrag dadurch abzugrenzen, daß bei ihm gerade die den Vertragstypus bildende Hauptpflicht in der Beförderung besteht. Als Nebenpflichten anderstypischer Verträge kommen Beförderungspflichten sehr häufig vor (z. B. bei Abholung und Zuführung beim Lager- und Speditionsvertrag, Bringpflicht beim Kaufvertrag u. ä.).

Die Übernahme der Beförderungsverpflichtung durch einen Frachtführer bedeutet nicht, daß er die Beförderung selbst oder durch seinen Beförderungsbetrieb ausführen müßte. Vielmehr steht ihm – soweit der Frachtvertrag nichts anderes bestimmt – auch die Möglichkeit offen, die Beförderung durch einen Unterfrachtführer ausführen zu lassen; so schon ROHG 9, 89 (90). Dabei bleibt die Beförderungspflicht als eigene Schuld des Hauptfrachtführers unberührt. Für den Unterfrachtführer wird nach § 431 HGB gehaftet; siehe § 432 und die dortigen Anmerkungen. Unterfrachtverträge kommen gerade auch bei den modernsten Transporttechniken häufig vor. So läßt der Beförderungsunternehmer des gemischten Transports (CTO) regelmäßig die von ihm übernommenen Container durch Unterfrachtführer befördern, zu denen auch Eisenbahnen, Schiffahrtsunternehmer und Luftfrachtführer gehören können; siehe dazu oben Anm. 17 ff.

e) Gewerbsmäßigkeit **Anm. 41**

Frachtführer im Sinne des § 425 ist nur, wer gewerbsmäßig Land- oder Binnenschiffahrtsfrachtgeschäfte betreibt. Zum handelsrechtlichen Begriff des Gewerbes siehe Anm. 4–15 zu § 1 HGB. Für Kaufleute, die an sich ein anderes Gewerbe betreiben, gelten jedoch nach § 451 HGB die Vorschriften des Landfrachtrechts, soweit sie im Einzelfall Frachtgeschäfte abschließen (Gelegenheitsfrachtführer). Ob der „Dienstmann“, wie etwa von Ratz in der Vorauflage Anm. 2 zu § 425 und von Schlegelberger/Geßler Anm. 5 zu § 425 behauptet, Landfrachtführer ist, muß davon abhängen, ob auf ihn auch die anderen Voraussetzungen des Frachtführerbegriffs zutreffen. Insbesondere ist zu bezweifeln, ob er selbständiger Gewerbetreibender ist. Für den bahnamtlich bestellten Gepäckträger trifft dies nicht zu. Dieser ist vielmehr Erfüllungsgehilfe der Eisenbahn, die auch die Haftung für ihn übernimmt; siehe § 35 EVO Anh. I nach § 460 HGB; Goltermann/Konow Anm. 1 zu § 35 EVO.

Anm. 42 **f) Übernahme der Obhut**

Zu den in § 425 aufgeführten Definitionsmerkmalen des Frachtvertrags kommt als weiteres die Übernahme der Obhut über das Frachtgut hinzu; so schon Rundnagel, Ehrenbergs Handbuch S. 113, 116. Insbesondere aus den frachtrechtlichen Haftungsbestimmungen (z. B. § 429 HGB) läßt sich erkennen, daß der Frachtführer Besitz und Verantwortung hinsichtlich des Frachtguts zu übernehmen hat. Die Übernahme der Obhutspflicht wird als Abgrenzungsmerkmal des Frachtvertrags vielfach in Literatur und Rechtsprechung verwendet, wenn bei Verträgen zweifelhafter Rechtsnatur die Einordnung als Frachtverträge zu begründen ist. So wird z. B. der Schleppvertrag nur dann als Frachtvertrag bezeichnet, wenn das Schleppschiff die Obhut über den Anhang übernimmt; siehe schon ROHG 23, 320ff.; Schlegelberger/Geßler, Anm. 12 zu § 425; Schaps/Abraham Anm. 24 vor § 556 HGB mit weiteren Hinweisen; zum Lohnfuhrvertrag siehe die Rechtsprechung des BGH, unten Anm. 45.

Die Übernahme der Obhut als Erfordernis des Frachtvertrags drückt sich auch in der Auffassung aus, der Frachtvertrag sei Realvertrag und komme – jedenfalls nach Eisenbahnrecht und KVO – erst mit der Annahme der Güter durch den Frachtführer zustande; siehe dazu unten Anm. 57. Wenn es auch rechtspolitisch fraglich erscheint, ob die Übernahme der Güter wirklich zu den Entstehungsvoraussetzungen des Frachtvertrags gehören sollte, so ist doch anzuerkennen, daß kein Frachtvertrag vorliegen kann, wenn die Übernahme der Obhut vertraglich überhaupt nicht vorgesehen ist, wenn also die tatsächliche Herrschaft über die Güter nicht auf den Frachtführer übergehen soll (Beispiel: Bestimmte Typen des Chartervertrags, Schleppvertrag). In solchen Fällen würde ein sehr großer Teil des Frachtrechts, der die Obhutsübernahme voraussetzt, (insbesondere die Regelung über Haftung, Ablieferung, Verfügungsrechte des Absenders, Pfandrecht), überhaupt nicht passen. Wird in solchen Fällen wohl der Beförderungserfolg geschuldet, soll aber die Obhut beim anderen Vertragspartner verbleiben, dann liegt ein Fall des Werkvertrags (§§ 631ff. BGB) vor, auf den u. U. einzelne Vorschriften des Frachtrechts analoge Anwendung finden können.

Sieht man die Übernahme der Obhut als zusätzliches, in § 425 HGB nicht aufgeführtes Definitionsmerkmal des Frachtvertrags an, so lassen sich manche Abgrenzungen, insbesondere im Bereich der Charter-, Schlepp- und Mietverträge leichter begründen. Siehe dazu unten Anm. 44ff.

Anm. 43 **2. Abgrenzung des Frachtvertrags von anderen Vertragstypen**

a) Speditionsvertrag

Der Speditionsvertrag unterscheidet sich vom Frachtvertrag dadurch, daß nicht die Beförderung selbst, sondern die „Besorgung der Beförderung" durch einen anderen geschuldet wird. Der Spediteur übernimmt also keine Beförderungspflicht. Im Falle des Selbsteintritts (§ 412 HGB), der Spedition zu festen Kosten und der Sammelladungsspedition (§ 413 HGB) ist jedoch im Verhältnis zwischen Spediteur und Versender Frachtrecht anwendbar. Wer vom Empfänger mit der Abholung von Gütern bei der Bahn über eine kurze Strecke beauftragt wird, ist Frachtführer und nicht Spediteur; OLG Düsseldorf DB 1973, 944. Siehe zu diesen Fragen eingehender Anm. 4 zu §§ 407–409; 3ff. zu § 412 sowie die Kommentierung zu § 413; Hinweise auf die seit 1972 veröffentlichte Rechtsprechung und Literatur siehe in Anm. 2 zu Art. 41 CMR, Anh. III nach § 452.

Für die KVO ist die Problematik durch die Novellierung des § 1 Abs. 5 KVO beseitigt worden. Danach findet die KVO auf Speditionsverträge nur Anwendung, soweit der Spediteur die Beförderung in eigenem konzessionierten LKW selbst ausführt. Siehe dazu Anm. 9a zu § 1 KVO, Anh. II nach § 452. Für die CMR wird jedoch die Problematik in vollem Umfang weiter bestehen. Zur Neufassung der ADSp siehe Anm. 109 zu § 429.

b) Miete von Beförderungsmitteln **Anm. 44**

Die Miete von Beförderungsmitteln unterscheidet sich vom Frachtvertrag dadurch, daß der Vermieter nur das Beförderungsmittel zur Verfügung stellt, jedoch keine Beförderungspflicht übernimmt. In der Praxis spielen vor allem in der Seeschiffahrt, Binnenschiffahrt und Luftfahrt Mietcharterverträge eine erhebliche Rolle. Im Falle der sogenannten bare-boat-charter oder bare-hull-charter wird das Schiff bzw. die Maschine ohne Besatzung verchartert. In diesem Falle liegt ein reiner Mietvertrag vor. Vielfach werden jedoch die Dienste der Besatzung mit überlassen. Dann kann sowohl ein Frachtvertrag wie ein Mietvertrag vorliegen. Siehe dazu eingehend Schaps/Abraham Anm. 17 vor § 556 und 6f. zu § 410 HGB. Ist die Qualifikation als Frachtvertrag zu verneinen, so stellt diese Form der Zeitcharter einen gemischten Vertrag, zusammengesetzt aus Fahrzeugmiete und Arbeitnehmerüberlassungsvertrag dar. Solche Verträge sind auch im Bereich der Landbeförderung denkbar und kommen wohl, insbesondere bei der gewerblichen Vermietung von Kraftwagen und Baumaschinen, auch vor. Siehe zu einem Fall unentgeltlicher Überlassung eines Tiefladers mit Fahrer BGH vom 14. 7. 1970, VersR 1970, 934 (935); zu einem Fall der Vermietung einer Planierraupe mit Fahrer KG NJW 1965, 976f. Die entgeltliche Überlassung eines Raupenbaggers mit Fahrer wurde vom BGH im Urteil v. 22. 5. 1968, VersR 1968, 779ff. als Miete angesehen. Siehe ferner zur Vermietung von Kränen mit Personal BGH vom 15. 2. 1978, VersR 1978, 522 (523) und OLG Hamm, VersR 1978, 548.

Auch der Lohnfuhrvertrag (siehe unten Anm. 45) gehört zu dieser Gruppe von Verträgen. Sie unterfallen nicht dem Frachtrecht, wenn der „Verleiher" nicht die Beförderung selbst übernimmt, insbesondere wenn die Besatzung des Transportmittels in vollem Umfang dem Charterer unterstellt wird. In diesen Fällen haftet der Vermieter oder Verleiher nicht nach § 278 für Verschulden des gestellten Personals, sondern nur für seine sorgfältige Auswahl; BGH vom 14. 7. 1970, VersR 1970, 934 (935).

Die see- und luftrechtlichen Charterverträge sind jedoch meist Frachtverträge (Frachtcharter); dann nämlich, wenn der Vercharterer die Herrschaft über die Besatzung mindestens zum Teil behält und die Beförderungspflicht selbst übernimmt. In diesem Fall können Unterfrachtverträge oder andere Gestaltungen vorliegen. Die Haftung für mitgestelltes Personal richtet sich nach den betreffenden frachtrechtlichen Vorschriften. Siehe zur Typologie der Charterverträge, insbesondere zu den Schwierigkeiten der Abgrenzung Schaps/Abraham a.a.O.

Mietverträge über Kraftfahrzeuge unterliegen nicht den Vorschriften des GüKG über die Zulassungspflicht, die Kontingentierung und den Tarifzwang, selbst wenn die Voraussetzungen des Werksverkehrs nach § 48 GüKG nicht vollständig vorliegen; BayObLG vom 25. 10. 1966, BB 1967, 858.

c) Lohnfuhrvertrag, Dienstvertrag usw. **Anm. 45**

§ 25 AGNB (siehe Anhang V nach § 452) sieht für den Güternahverkehr den sogenannten Lohnfuhrvertrag vor. Danach hat der Unternehmer ein bemanntes Fahrzeug nach Weisung des Auftraggebers zu stellen. Dies entspricht etwa dem see- und luftrechtlichen Chartervertrag mit employment-Klausel, dessen Zuordnung zum

Typus Frachtvertrag wohl von der herrschenden Meinung angenommen wird (siehe oben Anm. 44).

Ähnlich ist auch der Rollfuhrvertrag der Eisenbahn zu beurteilen (siehe die Erläuterungen zu § 456 HGB). Der Begriff des Lohnfuhrvertrags ist rechtlich nicht eindeutig inhaltlich festgelegt; BGH vom 17. 1. 1975, VersR 1975, 369 (370) = DB 1975, 781 = MDR 1975, 469 = NJW 1975, 780 = ETR 1976, 760ff. Es handelt sich am ehesten um einen kombinierten Miet- und Dienstverschaffungsvertrag; zutreffend Cantrup/Willenberg/Hill, Der gewerbliche Güternahverkehr, 5. Aufl. 1977, S. 257. Allerdings übernimmt der Lohnfuhrunternehmer nach § 25 AGNB die volle frachtrechtliche Haftung; BGH v. 8. 12. 1965, LM Nr. 1 zu AGNB = VersR 1966, 180 (181); LG Hamburg, VersR 1977, 1052. Diese Haftung ist nur durch eine Mitverursachungsklausel eingeschränkt; siehe dazu eingehend BGH, a. a. O. Diese Regelung spricht für einen zumindest teilweise frachtrechtlichen Charakter des Lohnfuhrvertrags. Man wird daher wohl davon ausgehen müssen, daß der Lohnfuhrunternehmer die Obhut, vielleicht auch die Beförderungspflicht übernimmt, aber nicht für den Beförderungserfolg einzustehen hat. Der BGH, U. v. 3. 6. 1964, VersR 1964, 967 (968f.) und U. v. 12. 6. 1964, VersR 1964, 970 (972) sieht einen entscheidenden Unterschied zwischen Lohnfuhrvertrag und Frachtvertrag in der Obhutsübernahme und darin, daß der Auftraggeber beim Lohnfuhrvertrag frei über den Laderaum verfügen könne. Liegt, wie oben ausgeführt, jedoch auch beim Lohnfuhrvertrag eine Übernahme der Obhut vor, so kann dieser nur als ein gemischter Vertrag betrachtet werden, in dem Mietvertrag und Arbeitnehmerüberlassung mit frachtrechtlichen Elementen verbunden sind. Unabhängig von der Rechtsnatur des Lohnfuhrvertrags hat der Lohnfuhrunternehmer für Verschulden seiner Erfüllungsgehilfen nach § 278 einzustehen: BGH vom 17. 1. 1975, VersR 1975, 369f. = NJW 1975, 780f. = DB 1975, 781ff.; dazu die zweite Revisionsentscheidung vom 22. 4. 1977, VersR 1977, 662ff. = MDR 1977, 911. Soweit die AGNB gelten, tritt an die Stelle des § 278 BGB § 19 AGNB; zweifelnd Voigt, VP 1974, 34f.

Lohnfuhrverträge werden auch zwischen der Bundesbahn und Güterfernverkehrsunternehmen abgeschlossen, soweit die Bahn als Straßenfrachtführer tätig wird und sich der Unternehmer als Erfüllungsgehilfen bedient. Siehe dazu § 47 GüKG, Anh. I nach § 452; sowie BGH vom 28. 3. 1957, VersR 1957, 388 (zur Verteilung des Beschlagnahmerisikos bei Transporten durch die DDR).

Anm. 46 **d) Schleppvertrag**

Im Binnenschiffahrtsrecht spielt der Schleppvertrag eine erhebliche Rolle. Durch diesen Vertrag verpflichtet sich der Unternehmer, ein Schleppschiff mit Hilfe eines Schleppers auf dem Wasser zu bewegen. Dabei kommt es nicht darauf an, ob das Schleppschiff mittels einer Trosse gezogen oder aber – wie in der modernen Schubschiffahrt – geschoben wird. Der Schleppvertrag kann, je nach seinem Inhalt, Frachtvertrag, Schiffsmiete, evtl. gekoppelt mit einer Arbeitnehmerüberlassung, aber auch bloßer Werkvertrag sein. Siehe dazu Schaps/Abraham II Anm. 23–27 vor § 556 HGB.

Auch im Straßenverkehr kommen Schleppverträge vor, z. B. beim Abschleppen beschädigter Fahrzeuge oder beim Mitbefördern von Anhängern. Auch wird regelmäßig dann ein Frachtvertrag vorliegen, wenn der Schleppende die Verbringung an einen bestimmten Ort verspricht und die Obhut über das geschleppte Fahrzeug voll übernimmt. Wird dagegen das abgeschleppte Fahrzeug vom eigenen Fahrer gelenkt, so dürfte ein bloßer Werkvertrag ohne Übernahme einer Obhutspflicht bestehen. Allerdings kann auch in solchen Fällen eine Obhutsübernahme vorliegen, wenn nämlich der Fahrer als Erfüllungsgehilfe des Abschleppenden tätig werden soll. Ob frachtrechtliche oder werkvertragliche Normen auf den betreffenden Werkvertrag Anwendung finden, kann daher nur von Fall zu Fall durch Ermittlung des Vertragsinhalts unter Heranziehung der Umstände entschieden werden.

e) Lagerverträge **Anm. 47**

Der Lagerhalter übernimmt durch den Lagervertrag grundsätzlich keine Transportverpflichtungen. Jedoch kann zu seinen Nebenverpflichtungen auch das Abholen oder Zubringen gelagerter Güter gehören. Auf diese Nebenpflichten findet nicht Frachtrecht, sondern Lagervertragsrecht und allgemeines Schuldrecht Anwendung. Anders ist die Lage aber, wenn die Transportverpflichtung nach Beendigung des Lagervertrags übernommen wird (RG HRR 1929, Nr. 1673) oder wenn sie ein so erhebliches Gewicht hat, daß sie nicht mehr als Nebenpflicht betrachtet werden kann. Dies gilt in jedem Fall bei Transporten in der Güterfernverkehrszone, wohl aber auch bei größeren Strecken im Güternahverkehr. Auch Anlieferungsfahrten vom Lager an einzelne Abnehmer des Einlagerers sind wohl als Frachtgeschäfte zu betrachten.

f) Unentgeltliche Verträge; Beförderung als Nebenpflicht **Anm. 48**

Der Frachtvertrag setzt – als Sonderform des Werkvertrags – Entgeltlichkeit voraus. Fehlt es an der Vereinbarung des Entgelts und greifen aus fallbedingten Gründen auch die §§ 632 Abs. 1 BGB, 354 HGB nicht ein, so liegt ein Auftrag, eventuell auch Leihe vor; siehe den Fall BGH vom 14. 7. 1970, VersR 1970, 934ff. (Zurverfügungstellen eines Tiefladers mit Fahrer). Vielfach werden jedoch Beförderungsleistungen als Nebenpflichten aus anderstypischen Verträgen übernommen; z.B. bei der Erfüllung der Bringschuld beim Kaufvertrag; zum Versendungskauf siehe Schultz, JZ 1975, 240. In diesen Fällen liegt keine unentgeltliche Beförderung vor. Eine vorsichtige analoge Anwendung frachtrechtlicher Bestimmungen zur Lösung von Interessenkonflikten kann in Betracht kommen. Siehe auch unten Anm. 49.

Für die Beförderung im Werksfernverkehr eines Textilveredelungsbetriebs (und Transport zum Kunden) gelten die Bestimmungen des zwischen ihm und dem Kunden abgeschlossenen Vertrages, einschließlich der vereinbarten „Einheitsbedingungen für Textil-Lohnveredelungsaufträge"; die zwingende Wirkung des § 26 GüKG tritt nicht ein; BGH vom 10. 11. 1972, VersR 1973, 73f., siehe Anm. 4 zu § 26 GüKG.

g) Kaufverträge als Umgehungsgeschäfte im Hinblick auf das zwingende Tarifrecht **Anm. 49**

Ein Rahmenvertrag, durch den ein Baustoffgroßhändler einen (oder mehrere) Zwischenhändler in seine Rechtsbeziehungen zu Vorlieferanten (Kiesgrubenunternehmern usw.) einschaltet, hat frachtrechtlichen Charakter, wenn der ausschließliche wirtschaftliche Zweck der Heranziehung der Zwischenhändler in deren Beförderungspflicht besteht. Die Bezeichnung der Geschäfte als Kaufgeschäfte ist in diesem Falle ein nach § 5 GüKG unbeachtlicher Scheintatbestand. Es handelt sich bei diesen Geschäften in Wahrheit um Frachtverträge: BGH vom 29. 3. 1974, Betrieb 1974, 1224. = LM GüKG Nr. 48. Neben den Tarifvorschriften sind daher in solchen Fällen auch die zwingenden Haftungsbestimmungen anwendbar, z. B. im Güterfernverkehrsbereich die Haftungsnormen der KVO. Dagegen unterliegt ein Vertrag, durch den sich ein Beförderungsunternehmer verpflichtet, Grubenabfälle (Waschberge) abzutransportieren und selbst weiter zu verkaufen, nicht dem GüKG; BGH vom 30. 11. 1973, LM GüKG Nr. 47. Im einzelnen kann die Abgrenzung, wie auch in der zitierten Entscheidung erhebliche Schwierigkeiten bereiten.

Anm. 50 **h) Gepäcktransport bei Personenbeförderung**

Die Gepäckbeförderung im Rahmen des Personenbeförderungsvertrages erfolgt aufgrund einer besonderen Vertragsabrede über die Gepäckbeförderung. Sie begründet frachtvertragliche Rechtsbeziehungen zwischen Reisenden und Personenbeförderungsunternehmen. Siehe hierzu im einzelnen zum Eisenbahnrecht Finger, Anm. 2 zu § 25 EVO; Goltermann/Konow Anm. 2 zu § 25 EVO Weihrauch/Heinze Anm. 1 zu § 25 EVO. Auf die Gepäckbeförderung im Straßenverkehr, insbesondere bei Omnibusreisen, wird, soweit es sich um aufgegebenes Gepäck handelt, grundsätzlich Landfrachtrecht, also §§ 425ff. HGB Anwendung zu finden haben. Dabei kommt es nicht darauf an, ob die Abrede über die Gepäckbeförderung einen besonderen Vertrag darstellt oder ob die frachtrechtlichen Verpflichtungen nur Nebenpflichten im Rahmen des Personenbeförderungsvertrages darstellen. Allgemeine Geschäftsbedingungen oder besondere vertragliche Abreden gehen der Anwendung des Landfrachtrechts vor.

Anm. 51 **3. Die Rechtsnatur des Frachtvertrags**

a) Werkvertrag

Aus dem oben Anm. 30 Gesagten ergibt sich, daß der Frachtvertrag ein besonderer Untertyp des Werkvertrags (§§ 631ff. BGB) ist. Die Ortsveränderung ist der geschuldete Erfolg; unstreitig: st. Rspr. des ROHG (ROHG 20, 340 (342) und des RG (RGZ 15, 74 (76); 25, 108 (112)); Schlegelberger/Geßler Anm. 8 zu § 425; Baumbach/Duden Anm. 2 A zu § 425; Heymann/Kötter Anm. 2 zu § 425 HGB. Damit kann der Frachtvertrag gegenüber Dienst-, Dienstverschaffungs-, Miet- und Frachtverträgen abgegrenzt werden.

Anm. 52 **b) Geschäftsbesorgungsvertrag**

Zugleich fällt der Frachtvertrag jedoch in die Sondergruppe der auf eine Geschäftsbesorgung gerichteten Werkverträge (§ 675 BGB). Die Beförderung fremder Güter fällt stets unter den Begriff der Geschäftsführung für andere; § 675 BGB erfaßt unstreitig nicht nur die Besorgung von Rechtsgeschäften sondern auch von tatsächlichen Geschäften.

Anm. 53 **c) Vertrag zugunsten Dritter**

Schließlich ist der Frachtvertrag nach herrschender Meinung in gewisser Hinsicht auch ein echter Vertrag zugunsten eines Dritten (§§ 328ff. BGB), soweit er dem Empfänger eigene Rechte gegenüber dem Frachtführer gewährt (im Landfrachtrecht des HGB §§ 433 Abs. 2, 434, 435, 436; Hinweise auf die Spezialregelungen der einzelnen Sparten des Frachtrechts siehe in der Kommentierung dieser Vorschriften). Siehe zum Charakter des Frachtvertrags als Vertrag zugunsten Dritter Baumbach/Duden Anm. 2 B zu § 425 HGB; Heymann/Kötter Anm. 1 zu § 435 HGB; Soergel/Schmidt Anm. 13 zu § 328 BGB; zum Kfz-Frachtvertrag Heuer, Die Haftung des Frachtführers nach der CMR, 1975, S. 45; Guelde/Willenberg Anm. 5–8 zu § 3 KVO; RG JW 1900, 314; BGH v. 10. 4. 1974, NJW 1974, 1614ff. = VersR 1974, 796 = MDR 1974, 733f. = LM, CMR Nr. 4 (Anwendung von § 333 BGB). Zum Seerecht siehe Schaps/Abraham, Anm. 14 vor § 556 HGB; zum Luftfrachtvertrag OLG Frankfurt, DB 1977, 1503; a.A. Hans Götz, Der Eintritt des Empfängers in den Frachtvertrag, Münchner Dissertation, 1941.

Die Eigenart als Vertrag zugunsten Dritter ist kein Strukturmerkmal des Frachtvertrages, da der Absender die Sendung an sich selbst adressieren kann, da außerdem die betreffenden Bestimmungen des Frachtrechts überwiegend nicht zwingend sind und daher im Frachtvertrag zwischen Absender und Frachtführer abbedungen werden können. Im übrigen beschränkt sich die Einbeziehung des Empfängers in den Frachtvertrag nicht auf die Begründung von Rechtspositionen zu seinen Gunsten; vielmehr werden ihm vom Gesetz auch Pflichten (insbesondere die Frachtzahlungspflicht, § 436 HGB und verwandte Vorschriften in Spezialregelungen) auferlegt. Es muß bezweifelt werden, ob die Rechtsstellung des Empfängers sich überhaupt in die üblichen Typen der BGB-Dogmatik widerspruchslos eingliedern läßt. Die Frage, ob der Frachtvertrag wirklich ein echter Vertrag zugunsten Dritter ist, hat vor allem theoretische Bedeutung. Vertrag zugunsten Dritter ist der Frachtvertrag jedenfalls nur in dem Umfang, in dem das Frachtrecht dem Empfänger Rechte zuweist; darüber hinaus kann der Empfänger nur Berechtigter sein, wenn eine besondere vertragliche Gestaltung ihm solche Rechte zuweist. Im Regelfall hat somit der Empfänger zunächst keinen Anspruch auf Erbringung der Beförderungsleistung; Auslieferungs-, Weisungs- und Schadensersatzrechte stehen ihm nur in dem Stadium zu, in dem ihm diese durch das betreffende Frachtrecht zugewiesen werden. Bis dahin kann man bestenfalls mit Rundnagel S. 141 von einer entziehbaren Anwartschaft des Empfängers sprechen. Im Rahmen der frachtrechtlichen Spezialbestimmungen können jedoch einzelne Normen der §§ 328 ff. BGB zur dogmatischen Untermauerung und Ergänzung frachtrechtlicher Regelungen von Bedeutung sein, so z. B. § 333 BGB im Rahmen der §§ 433 Abs. 2, 435 HGB, siehe 27 zu § 433; 15 zu 435; ebenso § 334 BGB im Rahmen des § 435 HGB, siehe 7 zu § 435.

Durch die vielfältigen Pflichten des Frachtführers erlangt der Frachtvertrag den Rechtscharakter eines gemischten Vertrages. Denn neben der Beförderung müssen die Ablieferungspflicht, die Obhutspflicht und die Pflicht zur Befolgung von Verfügungen als synallagmatisch mit der Frachtzahlung verknüpfte Hauptpflichten angesehen werden; siehe dazu unten Anm. 69. Ihm gegenüber wiegt freilich die Beförderungspflicht als kennzeichnende Hauptpflicht schwerer.

4. Besondere Formen des Frachtvertrags **Anm. 54**

a) Unterfrachtvertrag, Zwischenfrachtvertrag, Teilfrachtvertrag

Der Frachtführer kann zur Ausführung seiner Beförderungspflicht andere selbständige Frachtführer heranziehen. In diesem Falle spricht man vom **Unterfrachtvertrag**; der vom Hauptfrachtführer eingesetzte **Unterfrachtführer** ist dessen Erfüllungsgehilfe; s. im einzelnen Anm. 3 zu § 432.

Überträgt dagegen der Frachtführer eine von ihm nicht selbst geschuldete Beförderungsleistung an einen anderen Frachtführer, so wird dieser Vertrag als **„Zwischenfrachtvertrag“**, der eingesetzte als „**Zwischenfrachtführer**“ bezeichnet. S. im einzelnen, auch zu den Begriffen „**Teilfrachtführer**“ und „**Samtfrachtführer**“ Anm. 4–6 zu § 432.

Die Haftungs- und Ausgleichsverhältnisse beim Unterfrachtvertrag sind – jedenfalls teilweise – in § 432 BGB geregelt; s. zur Problematik des Unterfrachtvertrags daher die dortige Kommentierung.

b) Dauerfrachtverträge und Rahmenverträge **Anm. 55**

Aufgrund der schuldrechtlichen Vertragsfreiheit können die Parteien grundsätzlich auch Dauerfrachtverträge oder Rahmenverträge abschließen. Ein Dauerfrachtvertrag liegt vor, wenn dem Vertragspartner für eine gewisse Dauer frachtvertragliche Leistungen versprochen werden, die von diesem noch im einzelnen bestimmt werden können. Ein frachtrechtlicher Rahmenvertrag ist ein Vertrag zwischen Beförderer und Kunden, durch den gewisse Bedingungen zukünftig abzuschließender Frachtverträge im voraus generell festgelegt werden, z. B. die Anwendbarkeit einer bestimmten Rechtsordnung, s. BGH vom 30. 4. 1959, VersR 1959, 502 (503). Auch Ausschließlichkeitsrechte und Abschlußpflichten können im Rahmenvertrag vorgesehen werden. Nicht als Rahmenvertrag bezeichnet, aber inhaltlich entsprechend umschrieben ist das dem BGH-Urteil vom 11. 1. 1974, VersR 1974, 587f. zugrunde liegende, auf laufende Kiestransporte gerichtete Rechtsverhältnis. S. zu einem Rahmenvertrag, durch den ein Baustoffgroßhändler kleine Zwischenhändler mit der alleinigen Aufgabe der Beförderung von Baustoffen einschaltet und damit den Tarifzwang nach § 5 GüKG umgeht, BGH vom 29. 3. 1974, DB 1974, 1224. Die durch diesen Rahmenvertrag zusammengefaßten Einzelgeschäfte sind Frachtverträge, auch wenn sie als Kaufverträge bezeichnet werden.

Trotz ihrer grundsätzlichen Zulässigkeit können Dauer- oder Rahmenverträge leicht in Konflikt mit zwingendem Recht kommen, insbesondere mit Tarif- und zwingendem Haftungsrecht. Die Frage ist von Konow, DB 1970, 2111 und 1974, 565 (567) untersucht worden. Konows Auffassung, daß in Rahmenverträgen beliebig von den frachtrechtlichen Haftungsnormen abgewichen werden könne, ist allerdings in dieser Allgemeinheit unzutreffend. Für den Bereich der KVO und der BefBMö ist durch § 26 GüKG das Gegenteil geklärt. Die Haftungsregelung ist einseitig zwingend und kann nicht zugunsten des Beförderers abbedungen werden. Für den grenzüberschreitenden Kraftverkehr ist die CMR-Regelung gem. Art. 41 CMR für beide Parteien zwingend (mit Ausnahme der Art. 40, 37, 38). Im innerdeutschen Güternahverkehr sind bis heute keine zwingenden Beförderungsbedingungen vorhanden. Daher sind hier die Haftungsregelungen für die Parteien disponibel. Im Eisenbahnrecht und im Luftfrachtrecht sind die Haftungsbestimmungen ebenfalls zwingendes Recht; siehe oben Anm. 4, 7.

Rahmen- oder Dauerverträge, die sich an diese Regeln nicht halten, sind insoweit nichtig. Inwieweit Teilnichtigkeit oder Vollnichtigkeit eintritt, richtet sich nach den betreffenden Spezialnormen der Nichtigkeitsregelung (z.B. Art. 41 Abs. 1 S. 2 CMR: nur Teilnichtigkeit); soweit solche fehlen, nach § 139 BGB.

Rahmenverträge dürfen die Beförderungsentgelte nicht in tarifwidriger Weise festsetzen. Werden dennoch im Güterfernverkehr solche tarifwidrigen Abreden getroffen, so müßten die Rahmenverträge an sich nach § 22 Abs. 3 GüKG wirksam sein, so daß der Partner des Vertrags auf Dauer die tariflichen Entgelte schulden würde. Mit Balfanz/von Tegelen Anm. 7 zu § 22 GüKG ist jedoch davon auszugehen, daß der Sinn des § 22 Abs. 3 GüKG nicht darin besteht, dem Güterfernverkehrsunternehmer die Möglichkeit zu geben, mit seinem Kunden durch tarifwidrige Dauerverträge ins Geschäft zu kommen und dann doch laufend das Tarifentgelt zu berechnen. Vielmehr müssen hier die allgemeinen bürgerlich-rechtlichen Regeln über Nichtigkeit und Teilnichtigkeit angewendet werden; BGH vom 23. 4. 1969, VersR 1969, 790 (791) = LM § 139 BGB Nr. 42 = MDR 1969, 731f.; Konow, DB 1970, 2109 (2111). Eine Berufung auf Rechtsmißbrauch, die grundsätzlich von der Wirksamkeit des tarifwidrigen Rahmenvertrags ausginge und es dem Auftraggeber gestatten würde, die Zahlung des vollen Tarifentgelts zu verweigern, kann wegen der zwingenden Wirkung des § 22 GüKG nicht in Betracht gezogen werden; siehe dazu Anm. 1 zu § 22 GüKG, Anh. I nach § 452.

Rahmenverträge können im internationalen Bereich auch geschlossen werden, um die internationale Zuständigkeit festzulegen; Art. 31 Abs. 1 CMR. Siehe zu einem derartigen Vertrag OLG Düsseldorf vom 18. 11. 1971, VersR 1973, 177. Siehe jedoch auch die Anm. 4 zu Art. 31 CMR, Anh. III nach § 452.

C. Abschluß und Beendigung des Frachtvertrages

Anm. 56

I. Abschluß

1. Abschlußfreiheit und Abschlußzwang, Nichtigkeit

Grundsätzlich besteht im Landfrachtrecht Abschlußfreiheit. Für den Bezirksgüterfernverkehr im Linienbetrieb ordnet jedoch § 13 a Abs. 2 GüKG, für den Güterliniennahverkehr § 90 Abs. 1 S. 3 GüKG eine Beförderungspflicht an. Diese Bestimmungen sind Schutzgesetze im Sinne des § 823 Abs. 2 BGB, so daß der Unternehmer bei unberechtigter Verweigerung des Vertragsabschlusses für den Vermögensschaden als Folge dieser Verweigerung zu haften hat; Balfanz/v. Tegelen 4 zu § 90 GüKG. Der Verstoß gegen die Beförderungspflicht könnte auch nach dem Grundsatz des Verschuldens bei Vertragsschluß zur Haftung führen, wobei für Gehilfenverschulden nach § 278 BGB ohne Entlastungsmöglichkeit zu haften wäre.

2. Frachtvertrag als formfreier Konsensualvertrag

Anm. 57

Wie bei jedem Vertragsschluß ist die Willensübereinstimmung der Vertragspartner – also des Absenders und des Beförderers (Frachtführers) – erforderlich. In einzelnen Sparten des Frachtrechts wird der Frachtvertrag jedoch als formbedürftiger Realvertrag angesehen. Nach §§ 15 Abs. 1 S. 1 KVO, 15 Abs. 1 S. 1 KVORb sowie § 61 Abs. 1 S. 1 EVO und Art. 8 § 1 S. 1 CIM ist der Frachtvertrag abgeschlossen, wenn der Frachtführer bzw. die Eisenbahn das Frachtgut und den vom Absender ausgestellten Frachtbrief angenommen hat. Aus diesen Bestimmungen wird ganz überwiegend gefolgert, daß der Frachtvertrag in diesen Sparten ein Realvertrag sei, der die Übergabe des Guts zur Entstehungsvoraussetzung habe; siehe Anm. 7–11 zu § 15 KVO, Anhang II nach § 452. In der Literatur zum KVO – und Eisenbahnfrachtrecht herrscht ferner die Auffassung vor, die Frachtverträge dieser Sparten seien Formalverträge, zu deren gültigem Abschluß die Annahme des vom Absender ausgestellten Frachtbriefs durch den Frachtführer bzw. die Eisenbahn erforderlich sei. Die Rechtsprechung lehnt diese Lehre überwiegend ab; siehe Anm. 3–6 zu § 15 KVO.

Die Auffassungen vom Real- und Formalvertragscharakter der KVO- und Eisenbahnfrachtverträge haben keine Grundlagen in der Rechtsnatur des Frachtgeschäfts an sich. Zur Formalvertragstheorie insoweit zutreffend Weirauch/Heinze Vorbem. 3 vor § 53 EVO. Vielmehr genügt bei Frachtgeschäften, wie sich aus den Regelungen der anderen Sparten ergibt, ohne weiteres auch der Abschluß ohne Übergabe des Gutes (Konsensualvertrag) und selbst, wo ein Frachtbrief vorgesehen ist, auch ohne dessen Ausstellung und Annahme. Siehe dazu die eindeutigen Regelungen in Art. 4 S. 2 CMR; § 2 Abs. 7 BefBMö; Art. 5 Abs. 2 WA.

Daher sollte, soweit irgendwie möglich, schon im Interesse einer möglichst einheitlichen Behandlung des gesamten Frachtrechts aller Sparten, auch ein ohne Übergabe von Gut und Frachtbrief an den Frachtführer formlos abgeschlossener Vertrag als gültiger Frachtvertrag der betreffenden Sparte anerkannt werden. Allerdings kann bei KVO- und Eisenbahnfrachtverträgen wegen der derzeitigen gesetzlichen Regelung auf die Annahme des Frachtguts als Voraussetzung des Vertragsschlusses nicht verzichtet werden (siehe Anm. 10 zu § 15 KVO). Dagegen ist die Ausstellung und Übergabe eines Frachtbriefs auch im Bereich der KVO und der Eisenbahnbeförderung nicht Voraussetzung des Vertragsabschlusses.

Auch der Abschluß des Vertrages durch einen Spediteur als Frachtführer unter Zugrundelegung der ADSp unterwirft den Vertrag nicht einer gewillkürten Schriftform, da § 6 ADSp nach richtiger Auslegung keine Formvorschrift ist. Siehe Anm. 1 zu § 6 ADSp, Anh. I nach § 415.

Anm. 58 **3. Schweigen als Abschlußerklärung**

Als besonderer Entstehungstatbestand des Frachtvertrags kommt das Schweigen des Frachtführers auf ein Angebot des Absenders nach § 362 Abs. 1 in Betracht. Die Beförderung von Gütern für andere ist stets Geschäftsbesorgung; der Beruf des gewerbsmäßigen Frachtführers (KVO-Unternehmer, Güternahverkehrsunternehmer, Spediteur, Möbel„spediteur") bringt solche Beförderungen fremder Güter mit sich. Eine Geschäftsverbindung des § 362 Abs. 1 S. 1 HGB kann schon durch wenige, ja ein einziges Geschäft begründet werden (siehe hierzu die Anmerkungen zu § 362). Zudem liegt, wenn der Frachtführer Werbung betreibt, sehr häufig ein öffentliches Erbieten zur Vornahme von Transporten i.S. § 362 Abs. 1 S. 2 vor. Daher dürfte in den meisten Fällen der Frachtvertrag auch beim Schweigen des Frachtführers auf einen ausreichend bestimmten Antrag des Absenders zustande kommen. Fehlt es an einer Geschäftsverbindung oder an einem Sich-Erbieten, so kommt immer noch ein Vertragsschluß durch Schweigen auf ein Bestätigungsschreiben des Absenders in Betracht; siehe dazu Anm. 101ff. zu § 346.

Der Abschluß eines Frachtvertrages kann durch konkludentes Handeln erfolgen; so etwa bei Zusendung von Gut und Frachtbrief durch den Empfänger, wenn der Frachtführer die Beförderung in die Wege leitet oder sonst zu erkennen gibt, daß er sie ausführen will. Liegen die Voraussetzungen des § 151 BGB vor, so bedarf es zum Abschluß des Vertrags keiner Kenntnisnahme des Absenders vom konkludenten Verhalten des Frachtführers.

Anm. 59 **4. Nichtigkeit**

Wie jeder andere Vertrag kann der Frachtvertrag nichtig sein, insbesondere aufgrund der §§ 134, 138 BGB. Eine Nichtigkeit nach § 134 BGB liegt z. B. vor, wenn der Vertrag zu Zwecken der Zollhinterziehung unter Verstoß gegen das Abgabenrecht abgeschlossen wird (Schmuggeltransport) und alle Parteien sich des Gesetzesverstoßes bewußt waren; BGH vom 23. 6. 1955, WM 1955, 1324 (1326).

Anm. 60 **5. Verschulden bei Vertragsschluß**

Wie bei jedem schuldrechtlichen Vertrag kann sich eine Haftung der Partei für Verschulden bei Vertragsschluß ergeben. So handelt z.B. ein Güterfernverkehrsunternehmer pflichtwidrig, wenn er dem Absender vorspiegelt, die Beförderungsaufträge lägen in der Nahverkehrszone und es dadurch zu Frachtnachforderungen nach § 23 Abs. 1 GüKG kommt. Der Absender kann gegenüber dem Nachforderungsanspruch aufrechnen; BGH vom 29. 3. 1968, LM GüKG Nr. 32 = VersR 1968, 489f.

Anm. 61

II. Beendigung

1. Allgemeine Beendigungsgründe

Wie alle schuldrechtlichen Verträge erlischt der Frachtvertrag durch vollständige Erfüllung. Auch durch Rücktritt wegen Verzug, Unmöglichkeit oder positiver Forderungsverletzung gem. §§ 325, 326, 327 BGB kann er beendet werden, ferner durch Rücktritt wegen Wegfalls der Geschäftsgrundlage, vertragliche Aufhebung und Anfechtung.

Anm. 62 **2. Beendigungstatbestände nach Werkvertragsrecht**

Da das Landfrachtrecht des HGB über die Kündigung nichts Grundsätzliches aussagt, kommen an sich ergänzend die Vorschrift des Werkvertragsrechts zur Anwendung. Nach § 649 BGB kann der Absender jederzeit ohne besonderen Grund, jedoch auch ohne Befreiung von der Frachtzahlungspflicht, den Frachtvertrag kündigen. Dem Frachtführer steht bei Annahmeverzug des Absenders das Kündigungsrecht der §§ 643, 645 BGB zu. Annahmeverzug wird vor allem dann vorliegen, wenn der Absender die gebotenen Mitwirkungshandlungen unterläßt. Vor der Anwendung des BGB-Werkvertragsrechts muß jedoch stets geprüft werden, ob Spezialbestimmungen der einzelnen Sparten des Frachtrechts eingreifen. Siehe unten Anm. 56.

Im Falle der Verzögerung der Beförderung kommt auch die Anwendung des § 636 BGB in Betracht, der dem Besteller (hier: dem Absender) ein Rücktrittsrecht nach §§ 327, 346ff. BGB unter Anwendung des § 634 Abs. 1–3 BGB gewährt, und ihn von der Frachtzahlungspflicht befreit. Dieses Rücktrittsrecht kann jedoch durch § 428 Abs. 2 HGB oder speziellere frachtrechtliche Normen verdrängt sein. Siehe dazu Anm. 6, 13 zu § 428 HGB. Neben dem Rücktrittsrecht nach § 636 BGB steht dem Absender das Kündigungsrecht nach § 649 BGB zu, soweit die Voraussetzungen der Bestimmungen erfüllt sind. Siehe dazu Schlegelberger/Geßler, Anm. 14 zu § 428 HGB. Jedoch ist die Kündigung nach § 649 BGB wegen der Verpflichtung zur Entgelt- (Fracht-)zahlung für den Absender ungünstiger.

Theoretisch käme auch eine Wandelung nach § 634 BGB wegen Werkmängeln in Frage. Doch dürfte diese Bestimmung auf den Frachtvertrag kaum passen.

3. Frachtvertragliche Beendigungsgründe **Anm. 63**

Das HGB-Landfrachtrecht kennt im Falle der schuldlosen Reisehindernisse in § 428 Abs. 2 ein besonderes Rücktrittsrecht mit Entschädigungspflicht; siehe Anm. 6 zu § 428. Einen besonderen Fall der Kündigung im Rahmen des frachtrechtlichen Verfügungsrechts stellt das Verlangen der Rückgabe des Frachtguts nach § 433 Abs. 1 HGB dar. Siehe Anm. 2 zu § 433.

Die Spezialregelungen der besonderen Sparten des Landfrachtrechts enthalten Sonderbestimmungen zum Rücktrittsrecht; siehe dazu Anm. 7 zu § 428 HGB und im einzelnen § 28 Abs. 2 KVO, 8 Abs. 12 AGNB, 18 ADSp.

4. Konkurs **Anm. 64**

Konkurs des Absenders hebt den Frachtvertrag gem. § 23 Abs. 2 KO auf; siehe auch § 27 KO. Für die Abwicklung bzw. bis zur Erlangung der Kenntnis vom Konkurs durch den Frachtführer gelten nach § 23 Abs. 1 KO die §§ 672 Abs. 1, 674 BGB. Für die Zeit bis zur Kenntniserlangung, innerhalb der der Frachtvertrag durch § 674 BGB als fortbestehend fingiert wird, gelten auch die frachtvertraglichen Sonderregelungen weiter. Dies gilt auch für die nur durch Vereinbarung geltenden Geschäftsbedingungen, die AGNB oder die ADSp. Wird der Frachtführer danach noch tätig, so handelt er als Geschäftsführer ohne Auftrag. In diesem Falle gelten weder das gesetzliche Frachtrecht noch die AGNB noch die ADSp.

Konkurs des Frachtführers beendet den Frachtvertrag nicht, sondern gibt dem Konkursverwalter ein Erfüllungswahlrecht (siehe § 17 KO).

5. Tod einer Partei (bzw. Auflösung als juristische Person) **Anm. 65**

a) Der Tod des Frachtführers würde nach §§ 675, 673 BGB an sich im Zweifel den Frachtvertrag beenden. Als gewerbliche Verträge sind jedoch Frachtverträge in aller Regel nicht höchstpersönlicher Art und werden nach § 1922 BGB vom Erben fortgesetzt. Dieser hat es nicht in der Hand, durch Nichtfortführung des Handelsgeschäfts die Verträge zu beenden. Siehe im einzelnen die Ausführungen zum Speditionsvertrag in Anm. 34 zu §§ 407–409.

Anm. 66 **b) Der Tod des Absenders** bringt den Frachtvertrag im Zweifel nicht zum Erlöschen (§ 675, 672 BGB). Ist der Absender eine juristische Person, so gilt das gleiche im Falle ihrer Auflösung.

Anm. 67

D. Die Pflichten des Frachtführers aus dem Frachtvertrag

I. Hauptpflichten des Frachtführers

Aus dem Frachtvertrag ergeben sich für den Frachtführer zahlreiche einzelne Pflichten. Der Frachtvertrag verpflichtet ihn nicht nur zur Beförderung, sondern auch zur Bewachung des Frachtguts, zur Besitzübergabe an die richtige Person und zur Befolgung der Dispositionen des Absenders bzw. Empfängers. Man kann sich auf den Standpunkt stellen, daß das Versprechen eines Entgeltes (Fracht) durch den Absender erfolgt, um ihm vor allem die Rechte auf Beförderung, Sicherheit für das Frachtgut (entsprechend dem Lagervertrag) für die Zeit der Beförderung, einen kaufmännisch verwertbaren Auslieferungsanspruch hinsichtlich des Gutes sowie die jederzeitige Dispositionsmöglichkeit über das Gut zu sichern. Eine synallagmatische Verknüpfung kann also zwischen dem Frachtanspruch des Frachtführers und diesen gekennzeichneten Pflichten angenommen werden.

Anm. 68 **1. Beförderung**

Zentrale Hauptpflicht des Frachtführers ist die Beförderungspflicht. Diese ist auf einen Erfolg, nämlich auf die Ortsveränderung des Frachtguts gerichtet. Daher ist der Frachtvertrag ein Sonderfall des Werkvertrags; siehe oben Anm. 51. Die Beförderung ist eine entgeltliche Besorgung eines fremden Geschäftes; daher gilt über § 675 Auftragsrecht ergänzend.

Beförderungsweg, Beförderungsmittel und Beförderungszeit ergeben sich aus den vertraglichen Vereinbarungen. Doch kann das zwingende Tarifrecht erheblichen Einfluß auf den Vertragsinhalt gewinnen. Siehe z. B. zur Beförderungszeit im Güterfernverkehr § 26 KVO, Anh. II nach § 452 und die dortigen Anmerkungen; zur Frage, welche Art von Fahrzeug einzusetzen ist, siehe z. B. § 4 AGNB, Anh. V zu § 452.

Bei der Beförderung hat der Frachtführer grundsätzlich den schnellsten und sichersten Transportweg zu nehmen und ein voll geeignetes Fahrzeug zu verwenden.

Anm. 69 **2. Obhut**

Die Pflicht des Frachtführers zum Schutz vor Schäden (Obhutspflicht) gehört zu den Definitionsmerkmalen des Frachtvertrags, siehe oben Anm. 42. Sie muß daher zu den Hauptpflichten gerechnet werden. Zur allgemeinen frachtvertraglichen Obhutspflicht siehe z.B. BGH vom 20. 3. 1970, VersR 1970, 459 (460) = LM KraftverkehrsO Nr. 29 = MDR 1970, 567. Die Verletzung der Obhutspflicht ist mit scharfen Haftungssanktionen bedacht. Siehe dazu § 429 HGB und die dortigen Anmerkungen. Die Obhutspflicht gebietet dem Frachtführer, alle handelsüblichen und nach den Umständen des Falles zumutbaren Maßnahmen zum Schutz vor Witterungseinflüssen, Verderb, Diebstahl zu treffen. Fragen der Obhutspflichtverletzung tauchen meist nachträglich in Schadensfällen auf; siehe daher die Kommentierung zu § 429. Die einzelnen aus der grundsätzlichen Obhutspflicht sich ergebenden Pflichten mögen als besondere Nebenpflichten deklariert werden. Zumindest ist es zweckmäßig, sie als besondere Pflichten zu katalogisieren und zu behandeln.

Anm. 70 **3. Ablieferung**

Auch die Ablieferungspflicht des Frachtführers muß als Hauptpflicht und nicht nur als Abwicklungs-(Neben-)pflicht betrachtet werden. Dies ergibt sich schon daraus, daß der Ablieferungsanspruch in Form eines Ladescheins verbrieft werden kann (siehe §§ 444ff. HGB) und daß er u.U. dem Empfänger zusteht; siehe Anm. 11 zu § 435 HGB. Konsequenterweise werden daher auf das Leistungsverweigerungsrecht des Absenders gegenüber dem Auslieferungsanspruch des Empfängers §§ 320ff. BGB angewendet (siehe Anm. 7 zu § 435). Der Auslieferungsanspruch richtet sich auf das verladene Gut selbst; im Falle der Unmöglichkeit tritt an seine Stelle u.U. ein Geldersatzanspruch.

4. Befolgung von Verfügungen des Absenders oder Empfängers **Anm. 71**

Zweifelhaft könnte sein, ob die Folgepflicht des Frachtführers Hauptpflicht oder Nebenpflicht ist. Das Frachtrecht mißt ihr, wie die überall anzutreffenden Sonderregelungen des Verfügungsrechts zeigen (siehe die Anmerkungen zu §§ 433, 434 HGB), eine besondere Bedeutung zu. Im Hinblick auf die Geschäftsbesorgungskomponente des Frachtvertrags könnte daher auch die Folgepflicht als Hauptpflicht anzusehen sein. Siehe im einzelnen die Anm. zu § 433 HGB.

II. Nebenpflichten des Frachtführers **Anm. 72**

Neben den oben Anm. 67–71 dargestellten Hauptpflichten können den Frachtführer aus dem Frachtvertrag zahlreiche Nebenpflichten treffen. Es mag dahinstehen, wie die zur Sicherung und Ergänzung der Hauptpflichten bestehenden Sorgfaltspflichten zu bewerten sind. Im gleichen Verhalten kann vielfach die Schlechterfüllung einer Hauptpflicht oder die Nichterfüllung einer unselbständigen Nebenpflicht gesehen werden. Für die Haftungsfrage ist dies in den meisten Fällen bedeutungslos, da sich nach allgemeinem Schuldrecht in beiden Fällen die Haftung nach den Regeln der positiven Forderungsverletzung bestimmt; für die frachtrechtliche Sonderhaftung für Güterschäden trifft das gleiche zu: soweit, wie in § 429, das Verschulden des Frachtführers oder seiner Gehilfen eine Rolle spielt, kommt es nicht darauf an, ob die Pflichtwidrigkeit sich aus Verletzung von Haupt- oder Nebenpflichten ergibt. So kann etwa die nicht ordnungsgemäße Bewachung des Frachtguts gegen Diebstahl als Schlechterfüllung der Obhutspflicht oder als Nichterfüllung der sie ergänzenden Nebenpflicht zur Bewachung betrachtet werden.

Für den Frachtvertrag ist es jedoch darüber hinaus typisch, daß den Frachtführer je nach Lage des Falles oder des speziellen Frachtvertrags Pflichten treffen, die sich nicht auf die geschuldeten Hauptleistungen beziehen, sondern vom Frachtführer zusätzlich übernommen worden sind.

Die frachtvertraglichen Nebenpflichten können hier nicht vollständig aufgezählt werden, die wichtigsten unter ihnen bedürfen jedoch der Erläuterung.

1. Lagerung **Anm. 73**

Vor oder nach dem Transport oder auch zwischen einzelnen Transportvorgängen kann es erforderlich werden, daß der Frachtführer das Gut aufbewahrt (Vor-, Nach- und Zwischenlagerung). Die Lagerung kann sich als Nebenpflicht aus der Obhutsübernahme darstellen. Insbesondere kann sie aus technischen Gründen, z.B. wegen Beförderungs- oder Ablieferungshindernissen notwendig werden; siehe Anm. 15 zu § 437. Lagerungen können auch wegen der Ausübung des frachtvertraglichen Verfügungsrechts (§ 433 HGB) erforderlich werden. Wird ein selbständiger Lagervertrag abgeschlossen, so scheidet die Lagertätigkeit insoweit aus dem Kreis der frachtrechtlichen Nebenpflichten aus. Die Haftung bei Lagerung auf Grund von frachtrechtlichen Nebenpflichten richtet sich nicht nach Lager- oder Verwahrungsrecht, sondern nach Frachtrecht. Liegt dagegen ein besonderer Lagervertrag vor, so ist Lagervertragsrecht anzuwenden; siehe im einzelnen oben Anm. 47 und Anm. 17 zu § 429. Die KVO enthält in § 33 d, e eine Sonderregelung, die insbesondere die Anwendungsbereiche der frachtrechtlichen und lagerrechtlichen Haftungsregeln nach besonderen Gesichtspunkten abgrenzt; siehe Anm. 6 zu § 33 KVO, Anh. II nach § 452.

Anm. 74 **2. Benachrichtigung und Einholung von Anweisungen**

In § 437 Abs. 1 und 3 HGB und in Spezialbestimmungen der frachtrechtlichen Sonderordnungen ist eine Benachrichtigung des Absenders bzw. des Empfängers vorgeschrieben. Diese hat den Zweck, den Berechtigten die mittelbare Herrschaft über das Frachtgut und den Beförderungsvorgang zu sichern. Siehe dazu Anm. 7 zu § 428, 2 zu § 434, 7–9 und 18 zu § 437; ferner Art. 12 Abs. 6 CMR.

Aus der konkreten Lage des Einzelfalles können sich weitere Benachrichtigungspflichten ergeben, so etwa aus der Pflicht zur Geringhaltung des Schadens nach § 254 BGB oder aus § 242 BGB. Siehe z. B. OLG Hamburg, VersR 1970, 51 (52): Benachrichtigungspflicht bei „etwas unangenehmen Geruch von Fleisch“ aus konkreten Gründen des Falles abgelehnt. Die heute zur Verfügung stehenden Nachrichtenverbindungen legen eine Benachrichtigung des Absenders eher als zur Entstehungszeit des HGB nahe.

Anm. 75 **3. Weiterversendung, Einlagerung beim Lagerhalter**

Die Weiterversendung kann bei gebrochenen Transporten zur vollständigen Erfüllung des Frachtvertrags gehören. Die Übergabe an den nächsten Frachtführer im Einverständnis mit dem Absender ist „Ablieferung“ i.S.d. § 429, beendet also die Obhut des Frachtführers und dessen Haftungszeit, vgl. Anm. 12 zu § 429. Sie erschöpft sich aber nicht im Ablieferungsvorgang, sondern stellt eine zusätzliche Spediteurtätigkeit des Frachtführers dar. Der vom ursprünglichen Frachtführer mit der Weiterbeförderung beauftragte Frachtführer wird als Zwischenfrachtführer, sein Vertrag als „Zwischenfrachtvertrag“ bezeichnet, wenn der ursprüngliche Frachtführer den neuen Frachtvertrag in eigenem Namen abschließt. Tut er dies im Namen des Absenders, so spricht man von „Teilfrachtvertrag“. Siehe dazu und zur Abgrenzung vom Unterfrachtvertrag Anm. 3–6 zu § 432 HGB. Folgerichtig beschränkt sich die Haftung des Frachtführers bei Weiterversendung in eigenem Namen auf Spediteurverschulden; die ADSp können eingreifen, soweit sie zwischen Absender und Frachtführer vereinbart sind, also insbesondere im Falle des selbsteintretenden Spediteurs. Siehe dazu Anm. 5 zu § 412 HGB. Zur „Abholung“ und „Zuführung“ von Gütern durch den Güterfernverkehrsunternehmer siehe § 5 KVO und die dortige Erläuterung, Anh. II nach § 452.

Anm. 76 **4. Verzollung**

Bei grenzüberschreitenden Transporten ist die Erledigung der Verzollungsangelegenheiten Aufgabe des Frachtführers; dies entspricht dem Charakter des Frachtvertrags als eines Geschäftsbesorgungsvertrags; siehe dazu Anm. 52; ferner Anm. 49 zu §§ 407–409.

Die Beschaffung der für die Verzollung erforderlichen Unterlagen ist Aufgabe des Absenders. Siehe hierzu § 427 HGB und die dortige Kommentierung. Für Folgen aus dem Mangel, der Unzulänglichkeit oder Unrichtigkeit der Zollunterlagen haftet der Absender dem Frachtführer nach § 427 HGB bzw. nach den entsprechenden frachtrechtlichen Sonderordnungen. Für Fehler bei der zollrechtlichen Behandlung, die nicht auf mangelhafte Unterlagen zurückzuführen sind, hat dagegen der Frachtführer einzustehen. Siehe dazu Anm. 6 zu § 427.

5. Einziehung von Nachnahmen Anm. 77

Wie der Spediteur kann auch der Frachtführer sich durch den Frachtvertrag verpflichten, Nachnahmen für den Absender einzuziehen. Solche Nachnahmen können auch vom einliefernden Spediteur übernommen und über ganze Ketten von nacheinander folgenden Spediteuren und Frachtführern weitergeleitet werden. Auch hier handelt es sich um eine Geschäftsbesorgungstätigkeit. Diese entspricht dann der Einziehung von Nachnahmen durch den Spediteur; siehe daher Anm. 53. zu §§ 407–409. Die Auslieferung der Güter unter der Versäumung der Einziehung von Nachnahmen kann nach §§ 435, 436 den Verlust der Nachnahmeansprüche gegen den Empfänger zur Folge haben. Siehe dazu im einzelnen Anm. 7 zu § 435, 14ff. zu § 436 sowie die Kommentierung zu § 442.

6. Versicherung Anm. 78

Den Frachtführer kann aus dem Frachtvertrag die Verpflichtung treffen, das Frachtgut versichern zu lassen. Das HGB trifft hierzu keine besondere Regelung.

Zu unterscheiden ist hier zunächst zwischen einer Versicherung der Haftpflicht des Frachtführers (Haftpflichtversicherung bzw. Speditionsversicherung) und einer Güterversicherung (Transportversicherung) des Frachtguts selbst.

Zur Haftpflichtversicherung des Frachtführers und zur Güter-(transport)versicherung siehe Anm. 100ff. zu § 429.

Der Frachtführer ist nach dem Landfrachtrecht des HGB nicht gesetzlich verpflichtet, für den Absender Transportversicherung zu nehmen. Jedoch kann sich eine solche Verpflichtung aus dem Frachtvertrag ergeben. Die frachtrechtlichen Sonderordnungen sehen ebenfalls keine Pflicht des Frachtführers zum Abschluß einer Güterversicherung vor. § 35a ADSp stellt klar, daß der Spediteur nur bei ausdrücklicher schriftlicher Anweisung die Güter versichern muß. Bestand nach dem Inhalt des Frachtvertrags eine Pflicht des Frachtführers, das Gut zu versichern, so haftet der Frachtführer für die Unterlassung der Erfüllung dieser Nebenpflicht nach den Grundsätzen der positiven Vertragsverletzung. Siehe hierzu die Entscheidung des BGH vom 28. 2. 1975, WM 1975, 522 (523) = NJW 1975, 1597 = MDR 1975, 554 = LM CMR Nr. 7.

7. Mängelrüge für den Absender Anm. 79

Übernimmt der Frachtführer das zu befördernde Gut nicht vom Absender, sondern von dritter Seite, so kann sich für ihn eine Verpflichtung ergeben, festgestellte Mängel zu rügen oder sogar das übernommene Frachtgut zu untersuchen. Die gleiche Problematik besteht beim Speditionsvertrag. Siehe daher die Anm. zu § 54 HGB. Im Gegensatz zum Speditionsrecht verweist das Frachtrecht jedoch nicht auf § 388 Abs. 1 HGB. Daraus kann geschlossen werden, daß der Frachtführer im Gegensatz zum Spediteur oder Kommissionär grundsätzlich nicht zur Mängelrüge verpflichtet ist. Andererseits würde dies dazu führen, daß, soweit ein Frachtführer als Empfänger eines vorhergehenden Fracht- oder Speditionsvertrags fungiert, er durch Versäumung der Rüge den Verlust von Ansprüchen nach § 438 bzw. entsprechender Sondervorschriften (vgl. Anm. 2–6 zu § 438) herbeiführen würde. Für diese Fälle wird man davon ausgehen können, daß der Frachtführer im Rahmen der Interessenwahrnehmungspflicht die Rügeobliegenheit erfüllen muß. Das OLG Düsseldorf, DB 1973, 1943 (1944) bejaht dies für erkannte, nicht aber schon für erkennbare Mängel. Die kaufrechtliche Untersuchung und Mängelrüge nach § 377, 378 gehört nicht zu den Pflichten des Frachtführers; vgl. dazu Anm. 54 zu §§ 407–409.

Die pflichtwidrige Unterlassung der Beanstandung von Mängeln hat für den Frachtführer doppelte Konsequenzen. Es kann sein, daß er für Güterschäden haftet, wenn er ihre Entstehung vor der Obhutszeit nicht mehr nachweisen kann – was sich durch eine Rüge wesentlich erleichtern würde. Zum anderen kann das Unterlassen der Rüge evtl. zu Rechtsverlusten des Absenders führen. Liegt eine schuldhafte Verletzung der Interessenwahrnehmungspflicht durch den Frachtführer vor, so kann sich daraus dessen Haftpflicht nach den Grundsätzen der positiven Vertragsverletzung ergeben.

Verpflichtet sich der Frachtführer dem Käufer als seinem Auftraggeber gegenüber, dem Verkäufer eine Spediteurübernahmebescheinigung bei Abholung der Güter auszustellen, so ist die Ausstellung einer „reinen" Übernahmebescheinigung bei sichtbaren Mängeln des Guts eine Vertragsverletzung –, jedenfalls dann, wenn es dem Frachtführer bekannt war, daß die Bescheinigung zur Andienung im Rahmen eines Dokumentenakkreditivs bestimmt war; OLG Düsseldorf, VersR 1975, 232.

Anm. 80

8. Weitere Nebenpflichten

Je nach Art des Frachtvertrages können sich weitere Nebenpflichten ergeben, so z. B. Schutzpflichten für das Gut wie Kühlung, Belüftung, Bewachung (siehe z. B. OLG Hamburg, MDR 1974, 674). Der Frachtvertrag kann aber auch Pflichten begründen, die mit dem Frachtvertrag selbst nichts zu tun haben, z. B. zur Wahrung von Geschäftsgeheimnissen u. ä. Schließlich bestehen Verkehrssicherungspflichten hinsichtlich des gefahrlosen Zugangs zum Beförderungsmittel und zur Verladeanlage; Beispielsfall aus dem Eisenbahnrecht: BGH vom 19. 8. 1973, VersR 1973, 350 (351), Sicherung des Waggons gegen Rollen; Schaden des selbst entladenden Empfängers.

All diese Pflichtverletzungen können nach den Grundsätzen der positiven Forderungsverletzung zur Schadenshaftung führen. Siehe zum Verhältnis von spezieller Frachtführerhaftung zur allgemeinen Haftung aus positiver Vertragsverletzung Anm. 77 zu § 429. Zur Haftung aus Verschulden bei Vertragsschluß siehe oben Anm. 60.

Anm. 81

E. Die Rechte des Frachtführers aus dem Frachtvertrag

I. Anspruch auf Frachtzahlung

1. Der normale Frachtanspruch

Die Vergütung des Frachtführers wird vom HGB als „Fracht" bezeichnet. Der Frachtzahlungsanspruch entspricht dem Werklohnanspruch des Werkunternehmers und stellt die Gegenleistung für die Pflichten des Frachtführers dar. Schuldner der Fracht ist zunächst immer der Absender als Partner des Frachtvertrags, und zwar auch dann, wenn nach dem Frachtvertrag (bzw. dem Frachtbrief nach § 426 Abs. 2 Ziff. 7) der Empfänger die Fracht zahlen soll. In diesem Falle kann der Frachtführer zwar die Auslieferung des Frachtguts nach § 435 HGB bis zur Zahlung der Fracht verweigern, aber ein Anspruch gegen den Empfänger steht ihm zunächst nicht zu; s. Anm. 7 zu § 435. Ein Anspruch auf Zahlung der Fracht gegen den Empfänger kann sich jedoch aus § 436 HGB oder den entsprechenden frachtrechtlichen Sondernormen (s. dazu Anm. 2 zu § 436) ergeben. Dieser ersetzt aber nicht den Anspruch des Frachtführers gegen den Absender; vielmehr tritt der Empfänger als Gesamtschuldner neben den Absender (vergleiche Anm. 20 zu § 436). Zum Sonderfall der Ladescheinausstellung, die nur noch in der Binnenschiffahrt praktisch vorkommt, s. Anm. 2 zu § 446. Zu den üblichen Frachtzahlungsklauseln siehe den Beitrag ohne Verfasserangabe, Deutsche Verkehrszeitung vom 30. 3. 1978, S. 6.

Die Höhe des Frachtzahlungsanspruchs ergibt sich, soweit kein zwingendes Tarifrecht besteht, aus der Vereinbarung zwischen den Parteien. Die Zahlungspflicht des

Empfängers nach § 436 ist dagegen vom Inhalt des Frachtbriefs abhängig, vgl. Anm. 15–19 zu § 436; für den Fall der Ladescheinausstellung Anm. 2 zu § 446.

Das heutige Straßenfrachtrecht wird jedoch ganz überwiegend von zwingendem und halbzwingendem Tarifrecht beherrscht, das im GüKG (Anh. I nach § 452) seine Grundlage findet. Im **Güterfernverkehr** werden die Tarife durch Beschlüsse von Tarifkommissionen festgesetzt (§ 20 a GüKG) und durch den Bundesverkehrsminister in der Form von Rechtsverordnungen erlassen (§ 22 a Abs. 6 GüKG). Ihre zwingende Wirkung ist in § 22 GüKG festgelegt. Siehe die Kommentierung zu § 22 GüKG. Übertarifliche Frachten müssen nach § 23 Abs. 2 GüKG vom Leistenden zurückgefordert werden. Geschieht dies nicht, so gehen nach Verstreichen der gesetzten angemessenen Frist die Rückforderungsansprüche auf die Bundesanstalt für den Güterfernverkehr über. Bleibt die Fracht unter Tarif, so hat der Frachtführer nach § 23 Abs. 1 GüKG die Differenz nachzufordern. Auch in diesem Fall geht nach Fristsetzung der Nachforderungsanspruch auf die Bundesanstalt über. Siehe im einzelnen die Anm. zu § 23 GüKG, Anh. I nach § 452. Die Bestimmungen des GüKG für den Güterfernverkehr gelten nach § 37 entsprechend auch für die **Möbelfernbeförderung** (siehe zu dieser auch Anh. IV nach § 452 HGB). Im **Güternahverkehr** gilt ein teilweise abweichendes Tarifrecht, §§ 84ff. GüKG. § 84 Abs. 1 GüKG sieht zwar grundsätzlich nur eine einseitig zwingende Wirkung der Tarife (Höchstentgelte) vor, überläßt es aber der Tarifgestaltung durch Tarifkommissionen und Bundesverkehrsminister, auch andersartige Tarife festzusetzen. Zumeist gelten hier zur Zeit Margentarife, teilweise aber auch Festentgelte oder Höchsttarife; siehe im einzelnen Hein/Eichhoff/Pukall/Krien § 84 Anm. 2 sowie die in diesem Sammelwerk abgedruckten, stets auf neuem Stand gehaltenen Tarifbestimmungen.

Der Frachtanspruch wird nach allgemeinem Werkvertragsrecht (§ 641 BGB) mit der Auslieferung des Gutes an den Empfänger fällig. Die KVO sieht hierzu keine Sonderregelung vor; siehe BGH vom 22. 10. 1959, VersR 1960, 28 (29), in BGHZ 31, 88 nicht abgedruckt; ferner Guelde/Willenberg, Anm. 3 zu § 21 KVO.

2. Fracht für Teilstrecken, zusätzliche Beförderung, nicht ausgeführte Beförderung **Anm. 82**

Inwieweit für Teilleistungen des Frachtführers Entgeltansprüche bestehen, bestimmt sich grundsätzlich nach allgemeinem Schuldrecht. Das gleiche gilt für die Bezahlung nicht erbrachter Beförderungsleistungen und die Vergütung für ursprünglich nicht übernommene Leistungen. Allerdings enthält das Frachtrecht hierzu eine Reihe spezieller Regeln. Kann der Frachtführer aus Gründen, die nicht in seinem Verantwortungsbereich liegen, die Beförderung nur teilweise ausführen, so steht ihm u.U. ein Anspruch auf Teilfracht (Distanzfracht) zu; s. Anm. 14 zu § 428.

Durch Ausführung frachtrechtlicher Verfügungen können – jedenfalls nach hier vertretener Auffassung – und nach Spezialbestimmungen in den Sonderregelungen zusätzliche Beförderung und damit zusätzliche Frachtansprüche entstehen; s. hierzu Anm. 11, 12 zu § 433.

Für nicht ausgeführte Beförderungen kommen ebenfalls Frachtansprüche in Betracht – zumindest dann, wenn der Frachtführer eine zulässige Verfügung (Rückgabe des Frachtguts, Anhalten) ausführt; s. dazu Anm. 16 zu § 433.

II. Ersatz von Aufwendungen **Anm. 83**

Da der Frachtvertrag ein Sonderfall des Geschäftsbesorgungsvertrages ist, kann der Frachtführer nach §§ 675, 670 BGB Ersatz seiner Aufwendungen verlangen. Hier gilt weitgehend das zum Speditionsrecht in Anm. 105–109 zu §§ 407–409 Gesagte. Zu ersetzen sind insbesondere Zollauslagen, Gebühren, vom Frachtführer verauslagte

Wiegegelder, Nachnahmen u. dergl. Jedoch sind nach § 670 nur „erforderliche" Aufwendungen zu ersetzen, und die Aufwendungen müssen sich im Rahmen des frachtvertraglich Vereinbarten halten. Andernfalls kommen nur Ansprüche aus Geschäftsführung ohne Auftrag in Betracht.

Zu den erstattungspflichtigen Aufwendungen gehören in keinem Fall die für die normale Beförderung bzw. die vertragsgemäße Erhaltung des Gutes aufgewandten Kosten. Daher ist beim Frachtvertrag vor allem von Bedeutung, welche unvorhergesehenen Kosten der Frachtführer erstattet verlangen kann. Hierzu gehören in erster Linie die durch Weisungen des Absenders oder Empfängers – also in Ausübung des frachtrechtlichen Verfügungsrechts – entstandenen Kosten; s. dazu Anm. 17 zu § 433. Weiter von Bedeutung sind die Regeln über Beförderungshindernisse (§ 428 Abs. 2; s. auch dort Anm. 7 mit Angaben über frachtrechtliche Sonderregeln) und über Ablieferungshindernisse (§ 437). Die bei diesen erforderlich werdenden Maßnahmen können Frachtmehransprüche und Frachtteilansprüche erzeugen (s. o. Anm. 76), aber auch zu Aufwendungen des Frachtführers (z. B. bei Einlagerung oder Verwertung) führen; s. dazu Anm. 7, 14 zu § 428 und Anm. 15 zu § 437 HGB. Die Rechtslage nach den Spezialordnungen ist ungleich und ziemlich unübersichtlich. Die Kostenerstattungs- und Entgeltfrage ergibt sich entweder aus der gesetzlichen Regelung selbst (z. B. Art. 16 Abs. 1 und 12 Abs. 5 a CMR) oder auch aus Tarifrecht.

Jedenfalls muß trotz aller Sonderregelungen die Grundsatzregelung der §§ 675, 760 BGB immer als Reserveregelung anwendbar bleiben.

Anm. 84 **III. Schadensersatzansprüche gegen den Absender**

Wie bei jedem Vertrag können dem Frachtführer nach allgemeinem Schuldrecht Schadensersatzansprüche gegen den Absender, gegebenenfalls auch gegen den Empfänger zustehen, vor allem aus positiver Forderungsverletzung. Eine solche Haftung kommt namentlich in Betracht, wenn der Absender schuldhaft vertragliche Schutzpflichten verletzt (etwa das Fahrzeug beim Beladen beschädigt oder unzureichende Be- oder Entladungsmöglichkeiten zur Verfügung stellt).

Über die allgemeinen Anspruchsgrundlagen hinaus kennt jedoch das Frachtrecht besondere Ersatzansprüche, die teilweise kein Verschulden voraussetzen. Zu nennen sind hier vor allem Ansprüche wegen falscher oder fehlender Angaben im Frachtbrief (siehe § 426 Abs. 3 und dort Anm. 23) und wegen fehlender Begleitpapiere (siehe dazu § 427 Abs. 2 und dort Anm. 5, 2) oder mangelnder Kennzeichnung der Güter.

Ähnlich dem Seerecht statuiert Art. 22 Abs. 2 CMR eine besondere Haftung des Absenders ohne Verschulden für gefährliche Güter; eine ähnliche Regelung enthalten § 5b ADSp, § 5 Abs. 3 S. 2 AGNB. Das HGB, die KVO und die BefBMö sehen hierzu keine entsprechenden Haftungsregeln vor. Für alle Landbeförderungen stellt jedoch die VO über den Schutz gefährlicher Güter vom 23. 7. 1970 öffentlich-rechtliche Vorschriften auf; die Mißachtung dieser Vorschriften durch den Ablader dürfte regelmäßig gegen die im Verkehr erforderliche Sorgfalt verstoßen und daher eine positive Vertragsverletzung darstellen. Auch eine Haftung des Absenders nach § 823 Abs. 2 BGB kommt in Betracht, da die öffentlich-rechtlichen Bestimmungen über gefährliche Güter Schutzgesetze im Sinne dieser Haftungsnorm sind.

Von besonderer Bedeutung ist auch die Haftung des Absenders für Schäden am Beförderungsgut und mitverladenen Gütern beim Selbstladen des Fahrzeugs – entsprechend gilt für Entladen durch den Empfänger. Hierzu ist im allgemeinen keine besondere Haftungsregelung vorgesehen; § 4 Abs. 2 BefBMö sieht jedoch eine Haftung ohne Verschulden vor.

Ein weiterer praktisch bedeutsamer Haftungstatbestand ist die Haftung ohne Verschulden für Schäden, die am Beförderungsmittel oder an mitverladenen Gütern durch Mängel der Verpackung entstehen; s. dazu Art. 10 CMR; § 18 Abs. 3 KVO; ähnlich § 62 Abs. 3 EVO und Art. 12 § 4 CIM.

IV. Sicherungsrechte

Anm. 85

Hinsichtlich der meisten seiner Ansprüche ist der Frachtführer in doppelter Weise gesichert: Er kann die Ablieferung des Frachtguts verweigern, bis der Empfänger die Verpflichtung aus dem Frachtvertrag erfüllt (§ 435; s. die dortige Kommentierung). Ferner steht ihm mit Wirkung gegen jedermann das Frachtführerpfandrecht zu; s. § 440 und die dortigen Anmerkungen.

F. Die Rechtsstellung von Absender und Empfänger

Anm. 86

Entsprechend der Rechtsnatur des Frachtvertrags als eines Vertrags zugunsten Dritter sind die frachtrechtlichen Rechte, die dem Frachtführer entgegenstehen, auf Absender und Empfänger verteilt; s. zum Überblick über die Rechtsstellung des Empfängers Anm. 1, 2 zu § 435; zur Zahlungspflicht des Empfängers § 436; zur Verteilung des frachtrechtlichen Verfügungsrechts Anm. 31 zu § 433; zur Aktivlegitimation bei Geltendmachung von Ersatzansprüchen gegen den Frachtführer Anm. 34–36 zu § 429.

§ 426

(1) Der Frachtführer kann die Ausstellung eines Frachtbriefs verlangen.

(2) Der Frachtbrief soll enthalten:

1. **den Ort und den Tag der Ausstellung;**
2. **den Namen und den Wohnort des Frachtführers;**
3. **den Namen dessen, an welchen das Gut abgeliefert werden soll (des Empfängers);**
4. **den Ort der Ablieferung;**
5. **die Bezeichnung des Gutes nach Beschaffenheit, Menge und Merkzeichen;**
6. **die Bezeichnung der für eine zoll- oder steueramtliche Behandlung oder polizeiliche Prüfung nötigen Begleitpapiere;**
7. **die Bestimmung über die Fracht sowie im Falle ihrer Vorausbezahlung einen Vermerk über die Vorausbezahlung;**
8. **die besonderen Vereinbarungen, welche die Beteiligten über andere Punkte, namentlich über die Zeit, innerhalb welcher die Beförderung bewirkt werden soll, über die Entschädigung wegen verspäteter Ablieferung und über die auf dem Gute haftenden Nachnahmen, getroffen haben;**
9. **die Unterschrift des Absenders; eine im Wege der mechanischen Vervielfältigung hergestellte Unterschrift ist genügend.**

(3) Der Absender haftet dem Frachtführer für die Richtigkeit und die Vollständigkeit der in den Frachtbrief aufgenommen Angaben.

Inhaltsübersicht

Literatur

I. Funktion und Rechtsnatur des Frachtbriefs Anm. 1

1. Funktion
   a) Der Frachtbrief als konstitutive Urkunde Anm. 2
   b) Der Frachtbrief als Beweispapier Anm. 3
      aa) Beweis für Abschluß und Inhalt des Frachtvertrags
      bb) Beweis für die Übernahme des im Frachtbrief beschriebenen Gutes Anm. 4
      cc) Der Frachtbrief als Beweis für Iden-

tität, Stückzahl, Menge, Art und Zustand der übernommenen Güter Anm. 5
aaa) Allgemeine frachtrechtliche Beweisregeln Anm. 6
bbb) Spezialregelungen Anm. 7
dd) Der Einfluß von Vermerken des Frachtführers auf die Beweiswirkung des Frachtbriefs Anm. 8
aaa) Feststellungsvermerke Anm. 9
bbb) Unbekannt-Vermerke Anm. 10
c) Der Frachtbrief als Träger von Spezialabreden, Absenderanweisungen und -mitteilungen Anm. 11
d) Der Frachtbrief als Grundlage der Frachtberechnung Anm. 12
e) Der Frachtbrief als verfügungshinderndes Papier (Sperrpapier) Anm. 13
f) Die Übergabe des Frachtbriefs als Zeitpunkt für die Entstehung der Empfängerrechte Anm. 14
g) Öffentlich-rechtliche Funktionen des Frachtbriefs Anm. 15
h) Bedeutung des Frachtbriefs für die Eigentumslage Anm. 15a
2. Rechtsnatur des Frachtbriefs Anm. 16

II. Die Regelung des § 426 HGB Anm. 17
1. Anspruch des Frachtführers auf Ausstellung eines Frachtbriefs (§ 426 Abs. 1 HGB) Anm. 18
a) Grundsätzliches
b) Der Anspruch auf Ausstellung des Frachtbriefs nach Spezialregeln des Frachtrechts Anm. 19
c) Die Annahme des Frachtbriefs durch den Frachtführer Anm. 20
d) Die Ausstellung der Absenderausfertigung Anm. 21
2. Der Inhalt des Frachtbriefs (§ 426 Abs. 2 HGB) Anm. 22
3. Die Haftung des Absenders für Richtigkeit und Vollständigkeit der Angaben im Frachtbrief (§ 426 Abs. 3) Anm. 23
a) Allgemeines
b) Mitverschulden Anm. 24
c) Ausfüllung des Frachtbriefs durch den Frachtführer Anm. 25

Literatur: Siehe zu § 425

Anm. 1

I. Funktion und Rechtsnatur des Frachtbriefs

1. Funktion

Der Frachtbrief ist ein in den meisten Sparten des Frachtrechts vorgesehenes warenbegleitendes Beförderungsdokument. Er wird vom Absender ausgestellt und vom Beförderer angenommen und begleitet in wenigstens einer seiner Ausfertigungen das Frachtgut; zur Rechtsnatur des Frachtbriefs siehe Anm. 16. Im Rahmen der betreffenden Art von Frachtverträgen erfüllt der Frachtbrief verschiedene Funktionen:

Anm. 2

a) Der Frachtbrief als konstitutive Urkunde?

Ob die Ausstellung und Annahme eines Frachtbriefs Voraussetzung für die wirksame Entstehung eines Frachtvertrags ist, wird nicht für alle Teilgebiete des Frachtrechts einheitlich beurteilt. Nach dem Landfrachtrecht des HGB ist dies sicher nicht der Fall: Vielmehr kann, mangels gegenteiliger Regelung, der Frachtvertrag auch ohne Frachtbrief abgeschlossen werden. Für den Möbeltransport ist in § 2 Abs. 7 BefBMö ausdrücklich bestimmt, daß das Fehlen oder Mängel des Frachtbriefs auf die Gültigkeit des Frachtvertrags keinen Einfluß haben. Gleiches gilt nach Art. 4 S. 2 CMR für den internationalen Straßenfrachtvertrag und nach Art. 5 § 2 WA für die internationale Luftbeförderung. Anders ist jedoch die Rechtslage im Eisenbahnfrachtrecht (§ 160 Abs. 1 S. 1 EVO; Art. 8 § 1 S. 1 CIM) und im Frachtrecht des innerdeutschen Güterfernverkehrs mit Lastkraftwagen (§ 15 Abs. 1 S. 1 KVO; § 15 Abs. 1 S. 1 KVO Rb); ähnlich für Container-Transporte § 12 Abs. 1 TransfrachtGB und für den internationalen Containerverkehr der Eisenbahnen Art. 7 Abs. 2 Intercontainer-GB. In diesen Bereichen soll nach einer in der Literatur weit vertretenen, von der höchstrichterlichen Rechtsprechung für den Eisenbahnfrachtvertrag bestätigten, aber für die KVO abgelehnten Meinung der Frachtvertrag ein Formularvertrag sein, der nur durch Annahme von Gut und Frachtbrief durch den Beförderer abgeschlossen werden könne. Diese Auffassung kann jedoch nicht überzeugen; siehe Anm. 5f. zu § 15 KVO,

Anh. II nach § 452 HGB. Vielmehr kann auch in den betreffenden Rechtsgebieten der Frachtvertrag gegebenenfalls ohne Frachtbrief gültig sein.

Zusammenfassend kann daher festgestellt werden, daß der Frachtbrief in keinem Bereich des Frachtrechts als konstitutive Urkunde anzusehen ist.

b) Der Frachtbrief als Beweispapier Anm. 3

aa) Beweis für Abschluß und Inhalt des Frachtvertrags

Da der Frachtbrief vom Absender ausgestellt ist, vermag er zunächst einen Beweis für dessen Vertragsschlußerklärung (Antrag) zu erleichtern. Er ist insoweit, wenn er vom Absender unterschrieben ist, Privaturkunde i.S. § 416 ZPO. Im Falle faksimilierter Unterschrift, die nach § 426 Abs. 1 Ziff. 9 HGB ausreichend ist, hat der Frachtbrief nicht die Wirkung des § 416 ZPO, erbringt aber gleichwohl in der Regel aufgrund handelsrechtlicher Sondervorschriften (s. unten Anm. 4, 6, 7–10) oder als Indiz Beweis. In jedem Fall ist der Beweis widerlegbar; siehe BGH vom 15. 10. 1959, VersR 1959, 983 (984).

Die Eintragung einer Person als Absender im Frachtbrief begründet zwar eine Vermutung, daß gerade diese Person Absender sei, läßt sich aber durch andere Umstände widerlegen (Bestätigungsschreiben, Frachtzahlungen, Provisionsabreden); siehe zur KVO BGH vom 30. 1. 1964, VersR 1964, 479 (480); ferner Anm. 4 zu § 3 KVO, Anh. II nach § 452.

Wird der Frachtbrief vom Frachtführer angenommen, so kann er auch als Beweis für den Abschluß des Frachtvertrags durch den Frachtführer dienen, wenn auch die formale Beweiswirkung des § 416 hier von der Unterschrift des Frachtführers abhängt, die in der Regel nicht erteilt wird.

Auch wenn § 416 ZPO nicht in allen Fällen als Grundlage ausreicht, so erbringt der Frachtbrief doch nach den gesetzlichen und formularvertraglichen Spezialregelungen, wenn er vom Beförderer angenommen ist, den Beweis für den Abschluß des Frachtvertrags. Dabei ist die Annahme regelmäßig mit einem entsprechenden Vermerk des Beförderers auf dem Frachtbrief festzustellen. Allerdings ist in den einzelnen Sparten unterschiedlich geregelt, inwieweit Unterschrift, Stempel, Datumsangabe oder faksimilierte Unterschrift erforderlich oder genügend sind.

Die KVO sieht in § 15 Abs. 3 eine Beweiswirkung der Annahme vor; die Annahme erfolgt nach § 15 Abs. 1 S. 2 durch Unterschrift des Frachtführers. Nach der KVORb erbringt der Annahmevermerk der Bahn (§ 15 Abs. 1 S. 2) Beweis für den Abschluß des Frachtvertrags (§ 15 Abs. 2).

Die BefBMö sehen in § 2 Abs. 1 S. 2 die Unterschrift des Frachtführers und des Absenders vor, die durch Druck oder Stempel ersetzt werden kann; eine Beweiswirkung ist zwar nicht besonders normiert, ergibt sich aber dann aus § 416 ZPO. Im internationalen Straßentransportrecht wird der Frachtbrief vom Frachtführer unterzeichnet (Art. 5 Abs. 1 S. 1 CMR) und erbringt Beweis für den Vertragsabschluß (Art. 9 Abs. 1 CMR).

Der Frachtvertrag über die Beförderung von in Großcontainern verladenen Gütern durch Transfracht GmbH (s. dazu Anm. 25 zu § 425) wird durch die Rückgabe eines Blattes des vom Absender datierten und unterschriebenen Übergabescheins bestätigt (§ 12 Abs. 1 Transfracht GB). Man kann daher davon ausgehen, daß dieser Frachtbrief ebenfalls als Beweisurkunde für den Abschluß des Vertrags dienen soll; ähnlich Art. 12 IntercontainerGB.

Der Eisenbahnfrachtbrief wird nach § 61 Abs. 1 S. 1 EVO, Art. 8 § 1 S. 1, 2 CIM durch den Tagesstempel der Eisenbahn angenommen und erbringt gem. § 61 Abs. 2 EVO, Art. 8 § 3 CIM den Beweis für den Abschluß des Frachtvertrags.

Der Luftfrachtbrief wird nach Art. 6 Abs. 3, 4 WA vom Frachtführer durch Unterschrift oder Stempel angenommen und erbringt den Beweis für den Abschluß des Luftfrachtvertrags. Im innerdeutschen Luftrecht besteht keine entsprechende Bestimmung; auch die IATA-Beförderungsbestimmungen enthalten nichts dazu; doch dürfte hier die Regelung des WA entsprechend gelten. Für das Binnenschiffahrtsrecht gilt das zu § 426 Gesagte.

Der durch den Frachtbrief erbrachte Beweis für den Abschluß des Frachtvertrags durch eine bestimmte Partei kann jederzeit durch einen anderweitigen Gegenbeweis widerlegt werden.

Auch für den Inhalt des Frachtvertrags erbringt der Frachtbrief im allgemeinen Beweis, so z. B. für die Person des Empfängers, siehe Anm. 1 zu § 435. Die Beweiswirkung des Frachtbriefs für den Inhalt ist ebenfalls nur eine widerlegliche.

Siehe zu einer Verabredung, ob der Absender (= Hauptfrachtführer) oder der Empfänger dem Unterfrachtführer die Fracht zu zahlen hatte, eingehend BGH vom 23. 1. 1970, WM 1970, 692 (693); in LM Nr. 2 zu § 436 unvollständig abgedruckt.

Anm. 4 **bb) Beweis für die Übernahme des im Frachtbrief beschriebenen Gutes**

Die Beweiswirkung des Frachtbriefs erstreckt sich nicht nur auf den Vertragsinhalt (z. B. hinsichtlich des Zielortes, des Transportwegs und der Frachthöhe), sondern wird auch besonders wichtig im Falle des Verlustes oder der Beschädigung von Gütern, da hier die Angaben über Art, Menge und Beschaffenheit, Zustand, Merkzeichen, Gewicht usw. für die Höhe des Schadensersatzes ausschlaggebend werden können. Ebenso können diese Einzelheiten Bedeutung erlangen, wenn dem Frachtführer oder einer anderen Person durch die Güter Schaden entsteht; auch auf die Frachtberechnung können sie Einfluß haben.

Hierbei muß zwischen zwei Fragenkreisen unterschieden werden: Ob überhaupt das Frachtgut übernommen worden ist und inwieweit die im Frachtbrief enthaltenen Angaben über das Gut Beweis erbringen. Siehe zu letzteren Fragen unten Anm. 5–10.

Ob überhaupt Frachtgut übernommen worden ist, kann in zwei Richtungen von Bedeutung sein: Knüpfen sich an die Übernahme negative Folgen für den Absender (z. B. Haftung wegen Schädigung von Transportmitteln oder mitbefördertem Gut, siehe zum Überblick Anm. 84 zu § 425), so wird sich der Frachtführer auf den Frachtbrief berufen. Bei Ladungsschäden, für die der Frachtführer haftbar gemacht werden soll, vor allem bei Verlust von Ladungsgütern, wird sich dagegen der Absender auf den Frachtbrief als Beweis für die Übergabe des Gutes beziehen.

Wird – wie im Regelfall – der Frachtbrief vom Absender ausgefüllt und dem Frachtführer zusammen mit dem Gut übergeben, so erbringt er zunächst den Beweis zu Lasten des Absenders, daß dieser die Güter dem Frachtführer übergeben hat – nach § 416 ZPO, wenn der Frachtbrief vom Absender unterschrieben ist, sonst nach allgemeinen frachtrechtlichen Grundsätzen. Sollte sich der Absender später darauf berufen, es seien keine Güter übergeben worden, so muß er die Beweiswirkung des Frachtbriefes widerlegen (speziell geregelt in Art. 9 Abs. 1 CMR, Art. 11 Abs. 1 WA).

Andererseits wirken die Eintragungen des Absenders im Frachtbrief nicht ohne weiteres zu Lasten des Frachtführers. Eine solche Beweiswirkung könnte sich allenfalls aus der Annahmeerklärung des Frachtführers auf dem Frachtbrief bzw. aus der unbeanstandeten Annahme des Frachtbriefs ergeben. Soweit der bloße Nachweis des Empfanges von Gütern überhaupt in Frage steht, wird man dies bejahen können. Hat der Frachtführer also den Frachtbrief angenommen, so kann er sich bis zum Beweis des Gegenteils nicht mit der Behauptung, er habe überhaupt niemals Güter empfangen, verteidigen. Eine solche Beweiswirkung kann aus der Urkundenfunktion des

Frachtbriefs abgeleitet werden. Da der Absender regelmäßig eine Ausfertigung des Frachtbriefs, zumeist mit Annahmevermerk erhält (s. Anm. 20), kommt dieser die Funktion einer Empfangsbescheinigung zu (s. § 61 Abs. 4 EVO, Art. 8 § 5 CIM). Einzelne frachtrechtliche Spezialregelungen sehen auch eine derartige Beweiswirkung ausdrücklich vor (Art. 9 Abs. 1 CMR; Art. 11 Abs. 1 WA; zur KVO s. im Ergebnis wie hier Guelde/Willenberg Anm. 34 zu § 15 auf der Grundlage der Realvertragstheorie). Im Großcontainer-Verkehr der Eisenbahnen will § 9 Abs. 3 TransfrachtGB jede zu Lasten von Transfracht wirkende Verbindlichkeit aller Angaben im Übergabeschein ausschließen; ähnlich Art. 11 Abs. 2 IntercontainerGB für den grenzüberschreitenden Containerverkehr der Eisenbahn. Soweit es sich um die Übergabe des Containers selbst handelt, ist die Wirksamkeit dieser Klauseln zweifelhaft. Da der Transfracht-Übergabeschein in Feld 31 einen Vermerk über die Übernahme und im übrigen genaue Angaben über den Container selbst enthält, dürfte der individuelle Annahmevermerk nach § 4 AGB-Gesetz der AGB-Klausel vorgehen.

Nicht selten werden Eintragungen im Frachtbrief, die an sich Sache des Absenders wären, vom Personal des Frachtführers, meist aufgrund von Angaben des Absenders, vorgenommen. Durch seine Unterschrift billigt der Absender diese Eintragungen und muß ihre Richtigkeit bis zum Beweis des Gegenteils gegen sich gelten lassen. Unter Umständen kommt jedoch eine Haftung des Frachtführers aus Verschulden bei Vertragsschluß oder aus einem besonderen Vorvertrag in Betracht, wenn sein Personal hierbei schuldhaft Fehler begangen hat. BGH v. 22. 1. 1971, BGHZ 55, 217 (221); Muth/Lehmann zu § 13 KVO; Finger Anm. 12 zu § 57 EVO. Einzelne frachtrechtliche Bestimmungen regeln zu diesem Fragenkomplex Einzelpunkte: vgl. Art. 7 Abs. 2 CMR; vgl. § 17 Abs. 2 KVO.

cc) Der Frachtbrief als Beweis für Identität, Stückzahl, Menge, Art und Zustand der übernommenen Güter Anm. 5

Dieser wichtigste Teil der Beweiswirkung des Frachtbriefs ist nicht im gesamten Frachtrecht nach einheitlichen Grundsätzen zu beurteilen. Vielmehr muß in jedem Fall zunächst untersucht werden, ob die betreffenden Spezialregelungen eine besondere Beweislage vorsehen. Fehlen solche Regeln, so kann und muß auf gewisse generelle Grundsätze des allgemeinen Urkunden- und Frachtrechts zurückgegriffen werden.

aaa) Allgemeine frachtrechtliche Beweisregeln Anm. 6

Zu Lasten des Absenders, der den Frachtbrief ausgefüllt hat, wird man nach den oben Anm. 4 entwickelten Grundsätzen auch hinsichtlich der einzelnen Angaben über das Gut eine widerlegliche Beweiswirkung annehmen dürfen. Trägt der Absender Angaben ohne eigene Überprüfung ein (z. B. als absendender Spediteur), so tut er dies auf eigenes Risiko; entsteht ihm daraus Nachteil (z. B. durch Haftung für gefährliche Güter), so muß er den Ausgleich im Verhältnis zum Vormann suchen (z. B. zum Versender; vgl. §§ 5, 7 ADSp, Anh. I zu § 415).

Zu Lasten des Frachtführers können die einzelnen Angaben des Absenders im Frachtbrief nur wirken, wenn der Frachtbrief mindestens angenommen ist. Eine unbeschränkte Beweiswirkung der Angaben über das Gut wäre jedoch auch in diesem Fall zu weitgehend. Eine solche Beweiskraft des angenommenen Frachtbriefs kann bejaht werden, soweit ausdrückliche Spezialvorschriften sie vorsehen, sonst dagegen nur, soweit der Frachtführer die Angaben im Frachtbrief bei Übernahme des Guts geprüft hat oder hätte überprüfen müssen.

Allgemein zum Landfrachtrecht Rundnagel, Ehrenbergs Handbuch, S. 121; Baumbach/Duden, Anm. 1 zu § 426; speziell für die KVO Beitrag o. V., Transport-Dienst 1962, 277ff., 269ff.; Voigt, VP 1963, 87ff. und 1968, 72f.; Guelde/Willenberg, Anm. 38 zu § 15 und Anm. 45ff. zu § 16 KVO mit zahlreichen Angaben zur

Rechtsprechung und Literatur; Muth/Lehmann, Anm. zu § 16 KVO; ferner zur KVO: OLG Hamburg, VersR 1967, 1047 (1048); siehe Anm. 9 zu § 16 KVO; zur CMR siehe Art. 8 und 9.

In den wichtigen Fällen des Verlustes oder der Beschädigung von Gütern reicht somit der angenommene Frachtbrief als Beweis für Art, Menge, Beschaffenheit, Zustand der Güter bei Annahme nicht aus. Vielmehr muß zugleich mindestens eine Überprüfungspflicht (genauer: mindestens eine Obliegenheit zur Überprüfung) des Frachtführers bestanden haben, wie sie typischerweise bei verpackten und selbstverladenen Gütern und auch in anderen Fällen nicht oder nur teilweise besteht. Siehe zu dieser Überprüfungspflicht § 18 KVO und Art. 8 CMR sowie die dortige Kommentierung.

Diese sachlich unbestrittene Beweisregelung kann kaum aus dem allgemeinen Urkundenrecht abgeleitet werden, sondern ergibt sich wohl eher aus einem allgemeinen Grundsatz des Frachtrechts, der sich aus dem Gesichtspunkt einer sinnvollen Aufgaben- und Risikoverteilung entwickelt hat und der überall da Geltung beanspruchen kann, wo keine speziellere Regelung besteht.

Soweit nur Landfrachtrecht des HGB Anwendung findet, kann dieser Grundsatz mangels genauerer Bestimmung Geltung beanspruchen. Er gilt auch im Bereich der innerdeutschen Straßenbeförderung (siehe Anm. 16ff. zu § 16 KVO). Die BefBMö enthalten keine diesbezüglichen Spezialnormen, ebensowenig die AGNB und die ADSp.

Die für die Container-Beförderung maßgeblichen TransfrachtGB (s. Anm. 25 zu § 425) sehen strikte Beweiswirkung der Angaben zu Lasten des Absenders, aber keinerlei Beweiskraft zu seinen Gunsten vor; § 9 Abs. 2, 3 TransfrachtGB; ähnlich Art. 9, 11 Abs. 2 IntercontainerGB für den internationalen Transport. Diese Regelung dürfte beim Container-Transport nicht als unangemessen zu betrachten sein, da der Container vom Beförderer in beladenem Zustand übernommen wird und für eine Überprüfung des Inhalts nicht üblich und auch von seiten des Absenders nicht erwünscht ist.

Im ganzen läßt sich also feststellen, daß im innerdeutschen Landfrachtrecht die Überprüfungspflicht des Frachtführers maßgeblich für die Beweiskraft der Absenderangaben ist.

Anm. 7 **bbb) Spezialregelungen**

Die eisenbahnrechtlichen Sonderbestimmungen enthalten den allgemeinen Grundsätzen ähnliche, aber in Einzelheiten abweichende Regelungen. Hinsichtlich der Angaben über Gewicht und Stückzahl erbringt der Frachtbrief gegen die Eisenbahn Beweis bei Gütern, die von ihr verladen werden, auch wenn die Eisenbahn die Angaben nicht überprüft hat. Bei vom Absender selbst verladenen Gütern erbringen deren Angaben im Frachtbrief keinen Beweis gegen die Eisenbahn, auch wenn diese zur Überprüfung verpflichtet war; siehe Goltermann/Konow Anm. 9 zu § 61 EVO. Für den Zustand der Verpackung siehe § 62 Abs. 3 A. 3 EVO.

Hat jedoch die Eisenbahn in diesem Fall das Gewicht und die Stückzahl festgestellt und dies im Frachtbrief vermerkt, so erbringt dieser Vermerk Beweis; § 61 Abs. 3 EVO, Art. 8 § 4 CIM.

Anders ist die Rechtslage im internationalen Straßentransportrecht. Art. 9 Abs. 2 CMR sieht eine Vermutung für die Richtigkeit der Angaben über Anzahl, Zeichen und Nummern der Frachtstücke sowie für Übernahme in äußerlich gutem Zustand von Gut und Verpackung vor. Diese Vermutung kann jedoch vom Frachtführer durch mit Gründen versehenen Vorbehalte im Frachtbrief ausgeschlossen werden. Diese Lösung ähnelt der für das seerechtliche Konnossement in § 656 Abs. 2 HGB vorgesehenen.

Im Binnenschiffahrtsrecht bedingen die Verlade- und Transportbedingungen regelmäßig jede Verbindlichkeit der Angaben über das Frachtgut im Frachtbrief oder Ladeschein ab.

Im Luftfrachtrecht trifft Art. 11 Abs. 2 WA eine nach der Art der Eintragungen differenzierte Regelung. Die Angaben des Absenders im Luftfrachtbrief über Maße, Verpackung und Anzahl der Frachtstücke sowie über den äußerlich erkennbaren Zustand des Gutes gelten widerleglich als richtig. Die Angaben über Menge, Raumgehalt und Zustand des Gutes erbringen gegenüber dem Luftfrachtführer nur insoweit Beweis, als dieser sie in Gegenwart des Absenders nachgeprüft hat und dies auch im Frachtbrief vermerkt ist.

dd) Der Einfluß von Vermerken des Frachtführers auf die Beweiswirkung des Frachtbriefs **Anm. 8**

Das HGB-Landfrachtrecht enthält keine Vorschriften über Frachtführervermerke im Frachtbrief. Nach Sonderbestimmungen des Kraftverkehrs-, Eisenbahn- und Luftfrachtrechts kann jedoch der Frachtführer durch Eintragung bestimmter Vermerke die Beweiswirkung für Frachtbriefangaben über die Güter einschränken. Ebenso kann die Eintragung von Vermerken des Frachtführers über die Feststellung von Identität, Stückzahl oder Gewicht des Frachtguts Beweis zu seinen Lasten erbringen.

aaa) Feststellungsvermerke **Anm. 9**

Stellt der Frachtführer bei Prüfung des Gutes Abweichungen von den Angaben im Frachtbrief fest, so kann er diese seinerseits im Frachtbrief vermerken; für die Güterfernbeförderung siehe § 16 KVO sowie dort Anm. 15ff. Für den internationalen Straßenverkehr Art. 8 Abs. 1b, Abs. 2 Satz 2, 3, Abs. 3; Art. 9 Abs. 2 CMR; im Luftrecht Art. 3 Abs. 2 BefBFracht, siehe Anh. VII/4 nach 452; siehe auch Art. 11 WA, Anh. VII/2 nach § 452 HGB.

Solche Vermerke erbringen stets Beweis gegen den Frachtführer; siehe Anm. 17 zu § 16 KVO, Anh. II nach § 452. Zu Lasten des Ladungsberechtigten (Absenders, Empfängers) ist eine volle Beweiswirkung nur anzunehmen, wenn dieser die Richtigkeit der Feststellung auf dem Frachtbrief bescheinigt. Ist der Absender oder Empfänger bei der Feststellung der Identität, Menge oder Eigenschaften des Frachtguts anwesend und rügt er die Eintragungen des Frachtführers im Frachtbrief nicht, so wird prima facie die Richtigkeit der Eintragungen des Frachtführers anzunehmen sein. Eine Bestätigung des Absenders über die Richtigkeit der Überprüfung des Frachtguts erbringt vollen Beweis für die Richtigkeit dieser Feststellung; siehe im einzelnen Anm. 15ff. zu § 16 KVO.

Die Eisenbahn und der KVO-Frachtführer können ferner vom Absender die Eintragung von Mängelvermerken im Frachtbrief verlangen, wenn Verpackungsmängel oder äußere Beschädigungen des eingelieferten Gutes vorliegen (§§ 62 Abs. 2, Satz 1 und Abs. 4 EVO; Art. 12 § 1 CIM; § 18 Abs. 2, 4 KVO). Verweigert der Absender diese Eintragungen, so können Bahn oder KVO-Frachtführer die Beförderung verweigern. Die betreffenden Vermerke schließen die Beweiswirkung des Frachtbriefs aus. Mängelvermerke eines Unterfrachtführers, die nachträglich auf dem Frachtbrief angebracht werden, sind dem Empfänger gegenüber wirkungslos, können aber im Verhältnis Hauptfrachtführer – Unterfrachtführer Bedeutung gewinnen; siehe Anm. 23 zu § 432.

bbb) Unbekannt-Vermerke **Anm. 10**

Im internationalen Straßentransportrecht enthalten Eintragungen im Frachtbrief über Anzahl, Zeichen und Nummern der Frachtstücke (Art. 8 Abs. 1a CMR) auch dann Beweiskraft, wenn sie vom Frachtführer nicht nachgeprüft sind (Art. 9 Abs. 2 CMR). Diese Beweiskraft kann der Frachtführer durch die Eintragung eines mit Gründen versehenen Vorbehaltes ausschließen, wenn ihm keine ausreichenden Mittel zur Prüfung der Angaben zur Verfügung stehen. Hinsichtlich des Inhalts der Sendung werden bei Überprüfung Nichtübereinstimmungen mit den Absenderangaben auf dem Frachtbrief eingetragen und zerstören damit ebenfalls die Beweiswirkung des Frachtbriefs. Die KVO sieht einen derartigen Unbekannt-Vermerk an sich nicht vor; es ist jedoch unstreitig, daß er dann zulässig ist, wenn bei Stückgütern die Prüfung von Gewicht und Stückzahl dem Frachtführer nicht möglich ist. Auch in diesem Fall entfällt dann die Beweiskraft der Absenderangaben im Frachtbrief; siehe Guelde/Willenberg Anm. 30 zu § 16 KVO; zum Eisenbahnrecht siehe § 58 EVO; Art. 7 §§ 2, 3 CIM.

Anm. 11 **c) Der Frachtbrief als Träger von Spezialabreden, Absenderanweisungen und -mitteilungen**

Da der Frachtbrief das Frachtgut auf seiner Reise begleitet, eignet er sich dafür, jedem am Transport Beteiligten jederzeit Auskunft über die Einzelheiten der Beförderung zu geben. Er dient daher u. a. dazu, Sonderabreden, Absenderanweisungen oder -mitteilungen aufzunehmen. Diese Funktion wird in den Katalogen der betreffenden Bestimmungen über die freiwilligen Angaben im Frachtbrief deutlich. Siehe hierzu § 11 Abs. 2 KVO; davon etwas abweichend § 11 Abs. 2 KVORb; Art. 6 Abs. 2 CMR; § 2 Abs. 3 Ziff. 10, 13 BefBMö; § 56 Abs. 2 EVO; Art. 6 §§ 7, 9 CIM; für das Luftrecht Art. 8 WA und Art. 3 BefBFracht (Langform).

In vielen Fällen sind Nebenabreden, Weisungen oder Angaben für den Beförderer nur verbindlich, wenn sie im Frachtbrief eingetragen sind. Wertdeklarationen oder Angaben eines Lieferinteresses (s. dazu Anm. 42, 44, 52, 60, 68, 69 zu § 429 mit weiteren Hinweisen) beruhen regelmäßig auf entsprechenden Eintragungen im Frachtbrief.

Anm. 12 **d) Der Frachtbrief als Grundlage der Frachtberechnung**

Der Frachtbrief ist, soweit eine Frachtzahlungspflicht des Empfängers besteht, für deren Höhe maßgeblich. Siehe § 436 und die dortige Kommentierung; § 25 Abs. 2 S. 3 KVO; Art. 13 Abs. 2 CMR; § 75 Abs. 2 EVO; Art. 16 § 1 Abs. 2 und 17 Abs. 4 S. 1 CIM; § 9 Abs. 3 S. 2 Transfracht-Geschäftsbedingungen. Die Frachtberechnung selbst ist dagegen regelmäßig entsprechend den – meist zwingenden – Tarifen vom wirklich beförderten Frachtgut, nicht von den Angaben im Frachtbrief abhängig.

Da jedoch der Frachtbrief unter bestimmten Voraussetzungen Beweis für das verladene Gut erbringen kann (siehe oben Anm. 4, 5), sind mangels Gegenbeweis die in ihm enthaltenen Angaben mittelbar auch für die Frachtberechnung maßgebend.

Eine besondere Auswirkung auf die Höhe der Fracht kann der Frachtbrief auch noch nach § 31 GüKG haben. Danach hat der Absender bei bestimmten unrichtigen, ungenauen oder unvollständigen Angaben im Frachtbrief im Güterfernverkehr einen Zuschlag zum Beförderungsentgelt zu zahlen, wobei das Nähere durch die Beförderungsbedingungen bestimmt wird. Während die BefBMö einen solchen Zuschlag nicht vorsehen, trifft § 22 KVO eine eingehende Regelung. Danach kann und muß der KVO-Frachtführer im Regelfall den Zuschlag nachfordern; siehe im einzelnen die Kommentierung zu § 22 KVO Anh. II nach § 452.

Anm. 13 **e) Der Frachtbrief als verfügungshinderndes Papier (Sperrpapier)**

In allen Teilgebieten des Frachtrechts, in denen Frachtbriefe ausgestellt werden, wird eine bestimmte Ausfertigung des Frachtbriefs dem Absender ausgehändigt. In der

KVO ist diese als „Durchschrift für den Empfänger" bezeichnet (§ 10 Abs. 2 S. 2 KVO); in der CMR heißt sie „1. Ausfertigung" (Art. 5 Abs. 1 S. 3 CMR); in den BefBMö „dritte Durchschrift" (§ 2 Abs. 4 S. 1 BefBMö); im Eisenbahnrecht wird die Absenderausfertigung als „Frachtbriefdoppel" bezeichnet (§ 56 Abs. 11 EVO; Art. 6 § 1 CIM (verzichtbar)); im Luftrecht schließlich heißt die Absenderausfertigung „drittes Stück" (Art. 6 Abs. 2 S. 3 WA) und wird in der Literatur üblicherweise als „Luftfrachtbriefdritt" bezeichnet.

Diese Ausfertigungen haben zunächst die Funktion, dem Absender den Nachweis für den Abschluß des Frachtvertrages und die Übergabe der Güter zu erleichtern. Hierfür kommt die 1. Ausfertigung des Frachtbriefs nicht in Betracht, weil diese das Frachtgut auf der Reise zu begleiten hat. Die Absenderausfertigungen sind in keinem der Bereiche als begebbare Papiere (wie Konnossement, Ladeschein) ausgestattet. Vielmehr steht der Auslieferungsanspruch nicht ihrem Inhaber, sondern grundsätzlich dem im Frachtbrief bezeichneten Empfänger zu. Die Absenderausfertigung des Frachtbriefs gewinnt aber in den meisten Sparten des Frachtrechts – nicht jedoch im innerdeutschen Straßenbeförderungsrecht – eine gewisse Bedeutung, sobald der Absender nachträglich seine während des Transports noch bestehende Herrschaft über das Frachtgut ausüben will. Die Geltendmachung der frachtrechtlichen Verfügungsrechte des Absenders (z. B. Anhaltung, Rückbeförderung, Auslieferung an eine andere als die im Frachtbrief genannte Person; siehe dazu im einzelnen die Anm. zu § 433 HGB) ist nämlich regelmäßig von der Vorlage der Absenderausfertigung abhängig (Art. 12 Abs. 5a CMR; Art. 12 Abs. 3 WA; Art. 7 Abs. 1 S. 2 BefBFracht; Art. 21 § 2 Abs. 2 CIM; § 72 Abs. 7 EVO).

Mit der Übergabe der Ausfertigung an eine andere Person (Empfänger, zur Zahlung des Kaufpreises angewiesene Bank) begibt sich daher der Absender seiner Möglichkeit, noch in den Transportablauf einzugreifen. Somit kann sich der Empfänger, sobald er die Absenderausfertigung in Händen hat, darauf verlassen, daß die Ware – vorbehaltlich der möglichen Transportschäden – an ihn abgeliefert wird. Hieraus rechtfertigt sich die Bezeichnung als „Sperrpapier", denn die Weggabe der Empfängerausfertigung sperrt die Möglichkeit des Absenders zu weiteren Verfügungen; s. dazu Rehfeldt/Zöllner, Wertpapierrecht, 11. Aufl., S. 123. Da der Inhaber des Sperrpapiers, wenn er auch als Empfänger benannt ist, eine praktisch unentziehbare Anwartschaft auf Auslieferung des Gutes hat, kann die Empfängerausfertigung im Rahmen von Dokumentenklauseln als andienungsfähig anerkannt werden. Enthält die Absenderausfertigung des Frachtbriefs ein Empfangsbekenntnis des Frachtführers, obwohl dieser das Gut nicht erhalten hat, so haftet der Frachtführer dem geschädigten Dritten, insbesondere im Falle der Zahlung aufgrund eines Dokumentenakkreditivs. Siehe zum Luftfrachtbrief eingehend BGH vom 19. 3. 1976, WM 1976, 566ff. Die internationalen „Einheitlichen Richtlinien und Gebräuche für Dokumentenakkreditive (revidierte Fassung von 1974)" erkennen in Art. 24 Frachtbriefe, insbesondere auch solche von Frachtverkehrsunternehmen, als andienungsfähige Dokumente an, wenn sie den Empfangsstempel des Frachtführers oder eine Unterschrift tragen, welche die des Frachtführers oder seines Agenten zu sein scheint.

Im innerdeutschen Straßenfrachtrecht hat die Absenderausfertigung des Frachtbriefs keine verfügungssperrende Funktion. Nach §§ 27 KVO, 27 KVORb, 5 BefBMö sind Absenderverfügungen bis zur Ankunft des Guts am Bestimmungsort jederzeit möglich und nicht von der Vorlage der Absenderausfertigung abhängig. Das gleiche gilt für Container-Transporte nach § 14 TransfrachtGB. Der Sicherungswert der KVO- und BefBMö-Frachtbriefe ist daher nur gering, obwohl sie andienungsfähig i. S. von Art. 22 der Einheitlichen Richtlinien und Gebräuche für Dokumentenakkreditive sind. Wegen der kurzen Dauer innerdeutscher Kfz-Transporte dürfte diese Frage jedoch praktisch keine Rolle spielen. Siehe zur Ausstellung einer „reinen" Spediteurübernahmebescheinigung durch den CMR-Frachtführer als anzudienendes Dokument: OLG Düsseldorf vom 6. 9. 1973, VersR 1975, 232f.

Die Sperrwirkung der Absenderausfertigung erstreckt sich nicht nur auf die Sicherung des Auslieferungsanspruchs, sondern auch auf die Ersatzansprüche gegen den Frachtführer wegen Ladungsschäden, die praktisch an die Stelle der Auslieferungsansprüche treten. Zur Geltendmachung dieser Ansprüche ist teilweise die Vorlage des Frachtbriefs bzw. der Absenderausfertigung vorgeschrieben. Nach § 95 Abs. 2 EVO, Art. 43 § 3 CIM hat der Absender das Frachtbriefdoppel, der Empfänger den Frachtbrief vorzulegen, wenn er ihn bereits erhalten hat.

Nach § 37 KVO ist ebenfalls bei der Geltendmachung der Ersatzansprüche die Vorlage des Frachtbriefs vorgeschrieben. Es gelten aber Ausnahmen, wenn der Empfänger zustimmt oder die Annahme verweigert hat. Außerdem kann bei Verlust des Frachtbriefs der Beweis für die schadensersatzbegründenden Tatsachen auch in anderer Weise geführt werden.

Die Sperrwirkung der Absenderausfertigung des Frachtbriefs ist nicht undurchbrechbar. Vielmehr kann die Berechtigung auch in anderer Weise als durch den Frachtbrief nachgewiesen werden. Hierzu bedarf es keines wertpapierrechtlichen Aufgebotsverfahrens, sondern nur eines anderweitigen Berechtigungsnachweises. Regelmäßig wird jedoch der Absender, wenn er seine Ausfertigung des Frachtbriefs nicht vorlegen kann, die Ablieferung an den betreffenden Empfänger schon aus zeitlichen Gründen nicht mehr verhindern können. Insbesondere ist ihm auch eine Anhaltung des Frachtgutes nur bei Berechtigungsnachweis möglich. Die Aufnahme der Absenderausfertigung des Frachtbriefs in die Reihe der andienungsfähigen Papiere in den Einheitlichen Richtlinien und Gebräuchen für Dokumentenakkreditive beweist, daß diese Sicherung für die Praxis ausreichend ist.

Anm. 14 **f) Die Übergabe des Frachtbriefs als Zeitpunkt für die Entstehung der Empfängerrechte**

Siehe hierzu die Kommentierung zu § 435 mit Hinweisen auf frachtrechtliche Spezialregelungen.

Anm. 15 **g) Öffentlich-rechtliche Funktionen des Frachtbriefs**

Im deutschen Kraftverkehrsrecht dient der Frachtbrief auch als Unterlage der Tarifüberwachung. § 28 GüKG (Anh. I nach § 452) sieht daher eine unter der Sanktion des Ordnungswidrigkeitsverfahrens (§ 99 Abs. 1 Nr. 5 GüKG) stehende Pflicht des Güterfernverkehrsunternehmers zur ordnungsgemäßen Ausstellung der Beförderungs- und Begleitpapiere vor. Dementsprechend enthalten die betreffenden Frachtbriefformulare Kopien, die für die Tarifüberwachung bestimmt sind. Diese Funktionen des Frachtbriefs berühren die privatrechtlich-vertraglichen Rechtsbeziehungen zwischen den am Frachtvertrag Beteiligten nicht. Der Absender ist jedoch öffentlich-rechtlich für die Richtigkeit und Vollständigkeit der Angaben im Frachtbrief verantwortlich (§ 30 GüKG) und kann hierfür nach § 99 Nr. 4a) b) mit einer Ordnungsstrafe bis zu 5000 DM belegt werden. Ferner kann die nicht ordnungsgemäße Ausfüllung des Frachtbriefs zur Verwirklichung von Frachtzuschlägen führen; siehe oben Anm. 12. Siehe im einzelnen auch die Literatur zum GüKG, Vorbem., Anh. I nach § 452, insbesondere Balfanz/von Tegelen und Hein/Eichhoff u.a. Anmerkungen zu §§ 28, 30, 31 GüKG.

Anm. 15a **h) Bedeutung des Frachtbriefs für die Eigentumslage**

Dient der Frachtvertrag der Erfüllung von Lieferpflichten des Absenders, so kann der Frachtführer im Übereignungsgeschäft eine Rolle spielen, z.B. als Vertreter und

Besitzmittler des Verkäufers oder Käufers auftreten. Neben anderen Indizien zur Ermittlung des Übereignungswillens des Verkäufers können auch Eintragungen im Frachtbrief bedeutsam sein; siehe hierzu BGH vom 18. 6. 1968, NJW 1968, 1929 (1932).

2. Rechtsnatur des Frachtbriefs **Anm. 16**

Nach den oben beschriebenen Funktionen ist der Frachtbrief in erster Linie eine Beweisurkunde mit vielfältiger, differenzierter Beweiswirkung. Er ist jedoch kein Wertpapier i. S. der verschiedenen Wertpapierdefinitionen (s. hierzu Rehfeldt/Zöllner, Wertpapierrecht, 10. Aufl. 1972, S. 11; aus der Sicht des englischen Rechts zum CMR-Frachtbrief: Hill, ETR 1976, 188f.), da er keine Ansprüche verbrieft. Er ist weder Inhaberverpflichtungszeichen, noch Legitimationspapier noch Traditionspapier; BGH vom 4. 6. 1976, NJW 1976, 1746f. = BB 1976, 1050 = MDR 1976, 996. Die Ausübung der Absenderrechte ist nur formal an die Vorlage der Absenderausfertigung gebunden. Die Tatsache, daß ein anderweitiger Nachweis der Berechtigung ohne wertpapierrechtliches Aufgebotsverfahren die Absenderausfertigung ersetzen kann, beweist, daß es sich nicht um eine echte Verbriefung handelt. Im übrigen enden die Absenderrechte ohnehin spätestens mit der Ablieferung an den Empfänger, vielfach bereits mit der Ankunft am Bestimmungsort oder mit der Aushändigung des Frachtbrieforiginals an den Empfänger (s. die Anm. zu § 435 HGB).

Der Frachtbrief ist im übrigen auch kein Traditionspapier wie Konnossement, Ladeschein oder Lagerschein; er vertritt rechtlich nicht die Ware.

II. Die Regelung des § 426 HGB

Anm. 17

§ 426 ist durch Spezialregelungen ähnlichen Inhalts praktisch weitgehend verdrängt. Siehe oben Anm. 2ff. Die Vorschrift bleibt jedoch überall anwendbar, wo es an Sonderbestimmungen fehlt und kann daher nicht als gänzlich bedeutungslos betrachtet werden.

1. Anspruch des Frachtführers auf Ausstellung eines Frachtbriefs (§ 426 Abs. 1 HGB) **Anm. 18**

a) Grundsätzliches

Zwischen der Ausstellung des Frachtbriefs durch den Absender und der Annahme durch den Frachtführer muß unterschieden werden. An die Ausstellung knüpfen sich vor allem Beweiswirkungen zu Lasten des Absenders, an die Annahme solche zu Lasten des Frachtführers (s. oben Anm. 3–10). Ferner kann nach bestimmten Spezialregelungen der Absender einen Anspruch gegen den Frachtführer auf Erteilung einer besonderen Ausfertigung haben (s. oben Anm. 13 und unten Anm. 20).

b) Der Anspruch auf Ausstellung des Frachtbriefs nach Spezialregeln des Frachtrechts **Anm. 19**

§ 426 Abs. 1 HGB ist im Landfrachtrecht teilweise durch Sonderbestimmungen verdrängt. Nach der KVO ist die Ausstellung wie im Eisenbahnrecht aus Verwaltungs- und Tarifgründen öffentlich-rechtlich verbindlich vorgeschrieben (§ 10 Abs. 1 KVO; § 10 Abs. 1, 2 KVORb). Das gleiche gilt für die Möbelförderung zwingend im Fernverkehr (§ 2 Abs. 1 und 2 BefBMö). In der CMR ist die Ausstellung des Frachtbriefs als eine gemeinsame Angelegenheit der Parteien behandelt (Art. 5 Abs. 1), wobei offenbar jede Partei gegen die andere einen Anspruch auf Mitwirkung hat (arg. e art. 5 § 2 CMR). Im Güternahverkehr fehlt es in AGNB und ADSp an entsprechenden Bestimmungen. Somit gilt hier (wie im Binnenschiffahrtsrecht gem.

§ 26 BSchG) noch § 426 Abs. 1 HGB (s. zum Eisenbahnrecht § 55 Abs. 1 EVO; Art. 6 § 1 CIM; zum Luftrecht Art. 5 Abs. 1 WA, Art. 3 Abs. 1 S. 1, 2 BefBFracht (Langform)).

Die Verpflichtung des Absenders zur Ausstellung des Frachtbriefs gewinnt vor allem praktische Bedeutung, wenn sie unsorgfältig erfüllt wird (s. dazu § 426 Abs. 3 HGB und unten Anm. 22).

Auf die Ausstellung des Frachtbriefs kann der Frachtführer nach HGB-Recht verzichten. Für den Güternahverkehr ist dies wohl auch üblich. Die AGNB sehen dementsprechend keinen Frachtbrief vor. Auch die ADSp enthalten keine Regelung. Die BefBMö gestatten in § 2 Abs. 2 den Verzicht des Frachtführers auf den Frachtbrief. Nach der KVO und dem Eisenbahnrecht ist der Frachtbrief dagegen zwingend vorgeschrieben. Auch soweit die Ausstellung des Frachtbriefs zwingend angeordnet ist, wird durch ein Fehlen der Frachtvertrag nicht unwirksam; s. oben Anm. 2.

Anm. 20 **c) Die Annahme des Frachtbriefs durch den Frachtführer**

Daß der Frachtbrief entgegengenommen wird, versteht sich von selbst. Die frachtrechtlichen Spezialregelungen sehen aber durchweg eine Pflicht des Frachtführers zur Dokumentation der Annahme durch Unterschrift oder Abstempelung vor, um die daran geknüpfte Beweiswirkung besser abzusichern. Unterschrift: § 15 Abs. 1 S. 2 KVO; § 2 Abs. 1 S. 3 BefBMö; Art. 5 Abs. 1 S. 1 CMR; Annahmevermerk: § 15 Abs. 1 S. 2 KVORb; Stempelung: § 61 Abs. 1 S. 1, Abs. 4 EVO; Art. 8 § 1 S. 1, § 2 CIM; Unterschrift oder Stempel: Art. 6 Abs. 2–4 WA. Rückgabe eines Blattes: § 12 Abs. 1 TransfrachtGB.

Anm. 21 **d) Die Ausstellung der Absenderausfertigung**

Das HGB erwähnt die Absenderausfertigung des Frachtbriefs nicht. Da diese wegen ihrer Beweis- und Sperrwirkung wichtig ist, gewähren die Spezialregelungen dem Absender einen Anspruch auf Erteilung dieser Ausfertigung. Auch soweit von einem Anspruch nicht die Rede ist, sondern nur die Ausstellung angeordnet ist, kann davon ausgegangen werden, daß der Absender einen solchen Anspruch hat (siehe Art. 5 Abs. 1 S. 3 CMR; § 10 Abs. 2 KVO; § 16 Abs. 7 KVO; § 2 Abs. 4 BefBMö; Art. 6 Abs. 2 WA; §§ 56 Abs. 11; 61 Abs. 4 EVO; Art. 6 Abs. 1 CIM; siehe auch oben Anm. 13).

Anm. 22 **2. Der Inhalt des Frachtbriefs (§ 426 Abs. 2 HGB)**

§ 426 Abs. 2 enthält einen für moderne Verhältnisse unvollständigen und nicht zwingenden Katalog der Frachtbriefangaben. Die spezielleren Bestimmungen für die einzelnen Verkehrszweige weisen eingehendere Regelungen auf. Da die benutzten Frachtbriefformulare diesen Sonderbestimmungen entsprechen, ist § 426 Abs. 2 HGB praktisch gegenstandslos. Siehe daher statt dieser Vorschrift: § 11 KVO; § 11 KVORb; Art. 6 Abs. 1–3 CMR; § 2 Abs. 3 BefBMö; Art. 8 WA; § 56 Abs. 1, 2 EVO; Art. 6 § 6 CIM.

Ein Frachtbrief, in dem einzelne Angaben fehlen oder unrichtig sind, ist deshalb nicht wirkungslos. Dies ergibt sich schon daraus, daß § 426 Abs. 2 nur eine Sollvorschrift ist; RGZ 80, 58 (60f.). Die Auswirkung der Unvollständigkeit oder Unrichtigkeit ergibt sich – abgesehen von den in Abs. 3 geregelten Haftungsfolgen – jeweils aus der Funktion der betreffenden Eintragung. Die frachtrechtlichen Sondernormen stellen nur gelegentlich spezielle Regeln für solche Fälle auf. So bestimmt z. B. Art. 7 Abs. 3 CMR, daß der Frachtführer dem jeweils Verfügungsberechtigten für

Schadensfolgen haftet, wenn im CMR-Frachtbrief der Hinweis auf die zwingende Geltung der CMR fehlt. Weitergehend führt das Fehlen des Hinweises auf die zwingenden Bestimmungen des WA im Luftfrachtbrief nach Art. 9 WA 1955 zum gänzlichen Wegfall der Haftungsbeschränkung. In der Fassung von 1929 ist eine Sanktionsregelung ähnlicher Art für zahlreiche Angaben des Luftfrachtbriefs enthalten. Siehe ferner zur Frage der Wirksamkeit nicht im Frachtbrief vermerkter Nebenabreden Anm. 6 zu § 11 KVO.

Fraglich ist, ob beim Fehlen mehrerer wichtiger Angaben überhaupt noch ein Frachtbrief vorliegt. Für die KVO hätte dies – wenn man der hier abgelehnten Formalvertragstheorie folgen würde – die unerwünschte Folge, daß kein Frachtvertrag zustande gekommen wäre; s. dazu oben Anm. 57 zu § 425 und Anm. 3 zu § 15 KVO, Anh. II nach § 452. Eine solche Konsequenz braucht freilich nicht gezogen zu werden. Da der Frachtbrief kein Wertpapier ist, entsteht niemandem ein Nachteil, wenn man auch einen grob unvollständigen Frachtbrief als gültig betrachtet. Immerhin können dann wenigstens die Angaben, die in ihm enthalten sind, ihre Wirkung entfalten. Allerdings kann z. B. das Fehlen der Unterschrift oder der Absenderangabe die Beweiswirkung zerstören, wenn nicht anderweitig bewiesen werden kann, daß der Frachtbrief vom Absender ausgestellt worden ist. Fehlende Angaben über die Kennzeichnung der Frachtstücke können je nach Fall den besonderen Nachweis erforderlich machen, daß sich der Frachtbrief auf ein bestimmtes Gut bezieht. Das gleiche gilt für das Fehlen der Empfängerangabe. Ist im Frachtbrief der Frachtbetrag nicht eingetragen, so wird auch bei Annahme von Frachtbrief und Gut kein Zahlungsanspruch an den Empfänger begründet (siehe § 435 HGB und die dortigen Anmerkungen).

In der Literatur zur KVO herrscht demgegenüber die Auffassung vor, zumindest die Angaben über Absender, Empfänger, Inhalt der Sendung, Verlade- und Bestimmungsort seien erforderlich, damit überhaupt ein wirksamer Frachtbrief vorliege; siehe Guelde/Willenberg, 4 zu § 11 KVO mit weiteren Literaturhinweisen. Diese Auffassung führt – selbst wenn man der Theorie vom Formalvertrag mit der Rechtsprechung nicht folgt – vielfach zu unangemessenen Ergebnissen. So würde z. B. dem KVO-Frachtführer kein Anspruch gegen den Empfänger auf Zahlung der Fracht und der Kosten nach § 25 Abs. 2 S. 3 KVO (entsprechend § 436 HGB) zustehen, wenn er übersehen hätte, daß der Frachtbrief zum Verladeort oder dem Inhalt einer unbestritten korrekt abgelieferten Sendung keine Angaben enthielt. In diesem Falle läge kein Frachtbrief vor und es würde an einer Voraussetzung der Entstehung der Ansprüche gegen den Empfänger fehlen. Somit wäre der Frachtführer wegen eines kleinen Fehlers, nämlich mangelnder Überprüfung der Frachtbriefeintragungen – mit dem Verlust sämtlicher Ansprüche gegen den Empfänger belastet. Hierin läge eine sachlich nicht gerechtfertigte Überreaktion der Rechtsordnung. Demgegenüber ist die Beurteilung der Frage nach funktionalen Gesichtspunkten, wie sie hier vorgeschlagen wird, vorzuziehen.

3. Die Haftung des Absenders für Richtigkeit und Vollständigkeit der Angaben im Frachtbrief (§ 426 Abs. 3) Anm. 23

a) Allgemeines

§ 426 erlegt dem Absender eine strenge Haftung für Richtigkeit und Vollständigkeit seiner Angaben im Frachtbrief auf. Diese Haftungsbestimmung ist durch inhaltlich entsprechende Sondernormen der Spezialregelungen weitgehend verdrängt (§ 13 Abs. 1 und 2 KVO = KVORb; Art. 7 Abs. 1, 2 CMR; § 2 Abs. 8 BefBMö; § 9 Abs. 2 TransfrachtGB; Art. 10 Abs. 1 u. 2 WA; Art. 3 Abs. 4 BefBFracht Langform; Art. 7 § 1 CIM; § 57 Abs. 1 EVO; siehe auch die öffentlich-rechtlichen

Vorschriften der §§ 30, 31 GüKG). Die Haftung des Absenders nach § 426 Abs. 3 HGB ist objektive Haftung ohne Verschulden; siehe bereits RGZ 96, 277 (279).

Dies rechtfertigt sich aus dem Gedanken der Risikozuweisung. Der Absender steht dem Frachtgut näher als der Frachtführer. Daher muß er die Gewähr für Fehler bei der Eintragung übernehmen. Der Grundsatz der Haftung ohne Verschulden ist in allen angeführten Spezialregelungen in gleicher Weise zugrunde gelegt.

Typische Fälle der Haftung für Fehler bei der Frachtbriefausfüllung: Unrichtige oder unvollständige Angaben über die beförderte Ladung führen zu Schäden am Beförderungsmittel oder mitverladenen Gütern (z. B. durch Geruchs- und Feuchtigkeitseinwirkung, Selbsterhitzung, Ansteckung). In besonderem Maße gilt dies für „gefährliche Güter"; siehe Anm. 3 zu § 8 KVO. Durch fehlerhafte Angaben können auch Verzögerungen und damit Nutzungsverluste des Beförderungsmittels eintreten. Siehe zur Nichtübereinstimmung mit den Angaben auf den einzelnen Kollo: OLG Hamburg, VersR 1953, 277.

Anm. 24 **b) Mitverschulden**

Wird der Schaden durch ein fehlerhaftes Verhalten des Frachtführers mit verursacht, so tritt eine Schadensteilung nach § 254 BGB ein, obwohl dies in § 426 im Gegensatz zu § 427 nicht besonders erwähnt ist; Baumbach/Duden Anm. 2 C zu § 426; Schlegelberger/Geßler Anm. 22 zu § 426; Helm, Haftung, S. 141. RGZ 37, 12; 96, 279; zur KVO beiläufig BGH v. 22. 1. 1954, BGHZ 12, 136 (140); Guelde/Willenberg Anm. 15 zu § 13 KVO. Dies wird insbesondere dann der Fall sein, wenn die Unrichtigkeit oder Unvollständigkeit des Frachtbriefs für den Frachtführer erkennbar war und er dennoch die erforderliche Rückfrage oder Vorsichtsmaßnahme unterlassen hat. Die Abwägung der Schadensquote bereitet allerdings in solchen Fällen erhebliche Schwierigkeiten, da eine objektive Haftung ohne Verschulden mit allen Graden von Verschulden zusammentreffen kann. Generelle Regeln können hierfür nicht aufgestellt werden; vielmehr muß die Entscheidung an den Merkmalen des Einzelfalls orientiert werden.

Anm. 25 **c) Ausfüllung des Frachtbriefs durch den Frachtführer**

Von besonderer Bedeutung ist der praktisch häufige Fall, daß die Absenderangaben im Frachtbrief auf Wunsch des Absenders vom Frachtführer oder seinen Leuten selbst eingetragen werden. Da diese Eintragungen an sich Pflicht des Absenders sind, handeln in solchen Fällen der Frachtführer bzw. seine Leute als Erfüllungsgehilfen des Absenders. Es kommt somit für die Absenderhaftung grundsätzlich nicht darauf an, wer den Frachtbrief ausgefüllt hat. Demgemäß sehen die Sonderbestimmungen der frachtrechtlichen Spezialregelungen teilweise ausdrücklich eine Haftung des Absenders vor, wenn der Frachtbrief durch den Frachtführer ausgefüllt ist (§ 13 Abs. 2 KVO; Art. 7 Abs. 2 CMR: Vermutung, daß der Frachtführer im Namen des Absenders gehandelt hat; Art. 3 Abs. 4 BefBFracht Langform; § 57 Abs. 2 EVO; Art. 39 Abs. 2 CIM). Auch in diesen Fällen wird jedoch ein mitwirkendes Verschulden des Frachtführers oder seiner Leute zu berücksichtigen sein, so z. B. wenn diesen bekannt oder erkennbar war, daß die Angaben über das Frachtgut nicht richtig waren. Siehe zur Frage der Anrechnung von Verschulden des vom Gläubiger gestellten Hilfspersonals in einem kaufrechtlichen Fall: BGH v. 29. 10. 1975, WM 1975, 1257 (1258).

Zur Haftung für Begleitpapiere siehe § 427 Abs. 2 HGB. Zur öffentlich rechtlichen Verantwortung des Absenders für die Richtigkeit der Angaben siehe oben Anm. 15.

§ 427

(1) Der Absender ist verpflichtet, dem Frachtführer die Begleitpapiere zu übergeben, welche zur Erfüllung der Zoll-, Steuer- oder Polizeivorschriften vor der Ablieferung an den Empfänger erforderlich sind.

(2) Er haftet dem Frachtführer, sofern nicht diesem ein Verschulden zur Last fällt, für alle Folgen, die aus dem Mangel, der Unzulänglichkeit oder der Unrichtigkeit der Papiere entstehen.

Inhaltsübersicht

Literatur

I. Allgemeines Anm. 1

1. Die Regelung des § 427 HGB
2. Sonderregelungen frachtrechtlicher Spezialgebiete Anm.2

II. Die Pflicht zur Übergabe der Begleitpapiere (§ 427 S. 1) Anm.3; 4

III. Haftung des Absenders für Fehlen, Unzulänglichkeit und Unrichtigkeit der Begleitpapiere Anm.5

IV. Haftung des Frachtführers für Schäden, die dem Absender im Zusammenhang mit Begleitpapieren entstehen Anm. 6

V. Öffentlich-rechtliche Bestimmungen über Begleitpapiere Anm. 7

Literatur: Siehe zu § 425

I. Allgemeines

Anm. 1

1. Die Regelung des § 427 HGB

§ 427 regelt in Satz 1 die Pflicht zur Übergabe der für die Beförderung erforderlichen Begleitpapiere; Satz 2 statuiert die Haftung des Absenders beim Fehlen, der Unzulänglichkeit oder Unvollständigkeit dieser Papiere. Zur entsprechenden Haftung des Frachtführers für Verlust und Mißbrauch der Begleitpapiere siehe unten Anm. 6.

Die Pflicht des Absenders zur Übergabe der Begleitpapiere soll den Frachtführer instand setzen, den Transport ungestört durch behördliche Maßnahmen auszuführen. Insbesondere beim grenzüberschreitenden Verkehr, aber unter Umständen auch im Inlandsbereich, können behördliche Erlaubnisse, Zoll- und Steuerformalitäten erforderlich sein. Für diese Verwaltungsverfahren werden im allgemeinen schriftliche Nachweise verlangt. Wird wegen des Fehlens dieser Papiere das Beförderungsmittel angehalten oder beschlagnahmt, weil die beförderten Güter den Anforderungen in- oder ausländischer Behörden nicht entsprechen oder weil mangels Begleitpapieren die notwendigen Nachweise nicht geführt sind, so können am Gut wie am Beförderungsmittel ebenso wie an mitbeförderten Gütern anderer Absender erhebliche Schäden entstehen; auch der Einnahmenverlust durch Stilliegen des Transportmittels kann beträchtlich sein. Andererseits ist der Frachtführer, der in der Regel weder das Gut noch die dieses Gut betreffenden Rechtsverhältnisse kennt, nicht in der Lage, die nötigen Begleitpapiere zu beschaffen. Durch § 426 S. 1 ist daher die Beschaffung dieser Papiere dem Absender zugewiesen, die nicht ordnungsgemäße Erfüllung dieser Verpflichtung wird von S. 2 mit scharfer Haftungssanktion belegt.

2. Sonderregelungen frachtrechtlicher Spezialgebiete

Anm. 2

§ 427 HGB hat Parallelen in den meisten frachtrechtlichen Spezialregelungen. Siehe § 12 Abs. 1 KVO; Art. 11 Abs. 1, 2 CMR; § 3 S. 2 BefBMö; §§ 9 AGNB, 7 a Abs. 2 ADSp; § 65 Abs. 1 EVO; Art. 13 § 1 und § 2, S. 2 CIM; § 26 BschG verweist auf § 427 HGB; Art. 16 Abs. 1 S. 1 WA; Art. 12 BefBFracht Langform.

In den genannten Bestimmungen ist durchweg eine dem § 427 HGB sehr ähnliche Regelung vorgesehen. Diese Vorschriften gehen als leges speciales dem § 427 HGB vor. Wegen ihrer Ähnlichkeit lassen sich aber praktisch alle zu § 427 entwickelten Grundsätze auf sie anwenden.

Anm. 3

II. Die Pflicht zur Übergabe der Begleitpapiere (§ 427 S. 1)

Umfang und Einzelheiten der Pflicht richten sich nach mehreren Faktoren: insbesondere nach der Art des Gutes, des Beförderungsmittels, nach Zeit und Ort des vorgesehenen Transports, nach den anwendbaren öffentlich-rechtlichen Vorschriften, hier wiederum besonders nach ausländischen Zoll-, Devisen-, Transit- und Sicherheitsvorschriften. Da der Absender nicht nur das Frachtgut, sondern auch das Beförderungsziel und den Beförderungsweg auswählt, muß er auch die für diese Beförderung geltenden Bestimmungen kennen und für ihre Erfüllung sorgen. Ist der Absender ein Spediteur, so gehört die Sorge für die Begleitpapiere zu den ihm gegenüber dem Versender obliegenden Pflichten (siehe Anm. 47 zu §§ 407–409 HGB und die dort angegebene Rechtsprechung). Befördert der Spediteur im Selbsteintritt das Frachtgut selbst, so bleiben seine Spediteurpflichten aufrechterhalten; siehe Anm. 4 zu § 412 HGB.

Anm. 4 Der Frachtführer seinerseits ist nicht verpflichtet, die Vollständigkeit, Richtigkeit und Zulänglichkeit der Papiere zu prüfen; entsprechende Regelungen enthalten die meisten der oben Anm. 2 angegebenen frachtrechtlichen Sonderbestimmungen. Fallen dem Frachtführer allerdings Mängel der Beförderungspapiere auf, so gebietet ihm die Treuepflicht, den Absender auf diesen Umstand hinzuweisen; da der Frachtführer verpflichtet ist, Schaden vom Gut abzuwenden und auch eigenen Schaden zu verhüten (§ 254 BGB), kann trotz der grundsätzlichen Verneinung einer Rechtspflicht in krassen Fällen ausnahmsweise eine Prüfung der Begleitpapiere von seiner Seite erforderlich sein, insbesondere wenn der Frachtführer bereits den Verdacht der Unvollständigkeit der Papiere hat. Die Verletzung solcher Hinweis- und ausnahmsweisen Prüfungspflichten des Frachtführers führt zum Haftungsausschluß oder zur Schadensteilung, evtl. auch zu einer Haftung des Frachtführers selbst. Siehe unten Anm. 6.

Anm. 5

III. Haftung des Absenders für Fehlen, Unzulänglichkeit und Unrichtigkeit der Begleitpapiere

§ 427 S. 2 HGB gibt dem Frachtführer einen Anspruch auf Ersatz des Schadens, der ihm aus dem Mangel, der Unzulänglichkeit oder der Unrichtigkeit der Begleitpapiere entsteht. Die Haftung ist wie die des § 426 Abs. 3 nicht von einem Verschulden des Absenders abhängig. Dieser hat vielmehr kraft Gesetzes für die ordnungsgemäße Erfüllung der in § 427 S. 1 ihm auferlegten Pflichten Gewähr zu leisten; so schon zum früheren Art. 393 ADHGB: ROHG 24, 206 (213f.); zu § 12 KVO: BGH vom 29. 9. 1953, VersR 1953, 427 (428); vom 22. 1. 1954, BGHZ 12, 136 (140); ferner vom 20. 3. 1956, VersR 1956, 346 (348). Das gleiche gilt für die dem § 427 S. 2 entsprechenden frachtrechtlichen Spezialbestimmungen, siehe oben Anm. 2.

Werden mehrere Frachtführer nacheinander tätig, so kann der vorhergehende Frachtführer Absender des folgenden Frachtvertrags sein; siehe Anm. 3, 4 zu § 432. In diesem Falle haftet er dem nächsten Frachtführer für Fehler der Begleitpapiere; nicht dagegen, wenn er zum nachfolgenden Frachtführer nicht selbst in einem frachtvertraglichen Verhältnis steht; siehe Anm. 5 zu § 432. Undifferenziert hierzu ROHG 24, 206 (214); Heymann/Kötter Anm. 2 zu § 427 a. E. Wenn der Frachtführer die Unrichtigkeit der Begleitpapiere gekannt hat, genießt er keinen Schutz. In diesem Falle entfällt die Haftung des Absenders; zutreffend zu § 12 Abs. 1 KVO: BGH vom 20. 3. 1956, VersR 1956, 346 (348).

Die volle Kausalhaftung tritt nicht ein, wenn den Frachtführer oder dessen Leute und Gehilfen (§ 431 HGB) ein eigenes Verschulden trifft. In diesen Fällen wäre nach der in § 427 S. 2 enthaltenen Einschränkung die Haftung ausgeschlossen. Dieser Haftungsausschluß kann sich jedoch nur auf den Fall beziehen, daß nur den Frachtführer ein Verschulden trifft, den Absender dagegen nicht. Fällt beiden Parteien oder ihren Gehilfen (beim Absender § 278 BGB; beim Frachtführer § 431 HGB) ein Verschulden zur Last, so muß eine Schadensteilung nach § 254 stattfinden; so zutreffend für § 12 KVO: BGH vom 22. 1. 1954, BGHZ 12, 136 (140) und vom 29. 9. 1953, VersR 1953, 427 (428); ferner vom 20. 3. 1956, VersR 1956, 346 (348).

Ein Mitverschulden des Frachtführers liegt in der Regel nicht bereits darin, daß der Frachtführer die Begleitpapiere nicht geprüft hat. Denn zu ihrer Prüfung ist er regelmäßig nicht verpflichtet; siehe § 12 Abs. 1 S. 3 KVO und § 3 S. 3 BefBMö sowie Anm. 4 zu § 12 KVO. Ein Mitverschulden liegt aber dann vor, wenn die Begleitpapiere gänzlich fehlen oder ihre Fehlerhaftigkeit oder Ungültigkeit dem Frachtführer bekannt war; so zutreffend Guelde/Willenberg Anm. 17 zu § 12 KVO mit weiteren Nachweisen.

Die Haftung nach § 12 Abs. 1 S. 4 KVO, die weitgehend der des § 427 S. 2 HGB entspricht, erstreckt sich auch auf mittelbare Schäden; BGH vom 23. 11. 1954, BGHZ 15, 224 (227) = VersR 1955, 77 (78f.) (Verlust eines dem Frachtführer nicht selbst gehörenden Lkw durch Beschlagnahme durch DDR-Behörden; Drittschadensliquidation).

Neben dem Absender können auch Personen, die in anderer Funktion die Übergabe der Begleitpapiere vornehmen, aus § 823 Abs. 1 BGB für den Schaden haften, den der Frachtführer wegen der Unrichtigkeit der Papiere erleidet; siehe zu einem Fall der Beschlagnahme durch DDR-Behörden: BGH vom 15. 6. 1955, VersR 1955, 523ff. und die dazugehörige 2. Revisionsentscheidung vom 14. 2. 1958, VersR 1958, 267. Hierbei ist ein Unterlassen der Prüfung der Begleitpapiere u. U. als Mitverschulden zu qualifizieren, obwohl der Frachtführer nach § 12 Abs. 1 S. 3 KVO nicht zur Prüfung der Begleitpapiere verpflichtet ist. Dabei ist zu berücksichtigen, daß hier – außerhalb der frachtrechtlichen Kausalhaftung des Absenders – die Maßstäbe des Frachtrechts auf keine der beteiligten Seiten angewendet werden können.

IV. Haftung des Frachtführers für Schäden, die dem Absender im Zusammenhang mit Begleitpapieren entstehen — Anm. 6

§ 427 regelt den umgekehrten Fall einer Haftung für Schaden des Absenders nicht. Solche Schäden können vor allem in zwei Hinsichten entstehen: der Frachtführer kann seiner eventuell bestehenden Hinweispflicht nicht genügt haben oder das Gut trotz Kenntnis des Fehlens der Begleitpapiere in Gefahr gebracht haben, so daß dem Absender Schaden am Gut oder Verzögerungsschaden, auch eventuell für Strafen etc. entsteht. Dafür haftet der Frachtführer nach den Grundsätzen der positiven Vertragsverletzung (mit der Möglichkeit einer Schadenszahlung bei Mitverschulden des Absenders). Des weiteren können Begleitpapiere verloren gehen und es kann durch ihren Mißbrauch Schaden entstehen. Auch hierfür ist die Anpruchsgrundlage grundsätzlich die positive Verletzung des Frachtvertrages durch den Frachtführer. Allerdings sehen für diese Fälle eine Reihe von frachtrechtlichen Sonderbestimmungen eine besondere, begrenzte Verschuldenshaftung des Frachtführers vor (§ 12 Abs. 9 KVO; Art. 11 Abs. 13; § 65 Abs. 2 EVO; Art. 13 Abs. 2 S. 3 CIM).

V. Öffentlich-rechtliche Bestimmungen über Begleitpapiere — Anm. 7

Öffentlich-rechtliche Pflichten zum Mitführen bzw. zur Ausstellung von Begleitpapieren werden durch zahlreiche in- und ausländische Bestimmungen, die ständigen

Änderungen unterliegen, aufgestellt, so vor allem im Steuer- und Zollrecht, aber auch durch die Sicherheitsregelungen für Transporte gefährlicher Güter, Drogen, radioaktiver Stoffe, Kriegswaffen, zur Seuchenbekämpfung usw. Schließlich verlangt auch § 27 GüKG aus Gründen der Tarifkontrolle die Ausstellung von Begleitpapieren unter der Sanktion des Ordnungswidrigkeitsverfahrens (§ 99 Abs. 1 Ziff. 4, 5 GüKG). Hiermit sind jedoch die jeweils vorgesehenen Frachtbriefe gemeint, die zugleich als Unterlagen für die Tarifüberwachung gebraucht werden.

Für die frachtrechtlichen Beziehungen zwischen dem Frachtführer und dem Absender spielen die öffentlich-rechtlichen Pflichten bezüglich der Begleitpapiere primär keine Rolle. Vertragsstörungen, die sich aus der Nichtbeachtung solcher Vorschriften ergeben, fallen jedoch unter § 427 HGB und können Ersatzansprüche in beiden Richtungen begründen. Ferner können Mängel der Eintragung im Frachtbrief zur Entstehung von Ansprüchen auf Frachtzuschläge gem. §§ 31 GüKG, 22 KVO führen; siehe dazu die Kommentierung zu § 22 KVO Anh. II nach § 452 sowie Anm. 15 zu § 426.

§ 428

(1) [1] Ist über die Zeit, binnen welcher der Frachtführer die Beförderung bewirken soll, nichts bedungen, so bestimmt sich die Frist, innerhalb deren er die Reise anzutreten und zu vollenden hat, nach dem Ortsgebrauche. [2] Besteht ein Ortsgebrauch nicht, so ist die Beförderung binnen einer den Umständen nach angemessenen Frist zu bewirken.

(2) [1] Wird der Antritt oder die Fortsetzung der Reise ohne Verschulden des Absenders zeitweilig verhindert, so kann der Absender von dem Vertrage zurücktreten; er hat jedoch den Frachtführer, wenn diesem kein Verschulden zur Last fällt, für die Vorbereitung der Reise, die Wiederausladung und den zurückgelegten Teil der Reise zu entschädigen. [2] Über die Höhe der Entschädigung entscheidet der Ortsgebrauch; besteht ein Ortsgebrauch nicht, so ist eine den Umständen nach angemessene Entschädigung zu gewähren.

Inhaltsübersicht

Literatur
I. Allgemeines Anm. 1
II. Beförderungszeit (Lieferfrist; § 428 Abs. 1 HGB) Anm. 2
1. Bestimmung der Lieferfrist Anm. 3
a) Allgemeines
b) Abweichende Systeme der Lieferfristbestimmung
aa) System der festen Lieferfristen
bb) Anwendungsfälle des § 428 Abs. 1 HGB und damit verwandte Systeme Anm. 4
2. Folgen der Lieferzeitüberschreitung Anm. 5
a) Haftung
b) Rücktritt wegen Verzug oder Unmöglichkeit Anm. 6
III. Beförderungshindernisse (§ 428 Abs. 2 HGB) Anm. 7
1. Anwendungsbereich des § 428 Abs. 2; Spezialregelungen
2. Inhalt der Regelung Anm. 8
a) Überblick
b) Voraussetzungen Anm. 9
aa) Verhinderung der Beförderung Anm. 10
bb) Zeitweilige Verhinderung Anm. 11
cc) Nichtverschulden des Absenders Anm. 12
c) Folgen der Beförderungsverhinderung Anm. 13
aa) Rücktritt des Absenders
bb) Entschädigungsanspruch des Frachtführers Anm. 14
cc) Rechte des Absenders bei vom Frachtführer verschuldeter Verhinderung der Beförderung Anm. 15

Literatur: Siehe zu § 425

I. Allgemeines

Anm. 1

§ 428 HGB, der die Verzögerung der Beförderung und einen Teil der Rechtsfolgen regelt, ist sehr weitgehend durch Sonderbestimmungen verdrängt. Die Vorschrift, die seit dem ADHGB nicht verändert wurde, ist noch am Modell der Beförderung mit Pferdefuhrwerken orientiert und wird modernen Transportproblemen kaum noch gerecht. Das Binnenschiffahrtsrecht verweist in § 26 BSchG nicht auf § 428 HGB, sondern trifft in §§ 42 Abs. 2, 71 BSchG eine spezielle Regelung und schaltet damit § 428 HGB aus. In einer Reihe von Teilbereichen des Frachtrechts stimmen jedoch die Spezialnormen zumindest teilweise sinngemäß mit § 428 HGB überein, so daß die für § 428 geltenden Grundsätze praktisch noch anwendbar sind. Siehe unten Anm. 4.

II. Beförderungszeit (Lieferfrist; § 428 Abs. 1 HGB)

Anm. 2

1. Bestimmung der Lieferfrist

a) Allgemeines

§ 428 HGB geht von drei Möglichkeiten für die Bestimmung der Beförderungszeit (Lieferzeit, Lieferfrist) aus: (1) besondere Vereinbarung; (2) subsidiär vom Ortsgebrauch; (3) fehlt auch dieser, von einer den Umständen angemessenen Frist. Die frachtrechtlichen Sonderregelungen legen demgegenüber anders konzipierte Regelungen für die Berechnung der Lieferfrist zugrunde.

b) Abweichende Systeme der Lieferfristbestimmung

Anm. 3

aa) System der festen Lieferfristen

§ 26 KVO, der sich am eisenbahnrechtlichen Modell des § 74 EVO (entsprechend jetzt auch Art. 11 CIM) orientiert, sieht für den innerdeutschen Güterfernverkehr großzügige, nach der Entfernung gestaffelte Lieferfristen vor. Bei diesem System taucht nicht selten die Frage auf, ob es dem Beförderer in jedem Falle gestattet sein kann, die für den Transport nicht benötigte längere Frist auszunutzen. Siehe dazu Anm. 5 zu § 31 KVO, Anh. II nach § 452 HGB.

bb) Anwendungsfälle des § 428 Abs. 1 HGB und damit verwandte Systeme

Anm. 4

Unmittelbar anwendbar bleibt § 428 Abs. 1 im Güternahverkehr mit Kraftfahrzeugen, wenn keine Beförderungsbedingungen vereinbart sind oder wenn die ADSp gelten. § 17 ADSp schließt nur die Gewährleistung, nicht dagegen die Vereinbarung von Lieferfristen und die Haftungsfolge bei verschuldeter Überschreitung aus. § 10 Abs. 1 AGNB läßt die vereinbarte Frist maßgeblich sein, verpflichtet aber den Frachtführer, die Beförderung unverzüglich d.h. ohne schuldhaftes Zögern, auszuführen. Da für die Frage, ob ein Verschulden vorliegt, die Sorgfaltspflichten bestimmt werden müssen, wird man auch hier § 428 Abs. 1 HGB anwenden müssen.

Im internationalen Transport mit Kraftfahrzeugen sieht zunächst Art. 6 Abs. 3 Ziff. 6 CMR eine Aufnahme der etwa vereinbarten Lieferfrist in den Frachtbrief vor; neben dieser ist jedoch auch eine außerhalb des Frachtbriefs getroffene Lieferfristabrede gültig (str., siehe dazu Anm. 3 zu Art. 6 CMR, Anh. III nach § 453 HGB). Fehlt diese Vereinbarung, so gilt nach Art. 19 CMR eine Frist, die „vernünftigerweise einem sorgfältigen Frachtführer zuzubilligen ist". Praktisch bedeutet dies eine Übernahme der HGB-Regelung unter Verzicht auf den heute kaum mehr bestehenden Ortsgebrauch. Ganz ähnlich ist die Regelung für die Möbelbeförderung in den BefBMö (siehe §§ 2 Abs. 2 Ziff. 13; 9 Abs. 2; 11 Abs. 3 BefBMö, Anh. IV nach § 452 HGB).

Im Luftrecht sieht Art. 19 WA an sich eine Haftung für Verspätung vor. Aber in allen internationalen Beförderungsbedingungen (Art. 6 Abs. 3 BefBFracht Langform, Ziff. 5 BefBFracht Kurzform, Anh. VII/4 und VII/5 nach § 452 HGB) werden sämtliche Flugpläne und andere Angaben über die Beförderungszeit für unverbindlich erklärt. Dies hat die Wirkung, daß nunmehr eine angemessene Lieferfrist zugrunde gelegt werden muß. Praktisch läuft dies ebenfalls auf eine dem § 428 Abs. 1 HGB entsprechende Regelung hinaus.

Anm. 5 **2. Folgen der Lieferzeitüberschreitung**

a) Haftung

Die Überschreitung der Lieferzeit durch den Frachtführer kann unter bestimmten – je nach Sparte unterschiedlichen – Voraussetzungen zur Haftung für den daraus entstandenen Schaden führen (§ 429 Abs. 1 HGB); s. dazu Anm. 31–33 zu § 429 und die dort angegebenen Spezialbestimmungen. Die in frachtrechtlichen Spezialnormen geregelte Verspätungshaftung ist lex specialis gegenüber der Haftung nach den allgemeinen Regeln über die Leistungsstörungen (Verzug, Unmöglichkeit, positive Vertragsverletzung); Näheres dazu siehe Anm. 78 zu § 429.

Anm. 6 **b) Rücktritt wegen Verzug oder Unmöglichkeit**

Neben der im Frachtrecht besonders geregelten Haftung kommen Rücktrittsrechte des Absenders in Betracht.

aa) Anwendbar sind hier zunächst die allgemeinen Vorschriften des Schuldrechts über die Leistungsstörungen, da das Frachtrecht hierfür keine Spezialnormen aufstellt. Zumeist wird die Verspätung der Beförderung Schuldnerverzug sein, so daß der Absender unter den Voraussetzungen der §§ 326, 284, 285 BGB vom Vertrag zurücktreten kann. Danach setzt der Rücktritt neben der Fristüberschreitung (§ 284 Abs. 2 BGB) ein Vertretenmüssen des Frachtführers (§ 285 BGB) voraus, wobei ihm eigenes Verschulden und das seiner Gehilfen (§ 431 HGB) zugerechnet wird; ferner eine Fristsetzung durch den Absender nach § 326 Abs. 1 BGB oder Interessewegfall nach § 326 Abs. 2 BGB. Ausnahmsweise kann die Lieferfristüberschreitung auch zur Unmöglichkeit führen, wenn die Beförderung (z. B. bei eingetretener Transportunfähigkeit der Ware) nicht mehr ausgeführt werden kann; dann gelten §§ 323–325 BGB. Schließlich liegt bei Erfüllungsverweigerung durch einen Vertragspartner (hier den Frachtführer) nach ständiger Rechtsprechung des BGH ein Fall der positiven Vertragsverletzung vor, der den Absender ebenfalls zum Rücktritt ohne Fristsetzung berechtigt; zur Qualifikation der Erfüllungsverweigerung als positive Vertragsverletzung siehe neuestens wieder BGH vom 10. 12. 1975, DB 1976, 238. Es ist jedoch fraglich, ob nicht eher ein Sonderfall des Schuldnerverzugs mit Rücktrittsrecht ohne Fristsetzung gegeben ist.

bb) In Betracht kommt jedoch daneben auch eine Anwendung der spezielleren Rücktrittsregelung für Beförderungshindernisse (§ 428 Abs. 2 HGB und entsprechende Spezialregelungen); siehe oben Anm. 3f. Diese Regelungen erfassen zwar nicht alle Fälle von Lieferfristüberschreitungen, zumindest aber die in der Praxis bedeutsamsten. Sie gewähren dem Absender durchweg ein Rücktrittsrecht gegen Teilentschädigung (z. B. Distanzfracht, Aufwendungsersatz) ohne Rücksicht auf Verschulden des Frachtführers.

cc) Zur grundsätzlichen Anwendbarkeit des § 649 BGB siehe Anm. 62 zu § 425.

III. Beförderungshindernisse

Anm. 7

1. Anwendungsbereich des § 428 Abs. 2; Spezialregelungen

§ 428 Abs. 2 HGB ist zwar teilweise durch Sonderbestimmungen verdrängt, gilt aber doch noch in beträchtlichem Umfang ergänzend. Im innerdeutschen Güterfernverkehr mit Kraftfahrzeugen gilt anstelle von § 428 Abs. 2 § 28 Abs. 1–4 KVO. Für die Möbelbeförderung verweist § 6 BefBMö statt auf § 428 Abs. 2 auf § 437 Abs. 2 und 3, der sonst nur für Ablieferungshindernisse gelten würde. Im Güternahverkehr schließt § 12 AGNB § 428 Abs. 2 HGB nicht aus, ergänzt und verändert aber die Bestimmung wesentlich. § 18 ADSp trifft für den Spediteur (damit auch für dessen Nahbeförderung) eine dem § 428 Abs. 2 HGB ähnliche Regelung für vom Spediteur unverschuldete Beförderungshindernisse. Das Rücktrittsrecht des Absenders besteht danach nur, wenn die Fortsetzung des Vertrags ihm billigerweise nicht zugemutet werden kann. Für vom Spediteur verschuldete Verhinderung der Beförderung verbleibt es bei § 428 Abs. 2 HGB, da dieser Fall in § 18 ADSp nicht geregelt ist.

Die CMR trifft in Art. 14, ergänzt durch Art. 16, eine eigene Regelung, die jedoch nichts über das Rücktrittsrecht des Absenders aussagt. Hier wird – soweit nach internationalem Privatrecht deutsches Recht ergänzend gilt – § 428 Abs. 2 HGB eingreifen können; siehe Anm. 3 zu Art 14 CMR.

Kennzeichnend für die speziellen Regeln des Frachtrechts ist die überall vorgesehene Pflicht zur Einholung von Weisungen des Absenders im Falle von Beförderungshindernissen. Dies entspricht den heute durchweg gegebenen leichten Kommunikationsmöglichkeiten.

Die in § 428 Abs. 2 vor allem geregelten Fragen, ob der Absender vom Vertrag zurücktreten kann, und wie weit er dann entschädigungspflichtig ist, werden jedoch nur von der KVO speziell und abweichend entschieden. § 428 Abs. 2 hat für die Entscheidung dieser Frage daher in allen anderen Anwendungsbereichen seine Bedeutung behalten.

2. Inhalt der Regelung

Anm. 8

a) Überblick

§ 428 Abs. 2 HGB gestattet dem Absender, beim Auftreten von Transporthindernissen („Reise"-Hindernissen) ohne Rücksicht auf etwaiges Verschulden oder Nichtverschulden des Beförderers vom Frachtvertrag zurückzutreten – vorausgesetzt, das Beförderungshindernis ist nicht vom Absender selbst verschuldet. Trifft den Frachtführer kein Verschulden am Beförderungshindernis, so muß der Absender den Frachtführer entschädigen (§ 428 Abs. 2 S. 1, 2. Hs. und S. 2).

b) Voraussetzungen

Anm. 9

Der in § 428 gebrauchte Begriff des Beförderungshindernisses ist nicht sehr präzise umrissen: „Wird der Antritt oder die Fortsetzung der Reise ohne Verschulden des Absenders zeitweilig verhindert . . .". Zu den Merkmalen gehört danach:

aa) Verhinderung der Beförderung.

Anm. 10

Das Gesetz unterscheidet nicht zwischen innerbetrieblichen und äußeren Hindernissen. Beide könnten danach Grundlage für den Rücktritt nach § 428 Abs. 2 sein. Eine „Verhinderung" der Beförderung liegt nicht vor, wenn die Störung von nur ganz vorübergehender Zeitdauer ist.

bb) Zeitweilige Verhinderung

Anm. 11

Die endgültige Verhinderung der Beförderung fällt nicht unter § 428 Abs. 2 HGB, sondern ist ein Fall der nachträglichen Unmöglichkeit, der nach §§ 323, 325

BGB zu entscheiden ist. Die Frage muß nach wirtschaftlichen Gesichtspunkten, unter Berücksichtigung der Gegebenheiten des Einzelfalles entschieden werden; so schon ROHG 4, 172 (174) und ROHG 3, 133 (135f.). Nach der KVO ist die Abgrenzung wegen des dort bestehenden Systems fester Lieferfristen einfacher. Solange die fristgerechte Erfüllung des Beförderungsvertrages noch möglich ist, liegt kein Beförderungshindernis vor; siehe Anm. 3 zu § 28 KVO Anh. II nach § 452.

Anm. 12 **cc) Nichtverschulden des Absenders**

Eine vom Absender verschuldete Verhinderung der Beförderung fällt ebenfalls nicht unter § 428 Abs. 2 HGB. In solchen Fällen dürfte im allgemeinen Gläubigerverzug des Absenders gem. § 295 BGB vorliegen.

Anm. 13 **c) Folgen der Beförderungsverhinderung**

aa) Rücktritt des Absenders

Dem Absender steht ohne Rücksicht auf Verschulden des Frachtführers oder auf Interessewegfall oder Fristsetzung ein Rücktrittsrecht zu. Für dieses gelten die §§ 346ff. BGB. Die von Ritter, ebenso Ratz in der Vorauflage dieses Kommentars Anm. 5 zu § 428 vertretene Auffassung, im Falle bereits begonnener Erfüllung des Frachtvertrages handle es sich in Wahrheit um eine Kündigung, ist kaum vertretbar. Es kann zwar sein, daß bereits erbrachte Leistungen nicht zurückgefordert werden können (Teilbeförderung, Distanzfracht). Im Falle des Verschuldens des Frachtführers gilt jedoch nicht der Grundsatz, daß bereits ausgeführte Vertragsteile von Bestand bleiben. Der Frachtführer hat in diesen Fällen auch keinen Anspruch auf Entgelt für Teilleistungen.

Das Rücktrittsrecht steht dem Absender offen, solange das Hindernis andauert. Er ist nicht gezwungen, es alsbald nach Bekanntwerden des Hindernisses geltend zu machen.

Anm. 14 **bb) Entschädigungsanspruch des Frachtführers**

Wenn die Verhinderung der Beförderung vom Frachtführer nicht verschuldet ist, hat ihn der Absender im Falle des Rücktritts für die erbrachten Leistungen zu entschädigen. Insbesondere ist die Fracht für den zurückgelegten Teil der Reise (sog. „Distanzfracht") zu bezahlen, so schon ROHG 3, 133 (136). Die Höhe der Entschädigung soll sich gem. § 428 Abs. 2 S. 2 nach Ortsgebrauch richten; soweit ein solcher (wie wohl überwiegend) nicht besteht, ist eine angemessene Entschädigung zu leisten.

Anm. 15 **cc) Rechte des Absenders bei vom Frachtführer verschuldeter Verhinderung der Beförderung**

§ 428 Abs. 2 HGB sieht bei vom Frachtführer verschuldeten Beförderungshindernissen nur ein entschädigungsloses Rücktrittsrecht des Absenders vor. Daneben greifen aber die allgemeinen Regeln, insbesondere des Schuldnerverzugs ein. Der Frachtführer kann danach dem Absender aus §§ 286 Abs. 1, 326 BGB zum Schadensersatz wegen Schuldnerverzugs verpflichtet sein.

§ 429

(1) Der Frachtführer haftet für den Schaden, der durch Verlust oder Beschädigung des Gutes in der Zeit von der Annahme bis zur Ablieferung oder durch Versäumung der Lieferzeit entsteht, es sei denn, daß der Verlust, die Beschädigung oder die Verspätung auf Umständen beruht, die durch die Sorgfalt eines ordentlichen Frachtführers nicht abgewendet werden konnten.

(2) Für den Verlust oder die Beschädigung von Kostbarkeiten, Kunstgegenständen, Geld und Wertpapieren haftet der Frachtführer nur, wenn ihm diese Beschaffenheit oder der Wert des Gutes bei der Übergabe zur Beförderung angegeben worden ist.

Inhaltsübersicht

Vorbemerkung (Übersicht) Anm. 1
I. Die Haftung des Frachtführers nach § 429 HGB Anm. 2
1. Haftung für Verlust und Beschädigung des Frachtguts
a) Haftungsvoraussetzungen Anm. 3
aa) Verlust oder Beschädigung des Frachtguts
aaa) Verlust Anm. 4
bbb) Teilverlust Anm. 5
ccc) Beschädigung Anm. 6
ddd) des Gutes Anm. 7
eee) Beweislast Anm. 8
bb) Schaden Anm. 9
cc) Zwischen „Annahme" und „Ablieferung" Anm. 10
aaa) Annahme Anm. 11
bbb) Ablieferung Anm. 12
ccc) Abgrenzung im einzelnen Anm. 13
(1) Laden und Entladen Anm. 14
(2) Zubringerdienste Anm. 15
(3) Vor-, Zwischen- und Nachlagerung Anm. 16
(4) Beförderung durch einen anderen als den vertragsschließenden Beförderer Anm. 17
(5) Beförderung mit einem anderen Verkehrsmittel Anm. 18
ddd) Beweislast für den Schadenszeitpunkt Anm. 19
dd) Entlastung durch Nachweis unverschuldeter Schadensursache (Nichtverschulden) Anm. 20, 21
aaa) Schadensverursachender Umstand Anm. 22
bbb) Pflichtwidrigkeit und Verschulden Anm. 23
ccc) Verschulden oder Mitverschulden des Berechtigten Anm. 24, 25
ee) Sonderregelung für Kostbarkeiten (§ 429 Abs. 2) Anm. 26
aaa) Allgemeines
bbb) Die wertvollen Frachtgüter des § 429 Abs. 2 Anm. 27
ccc) Angabe von Beschaffenheit oder Wert Anm. 28
ff) Haftungsausschlüsse Anm. 29
b) Haftungsfolgen Anm. 30
2. Haftung für Verspätungsschäden Anm. 31
a) Allgemeines
b) landfrachtrechtliche Spezialregelungen Anm. 32
c) Konkurrenzfragen Anm. 33
3. Person des Ersatzberechtigten Anm. 34
a) Die formelle Ersatzberechtigung Anm. 35
b) Auseinanderfallen von formeller Berechtigung und Schaden Anm. 36
II. Grundzüge der Haftung nach den Spezialnormen der einzelnen Sparten des Landfrachtrechts Anm. 37
1. Güterfernverkehr (KVO und KVORb)
a) Allgemeines
b) Obhutshaftung Anm. 38
aa) Verlust oder Beschädigung in der Obhutszeit; Betriebs- und Transportmittelunfälle
bb) Haftungsgrundsatz: Gewährhaftung Anm. 39
cc) Haftungsausschlüsse Anm. 40
dd) Ersatzberechtigter Anm. 41
ee) Haftungsbeschränkungen Anm. 42
c) Haftung für Verspätungsschäden und andere Vertragsverletzungen Anm. 43
d) Gemeinsame Haftungsgrenzen für alle Haftungstatbestände Anm. 44
e) Präklusion und Verjährung Anm. 45
2. Güternahverkehr (AGNB) Anm. 46
a) Allgemeines
b) Obhutshaftung (§ 14b AGNB) Anm. 47
aa) Verlust oder Beschädigung in der Obhutszeit
bb) Haftungsgrundsatz: Gewährhaftung Anm. 48
cc) Haftungsausschlüsse Anm. 49
dd) Sonderhaftung für Betriebs- und Transportmittelunfälle Anm. 50
ee) Ersatzberechtigter Anm. 51
ff) Haftungsbeschränkungen Anm. 52
c) Haftung für andere Vertragsverletzungen Anm. 53
d) Präklusion und Verjährung der Ersatzansprüche Anm. 54
3. Güternahverkehr (Speditionsrollfuhr nach den ADSp) Anm. 55
4. Möbelbeförderung (BefBMö) Anm. 56
a) Allgemeines
b) Obhutshaftung Anm. 57
aa) Verlust oder Beschädigung im Haftungszeitraum
bb) Haftungsgrundsatz: Gewährhaftung Anm. 58
cc) Haftungsausschlüsse Anm. 59
dd) Haftungsbeschränkungen Anm. 60

c) Haftung für Verspätungsschäden und andere Vertragsverletzungen Anm. 61
d) Ersatzberechtigter Anm. 62
e) Präklusion und Verjährung Anm. 63
5. Grenzüberschreitender Güterkraftverkehr (CMR) Anm. 64
a) Allgemeines
b) Obhutshaftung Anm. 65
aa) Verlust oder Beschädigung in der Obhutszeit
bb) Haftungsgrundsatz: verschärfte Haftung für vermutetes Verschulden Anm. 66
cc) Haftungsausschlüsse Anm. 67
dd) Haftungsbeschränkungen Anm. 68
c) Verspätungshaftung und andere Haftpflichttatbestände Anm. 69
d) Ersatzberechtigter Anm. 70
e) Präklusion und Verjährung Anm. 71

III. Hinweise auf die Haftungsregelungen in den übrigen Teilbereichen des Frachtrechts Anm. 72
1. Binnenschiffahrtsrecht
2. Eisenbahnrecht Anm. 73
3. Seerecht Anm. 74
4. Luftfrachtrecht Anm. 75

IV. Konkurrenz der frachtvertraglichen Haftungsregelungen mit allgemeinen Haftungstatbeständen Anm. 76
1. Überblick
2. Mögliche Konkurrenzen Anm. 77
a) Konkurrenz zwischen frachtvertraglicher Sonderhaftung und allgemeiner Vertragshaftung (Unmöglichkeit, Verzug, positive Vertragsverletzung)
aa) Obhutshaftung in Konkurrenz mit allgemeiner Vertragshaftung
bb) Verspätungshaftung in Konkurrenz mit allgemeiner Vertragshaftung Anm. 78
cc) Andere frachtrechtliche Haftungsregelungen Anm. 79
b) Konkurrenz zwischen frachtvertraglicher Sonderhaftung und der Haftung aus unerlaubter Handlung Anm. 80
c) Konkurrenz zwischen frachtvertraglicher Haftungsregelung und Ansprüchen aus Eigentümer-Besitzerverhältnis Anm. 81
3. Folgen unbeeinflußter Anspruchskonkurrenzen Anm. 82
4. Lösungen der Konkurrenzfrage in Gesetzen und Allgemeinen Geschäftsbedingungen Anm. 83
a) Art. 28 Abs. 1 CMR Anm. 84
b) § 63 a ADSp Anm. 85
c) Dokumente des kombinierten Transports Anm. 85 a
d) In den übrigen Bereichen des Landfrachtrechts Anm. 86
e) Frachtrecht außerhalb des Landfrachtrechts Anm. 87
5. Die Konkurrenz zwischen frachtvertraglicher Sonderhaftung und allgemeiner Vertragshaftung im besonderen Anm. 88
6. Die Konkurrenz zwischen frachtvertraglicher Sonderhaftung und Deliktshaftung im besonderen Anm. 89
a) Rechtsprechung
b) Literatur Anm. 90
c) Eigene Auffassung Anm. 91
aa) Keine generelle Gleichrangigkeit von Vertrags- und Deliktsrecht
bb) Risikozuteilung als tragender Grundsatz Anm. 92
cc) Ausländische Auffassungen Anm. 92 a
dd) Rechte dritter, am Vertrag nicht beteiligter Personen Anm. 93
7. Anwendbarkeit von Freizeichnungen in allgemeinen Beförderungsbedingungen auf konkurrierende Deliktstatbestände Anm. 94

V. Haftung dritter Personen wegen Transportschäden Anm. 95
1. Andere Verkehrsteilnehmer Anm. 96
2. Arbeitnehmer und selbständige Gehilfen des Frachtführers Anm. 97
a) Haftung der Gehilfen
b) Indirekte Inanspruchnahme des Beförderers aufgrund arbeitsrechtlicher Freistellung Anm. 98
c) Haftungsausnahmen zugunsten von Gehilfen Anm. 99

VI. Versicherungsfragen Anm. 100
1. Überblick
2. Güterversicherung (Transportversicherung) Anm. 101
3. Haftpflichtversicherungen Anm. 102
a) Die KVO-Haftpflichtversicherung Anm. 103
b) Die Haftpflichtversicherung im Möbeltransport Anm. 104
c) Die AGNB-Haftpflichtversicherung Anm. 105
d) Die CMR-Haftpflichtversicherung Anm. 106
e) Die Haftpflichtversicherung im kombinierten Transport Anm. 107
f) Die Spediteurhaftpflichtversicherung Anm. 108
4. Speditions- und Rollfuhrversicherung Anm. 109

Anm. 1 **Vorbemerkung (Übersicht)**

Die §§ 429–431 HGB stellten früher die zentrale Regelung der wichtigsten Haftungsfragen des Landfrachtrechts dar. Ihre Bedeutung ist durch die fast überall eingreifenden Sondernormen der einzelnen Sparten (KVO, KVORb, BefBMö, AGNB, ADSp, CMR; siehe zu diesen Anm. 8ff. zu § 425 HGB sowie die kommentierten Texte in den Anhängen nach § 452 HGB) stark gemindert. Uneingeschränkt können sie nur noch im Güternahverkehr angewendet werden, wenn dem Frachtvertrag weder die AGNB noch die ADSp noch andere Bedingungen zugrundeliegen. Die Haftungsregelung durch § 429 kann nicht einmal mehr als Modell dienen, da die betreffenden Spezialnormen anderen Grundsätzen folgen. Das gleiche gilt für die Haftungsbeschränkung des § 430 HGB, die zwar teilweise noch gilt, aber durch engere, regelmäßig bestimmte summenmäßige Begrenzungen praktisch überall unterboten ist. Eine Reihe von grundsätzlichen Begriffen entsprechen jedoch denen der frachtrechtlichen Sondernormen. Eine gewisse praktische Bedeutung hat die HGB-Haftungsregelung auch noch in der Speditionsrollfuhr. Nach §§ 3 SVS/RVS Neufassung 1978; siehe Anh. II nach § 415 und Anm. 109 zu § 429 sind Rollfuhrverträge – im Rahmen der Leistungsgrenzen der Speditionsversicherung – nach Maßgabe der gesetzlichen Haftungsbestimmungen, also nach § 429ff. HGB versichert. Als Bemessungsgrundlage für die Versicherungsleistungen der Speditionsrollfuhrversicherung dient daher die gesetzlich geregelte Frachtführerhaftung.

Der Kommentierung der §§ 429–431 soll aus diesen Gründen ein Überblick über die speziellen Haftungsregelungen beigegeben werden. Einzelheiten sind dann den betreffenden Kommentierungen der Anhänge nach § 452 zu entnehmen. Bei den betreffenden Kommentierungen kann dann teilweise auf die Anmerkungen zu den §§ 429–431 verwiesen werden.

Das Verhältnis zwischen der HGB-Regelung und den speziellen Normen wird jeweils bei der betreffenden Frage erörtert. Grundsätzlich ist jedoch davon auszugehen, daß eine speziellere Regelung das Landfrachtrecht en bloc verdrängt; so gelten z.B. nicht die Haftungsausschlüsse der KVO zusätzlich, sondern anstelle der Kostbarkeitenregelung des § 429 Abs. 2.

I. Die Haftung des Frachtführers nach § 429 HGB Anm. 2

1. Haftung für Verlust und Beschädigung des Frachtguts

§ 429 sieht für die am Frachtgut entstandenen Schäden eine Haftung des Frachtführers für vermutetes Verschulden vor. Diese Haftung erstreckt sich auf das Verschulden der Gehilfen nach § 431. Sie ist im Umfang durch § 430 beschränkt. Zum Frachtgut gehören auch die Begleitpapiere als Zubehör gemäß § 97 BGB.

a) Haftungsvoraussetzungen Anm. 3

aa) Verlust oder Beschädigung des Frachtguts

Die Begriffe des „Verlusts“ und der „Beschädigung“ sind von der Rechtsprechung und Lehre von jeher als gemeinsame Grundlage für alle Sparten des Frachtrechts geltende verstanden worden; vgl. dazu Helm, Haftung, S. 95ff. Sie entsprechen grundsätzlich auch den in §§ 390 Abs. 1, 407 Abs. 2, 417 Abs. 1 HGB vorausgesetzten. Allerdings können sich Unterschiede aus der abweichenden Struktur dieser Geschäfte ergeben, vgl. Heymann/Kötter Anm. 1 zu § 429.

aaa) Verlust Anm. 4

Verlust ist das Verlorengehen und der Untergang der zu befördernden Sache. Der Frachtführer muß außerstande sein, das Gut abzuliefern, aus welchem Grunde auch immer (ROHG 4, 12 (14); OLG Hamburg, VersR 1953, 277). Ist eine beschädigte Maschine nicht wieder herstellbar, so liegt Totalverlust vor; BGH vom 27. 4. 1967, VersR 1967, 898 (899). Dies dürfte auch dann regelmäßig der Fall sein, wenn die Herstellungskosten den Wert übersteigen. Auch die völlige Entwertung des Frachtguts ist, wenn man von einer wirtschaftlichen Betrachtungsweise ausgeht, Totalverlust; a.A. Guelde/Willenberg Anm. 28 zu § 29 KVO (unter Berufung auf RGZ 56, 400); Heuer, Die Haftung des Frachtführers nach der CMR, 1975, S. 72.

Zu den wichtigsten Fällen des Verlustes gehört die Auslieferung an einen Nichtberechtigten, jedenfalls wenn dieser nicht zur Herausgabe bereit ist; zur KVO: OLG Hamburg, VersR 1953, 277; siehe aber die Spezialregelung des § 31 Abs. 1 b KVO, Anhang II nach § 452 HGB; zur CMR: OLG Frankfurt, VersR 1978, 169. Zum Seefrachtvertrag: BGH vom 5. 2. 1962, BGHZ 36, 329 (332); BGH vom 16. 3. 1970, VersR 1970, 437f.; BGH vom 25. 4. 1974, WM 1974, 563; OLG Hamburg, VersR 1964, 401; zum insoweit entsprechenden Lagervertrag siehe BGH vom 29. 10. 1962, BGHZ 38, 183ff.; aus der Literatur siehe Schlegelberger/Geßler Anm. 12 zu § 454; Goltermann/Konow Anm. 4d zu § 75 EVO.

Heymann/Kötter 3 zu § 429 betrachtet die Falschauslieferung als „durch Versäumung der Lieferfrist entstandenen Schaden".

Bestimmte Spezialvorschriften des Frachtrechts sehen eine Fiktion des Verlustes vor, wenn innerhalb einer bestimmten Frist das Gut nicht abgeliefert wird: § 37 Abs. 4 KVO; Art. 21 CMR; § 87 Abs. 1 EVO; Art. 30 § 1 CIM; Art. 13 Abs. 3 WA. Kann das falsch ausgelieferte Frachtgut innerhalb der Frist des Art. 20 Abs. 1 CMR nicht wieder beschafft werden, so gilt es als verloren; OLG Frankfurt, VersR 1978, 169 (170f.).

Dem Verlust gleichzustellen ist die dauernde Unmöglichkeit der Erlangung, z.B. durch endgültige behördliche Beschlagnahme; Guelde/Willenberg, 27 zu § 29 KVO. Verlust liegt nicht vor, wenn der Frachtführer nur vorübergehend zur Auslieferung des Gutes nicht in der Lage war; BGH vom 28. 2. 1975, VersR 1975, 658 (Diebstahl und Wiederauffindung eines Lastzugs mit Zeitschriften fällt unter die Lieferfristhaftung nach KVO). Siehe zum Fall der Wiederauffindung eingehend Anm. 15 zu § 430.

Anm. 5 **bbb) Teilverlust**

In § 429 HGB nicht besonders erwähnt ist der Teilverlust. Die Vorschrift setzt jedoch voraus, daß für den Teilverlust nach denselben Prinzipien wie für vollständigen Verlust gehaftet wird. Bei Teilverlust ergibt sich eine besondere Problematik der Schadensberechnung, siehe dazu Anm. 17 zu § 430.

Schlegelberger/Geßler Anm. 5 zu § 430 will neben dem Teilverlust noch einen besonderen Begriff der „Minderung" in das Landfrachtrecht einfügen, der eine Verringerung der Substanz bezeichnen soll. Für diesen Begriff besteht keinerlei Bedürfnis. Seine Begründung ist nicht überzeugend. Die Annahme, Teilverlust setze voraus, daß der verlorene Teil noch – wenn auch unauffindbar – existiere, stimmt nicht mit der Definition des Verlustes überein, die auch bei Schlegelberger/Geßler Anm. 3 zu § 429 den Untergang des Guts mitumfaßt; zutreffend Heymann/Kötter Anm. 2 zu § 430. Die von Schlegelberger/Geßler mit dem veralteten Ausdruck „Minderung" (siehe noch in § 438 Abs. 3 S. 1) bezeichneten geringfügigen Teilverluste können nach besonderen Franchise-Bestimmungen der frachtrechtlichen Sonderordnungen unter engen Voraussetzungen haftungsfrei sein, z.B. nach § 30f. KVO oder nach § 84 EVO. Dies rechtfertigt aber keinen die ohnehin bestehende Vielfalt der Begriffe noch vermehrenden Sonderbegriff; für Gleichbedeutung von „Minderung" und „Teilverlust" schon OLG Hamburg v. 22. 5. 1909, OLGR 22, 54.

Anm. 6 **ccc) Beschädigung**

Beschädigung ist eine wertmindernde substantielle Veränderung des Frachtguts; vgl. Schlegelberger/Geßler Anm. 4 zu § 429; Rundnagel/Fritsch/Sperber, S. 33; Goltermann/Konow Anm. 5 zu § 82 EVO; Finger Anm. 5 zu § 82 EVO; Weirauch/

Heinze Anm. 5 zu § 82 EVO; Nánássy/Wick Anm. 7 zu Art. 27 CIM; Guelde/Willenberg Anm. 29 zu § 29 KVO; Schaps/Abraham Anm. 12 zu § 606 HGB; Vortisch/Zschucke Anm. 3 b zu § 58 BSchG; Schleicher/Reymann/Abraham Anm. 1 zu Art. 18 WA.

Beschädigung, nicht Verlust, ist im allgemeinen anzunehmen, wenn die Sache repariert wird; BGH vom 27. 4. 1967, VersR 1967, 897 (898); siehe dort auch zum maßgeblichen Zeitpunkt für die Feststellung, ob Verlust oder Beschädigungen vorliegen; ferner OLG Düsseldorf, VersR 1973, 1163f.

Beschädigung liegt auch vor, wenn z. B. tiefgekühlte Bohnen zwar noch voll für den Genuß tauglich sind, aber wegen Verklumpung nur noch an Großabnehmer verkauft werden können; OLG Celle, WM 1975, 189 (190) = DB 1975, 301f.

Für die Berechnung des Umfangs des Schadensersatzes kann es darauf ankommen, ob eine Beschädigung des gesamten Frachtguts oder nur eine Teilbeschädigung vorliegt. Siehe dazu unten Anm. 17 zu § 430; 13f. und 19 zu § 35 KVO, Anh. II nach § 452; Anm. 6 zu Art. 23 und die Anmerkungen zu Art. 25 CMR, Anh. III nach § 452. Die Frage ist nach wirtschaftlichen Gesichtspunkten zu entscheiden. Ist z.B. eine Ladung Gefrierfisch wegen Antauens von den Behörden des Importlandes nicht akzeptiert worden und muß zurückbefördert werden, so liegt eine Beschädigung der gesamten Sendung vor; zutreffend zur CMR BGH vom 3. 7. 1974, NJW 1974, 1616 (1617) = WM 1974, 864 (865f.) = AWD 1974, 495 = DB 1974, 1618.

ddd) Des Gutes **Anm. 7**

Die Haftung nach § 429 setzt den Verlust oder die Beschädigung des „Gutes“ voraus. Schäden an anderen als den betreffenden Gütern können allenfalls dann ersetzt werden, wenn sie Folgen einer vorhergehenden Schädigung des Gutes sind – jedoch sind solche Folgeschäden wegen § 430 HGB nur ausnahmsweise zu ersetzen, siehe unten Anm. 6 zu § 430.

Frachtgut können auch verladene Transportmittel sein, z.B. im Huckepackverkehr; siehe Anm. 17 zu § 425.

Umstritten ist, ob Container und Wechselaufbauten als Frachtgüter anzusehen sind. Für die Behandlung als Frachtgut: OLG Hamburg, MDR 1970, 1016ff. (Container fällt, wenn nicht als Frachtgut, so doch mindestens als Verpackung unter § 29 KVO); OLG Düsseldorf, VersR 1976, 1161 (zu Art. 17 CMR); Scheer, BB 1969, 117ff. und 1970, 1120ff.; Endrigkeit, VersR 1970, 999 (für Wechselaufbauten). Dagegen: Willenberg und Preyer, BB 1970, 1118ff.; gegenüber der gegenteiligen Rechtsprechung noch zweifelnd Willenberg in Guelde/Willenberg Anm. 32 zu § 15 KVO. Die Kontroverse kann – wie Endrigkeit a.a.O. mit Recht feststellt – entschärft werden, wenn die Fragen, ob für den Transport des Containers Fracht geschuldet wird und ob für Schäden am Container gehaftet wird, gänzlich voneinander getrennt werden. Damit ist es möglich, den Container (der u.U. dem Frachtführer den Aufbau des Fahrzeugs erspart) bei der Frachtberechnung nicht als Frachtgut zu behandeln, ihn aber doch unter den Schutz der frachtrechtlichen Obhutshaftung zu stellen. Grundsätzlich ist daher davon auszugehen, daß die vom Absender gestellten Container i. S. des Haftungsrechts Frachtgut sind (vermittelnd Heuer, Die Haftung des Frachtführers nach der CMR, 1975, S. 96f.). Es kann nicht angenommen werden, daß der Absender dem Frachtführer wertvolle Objekte wie Container übergibt, ohne sie in den Schutz der frachtvertraglichen Haftung stellen zu wollen. Im übrigen würde die Verneinung einer frachtrechtlichen Haftung die parallele Haftung aus unerlaubter Handlung geradezu herausfordern.

Die Qualifikation des Containers als Frachtgut oder Verpackung hat noch in einer weiteren Hinsicht Bedeutung: Da Mängel der Verpackung haftungsbefreiende Gründe nach § 18 KVO und Art. 17 Abs. 4 b CMR darstellen, beruft sich der Frachtführer in diesen Fällen häufig darauf, der Container, durch dessen Mängel das Frachtgut beschädigt worden sei, gehöre zur Verpackung. Dies ist jedenfalls bei vom Absender gestellten Containern zutreffend; siehe dazu Anm. 7 zu § 18 KVO Anh. II nach § 452 und (eingehender) Anm. 12 zu Art. 17 CMR, Anh. III nach § 452.

Anm. 8 **eee) Beweislast**

Der Verlust oder die Beschädigung muß vom Ersatzberechtigten nachgewiesen werden; vgl. Schlegelberger/Geßler Anm. 15 zu § 429. Bei einem Schaden, der auch schon vor Annahme bestanden haben kann, hängt daher die Haftung vom Nachweis des Absenders ab, daß das Gut unbeschädigt dem Frachtführer übergeben wurde; zutreffend OLG Karlsruhe, VersR 1975, 669.

Der Beweis der unversehrten, vom Geschädigten behaupteten Menge an Gütern kann durch Frachtbriefeintragungen erleichtert sein; siehe Anm. 4ff. zu § 426; er kann auch in anderer Weise, z. B. durch eine Quittung des Fahrers erbracht werden. Auch dieser Beweis kann widerlegt werden; siehe OLG Hamburg vom 14. 7. 1967, VersR 1967, 1047.

Anm. 9 **bb) Schaden**

Wie jeder Schadenersatzanspruch setzt § 429 die Entstehung eines Schadens voraus. Es kommt jedoch in der Regel nicht darauf an, wem der Schaden entstanden ist, denn im Frachtrecht wird die Schadensliquidation im Drittinteresse sehr großzügig zugelassen (s. unten Anm. 36). Ein Schaden liegt auch vor, wenn angetauter Gefrierfisch am Bestimmungsort nicht mehr verkauft werden darf und deshalb zusätzliche Transportkosten aufgewendet werden müssen, damit die Ladung noch verkauft werden kann; BGH vom 3. 7. 1974, NJW 1974, 1616 = DB 1974, 1618 = AWD 1974, 495 = WM 1974, 864.

Anm. 10 **cc) Zwischen „Annahme“ und „Ablieferung“**

Die Haftung aus § 429 HGB beschränkt sich auf Schäden, die während der Obhut des Frachtführers über das Frachtgut entstanden sind. Diese Obhutszeit bestimmt somit den Zeitraum der besonders geregelten Frachtführerhaftung. Vor und nach ihr entstandene Schäden können aufgrund anderer Anspruchsgrundlagen ersatzfähig sein (s. unten Anm. 77 und 88).

Die Bestimmung der Obhutszeit durch die Begriffe „Annahme“ und „Ablieferung“ ist den meisten frachtvertraglichen Haftungsregelungen gemeinsam; siehe hierzu Helm, Haftung, S. 96ff. Zwar werden diese Begriffe in einzelnen Bestimmungen sprachlich anders bezeichnet; die Annahme heißt im BSchG „Empfangnahme“, in der CMR „Übernahme“, die Ablieferung in der KVO „Auslieferung“. Der tatsächliche Vorgang der Ablieferung wird vielfach vom Gesetz unter anderem Gesichtspunkt anders bezeichnet, so im Seerecht als „Auslieferung“ oder „Annahme“ (Abraham, Seerecht, S. 157f.), im Eisenbahnrecht als „Abnahme“ (RGZ 108, 50 (55); 114, 308 (313)). Die meisten Vorschriften über die Präklusion der Ersatzansprüche (s. dazu Anm. 2–6 zu § 438) nehmen die „Annahme des Guts durch den Empfänger“ als Ausgangspunkt, die mit der Ablieferung durch den Beförderer identisch ist. Die unterschiedlichen Bezeichnungen ändern aber nichts daran, daß begrifflich mit ihnen die gleichen Vorgänge für den Bereich des gesamten Frachtrechts gemeint sind.

Anm. 11 **aaa) Annahme**

Annahme bedeutet die Entgegennahme des Guts durch den Beförderer in Besitz oder Gewahrsam (in seine Obhut) zum Zwecke der Beförderung, d. h. zur Ausführung des jeweils vorgesehenen Frachtgeschäfts.

Die „Entgegennahme" ist ein tatsächlicher Vorgang, enthält aber ein Willenselement – nämlich den Besitzerwerbswillen. Dieser ist z. B. nicht vorhanden, wenn der Selbstverlader-Absender nicht beförderungsfähiges Gut einlädt und der Frachtführer sich weigert, es unter Verstoß gegen Straßenverkehrsvorschriften zu befördern (LG Hamburg, Transport-Dienst 1962, 327).

Die Annahme muß „zur Beförderung" erfolgen. Werden also z. B. Güter zunächst zur Einlagerung übernommen und wird erst später ihre Beförderung in Auftrag genommen, dann können sie erst vom Augenblick des Abschlusses des Frachtvertrages als „zur Beförderung" angenommen betrachtet werden. Dies ist zwar in § 429 HGB nicht ausdrücklich vorgesehen, ergibt sich aber aus der Rechtsnatur der frachtvertraglichen Beziehungen. Auch § 29 KVO spricht von der Annahme „zur Beförderung"; ebenso §§ 454 HGB, 82 Abs. 1 EVO; Art. 27 § 1 CIM; § 14 b AGNB.

Entgegen Heymann/Kötter 2 zu § 429 muß die Übernahme der „Obhut" als Bestandteil der Annahme gefordert werden. Da sich an die Annahme der Beginn der Haftung für vermutetes Verschulden (in anderen Bereichen des Frachtrechts auch Haftung ohne Verschulden) knüpft, muß das Gut sich mindestens im Mit-Verantwortungsbereich des Frachtführers befinden. Dies entspricht auch der außerhalb des Frachtrechts maßgeblichen Abgrenzung für die Beweislastumkehr bei positiver Vertragsverletzung; siehe dazu unten Anm. 20.

Das Verhältnis der Annahme des Frachtguts zum Abschluß des Frachtvertrags kann Probleme aufwerfen. Nach der zur EVO und KVO geltenden Realvertragstheorie (siehe dazu Anm. 7ff. zu § 15 KVO, Anh. II nach § 452) kommt in diesen Bereichen der Frachtvertrag erst mit der Annahme der Güter zustande. Für die Obhutshaftung ist dies bedeutungslos, da sie vor Besitzerlangung des Frachtführers nicht beginnen kann. Andererseits würde die konsequente Anwendung der (hier abgelehnten) im Bereich der EVO und KVO vielfach vertretenen Formalvertragstheorie (s. Anm. 3–6 zu § 15 KVO) in manchen Fällen dazu führen, daß die Obhutszeit vor dem Frachtvertrag beginnt; wenn nämlich der Frachtbrief erst später ausgefüllt wird. Es kann sich dabei um einen längeren Zeitraum, aber auch nur um Minuten handeln. Da in diesen Minuten, z. B. zwischen dem Ausladen des anliefernden Fahrzeugs und der Frachtbriefausfüllung, das Gut vielfach besonders gefährdet ist, kommt dem Problem erhebliche Bedeutung zu. Auch in anderen Sparten als der EVO oder KVO kann der Frachtvertrag nach Annahme des Guts zustandekommen. In allen diesen Fällen ist davon auszugehen, daß eine wirksame Annahme vor dem Abschluß des Frachtvertrags möglich ist. Dieser bezieht dann den Beginn der Vertragswirkungen in bezug auf die Obhut auf den Zeitpunkt der Annahme zurück. Verträge solcher Art sind nicht ungewöhnlich; im Versicherungsrecht, aber auch bei anderen Dauerschuldverhältnissen sind sie durchaus üblich. Für den Frachtvertrag besteht kein Grund, sie nicht anzuerkennen. Daher wird es überwiegend als zulässig angesehen, daß der Haftungszeitraum mit der Annahme vor dem Vertragsschluß beginnt (zum Seerecht Schaps/Abraham Anm. 19 zu § 606 HGB; zum Binnenschiffahrtsrecht Vortisch/Zschucke Anm. 2 a zu § 58 BSchG; a. A. der Kommentar Sped. Praxis zu den AGNB S. 101).

Ob die „Annahme" des Frachtguts rechtsgeschäftlichen Charakter hat, ist zweifelhaft. Immerhin knüpft sich aber an die Annahme der Beginn der frachtvertraglichen Obhutspflicht. Daher wird man die Annahme auf der Seite des Frachtführers als Rechtsgeschäft zu qualifizieren haben – mit der Wirkung, daß die Annahme durch eine vertretungsberechtigte Person erfolgen muß. Die Rechtslage entspricht – in einfacherer Variante – weitgehend der bei der Ablieferung, wobei jeweils derjenige, der das Gut entgegennimmt, den Schutz der Rechtsgeschäftsvorschriften benötigt. Siehe dazu eingehend unten Anm. 12.

Anm. 12 **bbb) Ablieferung**

„Ablieferung" ist „der Vorgang, durch den der Frachtführer (die Eisenbahn) den zur Beförderung erlangten Gewahrsam des Gutes mit ausdrücklicher oder stillschweigender Einwilligung des Empfängers wieder aufgibt und diesen in den Stand setzt, die tatsächliche Gewalt über das Gut auszuüben". Diese Definition wurde in ständiger Rechtsprechung vom Reichsoberhandelsgericht und Reichsgericht für den Bereich des Eisenbahnrechts entwickelt und vom Bundesgerichtshof bestätigt; siehe ROHG 2, 247 (252f.); ROHG 8, 27 (29); BGH vom 14. 2. 1963, VersR 1963, 745 = LM Nr. 8 zu § 454 HGB = WM 1973, 365f.; BGH vom 19. 1. 1973, VersR 1973, 350; OLG Düsseldorf, VersR 1965, 33; OLG Zweibrücken, VersR 1967, 1145 (1146). Sie gilt unverändert auch in allen anderen Bereichen des Frachtrechts, auch wenn dort in der Rechtsprechung und Literatur teilweise eine kürzere und weniger umständliche Formulierung verwendet wird. Denn aus den zusätzlichen Ausführungen der Literatur und Rechtsprechung ist zu entnehmen, daß der Sinngehalt des Wortes „Ablieferung" und der gleichbedeutenden Ausdrücke in allen Sparten des Frachtrechts gleich ist. Ihm entspricht auch die Bedeutung des Ausdrucks „Auslieferung" in § 435 S. 2 HGB. In sachlicher Hinsicht ist die Ablieferung identisch mit der „Annahme" in §§ 436–438. Unstreitig besteht auch Identität mit dem Begriff der Auslieferung in § 29 KVO.

Zur Definition der Ablieferung siehe grundlegend den Aufsatz von Leyens, ZHR 16 (1871), 86ff., ferner aus der neueren Literatur Schlegelberger/Geßler Anm. 7 zu § 429, 11 zu § 454; Baumbach/Duden Anm. 2B zu § 429; Goltermann/Konow Anm. 9 zu § 82 und 4 zu § 75 EVO und die dort angegebene Rechtsprechung; Finger Anm. 5 zu § 75 EVO; Weirauch/Heinze Anm. 2 zu § 75 EVO; Rundnagel/Fritsch/Sperber S. 21ff.; Nánássy, Allgemeine Bemerkung zu Art. 16 CIM; Hein Anm. 1 zu § 29 KVO; Guelde/Willenberg Anm. 11 zu § 29 KVO; Voigt, VP 1964, 127; Abraham, Seerecht, S. 158; Schaps/Abraham Anm. 20 zu § 606 HGB; Schlegelberger/Liesecke Anm. 9 zu § 606 HGB; Vortisch/Zschucke Anm. 2b zu § 58 BSchG; BGH vom 15. 11. 1965, VersR 1966, 160 (161) (Abgrenzung von Ablieferung und Auslieferung im Seerecht); OLG Hamburg, Hansa 1965, 3f. (zum Seerecht); OLG Bremen, VersR 1972, 250; OLG Hamm, NJW 1976, 2077 (2078) (zur CMR); für das Eisenbahnrecht siehe die Kommentierung zu § 454 HGB.

Eine Ablieferung ist nur an den Berechtigten möglich; Ablieferung an einen Nichtberechtigten führt nicht zur Beendigung der Obhutspflicht. Ist die falsch ausgelieferte Sache nicht mehr wiederzuerlangen, so liegt Verlust vor. Siehe oben Anm. 4.

Die Ablieferung erfolgt in der Regel durch Übergabe an den Empfänger oder die sonst berechtigte Person, also durch Verschaffung unmittelbaren Besitzes. Siehe z. B. OLG Düsseldorf, VersR 1965, 33 = NJW 1965, 204 (zumindest muß das Ladegut in solcher Weise vorgelegt werden, daß der unmittelbaren Sachherrschaft des Empfängers keine Hindernisse mehr entgegenstehen) und OLG Düsseldorf, VersR 1955, 547ff. = NJW 1955, 1322f. (Anstellen an die Rampe bei Entladepflicht des Empfängers). In jedem Fall ist vorausgesetzt, daß der Empfänger willens und in der Lage ist, die tatsächliche Herrschaft auszuüben. Z. B. kann der Beförderer das Gut aufgrund eines neuen Vertrages – etwa eines Verwahrungsvertrages – so ROHG 14, 293 (295) – oder eines neuen Frachtvertrages weiterhin für den Berechtigten besitzen; vgl. die Fälle RGZ 102, 92 (93); 108, 50 (55); 114, 308; siehe z.B. Anm. 2 zu Art. 16 CMR; Schlegelberger/Geßler Anm. 8 zu § 429, 11 zu § 454 HGB; Finger Anm. 5e zu § 75 EVO; Rundnagel/Fritsch/Sperber S. 22; Nánássy, Allgemeine Anmerkung zu Art. 16 CIM; Schaps/Abraham Anm. 20 zu § 606 HGB; Guelde/Willenberg Anm. 11 zu § 29 KVO. In solchen Fällen („Ersatzablieferung") liegt die frachtvertragliche Ablieferung in dem Augenblick vor, in dem sich der Rechtsgrund des Besitzes ändert.

Das Gut kann auch dem Berechtigten in seinem Einverständnis durch Abstellen oder Abladen auf einen bestimmten Platz zur Verfügung gestellt werden, z. B. bei Privatgleisanschlüssen, wo das Abstellen der Waggons nach den Allgemeinen Bedingungen für Privatgleisanschlüsse sogar schon dann als Ablieferung genügt, wenn der Empfänger es versäumt, bei der Ablieferung mitzuwirken; siehe hierzu BGH vom 14. 2. 1963, VersR 1963, 745f. Ohne das Einverständnis liegt jedoch im bloßen Ausladen, z. B. auf dem Kai eines Hafens, keine Ablieferung; Schaps/Abraham Anm. 20 zu § 606 mit weiteren Einzelheiten, OLG Hamburg, MDR 1965, 210; OLG Oldenburg, VersR 1976, 583f. (Abstellen eines beförderten Pkw auf der Straße ohne Schlüsselübergabe keine Auslieferung nach § 29 KVO). Als weitere Ablieferungsfälle kommen in Betracht: die vom Berechtigten gebilligte Ablieferung an einen vom Frachtführer eingeschalteten Empfangsspediteur; ohne Einverständnis des Empfängers ist darin jedoch keine Ablieferung zu sehen; ein solches Einverständnis kann nicht vorliegen, wenn der Nachweis des Zugangs des „Überweisungsscheins für Sammelgüter" beim Empfänger nicht erbracht werden kann; OLG München, VersR 1978, 319f.; an eine Zoll- oder Steuerbehörde, ROHG 2, 247 (253ff.), (Rundnagel/Fritsch/Sperber S. 26f.; Schaps/Abraham Anm. 20 zu § 606 HGB) und die berechtigte Hinterlegung; Rundnagel/Fritsch/Sperber S. 22; Schaps/Abraham will die Hinterlegung nicht als Ablieferung anerkennen, ihr aber die gleiche Wirkung für die Haftung zubilligen.

Schlegelberger/Geßler Anm. 7 zu § 429 bezeichnet die Ablieferung ebenso wie die Annahme als Rechtsgeschäft. Vorsichtiger sprechen das Reichsgericht, RGZ 114, 308 (313), und der BGH vom 15. 11. 1965, BGHZ 44, 304 (306); ebenso Baumbach/Duden Anm. 2 B zu § 429 von einem „zweiseitigen Akt". Ob die Ablieferung ein Rechtsgeschäft ist (dagegen Heymann/Kötter Anm. 2 zu § 429), erscheint zweifelhaft. Zu denken wäre auch an eine bloße Besitzübertragung mit besonderer Auswirkung. Diese erfolgt nach § 854 Abs. 1 BGB grundsätzlich durch Übertragung der tatsächlichen Sachherrschaft, wobei bei den beteiligten Besitzern und Besitzdienern nur ein natürlicher Wille zur Übertragung oder zum Erwerb des Besitzes vorhanden sein muß. Im Falle der Besitzübertragung nach § 854 Abs. 2 BGB ohne körperliche Übergabe ist dagegen ein Rechtsgeschäft (Einigung) erforderlich. Vgl. dazu Palandt/Degenhardt Anm. 4b zu § 854 BGB. Für diesen Fall wäre die Qualifikation der Ablieferung als Rechtsgeschäft entbehrlich.

Sieht man dagegen die Ablieferung und Annahme stets als Rechtsgeschäfte an, so kann das Gut immer nur durch einen bevollmächtigten Vertreter des Frachtführers an einen ebenso bevollmächtigten Vertreter des Empfängers abgeliefert werden. Die Abwicklung des Ablieferungsvorgangs durch bloße Besitzdiener kann nur wirksam sein, wenn man für diese entsprechende Vollmachten annimmt. Dazu muß man u. U. durch Auslegung die tatsächlichen Verhältnisse in großzügiger Weise auswerten. Auch § 56 HGB kann nur in gewissem Umfang helfen. Insbesondere bei der Ablieferung an nicht bevollmächtigte Besitzdiener von Privatpersonen, wie Kinder, Hausangestellte usw. sind Schwierigkeiten unvermeidbar.

Im Interesse des Frachtführers wäre es zwar wünschenswert, wenn die tatsächliche Ablieferung im Regelfall zur Erfüllung seiner vertraglichen Pflichten und zur Beendigung der Obhutshaftung führen würde. Andererseits bewirkt erst die Annahme des Frachtguts durch den Empfänger gemäß § 436 HGB die ihn belastende Entstehung der Empfängerverpflichtung, ebenso wie auch der Verlust der Ersatzansprüche nach § 438 sich nur an die Annahme knüpft. Es entspricht dem Interesse des Empfängers, nicht ohne willentliche Annahme des Frachtguts (als grundsätzlich vertragsgemäße Leistung) in die schuldrechtlichen Verpflichtungen hineingezogen zu werden oder Ansprüche zu verlieren. Von besonderer Bedeutung ist dies bei Annahme durch nicht vertretungsberechtigte Besitzdiener des Empfängers. Daher wird die Annahme von Seiten des Empfängers regelmäßig als Rechtsgeschäft bezeichnet; siehe Anm. 7ff. zu § 436.

Im Sinne einer einheitlichen rechtlichen Qualifikation ist es daher wohl zweckmäßig, in der „Ablieferung“ des § 429 und der „Annahme“ der §§ 436–438 den gleichen Vorgang zu sehen und die Mitwirkung des Empfängers als Rechtsgeschäft zu qualifizieren. Die „Ablieferung“ bzw. „Annahme“ erscheint demnach jedenfalls von Seiten des Empfängers als Rechtsgeschäft. Allerdings muß der Wille des Empfängers die gesetzlich vorgesehenen Wirkungen der „Ablieferung“ nicht umfassen, sondern sich – ähnlich wie nach Werkvertragsrecht – § 640 BGB; vgl. BGH vom 18. 9. 1967, BGHZ 48, 257 (262) – nur auf die Anerkennung der Ablieferung als „in der Hauptsache dem Vertrag entsprechende Leistung“ richten. Siehe hierzu auch Anm. 7 zu § 436.

Auf der Seite des Frachtführers ist es dagegen wohl ausreichend, wenn die abliefernde Person (z. B. der Fahrer) als Besitzdiener handelt. Denn die Ablieferung hat für den Frachtführer – abgesehen vom Besitzverlust, der ohnehin eintritt – nur vorteilhafte Auswirkungen; die Einführung der erschwerenden Erfordernisse einer Willenserklärung, z. B. die Notwendigkeit einer Bevollmächtigung des Abliefernden, kann dem Frachtführer nichts nützen, sondern allenfalls zum Besitzverlust ohne die entlastende Wirkung der „Ablieferung“ führen.

Daher erscheint es angemessen, den Ablieferungs(= Annahme)Vorgang nur auf der Seite des Empfängers als Rechtsgeschäft anzusehen. Soweit die tatsächliche Ablieferung durch eine Einigung nach § 854 Abs. 2 ersetzt wird, bleibt allerdings eine rechtsgeschäftliche Mitwirkung des Frachtführers erforderlich.

Anm. 13 **ccc) Abgrenzung im einzelnen**

Wenn auch in fast allen Zweigen des Frachtrechts übereinstimmend die Zeit zwischen „Annahme“ und „Ablieferung“ den Haftungszeitraum der besonderen Obhutshaftung bildet, so ist doch die Abgrenzung im einzelnen schwierig und kann nach der Art des Frachtgeschäfts, ja selbst nach den einzelnen Vereinbarungen unterschiedlich ausfallen. Vor allem werden, z. T. durch ausdrückliche Regelungen, z. T. aus der Eigenart des Frachtgeschäfts, die Nebentätigkeiten unterschiedlich zur frachtrechtlichen Obhutszeit oder nicht dazu gerechnet.

Anm. 14 **(1) Laden und Entladen**

Die Beladetätigkeit ist von KVO, AGNB und BefBMö positiv in den Haftungszeitraum einbezogen, jedenfalls soweit der Frachtführer sie ausführt; §§ 33 b KVO, 6 Abs. 2 S. 2 AGNB, 9 Abs. 1 BefBMö; siehe die betreffenden Kommentierungen in den Anhängen nach § 452. Im übrigen muß nach allgemeinen Grundsätzen ermittelt werden, in welchen Fällen für das Laden und Ausladen des Beförderers nach der Obhutshaftung gehaftet wird. Die Ladetätigkeit kann nicht in den Haftungszeitraum fallen, wenn der Beförderer während ihrer Ausführung keinen Gewahrsam am Frachtgut hat, etwa wenn er dem Absender oder Empfänger nur Hilfsdienste leistet. Denn ohne Gewahrsamsübernahme fehlt es an der Annahme. Daher ist die Entscheidung des OLG Celle vom 22. 11. 1973, DB 1974, 379 = NJW 1974, 1095 = VersR 1974, 383 = WM 1974, 582 zutreffend: Die Annahme von Tiefkühlkost bei Verladung durch den Absender tritt erst mit der Beendigung des Ladevorgangs ein; siehe für die Annahme bei Abtransport von noch zu demontierendem Versteigerungsgut eingehend OLG Düsseldorf, DB 1976, 250 (251 f.). Zur Entladung und Auslieferung von Flüssigkeiten aus Tankwagen siehe OLG Düsseldorf, VersR 1965, 33 f. (mit Anmerkung von De La Motte).

Ist der Gewahrsam bereits vor dem Entladen von dem Empfänger übernommen worden, so ist die Obhutshaftung beendet. Die verladende Person – die auch ein selbständiges Unternehmen sein kann – übt für den Beförderer regelmäßig dann

Gewahrsamsfunktionen aus, wenn sie auf Grund seiner frachtvertraglichen Pflichten tätig ist.

Die Annahme liegt demnach vor der Verladung, wenn der Beförderer zu verladen verpflichtet ist; unzutreffend insoweit OLG Celle, a. a. O., wonach bei Übernahme der Verladungspflicht durch den KVO-Frachtführer ein besonderer bürgerlich-rechtlicher Vertrag vor der Annahme bestehen soll. Das Zitat von Guelde/Willenberg (Anm. 9 zu § 29 KVO) deckt die Auffassung des OLG Celle nicht; siehe präzise Guelde/Willenberg, 27 zu § 15 KVO. Zutreffend dagegen OLG Düsseldorf, DB 1977, 250 (251); danach beginnt die Obhutszeit durch Annahme bereits mit der Einräumung der Möglichkeit zum Beginn der vom Frachtführer mit übernommenen, zur Verladung erforderlichen Demontagearbeit an einer ersteigerten Maschine.

Die Ablieferung ist erst nach der Ausladung anzunehmen, wenn diese zu den Pflichten des Beförderers gehört. Entscheidend für die Haftung ist also, ob der Beförderer zum Be- und Entladen verpflichtet ist. Bedenklich die Ausführungen des BGH im Urteil vom 18. 11. 1977, DB 1978, 293 (294): beiläufig (ohne entscheidungstragende Bedeutung) führt der Senat aus, das vereinbarte Entladen durch den Frachtführer liege nach der Auslieferung.

Auch soweit die gesetzlichen Bestimmungen die Ladetätigkeit ausdrücklich in die Haftung einbeziehen, sind abweichende Vereinbarungen denkbar. Für die Haftung ist dabei stets vorausgesetzt, daß der Beförderer oder seine Gehilfen in Ausübung der frachtvertraglichen Pflichten und nicht aus anderen Gründen, etwa nur aus Gefälligkeit, handeln. In letzterem Falle erstreckt sich die Frachthaftung nicht auf die betreffende Tätigkeit. Insoweit richtig OLG Düsseldorf, NJW 1955, 1322 (1323). Doch ist im Zweifel keine bloße Gefälligkeit anzunehmen, und zwar schon deshalb, weil der Beförderer nach § 612, 632 BGB, 354 HGB für seine Tätigkeit eine Vergütung fordern kann.

Wer zu laden oder zu entladen hat, bestimmt sich teilweise nach den betreffenden Sonderbestimmungen. So hat nach § 17 KVO der Unternehmer (Frachtführer) Stückgüter stets zu verladen, Massengüter sind dagegen mangels besonderer Abmachung vom Absender zu verladen. Für das Entladen ist streitig, ob § 17 entsprechend anzuwenden ist; siehe die Kommentierung zu § 17 KVO, Anh. II nach § 452. Da hier keine zwingende Vorschrift besteht, dürfte, abgesehen von besonderen Vereinbarungen (siehe auch § 11 Abs. 2f. KVO) nach der Art der Beförderung die Verkehrssitte entscheidend sein.

Für die Möbelbeförderung ergibt sich die Einbeziehung der Ladetätigkeit in die Obhutshaftung aus dem Zusammenspiel zwischen §§ 4 und 9, 10 BefBMö. Danach gehören Beladen und Entladen mangels besonderer Vereinbarung in den Tätigkeits- und Haftungsbereich des Frachtführers.

Genau umgekehrt betrachten die AGNB in § 6 Abs. 1 das Beladen und Entladen grundsätzlich als Tätigkeit des Auftraggebers (bzw. Absenders oder Empfängers) und bestimmen nur eine Verantwortlichkeit des Frachtführers für betriebssichere Verladung und für die Stauarbeit auf dem Fahrzeug; siehe die Anmerkungen zu § 6, Anh. V nach § 452. Die ADSp sehen etwas besonderes nur für das Ende der Obhutszeit vor: Die Haftung ist nach § 53a ADSp beendet, „sobald die Güter dem Empfänger vor seinem Grundstück zur Abnahme bereitgestellt und abgenommen sind“. Siehe dazu Anm. 80 zu §§ 407–409 HGB.

Die CMR schließt in Art. 17 Abs. 3c nur die Haftung aus, wenn „Behandlung, Verladen, Verstauen oder Ausladen des Guts durch den Absender, den Empfänger oder Dritte, die für den Absender oder Empfänger handeln, erfolgt ist“. Daraus läßt sich die allgemeine Regel des Frachtrechts bestätigend ableiten, daß sich die Einbeziehung der Ladetätigkeit in den Haftungszeitraum danach richtet, wer vertragsgemäß die Arbeiten ausführt, im Zweifelsfall aber das Belade- und Ausladerisiko in den Haftungsbereich fällt. Die CMR bestimmt andererseits nicht, wem diese Tätigkeiten grundsätzlich obliegen; vgl. Muth, S. 53 und 80ff.; Heuer, Haftung des Frachtführers nach der CMR, 1975, S. 99f. Siehe ferner Anm. 16 zu Art. 17 CMR, Anh. III nach § 452; zur Ablieferung nach der CMR bei vorzeitigem Abladen von defektem Lkw OLG Zweibrücken, VersR 1967, 1145 (1146).

Anm. 15 **(2) Zubringerdienste**

Der An- und Abtransport mit Zubringer-Verkehrsmitteln gehört nicht in die Obhutszeit, wenn schon die Verladung und Entladung nach dem eben Gesagten nicht dazu gehören. Für die Zubringerdienste wird dagegen grundsätzlich dann nach Frachtrecht gehaftet, wenn sie vom Beförderer mit übernommen sind. In einzelnen Sparten des Frachtrechts bestehen daher spezielle Vorschriften und Klauseln. Die KVO läßt wie das Eisenbahnrecht die Abholung und Zuführung der Güter unter die Obhutshaftung fallen (§ 33c KVO, entsprechend § 77 Abs. 4 EVO, Art. 16 § 2 CIM). Im Luftrecht wird für die Zubringerdienste außerhalb von Flughäfen nicht zwingend, sondern allenfalls nach Maßgabe der IATA-Bedingungen gehaftet; siehe Art. 10, 11 BefBFracht, Anh. VII/4 nach § 452.

Anm. 16 **(3) Vor-, Zwischen- und Nachlagerung**

Für die mit dem Frachtvertrag verknüpften Lagerungen gelten im allgemeinen dann nicht die Grundsätze der Frachthaftung, wenn sie ihrer Dauer und sonstigen Eigenart nach sich nicht mehr als Nebentätigkeiten des Beförderers, sondern als besondere Lagergeschäfte darstellen. Nur nach Frachtrecht wird gehaftet, wenn Güter vorübergehend im Transportmittel gelagert werden; BGH v. 25. 6. 1973, MDR 1973, 1002 (1003), Lagerung in einer Hafenschute; nach § 33 d KVO wird für die Vor- und Nachlagerung bis zu 15 Tagen, bei erforderlichen Zwischenlagerungen bis 8 Tage nach Frachthaftungsgrundsätzen gehaftet. Ähnlich ist die Regelung des § 15 Abs. 3 AGNB. Die ADSp sehen für Lagerung und Transport in §§ 51ff. die gleiche Haftung vor; die Abgrenzung ist daher ohne Bedeutung. Die BefBMö und die CMR treffen für die Lagerung keine besonderen Regelungen.

Anm. 17 **(4) Beförderung durch einen anderen als den vertragsschließenden Beförderer**

Hat der Frachtführer von vornherein die Beförderung über die Gesamtstrecke übernommen, so kann sich am Obhutszeitraum durch die teilweise Übertragung der Ausführung auf einen anderen nichts ändern. Die Haftungsfrage ist daher in diesem Fall nur ein Problem der Gehilfenhaftung, nicht dagegen der Abgrenzung des Haftungszeitraums, der erst mit der Ablieferung durch den Unterfrachtführer endet. Dies ergibt sich aus § 432 HGB; siehe dazu die Anm. 17 zu § 432. Anders ist die Rechtslage, wenn der Beförderer den Transport nur bis zur Umladung übernommen hat. Dann wird er im Anschluß daran nur als Spediteur tätig, seine Obhutspflicht endet mit der Ablieferung des Frachtguts an den darauffolgenden Beförderer; Baumbach/Duden Anm. 1 zu § 432 HGB. Für den Seeverkehr Schaps/Abraham Anh. I zu § 656, HGB Anm. 2.

Anm. 18 **(5) Beförderung mit einem anderen Verkehrsmittel**

Wird die Beförderung ganz oder teilweise mit einem anderen als dem vereinbarten Verkehrsmittel ausgeführt (z. B. mit der Eisenbahn oder per Luftfracht statt mit dem Kfz oder mit dem Kfz statt per Luftfracht), so ist nicht nur fraglich, welche Rechts- (insbesondere Haftungs-)normen anwendbar sind (s. dazu Anm. 2ff. zu § 425), sondern auch, wann die Obhutszeit beginnt und endet. In jedem Fall muß die

Lösung sicherstellen, daß der Absender durch die Änderung des Beförderungsmittels nicht ohne sein Einverständnis in eine verschlechterte haftungsrechtliche Lage gerät. Für eine Beförderung, die der KVO-Frachtführer innerhalb eines von ihm geschlossenen Beförderunsvertrages mit der Eisenbahn statt mit dem Kraftfahrzeug bewirkt, sieht § 33c KVO ausdrücklich die Deckung durch die KVO-Haftung vor; s. im übrigen Anm. 21 zu § 425.

ddd) Beweislast für den Schadenszeitpunkt **Anm. 19**

Daß die Entstehung des Schadens in die Obhutszeit fällt, hat der Ersatzverlangende zu beweisen. Dies gilt nicht nur für die Haftung aus § 429 HGB, sondern für alle Sparten des Frachtrechts in gleicher Weise; dazu Helm, Haftung, S. 102. Zutreffend daher OLG Celle, NJW 1974, 1095, das dem selbstverladenden Absender von Tiefkühlkost den Beweis dafür auferlegt, daß die Ware bei Beendigung der Verladung (= Annahme) eine Ausgangstemperatur von mindestens − 18° Celsius hatte. Siehe oben Anm. 14. Die Beweisführung für die Unversehrtheit der Güter bei der Annahme ist hier durch die Frachtdokumente ebenso erleichtert wie bei der Tatsache des Schadens selbst; s. Anm. 4ff. zu § 426, da sich die Vermutungen auf das Gut im Zeitpunkt der Annahme durch den Frachtführer beziehen. Die vorbehaltslose Annahme der Güter durch den Empfänger begründet regelmäßig zumindest die tatsächliche Vermutung, daß sie unbeschädigt waren, daß also der Schaden nach Ablieferung entstanden ist. Vgl. dazu aber die Anmerkungen zu § 438 HGB mit weiteren Verweisungen.

dd) Entlastung durch Nachweis unverschuldeter Schadensursache (Nichtverschulden) **Anm. 20**

Der Ersatzanspruch nach § 429 HGB ist bereits schlüssig, wenn dargetan ist, daß Verlust oder Beschädigung des Frachtguts in der Obhutszeit vorliegen. Hinsichtlich der Schadensursache sowie des Verschuldens braucht der Ersatzberechtigte keine Behauptungen aufzustellen. Auch bei Behauptung einer bestimmten Ursache durch den Absender genügt deren Widerlegung nicht zur Entlastung, wenn andere Ursachen möglich bleiben. Unzutreffend dazu Ratz in der Vorauflage, 13 zu § 429 unter (unrichtiger) Berufung auf ROHG 19, 216. Richtig Schlegelberger/Geßler Anm. 16 zu § 429. Äußert sich im Prozeß der Frachtführer nicht zur Schadensursache (z. B. im Versäumnisverfahren), so muß er antragsgemäß verurteilt werden. § 429 Abs. 1 gestattet ihm jedoch, sein Nichtverschulden nachzuweisen. Er muß eine nicht verschuldete Schadensursache behaupten und beweisen, wenn er sich von der Haftung befreien will. Diese Regelung entspricht der analogen Anwendung des § 282 BGB auf positive Vertragsverletzungen, wie sie vom BGH in ständiger Rechtsprechung und auch in der Literatur unbestritten vorgenommen wird. Güterschäden, die während der Obhut des Frachtführers entstehen, fallen ausschließlich in dessen Herrschafts- und Einwirkungsbereich. Somit würde den Frachtführer auch bei Anwendung des allgemeinen Schuldrechts die gleiche Haftung wie nach § 429 HGB treffen. Siehe hierzu Helm, Haftung, S. 102ff.; Stoll, Festschrift für Fritz von Hippel (1967); S. 517ff.

Zur Übersicht über die Rechtsprechung und Literatur zur Beweislast bei positiver Vertragsverletzung s. Palandt/Heinrichs, Anm. 2 zu § 282 BGB. BGH, 6. 3. 1972, WM 72, 584.

Eine Umkehr der in § 429 vorgesehenen Beweisverteilung verstößt im Verhältnis zu Nichtkaufleuten gegen § 11 Nr. 15a AGB-Gesetz; gegenüber Kaufleuten gilt nach der Rechtsprechung das gleiche; OLG Hamburg, VersR 1970, 1101 (1102), zurückgehend auf das zum Lagervertrag ergangene Urteil des BGH vom 17. 2. 1964, BGHZ 41, 151ff.

Die Haftung aus § 429 Abs. 1 ist somit – ausgehend von der heutigen Rechtsanwendung – nicht verschärft gegenüber der des BGB. Jede Argumentation, die in der „verschärften" Haftung eine Begründung für die frachtrechtlichen Haftungsbegrenzungen und Haftungsausschlüssen sehen will, kann daher heute nicht mehr überzeugen. Insoweit unzutreffend BGH vom 23. 3. 1966, BGHZ 46, 140 (147); Urteile vom 19. 2. 1971, VersR 1971, 617 (618) und 623 (624); zum ähnlich geregelten Lagervertragsrecht (§§ 417, 390 HGB) BGH vom 1. 3. 1974, WM 1974, 436 (437); Bandasch Anm. 2 zu § 429 HGB.

Anm. 21 Im Gegensatz zu § 429 HGB sind in den **Spezialregelungen und in anderen Sparten des Frachtrechts** teilweise andere, schärfere Haftungsgesichtspunkte maßgeblich, die meist mit dem in diesem Bereich abzulehnenden Ausdruck „Gefährdungshaftung", besser mit „Gewährhaftung" bezeichnet werden. Siehe hierzu Helm, Haftung, S. 102ff., besonders FN 513. Eine solche verschärfte Haftung besteht nach der KVO, den BefBMö und im innerdeutschen Eisenbahnrecht nach der EVO. Der Regelung des § 429 HGB entspricht typmäßig mit gewissen Abweichungen die Haftung nach den ADSp und der CMR, ferner im internationalen Eisenbahnrecht die CIM, sowie die Haftungsregelungen des Luftrechts, des Seerechts und des Binnenschiffahrtsrechts. Die AGNB verbinden in §§ 14b und 15 Abs. 2 verschiedene Haftungstypen.

Hinter der „Verschuldensvermutung" stecken in Wahrheit mehrere Tatbestandselemente: Handlung (mit der Zurechnungsfrage bei Gehilfen), adäquate Kausalität, objektive Vertragswidrigkeit (Rechtswidrigkeit) und Verschulden. Für sie alle trägt der Frachtführer die Behauptungs- und Beweislast. Gelingt ihm in einem Punkt keine sichere Aufklärung, dann verbleibt es bei seiner Haftung.

Anm. 22 **aaa) Schadensverursachender Umstand**

Kann die Ursächlichkeit keines bestimmten Umstandes nachgewiesen werden, so bleibt es bei der Haftung. Dies kann einmal dann der Fall sein, wenn der schadensverursachende Umstand selbst nicht rekonstruierbar ist, aber vor allem auch dann, wenn seine Ursächlichkeit für den Verlust oder die Beschädigung des Frachtguts nicht sicher festgestellt werden kann. Können mehrere Umstände ursächlich gewesen sein, so muß sich die weitere Entlastung hinsichtlich des Verschuldens auf sie alle beziehen. Mehrere Ursachen einer Schadensfolge liegen vor, wenn keine von ihnen hinweggedacht werden kann, ohne daß der Schaden mit entfiele. Praktisch bedeutet dies, daß nur eine vollständige Aufklärung der Schadensursache zur Entlastung führen kann; auch dies aber nur, wenn kein schuldhaftes Handeln des Frachtführers oder seiner Leute mitgewirkt hat. Dieser ist insbesondere auch dann haftbar, wenn er einen aus unverschuldeter Ursache drohenden Schaden schuldhaft abzuwenden unterlassen hat. Da der Entlastungsbeweis letztlich auf ein Nichtverschulden gestützt ist, bilden die vorgenommenen oder unterlassenen Handlungen des Frachtführers oder seiner Gehilfen (§ 431 HGB) den Kernpunkt der Entlastung.

Anm. 23 **bbb) Pflichtwidrigkeit und Verschulden**

Die Prüfung der Sorgfaltspflichtsverletzung setzt stets das Bestehen von Verhaltenspflichten voraus. Hat der Frachtführer nicht pflichtwidrig gehandelt, so entfällt die Haftung. Die Verhaltenspflichten müssen dem konkreten Frachtvertrag entnommen werden. Sie hängen vom beförderten Gut, der Jahreszeit, der Witterung, dem Beförderungsweg, dem Beförderungsmittel, den Angaben des Absenders im Frachtbrief und zusätzlich gegebenen Informationen sowie vielen anderen Umständen ab. Ist eine Handlungspflicht objektiv verletzt worden, so kann sich der Frachtführer durch den Nachweis, daß weder er noch einer seiner Gehilfen vorsätzlich oder fahrlässig gehandelt hat, entlasten. Hierbei sind zwar die konkreten Verhältnisse des Einzelfalls, nicht aber die persönlichen Fähigkeiten und Kenntnisse des Frachtführers oder Gehilfen maßgeblich. Es gilt der auch zu § 276 BGB anerkannte objektivierte Fahrlässigkeitsbegriff, bezogen auf den Berufskreis der Frachtführer, wobei im einzelnen noch einmal nach engeren Merkmalen zu differenzieren ist (z. B. Differenzierung zwischen einem Spediteur und einem auf Baustoffe spezialisierten Güternahverkehrsunternehmer). Nicht vertretbar erscheint die von Schlegelberger/Geßler Anm. 17 zu § 429 vertretene Auffassung, nach der zu den berufsgruppenbildenden Merkmalen auch der Umfang des Gewerbebetriebs zählen soll. Eine derartige Differenzierung würde zu verschiedenen Sorgfaltspflichten für größere oder kleinere Unternehmen führen und damit den Wettbewerb verzerren.

ccc) Verschulden oder Mitverschulden des Berechtigten Anm. 24

Ist der Schaden durch Verschulden des Berechtigten (des Absenders, Empfängers oder einer Person, deren Handeln diesen zugerechnet wird) verursacht, so besteht keine Haftung des Frachtführers. Liegt daneben ein Verschulden des Frachtführers oder seiner Leute vor, so wird nach § 254 BGB der Schaden geteilt. Sind neben dem nachgewiesenen Verschulden des Berechtigten weitere mögliche unaufgeklärte Umstände ursächlich, so kommt es ebenfalls zur Schadensteilung. Denn auch im Falle mitwirkenden Verschuldens des Berechtigten hat sich der Frachtführer nach § 429 hinsichtlich der unaufgeklärten Ursachen zu entlasten. Seine Haftpflicht wird ihm daher im Rahmen der Schadensteilung zugerechnet.

Von diesen Grundsätzen weichen die Spezialregelungen des Haftpflichtrechts Anm. 25
nicht unbeträchtlich ab. Siehe hierzu vergleichend Helm, Haftung, S. 136ff. Das Verschulden des Berechtigten gehört nach § 34 Abs. 1c KVO, § 30 Abs. 2a KVORb, 15 Abs. 1c AGNB, 10 Abs. 1 Ziff. 1 BefBMö, Art. 17 Abs. 2 CMR zu den besonderen Haftungsausschlüssen. Siehe zum Verhältnis dieser Haftungsausschlüsse zu § 254 HGB Helm, Haftung, S. 136ff. sowie die Kommentierung zu den genannten Vorschriften in den Anhängen nach § 452; Anm. 11f. zu § 34 KVO Anh. I nach § 452.

ee) Sonderregelung für Kostbarkeiten (§ 429 Abs. 2) Anm. 26

aaa) Allgemeines

§ 429 Abs. 2 macht die Haftung für Kostbarkeiten, Kunstgegenstände, Geld und Wertpapiere zusätzlich davon abhängig, daß dem Frachtführer die Beschaffenheit oder der Wert des Gutes bei der Übergabe zur Beförderung angegeben worden ist. Diese Angabe ist Voraussetzung der Haftung; ohne sie wird für die genannten Kostbarkeiten überhaupt nicht gehaftet. Die angegebenen Werte stellen nach HGB keine Haftungsgrenzen dar. § 429 Abs. 2 soll den Frachtführer vor einem übergroßen Risiko schützen und in den Stand setzen, die betreffenden wertvollen Güter besonders zu schützen.

§ 429 Abs. 2 hat nur noch geringe Bedeutung, da alle Sonderregelungen des Landfrachtrechts eigene Kataloge von Haftungsausschlüssen haben, die dem § 429 Abs. 2 gegenüber als speziellere Regelungen ausschließlich gelten. Daher gibt es zu § 429 Abs. 2 auch keine neuere Rechtsprechung. § 34 S. 1d, e KVO schließt die Haftung für wertvolle Güter gänzlich aus, nach richtiger Auffassung auch bei nachgewiesenem Verschulden des KVO-Frachtführers; siehe Anm. 15 zu § 34 KVO. Allerdings gelten die Vorschriften des GüKG und damit der KVO und der BefBMö nach § 1 Nr. 2 der FreistellungsVO zum GüKG (Abdruck in Anm. 2 zu § 4 GÜKG, Anh. I nach § 452) nicht für Kunstgegenstände und Kunstwerke. Für diese ist also § 429 Abs. 2 HGB wirksam, sofern nicht besondere Bedingungen vereinbart sind; siehe Anm. 6, 7 zu § 54 ADSp sowie § 56 ADSp, Anh. I nach § 415 HGB. Ähnlich den Bestimmungen der KVO ist die Regelung des § 15 Abs. 1e AGNB; unter den

Haftungsausschlüssen der BefBMö ist ebenfalls eine Kostbarkeitenregelung (§ 10 Abs. 2 Ziff. 7) enthalten, die allerdings den Nachweis der üblichen Vorsichtsmaßnahmen durch den Möbelbeförderer voraussetzt. § 56a ADSp trifft eine dem § 429 Abs. 2 ähnliche Regelung. Die CMR enthält keinen Haftungsausschluß für Kostbarkeiten; dies erklärt sich daraus, daß nach ihr ein höherer Wert und ein höheres Interesse deklariert werden können.

Der Wert des Gutes spielt in den speziellen Haftungsregelungen zusätzlich eine von § 429 abweichende Rolle. Da die meisten Regelungen summenmäßige Haftungsbeschränkungen enthalten, werden Schäden an Wertsachen kaum je voll entschädigt, selbst wenn die Voraussetzungen des Haftungsausschlusses nicht vorliegen sollten. In einzelnen Sparten gibt es jedoch die Möglichkeit, durch Wertdeklaration die Schadensersatzgrenzen zu erhöhen. Diese Wertdeklaration rechtfertigt zugleich einen Frachtzuschlag. Siehe hierzu zur Übersicht Helm, Haftung, S. 149. Im Landfrachtrecht fehlt in der KVO, den AGNB, den BefBMö und den ADSp allerdings die Möglichkeit, die Haftungsgrenzen durch Wertangabe zu erhöhen. Art. 24 CMR gestattet jedoch eine solche Wertangabe; ähnlich § 90 EVO; Art. 36 CIM; Art. 22 Abs. 2 S. 2 WA; § 46 Abs. 2 LuftVG; § 660 HGB.

Anm. 27 **bbb) Die wertvollen Frachtgüter des § 429 Abs. 2**

Die Kostbarkeitenregelung des § 429 Abs. 2 spielte früher eine erhebliche praktische Rolle. Sie hatte in §§ 462 HGB, 54 EVO eine heute nicht mehr bestehende Parallele. Die einzelnen in § 429 Abs. 2 aufgeführten Begriffe sind daher von der Rechtsprechung in vielen Entscheidungen eingegrenzt worden. Zu den Einzelheiten dieser (meist zum damaligen Eisenbahnrecht ergangenen) weitgehend überholten Rechtsprechung siehe Ratz in der Vorauflage dieses Kommentars Anm. 19–21 zu § 429.

(1) Kostbarkeiten im frachtrechtlichen Sinne sind Gegenstände, die im Verhältnis zum Umfang und Gewicht einen ungewöhnlich hohen Wert haben; jedoch ist dieser relative Maßstab nicht alleine entscheidend, sondern es ist auch die Verkehrsanschauung heranzuziehen. Siehe statt vieler die Urteile RGZ 116, 113 (115f.); 120, 313 (315); Rechtsprechung nach dem Zweiten Weltkrieg OLG Düsseldorf, Betrieb 1950, 202; OLG Hamburg vom 20. 4. 1948, VRS 1, 143.

(2) Kunstgegenstände sind Gegenstände, die wegen ihres Kunstwertes im Verhältnis zum Gewicht und Umfang anderer Güter als besonders vertvoll erscheinen.

(3) Geld: Hierzu gehören alle gültigen Zahlungsmittel des In- und Auslandes.

(4) Wertpapiere sind nicht nur die Wertpapiere im engeren Sinne, sondern auch Beweis- und Legitimationsurkunden.

Anm. 28 **ccc) Angabe von Beschaffenheit oder Wert**

Es genügt die formlose Angabe der Beschaffenheit oder des Wertes spätestens bei der Übergabe. Wird die Angabe verspätet gemacht, so kann sie vom Frachtführer noch akzeptiert werden. Zumindest wird sie eine außerhalb des § 429 S. 1 liegende besondere Sorgfaltspflicht des Frachtführers begründen, für deren Verletzung er zu haften hat. Die Angabe muß so gemacht werden, daß der Frachtführer den besonderen Wert erkennen kann. Allerdings muß bezweifelt werden, ob z. B. die Bezeichnung als „Ölgemälde“ bereits genügt, weil aus ihr zu erkennen sei, daß es sich wahrscheinlich um einen Kunstgegenstand handele (RGZ 110, 59 (63) für einen Speditionsfall); a.A. für das Frachtrecht Schlegelberger/Geßler Anm. 28 zu § 429.

ff) Haftungsausschlüsse Anm. 29

Im Gegensatz zu allen Spezialbestimmungen des Landfrachtrechts kennt die HGB-Haftungsregelung außer der Kostbarkeitenregelung keine Haftungsausschlüsse für bestimmte Schadensursachen oder Schadensarten. Siehe zu den frachtrechtlichen Haftungsausschlüssen vergleichend Helm, Haftung, S. 114–135 sowie die dort zitierten Vorschriften in den Anlagen nach § 452.

b) Haftungsfolgen Anm. 30

Die Haftungsfolgen sind im HGB-Landfrachtrecht nicht besonders geregelt. Lediglich § 430 sieht die Beschränkung der Haftung auf Wertersatz vor. Der ersatzpflichtige Frachtführer hat nach § 438 Abs. 4 die Kosten der Schadensfeststellung zu tragen. Siehe die Kommentierung zu dieser Bestimmung. Die Sondervorschriften für die einzelnen Sparten des Landfrachtgeschäfts unterwerfen dagegen die Haftung des Frachtführers verschiedenen und sehr unterschiedlichen Beschränkungen. Vor allem sehen sie feste, nach dem Gewicht des Frachtguts (in den BefBMö nach dem benutzten Transportraum; in den AGNB nach dem Schadensereignis) bestimmte Höchstbeträge der Haftung vor. Siehe zu den Haftungsbeschränkungen vergleichend Helm, Haftung, S. 142–155; zu den einzelnen Regelungen unten Anm. 42, 52, 55, 60 sowie die dort zitierten Vorschriften in den Anhängen nach § 452. Zum Umfang der Haftung, wenn nur das Landfrachtrecht des HGB Anwendung findet, siehe die Kommentierung zu § 430.

Im übrigen bestimmt sich die Haftungsfolge nach §§ 249ff. BGB. Zur Frage des Mitverschuldens siehe oben Anm. 23.

2. Haftung für Verspätungsschäden Anm. 31

a) Allgemeines

§ 429 Abs. 1 HGB unterwirft die Haftung für Verspätungsschäden (Versäumung der Lieferfrist) denselben Grundsätzen wie die Haftung für Verlust und Beschädigung des Frachtguts. Jedoch gilt die Haftungsbegrenzung des § 430 HGB in der Regel nicht für Verspätungsschäden. Die Voraussetzungen einer Versäumung der Lieferfrist ergeben sich aus § 428 Abs. 1. Siehe auch die dortige Kommentierung.

b) Landfrachtrechtliche Spezialregelungen Anm. 32

Die landfrachtrechtlichen Spezialregelungen sehen für die Verspätungshaftung teilweise Sonderregelungen vor. § 31 Abs. 1 a KVO regelt die Haftung für Lieferfristüberschreitung speziell, so daß insoweit § 429 Abs. 1 HGB ausgeschaltet ist. § 9 Abs. 1 BefBMö erlegt dem Frachtführer ebenfalls eine schärfere Haftung als § 429 Abs. 1 HGB auf. Andererseits enthalten KVO und BefBMö besondere Haftungsgrenzen für die Verspätungshaftung.

Die AGNB sehen keine besonderen Bestimmungen für die Verspätungshaftung vor. Daher ist fraglich, ob Verspätungsschäden nach Maßgabe des allgemeinen Vertragsverletzungstatbestandes des § 16 c AGNB oder nach § 429 Abs. 1 HGB zu ersetzen sind. Im Ergebnis wird die Frage bedeutungslos sein, da auch die Ansprüche nach § 16 c AGNB der Umkehr der Beweislast i.S. der Rechtsprechung zur positiven Forderungsverletzung unterliegen, und daher die Haftung wie nach § 429 Abs. 1 Haftung für vermutetes Verschulden ist. Siehe dazu die Kommentierung zu § 16 AGNB Anh. V nach § 452.

Im Bereich der Speditionsrollfuhr verbleibt es bei der Verspätungshaftung nach § 429 Abs. 1 HGB, da die ADSp in § 17 zwar die „Gewährleistung" für Lieferfristen ausschließen, nicht aber die Haftung für vermutetes Verschulden. Siehe die Anm. zu

§ 17 ADSp Anh. I nach § 415 HGB. Doch gelten hier die übrigen Haftungsbeschränkungen der ADSp, soweit sie auf Verspätungsfälle passen; siehe Anm. 73ff. zu §§ 407–409.

Die CMR sieht für Verspätungsfälle im Art. 17 Abs. 2 und Art. 18 Abs. 1 besondere, an die Obhutshaftung angeglichene Haftungstatbestände vor; die Haftung unterliegt auch einer besonderen Haftungsbegrenzung (Art. 23 Abs. 5 CMR). § 429 Abs. 1 HGB kann daher auch nicht subsidiär eingreifen.

Im Binnenschiffahrtsrecht ist die Verspätungshaftung zwar in einer besonderen Bestimmung (§ 62 BSchG) geregelt; sie ist aber in den Voraussetzungen wie im Landfrachtrecht an die Obhutshaftung angepaßt. In den Verlade- und Transportbedingungen wird jede Verspätungshaftung regelmäßig ausgeschlossen.

Somit bleibt als Anwendungsbereich der in § 429 Abs. 1 geregelten Verspätungshaftung nur der Güternahverkehr.

Anm. 33 **c) Konkurrenzfragen**

In vielen Bereichen des Frachtrechts, nämlich überall, wo Obhuts- und Verspätungshaftung in den Haftungsvoraussetzungen oder Haftungsfolgen unterschiedlich geregelt sind – ist die Frage von Bedeutung, welche Bestimmungen anzuwenden sind, wenn Schäden am Frachtgut durch Verspätung während der Obhutszeit entstehen. Dies kann deshalb leicht geschehen, weil sich mit der Obhuts- und Verspätungshaftung Tatbestände von unterschiedlicher Struktur gegenüberstehen. Die Obhutshaftung macht die Tatsache des Verlustes oder der Beschädigung, also eine bestimmte Schadensart zum entscheidenden Merkmal; die Schadensursache ist dabei grundsätzlich gleichgültig. Der Verspätungshaftung liegt in der Verspätung als kennzeichnendes Erfordernis eine bestimmte Schadensursache zugrunde; auf die Art des Schadens kommt es zumeist nicht an. Die Ungleichheit der beiden Tatbestände führt überall zu Überschneidungen der Anwendungsbereiche, wo die Ursache „Verspätung" und die Schadensart „Verlust oder Beschädigung" gegeben sind. Im Landfrachtrecht spielt das Konkurrenzproblem im Rahmen des § 430 eine Rolle; nach richtiger Auffassung ist die Haftungsbegrenzung des § 430 auf Schäden am Frachtgut, die durch Verspätung entstehen, anzuwenden; siehe dazu Anm. 4 zu § 430. Siehe ferner zu den sich aus diesen Überschneidungen ergebenden Konkurrenzproblemen in den frachtrechtlichen Spezialbereichen, Helm, Haftung, S. 170 und S. 28. Zur Konkurrenz mit Ansprüchen aus unerlaubter Handlung und positiver Vertragsverletzung siehe unten Anm. 76ff., besonders Anm. 78.

Anm. 34 **3. Person des Ersatzberechtigten**

Wer nach Landfrachtrecht zur Geltendmachung der Ersatzansprüche berechtigt ist, muß von Fall zu Fall ermittelt werden, da hierfür nicht nur der Absender als Vertragspartner des Frachtführers, sondern auch der Empfänger als Begünstigter im Sinne des Frachtvertrags als eines Vertrages zugunsten eines Dritten in Betracht kommt.

Wie alle Schadensersatzansprüche setzt der Anspruch aus dem Frachtvertrag einen materiellen Schaden und eine formelle Berechtigung zur Geltendmachung des Schadensersatzes (Legitimation) voraus. Gerade beim Frachtvertrag fallen beide Voraussetzungen oft nicht in einer Person zusammen. Dann bedarf es der Anwendung der Grundsätze der Drittschadensliquidation (Beispielsfall: BGHZ 25, 250ff. (zum Seerecht)) oder der Abtretung der formellen Berechtigung an den Geschädigten (Beispielsfall: RGZ 62, 331 (334f.) (zum Speditionsrecht).

a) Die formelle Ersatzberechtigung Anm. 35

Grundsätzlich steht die Berechtigung zur Geltendmachung von Ersatzansprüchen dem Vertragspartner, also dem Absender zu. Nach § 435 S. 1 HGB kann jedoch der Empfänger vom Zeitpunkt der Ankunft des Gutes am Bestimmungsort an gegen Erfüllung der sich aus dem Frachtvertrag ergebenden Verpflichtungen die Rechte aus dem Frachtvertrag, also auch die Ersatzansprüche, in eigenem Namen geltend machen. Diese Befugnis kann ihm durch Absenderverfügung gem. §§ 435 S. 3, 433 HGB noch entzogen werden, solange weder die Ansprüche gerichtlich geltend gemacht sind, noch der Frachtbrief dem Empfänger übergeben ist; siehe Anm. 16 zu § 435 HGB. Aus der Koppelung zwischen dem „Erlöschen" der frachtvertraglichen Verfügungsbefugnis (§ 433 Abs. 2) und der Geltendmachung der Rechte (§ 435 S. 2) ergibt sich, daß der Absender den Empfänger von diesem Zeitpunkt an nicht mehr an der Geltendmachung der Rechte hindern kann. Es liegt daher nahe, das im HGB nicht geregelte Erlöschen der Legitimation des Absenders hinsichtlich der Geltendmachung der Ersatzansprüche mit dem Erlöschen der frachtrechtlichen Verfügungsbefugnis zu koppeln; siehe dazu Helm, Haftung, S. 155 ff. Der BGH zieht die Koppelung von Ersatzberechtigung und Verfügungsberechtigung im Urteil vom 21. 12. 1973, VersR 1974, 325 (326) = NJW 1974, 412 = MDR 1974, 470 = LM, CMR Nr. 3 zur Ergänzung der CMR in Erwägung, lehnt sie jedoch dann im Urteil vom 10. 4. 1974, VersR 1974, 796 (797 f.) = NJW 1974, 1614 ff. = MDR 1974, 733 f. = LM CMR Nr. 4 = DB 1974, 1058 f., ebenfalls in Ergänzung der CMR, ab. Siehe dazu Anm. 30 zu Art. 17 und Anm. 4 zu Art. 1 CMR.

Allerdings kann auch die Koppelung von Ersatzberechtigung und frachtrechtlicher Verfügungsbefugnis – soweit Landfrachtrecht des HGB anzuwenden ist – die Doppellegitimation von Absender und Empfänger nicht verhindern, da die Entstehung der Empfängerrechte nicht den Fortbestand der Absenderrechte ausschließt; siehe Anm. 31 zu § 433. Insoweit sind die Entscheidungen des BGH vom 10. 4. 1974, a.a.O. und vom 1. 10. 1975, VersR 1976, 168 (169) grundsätzlich zutreffend. Daher ist die Rechtsprechung des BGH die unvermeidliche Konsequenz der ergänzenden Heranziehung deutschen Landfrachtrechts zur CMR; siehe dazu Anm. 30 zu Art. 17 CMR, Anhang II nach § 452.

Für die KVO würde jedoch die Koppelung von formeller Ersatzberechtigung und frachtrechtlicher Verfügungsbefugnis eine Doppellegitimation von Absender und Empfänger vermeiden. Denn nach der KVO lösen sich Verfügungsbefugnis des Absenders und des Empfängers ohne Überschneidung ab; siehe Anm. 20 zu § 27 KVO, Anh. II nach § 452. Nach herrschender Meinung ist jedoch die Frage der Ersatzberechtigung nicht durch Interpretation der KVO selbst, sondern durch ergänzende Anwendung der (ebenfalls unklaren) HGB-Regelung zu lösen; KG vom 22. 1. 1959, VersR 1959, 342; Guelde/Willenberg, Anm. 34 zu § 29 KVO; BGH vom 10. 4. 1974, NJW 1974, 1614 (1615) = VersR 1974, 796 = LM Nr. 50 zu GüKG. An sich ließe sich aus § 37 Abs. 1 und 3 KVO eindeutig entnehmen, daß die KVO davon ausgeht, der Schadensersatzanspruch werde vom Verfügungsberechtigten geltend gemacht. Siehe dazu Helm, Haftung, S. 156. Der BGH lehnt jedoch diese Auslegung ab. § 37 KVO lasse nur den Schluß zu, daß Ansprüche a u c h vom Empfänger geltend gemacht werden könnten. Diese Begründung erscheint wenig stichhaltig, da § 37 zwar den „Verfügungsberechtigten" als Anspruchssteller, dagegen weder Absender noch Empfänger erwähnt.

Die hier – zumindest für den Bereich der KVO – vorgeschlagene Koppelung von Ersatzberechtigung und Verfügungsberechtigung würde allerdings die Problematik ebenfalls noch nicht zu Ende lösen. Denn es ist umstritten, ob das Verfügungsrecht wirklich „erlischt", wenn die Voraussetzungen des § 433 Abs. 2 S. 1 HGB vorliegen. In Literatur und Rechtsprechung wird die Auffassung vertreten, die Verfügungsbefugnis des Absenders bestehe sozusagen „subsidiär“ weiter oder lebe wieder auf, wenn der Empfänger die Rechte nicht geltend machen wolle; siehe Anm. 26f. zu § 433. Im Ergebnis dürfte dies zutreffend sein. Danach müßte auch die formelle Ersatzberechtigung des Absenders wieder aufleben, wenn der Empfänger die Geltendmachung der Rechte gemäß § 333 BGB zurückweist; zutreffend BGH vom 10. 4. 1974, VersR 1974, 796 (798) = LM CMR Nr. 4 = NJW 1974, 1614 = MDR 1974, 733. Dieses Ergebnis läßt sich grundsätzlich auch auf die KVO übertragen; dagegen aber im Ergebnis Guelde/Willenberg Anm. 34 zu § 29 KVO.

Anm. 36 **b) Auseinanderfallen von formeller Berechtigung und Schaden**

Die Regelung der formellen Legitimation zur Geltendmachung des Schadensersatzanspruchs lehnt sich nicht einmal an eine Vermutung an, die dafür spräche, daß in der Regel dem so Legitimierten auch der Schaden entstanden sei. Beim Versendungskauf gem. § 447 BGB geht z. B. die Gefahr im Augenblick der Annahme durch den Frachtführer oder Spediteur bereits über (§ 447 Abs. 1), so daß dem Verkäufer, der seinen Anspruch auf den Kaufpreis behält, im Falle des Verlustes oder der Beschädigung kein Schaden entsteht. Siehe aber zur noch möglichen Verschuldenshaftung Schultz, JZ 1975, 240. Die Ersatzansprüche dagegen hat der Empfänger-Käufer u.U. erst nach der Ankunft des Gutes, bei Ausstellung eines Ladescheins erst mit der Übergabe des Papiers. In allen Fällen, in denen Absender oder Empfänger Spediteure sind, haben sie bei Verlust und Beschädigung des Guts keinen Schaden, da sie nicht Eigentümer des Guts sind und auch ihrem Auftraggeber gem. § 52 ADSp in der Regel für den Transportschaden nicht haften. Ähnliches gilt für den Fall, daß der Absender Kommissionär ist (RGZ 58, 39ff.). Es kommt also sehr häufig vor, daß formelle Ersatzberechtigung und Schaden nicht in einer Person zusammenfallen. Für diesen Fall ist – nach allgemeinen Grundsätzen – der formell Legitimierte berechtigt, den Drittschaden zu liquidieren. Das Frachtrecht weist auf diese Möglichkeit z.T. selbst hin. § 435 HGB gestattet dem Empfänger ausdrücklich, die frachtvertraglichen Rechte im eigenen Namen geltend zu machen, und zwar „ohne Unterschied, ob er hierbei in eigenem oder in fremdem Interesse handelt“. Aus dieser Bestimmung ergibt sich nicht ohne weiteres auch das Recht des Absenders, fremden Schaden geltend zu machen, solange er noch anspruchsberechtigt ist. Die Gegebenheiten des Fracht- und Speditionsrechts gestatten jedoch eine Erweiterung dieses Grundsatzes. Die Frage, wer im Bereich von Absender, Empfänger oder deren Auftraggebern wirklich geschädigt ist, hat mit dem Frachtvertrag nichts zu tun und läßt sich von Seiten des Beförderers auch überhaupt nicht beantworten. Im Frachtrecht hat daher der allgemeine Grundsatz zu gelten, daß der durch Verlust oder Beschädigung des Frachtguts entstandene Schaden dem Legitimierten zu ersetzen ist, ohne Rücksicht darauf, ob der Schaden ihn oder einen Dritten trifft, für den der Legitimierte gehandelt hat. Die Befugnis zur Geltendmachung von Drittschäden muß sich freilich aus dem Verhältnis des Legitimierten zum Geschädigten ergeben (Spedition, Kauf, Kommission etc.). Die Rechtsprechung hat in diesen Fällen die Schadensliquidation im Drittinteresse außerordentlich großzügig anerkannt (RGZ 58, 39; 62, 331 (334f.); 75, 169 (172); OLG Stuttgart, VersR 1952, 147f. mit Nachweisen; OLG Hamburg, VersR 1958, 844 (845); BGH vom 30. 4. 1959, VersR 1959, 502 (504); OLG Oldenburg, VersR 1976, 583 (584); OLG Koblenz, VersR 1976, 1151. Siehe auch den Grundsatz, daß, wer fremde Sachen in seiner Obhut hat, grundsätzlich die Abwehr- und Ersatzansprüche des Eigentümers in eigenem Namen geltend machen kann: RGZ 93, 39 (40f.); RGZ 170, 1 (7); OLG Kiel, HRR 1938, Nr. 673; zusammenfassend BGH vom 10. 7. 1963, BGHZ 40, 91 (101) = NJW 1963, 2071 (2074f.); bestätigend BGH vom 10. 4. 1974, VersR 1974,

796 (798). Sehr weitgehend zum Seerecht BGH vom 26. 9. 1957, BGHZ 25, 250 (256ff.); siehe ferner von Caemmerer, ZHR 127, 241 (249f.)

Dieser Rechtsprechung, die auch im Zivilprozeßrecht offenbar nicht auf Widerstand gestoßen ist (vgl. Baumbach/Lauterbach/Hartmann, ZPO, 36. Aufl. 1978, Anm. 4C vor § 50) kann vom Standpunkt des Handelsrechts nur zugestimmt werden. Die u. U. schwierige Frage, wer im Endergebnis die Ersatzleistung zu erhalten hat, ist ohne Beteiligung des Beförderers unter den in Frage kommenden Personen zu klären. Der Beförderer soll aus den in diesem Bereich möglicherweise bestehenden Unklarheiten keinen Nutzen ziehen dürfen, indem er sich auf das Auseinanderfallen von Schaden und Ersatzberechtigung beruft. Ebensowenig kann ihm aber auch zugemutet werden, an einen nicht formell Legitimierten Ersatz zu leisten. Nicht gebilligt werden kann in diesem Punkt die Auffassung des HansOLG Hamburg, Hansa 1958, 863, das in einer Entscheidung dem materiell Berechtigten, aber formell nicht Legitimierten die Ersatzansprüche zugestanden hat. Siehe dazu Helm, Haftung, S. 164f. Bedenken bestehen auch gegen die neuere Rechtsprechung des BGH, die allzu leicht eine Geltendmachung des Schadens durch den Absender in Fällen zuläßt, in denen der Empfänger formell legitimiert ist. Insbesondere das Urteil des BGH vom 10. 4. 1974, VersR 1974, 796 (798) läßt in dieser Hinsicht zu wünschen übrig. In diesem Fall, in dem der Empfänger unzweifelhaft bereits zur Erhebung der Schadensersatzansprüche legitimiert war, genügte es dem BGH bereits zur Legitimation des Absenders, wenn der Empfänger zu erkennen gegeben hat, daß er Ansprüche gegen den Frachtführer nicht geltend machen will. Ein solches Verhalten des Empfängers könnte, entsprechend dem Rechtsgedanken des § 333 BGB, als eine Zurückweisung der Rechte aus dem Frachtvertrag betrachtet werden, mit der Folge, daß der Erwerb der Empfängerrechte als nicht erfolgt zu behandeln wäre. Jedoch erscheint die Anknüpfung dieser weitgehenden Folge an eine nicht näher umschriebene Ermittlung des bloßen Empfängerwillens nicht als ausreichend sicheres Kriterium. In jedem Fall muß vermieden werden, daß die Gefahr einer doppelten Inanspruchnahme des Frachtführers entsteht, wenn sich der Empfänger doch noch entschließt, die Ansprüche geltend zu machen, z. B. weil der Absender den Schaden mangels Zahlungsfähigkeit nicht reguliert. Es wäre daher vorzuziehen gewesen, wenn der BGH sich für die eindeutigere Lösung des endgültigen Übergangs der Ansprüche und einer Ermächtigung des Absenders durch den Empfänger (oder eine Abtretung) entschieden hätte. Eine solche Lösung hätte auch im CMR-Fall der Entscheidung vom 1. 10. 1975, VersR 1976, 168 (169) nahegelegen. Auch in diesem Falle geht der BGH – auf der Basis ergänzend anzuwendenden deutschen Rechts – von der Möglichkeit einer Doppellegitimation von Absender und Empfänger aus. Das Urteil läßt jedoch nicht eindeutig erkennen, ob der Absender aufgrund einer Abtretung, einer Ermächtigung oder sogar aufgrund eigenen Rechts legitimiert sein sollte.

II. Grundzüge der Haftung nach den Spezialnormen der einzelnen Sparten des Landfrachtrechts Anm. 37

1. Güterfernverkehr (KVO und KVORb)

a) Allgemeines

Die KVO ist im Anh. II nach § 452 HGB abgedruckt und kommentiert. Die Vorschriften der KVORb sind in den Text eingearbeitet bzw. jeweils in den Anmerkungen zur KVO vollständig abgedruckt. Zum Geltungsbereich dieser Haftungsordnungen siehe Anm. 11, 13 zu § 425.

Die KVO und die KVORb sind in ihrer Haftungsregelung einander ähnlich, aber nicht gleich. Die KVORb macht vielmehr in noch stärkerem Maße als die KVO

Anleihen im Eisenbahnrecht. Beide Kraftverkehrsordnungen zeichnen sich durch drei Hauptmerkmale aus: (1) Grundsatz für die Obhutshaftung und die Verspätungshaftung ist die Verantwortlichkeit ohne Verschulden und ohne Exkulpationsmöglichkeit („Gewährhaftung"). (2) Diese strenge Haftung ist durch Haftungsausschlüsse für bestimmte Schäden oder Schadensursachen weitgehend durchbrochen. (3) Die Haftung ist nicht nur auf den Wert, sondern zusätzlich auf feste Haftungshöchstbeträge vielfältig begrenzt.

Anm. 38 **b) Obhutshaftung**

aa) Verlust oder Beschädigung in der Obhutszeit; Betriebs- und Transportmittelunfälle

Die Kraftverkehrsordnungen sehen wie das Landfrachtrecht des HGB eine grundsätzliche Haftung des „Unternehmers" bzw. „der Eisenbahn" (als Frachtführer i. S. des HGB) vor für Verluste und Beschädigung, die zwischen Annahme und Ablieferung am Frachtgut entstehen (§§ 29, zweite Alt. KVO; 30 KVORb). Dabei verwendet die KVO statt „Ablieferung" den inhaltsgleichen Ausdruck „Auslieferung". Nach § 33 KVO haftet der Unternehmer für folgende Tätigkeiten nach Obhutsgrundsätzen: Abholung und Zuführung der Güter, Mitwirkung beim Verladen, Ausladen und Umladen (siehe dazu § 17 KVO); Beförderung mit der Eisenbahn, die von ihm innerhalb des Beförderungsvertrages bewirkt wird; Vor-, Nach- und Zwischenlagerung in bestimmten zeitlichen Grenzen.

Die KVORb enthält keine dementsprechenden Haftungserweiterungen; sie schließt sogar in § 30 Abs. 1 S. 2 für die Beförderung von Haus zu Haus das Ein- und Ausladen ausdrücklich aus der Haftung aus; siehe zum Laderisiko auch § 20 Abs. 2d KVORb.

Der Ersatzverlangende muß wie nach § 429 HGB den Nachweis der Schadensentstehung im Haftungszeitraum erbringen. Ist das Frachtgut einen Monat nach Ablauf der Lieferfrist nicht abgeliefert, so kann der Berechtigte es nach §§ 37 Abs. 4 KVO, 37 KVORb ohne weiteren Nachweis als verloren betrachten; der Verlust wird unwiderleglich vermutet. Die Beweiskraft des KVO-Frachtbriefs folgt den für das Landfrachtrecht geltenden allgemeinen Grundsätzen. Siehe dazu Anm. 4f. zu § 426 HGB. Als Alternativtatbestand kennt die KVO die besondere Haftung für Betriebs- und Transportmittelunfälle, für die nicht alle Haftungsausschlüsse eingreifen. Siehe dazu Anm. 6 und 10 zu § 29 KVO.

Anm. 39 **bb) Haftungsgrundsatz: Gewährhaftung**

Der Haftungsgrundsatz der KVO und KVORb unterscheidet sich wesentlich von § 429 HGB. Der KVO-Frachtführer haftet nach §§ 29, 34 S. 1a KVO; 30 Abs. 1 S. 1 und Abs. 2 S. 1b KVORb nicht nur für vermutetes Verschulden, sondern bis zur höheren Gewalt, also für innerbetriebliche unverschuldete Umstände sowie für außerbetriebliche Umstände, die entweder wegen ihrer Häufigkeit in Kauf genommen werden müssen oder zu deren Vermeidung der Beförderer zwar die verkehrsübliche, nicht aber die äußerste wirtschaftlich zumutbare Sorgfalt angewendet hat. Siehe hierzu Anm. 8f. zu § 34 KVO. Ferner ist ausdrücklich klargestellt, daß für die Gefahren der Straße und des Kraftwagens ohne jede Entlastungsmöglichkeit gehaftet wird (§ 34 S. 1a KVO; ähnlich § 30 Abs. 2 S. 1b KVORb). In § 30 KVO sind weitere genaue Abgrenzungen der Haftung in Sonderfällen enthalten. Für Betriebs- und Transportmittelunfälle wird noch verschärft gehaftet. Siehe § 30e KVO und § 34 Abs. 2 KVO sowie Anm. 5 zu § 34 KVO.

cc) Haftungsausschlüsse Anm. 40

Der in dieser Weise grundsätzlich verschärften Haftung steht andererseits – ähnlich wie im Eisenbahnrecht – ein ganzer Katalog von Haftungsausschlüssen gegenüber: Danach ist die Haftung nach § 34 KVO für folgende Schäden ausgeschlossen: Schäden aus Krieg, Verfügungen von hoher Hand, Beschlagnahme u. a.; Schäden aufgrund inneren Verderbs, Bruchs bestimmter Güter, Frost, Hitze; Schäden an lebenden Tieren; Fehlmengen und Gewichtsverluste, die aus der Eigenart der Güter entstehen; Schäden an Kostbarkeiten, an selbstentzündlichen und explosionsgefährlichen Gütern aufgrund dieser ihrer Eigenschaften. Siehe genauer § 34 KVO und § 30 Abs. 2 KVORb (dort weniger umfangreiche Einschränkung). Ferner enthält § 30e KVO einen weiteren Haftungsausschluß für Bruchschäden. Diese Haftungsausschlüsse gelten jedoch nicht für den Fall nachgewiesenen Verschuldens des KVO-Frachtführers oder seiner Gehilfen (§ 30 Abs. 2 S. 3 KVORb; für die KVO st. Rspr. des BGH; siehe Anm. 4 zu § 34 KVO). Bei Schäden durch Betriebs- und Transportmittelunfälle (§§ 29, 34 S. 2 KVO) greifen einige Haftungsausschlüsse, die sich aus Eigenart oder Empfindlichkeit des Guts ergeben, überhaupt nicht ein.

Somit stellt sich die Obhutshaftung nach der KVO folgendermaßen dar: (1) Bei nachgewiesenem Verschulden des Frachtführers Haftung für jede Art von Schaden; (2) bei höherer Gewalt (außerbetrieblichen, nicht kalkulierbaren, gänzlich unvorhersehbaren Ereignissen, ausgeschlossen Gefahren des Kraftwagens und der Straße) keine Haftung; (3) im übrigen Haftung ohne Verschulden; aber nur, soweit keine Haftungsausschlüsse vorliegen. Die letzteren sind wieder unterschiedlich für Betriebs- und Transportmittelunfälle einerseits und für die allgemeine Obhutshaftung andererseits gestaltet.

Die Zurechnungsnormen für Gehilfenverschulden in §§ 6 KVO; 6 KVORb ähneln – enger als § 431 HGB – dem § 278 BGB.

Zur Frage des Mitverschuldens siehe § 34 S. 1c KVO sowie Anm. 11 zu § 34 KVO.

dd) Ersatzberechtigter Anm. 41

Die Abgrenzung der Ersatzberechtigung zwischen Auftraggeber (Absender) und Empfänger ist in der KVO nicht geregelt, siehe dazu Anm. 13 zu § 29 KVO.

ee) Haftungsbeschränkungen Anm. 42

Der Umfang der KVO-Haftung weicht von der HGB-Regelung weit ab. Das HGB kennt in § 430 nur die Haftungsbeschränkung auf den gemeinen Wert und damit auch zugleich auf unmittelbaren Schaden. Die KVO sieht dagegen ein kompliziertes System sich überschneidender Haftungsbegrenzungen vor: (1) Auf den Wert des Gutes (§ 35 Abs. 1–3 KVO; ähnlich, aber mit anderer Grundlage der Wertberechnung § 32 Abs. 1 KVORb); mit dieser Wertbegrenzung sind auch alle mittelbaren Schäden ausgeschlossen; (2) allgemein auf DM 80,– pro kg Rohgewicht der Ladung (§§ 35 Abs. 4 KVO, 32 Abs. 1 KVORb); (3) speziellere Haftungsgrenzen für bestimmte Schäden (§§ 30c, e KVO).

Nach richtiger Auffassung gelten diese Haftungsgrenzen der KVO entsprechend § 430 Abs. 3 HGB nicht im Falle vorsätzlichen oder grob fahrlässigen Handelns des Frachtführers oder seiner Bediensteten. Siehe hierzu Anm. 22 zu § 430.

c) Haftung für Verspätungsschäden und andere Vertragsverletzungen Anm. 43

§ 31 Abs. 1 KVO sieht für Schäden, die nicht am Frachtgut entstehen, besondere Haftungsregeln vor. In § 31 Abs. 1a, b und e ist eine Haftung ohne Verschulden für Überschreitung der Lieferfrist (§ 26 KVO), für Falschauslieferung und für Fehler bei der Einziehung von Nachnahmen festgelegt. § 31 Abs. 1c begründet eine Verschuldenshaftung für nicht ordnungsgemäße Ausführung des Beförderungsvertrags – ein Fall kodifizierter Haftung für Schlechterfüllung.

Diese Ansprüche unterliegen den auch für die Obhutshaftung geltenden Haftungsausschlüssen des § 34 KVO, soweit diese auch für Vermögensschäden passen. Sie sind ferner durch spezielle Haftungshöchstbeträge in § 31 Abs. 2 KVO begrenzt.

Anm. 44 **d) Gemeinsame Haftungsgrenzen für alle Haftungstatbestände**

Für alle Haftungstatbestände zusammen sieht die KVO in § 36 noch eine Gesamt-Haftungsgrenze vor. In keinem Fall darf die zu zahlende Entschädigung höher sein als bei gänzlichem Verlust des Frachtguts. Nur die Haftung für Fehler bei Einziehung von Nachnahmen kann darüber hinausgehen.

Anm. 45 **e) Präklusion und Verjährung der Ersatzansprüche**

Zur Präklusion der Ersatzansprüche siehe §§ 39 KVO, 40 KVORb und die Kommentierung zu § 438 HGB; zur Verjährung siehe §§ 40 KVO, 41 KVORb sowie die Kommentierung zu § 439 HGB.

Anm. 46 **2. Güternahverkehr (AGNB)**

a) Allgemeines

Die AGNB sind in Anhang V nach § 452 abgedruckt. Siehe zu ihrem Anwendungsbereich und Geltungsgrund Anm. 14 zu § 452. Die AGNB sind der KVO in weitem Umfang nachgebildet, weichen jedoch von dieser in manchen Einzelheiten (meistens zugunsten des Auftraggebers) ab; siehe hierzu die Kommentierung zu den einzelnen Bestimmungen der AGNB.

Anm. 47 **b) Obhutshaftung (§ 14 b AGNB)**

aa) Verlust oder Beschädigung in der Obhutszeit

Die Obhutshaftung umfaßt wie in § 429 HGB Verluste und Beschädigungen des Frachtguts, die in der Zeit zwischen Annahme und Ablieferung entstehen. Siehe hierzu oben Anm. 10ff. Mangels besonderer Vereinbarung oder örtlicher Übung gehört das Beladen und Entladen zu den Aufgaben des Absenders bzw. Empfängers; § 6 Abs. 1 AGNB. Es ist nur dann in den Haftungszeitraum eingeschlossen, wenn es vom Unternehmer „ganz oder teilweise vorgenommen wird"; siehe hierzu die Anmerkungen zu § 6 AGNB. Die Beweislast für die Entstehung des Schadens im Obhutszeitraum trägt auch nach den AGNB der Ersatzverlangende. Da die AGNB keinen Frachtbrief vorsehen, entfallen auch die betreffenden Beweiserleichterungen. Sollte neben der Vereinbarung der AGNB doch ein Frachtbrief ausgestellt worden sein, so richtet sich seine Beweiswirkung nach dem allgemeinen Landfrachtrecht. Siehe dazu Anm. 3ff. zu § 426.

Anm. 48 **bb) Haftungsgrundsatz: Gewährhaftung**

Wie nach HGB und KVO braucht der Geschädigte keine Behauptungen zur Schadensursache aufzustellen. Der AGNB-Frachtführer kann sich – abweichend von § 429 Abs. 1 HGB und entsprechend der KVO – auch nicht durch den Nachweis seines Nichtverschuldens von der Haftung befreien. Vielmehr ist die Haftung nach § 15 Abs. 1a AGNB grundsätzlich Gewährhaftung bis zur höheren Gewalt (BGH vom 8. 12. 1965, LM Nr. 1 zu AGNB = VersR 1966, 180 (181): „Gefährdungsprinzip"). Siehe auch das oben in Anm. 39 hinsichtlich der KVO Ausgeführte. Wie nach der KVO wird nach den AGNB für die Gefahren der Straße und des Kraftwagens, aber auch zusätzlich für „Schäden und Verluste durch Regen und Schnee, Eis, Hagel,

Sturm, Straßenraub" ohne jede Entlastungsmöglichkeit selbst bei Vorliegen höherer Gewalt gehaftet.

cc) Haftungsausschlüsse **Anm. 49**

Der Katalog der speziellen Haftungsausschlüsse in § 15 AGNB entspricht inhaltlich ungefähr dem der KVO. Es gibt jedoch zwei unterschiedliche Gruppen. Die in § 15 Abs. 2 aufgeführten (überwiegend mit der Art des Frachtguts, seiner Empfindlichkeit usw. zusammenhängenden) Haftungsausschlüsse sollen nur eingreifen, wenn der Frachtführer sein Nichtverschulden nachweist. In diesen besonders geregelten Fällen entspricht somit die Haftung des AGNB-Frachtführers dem in § 429 Abs. 1 vorgesehenen Modell (Haftung für vermutetes Verschulden). Die in § 15 Abs. 1 geregelten Haftungsausschlüsse sind dagegen in ihrer Wirkung nicht vom Nachweis des Nichtverschuldens des Frachtführers abhängig und entsprechen damit den Haftungsausschlüssen nach der KVO. Siehe zu der Frage, ob sie dann auch gelten, wenn den Frachtführer nachgewiesenes Verschulden trifft: BGH vom 8. 12. 1965, LM Nr. 1 zu AGNB = VersR 1966, 180 (181 f.).

Soweit nach dem Gesagten das Verschulden von Gehilfen eine Rolle spielt, bestimmt sich die Zurechnung von Gehilfenverhalten nach § 19 AGNB, der – anders als § 6 KVO – sich fast wörtlich an § 431 HGB anlehnt.

dd) Sonderhaftung für Betriebs- und Transportmittelunfälle **Anm. 50**

Die allgemeine Haftung für Verlust und Beschädigung in der Obhutszeit (§ 14 b AGNB) wird durch eine besondere Haftung für Schäden, die durch Betriebs- oder Transportmittelunfälle unmittelbar am Frachtgut entstehen, ergänzt. Diese Haftung folgt den gleichen Grundsätzen wie die allgemeine Obhutshaftung des § 14 b AGNB. Als Haftungsausschlüsse gelten für sie jedoch nur die in § 15 Abs. 1 genannten, verschuldensunabhängigen Fälle.

ee) Ersatzberechtigter **Anm. 51**

Wem die Ersatzansprüche zustehen, bestimmen die AGNB nicht. Vgl. die Kommentierung zu § 435 HGB.

ff) Haftungsbeschränkungen **Anm. 52**

Die Haftung nach den AGNB ist einem komplizierten System von Beschränkungen unterworfen. Zu seiner Vereinbarkeit mit dem AGB-Gesetz siehe die Anmerkungen zu den betreffenden Bestimmungen.

Die Haftung ist beschränkt:

(1) Auf Wertersatz; siehe § 18 AGNB und die dortige Kommentierung.

(2) Auf den festen Betrag von 100 000 DM je Schadensereignis, wobei sich mehrere Verlader eventuell diesen Betrag teilen müssen (§ 17 Abs. 2 a, c AGNB).

(3) Durch besondere, niedrigere Haftungsgrenzen für spezielle Risiken, wieder unterschiedlich geregelt je nachdem, ob der Anspruch auf die allgemeine Obhutshaftung (§ 14 b) oder auf die Haftung für Betriebs- und Transportmittelunfälle (§ 14 a) gestützt ist.

c) Haftung für andere Vertragsverletzungen **Anm. 53**

§ 16 AGNB regelt speziell die Haftung für Vermögensschäden, die nicht am Frachtgut entstehen.

aa) Vermögensschäden durch Falschauslieferung oder Fehler bei der Nachnahmeeinziehung unterliegen der Haftung ohne Verschulden. Es ist auch keine Entlastung durch Nachweis höherer Gewalt vorgesehen; § 16 a, b.

bb) Sonstige Verletzungen des Beförderungsvertrages sollen nur bei Verschulden des Unternehmers zur Haftung führen. Darunter fallen z. B. auch Vermögensschäden.

cc) Die gesamte Haftung für solche Vermögensschäden wird nach § 17 Abs. 2b auf 10 000 DM je Schadensereignis beschränkt, wobei auch dieser Betrag unter Umständen unter mehrere Geschädigte zu teilen ist.

Anm. 54 **d) Präklusion und Verjährung der Ersatzansprüche**

Zur Präklusion der Ersatzansprüche siehe § 22 AGNB und die Kommentierung zu § 438 HGB. Zur Verjährung siehe § 26 AGNB und die Kommentierung zu § 439 HGB.

Anm. 55 **3. Güternahverkehr (Speditionsrollfuhr nach den ADSp)**

Die Haftung des Spediteurs als Nahverkehrsfrachtführer richtet sich nach den §§ 429ff. bzw. nach den ADSp. Die ADSp sehen für alle Tätigkeiten des Spediteurs eine grundsätzlich gleiche Haftung vor, § 2a ADSp. Siehe daher zur Haftung des Spediteurs Anm. 71–91 zu §§ 407–409 ADSp, Anh. I nach § 415. Durch die Neufassung der ADSp im Herbst 1978 ändern sich zahlreiche Bestimmungen; siehe Anm. 109.

Zur hier eingreifenden Rollfuhrversicherung siehe den RVS-Text Anh. II nach § 415, S. 160f. und die Sped. Police Anh. III nach § 415, im besonderen Ziff. 8. Durch die Neufassung des RVS/SVS zu einer einheitlichen Police ist ab 1. 7. 1978 die Rollfuhrversicherung gemeinsam mit der Speditionsversicherung geregelt.

Anm. 56 **4. Möbelbeförderung (BefBMö)**

a) Allgemeines

Im Bereich der Möbelbeförderung sehen die BefBMö eine besondere, von anderen Teilgebieten abweichende Haftungsregelung vor. Siehe den Abdruck der BefBMö (mit kurzer Kommentierung) in Anh. IV zu § 452; zum Geltungsbereich und der Rechtsnatur Anm. 12 zu § 425. Die Haftungsregelung schließt sich an die der KVO und AGNB an.

Anm. 57 **b) Die Obhutshaftung**

aa) Verlust oder Beschädigung im Haftungszeitraum

§ 9 Abs. 1 BefBMö sieht – darin ähnlich wie alle anderen Haftungsregelungen – eine besondere Haftung für Verlust und Beschädigung des Frachtguts vor. Abweichend von den üblichen Regelungen wird jedoch der Haftungszeitraum nicht durch die Begriffe „Annahme" und „Ablieferung" umschrieben. Der Verlust oder die Beschädigung muß vielmehr „während der dem Unternehmer obliegenden Behandlung oder Beförderung des Gutes" eingetreten sein. Sachlich ist der Unterschied gering. Während der Beförderung hat der Frachtführer ohnehin die Obhut. Auch die ihm „obliegende Behandlung" des Gutes setzt im allgemeinen seinen Besitz voraus. Da auch nach §§ 429 Abs. 1, 29 KVO, 14b AGNB die Randzonen der Obhutszeit sich nach den Verpflichtungen des Frachtführers bestimmen, unterscheidet sich § 9 BefBMö kaum praktisch von anderen Regelungen. Beladen und Entladen sind hier – entsprechend der Natur der zu verladenden Güter und dem Kundenkreis – durch § 4 BefBMö grundsätzlich dem Frachtführer zugewiesen. Für Schäden bei Beladen und Entladen wird grundsätzlich gehaftet. Siehe zur Beweislast Anm. 19 zu § 429; zur Beweiskraft des Frachtbriefs Anm. 4ff. zu § 426.

bb) Haftungsgrundsatz: Gewährhaftung Anm. 58

Wie nach KVO und AGNB haftet der Möbelbeförderer nach § 9 BefBMö bis zur Grenze der höheren Gewalt, für Gefahren der Straße und Fahrzeugmängel ohne jede Entlastungsmöglichkeit. Der Möbelbeförderer haftet demnach grundsätzlich auch für innerbetrieblichen Zufall, bei außerbetrieblichen Ursachen für wegen ihrer Häufigkeit in Betracht zu ziehenden Zufälle und für Ursachen, die mit äußerster (über die im Verkehr erforderliche hinausgehender) Sorgfalt abwendbar gewesen wären.

cc) Haftungsausschlüsse Anm. 59

Die Haftungsausschlüsse ähneln inhaltlich denen der KVO. Wie die AGNB unterscheiden die BefBMö zwei Gruppen:

(1) Solche, die nur dann gelten, wenn der Frachtführer die „üblichen Vorsichtsmaßnahmen getroffen hat", § 10 Abs. 2 BefBMö; diese Haftungsausschlüsse gelten nicht bei Fahrzeugmängeln oder Gefahren, die der Straße eigentümlich sind.

(2) Die zweite Gruppe gilt ohne daß der Frachtführer den Beweis für Vorsichtsmaßnahmen führen muß. Der Unterschied zwischen beiden Gruppen ist sachlich unbedeutend. Alle Haftungsausschlüsse können nicht geltend gemacht werden, wenn den Frachtführer oder seine Gehilfen Verschulden trifft.

Die Haftung nach den BefBMö läßt sich danach insgesamt folgendermaßen kennzeichnen:

(1) Grundsätzliche Haftung ohne Verschulden bis zur höheren Gewalt, eingeschlossen also innerbetrieblichen Zufall, außerbetriebliche häufige Ereignisse und mit äußerster Sorgfalt abwendbare Schadensursachen; (2) strikte Haftung für Gefahren der Straße und des Fahrzeugs ohne jede Entlastungsmöglichkeit; (3) im Bereich bestimmter Haftungsausschlüsse (§ 10) Haftung für nachgewiesenes Verschulden des Frachtführers oder seiner Gehilfen.

Soweit im Bereich der Haftungsausschlüsse und im Rahmen der höheren Gewalt die Verschuldensfrage eine Rolle spielt, gilt anstelle von § 431 HGB als Zurechnungsnorm für Gehilfenverschulden § 12 BefBMö, der sich an § 278 BGB anlehnt.

dd) Haftungsbeschränkungen Anm. 60

Die Haftung ist durch § 11 BefBMö dreifach beschränkt: (1) Auf unmittelbare Schäden am Frachtgut – Folgeschäden sind ebenfalls ausgeschlossen (§ 11 Abs. 1); (2) auf Wertersatz nach § 430 Abs. 1 u. 2 HGB (§ 11 Abs. 2 BefBMö); (3) auf 2000 DM pro benötigten Möbelwagenmeter (1 Möbelwagenmeter = 5 Kubikmeter Laderaum; § 14 Ziff. 3, 15 Ziff. 4 BefBMö). Diese Haftungsbeschränkungen gelten nicht, wenn der Unternehmer den Schaden vorsätzlich oder grobfahrlässig verursacht hat; § 11 Abs. 5 BefBMö.

c) Haftung für Verspätungsschäden und andere Vertragsverletzungen Anm. 61

§ 9 Abs. 2 BefBMö sieht auch für die Überschreitung der Lieferfrist eine Haftung bis zur höheren Gewalt vor. Diese folgt den gleichen Grundsätzen wie die Obhutshaftung; auch die Haftungsausschlüsse sind – soweit sie passen – anwendbar. Die Haftungsbegrenzung ist jedoch anders bestimmt als im Falle von Verlust und Beschädigung, nämlich auf „die Höhe des nach dem Vertrag zu entrichtenden Gesamtentgelts", § 11 Abs. 3 BefBMö. Andere Vertragsansprüche sind in den BefBMö nicht geregelt. Es gilt das unten Anm. 77ff. zu § 429 zum Landfrachtrecht allgemein Gesagte.

d) Ersatzberechtigter Anm. 62

Dafür, wer zur Geltendmachung der Ansprüche berechtigt ist, bestimmen die BefBMö nichts Besonderes. Siehe dazu die Kommentierung zu § 435 HGB.

Anm. 63 **e) Präklusion und Verjährung**

Die Präklusion wird von den BefBMö nicht geregelt; siehe daher § 438 HGB. Die Verjährung richtet sich nach § 13 BefBMö, siehe diese Bestimmung sowie die Kommentierung zu § 439 HGB.

Anm. 64 **5. Grenzüberschreitender Güterkraftverkehr (CMR)**

a) Allgemeines

Die CMR ist abgedruckt in Anh. III nach § 452. Siehe zu ihrem Anwendungsbereich Anm. 28 zu § 425. Die Haftungsregelung der CMR weist Ähnlichkeiten mit der KVO, der CIM, aber auch mit dem WA (Anh. VII/2 nach § 452) auf.

Anm. 65 **b) Obhutshaftung**

aa) Verlust oder Beschädigung in der Obhutszeit

Art. 17 Abs. 1 CMR erlegt dem Frachtführer wie die meisten Frachtregelungen für die Zeit zwischen Übernahme (= Annahme) und Ablieferung eine grundsätzliche Haftung für Verlust und Beschädigung des Frachtguts auf. Obwohl es sich bei der CMR um ein internationales Abkommen handelt, sind die Grundbegriffe inhaltsgleich mit denen des deutschen Frachtrechts; vgl. dazu Anm. 2 zu Art. 17 CMR. In den Haftungszeitraum fällt – argumentum e contrario aus Art. 17 Abs. 4e CMR – auch die Belade- und Entladetätigkeit des Frachtführers. Der Verlust des Frachtguts wird unwiderleglich vermutet, wenn das Gut 30 Tage nach Ablauf der vereinbarten Lieferfrist, und, falls es an einer solchen Vereinbarung fehlt, 60 Tage nach Einlieferung nicht abgeliefert ist; Art. 20 Abs. 1 CMR. Der Frachtbrief schafft nach Art. 9 Abs. 1 CMR eine widerlegliche Vermutung über die Übernahme des Gutes durch den Frachtführer, und, wenn er keinen mit Gründen versehenen Vorbehalt enthält, auch dafür, daß Gut und Verpackung bei Übernahme in äußerlich gutem Zustand waren, ferner daß die Anzahl der Frachtstücke und ihre Zeichen und Nummern mit den Angaben im Frachtbrief übereinstimmen. Siehe dazu die Kommentierung zu Art. 9 CMR und Anm. 7 zu § 426.

Anm. 66 **bb) Haftungsgrundsatz: verschärfte Haftung für vermutetes Verschulden**

Ähnlich der Regelung des internationalen Eisenbahnrechts (vgl. Art. 27 § 2 CIM) haftet der Frachtführer nach Art. 17 Abs. 2 CMR dann nicht, wenn der Schaden durch Umstände verursacht worden ist, die er nicht vermeiden und deren Folgen er nicht abwenden konnte. Für Mängel des Transportfahrzeugs und Verschulden des eventuellen Vermieters und dessen Bediensteten wird aber stets gehaftet (Art. 17 Abs. 3 CMR). Die CMR-Haftung ist Haftung für vermutetes Verschulden mit verschärftem Sorgfaltsmaßstab; str., siehe dazu Anm. 3–5 zu Art. 17 CMR.

Anm. 67 **cc) Haftungsausschlüsse**

Die CMR enthält in Art. 17 Abs. 2, 4 eine dem Eisenbahnrecht und der KVO ähnliche Liste von Haftungsausschlüssen. Wie das Eisenbahnrecht unterscheidet die CMR zwischen sogenannten „einfachen" und „bevorrechtigten" Haftungsausschlüssen. Für das Vorliegen der „einfachen" Haftungsausschlüsse trägt der Frachtführer die volle Beweislast (Art. 18 Abs. 1 CMR); bei bevorrechtigten Haftungsausschlüssen genügt bereits die Darlegung der bloßen Möglichkeit der Entstehung des Schadens aus dem im Haftungsausschluß bestimmten Grund, um eine widerlegliche Vermutung für das Vorliegen des Umstandes zu begründen. Der Kausalitätsnachweis ist dadurch wesentlich erleichtert (Art. 18 Abs. 2 CMR). Einfache Haftungsausschlüsse sind nach Art. 17 Abs. 2 (neben den „unabwendbaren Umständen"): Verschulden des Verfügungsberechtigten, Weisungen des Verfügungsberechtigten, besondere Mängel des Guts. Die bevorrechtigten Haftungsausschlüsse sind: Beförderung im offenen Wagen, Verpackungsmängel, Selbstverladung, -entladung und Stauen durch Absender oder Empfänger, natürliche Schadensanfälligkeit von Gütern, ungenügende Bezeichnung und Numerierung der Frachtstücke, Schäden an beförderten Tieren. Siehe im einzelnen genauer die Anm. zu Art. 17 und 18 CMR. Für Fahrzeugmängelfolgen gelten die Haftungsausschlüsse nach Art. 17 Abs. 3 nicht. Der Frachtführer ist ferner berechtigt, gefährliche Güter jederzeit auszuladen, zu vernichten oder unschädlich zu machen, ohne dafür haften zu müssen; Art. 22 Abs. 2 CMR.

Die Haftungsausschlüsse entfallen bei Vorsatz und dem Vorsatz gleichgestellter (= nach deutschem Recht grober) Fahrlässigkeit des Frachtführers; Art. 29 CMR.

Gehilfenverschulden wird dem Frachtführer nach Art. 3 CMR zugerechnet: Handlungen und Unterlassungen der Bediensteten des Frachtführers und aller Personen, deren er sich zur Ausführung der Beförderung bedient, wenn die Bediensteten oder sonstigen Personen in Ausführung ihrer Verrichtungen gehandelt haben. Art. 3 ähnelt damit § 431, läßt allerdings den Frachtführer für Handlungen, die nur bei Gelegenheit der Ausführung der Verrichtungen geschehen, nicht einstehen (siehe die Kommentierung zu Art. 3 CMR).

dd) Haftungsbeschränkungen **Anm. 68**

Die CMR sieht eine doppelte Haftungsbeschränkung vor: (1) Auf Wertersatz, Art. 23 Abs. 1; (2) auf 25 Goldfranken = 22,68 DM (siehe Anm. 4 zu Art. 23 CMR) pro kg Rohgewicht zusätzlich Fracht, Zölle und sonstige Beförderungsposten, Art. 23 Abs. 4 CMR. Beide Haftungsbeschränkungen kann jedoch der Absender durch besondere Wert- und Interessendeklarationen ausschalten, so daß voller Schadensersatz zu leisten ist. Bei Vorsatz und gleichgestellter (= grober) Fahrlässigkeit gelten die Haftungsbeschränkungen nach Art. 29 CMR nicht.

c) Verspätungshaftung und andere Haftpflichttatbestände **Anm. 69**

Art. 17 Abs. 1 CMR läßt den Frachtführer für die Überschreitung der Lieferfrist nach den gleichen Grundsätzen haften, die für die Obhutshaftung gelten. Siehe zu der Frage, wann eine Lieferfristüberschreitung vorliegt, Art. 19 CMR und Anm. 4 zu § 428 HGB. Die einfachen Haftungsausschlüsse des Art. 17 Abs. 2 gelten auch für Lieferfristüberschreitungen.

Der Schadensersatzanspruch wegen Lieferfristüberschreitung beschränkt sich nach Art. 23 Abs. 5 CMR auf die Höhe der Fracht, die für die betreffende Beförderung zu bezahlen wäre. Durch Interesseangabe des Absenders nach Art. 26 CMR kann diese Begrenzung angehoben werden. Auch diese Haftungsbeschränkung gilt nicht bei Vorsatz und gleichgestellter (= grober) Fahrlässigkeit des Frachtführers.

Für Ablieferung ohne Einziehung des Nachnahmebetrags haftet der Frachtführer dem Absender bis zur Höhe des Nachnahmebetrags ohne Verschulden (Art. 21 CMR). Andere vertragliche Ansprüche des Absenders oder Empfängers sind in der CMR nicht geregelt. Findet ergänzend deutsches Recht Anwendung, so kann wohl auf die Leistungsstörungen des bürgerlichen Rechts (Verzug, Unmöglichkeit, positive Vertragsverletzung) zurückgegriffen werden. Siehe dazu Anm. 77 zu § 429.

d) Ersatzberechtigter **Anm. 70**

Wer zur Erhebung des Schadensersatzanspruchs berechtigt ist, wird von der CMR nicht klar bestimmt. Es sprechen jedoch überwiegende Gründe dafür, die Ersatzberechtigung an die frachtrechtliche Verfügungsbefugnis zu koppeln. Siehe hierzu Anm. 30 zu Art. 17 CMR und oben Anm. 35.

Anm. 71 **e) Präklusion und Verjährung**

Art. 30 CMR enthält eine eingehende Regelung der Präklusion bei vorbehaltloser Annahme des Gutes durch den Empfänger. Einsprüche aus dem CMR-Frachtvertrag verjähren nach Art. 32 Abs. 1 CMR in einem Jahr, bei Vorsatz und diesem gleichstehender Fahrlässigkeit in drei Jahren. Siehe dazu, besonders zur Rechtsprechung des BGH die Anmerkungen zu Art. 32 CMR.

Anm. 72

III. Hinweise auf die Haftungsregelungen in den übrigen Teilbereichen des Frachtrechts

1. Binnenschiffahrtsrecht

Gesetzliche Grundlage ist das Gesetz betr. die privatrechtlichen Verhältnisse der Binnenschiffahrt vom 15. 6. 1895 i. d. F. vom 10. 5. 1898 (Binnenschiffahrtsgesetz, BSchG), das z. T. seinerseits auf das Landfrachtrecht des Handelsgesetzbuchs, teilweise auch auf das Seerecht weiterverweist. Da seine Bestimmungen durchweg dispositives Recht sind, kommt den in der Binnenschiffahrt üblichen Verlade- und Transport- oder Konnossementsbedingungen ganz erhebliche Bedeutung zu. Die gesetzlich geregelte Haftung aus dem Ladeschein und aus dem Beförderungsvertrag lehnt sich zwar eng an das Landfrachtrecht des HGB an. Durch die üblichen Bedingungen ist sie jedoch in weitaus den meisten Fällen weitgehend abbedungen und durch Transportversicherung ersetzt. Siehe zum Überblick Helm, Haftung, S. 75 ff. und Laeuen, Freizeichnungen in den Frachtverträgen der internationalen Rheinschiffahrt, Diss. Frankfurt 1966. Der Kommentar von Vortisch/Zschukke, Binnenschiffahrts- und Flößereirecht, 4. Aufl. 1964, ist praktisch wenig brauchbar, da er sich zu sehr am Gesetzesrecht orientiert und auf die üblichen Klauseln kaum eingeht. Die Verweisungen auf das Seerecht sind nicht immer zuverlässig, teilweise auch durch das Seerechtsänderungsgesetz von 1973 überholt.

In Haftungsfragen ist die angegebene Literatur inzwischen bereits durch die neuere Entwicklung des AGB-Rechts teilweise überholt. Formularmäßige Freizeichnungen sind inzwischen problematisch geworden; siehe zum neuesten Stand: König, Zeitschr. f. Binnenschiffahrt 1978, 343 ff. Die Freizeichnung für anfängliche Fahr- bzw. Ladungsuntüchtigkeit ist als Abdingung von Kardinalpflichten unwirksam; § 9 Abs. 2 Ziff. 2 AGB-Gesetz. Bereits die frühere Rechtsprechung hatte dies angenommen; BGH vom 23. 6. 1966, VersR 1966, 871 ff.; BGH vom 25. 6. 1973, VersR 1973, 1060; BGH vom 21. 4. 1975, DB 1975, 2126; BGH vom 8. 12. 1975, VersR 1976, 295. Auch das Verbot der Abtretung von Ansprüchen gegenüber dem Frachtführer ist für unwirksam erklärt worden, soweit damit der Forderungsübergang auf den Transportversicherer nach § 67 VVG ausgeschlossen wäre; BGH vom 8. 12. 1975, VersR 1976, 295 ff. Problematisch sind ferner Beweislastverschiebungen, besonders wenn die nachzuweisende Tatsache im „Verantwortungsbereich" des Frachtführers liegt; § 11 Nr. 15 AGB-Gesetz. Dieser Grundsatz galt auch bisher im Verhältnis zu kaufmännischen Kunden; OLG Hamburg, VersR 1970, 1101 (1102). Schließlich sind Freizeichnungen ganz allgemein da, wo grobes Eigenverschulden des Frachtführers oder eines seiner leitenden Angestellten oder ein Organisationsmangel vorliegt, nicht mehr wirksam. Dies ergibt sich aus einer umfangreichen Rechtsprechung aus der Zeit vor Inkrafttreten des AGB-Gesetzes. Gegenüber nichtkaufmännischen Kunden ist nach § 11 Nr. 7 AGB-Gesetz auch die Freizeichnung für grobe Fahrlässigkeit von beliebigen Erfüllungsgehilfen nicht mehr wirksam; siehe zu alle dem die Kommentare zu § 11, Nr. 7 AGB-Gesetz sowie Helm, BB 1977, S. 1109. Vgl. ferner zu der ähnlichen Problematik bei den ADSp vor Inkrafttreten des AGB-Gesetzes Anm. 8 bis

18 in der Vorbemerkung zu den ADSp, Anh. I nach § 415; ferner Helm, VersR 1977, 585 ff.

2. Eisenbahnrecht Anm. 73

Die Haftung nach innerdeutschem und internationalem Eisenbahnrecht ähnelt den Regelungen der CMR und KVO, für die sie teilweise als Vorbild gedient hat. Siehe dazu die Anm. zu § 454 HGB sowie die teilweise kommentierten Texte der EVO und CIM in den Anlagen I und II nach § 460.

3. Seerecht Anm. 74

Die seefrachtrechtliche Haftung ist in den Bestimmungen des 4. Buches des HGB, insbesondere in §§ 606 ff. und 559 HGB geregelt. Diese Bestimmungen sind traditionsgemäß nicht im Großkommentar zum HGB abgedruckt und kommentiert. Siehe dazu die vor der Kommentierung zu § 425 HGB angegebene Literatur.

4. Luftfrachtrecht Anm. 75

Die luftfrachtrechtliche Haftung orientiert sich am internationalen Warschauer Abkommen und an den diesem nachgebildeten §§ 44 ff. LuftVG. Siehe hierzu die in Anh. VII nach § 452 vollständig abgedruckten Gesetzestexte, vor allem Art. 18 ff. WA und §§ 44 ff. LuftVG, ferner die Vorbem. zu Anh. VII (mit Literaturhinweisen) und die Vorbem. zum WA (Anh. VII/2).

IV. Konkurrenz der frachtvertraglichen Haftungsregelungen mit allgemeinen Haftungstatbeständen Anm. 76

1. Überblick

Die Fragen der Konkurrenz zwischen verschiedenen, auf den gleichen Fall zutreffenden Haftpflichtansprüchen gehören zu den rechtstheoretisch – im Inland wie in ausländischen Rechten – umstrittensten Problemen; siehe dazu aus neuerer rechtsvergleichender Sicht: Schlechtriem, Vertragsordnung und außervertragliche Haftung, Arbeiten zur Rechtsvergleichung 54, Frankfurt 1972; derselbe, ZHR 133 (1970), S. 105–148; Helm, Haftung, S. 222 ff.; aus dogmatischer und prozessualer Sicht Georgiades, Die Anspruchskonkurrenz im Zivilrecht und Zivilprozeßrecht, 1968; ferner Arens, AcP 170, S. 392 ff. (1970). Die Problematik beschränkt sich im Frachtrecht nicht auf den bekannten Problemkreis der Anspruchskonkurrenz zwischen Vertrags- und Deliktsansprüchen. Vielmehr können in Konkurrenz zu frachtrechtlich besonders geregelten Haftungstatbeständen auch andere vertragliche Ansprüche, insbesondere aus positiver Vertragsverletzung und – am Rande – auch Ansprüche aus Eigentümer-Besitzerverhältnis treten.

Die praktische Tragweite der Problematik ist erheblich, aber unter der Herrschaft der sehr unterschiedlichen frachtrechtlichen Sonderordnungen ganz verschieden; siehe dazu unten Anm. 77 ff.

2. Mögliche Konkurrenzen Anm. 77

a) Konkurrenz zwischen frachtvertraglicher Sonderhaftung und allgemeiner Vertragshaftung (Unmöglichkeit, Verzug, positive Vertragsverletzung)

aa) Obhutshaftung in Konkurrenz mit allgemeiner Vertragshaftung

Überall, wo die Obhutshaftung als Haftung für vermutetes Verschulden ausgebildet ist, also nach § 429 Abs. 1 (siehe Anm. 20 ff.) und nach den ADSp (siehe Anm. 72 zu §§ 407 bis 409), wird der Schaden nur ersetzt, wenn eine (vermutete) Verletzung einer frachtvertraglichen Sorgfaltspflicht oder die Schlechterfüllung der

Hauptpflicht zur Bewahrung des Gutes (vgl. Anm. 38, 63 zu § 425) vorliegt. Da die Beweislastregelung praktisch identisch ist (siehe Anm. 20), kann wohl fast jeder Fall der Obhutshaftung auch als positive Vertragsverletzung gesehen werden. In besonderen Fällen kommt auch, mit ähnlichem Ergebnis, eine Haftung für nachträgliche zu vertretende Unmöglichkeit in Betracht.

Soweit der Frachtführer für Zufall (nach der KVO, siehe Anm. 39; nach den AGNB, siehe Anm. 48; nach den BefBMö, siehe Anm. 58) oder nach verschärftem Verschuldensmaßstab (nach der CMR, siehe Anm. 66) haftet, decken sich zwar die Bereiche der allgemeinen Vertragshaftung nicht vollständig mit der Obhutshaftung; aber auch hier fällt der größte Teil der Schadensfälle wegen der Beweislastumkehr bei positiver Vertragsverletzung unter beide Haftungsordnungen.

Anm. 78 **bb) Verspätungshaftung in Konkurrenz mit allgemeiner Vertragshaftung**

Die Sondertatbestände der frachtrechtlichen Verspätungshaftung (s. oben Anm. 31–33, 43, 53, 61, 69; unten Anm. 88) konkurrieren regelmäßig mit der Haftung für Schuldnerverzug. Die Überschreitung der Lieferfrist bedeutet einen nach § 284 Abs. 2 ohne Mahnung eintretenden Verzug bei der Erfüllung der Ablieferungspflicht und begründet daher Ansprüche nach § 286 Abs. 1 BGB; qualifiziert man die Ablieferung als Hauptpflicht (s. Anm. 70 zu § 425), so greift auch § 326 BGB ein, siehe auch Anm. 7 zu § 435. Auch hier wird das Verschulden vermutet. Die Verspätungshaftung stünde somit praktisch stets in Konkurrenz mit der allgemeinen Haftung für Schuldnerverzug.

Anm. 79 **cc) Andere frachtrechtliche Haftungsregelungen**

Für andere Sonderhaftungsregelungen gilt ähnliches. Insbesondere ist die Haftung nach § 31 Abs. 1c KVO praktisch mit der Haftung für positive Forderungsverletzung außerhalb des Güterschadensbereichs identisch. Auch hier kann die beschränkte Haftung des Frachtrechts mit unbeschränkter Haftung nach allgemeinem Schuldrecht fast in vollem Umfang konkurrieren. Siehe im einzelnen Anm. 9–12 zu § 31 KVO, Anh. II nach § 452.

Anm. 80 **b) Konkurrenz zwischen frachtvertraglicher Sonderhaftung und der Haftung aus unerlaubter Handlung**

In diesem Bereich ist die Haftungsüberlagerung nicht so vollständig wie zwischen den verschiedenen Vertragshaftungen. Für den Umfang der Überschneidungen soll auf meine eingehende Untersuchung (Helm, Haftung für Schäden an Frachtgütern, 1966, S. 241–284) verwiesen werden. Als konkurrierende Tatbestände kommen vor allem § 823 Abs. 1 und 2 und § 831 BGB in Betracht. Die Entstehung paralleler Deliktshaftung wird begünstigt durch eine Reihe von Faktoren:

(1) Bei Güterschäden liegt stets Eigentumsverletzung vor, also greift § 823 Abs. 1 grundsätzlich ein; auch die Verletzung des mittelbaren Besitzes des Absenders genügt bereits (BGH vom 28. 2. 1975, VersR 1976, 648 (649) = DB 1975, 1073f.

(2) Die Rechtswidrigkeit von Unterlassungen des Frachtführers oder seiner Gehilfen ist fast stets gesichert, da die Rechtsprechung schon des Reichsgerichts wie auch des BGH dem berufsmäßigen Frachtführer außervertragliche Schutzpflichten hinsichtlich des Frachtguts auferlegt hat, die hinter den vertraglichen wohl kaum zurückstehen. Diese Rechtsprechung beginnt mit den Entscheidungen RGZ 77, 317 (319) und RGZ 102, 42. Sie wurde vom BGH im Urteil vom 28. 4. 1953, BGHZ 9, 301ff., zunächst für den Lagervertrag, und in zahlreichen weiteren Entscheidungen für verschiedene Arten von Frachtverträgen fortgeführt: BGH vom 7. 7. 1960, VersR 1960, 727 (730), zum Binnenschiffahrtsgesetz; vom 7. 11. 1961, VersR 1962, 37, zur KVO;

eingehend BGH vom 22. 4. 1977, VersR 1977, 662 (663f.), zum Lohnfuhrvertrag nach den AGNB; ebenso OLG Düsseldorf v. 30. 6. 1977, VersR 1977, 912; zur Hafenschiffahrt OLG Hamburg, VersR 1777, 811 (812).

(3) Die Haftung für Organisationsmängel erweitert den Anwendungsbereich der deliktischen Haftung aus § 823: BGH vom 7. 11. 1961, a.a.O.; vom 28. 2. 1975, VersR 1975, 658 (659f.).

(4) Die starke Reduzierung der Entlastungsmöglichkeit nach § 831 steigert auch die praktische Bedeutung des § 831 erheblich; siehe hierzu nach dem Stand von 1966 Helm, AcP 166, 389ff. Aus der Rechtsprechung zum Frachtrecht siehe die in Anm. 89 angegebenen Urteile.

Die Durchsetzbarkeit der Deliktshaftung leidet andererseits auch unter zwei Hindernissen: (1) Der dem Geschädigten ungünstigen Beweislastregelung und (2) der immer noch möglichen und daher das Prozeßrisiko erhöhenden Entlastungsmöglichkeit des Frachtführers für seine Verrichtungsgehilfen nach § 831 Abs. 2 BGB; siehe z.B. den Fall BGH vom 27. 1. 1970, VersR 1970, 318 (319).

Insgesamt kann davon ausgegangen werden, daß der Überschneidungsbereich zwischen der frachtrechtlichen Obhutshaftung und der Deliktshaftung einen ganz erheblichen Prozentsatz aller Schadensfälle umfaßt. Daneben treten deliktische Ansprüche von Personen, die zwar Eigentümer oder Besitzer, aber nicht am Frachtvertrag Beteiligte sind.

c) Konkurrenz zwischen frachtvertraglicher Haftungsregelung und Ansprüchen aus Eigentümer-Besitzerverhältnis Anm. 81

Die Haftung aus §§ 989, 990, 991 Abs. 2 BGB greift nach neuerer Auffassung nur ein, soweit der Besitzer nicht zum Besitz berechtigt ist (Bestehen der Vindikationslage als Voraussetzung der Haftung). An dieser Voraussetzung fehlt es in frachtrechtlichen Schadensfällen fast immer, da der Frachtführer berechtigter Besitzer ist und ihm selbst nach Abschluß der Beförderung durch sein Pfandrecht noch weitere Besitzrechte zustehen. Eine Haftung aus Eigentümer-Besitzerverhältnis kommt daher praktisch nur in Betracht, wenn der Absender gegenüber dem Eigentümer nicht berechtigt war, dem Frachtführer den Besitz zu übertragen oder wenn der Frachtführer das Gut auch nach Erlöschen aller Besitzrechte nicht herausgibt. Die offenkundige Seltenheit solcher Fälle läßt die Haftung nach §§ 989ff. fast bedeutungslos erscheinen. Siehe dazu im einzelnen Helm, Haftung, S. 197–222.

3. Folgen unbeeinflußter Anspruchskonkurrenzen Anm. 82

Die totale Konkurrenz zwischen den im Einzelfall gegebenen Ersatzansprüchen würde im Bereich der Überschneidungen der Tatbestände alle Haftungsvergünstigungen, die das Frachtrecht dem Frachtführer zugesteht (vor allem Haftungsbeschränkungen, Haftungsausschlüsse, Rügepflicht des Geschädigten, verkürzte Verjährung) hinfällig machen. Wo das Frachtrecht eine verschärfte Haftung zuläßt, etwa in der KVO für Zufall (s. Anm. 39) oder in der CMR für strenger definiertes Verschulden (s. Anm. 66) würden dem Geschädigten zusätzlich auch diese Vorteile verbleiben.

4. Lösungen der Konkurrenzfrage in Gesetzen und Allgemeinen Geschäftsbedingungen Anm. 83

Die Problematik konkurrierender allgemeiner Ansprüche ist im Frachtrecht vielfach durch Sonderregelungen, die eine ausschließliche Anwendung des frachtrechtlichen Sonderrechts sichern sollen, gelöst.

Anm. 84 **a) Art. 28 Abs. 1 CMR**

Nach Art. 28 Abs. 1 CMR sind die Haftungseinschränkungen der CMR auf außervertragliche Ansprüche anzuwenden. Die nicht sehr klare Formulierung der Vorschrift läßt zwar noch Zweifelsfragen offen, jedoch kann folgendes festgehalten werden: Im Umfang der Haftung sind die außervertraglichen Ansprüche, soweit sie Verlust und Beschädigung des Frachtguts und Überschreitung der Lieferfrist betreffen, an die Regelung der CMR angepaßt. Die Haftungsausschlüsse der Art. 17 Abs. 2 und 4 und 22 Abs. 2 CMR finden auch gegenüber parallelen Deliktsansprüchen Anwendung. Die Beweiserleichterungen des Art. 18 und die Bestimmungen über die Präklusion bei unterlassener Schadensrüge (Art. 30) werden wohl ebenfalls für Deliktsansprüche zu gelten haben. Das gleiche gilt gemäß Art. 32 für die verkürzte Verjährung der CMR.

Im übrigen verbleiben auch nach der CMR noch in begrenztem Umfang Anwendungsfelder für die Deliktshaftung; siehe dazu im einzelnen die Anmerkungen zu Art. 28 CMR Anh. III nach § 452. Für die Kollision zwischen Ansprüchen, die sich aus der CMR ergeben und solchen aus allgemeinen (ergänzend anzuwendendem nationalem) Schuldrecht trifft die CMR keine Bestimmung. Siehe zu diesen Anm. 31 zu Art. 17.

Anm. 85 **b) § 63 a ADSp**

Im Güternahtransport durch Spediteure, für den kein zwingendes Recht gilt, beschränkt § 63a ADSp die deliktischen Ansprüche auf den Umfang der ADSp-Haftung. Alle haftungsbeschränkenden Formulierungen der ADSp sind im übrigen so weit gefaßt, daß jede Art von Vertragshaftung unter sie fällt. Danach ist die Konkurrenz mit deliktischer und allgemeiner vertraglicher Haftung praktisch gänzlich ausgeschlossen. Vgl. dazu die Anm. zu § 63 ADSp Anh. I nach § 415; neuerdings BGH v. 22. 4. 1977, VersR 1977, 662 (664). Im übrigen muß darauf hingewiesen werden, daß im Regelfall des § 39 ADSp die Speditionsversicherung nach § 3 Ziff. 1, 2 SVS/RVS die gesamte vertragliche und außervertragliche Haftung des Spediteurs nach Maßgabe der gesetzlichen Bestimmungen (im Rahmen der Versicherungsgrenzen) abdeckt. § 3 SVS/RVS gilt auch für die Speditionsrollfuhr, die ein echtes Frachtgeschäft darstellt. Insgesamt spielt danach die Konkurrenzfrage im Güternahverkehr durch Spediteure keine bedeutende Rolle.

Wurde von einem Spediteur, der als KVO-Frachtführer tätig geworden ist, mit dem Auftraggeber die Geltung der ADSp vereinbart, so ergibt sich die Frage, ob § 63a ADSp die Entstehung von Deliktsansprüchen, die über den ADSp-Rahmen hinausgehen, verhindert. Der BGH hat dies im Urteil vom 28. 5. 1971, VersR 1971, 755 (756) verneint. Da die KVO als zwingendes Recht Anwendung finde, seien „insoweit die Regeln der ADSp ausgeschlossen". Diese Entscheidung erscheint jedoch in sich nicht logisch. Die KVO trifft keine Bestimmung über Ansprüche aus unerlaubter Handlung, könnte dies wohl auch nicht, da die Ermächtigungsgrundlage der §§ 20, 20a GüKG dies nicht trüge. „Insoweit" kann also die Geltung der ADSp nicht ausgeschlossen sein. § 63 a ADSp kann somit die Haftung aus unerlaubter Handlung durchaus wirksam begrenzen. Allenfalls ließe sich das BGH-Urteil auf die Erwägungen einiger BGH-Urteile stützen, nach denen zwei normative Ordnungen (hier ADSp und KVO) nebeneinander nicht angewandt werden können; BGH vom 28. 5. 1953, BGHZ 9, 301 (betreffende Stelle nicht mit abgedruckt); und vom 8. 7. 1955, BGHZ 18, 98 (100). Neben dieser Rechtsprechung des BGH gibt es jedoch eine zweite Linie: Bei Eingreifen mehrerer Ordnungen werden Rangverhältnisse festgestellt, die es ermöglichen die Bestimmungen beider Ordnungen zu kombinieren; BGH vom 12. 12. 1960, VersR 1961, 170 (171) (ADSp und Konnossementsbedingungen der Binnenschiffahrt); vom 24. 5. 1962, VII ZR 5/61 (unveröffentlicht, betr. mehrere Bedingungen für Lieferung von Heizkörpern); das Urteil vom 3. 12. 1964, VersR 1965, 230, hält zwar grundsätzlich an der Unvereinbarkeit mehrerer Bedingungen fest; im Ergebnis werden aber doch zwei Bedingungswerke gegeneinander abgegrenzt und gleichzeitig angewendet; sehr deutlich BGH vom 21. 10. 1971, VersR 1973, 40 = LM, AGB Nr. 37 = WM 1972, 54; diese Entscheidung betrifft ein Subsidiaritätsverhältnis mehrerer Konnossementsklauseln der Binnenschiffahrt.

Offengelassen wird die Frage im Urteil vom 25. 10. 1962, BGHZ 68, 150 (152f.) (KVO und ADSp).

Die Regelung der ADSp ist – insbesondere im Verkehr mit Nichtkaufleuten – durch das AGB-Gesetz in gewissem Umfang durchbrochen; siehe dazu Helm, VersR 1977, 585. Allgemein umstritten ist noch die Frage, ob die Freizeichnungsverbote des AGB-Gesetzes sich auf die Haftung aus unerlaubter Handlung erstrecken. In der Literatur zum AGB-Gesetz wird überwiegend die Auffassung vertreten, auch die mit dem Vertragsanspruch konkurrierenden Ansprüche aus unerlaubter Handlung unterlägen dem Freizeichnungsverbot: Hensen, in Ulmer/Brandner/Hensen, AGB-Gesetz, Anm. 28 zu § 11 Nr. 7; Koch/Stübing, AGB-Gesetz, 1977, Anm. 5 zu § 11 Nr. 7; wohl für direkte Anwendung Löwe/v. Westphalen/Trinkner, AGB-Gesetz, 1977, Anm. 11 zu § 11 Nr. 7 AGB-Gesetz. Die Analogie bereitet allerdings erhebliche Schwierigkeiten, da nach dem Recht der unerlaubten Handlung das Verschulden der Erfüllungsgehilfen und gesetzlichen Vertreter für die Haftung unerheblich ist (siehe § 831 BGB). Es ist ferner zweifelhaft, ob der Gesetzgeber, wenn er zwar die Haftung aus Verschulden bei Vertragsschluß, nicht aber aus unerlaubter Handlung erwähnt, die Anwendung des § 11 Nr. 7 auf Deliktsansprüche gewollt hat.

c) Dokumente des kombinierten Transports **Anm. 85a**

Nach Regel 16 der Uniform Rules der IHK in Paris gelten die Haftungseinschränkungen des CT-Dokuments ausdrücklich auch für Ansprüche aus unerlaubter Handlung. Das gleiche gilt für das FIATA Combined Transport B/L Ziff. 10. 1. Siehe im einzelnen zu diesen Dokumenten Anm. 17ff., insbes. 26, 27 zu § 425 HGB. Auch hier stellt sich die Frage nach der Einwirkung des AGB-Gesetzes.

d) In den übrigen Bereichen des Landfrachtrechts **Anm. 86**

KVO, AGNB und BefBMö enthalten, ebenso wie die Regelung des HGB, keine Bestimmungen zur Anspruchskonkurrenz. Alle haftungseinschränkenden Vorschriften für diese Bereiche des Landfrachtrechts können daher bei Zulassung paralleler unbegrenzter Ansprüche aus Delikts- und allgemeiner Vertragshaftung umgangen werden. Dies führt zu einer Mehrbelastung der Frachtführer. Besonders deutlich wird dies im Bereich der KVO, da die KVO-Haftpflichtversicherung die Deliktshaftung nicht abdeckt, der KVO-Frachtführer also den Schaden im Deliktsfall, z. B. bei Schädigung durch Gehilfen nach § 831 oder bei organisatorischem Verschulden nach § 823 BGB, selbst tragen muß, vgl. dazu § 38 KVO, Anh. II nach § 452, und, als Beispiel aus der neuesten Rechtsprechung BGH vom 28. 2. 1975, VersR 1975, 658. Die große Zahl der Urteile, die dem Geschädigten neben oder an Stelle der Vertragshaftung zusätzliche Ansprüche aus unerlaubter Handlung zubilligen, spricht auch für die praktische Bedeutung des Deliktsrechts.

Der BGH hat im Urteil vom 28. 5. 1971, VersR 1971, 755 (756) sogar die Wirksamkeit des im konkreten Fall vereinbarten § 63 ADSp verneint und damit der deliktischen Haftung im Bereich des Güterfernverkehrs eine zwingende Wirkung zugewiesen. Diese Entscheidung ist sachlich nicht zu rechtfertigen. Die KVO trifft keine

Bestimmungen zur Haftung aus unerlaubter Handlung; § 63 ADSp verstößt daher nicht gegen die KVO und damit auch nicht gegen § 26 GüKG.

Anm. 87 **e) Frachtrecht außerhalb des Landfrachtrechts**

Im Luftrecht sind durch Art. 24 WA (s. Anh. VII/2 nach § 452) und § 48 Abs. 1 LuftVG (Anh. VII/1 nach § 452) die Voraussetzungen und Einschränkungen der luftrechtlichen Spezialhaftung auch für Ansprüche auf beliebiger anderer Grundlage maßgeblich. Von gewissen Auslegungsproblemen dieser Bestimmung abgesehen, sind damit alle Konkurrenzfragen durch die Gleichschaltung der konkurrierenden Normen, also den Vorrang der frachtrechtlichen Spezialhaftung, gelöst. Gleiches gilt für die Haftung im internationalen Eisenbahnverkehr, da Art. 40 CIM wörtlich an Art. 24 WA anlehnt. Im internationalen Seerecht sehen die Visby-Rules (Protokoll zur Änderung des Internationalen Übereinkommens zur Vereinheitlichung von gewissen Regeln über das Konnossement, 1968) in Art. 3 eine Erstreckung der konnossementsrechtlichen Haftungsbeschränkungen auf alle Arten von Ansprüchen vor. Vgl. dazu Abraham, Seerecht, S. 17, 199; abgedruckt bei Schaps/Abraham, Das Seerecht, 4. Aufl. 1978, Anh. III nach § 663 b HGB (S. 935ff.; siehe auch dort S. 902ff.).

Ungeregelt ist die Frage im innerdeutschen Eisenbahnrecht, das insoweit hinsichtlich der Interessenlage und gesetzlichen Regelung – auch hinsichtlich der tarifrechtlichen Koppelung – weitgehend dem Recht der KVO entspricht.

Anm. 88 **5. Die Konkurrenz zwischen frachtvertraglicher Sonderhaftung und allgemeiner Vertragshaftung im besonderen**

Da die allgemeine Vertragshaftung grundsätzlich unbeschränkt ist und auch bereits bei leichter Fahrlässigkeit voll eintritt, würde ihre unbeschränkte Zulassung neben den frachtvertraglichen Sonderregelungen diese weitgehend überflüssig machen. S. hierzu oben Anm. 76–79, 80. In der Entscheidung vom 13. 5. 1955, BGHZ 17, 214 (217), hat der BGH noch angedeutet, die EVO befreie bei unmittelbaren Schäden am Frachtgut die Eisenbahn von der Haftung durch Schlechterfüllung. Für die KVO nimmt das Urteil vom 21. 4. 1960, BGHZ 32, 194 (201ff.) Spezialität der Obhutshaftung gegenüber der in § 31 KVO besonders kodifizierten allgemeinen Haftung aus positiver Forderungsverletzung an, da sonst die Haftungsbeschränkung bei Güterschäden beiseite geschoben würde. Diese Argumentation läßt sich auch auf die anderen Bereiche des Frachtrechts übertragen, da die Konkurrenzsituation durchweg die gleiche ist. Außerhalb der KVO, wo völlig unbeschränkte Ansprüche aus positiver Vertragsverletzung in Konkurrenz zur Güterschadenshaftung treten würden, ist sogar die Lage noch wesentlich verschärft.

An dieser grundsätzlichen Rechtsprechung des BGH sind in neuerer Zeit Zweifel aufgetreten. In einem KVO-Fall hat der BGH zu der Frage im Urt. v. 22. 1. 1971, BGHZ 55, 217 (220f.) am Rande Stellung genommen, indem er zutreffend bemerkt, vor Übernahme des Gutes durch den KVO-Frachtführer könne eine Haftung aus positiver Vertragsverletzung bestehen. Die Entscheidung führt dafür als Rechtsprechungsbelege aber nur solche Fälle an, die sich nicht auf Güterschäden beziehen. Unter Hinweis auf diese Entscheidung bejahte nunmehr das Urteil vom 19. 1. 1973, VersR 1973, 350 grundsätzlich die Anwendbarkeit der Regeln für positive Forderungsverletzungen auf Güterschadensfälle bei einem Eisenbahntransport neben §§ 454 HGB, 82 EVO. Der Entscheidung lag aber in Wahrheit ein Fall zugrunde, in dem die Obhut der Bahn bei Schadensentstehung bereits beendet war. Denn der Schaden ereignete sich bei Selbstentladung eines Radladers vom Waggon durch den Empfänger als Folge unzureichender Sicherung des Waggons. In keinem der vom BGH entschiedenen Fälle wurde bisher – soweit ersichtlich – die frachtrechtliche Obhutshaftung durch die Haftung aus positiver Vertragsverletzung überspielt. Daher kann das Urteil vom 19. 1. 1973 nur als obiter dictum betrachtet werden. Aus der Rechtsprechung des BGH läßt sich nur entnehmen, daß die Obhutshaftung vor Beginn und nach Beendigung der Obhutszeit durch eine Haftung aus positiver Vertragsverletzung ergänzt werden kann. Dieser Auffassung muß in vollem Umfang zugestimmt werden; vgl. dazu Helm, Haftung, S. 179f.; Schlechtriem, Vertragordnung und außervertragliche Haftung, S. 364.

Ebenso steht fest, daß primäre Schäden, die nicht am Frachtgut entstehen, nach den Grundsätzen über die positive Vertragsverletzung zu beurteilen sind; BGH vom 22. 1. 1971, BGHZ 55, 217 (220f.) und die dort angeführten Fälle; für die Schlechterfüllung nach § 31 KVO auch BGH vom 21. 4. 1960, BGHZ 32, 194 (203).

Unstreitig ist bis jetzt auch noch, daß neben der frachtrechtlichen Verspätungshaftung die allgemeinen Regeln über Schuldnerverzug und Unmöglichkeit zurückzutreten haben. Die Zulassung einer unbeschränkten Verzugshaftung würde jedenfalls die frachtvertraglichen Haftungsbeschränkungen völlig beiseiteschieben; s. o. Anm. 78 und zu den einzelnen Tatbeständen der Verspätungshaftung Anm. 31–33, 43, 53, 61, 69.

6. Die Konkurrenz zwischen frachtvertraglicher Sonderhaftung und Deliktshaftung im besonderen **Anm. 89**

a) Rechtsprechung

Besonders das Reichsgericht hatte in seiner jüngeren Rechtsprechung Anspruchskonkurrenz zwischen deliktischer und frachtvertraglicher Sonderhaftung angenommen; siehe statt vieler RGZ 88, 433ff. 89, 384ff.; 102, 38 (42); weitere Rechtsprechung bei RGR/Haager, Anm. 23 vor § 823 BGB.

Der BGH hat – dem OGHBrZ, OGHZ 4, 263 (269) folgend – zunächst für das ähnliche Lagervertragsrecht im Urt. v. 28. 4. 1953, BGHZ 9, 301 (302f.) hinsichtlich der Verjährung eine freie Konkurrenz von vertraglichen und deliktischen Ansprüchen bejaht. In ständiger Rechtsprechung zum Eisenbahn- und Landfrachtrecht hat der BGH dann den Grundsatz der völligen Selbständigkeit der Deliktshaftung neben der Vertragshaftung immer wieder betont. Die neueren Entscheidungen werden überwiegend nur noch durch Bezugnahmen auf frühere Urteile begründet. Siehe zum Eisenbahnrecht die BGH-Urteile vom 13. 5. 1955, BGHZ 17, 214 (217f.) (Ersatz mittelbarer Schäden des Empfängers nach Deliktsrecht); vom 9. 5. 1957, VII ZR 277/56 (unveröffentlicht); BGHZ 24, 188 (191): unbeschränkte Haftung für Reisegepäck nach § 831 BGB, mit eingehender Begründung.

Zur KVO s. die Urtt. vom 21. 4. 1960, BGHZ 32, 194 (203f.): grundsätzliche Zulassung der Ansprüche aus unerlaubter Handlung, aber Ablehnung aus tatbestandlichen Gründen; v. 7. 11. 1961, VersR 1962, 37 (37); v. 7. 7. 1964, VersR 1964, 1045 (1046): § 831, Verjährung nach § 852; vom 13. 2. 1968, VersR 1969, 228 (230) und vom 7. 5. 1969, VersR 1969, 703 (706) = LM KraftverkehrsO Nr. 25: Ersatz von Folgeschäden nach Deliktsrecht; vom 27. 1. 1970 VersR 1970, 318 (319): Haftungsbegrenzung aus § 35 KVO; vom 28. 5. 1971, VersR 1971, 755 (756); vom 28. 2. 1975, VersR 1975, 658 (659f.).

Zum Seerecht (§ 559 HGB) vom 14. 12. 1972, VersR 1973, 215.

Zu § 430 HGB s. das Urt. v. 23. 3. 1966, BGHZ 46, 140 (146), in VersR 1966, 40ff. vollständig abgedruckt. Zur Anwendung des § 438 auf Ansprüche aus unerlaubter Handlung im Bereich der Möbelbeförderung siehe Landgericht Itzehoe, VersR 1975, 371.

Zu den AGNB siehe BGH v. 17. 1. 1975, VersR 1975, 369 (371) = MDR 1975, 469f. = NJW 1975, 780f.; v. 22. 4. 1977, VersR 1977, 662 (663); OLG Düsseldorf v. 30. 6. 1977, VersR 1977, 912.

Zur Konkurrenz vertraglicher, durch die damalige Fassung der Hamburger Kaibetriebsordnung beschränkter Ersatzansprüche mit Ansprüchen aus § 831 BGB s. die Urtt. des BGH vom 19. 2. 1971 - I ZR 133/69, VersR 1971, 617 (618f.) und I ZR 131/69, VersR 1971, 623 (625) sowie das Urt. vom 29. 10. 1971, VersR 1972, 101f.

Die Begründung dieser BGH-Rechtsprechung ist einfach: Delikts- und Vertragsrecht stünden in einem Verhältnis der Gleichrangigkeit. Jeder der Ansprüche sei in seinen Voraussetzungen und Folgen selbständig. Eine analoge Anwendung vertragsrechtlicher Normen auf die Deliktsansprüche komme nur in Betracht, wenn die betreffenden Vorschriften sonst „praktisch bedeutungslos" würden. Für diese Vertragsnormen hat der BGH dann jeweils festgestellt, daß noch Anwendungsfälle außerhalb des Konkurrenzbereichs blieben. Siehe aus der oben angegebenen Rechtsprechung besonders deutlich die Entscheidungen BGHZ 9, 301 (302ff.); 17, 214 (217f.); 24, 188 (190ff.). Zur Verjährung deliktsrechtlicher Ansprüche wegen Mangelfolgeschäden beim Kauf siehe BGH vom 24. 5. 1976, VersR 1976, 936 = NJW 1976, 1505f.

Ähnliche Probleme stellen sich auch bei der Konkurrenz zwischen außervertraglichen Sonderbestimmungen und allgemeiner Deliktshaftung; siehe zuletzt zu §§ 117, 118 BSchG und 852 BGB: BGH vom 2. 6. 1977, BGHZ 69, 62 (64).

Anm. 90 **b) Literatur**

Zur älteren Literatur vgl. insbesondere Schlechtriem, Vertragsordnung, S. 31ff. und ZHR 133, 105ff.; Helm, Haftung für Schäden an Frachtgütern, 1966; zu den mehr theoretischen und prozeßrechtlichen Fragen der Anspruchs- oder Anspruchsnormenkonkurrenz siehe Georgiades, Die Anspruchskonkurrenz im Zivilrecht und Zivilprozeßrecht, 1968; Arens, AcP 170 (1970), S. 392–425. Die Rechtsprechung des BGH hat in der Literatur seit langem Widerspruch gefunden. Insbesondere die Spezialliteratur zum Frachtrecht stand und steht überwiegend auf dem Standpunkt, die Haftungsbegrenzungen des Frachtrechts seien auf konkurrierende Ansprüche aus unerlaubter Handlung wenigstens teilweise entsprechend anzuwenden oder sogar, deliktische Ansprüche hätten völlig auszuscheiden. Für eine mindestens teilweise Beeinflussung des Deliktsrechts durch das Frachtvertragsrecht Heymann/Kötter Anm. 1 zu § 429; Abraham, Seerecht, S. 199; Schaps/Abraham, Das Seerecht, 4. Aufl. 1978, Anm. 28 zu § 485 HGB.

Für gänzliche Ablehnung des Deliktsrechts: Goltermann/Konow Anm. 1 zu § 82 EVO; Finger Anm. 1 e zu § 82 EVO; Weirauch/Heinze Anm. 1 zu § 82 EVO.

Eingehend begründete Ablehnungen der BGH-Rechtsprechung finden sich bei Helm, Haftung, S. 301ff.; Schlechtriem, ZHR 133 (1969), S. 105ff.; Schlechtriem, Vertragsordnung und außervertragliche Haftung, S. 361ff.; Eberhardt, ZVersWesen 1968, 645.

Die zustimmende Literatur beschränkt sich fast ausschließlich auf die kommentarlose Wiedergabe der Rechtsprechung, allenfalls der Argumentationen des BGH; so z.B. Baumbach/Duden Anm. 1 B zu § 429; Guelde/Willenberg Anm. 4 zu § 29 KVO; Prüssmann, Seehandelsrecht Anm. F zu § 606 HGB.

Ohne näheres Eingehen auf die Problematik im ganzen zustimmend Schlegelberger/Geßler Anm. 1 zu § 429 und 81 zu § 454 HGB.

Anm. 91 **c) Eigene Auffassung**

aa) Keine generelle Gleichrangigkeit von Vertrags- und Deliktsrecht

Die Rechtsprechung des BGH vermag nicht zu überzeugen. Sie beruht auf dem begriffsjuristischen, überholten System der Deduktion aus vorgefertigten Begriffen, weitgehend angelehnt an die methodisch überholte Schrift von Dietz, Anspruchskonkurrenz bei Vertragsverletzung und Delikt, 1934; (siehe zu dieser dogmatischen Grundlage Helm, Haftung, S. 294ff.; Schlechtriem, Vertragsordnung und außervertragliche Haftung, S. 42ff.; derselbe, ZHR 133, S. 108, 131) sowie auf einem undifferenzierten Mißtrauen gegenüber den im Frachtrecht eingebürgerten Haftungsbeschränkungen, dazu Schlechtriem, ZHR 133, 122ff., das von der Überzeugung der Notwendigkeit des Alles-oder-nichts-Prinzips im Schadensersatzrecht getragen wird.

Die grundlegende These von Gleichrangigkeit deliktischer und vertraglicher Haftung muß stets zur Kumulierung und damit der Haftungsverschärfung führen. Mit dem Argument der Gleichrangigkeit wird ausnahmslos der schärferen von zwei konkurrierenden Normen der Vorzug gegeben. Eine Diskussion der Normzwecke und der Interessenlage wird nach diesem methodischen Ansatz gar nicht erst versucht. Die von der Rechtsprechung eingenommene Position ist nicht, wie ihre theoretische Fundierung glauben machen könnte, eine wertfreie Entscheidung nach dem Rangverhältnis abstrakter Normen, sondern stets eine Entscheidung für die Verschärfung der Haftung.

Geht man davon aus, daß die gesetzlichen Haftungsregelungen des Frachtrechts Risikobeschränkungen des Frachtführers bewußt aufstellen wollen, so ist die Zulassung jeder in nennenswertem Umfang kollidierenden Parallelhaftung – jedenfalls soweit typische frachtrechtliche Schadensfälle betroffen sind – eine Entscheidung gegen den Gesetzeszweck der frachtrechtlichen Normen. Man kann zwar zur Zweckmäßigkeit der gesetzgeberischen Entscheidung andere Auffassungen vertreten; andererseits bleibt zweifelhaft, ob in solchen Bereichen wirtschaftlicher Risikoabgrenzungen die Korrektur der Gesetzgebung zu den Aufgaben des Richters gehört. Siehe zu diesem Komplex eingehend Helm, Haftung, S. 301ff., Schlechtriem, S. 371ff. Im Energielieferungsrecht verhält sich der BGH – ganz anders als im Frachtrecht – vollkommen gesetzeskonform; siehe BGH vom 4. 7. 1975, VersR 1975, 926 (927). Auch im Mietrecht wendet er die Verjährungsvorschrift des § 558 BGB auf konkurrierende Deliktsansprüche an; siehe zuletzt BGH v. 29. 3. 1978, NJW 1978, 1426 (1427).

Der BGH setzt sich mit dieser Problematik praktisch kaum auseinander. Er übernimmt vielmehr ohne nähere Prüfung die Prämisse von Dietz, die Anwendung der Haftungsbeschränkungen auf Ansprüche aus unerlaubter Handlung komme nur in Betracht, wenn sonst die die Haftungsbeschränkung anordnenden Normen im wesentlichen bedeutungslos würden; so z.B. die grundlegende Entscheidung BGHZ 9, 301 (302); unter Bezugnahme darauf BGHZ 24, 188 (193); BGHZ 46, 140 (144f.) und weitere oben Anm. 88 genannte Urteile.

Die Dietz'sche These von der Gleichrangigkeit könnte zu annehmbaren Ergebnissen führen, wenn die auch vom BGH betonte Unterscheidung zwischen vertraglichen und außervertraglichen Pflichten des Frachtführers in der Sache wirklich ernst genommen würde – wie dies Dietz gefordert hatte. Da die Rechtsprechung jedoch seit langem dem Frachtführer außervertragliche Obhutspflichten auferlegt, die sich von den frachtvertraglichen kaum unterscheiden (siehe Anm. 80), führt die Rechtsprechung praktisch ohne jede Interessenabwägung zur Haftungskumulierung – d.h. überall wo die Deliktsansprüche bestehen können, zur Ausschaltung oder Gefährdung der frachtvertraglichen Haftungsgrenzen.

Der zweite grundsätzliche Mangel dieser Rechtsprechung liegt in der formalistischen Verengung des Arguments von der drohenden Bedeutungslosigkeit der haftungsbeschränkenden Norm. Aufgabe der Rechtssetzung wie der Rechtsprechung ist es nicht, Rechtsvorschriften vor der Bedeutungslosigkeit zu bewahren, sondern für sachliche Problemfragen sachliche Lösungen zu finden. Diese Verengung führt teilweise zu grotesken Entscheidungsbegründungen. So verneint der BGH die Anwendung von Haftungsbeschränkungen beim Wagenstellungsvertrag der Deutschen Bundesbahn, weil „durchaus noch Fälle denkbar" sind, in denen „nur aus Einstellungsvertrag und nicht aus Deliktsrecht" gehaftet wird; BGH v. 9. 2. 1966, VersR 1966, 545 (546). Für § 430 HGB wird sorgfältig begründet, in welchen (mehr oder weniger zufälligen) Fällen § 430 HGB bei Zulassung unbeschränkter Deliktsansprüche noch Bedeutung haben könnte; BGH v. 23. 3. 1966, BGHZ 46, 140 (144f.).

Demgegenüber kommt es in Wahrheit nicht darauf an, ob der betreffenden Norm noch ein kleinerer oder größerer Anwendungsbereich verbleibt, sondern ob der aus der Funktion der frachtrechtlichen Haftungsbeschränkungen abzuleitende Normzweck eine Anwendung auf parallele Ansprüche aus unerlaubter Handlung fördert oder nicht. S. dazu Helm, Haftung, S. 301. Siehe in diesem Sinne zur Anwendung der Haftungsbeschränkungen für Lieferung von Strom in den AVB Niederspannung auf Ansprüche aus unerlaubter Handlung: BGH vom 4. 7. 1975, VersR 1975, 926 (927).

Anm. 92 **bb) Risikozuteilung als tragender Grundsatz**

Die grundlegende These von der drohenden Bedeutungslosigkeit als einzige Rechtfertigung für die Anwendung der Haftungsbeschränkung auf Ansprüche aus unerlaubter Handlung beruht weiterhin auf einer wenig überdachten Grundeinstellung gegenüber den Haftungsbeschränkungen; so auch Eberhardt ZVersWesen 1968, 645ff. Bei diesen handelt es sich um typische wirtschaftliche Risikobegrenzungen, die vom Gesetzgeber vorgesehen sind, um die besonders hohen Transportrisiken auf die Parteien zu verteilen. Dabei muß davon ausgegangen werden, daß der Frachtführer grundsätzlich in Zweifelsfällen zu haften hat, weil er als einziger die Risiken beherrschen kann. Andererseits gibt es gerade beim Frachtvertrag zahlreiche Risiken, die auch bei sorgfältigem Verhalten nicht ausgeschlossen werden können und bei denen die Wahrscheinlichkeit größer ist, daß sie aus dem Einwirkungsbereich des Absenders stammen. Diese Risiken sind typischerweise in den Haftungsausschlußkatalogen (vgl. z.B. §§ 34 KVO; 83 EVO; Art. 17 Abs. 4 CMR; Art. 27 § 3 CIM) zusammengefaßt. Ferner gehört zu diesem nicht vom Frachtführer beherrschbaren Risikobereich das gesamte wirtschaftliche Folgerisiko des Verlustes. Dieses kann (z.B. bei jederzeit nachbeschaffbarer Handelsware) vollkommen fehlen oder (etwa bei Betriebsunterbrechungen wegen der verlorenen Lieferung von produktionsnotwendigen Vorprodukten) ins Unermeßliche steigen.

Das Beförderungsentgelt ist keine Risikoprämie für das Frachtgut und steht zu dem möglichen Schaden in keinem vorherbestimmbaren Verhältnis. Andererseits ist der Absender in aller Regel leicht in der Lage, durch eine entsprechende, am Wert der Güter orientierte Transportversicherung Verluste abzusichern. Die Betriebsunterbrechung als Folge eines Lieferungsausfalls ist auf dem deutschen Versicherungsmarkt nicht einmal versicherbar, weil das Risiko nicht exakt genug abschätzbar ist. Der Frachtführer kann dieses bei irgendeinem Kunden unvorhersehbar anfallende Großrisiko überhaupt nicht übersehen.

Im übrigen muß darauf hingewiesen werden, daß in anderen Bereichen des Vertragsrechts Risikobeschränkungen verschiedener Art, wie sie dort in Allgemeinen Geschäftsbedingungen vorgesehen sind, vom Bundesgerichtshof unbeanstandet akzeptiert wurden. So wurden z.B. die Haftungsbeschränkungen des Energielieferungsvertrags auf konkurrierende Deliktsansprüche angewandt; BGH vom 4. 6. 1975, VersR 1975, 926 (927). Die Geschäftsunfähigkeitsklausel in den Allgemeinen Geschäftsbedingungen der Banken wurde ohne weiteres akzeptiert; BGH vom 16. 6. 1966, WM 1966, 973; BGH vom 5. 5. 1969, BGHZ 52, 61 (63); BGH vom 30. 5. 1974, WM 1974, 1001 (1003).

Die für das Frachtrecht typische Freizeichnung für mittelbare Schäden ist vom BGH in zahlreichen Fällen in verschiedenen Geschäftsbedingungen unbeanstandet anerkannt worden. Für allgemeine Lieferungsbedingungen siehe BGH vom 14. 10. 1969, WM 1969, 1452ff.; vom 23. 4. 1970, WM 1970, 903 (904) = VersR 1970, 677f. (grundsätzlich wirksam, aber die Erstreckung der Freizeichnung auf Ansprüche aus unerlaubter Handlung nicht deutlich genug ausgedrückt); sehr deutlich BGH vom 6. 12. 1973, WM 1974, 219 (220) = NJW 1974, 272f. = DB 1974, 230 (231). Zu § 6 Ziff. 5 Abs. 2 VOB siehe beispielsweise BGH vom 15. 12. 1969, WM 1970, 290ff.; zu Architektenverträgen siehe BGH vom 11. 3. 1971, VersR 1971, 644ff. = WM 1971, 678 = NJW 1971, 1130 = LM Nr. 4 zu „Architektenvertrag", vom 24.6.1971, WM 1971, 1366 (1369) = DB 1971, 1619ff. = NJW 1971, 1840f. = VersR 1971, 930ff. (grundsätzliche Wirksamkeit der Freizeichnung, aber enge Auslegung); ähnlich BGH vom 12. 7. 1971, WM 1971, 1371 (1372) = VersR 1971, 1041ff.; vom 9. 12. 1971, WM 1972, 540 (541) = DB 1972, 431ff. = LM Nr. 12 zu § 634 BGB = MDR 1972, 407f. Für die allgemeinen Bedingungen der gewerblichen Fuhrunternehmer in Hamburg siehe BGH vom 15. 10. 1971, VersR 1972, 67ff. = WM 1972, 49 (51) (nur enge Auslegung).

Zwar hat der BGH in den meisten dieser Fälle versucht, die Haftungsfreizeichnung für mittelbare Schäden durch Auslegung einzuschränken, sie jedoch nicht prinzipiell mibilligt. Auf der gleichen Linie liegt der bekannte Kontaktkleberfall, BGH vom 29. 5. 1968, BGHZ 50, 200 (206f.), in dem Freizeichnung für mittelbare Schäden beim Kauf nur für unwirksam erklärt worden ist, weil gleichzeitig eine kaufrechtliche Zusicherung angenommen wurde.

Auch summenmäßige Haftungsbegrenzungen, wie sie im Frachtrecht typisch sind, werden vom BGH in AGB durchweg anerkannt, vgl. BGH vom 29. 9. 1960, BGHZ 33, 216 betreffend Schiffsbewachungsvertrag; BGH vom 9. 5. 1966, WM 1966, 734 (736) (Lieferungsbedingungen für Werkzeugmaschinen).

Haftungsbegrenzungen unterschiedlicher Art begegnen auch weiterhin in den Neufassungen von Verbandsempfehlungen für die Verwendung von AGB, die im Verfahren nach § 38 Abs. 2 Ziff. 3 GWB vom Bundeskartellamt auf ihre Vereinbarkeit mit dem AGB-Gesetz überprüft worden sind und laufend im Bundesanzeiger veröffentlicht werden.

Danach besteht kein zwingender Grund, den Absender gegenüber den gesetzlichen Haftungsbegrenzungen des Frachtrechts grundsätzlich mit der Zulassung von Ansprüchen aus unerlaubter Handlung schützen zu müssen. Der Schutz in besonders gravierenden Fällen kann mit frachtrechtlichen Mitteln bewirkt werden. Dies gilt besonders für die Fälle von Vorsatz und grober Fahrlässigkeit, in denen die frachtrechtliche Haftung durchweg verschärft ist. Nach § 91 Abs. 1 EVO wird in diesen Fällen in verdoppeltem Umfang und ohne Wertbegrenzung gehaftet. § 430 Abs. 3 HGB läßt die Haftungsbeschränkung nicht eingreifen; nach § 11 BefBMö gelten alle Haftungsbeschränkungen nicht bei Vorsatz und grober Fahrlässigkeit. Eine analoge Anwendung des § 430 Abs. 3 könnte im gesamten Landfrachtrecht alle den Haftungsumfang beschränkenden Bestimmungen (z. B. in der KVO) bei Vorsatz und grober Fahrlässigkeit ausschalten. Siehe dazu im einzelnen Anm. 22 zu § 430 AGB; Helm, Haftung, S. 151ff.; Schlechtriem, Vertragsordnung, S. 373 Fn 356.

In der KVO hat die Rechtsprechung des BGH die Haftungsausschlüsse der §§ 34, S. 1 c, k, l so interpretiert, daß sie bei nachgewiesenem Verschulden nicht eingreifen; siehe dazu Anm. 4 zu § 34 KVO, Anh. II nach § 452. Abgekürzte Verjährung und kurzfristige Rügepflicht des Empfängers, wie sie im Frachtrecht durchweg vorgesehen sind, erscheinen andererseits unbedenklich. Die Ansprüche der Frachtführer wegen der Fracht und der Auslagen unterliegen nach § 196 Abs. 1 Ziff. 3 BGB einer verkürzten zweijährigen Verjährung. Die Beschleunigung der Klärung von Schadensfällen durch den Druck der Verjährung ist eine begrüßenswerte Erscheinung. Mängelrügen begegnen uns auch im Kaufrecht. Allerdings können sie dort nicht durch Ansprüche aus unerlaubter Handlung überspielt werden, da die Kaufsache vor Übergang der Gefahr noch dem Veräußerer gehört und daher keine Deliktansprüche nach § 823 Abs. 1 in Betracht kommen. Wirtschaftlich gesehen bestimmen jedoch die frachtrechtlichen Rügeobliegenheiten nichts anderes als die Mängelrüge des Kaufrechts. Selbst wenn man jedoch in der Deliktshaftung ein Mittel sehen will, die frachtrechtlichen Haftungsbeschränkungen zu durchbrechen, so eignet sie sich nicht besonders gut, um dem Geschädigten einen Mindestschutz für besondere schwerschwiegende Schadensfälle zu gewähren. Denn sie hängt in den Fällen des § 831 noch immer davon ab, ob der eingesetzte Gehilfe selbständig oder sozial abhängig war und ob der Frachtführer sich für Auswahl und Überwachung seines Gehilfen entlasten kann. Insbesondere das Risiko plötzlichen Versagens beim Führen von Transportmitteln bleibt daher weitgehend unkalkulierbar; siehe z. B. aus der neueren Rechtsprechung BGH vom 27. 1. 1970, VersR 1970, 318 (319).

Anm. 92a **cc) Ausländische Auffassungen**

Die Rechtsprechung des BGH entspricht auch nicht der internationalen frachtrechtlichen Entwicklung. Siehe oben Anm. 84, 85 a, 86. Sie schafft praktisch ein Ausnahmerecht für das innerdeutsche Eisenbahnrecht und Güterfernverkehrsrecht.

Rechtsvergleichend gesehen bildet die deutsche Rechtsprechung wohl eine Ausnahme. Zumindest ist dies für das französische und amerikanische Recht von Schlechtriem a. a. O., S. 371, 111, 247 ff. festgestellt worden.

Anm. 93 **dd) Rechte dritter, am Vertrag nicht beteiligter Personen**

Zum Problem der Behandlung der deliktischen Ansprüche von Ladungseigentümern und -besitzern, die nicht Vertragspartner des Frachtvertrages sind, siehe Helm, Haftung, S. 316 ff., Schlechtriem a. a. O., S. 380 ff.

Der Frachtführer kann die frachtrechtlichen Haftungsbeschränkungen den Deliktsansprüchen jedenfalls dann entgegensetzen, wenn die Berechtigten zugleich Partner des Frachtvertrags (Absender) sind. Dies gilt zunächst für die Fälle, in denen frachtrechtliche Sonderregelungen durch das Gesetz auch für anwendbar auf konkurrierende Deliktsansprüche erklärt sind (siehe oben Anm. 83 ff.), darüber hinaus aber generell, wenn man der hier vertretenen, der herrschenden Rechtsprechung entgegenlaufenden Grundauffassung folgt. Ist ein Dritter anspruchsberechtigt, so muß er sich die frachtrechtlichen Haftungsbeschränkungen ebenso entgegenhalten lassen, wenn der Absender für den Dritten als verdeckter Stellvertreter (z. B. als Spediteur oder Hauptfrachtführer auftritt. Darüber hinaus wird man wohl mit Schlechtriem, S. 382 f. eine Einschränkung der Deliktsansprüche durch das Frachtrecht auch dann akzeptieren können, wenn der geschädigte Dritte das Frachtgut bewußt dem betreffenden Beförderungsrisiko ausgesetzt hat. Dies wird z. B. bei Leasingverträgen, aber auch in sehr vielen Fällen des Eigentumsvorbehalts und der Sicherungsübereignung der Fall sein. Unbeschränkt bleiben müssen demgegenüber die außervertraglichen Rechte von Eigentümern, die der betreffenden Beförderung nicht zugestimmt haben.

Eine besondere Rechtslage besteht hinsichtlich der Güter, die dem Empfänger im Augenblick des Schadens bereits gehört haben. Grundsätzlich ist der Empfänger nicht Vertragspartner. Insbesondere für den Fall, daß er die Güter nicht annimmt, ist er an den Frachtvertrag nicht gebunden. Daher habe ich in Haftung, S. 326 die Auffassung vertreten, die außervertraglichen Rechte des Empfängers würden durch die frachtvertraglichen Einschränkungen nicht berührt. Doch bedarf diese Auffassung einer Einschränkung. Hat der Absender die Versendung im Einverständnis und im Interesse des Empfängers vorgenommen – wie dies meist der Fall sein wird – so muß sich der

Empfänger auch die Haftungseinschränkungen entgegen halten lassen. Hat der Eigentümer – Empfänger dagegen der Beförderung überhaupt nicht oder nicht in der vorgenommenen Weise zugestimmt, dann sollten ihm die Ansprüche aus unerlaubter Handlung in vollem Umfang verbleiben.

Die hier vertretene Auffassung stellt einen Kompromiß zwischen dem Schutz der Rechte des Dritten und dem Interesse des Frachtführers an einer Haftungsbeschränkung dar. Ein solcher Kompromiß muß notwendig unvollkommen bleiben; siehe Schlechtriem, S. 382f. Eine Haftung gegenüber Dritten kommt nach der hier vorgeschlagenen Lösung jedoch nur noch in Betracht, wenn der Eigentümer in die Gefährdung der Güter durch den Transport nicht eingewilligt hat. In diesen Fällen stehen ihm gegen den Absender vielfach Ansprüche nach § 823 Abs. 1 BGB zu. Der Frachtführer kann vom Geschädigten, wenn er in Anspruch genommen wird, Abtretung dieser Ansprüche gegen den Absender nach § 255 BGB verlangen. Dies führt wohl in den meisten Fällen zu einem angemessenen Interessenausgleich. Folgt man grundsätzlich der hier vertretenen Auffassung, so wird der Beförderer dem Deliktanspruch des Dritten die Haftungsbeschränkungen jedenfalls dann entgegensetzen können, wenn der Absender für ihn in verdeckter Stellvertretung oder doch mit seinem Einverständnis den Frachtvertrag abgeschlossen hat; dies ist z. B. der Fall beim Spediteur des Absenders. Zu den einzelnen Fällen siehe Helm, S. 324ff. Siehe auch unten Anm. 94.

7. Anwendbarkeit von Freizeichnungen in allgemeinen Beförderungsbedingungen auf konkurrierende Deliktstatbestände Anm. 94

Da die Deliktshaftung im deutschen Recht dispositiv ist, kann sie grundsätzlich vertraglich, auch formularvertraglich ausgeschlossen werden, soweit nicht eigener Vorsatz oder grobe Fahrlässigkeit des Beförderers oder seiner leitenden Angestellten vorliegt; s. dazu Anm. 13 vor § 1 ADSp, Anh. I nach § 415. Die Beförderungsbedingungen, die ihre Haftungsbeschränkungen ausdrücklich auf Ansprüche jeder Anspruchsgrundlage erstrecken, bereiten daher keine Schwierigkeiten (siehe oben die Anm. zu § 63 ADSp); sehr großzügig in der Erstreckung des § 63 ADSp auf ausländische Eigentümer jetzt BGH vom 12. 7. 1974, LM Nr. 4 zu § 2 ADSp = NJW 1974, 2177 = WM 1974, 1118f.; BGH vom 18. 6. 1976, VersR 1976, 1129f.; OLG Düsseldorf, VersR 1977, 912f. Bei den anderen Bedingungen war früher unstreitig, daß die Freizeichnung sich im Zweifel auch auf Deliktsansprüche erstrecken sollte; siehe dazu Helm, Haftung, S. 314ff.; Schlechtriem, ZHR 133, 142; aus der neueren Rechtsprechung siehe noch OLG Hamburg, VersR 1970, 1029 (1030): zur KaibetrO und v. 14. 10. 76, VersR 1977, 812f.; BGH v. 12. 6. 1978, VersR 1978, 836 (837). In neuerer Zeit hat der BGH jedoch einen gegenteiligen Standpunkt eingenommen, und zwar zunächst für die „Bedingungen für die Einstellung von Privatgüterwagen" der Deutschen Bundesbahn, BGH v. 9. 2. 1966 (VersR 1966, 545f.). Die Begründung hierfür bestand zunächst nur in dem Prinzip der engen Auslegung von Freizeichnungen in allgemeinen Geschäftsbedingungen und in der sog. „Unklarheitenregel". Nur hilfsweise bezog sich der BGH auf die Rechtsprechung zur Nichtanwendung gesetzlicher Haftungsbeschränkungen auf Ansprüche aus unerlaubter Handlung. In den weiteren Entscheidungen zu der Hamburgischen Kaibetriebsordnung wurde jedoch die unbeschränkte Haftung aus unerlaubter Handlung mit beiden Gründen gleichermaßen gestützt: BGH v. 19. 2. 1971, VersR 1971, 617 (618f.) und v. 19. 2. 1971, VersR 1971, 623 (625); v. 29. 10. 1971, VersR 1972, 101f. entgegen der Vorentscheidung OLG Hamburg, VersR 1970, 1028; für Verlade- und Transportbedingungen in der Binnenschiffahrt wohl auch BGH v. 3. 12. 1964, VersR 1965, 230ff. (a. E.). Aus der neuesten Rechtsprechung zu anderen AGB siehe BGH vom 24. 4. 1975, DB 1975, 1458 (Architekten-Formularvertrag) und vom 24. 11. 1976, DB 1977, 299f. = WM 1977, 79 (82) (Kaufmängelklausel).

Auch für die Freizeichnungen der AGNB muß danach mit Durchbrechungen durch deliktische Ansprüche gerechnet werden.

Diese Rechtsprechung scheint kaum gerechtfertigt: Die Unklarheitenregel paßt auf diese Klauseln nicht. Ein durchschnittlicher Absender wird die Freizeichnung kaum anders als allumfassend verstehen, da ihm juristische Alternativbegründungen aus Vertrag und unerlaubter Handlung nicht geläufig sein werden; siehe dazu Helm, Haftung, S. 314. Zur Ablehnung der für gesetzliche Haftungsbeschränkungen geltenden Rechtsprechung s. o. Anm. 89f. Kritisch zur Gleichbehandlung gesetzlicher und vertraglicher Haftungsbeschränkungen Schlechtriem, ZHR 133, 141f. § 63a ADSp, der die deliktischen Ansprüche des Versenders bzw. Absenders den Haftungseinschränkungen der ADSp unterwirft, ist in der Entscheidung des BGH vom 18. 6. 1976, VersR 1976, 1129f. auch zu Lasten eines am Vertrag nicht Beteiligten angewendet worden. Es lagen jedoch besondere Umstände (Vereinbarung der gleichen Bedingungen im Haupt- und Untervertrag) vor. Siehe auch OLG Hamburg, VersR 1977, 811.

Anm. 95

V. Haftung dritter Personen wegen Transportschäden

Neben dem Frachtführer können dritte Personen für den Schaden verantwortlich sein. Vielfach steht der Frachtführer mit diesen Personen in der Sonderbeziehung eines besonderen Schuldverhältnisses (insbesondere Arbeitsvertrag und Unterfrachtvertrag). Regreßansprüche der Schädiger untereinander können auf Versicherer übergehen und von diesen geltend gemacht werden. Aus dem unübersehbaren Komplex solcher Rechtsbeziehungen können hier nur besonders typische Fälle herausgezogen und erörtert werden.

Anm. 96

1. Andere Verkehrsteilnehmer

Ist der Güterschaden oder die Verspätung auf einen Verkehrsunfall zurückzuführen, dann können dem Geschädigten Ersatzansprüche nach Maßgabe der §§ 7, 18 StVG und 823 und 831 BGB zustehen. Schäden an der Ladung, die durch einen Kraftfahrzeugunfall entstehen, werden vom drittbeteiligten Halter oder Fahrer (im Rahmen der Haftungsgrenzen des § 12 Abs. 1 S. 2 StVG) ersetzt. Die Kraftfahrzeug-Haftpflichtversicherung deckt nicht nur die (begrenzten) Ansprüche nach dem StVG, sondern grundsätzlich auch die verschuldensabhängigen Ansprüche aus §§ 823 Abs. 1 und 2 sowie § 831 BGB. Insoweit kann der geschädigte Ladungseigentümer oder -besitzer unmittelbar gegen den Schädiger oder gemäß § 3 PflichtversG gegen den Kfz-Haftpflichtversicherer des Schädigers vorgehen. Nach der Anlage zu § 4 Abs. 2 PflichtVersG beträgt die Mindestversicherungssumme für Pflichthaftpflichtversicherung für Sachschäden 100000 DM und für reine Vermögensschäden 20000 DM. Sie wird in den meisten Fällen im Rahmen der betreffenden Versicherungsverträge in der Praxis weit überschritten.

Muß der Frachtführer auf Grund des Frachtvertrages dem Absender oder dem Empfänger Schadensersatz leisten, so kann er sich dessen Ansprüche gegen den Drittschädiger oder dessen Haftpflichtversicherer nach § 255 BGB abtreten lassen und im Regreßwege gegen den Schädiger vorgehen.

Im Verhältnis Frachtführer-Drittschädiger kann eine Schadensteilung nach §§ 9 StVG, 254 BGB eintreten.

2. Arbeitnehmer und selbständige Gehilfen des Frachtführers Anm. 97

a) Haftung der Gehilfen

Personen, deren sich der Frachtführer zur Erfüllung seiner Verbindlichkeiten bedient, stehen zum Absender und Empfänger in keiner vertraglichen Beziehung. Unmittelbare Ansprüche des Geschädigten gegen diese Personen können aber auf außervertragliche Anspruchsgrundlagen, vor allem auf §§ 823, 831 BGB gestützt werden. Das Personal des KVO- und CMR-Frachtführers genießt keinen Schutz durch die KVO- und CMR-Haftpflichtversicherung. Siehe dazu Voigt, VersR 1972, 1005ff.

Eine deliktische Haftung von selbständigen Subunternehmern des Frachtführers (vor allem von Beförderern, die im Rahmen von Unterfrachtverträgen und Lohnfuhrverträgen tätig werden, aber auch bei Lager-, Verlade- und Mietverträgen über Beförderungsmittel) kann auch in den häufigen Fällen der Schädigung durch Unterlassen begründet werden; siehe zur Herleitung der Rechtspflichten aus Beruf oben Anm. 80. Ob diese Begründung von Rechtspflichten auch hinsichtlich der Haftung abhängig tätiger Personen im gleichen Umfang möglich ist, muß bezweifelt werden. Der Arbeitnehmer hat im Sozial- und Wirtschaftsleben eine andere Stellung als der selbständige Unternehmer. Außervertragliche, aus seinem Beruf abzuleitende Sorgfaltspflichten können ihm daher wohl nicht im gleichen Umfang auferlegt werden wie dem selbständigen Unternehmer.

Dies hat in einem unveröffentlichten Urteil vom 30. 6. 1976 das LG Duisburg ausführlich dargelegt; das Urteil wurde durch das OLG Düsseldorf vom 4. 11. 1976 aufgehoben. Jedoch ergeben sich auch bei Arbeitnehmern noch zahlreiche Fälle der Haftung für positives Tun und für Unterlassungen bei Verstößen gegen Ordnungsvorschriften, die als Schutzgesetze im Sinne von § 823 Abs. 2 BGB zu betrachten sind.

b) Indirekte Inanspruchnahme des Beförderers aufgrund arbeitsrechtlicher Freistellung Anm. 98

Bei Schädigung durch Verschulden von Arbeitnehmern des Beförderers kann die unbegrenzte Haftung des Arbeitnehmers in Kombination mit dem arbeitsrechtlichen Freistellungsanspruch bei schadensgeneigter Arbeit zu einer systemwidrigen Durchbrechung der Haftungsbegrenzungen führen. Denn der Arbeitnehmer kann vom Beförderer als seinem Arbeitgeber volle Schadensabnahme (Freistellung) verlangen, soweit er in Ausübung schadensgeneigter Tätigkeit nur leicht fahrlässig (im Sinne einer culpa levissima) gehandelt hat. Ihm steht auch im Falle mittlerer Fahrlässigkeit ein Anspruch auf teilweise Schadensabnahme zu; siehe zum Überblick Gamillscheg/Hanau, die Haftung des Arbeitnehmers, 2. Aufl. 1974, S. 89ff. Siehe zuletzt für einen Schiffsführer: BGH v. 22. 5. 1978, VersR 1978, 819.

Ob der Freistellungsanspruch des Arbeitnehmers an den Geschädigten abtretbar ist oder nicht, kann zweifelhaft sein; dazu Gerhardt, Der Befreiungsanspruch, 1966, S. 40ff.; BGH vom 22. 1. 1954, BGHZ 12, 136; vom 27. 2. 1964, BGHZ 41, 203 und vom 20. 3. 1978, VersR 1978, 557 (betrifft einen Fall des Unterfrachtvertrages mit umgekehrter Inanspruchnahme). Jedenfalls kann aber der Geschädigte im Endergebnis die Haftung auf den Beförderer als Arbeitgeber weiterleiten, in dem er beim Arbeitnehmer vollstreckt und dieser seinen Arbeitgeber zur Schadensabnahme zwingt. Damit wird die Begrenzung der Haftung, wie sie sich aus dem Beförderungsvertrag ergibt, durchbrochen. Siehe hierzu Helm, AcP 160, 134ff.; Helm, Haftung S. 329ff. Aus der Praxis siehe BGH vom 27. 2. 1964, BGHZ 41, 203ff.; vom 24. 11. 1975, BGHZ 66, 1ff. = NJW 1976, 1402 (1404) = MDR 1976, 646ff.; OLG Hamburg, VersR 1970, 1101 (1103).

Soweit die Begrenzung der Frachtführerhaftung auf vertraglicher Grundlage beruht, kann durch die Einbeziehung des Arbeitnehmers in den Schutzbereich der

Freizeichnung Abhilfe geschaffen werden; siehe unten Anmerkung 99. Bei gesetzlichen Haftungseinschränkungen ist dieser Weg nicht gangbar. Da nach der Rechtsprechung die gesetzlichen Regelungen der Vertragshaftung nicht auf die deliktischen Ansprüche der Geschädigten einwirken, können sie erst recht nicht die deliktische Ersatzpflicht der Arbeitnehmer des Frachtführers begrenzen. Der Geschädigte kann daher den Arbeitnehmer – selbst wenn der Frachtführer sich nach § 831 BGB entlasten könnte – gem. § 823 BGB auf den vollen Schaden in Anspruch nehmen, wobei dieser nach dem arbeitsrechtlichen Freistellungsgrundsatz von dem Frachtführer Schadensabnahme verlangen kann.

Der BGH hat sich in vergleichbaren Fällen zunächst (teilweise) der von mir in AcP 160, 152f. vertretenen Auffassung angeschlossen. Danach handelt der geschädigte Dritte rechtsmißbräuchlich, wenn er sich die gegen den Arbeitgeber gerichteten Freistellungsansprüche abtreten läßt und diesen damit auf den vollen Schaden in Anspruch nimmt, obwohl er beim Arbeitnehmer mangels pfändbaren Vermögens nichts oder nicht vollen Schadensersatz hätte erlangen können; BGH vom 27. 2. 1964, BGHZ 41, 203ff.; im Hinblick auf die Kritik von Lorenz, Zeitschrift für Binnenschiffahrt 1975, 494f. (siehe auch Gamillscheg/Hanau, a.a.O. Seite 92), hat der Senat jedoch diese Rechtsprechung im Urteil vom 24. 11. 1975, BGHZ 66, 1 (4) aus Gründen der Praktikabilität wieder aufgegeben. Der Arbeitnehmer kann nunmehr grundsätzlich unbeschränkt in Anspruch genommen werden. Zwar betraf die Entscheidung des BGH vom 24. 11. 1975 einen Fall, in dem die indirekte Inanspruchnahme des Arbeitgebers die Höhe der Haftungsbegrenzung nicht erreichte. Daher konnte der Senat die Frage ausdrücklich offen lassen, wie einer Umgehung der Haftungsbegrenzung in anderen Fällen begegnet werden könne. Die nunmehr festgelegte Linie der Rechtspechung führt jedoch dazu, daß die Institution der arbeitsrechtlichen Risikoabnahme zur beliebigen Durchbrechung von Haftungsbeschränkungen mißbraucht werden kann. Theoretisch könnte darnach der Arbeitgeber bei leichtem Verschulden eines vermögenslosen Arbeitnehmers in Millionenhöhe haftbar sein. Bei grober Fahrlässigkeit des gleichen Arbeitnehmers entstünde dagegen kein Freistellungsanspruch und daher auch keine erhöhte Haftung des Arbeitgebers – ein paradoxes Ergebnis.

Eine wirklich allen Interessen gerecht werdende Lösung kann daher auch die neue Rechtsprechung nicht bieten. Vorerst muß jedenfalls damit gerechnet werden, daß bei schadensgeneigter Arbeit in allen Fällen leichtester Fahrlässigkeit des Gehilfen die Haftungsbegrenzungen des Frachtrechts ganz, bei mittlerer Fahrlässigkeit in Höhe einer bestimmte Quote durchbrochen werden.

Anm. 99 **c) Haftungsausnahmen zu Gunsten von Gehilfen**

Eine Reihe von frachtrechtlichen Bestimmungen schließt ausdrücklich die Gehilfen des Beförderers in den Schutz der Haftungsvergünstigungen mit ein, so daß der Geschädigte über die beschränkte Haftung des Frachtführers hinaus vom Gehilfen keine zusätzliche Haftung erlangen kann. Siehe zugunsten aller Erfüllungsgehilfen Art. 28 Abs. 2 CMR (Anh. III nach § 452); Art. 40 § 2 CIM (Anh. II nach § 460 HGB). Im Luftrecht gilt das gleiche zugunsten aller „Leute" des Luftfrachtführers: Art. 25 A WA (N. F.) (Anh. VII/2 nach § 452); Art. V des luftrechtlichen Charterabkommens von Guadalajara (Anh. VII/3 nach § 452); § 48 Abs. 2 S. 2 LuftVG (Anh. VII/1 nach § 452). Die Allgemeinen Geschäftsbedingungen des Beförderungsgewerbes sehen ebenfalls teilweise eine Drittwirkung zugunsten von Gehilfen vor; siehe z.B. Art. 13 Ziff. 12 der BefBFracht (Langform), Anh. VII/4 nach § 452; Konnossementsformulare der Seeschiffahrt (Himalaya-Klausel). Auch in den üblichen Bedingungen für kombinierte Transporte (siehe Anm. 26, 27 zu § 425) begegnen derartige Freizeichungen zugunsten von Gehilfen; Ziff. 11.1 FBL; die Uniform Rules der Internationalen Handelskammer enthalten in Rule 18 eine Klausel, die dem CTO die Vereinbarung einer Schutzklausel für Gehilfen gestattet. Soweit eine Schutzklausel in den Bedingungen nicht ausdrücklich vorgesehen ist, hat die Rechtsprechung in recht großzügiger Weise eine Drittwirkung zugunsten von Gehilfen angenommen. Siehe zugunsten eines Schiffsführers in der Binnenschiffahrt BGH v. 29. 10. 1965, BGHZ 22, 109 (122) f.); OLG Hamburg, VersR 1970, 1101 (1103 f.); zugunsten eines Unterfrachtführers im Güternahverkehr nach § 63 ADSp siehe BGH v. 18. 6. 1976, VersR 1976, 1129 f.; zugunsten eines Unterfrachtführers in der Binnenschiffahrt BGH v. 28. 4. 1977, WM 1977, 785 f. Siehe ferner OLG Düsseldorf, VersR 1968, 551 (552). Einschränkend zum Binnenschiffahrtsrecht dagegen BGH v. 21. 10. 1971, LM Nr. 37 zu AGB = VersR 1972, 40 = WM 1972, 54 f. Zur Freizeichnung zugunsten des Fahrers eines gemieteten Kleinbusses siehe BGH v. 7. 2. 1968, VersR 1968, 476 (477); zugunsten eines Gabelstaplerfahrers einer Kaianstalt OLG Hamburg, VersR 1970, 1028 (1031).

Der Rechtsprechung, durch die formularvertragliche Freizeichnungen auf die Haftung von Gehilfen erstreckt wurden, müssen Bedenken entgegen gebracht werden, soweit sie den Einwirkungsbereich der Freizeichnung durch extensive Auslegung erweitert; siehe Helm, AcP 161, 516. Sie stößt nunmehr zusätzlich auf die gesetzliche Schranke des § 5 AGB-Gesetz (Unklarheitenregel). Andererseits ist kaum zu bestreiten, daß gerade der abhängige Arbeitnehmer oder der wirtschaftlich schwächere Unterfrachtführer mindestens ebensoviel Schutz verdient wie der Frachtführer selbst. Aus diesen Gründen ist auch die Tendenz der internationalen Übereinkommen zur Einbeziehung dieses Personenkreises in den Schutz der Haftungsvergünstigungen des Frachtführers zu begrüßen.

VI. Versicherungsfragen Anm. 100

Literatur:

Bischof, Beförderungsbedingungen für den Möbelverkehr, Frankfurt, ohne Jahresangabe (1975 oder später), S. 80 ff.; Enge, ADS Güterversicherung, 1973; Heuer, in Guelde/Willenberg, KVO, 2. Aufl. 1972, Anm. zu § 38 KVO; derselbe, Die Haftung des Frachtführers nach der CMR, 1975, S. 189–198; Muth, ZfV 1974, 47; Quilitz, VW 1974, 187; Roesch, VersR 1977, 113 ff.; derselbe, VersR 1977, 891; Voigt, VP 1960, 183 f.; Willenberg, ZVersWiss 1974, 179 ff.

1. Überblick

Im Bereich der Transportrisiken muß zwischen drei Versicherungsarten unterschieden werden: der Versicherung der Güter in der Transportversicherung (Güterversicherung); der Versicherung der Haftpflicht des Frachtführers oder Spediteurs (Haftpflichtversicherung) und der haftungsersetzenden Versicherung nach den ADSp und dem SVS/RVS oder anderen Speditionsversicherungspolicen (Speditions- und Rollfuhrversicherung). Diese Versicherungen unterscheiden sich grundsätzlich und greifen in vielfältiger Weise ineinander.

2. Güterversicherung (Transportversicherung) Anm. 101

Gegenstand der Güterversicherung durch den Transportversicherer ist die Unversehrtheit der Güter. Schäden an den Gütern während des Versicherungszeitraums werden ohne Rücksicht auf Verschulden oder Ursachen ersetzt – soweit nicht besondere Leistungsausschlüsse eingreifen. Die Ersatzansprüche des geschädigten Versicherungsnehmers oder begünstigten Dritten (in der Regel des Ladungseigentümers) gehen nach § 67 VVG auf den Transportversicherer über, der sie im Regreßweg gegen den Frachtführer – evtl. auch gegen dessen Haftpflichtversicherer (siehe dazu unten Anm. 102 ff. und Anm. 7 zu § 38 KVO, Anh. II nach § 452) geltend machen kann.

Die primäre Schadensdeckung durch die Güterversicherung ist also von den Haftungsregelungen des Frachtrechts unabhängig; nur im Regreß des Versicherers gegen den Frachtführer erlangen diese Regelungen Geltung; siehe hierzu Hannig, VP 1971, 243f.

Als Grundlagen der Güterversicherung kommen auf dem deutschen Versicherungsmarkt zwei Bedingungswerke in Betracht: Die Allgemeinen Deutschen Seeversicherungsbedingungen (ADS), im Bereich der Güterversicherung geändert durch die ADS Güterversicherung 1973, letztere kommentiert von Enge, 1973, und die Allgemeinen Deutschen Binnen-Transportversicherung-Bedingungen von 1963 (ADB). Beide Bedingungswerke sehen im Grundsatz eine globale Deckung aller Schadensrisiken vor und nehmen einzelne Risiken von der Deckung aus. Die ausgeschlossenen Risiken können teilweise durch Zusatzklauseln wieder eingeschlossen werden. Zu weiteren Deckungsmöglichkeiten siehe Quilitz, VW 1974, 187.

Anm. 102 **3. Haftpflichtversicherungen**

Gegenstand der Haftpflichtversicherung ist die Haftung des Frachtführers (oder Spediteurs) aus dem Frachtvertrag (oder Speditionsvertrag). Da diese Haftung durch die verschiedenen Haftungsordnungen des Fracht- und Speditionsrechts in unterschiedlicher Weise umrissen ist, beruht die Haftpflichtversicherung auf keiner einheitlichen Rechtsgrundlage. Sie ist vielmehr, je nach der haftungsrechtlichen Grundlage, speziell organisiert.

Auf dem Versicherungsmarkt werden die Verkehrs-Haftpflichtversicherungen in unterschiedlichen Kombinationen angeboten. Häufig sind KVO-, CMR-, AGNB- und BefBMö-Haftpflichtversicherung in einer Police oder auch in Gruppen gebündelt, werden aber auch jeweils einzeln angeboten. Die Spediteurhaftpflichtversicherung wird regelmäßig von den Speditionsversicherern mit angeboten.

Die KVO- und CMR-Haftpflichtversicherung ist keine Transportversicherung; daher ist § 187 Abs. 1 VVG nicht auf sie anzuwenden. Dennoch wird die zwingende Rechtsnatur der Schutzbestimmungen des VVG durch § 187 Abs. 2 VVG aufgehoben, da diese Versicherungen ganz regelmäßig als Generalpolicen gezeichnet werden, also laufende Schadensversicherungen sind. Unzutreffend daher OLG Frankfurt, VersR 1978, 535, das § 6 Abs. 3 VVG im Bereich der CMR-Versicherung zwingend anwenden will. Zutreffend dagegen Schönwerth, VersR 1978, 536. Allerdings muß bei Abweichungen vom insoweit dispositiven Recht des VVG jeweils geprüft werden, ob die betreffende Klausel der Haftpflichtpolice mit § 9 ABG-Gesetz vereinbar ist. Im Bereich der Haftung nach KVO und BefBMö (für die Fernbeförderung) ist die Haftpflichtversicherung Pflichtversicherung. Daher gelten insoweit die §§ 158bff. VVG. In den anderen Bereichen (CMR, AGNB, Spedition, Möbelnahbeförderung) ist die Haftpflichtversicherung freiwillig. §§ 158bff. VVG sind nicht anwendbar. Daran ändert auch die Zusammenfassung in einer einheitlichen Police nichts.

Der Haftpflichtversicherer ist regelmäßig zur Befriedigung begründeter und zur Abwehr unbegründeter Schadensersatzansprüche aus dem Frachtvertrag verpflichtet. Siehe zu der Frage, ob die Abwehrpflicht auch die Führung aktiver Prozesse mit umfaßt, wenn sich der Geschädigte bereits durch Aufrechnung befriedigt hat: Roesch, VersR 1977, 113ff.

Inwieweit die Haftpflichtdeckung auch die außervertragliche Haftung des Frachtführers umfaßt, hängt von der Formulierung der betreffenden Policen ab. Soweit diese bei der Umschreibung der versicherten Risiken die Haftung „nach den gesetzlichen Vorschriften" mit einbeziehen und keine ausdrückliche Einschränkung auf „vertragliche" Haftung oder eine bestimmte Vertragsordnung vorsehen, ist auch die Haftung aus unerlaubter Handlung gedeckt. Es bedarf daher immer einer sorgfältigen Interpretation der betreffenden Versicherungsbedingungen, die nach § 5 AGB-Gesetz im Zweifel zu Lasten des Versicherers vorzunehmen ist.

a) Die KVO-Haftpflichtversicherung ist Pflichtversicherung. Der KVO-Frachtführer ist nach § 27 Abs. 1 GüKG (Anh. I nach § 452 HGB) öffentlich-rechtlich zum Abschluß einer derartigen Versicherung verpflichtet. Versichert ist nach den meisten Policen das vertragliche Haftpflichtrisiko des KVO-Frachtführers, nicht die Haftung aus unerlaubter Handlung; siehe Anm. 5 zu § 38 KVO, Anh. II nach § 452. Dem Geschädigten stehen keine unmittelbaren Ansprüche gegen den KVO-Haftpflichtversicherer zu – wie sie etwa in der Kraftfahrzeug-Pflichthaftpflichtversicherung nach § 3 PflVersG bestehen. Jedoch hat nach § 38 Abs. 3 KVO der Geschädigte gegen den KVO-Frachtführer einen Anspruch auf Abtretung des Anspruchs gegen den KVO-Haftpflichtversicherer. Nach Auffassung des BGH verwandelt sich der Schuldbefreiungsanspruch des KVO-Unternehmers aus dem Versicherungsvertrag bei Abtretung an den Geschädigten in einen Zahlungsanspruch. Damit ist eine direkte Inanspruchnahme des Haftpflichtversicherers durch den Geschädigten möglich. Siehe dazu ausführlich Anm. 7 zu § 38 KVO, Anh. II nach § 452. **Anm. 103**

Die KVO-Versicherung wird auf dem Versicherungsmarkt alleine oder mit anderen Haftpflichtversicherungen in einer Police gekoppelt angeboten; siehe oben Anm. 102. Sie kann aber auch durch eine besondere Klausel („geschriebene Bedingungen") zur Güter(transport)-Versicherung nach den ADB gedeckt werden; siehe dazu den Fall BGH vom 24. 3. 1976, VersR 1976, 480.

b) Die Haftpflichtversicherung im Möbeltransport ist nach § 27 GüKG nur für den Fernbereich vorgeschrieben. Die Haftung nach den BefBeMö (Anh. IV nach § 452) wird jedoch üblicherweise auch im Nahbereich durch die Haftpflichtversicherung abgedeckt. Da die BefBeMö eine dem § 38 Abs. 3 KVO entsprechende Bestimmung nicht enthalten, gilt für die Möglichkeit zu einer direkten Inanspruchnahme des Versicherers das zur CMR in Anm. 106 Gesagte entsprechend. Siehe im einzelnen Bischof, S. 80ff. **Anm. 104**

c) Die AGNB-Haftpflichtversicherung ist, da für den Güternahverkehr keine Versicherungspflicht besteht, freiwillige Haftpflichtversicherung. Soweit die AGNB (Anh. V nach § 452) in diesem Bereich vereinbart werden, besteht jedoch nach § 21 AGNB eine Pflicht zur Haftpflichtversicherung, bei deren Verletzung sich der Frachtführer nicht auf die AGNB berufen darf. Siehe dazu Cantrup, AGNB, Anm. zu § 21. Die AGNB-Versicherung wird häufig im Zusammenhang mit der KVO-Versicherung gedeckt. **Anm. 105**

d) Die CMR-Haftpflichtversicherung ist ebenfalls eine freiwillige Versicherung, da für den grenzüberschreitenden Güterkraftverkehr keine Versicherungspflicht besteht. Zwar ist § 27 Abs. 1 GüKG an sich auch auf die im Güterfernverkehr innerhalb Deutschlands auszuführenden Teile der internationalen Kraftfahrzeugbeförderung anzuwenden. § 27 Abs. 1 verpflichtet aber nur zur Deckung der Haftung des Frachtführers „nach den Beförderungsbedingungen". Zu diesen gehört die CMR als formelles Gesetz nicht. Siehe dazu eingehend Heuer, Die Haftung des Frachtführers nach der CMR, 1975, 189ff. Dieses Ergebnis entspricht auch der weitaus herrschenden Meinung der Literatur; siehe dazu die Angaben bei Heuer, a. a. O. Fn. 38; und neuerdings OLG Frankfurt, VersR 1978, 535. Eine Versicherungspflicht für grenzüberschreitende Transporte hätte wohl auch eher in der CMR selbst normiert werden müssen. **Anm. 106**

Die CMR-Haftpflichtversicherung wird von deutschen Kfz-Frachtführern weitgehend freiwillig gedeckt – in der Regel durch Kombinationen mit der KVO- oder AGNB-Haftpflichtversicherung; siehe dazu Willenberg, ZVersWiss 1974, S. 182; Heuer, a. a. O., S. 192; Herrmann, AGNB, 1969, Anm. 3 zu § 21; Muth, ZfV 1974, 47ff. Vor allem ausländische Frachtführer verzichten jedoch vielfach auf eine solche Haftpflichtversicherung. Setzt ein Spediteur solche unversicherten Frachtführer ein, so kann ein Auswahlverschulden nach § 408 Abs. 1 HGB vorliegen. Siehe dazu auch Anm. 43 zu §§ 407–409. Erweist sich der beauftragte Beförderer als insolvent und hätte nach dem betreffenden ergänzend anzuwendenden Recht der Geschädigte eine Möglichkeit gehabt, gegen den Haftpflichtversicherer vorzugehen, so kann sich der Mangel einer Haftpflichtversicherung empfindlich auf die Durchsetzbarkeit der Ersatzansprüche des Geschädigten und seines Güterversicherers auswirken. Beim Abschluß internationaler Speditions- und Straßenbeförderungsverträge ist daher zweckmäßigerweise auf den Nachweis der Haftpflichtversicherung der gewählten Frachtführer zu achten. Auf dem Versicherungsmarkt werden CMR-Fremdunternehmer-Policen angeboten, durch welche die Haftung des vom Spediteur eingesetzten (evtl. ausländischen) CMR-Frachtführers versichert ist. Eine solche Versicherung scheint dem Urteil des OLG Frankfurt vom 30. 3. 1977, VersR 1978, 169ff. zugrunde zu liegen (Betr. Rückforderung der Versicherungsleistung). Bei internationalen Landtransporten gehört zwar der Abschluß einer solchen Versicherung ohne besonderen Auftrag nicht zu den Obliegenheiten eines Spediteurs; siehe § 35 ADSp. Der versendende Spediteur sichert sich aber mit dieser Versicherung weitgehend gegen eigenes Haftungsrisiko im Hinblick auf die Auswahl des Frachtführers. Die CMR kennt keine dem § 38 Abs. 3 KVO entsprechende Abtretungspflicht hinsichtlich der Ansprüche des Frachtführers gegen den Versicherer. Danach ist es zweifelhaft, ob im CMR-Bereich eine Abtretung der Ansprüche und damit eine indirekte Inanspruchnahme des CMR-Versicherers im Hinblick auf das im Haftplichtversicherungsrecht geltende Trennungsprinzip möglich ist. Siehe zu dieser Frage Anm. 7 zu § 38 KVO.

Anm. 107 e) Die **Haftpflichtversicherung im kombinierten Transport** ist ebenso freiwillig wie die Übernahme einer durchgehenden Haftung durch den CTO. Hierfür werden spezielle Haftpflichtversicherungen auf dem Versicherungsmarkt angeboten. Siehe dazu Anm. 18ff., insbesondere Anm. 26 zu § 425 HGB.

Anm. 108 f) Die **Spediteurhaftpflichtversicherung** ist für die Ausfüllung der Lücken gedacht, die zwischen der Speditionsversicherung und den einzelnen speziellen Haftpflichtversicherungen bestehen. Die Haftung des Spediteurs als KVO-Unternehmer, als Beförderer im internationalen Straßengüterverkehr und als CTO im kombinierten Verkehr wird durch die speziellen Haftpflichtversicherungen abgedeckt; siehe Anm. 103, 106, 107. Im Güternahverkehr und in der reinen Speditionstätigkeit greift primär das System der Ersetzung der Haftung durch die Speditionsversicherung ein; siehe dazu Anm. 14f., 72 zu §§ 407–409 sowie die Kommentierung zu § 41 ADSp, Anh. I nach § 415; ferner Helm, Versicherungsrecht, 1977, S. 585ff. Die Abdingung der Haftung durch § 41a ADSp ist jedoch nicht vollständig. Insbesondere, wenn der Kunde die Speditionsversicherung untersagt, aber auch dann, wenn Risikoausschlüsse der Speditionsversicherungsbedingungen die Versicherungsdeckung ausschließen, haftet der Spediteur selbst. Diese Haftung – die auch die Beförderung im Güternahverkehr betreffen kann – wird durch die Spediteurhaftpflichtversicherung gedeckt. Durch eine Zusatzversicherung zum SVS/RVS kann ferner die Haftung des Fixkosten- und Sammelladungsspediteurs nach § 413 HGB, die sich entsprechend der Rechtsprechung im internationalen Bereich nach der CMR richtet, zusätzlich gedeckt werden; siehe Anm. 2 zu Art. 41 CMR, Anh. III nach § 452; zur neuen Rechtslage nach der KVO siehe Anm. 9a zu § 1 KVO, Anh. II nach § 452. Nach der Speditions-Police ist dieses Risiko gemäß Ziff. 44 ebenfalls gedeckt. Schließlich übernimmt der Spediteur-Haftpflichtversicherer durch eine Zusatzvereinbarung das Risiko zusätzlicher Haftung des Spediteurs gegenüber Nichtkaufleuten. Diese Haftung richtet sich, da die Neufassung der ADSp nur noch gegenüber Kaufleuten und der öffentlichen Hand gelten soll (Änderung des § 2 ADSp) in aller Regel nach dem Speditions- und Landfrachtrecht des HGB. **Anm. 109**

4. Speditions- und Rollfuhrversicherung

Die Speditions- und Rollfuhrversicherung ist eine Schadensversicherung eigener Art, die weder Güterversicherung noch Haftpflichtversicherung ist. Siehe im einzelnen auch zum Verhältnis der Speditionsversicherung zur Transport- und Haftpflichtversicherung Anm. 1ff. zu § 40 ADSp, Anh. I nach § 415. Nach dem Erscheinen der Kommentierung zu den ADSp sind nunmehr die §§ 39–41 ADSp geändert worden. In der beim Bundeskartellamt zur Empfehlung angemeldeten Neufassung (BAnz Nr. 211 vom 9. 11. 1978, S. 5) lauten die Bestimmungen:

§ 39. a) Der Spediteur ist, wenn der Auftraggeber es nicht ausdrücklich schriftlich untersagt, verpflichtet, die Schäden, die dem Auftraggeber durch den Spediteur bei der Ausführung des Auftrages erwachsen können, bei Versicherern seiner Wahl auf Kosten des Auftraggebers zu versichern. Die Police für die Versicherung muß, insbesondere in ihrem Deckungsumfang, mindestens dem mit den Spitzenorganisationen der Wirtschaft und des Speditionsgewerbes abgestimmten Speditions- und Rollfuhrversicherungsschein (SVS/RVS) entsprechen. Der Spediteur hat auf Verlangen des Versicherten anzugeben, nach welcher Police er versichert.

b) Mit der Versicherung nach § 39a sind auch Schäden zu versichern, die denjenigen Personen erwachsen können, denen das versicherte Interesse z. Zt. des den Schaden verursachenden Ereignisses zugestanden hat.

c) Gestrichen.

§ 40. Der Auftraggeber unterwirft sich sowie alle Personen, in deren Interesse oder für deren Rechnung er handelt, allen Bedingungen des SVS/RVS bzw. der nach § 39a abgeschlossenen Versicherung. Insbesondere hat er für rechtzeitige Schadensanmeldung zu sorgen (§ 10 SVS/RVS). Erfolgt die Schadensmeldung beim Spediteur, so ist dieser zur unverzüglichen Weiterleitung an die/den Versicherer verpflichtet.

§ 41. a) Hat der Spediteur infolge ausdrücklichen oder vermuteten Auftrages eine Speditionsversicherung abgeschlossen (§ 39), so ist er von der Haftung für jeden durch diese Versicherung gedeckten Schaden frei.

b) Dies gilt insbesondere auch für den Fall, daß infolge fehlender oder ungenügender Wertangabe des Auftraggebers die Versicherungssumme hinter dem wirklichen Wert oder Schadensbetrag zurückbleibt.

c) Hat der Spediteur keine Speditionsversicherung nach § 39 abgeschlossen, so darf er sich dem Auftraggeber gegenüber nicht auf die ADSp berufen.

d) Gestrichen.

§ 42. Gestrichen.

Nach dieser Neuregelung ist der Spediteur nunmehr in der Wahl der abzuschließenden Speditionsversicherung frei, wenn nur Gleichwertigkeit, insbesondere im Deckungsumfang, mit den SVS/RVS besteht. Den Spediteur trifft lediglich noch eine Anzeigepflicht hinsichtlich der gewählten Police.

Zu der Frage, inwieweit die Ersetzung der Haftung durch Versicherung im Speditionsrecht nach dem AGB-Gesetz noch zulässig ist, siehe Helm, VersR 1977, 589 = Karlsruher Forum 1977, S. 16ff.

§ 430

(1) Muß auf Grund des Frachtvertrags von dem Frachtführer für gänzlichen oder teilweisen Verlust des Gutes Ersatz geleistet werden, so ist der gemeine Handelswert und in dessen Ermangelung der gemeine Wert zu ersetzen, welchen Gut derselben Art und Beschaffenheit am Orte der Ablieferung in dem Zeitpunkt hatte, in welchem die Ablieferung zu bewirken war; hiervon kommt in Abzug, was infolge des Verlustes an Zöllen und sonstigen Kosten sowie an Fracht erspart ist.

(2) Im Falle der Beschädigung ist der Unterschied zwischen dem Verkaufswerte des Gutes im beschädigten Zustand und dem gemeinen Handelswert oder dem gemeinen Werte zu ersetzen, welchen das Gut ohne die Beschädigung am Orte und zur Zeit der Ablieferung gehabt haben würde; hiervon kommt in Abzug, was infolge der Beschädigung an Zöllen und sonstigen Kosten erspart ist.

(3) Ist der Schaden durch Vorsatz oder grobe Fahrlässigkeit des Frachtführers herbeigeführt, so kann Ersatz des vollen Schadens gefordert werden.

Inhaltsübersicht

I. Allgemeines; Anwendungsbereich Anm. 1
II. Voraussetzungen der Haftungsbeschränkung Anm. 2
1. Verlust oder Beschädigung
a) Verlust
b) Beschädigung Anm. 3
2. Ersatzanspruch aufgrund des Frachtvertrags Anm. 4
III. Inhalt der Haftungsbeschränkung
1. Beschränkung auf Wertersatz bei Verlust (§ 430 Abs. 1) Anm. 5
a) Grundsätzliche Wirkung der Haftungsbeschränkung Anm. 5
aa) Ausschluß der Naturalrestitution
bb) Ausschluß mittelbarer Schäden Anm. 6
cc) Beschränkung auf einen bestimmten Wert Anm. 7
dd) Wertersatz auch bei geringerem oder fehlendem Schaden Anm. 8
aaa) Kein Schaden beim Ersatzberechtigten Anm. 9
bbb) Schaden unter der Wertgrenze Anm. 10
b) Berechnung der Entschädigung bei Totalverlust Anm. 11
aa) Gemeiner Handelswert; gemeiner Wert
bb) Am Ort und zur Zeit der Ablieferung Anm. 12
cc) Abzug von Ersparnissen Anm. 13
dd) Beweislast für den Wert Anm. 14
c) Wiederauffindung verlorener Güter; Ersatzansprüche gegen Dritte (§ 255 BGB) Anm. 15
2. Wertersatz bei Beschädigung (§ 430 Abs. (2) Anm. 16
3. Wertersatz bei Teilverlust und Teilbeschädigung Anm. 17
4. Abweichende Methoden der Wertermittlung in anderen Bereichen des Frachtrechts Anm. 18
IV. Wegfall der Haftungsbeschränkung bei Vorsatz oder grober Fahrlässigkeit (§ 430 Abs. 3) Anm. 19
1. Voraussetzungen der vollen Haftung
a) Vorsatz; grobe Fahrlässigkeit
b) Gehilfenverschulden Anm. 20
2. Folgen: Unbeschränkte Haftung Anm. 21
3. Ähnliche Regelungen in Spezialgebieten; analoge Anwendung des § 430 Abs. 3 HGB Anm. 22
V. Verhältnis des § 430 zu außervertraglichen Ansprüchen Anm. 23

Anm. 1

I. Allgemeines; Anwendungsbereich

§ 430 HGB beschränkt die Haftung des Frachtführers in Fällen des Verlustes und der Beschädigung auf den Ersatz des Wertes des Frachtguts. Andere Haftungsbeschränkungen sieht das Landfrachtrecht des HGB, im Gegensatz zu den Spezialregelungen, nicht vor. Daß die Beschränkung der Ersatzpflicht als Ausgleich für eine im Grundsatz verschärfte Haftung des Frachtführers nach § 429 zu gelten habe (so die beiden Urteile des BGH vom 19. 2. 1971, VersR 1971, 617 (618) und 623 (624), ist kaum zutreffend; siehe dazu Anm. 20 zu § 429.

§ 430 bezieht sich nicht auf Kostenersatzansprüche. Der Frachtführer hat also z. B. die ihm durch § 438 Abs. 4 auferlegten Kosten der Schadensfeststellung zusätzlich zu erstatten.

§ 430 HGB kann nur noch in begrenztem Bereich angewandt werden. Außer dem Binnenschiffahrtsrecht, wo § 26 BSchG auf § 430 HGB verweist, bleibt – zumindest für die Absätze 1 und 2 – als Anwendungsbereich der Güternahverkehr, soweit keine besonderen Bedingungen vereinbart sind. Die ADSp wiederholen § 430 Abs. 1 teilweise in § 54c. Der Rest der Vorschrift gilt für die Speditionsrollfuhr ergänzend. Im Möbelfrachtgeschäft, wo § 11 Abs. 2 Ziff. 1 BefBMö ausdrücklich auf § 430 Abs. 1

und 2 verweist, besteht ebenfalls noch ein Anwendungsfeld. Ferner verweist die Hamburger KaibetrO teilweise auf § 430 HGB; BGH-Urteile vom 19. 2. 1971, VersR 1971, 617 und 623.

Liegen die AGNB dem Frachtvertrag zugrunde, so sind die Absätze 1 und 2 des § 430 durch § 18 AGNB ausgeschlossen. Im innerdeutschen Güterfernverkehr gelten anstelle der §§ 430 Abs. 1 und 2 die §§ 35 Abs. 1–3 KVO und 32 Abs. 1 KVORb; Ausnahmen siehe in den Anm. zu § 4 GüKG, Anhang I nach § 452. Im internationalen Güterfernverkehr trifft Art. 23 Abs. 1 und 2 CMR eine eigene, dem § 430 Abs. 1 und 2 HGB ähnliche Regelung. Die Anwendbarkeit des § 430 ist daher auch als Ergänzung ausgeschlossen.

Soweit § 430 noch gilt, ist seine Bedeutung stark gemindert durch die überall zusätzlich vorgesehenen festen Haftungsbegrenzungen; siehe dazu Anm. 42, 44, 52, 60, 68, 69 zu § 429; zum Überblick über das gesamte Frachtrecht siehe Helm, Haftung, S. 142ff. Für § 430 Abs. 3 ist die Frage seiner Anwendbarkeit teilweise problematisch. Soweit die haftungsbeschränkenden Spezialbestimmungen ihre Wirksamkeit bei Verschulden des Frachtführers selbst regeln, ist § 430 Abs. 3 jedenfalls ausgeschlossen; vgl. § 38 KVORb; Art. 29 CMR; § 11 Abs. 5 BefBMö. Im übrigen ist nach richtiger Auffassung § 430 Abs. 3 anwendbar; siehe hierzu Anm. 22.

II. Voraussetzungen der Haftungsbeschränkung Anm. 2

1. Verlust oder Beschädigung

a) Verlust

§ 430 Abs. 1 setzt voraus, daß ein Schaden durch ganzen oder teilweisen Verlust des Gutes eingetreten ist. „Verlust“ ist neben dem „Verlorengehen“ auch der tatsächliche Untergang, der Verlust der Verfügungsmöglichkeit durch Falschauslieferung oder dauernde Beschlagnahme, sowie die völlige Entwertung; siehe dazu Anm. 4 zu § 429; zum Teilverlust unten Anm. 17.

b) Beschädigung Anm. 3

§ 430 Abs. 2 beschränkt auch die Haftung für die Beschädigung des Frachtguts. Beschädigung ist jede wertmindernde substantielle Veränderung des Frachtguts (siehe Anm. 6 zu § 429). Führt die Beschädigung zur völligen Entwertung oder zum Verlust eines gemeinen Werts oder gemeinen Handelswerts, so liegt Verlust des Frachtguts vor (vgl. Anm. 4 zu § 429). In Betracht kommen auch Ansprüche wegen Teilverlusts oder Teilbeschädigung; siehe unten Anm. 17.

2. Ersatzanspruch aufgrund des Frachtvertrags Anm. 4

Der Ersatzanspruch muß aus dem Frachtvertrag begründet sein. Zumeist wird es sich dabei um Ansprüche aus § 429 Abs. 1 HGB oder speziellen Regelungen der Obhutshaftung handeln. Es kommen aber auch andere Ansprüche aus Vertrag in Betracht, wenn sie nur den Verlust des Frachtguts betreffen; so z.B. Verspätungsschäden durch Verderb des Frachtguts, Ansprüche wegen Verletzung von Nebenpflichten, die zum Verlust des Frachtguts führen; siehe etwa Anm. 11 zu § 437.

Nach weitaus herrschender Meinung soll sich die Anwendung des § 430 Abs. 1, 2 jedoch auf den Fall beschränken, daß der Anspruch auf die Obhutshaftung wegen Verlust und Beschädigung in § 429 Abs. 1 gestützt ist (Schlegelberger/Geßler Anm. 1 zu § 430; Heymann/Kötter Anm. 1 zu § 430, 3 zu § 429; Ritter Anm. 2, 3 zu § 430; nicht eindeutig BGH vom 23. 3. 1966, BGHZ 46, 140 (143) und vom 19. 2. 1971, VersR 1971, 623 (624).

Für Verspätungsschäden am Frachtgut sowie Schäden, die noch auf andere vertragliche Anspruchsgrundlagen als § 429 Abs. 1 gestützt sind, soll unbeschränkt gehaftet werden. Die für diese Meinung angeführten Begründungen vermögen kaum zu überzeugen. Der Wortlaut des § 430 Abs. 1 HGB läßt keinerlei solche Einschränkungen erkennen. Die Argumentation aus § 397 ADHGB ist kaum noch überzeugend. Der historischen Auslegungsmethode wird heute im allgemeinen keine große Bedeutung mehr zugebilligt. Dies gilt in besonderem Umfang für solche Gebiete, in denen die technische Entwicklung die Verhältnisse stark verändert hat. Im Transportwesen ist dies der Fall, da sich die moderne Transporttechnik seit 1858 bzw. 1897 völlig verändert hat. Die Beratungen zum ADHGB und HGB fanden in einer Zeit statt, in welcher der Landtransport von Gütern auf der Straße noch ganz mit Pferdefuhrwerken bewältigt werden mußte; auch die Lade-, Verpackungs-, und Kühltechnik hat sich vollkommen verändert. Daneben hat sich die zivilrechtliche Dogmatik mit der Entwicklung der positiven Vertragsverletzung und der dazugehörigen Beweislastregelung seit damals so wesentlich gewandelt, daß die Argumentationen aus der Entstehungszeit des Gesetzes durchweg nicht mehr zutreffen. Nach der historisch-systematischen Begründung der hier bekämpften Meinung soll die Haftungsbeschränkung ursprünglich als Gegenstück zum verschärften Haftungsgrundsatz (bis zur höheren Gewalt) des § 395 ADHGB gedacht gewesen sein und nur durch ein Versäumnis des Gesetzgebers soll es unterblieben sein, bei der Abmilderung der Obhutshaftung durch die Novelle von 1897 die Haftungsbegrenzung abzuschaffen. Wie zweifelhaft schon die historischen Grundlagen dieser Argumentation sind, ergibt sich aus den im Urt. des BGH vom 13. 3. 1966 (BGHZ 46, 140 (142f.)) angegebenen Quellen. Nicht einmal in den Beratungen über die Regelungen des ADHGB herrschte über die Frage Einigkeit. Im übrigen beruht die Argumentation, die eine Einschränkung des Anwendungsbereichs des § 430 begründen will, auf einer unzutreffenden Koppelung zwischen angeblich noch immer verschärfter Obhutshaftung und Beschränkung auf Wertersatz. Die frachtrechtliche Obhutshaftung nach § 429 HGB ist gegenüber der Haftung aus positiver Vertragsverletzung nach heutiger Rechtssprechung im Haftungsgrundsatz nicht mehr verschärft; siehe Anm. 19 zu § 429. Das kann kaum mehr bestritten werden, auch wenn der BGH an der These von der Haftungsverschärfung festhält. Eine Verschärfung der frachtrechtlichen Haftung kann allenfalls in der Erweiterung des Kreises der zurechenbaren Gehilfenhandlungen durch § 431 HGB gesehen werden; insoweit zutreffend BGHZ 46, 140 (145). Diese Verschärfung gilt aber unstreitig für alle frachtvertraglichen Ansprüche (siehe Anm. 2 zu § 431), so daß aus ihr keine zwischen der Obhutshaftung und anderen vertraglichen Haftungsgründen unterscheidenden Gesichtspunkten gewonnen werden können.

Die behauptete Korrelation zwischen der Verschärfung des Haftungsgrundsatzes und der Beschränkung des Haftungsumfangs kann auch rechtssystematisch nicht nachgewiesen werden. Wäre sie zwingend, so müßte auch die Haftung des Kommissionärs (§ 390), des Spediteurs (§§ 407 Abs. 2, 390) und des Lagerhalters (§§ 417 Abs. 1, 390) im Umfang beschränkt sein, denn auch in diesen Fällen gilt der Grundsatz der Haftung für vermutetes Verschulden. In Wahrheit beruhen dagegen die Haftungsbeschränkungen des Frachtrechts vor allem auf für den Transport typischen Umständen: Die Gefährdung des Gutes beim Transport ist als von beiden Parteien in Kauf zu nehmendes typisches Vertragsrisiko erheblich größer als bei anderen Verträgen, etwa bei Lager- oder Kommissionsverträgen; zutreffend BGH vom 23. 3. 1966, BGHZ 46, 140 (145f.). Dem Frachtführer ist in vielen Fällen, z.B. wenn das Gut verpackt ist, nicht einmal die wirkliche Beschaffenheit bekannt. Die Konsequenzen des Verlustes oder der Beschädigung sind für ihn weder überschaubar noch kalkulierbar. Im Gegensatz etwa zum Verkäufer oder Werkunternehmer kann er sich über die spätere Verwendung aller unterschiedlichen von ihm beförderten Güter keine präzisen Vorstellungen machen, da ihm diesbezügliche Branchenkenntnisse fehlen. Das Folgeschadenrisiko findet auch im Preis der Beförderung keinen kalkulatorischen Niederschlag. Es scheint daher gerechtfertigt, bei leichter Fahrlässigkeit (vgl. § 430 Abs. 3) seine Ersatzpflicht auf die unmittelbaren Schäden am Frachtgut zu beschränken und die Schadensbemessung objektiv zu gestalten, d. h. zugleich einem vereinfachten Verfahren zu unterwerfen. Siehe hierzu ausführlich und zutreffend Schlechtriem, Vertragsordnung und außervertragliche Haftung, 1972, S. 372ff. Die dargestellte frachtrechtliche Ausgangslage führte bisher weltweit zu Haftungsbegrenzungen ähnlicher und noch viel einschneidenderer Art. Vgl. dazu Anm. 1.

Im übrigen muß darauf hingewiesen werden, daß in den vergangenen Jahren zunehmend Bedenken gegen das im deutschen Schadensersatzrecht grundsätzlich verwirklichtes Alles-oder-nichts-Prinzip geäußert worden sind. Es kann daher nicht davon ausgegangen werden, daß § 430 HGB eine modernem Rechtsdenken widersprechende, den Frachtführer einseitig begünstigende, veraltete Vorschrift sei. Zu ihrer einschränkenden Auslegung besteht auch aus diesem Grund kaum ein Anlaß.

Daß § 430 HGB dem Absender keine Möglichkeit gibt, den Ersatz eines weitergehenden Interesses zu sichern, muß zugegeben werden. Die CMR gestattet in Art. 26 dem Absender, gegen Aufpreiszahlung ein besonderes Lieferinteresse zu deklarieren und damit eine höhere Haftung zu erzwingen. Diese sicherlich modernere, für beide Parteien befriedigendere Lösung, die auch schon in § 660 HGB entsprechend den Haager Regeln vorgezeichnet war, wäre auch als Modell für eine innerstaatliche Neuregelung des Frachtrechts zu befürworten.

Nach dem Gesagten rechtfertigt sich die „milde" Haftungsbeschränkung des § 430 aus der besonderen Art des Schadensrisikos beim Gütertransport. § 430 verlangt daher eine Anwendung überall, wo eine entsprechende Risikolage vorliegt, gleich auf welche Art von vertraglichen Anspruchsgrundlagen der konkret erhobene Anspruch gestützt wird.

Von diesen Erwägungen ist auch der Fall nicht auszunehmen, daß der Verlust oder die Beschädigung durch (leicht fahrlässige) Überschreitung der Lieferfrist entstanden ist, z.B. durch Verderb wegen zu langem Transport. Wollte man in solchen Fällen mit Heymann/Kötter Anm. 3 zu § 429 eine unbeschränkte Haftung des Beförderers annehmen, so würde diese Gruppe von Fällen – die stets zugleich unter die Obhutshaftung fallen – eine besondere Risikogruppe in der Kalkulation des Frachtführers darstellen. Dies wäre nur gerechtfertigt, wenn sich die (leicht fahrlässige) Transportverzögerung als besonders schwere Vertragsverletzung darstellen würde. Schwere Verletzungen (z.B. verspätete Abfertigung von Gütern, die als verderblich bezeichnet sind) fallen ohnehin nach § 430 Abs. 3 als grobfahrlässig nicht unter die Haftungsbeschränkungen. Warum leicht fahrlässige Güterschäden unterschiedlich behandelt werden sollen, je nachdem ob sie durch Verzögerung oder durch andere Fehler entstanden sind, ist schlechterdings nicht einzusehen. Auch das Argument von Kötter, Heymann/Kötter, Anm. 3 zu § 429, im Unterbleiben der Beförderung innerhalb der Lieferfrist läge eine Verletzung gerade der Hauptpflicht des Frachtführers, vermag nicht zu überzeugen. Wird das Gut verspätet befördert, so ist die Hauptpflicht an sich erfüllt; Mängel bei der Ausführung dieser Verpflichtung in zeitlicher Hinsicht (Verspätung) und in sachlicher Hinsicht (unzulängliche Behandlung des Frachtguts) stehen kaum in einem eindeutigen Rangverhältnis hinsichtlich der Schwere der Vertragsverletzung.

Nach alledem ist (mit Ratz in der Voraufl. und dem OLG Bremen VRS 4, 301) entgegen der herrschenden Meinung davon auszugehen, daß § 430 HGB für alle vertraglichen Ansprüche auf Ersatz von Güterschäden, gleich auf welcher Anspruchsgrundlage sie beruhen, anzuwenden ist.

Anm. 5

III. Inhalt der Haftungsbeschränkung

1. Beschränkung auf Wertersatz bei Totalverlust (§ 430 Abs. 1)

a) Grundsätzliche Wirkung der Haftungsbeschränkung

Die in § 430 Abs. 1, 2 festgelegte Beschränkung auf den Wert des Frachtguts verbirgt eine dreifache Haftungsbeschränkung.

aa) Ausschluß der Naturalrestitution

Durch § 430 Abs. 1 wird die Schadensersatzschuld zur Wertersatzschuld umgestaltet. Diese ist ihrem Leistungsgegenstand nach Geldschuld. Damit ist § 249 S. 1, 2 BGB, der dem Ersatzberechtigten grundsätzlich die Wahl zwischen Naturalrestitution und Geldersatz läßt, nicht anwendbar; unstreitig, siehe Helm, Haftung, S. 142f. mit weiteren Nachweisen; Heuer, Haftung des Frachtführers nach der CMR, 1975, S. 116.

Anm. 6

bb) Ausschluß mittelbarer Schäden

Da § 430 HGB umschreibt, worin die Ersatzleistung im Fall des Güterverlustes besteht, sind für diesen Fall alle darüber hinausgehenden Schäden (insbesondere die an anderen Gütern entstehenden Folgeschäden) aus der Ersatzpflicht ausgeschlossen. Dies stellt eine Ausnahme zu der nach § 249 nach h.M. geltenden Differenzmethode der Schadensberechnung dar; unstr.; siehe Helm, Haftung, S. 147ff.; zur CMR OLG Frankfurt, VersR 1978, 169 (172); Heuer, Haftung des Frachtführers nach der CMR, 1975, S. 117. Damit ist die Geltendmachung eines bei Verlust des Gutes bereits entstandenen Verspätungsschadens neben dem Wertersatz nicht ausgeschlossen; so zutreffend Heymann/Kötter Anm. 1 zu § 431.

Anm. 7

cc) Beschränkung auf einen bestimmten Wert

Der am Gut entstandene Schaden ist gem. § 430 nach dem dort bestimmten Wertberechnungsansatz zu berechnen. Andere Wertberechnungen, z.B. die sonst im Schadensersatzrecht unter Zugrundelegung eines Deckungskaufes oder eines bestimmten Verkaufsgewinns (konkrete Schadensberechnung) üblichen, sind damit ausgeschlossen.

Anm. 8

dd) Wertersatz auch bei geringerem Schaden

Der Wortlaut des § 430 Abs. 1 schließt nicht aus, daß die Vorschrift den Wertersatzanspruch auch gewähren will, wenn dem Geschädigten ein entsprechender Schaden nicht entstanden ist – z.B. bei leicht verderblicher, am Ankunftsort aber schwer verkäuflicher oder unverkäuflicher Ware. Bei solcher Auslegung würde § 430 Abs. 1 keine Schadensbegrenzung, sondern am Wert des Gutes orientierte Schadenspauschalierung anordnen.

Anm. 9

aaa) Kein Schaden beim Anspruchsberechtigten

In jedem Fall muß ein Schaden entstanden sein. Fehlt es bereits daran, so kann kein Schadensersatzanspruch entstehen, § 430 HGB findet kein Anwendungsfeld. Unstr., vgl. RGZ 117, 131 (136).

Allerdings kann es problematisch sein, ob ein Schaden bereits fehlt, wenn die Schadensfolgen des Verlustes oder der Beschädigung des Frachtguts nicht beim Absender oder Empfänger, sondern bei einem Dritten entstehen. In solchen Situationen fallen nur Schaden und Ersatzberechtigung auseinander. Diese Fälle können mit Hilfe der Drittschadensliquidation gelöst werden, die im Landfrachtrecht zugunsten des Empfängers durch § 435 HGB bereits großzügig zugelassen ist. Ergänzend können die bürgerlich-rechtlichen Grundsätze für Schadensliquidation im Drittinteresse herangezogen werden; vgl. dazu v. Caemmerer, ZHR 127 (1965), S. 241, bes. S. 251. Danach bleiben wohl kaum praktisch bedeutsame Fälle übrig, an denen es an der Voraussetzung eines liquidierbaren Schadens überhaupt fehlt. Siehe im einzelnen dazu Anm. 36 zu § 429 HGB.

bbb) Schaden unter der Wertgrenze **Anm. 10**

Problematisch ist demgegenüber der Fall, daß der Schaden unter dem nach § 430 berechneten Wert liegt. Nach der Rspr. des ROHG und des RG wurde die Wertberechnung als eine Form abstrakter Schadensberechnung betrachtet, die es nicht nur ausschließt, einen höheren Schaden geltend zu machen, sondern auch den Frachtführer daran hindert, sich auf einen niedrigeren konkreten Schaden zu berufen; ROHG 13, 393 (395); RGZ 100, 103 (104); 117, 131 (133).

Dieser Rechtsprechung zustimmend Baumbach/Duden, Anm. 1 B zu § 430 HGB; Heymann/Kötter Anm. 2 zu § 430 HGB; von Caemmerer, ZHR 127, 251. Dagegen Ritter, Anm. 4 g zu § 430 und ihm folgend Schlegelberger/Geßler Anm. 8 zu § 430, allerdings nur für einzelne Fälle; siehe ebendort Anm. 16.

Die herrschende Meinung rechtfertigt sich aus dem Zweck des § 430, die Schadensermittlung zu vereinfachen (v. Caemmerer a.a.O.). Es ist einleuchtend, daß die persönlichen Verhältnisse des Geschädigten weder zu seinen Gunsten noch zu seinen Ungunsten zu berücksichtigen sind. Abzulehnen ist daher die diesen Grundsätzen widersprechende Meinung, der Ersatzberechtigte (z.B. der Empfänger) könne den vollen Wert nicht verlangen, wenn z.B. der Dritt-Eigentümer von ihm geringeren (oder keinen) Ersatz fordere; so Baumbach/Duden Anm. 1 B zu § 430; Schlegelberger/Geßler Anm. 8 zu § 430.

Voller Wertersatz ist also auch zu leisten, wenn der Ersatzberechtigte dem Dritten, bei dem der Schaden im Endergebnis eintritt, aufgrund seiner allgemeinen Geschäftsbedingungen oder aus anderen Gründen keinen Ersatz schuldet. Der Fall, daß die Preisgefahr bereits auf den Abkäufer des Ersatzberechtigten übergegangen war, läßt sich mit der Schadensliquidation im Drittinteresse lösen (vgl. Anm. 36 zu § 429).

Ist der Ersatzberechtigte Spediteur, so schuldet er seinem Auftraggeber zwar im allgemeinen keinen Ersatz, hat diesem aber die Ansprüche gegen den Frachtführer abzutreten; vgl. § 52 ADSp, Anh. I nach § 415 und die dortige Anmerkung. Maßgeblich für die Wertberechnung muß danach der Schaden des Auftraggebers des Spediteurs sein.

b) Berechnung der Entschädigung bei Totalverlust **Anm. 11**

aa) Gemeiner Handelswert; gemeiner Wert

Der gemeine Handelswert ist der Börsen- oder Marktwert der Handelsware (RGZ 98, 151; 96, 125). Dieser kann sich nicht nur nach dem freien Markt, sondern auch nach behördlich festgesetzten Preisen richten; Heuer, Die Haftung des Frachtführers nach der CMR, 1975, S. 119. Für Güter, die nicht kaufmännisch gehandelt werden, kann sich im allgemeinen kein solcher Handelswert bilden; daher muß „in dessen Ermangelung" der gemeine Wert maßgeblich sein. Der gemeine Wert ist der Preis („allgemeiner Verkäuflichkeitswert", RGZ 117, 131 (133)), den ein Gut gleicher Art und Güte ohne Berücksichtigung der besonderen Verhältnisse der Parteien bei einem Verkauf erzielen würde. Bei marktgängiger Ware sind demnach nicht die Kosten der Wiederbeschaffung maßgeblich; siehe zum Verlust von Zeitschriften, deren Neudruckkosten den Verkaufserlös übersteigen: BGH vom 28. 2. 1975, VersR 1975, 658 (659) = DB 1975, 1073f. Außer Betracht bleiben danach die konkreten Geschäftsbeziehungen des Geschädigten, die es ihm ermöglichen würden, einen besseren

Preis zu erzielen oder die einen Verkauf erschweren würden; zutreffend Heuer, Haftung des Frachtführers nach der CMR, 1975, S. 120. Ebenso können die Besonderheiten des Verhältnisses zwischen Absender und Empfänger nicht berücksichtigt werden. Soweit ein Börsen- oder Marktpreis nicht feststellbar ist, wird der gemeine Handelswert bzw. gemeine Wert durch Sachverständige zu ermitteln sein. Siehe aber zum Nachweis unten Anm. 14.

Die Zugrundelegung des Verkaufswertes ist allerdings zu rechtfertigen, wenn es sich um Güter handelt, die zum Verkauf bestimmt sind. Zumindest wenn der Ersatzberechtigte eine Privatperson ist, muß nach richtiger Auffassung der Kaufpreis, den er entrichten müßte, als gemeiner Wert betrachtet werden; so zutreffend RGZ 98, 150 (152), für gebrauchte Kleidung im Ersten Weltkrieg.

Der gemeine Handelswert oder gemeine Wert ist abhängig von der Handelsstufe, z.B. ist der Verkaufswert auf der Großhandelsstufe regelmäßig niedriger als auf der Einzelhandelsstufe. Nach richtiger Auffassung (Heymann/Kötter Anm. 2 zu § 430; Schlegelberger/Geßler Anm. 10 zu § 430) ist die Handelsstufe des Ersatzberechtigten (Absenders oder Empfängers), vgl. § 435 HGB und die dortige Anmerkung, maßgeblich. Ist ein Spediteur Empfänger, so kommt es auf dessen Auftraggeber an.

Anm. 12 **bb) Am Ort und zur Zeit der Ablieferung**

§ 430 HGB geht vom Wert am Ort der Ablieferung aus. Gemeint ist damit der Ort, der im Frachtvertrag als Ablieferungsort vorgesehen ist; das gleiche gilt für die Ablieferungszeit; stellen sich Preisschwankungen innerhalb der Lieferfristspanne heraus, so ist auf den bei normaler Abwicklung des Frachtvertrags wahrscheinlichen Tag der Ablieferung zu stellen. Dies erscheint richtiger als mit Heymann/Kötter Anm. 3 zu § 430 auf den Ablauf der Lieferfrist als maßgeblichen Zeitpunkt abzustellen. Mit dem wahrscheinlichen Ablieferungstag nähert sich der Wertersatz dem wirklichen Schaden am ehesten. Es darf keiner Partei überlassen bleiben, den für sich günstigsten Zeitpunkt herauszusuchen. Siehe vergleichend zu anderen Gebieten des Frachtrechts unten Anm. 18.

Anm. 13 **cc) Abzug von Ersparnissen**

Da der Wert am Bestimmungsort zugrunde gelegt wird, ist die im allgemeinen durch den Transport bewirkte Wertsteigerung schon inbegriffen. Die Transportkosten werden also im Wertermittlungsverfahren bereits berücksichtigt. Durch den Verlust oder die Beschädigung können für den Empfänger aber auch Ersparnisse entstehen, z.B. Zölle, Gebühren, Rollgeld, Speditionskosten usw. Diese Ersparnisse werden daher vom ermittelten Wert wieder abgezogen.

Anm. 14 **dd) Beweislast für den Wert**

Da der Wertersatz an die Stelle des Schadensersatzes tritt, trägt der Geschädigte für die Höhe des Wertes die Beweislast – ebenso wie er die Schadenshöhe beim Schadensersatz zu beweisen hat.

Liegt der Kaufpreis am maßgeblichen Ort zur maßgeblichen Zeit durch den betreffenden durch die Beförderung ausgeführten Kaufvertrag fest, so ist mangels abweichenden Parteivortrags davon auszugehen, daß dieser Preis dem Marktpreis entspricht; OLG Nürnberg vom 14. 6. 1965, ETR 1971, S. 247 (262) (zur CMR). Dies gilt zumindest dann, wenn die Beförderung im Auftrag des Empfängers erfolgt ist.

Hat der Empfänger entsprechende Ware aus anderer Lieferung zum etwa gleichen Zeitpunkt verkauft, so bietet dieser Verkauf den Anhaltspunkt für die Wertermittlung; RGZ 117, 131 (134) für eine Rechnung des Absenders an den Empfänger/Käufer. Hierin liegt keine Zulassung der konkreten Schadensberechnung (vgl. oben Anm. 10), sondern nur die Annahme einer Wahrscheinlichkeit, daß der Empfänger die Ware zu Marktpreisen verkaufen wird. Der Frachtführer kann diesen prima facie-Beweis entkräften, indem er nachweist, daß der vom Empfänger zu erzielende Preis auf besonderen Umständen beruht, also nicht dem gemeinen Handelswert oder gemeinen Wert entspricht.

c) Wiederauffindung verlorener Güter; Ersatzansprüche gegen Dritte (§ 255 BGB) **Anm. 15**

Umstritten ist die Rechtslage, wenn die verlorene Sache wieder auftaucht, z.B. bei irrtümlicher Falschauslieferung, bei Diebstahl, bei Aufhebung einer zunächst für endgültig erklärten Beschlagnahme des Frachtguts. Unstreitig ist hierzu nur, daß die Geltendmachung und Erfüllung des Ersatzanspruchs auf die Eigentumsverhältnisse keinen unmittelbaren Einfluß haben kann, da diese Vorgänge rein schuldrechtlicher Natur sind. Streitig ist jedoch, ob dem Frachtführer ein Anspruch auf Abtretung von Ersatzansprüchen nach § 255 BGB oder aus Bereicherungsrecht zusteht oder ob er wenigstens die Herausgabe des Frachtguts bis zur Rückzahlung der Entschädigung verweigern kann.

Auszugehen ist zunächst davon, daß es sich – rückwirkend betrachtet – in dem Falle der Wiedererlangung sachlich nicht um endgültigen Verlust, sondern um verspätete Auslieferung, evtl. verbunden mit Beschädigung oder Teilverlust, handelt. Wird das Frachtgut nach kurzer Zeit wieder aufgefunden, so liegt überhaupt kein Verlust, sondern nur Verspätung vor; siehe BGH vom 28. 2. 1975, VersR 1975, 658 (Wiederauffinden eines gestohlenen LKW nach 4 Tagen). Die Entschädigungsansprüche wegen Verlust werden dem Geschädigten nur gewährt, weil ihm in der ungeklärten Situation eine längere Ungewißheit angesichts der Vertragsverletzung des Frachtführers nicht zugemutet werden kann. Dies wird deutlich in den spezialgesetzlichen Vorschriften, die dem Berechtigten nach Ablauf einer bestimmten Frist gestatten, das Frachtgut ohne weiteres als verloren zu betrachten, ihm also die Wahl lassen, ob er noch zuwarten und bei Güterauffindung den Auslieferungsanspruch zuzüglich Lieferfristentschädigung, oder ob er gleich die Verlustentschädigung verlangen will (vgl. Anm. 4 zu § 429). Obwohl nach HGB-Landfrachtrecht eine solche feste Regelung nicht besteht, ist die Grundlage dennoch die gleiche. Hat sich der Geschädigte für die Geltendmachung der Verlustentschädigung entschieden und diese geltend gemacht, so kann man davon ausgehen, daß seine geschäftliche Disposition die Wiedererlangungsmöglichkeit nicht mehr einschließt; er wird Ersatz beschaffen oder sonst Vorsorge treffen. Daher kann von ihm nicht erwartet werden, daß er das Frachtgut nach Wiederauffindung wieder an Stelle des Wertersatzes akzeptiert. Hieraus ergibt sich, daß bei Wiederauffindung des Frachtguts der Ersatzanspruch nicht entfällt. Es bleibt vielmehr beim Geldersatz, weil man den Geschädigten nicht zwingen kann, nochmals umzudisponieren. Andererseits ist es vertretbar, ihm auch nach Geltendmachung des Schadensersatzanspruchs ein Wahlrecht auf Auslieferung der Sache gegen Rückerstattung des bereits empfangenen Geldersatzes oder Erlaß der betreffenden Ansprüche zuzubilligen.

Selbstverständlich stehen alle diese Erwägungen einer gütlichen Einigung nicht im Wege. Da der Frachtführer in aller Regel kein Interesse am Frachtgut und seiner Verwertung hat, dürfte sich die Problematik auf die Fälle konzentrieren, in denen der Ersatzberechtigte kein Interesse mehr am Frachtgut hat.

Vom dargelegten Standpunkt aus stellt sich dann die Frage, wem das wiederaufgefundene Frachtgut wirtschaftlich zuzuweisen ist. In einem Teilbereich kann das Problem mit § 255 BGB gelöst werden. Der Frachtführer kann, wenn diese Vorschrift anwendbar ist, vom Ersatzberechtigten die Abtretung etwaiger auf das Eigentum gegründete Ansprüche gegen Dritte, z.B. gegen den Dieb, verlangen. Die Meinungen über die Anwendbarkeit des § 255 gehen jedoch auseinander. Teilweise wird angenommen, § 255 könne überhaupt nicht eingreifen, weil im Falle des § 430 HGB kein voller Schadensersatz, sondern nur Wertersatz geleistet werde (Heymann/Kötter Anm. 2 zu § 430); dem Frachtführer stehe nur ein Zurückbehaltungsrecht an der wiedererlangten Sache bis zur Rückzahlung der Entschädigung zu. Die letztere Auffassung kann schon deshalb nicht zutreffend sein, weil ein Rückzahlungsanspruch hinsichtlich der Entschädigung und damit ein Zurückbehaltungsrecht kaum begründet werden kann. Die h.M. will § 255 nur insoweit anwenden, als der Geschädigte durch die Erlangung von Entschädigung und Frachtgut tatsächlich ungerechtfertigt bereichert wäre; Schlegelberger/Geßler Anm. 18 zu § 430; Baumbach/Duden, Anm. 2 A zu § 430; Ratz in der Vorauflage Anm. 5 mit weiteren Hinweisen auf ältere Literatur.

Der Auffassung, nach der § 255 BGB hier nicht gelten soll, kann jedoch nicht zugestimmt werden. Nach der herrschenden, auch hier vertretenen Auffassung ist der Wertersatzanspruch nach § 430 ein Fall abstrakter Schadensberechnung, die zugunsten, aber auch zu Lasten des Frachtführers vom konkreten, an der Sache entstandenen Schaden abweichen kann. Nur hinsichtlich der Folgeschäden enthält § 430 HGB eine echte Haftungsbeschränkung. Diese ist aber gegenüber § 255 BGB ohne Belang, da sich diese Vorschrift ohnehin nicht auf Folgeschäden, sondern nur auf Surrogate für den Sachverlust bezieht. Danach handelt es sich bei dem durch § 430 HGB umschriebenen Anspruch um einen Schadensersatzanspruch, auf den § 255 BGB anwendbar ist.

Ist der (vom Frachtführer realisierbare) Wert des wiederaufgefundenen Frachtguts größer als die nach § 430 HGB berechnete Entschädigung, so kommt auch kein Bereicherungsanspruch des Ersatzberechtigten in Betracht, da die gesetzliche Anordnung der abstrakten Schadensberechnung als causa die Differenz zwischen wirklichem Schaden und Wertersatz deckt – gleich zu wessen Gunsten sie sich ergibt.

Danach kann im Falle der Wiederauffindung auf die allgemeinen, im bürgerlichen Recht entwickelten Grundsätze für die Vorteilsausgleichung zurückgegriffen werden. Zwar sind hierfür keine ausdrücklichen gesetzlichen Regelungen vorhanden. Die Rechtsprechung zur „Restwert-Anrechnung" geht jedoch von der Prämisse aus, der Schadensersatz solle nicht zu einer wirtschaftlichen Besserstellung des Geschädigten führen, andererseits solle aber der Schädiger auch nicht unbillig begünstigt werden. Maßgeblich ist dabei die Zumutbarkeit (BGH vom 17. 6. 1953, BGHZ 10, 107 (108); bestätigend BGH vom 24. 3 1959, BGHZ 30, 29 (33). Für bestimmte Fälle des Totalschadens bei Kraftfahrzeugen hat die Rechtsprechung dem Geschädigten vollen Ersatz gegen „Zurverfügungstellung" des geschädigten Fahrzeugs zugebilligt: BGH vom 29. 6. 1965, NJW 1965, 1756f.; KG, NJW 1972, 496f. Dies läuft darauf hinaus, dem Schadensersatzpflichtigen die Zurückbehaltung zu erlauben, solange ihm die geschädigte Sache nicht übertragen ist. Konsequenterweise müßte dem Zurückbehaltungsrecht ein Gegenanspruch auf Herausgabe der Sache zugrunde liegen, der auch geltend gemacht werden könnte, wenn der volle Schadensersatz bereits geleistet ist. Jedenfalls wurde in den genannten Urteilen das Verwertungsrisiko dem Schädiger aufgebürdet.

In unserem Falle ist die Rechtslage ähnlich. Ist die Entschädigung für vollen Verlust bereits gezahlt oder doch so geschuldet, daß sich der Geschädigte wirtschaftlich darauf einstellen durfte, so ist ein nachträglicher Wegfall des Ersatzanspruchs und Auslieferung der Sachen dem Geschädigten nicht mehr zumutbar. Das Verwertungsrisiko der Sache trägt dann der Frachtführer. Es bleibt nur die Möglichkeit, dem Frachtführer als Schädiger dann einen Herausgabeanspruch auf die geschädigte Sache zu geben. Der Frachtführer kann somit vom Ersatzberechtigten Übereignung der verlorenen Sache (regelmäßig nach § 931 BGB) verlangen, auch nach § 273 Zug um Zug die Zahlung der Entschädigung von der Herausgabe abhängig machen.

Gehörte das Frachtgut nicht dem Ersatzberechtigten, wird also Drittschaden liquidiert, so kann der Frachtführer gleichwohl vom Ersatzberechtigten die Übereignung verlangen. Dies ergibt sich daraus, daß die Zuhilfenahme der Drittschadensliquidation für den Schädiger nicht zum Nachteil werden darf. Der Ersatzberechtigte kann in diesem Fall seinerseits den geschädigten Eigentümer zwingen, die Übereignung zu erklären, bevor er ihm die Ersatzleistung weiterleitet. Danach kann sich der Frachtführer auf ein Zurückbehaltungsrecht nach § 273 BGB beufen, bis ihm entweder die Ansprüche gegen Dritte nach § 255 BGB abgetreten werden und/oder das Frachtgut übereignet wird (Zug um Zug).

Diese Lösung kann allerdings nur für die Wertersatzbeschränkung nach § 430 gelten. Sie läßt sich nicht auf (einseitig) summenmäßige Haftungsbegrenzungen der frachtrechtlichen Sonderordnungen übertragen, da sie dort regelmäßig zum Erwerb des vollen Frachtguts gegen einen begrenzten Anspruch führen würde.

2. Wertersatz bei Beschädigung (§ 430 Abs. 2) Anm. 16

Für den Fall der Beschädigung ist nach § 430 Abs. 2 HGB die Wertdifferenz zwischen dem Gut im beschädigten und unbeschädigten Zustand zu ersetzen. Auch hier liegt der gemeine Handelswert bzw. gemeine Wert am Ort und zu der Zeit (allerdings der wirklichen) Ablieferung zugrunde. Auf den konkreten Schaden, auch auf den konkret berechneten Wertverlust kann weder zugunsten des Geschädigten noch zugunsten des Frachtführers zurückgegriffen werden. Es sind daher zwei abstrakt zu berechnende Größen miteinander zu vergleichen: Der wirkliche Wert des beschädigten Guts bei Ablieferung und der hypothetische Wert, den das Gut in unbeschädigtem Zustand im gleichen Zeitpunkt und am gleichen Ort gehabt hätte.

Vom Wertersatz für beschädigtes Gut ist wie bei Verlust die Einsparung an Zöllen abzuziehen.

3. Wertersatz bei Teilverlust und Teilbeschädigung Anm. 17

Erhebliche Unklarheit besteht in der Literatur hinsichtlich des in § 430 erwähnten Teilverlustes oder Teilbeschädigung. Zunächst ist die Auffassung von Schlegelberger/Geßler, Anm. 5 zu § 430 strikt abzulehnen, der neben dem Teilverlust noch einen besonderen Begriff der Minderung einführen will; siehe dazu Anm. 4 und 5 zu § 429. Stattdessen kommen nur vier Begriffe in Betracht: Totalverlust, Teilverlust, Beschädigung der gesamten Sendung und Teilbeschädigung.

Führen Verlust oder Beschädigung eines Teils des Gutes zur völligen Wertlosigkeit, so liegt, juristisch gesehen, Totalverlust vor; siehe Anm. 4 zu § 429. Die Entschädigung ist nach dem oben Anm. 11ff. Dargelegten zu berechnen. Ist die Folge einer Beschädigung von Teilen der Sendung eine Wertminderung der gesamten Sendung, so liegt Beschädigung der gesamten Sendung vor; siehe Anm. 6 zu § 429. In den übrigen Fällen bereitet schon die Abgrenzung zwischen Teilverlust und Beschädigung erhebliche Schwierigkeiten. So könnte man den Diebstahl des fachgerecht herausmontierten Motors aus einem beförderten Kraftfahrzeug als Beschädigung, aber auch als Verlust eines Kraftfahrzeugteils und damit als Teilverlust betrachten. Ob eine Packung beschädigt ist, wenn einzelne der in ihr verpackten Gegenstände zerstört sind, kann ebenfalls zweifelhaft sein. Ferner ist problematisch, was § 430 mit „dem Gut" meint, wenn verschiedenartige Gegenstände unter einem Frachtvertrag reisen.

Grundsätzlich ist davon auszugehen, daß die gesamte, unter einem Frachtvertrag beförderte Sendung „das Gut" i.S.d. § 430 darstellt. Geht einer von mehreren

Gegenständen verloren, so liegt Teilverlust, wird einer von mehreren Gegenständen beschädigt, liegt Teilbeschädigung vor.

Die unterschiedlichen Fallgruppen sind also wie folgt zu behandeln:

a) Von einer einheitlichen unter einem Frachtvertrag (z. B. unter einem Frachtbrief) aufgegebenen Sendung geht ein Teil verloren (Teilverlust) oder wird ein Teil beschädigt (Teilbeschädigung). Dies gilt auch dann, wenn die Sendung mit mehreren Fahrzeugen und/oder zu mehreren Zeitpunkten befördert worden ist.

b) Von mehreren unter verschiedenen Frachtverträgen versandten Gütern geht eine Sendung vollständig verloren oder wird beschädigt; dann liegt Totalverlust oder -Beschädigung vor. Schäden an anderen Gütern (z. B. die Entwertung der anderen Sendungen durch den Verlust der einen) sind Folgeschäden und werden nicht ersetzt.

c) Zwischen Teilverlust und Beschädigung muß primär nach sachenrechtlichen Grundsätzen unterschieden werden. Geht eine Sache aus einer mehrere Sachen umfassenden Sendung verloren, so liegt Teilverlust vor. Geht ein Sachbestandteil (s. § 93 BGB) verloren, so ist eine Beschädigung der Gesamtsache gegeben. Es wäre zwar auch denkbar, daß man die Unterscheidung nach rein wirtschaftlichen Gesichtspunkten vornähme, so daß der Teilverlust von wirtschaftlich zusammengehörigen Teilen als Beschädigung des „Gesamt"guts zu betrachten wäre. Doch ist die sachenrechtliche Anknüpfung wegen ihrer besseren Überschaubarkeit – vor allem für den Frachtführer – vorzuziehen. Auch im Rahmen der sachenrechtlichen Abgrenzung zwischen selbständiger Sache und Sachbestandteil fließen durch die Berücksichtigung der Verkehrsanschauung in ausreichendem Maße wirtschaftliche Gesichtspunkte mit ein; siehe dazu die Kommentarliteratur zu § 93 BGB. Bei beliebig austauschbaren und wiederbeschaffbaren Bestandteilen entstehen in der Praxis keine Probleme, da der Ersatz des Teilwerts deren Wiedereinfügung ermöglicht und ein überproportionaler Schaden an der Gesamtsache praktisch ausgeschlossen ist. Siehe zu der ähnlichen Problematik des Einflusses von Teilverlust und Teilbeschädigung auf die (insoweit freilich andersartige) summenmäßige Beschränkung der Haftung in § 35 Abs. 3, 4 KVO, die Entscheidung des BGH vom 7. 5. 1969, VersR 1969, 703 ff. Der BGH bemißt dort die Haftungsgrenze bei totalem Verderb einzelner in einer gemeinsamen Verpackung verbundener Felle nach dem Gewicht der einzelnen Felle, nicht nach dem der Verpackungseinheit; damit ist ebenfalls, wenn auch nicht ausdrücklich, auf die einzelne Sache, nicht auf die wirtschaftliche Einheit abgestellt. Wie die Entschädigung bei Teilverlust bemessen werden soll, ist umstritten. Daß normalerweise der Wert des verlorenen Teilguts zu ersetzen ist, scheint übereinstimmend angenommen zu werden. Problematisch ist jedoch der Fall, daß der Teilverlust eine überproportionale Entwertung des Gesamtguts zur Folge hat. Während § 35 Abs. 3 KVO für diesen Fall nur den Ersatz des Schadens am Teil gewährt und den des höheren Schadens an der Sachgesamtheit der Sendung ausschließt, ist § 430 HGB nicht eindeutig formuliert. Das ROHG (ROHG 15, 372 (374 f.)) und das RG (RGZ 15, 133 (134)), dem folgend Heymann/Kötter Anm. 3 zu § 430 HGB, ließen den Ersatz des überproportionalen Schadens am Gesamtgut unbeschränkt zu. Schlegelberger/Geßler Anm. 6, 22 zu § 430 will diese Wertberechnung bei Teilverlust und Teilbeschädigung nur gelten lassen, wenn ein Teil eines unteilbaren Ganzen beschädigt ist; so wohl auch Heuer, Haftung des Frachtführers nach der CMR, 1975, S. 70 f. Die letztere Auffassung scheint mir, jedenfalls soweit reines HGB-Landfrachtrecht anzuwenden ist, im Ergebnis zutreffend zu sein. Das gesteigerte Schadensrisiko bei Verlust von Ladungsteilen gehört wirtschaftlich zu den vom Frachtführer nicht überschaubaren Folgeschadenrisiken, gegen die er nach HGB-Recht auch nicht durch eine summenmäßige Haftungsbegrenzung abgeschirmt ist. Denn es kann keinen Unterschied machen, ob der Folgeschaden zufällig an nicht oder nicht unter demselben Frachtvertrag oder nicht innerhalb der gleichen Sendung transportierten Gütern entsteht; dies ist vielmehr aus der Sicht des Frachtführers eine rein zufällige Unterscheidung. Siehe zu der ähnlichen Problematik des § 35 Abs. 3 KVO: BGH vom 7. 5. 1969, VersR 1969, 703 (706). Geht dagegen ein Sachbestandteil verloren, so ist die Entwertung der ganzen Sache eine überschaubare Konsequenz. Wird ein „unteilbares Ganzes" durch Verluste von Teilen verletzt, so liegt eine Beschädigung vor. Die hier vorgeschlagene Lösung entspricht etwa der Lösung der §§ 35 KVO, 18 AGNB, 55 ADSp. Siehe zur KVO Anm. 13 zu § 35, Anh. II nach § 452; abweichend jedoch Art. 23 CMR; siehe Anm. 6 zu Art. 23, Anh. III nach § 452.

Bei der Beschädigung von Teilen des Frachtguts ist entsprechend zu verfahren. Auch hier ist nur der Wertverlust der einzelnen geschädigten Sache zu ersetzen.

4. Abweichende Methoden der Wertermittlung in anderen Bereichen des Frachtrechts **Anm. 18**

Obwohl in allen Sparten des Frachtrechts – außer im Luftrecht – die Haftung für Güterschäden auf den Wert des beschädigten Guts beschränkt ist, weichen die Methoden der Wertermittlung voneinander ab. Daher können Entscheidungen und Literaturmeinungen aus anderen Bereichen nicht ohne weiteres auf § 430 übertragen werden – und umgekehrt. Es lassen sich verschiedene Arten der Wertberechnung unterscheiden. Ähnlich wie nach § 430 HGB ist auch bei der Möbelbeförderung, nach dem Seerecht und den ADSp der gemeine Handelswert, in dessen Ermangelung der gemeine Wert zu ersetzen. Im Eisenbahnrecht und nach der CMR werden der Börsenpreis, subsidiär der Marktwert bzw. der gemeine Wert zugrundegelegt; siehe Art. 33 § 1 CIM, § 85 Abs. 1 EVO und Art. 23 Abs. 2 CMR.

Diese Wertdefinition entspricht der des Landfracht- und Seerechts inhaltlich, denn der gemeine Handelswert ist mit dem Börsen- oder Marktpreis identisch, wenn ein solcher besteht. Auch sachlich weichen davon aber KVO und AGNB ab: Sie gehen nicht von einem Schätzwert aus, sondern vom Fakturenwert, d.h. dem Preis des Guts, aus dem mit dem Transport verbundenen Kaufgeschäft, zuzüglich bis zu 10% nachweislich entgangenen Gewinns und abzüglich ersparter Kosten. Erst subsidiär, beim Fehlen eines Fakturenwerts kommt es wie nach § 430 HGB auf den gemeinen Wert an.

Für die Berechnung des Werts ist entscheidend, welcher Ort und welche Zeit als maßgeblich angesehen werden. Hier gilt eine dem § 430 HGB entsprechende Regelung im Seerecht, im Binnenschiffahrtsrecht und nach dem BefBMö; bei der anderen Gruppe von Normen, im Eisenbahnrecht, nach der CMR und den ADSp wird demgegenüber grundsätzlich vom Wert des Gutes bei Annahme durch den Frachtführer ausgegangen. Fracht- und andere Kosten werden zusätzlich ersetzt. Das bedeutet, daß der durch die Ortsveränderung erzielte Wertzuwachs hier grundsätzlich nicht erstattet wird.

Es lassen sich also drei verschiedene Systeme der Wertberechnung feststellen: Maßgeblich ist entweder der Schätzwert am Abgangs- oder Ankunftsort oder der Fakturenwert. Die praktischen Unterschiede sind u.U. recht bedeutend. Welches der drei Systeme den Beförderer stärker entlastet, hängt von den konkreten Kosten und Preisen des Einzelfalls ab. Meist wird sich der Geschädigte bei Zugrundelegung des Werts am Ankunftsort am besten stehen, weil nach diesem der Gewinn der Ortsveränderung ersetzt wird. Bei Beschädigung wird entsprechend § 430 Abs. 2 HGB auch im Seerecht nach § 659 HGB die Differenz zwischen dem Verkaufswert im beschädigten Zustand und dem nach dem für den Verlust geltenden Gesichtspunkten errechneten Wert zu ersetzen sein. Nach Eisenbahnrecht, CMR, KVO und AGNB wird dagegen die „Wertverminderung" erstattet, über deren Berechnung z.T. wenig

Klarheit besteht (§ 85 Abs. 2 EVO; Art. 33 CIM; Art. 25 CMR; § 35 Abs. 3 KVO; § 18 Abs. 4 AGNB). Immerhin zeigen alle Regeln eine gewisse Übereinstimmung: Statt Schadensersatz wird Wert-, allenfalls auch Kostenersatz geleistet. In dieser entscheidenden Abweichung von den Grundsätzen des allgemeinen Schuldrechts, die für das Frachtrecht kennzeichnend ist, steht § 430 HGB somit nicht alleine. Es handelt sich bei dieser Bestimmung danach nicht um eine außergewöhnliche Sondervorschrift, sondern nur um eine besondere Ausprägung eines weiter verbreiteten Rechtsgedankens.

Anm. 19

IV. Wegfall der Haftungsbeschränkung bei Vorsatz oder grober Fahrlässigkeit (§ 430 Abs. 3)

Die Haftungsbeschränkungen der Absätze 1, 2 entfallen bei Vorsatz oder grober Fahrlässigkeit des Frachtführers.

1. Voraussetzungen der vollen Haftung

a) Vorsatz; grobe Fahrlässigkeit

Die Begriffe „Vorsatz" und „grobe Fahrlässigkeit" entsprechen denen des bürgerlichen Rechts; vgl. dazu die einschlägigen Kommentare zu §§ 276, 277 BGB. Neuere Beispiele aus der fracht- und speditionsrechtlichen Praxis sind verhältnismäßig selten, siehe jedoch zu § 39 Abs. 2 a KVO: BGH vom 26. 10. 1961, VersR 1961, 1108 (1109): Verhalten bei Durchfahrt unter einer Brücke mit hoher Ladung; BGH vom 13. 12. 1968, VersR 1969, 228 (229) (Vorreinigung eines Tankwagens vor dem Transport von Feinkorndestillat). Zum Speditionsrecht: BGH vom 6. 3. 1956, BGHZ 20, 164; OLG Frankfurt, VersR 1976, 628. Siehe zu den Hamburger Hafenschiffahrtsbedingungen (Bewachung einer Hafenschute): BGH vom 13. 3. 1969, VersR 1969, 511 = LM Nr. 30 zu AGB = WM 1969, 561; zur Hamburger Kaibetriebsordnung: OLG Hamburg, VersR 1977, 612f.

Vorsatz ist Wissen und Wollen der Tatumstände und des Erfolges (praktisch wichtige Fälle: Diebstahl, Unterschlagung). Auch bedingter Vorsatz genügt. Grobe Fahrlässigkeit liegt vor, wenn die erforderliche Sorgfalt nach den gesamten Umständen in ungewöhnlich großem Maße verletzt worden und wenn nicht das beachtet worden ist, was im gegebenen Fall jedem einleuchten mußte; RGZ 141, 129 (131); BGH vom 11. 5. 1953, BGHZ 10, 14 (16f.).

Die Frage, ob im Einzelfall grobe Fahrlässigkeit vorgelegen hat, ist eine tatrichterliche und unterliegt nicht der Nachprüfung in der Revision. Nachprüfbar ist in der Revisonsinstanz allerdings, ob das Berufungsgericht den Rechtsbegriff der groben Fahrlässigkeit verkannt hat (BGH a.a.O., S. 16).

Abzustellen ist auf die Kenntnisse und Fähigkeiten eines Frachtführers, so daß schon dann grobe Fahrlässigkeit vorliegt, wenn Gesichtspunkte übersehen wurden, die zwar für einen Frachtführer ganz nahegelegen hätten, die aber ein Laie nicht so leicht erkannt hätte.

Anm. 20

b) Gehilfenverschulden

Da § 431 dem Frachtführer das Verschulden seiner Leute und anderer Personen, deren er sich bei Ausführung der Beförderung bedient, voll zurechnet, liegen die Voraussetzungen der verschärften Haftung auch schon bei grober Fahrlässigkeit oder Vorsatz von Gehilfen vor (unstreitig). Auch für das Gehilfenverschulden gelten die für den Frachtführer selbst gültigen Maßstäbe. Der Maßstab der groben Fahrlässigkeit ist insoweit nicht an die Fähigkeit der ausführenden Person gebunden, also kein relativer; siehe dazu BGH vom 30. 11. 1971, NJW 1972, 475f.

2. Folgen: Unbeschränkte Haftung **Anm. 21**

§ 430 Abs. 3 HGB gewährt dem Ersatzberechtigten den Anspruch auf Ersatz des vollen Schadens. Die Ausnahmeregelung soll den Ersatzberechtigten schützen. Das bedeutet, daß §§ 249ff. BGB anzuwenden sind. § 430 Abs. 3 HGB durchbricht daher sowohl den Ausschluß mittelbarer Schäden wie auch das Verbot der konkreten Schadensberechnung. Auch das Recht der Naturalrestitution gehört zum vollen Schadensersatz.

Andererseits bleibt es dem Geschädigten unbenommen, Wertersatz nach Maßgabe der Absätze 1 oder 2 zu fordern; Schlegelberger/Geßler Anm. 26 zu § 430. Andernfalls stünde er sich bei grober Fahrlässigkeit des Frachtführers u. U. schlechter als bei leichter Fahrlässigkeit. Danach hat bei Vorsatz oder grober Fahrlässigkeit des Frachtführers der Ersatzberechtigte ein Wahlrecht zwischen dem Wertersatz nach § 430 Abs. 1 und 2 HGB oder Schadensersatz nach §§ 249ff. BGB.

3. Ähnliche Regelungen in Spezialgebieten; analoge Anwendung des § 430 Abs. 3 HGB **Anm. 22**

Die (von § 430 HGB weitgehend abweichenden) Haftungsbeschränkungen in den Spezialregelungen werden ebenfalls z.T. im Falle des Vorsatzes oder grober Fahrlässigkeit aufgehoben oder abgemildert. Siehe im Bereich des Landfrachtrechts § 11 Abs. 5 BefBMö, Art. 29 CMR; zum Eisenbahnrecht § 91 EVO, Art. 37 CIM, im Luftrecht § 48 LuftverkG und Art. 25 WA a.F.; wegen der besonderen dort definierten Fahrlässigkeit etwas abweichend Art. 25 WA n.F.

Weder die Voraussetzungen noch die Wirkungen der Haftungsverschärfung folgen ganz einheitlichen Prinzipien. Es ist daher schwierig, aus den betreffenden Normen einen allgemeinen Rechtsgrundsatz zu bilden. Vor allem ist zweifelhaft, welche Art von Haftungsverschärfung nach einem solchen, subsidiär anwendbaren allgemeinen Rechtsgrundsatz eintreten sollte. Während § 430 HGB, die luftrechtlichen Bestimmungen, die CMR und die BefBMö volle Haftung gewähren, erhöht das Eisenbahnrecht, ebenso die KVORb nur die Haftungsgrenzen auf das Doppelte. Ein ausreichend bestimmter allgemeiner Rechtsgrundsatz läßt sich aus den genannten Bestimmungen somit nicht entwickeln.

Jedoch ist im Landfrachtrecht eine analoge Anwendung des § 430 Abs. 3 auf die Bereiche, in denen die Frage nicht geregelt ist (AGNB, KVO und ADSp), vertretbar. Denn die Spezialnormen oder -klauseln unterliegen der Ergänzung durch das HGB, siehe oben Anm. 1 zu § 425. Auch soweit sie, wie KVO und AGNB, ein abweichendes System der Wertberechnung vorsehen, paßt § 430 Abs. 3, denn er setzt keine bestimmte Art der Wertberechnung voraus. Zweifelhaft ist es aber, ob § 430 Abs. 3 auch auf die von der KVO, den AGNB und den ADSp eingeführten summenmäßigen Haftungsbeschränkungen einwirken soll. Da das HGB Haftungsbeschränkungen dieser Art nicht kennt, ist § 430 Abs. 3 HGB an sich für diese auch nicht gemeint. Bei ihrem Erlaß erfaßte jedoch die Bestimmung die einzige damals bestehende Haftungsbeschränkung, wollte also, wie auch ihr Wortlaut sagt, „volle“ Haftung des Frachtführers für den Fall des Nachweises grober Fahrlässigkeit und Vorsatzes anordnen. Als ihre ratio legis kann man deshalb annehmen, daß im Landfrachtrecht der Frachtführer für schweres Verschulden die Wohltat der Haftungsbeschränkung nicht verdiene und daher voll haften solle. Der Gesetzeszweck deckt daher die Anwendung des § 430 Abs. 3 auch auf die KVO und die Beförderungsbedingungen. Dieser Auffassung war offenbar auch das Bundesverkehrsministerium bei Erlaß der BefBMö, denn diese erstrecken durch ihren § 11 Abs. 5 den Grundsatz des § 430 Abs. 3 ausdrücklich auch auf die summenmäßige Haftungsbeschränkung. Die Ausnahme von der Haftungsbeschränkung ist in KVO und AGNB auch schon deshalb dringend erforderlich, weil der Absender in einem starren Tarifsystem keine Möglichkeit zur Wertdeklaration hat. Es ist daher davon auszugehen, daß alle Haftungsbeschränkungen des Landfrachtrechts, einschließlich der in der KVO, den AGNB und ADSp getroffenen, bei Vorsatz und grober Fahrlässigkeit des Frachtführers oder seiner Gehilfen nicht eingreifen; in letzteren Fällen im Wege einer an § 430 Abs. 3 orientierten Auslegung; siehe Anm. 2 zu § 35 KVO. Vorsichtig auf das Eingreifen des § 276 Abs. 2 im Falle des Vorsatzes beschränkt siehe Hein/Eichhof u.a., Anm. 3 zu § 26 GüKG.

Die hiermit vorgeschlagene Einschränkung der frachtrechtlichen Haftungsbeschränkungen könnte auch das Zurückgreifen auf die Deliktshaftung zum Schutze des Ladungsberechtigten weitgehend überflüssig machen und damit die Frachthaftung überschaubarer gestalten; siehe Anm. 92 zu § 429. Teilt man die hier vertretene Auffassung nicht, so können sich – zumindest für AGNB und ADSp als Allgemeine Geschäftsbedingungen – die allgemeinen Grenzen der Haftungsfreizeichnung auswirken. Zwar kann § 430 Abs. 3 kaum als zwingender Rechtssatz betrachtet werden. Jedoch griffe nunmehr unter § 9 AGB-Gesetz die für die AGB entwickelte Rechtsprechung ein, nach der die Freizeichnung (und damit auch die Haftungsbeschränkung) für Vorsatz und grobe Fahrlässigkeit des Schuldners und seiner leitenden Angestellten unwirksam ist. Siehe dazu Anm. 13 vor § 1 ADSp Anh. I nach § 415; speziell zur Möglichkeit der Abdingung des § 430 Abs. 3 HGB durch eine Kaibetriebsordnung: Urteile des BGH vom 19. 2. 1971, VersR 1971, 617 (618) und VersR 1971, 623 (624f.).

Im Verhältnis zu nichtkaufmännischen Kunden tritt als neue Schranke der Freizeichnung § 11 Nr. 7 AGB-Gesetz hinzu. Danach ist die Haftungsbeschränkung für Vorsatz und grobe Fahrlässigkeit auf einfache Erfüllungsgehilfen nicht mehr zulässig. Für Verträge mit kaufmännischen Kunden und der öffentlichen Hand soll nach einer in der Literatur zum AGB-Gesetz vielfach vertretenen Auffassung § 11 Nr. 7 AGB in Ausfüllung der Generalklausel des § 9 AGB-Gesetz zum gleichen Ergebnis führen. Aus dieser Vorschrift würde bei so breiter Anwendung eine Wirkung entstehen, die praktisch § 430 Abs. 3 HGB entspräche. Das AGB-Gesetz rechtfertigt jedoch keinen so weitgehenden generellen Eingriff in die Vertrags-Gestaltungsfreiheit. Demgegenüber ist es vorzuziehen, auf die betreffenden Spezialnormen des Frachtrechts zurückzugreifen; siehe zu dieser Problematik Schlechtriem, Festschrift für Duden, 1977, S. 577ff.; Helm, BB 1977, 1109ff.

Die hier vorgeschlagene Lösung hat den Vorteil, in der Gemengelage von AGB und objektiven Rechtsnormen, wie sie für das Frachtrecht typisch ist, beide Arten von Regelungen gleich zu behandeln, während sich die Lösung über § 11 Nr. 7 AGB-Gesetz nicht auf die KVO erstrecken könnte.

Anm. 23

V. Verhältnis des § 430 zu außervertraglichen Ansprüchen

Inwieweit die Haftungsbeschränkung des § 430 HGB auf außervertragliche Ansprüche angewendet werden kann, ist streitig. Die Rechtsprechung des BGH hat sich gegen die Analogie ausgesprochen, in der Literatur überwiegt die gegenteilige Auffassung. Die Frage muß im Zusammenhang mit dem Grundproblem der Anspruchskonkurrenz zwischen frachtvertraglicher und deliktischer Haftung gesehen werden. S. dazu im einzelnen Anm. 80 zu § 429.

§ 431

Der Frachtführer hat ein Verschulden seiner Leute und ein Verschulden anderer Personen, deren er sich bei der Ausführung der Beförderung bedient, in gleichem Umfange zu vertreten wie eigenes Verschulden.

Inhaltsübersicht

Literatur

I. Allgemeines Anm. 1
1. Funktion des § 431
2. Anwendungsbereich; Spezialnormen Anm. 2

II. Der zuzurechnende Personenkreis Anm. 3
1. „Leute"
2. „Andere Personen" Anm. 4

III. Folgen der Zurechnung Anm. 5

Literatur: Siehe zu § 425

I. Allgemeines

Anm. 1

1. Funktion des § 431

§ 431 ist eine Zurechnungsnorm, die ähnlich wie § 278 BGB dem Geschäftsherrn die Verantwortung für das Verschulden seiner Gehilfen zuweist. Weitergehend als § 278 BGB macht jedoch § 431 den Frachtführer für Handlungen seiner (angestellten) „Leute" auch dann verantwortlich, wenn diese nicht in Erfüllung der betreffenden Verbindlichkeit gehandelt haben. Die zentrale Bedeutung des § 431 liegt im Bereich der Haftung (s. dazu Anm. 20ff. zu § 429 HGB). Sie beschränkt sich aber nicht auf Schadensersatzfälle, sondern greift überall da ein, wo es auf das „Vertretenmüssen" ankommt, so z.B. beim Rücktritt wegen Verzug oder Unmöglichkeit (s. Anm. 15 zu § 428); mißverständlich insoweit Schlegelberger/Geßler 1 zu § 431 („§ 431 handelt von der Haftung des Frachtführers für das Verschulden dritter Personen").

Zur Haftung der „Leute" des Frachtführers selbst siehe Anm. 97ff. zu § 429 HGB.

2. Anwendungsbereich; Spezialnormen

Anm. 2

§ 431 ersetzt (erweiternd) die Erfüllungsgehilfenregelung des § 278 BGB. Die Zurechnung der Handlungen gesetzlicher Vertreter richtet sich auch im Frachtrecht nur nach § 278. § 431 gilt auch für Ansprüche aus Verzug und Unmöglichkeit, nicht nur für solche aus § 429 HGB. Der Wortlaut des § 431 rechtfertigt keine entsprechend einschränkende Anwendung.

Im Rahmen des § 431 gilt auch die Ausnahmeregelung des § 278 S. 2. Soweit nicht zwingende Regeln des Frachtrechts eingreifen, kann also die Haftung für Vorsatz von Gehilfen im voraus ausgeschlossen werden (vgl. z.B. die Abdingung der Haftung für selbständige Hilfsunternehmer in § 52 ADSp, Anh. I nach § 415 HGB); i.E. zutreffend Schlegelberger/Geßler, 11 zu § 431.

Für die außervertragliche Haftung des Frachtführers gilt nicht § 431 HGB, sondern im Deliktsrecht § 831 BGB, im Rahmen des Eigentümer-Besitzerverhältnisses und anderer gesetzlicher Schuldverhältnisse § 278 BGB. Nach Baumbach/Duden Anm. zu § 431 HGB und Schlegelberger/Hefermehl Anm. 6 zu § 431 soll § 431 auf die Haftung aus culpa in contrahendo nicht anzuwenden sein. Diese Auffassung erscheint zweifelhaft. Man wird nach der Art des Verschuldens bei Vertragsschluß zu differenzieren haben. Ist die Haftungssituation beförderungstypisch (z.B. bei Schädigung von angeliefertem Gut bei Nichtzustandekommen des Frachtvertrags), so ist die Anwendung des § 431 HGB zu bejahen. In solchen Fällen der culpa in contrahendo, die mit der besonderen Eigenart des Frachtvertrags nichts zu tun haben (z.B. bei

Verletzung von vertraglichen Verkehrssicherungspflichten), dürfte § 278 BGB vorzuziehen sein, da hier eine unterschiedliche Behandlung gleicher Fälle je nach Vertragsart kaum zu begründen wäre.

Der Anwendungsbereich des § 431 ist seinerseits durch Spezialregeln eingeschränkt. Die Vorschrift gilt noch im Güternahverkehr, soweit keine besonderen Bedingungen vereinbart sind. § 19 AGNB entspricht weitgehend der Formulierung des § 431. Die ADSp enthalten keine Spezialregelung, schließen aber in § 52 die Haftung für selbständige Gehilfen aus. Im Binnenschiffahrtsrecht findet § 431 HGB an sich gem. § 26 BSchG Anwendung, die Verlade- und Transportbedingungen schließen jedoch in der Praxis die Haftung häufig fast vollständig aus, siehe dazu Helm, Haftung, S. 78. Praktische Fälle liegen aus jüngerer Zeit vor allem aus der Hafenschiffahrt vor: OLG Hamburg, MDR 1974, 674. Im grenzüberschreitenden Güterkraftverkehr gilt Art. 3 CMR, der teilweise § 431 HGB ähnelt. Dagegen läßt § 6 KVO – eher § 278 BGB ähnlich – den Frachtführer haften für Personen, deren er „sich zur Erfüllung und bei Ausführung ihrer Aufgaben" bedient. § 12 BefBMö entspricht fast genau dem § 278 BGB.

Siehe im einzelnen die Kommentierungen zu den genannten Bestimmungen in den Anhängen nach § 452 HGB.

Anm. 3

II. Der zuzurechnende Personenkreis

1. „Leute"

Leute sind alle Personen, die dauernd im Betrieb des Frachtführers angestellt sind. Selbständige Vertragspartner wie z. B. Unterfrachtführer gehören nicht zu ihnen; Schlegelberger/Geßler Anm. 3 zu § 431.

Der Leute-Begriff liegt auch dem Art. 3 CMR und dem Seerecht (§ 607 HGB)) zugrunde. Zur CMR siehe Art. 3 Anh. III nach § 452; zum Seerecht (§ 607 HGB) wurde teilweise eine weitere Auslegung vertreten, die auch selbständige Gehilfen einschließt; siehe überblicksweise Helm, Haftung, S. 60. Dem Begriff der „Leute" in § 431 HGB entspricht der eisenbahnrechtliche der „Bediensteten" (§§ 456 HGB, 4 EVO, Art. 39 CIM; siehe die Anm. zu § 456) sachlich vollständig. Für das Verschulden der „Leute" hat der Frachtführer auch dann einzustehen, wenn sie mit der Beförderung des geschädigten Guts nichts zu tun hatten; siehe Schlegelberger/Geßler Anm. 3 zu § 431; Baumbach/Duden, Anm. zu § 431. Die Leute müssen nicht in Ausführung der ihnen übertragenen Dienstverrichtungen gehandelt haben. Der Relativsatz „deren er sich bei der Ausführung der Beförderung bedient" bezieht sich nicht auf die „Leute", sondern nur auf die „anderen Personen". Es genügt vielmehr, im Gegensatz zu der zu § 278 BGB herrschenden Meinung (siehe dazu statt vieler Staudinger/Werner Anm. 53 zu § 278; für eine erweiterte Auslegung des § 278 Soergel/Schmidt Anm. 5 zu § 278; Köpcke, Typen der positiven Vertragsverletzung, 1965, S. 120ff.; sehr weit schon RGZ 101, 348ff.; RGZ 104, 141 (145)) ein auch nur irgendwie gearteter äußerer Zusammenhang zwischen der dienstlichen Tätigkeit und der schädigenden Handlung des Gehilfen. Über den Grad des notwendigen Zusammenhangs besteht keine volle Übereinstimmung: Überwiegend wird angenommen, daß es genüge, wenn die Beschäftigung der Leute im Betrieb des Frachtführers diesen die Möglichkeit zur schädigenden Handlung verschafft oder diese erleichtert hat. Danach haftet der Frachtführer auch für Diebstähle seines Personals; RGZ 7, 125; Schlegelberger/Geßler 4 zu § 431; Baumbach/Duden zu § 431; Gegenbeispiel aus dem Bereich des § 278 BGB: RGZ 104, 141 (145f.) (Haftung der Post). Einen engeren Zusammenhang mit den Dienstgeschäften verlangen für Eisenbahnbedienstete Weihrauch/Heinze 2 zu § 4 EVO.

2. „Andere Personen" Anm. 4

Die „anderen Personen" sind solche Erfüllungsgehilfen, die nicht zu den „Leuten" gezählt werden können, also insbesondere Aushilfskräfte, ausgeliehenes Personal und vor allem alle selbständigen Unternehmer, z. B. Unterfrachtführer, Lohnfuhrunternehmer, Lagerhalter. Für diese gilt nach § 431 eine dem § 278 BGB entsprechende Regelung. Der Beförderer hat schuldhafte Handlungen der „anderen Personen" nur zu vertreten, soweit er sich dieser Personen „bei der Ausführung der Beförderung bedient". Gemeint ist dabei speziell die Beförderung, auf die sich die geltend gemachten Rechte beziehen; die betreffende „andere Person" muß also z. B. im Fall eines Ersatzanspruchs aus § 429 HGB gerade mit der Behandlung des betreffenden geschädigten Guts befaßt gewesen sein.

Die Rechtsprechung entwickelt hieraus eine Tendenz, selbständige Unternehmer, die mit der Instandhaltung des Verkehrsmittels betraut sind, nicht als Gehilfen anzuerkennen. Danach soll z. B. der Hafenschiffahrtsunternehmer ein Verschulden der Werft bei der Untersuchung einer Hafenschute (mit der Folge der Fahruntüchtigkeit) nicht zu vertreten haben: OLG Hamburg, MDR 1974, 674 mit Nachweisen zum Seerecht. Auch für den Vercharterer oder Vermieter einer Schute soll nicht gehaftet werden; OLG Hamburg, a. a. O. Diese gesamte Rechtsprechung ist freilich insoweit zweifelhaft, als die Erfüllung der Pflicht, das benutzte Transportmittel in einem ordnungsgemäßen Zustand zu halten, nicht risikobegrenzend auf Dritte übertragen werden dürfte. Unter Zugrundelegung der herrschenden Rechtsprechung haftet z. B. der Schiffseigner, der selbst Binnenschiffahrtsfrachtführer ist, im Ergebnis schärfer, als der Mieter, der mit dem gemieteten Schiff Frachtgeschäfte betreibt und für Verschulden seines Vermieters bei der Instandhaltung des Schiffes nicht aufzukommen hat. Diese Differenzierung erscheint bedenklich. Sie wird der funktionalen Bedeutung des § 278 BGB bzw. 431 HGB nicht gerecht. Es ist schlechterdings nicht einzusehen, warum die Rechte des Ladungsberechtigten unterschiedlich sein sollen, je nachdem, ob ein gemietetes oder ein eigenes Fahrzeug verwendet wird oder wer mit der Wartung und Überwachung des Fahrzeugs betraut wird.

Für den Landfrachtverkehr spielt die Frage keine bedeutende Rolle, da nach KVO, AGNB, BefBMö und CMR für Fahrzeugmängel bzw. Gefahren der Straße verschärft gehaftet wird (s. Anm. 38, 50, 59, 66 zu § 429). In den ADSp wird die Haftung für selbständige Gehilfen ganz allgemein ausgeschlossen.

III. Folgen der Zurechnung Anm. 5

§ 431 besagt nur, daß der Frachtführer das Gehilfenverschulden wie eigenes zu vertreten hat. Welche Folgen sich daraus ergeben, muß der Norm, in deren Zusammenhang § 431 angewandt wird, entnommen werden, also z. B. den §§ 429, 430. Mißverständlich insoweit Schlegelberger/Geßler Anm. 6 zu § 431, wo der Eindruck erweckt wird, § 431 HGB könne eine besondere Anspruchsgrundlage darstellen.

§ 432

(1) Übergibt der Frachtführer zur Ausführung der von ihm übernommenen Beförderung das Gut einem anderen Frachtführer, so haftet er für die Ausführung der Beförderung bis zur Ablieferung des Gutes an den Empfänger.

(2) Der nachfolgende Frachtführer tritt dadurch, daß er das Gut mit dem ursprünglichen Frachtbrief annimmt, diesem gemäß in den Frachtvertrag ein und übernimmt die selbständige Verpflichtung, die Beförderung nach dem Inhalte des Frachtbriefs auszuführen.

(3) [1]Hat auf Grund dieser Vorschriften einer der beteiligten Frachtführer Schadensersatz geleistet, so steht ihm der Rückgriff gegen denjenigen zu, welcher den Schaden verschuldet hat. [2]Kann dieser nicht ermittelt werden, so haben die beteiligten Frachtführer den Schaden nach dem Verhältnis ihrer Anteile an der Fracht gemeinsam zu tragen, soweit nicht festgestellt wird, daß der Schaden nicht auf ihrer Beförderungsstrecke entstanden ist.

Inhaltsübersicht

Literatur
I. Allgemeines Anm. 1
1. Bedeutung des § 432
2. Grundbegriffe Anm. 2
a) Unterfrachtführer Anm. 3
b) Zwischenfrachtführer Anm. 4
c) Teilfrachtführer Anm. 5
d) „Samtfrachtführer" Anm. 6
3. Anwendungsbereich des § 432 Anm. 7
a) Unterfrachtvertrag zwischen Landfrachtführern
b) Im Binnenschiffahrtsrecht Anm. 8
c) Zwischen Eisenbahn und Landfrachtführer Anm. 9
d) Zwischen Landfrachtführer, Verfrachter und Luftfrachtführer Anm. 10
e) Im Durchfrachtgeschäft Anm. 11
4. Der Unterfrachtvertrag Anm. 12
a) Voraussetzungen des Unterfrachtvertrags
aa) Frachtvertrag zwischen Hauptfrachtführer und Unterfrachtführer
bb) Abgrenzung des Unterfrachtvertrags von verwandten Geschäften Anm. 13
aaa) Vom Speditionsvertrag
bbb) Vom Lohnfuhrvertrag Anm. 14
b) Die Rechtsbeziehungen zwischen Absender und Unterfrachtführer Anm. 15, 16
II. Haftung des Hauptfrachtführers nach § 432 Abs. 1 Anm. 17
1. Voraussetzungen der Haftung
a) Übergabe des Guts
b) An einen anderen Frachtführer Anm. 18
c) Zur Ausführung der übernommenen Beförderung Anm. 19
2. Rechtsfolge: Haftung des Hauptfrachtführers für den Unterfrachtführer und seine Leute Anm. 20
III. Eintritt des Unterfrachtführers in den Hauptfrachtvertrag bei Beförderung unter einheitlichem Frachtbrief (§ 432 Abs. 2) Anm. 21
1. Voraussetzungen des Eintritts
2. Rechtsfolgen des Eintritts Anm. 22
a) Eintritt in den Hauptfrachtvertrag
b) Gesamtschuldnerische Haftung Anm. 23
IV. Rückgriff und Ausgleich zwischen Hauptfrachtführer und Unterfrachtführer (§ 432 Abs. 3) Anm. 24
1. Anwendungsbereich des § 432 Abs. 3
2. Inhalt des § 432 Abs. 3 Anm. 25
a) Rückgriff (§ 432 Abs. 3 S. 1) Anm. 26
b) Ausgleich (§ 432 Abs. 3 S. 2) Anm. 27

Literatur:

Spezialliteratur zu § 432 HGB ist, soweit ersichtlich, nicht vorhanden, vgl. daher die Kommentare zum HGB; besonders eingehend zu § 432 siehe Heymann/Kötter Anm. zu § 432 HGB; Endrigkeit, VersR 1969, 587ff.; Konow, DB 1973, 905ff.; Voigt, VP 1963, 49ff.; Züchner, VersR 1969, 203ff.

Anm. 1

I. Allgemeines

1. Bedeutung des § 432

§ 432 regelt die Haftung des Hauptfrachtführers und des Unterfrachtführers sowie den Ausgleich zwischen beiden. Die praktische Bedeutung der Vorschrift scheint gering zu sein. Jedenfalls sind seit 1945 nur sehr wenige Entscheidungen zu § 432 ergangen. Der Grund dafür dürfte z.T. darin liegen, daß im Landfrachtgeschäft eine Umladung angesichts der Beweglichkeit des LKW von Haus zu Haus und der hohen Kosten des Ladens nach Möglichkeit vermieden wird. Die Problematik kann jedoch mit zunehmender Aufgabenteilung zwischen den Verkehrsmitteln (dazu Konow, DB 1973, S. 905) und Einführung von Containern im Landfrachtverkehr wieder an Bedeutung gewinnen. Ob freilich dann die unzureichende und veraltete Bestimmung des § 432 HGB den modernen Transportproblemen noch gewachsen wäre, erscheint zweifelhaft. Siehe dazu Anm. 7ff.; Konow, DB 1973, 910.

2. Grundbegriffe Anm. 2

§ 432 HGB regelt nur den Fall des echten Unterfrachtvertrags. In der Literatur und Rechtsprechung werden beim Zusammenwirken mehrerer Frachtführer mehrere mit besonders entwickelten Begriffen umschriebene Fallgestaltungen unterschieden. Welche im Einzelfall vorliegt, ist Auslegungsfrage, wobei dem Frachtbrief besondere Bedeutung zukommt; siehe Konow, DB 1973, 905.

a) Unterfrachtführer Anm. 3

Ein Unterfrachtvertrag liegt nur vor, wenn der ursprüngliche Frachtführer (auch Hauptfrachtführer, Gesamtfrachtführer) die von ihm selbst geschuldete (§ 432 Abs. 1: „die von ihm übernommene") Beförderung des Guts einem anderen Frachtführer (Unterfrachtführer) in eigenem Namen überträgt. Siehe zur Abgrenzung zwischen Unterfrachtvertrag und Teilfrachtvertrag im Luftrecht BGH vom 20. 5. 1974, VersR 1974, 1094f. An einem Unterfrachtverhältnis fehlt es stets zwischen den vom Empfänger und den von der Absenderseite beauftragten Frachtführern; siehe den Fall OLG Düsseldorf, DB 1973, 1943f.

Der Hauptfrachtführer kann auch Spediteur zu festen Kosten i.S.d. § 413 Abs. 1 HGB sein; vgl. dazu den Fall BGH vom 23. 1. 1970 – I ZR 35/69 – WM 1970, 692 (in LM Nr. 2 zu § 436 und an anderen Fundstellen insoweit nicht abgedruckt).

Einen engeren als den hier und auch sonst allgemein in der frachtrechtlichen Literatur zugrundegelegten Begriff des Unterfrachtführers (vgl. Schlegelberger/Geßler Anm. 1–6 zu § 431; Heymann/Kötter Anm. 1 zu § 432; Baumbach/Duden Anm. 1 zu § 432; Konow, DB 1973, 905; Endrigkeit, VersR 1969, 587f.; Heuer, Die Haftung des Frachtführers nach der CMR, 1975, S. 168 Fn. 589) vertritt Züchner, VersR 1969, 203ff. Er will nur denjenigen Frachtführer als „echten" Unterfrachtführer ansehen, der gem. § 432 Abs. 2 auch den ursprünglichen Frachtbrief übernimmt; ähnlich wohl Voigt, VersPr 1963, 49. Eine solche Terminologie setzt sich in einen überflüssigen Gegensatz zu der für andere „Unter"-Rechtsgeschäfte, z. B. zur Untermiete allgemein anerkannten Terminologie.

b) Zwischenfrachtführer Anm. 4

Überträgt der Frachtführer in eigenem Namen eine von ihm nicht selbst geschuldete Beförderung einem anderen Frachtführer, so ist dieser „Zwischenfrachtführer". Der erste Frachtführer betätigt sich daher als Spediteur (eventuell nach § 415 HGB), sein Absender ist insoweit Versender i.S.d. Speditionsrechts. Der erste Frachtführer haftet in diesem Fall nur für Spediteurverschulden, also vor allem für mangelhafte Auswahl. Für diese Fälle gilt § 432 HGB nicht; zutreffend Endrigkeit, VersR 1969, 589.

c) Teilfrachtführer Anm. 5

Überträgt der erste Frachtführer eine von ihm nicht geschuldete Beförderungsleistung im Namen des Absenders an einen anderen Frachtführer, so bezeichnet man im Hinblick auf den gesamten Beförderungsvorgang beide als „Teilfrachtführer". Dieser Fall unterscheidet sich frachtrechtlich nicht von dem, daß der Absender von Anfang an zwei oder mehrere Fachtführer jeweils mit Teilbeförderungen betraut, so zutreffend Konow, DB 1973, 905. Allenfalls können besondere Probleme der rechtsgeschäftlichen Vertretung oder der Geschäftsführung auftreten. Jeder Teilfrachtführer haftet nur für seinen Teil des Beförderungsvorgangs. Auch hier gilt § 432 HGB nicht.

Züchner, VersR 1969, 203ff. versteht unter „Teilfrachtverhältnis" die Übertragung der Beförderung für eine Teilstrecke an einen anderen Frachtführer unter Ausstellung eines neuen Frachtbriefs; ähnlich Voigt, VersR 1963, 49. Wenn die weiter vergebene Teilbeförderung zu der vom ersten Frachtführer ursprünglich übernommenen Teilstrecke gehört, handelt es sich allerdings nach herkömmlicher Terminologie in solchen Fällen nur um eine besondere Form von Unterfrachtvertrag; die Ausstellung des neuen Frachtbriefs hat keinen Einfluß auf die Rechtsnatur des Vertrags; zutreffend Endrigkeit, VersR 1969, 588. War die zweite Teilstrecke vom ersten Frachtvertrag nicht umfaßt, so liegt bei Vergabe im eigenen Namen ein Zwischenfrachtvertrag (oben Anm. 4), bei Vergabe im Namen des ersten Absenders ein Teilfrachtvertrag vor. Unter Zugrundelegung seiner Terminologie kommt Züchner folgerichtig zur Anwendung des § 432 Abs. 1 auf „Teilfrachtverträge".

Anm. 6 **d) „Samtfrachtführer"**

In Literatur und älterer Rechtsprechung begegnet noch der Ausdruck „Samtfrachtführer". Damit sind die nach § 432 Abs. 2 solidarisch haftenden Frachtführer, also der Hauptfrachtführer und der in den Hauptfrachtvertrag nach dieser Vorschrift eingetretene Unterfrachtführer gemeint.

Anm. 7 **3. Anwendungsbereich des § 432**

a) Unterfrachtvertrag zwischen Landfrachtführern

§ 432 HGB betrifft zunächst den Fall des Unterfrachtvertrags zwischen zwei Landfrachtführern. In den innerdeutschen Sonderregelungen des Landfrachtrechts (KVO, AGNB, BefBMö) findet sich keine entsprechende Bestimmung. Soweit also noch Unterfrachtverträge im Güterkraftverkehr vorkommen, z. B. bei Spedition zu festen Kosten nach § 413 Abs. 1 HGB, gilt § 432 unmittelbar (siehe dazu BGH vom 23. 1. 1970, WM 1970, 692). Nur soweit die ADSp vereinbart sind, ist die Haftung nach § 432 Abs. 1 auf „Speditionsverschulden", also insbesondere Auswahlverschulden begrenzt; § 52 ADSp.

Danach wäre § 432 zunächst anwendbar bei Unterfrachtverträgen zwischen zwei Frachtführern, die der gleichen Haftungsordnung unterliegen (z. B. zwischen zwei Möbelfrachtführern oder zwei Güterfernverkehrsunternehmern). Theoretisch möglich ist auch der Unterfrachtvertrag zwischen zwei Landfrachtführern, für die unterschiedliche Haftungsordnungen gelten, z. B. Güterfernverkehrsunternehmer (KVO) und Güternahverkehrsunternehmer (HGB bzw. AGNB). In der Praxis dürften solche Fälle zumindest für die Begründung der Solidarhaftung nach § 432 Abs. 2 HGB kaum eine Rolle spielen. Die dort vorausgesetzte Weiterbeförderung unter dem ursprünglichen Gesamtfrachtbrief (vgl. Anm. 21) dürfte zwischen Güternahverkehr und Güterfernverkehr wohl daran scheitern, daß im Güternahverkehr kein Frachtbrief üblich ist; bei Beförderung von Möbeln, Umzugsgut und dergl. gelten stets die BefBMö (siehe § 1 VO FS Nr. 4/61 Anh. IV nach § 452), so daß für beide Frachtführer desselben Gutes die gleiche Haftungsordnung maßgeblich ist. Siehe zum Abschluß von Unterfrachtverträgen durch Spediteure unten Anm. 13.

Im grenzüberschreitenden Straßengüterverkehr (siehe Anm. 10 zu § 425) gilt die Sonderregelung der Artt. 34–40 CMR, die im Grundsatz § 432 HGB ähnelt, aber wesentlich ausführlicher gestaltet ist. § 432 HGB kann daher dort auch nicht ergänzend herangezogen werden.

Anm. 8 **b) Im Binnenschiffahrtsrecht**

Nach § 26 BSchG ist § 432 HGB auch in der Binnenschiffahrt anzuwenden, wobei allerdings die dort üblichen Haftungsausschlüsse seine Anwendung als bedeutungslos erscheinen lassen. Nach allgemeiner Auffassung soll § 432 auch gelten, soweit als Hauptfrachtführer ein Landfrachtführer und als Unterfrachtführer ein Binnenschiffahrtsfrachtführer beteiligt ist – und umgekehrt. Dieser Fall ist vor allem im Huckepack- und Containerverkehr gegeben, wenn der LKW, Wechselaufbau oder Container mit dem Binnenschiff befördert wird; siehe hierzu § 3 GüKG und die dortige Anm. sowie Anm. 17ff. zu § 425. Auch der Fall, daß ein Straßenfrachtführer als Unterfrachtführer des Binnenschiff-Frachtführers eingesetzt wird, könnte theoretisch vorkommen, wenn das Frachtgut eines Binnenschiffs wegen Schiffahrtshindernissen oder Unfällen nicht bis zum Bestimmungsort gebracht werden kann und die Ware mit dem Kraftwagen weiterbefördert wird. In diesem Falle dürften aber regelmäßig Sonderabreden gelten; auch ist kaum anzunehmen, daß dazu der ursprüngliche Frachtbrief verwendet wird. In diesen Fällen würde das Nebeneinander von völliger Vertragsfreiheit im Binnenschiffahrtsrecht und zwingender Haftungsregelung im Güterfernverkehr (KVO) erhebliche Schwierigkeiten bereiten.

c) Zwischen Eisenbahn und Landfrachtführer **Anm. 9**

Schließlich soll nach allgemeiner Auffassung § 432 HGB auch gelten, wenn der Unterfrachtführer eine Eisenbahn ist (und umgekehrt); siehe z.B. RGZ 106, 419 (421).

Unterfrachtverhältnisse zwischen Eisenbahn und Landfrachtführer treten in unterschiedlichen Variationen auf.

Die Eisenbahn kann Kraftwagenfrachtführer zur Erfüllung ihrer Beförderungspflicht einsetzen. Dies geschieht vor allem dann, wenn sie die Beförderung nicht auf der Schiene, sondern auf der Straße übernommen hat und den Güterfernverkehrsunternehmer zur Ausführung einsetzt; siehe dazu §§ 46, 47 GüKG Anh. I nach § 452. In diesen Fällen nimmt die Bahn den Frachtbrief entgegen; sie ist gegenüber dem Absender Landfrachtführer unter den Bedingungen der KVORb. Ein solcher Fall lag wohl dem Urteil des OLG Hamburg vom 14. 7. 67, VersR 1967, 1047 zugrunde. Setzt sie den Güterfernverkehrsunternehmer als echten Unterfrachtführer (nicht im Rahmen eines Lohnfuhrvertrags) ein, so ist § 432 HGB grundsätzlich anzuwenden.

Hiervon zu unterscheiden ist der Fall, daß die Eisenbahn die Beförderung auf der Schiene übernommen hat und statt dessen auf der Straße durch einen Straßenfrachtführer als Unterfrachtführer ausführen läßt („Schienenersatzverkehr" nach § 3 Abs. 4 EVO, Anh. II nach § 460).

In diesem Fall regelt sich die Rechtsstellung der Eisenbahn im Verhältnis zum Absender grundsätzlich nach der EVO. Setzt die Eisenbahn Landfrachtführer als Unterfrachtführer ein, so ist die Anwendung des § 432 grundsätzlich fraglich. Die gesamtschuldnerische Haftung des Unterfrachtführers dürfte wohl regelmäßig ausgeschlossen sein; Konow, DB 1973, 908f.

Umgekehrt wird die Eisenbahn als Unterfrachtführer bei der Ausführung von Landfrachtverträgen tätig. Dies gilt insbesondere für den Huckepack- und den Behälterverkehr nach § 3 Abs. 2 GüKG; siehe zu den Fallgestaltungen des kombinierten Verkehrs Anm. 17ff. zu § 425. § 33 c KVO läßt den Güterfernverkehrsunternehmer, der sich der Eisenbahn als Unterfrachtführer bedient, ohne Rücksicht auf das Vorliegen der Voraussetzungen des § 432 HGB haften. Bei den erwähnten Fallgestaltungen dürfte es schon aus organisatorischen Gründen kaum vorkommen, daß die Eisenbahn Güter unter KVO- oder Möbelfrachtbriefen weiterbefördert; so zutreffend Voigt, VersR 1963, 49. Auch der Güterfernverkehrsunternehmer und der Möbelbeförderer sind öffentlich-rechtlich verpflichtet, für jede Beförderung einen besonderen Frachtbrief auszustellen; § 28 Abs. 1 GüKG, Anh. I nach § 452; siehe dazu allgemein Konow, DB 1973, 906 sowie zur Haftung bei Einsatz anderer Verkehrsmittel durch die Eisenbahn ins einzelne gehend S. 908.

Für die h. M., die § 432 zwischen Bahn und Landfrachtführer anwenden will, lassen sich im übrigen weder aus dem Gesetz noch sonst Gründe anführen. § 432 HGB spricht von „Frachtführer". Dieser im sechsten Abschnitt des dritten Buchs benutzte Ausdruck wird in der Regelung des Eisenbahnfrachtrechts im siebten Abschnitt nicht verwendet. Die Eisenbahn ist nicht „Frachtführer" i.S. des sechsten Abschnitts. Daher könnte auf sie § 432 HGB allenfalls analog angewendet werden. Hiergegen bestehen aber sachliche Bedenken, da dies dazu führen könnte, daß nach § 432 Abs. 2 die Eisenbahn nach Landfrachtrecht und der Landfrachtführer nach Eisenbahnrecht mithaften müßten. Es besteht auch kein Bedürfnis für diese Analogie. Das Ergebnis des § 432 Abs. 1 läßt sich (jedenfalls zum überwiegenden Teil) ohne Schwierigkeiten aus §§ 431, 456 HGB bzw. aus den speziellen Zurechnungsnormen des Frachtrechts ableiten; vgl. unten Anm. 20. § 432 Abs. 2 dürfte aus den oben genannten Gründen kaum praktisch werden. Ob schließlich der Rechtsgedanke des § 432 Abs. 3 in bestimmten Situationen anwendbar ist, kann kaum generell entschieden werden.

Anm. 10 **d) Zwischen Landfrachtführer, Verfrachter und Luftfrachtführer**

Unstreitig scheint zu sein, daß § 432 HGB nicht auf Unterfrachtverträge zwischen einem Landfrachtführer einerseits und einem (seerechtlichen) Verfrachter oder Luftfrachtführer andererseits gilt; a.A. für den Luftfrachtvertrag Voigt, VersR 1963, 50. Dem ist aus den oben Anm. 9ff. angeführten, auch hier weitgehend zutreffenden Gründen zuzustimmen. Im Seefrachtgeschäft gibt es nicht einmal einen Frachtbrief.

Anm. 11 **e) Im Durchfrachtgeschäft (kombinierter Verkehr)**

Von größerem praktischen Interesse ist das echte Durchfrachtgeschäft unter einheitlichem Beförderungsdokument, bei dem auch die Frage der Solidarhaftung eine gewichtige Rolle spielen kann. Für den Durchfrachtverkehr werden jedoch keine Landfrachtbriefe, sondern Durchkonnossemente oder eigens dafür entwickelte besondere Beförderungspapiere benutzt. Eine dem § 432 Abs. 2 entsprechende Solidarhaftung bedürfte wegen der sehr großen rechtlichen Schwierigkeiten des Durchfrachtverkehrs einer einheitlichen Rechtsgrundlage in Form eines internationalen Abkommens oder wenigstens einheitlicher Vertragsbedingungen. Allerdings hat sich bei den bisherigen Beratungen die Solidarhaftung nicht durchsetzen lassen. Auch die „Einheitlichen Richtlinien für ein kombiniertes Transportdokument" gehen nicht von der gesamtschuldnerischen Haftung, sondern vom sog. „Network"-System aus, nach dem jeder beteiligte Beförderer nach der für seine Strecke gültigen Haftungsordnung einzustehen hat. Siehe dazu Anm. 17ff. zu § 425.

Anm. 12 **4. Der Unterfrachtvertrag**

a) Voraussetzungen des Unterfrachtvertrags

aa) Frachtvertrag zwischen Hauptfrachtführer und Unterfrachtführer

Vertragspartner des Unterfrachtvertrags sind der „Frachtführer" (Hauptfrachtführer) und ein weiterer Frachtführer (Unterfrachtführer). Der Vertrag muß die volle Beförderungspflicht zum Inhalt haben; andernfalls handelt es sich etwa um einen Dienstvertrag (Dienstverschaffungsvertrag, Mietvertrag o.ä.). Daher fallen Dienstverträge mit dem eigenen Personal nicht unter den Begriff des Unterfrachtvertrags, ebenso auch nicht Hilfsgeschäfte, die der Frachtführer mit anderen selbständigen Unternehmern abschließt, wie Miete, Dienstverschaffungsverträge usw.

Der Unterfrachtvertrag muß vom Hauptfrachtführer in eigenem Namen abgeschlossen werden.

bb) Abgrenzung des Unterfrachtvertrags von verwandten Geschäften Anm. 13

aaa) Vom Speditionsvertrag

Ein Unterfrachtvertrag liegt nicht vor, wenn der Vertrag zwischen einer als Spediteur handelnden Person und einem Frachtführer abgeschlossen wird. Hierbei kann es sich um einen „Zwischenfrachtführer"-Vertrag handeln, s. oben Anm. 4. Vor allem aber sind die normalen Ausführungsgeschäfte des Spediteurs (s. Anm. 7, 8 zu §§ 407–409) keine Unterfrachtverträge, begründen also auch keine Solidarhaftung zwischen Spediteur und Frachtführer. Unterfrachtverträge können vorliegen, wenn der Spediteur von Anfang an mit seinem Auftraggeber keinen Speditions- sondern einen Frachtvertrag abgeschlossen hat und dann einen Unterfrachtführer einsetzt; ferner im Falle des § 413 Abs. 1 HGB (Spedition zu festen Kosten, BGH vom 23. 1. 1970, LM Nr. 2 zu § 436, unvollständiger Abdruck). Nach herrschender Meinung kann ein Unterfrachtvertrag aber auch dann vorliegen, wenn ein Spediteur den Selbsteintritt erklärt, aber die Beförderung einem Unterfrachtführer überträgt (sog. „unechter Selbsteintritt"). Nach der hier vertretenen Auffassung (vgl. Anm. 1 zu § 412 HGB) setzt der Selbsteintritt die tatsächliche Ausführung des Geschäfts durch den Spediteur voraus, so daß der sog. „unechte Selbsteintritt" durch bloße Erklärung unwirksam ist. Danach kann in diesem Fall auch kein Unterfrachtvertrag bestehen.

bbb) Lohnfuhrverträge Anm. 14

Wird zwischen dem ursprünglichen Frachtführer und einem anderen Kraftfahrzeugunternehmer ein Lohnfuhrvertrag (vgl. Anm. 45 zu § 425) abgeschlossen, so liegt darin kein Unterfrachtvertrag; die Solidarhaftung des § 432 Abs. 2 kann nicht eingreifen. Wohl aber sind der Lohnfuhrunternehmer und seine Gehilfen Erfüllungsgehilfen des Frachtführers nach § 431 HGB, so daß die Wirkung des § 432 Abs. 1 weitgehend aufgrund anderer Rechtsgrundlage eintritt.

b) Die Rechtsbeziehungen zwischen Absender und Unterfrachtführer Anm. 15, 16

Partner des Untervertrages sind nur der Hauptfrachtführer und der Unterfrachtführer. Der Hauptfrachtführer ist Absender i.S. des Unterfrachtvertrags. Zwischen dem Absender des Hauptfrachtvertrags – also dem ursprünglichen Absender des Guts – und dem Unterfrachtführer bestehen, vom Fall des § 432 Abs. 2 HGB abgesehen, keine vertraglichen Beziehungen. Der Unterfrachtführer kann allerdings dem Absender des Hauptfrachtvertrags aus §§ 823ff., eventuell auch aus §§ 889ff. BGB haften. Nach der Rechtsprechung des RG sowie des BGH treffen den gewerbsmäßigen Frachtführer gegenüber dem Eigentümer der Ladung außervertragliche Sorgfaltspflichten, die sich aus seiner Stellung als Gewerbetreibender ergeben; s. näher Anm. 80 zu § 429. Diese führen dazu, daß auch Unterlassungen des Unterfrachtführers u.U. dem Eigentümer gegenüber eine Schadensersatzpflicht begründen können. Liegen dem Hauptfrachtvertrag Freizeichnungsklauseln zugrunde, so können sich diese zugunsten des Unterfrachtführers auswirken, wenn ein dementsprechender Wille aus dem Vertrag hervorgeht oder sich dies aus einer in der Branche bestehenden Übung ergibt. Die letztere Möglichkeit hat der BGH im Urt. v. 23. 6. 1966, VersR 1966, 871 = MDR 1966, 914 = LM Nr. 1 zu § 8 BSchG für die Binnenschiffahrt bejaht. Siehe auch Anm. 97, 99 zu § 429. Eine erweiternde Auslegung von Freizeichnungsklauseln zugunsten Dritter erscheint jedoch im Hinblick auf die für AGB geltende besondere Regel, nach der Freizeichnungen eng auszulegen sind, bedenklich; s. dazu Anm. 10, 11 vor § 1 ADSp, Anh. I § 415 HGB; Helm, AcP 160 (1961), S. 521ff.

Das Fehlen vertraglicher Beziehungen bewirkt auch, daß der Unterfrachtführer gegen den Absender des Hauptfrachtvertrags keine Ansprüche auf Zahlung von Fracht oder Aufwendungsersatz hat. In Ausnahmefällen (insbesondere für die Zeit nach Beendigung des Unterfrachtvertrags) können sich eventuell Ansprüche aus dem Eigentümer-Besitzer-Verhältnis (Verwendung), aus ungerechtfertigter Bereicherung oder aus Geschäftsführung ohne Auftrag ergeben.

Anm. 17 **II. Haftung des Hauptfrachtführers nach § 432 Abs. 1**

1. Voraussetzungen der Haftung

a) Übergabe des Guts

Übergabe ist die Gewahrsamsübertragung am Gut. Sie stellt für den übernehmenden Frachtführer die Annahme dar, nicht aber für den Übergebenden die von ihm geschuldete Ablieferung, da die übernommene Beförderung mit der Übergabe an den Unterfrachtführer noch nicht beendet ist.

Anm. 18 **b) An einen anderen Frachtführer**

Dies muß so verstanden werden, daß der Übernehmende in seiner Funktion als Frachtführer handelt. Es muß sich also um die frachtvertragliche Annahme durch den anderen Frachtführer handeln; damit ist ein Frachtvertrag zwischen dem Hauptfrachtführer und dem Unterfrachtführer erforderlich. Der Absender wird an sich nicht Partei des Unterfrachtvertrags, siehe aber § 432 Abs. 2 und unten Anm. 22.

Anm. 19 **c) Zur Ausführung der übernommenen Beförderung**

Ein Unterfrachtvertrag kann nur vorliegen, wenn der Hauptfrachtführer selbst die Beförderung übernommen hatte (Abgrenzung zum Speditionsgeschäft siehe oben Anm. 14), und zwar muß Gegenstand des Unterfrachtvertrags die vom Hauptfrachtführer seinem Absender geschuldete Transportleistung – ganz oder teilweise – sein; siehe OLG Düsseldorf, DB 1973, 1943 (1944). Übergibt der Frachtführer nach vollständiger Erbringung der von ihm dem Absender geschuldeten Beförderungsleistung das Gut vertragsgemäß an einen zweiten Frachtführer zur Weiterbeförderung, so liegt ein Zwischenfrachtvertrag vor, für den § 432 HGB nicht gilt; siehe oben Anm. 4.

Die vom Hauptfrachtführer übernommene Beförderung muß dem Unterfrachtführer übertragen worden sein. Hierzu genügt (unstreitig) auch die Übertragung der Beförderung auf einer Teilstrecke.

Anm.20 **2. Rechtsfolge: Haftung des Hauptfrachtführers für den Unterfrachtführer und seine Leute**

Die in § 432 Abs. 1 HGB vorgesehene Haftungsfolge könnte überwiegend auch aus § 431 HGB abgeleitet werden, denn der Unterfrachtführer gehört zu den „anderen Personen", deren sich der Hauptfrachtführer bei der Ausführung der Beförderung bedient; so zutreffend Ritter Anm. 2 zu § 432, Rundnagel E.H. S. 179f. Das gleiche gilt für Bedienstete des Unterfrachtführers. Zweifelhaft könnte nur sein, ob der Hauptfrachtführer auch für Handeln von Leuten des Unterfrachtführers, die nicht mit der Beförderung des Frachtguts betraut waren, zu haften hat. Dies wurde von Ratz in der Vorauflage Anm. 3 zu § 432 ohne nähere Begründung verneint – die zitierte Entscheidung ROHG 9, 89 (90) besagt zu dieser Frage nichts. Das Gegenteil liegt näher. Wird das Frachtgut vom Hauptfrachtführer in einen fremden, von ihm nicht beherrschten Risikobereich gegeben, so sollte es dort keinen verminderten Haftungsschutz haben; so grundsätzlich auch Heymann/Kötter Anm. 1 zu § 432. Dazu gehört die volle Haftung für Leute des Unterfrachtführers wie für eigene Leute. Denn das Betriebsrisiko eines Transportbetriebs weist zahlreiche Möglichkeiten der Schädigung des Frachtguts durch nicht unmittelbar mit der Beförderung befaßte Personen auf. Bei dieser Auslegung enthält § 432 Abs. 1 einen eigenen, über § 431 hinausgehenden Sinn.

Die Haftung des KVO-Hauptfrachtführers bestimmt sich, auch wenn er auf kurzen Teilstrecken Unterfrachtführer einsetzt, stets nach der KVO; zutreffend Voigt, VP 1963, 50.

III. Eintritt des Unterfrachtführers in den Hauptfrachtvertrag bei Beförderung unter einheitlichem Frachtbrief (§ 432 Abs. 2) Anm. 21

1. Voraussetzungen des Eintritts (Annahme von Gut und Frachtbrief)

Annahme des Gutes ist die übliche frachtvertragliche Annahme in Ausführung des Unterfrachtvertrags; vgl. zur Annahme Anm. 11 zu § 429.

Hinter der Formulierung „mit dem ursprünglichen Frachtbrief" verbirgt sich mehr als die einfache Entgegennahme des Frachtbriefs. Nach richtiger Auffassung muß der Frachtbrief ein „durchgehender" sein, also die Beförderungsstrecke des Unterfrachtführers mit umfassen. Er muß vom Absender des Hauptfrachtvertrags oder doch mindestens vom Hauptfrachtführer in dessen Vollmacht ausgestellt sein; BGH vom 23. 1. 1970, WM 1970, 692. Die bloße Empfangnahme des Frachtbriefs genügt nicht; vielmehr gehört der Wille dazu, die im Frachtbrief umschriebene Beförderung ganz oder teilweise auszuführen. Die Annahme von Gut und Frachtbrief enthält also eine Willensäußerung, die sich allerdings nicht auf die Folge des Vertragseintritts und der Haftung richtet. Im Ergebnis bleibt es danach gleich, ob man eine Willenserklärung oder eine Rechtshandlung darin sehen will, denn die Vorschriften über Willenserklärungen sind zumindest analog anzuwenden. Siehe in der Literatur für Willenserklärung Schlegelberger/Geßler Anm. 14 zu § 432 und Konow, DB 1973, S. 907; a. A. Heymann/Kötter 2 zu § 432.

Läßt sich der Unterfrachtführer einen neuen, nur für seine Strecke geltenden Frachtbrief ausstellen, so fehlt es im Zweifel an dem nach § 432 Abs. 2 erforderlichen Willen, und zwar auch dann, wenn er zusätzlich den alten Frachtbrief entgegennimmt, etwa zur Mitbeförderung an den Empfänger.

Der „ursprüngliche" Frachtbrief ist der vom Absender dem Hauptfrachtführer ausgestellte „durchgehende" Frachtbrief, der die vom Unterfrachtführer auszuführende Beförderung mit umfaßt. Es genügt nicht, wenn ein vom Unterfrachtführer ausgestellter neuer Frachtbrief auf den ersten Frachtbrief nur Bezug nimmt (ROHG 7, 216 (217). Der ursprüngliche Frachtbrief kann aber auch durch eine Zweitschrift anstelle des verlorengegangenen Originals ersetzt werden.

Züchner, VersR 1969, 203ff. bezeichnet den Fall, daß dem Unterfrachtführer die Teilstrecke zur Beförderung unter neuem Frachtbrief ohne Übergabe des ersten durchgehenden Frachtbriefs übertragen wird, als „Teilfrachtvertrag" und wendet folgerichtig § 432 Abs. 2 nicht an. Siehe zu den Bedenken gegen diese unübliche Terminologie oben Anm. 3, 5.

2. Rechtsfolgen des Eintritts Anm. 22

a) Eintritt in den Hauptfrachtvertrag

Nach der unzweideutigen Formulierung des § 432 Abs. 2 HGB wird der Unterfrachtführer neben dem Hauptfrachtführer zum Partner des Absenders, also Vertragspartner des Hauptfrachtvertrags; vgl. BGH vom 23. 1. 1970, WM 1970, 692. Beide werden in der Literatur als „Samtfrachtführer" bezeichnet. Der Vertragseintritt ähnelt dem den in §§ 571 und 613 a BGB geregelten Fällen, allerdings mit dem Unterschied, daß der Hauptfrachtführer in vollem Umfang neben dem Unterfrachtführer Vertragspartner des Absenders bleibt.

Nach allgemeiner Auffassung tritt der Unterfrachtführer in den Hauptfrachtvertrag nur zu den Bedingungen ein, die sich aus dem übernommenen Frachtbrief selbst ergeben. Sonstige Abreden zwischen Hauptfrachtführer und Absender sollen für ihn nicht wirksam sein. Dies ergibt sich zwar nicht ohne weiteres aus § 432 Abs. 2 HGB. Jedoch läßt es sich damit begründen, daß die gesetzliche Haftungsüberbürdung zu weit ginge, wenn sie dem Unterfrachtführer nicht einmal aus dem Frachtbrief erkennbar war. Andererseits wird man kaum annehmen können, daß den Hauptfrachtführer begünstigende, nicht auf dem Frachtbrief vermerkte Abrede nicht zugunsten des Unterfrachtführers gelten sollten. Sonst würde der Absender durch die Weitergabe der Beförderung an den Unterfrachtführer ohne Grund begünstigt werden; siehe hierzu Heymann/Kötter Anm. 2 zu § 432; Schlegelberger/Geßler Anm. 18 zu § 432.

Anm. 23 **b) Gesamtschuldnerische Haftung**

Die praktische Bedeutung des Vertragseintritts liegt darin, daß dem Absender der Unterfrachtführer zusätzlich zum Hauptfrachtführer voll für die Gesamtstrecke haftet. Beide haften als echte Gesamtschuldner. § 422ff. BGB finden volle Anwendung, allerdings ist § 426 Abs. 1 BGB durch § 432 Abs. 3 HGB ersetzt. Modifikationen bei der Anwendbarkeit des Gesamtschuldrechts können sich eventuell auch daraus ergeben, daß die Frachtführer nicht nur Gesamtschuldner, sondern auch beide Partner im gleichen Vertrag sind.

Die Haftung aus dem Frachtvertrag kann der Frachtführer nicht dadurch ausschließen, daß er Mängel des Guts, die bei Übernahme von Gut und Frachtbrief vorhanden sind, auf dem Frachtbrief vermerkt. Ein solcher Vermerk kann nur für Rückgriff oder Ausgleich mit dem Hauptfrachtführer von Bedeutung sein (so zutreffend ROHG 11, 209 (211ff.); siehe zum Ausgleich unten Anm. 24–27), bleibt aber gegenüber dem Absender ebenso wirkungslos, wie wenn der ursprüngliche Frachtführer nach der Annahme des Guts Mängelvermerke in dem Frachtbrief einseitig einträgt. Auch wenn der nachfolgende Unterfrachtführer das Gut nicht vollständig erhalten hat, ist seine volle Haftung entsprechend dem Grundgedanken des § 96 Abs. 3 S. 1 EVO zu bejahen (so Konow, DB 1973, 907).

Anm. 24 **IV. Rückgriff und Ausgleich zwischen Hauptfrachtführer und Unterfrachtführer (§ 432 Abs. 3)**

Anwendungsbereich wie Inhalt des § 432 Abs. 3 HGB sind unklar, teilweise streitig.

1. Anwendungsbereich des § 432 Abs. 3

In der Literatur wird überwiegend, wenn auch nicht mit besonderer Klarheit, angenommen, § 432 Abs. 3 beziehe sich nur auf die Fälle, in denen die Voraussetzungen des Abs. 2 (Samtfrachtführer nach Vertragseintritt, gesamtschuldnerische Haftung) vorlägen; vgl. Rundnagel Ehrenbergs Handbuch, S. 183ff.; Baumbach/Duden Anm. 3 zu § 463; Schlegelberger/Geßler Anm. 24 zu § 432; dagegen Heymann/Kötter Anm. 3 zu § 432, der Abs. 3 auch anwenden will, wenn Hauptfrachtführer und Unterfrachtführer nicht als Gesamtschuldner dem Absender gegenüber haften. In der Tat ergibt der Wortlaut keine Einschränkung des Anwendungsbereichs des Abs. 3. Die Bestimmung kann auch sinnvollerweise im Fall des Abs. 1 angewandt werden. Für die beschränkte Anwendbarkeit des § 432 Abs. 3 auf Unterfrachtverhältnisse ohne Übernahme des ursprünglichen Frachtbriefs (von ihm als „Teilfrachtverhältnisse" bezeichnet): Züchner, VersR 1969, 206.

2. Inhalt des § 432 Abs. 3 Anm. 25

Hauptfrachtführer und ein oder mehrere Unterfrachtführer haften u. U. für den gleichen Schaden. Dies kann vor allem dann vorkommen, wenn die Gesamtschuldregelung des § 432 Abs. 2 eingreift, aber auch wenn der Hauptfrachtführer dem Absender für einen Schaden haftbar ist, der im Beförderungsbereich des Unterfrachtführers entstanden ist, oder wenn der ausliefernde Unterfrachtführer den Empfänger für einen nicht in seinem Beförderungsbereich entstandenen Schaden entschädigt hat. Auch in solchen Fällen bedarf die Regreßfrage der Regelung. § 432 Abs. 3 geht dabei von folgenden Grundsätzen aus:

a) Rückgriff (§ 432 Abs. 3 S. 1) Anm. 26

Der Frachtführer, der dem Geschädigten Schadensersatz geleistet hat, kann die volle Übernahme des Schadens von dem Frachtführer verlangen, der den Schaden verursacht hat. Der Anspruch geht auf Erstattung der bereits geleisteten Schadensersatzzahlungen. Sind diese noch nicht erbracht, so besteht ein Anspruch auf Schuldbefreiung (dazu grundsätzlich BGH vom 22. 10. 1957, NJW 1958, 497 mit Anm. von Lange). Hierbei kommt es nicht auf den Obhutszeitraum an, in dem der Schaden entstanden ist. Verschuldet sein kann z. B. auch ein Schaden, der beim Unterfrachtführer entsteht, durch den Hauptfrachtführer, z. B. wenn dieser die zur Schadensverhinderung notwendigen Informationen nicht weitergeleitet hat. Die Beweislast für das Verschulden trägt der Regreßverlangende.

b) Ausgleich (§ 432 Abs. 3 S. 2) Anm. 27

Kann kein Verschulden festgestellt werden, so tragen die Beteiligten nach S. 2 den Schaden nach dem Verhältnis ihrer Frachtanteile, wobei der vom Schadensersatz frei wird, in dessen Beförderungsstrecke der Schaden nachweislich nicht entstanden ist. Wer danach nicht oder nur z. T. für den Schaden haftet, hat entsprechende Regreßansprüche gegen den anderen bzw. die anderen pro rata, falls er den Ladungsberechtigten entschädigt hat. Ist dies noch nicht der Fall, wird er aber vom Ladungsberechtigten in Anspruch genommen, so stehen ihm Schuldbefreiungsansprüche pro rata gegen den oder die Regreßpflichtigen zu.

Im einzelnen ist hierbei manches streitig, insbesondere, ob der Regreßverlangende das Verschulden des in Anspruch Genommenen nachweisen muß; wie hier Schlegelberger/Geßler Anm. 25 zu § 432; Heymann/Kötter Anm. 3 zu § 432; a. A. Baumbach/Duden Anm. 3 zu § 432, für Anwendung der Beweislastregelung des § 429 Abs. 1 HGB.

Streitig ist ferner, was bei Zahlungsunfähigkeit eines Regreßpflichtigen zu geschehen hat (vgl. dazu Heymann/Kötter Anm. 3 zu § 432).

Zu diesen Problemen fehlt es seit Jahrzehnten an jeder veröffentlichten Rechtsprechung oder sonstigen Hinweisen auf ihre praktische Bedeutung. Es erscheint zweifelhaft, ob derartige Streitfragen anhand erdachter Problemfälle entschieden werden können. Insbesondere gilt dies wegen der ineinandergreifenden Spezialregelungen, die schwierige Regreßsonderprobleme mit sich bringen können. Vgl. zu den einzelnen Fragen sehr eingehend Heymann/Kötter Anm. 3 zu § 432 HGB.

§ 433

(1) [1]Der Absender kann den Frachtführer anweisen, das Gut anzuhalten, zurückzugeben oder an einen anderen als den im Frachtbriefe bezeichneten Empfänger auszuliefern. [2]Die Mehrkosten, die durch eine solche Verfügung entstehen, sind dem Frachtführer zu erstatten.

(2) [1]Das Verfügungsrecht des Absenders erlischt, wenn nach der Ankunft des Gutes am Orte der Ablieferung der Frachtbrief dem Empfänger übergeben oder von dem Empfänger Klage gemäß § 435 gegen den Frachtführer erhoben wird. [2]Der Frachtführer hat in einem solchen Falle nur die Anweisungen des Empfängers zu beachten; verletzt er diese Verpflichtung, so ist er dem Empfänger für das Gut verhaftet.

Inhaltsübersicht

Literatur

I. Allgemeines Anm. 1
1. Funktion und Zusammenhang des § 433
2. Begriff des frachtvertraglichen Verfügungsrechts Anm. 2
3. Anwendungsbereich des § 433; Spezialordnungen Anm. 3–8

II. Inhalt des frachtvertraglichen Verfügungsrechts (§ 433 Abs. 1) Anm. 9
1. Allgemeines
2. Zulässige Verfügungen Anm. 10
   a) Anhalten des Guts Anm. 11
   b) Rückgabe Anm. 12
   c) Auslieferung an einen anderen Empfänger Anm. 13
   d) Andere Anweisungen Anm. 14

III. Ansprüche des Frachtführers aufgrund erteilter Weisungen (§ 433 Abs. 1 S. 2) Anm. 15
1. Frachtansprüche Anm. 16
2. Aufwendungen Anm. 17
3. Schäden Anm. 18

IV. Erlöschen des frachtrechtlichen Verfügungsrechts Anm. 19
1. Allgemeines
2. Erlöschen des Absender-Verfügungsrechts nach § 433 Abs. 2 HGB Anm. 20
   a) Voraussetzungen des Erlöschens
      aa) Ankunft des Guts und Ablieferung des Frachtbriefs Anm. 21–23
      bb) Nach Ankunft des Frachtguts bei Klageerhebung des Empfängers nach § 435 HGB Anm. 24–25
   b) Wirkungen des „Erlöschens" Anm. 26–27

V. Verfügungsrecht des Empfängers Anm. 28
1. Voraussetzungen
2. Konkurrenz zum Absender-Verfügungsrecht Anm. 29
3. Inhalt des Verfügungsrechts; Folgen der Verletzung Anm. 30

VI. Übersicht über die Verteilung des Verfügungsrechts nach §§ 433–435 Anm. 31
1. Vor Ankunft des Frachtguts
2. Nach Ankunft des Frachtsguts vor Übergabe des Frachtbriefs oder Klageerhebung
3. Nach Ankunft des Frachtguts und Übergabe des Frachtbriefs
4. Nach Ankunft des Frachtguts und Klageerhebung (§ 435)

Literatur: Siehe zu § 425.

Anm. 1

I. Allgemeines

1. Funktion und Zusammenhang des § 433

§ 433 HGB steht in engem Funktionszusammenhang mit §§ 434, 435. Die Regelung der frachtrechtlichen Verfügungsrechte besteht aus einem Zusammenspiel von Absender- und Empfängerrechten, die sich teilweise überschneiden, teilweise auch einander ausschließen. Hierbei fällt dem § 433 die Funktion zu, die Absenderrechte zu umreißen, während §§ 434, 435 die Rechtsposition des Empfängers definieren. Ergänzt wird diese Regelung noch durch § 436, welcher die Pflichten des Empfängers bestimmt. Der Frachtführer kann sich auch durch Vertrag dem Verfügungsrecht eines Dritten unterwerfen und wird daran auch nicht durch § 27 KVO gehindert; BGH v. 15. 10. 1959, DB 1959, 1316.

Der Frachtvertrag erweist sich insbesondere durch §§ 434, 435 als echter – allerdings speziell geregelter – Vertrag zugunsten Dritter; vgl. dazu Anm. 53 zu § 425.

2. Begriff des frachtvertraglichen Verfügungsrechts **Anm. 2**

Dieses Recht ist in seinen Voraussetzungen und Folgen trotz der mißverständlichen Bezeichnung „Verfügung" in § 433 Abs. 1 S. 2 und Abs. 2 S. 1 von schuldrechtlicher Natur. Es hängt in seinen Voraussetzungen nur von der schuldrechtlichen Vertragsposition ab – nicht vom Eigentum oder Besitz des Verfügungsberechtigten; siehe als Beispiel den Fall RGZ 34, 63 (66). Auch die Wirkung seiner Ausübung hat keine unmittelbaren sachenrechtlichen Konsequenzen. Allenfalls kann die Besitzlage durch frachtrechtliche Verfügungen beeinflußt werden; dazu grundsätzlich ablehnend RGZ 27, 84 (86). Mangels unmittelbar rechtsändernder Wirkung ist die Ausübung des frachtrechtlichen Verfügungsrechts keine Verfügung i. S. der üblichen bürgerlichrechtlichen Terminologie, sondern Weisung, eventuell Kündigung im Rahmen eines Schuldverhältnisses.

3. Anwendungsbereich des § 433; Spezialordnungen **Anm. 3**

§ 433 HGB gilt noch unverändert im Bereich des Güternahverkehrs, da weder die AGNB noch die ADSp Sonderregelungen treffen. Allerdings dürfte das frachtrechtliche Verfügungsrecht im Güternahverkehr wegen der kurzen Beförderungsdauer bzw. -strecke praktisch nicht sehr bedeutend sein.

§ 27 KVO trifft eine in wesentlichen Punkten vom HGB abweichende Regelung. **Anm. 4** Insbesondere ist das Verfügungsrecht des Absenders auf den in § 27 Abs. 1 zusammengestellten Katalog von Verfügungen beschränkt. Auch das Ablehnungsrecht des Frachtführers ist in § 27 Abs. 2 KVO exakt umrissen. Im Bereich des Güterfernverkehrs können allenfalls noch einige zu § 433 entwickelte Grundgedanken angewendet werden. Siehe im einzelnen die Bestimmung mit Kommentar in Anh. II nach § 452.

Die BefBMö enthalten in § 5 ebenfalls eine eingehende Sonderregelung, die sich **Anm. 5** wiederum von § 27 KVO wesentlich unterscheidet. Siehe dazu Anh. IV nach § 452.

Die ausführlichen Bestimmungen der Artt. 12, 13 CMR lehnen sich eng an das **Anm. 6** Eisenbahnrecht an. Siehe die Kommentierung zu diesen Artt. in Anh. III nach § 452. Für § 433 bleibt danach im Bereich der CMR kein Raum für ergänzende Anwendung. Der BGH will im Urteil vom 10. 4. 1974, VersR 1974, 796 (798) die KVO und – wiederum ergänzend – § 433 anwenden. Dieses Verfahren ist systematisch kaum zu rechtfertigen, solange die Auslegungsmöglichkeiten nicht ausgeschöpft sind; siehe Anm. 4f. zu Art. 1 CMR, 1 zu Art. 12 CMR.

Im Binnenschiffahrtsrecht findet § 433 kraft der Verweisung des § 26 BSchG **Anm. 7** noch am ehesten ein praktisches Anwendungsfeld, vgl. BGH vom 24. 4. 1953, BGHZ 9, 221 (224); vom 10. 4. 1974, VersR 1974, 796 (798).

Die ergänzende Anwendung zur CMR stellt § 433 HGB in einen völlig neuen **Anm. 8** Sachzusammenhang. Zur unmittelbaren Anwendung des § 433 gibt es keine veröffentlichte Rechtsprechung. Auch das Reichsgericht hatte sich seit langem nicht mehr mit § 433 befaßt. Angesichts des heute nur noch begrenzten Anwendungsbereichs und der geringen praktischen Bedeutung der Vorschrift, die sich besonders auch im Fehlen neuerer Rechtsprechung äußert, muß für eine Reihe dogmatischer und sonstiger Streitfragen auf die Vorauflage und auf die älteren Kommentare verwiesen werden.

II. Inhalt des frachtvertraglichen Verfügungsrechts (§ 433 Abs. 1) **Anm. 9**

1. Allgemeines

§ 433 Abs. 1 HGB gibt nur 3 Möglichkeiten der frachtvertraglichen Verfügung an: Anhaltung, Rückgabe und Auslieferung an einen anderen Empfänger. In Literatur und Rechtsprechung ist jedoch unstreitig, daß hiermit die Verfügungsrechte nicht vollständig aufgezählt werden sollten, sondern daß es sich nur um Beispiele handelt; BGH vom 14. 4. 1953, BGHZ 9, 221 (225); Schlegelberger/Geßler Anm. 1 zu § 433; Heymann/Kötter Anm. 1 zu § 433 HGB.

Das frachtrechtliche Verfügungsrecht kann über § 433 Abs. 1 S. 1 hinaus aus allgemeinen Rechtsgrundsätzen begründet werden. Das Rückgabeverlangen kann als Sonderfall der Kündigung des Werkvertrags nach § 649 BGB betrachtet werden; andere Verfügungen wie Anhaltung und Empfängeränderung entsprechen dem für Geschäftsbesorgungsverträge bestehenden allgemeinen Weisungsrecht des Auftraggebers (§§ 675, 665 BGB). Siehe zutreffend Heymann/Kötter Anm. 1 zu § 433; Schlegelberger/Geßler Anm. 1 zu § 433; zur Rechtsnatur des Frachtvertrages als auf eine Geschäftsbesorgung gerichteten Vertrages siehe oben Anm. 29 zu § 425. Mißverständlich drückt sich der BGH im Urteil vom 14. 4. 1953, BGHZ 9, 221 (225) aus, wenn er meint, § 433 enthalte nur die Anwendung eines Grundgedankens des Werkvertrages (§ 649 BGB). Denn in den meisten Fällen von frachtrechtlichen Anweisungen geht es nicht um Kündigung, sondern um Weisungen für die Ausführung des Frachtvertrags.

Anders als nach § 433 HGB enthält § 27 Abs. 1 KVO einen abschließenden Katalog der zulässigen Absenderverfügungen. Dagegen gestatten § 5 BefBMö und Art. 12 CMR dem Absender – insofern ähnlich § 433 HGB – auch andere Verfügungen.

Durch die Verfügung entsteht kein neuer Frachtvertrag. Allenfalls läßt sich die Verfügung als einseitige Änderung des Vertragsinhalts (so die Überschrift von § 27 KVO), richtiger als Ausgestaltung eines Rahmens durch Weisungen bezeichnen.

Anm. 10

2. Zulässige Verfügungen

Der Rahmen für die Zulässigkeit einer Absenderverfügung ergibt sich aus ihrem Rechtscharakter. Nach allgemeiner Auffassung darf durch Absenderverfügung nichts verlangt werden, was über die Leistungspflicht des Frachtführers aus dem ursprünglichen Frachtvertrag wesentlich hinausginge; es müsse sich stets um Weisungen handeln, die sich im Rahmen des ursprünglichen Vertrags hielten. Der Frachtvertrag dürfe durch die Weisungen nicht völlig umgestaltet werden; Schlegelberger/Geßler Anm. 8, 9 zu § 433.

Dies ist zwar grundsätzlich richtig. Doch muß gesehen werden, daß durch die Weisungen stets der Inhalt der geschuldeten Leistung verändert wird. Wird in einer Anweisung nur die Erfüllung der ursprünglich vorgesehenen Leistung verlangt, so liegt kein Fall der Anweisung nach § 433 Abs. 1, daher auch kein Anspruch auf Kostenersatz vor; so zutreffend BGHZ 9, 221 (225).

Das Verfügungsrecht des Absenders soll demgegenüber eine über die Anmahnung der Vertragserfüllung hinausgehende Bedeutung haben. Daher wird man bei der Prüfung der Zulässigkeit von Weisungen großzügig verfahren und dem Frachtführer wirtschaftlich sinnvolle und zumutbare Abweichungen von der ursprünglichen Transportleistung auf Grund der Weisungen auferlegen können. Dies ist auch deshalb unbedenklich, weil der Frachtführer durch § 433 Abs. 1 S. 2 Anspruch auf die Mehrkosten hat und auch durch das Pfandrecht am Frachtgut (§ 440 HGB) gesichert ist. Siehe unten Anm. 15ff.

Für die Abgrenzung zulässiger Verfügungen darf nicht von Entscheidungen und Literaturmeinungen ausgegangen werden, die noch aus der Zeit der Pferdefuhrwerke und der Anfangszeit des Kraftverkehrs stammen, da sich insoweit die Grenzen des Weisungsrechts aus technischen Gründen geändert haben.

Über den ursprünglichen Frachtvertrag weit hinausgehende und daher nach § 433 HGB an sich unzulässige Weisungen sind möglich, wenn der Frachtführer einverstanden ist. Dann liegt eine vertragliche Änderung des ursprünglichen Frachtvertrags vor.

Im einzelnen ist zu den Weisungen zu bemerken:

a) Anhalten des Guts **Anm. 11**

Nur begrenzt kann der Absender vom Frachtführer verlangen, das Gut unterwegs im Fahrzeug stehenzulassen, denn die Aufbewahrung des Guts gehört nicht zu den Pflichten des Frachtführers. Will der Absender das Gut auf längere Zeit anhalten, so muß er es sich zurückgeben lassen oder es an einen anderen Empfänger (z. B. Lagerhaus) abliefern lassen.

b) Rückgabe **Anm. 12**

Hierzu wird allgemein die Auffassung vertreten, der Absender könne die Rückgabe nur am Ablieferungsort oder an einem Teilpunkt der Beförderung verlangen. Den Rücktransport schulde der Frachtführer nicht; ROHG 11, 290 (293); 16, 195 (198f.); Schlegelberger/Geßler Anm. 8 zu § 433 HGB; Heymann/Kötter Anm. 1 zu § 433; nur „in der Regel“ soll dies gelten nach Baumbach/Duden Anm. 1A zu §§ 433, 434 HGB.

Diese Auslegung ergibt sich daraus, daß der Rücktransport eine nicht vereinbarte zusätzliche Vertragsleistung darstellen solle. Für den Kraftfahrzeugtransport ist dies freilich kaum sehr praktisch, da der Rücktransport vor allem im Güternahverkehr eine problemlose Mehrleistung ist, solange der Wert der Güter den zusätzlichen Frachtanspruch deckt. Daher gibt § 27 Abs. 1 S. 1e KVO dem Absender ein Recht auf Rücksendung; der KVO-Frachtführer darf die Rücksendung nur aus den in § 27 Abs. 2 vorliegenden Gründen verweigern. Diese vernünftige und den modernen Verhältnissen besser entsprechende Regelung sollte im Wege der Auslegung auch für § 433 HGB bejaht werden.

c) Auslieferung an einen anderen Empfänger **Anm. 13**

Nach allgemeiner Auffassung soll sich dieses Recht auf die Auslieferung am selben Ort beschränken. Der Frachtführer soll nicht verpflichtet sein, das Frachtgut an einen anderen Ort zu bringen. Auch dies soll sich aus der Rechtsnatur der Verfügung als einer Weisung innerhalb des Frachtvertrags ergeben; Schlegelberger/Geßler Anm. 9 zu § 433, Heymann/Kötter Anm. 1 zu § 433; nur in „in der Regel“ Baumbach/Duden Anm. 1A zu §§ 433/434. Hiergegen sind die gleichen Bedenken angebracht wie gegen die Ausschließung der Rückbeförderung. Im Rahmen des Frachtvertrags dürfte es ohne weiteres liegen, wenn das Gut in einem benachbarten Ort abgeliefert werden soll (z. B. in Offenbach statt Frankfurt a. M.).

Den modernen Möglichkeiten des Kraftwagen-Transports wird die Regelung der KVO, die in § 27 Abs. 1h auch die Änderung des Bestimmungsortes durch die Absenderverfügung gestattet, besser gerecht; ebenso § 5 BefBMö, Art. 12 Abs. 1 CMR. Im Güternahverkehr kann freilich der Absender nicht die Beförderung über die Nahverkehrszone hinaus verlangen (§ 2 GüKG), da dies verbotswidrig wäre; siehe auch § 99 GüKG.

d) Andere Anweisungen **Anm. 14**

Zu den zulässigen frachtrechtlichen Verfügungen zählen zahlreiche andere Veränderungen der ursprünglichen Pflichten des Frachtführers. Einen Katalog solcher Verfügungen enthält § 27 Abs. 1 KVO: Nachnahmeanweisungen, deren Änderung oder Widerruf, Weiterleitung an einen anderen Bestimmungsort, Teilauslieferung usw.

Anm. 15

III. Ansprüche des Frachtführers aufgrund erteilter Weisungen (§ 433 Abs. 1 S. 2)

Der Frachtführer hat nach § 433 Abs. 1 S. 2 Anspruch auf Ersatz der durch die Verfügung entstehenden Mehrkosten. Hinsichtlich der ihm zustehenden Ansprüche ist zu unterscheiden:

Anm. 16

1. Frachtansprüche

Die Frachtansprüche werden im allgemeinen durch die Verfügung nicht berührt. Verlangt jedoch der Absender Rückgabe vor Vollendung der vorgesehenen Beförderung, so verbleibt dem Frachtführer gem. § 649 S. 2 der Frachtanspruch abzüglich etwa ersparter Kosten. Damit würde die Fracht auch dann zu entrichten sein, wenn das Gut (bei Rückgabe am Versandort) überhaupt nicht und (bei Anhaltung unterwegs) nur über eine Teilstrecke befördert wird. Diese Lösung entspricht nicht den praktischen Erfordernissen und ebensowenig dem Tarifrecht.

Daher sieht die KVO in § 27 Abs. 5, 6 eine gänzlich andere Lösung vor: Es wird grundsätzlich die für die tatsächlich ausgeführte Beförderung maßgebliche Tariffracht erhoben; siehe im einzelnen Guelde/Willenberg Anm. 46–52 zu § 27 KVO; § 5 Abs. 4 BefBMö sieht eine Pflicht des Weisungsgebers zur Zahlung des tarifmäßigen Entgelts, und, soweit ein solches nicht vorgesehen ist, der Aufwendungen vor. Im Güternahverkehr sind die Entgelte nach dem Güternahverkehrstarif grundsätzlich nach der wirklich ausgeführten Beförderung zu berechnen

Anm. 17

2. Aufwendungen

Ersatzansprüche für Aufwendungen entstehen, soweit Weisungen ausgeführt werden, die über die ursprünglichen Vertragspflichten hinausgehen. Mahnt der Absender beim Frachtführer nur die Erfüllung der ohnehin schon geschuldeten Leistungen an, so liegt keine einen Kostenerstattungsanspruch begründende Weisung vor; BGH v. 24. 4. 1952, BGHZ 9, 221 (225). Nach §§ 675, 670 BGB wären diese Kosten auch ohne die Sonderbestimmung des § 433 Abs. 1 S. 2 HGB zu ersetzen. Auch Kostenersatzansprüche sind teilweise in den Sonderbestimmungen geregelt (§ 27 KVO; § 5 Abs. 4 BefBMö).

Anm. 18

3. Schäden

Die Erteilung von Weisungen durch den Absender ist vertragsgemäß und macht den Weisungsgeber nur dann für aus der Befolgung entstehende Schadensfolgen haftbar, wenn in der Erteilung der Weisung eine schuldhafte Vertragsverletzung lag, z. B. wenn infolge Anhaltung das Gut verdirbt und das Kraftfahrzeug oder mitverladene Güter beschädigt werden. U. U. können Schäden im Gewand von Kosten auftreten, wenn sie im Interesse des Weisungserteilenden bewußt in Kauf genommen wurden. Es ist aber zu berücksichtigen, daß der Frachtführer Weisungen, die Schäden herbeiführen, nicht unbedingt befolgen muß (vgl. § 665 BGB).

Anm. 19

IV. Erlöschen des frachtrechtlichen Verfügungsrechts

1. Allgemeines

Das frachtrechtliche Verfügungsrecht erlischt wie alle Vertragsrechte spätestens mit der vollen Erfüllung des Frachtvertrags, also mit der wirksamen und unbeschädigten Ablieferung des Frachtguts an den richtigen Empfänger. Auch bei Ablieferung in beschädigtem Zustand muß das Verfügungsrecht erlöschen, da die Leistung, auf die sich die Weisungen beziehen, zwar mangelhaft, aber doch erbracht ist. So, wenn auch etwas unbestimmt, wohl auch BGH vom 10. 4. 1974, VersR 1974, 796 (798) = NJW 1974, 1614ff. = MDR 1974, 733f. = LM Nr. 4 zu CMR = DB 1974, 1058. Nicht anzuerkennen ist, daß bei Ablieferung des Frachtguts dem Absender das Verfügungsrecht und die Ersatzansprüche zustehen sollen, wenn der Empfänger zu erkennen gibt, er lege auf die Ansprüche keinen Wert; OLG Königsberg, SeuffA 76, 193f. Die Verfügungsrechte des Absenders können jedoch bereits vor Erfüllung der Beförderungs- oder Ablieferungspflicht erlöschen. Die Eigenart des Frachtvertrags als Vertrags zugunsten Dritter und die Notwendigkeit, im Interesse des Frachtführers am Ablieferungsort einen sachlich kompetenten Verfügungsberechtigten zu haben, führt dazu, daß die Verfügungsberechtigung des Absenders von der des Empfängers abgelöst sein oder mit dieser konkurrieren kann.

2. Erlöschen des Absender-Verfügungsrechts nach § 433 Abs. 2 HGB **Anm. 20**

a) Voraussetzungen des Erlöschens

§ 433 Abs. 2 sieht zwei Fälle des vorzeitigen Erlöschens vor Erfüllung des Frachtvertrags vor: (1) Ankunft des Guts und Ablieferung des Frachtbriefs; (2) Klageerhebung des Empfängers nach § 435 HGB. Diese müssen als vollständige Regelung des vorzeitigen Erlöschens betrachtet werden; a. A. OLG München, OLGR 22, 51 (52).

aa) Ankunft des Guts und Ablieferung des Frachtbriefs **Anm. 21**

Das Gesetz spricht von der Ablieferung des Frachtbriefs nach Ankunft des Guts. Es ist jedoch unbestritten, daß die gleiche Wirkung des Erlöschens eintritt, wenn zuerst der Frachtbrief abgeliefert wird und erst dann das Gut ankommt; Schlegelberger/Geßler Anm. 14 zu § 433. Beide Voraussetzungen müssen jedoch vorliegen. Da im Güternahverkehr der Frachtbrief nicht üblich ist, kommt dort dieser Fall des Erlöschens des Absenderrechts praktisch nicht vor. Für die KVO und CMR, ebenso für die BefBMö gilt § 433 Abs. 2 ohnehin höchstens ergänzend; vgl. Anm. 3ff. Die praktische Bedeutung dieses Erlöschensgrundes ist daher gering.

Inwieweit die Ankunft von Teilen einer Sendung bereits zum Erlöschen von Verfügungsrechten führen kann, ist streitig. Ratz in der Vorauflage sowie Schlegelberger/Geßler Anm. 13 zu § 433 sind der Auffassung, das Verfügungsrecht des Absenders erlösche auch schon bei Ankunft von Teilen einer Sendung, wenn der Frachtbrief übergeben sei – jedenfalls dann, wenn die Sendung als Ganzes ungetrennt zu befördern gewesen wäre. Dagegen vertritt Heymann/Kötter Anm. 3 zu § 433 die Gegenmeinung, nach der das Verfügungsrecht hinsichtlich der angekommenen Teile dem Empfänger und hinsichtlich der noch im Transport befindlichen Teile dem Absender zustehen müsse. Aus der Fassung der §§ 433 Abs. 2 und 435 ist jedenfalls kein Schluß zu ziehen. In sachlicher Hinsicht erscheint die Argumentation von Heymann/Kötter überzeugender: Danach muß im Interesse des Frachtführers ein Verfügungsrecht des Empfängers vor Ankunft des Gutes grundsätzlich (mit Ausnahme des § 434 HGB) vermieden werden; allein schon deshalb, weil der eine Beförderung ausführende Unternehmer wissen muß, wessen Weisungen er zu folgen hat. Dazu bedarf es einer einfachen Regelung. Hängt das Verfügungsrecht davon ab, ob ein Teil des Gutes bereits angekommen ist, so könnte möglicherweise während des Transports der anderen Teile nicht oder nur sehr schwer festgestellt werden, ob der Absender noch verfügungsberechtigt ist. Daher sollte der Absender grundsätzlich Herr des gesamten Transportvorganges bleiben und ein Eingreifen des Empfängers (von § 434 abgesehen) nur für solche Güter akzeptiert werden, die den Transport bereits hinter sich haben. Anm. 22

Anm. 23 Als „Übergabe" des Frachtbriefs genügt nach allgemeiner Auffassung auch die Verschaffung mittelbaren Besitzes. In der Literatur wird gefordert, daß die Übergabe oder Verschaffung des mittelbaren Besitzes am Frachtbrief „in der Absicht" erfolgen müsse, dem Empfänger dadurch „die Verfügung über den Frachtbrief" zu gewähren; Schlegelberger/Geßler Anm. 14 zu § 433; Heymann/Kötter Anm. 3 zu § 433. Richtig ist daran, daß die Anknüpfung des Erlöschens des Verfügungsrechts an die rein informatorische oder treuhänderische Übergabe des Frachtbriefs zu ungerechtfertigter Beschränkung der Rechte des Absenders führen kann. Es ist aber doch zweifelhaft, ob die legitimierende Funktion des Frachtbriefs nicht eher gebietet, die Beurteilung des Verfügungsrechts strikt an die Besitzlage anzuknüpfen. Hat der Frachtführer dem Empfänger den Frachtbrief ausgehändigt, obwohl er das nach dem Frachtvertrag nicht durfte (so z. B. bei Anweisungen des Absenders, Nachnahmen etc.), so ist der Frachtführer dem Absender dafür verantwortlich. Dies kann aber nicht zu Lasten des Empfängers reguliert werden, der möglicherweise den Empfang des Frachtbriefs als Anlaß zu Zahlungen oder anderen Verfügungen nimmt. Dem Verfügungsrecht des Empfängers könnte besser mit dem Einwand des Rechtsmißbrauchs begegnet werden, wenn der Empfänger eine treuhänderische oder informatorische Überlassung des Frachtbriefs zu Unrecht ausnützt. Der Beweis für den Rechtsmißbrauch muß dann vom Frachtführer geführt werden.

Anm. 24 **bb) Nach Ankunft des Frachtguts bei Klageerhebung des Empfängers nach § 435 HGB**

§ 435 HGB gibt dem Empfänger nach Ankunft des Frachtguts am Bestimmungsort, aber noch vor Erhalt des Frachtbriefs das Recht, vom Frachtführer in eigenem Namen die Erfüllung der frachtvertraglichen Pflichten wegen Erfüllung der sich daraus ergebenden Verpflichtungen zu verlangen. Hierzu gehört auch die Befolgung von Weisungen des Empfängers. Dieses Weisungsrecht steht allerdings in Konkurrenz mit dem stärkeren Anspruch des Absenders nach § 433. Vgl. dazu die Kommentierung zu § 435 HGB. Macht der Empfänger Rechte aus § 435 klageweise geltend, so hat der Frachtführer ab Klageerhebung die Verfügungen des Empfängers zu befolgen. Die Empfängerrechte können dann auch vom Absender nicht mehr nach § 435 S. 3 HGB zum Erlöschen gebracht werden, da der Absender nach § 433 Abs. 2 S. 2 keine Verfügungen mehr treffen kann.

Anm. 25 § 433 Abs. 2 S. 1 HGB klärt nicht, welche Rechte des Empfängers klageweise geltend gemacht werden müssen, damit das Absenderverfügungsrecht erlischt. Sicher ist, daß die Einklagung des Anspruchs auf Auslieferung des Frachtguts diese Wirkung entfaltet. Zweifelhaft erscheint dies für die Geltendmachung von Nebenrechten zu sein. Sinnvollerweise ist davon auszugehen, daß mit der Klageerhebung feststehen sollte, daß der Empfänger in die volle Rechtsstellung aus dem Frachtvertrag eintreten und diese nicht nach § 333 BGB zurückweisen will. Dies dürfte auch bei Geltendmachung von Verfügungsrechten oder Entschädigungsansprüchen der Fall sein. Beim bloßen Anspruch auf Vorlage des Frachtbriefs ist dies jedoch zweifelhaft (verneinend schon Rundnagel S. 148 mit Angaben zur älteren Literatur), weil die Klage des Empfängers diesen nicht zur Abnahme oder zur Ausübung von Verfügungsrechten verpflichtet, er vielmehr, auch wenn er den Frachtbrief im Besitz hat, den Anfall der Rechte aus dem Frachtvertrag noch zurückweisen kann. Siehe hierzu Anm. 15 zu § 435 HGB.

Anm. 26 **b) Wirkungen des „Erlöschens"**

Obwohl § 433 Abs. 2 sprachlich eindeutig von „Erlöschen" des Verfügungsrechts spricht, ist der Sinn dieser Regelung teilweise umstritten.

aa) Unstreitig ist, daß im Fall des Erlöschens der Absender nicht mehr in die Empfängerrechte eingreifen kann. Der Zustand, nach welchem das Absenderrecht stärker als das Empfängerrecht ist (vor Ankunft nach § 434 HGB, nach Ankunft nach § 435 HGB), ändert sich also durch § 433 Abs. 2. Vom Augenblick des „Erlöschens" an hat der Frachtführer nur noch die Weisungen des Empfängers zu befolgen (§ 433 Abs. 2 S. 2 1. Hs.). Gegenüber Empfängeranweisungen ist der Absender dann machtlos.

bb) Fraglich ist nur, was zu geschehen hat, wenn der Empfänger seine Rechte nicht ausübt; etwa weil er die Annahme der Sendung verweigert. Für diese Fälle wird angenommen, daß das Verfügungsrecht des Absenders fortbesteht (so ROHG 6, 273 (276); RGJW 1886, 119; nicht ganz eindeutig BGH vom 10. 4. 1974, VersR 1974, 796, 798) oder wieder auflebt (Heymann/Kötter Anm. 3 zu § 433 HGB; Schlegelberger/Geßler Anm. 16 zu § 433 HGB). Dogmatische Erwägungen über die Rechtsnatur des „Erlöschens" oder des „Übergangs", über „Ruhen", „Fortbestehen" oder „Wiederaufleben" des Absender-Verfügungsrechts (so bei Heymann/Kötter Anm. 3, 4 zu § 433 HGB) führen kaum weiter. Vielmehr muß versucht werden, die Frage von der sachlichen Notwendigkeit her zu entscheiden. Danach besteht von seiten des Frachtführers ein dringendes Interesse nach Verfügungen des Absenders, wenn der Empfänger sich weigert, die Ablieferung des Gutes entgegenzunehmen oder Anweisungen zu erteilen. Für diesen Fall ist es sinnvoll, die Verantwortung für die Abwicklung des Frachtvertrags dem Absender zurückzugeben, statt sie bei dem uninteressierten Empfänger zu belassen. In diesen Fällen wird man eine Befugnis des Frachtführers, statt der ausbleibenden Anweisungen des Empfängers die des Absenders zu befolgen, bejahen müssen. Ebenso kann ein Recht des Absenders, seine Verfügungen gegenüber dem Frachtführer trotz „Erlöschens" seines Verfügungsrechts nach § 433 Abs. 2 S. 2 durchzusetzen, in diesem Falle kaum verweigert werden. Allerdings muß die Nichtausübung des Empfängerverfügungsrechts von demjenigen nachgewiesen werden, der sich auf sie beruft, also vom Frachtführer, wenn er die Befolgung von Absenderanweisungen rechtfertigen will oder vom Absender, wenn er die Befolgung seiner Anweisungen durchsetzen will. Dogmatisch läßt sich diese Lösung als ein Sonderfall des § 333 BGB rechtfertigen; so zutreffend Baumbach/Duden Anm. 1 B zu § 433; BGH vom 10. 4. 1974, VersR 1974, 796 (798) = NJW 1974, 1614ff. = MDR 1974, 733f. = LM Nr. 4 zur CMR = DB 1974, 1058. Dabei kann eine Zurückweisung des Verfügungsrechtes, eventuell auch der anderen Rechte aus dem Frachtvertrag, schon in der Nichtausübung trotz Aufforderung gesehen werden; siehe dazu Anm. 15 zu § 435. Mit dieser Lösung ist auch klargestellt, daß der Frachtführer in diesem Fall die Rückgabe des Frachtguts an den Absender nicht aufgrund von Zurückbehaltungsrechten wegen Ansprüchen gegen den Empfänger verweigern kann; so im Ergebnis zutreffend Schlegelberger/Geßler Anm. 16 zu § 433 HGB. **Anm. 27**

Hinsichtlich der Anknüpfung der Legitimation zur Geltendmachung von Ersatzansprüchen für Ladungsschäden an das frachtrechtliche Verfügungsrecht siehe Anm. 35 zu § 429.

V. Verfügungsrecht des Empfängers **Anm. 28**

1. Voraussetzungen

§ 433 Abs. 2 S. 2 HGB knüpft die Entstehung des Empfänger-Verfügungsrechts an das Erlöschen des entsprechenden Absenderrechts an. Vor der Ankunft kann jedoch bereits ein eingeschränktes Notverfügungsrecht des Empfängers nach § 434 HGB bestehen. Darüber hinaus gestattet aber § 435 HGB dem Empfänger die Geltendmachung „der" Rechte aus dem Frachtvertrag, damit auch des Verfügungsrechts ab Ankunft des Gutes. Dieses ist nicht von der Übergabe des Frachtbriefs an den Empfänger abhängig.

Anm. 29 **2. Konkurrenz zum Absender-Verfügungsrecht**

Abgesehen von dem Fall, daß der Empfänger durch Nicht-Geltendmachung seine Verfügungsrechte wieder an den Absender verliert (s. o. Anm. 27) kann eine Kompetenz-Konkurrenz zwischen Absender und Empfänger auftreten, wenn das Gut angekommen ist, der Empfänger aber weder den Frachtbrief erhalten, noch Klage erhoben hat. Dann kann er nach § 435 HGB Verfügungen treffen, obwohl das Verfügungsrecht des Absenders noch nicht erloschen ist, also auch noch dieser verfügen darf. Der Frachtführer hat dann die jeweils ergangenen Verfügungen vom Empfänger oder Absender zu befolgen. Doch ergibt sich aus § 435 S. 3, daß die Absenderverfügungen vorrangig sind. Der Absender kann dem Frachtführer in diesem Stadium noch alle Rechte entziehen. Mit der Klageerhebung hat es andererseits der Empfänger in der Hand, die Verfügungsrechte des Absenders zu beseitigen und damit sich die Herrschaft ganz zu sichern. Siehe zur Übersicht unten Anm. 31. Nach der KVO kann es im Güterfernverkehr nicht zu Überschneidungen zwischen den Verfügungsrechten kommen. Siehe Anm. 20 zu § 27 KVO, Anh. II nach § 452.

Anm. 30 **3. Inhalt des Verfügungsrechts; Folgen der Verletzung**

Das Verfügungsrecht des Empfängers hat den vollen Inhalt entsprechend der Lage des Guts nach Ankunft. Folgt man der oben vertretenen großzügigen Auslegung der frachtrechtlichen Verfügung, so kann der Empfänger unter bestimmten Umständen auch Zurückbeförderung, Verbringung an einen anderen Ort usw. verlangen.

Die Folge der Nichtbefolgung der Verfügung des Empfängers ist Schadensersatz: § 433 Abs. 2 S. 2, 2. Hs. Bei richtiger Auffassung ist hierunter keine Haftung für das Gut in wörtlichem Sinne zu verstehen, sondern eine solche für Folgen der Nichtbefolgung von Verfügungen. Die Nichtbeachtung der Verfügungen kann freilich zu Beschädigung oder Verlust des Frachtguts führen und damit zur Verpflichtung des Substanzersatzes. Andererseits ist davon auszugehen, daß grundsätzlich auch Schäden zu ersetzen sind, die nicht am Gut, sondern an anderen Vermögenswerten des Empfängers entstehen; so zutreffend Schlegelberger/Geßler Anm. 19 zu § 433; Baumbach/Duden Anm. 2 B zu § 433. Für Schäden am Gut gilt die Haftungsbeschränkung des § 430. Siehe dazu Anm. 4 zu § 430.

Anm. 31 **VI. Übersicht über die Verteilung des Verfügungsrechts nach §§ 433—435**

1. Vor Ankunft des Frachtguts steht das Verfügungsrecht dem Absender zu; § 433 Abs. 1. Der Empfänger hat nur ein subsidiäres Notverfügungsrecht nach § 434.

2. Nach Ankunft des Frachtguts vor Übergabe des Frachtbriefs oder Klageerhebung besteht Konkurrenz der Verfügungsrechte des Empfängers nach § 435 HGB und des Absenders nach § 433 HGB. Nach § 435 S. 3 HGB ist jedoch das Absenderrecht stärker.

3. Nach Ankunft des Frachtguts und Übergabe des Frachtbriefs besteht grundsätzlich ein Verfügungsrecht des Empfängers; das Verfügungsrecht des Absenders ist erloschen; § 433 Abs. 2. Weist der Empfänger jedoch das Verfügungsrecht zurück (s. o. Anm. 27), so gilt es als von Anfang an beim Absender verblieben.

4. Nach Ankunft des Frachtguts und Klageerhebung (§ 435) ist nur noch der Empfänger verfügungsberechtigt. Der Absender kann dann nur noch mit Ermächtigung des Empfängers klagen.

§ 434

[1]Der Empfänger ist vor der Ankunft des Gutes am Orte der Ablieferung dem Frachtführer gegenüber berechtigt, alle zur Sicherstellung des Gutes erforderlichen Maßregeln zu ergreifen und dem Frachtführer die zu diesem Zwecke notwendigen Anweisungen zu erteilen. [2]Die Auslieferung des Gutes kann er vor dessen Ankunft am Orte der Ablieferung nur fordern, wenn der Absender den Frachtführer dazu ermächtigt hat.

Inhaltsübersicht

I. Allgemeines Anm. 1
1. Rechtsnatur des Weisungsrechts
2. Anwendungsbereich des § 434 Anm. 2
II. Voraussetzungen des Not-Weisungsrechts Anm. 3
III. Inhalt des Weisungsrechts Anm. 4
IV. Rechtsfolgen der Weisung Anm. 5

I. Allgemeines

Anm. 1

1. Rechtsnatur des Weisungsrechts

Das Not-Weisungsrecht nach § 434 ist eigenes Recht des Empfängers als begünstigten Dritten aus dem Frachtvertrag. § 434 macht von dem Grundsatz der §§ 433 Abs. 2, 435, nach dem der Empfänger vor Ankunft des Frachtguts am Bestimmungsort keine Verfügungsrechte hat, eine Ausnahme für Notfälle. Das Weisungsrecht des Empfängers nach § 434 steht immer in Konkurrenz zum Verfügungsrecht des Absenders nach § 433 Abs. 1. Hierbei geht das Recht des Absenders grundsätzlich vor. Widersprechen sich Absender- und Empfängeranweisungen, so ist die erstere zu befolgen; heute wohl allgemeine Auffassung: Schlegelberger/Geßler Anm. 2 zu § 434; Heymann/Kötter Anm. 2 zu § 434; Baumbach/Duden Anm. 2 D zu § 433, 434 HGB. Der Vorrang der Absenderverfügungen schließt nicht aus, daß eine Notverfügung des Empfängers einer allgemeinen, ohne Kenntnis der Notlage getroffenen Verfügung des Absenders vorgehen kann – so z. B. wenn wegen überraschender Wetterverhältnisse Maßnahmen zum Schutz des Frachtguts getroffen werden müssen.

Den Empfänger trifft gegenüber dem Frachtführer keine Pflicht zur Anordnung von Sicherheitsmaßnahmen. Eine solche Pflicht gegenüber dem Absender kann sich aber aus dem zwischen Absender und Empfänger bestehenden Rechtsverhältnis ergeben. Nach diesem Rechtsverhältnis bestimmt sich auch, inwieweit der Empfänger im Verhältnis zum Absender zu sichernden Maßnahmen befugt ist.

2. Anwendungsbereich des § 434

Anm. 2

Die praktische Bedeutung des § 434 ist heute wegen der lückenlosen Nachrichtenverbindungen zwischen Absender und Transportmittel nur noch gering. Neuere Rechtsprechung zu § 434 existiert nicht. Die Spezialnormen des Landfrachtrechts (KVO, BefBMö, CMR, AGNB) enthalten keine dem § 434 HGB entsprechenden Regeln. § 434 kann daher in allen diesen Bereichen, wenn erforderlich, ergänzend angewandt werden. Allerdings dürfte sich die Anwendbarkeit auf krasse Notfälle beschränken, in denen der Absender nicht erreicht werden kann. § 434 HGB gilt auch im Binnenschiffahrtsrecht, nicht dagegen für die Eisenbahnbeförderung.

II. Voraussetzungen des Not-Weisungsrechts

Anm. 3

§ 434 betrifft nur die Situation vor Ankunft des Frachtguts am Ablieferungsort. Siehe zur Rechtsstellung des Empfängers nach Ankunft §§ 433 Abs. 2, 435 und die dortige Kommentierung.

Empfängerverfügungen sind nur zulässig, wenn sie für die Sicherheit des Guts erforderlich sind. Zur „Sicherheit" soll nach allgemeiner Auffassung auch die Behebung von Hindernissen für die vertragsgemäße Weiterbeförderung gehören; Schlegelberger/Geßler Anm. 2 zu § 434; Heymann/Kötter Anm. 2 zu § 434.

Anm. 4

III. Inhalt des Weisungsrechts

Die zulässigen Anweisungen werden durch den Sicherungszweck begrenzt. Nur „erforderliche" Maßnahmen darf der Empfänger anordnen. Nach § 434 S. 2 kann der Empfänger die Anordnung der Auslieferung ohne eine besondere Ermächtigung, die der Absender dem Frachtführer erteilen muß, nicht verlangen, auch wenn diese für die Sicherheit des Guts erforderlich wäre. Die Ermächtigung kann im Frachtvertrag oder auch später, eventuell auch konkludent erteilt werden. Eine Erklärung des Absenders gegenüber dem Empfänger genügt jedoch nicht. Vielmehr muß sich die Ermächtigung an den Frachtführer selbst richten.

Anm. 5

IV. Rechtsfolgen der Weisung

Der Frachtführer braucht und darf die Weisungen nur befolgen, wenn die verlangte Maßnahme erforderlich ist. Sind mit der Ausführung zusätzliche Kosten verbunden, so kann er vom Empfänger einen Vorschuß verlangen. Trifft der Frachtführer eine nicht erforderliche Maßnahme, so kann er dem Absender gegenüber haftpflichtig werden. Verweigert er eine erforderliche Maßnahme, so kann ihn ebenfalls eine Pflicht zum Schadensersatz gegenüber dem Absender, eventuell auch gegenüber dem Empfänger treffen. Man wird daher dem Frachtführer einen großen Spielraum in der Beurteilung der Erforderlichkeit zugestehen müssen.

§ 435

[1]Nach der Ankunft des Gutes am Orte der Ablieferung ist der Empfänger berechtigt, die durch den Frachtvertrag begründeten Rechte gegen Erfüllung der sich daraus ergebenden Verpflichtungen in eigenem Namen gegen den Frachtführer geltend zu machen, ohne Unterschied, ob er hierbei in eigenem oder in fremdem Interesse handelt. [2]Er ist insbesondere berechtigt, von dem Frachtführer die Übergabe des Frachtbriefs und die Auslieferung des Gutes zu verlangen. [3]Dieses Recht erlischt, wenn der Absender dem Frachtführer eine nach § 433 noch zulässige entgegenstehende Anweisung erteilt.

Inhaltsübersicht

Literatur

I. Allgemeines Anm. 1
1. Die Person des Empfängers
2. Die Rechtsstellung des Empfängers (Überblick) Anm. 2
3. Anwendungsbereich des § 435 HGB-Spezialregelungen Anm. 3

II. Voraussetzungen der Entstehung und Geltendmachung der Empfängerrechte Anm. 4–5
1. Ankunft
2. Empfängereigenschaft Anm. 6
3. Gegen Erfüllung der Pflichten aus dem Frachtvertrag Anm. 7

III. Inhalt der Empfängerrechte Anm. 8–9
1. Allgemeines
2. Einzelne Rechte Anm. 10
a) Übergabe des Frachtbriefs
b) Auslieferung des Frachtguts Anm. 11
c) Verfügungsrecht Anm. 12
d) Ersatzansprüche Anm. 13
e) weitere Rechte Anm. 14

IV. Wegfall der Empfängerrechte Anm. 15
1. Zurückweisung nach § 333 BGB
2. Entziehung durch den Absender nach §§ 435 S. 3, 433 Abs. 2 HGB Anm. 16

Literatur: Siehe zu § 425

I. Allgemeines

Anm. 1

1. Die Person des Empfängers

Empfänger ist die vom Absender bezeichnete Person, an die das Frachtgut auszuliefern ist. Die Bezeichnung des Empfängers liegt regelmäßig in seiner Eintragung im Frachtbrief (§ 426 Abs. 2 Ziff. 3 HGB), aber sie kann auch in anderer Weise erfolgen. Siehe hierzu den instruktiven Fall ROHG 25, 330ff. Solange der Absender verfügungsberechtigt ist, kann er auch jederzeit die Auslieferung an eine andere als die ursprünglich benannte Person anordnen. Dann wird die neubezeichnete Person Empfänger, der bisherige Empfänger verliert seine Anwartschaftsposition. Erst nach Ankunft des Frachtguts am Bestimmungsort und Übergabe des Frachtbriefs oder Klageerhebung nach § 435 wird das Empfängerrecht unentziehbar (§ 433 Abs. 2). Man kann daher vor Ankunft des Gutes von einer Anwartschaft des Empfängers, gesichert durch das Not-Weisungsrecht des § 434, nach Ankunft von einer durch den Absender entsprechend § 328 Abs. 2 BGB entziehbaren Rechtsposition des Empfängers sprechen. Für den Eisenbahnfrachtvertrag soll nach allgemeiner Auffassung der Empfänger nur durch den Frachtbrief oder eine Absenderanweisung bestimmt werden können. Siehe dazu zuletzt BGH vom 4. 6. 1976, NJW 1976, 1746 = BB 1976, 1050 = MDR 1976, 99. Sind Spediteure eingeschaltet, so sind diese Absender oder Empfänger. Der Auftraggeber des Spediteurs ist nicht am Frachtvertrag beteiligt.

Der Empfangsspediteur ist regelmäßig Empfänger der Güter, insbesondere auch bei der Sammelladung, die er erst zu verteilen hat.

Eine Person, an die das Frachtgut zufällig abgeliefert wird, ohne daß sie vom Absender bezeichnet worden ist („Zufallsempfänger") ist nicht Empfänger im Sinne des § 435 HGB. Sie erwirbt daher auch keine Empfängerrechte; OLG Düsseldorf, BB 1973, 819f.

Die Ausstellung eines Ladescheins – wie er im Binnenschiffahrtsrecht noch als „Binnenkonnossement" vorkommt, macht den Erwerb der Empfängerrechte von der berechtigten Inhaberschaft des Ladescheins abhängig. Die Bezeichnung der Empfängerperson erfolgt in diesem Falle durch das Wertpapier „Ladeschein". Siehe dazu die Anm. zu § 447.

2. Die Rechtsstellung des Empfängers (Überblick)

Anm. 2

Der Empfänger ist nicht Partei des Frachtvertrags, sondern in bestimmter Situation und in bestimmter Hinsicht begünstigter Dritter des zwischen dem Absender und dem Frachtführer abgeschlossenen Frachtvertrags. Insoweit ist der Frachtvertrag ein Vertrag zugunsten eines Dritten. Siehe dazu Anm. 53 zu § 425. Die Rechte des Empfängers ergeben sich vor der Ankunft aus § 434 HGB (Not-Weisungsrecht zur Sicherung des Frachtguts) und nach der Ankunft des Frachtguts aus § 435 HGB, wobei jedoch § 433 Abs. 2 zu berücksichtigen ist. Verpflichtungen ergeben sich – abgesehen von Obliegenheiten, die mit der Gläubigerstellung des Empfängers zusammenhängen (z. B. Schadensgeringhaltungspflicht nach § 254 BGB), nur im Falle des § 436 HGB.

Die Rechte, die dem Empfänger nach § 435 zustehen, macht er in eigenem Namen geltend. Der Empfänger ist daher nicht Rechtsnachfolger des Absenders; so schon zutreffend zur früheren Fassung des HGB: ROHG 4, 359 (361); §§ 398ff. BGB sind nicht anwendbar. Selbstverständlich kann aber der Absender seine Rechte an den Empfänger abtreten, z. B. bereits vor Ankunft des Frachtrechts, oder diesen bevollmächtigen.

Soweit die Geltendmachung der Empfängerrechte von der Vorlage des Originalfrachtbriefs abhängig ist (z. B. nach § 95 Abs. 2 S. 3 EVO) kann statt dessen der

Nachweis auch anderweitig geführt werden; BGH vom 4. 6. 1976, NJW 1976, 1646 = MDR 1976, 996 = BB 1976, 1050; siehe auch Anm. 1 zu § 435.

Die Empfängerrechte sind abtretbar, verpfändbar und unterliegen auch der Zwangsvollstreckung in das Vermögen des Empfängers. Die Pfändbarkeit auch der Anwartschaft (oder des zukünftigen Rechts) des Empfängers vor Ankunft des Frachtguts ist heute wohl unstreitig; Schlegelberger/Geßler Anm. 18 zu § 435; Heymann/Kötter Anm. 3 zu § 435 HGB. Es besteht auch ein dringendes Bedürfnis, hier die Zwangsvollstreckung zuzulassen. Zur Überschneidung von Empfänger- und Absenderrechten siehe Anm. 31 zu § 433 und unten Anm. 15f.

Anm. 3 **3. Anwendungsbereich des § 435 HGB – Spezialregelungen**

§ 435 hat noch einen verhältnismäßig großen Anwendungsbereich. Soweit Spezialbestimmungen bestehen, zeigen sie Ähnlichkeit mit § 435 HGB.

Die AGNB und die ADSp enthalten keine Sonderbestimmungen. § 435 gilt also im Güternahverkehr unverändert, ebenso grundsätzlich im Bereich der Möbelbeförderung, da die BefBMö nur zum Weisungsrecht des Empfängers in § 5 BefBMö eine Sonderregelung treffen. Für den Güterfernverkehr ordnet § 25 Abs. 2 S. 1, 2 KVO die Rechtslage jedenfalls für den Anspruch auf Auslieferung und auf Übergabe des Frachtbriefs ähnlich wie § 435 HGB; wegen des Empfänger-Verfügungsrechts siehe § 27 Abs. 4 KVO.

Im grenzüberschreitenden Straßenverkehr bestimmt sich die Rechtsstellung des Empfängers nach Art. 13, 15 CMR ähnlich wie nach der KVO.

Im Binnenschiffahrtsrecht gilt § 435, wird aber durch §§ 46ff. BSchG ergänzt.

Zum Eisenbahnrecht siehe § 75 Abs. 3 EVO und Art. 16 § 4 CIM.

Anm. 4 **II. Voraussetzungen der Entstehung und Geltendmachung der Empfängerrechte**

1. Ankunft

§ 435 macht die Ankunft des Gutes am Bestimmungsort zur Voraussetzung der Entstehung aller Empfängerrechte. Nur das Not-Weisungsrecht nach § 434 steht dem Empfänger vor Ankunft bereits zu. Im Frachtvertrag kann Abweichendes vereinbart werden. Auch würde sich die Rechtslage nach § 447 Abs. 2 anders darstellen, wenn – was im Landfrachtrecht unüblich ist, ein Ladeschein ausgestellt würde.

Aus der klaren Formulierung des § 435 HGB ergibt sich, daß vor Ankunft des Gutes, auch bei Verlust oder Überschreitung der Lieferfrist, der Empfänger keine Rechte erwirbt. In diesen Fällen bleibt vielmehr der Absender allein weisungs- bzw. ersatzberechtigt; zur Ersatzberechtigung RG, JW 1927, 684 (685); a.A. im Hinblick auf die Pfändbarkeit der Empfängerrechte OLG Stuttgart, OLGR 19, 408f. Anders ist die Rechtslage im grenzüberschreitenden Güterverkehr nach Art. 13 Abs. 1 S. 2 CMR in Anlehnung an das Eisenbahnrecht, § 75 Abs. 3 S. 2 EVO; Art. 16 § 4 S. 2 CIM. Danach stehen die Rechte aus dem Frachtvertrag dem Empfänger auch dann zu, wenn der Verlust des Gutes festgestellt oder die Frist für die Verlustvermutung abgelaufen ist.

Anm. 5 Streitig ist, wem die Rechte aus dem Frachtvertrag zustehen, wenn nur ein Teil des Frachtguts angekommen ist. In der Literatur herrschte dazu bisher die Auffassung vor, der Empfänger könne dann nicht nur das Verfügungsrecht nach § 433 Abs. 2, sondern auch die übrigen Rechte hinsichtlich der verlorenen oder verspäteten Teile der Sendung ausüben; Ratz in der Voraufl. 1 zu § 435; Schlegelberger/Geßler Anm. 4 zu § 435 für den Fall, daß keine einheitliche Ablieferung des gesamten Frachtguts vorgesehen war; das ältere eisenbahnrechtliche Schrifttum ist durch die Änderung der EVO inzwischen überholt. Demgegenüber vertreten Baumbach/Duden Anm. 1 A zu §§ 435, 436; Heymann/Kötter Anm. 1 zu § 435 die Auffassung, daß sich die

Empfängerrechte nur auf die angekommenen Teile einer Sendung beziehen könnten; hinsichtlich verspäteter oder verlorengegangener Teile stünden die Rechte dem Absender zu. Der letzteren Auffassung ist zuzustimmen. Die Frage steht in engem Zusammenhang mit der Verfügungskompetenz nach § 433 Abs. 2. Siehe dazu Anm. 28ff. zu § 433. Dieser Zusammenhang wird allgemein als zwingend anerkannt. Es wäre wohl auch widersprüchlich, dem Absender z. B. den Rückruf einer Teilsendung, dem Empfänger dagegen die Verlustansprüche für einen anderen Teil zuzusprechen. Die Gründe, die für eine Herrschaft des Absenders über den gesamten Beförderungsvorgang bis zur Ankunft sprechen, verbieten daher auch, dem Empfänger für nicht angekommene Sendungsteile die anderen Empfängerrechte einzuräumen.

Im übrigen gibt § 435 keinerlei Handhabe oder auch nur Anlaß, dem Empfänger Rechte hinsichtlich noch nicht angekommender Sendungsteile einzuräumen. Eine solche Lösung, die bei Teilverlust dem Empfänger, bei Totalverlust dem Absender Ersatzansprüche einräumen würde, ist auch nicht besonders praktikabel. Sicherlich wäre de lege ferenda eine Lösung, wie sie die CMR und das Eisenbahnrecht vorsehen, zu begrüßen: Danach stehen die Ansprüche bei festgestelltem Verlust stets dem Empfänger zu; in Fällen der Lieferfristüberschreitung ist der Zeitpunkt, zu dem die Güter als überfällig und damit verloren betrachtet werden, und Verlustansprüche geltend gemacht werden dürfen, zugleich maßgeblich für die Ablösung der Ersatzrechte des Absenders durch die des Empfängers; Art. 13 Abs. 1 S. 2 CMR; Art. 16 § 4 S. 2 CIM; § 75 Abs. 3 S. 2 EVO. Diese Lösung kann jedoch de lege lata im Landfrachtrecht nicht angewendet werden, da es an der entsprechenden genauen Regelung der Verlustvermutung nach Ablauf einer bestimmten Frist fehlt (Ausnahme: § 37 Abs. 4 KVO; § 34 KVORb).

2. Empfängereigenschaft **Anm. 6**

Die Rechte aus dem Frachtvertrag erwirbt nur, wer Empfänger i.S.d. Frachtvertrags ist; siehe dazu oben Anm. 1. Ist das Frachtgut (z. B. als Sammelladung) an einen Empfangsspediteur adressiert, so ist nur dieser Empfänger, nicht dagegen der Endempfänger. Neben § 435 HGB können aber Ansprüche dritter Personen durch Vertrag mit dem Frachtführer begründet werden; RGZ 103, 30 (32).

3. Gegen Erfüllung der Pflichten aus dem Frachtvertrag **Anm. 7**

Der Empfänger kann seine frachtvertraglichen Rechte nur Zug um Zug gegen Erfüllung der gegenüber dem Frachtführer „sich daraus ergebenden Pflichten" geltend machen. Zur Erfüllung der Verbindlichkeiten aus dem Frachtvertrag ist der Empfänger nicht rechtlich verpflichtet. Solange und soweit nicht die Voraussetzungen des § 436 HGB vorliegen, bleibt vielmehr der Absender alleine Schuldner. Gleichwohl sind gem. § 334 BGB (so zutreffend Heymann/Kötter Anm. 2 zu § 435) die §§ 320ff. BGB auf das Verhältnis zwischen Empfänger und Frachtführer anwendbar – soweit sie das Forderungsrecht des Empfängers und die Zurückbehaltung des Absenders betreffen. Dem Frachtführer steht somit die Einrede des nichterfüllten Vertrags (§ 320 BGB) zu, soweit Hauptpflichten (synallagmatische Pflichten) des Absenders noch nicht erfüllt sind; grundlegend dazu RGZ 71, 342 (344). Für die Nebenpflichten gilt – was in der Literatur weitgehend übersehen wird – nicht § 320, sondern § 273 BGB.

Die Zug um Zug zu erfüllenden Pflichten müssen sich „daraus", d.h. aus dem Frachtvertrag ergeben. In Betracht kommen namentlich Frachtzahlungs-, Aufwendungsersatzansprüche, aber auch Nachnahmen, die der Frachtführer beim Empfänger nach dem Frachtvertrag einzuziehen hat; ferner die Pfandrechte der Vormänner, siehe dazu § 441 HGB.

Andere Ansprüche, die der Frachtführer aus anderen Gründen gegen den Absender hat, darf er dem Auslieferungsanspruch des Empfängers nicht nach § 435 HGB entgegensetzen. Doch dürfte die Behauptung, der Frachtführer habe kein Zurückbehaltungsrecht nach § 273 BGB oder § 369 HGB wegen seiner Ansprüche gegen den Empfänger (Schlegelberger/Geßler Anm. 23 zu § 435) in dieser Allgemeinheit nicht haltbar sein. § 435 HGB soll wohl nur die Funktion haben, die Zurückbehaltungsrechte des Frachtführers zu erweitern. Konnexe Gegenansprüche gegen den Empfänger dürften also wohl nach § 273 zur Zurückbehaltung berechtigen, z. B. Ersatzansprüche wegen Schäden, die bei der Zufahrt am Fahrzeug des Frachtführers entstanden und vom Empfänger zu ersetzen sind. Bei sich hinzögernder Auslieferung kann der Frachtführer weitere Teilauslieferungen von a conto-Zahlungen abhängig machen; OLG Hamburg, OLGR 16, 135 f.

Anm. 8

III. Inhalt der Empfängerrechte

1. Allgemeines

Grundsätzlich kann der Empfänger nach § 435 HGB „die durch den Frachtvertrag begründeten Rechte", also unterschiedslos alle frachtvertraglichen Rechte geltend machen. Ausnahmsweise ist es jedoch denkbar, daß bestimmte Rechte dem Absender persönlich zustehen sollen, so z. B. Ansprüche aus positiver Vertragsverletzung wegen Schäden, die bei Abholung der Güter an Verladeanlagen des Absenders entstanden sind, oder auch Ansprüche wegen Nichtbefolgung von Weisungen des Absenders, die sich gerade auf die Wahrung der Belange des Absenders gegenüber dem Empfänger richten (z. B. Auslieferung ohne Nachnahmeerhebung oder entgegen einer Absenderverfügung), ferner Ansprüche wegen schuldhafter Befolgung von Empfängeranweisungen – vgl. Anm. 1 zu § 434 – (Schlegelberger/Geßler Anm. 13 zu § 435).

Die Geltendmachung der Rechte erfolgt in eigenem Namen, auch soweit der Empfänger in fremdem Interesse handelt; siehe schon RGZ 13, 68 (75). Hiermit ist ein Fall der Rechts- und Prozeßstandschaft gesetzlich geregelt. Für den wichtigsten Fall der Ersatzansprüche wegen Güter- und Verspätungsschäden siehe Anm. 36 zu § 429.

Anm. 9 Die Rechte des Empfängers bestimmen sich nach dem Inhalt des Frachtvertrags, nicht des Frachtbriefs; anders § 436 HGB. Bei Widersprüchen zwischen Frachtvertrag und Frachtbrief kann der letztere nur eine Vermutung für den Inhalt des Frachtvertrags begründen, die sich aber vom Frachtführer widerlegen läßt; allgemeine Auffassung, siehe zur Beweiskraft des Frachtbriefs Anm. 3 ff. zu § 426. Maßgeblich ist der Stand, in dem sich der Frachtvertrag bei Entstehung des Empfängerrechts befindet.

Der Empfänger kann die Rechte nur Zug um Zug gegen Erfüllung der Absenderverpflichtungen geltend machen; siehe oben Anm. 7. Auch insoweit ist der Inhalt des Frachtvertrags maßgeblich. Im Falle der Ausstellung eines Ladescheins gilt § 446 HGB.

Anm. 10

2. Einzelne Rechte

a) Übergabe des Frachtbriefs

Der Anspruch des Empfängers auf Übergabe des Frachtbriefs ist in § 435 S. 2 besonders erwähnt. Er hat für den Empfänger eine erhebliche Bedeutung, weil mit der Übergabe des Frachtbriefs das Verfügungsrecht des Absenders nach § 433 Abs. 2 erlischt und damit dann dem Empfänger seine gesamte Rechtsposition nach § 435 S. 3 nicht mehr entzogen werden kann. Der Anspruch auf Übergabe des Frachtbriefs ist unabhängig von der Fähigkeit oder Bereitschaft des Empfängers zur Abnahme des

Gutes, allein schon deshalb, weil er die Auslieferung an einen Dritten anordnen kann; siehe Anm. 28ff. zu § 433.

b) Auslieferung des Frachtguts Anm. 11

Ebenfalls in § 435 S. 2 speziell erwähnt ist der Auslieferungsanspruch des Empfängers. „Auslieferung" ist der gleiche Vorgang wie die in § 429 vorgesehene „Ablieferung"; siehe dazu Anm. 12ff. zu § 429. Der Auslieferungsanspruch bezieht sich nach richtiger Auffassung nur auf die bereits angekommenen Ladungsteile. Die Auslieferungspflicht ist Bringschuld. Daran ändert sich auch nichts, wenn der Empfänger das Gut bei der ersten Ablieferung nicht abgenommen hat. Er trägt dann allerdings die Mehrkosten nach § 304 BGB. Wo und wie der Frachtführer die Auslieferung vorzunehmen hat, ergibt sich aus dem Inhalt des jeweiligen Frachtvertrags. Siehe zum Überblick Anm. 12 zu § 429. Soweit den Empfänger nach dem Frachtvertrag die Obliegenheit trifft, das Gut beim Frachtführer selbst abzuholen, hat der Frachtführer dem Empfänger die Ankunft anzuzeigen und ihm gegebenenfalls den Frachtbrief auszuhändigen.

c) Verfügungsrecht Anm. 12

Zu den Empfängerrechten gehört auch das frachtvertragliche Verfügungsrecht, das allerdings nach § 433 HGB mit dem Verfügungsrecht des Absenders konkurrieren kann. Zu den nach Ankunft möglichen Verfügungen gehört vor allem die Anweisung, das Gut an eine andere Person abzuliefern, z. B. an den Abkäufer des Empfängers oder an den Endempfänger, wenn der frachtvertragliche Empfänger ein Empfangsspediteur ist. Zum Inhalt der möglichen Verfügungsrechte siehe im übrigen Anm. 28–30 zu § 433.

d) Ersatzansprüche Anm. 13

Der Empfänger ist auch befugt, die Ersatzansprüche wegen Beschädigung des Frachtguts oder Verspätung geltend zu machen. Die Ansprüche wegen gänzlichen oder teilweisen Verlusts stehen ihm nicht zu, da es in diesem Fall an der Voraussetzung der Ankunft fehlt. Siehe zum Problem der Legitimationskonkurrenz zwischen Absender und Empfänger bei Ersatzansprüchen Anm. 35 zu § 429. § 435 S. 1 gestattet dem Empfänger, die Ersatzansprüche im eigenen Namen geltend zu machen, auch wenn der Schaden nicht ihm, sondern einer anderen Person, z. B. dem Verkäufer bei echter Bringschuld entstanden ist. Siehe dazu Anm. 36 zu § 429.

e) Weitere Rechte Anm. 14

Dem Empfänger stehen weitere Rechte aus dem Frachtvertrag zu, so z. B. die Ersatzansprüche, wenn er wegen mangelnder Sicherung der Beladungsanlagen bei Abholung verunglückt; RGZ 73, 148 (150).

IV. Wegfall der Empfängerrechte Anm. 15

1. Zurückweisung nach § 333 BGB

Da der Empfänger die ihm mit der Ankunft zufallenden Rechte als Begünstigter im Sinne der §§ 328ff. BGB erwirbt (siehe oben Anm. 2), gilt § 333 BGB; so zutreffend Schlegelberger/Geßler Anm. 16 zu § 435; Heymann/Kötter Anm. 2 zu § 435; BGH vom 10. 4. 1974, VersR 1974, 796 (798) = NJW 1974, 1614ff. = MDR 1974, 733f. = LM Nr. 4 zu CMR = DB 1974, 1058f. Danach gelten im Fall der Zurückweisung die angefallenen Rechte als nicht vom Empfänger erworben; sie stehen rückwirkend dem Absender zu. Die Zurückweisung ist eine formlose einseitige Willenserklärung, die der Empfänger dem Frachtführer gegenüber abzugeben hat. Sie kann auch durch schlüssiges Handeln abgegeben werden, etwa durch eindeutige Verweigerung der Frachtzahlung; so zutreffend schon ROHG 2, 416 (417); oder durch Rückbelastung des Schadensbetrags auf den Absender, BGH vom 10. 4. 1974 a.a.O. In der bloßen Annahmeverweigerung liegt jedoch nicht notwendig eine Zurückweisung, da diese u.U. auch nur vorübergehend (mit der Folge des Annahmeverzugs) gemeint sein kann; ferner auch deshalb, weil der Empfänger kraft seines Weisungsrechtes statt der Abnahme auch die Auslieferung an eine dritte Person anordnen kann. Aus dem Verhalten des Empfängers muß sich eindeutig ergeben, daß er die Rechte aus dem Frachtvertrag nicht annehmen will.

Anm. 16 **2. Entziehung durch den Absender nach §§ 435 S. 3, 433 Abs. 2 HGB**

Die Empfängerberechtigung erlischt nach § 435 S. 3 mit der Erteilung einer entgegenstehenden (also nicht auf Auslieferung an den betreffenden Empfänger lautenden) Verfügung des Frachtführers nach § 433. Danach bleibt der Absender, solange er das frachtrechtliche Verfügungsrecht hat, in der stärkeren Rechtsposition.

Allerdings muß die Verfügung des Absenders nach § 433 noch zulässig sein, d. h. sein Verfügungsrecht darf nicht bereits erloschen sein. Da nach § 433 Abs. 2 das Verfügungsrecht des Absenders mit der Übergabe des Frachtbriefs an den Empfänger oder mit der Klageerhebung durch den Empfänger erlischt, markieren diese beiden Ereignisse die Zeitpunkte, zu denen die Empfängerrechte unentziehbar werden. Siehe dazu Anm. 20ff. zu § 433.

§ 436

Durch Annahme des Gutes und des Frachtbriefs wird der Empfänger verpflichtet, dem Frachtführer nach Maßgabe des Frachtbriefs Zahlung zu leisten.

Inhaltsübersicht

I. Allgemeines Anm. 1
1. Die Schuldnerstellung des Empfängers
2. Anwendungsbereich des § 436 – Spezialbestimmungen Anm. 2

II. Voraussetzungen der Zahlungspflicht nach § 436 HGB Anm. 3
1. Annahme von Gut und Frachtbrief im allgemeinen
2. Annahme des Frachtguts im besonderen Anm. 4
a) Besitzübernahme Anm. 5–6
b) Annahme als vertragsmäßige Leistung Anm. 7–12
3. Annahme des Frachtbriefs im besonderen Anm. 13

III. Inhalt der Empfängerverpflichtungen Anm. 14
1. Zahlung leisten
2. „Nach Maßgabe des Frachtbriefs" Anm. 15–19

IV. Das Verhältnis der Zahlungspflicht des Empfängers zu der des Absenders Anm. 20

V. Vertragliche Verpflichtung des Empfängers Anm. 21

Anm. 1

I. Allgemeines

1. Die Schuldnerstellung des Empfängers

Der Empfänger ist nicht Partner des Frachtvertrags, daher auch nicht Schuldner der sich aus dem Frachtvertrag ergebenden Verpflichtungen. Als Vertrag zugunsten eines Dritten verschafft der Frachtvertrag dem Empfänger zwar eine Reihe von Rechten, (siehe §§ 433–435 und die dortige Kommentierung) erlegt ihm aber keine Pflichten auf. Siehe zur Zug-um-Zug-Verpflichtung des Frachtführers Anm. 7 zu § 435.

Absender und Frachtführer können auch nicht durch Vertragsschluß Pflichten für den Empfänger schaffen, weil darin ein unzulässiger Vertrag zu Lasten eines Dritten läge. Andererseits ist es dem Gesetzgeber möglich, dem Dritten von Gesetzes wegen die Erfüllung vertraglicher Pflichten aufzuerlegen. Dies ist in § 436 unter bestimmten Voraussetzungen geschehen. Das Entstehen der Empfängerverbindlichkeit nach § 436 bedeutet keinen „Eintritt" des Empfängers in den Frachtvertrag; siehe unten Anm. 20.

Aus dieser grundsätzlichen Beurteilung der Lage lassen sich zur Abgrenzung und Auslegung des § 436 dienliche Grundsätze ableiten:

§ 436 ist nicht ohne Zustimmung des Empfängers durch Abreden zwischen Frachtführer und Absender erweiterungsfähig. Hier gilt das von der Rechtsprechung zur Erweiterung des Spediteurpfandrechts grundsätzlich Ausgeführte, vgl. BGHZ 17, 1 ff. und Anm. 26 ff. zu § 410.

Der Ausnahmecharakter des § 436 HGB verbietet es, die Vorschrift weit auszulegen oder auf ähnliche Fälle analog anzuwenden; so, die Begründung des Berufungsgerichts bestätigend, BGH vom 7. 12. 1959, VersR 1960, 111 f. Konkludente Zustimmung des Empfängers kann nur angenommen werden, wenn dessen Verpflichtungswillen sicher festgestellt werden kann, siehe hierzu unten Anm. 21.

2. Anwendungsbereich des § 436 – Spezialbestimmungen **Anm. 2**

§ 436 gilt überall im Landfrachtrecht, wo keine sondergesetzlichen Abweichungen vorliegen. Durch Allgemeine Geschäftsbedingungen kann § 436 nicht zu Lasten des Empfängers ohne dessen Zustimmung erweitert werden.

Im Güternahverkehr sehen die AGNB nichts Besonderes zu § 436 vor; die ADSp wollen in § 34 die Zahlungspflicht des Empfängers bereits an die bloße Annahme des Guts knüpfen; dies hat der BGH im Urt. vom 29. 6. 1959 (VersR 1959, 659 (661)) grundsätzlich für unwirksam erklärt; siehe dazu Anm. 2 zu § 34 ADSp Anh. I nach § 415 sowie die Neufassung des § 34 ADSp (Anm. 109 zu § 429). Da im Güternahverkehr der Frachtbrief nicht üblich ist, hat hier § 436 praktisch keine Bedeutung; siehe zur Erforderlichkeit des Frachtbriefs unten Anm. 3.

Für die Möbelbeförderung gilt § 436 unverändert, da die BefBMö nichts Spezielles enthalten.

§ 25 Abs. 2 S. 3 KVO wiederholt praktisch wörtlich den Text des § 436 HGB (an die Stelle des RKB tritt der Frachtführer als Gläubiger der Ansprüche). Die für § 436 maßgeblichen Grundsätze gelten also auch im Güterfernverkehr; vgl. BGH vom 7. 12. 1959, VersR 1960, 111 und vom 23. 1. 1970. WM 1970, 692 f. = LM Nr. 2 zu § 436.

Art. 13 Abs. 2 CMR legt für den Fall der Geltendmachung von Auslieferungsansprüchen eine Zahlungspflicht des Empfängers fest. Ob darin eine echte Verpflichtung des Empfängers oder nur eine Zug-um-Zug-Verbindung entsprechend § 435 HGB zu sehen ist, ist zweifelhaft. Siehe dazu Anm. 4 zu Art. 13 CMR Anh. III nach § 452.

Im Binnenschiffahrtsrecht gilt § 436 ebenfalls. Im Eisenbahnrecht knüpft sich die Zahlungspflicht des Empfängers an die bloße Annahme des Frachtbriefs ohne Auslieferung des Gutes, siehe § 75 Abs. 2 EVO; Art. 16 § 2 Abs. 2, 17 CIM.

II. Voraussetzungen der Zahlungspflicht nach § 436 HGB **Anm. 3**

1. Annahme von Gut und Frachtbrief im allgemeinen

§ 436 setzt für die Entstehung der Zahlungspflicht des Empfängers die Annahme des Gutes und des Frachtbriefes – ohne Festlegung einer zeitlichen Reihenfolge – voraus. Fehlt es an einer dieser Voraussetzungen, so kann sich aus § 436 HGB kein Zahlungsanspruch ergeben; zutreffend RGZ 95, 122 f. Für den Fall, daß nur der

Frachtbrief, aber kein Frachtgut angenommen worden ist, scheint dies heute unstreitig zu sein; anders im Eisenbahnrecht, siehe § 75 Abs. 2 EVO, Art. 16 § 1 S. 2 CIM. Ist dagegen das Frachtgut angenommen und fehlt es nur an der Annahme des Frachtbriefs, so soll dies nach Schlegelberger/Geßler Anm. 4 zu § 436 jedenfalls dann für die Begründung eines Anspruchs nach § 436 ausreichen, wenn ein Frachtbrief überhaupt nicht ausgestellt ist. Dies würde in der Praxis dazu führen, daß im Güternahverkehr jede Annahme des Frachtguts die volle Zahlungspflicht begründen würde. Dieser Auffassung ist nicht zuzustimmen. Der BGH hat sie im Urt. v. 29. 6. 1959, VersR 1959, 659 (660) zu Recht abgelehnt, obwohl im betreffenden Fall § 34 ADSp eine solche Zahlungspflicht des Empfängers vorsieht. Auf der gleichen Grundlage BGH vom 23. 1. 1970, WM 1970, 692 = LM Nr. 2 zu § 436 HGB; ferner eindeutig BGH vom 12. 6. 1964, VersR 1964, 970 (971) = LM Nr. 21 zu GüKG. Siehe auch Anm. 2 zu § 34 ADSp, Anhang I nach § 415. § 436 HGB gestattet nicht nur seinem Wortlaut nach keine Haftung ohne Annahme des Frachtbriefs, sondern es ist auch dem Empfänger nicht zuzumuten, durch bloße Annahme des Guts automatisch und ohne Kenntnis Pflichten zu übernehmen, zu deren Tragung er dem Absender gegenüber möglicherweise nicht verpflichtet ist. Auch die Übersendung von Frachtrechnungen kann die Übergabe des Frachtbriefs nicht ersetzen; BGH vom 7. 12. 1959, VersR 1960, 111 (112) zu § 25 KVO; zustimmend Heymann/Kötter Anm. 1 zu § 436. Wird dem Empfänger die Zahlung der Beträge bei Ablieferung angesonnen, und nimmt er das Gut unter diesen Umständen an, so kann darin höchstens die Vereinbarung einer besonderen, außerhalb des § 436 liegenden Zahlungspflicht liegen, siehe dazu unten Anm. 21.

Anm. 4 **2. Annahme des Frachtguts im besonderen**

Annahme des Frachtguts ist die Übernahme des Besitzes am Frachtgut mit dem Willen, diese als Empfang der vertragsgemäßen Leistung anzuerkennen. Es handelt sich um den gleichen Vorgang wie die in § 429 HGB vorgesehene „Ablieferung", jedoch aus der Sicht des Empfängers gesehen. Der Begriff der „Annahme" ist mit dem der §§ 437, 438 HGB identisch.

Anm. 5 **a) Besitzübernahme**

Durch die Annahme (= Ablieferung durch den Frachtführer) muß der Empfänger in den Stand gesetzt werden, die tatsächliche Gewalt über das Gut auszuüben. Siehe dazu Anm. 12 zu § 429 HGB. Regelfall ist die Übernahme des unmittelbaren Besitzes durch den Empfänger oder einen seiner Besitzdiener i.S.d. § 855 BGB. Es genügt jedoch auch Übernahme des Frachtguts durch eine dritte Person, die dem Empfänger den mittelbaren Besitz vermittelt. Ausreichend ist auch, wenn der Frachtführer das Gut unter Vereinbarung eines neuen Vertragsverhältnisses als Besitzmittler behält, z. B. zur Einlagerung oder Weiterversendung an eine andere Person; so z. B. im Falle RGZ 102, 92 (93); dazu auch RGZ 114, 308 (314f.). Dagegen genügt es nicht, wenn der Empfänger nur die Weisung zur Ablieferung an eine andere Person oder andere im Rahmen des ursprünglichen Frachtvertrags zulässige Weisungen erteilt.

Anm. 6 Eine teilweise Übernahme des Gutes kann als Teilannahme ausgelegt werden. Fraglich ist allerdings, ob in diesem Falle eine Teilverpflichtung des Empfängers eintritt. Jedenfalls ist dies zu bejahen, wenn die Ablieferung in Teilpartien vorgesehen war; aber auch wenn die Teilablieferung nicht vertragsgemäß ist, muß die Verpflichtungswirkung zu Lasten des Empfängers bejaht werden. Andernfalls würde auch mit Zustimmung des Empfängers die Ablieferung des Guts in Teilpartien dem Frachtführer die Zurückbehaltungsmöglichkeit nach § 435 nehmen, ohne ihm Ansprüche gegen den Empfänger zu gewähren. A.A. Schlegelberger/Geßler Anm. 3 zu § 436; Baumbach/Duden Anm. 2 B zu §§ 435, 436. Da die Frage streitig ist, muß dem Frachtführer bei Ablieferung von Teilpartien empfohlen werden, mit dem Empfänger die Zahlungspflicht in soweit besonders zu vereinbaren; siehe dazu unten Anm. 21.

b) Annahme als vertragsmäßige Leistung **Anm. 7**

Die bloße Inbesitznahme des Frachtguts durch den Empfänger genügt nicht zur Annahme. Wird der Besitz am Frachtgut etwa nur zum Zwecke der Verwiegung, Begutachtung, Verwahrung oder zu ähnlichen Zwecken übernommen, dann liegt keine Ablieferung i.S.d. § 429 und keine Annahme nach §§ 436–438 vor. Vielmehr wird für eine wirksame Annahme als zweites Element allgemein eine Willenserklärung des Empfängers (zumindest aber eine willentliche Rechtshandlung) als erforderlich angesehen; Schlegelberger/Geßler Anm. 3, 4 zu § 436; Baumbach/Duden Anm. 2 B zu §§ 435, 436 HGB; Heymann/Kötter Anm. 1 zu § 436 spricht von „einverständlicher Mitwirkung des Empfängers", scheint aber die Annahme nicht als Willenserklärung, sondern eher als Rechtshandlung zu betrachten.

Der Wille richtet sich – ähnlich wie bei der werkvertraglichen Abnahme nach § 640 BGB, siehe dazu grundlegend BGH vom 18. 9. 1967, BGHZ 48, 257 (262ff.) – darauf, die Übergabe als im wesentlichen vertragsgemäße Leistung anzuerkennen; bestätigend mit Hinweis auf weitere Rechtsprechung BGH vom 6. 4. 1973, BGHZ 61, 42 (45). Der Wille braucht sich demnach nicht auf die gesetzlich angeordneten Folgewirkungen der Annahme zu erstrecken, also insbesondere nicht die Selbstverpflichtung des Empfängers mit zu umfassen. Daraus ergeben sich Folgerungen:

(1) Wird das Frachtgut – wie meist – nicht durch den Empfänger persönlich, **Anm. 8** sondern durch eine dritte Person (z. B. Arbeitnehmer des Empfängers) angenommen, so hängt die Wirksamkeit der Annahme von der Vertretungsmacht des Dritten ab. In der widerspruchslosen Weiterbehandlung des Guts durch den Empfänger wird man jedoch regelmäßig eine Genehmigung nach § 177 BGB (eventuell in Verbindung mit § 180 BGB) zu sehen haben; Baumbach/Duden Anm. 2 B zu § 436 HGB; im Ergebnis ohne weitere Ausführungen wohl auch BGH vom 23. 1. 1970, WM 1970, 692 = LM Nr. 2 zu § 436 (a.E.). Auch sind § 56 HGB und die Grundsätze der Anscheinsvollmacht zu beachten. Auch eine Annahme durch einen Vollmachtspediteur in eigenem Namen für Rechnung des Empfängers ist möglich; zum Seerecht siehe BGH v. 10. 10. 1957, BGHZ 55, 301 (307).

(2) Die Annahmeerklärung ist anfechtbar, insbesondere, wenn der Empfänger **Anm. 9** sich in einem Irrtum i.S.d. § 119 Abs. 1 BGB befand, z. B. wenn er der Meinung war, das Gut nur zur Verwahrung, Verwiegung, Überprüfung oder aus einem ähnlichen Grund, nicht aber als Empfänger i.S.d. Frachtrechts anzunehmen. Irrtum über den Inhalt der Erklärung liegt aber nicht vor, wenn der Empfänger nur nicht wußte, daß mit der Annahme eine Zahlungspflicht verbunden sein könnte oder sei; denn die gesetzlich angeordnete Zahlungspflicht des Empfängers erfordert keinen solchen, etwa in der Annahmeerklärung zum Ausdruck kommenden Verpflichtungswillen; wie hier Schlegelberger/Geßler Anm. 8 zu § 436; Baumbach/Duden Anm. 2 B zu §§ 435, 436 HGB; a.A. Heymann/Kötter Anm. 1 zu § 436, der keinerlei Anfechtung zulassen will.

(3) Annahme unter Vorbehalt ist möglich. Hierbei bedarf es der Auslegung des **Anm. 10** Vorbehalts. Soll dieser die Anerkennung als Ablieferung ausschließen, so liegt eine nur tatsächliche Entgegennahme und keine Willenserklärung vor. Die Verpflichtungswirkung des § 436 HGB tritt dann nicht ein. Soll dagegen ein mit dem Frachtführer vereinbarter Vorbehalt nur dem Verlust von Ersatzansprüchen entgegenwirken – siehe dazu Anm. 17 zu § 438 – so liegt eine „Annahme" i.S.d. § 436 vor. Vorbehalte nach Annahme des Gutes sind wirkungslos. Siehe zu der ähnlichen Rechtslage im Werkvertragsrecht BGH vom 6. 4. 1973, BGHZ 61, 42 (45).

Anm. 11 **(4)** Die Qualifikation der Annahme als Willenserklärung legt nahe, auch für die im tatsächlichen mit ihr identische „Ablieferung" i. S. d. § 429 HGB eine Willenserklärung des Empfängers für erforderlich zu halten. Siehe dazu Anm. 12 zu § 429.

Anm. 12 Die tatsächliche Entgegennahme des Frachtguts durch den Empfänger oder eine bevollmächtigte Person enthält regelmäßig als schlüssige Handlung auch die Annahmeerklärung. Der tatsächlichen Annahme des Frachtguts ohne rechtsgeschäftlichen Annahmewillen kann die Erklärung zeitlich folgen. Sie kann in schlüssigem Verhalten gesehen werden, z. B. wenn der Empfänger das Frachtgut nach der tatsächlichen Annahme durch nichtbevollmächtigte Personen wie angenommenes Gut behandelt, etwa es verarbeitet oder über es verfügt; zutreffend Schlegelberger/Geßler Anm. 3 zu § 436 HGB; im Ergebnis ohne nähere Begründung auch BGH vom 23. 1. 1970, LM Nr. 2 zu § 436 HGB. § 151 S. 1 BGB kann hierbei großzügig angewendet werden. Fehlt es der annehmenden Person an der erforderlichen Vertretungsberechtigung, so kann dennoch ihr Verhalten dem Empfänger nach den Grundsätzen der Anscheinsvollmacht zugerechnet werden.

Anm. 13 **3. Annahme des Frachtbriefs im besonderen**

Die Annahme des Frachtbriefs als zweite Voraussetzung der Empfängerverpflichtung entspricht in ihrem Inhalt etwa der Annahme des Guts. Die Literatur verweist regelmäßig auf die Ausführungen zur Übernahme des Frachtguts. Im Ergebnis ist dem insoweit zuzustimmen, als auch hier grundsätzlich eine körperliche Inbesitznahme und eine Willenserklärung erforderlich sind. Allerdings dürften sich die Begründungen für die Qualifikation der Annahme des Frachtguts als Willenserklärung nur teilweise auf die Annahme des Frachtbriefs übertragen lassen; vgl. dazu Anm. 7ff.

Die Annahme des Frachtbriefs sollte gleichwohl ebenfalls als Willenserklärung betrachtet werden, weil sie die Entscheidung des Empfängers zum Inhalt hat, das Frachtgut unter den Konditionen des Frachtbriefs entgegenzunehmen. Der zu fordernde Wille muß daher auf das Akzeptieren einer solchen Empfängerstellung bei Entgegennahme des Guts gehen, braucht aber nicht die einzelnen Folgen des § 436 HGB mit zu umfassen. Die Entgegennahme des Frachtbriefs nur zum Zwecke der Überprüfung, Information oder Weiterleitung stellt keine Annahme dar.

Die Qualifikation der Annahme als Willenserklärung läßt sich damit begründen, daß der Empfänger mit der Annahme des Frachtbriefs letztlich eine Entscheidung über seine Verpflichtung trifft. Die Einsichtnahme, durch die ihm die Angaben über die Person des Absenders, des Frachtguts, über bezahlte Fracht, Nachnahmen und dgl. zur Kenntnis gebracht werden, geht dem voraus. Letztlich kann die Entscheidung – ebenso wie die Annahme des Guts – sinnvollerweise nur von einer informierten, vertretungsberechtigten Person getroffen werden. Auch hier ist daher der Schutz des Rechtes der Willenserklärung für den Empfänger erforderlich.

Die Annahmeerklärung braucht sich jedoch – ebenso wie bei der Annahme des Guts – nicht auf die konkreten Folgen der Annahme zu erstrecken. Diese sind vielmehr vom Gesetz in § 436 HGB in typisierter Form festgesetzt. Es gilt das oben Anm. 7 Gesagte.

Anm. 14

III. Inhalt der Empfängerverpflichtungen

Der Empfänger wird nach § 436 verpflichtet, „nach Maßgabe des Frachtbriefs Zahlung zu leisten". Siehe hierzu die Sonderregelungen in § 25 und 23 Abs. 4 KVO.

1. „Zahlung leisten"

Dies bedeutet, daß die Verpflichtungen des Empfängers sich nach dem Gesetz nur auf die Zahlung von Geld erstrecken. Ob § 436 HGB erweiternd dahingehend ausgelegt werden kann, daß die Empfängerpflichten nicht nur die Zahlung, sondern auch andere Leistungen betreffen können (Ritter, 2. Aufl. 1932 Anm. 5 zu § 436 HGB; Schlegelberger/Geßler Anm. 9 zu § 436 HGB) erscheint zweifelhaft. In aller Regel wird es sich um die Mitwirkung bei der Ablieferung handeln, die sich ohnehin als Obliegenheit aus der Gläubigerstellung des Empfängers ergibt, auf die jedoch der Frachtführer keinen klagbaren Anspruch hat.

2. „Nach Maßgabe des Frachtbriefs" **Anm. 15**

Mit dieser Formulierung ist klargestellt: Es muß sich um Zahlungspflichten handeln, die sich mindestens in irgendeiner Weise aus dem Frachtbrief ermitteln lassen. Maßgeblich ist also – im Gegensatz zu § 435 HGB – nicht der Frachtvertrag, sondern der Frachtbrief. Will der Frachtführer Ansprüche aus dem Frachtvertrag geltend machen, die sich nicht aus dem Frachtbrief ergeben, so kann er diese nur durch Zurückbehaltung nach § 435 HGB, nicht aber aktiv nach § 436 HGB erzwingen. Mit der Auslieferung des Guts ist in solchen Fällen der Frachtführer nicht mehr in der Lage, gegen den Empfänger vorzugehen und muß sich ggf. an den Absender wenden, KG, OLGR 22, 49 (50); OLG Breslau, JW 1927, 2817; OLG Stuttgart, JW 1928, 1239.

Aus dem Frachtbrief muß sich nicht notwendig der Betrag der geschuldeten Zahlungen ergeben; BGH vom 7. 12. 1959, VersR 1960, 111 (112); vom 23. 1. 1970, LM Nr. 2 zu § 436 HGB = WM 1970, 692 (693). Es genügt vielmehr, wenn aus den im Frachtbrief eingetragenen Angaben der Umfang der Zahlungspflichten ermittelt werden kann; ROHG 21, 181 (182f.); BGH vom 23. 1. 1970, a.a.O. Hierzu sind die gesetzlichen Bestimmungen, Handelsbräuche sowie die Schriftstücke heranzuziehen, auf die im Frachtbrief verwiesen wird. Für den KVO-Frachtbrief, der auf die KVO ausdrücklich verweist, ist damit unzweifelhaft, daß der Empfänger mit seiner Annahme und der Annahme des Frachtguts die Tariffracht schuldet, wenn keine abweichende Vereinbarung vorliegt; BGH vom 2. 1. 1970, LM Nr. 2 zu § 436 HGB; zum Eisenbahnrecht siehe OLG Hamburg, OLGR 16, 133f. **Anm. 16**

Allgemeine Geschäftsbedingungen können allerdings dem Empfänger nicht schon deshalb entgegengesetzt werden, weil sie vom Absender mit dem Frachtführer vereinbart sind. Vielmehr muß auf sie im Frachtbrief verwiesen werden, falls sie nicht kraft Handelsbrauchs schon gelten; vgl. dazu Vorbem. 3–7 vor § 1 ADSp sowie Anm. 2 zu § 34 ADSp, Anh. I nach § 415 HGB. Die gegenteilige Auffassung von Schlegelberger/Geßler Anm. 10 zu § 436 HGB, der allgemeine Beförderungsbedingungen ohne weiteres anwenden will, läßt eine Begründung vermissen.

Zu den typischen Pflichten des Empfängers gehört die Zahlung der Fracht, von Auslagen wie Zöllen, Gebühren, Lagergeld, Stand- und Liegegeldern (RGZ 122, 221 (225)), bezahlter Vorfracht sowie Nachnahmen, mit denen das Gut belastet ist. Fehlen hierzu die Angaben im Frachtbrief, so ergibt sich aus § 436 HGB keine Zahlungspflicht des Empfängers. Aus der älteren Rechtsprechung siehe RGZ 71, 342 (346). Bei Nachnahmen, die nicht mit dem Frachtvertrag zusammenhängende Beträge betreffen, ist in jedem Fall zu fordern, daß der Auftrag zur Einziehung und die Höhe des Betrages sich zweifelsfrei aus dem Frachtbrief ergeben; Heymann/Kötter Anm. 2 zu § 436 HGB. Will der Frachtführer das Frachtgut abliefern und sich die Ansprüche gegen den Empfänger sichern, so muß er mit ihm besondere Vereinbarungen treffen; siehe unten Anm. 21. Ist die Fracht im Frachtbrief unrichtig, insbesondere tarifwidrig berechnet, so kann sich ein Nachforderungsanspruch des Frachtführers ergeben. Siehe zum Zwang, solche Nachforderungen geltend zu machen, § 23 GüKG, Anh. I nach **Anm. 17**

§ 452. § 23 GüKG nimmt keine Stellung zu der Frage, wer Schuldner der nachzuzahlenden Fracht ist. Nach richtiger Auffassung muß der Frachtführer dem Empfänger gegenüber die Angaben des Frachtbriefs gelten lassen und sich wegen der Differenz an den Absender wenden; a. A. wohl aus der älteren Rechtsprechung zum Eisenbahnrecht Rundnagel S. 163; Heymann/Kötter Anm. 2 zu § 436 HGB; Ratz in der Vorauflage Anm. 5 zu § 436 HGB. Zum Eisenbahnrecht siehe ROHG 9, 71 (73ff.); 21, 181ff.

Anm. 18 Besteht zwischen dem Inhalt des Frachtvertrags und dem des Frachtbriefs keine Übereinstimmung, so gilt im Interesse des Empfängers nur das im Frachtbrief enthaltene. Ergibt sich z. B. aus dem Frachtbrief, daß der Absender die volle Frachtzahlung übernehmen wollte, so entsteht mit Annahme des Guts und des Frachtbriefs keine Empfängerverpflichtung. Nach dem zutreffenden Urteil des BGH vom 23. 1. 1970, LM Nr. 2 = (vollständiger) WM 1970, 692f. zu § 436 HGB gilt das gleiche, wenn außerhalb des Frachtbriefs eine Vereinbarung zwischen Absender und Frachtführer bestand, nach der die Frachtzahlung vom Absender übernommen wurde. Die Entscheidung weist darauf hin, daß der Frachtbrief nur eine widerlegliche Vermutung für den Inhalt des Frachtvertrages aufstelle. Hieraus ergäbe sich allerdings noch nichts über die Zahlungspflicht des Empfängers, da vom Gesetz nicht der Frachtvertrag, sondern der Frachtbrief für maßgeblich erklärt ist. Gleichwohl ist der Entscheidung des BGH zuzustimmen. Die Maßgeblichkeit des Frachtbriefs für die Zahlungspflicht des Empfängers ist nur zu dessen Schutz normiert. Gehen die sich aus dem Frachtbrief ergebenden Verpflichtungen des Empfängers über die nach dem Frachtvertrag vorgesehenen hinaus, so muß der Frachtvertrag sich durchsetzen. Denn es ergibt keinen Sinn, dem Empfänger nur wegen der Unrichtigkeit des Frachtbriefs mehr Pflichten aufzuerlegen, als sie im Frachtvertrag vorgesehen sind; i.E. wie hier Guelde/Willenberg Anm. 21 zu § 25 KVO gegen LG München, VRS 6, 404 und Krien, NJW 1959, 2021 gegen LG Lüneburg, ebenda.

Anm. 19 Hat der Empfänger Zahlungen geleistet, zu denen er nach dem Frachtbrief nicht verpflichtet war, so kann er sie nach den Grundsätzen der ungerechtfertigten Bereicherung zurückfordern. Eindeutig ist dies für den Güterfernverkehr in § 23 Abs. 5 KVO geregelt. Zweifelhaft ist die vom Kammergericht in OLGE 22, 49 vertretene, von Schlegelberger/Geßler Anm. 12 zu § 436 HGB gebilligte Auffassung, wonach ein Bereicherungsanspruch ausgeschlossen sein soll, wenn sich die Zahlungspflicht zwar nicht aus dem Frachtbrief, wohl aber aus dem Frachtvertrag ergeben hat. Zwar braucht der Frachtführer Beträge, die er Zug um Zug gegen Auslieferung nach § 435 HGB erhalten hat, nicht zurück zu geben. Ist die Zahlung jedoch nicht in unmittelbarem Zusammenhang mit der Ausübung des Zurückbehaltungsrechts erfolgt, so besteht kein Grund, dem Empfänger die Rückforderung zu verweigern. Denn er hat eine Leistung erbracht, die der Frachtführer in keiner Weise mehr hätte erzwingen können.

Die nach § 436 HGB gegen den Empfänger begründeten Ansprüche des Frachtführers verjähren nach § 196 Nr. 3 BGB in zwei Jahren. Siehe dazu Anm. 8 zu § 439.

Anm.20 **IV. Das Verhältnis der Zahlungspflicht des Empfängers zu der des Absenders**

Durch die Entstehung der Empfängerverpflichtung wird die Schuldnerstellung des Absenders nicht berührt. Vielmehr handelt es sich um eine gesetzliche Schuldmitübernahme des Empfängers, durch welche dieser als Gesamtschuldner im Sinne der §§ 421ff. BGB neben den Absender tritt; RGZ 84, 237 (239); 122, 221 (225); Schlegelberger/Geßler Anm. 14 zu § 436 HGB. Daher befreit auch die Leistung des Empfängers oder Absenders den anderen von seiner Schuld; § 422 Abs. 1 BGB. Der Absender kann allerdings u.U. dem Frachtführer andere Einwendungen entgegensetzen, da sich seine Rechtsposition aus dem Frachtvertrag, die des Empfängers nach § 436 HGB jedoch nach dem Frachtbrief bestimmt.

Ob die Gesamtschuld von Absender und Empfänger eine „echte" oder „unechte" ist (vgl. dazu Heymann/Kötter Anm. 2 zu § 436 HGB), ist eine unergiebige theoretische Fragestellung. Vielmehr muß nach Lage des Falles gefragt werden, ob die Norm aus dem Bereich der Gesamtschuld, deren Anwendung erwogen wird, zu sinnvoller Lösung führen kann. Jedenfalls gilt § 426 Abs. 1 S. 1 BGB regelmäßig nicht, da sich die Frage, ob der Absender oder Empfänger die Kosten zu tragen hat, nach dem zwischen ihnen bestehenden Rechtsverhältnis, das „ein anderes bestimmt" regelt, so etwa aus der Transportkostenregelung zwischen Verkäufer-Absender und Käufer-Empfänger.

Das Entstehen der Empfängerverbindlichkeit nach § 436 bedeutet keinen „Eintritt" des Empfängers in den Frachtvertrag, sondern nur gesamtschuldnerische Haftung; so schon zutreffend RGZ 71, 342 (345) und 95, 122 (123); OLG Königsberg, OLGR 34, 385 (386).

V. Vertragliche Verpflichtung des Empfängers Anm. 21

Fehlt es an einer der Voraussetzungen für die Entstehung der Empfängerverpflichtung, ist z. B. kein Frachtbrief ausgestellt oder ein Anspruch des Frachtführers nicht aus dem Frachtbrief ersichtlich, so bleibt für den Frachtführer die Möglichkeit, die Auslieferung von der Anerkennung einer Zahlungspflicht durch den Empfänger abhängig zu machen. In diesem Falle bedarf es eines schuldrechtlichen Verpflichtungsvertrages mit dem Inhalt, daß der Frachtführer auf die Zurückbehaltung des Frachtguts verzichtet, wogegen sich der Empfänger zur Zahlung verpflichtet. (RGZ 92, 122 (123f.); OLG Düsseldorf vom 13. 12. 1973, VersR 1974, 1074ff.; siehe auch BGH vom 29. 6. 1959, VersR 1959, 659 (660f.) = LM Nr. 1 zu § 436 HGB; eingehend, aber für den konkreten Fall ablehnend BGH vom 7. 12. 1959, VersR 1959, 111 (112) zu § 25 KVO; Begründung einer Zahlungspflicht des Empfängers im Wege der Auslegung: BGH vom 12. 6. 1964, VersR 1964, 970 (971)).

Ein solcher Vertrag kann vom Empfänger auch stillschweigend geschlossen werden. Doch muß stets auf seinen Verpflichtungswillen aus seinem Verhalten geschlossen werden können. Dies ist nicht der Fall, wenn der Frachtführer nicht bei der Ablieferung erklärt, daß er nur gegen Übernahme der Verpflichtungen ausliefere. Die bloße Annahme des Frachtguts bewirkt auch dann keine Verpflichtung des Empfängers, wenn dieser weiß, daß der Frachtführer noch offene Ansprüche gegen den Absender hat. Eine Vermutung, nach der die bloße Annahme des Gutes einen Vertragswillen beweisen soll (Ritter Anm. 1 zu § 436 HGB; Schlegelberger/Geßler Anm. 4 zu § 436 HGB), ist nicht anzunehmen. Ablehnend hinsichtlich der Annahme eines Verpflichtungswillens des Empfängers auch BGH vom 7. 12. 1959, VersR 1959, 111 (112), zu § 25 KVO. Einen Grenzfall behandelt RGZ 95, 122 (123f.): der Empfänger hatte irrtümlich mit dem Entladen eines nachnahmebelasteten Waggons begonnen und ihn weiter entladen, als er auf die Nachnahmebelastung hingewiesen war. Hierin sah das RG einen konkludenten Vertragsschluß.

Ist eine vertragliche Verpflichtung des Empfängers zu bejahen, so ist diese unabhängig vom Verhältnis des Empfängers zum Absender oder dritten Personen. Der Empfänger kann dann dem Anspruch des Frachtführers keine Einwendungen aus diesem Verhältnis entgegensetzen – Arglist des Frachtführers ausgenommen. So zutreffend OLG Düsseldorf vom 13. 12. 1973, VersR 1974, 1074 (1075).

§ 437

(1) Ist der Empfänger des Gutes nicht zu ermitteln oder verweigert er die Annahme oder ergibt sich ein sonstiges Ablieferungshindernis, so hat der Frachtführer

den Absender unverzüglich hiervon in Kenntnis zu setzen und dessen Anweisung einzuholen.

(2) [1]Ist dies den Umständen nach nicht tunlich oder der Absender mit der Erteilung der Anweisung säumig oder die Anweisung nicht ausführbar, so ist der Frachtführer befugt, das Gut in einem öffentlichen Lagerhaus oder sonst in sicherer Weise zu hinterlegen. [2]Er kann, falls das Gut dem Verderben ausgesetzt und Gefahr im Verzug ist, das Gut auch gemäß § 373 Abs. 2 bis 4 verkaufen lassen.

(3) Von der Hinterlegung und dem Verkaufe des Gutes hat der Frachtführer den Absender und den Empfänger unverzüglich zu benachrichtigen, es sei denn, daß dies untunlich ist; im Falle der Unterlassung ist er zum Schadensersatze verpflichtet.

Inhaltsübersicht

Literatur

I. Allgemeines Anm. 1
1. Bedeutung des § 437 HGB
2. Anwendungsbereich und Spezialregelungen Anm. 2

II. Vorliegen eines „Ablieferungshindernisses“ Anm. 3
1. Nicht-Ermittelbarkeit des Empfängers Anm. 4
2. Verweigerung der Annahme Anm. 5
3. Sonstige Ablieferungshindernisse Anm. 6

III. Rechtsstellung des Frachtführers bei Vorliegen eines Ablieferungshindernisses Anm. 7
1. Pflicht zur Benachrichtigung und Einholung von Weisungen (§ 437 Abs. 1 HGB) Anm. 7–9
a) Benachrichtigung des Absenders Anm. 7–9
b) Benachrichtigung des Empfängers Anm. 10
c) Folgen der Versäumnis der Benachrichtigung oder der Nichtbefolgung der Weisungen Anm. 11
2. Recht zur Hinterlegung und zum Selbsthilfeverkauf Anm. 12
a) Voraussetzungen der Hinterlegung
b) Ausführung und Rechtsfolgen der Hinterlegung Anm. 13–15
c) Besondere Voraussetzungen des Selbsthilfeverkaufs Anm. 16
d) Verfahren beim Selbsthilfeverkauf Anm. 17
3. Benachrichtigung von Hinterlegung oder Selbsthilfeverkauf (§ 437 Abs. 3 HGB) Anm. 18

Literatur: Siehe zu § 425

Anm. 1

I. Allgemeines

1. Bedeutung des § 437 HGB

Zu § 437 HGB gibt es – soweit ersichtlich – keine neuere veröffentlichte Rechtsprechung. Es kann angenommen werden, daß im Güternahverkehr, wo § 437 alleine noch unbeschränkt gilt, die verbesserten Nachrichtenverbindungen (Telefon, Fernschreiber) und die Mobilität des Kraftwagens in den meisten Fällen eine einverständliche Regelung ohne Schwierigkeiten gestatten, insbesondere den unmittelbaren Rücktransport ohne Ausladung als einfachste Lösung nahelegen. Siehe dazu die unter Anm. 2 aufgeführten Spezialregelungen. Ein erheblicher Teil der zu § 437 HGB bestehenden Streitigkeiten (vgl. dazu eingehend Heymann/Kötter in der Kommentierung zu § 437 HGB) dürfte daher für die Praxis weitgehend bedeutungslos sein.

Anm. 2

2. Anwendungsbereich und Spezialregelungen

§ 437 HGB ist im Güterfernverkehr durch § 28 Abs. 5–7 KVO völlig verdrängt. Die dort getroffene Regelung orientiert sich grundsätzlich an § 437 HGB, ist aber genauer und besser an die Bedürfnisse der modernen Kraftfahrzeugbeförderung angepaßt; siehe die Vorschrift mit Kommentierung in Anhang II nach § 452 HGB. Im Güternahverkehr gestatten die §§ 13, 12 AGNB – soweit vereinbart – dem Frachtführer ohne weiteres den Rücktransport der Güter an den Absender. Zwar könnte § 437 HGB hier noch ergänzend gelten, aber nur in Sonderfällen wird der Frachtführer an der Einlagerung oder am Selbsthilfeverkauf anstelle des Rücktransports interessiert sein.

Die ADSp sehen zwar keine dem § 437 HGB entsprechende Sonderbestimmung vor. § 13 gestattet aber dem Spediteur, mangels ausreichender oder ausführbarer Weisung „unter Wahrung des Interesses des Auftraggebers" nach seinem Ermessen zu handeln. Danach dürfte im Güternahverkehr der Rücktransport die regelmäßige Reaktion auf Ablieferungshindernisse sein.

Im Möbelverkehr verweist § 6 Abs. 2 BefBMö auf § 437 Abs. 2, 3 HGB, eröffnet also die Möglichkeit der Einlagerung oder des Selbsthilfeverkaufs; die Kostenfrage ist in § 6 Abs. 3 besonders geregelt. Für den grenzüberschreitenden Güterkraftverkehr regeln die Art. 16, 15 CMR die Rechtsstellung des Frachtführers beim Auftreten von Ablieferungshindernissen genauer als § 437 HGB, der damit auch als ergänzende Norm praktisch ausscheidet.

Für das Binnenschiffahrtsrecht gilt nicht § 437 HGB, sondern § 52 BSchG. Zum Eisenbahnrecht siehe § 80 EVO, Art. 25 CIM.

II. Vorliegen eines „Ablieferungshindernisses" Anm. 3

§ 437 Abs. 1 HGB setzt voraus, daß ein „Ablieferungshindernis" vorliegt. Die Vorschrift nennt zwei Beispiele, stellt aber durch die Erwähnung „sonstiger Ablieferungshindernisse" klar, daß auch beliebige andere Hindernisse in Betracht kommen.

§ 437 HGB verlangt ein Ablieferungshindernis, das endgültig die Ablieferung verhindert oder sie doch zumindest auf eine den Frachtführer unzumutbare Weise hinauszögert. Als endgültig kann ein Ablieferungshindernis jedenfalls immer dann angesehen werden, wenn das Gut bis zu seiner voraussichtlichen Behebung verdorben sein würde.

Ob das Ablieferungshindernis verschuldet ist und wenn ja, von wem, spielt grundsätzlich keine Rolle. Doch wird man dem Frachtführer, der das Ablieferungshindernis selbst verschuldet hat, nur die Pflichten, nicht aber die Rechte aus § 437 HGB zubilligen; Schlegelberger/Geßler 8 zu § 437 HGB. Er ist dann vielmehr verpflichtet, Absender und Empfänger schadlos zu halten.

1. Nicht-Ermitttelbarkeit des Empfängers Anm. 4

Damit ist nicht jede unrichtige Empfängerangabe gemeint. Vielmehr muß der Frachtführer in den Grenzen des Zumutbaren den falsch angegebenen Empfänger zu ermitteln versuchen, etwa durch Nachsehen im Telefonbuch oder zweckmäßigerweise durch Rückfrage beim Absender, evtl. durch Erkundigung beim Einwohnermeldeamt. Nicht zumutbar sind umfangreiche und zeitraubende Nachforschungen.

2. Verweigerung der Annahme Anm. 5

Hierbei muß es sich um die endgültige Annahmeverweigerung handeln. Die vorübergehende Verweigerung (z. B. wegen vorübergehenden Platzmangels im Lager) ist zwar Annahmeverzug des Empfängers, für dessen Folgen dieser unter Umständen einzustehen hat (siehe z.B. § 304 BGB), aber der Frachtführer muß in diesem Fall den Ablieferungsversuch wiederholen.

Verweigerung der Annahme ist die Verweigerung unter den vom Frachtführer berechtigterweise gestellten Bedingungen, also z. B. auch die Annahmebereitschaft unter Verweigerung der sich aus dem Frachtvertrag oder dem Frachtbrief ergebenden Fracht- oder Nachnahmezahlungen (vgl. dazu §§ 435, 436 HGB), für die Frachtzahlung siehe schon ROHG 2, 416 (417); für die CMR zutreffend Loewe, ETR, 1976, 548.

Anm. 6 **3. Sonstige Ablieferungshindernisse**

Sonstige Ablieferungshindernisse sind z. B. zollrechtliche oder aus anderen Gründen vorgenommene Beschlagnahmungen. Streiks werden als Ablieferungshindernisse betrachtet werden können, wenn die voraussichtliche oder ungewisse Dauer eine nach Art des Gutes vernünftige und dem Frachtführer zumutbare Frist überschreitet. Einstweilige Verfügungen, durch die eine Auslieferung des Gutes verboten wird, (z. B. Zeitungen mit ehrverletzendem Inhalt) sind Auslieferungshindernisse; auch die Pfändung des Herausgabeanspruchs des Absenders (nicht des Empfängers) hindert die Ablieferung.

Anm. 7 **III. Rechtsstellung des Frachtführers bei Vorliegen eines Ablieferungshindernisses**

1. Pflicht zur Benachrichtigung und Einholung von Weisungen (§ 437 Abs. 1 HGB)

a) Benachrichtigung des Absenders

§ 437 Abs. 1 HGB erlegt dem Frachtführer die Pflicht zur Benachrichtigung des Absenders auf. In welcher Weise die Benachrichtigung erfolgen muß, ist nicht bestimmt, wohl aber, daß sie unverzüglich (d. h. ohne schuldhaftes Zögern, § 121 BGB) vorzunehmen ist. Mit der Benachrichtigung hat der Frachtführer Weisungen des Absenders einzuholen.

Die erforderlichen Kosten der Benachrichtigung kann der Frachtführer vom Absender erstattet verlangen; §§ 675, 670 BGB, siehe Anm. 83 zu § 425 HGB.

Welchen Nachrichtenweg der Frachtführer zu benutzen hat, kann nicht generell festgelegt werden. Im Güternahverkehr wird telefonische Benachrichtigung im allgemeinen das Richtige sein, da die Telefonkosten meist in keinem Verhältnis zu den möglichen Schäden stehen werden, und da die Einholung der Weisungen fernmündlich auf die einfachste Art mit der Benachrichtigung verbunden werden kann. Allerdings wird man – wegen der Gefahr von Mißverständnissen – dem Frachtführer in Fällen von größerer Bedeutung nicht zumuten können, telefonische Weisungen zu befolgen. Ihm muß, wenn nicht Gefahr in Verzug ist, zugestanden werden, den Eingang der Weisung durch Brief, Fernschreiben oder Telegramm abzuwarten. In der KVO bestimmt § 28 Abs. 5 S. 2, daß der Absender im Frachtbrief telegraphische Benachrichtigung verlangen kann.

Anm. 8 Der Frachtführer braucht den Absender nach § 437 Abs. 2 HGB nicht zu benachrichtigen, wenn dies „untunlich" ist. Der verschwommene Ausdruck soll wohl die Fälle ausschließen, in denen die Benachrichtigung unzweckmäßig oder überflüssig ist – z. B. wenn der Absender das Ablieferungshindernis bereits kennt, oder wenn die Entscheidung – etwa bei verderblichen Gütern – so schnell getroffen werden muß, daß die Benachrichtigung des Absenders zu spät käme.

Anm. 9 Der Frachtführer hat bei Benachrichtigung die Entscheidung des Absenders abzuwarten; er muß sogar die Benachrichtigung wiederholen, wenn er Grund zur Annahme hat, daß die Nachricht den Absender nicht erreicht hat. Bleibt die Anweisung des Absenders aus, so darf er erst die Rechte aus § 437 Abs. 2, 3 HGB ausüben, wenn der Absender mit der Weisungserteilung „säumig" ist. Dies dürfte sinngemäß dem § 147 Abs. 2 BGB entsprechend zu behandeln sein. Solange der Frachtführer unter regelmäßigen Umständen den Eingang der Weisung erwarten darf, kann er nicht von „Säumigkeit" des Absenders ausgehen.

Anm. 10 **b) Benachrichtigung des Empfängers**

Abs. 1 des § 437 HGB erwähnt im Gegensatz zu Abs. 3 eine Benachrichtigung des Empfängers nicht. In der Literatur ist daher streitig, ob der Frachtführer bei sonstigen Ablieferungshindernissen zusätzlich oder anstelle des Absenders den Empfänger benachrichtigen muß; gegen Benachrichtigung des Empfängers Schlegelberger/Geßler Anm. 10 zu § 437 HGB.

Für Benachrichtigung des Empfängers mit ausführlicher Begründung Heymann/Kötter Anm. 1 zu § 437 HGB.

Da die Benachrichtigung vor allem der Einholung von Weisungen dient, ist eine Benachrichtigung des Empfängers anstelle des Absenders dann geboten, wenn das Verfügungsrecht des Absenders erloschen ist und nur noch dem Empfänger zusteht; siehe dazu Anm. 20ff. zu § 433 HGB. Bis dahin geht das Verfügungsrecht des Absenders dem des Empfängers vor. Grundsätzlich hat daher der Frachtführer entsprechend dem Wortlaut des § 437 Abs. 1 HGB nur den Absender zu benachrichtigen. Jedoch kann sich die Einholung von Weisungen des Empfängers als geboten erweisen, so z. B. nach § 434 HGB oder wenn der Empfänger leichter zu erreichen ist. Ist der Absender unerreichbar oder säumig, so wird der Frachtführer nach Ankunft des Gutes am Bestimmungsort den Empfänger um Weisungen zu ersuchen haben. Handelte er nach Abs. 2 und 3, ohne dem Empfänger zu befragen, so würde er dessen Verfügungsrecht nach § 435 HGB übergehen (vgl. Anm. 28–30 zu § 433) und damit unter Umständen erheblichen Schaden verursachen. Auch ohne besondere Erwähnung in § 437 Abs. 1 HGB kann daher die Benachrichtigung des Empfängers zu den Nebenpflichten aus dem Frachtvertrag gehören.

c) Folgen der Versäumnis der Benachrichtigung oder der Nichtbefolgung der Weisungen **Anm. 11**

Der schuldhafte Verstoß gegen die Benachrichtigungspflicht oder die Nichtbefolgung ist positive Vertragsverletzung des Frachtvertrags. Der Frachtführer haftet daher für die Schadensfolgen. Als Anspruchsgrundlage kommt bei Güterschäden auch § 429 HGB in Betracht. Umstritten ist, ob die Haftung durch § 430 HGB beschränkt wird; nach der hier Anm. 4 zu § 430 HGB vertretenen Auffassung greift die Haftungsbeschränkung des § 430 HGB unabhängig von der Anspruchsgrundlage ein, soweit der Schaden am Frachtgut entstanden oder Folge eines solchen Güterschadens ist. Im Ergebnis wohl wie hier Schlegelberger/Geßler Anm. 13 zu § 437 HGB; Heymann/Kötter Anm. 1 zu § 437 HGB a. E. Primäre Vermögensschäden unterfallen dagegen nicht dem § 430 HGB.

2. Recht zur Hinterlegung und zum Selbsthilfeverkauf **Anm. 12**

a) Voraussetzungen der Hinterlegung

Das Hinterlegungsrecht setzt zunächst das Fortbestehen des Ablieferungshindernisses voraus. Fällt das Hindernis weg, so entfällt damit der Grund zur Hinterlegung, der Frachtführer hat vertragsgemäß abzuliefern. Etwaige Mehrkosten kann er bei Gläubigerverzug des Empfängers nach § 304 BGB erstattet verlangen. Ein Wegfall des Ablieferungshindernisses liegt auch im Widerruf der Annahmeverweigerung durch den Empfänger. Zwar hat dieser mit der Verweigerung der Annahme nach § 333 BGB seine ihm nach § 435 HGB zugefallenen Empfängerrechte verloren; siehe dazu Anm. 15 zu § 435 HGB. Aber solange der Absender keine abweichenden Weisungen gemäß § 433 HGB erteilt hat, geht die Pflicht des Frachtführers weiterhin auf Ablieferung an den Empfänger. So zutreffend Ritter Anm. 7 zu § 437 HGB; Heymann/Kötter Anm. 2 zu § 437 HGB gegen Ratz in der Voraufl. Anm. 2 zu § 437 HGB und Schlegelberger/Geßler Anm. 15 zu § 437 HGB.

Ferner hängt das Hinterlegungsrecht davon ab, daß die Benachrichtigung und Weisungseinholung untunlich war (siehe Anm. 8) oder daß innerhalb angemessener Frist keine Anweisung des Absenders ergangen ist („säumig“, siehe dazu Anm. 9) oder daß die eingegangene Anweisung unausführbar ist. Das letztere kann auch vorliegen, wenn die Befolgung der Weisung zur Beschädigung oder zum Verlust des Frachtguts führen würde oder wenn der Frachtführer rechtlich nicht zu ihrer Ausführung verpflichtet ist (z. B. Auslieferung ohne vertragsgemäße Frachterhebung).

Anm. 13 **b) Ausführung und Rechtsfolgen der Hinterlegung**

Die Hinterlegung entspricht der in § 373 Abs. 1 HGB vorgesehenen; siehe Anm. 27 zu §§ 373, 374 HGB. Der Hinterlegungsvertrag zwischen Frachtführer und Verwahrer ist Vertrag zugunsten Dritter, und zwar entweder zugunsten des Absenders, wenn der Empfänger durch Annahmeverweigerung gemäß § 333 BGB seine Rechte aus § 435 HGB verloren hat (vgl. Anm. 15 zu § 435 HGB), oder zugunsten des Empfängers, wenn nach Ankunft andere Ablieferungshindernisse vorliegen. Der Verwahrungsvertrag ist somit Vertrag zugunsten des Dritten, den es angeht.

Anm. 14 Der Frachtführer ist zur Hinterlegung berechtigt, nicht verpflichtet. Ausnahmsweise kann auch eine Pflicht zur Einlagerung bestehen, z. B. von Gefriergut in einem Kühlhaus. Diese Pflicht ist jedoch nicht auf § 437 HGB, sondern auf die Fürsorgepflicht des Frachtführers für das Frachtgut gegründet.

Anm. 15 Die Hinterlegung ist Erfüllungssurrogat. Mit ihr endet daher die Frachtführerhaftung nach § 429 HGB. Macht der Frachtführer von seinem Hinterlegungsrecht keinen Gebrauch, verwahrt er das Gut also selbst weiter, so dauert seine Obhut und damit die Frachtführerhaftung fort. So zutreffend Schlegelberger/Geßler 5 zu § 437 HGB; Heymann/Kötter 2 zu § 437 HGB. Nach der Gegenmeinung soll in diesem Fall zwischen Frachtführer und Absender ein Verwahrungsvertrag entstehen; RGZ 100, 162 (163) 108, 50 (57); Ratz in der Voraufl., 4 zu § 437 HGB; Baumbach/Duden B zu § 437 HGB. Diese Auffassung ist nicht begründbar. Dem Frachtführer ist durch § 437 HGB die Möglichkeit gegeben, sich durch Hinterlegung aus dem Haftungsrisiko zu lösen. Macht er davon keinen Gebrauch, so besteht kein Grund, ihm Haftungserleichterungen zu verschaffen; zutreffend Schlegelberger/Geßler Anm. 17 zu § 437, RG Recht 1920, 1572. Die Verwahrungskosten kann er als Aufwendungen beanspruchen, siehe Anm. 77 zu § 425 HGB.

Anm. 16 **c) Besondere Voraussetzungen des Selbsthilfeverkaufs**

Neben den Voraussetzungen der Hinterlegung erfordert das Recht des Frachtführers zum Selbsthilfeverkauf nach § 437 Abs. 2 S. 2 HGB weitere Voraussetzungen: Verderblichkeit des Guts und Gefahr im Verzug. Diese Voraussetzungen entsprechen den in § 373 Abs. 2 S. 2 HGB verwendeten; siehe dazu dort Anm. 39.

Anm. 17 **d) Verfahren beim Selbsthilfeverkauf**

§ 437 Abs. 2 S. 2 HGB verweist auf § 473 Abs. 2–4 HGB; auf Anm. 37ff. zu § 373 HGB kann daher Bezug genommen werden. Die Verweisung bezieht sich jedoch nicht auf § 373 Abs. 5 HGB. Die Benachrichtigungspflicht ist vielmehr in § 437 Abs. 3 HGB selbständig geregelt.

Anm. 18 **3. Benachrichtigung von Hinterlegung oder Selbsthilfeverkauf (§ 437 Abs. 3 HGB)**

Der Frachtführer hat bei Ausübung seiner Rechte aus § 437 HGB den Absender und den Empfänger zu benachrichtigen. Nur bei „Untunlichkeit" entfällt diese Pflicht. Die wenig genaue Formulierung des § 437 Abs. 3 HGB wirft beim Selbsthilfeverkauf Probleme auf. Aus dem Gegensatz zwischen §§ 373 Abs. 4 und 473 Abs. 3 HGB wird teilweise in der Literatur geschlossen, daß der Frachtführer den Absender und Empfänger nur von der Hinterlegung und vom bereits erfolgten Verkauf zu benachrichtigen habe, nicht dagegen von Ort und Zeit der Versteigerung; Ratz in der Voraufl. Anm. 4 zu § 437 HGB; Schlegelberger/Geßler Anm. 19 zu § 437 HGB; dagegen Heymann/Kötter Anm. 3 zu § 437 HGB. Eine solche formalistische Auslegung erfordert der Wortlaut des § 437 Abs. 3 HGB nicht. Der Zweck der Benachrichtigungspflicht widerspricht ihr. Aus § 437 Abs. 3 HGB läßt sich sprachlich nicht sicher ableiten, ob der erfolgte Verkauf oder das Verfahren als solches anzuzeigen ist. Die Nichtmitteilung von Ort und Zeit der Versteigerung beraubt den Absender oder Empfänger ihrer Möglichkeit mitzubieten. Zutreffend weist Heymann/Kötter darauf hin, daß § 373 Abs. 4 HGB für anwendbar erklärt ist. Wägt man die geringe Mühe der Benachrichtigung und den möglicherweise dem Absender oder Empfänger entstehenden Schadens gegeneinander ab, so dürfte die Unterlassung der Benachrichtigung von Ort und Zeit der Versteigerung treuwidrig sein. Folge der Versäumnis der Benachrichtigungspflicht ist die Haftung des Frachtführers, die kein weiteres Verschulden voraussetzt.

§ 438

(1) Ist die Fracht nebst den sonst auf dem Gute haftenden Forderungen bezahlt und das Gut angenommen, so sind alle Ansprüche gegen den Frachtführer aus dem Frachtvertrag erloschen.

(2) Diese Vorschrift findet keine Anwendung, soweit die Beschädigung oder Minderung des Gutes vor dessen Annahme durch amtlich bestellte Sachverständige festgestellt ist.

(3) [1]Wegen einer Beschädigung oder Minderung des Gutes, die bei der Annahme äußerlich nicht erkennbar ist, kann der Frachtführer auch nach der Annahme des Gutes und der Bezahlung der Fracht in Anspruch genommen werden, wenn der Mangel in der Zeit zwischen der Übernahme des Gutes durch den Frachtführer und der Ablieferung entstanden ist und die Feststellung des Mangels durch amtlich bestellte Sachverständige unverzüglich nach der Entdeckung und spätestens binnen einer Woche nach der Annahme beantragt wird. [2]Ist dem Frachtführer der Mangel unverzüglich nach der Entdeckung und binnen der bezeichneten Frist angezeigt, so genügt es, wenn die Feststellung unverzüglich nach dem Zeitpunkte beantragt wird, bis zu welchem der Eingang einer Antwort des Frachtführers unter regelmäßigen Umständen erwartet werden darf.

(4) Die Kosten einer von dem Empfangsberechtigten beantragten Feststellung sind von dem Frachtführer zu tragen, wenn ein Verlust oder eine Beschädigung ermittelt wird, für welche der Frachtführer Ersatz leisten muß.

(5) Der Frachtführer kann sich auf diese Vorschriften nicht berufen, wenn er den Schaden durch Vorsatz oder grobe Fahrlässigkeit herbeigeführt hat.

Inhaltsübersicht

I. Allgemeines Anm. 1
1. Bedeutung des § 438 HGB
2. Anwendungsbereich – Spezialregelungen Anm. 2–6

II. Grundsatz: Erlöschen der Ansprüche bei Annahme des Frachtguts und Zahlung der Fracht (§ 483 Abs. 1 HGB) Anm. 7
1. Annahme des Frachtguts Anm. 8–10
2. Zahlung der Fracht und der sonstigen Forderungen Anm. 11–14
3. Erlöschen der Ansprüche Anm. 15–18

III. Ausnahmen Anm. 19
1. Vorsatz oder grobe Fahrlässigkeit des Frachtführers (§ 438 Abs. 5 HGB)
2. Schadensfeststellung vor Annahme Anm. 20–22

3. Schadensfeststellung bei äußerlich nicht erkennbaren Mängeln Anm. 23
a) Äußerlich nicht erkennbare Beschädigung oder Minderung Anm. 24
b) Entstehung des Schadens in der Obhutszeit Anm. 25
c) Rechtzeitiger Antrag auf Feststellung des Schadens durch Sachverständige oder Schadensanzeige Anm. 26–27
IV. Kosten des Schadensfeststellungsverfahrens Anm. 28

Anm. 1

I. Allgemeines

1. Bedeutung des § 438 HGB

§ 438 HGB enthält eine der kaufrechtlichen Mängelrüge (§§ 377 ff. HGB) ähnliche Regelung für das Frachtrecht. Die Bestimmung soll eine schnelle Klärung und Erledigung von Schadensfällen bewirken und damit insbesondere für den Frachtführer Erleichterung schaffen. Der Schadensfestlegung und dem mit ihrer Versäumung verbundenen Rechtsverlust des Empfängers und Absenders kommt erhebliche praktische Bedeutung zu. Allerdings ist § 438 HGB außer im Bereich der Möbelbeförderung und im Güternahverkehr, wenn keine Geschäftsbedingungen vereinbart sind, nirgends mehr unmittelbar anwendbar; siehe unten Anm. 2–5. Die Spezialregelungen weichen inhaltlich stark von § 438 HGB ab. Sie knüpfen vielfach den Anspruchsverlust bereits an die bloße Auslieferung ohne Zahlung der Fracht an und ersetzen das kostspielige und schwerfällige Sachverständigenverfahren des § 438 HGB durch einfacherere Rügemöglichkeiten.

Aus diesen Gründen ist ältere Rechtsprechung und Literatur zu § 438 HGB nur noch in Grenzen brauchbar. Allerdings sind eine Reihe von wichtigen Begriffen wie z. B. die „Annahme", der „äußerlich nicht erkennbare Mangel" und ähnliches für die Spezialbestimmungen nach wie vor von Bedeutung.

Die Anknüpfung des Rechtsverlustes an die Annahme des Frachtguts und die Zahlung der Fracht und der übrigen Kosten ergibt einen scheinbaren Widerspruch im System des HGB-Landfrachtrechts. Denn nach Annahme des Frachtguts kann der Frachtführer den Empfänger nach § 436 HGB zur Zahlung zwingen und damit gemäß § 438 Abs. 1 HGB das Erlöschen von dessen Ansprüchen herbeiführen. Diese Koppelung ist indessen durchaus zweckmäßig. Der Empfänger kann nach § 436 HGB nicht zur Zahlung an den Frachtführer gezwungen werden, soweit ihm Schadensersatzanspüche gegen diesen zustehen. Diese Möglichkeit muß der Empfänger nutzen und seine Ersatzansprüche von der geschuldeten Frachtforderung sofort abziehen. Versäumt er dies, so verliert er die Ersatzansprüche.

Anm. 2

2. Anwendungsbereich – Spezialregelungen

Im Güternfernverkehr ist § 438 HGB durch § 39 KVO = § 40 KVORb, ergänzt durch das Schadensfeststellungsverfahren nach § 37 KVO, praktisch ganz verdrängt. Auch sachlich sind die Unterschiede erheblich: insbesondere wird nach der KVO die Schadensfeststellung nicht primär durch Sachverständige, sondern durch den Frachtführer selbst vorgenommen; die Präklusionswirkung tritt auch ohne Frachtzahlung mit der bloßen Annahme des Gutes ein.

Anm. 3 Im Güternahverkehr lehnt sich § 22 AGNB an die KVO-Regelung an. § 438 HGB wird dadurch praktisch ganz ausgeschaltet. § 60 a ADSp in der Neufassung sieht eine schriftliche Schadensmitteilung vor, die unverzüglich – spätestens am 6. Tage nach der Ablieferung in Besitz des abliefernden Spediteurs sein muß – auch bei äußerlich nicht erkennbaren Mängeln. Die Folge der Versäumnis der Rüge ist nach § 60 b ADSp praktisch der Verlust der Ansprüche. Siehe hierzu die Anmerkungen zu § 60 ADSp, Anhang I nach § 415 HGB.

Die BefBMö bestimmen nichts von § 438 HGB Abweichendes. Wenigstens im Bereich der Möbelbeförderung gilt daher § 438 HGB noch unverändert; so auch LG Itzehoe, VersR 1975, 371. Anm. 4

Auch die CMR enthält in Art. 30 eine ausführliche Sonderregelung, wegen der § 438 HGB auch ergänzend kaum in Betracht kommen kann. Die Versäumung der Geltendmachung von Vorbehalten bei der Annahme führt – anders als in § 438 HGB – nicht zum Rechtsverlust, sondern nur zu einschneidenden Beweisnachteilen für den Geschädigten. Anm. 5

Im Binnenschiffahrtsrecht gilt nicht § 438 HGB, sondern § 61 BSchG. Siehe zum Seefrachtrecht § 611 Abs. 3 HGB, zum Eisenbahnrecht § 93 Abs. 1 EVO, Art. 46 § 1 CIM; zum Luftfrachtrecht Art. 26 Abs. 1 WA; Art. 14 Abs. 1, 2 BefBFracht, Langform, Anh. VII/4 nach § 452 HGB; Nr. 10 BefBFracht, Kurzform, Anh. VII/5 nach § 452 HGB; siehe auch §§ 47, 40 LuftVG, Anh. VII/1 nach § 452 HGB. Anm. 6

Zur Frage, ob § 438 auf Ansprüche aus unerlaubter Handlung anzuwenden ist, siehe Anm. 89 und 91 zu § 429.

II. Grundsatz: Erlöschen der Ansprüche bei Annahme des Frachtguts und Zahlung der Fracht (§ 438 Abs. 1 HGB) Anm. 7

§ 438 I HGB sieht grundsätzlich ein Erlöschen aller eventuell bestehenden Ansprüche aus dem Frachtvertrag vor, wenn das Frachtgut angenommen und die Fracht bezahlt ist. Das Gesetz geht davon aus, daß in solchen Fällen die Ablieferung, so wie sie erfolgt ist, als volle ordnungsgemäße Erfüllung des Frachtvertrags anzusehen ist.

1. Annahme des Frachtguts Anm. 8

Der Begriff der Annahme deckt sich grundsätzlich mit dem in § 436 HGB verwendeten; siehe Anm. 4ff. zu § 436. Die Annahme muß, da sich an sie in beiden Fällen negative Folgen für den Empfänger knüpfen, neben der tatsächlichen Entgegennahme auch einen Willen des Empfängers als Komponente enthalten; so bereits ROHG 8, 192 (195): „Anerkennung"; ROHG 15, 141 (143); RGZ 114, 308 (314); RG JW 1924, 685: „Genehmigung"; OLG Hamburg, OLGR 28, 398 (399): „Billigung". Nimmt ein Dritter das Gut für den Empfänger an, so ist darin keine „Annahme" zu sehen, wenn er nicht bevollmächtigt ist; zum Seerecht (§ 611 Abs. 3 HGB) siehe BGH vom 15. 11. 1965, BGHZ 44, 303ff. Siehe im übrigen genauer Anm. 7–12 zu § 436 HGB.

Eine den Anspruchsverlust begründende Annahme kann jedoch – insoweit abweichend von § 436 HGB – nicht vorliegen, soweit der Frachtführer die Güter nicht tatsächlich abliefert, sondern im Einverständnis mit dem Verfügungsberechtigten einlagert oder weiterbefördert (sogenannte Ersatzablieferung; siehe Anm. 12 zu § 429 HGB). Denn in diesen Fällen findet der Gewahrsamswechsel, der den Anlaß zur Überprüfung der Güter auf etwaige Schäden gibt, nicht statt. Daher ist Guelde/Willenberg Anm. 9 zu § 39 KVO zuzustimmen. Siehe für den Fall der Erteilung einer Quittung ohne tatsächliche Annahme RGZ 108, 50 (57); für den Fall der Weiterbeförderung unter neuem Frachtbrief geht das RG in RGZ 114, 308 (314) davon aus, der Empfänger habe Gelegenheit zur Überprüfung.

Nicht völlig geklärt ist, was im Falle einer Teilnahme zu gelten hat; siehe dazu Heymann/Kötter Anm. 1 zu § 438 HGB, Baumbach/Duden Anm. 1b zu § 438 HGB. Grundsätzlich gilt hierfür das zu § 436 HGB Anm. 6 Ausgeführte. Teilannahme (mit Teilzahlung) bewirkt daher den Anspruchsverlust hinsichtlich der den angenommenen Teil betreffenden Schäden; so zutreffend Schlegelberger/Geßler Anm. 13 zu § 438 HGB. Bei Teilannahme (und Teilzahlung) muß daher der Schaden ebenso durch Sachverständige festgestellt werden wie bei Vollannahme. Der Rechtsverlust kann sich Anm. 9

allerdings nicht auf den nichtausgelieferten und daher auch nicht angenommenen und bezahlten Teil der Sendung beziehen. Minderungs- (Teilverlusts-)Schadensansprüche unterfallen nur dem Rechtsverlust, wenn die geminderte Sendung als Gesamtablieferung angeboten und bezahlt wird. Ist dagegen zwischen den Parteien klar, daß nur ein Sendungsteil ausgeliefert wird, so kann hinsichtlich der noch nicht ausgelieferten (möglicherweise bereits verlorenen) Teile kein Anspruchsverlust eintreten; so schon zutreffend ROHG 15, 141 (142 ff.).

Anm. 10 Ob die Rücknahme durch den Absender der Annahme durch den Empfänger gleichgestellt werden kann, ist streitig. Dagegen RGZ 22, 145 (146); Baumbach/Duden Anm. 1b zu § 438 HGB; grundsätzlich dafür Heymann/Kötter Anm. 1 zu § 438 HGB (S. 995); Schlegelberger/Geßler Anm. 11 zu § 438 HGB. Die Unterscheidung zwischen „Annahme" und „Rücknahme" ist indessen irreführend. § 438 HGB erwähnt den Empfänger bei der „Annahme" nicht speziell. Ist „Annahme" die Entgegennahme des Frachtguts als im wesentlichen vertragsgemäße Leistung (siehe Anm. 7 zu § 436 HGB) und sachlich mit der „Ablieferung" des § 429 Abs. 1 HGB identisch, dann spielt es grundsätzlich keine Rolle, an wen abgeliefert wird, d. h. wer das Frachtgut annimmt. Adressiert der Absender es an sich selbst, so ist er zugleich Empfänger. Die Annahme des Frachtguts durch ihn fällt dann unzweifelhaft unter § 438 Abs. 1 HGB. Kommt ein entsprechendes Ergebnis erst durch Anweisungen oder Änderungen des Frachtvertrages zustande, so wird die Rückgabe kraft des im Leistungsgegenstande geänderten Frachtvertrags zur „Ablieferung", die Entgegennahme durch den Absender zur „Annahme". Daher ist Heymann/Kötter recht zu geben, wenn er die Rücknahme durch den Absender grundsätzlich der Annahme durch den Empfänger gleichstellt und auch dem rücknehmenden Absender den möglichen Rechtsverlust nach § 438 HGB auferlegt.

Anm. 11 **2. Zahlung der Fracht und der sonstigen Forderungen**

Für den Eintritt der Präklusionswirkung ist weiterhin erforderlich, daß der Empfänger die Fracht und die „sonstigen" auf dem Gut haftenden Forderungen bezahlt hat.

Diese Voraussetzung ist in den modernen Spezialregelungen nicht mehr enthalten. Vielmehr knüpft sich der Rechtsverlust bereits an die bloße Annahme des Frachtguts an. Eine solche Lösung ist im Hinblick auf die bargeldlose Zahlung sachgerechter.

Nach h. M. sollen zahlungshalber erbrachte Leistungen, darunter auch Zahlungen mit Scheck nicht genügen; siehe bes. Heymann/Kötter Anm. 1 zu § 438 HGB. Doch widerspricht dies der Scheckpraxis der Banken, nach der Schecks sofort (wenn auch nur unter Vorbehalt) gutgeschrieben werden. Im übrigen kann man bezweifeln, ob die Unterscheidung zwischen zahlungshalber und an Zahlungs Statt erbrachten Leistungen wirklich sinnvoll ist. Denn der Wille des Empfängers zum Akzeptieren der Leistung als im wesentlichen vertragsgemäß kann sich in der Hingabe eines Schecks oder Wechsels ebenso äußern wie in der Barzahlung. Unstreitig ist, daß Aufrechnung, Novation, Erlaß und ähnliche Erfüllungssurrogate ausreichen; nicht dagegen a conto-Zahlungen, RGZ 25, 31 (33); nach OLG Hamburg, Recht 1910 Nr. 1444 auch nicht eine Zahlung, die durch Androhung der Rückbeförderung erzwungen worden ist.

Anm. 12 Die auf dem Gut „haftenden" Kosten sind diejenigen, von deren Erfüllung der Frachtführer nach § 435 HGB die Auslieferung abhängig machen kann (siehe Anm. 7 zu § 435 HGB) bzw. die durch das gesetzliche Pfandrecht nach § 440 Abs. 1 HGB geschützten Forderungen.

Anm. 13 Der Rechtsverlust tritt grundsätzlich nur ein, wenn voll gezahlt wird. Ausgenommen sein muß der Fall, in dem mit der Teilzahlung eine angenommene Teilsendung voll bezahlt werden soll. Dann liegt insoweit Annahme und Zahlung hinsichtlich des betreffenden Sendungsteils vor (vgl. Anm. 9).

§ 438 HGB spricht sich nicht darüber aus, von wem die Forderungen bezahlt werden müssen. Sind sie vom Absender vorausbezahlt („franko"), dann genügt wohl die bloße Annahme des Guts zur Begründung des Rechtsverlustes. Dies soll nach der h. M. auch gelten, wenn ein Dritter die Fracht bezahlt (Baumbach/Duden Anm. 1 zu § 438 HGB). Heymann/Kötter Anm. 1 zu § 438 HGB, der sich hiergegen wendet, ist zugegeben, daß mit der herrschenden Lehre das Risiko des Empfängers bei der Annahme unüberschaubar vergrößert werden kann; siehe in ebendiesem Sinne auch die lesenswerte Entscheidung ROHG 13, 414 (415ff.), ferner OLG Marienwerder v. 11. 3. 1892, SeuffA 48, 435ff. Die Frage ist jedoch praktisch von geringer Bedeutung, da die Bezahlung heute nur noch im engsten Anwendungsbereich des § 438 HGB, also bei der Möbelbeförderung und dem Güternahverkehr ohne Vertragsbedingungen Voraussetzung für das Erlöschen der Ansprüche ist. **Anm. 14**

3. Erlöschen der Ansprüche **Anm. 15**

§ 438 Abs. 1 HGB sieht ein völliges Erlöschen „aller Ansprüche" aus dem Frachtvertrag, also sowohl der Absender- als auch der Empfängeransprüche vor. Diese weite Formulierung bedarf der Einschränkung: gemeint sind wohl nur solche Ansprüche, die mit dem Frachtgut und seiner Ablieferung zusammenhängen, vor allem solche wegen Verlust und Beschädigung. Dies ergibt sich aus einer Interpretation der Ausnahme des Abs. 2. Im einzelnen ist streitig, welche Ansprüche erlöschen. Für unterschiedsloses Erlöschen aller vertraglichen Ansprüche gemäß dem Wortlaut des Gesetzes Schlegelberger/Geßler Anm. 15, 16 zu § 438 HGB; differenziert Heymann/Kötter Anm. 1 zu § 438 HGB. Zur Frage, ob auch Ansprüche aus unerlaubter Handlung wegen Güterschäden mitbetroffen sind, siehe Anm. 89ff. zu § 429 HGB.

Nicht vom Erlöschen betroffen werden z. B. Ansprüche wegen zuviel gezahlter Fracht (RGZ 6, 100 (104)); das gleiche wird zu gelten haben bei Ansprüchen aus positiver Vertragsverletzung, die mit der Beförderung selbst nichts zu tun haben. Nach allgemeiner Auffassung fallen unter das Erlöschen dagegen auch Verspätungsansprüche gemäß § 429 Abs. 1 HGB; ausdrücklich ist entsprechendes in § 39 Abs. 2b KVO geregelt. Soweit § 438 auf Verspätungsansprüche anzuwenden ist, liegen vielfach zunächst nicht erkennbare Schäden vor, auf die auch § 438 Abs. 3 entsprechend anzuwenden ist. Siehe Anm. 7 zu § 39 KVO.

Im Gegensatz zu § 438 HGB sieht Art. 30 CMR kein Erlöschen der Ansprüche, sondern nur Beweisverschlechterungen vor. Ähnlich ist die Regelung des § 611 Abs. 3 HGB für das Seerecht. **Anm. 16**

Nach § 438 HGB kann sich der Empfänger gegen den Rechtsverlust schützen, indem er die Fracht nicht oder nicht voll bezahlt. Eventuell muß zwischen Frachtführer und Empfänger bei der Ablieferung § 438 HGB durch Sondervereinbarung ausgeschlossen werden, damit der Empfänger bei Ablieferung die Fracht ohne Rechtsverlust bezahlen kann. Dies ist zulässig, da § 438 HGB kein zwingendes Recht ist. **Anm. 17**

Das „Erlöschen" vernichtet den Anspruch. Es ist daher grundsätzlich im Prozeß von Amts wegen zu berücksichtigen; so zutreffend Schlegelberger/Geßler Anm. 19 zu § 438 HGB. Beruft sich der Frachtführer jedoch nicht auf § 438 HGB, so kann allerdings unter Umständen daraus auf einen Einwendungsverzicht oder eine Abdingung des § 438 HGB geschlossen werden. So zumindest im Ergebnis Heymann/Kötter Anm. 1 zu § 438 HGB (S. 997 oben). **Anm. 18**

Anm. 19

III. Ausnahmen

1. Vorsatz oder grobe Fahrlässigkeit des Frachtführers (§ 438 Abs. 5 HGB)

Die gesamte Regelung gilt nach Abs. 5 nicht für Schäden, die der Frachtführer vorsätzlich oder grob fahrlässig herbeigeführt hat. Siehe dazu § 430 Abs. 3 HGB und Anm. 19 zu § 430 HGB; Anwendungsfall: RG, SeuffA 80, 227f.

Anm. 20

2. Schadensfeststellung vor Annahme

Ansprüche auf Ersatz von Beschädigungen oder Minderungen (Teilverlusten) bleiben erhalten, wenn sie vor Ablieferung durch amtlich bestellte Sachverständige festgestellt sind. Dies setzt voraus, daß der Empfänger das Gut vor Ablieferung überprüfen und den Sachverständigen hinzuziehen kann. Daher muß dem Empfänger ein Anspruch auf vorherige Untersuchung gewährt werden.

Anm. 21 Entgegen dem im Plural gefaßten Wortlaut des Gesetzes genügt nach allgemeiner Auffassung ein einzelner Sachverständiger zur Schadensfeststellung.

Das schwerfällige Verfahren des § 438 HGB eignet sich für den modernen Gütertransport mit seinen hohen Transport- und Umschlagsgeschwindigkeiten nicht. Es ist nur in Ausnahmefällen, etwa nach Straßenverkehrsunfällen denkbar, daß im Güterverkehr Güter noch vor der Ablieferung, also praktisch auf dem Lkw, von Sachverständigen untersucht werden. Daher gehen die Spezialbestimmungen durchweg vom Sachverständigenverfahren des § 438 Abs. 2 HGB ab. Siehe oben Anm. 3–6.

Anm. 22 Anstelle der Feststellung durch Sachverständige kann auch der Frachtführer den Schaden anerkennen. So zutreffend OLG Karlsruhe, Bad. Rspr 1927, 5. Dies muß schon deshalb zugelassen werden, damit der Frachtführer die Möglichkeit hat, in klaren Fällen die Kosten der Feststellung (§ 438 Abs. 4 HGB) zu sparen. In dem Anerkenntnis liegt eine Abdingung des § 438 HGB. Die bloße Teilnahme des Frachtführers an einer Schadensfeststellung, die vom Empfänger vorgenommen wird, genügt jedoch nicht als Anerkenntnis; RGZ 101, 239ff. Die Schadensfeststellung dient im etwaigen Schadensersatzprozeß als (widerlegbares) Beweismittel. Auch wenn sie fehlerhaft vorgenommen ist, hat sie jedenfalls die Wirkung, das Erlöschen etwaiger Ansprüche zu verhindern.

Anm. 23

3. Schadensfeststellung bei äußerlich nicht erkennbaren Mängeln

Bei äußerlich nicht erkennbaren Mängeln läßt sich das Feststellungsverfahren nach Abs. 2 nicht durchführen. § 438 Abs. 3 HGB eröffnet daher dem Empfänger oder Absender auch nach der Annahme und Bezahlung noch begrenzte Möglichkeiten der Geltendmachung von Ansprüchen auf Ersatz von Güterschäden.

Anm. 24

a) Äußerlich nicht erkennbare Beschädigung oder Minderung

Diese liegt vor allem bei verpackten Gütern vor, wenn die Verpackung äußerlich unbeschädigt ist, z. B. bei Gütern in Containern, auf Wechselpritschen und Paletten; Roesch, VP 1977, 136. Ferner fallen darunter: innere Schäden an offen transportierten Gütern wie innere Verletzung oder Ansteckung von beförderten Tieren, Verderbsschäden oder Vergiftungen von Nahrungs- und Futtermitteln, die nicht offen erkennbar sind und ähnliche Fälle.

Äußerlich erkennbar ist nur, was mit den handelsüblichen Untersuchungsmethoden von außen festgestellt werden kann. Der Begriff der „Erkennbarkeit" deckt sich im wesentlichen mit dem in § 377 Abs. 2 HGB verwendeten. Siehe dazu Anm. 30 zu § 377 HGB. Jedoch besteht ein Unterschied darin, daß beim Handelskauf sich die Untersuchungspflicht nicht alleine auf den äußeren Zustand, sondern auch auf die innere Beschaffenheit der Güter bezieht.

Zum Begriff der „Minderung" (= Teilverlust) siehe Anm. 5 zu § 429.

b) Entstehung des Schadens in der Obhutszeit **Anm. 25**

Die Ansprüche werden nur aufrechterhalten, soweit der Anspruchsberechtigte die Entstehung des Schadens beim Frachtführer zwischen Annahme und Ablieferung nachweisen kann. Dies entspricht der Voraussetzung des § 429 Abs. 1 HGB einschließlich der Beweislastregelung; siehe dazu Anm. 3ff. zu § 429 HGB.

c) Rechtzeitiger Antrag auf Feststellung des Schadens durch Sachverständige oder Schadensanzeige **Anm. 26**

Bei verdeckten Mängeln kann der Anspruchsberechtigte sich seinen Anspruch erhalten, wenn er rechtzeitig die Feststellung durch amtlich bestellte Sachverständige beantragt. Der Antrag hat sich an den Sachverständigen bzw. an die für seine Bestellung zuständige Behörde zu richten. Siehe § 164 FGG und § 485ff. ZPO. Rechtzeitig ist der Antrag gestellt, wenn er unverzüglich (ohne schuldhaftes Zögern, § 121 BGB) nach der Entstehung, spätestens innerhalb einer Woche nach Annahme durch den Empfänger gestellt ist. Nach Ablauf einer Woche ist der Frachtführer danach von jeder Haftung, auch für unentdeckbare innere Schäden frei. Zumindest bei Handelsgütern, die in geschlossener Verpackung gehandelt werden, und deren Fehler oft erst viel später beim Endverbraucher entdeckt werden, führt die Regelung dazu, daß selbst Schäden, die offenkundig vom Transport herrühren, nicht mehr zu ersetzen sind. Gegen diese Lösung, die auch § 39 Abs. 2d KVO entspricht, bestehen rechtspolitische Bedenken. Art. 30 CMR, der nur eine Beweiserschwerung für den Geschädigten vorsieht, enthält demgegenüber eine angemessenere Regelung.

Anstelle des Antrags auf Schadensfeststellung durch Sachverständige genügt nach § 438 Abs. 3 S. 2 HGB auch die Schadensanzeige an den Frachtführer innerhalb der gleichen Frist, wenn die Feststellung bei Ausbleiben einer Antwort des Frachtführers nachträglich unverzüglich beantragt wird. **Anm. 27**

IV. Kosten des Schadensfeststellungsverfahrens **Anm. 28**

Beantragt der Empfänger die Schadensfeststellung durch einen Sachverständigen, so ist er diesem gegenüber zur Zahlung der Kosten verpflichtet. Er kann aber nach § 438 Abs. 4 HGB vom Frachtführer Erstattung verlangen, wenn dieser für den entstandenen Schaden am Frachtgut ersatzpflichtig ist. Andernfalls fallen die Kosten dem Empfänger zur Last. Wer im Verhältnis zwischen Empfänger und Absender und weiteren Beteiligten im Endergebnis die Kosten zu tragen hat, bestimmt sich nicht nach § 438 Abs. 4 HGB, sondern nach den zwischen diesen Personen bestehenden Rechtsverhältnissen.

§ 439

[1]Auf die Verjährung der Ansprüche gegen den Frachtführer wegen Verlustes, Minderung, Beschädigung oder verspäteter Ablieferung des Gutes finden die Vorschriften des § 414 entsprechende Anwendung. [2]Dies gilt nicht für die in § 432 Abs. 3 bezeichneten Ansprüche.

Inhaltsübersicht

Literatur

I. Allgemeines Anm. 1

1. Überblick

2. Anwendungsbereich – Spezialregelungen Anm. 2

II. Ansprüche gegen den Frachtführer wegen Ver-

lust, Minderung, Beschädigung oder Verspätung (§§ 439, 414 HGB) Anm. 3
1. § 439 Satz 1 HGB
2. § 439 Satz 2 HGB (Rückgriffsansprüche) Anm. 4
III. Verjährung der in § 439 HGB nicht geregelten Ansprüche gegen den Frachtführer Anm. 5
IV. Verjährung der Ansprüche des Frachtführers Anm. 6
1. Frachtrechtliche Sonderbestimmungen Anm. 7
2. Ansprüche wegen Fracht und Auslagen (§ 196 Ziff. 3 BGB) Anm. 8
3. Ansprüche wegen Vertragsverletzung Anm. 9

Literatur: Siehe zu § 425

Anm. 1

I. Allgemeines

1. Überblick

§ 439 HGB regelt einen Teil der frachtrechtlichen Verjährungsfragen durch Verweisung auf § 414 HGB. Hinsichtlich der Einzelheiten kann auf die Kommentierung zu § 414 HGB verwiesen werden. Tag der Ablieferung ist bei Teilablieferung der Tag, an dem der letzte Teil der Güter abgeliefert ist; OLG Hamburg, VersR 1971, 729 (731); zum Verzicht auf die Verjährung: OLG Bremen, VersR 1978, 135f. Nicht der Verjährungsfrist des § 414 HGB unterliegen alle übrigen, in § 439 HGB nicht aufgeführten Ansprüche gegen den Frachtführer (siehe unten Anm. 5), sowie alle Ansprüche des Frachtführers; siehe unten Anm. 6–9.

Anm. 2

2. Anwendungsbereich – Spezialregelungen

Sonderregeln, die dem § 439 HGB entsprechen, teilweise auch über ihn hinausgehen, bestehen im Güterfernverkehrsrecht in §§ 40 KVO, 41 KVORb, im Güternahverkehrsrecht in §§ 26 AGNB, 64 ADSp; für die Möbelbeförderung in § 13 BefBMö und für den internationalen Gütertransport in Art. 32 CMR.

Das BSchG verweist zwar in § 26 auf § 439 HGB, aber in der Praxis regeln die sehr weitgehend üblichen Konnossements- oder Verlade- und Transportbedingungen die Verjährung speziell und mit kürzeren Fristen. Auch wird die Verjährung, wenn der Frachtführer zugleich als Schiffseigner oder Schiffsführer haftet, durch §§ 117, 118 BSchG modifiziert; BGH vom 26. 5. 1975, MDR 1975, 825f. = VersR 1975, 823f.

Die Sondernormen gehen, soweit sie Rechtsnormcharakter haben (KVO, KVORb, BefBMö, CMR) dem § 439 HGB ohne weiteres vor. Soweit sie in Allgemeinen Geschäftsbedingungen enthalten sind (AGNB, ADSp, Bedingungen der Binnenschiffahrt) ist die Abdingung der Verjährung des § 439 HGB gemäß § 225 BGB zulässig, da die betreffenden Klauseln kürzere Fristen (maximal 6 Monate) vorsehen.

§ 439 HGB ist somit eine praktisch fast bedeutungslose Vorschrift.

Zum Seerecht siehe §§ 901–903 HGB und die Ausschlußfrist des § 612 HGB; zum Eisenbahnrecht § 94 EVO, Art. 47 CIM; zum Luftrecht §§ 34, 39 LuftVG und die Ausschlußfrist des Art. 29 WA; zu Art. 29 WA (unzulässige Rechtsausübung) siehe BGH vom 7. 5. 1963, NJW 1963, 1405f. = VersR 1963, 640f. = MDR 1963, 668f.

Anm. 3

II. Ansprüche gegen den Frachtführer wegen Verlust, Minderung, Beschädigung oder Verspätung (§§ 439, 414 HGB)

1. § 439 S. 1 HGB

Der einjährigen Verjährung nach §§ 439 S. 1, 414 HGB unterliegen nur die Ansprüche gegen den Frachtführer wegen Verlustes, Beschädigung, Verminderung (Teilverlust) oder verspäteter Ablieferung. Es handelt sich hierbei regelmäßig um die in § 429 Abs. 1 HGB vorgesehenen Ersatzansprüche. Doch nimmt § 439 HGB nicht auf eine bestimmte Anspruchsgrundlage Bezug; daher fallen alle wegen der betreffenden Schäden erhobenen Ansprüche unter § 439 HGB, gleich auf welcher Grundlage sie beruhen; Ritter Anm. 2 zu § 439 HGB und Schlegelberger/Geßler Anm. 6 zu § 439 HGB ist daher gegen das OLG Hamburg, HansRGZ 1921, B 22 darin zuzustimmen, daß sich die Verjährung von Ansprüchen wegen rechtswidrigen Pfandverkaufs nach § 439 HGB richtet. Siehe zu der Frage, ob auch Ansprüche aus unerlaubter Handlung unter §§ 439, 414 HGB fallen, Anm. 3 zu § 414 HGB.

2. § 439 S. 2 HGB (Rückgriffsansprüche) **Anm. 4**

Ausgenommen von der einjährigen Verjährung sind die Rückgriffsansprüche beim Unterfrachtvertrag, auch soweit sie Güterschäden betreffen; siehe Anm. 24 ff. zu § 432 HGB. Diese Ansprüche verjähren nach § 195 BGB in 30 Jahren; RG, JW 1934, 1113.

III. Verjährung der in § 439 HGB nicht geregelten Ansprüche gegen den Frachtführer **Anm. 5**

Die Verjährung der nicht unter § 439 HGB fallenden Ansprüche bestimmt sich, soweit nicht frachtrechtliche Sonderbestimmungen eingreifen, nach § 195 BGB und im Falle von Deliktsansprüchen nach herrschender Meinung und Auffassung des BGH (vgl. Anm. 3 zu § 414 HGB) nach § 852.

Die dreißigjährige Verjährung greift allerdings durchweg in der Praxis nicht ein, weil die Spezialregelungen weiter gefaßt sind und zumeist alle Ansprüche gegen den Frachtführer, gleich welcher Art, erfassen. §§ 40 KVO, 41 KVORb sehen grundsätzlich eine einjährige Verjährung aller Ansprüche gegen den Frachtführer vor; ähnlich Art. 32 CMR. §§ 26 AGNB, 64 ADSp verkürzen die Verjährung wegen aller Ansprüche auf 6 Monate. § 13 Abs. 1 BefBMö unterwirft alle Schadensersatzansprüche einer einjährigen Verjährung; andere Ansprüche aus dem Vertrag unterliegen jedoch laut § 13 Abs. 4 den allgemeinen Verjährungsvorschriften, also, soweit sie sich gegen den Frachtführer richten, der dreißigjährigen Verjährung des § 195 BGB.

IV. Verjährung der Ansprüche des Frachtführers **Anm. 6**

Die Verjährung der Ansprüche des Frachtführers ist im HGB nicht geregelt. Eine Reihe von Bestimmungen der frachtrechtlichen Sonderordnungen sehen jedoch Verjährungsregeln für Ansprüche des Frachtführers aus dem Frachtvertrag vor. Soweit diese nicht eingreifen, gelten §§ 195 ff. BGB.

1. Frachtrechtliche Sonderbestimmungen **Anm. 7**

Die speziellen Verjährungsbestimmungen der landfrachtrechtlichen Sonderordnungen beziehen sich teilweise auch auf die Ansprüche des Frachtführers.

§ 40 Abs. 1 KVO (entsprechend § 41 KVORb) unterwirft auch die Ansprüche des Frachtführers grundsätzlich einer einjährigen Verjährungsfrist; bei Frachtzahlungsansprüchen ist auch der Fristbeginn in Abs. 2 a besonders geregelt. Für den grenzüberschreitenden Güterkraftverkehr sind Dauer und Beginn der Verjährung der Ansprüche des Frachtführers in Art. 32 Abs. 1 bestimmt.

Nach § 26 AGNB beträgt die Frist für alle Ansprüche aus dem Frachtvertrag nur 6 Monate. Der Fristbeginn richtet sich nach der Fälligkeit. Diese ist mangels besonderer Vereinbarung durch § 3 Abs. 4 AGNB auf den Zeitpunkt der Ablieferung festgelegt.

Die BefBMö regeln die Verjährung nur für Schadensersatzansprüche aus dem Frachtvertrag speziell. Für andere Ansprüche bleibt es dagegen bei der gesetzlichen Regelung der §§ 195 ff. BGB. Die ADSp treffen für die Verjährung der Ansprüche des

Spediteurs keine Sonderregelung. Die Fälligkeit der Forderungen des Frachtführer-Spediteurs auf Fracht- und Auslagenersatz bestimmt sich nach allgemeinen Regeln (vgl. Anm. 1 zu § 29 ADSp).

Anm. 8 **2. Ansprüche wegen Fracht und Auslagen (§ 196 Ziff. 3 BGB)**

Soweit nicht die in Anm. 7 aufgeführten Bestimmungen Sonderregeln enthalten, fallen unter die zweijährige Verjährungsfrist des § 196 Ziff. 3 BGB alle in Anm. 81–83 zu § 425 HGB umschriebenen Ansprüche des Frachtführers. Dabei muß es sich nicht um primäre Ansprüche auf Frachtzahlung handeln, sondern es genügt auch, wenn diese den ursprünglichen Grund des Anspruchs darstellt (z. B. eines Schadensersatzanspruchs) RG, JW 1907, 57; RGZ 61, 390 (391 f.); 86, 422 (423). Nicht unter § 196 Ziff. 3 BGB fallen Ersatzansprüche wegen Vertragsverletzung, unerlaubter Handlung usw.

Der Beginn der Verjährung bestimmt sich nach §§ 198, 201 BGB: der Schluß des Jahres, in dem der Anspruch entsteht. Nach allgemeiner Auffassung ist unter „Entstehung" des Anspruchs in § 198 BGB der Zeitpunkt der Fälligkeit zu verstehen. BGH vom 8. 7. 1968, NJW 1968, 1962; BGH vom 17. 2. 1971, BGHZ 55, 340 (341).

Danach hängt der Verjährungsbeginn davon ab, wann der Anspruch auf Frachtzahlung fällig geworden ist. Für die Zahlungspflicht des Empfängers ist dieser Zeitpunkt durch § 436 HGB festgelegt: mit Annahme von Gut und Frachtbrief. Dagegen sehen die §§ 425 ff. HGB für die Zahlungspflicht des Absenders keine Fälligkeitsregelung vor. Mangels besonderer Vereinbarung müßte daher gemäß dem ergänzend anwendbaren § 641 BGB die Annahme des Frachtguts durch den Empfänger Voraussetzung der Fälligkeit sein; so Schlegelberger/Geßler Anm. 9 zu § 439 HGB. Siehe zu der Frage eingehend Heymann/Kötter Anm. 2 zu § 439 HGB.

In den frachtrechtlichen Spezialbestimmungen ist allerdings dazu teilweise eine andere Fälligkeit bestimmt, die sich aus Tarifrecht ergeben kann.

Anm. 9 **3. Andere Ansprüche**

Soweit keine Sonderbestimmungen frachtrechtlicher Art, siehe oben Anm. 7, bestehen, verjähren Ansprüche des Frachtführers gegen den Absender aus positiver Vertragsverletzung in 30 Jahren (§ 195 BGB). Ansprüche des KVO-Unternehmers auf Wiedererstattung tarifwidriger Frachtrückzahlungen fallen als Bereicherungsansprüche ebenfalls unter die dreißigjährige Frist des § 195 BGB; BGH vom 19. 10. 1961, VersR 1961, 1107 (1108).

§ 440

(1) Der Frachtführer hat wegen aller durch den Frachtvertrag begründeten Forderungen, insbesondere der Fracht- und Liegegelder, der Zollgelder und anderer Auslagen, sowie wegen der auf das Gut geleisteten Vorschüsse ein Pfandrecht an dem Gute.

(2) Das Pfandrecht besteht, solange der Frachtführer das Gut noch im Besitze hat, insbesondere mittels Konnossements, Ladescheins oder Lagerscheins darüber verfügen kann.

(3) Auch nach der Ablieferung dauert das Pfandrecht fort, sofern der Frachtführer es binnen drei Tagen nach der Ablieferung gerichtlich geltend macht und das Gut noch im Besitze des Empfängers ist.

(4) [1]Die in § 1234 Abs. 1 des Bürgerlichen Gesetzbuchs bezeichnete Androhung des Pfandverkaufs sowie die in den §§ 1237 und 1241 des Bürgerlichen Gesetzbuchs

vorgesehenen Benachrichtigungen sind an den Empfänger zu richten. ²Ist dieser nicht zu ermitteln oder verweigert er die Annahme des Gutes, so hat die Androhung und Benachrichtigung gegenüber dem Absender zu erfolgen.

Inhaltsübersicht

Literatur

I. Allgemeines Anm. 1

II. Voraussetzungen des Pfandrechts Anm. 2

1. Allgemeine Entstehungsvoraussetzungen
   a) Frachtvertrag
   b) Besitz des Frachtführers am Gut (§ 440 Abs. 2 HGB) Anm. 3
   c) Eigentum oder Verfügungsbefugnis des Absenders, guter Glaube Anm. 4
2. Die dem Pfandrecht unterliegenden Gegenstände Anm. 5
3. Die gesicherten Forderungen Anm. 6–7

III. Der Inhalt des Pfandrechts Anm. 8

IV. Der Rang des Pfandrechts Anm. 9

V. Dauer und Erlöschen des Pfandrechts Anm. 10

1. Erlöschen des Pfandrechts durch Erlöschen der gesicherten Forderung
2. Erlöschen durch Besitzverlust Anm. 11
3. Fortdauer nach § 440 Abs. 3 HGB Anm. 12
   a) Gerichtliche Geltendmachung binnen 3 Tagen Anm. 13
   b) Besitz des Empfängers Anm. 14

VI. Das Frachtführerpfandrecht im grenzüberschreitenden Verkehr Anm. 15

Literatur: Siehe zu § 425.

I. Allgemeines

Anm. 1

Das Frachtführerpfandrecht hat vor allem die Aufgabe, dem Frachtführer die Übernahme der Beförderung auch ohne Vorschuß des Absenders zu erleichtern, ebenso die Befolgung nachträglicher Weisungen oder die Erbringung von Aufwendungen zum Vorteil des Frachtguts. Die Regelung des § 440 HGB unterscheidet sich nur in Einzelheiten von der für das Spediteurpfandrecht geltenden des § 410 HGB. Auf die dortige Kommentierung kann daher weitgehend verwiesen werden.

§§ 440ff. HGB sind im Landfrachtrecht noch in vollem Umfang anwendbar. Die frachtrechtlichen Sonderordnungen enthalten – mit Ausnahme der ADSp (zu diesen siehe Anm. 21–29 zu § 410 HGB) keine Bestimmungen über das Frachtführerpfandrecht. Die CMR schweigt gänzlich zu dieser Frage. Nach allgemeiner Auffassung gilt daher das deutsche HGB, soweit deutsches Recht als Schuldstatut nach den Grundsätzen des deutschen internationalen Privatrechts anwendbar ist (siehe dazu Anm. 28 zu § 425 HGB; siehe ferner Muth, Leitfaden zur CMR, Einleitung § 14; Precht/Endrigkeit, CMR-Handbuch, S. 43; zu § 440 speziell OLG Düsseldorf, VersR 1977, 1047 (1048). Im Binnenschiffahrtsrecht gilt § 440 HGB kraft der Verweisung des § 26 BSchG; im Eisenbahnrecht gemäß § 457 HGB. Eine analoge Anwendung auf das Luftrecht ist abzulehnen.

Das Frachtführerpfandrecht verstärkt das Zurückbehaltungsrecht des Frachtführers nach § 435 HGB dadurch, daß es als absolutes Recht gegenüber jedermann (auch gegenüber dem Eigentümer) wirkt und daß es dem Frachtführer die Verwertung des Frachtguts gestattet.

II. Voraussetzungen des Pfandrechts

Anm. 2

1. Allgemeine Entstehungsvoraussetzungen

a) Frachtvertrag

§ 440 HGB setzt das Bestehen eines Landfrachtvertrages voraus. Siehe zu der Frage, ob ein Pfandrecht auch beim Fehlen eines rechtswirksamen Frachtvertrags entstehen kann, Anm. 1 zu § 410 HGB.

Anm. 3 **b) Besitz des Frachtführers am Gut (§ 440 Abs. 2 HGB)**

§ 440 Abs. 2 HGB entspricht hinsichtlich der Entstehung des Pfandrechts völlig dem § 410 HGB; siehe dort Anm. 2. Zur Fortdauer des einmal entstandenen Pfandrechts über den Besitz des Frachtführers hinaus siehe § 440 Abs. 3 HGB und unten Anm. 12–14.

Anm. 4 **c) Eigentum oder Verfügungsbefugnis des Absenders, guter Glaube**

Das Gut, an dem das Pfandrecht entstehen soll, muß im Eigentum des Absenders stehen, oder dieser muß zu seiner Absendung befugt (= verfügungsbefugt) sein. § 366 Abs. 3 HGB gestattet einen gutgläubigen Pfandrechtserwerb des Frachtführers hinsichtlich der konnexen Forderungen; siehe zu diesen unten Anm. 7. Die Rechtslage entspricht völlig der bei § 410 HGB bestehenden. Siehe daher Anm. 3–5 zu § 410 HGB.

Anm. 5 **2. Die dem Pfandrecht unterliegenden Gegenstände**

Wie in § 410 HGB ist in § 440 Abs. 1 HGB vom Pfandrecht an dem „Gut" die Rede. Damit ist das unter dem betreffenden Frachtvertrag empfangene Frachtgut gemeint; siehe Anm. 6– 8 zu § 410 HGB.

Anm. 6 **3. Die gesicherten Forderungen**

Im Gegensatz zu § 410 HGB gewährt § 440 Abs. 1 HGB dem Frachtführer das Pfandrecht nicht nur wegen bestimmter, sondern wegen aller Forderungen aus dem Frachtvertrag einschließlich der Schadenersatzansprüche, z. B. auch Ansprüche auf Standgeld; OLG Düsseldorf, VersR 1977, 1047f. Dabei kommt es nicht darauf an, ob sich die Ansprüche gegen den Absender oder Empfänger richten, ob sie aus dem Frachtbrief hervorgehen oder nicht. Der Frachtführer kann also z. B. gegenüber dem Empfänger das Pfandrecht auf Ansprüche stützen, die er gegen den Absender hat und die sich nicht aus dem Frachtbrief ergeben. Auch wenn Ablieferung „frei gegen Lieferschein" („frei von Kosten") vereinbart ist, also keine Ansprüche gegen den Empfänger bestehen, kann das Pfandrecht die Ansprüche gegen den Absender sichern; vgl. RGZ 122, 221 (226).

Inwieweit Nachnahmeansprüche durch das Pfandrecht gesichert werden, ist nicht einheitlich zu beurteilen. Jedenfalls gehören Kostennachnahmen (Vorfracht, Speditionskosten usw.) unzweifelhaft zu den gesicherten Ansprüchen, da der Frachtführer sie als Aufwendungsersatz aufgrund des Frachtvertrages (siehe Anm. 83 zu § 425 HGB) geltend machen kann. Siehe zu einem Grenzfall (Vorfracht für illegalen Interzonentransport) OLG Braunschweig, NJW 1951, 804f. Wertnachnahmen unterliegen dem Pfandrecht, soweit der Frachtführer dem Absender Vorschüsse gegeben hat (§ 440 Abs. 1 HGB). Nicht bevorschußte Nachnahmen muß der Frachtführer dagegen bei Ablieferung einziehen; so zutreffend zum alten HGB bereits ROHG 15, 200 (201); 20, 187 (190); 24, 286 (288). Auf das Pfandrecht kann er sich gegenüber dem Empfänger allerdings nach § 436 HGB berufen, soweit dieser durch Annahme von Gut und Frachtbrief Schuldner der im Frachtbrief vermerkten Nachnahme ist. Nach § 440 Abs. 3 HGB kann das Pfandrecht in diesem Falle noch innerhalb einer Frist von 3 Tagen verfolgt werden. Siehe Anm. 17 zu § 436 HGB; zum Nachnahmerecht im allgemeinen Anm. 53 zu §§ 407–409 HGB und Anm. 77 zu § 425 HGB; zutreffend Heymann/Kötter Anm. 1 zu § 440 HGB, S. 1002.

Zu den durch das Pfandrecht nach § 440 Abs. 1 HGB gesicherten Auslagen können auch Protestkosten nach §§ 47 Abs. 3, 51 Abs. 1 S. 4 BSchG gehören; BGH vom 29. 1. 1968, LM Nr. 1 zu § 446 HGB. Erfaßt werden vom Pfandrecht auch

Lagergelder, die durch Verwahrung des Guts aus Anlaß der Geltendmachung des Pfandrechts selbst nach § 354 HGB entstehen; OLG Düsseldorf, VersR 1977, 1047 (1048).

Gesichert werden durch § 440 HGB nur mit dem Frachtgut und seiner Beförderung zusammenhängende (konnexe) Forderungen; unstreitig. Allerdings ist die Frage, wie sich die Konnexität im einzelnen bestimmen läßt, zum Teil ungeklärt bzw. streitig. Siehe hierzu Anm. 16 zu § 410 HGB; ferner wegen des inkonnexen Spediteurpfandrechts Anm. 25ff. zu § 410 HGB. Konnexität ist in der Regel gegeben zwischen Forderungen aus einem Frachtvertrag und dem unter diesem Vertrag beförderten Gut. Doch zwingt der gesetzgeberische Zweck der Konnexitätsvoraussetzung zumindest bei Frachtverträgen, die in mehreren selbständigen Partien auszuführen sind, sowie bei Dauerfrachtverträgen zu engerer materieller Bestimmung des Konnexitätsbegriffs. Zweckmäßigerweise ist zu fordern, daß eine Konnexitätsbeziehung zwischen befördertem Gut und gesicherter Forderung besteht; siehe dazu Anm. 16 zu § 410 HGB; a. A. wohl Schlegelberger/Geßler Anm. 7 zu § 440 HGB; Heymann/Kötter Anm. 1 zu § 440 und OLG Düsseldorf, VersR 1977, 1047 (1048) und RGZ 74, 398 (400) (Vertrag als Bezugspunkt der Konnexität). **Anm. 7**

III. Der Inhalt des Pfandrechts **Anm. 8**

Welche Befugnisse das gesetzliche Pfandrecht dem Frachtführer gewährt, richtet sich gemäß § 1257 BGB nach den Vorschriften des Vetragspfandrechts, ergänzt durch § 368 HGB. Der Frachtführer hat aufgrund des Pfandrechts, solange dieses besteht, nach §§ 986, 868 BGB ein Recht zum Besitz, das er gegenüber dem Eigentümer geltend machen kann. Siehe im einzelnen Anm. 17 zu § 410 HGB. Über das Spediteurpfandrecht hinaus gibt das Frachtführerpfandrecht jedoch dem Frachtführer noch die Möglichkeit, vom Empfänger oder von Dritten die Rückgabe des Guts zum Zweck der Pfandverwertung zu verlangen, da das Frachtführerpfandrecht unter den Voraussetzungen des § 440 Abs. 3 HGB auch nach Ablieferung noch als besitzloses Pfandrecht fortdauern kann. Siehe dazu unten Anm. 12–14.

IV. Der Rang des Pfandrechts **Anm. 9**

Für den Rang des Pfandrechts ist gemäß §§ 1257, 1209 BGB grundsätzlich der Zeitpunkt seiner Entstehung maßgeblich (Prioritätsgrundsatz). Bestanden vor dem Frachtführerpfandrecht bereits andere Pfandrechte (rechtsgeschäftlich bestellte, gesetzliche Pfandrechte des BGB oder Pfändungspfandrechte), so geht es diesen nach. Jedoch kann der Frachtführer gemäß §§ 366 Abs. 3 HGB, 1208 BGB den Vorrang erwerben, wenn er das Gut in gutem Glauben an die Lastenfreiheit oder an die Befugnis des Absenders, unter Aufgabe der Belastungen über das Gut zu verfügen, erlangt. Der Prioritätsgrundsatz gilt nicht zwischen den handelsrechtlichen gesetzlichen Pfandrechten. Siehe zu diesen die Spezialregelung des § 443 HGB sowie die dortige Kommentierung.

V. Dauer und Erlöschen des Pfandrechts **Anm. 10**

1. Erlöschen des Pfandrechts durch Erlöschen der gesicherten Forderung

Nach §§ 1257, 1252 BGB erlischt das gesetzliche Pfandrecht des Frachtführers, wenn alle durch es gesicherten Forderungen des Frachtführers erlöschen. Siehe auch Anm. 19 zu § 410 HGB.

2. Erlöschen durch Besitzverlust **Anm. 11**

Das Frachtführerpfandrecht ist grundsätzlich Besitzpfandrecht; es erlischt, wie das Spediteurpfandrecht, mit dem Besitzverlust des Frachtführers; siehe dazu eingehend

Anm. 20 zu § 410 HGB; z.B. wenn der Frachtführer das Gut in Räume verbringt, die er dem Auftraggeber vermietet hat; OLG Nürnberg, MDR 1973, 55. Anders als das Spediteurpfandrecht kann das Pfandrecht des Frachtführers den Besitzverlust ausnahmsweise nach § 440 Abs. 3 HGB überdauern. Siehe dazu die folgende Anm.

Anm. 12 **3. Fortdauer nach § 440 Abs. 3 HGB**

Ausnahmsweise dauert das Frachtführerpfandrecht nach § 440 Abs. 3 HGB als besitzloses Pfandrecht fort, wenn die in diesem Absatz umschriebenen besonderen Bedingungen vorliegen:

Anm. 13 **a) Gerichtliche Geltendmachung binnen 3 Tagen**

Das Pfandrecht muß vom Frachtführer innerhalb einer Frist von 3 Tagen (§ 187 BGB) nach Ablieferung gerichtlich geltend gemacht werden. Zum Begriff „Ablieferung" siehe Anm. 12 zu § 429 HGB. Gerichtliche Geltendmachung ist jede bei Gericht beantragte Maßnahme zur Durchsetzung des Pfandrechts oder zur Einleitung der Pfandverwertung, z.B. Klage auf Herausgabe zur Pfandverwertung, Duldungsklage, Feststellungsklage hinsichtlich des Pfandrechts oder auch dinglicher Arrest. Klage oder Antrag müssen innerhalb der 3-Tage-Frist bei Gericht eingegangen sein. Die Zustellung der Klageschrift braucht nicht innerhalb der Frist zu erfolgen. Andernfalls würde sich die kurz bemessene Frist des § 440 Abs. 3 HGB in vielen Fällen als sinnlos erweisen. Die Bestimmung könnte ihren Zweck, dem Frachtführer nach Ablieferung noch einen Zugriff zu erlauben, verfehlen; h.M., Schlegelberger/Geßler Anm. 17 zu § 440 HGB; Heymann/Kötter Anm. 2 zu § 440 HGB; Baumbach/Duden Anm. 2 A zu § 440 HGB.

Die gerichtliche Geltendmachung ist nicht erforderlich, wenn der Empfänger das Frachtgut innerhalb der Frist freiwillig wieder an den Frachtführer herausgibt oder ihm doch zumindest mittelbaren Besitz an dem Gut verschafft. (Allgemeine Meinung; RG, JW 1934, 2971 (2972)). Rückgabe des Guts nach Fristablauf führt nicht zum Wiederaufleben des Pfandrechts; allgemeine Auffassung: Schlegelberger/Geßler Anm. 17 zu § 440 HGB; Heymann/Kötter Anm. 2 zu § 440 HGB; Baumbach/Duden Anm. 2 B zu § 440 HGB; aus der älteren Rechtsprechung siehe RGZ 44, 116 (120f.); RG, JW 1934, 1971 (1972f.).

Anm. 14 **b) Besitz des Empfängers**

Das Gut muß im Augenblick der gerichtlichen Geltendmachung des Pfandrechts noch im (unmittelbaren oder mittelbaren) Besitz des Empfängers sein. Verliert der Empfänger den Besitz nach diesem Zeitpunkt freiwillig oder unfreiwillig, so dauert das Pfandrecht fort. Allerdings kann das Pfandrecht erlöschen, wenn ein gutgläubiger Dritter das Gut nach §§ 936 BGB, evtl. mit § 366 Abs. 2 HGB zu Eigentum lastenfrei erwirbt. Gibt der Empfänger den Besitz noch vor der gerichtlichen Geltendmachung freiwillig auf, dann kann das Pfandrecht nicht mehr fortbestehen, weil es an einer gesetzlichen Voraussetzung hierfür fehlt; wie hier Heymann/Kötter Anm. 2 zu § 440 HGB; a.A. Schlegelberger/Geßler Anm. 20 zu § 440 HGB; Baumbach/Duden Anm. 2A zu § 440 HGB. Bei unfreiwilligem Besitzverlust vor rechtlicher Geltendmachung soll nach allgemeiner Auffassung das Pfandrecht fortbestehen und nur bei Erwerb durch einen gutgläubigen Dritten untergehen – eine Begründung für diese vielleicht praktikable Unterscheidung ist nirgends zu finden.

Hatte der Empfänger bei Geltendmachung des Pfandrechts keinen Besitz mehr, so lebt das Pfandrecht auch dann nicht wieder auf, wenn der Empfänger den Besitz später wieder erlangt.

VI. Das Frachtführerpfandrecht im grenzüberschreitenden Verkehr **Anm. 15**

Siehe hierzu Anm. 3 zu Art. 1 CMR sowie Art. 16 Abs. 2 S. 3 CMR.

§ 441

(1) [1]Der letzte Frachtführer hat, falls nicht im Frachtbrief ein anderes bestimmt ist, bei der Ablieferung auch die Forderungen der Vormänner sowie die auf dem Gute haftenden Nachnahmen einzuziehen und die Rechte der Vormänner, insbesondere auch das Pfandrecht, auszuüben. [2]Das Pfandrecht der Vormänner besteht so lange als das Pfandrecht des letzten Frachtführers.

(2) Wird der vorhergehende Frachtführer von dem nachfolgenden befriedigt, so gehen seine Forderung und sein Pfandrecht auf den letzteren über.

(3) In gleicher Art gehen die Forderung und das Pfandrecht des Spediteurs auf den nachfolgenden Spediteur und den nachfolgenden Frachtführer über.

Inhaltsübersicht

Literatur

I. Allgemeines Anm. 1

II. Allgemeine Anwendungsvoraussetzungen Anm. 2

1. Zwei oder mehrere aufeinanderfolgende Frachtführer (Kette)
   a) Mittelbarer Besitz als Verbindung der Kette Anm. 3
   b) Vertragliche Verbindung zwischen Gliedern einer Kette Anm. 4
   c) Wirtschaftlich/technischer Beförderungsvorgang als Kriterium der Kette Anm. 5
2. Einschaltung von Spediteuren Anm. 6
   a) Spediteur als Vormann Anm. 7
   b) Spediteur als Nachmann Anm. 8

III. Ausübung der Rechte der Vormänner durch den letzten Frachtführer (§ 441 Abs. 1 S. 1 HGB) Anm. 9

1. Rechte der Vormänner Anm. 10
2. „Ausübung" der Rechte der Vormänner Anm. 11
3. Pflicht zur Ausübung der Rechte Anm. 12
4. Fortdauer der Vormänner-Pfandrechte, § 441 Abs. 1 S. 2 HGB Anm. 13

IV. Rechtsübergang bei Befriedigung der Vormänner durch den Nachmann, § 441 Abs. 2 und 3 HGB Anm. 14

Literatur: Siehe zu § 425.

I. Allgemeines

Anm. 1

§ 441 HGB regelt – gemeinsam mit § 411 HGB und ergänzt durch § 442 HGB – die Geltendmachung des Frachtführer- und/oder Spediteurpfandrechts bei Vorliegen einer Kette aufeinanderfolgender Frachtführer und/oder Spediteure. Es handelt sich hierbei um die Fälle des Zusammenwirkens mehrerer Spediteure und Frachtführer bei einem wirtschaftlich einheitlichen Transportvorgang. Hier könnte jedes Glied der Kette die Weitergabe an das nächste verweigern, bis seine Forderungen von diesem (als (Zwischen-)Empfänger) befriedigt wären. Eine solche Verzögerung wäre wirtschaftlich nicht sinnvoll, da ebensogut der letzte die Beträge vom Endempfänger einziehen und an die Vormänner weiterleiten kann. § 441 HGB soll für dieses letztere Verfahren die rechtlich gesicherte Grundlage schaffen. Daher regelt die Bestimmung das Recht und die Pflicht des Letzten, die Pfandrechte der Vormänner auszuüben. § 442 HGB ordnet die Haftung des Nachmanns bei Verletzung dieser Pflicht als Sanktion an und ergänzt daher § 441 HGB.

Zu § 441 HGB gibt es keine neuere und nur wenig ältere Rechtsprechung. Obwohl die Vorschrift in allen Bereichen des Landfrachtrechts mangels Sonderbestimmungen anwendbar geblieben ist und nach §§ 457 HGB, 26 BschG auch für Eisenbahn- und Binnenschiffahrt gilt, scheint es wenig Anwendungsfälle zu geben.

Der Hauptgrund hierfür liegt wohl darin, daß der letzte Frachtführer, wenn Zweifel am Zahlungswillen oder der Zahlungsfähigkeit des Empfängers bestehen, die Auslieferung regelmäßig von der Zahlung der auf dem Gut liegenden Kosten- und Frachtansprüche gemäß § 435 HGB o. ä. Spezialbestimmungen abhängig machen wird. Das durch § 441 HGB dem letzten Frachtführer gegebene Verfolgungsrecht gemäß § 440 Abs. 3 HGB ist demgegenüber wenig praktikabel. Immerhin kann nicht von der Hand gewiesen werden, daß § 441 HGB die Rechtsstellung des die Auslieferung verweigernden letzten Frachtführers erheblich stärkt, auch wenn dies nicht Gegenstand von Prozessen ist.

Anm. 2

II. Allgemeine Anwendungsvoraussetzungen

1. Zwei oder mehrere aufeinanderfolgende Frachtführer (Kette)

§ 441 HGB läßt nicht erkennen, was unter „letzter Frachtführer", „Vormann" und „nachfolgender Frachtführer" zu verstehen ist. Sicher ist nur, daß irgendeine Art von Verbindung zwischen diesen Beteiligten bestehen muß. In Betracht kommen nur solche Frachtführer, die nacheinander dasselbe Gut befördert haben. Unstreitig ist auch, daß § 441 HGB von einer Kette von Beteiligten ausgeht, deren letzter die Pfandrechte aller Vormänner ausüben kann und muß. Zur Art, in der die Glieder dieser Kette verbunden sein müssen, werden in der Literatur zwei unterschiedliche Gesichtspunkte gebracht, und zwar regelmäßig nebeneinander:

Anm. 3

a) Mittelbarer Besitz als Verbindung der Kette?

In der Literatur findet sich beiläufig die Bemerkung, das Pfandrecht des Vormanns bleibe erhalten, weil dieser bei Übernahme des Frachtguts durch den Nachmann mittelbarer Besitzer bleibe; Schlegelberger/Geßler Anm. 8, 9 zu § 441 HGB; Ratz in der Voraufl. Anm. 4b zu § 441 HGB. Danach würde – jedenfalls im Hinblick auf die Pfandrechte, denen hier entscheidende Bedeutung zukommt – § 440 Abs. 2 HGB über die notwendige Verbindung zwischen Vormann und Nachmann entscheiden.

Schon generell ist jedoch die zugrunde gelegte Aussage nicht zutreffend. Nach sachenrechtlichen Grundsätzen erlischt der mittelbare Besitz regelmäßig durch Wegfall des Besitzmittelungswillens des unmittelbaren Besitzers; vgl. statt vieler Palandt/Degenhart Anm. 2a) aa) zu § 868. Die Pfandrechte aller Vormänner würden also erlöschen, wenn ein Nachmann nicht mehr den Willen hätte, für den Vormann, sondern für eine andere Person den Besitz zu vermitteln. In solchen Fällen würden §§ 440, 441 HGB ihren Zweck verfehlen, denn es bestünde keine Sicherheit gegen willkürliche Unterbrechungen der Kette. Zweitens ist die Prämisse unrichtig, daß der Vormann bis zur Endablieferung mittelbarer Besitzer bleibe. Der letzte Frachtführer einer Kette kann seinen Vormännern nur so lange den Besitz vermitteln, als dies nach Sachenrecht möglich ist. Spätestens nach Ankunft des Gutes und Übergabe des Frachtbriefs an den Empfänger oder nach Klageerhebung durch den Empfänger stehen alle Rechte aus dem Frachtvertrag nach §§ 435, 433 HGB unentziehbar dem Empfänger zu; siehe Anm. 15 zu § 435 HGB. Der Vormann als Absender des letzten Frachtvertrags hat keine Rückgabeansprüche mehr. Mit dem Verlust der Herausgabeansprüche erlischt aber in aller Regel auch der mittelbare Besitz; siehe statt vieler Palandt/Degenhart Anm. 4a zu § 868 BGB. Wären mittelbarer Besitz des Vormanns und weitere Existenz des Pfandrechts in diesem Falle gekoppelt, so ginge das Pfandrecht des Vormanns unter, noch bevor der Nachmann es geltend machen könnte. Die Basis für die Rechtsverfolgung (siehe auch § 442 S. 1 HGB) ginge ihm verloren. Ein solches Ergebnis entspräche nicht dem Sinn des § 441 HGB.

Daher ist davon auszugehen, daß es für das Fortbestehen der Pfandrechte der Vormänner nicht auf den Fortbestand des mittelbaren Besitzes ankommt. Vielmehr normiert § 441 Abs. 1 S. 2 HGB einen eigenen Tatbestand, bei dessen Vorliegen die Vormänner-Pfandrechte über den Besitzverlust des Vormanns hinaus fortbestehen. Die Besitzlage kann daher nicht entscheidendes Merkmal für das Bestehen einer Kette i.S.d. § 441 HGB sein.

b) Vertragliche Verbindung zwischen den Gliedern einer Kette Anm. 4

In der Literatur wird – mit Varianten im Detail – die Auffassung vertreten – § 441 HGB gelte nur für Fälle, in denen eine vertragliche Verbindung zwischen den aufeinanderfolgenden Gliedern der Beförderungskette bestehe. Danach soll § 441 HGB nur zwischen Hauptfrachtführer und Unterfrachtführer oder Zwischenfrachtführer gelten, die Kette dagegen unterbrochen sein, wenn mehrere nicht untereinander, sondern jeweils nur mit dem Absender vertraglich verbundene Teilfrachtführer die Beförderung ausführen (Ratz in der Voraufl. Anm. 1 zu § 441 HGB; Schlegelberger/Geßler Anm. 2 zu § 441 HGB mit dem zusätzlichen Erfordernis eines einheitlichen Frachtvertrags für die gesamte Beförderung; Heymann/Kötter Anm. 1 zu § 441 HGB; Baumbach/Duden zu § 441 HGB). Siehe zu den Begriffen Unterfrachtführer, Zwischenfrachtführer, Teilfrachtführer Anm. 2ff. zu § 432 HGB.

Die in der Literatur getroffene Unterscheidung würde einem Frachtführer den Verlust der Vormännerpfandrechte bringen, wenn er seinen Teilbeförderungsauftrag vom vorherigen Frachtführer im Namen und kraft Vollmacht des Absenders erhalten hätte; dagegen blieben ihm die Pfandrechte erhalten, wenn der vorhergehende Frachtführer ihm den Auftrag in eigenem Namen erteilt hätte, da sich dann eine Vertragskette nachweisen ließe. Eine solche juristisch-dogmatische Unterscheidung, zu der das Gesetz durch seinen Wortlaut nicht zwingt, hat keinen sachlichen Hintergrund und ist für die Praxis wenig brauchbar.

c) Wirtschaftlich-technischer Beförderungsvorgang als Kriterium der Kette Anm. 5

Ein Rückgriff auf die ratio legis des § 441 HGB (siehe oben Anm. 1) führt zu wirtschaftlich-technischer Betrachtungsweise. Überall wo ein wirtschaftlich einheitlicher Beförderungsvorgang vorliegt, wäre es zeitraubend und störend, wenn ein Glied der Beförderungskette die Weitergabe von vorheriger Bezahlung seiner Forderungen abhängig machen müßte. Daher sollte eine ununterbrochene Kette überall da angenommen werden, wo ein vom Absender in Gang gesetzter, in wirtschaftlich-technischer Hinsicht zusammengehöriger Beförderungsvorgang durch aufeinanderfolgende Frachtführer verwirklicht wird; zur Einschaltung von Zwischen- oder Empfangsspediteuren siehe unten Anm. 5. Eine solche Interpretation würde Recht und Pflicht des Nachmanns zur Geltendmachung der Vormänner-Pfandrechte nicht aus Vertrag oder Besitz, sondern aus der gesetzlichen Anordnung des § 441 HGB ableiten. Sie brauchte auf Zufälligkeiten in der juristischen Ausgestaltung der Beförderungsvorgänge nicht zu achten.

Die Vormänner-Nachmänner-Kette, die zugleich eine Pfandrechtsverlängerung bewirkt, endet, wenn das Beförderungsziel erreicht ist, z. B. wenn die Ware an den Absender oder an den vom Absender beauftragten Vollmachtspediteur (vgl. Anm. 4 zu §§ 407–409 HGB) abgeliefert ist. Dieser kann die Pfandrechte der von der Absenderseite beauftragten Spediteure und Frachtführer gegenüber seinem Auftraggeber nicht geltend machen. Das gleiche gilt bei Ablieferung an einen vom Empfänger beauftragten Frachtführer oder bei Rückgängigmachung des Frachtvertrages und Ablieferung an einen anderen, vom Absender ersatzweise beauftragten Frachtführer.

Anm. 6 **2. Einschaltung von Spediteuren**

§ 441 Abs. 3 HGB stellt in einer bestimmten Beziehung, nämlich für den Übergang der Forderungen und des Pfandrechts bei Befriedigung des Vormanns, den Spediteur als Vormann einem Frachtführer gleich. Ergänzt wird diese Regelung durch § 411 HGB, nach der auch ein Frachtführer Vormann und ein Zwischenspediteur Nachmann sein kann. Mit diesen Teilregelungen ist nicht ohne weiteres ausgesagt, daß ein Spediteur an beliebiger Stelle in die Kette eingeschaltet werden könnte, ohne diese zu unterbrechen. Insbesondere fehlt es an einer Bestimmung für den Fall, daß der Spediteur oder Frachtführer den Vormann nicht befriedigt hat (§ 441 Abs. 1 HGB). Allgemein wird jedoch in der Literatur eine großzügige Handhabung des § 441 HGB bei Einschaltung von Spediteuren empfohlen.

Anm. 7 **a) Spediteur als Vormann**

Heymann/Kötter Anm. 1 zu § 441 HGB empfiehlt, den Spediteur immer dann als Vormann einem Frachtführer gleichzustellen, wenn er es nach § 412 HGB in der Hand gehabt hätte, den von ihm abzuschließenden Frachtvertrag durch Selbsteintritt auszuführen. Dies ist sicher richtig, da es dann im Belieben des Spediteurs steht, durch Selbsteintritt sich das Pfandrecht zu erhalten. Praktisch wäre mit dieser Lösung in allen Fällen, in denen das Selbsteintrittsrecht nicht durch Sondervereinbarungen ausgeschlossen wäre, der Spediteur vollwertiger Vormann im Sinne einer Pfandrechtskette.

Anm. 8 **b) Der Spediteur als Nachmann**

Als Nachmann kann nach dem strengen Wortlaut des § 411 Abs. 2 S. 2 HGB nur ein Zwischenspediteur fungieren, wenn er den Vormann befriedigt; nicht dagegen, wenn er den Vormann noch nicht befriedigt hat. Andere Spediteure könnten nie Nachmänner sein.

Besonders problematisch ist innerhalb dieser Falltypen die häufige Situation, daß der letzte Mann ein reiner Empfangsspediteur ist, den keine Pflicht zur Weiterversendung trifft (siehe Anm. 4 zu §§ 407–409 HGB). Bei exakter Anwendung des Gesetzes könnte ein solcher Empfangsspediteur die Pfandrechte der Vormänner nicht geltend machen, selbst wenn er diese befriedigt hätte. Die Pfandrechte würden bei ihm erlöschen; zutreffend Heymann/Kötter Anm. 3 zu § 441 HGB; Schlegelberger/Geßler Anm. 2 zu § 441 HGB. Das Problem läßt sich teilweise durch gekünstelte (meist stillschweigende) Verträge lösen; Empfehlungen dazu bei Heymann/Kötter Anm. 3 zu § 441 HGB a. E. Man kann auch § 441 Abs. 3 oder § 411 Abs. 2 HGB analog auf diese Fälle erweitern, also auf den Zwischenspediteur, der den Vormann nicht befriedigt hat und auf den Empfangsspediteur. Die letztere, einfachere Lösung ist vorzuziehen. Sie wird der ratio der §§ 441, 411 HGB alleine voll gerecht; im Ergebnis wie hier auch Baumbach/Duden zu § 441 HGB.

Aus einer Kombination von Auslegung und Analogie ergibt sich damit, daß ein in die Transportkette eingeschalteter Spediteur wie ein Frachtführer zu behandeln ist – § 440 Abs. 3 HGB ausgenommen; siehe dazu Anm. 12 – auch wenn er als letzter Mann tätig wird. Es ist jedoch zu beachten, daß der vom Empfänger beauftragte Spediteur nicht dazugehört (siehe oben Anm. 5).

Anm. 9 **III. Ausübung der Rechte der Vormänner durch den letzten Frachtführer (§ 441 Abs. 1 S. 1 HGB)**

§ 441 Abs. 1 S. 1 HGB erlegt dem letzten Frachtführer die Geltendmachung der Rechte seiner Vormänner auf. Aus dieser Verpflichtung ergibt sich, daß ihm auch das Recht zu ihrer Geltendmachung zustehen muß.

1. Rechte der Vormänner Anm. 10

Die auszuübenden Rechte der Vormänner bestehen aus den Forderungen, die diese jeweils dem Nachmann (Empfänger) gegenüber geltend machen können, d. h. die von § 435 HGB (oder entsprechenden frachtrechtlichen Sonderbestimmungen) erfaßten Forderungen. Aus § 441 Abs. 1 S. 1 HGB kann abgeleitet werden, daß sich der letzte Frachtführer auf das Zurückbehaltungsrecht der Vormänner hinsichtlich ihrer Forderungen berufen kann. Für das Pfandrecht ist dies ausdrücklich erwähnt. Doch würde das Pfandrecht nicht in jedem Fall ausreichen, da es an Sachen, die dem Absender nicht gehören und über die er nicht verfügen darf, nur bei gutem Glauben entstehen kann. Vgl. dazu Anm. 4 zu § 440 HGB. Bei den geltend zu machenden Forderungen handelt es sich zumeist um Fracht-, Auslagen- und Schadensersatzansprüche oder die hier ausdrücklich erwähnten Nachnahmen. Auf ihren Vermerk im Frachtbrief oder auch darauf, ob überhaupt ein Frachtbrief ausgestellt ist, kommt es nicht an; siehe im einzelnen Anm. 7 zu § 435 HGB.

2. „Ausübung" der Rechte der Vormänner Anm. 11

Unter „Ausübung" fremder Rechte ist sprachlich am ehesten eine Befugnis zur Geltendmachung der Rechte in eigenem Namen (Rechtsstandschaft, Prozeßstandschaft) zu verstehen; so zu § 441 HGB Capelle[15], S. 133; für § 411 HGB ausdrücklich Schlegelberger/Geßler Anm. 3 zu § 411 HGB; wohl auch Baumbach/Duden zu § 441 HGB und eindeutig zu § 411 HGB Anm. 1. Demgegenüber wird die „Ausübung" von anderen Autoren als Geltendmachung in fremden Namen kraft gesetzlicher Vollmacht verstanden; so Heymann/Kötter Anm. 1 zu § 441 HGB; Ratz in der Voraufl. Anm. 2 zu § 441 HGB; Schlegelberger/Geßler Anm. 6 zu § 441 HGB (ohne nähere Begründung im Gegensatz zu der in § 411 HGB vertretenen Meinung).

Die Ausübung in eigenem Namen erscheint weitaus praktikabler und prozeßökonomischer. Sie vermeidet Schwierigkeiten, wenn sich der Frachtführer gegen den Herausgabeanspruch des Empfängers mit den Rechten der Vormänner zu verteidigen hat.

3. Pflicht zur Ausübung der Rechte Anm. 12

§ 441 Abs. 1 S. 1 HGB statuiert eine gesetzliche Pflicht zur Ausübung der Vormännerrechte. Eine solche Pflicht müßte sich nicht notwendig aus den zwischen den verschiedenen Frachtführern und Spediteuren bestehenden Rechtsbeziehungen ergeben. Insbesondere würde es ohne § 441 Abs. 1 S. 1 HGB unter Umständen an den unmittelbaren Rechtsbeziehungen zwischen letztem Frachtführer und früheren Gliedern der Beförderungskette fehlen. Gerade solche Pflichten will § 441 Abs. 1 S. 1 HGB aufstellen. Dies ergibt sich aus der Regelung für den Schadensersatz bei Verletzung der Pflicht in § 442 Abs. 1 HGB.

Die Pflicht zur Rechtsausübung kann nach allgemeiner Auffassung vertraglich im Frachtvertrag des letzten Frachtführers mit seinem Absender ausgeschlossen werden, insbesondere durch besonderen Vermerk im Frachtbrief. Durch einen solchen Vertrag wird schon die Entstehung der Ansprüche der Vormänner auf Wahrnehmung ihrer Rechte ausgeschlossen. Er ist daher kein unzulässiger Vertrag zu Lasten Dritter. Durch den Ausschluß des § 441 Abs. 1 S. 1 HGB kann sich der vorletzte Frachtführer oder Spediteur gegenüber seinen Vormännern allerdings nach § 442 HGB haftbar machen.

Klauseln wie „frei von Kosten" oder „frei gegen Lieferschein", durch die der Absender die Zahlungspflicht gegenüber dem Empfänger alleine übernimmt, befreien den letzten Frachtführer nicht von der Pflicht zur Wahrung der Rechte der Zwischenmänner. Liefert er das Frachtgut aus, bevor er vom Absender Zahlung erhalten hat, und bewirkt dadurch den Verlust der Pfandrechte seiner Vormänner, so verstößt er gegen § 441 Abs. 1 S. 1 und macht sich nach § 442 S. 1 den Vormännern gegenüber haftbar. Siehe dazu den Fall RGZ 122, 221 (226).

Der letzte Frachtführer hat nach dem Gesetz die Rechte der Vormänner „bei Ablieferung“ auszuüben. Nach h. M. genügt jedoch auch ein Geltendmachen innerhalb der 3-Tages-Frist des § 440 Abs. 3 HGB, soweit der Letzte Frachtführer und nicht Spediteur ist. Dies kann aus der Haftungsregelung des § 442 Abs. 1 HGB abgeleitet werden.

Die Pflicht zur Ausübung von Vormänner-Rechten kann sich nur auf solche Rechte beziehen, die dem letzten Frachtführer bekannt sind. Fehlende oder mangelhafte Information durch seinen Vormann kann wiederum dessen Haftung gegenüber den früheren Vormännern begründen.

Anm. 13 **4. Fortdauer der Vormänner-Pfandrechte, § 441 Abs. 1 S. 2 HGB**

§ 441 Abs. 1 S. 2 HGB trifft eine Sonderregelung für den Fortbestand der Vormänner-Pfandrechte. Die Vorschrift ist allerdings nach allgemeiner Auffassung mißverständlich formuliert und bedarf der Korrektur. Das Fortbestehen der Vormänner-Pfandrechte ist entgegen dem Wortlaut nicht an das Bestehen oder den Fortbestand des eigenen Pfandrechts des letzten Frachtführers gekoppelt. Hatte dieser kein eigenes Pfandrecht oder ist dessen Pfandrecht durch Befriedigung erloschen, so können die Vormänner-Pfandrechte gleichwohl fortbestehen; Schlegelberger/Geßler Anm. 9 zu § 441 HGB; Baumbach/Duden Anm. zu § 441 HGB; Heymann/Kötter Anm. 1 zu § 441 HGB. Die Bestimmung soll nur klären, daß die Vormänner-Pfandrechte solange fortbestehen, wie der letzte Frachtführer sein eigenes Pfandrecht ausüben könnte, wenn er es hätte, also grundsätzlich bis zum Besitzverlust und unter den Voraussetzungen des § 440 Abs. 3 HGB bei Geltendmachung innerhalb der 3-Tage-Frist auch über diesen hinaus. § 440 Abs. 3 HGB gilt jedoch nicht, wenn der letzte in der Kette ein Spediteur ist, da dann § 411 HGB über die Dauer von dessen eigenem Pfandrecht entscheidet. § 411 HGB kennt jedoch kein Verfolgungsrecht entsprechend § 440 HGB. Siehe Anm. 10ff. zu § 440 HGB.

Die Regelung der Fortdauer des Pfandrechts in § 441 Abs. 1 S. 2 HGB erklärt sich dogmatisch nicht aus Besitz-Gesichtspunkten, sondern muß als gesetzlich angeordnete Sonderregelung betrachtet werden; siehe dazu oben Anm. 3.

Anm. 14 **IV. Rechtsübergang bei Befriedigung der Vormänner durch den Nachmann, § 441 Abs. 2 und 3 HGB**

Jeder Frachtführer kann die Auslieferung des Frachtguts an den Nachmann nach § 435 HGB von der Befriedigung seiner Forderungen (einschließlich derjenigen seiner Vormänner) abhängig machen. Befriedigt der Nachmann den Vormann in dieser Weise, so gehen die Forderungen und vor allem auch die Pfandrechte der befriedigten Vormänner durch die cessio legis des § 441 Abs. 2 HGB auf ihn über. Der Nachmann kann nunmehr Forderungen und Sicherungsrechte einschließlich der Pfandrechte in eigenem Namen geltend machen. § 441 Abs. 2 HGB entspricht etwa § 411 Abs. 2 S. 1 HGB für das Speditionsrecht; siehe dazu Anm. 7 zu § 411 HGB. Nach § 441 Abs. 3 HGB ist die Regelung auch auf die Fälle erweitert, in denen der Vormann ein Spediteur ist und in denen Vor- und Nachmann Spediteure sind. Die Vorschrift ist noch darüber hinaus erweiternd auszulegen, siehe oben Anm. 5–7.

§ 442

[1]Der Frachtführer, welcher das Gut ohne Bezahlung abliefert und das Pfandrecht nicht binnen drei Tagen nach der Ablieferung gerichtlich geltend macht, ist den Vormännern verantwortlich. [2]Er wird, ebenso wie die vorhergehenden Frachtführer und Spediteure, des Rückgriffs gegen die Vormänner verlustig. [3]Der Anspruch gegen den Empfänger bleibt in Kraft.

Inhaltsübersicht

Literatur

I. Allgemeines Anm. 1

II. Haftung des ausliefernden Frachtführers Anm. 2

1. Ausliefernder Frachtführer
2. Ablieferung ohne Bezahlung und Geltendmachung des Pfandrechts Anm. 3
   a) Ablieferung ohne Bezahlung Anm. 4
   b) Nicht-Geltendmachung des Pfandrechts Anm. 5
   c) Vorliegen beider Versäumnisse Anm. 6
3. Verantwortlichkeit Anm. 7
4. Haftungsfolge Anm. 8

III. Rückgriffsverlust des ausliefernden Frachtführers, § 442 S. 2 HGB Anm. 9

1. „Rückgriff" Anm. 10
2. „Verlust" Anm. 11
3. Rechtsverlust bei Vormännern Anm. 12
4. Bestehenbleiben der Ansprüche gegen den Empfänger, § 442 S. 3 HGB Anm. 13

Literatur: Siehe zu § 452.

I. Allgemeines

§ 442 HGB erlegt dem Frachtführer Nachteile (Haftung und Regreßverlust) auf, wenn er das Frachtgut ohne Wahrung der Rechte seiner Vormänner sowie seiner eigenen Rechte abliefert. Die unklar formulierte Vorschrift ist in der Praxis offenbar bedeutungslos. Die letzte höchstrichterliche Entscheidung zu § 442 HGB stammt aus dem Jahre 1928 (RGZ 122, 221 ff.) und betrifft das Binnenschiffahrtsrecht. Die frachtrechtlichen Sonderordnungen enthalten keine entsprechenden Regeln. § 442 HGB gilt auch im Binnenschiffahrtsrecht gemäß § 26 BSchG und im Eisenbahnrecht § 457 HGB. **Anm. 1**

Trotz seiner offenkundigen praktischen Bedeutungslosigkeit gibt § 442 HGB Anlaß zu abstrakten Kontroversen über mehr oder weniger konstruierte Rechtsbeziehungen. Siehe zu diesen Streitfragen, auf die im einzelnen einzugehen kaum lohnend wäre, ausführlich Heymann/Kötter, Anm. 1–3 zu § 442 HGB.

Anm. 2

II. Haftung des ausliefernden Frachtführers

1. Ausliefernder Frachtführer

§ 442 S. 1 HGB knüpft die Haftung an die Ablieferung ohne Bezahlung und Geltendmachung des Pfandrechts. Da nicht die Rede vom „letzten" Frachtführer ist, muß davon ausgegangen werden, daß grundsätzlich jeder Frachtführer, auch ein Zwischenglied innerhalb der Beförderungskette in Betracht kommt – soweit die übrigen Voraussetzungen der Haftung vorliegen.

2. Ablieferung ohne Bezahlung und Geltendmachung des Pfandrechts **Anm. 3**

Offenbar will § 442 HGB die Haftung an den Verlust der Sicherheiten der Vormänner anknüpfen. Die Haftung soll aber nicht eintreten, bevor beide Sicherheiten, Zurückbehaltungsrecht und Pfandrecht durch das Verhalten des Abliefernden ausfallen.

Anm. 4 **a) Ablieferung ohne Bezahlung**

Hierbei handelt es sich um die Nichtausübung des dem Frachtführer nach § 435 HGB zustehenden Zurückbehaltungsrechts, soweit dieses auch die Ansprüche der Vormänner abdeckt. Siehe dazu Anm. 8 zu § 435 HGB. Da der Frachtführer nach § 441 Abs. 1 HGB die Pfandrechte seiner Vormänner geltend machen kann, steht ihm auch jederzeit die Möglichkeit zu, sich auf diese Pfandrechte zu berufen und bis zur Befriedigung der zugrundeliegenden Forderungen die Auslieferung zu verweigern. Damit sind alle Fracht-, Aufwendungs- und Ersatzansprüche der Vormänner durch die Möglichkeit der Zurückbehaltung gesichert.

Anm. 5 **b) Nicht-Geltendmachung des Pfandrechts**

Diese Formulierung bezieht sich auf die Versäumung der Drei-Tage-Frist des § 440 Abs. 3 HGB. Siehe dazu Anm. 12–14 zu § 440 HGB. Mit dem Verlust des Pfandrechts als letzter Sicherheit besteht nur noch im Rahmen des § 436 HGB (bzw. nach entsprechenden Normen der frachtrechtlichen Sonderordnungen) die Möglichkeit, die Ansprüche gegen den Empfänger durchzusetzen. Ist, wie z.B. im Güternahverkehr, kein Frachtbrief ausgestellt, so kann der Empfänger überhaupt nicht mehr zur Zahlung gezwungen werden.

Anm. 6 **c) Vorliegen beider Versäumnisse**

§ 442 S. 1 HGB sieht eine Haftung gegenüber Vormännern nur vor, wenn beide Sicherungsmittel aus der Hand gegeben sind. Keine Haftung gegenüber „den Vormännern" tritt also ein, wenn der ausliefernde Frachtführer zwar ohne Bezahlung ausliefert, das Pfandrecht aber noch gerichtlich geltend macht. Daß der Geltendmachung Erfolg beschieden sein muß, sagt § 442 S. 1 HGB nicht. Nach dem Wortlaut des Gesetzes kann man also davon ausgehen, daß der Frachtführer seinen Pflichten gegenüber den Vormännern genügt, wenn er das Gut ausliefert, aber dann das Pfandrecht noch innerhalb der Frist des § 440 Abs. 3 HGB geltend macht. Dieses Ergebnis wollen Ritter Anm. 2 zu § 442 HGB, Schlegelberger/Geßler Anm. 2 zu § 442 HGB und Ratz in der Voraufl. Anm. 4 zu § 442 HGB durch eine Umdeutung des „und" in ein „oder" korrigieren; dagegen Heymann/Kötter Anm. 1 zu § 442 HGB.

Seinem Absender (unmittelbarem Vormann) gegenüber ist der Frachtführer jedoch möglicherweise aufgrund der Interessewahrungspflicht aus dem Frachtvertrag verpflichtet, das Gut zurückzuhalten, wenn Gefahr besteht, daß sonst die Forderungen beim Empfänger nicht eingezogen werden können. Diese Pflicht erstreckt sich aber nicht auf die Vor-Vormänner, es sei denn, man interpretiere den Frachtvertrag insoweit als Vertrag zugunsten dieser Vormänner.

Ob zu den Vormännern auch der ursprüngliche Absender zu rechnen ist, scheint umstritten zu sein. Vgl. Schlegelberger/Geßler Anm. 4 zu § 442 HGB; Heymann/Kötter Anm. 1 zu § 442 HGB; Baumbach/Duden Anm. 1 zu § 442 HGB. Indessen ist dieser in aller Regel, soweit der erstbeauftragte Spediteur oder Frachtführer mit der Einziehung der Kosten oder Nachnahmebeträge beauftragt war, durch dessen Haftung gesichert. Ihm kann auch ein Anspruch auf Abtretung der Ansprüche gegen die Nachmänner nach §§ 675, 667 bzw. § 281 BGB zustehen. Sollte der Schaden aus Gründen, die in der Vertragsgestaltung des Einzelfalles liegen können, auf ihm liegenbleiben, so wäre eine analoge Anwendung des § 442 S. 2 HGB auf den Absender zu erwägen.

Anm. 7 **3. Verantwortlichkeit**

Zu § 442 S. 1 HGB wird überwiegend angenommen, daß die Bestimmung eine Haftung für Verschulden begründen will; ROHG 19, 211 (217); Ritter Anm. 3 zu

§ 442 HGB; Schlegelberger/Geßler Anm. 3 zu § 442 HGB; Baumbach/Duden Anm. 1 zu § 442 HGB.

Da § 442 HGB zur Frage des Verschuldens und der dazugehörigen Beweislast schweigt, sind allgemeine Grundsätze des Schuldrechts ergänzend anzuwenden. Danach hat der Schuldner grundsätzlich Vorsatz und Fahrlässigkeit zu vertreten (§ 276 BGB) und zusätzlich das Verschulden der Hilfsperson nach § 431 HGB. Das Verschulden wird im Falle des § 442 HGB vermutet werden können. Dies kann aus der zur Beweislast bei positiver Forderungsverletzung entwickelten Rechtsprechung (siehe statt vieler Palandt/Heinrichs Anm. 2b zu § 282 BGB) abgeleitet werden. Denn die Entscheidungen über die Rechtswahrung bei Ablieferung fallen in die Risiko- und Einwirkungssphäre des Frachtführers; diesem kann die Aufklärung am ehesten zugemutet werden.

Als Konsequenz ergibt sich u.a., daß der Frachtführer nicht haftet, wenn Rechte, die ihm nicht bekannt waren, verlorengehen; daß die Annahme der Zahlung mit einem ungedeckten Scheck, soweit keine Verdachtsgründe vorliegen, nicht schuldhaft ist usw.

4. Haftungsfolge Anm. 8

Die Haftung soll den Verlust der Sicherheiten ausgleichen; so zutreffend Heymann/Kötter, 1 zu § 442 HGB. Der Ersatz erstreckt sich also auf den Schaden, der den Vormännern dadurch entsteht, daß das Frachtgut als Sicherheit ausfällt. Der Schaden wird daher durch die gesicherten Forderungen einerseits, durch den Veräußerungswert des Frachtguts andererseits begrenzt.

III. Rückgriffsverlust des ausliefernden Frachtführers, § 442 S. 2 HGB Anm. 9

§ 442 S. 2 HGB knüpft an die Versäumnis der Rechtswahrung des ausliefernden Frachtführers den Verlust des „Rückgriffs" gegen die Vormänner. In der Auslegung dieser Bestimmung ist fast alles streitig.

1. „Rückgriff" Anm. 10

Was § 442 S. 2 HGB unter Rückgriff versteht, ist dunkel. Möglicherweise sind damit gemeint die jeweils gegen den Absender des einzelnen Frachtvertrags gerichteten Fracht- und Aufwendungsansprüche, die sich aus den Vetragspflichten der Absender ergeben und vom Frachtführer jedenfalls dann geltend gemacht werden können, wenn der Empfänger nicht zahlt; so im Fall RGZ 122, 221 (225). Wie weit solche Ansprüche gegen „die Vormänner" überhaupt bestehen, hängt stark vom Einzelfall ab. Daß der Frachtführer sie nicht geltend machen kann, wenn er das Gut vertragswidrig, ohne Inkasso, beim Empfänger ausgeliefert hat, ergäbe sich ohnehin aus allgemeinen Grundsätzen des Vertragsrechts. Gemeint sein könnten auch die auf den Nachmann aus § 441 Abs. 2 HGB bei Befriedigung der Vormänner übergehenden Rechte oder die Regreßansprüche aus § 432 Abs. 3 HGB. Die große Zahl möglicher unterschiedlicher Fallgestaltungen und der völlige Mangel an praktischen Rechtsfällen läßt eine exakte Ausdeutung des Begriffs „Rückgriff" kaum zu.

Daher scheint es zweckmäßig, den Sinn dieser Vorschrift darin zu sehen, die Vormänner bis hin zum Absender (RGZ 122, 221 (225); zweifelnd Schlegelberger/Geßler Anm. 4 zu § 442 HGB) vor Inanspruchnahmen zu schützen, die vermieden worden wären, wenn der Ausliefernde die ihm zur Verfügung stehenden Möglichkeiten (Zurückbehaltung, Pfandrecht) genutzt, also entweder Zahlung erhalten oder das Gut noch zur Verfügung hätte. Es ist jedenfalls nicht zweckmäßig, auf die Art der „Rückgriffs"-Ansprüche abzustellen (wohl h.M. RGZ 122, 221 (226); OLG Karlsruhe, BadRspr. 1930, 4; Schlegelberger/Geßler Anm. 6 zu § 442 HGB; wohl auch

Baumbach/Duden Anm. 2 zu § 442 HGB; dagegen differenziert Heymann/Kötter Anm. 2 zu § 442 HGB die theoretische Problematik bis ins einzelne aus).

Für Ansprüche aus ungerechtfertigter Bereicherung gegen Vormänner dürfte der Rückgriffsverlust allerdings nicht gelten; Schlegelberger/Geßler Anm. 7 zu § 442 HGB; Baumbach/Duden Anm. 2 zu § 442 HGB; Heymann/Kötter Anm. 3 zu § 442 HGB. § 441 S. 2 HGB will nur die Vormänner vor negativen Folgen der Versäumung der Rechtswahrung durch den Nachmann schützen, aber nicht dem Vormann ungerechtfertigte Vermögenszuwächse erhalten.

Anm. 11 **2. „Verlust"**

Mit der Formulierung „wird verlustig" umschreibt das Gesetz das Erlöschen der Rückgriffsansprüche. Man wird, entsprechend dem zur Haftung Gesagten (oben Anm. 7) Verschulden des ausliefernden Frachtführers als Grundlage des Rechtsverlustes zu verlangen haben.

Ob Mitverschulden des Vormanns nach § 254 BGB zu einem nur teilweisen Rechtsverlust führen muß, ist streitig; dafür Schlegelberger/Geßler Anm. 9 zu § 442 HGB; dagegen Heymann/Kötter Anm. 2 zu § 442 HGB. Die Frage hängt damit zusammen, welche Ansprüche als Rückgriffsansprüche zu betrachten sind und kann daher unter der hier angenommenen, sehr weiten Sinngebung des § 442 S. 2 HGB nicht einheitlich beantwortet werden.

Anm. 12 **3. Rechtsverlust bei Vormännern**

Nach § 442 S. 2 HGB verlieren bei Versäumnis des ausliefernden Frachtführers mit der Wahrung der Rechte auch die vorangehenden Frachtführer und Spediteure ihre Rückgriffsansprüche gegen ihre jeweiligen Vormänner. Dies ist konsequent, da die Weitergabe des Guts an den nächsten ohne Geltendmachung des Zurückbehaltungsrechts oder Pfandrechts innerhalb der Beförderungskette auf der Voraussetzung beruht, daß der letzte die Inkassofunktion wahrnehmen wird. Verletzt dieser seine Inkassopflicht, so ist er seinen Vormännern verantwortlich. Die Schadensersatzpflicht des § 442 S. 1 HGB verlagert den Schaden auf den letzten der Kette; S. 2 verhindert folgerichtig jede Rückverlagerung auf ein früheres Glied.

Anm. 13 **4. Bestehenbleiben der Ansprüche gegen den Empfänger, § 442 S. 3 HGB**

§ 442 S. 3 HGB will keine neuen Rechte gegen den Empfänger begründen, sondern besagt nur, daß Ansprüche, die der Frachtführer gegen den Empfänger hat, nicht berührt werden – eine überflüssige, weil selbstverständliche Klarstellung. Ansprüche gegen den Empfänger können sich insbesondere aus § 436 HGB oder aus den entsprechenden Regelungen frachtrechtlicher Sonderordnungen ergeben; daneben aber auch aus Vereinbarungen bei der Ablieferung. Siehe dazu Anm. 21 zu § 436 HGB.

§ 443

(1) Bestehen an demselben Gute mehrere nach den §§ 397, 410, 421 und 440 begründete Pfandrechte, so geht unter denjenigen Pfandrechten, welche durch die Versendung oder durch die Beförderung des Gutes entstanden sind, das später entstandene dem früher entstandenen vor.

(2) Diese Pfandrechte haben sämtlich den Vorrang vor dem nicht aus der Versendung entstandenen Pfandrechte des Kommissionärs und des Lagerhalters sowie vor dem Pfandrechte des Spediteurs und des Frachtführers für Vorschüsse.

Inhaltsübersicht

I. Allgemeines Anm. 1
1. Bedeutung des § 443 HGB
2. Anwendungsbereich Anm. 2
3. Grundprinzipien der Regelung des § 443 HGB Anm. 3

II. Die bevorrechtigten Pfandrechte nach § 443 Abs. 1 HGB Anm. 4
1. In Frage kommende Pfandrechte
a) Gesetzliche Pfandrechte des Handelsrechts
b) Besondere Merkmale dieser Pfandrechte Anm. 5
2. Rangordnung innerhalb der bevorrechtigten Klasse des § 443 Abs. 1 HGB Anm. 6

III. Nicht berechtigte Pfandrechte Anm. 7
1. § 443 Abs. 2 HGB
2. Rangordnung unter den nicht bevorrechtigten Pfandrechten Anm. 8

I. Allgemeines Anm. 1

1. Bedeutung des § 443 HGB

§ 443 HGB trifft für einen Teil der handelsrechtlichen gesetzlichen Pfandrechte eine von § 1209 BGB abweichende Regelung ihrer Rangfolge. Insbesondere die Ansprüche der letzten Frachtführer, Spediteure und Lagerhalter wären unzureichend gesichert, wenn ihnen alle früher begründeten gesetzlichen Pfandrechte des Handelsrechts vorgingen. Damit wäre ohne Vorauszahlung der Weitertransport oder die Einlagerung von Gütern den späteren Beteiligten nicht zumutbar und damit nicht mehr gesichert. Die abweichende Bestimmung der Rangfolge ist in den durch § 443 Abs. 1 HGB geregelten Fällen deshalb angemessen, weil man im allgemeinen davon ausgehen kann, daß Handelsgüter durch den Transport an Wert gewinnen oder doch Wertverluste vermieden werden.

Die praktische Bedeutung des § 443 HGB scheint gering zu sein; die letzte in der Literatur zitierte Gerichtsentscheidung entstammt – soweit erkennbar – dem Jahre 1916 (OLG Hamburg, DJZ 1916, 910).

2. Anwendungsbereich Anm. 2

§ 443 HGB gilt nach § 26 BSchG auch in der Binnenschiffahrt, nach § 457 HGB auch für die Eisenbahn.

3. Grundprinzipien der Regelung des § 443 HGB Anm. 3

§ 443 HGB teilt die gesetzlichen Pfandrechte des Handelsrechts in zwei Klassen. Die in Abs. 1 umschriebenen gehen den in Abs. 2 aufgeführten ohne Rücksicht auf den Zeitpunkt ihrer Entstehung vor. Innerhalb dieser Klasse bestimmt sich der Vorrang nach der umgekehrten Rangfolge der Entstehung. Die nicht bevorrechtigten gesetzlichen Pfandrechte konkurrieren mit allen anderen Pfandrechten nach Maßgabe des § 1209 BGB.

Die Zuteilung zur bevorrechtigten Klasse erfolgt nicht generell, sondern differenziert nach Art des Pfandrechts und Art der gesicherten Forderungen. Danach wird u.U. – etwa bei einem einheitlichen Nachnahmebetrag, vgl. unten Anm. 5 – die Aufteilung eines Pfandrechts in einen bevorrechtigten und einen nachrangigen Teil erforderlich.

II. Die bevorrechtigten Pfandrechte nach § 443 Abs. 1 HGB Anm. 4

1. In Frage kommende Pfandrechte

a) Gesetzliche Pfandrechte des Handelsrechts

§ 443 Abs. 1 HGB erwähnt die Pfandrechte der Kommissionäre, Spediteure, Lagerhalter und Frachtführer. Die Verweisungen in §§ 26 BSchG, 457 HGB beziehen auch die Pfandrechte der Binnenschiffahrts-Frachtführer und der Eisenbahnen mit ein. Nach allgemeiner Auffassung sind diesen die Pfandrechte des Verfrachters (§ 623 HGB) und des Lagerhalters nach § 22 OlSchVO gleichzustellen; Schlegelberger/Geßler Anm. 3 zu § 443 HGB; Heymann/Kötter Anm. 1 zu § 443 HGB; Baumbach/Duden Anm. 1 zu § 443 HGB.

Anm. 5 **b) Besondere Merkmale dieser Pfandrechte**

Die Zuteilung der Pfandrechte zur bevorrechtigten Klasse richtet sich nach den zugrunde liegenden Forderungen. Die Abgrenzung ergibt sich aus dem Zusammenhang zwischen den beiden Absätzen des § 443 HGB. Erforderlich für die Zugehörigkeit zur bevorrechtigten Klasse des Abs. 1 ist, daß die betreffenden Pfandrechte „durch die Versendung oder durch die Beförderung des Gutes entstanden" sind. Die den Pfandrechten zugrunde liegenden Forderungen müssen also Versendung oder Beförderung betreffen. Darunter fallen alle Frachten und Spediteurprovisionen, auch die mit der Beförderung zusammenhängenden Aufwendungsansprüche, z. B. Liegegelder, Verpackungskosten, Verzollungskosten, Überwachungskosten, Wiegekosten, Transport- und Speditionsversicherungsprämien. Dabei ist es gleichgültig, ob die Forderungen bei Kommissionären, Lagerhaltern, Frachtführern, Spediteuren oder bei der Eisenbahn entstanden sind.

Für Spediteur- und Frachtführerpfandrechte, die sich nur auf konnexe Forderungen oder auf Wert-Vorschüsse beziehen können, siehe Anm. 16 zu § 410 und Anm. 7 zu § 440 HGB, ergibt sich daher eine Teilung. Forderungen für Vorschüsse fallen stets nur unter § 443 Abs. 2 HGB. Damit sind jedoch nur solche Vorschüsse gemeint, die sich nicht auf Beförderungskosten beziehen, also vor allem Vorschüsse auf Wertnachnahmen. § 443 Abs. 2 HGB muß insoweit korrigierend gelesen werden; Baumbach/Duden Anm. 2 a zu § 443 HGB. Lagerkosten gehören zur bevorrechtigten Klasse, wenn die Lagerung im Hinblick auf die Versendung oder Beförderung erfolgte, so z. B. bei notwendigen Zwischenlagerungen, Lagerung nach § 437 Abs. 2 HGB. Nachnahmen können unter Abs. 1 fallen, wenn und soweit sie Versendungs- und Beförderungskosten betreffen. Nicht dagegen gehören dazu die Wertnachnahmen, die sich auf den Kaufpreis oder ähnliche mit der Beförderung nicht zusammenhängende Forderungen beziehen.

Veröffentlichte Rechtsprechung zu den hier dargestellten Abgrenzungsfragen scheint es seit Bestehen der Vorschrift nicht zu geben. Zu den Abgrenzungen siehe aus der Literatur Schlegelberger/Geßler Anm. 2–4 zu § 443 HGB; Baumbach/Duden Anm. 2 zu § 443 HGB; Heymann/Kötter Anm. 1 zu § 443 HGB.

Anm. 6 **2. Rangordnung innerhalb der bevorrechtigten Klasse des § 443 Abs. 1 HGB**

Innerhalb der Klasse des § 443 Abs. 1 HGB geht das später entstandene Pfandrecht dem früher entstandenen vor. Der Prioritätsgrundsatz des § 1209 BGB ist also in sein Gegenteil verkehrt.

Anm. 7 **III. Nicht bevorrechtigte Pfandrechte**

1. § 443 Abs. 2 HGB

Abs. 2 gilt für alle in Anm. 4 genannten gesetzlichen Pfandrechte des Handelsrechts, soweit sie „nicht aus der Versendung entstanden" sind. Für das Spediteur- und Frachtführerpfandrecht sind dies nur die in § 443 Abs. 2 HGB genannten Pfandrechte für Wertvorschüsse. Danach fallen unter § 443 Abs. 2 HGB alle genannten gesetzlichen Pfandrechte des Handelsrechts (siehe Anm. 4), die nicht in die bevorrechtigte Klasse des Abs. 1 (siehe Anm. 5) einzuordnen sind.

2. Rangordnung unter den nicht bevorrechtigten Pfandrechten **Anm. 8**

Die nicht bevorrechtigten Pfandrechte des § 442 Abs. 2 HGB konkurrieren miteinander und mit den sonst noch etwa vorliegenden Pfandrechten, z. B. Pfändungspfandrechten oder Vertragspfandrechten nach den allgemeinen Regeln der §§ 1257, 1209 BGB. Maßgeblich ist also der Prioritätsgrundsatz. Spediteur- oder Frachtführerpfandrechte für Vorschüsse haben also keinen Vorrang vor älteren Pfandrechten. Das gleiche gilt für die anderen, nicht unter § 443 Abs. 1 HGB fallenden gesetzlichen Pfandrechte des Handelsrechts.

Ausnahmen von der Rangordnung können sich durch lastenfreien Erwerb (z. B. nach § 366 Abs. 3 HGB) ergeben. Zur Konkurrenz zwischen den gesetzlichen Pfandrechten und dem kaufmännischen Zurückbehaltungsrecht, siehe § 369 Abs. 2 HGB sowie die dortige Kommentierung.

§ 444

Über die Verpflichtung zur Auslieferung des Gutes kann von dem Frachtführer ein Ladeschein ausgestellt werden.

Inhaltsübersicht

Literatur
I. **Praktische Bedeutung der §§ 444–450** Anm. 1
II. **Rechtsnatur des Ladescheins** Anm. 2
III. **Funktion des Ladescheins** Anm. 3
IV. **Haftung aus dem Ladeschein, Beweislast** Anm. 4
V. **Zu § 444 HGB im besonderen** Anm. 5
VI. **Dokumente des kombinierten Transports** Anm. 6
1. Allgemeines
2. Die in der Praxis benutzten Dokumente des kombinierten Transports Anm. 7
a) Echte, von Verfrachtern ausgestellte Durchkonnossemente
b) Das FIATA-Combined Transport B/L (FBL) Anm. 8
c) Das CT-Dokument der Internationalen Handelskammer Anm. 9
3. Wertpapierrechtliche Eigenschaften der Dokumente des kombinierten Transports Anm. 10

Literatur

Vortisch/Zschucke, Binnenschiffahrts- und Flößereirecht, Kommentar, 3. Aufl. 1964; Laeuen, Freizeichnungen in Frachtverträgen der internationalen Rheinschiffahrt, Diss. Frankfurt am Main 1966; Kühlberg, Der Verkehrsschutz bei den Traditionspapieren, Diss. Hamburg 1970. Zum Konnossementsrecht Schaps/Abraham, Das Deutsche Seerecht, Band 2, 4. Aufl. 1978, Kommentierung zu § 642ff.; Abraham, Das Seerecht, 4. Aufl. 1974, S. 164ff.; Schlegelberger/Liesecke, Seehandelsrecht, Kommentar, 2. Aufl. 1964; Prüssmann, Seehandelsrecht, 1968, Anm. zu § 642ff. HGB. Zum Dokument des kombinierten Transports: Helm, Festschrift Hefermehl (1976), S. 57ff. Siehe zum Gesamtkomplex des Ladescheinrechts auch oben Anm. 35ff. zu § 363 HGB (Canaris).

I. Praktische Bedeutung der §§ 444–450 **Anm. 1**

Der Ladeschein ist im Landfrachtrecht seit langem ungebräuchlich; § 444 HGB gibt dem Absender auch keinen Rechtsanspruch auf Ausstellung eines Ladescheins. In den Spezialnormen des Landfrachtrechts (CMR, KVO, AGNB) ist er nicht vorgesehen. In der Binnenschiffahrt ist der Ladeschein (Binnenkonnossement, Flußkonnossement) in Deutschland, wie in der internationalen Rheinschiffahrt noch gebräuchlich. Die §§ 444–450 HGB werden dort jedoch durch §§ 72–76 BSchG präzisiert und ergänzt. Da das deutsche Binnenschiffahrtsrecht wie auch das HGB-Recht des Ladescheins dispositiv ist, verweisen auch ausländische Transport- und Konnossementsbedingungen der Binnenschiffahrt zumeist auf das deutsche BSchG. Hierbei handelt es sich wohl um materiellrechtliche Verweisungen; siehe Laeuen, S. 60ff.; Beispielsfall: BGH v. 29. 1. 1968, Hansa 1969, S. 565 = LM Nr. 1 zu § 446 HGB. In den Formularen der Binnenkonnossemente zeichnen sich die Binnenschiffahrtsfrachtführer jedoch regelmäßig von allen sie belastenden Bestimmungen der §§ 440–450 HGB und 72–76 BSchG frei. Mit Ausnahme des § 450 sind daher die Bestimmungen des HGB über den Ladeschein praktisch bedeutungslos geworden. Siehe jedoch für den kombinierten Transport unten Anm. 6.

Anm. 2

II. Rechtsnatur des Ladescheins

Der Ladeschein ist Wertpapier. Er wird, anders als der Frachtbrief (vgl. dazu § 426 HGB) vom Frachtführer dem Absender als Verbriefung des Auslieferungsanspruchs ausgestellt und entspricht damit ungefähr dem seerechtlichen Konnossement. Nach § 363 HGB gehört der Ladeschein zu den gekorenen Orderpapieren; er kann jedoch auch als Inhaber- oder Rektapapier ausgestellt werden.

Die Übertragung folgt allgemeinen wertpapierrechtlichen Regeln; für den Orderladeschein gelten §§ 363–365 HGB, für den Inhaberladeschein die Bestimmungen über die Inhaberschuldverschreibung. Der Rektaladeschein wird durch Abtretung übertragen; siehe Anm. 2 zu § 447 und Anm. 3 zu § 450.

Innerhalb der Unterteilung der Wertpapiere gehört der Ladeschein zu den „halbkausalen“ Papieren, da die verbriefte Auslieferungsverpflichtung vom Frachtvertrag teilweise abhängig ist. Nach § 450 HGB ist der Ladeschein ferner Traditionspapier, d. h. daß der Besitz am Ladeschein teilweise den Besitz am Frachtgut ersetzt.

Anm. 3

III. Funktion des Ladescheins

Diese besteht vor allem darin, dem Absender und seinen Nachmännern ohne Rücksicht auf die Dauer des Transports die sofortige Verfügung über das Gut (z. B. Weiterveräußerung oder Verpfändung) zu ermöglichen. In der Binnenschiffahrt ist dies bei den dort gegebenen langen Transportzeiten noch zweckmäßig. Im Landverkehr mit Lastkraftwagen ist dagegen der Ladeschein wegen der kurzen Transportdauer überflüssig geworden. Ein Teil der Funktionen des Ladescheins wird heute durch die Absenderausfertigung des Frachtbriefs erfüllt (vgl. Anm. 13 zu § 426).

In der Rheinschiffahrt ist die Unterscheidung zwischen Ladeschein und Frachtbrief nicht immer einfach, da dort für beide Papiere häufig der gleiche Formularsatz benutzt wird. Im allgemeinen wird das adressierte Formular als Frachtbrief, das an Order gestellte als „Konnossement“ (Ladeschein) angesehen. Vielfach bestimmen Klauseln dies ausdrücklich; siehe zu diesen Fragen eingehend Laeuen, S. 24ff.

In der Binnenschiffahrt wird durch die üblichen Freizeichnungen die Schadenshaftung aus dem Ladeschein praktisch ganz ausgeschlossen (s. dazu im einzelnen Laeuen, S. 81–103); die Schadenshaftung wird durch die Transportversicherung übernommen. Die Bedeutung des Ladescheins beschränkt sich damit im wesentlichen auf die Legitimation des Empfängers und die Traditionsfunktion bei der Weiterveräußerung.

Anm. 4

IV. Haftung aus dem Ladeschein, Beweislast

Die §§ 444–450 HGB schweigen zu den Fragen der Haftung aus dem Ladeschein und zu dessen Beweiskraft. Die Haftung ist daher grundsätzlich die gleiche wie aus dem Frachtvertrag; die Beweiswirkung ergibt sich aus allgemeinem Urkundenrecht (vgl. dazu Anm. 3ff. zu § 426 zum Frachtbrief). Wie im Konnossementsrecht (siehe BGH vom 26. 9. 1957, BGHZ 25, 250 (257)) verbrieft der Ladeschein nicht nur den Auslieferungsanspruch, sondern auch die vertraglichen Ansprüche aus dem Frachtvertrag.

Das Binnenschiffahrtsgesetz regelt dagegen die Haftung aus dem Binnenkonnossement in §§ 73–76 als scharfe Skripturhaftung (str., vgl. Laeuen, S. 13f.). Danach hat der Frachtführer in der Binnenschiffahrt nur für die im Ladeschein angegebenen Zahlen, Maße und Gewichte (§ 73), für die Bezeichnungen des Gutes (§ 74) und für nicht im Ladeschein aufgeführte Vorschäden (§ 76) einzustehen. Durch die üblichen Freizeichnungen ist diese strenge Ladescheinhaftung bzw. Beweiswirkung in der Praxis jedoch fast völlig abbedungen; s. dazu eingehend Laeuen, S. 81–103. Zusammen mit den zahlreichen weiteren Haftungsfreizeichnungen der Verlade- und Transportbedingungen entfällt damit weitgehend die Schadenshaftung aus dem Ladeschein. Allerdings ist es denkbar, daß einzelne der Klauseln gegen § 9 AGBG verstoßen.

Zu der heute bedeutungslosen Frage, ob im Landfrachtrecht für unrichtige Angaben im Frachtbrief die Grundsätze der Verschuldenshaftung oder der Skripturhaftung gelten, s. Ratz in der Voraufl. Anm. 2 a zu § 446; Heymann/Kötter Anm. 1 zu § 446; Kühlberg S. 29ff.

V. Zu § 444 HGB im besonderen Anm. 5

Die Bedeutung des § 444 erschöpft sich in der Klärung, daß der Frachtführer einen Ladeschein nur ausstellen kann, nicht muß (anders § 72 Abs. 1 BSchG und für das Konnossement § 642 Abs. 1 HGB).

VI. Dokumente des kombinierten Transports Anm. 6

Literatur

Siehe zu § 425 HGB; ferner Helm, Festschrift für Hefermehl, 1976, S. 57ff.

1. Allgemeines

Für kombinierte Transporte (s. dazu Anm. 17ff. zu § 425) ist bisher gesetzlich weder im innerdeutschen noch im internationalen Bereich ein besonderes, alle Beförderungsabschnitte umfassendes Dokument vorgesehen. Konnossement und Ladeschein können nur jeweils die Seetransportstrecke bzw. den Transport durch das Binnenschiff und (theoretisch) den Kraftwagen dokumentieren. Für eine durchgehende Dokumentation kombinierter Transporte werden teilweise besondere Frachtbriefe verwendet, so z. B. im kombinierten Containerverkehr der Eisenbahnen, s. die Anmerkungen zu § 426. Teilweise werden jedoch echte, die Sendung repräsentierende Wertpapiere ausgestellt, die dem Ladeschein oder Konnossement entsprechen sollen. Solche Papiere beruhen auf freier vertraglicher Schaffung. Ihr Inhalt wird durch allgemeine Geschäftsbedingungen festgelegt. Sie sind dazu bestimmt, als akkreditivfähige Dokumente im Rahmen von Dokumentenakkreditiven zu dienen. Die von der Internationalen Handelskammer in Paris herausgegebenen „Einheitlichen Richtlinien und Gebräuche für Dokumentenakkreditive“ erkennen in der neuen Fassung 1974 in Art. 23 solche Dokumente in sehr großzügiger Weise an.

2. Die in der Praxis benutzten Dokumente des kombinierten Transports Anm. 7

Hervorzuheben sind folgende in der Praxis benutzten bzw. von internationalen Organisationen empfohlenen Papiere:

a) Echte, von Verfrachtern ausgestellte Durchkonnossemente

Durchkonnossemente kommen mit sehr unterschiedlichen Bedingungen vor, siehe hierzu insbesondere Scheer, Die Haftung des Beförderers im gemischten Überseeverkehr, S. 36ff.; Capelle, Festschrift für Felgentraeger, 1969, S. 266ff.; Abraham, Seerecht, 4. Aufl. 1974, S. 211ff.; Schaps/Abraham, Anhang I zu § 656 HGB; Prüssmann, Seehandelsrecht, 1968, Anhang B zu § 656; Zahn, Zahlung und Zahlungssicherung im Außenhandel, 5. Aufl. 1976, S. 116f. Nicht als Dokumente des kombinierten Transports können solche Durchkonnossemente betrachtet werden, in denen die frachtrechtlichen Rechte nur für die Seestrecke verbrieft sind, während der Verfrachter die Anschlußtransporte nur als Spediteur zu besorgen verspricht („unechte" Durchkonnossemente). Solche Durchkonnossemente genügen den Anforderungen zwar für die Seestrecken, können aber nicht angenommen werden, soweit die Akkreditivbedingungen ein durchgehendes Dokument des kombinierten Transports vorschreiben. Denn für die Anschlußstrecken verbriefen diese Papiere weder Auslieferungs- noch Haftungsansprüche.

Anm. 8 **b) Das FIATA Combined Transport Bill of Lading (FBL)**

Dieses Dokument wird weltweit von Spediteuren aufgrund der vom Internationalen Spediteurverband FIATA im Jahre 1970 herausgegebenen Geschäftsbedingungen ausgestellt; Abdruck der Bedingungen in deutscher Übersetzung bei Krien, Speditions- und Lagerrecht, Loseblattsammlung, N 6560. Der dem FBL zugrunde liegende Vertrag ist als CT-Vertrag ein echter Frachtvertrag mit unbestimmtem Beförderungsmittel. Siehe im einzelnen Anm. 26 zu § 425. Im FBL verbrieft der ausstellende Spediteur als Beförderer im kombinierten Verkehr (CTO) einen Beförderungsanspruch über die gesamte kombinierte Strecke, einen Auslieferungsanspruch sowie begrenzte Haftung nach dem network-System. Siehe hierzu im einzelnen Anm. 26 zu § 425. Im Gegensatz zum FBL sind die üblichen Spediteurkonnossemente oder Spediteurdurchkonnossemente, in denen der Spediteur nur eine Empfangsbestätigung unter Übernahme speditioneller Pflichten (z. B. unter Verweisung auf die ADSp) übernimmt, keine Dokumente des kombinierten Transports. Solche Spediteurkonnossemente werden nach Art. 19 a (i) der Einheitlichen Richtlinien und Gebräuche für Dokumentenakkreditive nicht von den Banken angenommen. Zu diesen Papieren gehört z. B. das FIATA Through Bill of Lading (FCT), abgedruckt bei Krien, Speditions- und Lagerrecht, Nr. 6540.

Anm. 9 **c) Das CT-Dokument der Internationalen Handelskammer**

Die Internationale Handelskammer in Paris hat 1973 „Einheitliche Regeln für ein Dokument des kombinierten Transports" aufgestellt, die 1975 revidiert und neu veröffentlicht worden sind (Dokument Nr. 298, Oktober 1975). Die „Einheitlichen Regeln" haben keine Gesetzeskraft, sondern stellen nur von der IHK empfohlene Geschäftsbedingungen dar, die sich möglicherweise zu internationalen Handelsbräuchen entwickeln können. Auch nach den „Einheitlichen Regeln" übernimmt der CTO die volle Beförderungspflicht für den gesamten kombinierten Transport und eine Haftung nach dem network-System. Siehe dazu im einzelnen Anm. 27 zu § 425.

Anm. 10 **3. Wertpapierrechtliche Eigenschaften der Dokumente des kombinierten Transports**

Alle hier erwähnten CT-Dokumente, also sowohl die echten Durchkonnossemente wie das FBL und das CT-Dokument der IHK sollen eine dem Konnossement entsprechende Dokumentation für kombinierte Transporte ermöglichen. Sie sind nach den Vertragsbedingungen als Order- oder Inhaberpapiere, teilweise auch als Rektapapiere vorgesehen. Sie enthalten Angaben über die vom CTO übernommene Ladung, die sich bei Gütern, die in Containern verladen sind, in aller Regel der Überprüfung durch den CTO entziehen, also auf den Angaben des Absenders beruhen. Der aus dem

Papier Berechtigte erhält gegen den CTO den Auslieferungsanspruch und (begrenzte) Ersatzansprüche im Falle von Verlust, Beschädigung oder Nichtübereinstimmung mit der im Dokument eingetragenen Warenbeschreibung. Diese Haftung gegenüber dem aus dem Papier Berechtigten kann der CTO übernehmen, weil er nach den Bedingungen einen Regreßanspruch gegen den Absender im Falle falscher Angaben im CT-Dokument hat. Die CT-Dokumente garantieren auch, daß der Absender keine anderweitigen Verfügungen über das Frachtgut mehr treffen kann, wenn das Papier weiter übertragen ist und sichern somit den aus dem Papier Berechtigten dagegen, daß die Ware nicht auf Weisung des Absenders zurückbefördert, angehalten oder an einen Dritten ausgeliefert wird (Sperrfunktion).

Die Übertragung des Papiers ist nach deutschem Recht unproblematisch, wenn es auf den Inhaber gestellt ist, da in diesem Falle §§ 793ff. BGB anwendbar sind. Soweit die Papiere an Order gestellt sind, können sie nach dem im deutschen Recht geltenden numerus clausus keine echten Orderpapiere sein; zuletzt BGH vom 15. 12. 1976, WM 1977, 171 (172) und BGH v. 8. 5. 1978, WM 1978, 900 (901) (beiläufig). Siehe dazu oben Anm. 2ff. zu § 363 (Canaris); die von Canaris befürwortete begrenzte Analogiefähigkeit der §§ 363ff. und damit auch des § 450 HGB ist für den internationalen Handelsverkehr problematisch, weil sie die unterschiedslose Neuschaffung von Repräsentations- und Traditionspapieren begünstigt. Zur Traditionswirkung des Kfz-Briefs siehe ablehnend BGH v. 8. 5. 1978 a.a.O. Es ist jedoch möglich, eine der Übertragung durch Indossament sehr weitgehend angenäherte Wirkung durch Anwendung des bürgerlichen Rechts (Abtretung) zu erzielen. Dies ist für den sog. „zivilen Orderlagerschein" schon von der Rechtsprechung des Reichsgerichts anerkannt worden; siehe dazu die Anmerkungen zu § 424. Auch ein weitgehender Gutglaubensschutz für den Dritterwerber sowie eine Legitimationsfunktion des Papiers erscheint auf ähnliche Weise durch die Vertragsbedingungen als gesichert. Echte Traditionswirkung kann dem Dokument des kombinierten Transports nicht zukommen. Doch die Anwendung des § 931 kann auch insoweit zu stark angenäherten Ergebnissen führen; Anm. 6 zu § 450. Siehe zu der wertpapierrechtlichen Fragen eingehender Helm, Festschrift für Hefermehl (1976), S. 63ff.

Nach deutschem Recht erfüllen die CT-Dokumente somit praktisch alle an ein handelbares Papier zu stellenden Anforderungen, wenn man den betreffenden Bedingungen und dem Parteiwillen eine verkehrsfreundliche Auslegung gibt. In ihrer Inhaberversion sind die Papiere vom deutschen Recht voll anerkannt; in der Orderversion lassen sich die Wirkungen eines echten Orderpapiers mit Hilfe des BGB-Rechts in allen wesentlichen Punkten nahezu vollständig erreichen.

§ 445

(1) Der Ladeschein soll enthalten:

1. **den Ort und den Tag der Ausstellung;**
2. **den Namen und den Wohnort des Frachtführers;**
3. **den Namen des Absenders;**
4. **den Namen desjenigen, an welchen oder an dessen Order das Gut abgeliefert werden soll; als solcher gilt der Absender, wenn der Ladeschein nur an Order gestellt ist;**
5. **den Ort der Ablieferung;**
6. **die Bezeichnung des Gutes nach Beschaffenheit, Menge und Merkzeichen;**
7. **die Bestimmung über die Fracht und über die auf dem Gute haftenden Nachnahmen sowie im Falle der Vorausbezahlung der Fracht einen Vermerk über die Vorausbezahlung.**

(2) Der Ladeschein muß von dem Frachtführer unterzeichnet sein.

(3) Der Absender hat dem Frachtführer auf Verlangen eine von ihm unterschriebene Abschrift des Ladescheins auszuhändigen.

Inhaltsübersicht

Literatur

I. Der Angabenkatalog des § 445 Anm. 1

II. Unterzeichnung durch den Frachtführer Anm. 2

III. Erteilung einer Abschrift durch den Absender (§ 445 S. 3) Anm. 3

Literatur: Siehe zu § 444

Anm. 1

I. Der Angabenkatalog des § 445 Satz 1

Dieser Katalog entspricht weitgehend dem des § 643 HGB für das Konnossement. Daher kann auf die seerechtliche Literatur sowie auf Vortisch/Zschucke, Anmerkungen zu § 72 BSchG verwiesen werden.

Problematisch kann allenfalls sein, ob beim Fehlen einzelner der „Soll"-Erfordernisse noch ein Ladeschein im Rechtssinne vorliegt. Hierzu hat die Rechtsprechung (zumeist für ähnlich gelagerte Konnossementsfälle) von Fall zu Fall entschieden. Dabei hat sie den Grundsatz verfolgt, daß alle Angaben, auf die im konkreten Fall aus praktischen Gründen verzichtet werden kann, fehlen dürfen, ohne daß dem Papier damit der Charakter eines Ladescheins (Konnossements) abgesprochen werden könne. So für die Wohnortangabe schon ROHG 17, 96 (97f.); für Namen des Schiffers und Nationalität des Schiffes RGZ 20, 52 (57); ferner RGZ 106, 337 (339f.).

Erforderlich sind stets die zur Bestimmtheit des Auslieferungsversprechens erforderlichen Angaben und die Angabe des Berechtigten. Beim Orderladeschein genügt nach Ziffer 4 die Absenderangabe, beim Inhaberladeschein ist naturgemäß keine Angabe des Berechtigten erforderlich.

§ 72 Abs. 2 u. 3 BSchG erweitert den Angabenkatalog des § 445 durch die Angaben des Schiffes, und, beim Orderladeschein, der Meldeadresse der Person, an deren Order der Ladeschein lautet.

Anm. 2

II. Unterzeichnung durch den Frachtführer

Die Unterzeichnung durch den Frachtführer (oder durch einen rechtsgeschäftlichen Vertreter, etwa gemäß dem gesetzlichen Vertretungsrecht nach § 16 Abs. 2 BSchG durch den Schiffer) ist gesetzliches Wirksamkeitserfordernis. Ob die in der Praxis übliche faksimilierte Unterschrift oder ähnliches die handschriftliche Unterzeichnung ersetzen kann, ist vor allem für das Konnossement streitig. Für Unterschrift als Formerfordernis Schaps/Abraham Anm. 11 zu § 642; Prüssmann Anm. E zu § 642 HGB; dagegen Schlegelberger/Liesecke Anm. 11 zu § 642 im Anschluß an Wüstendorfer, Neuzeitliches Seehandelsrecht, 2. Aufl. 1950, S. 298.

Beim Ladeschein ist die Vorschrift des § 445 S. 2 HGB eindeutig; ein nicht unterschriebenes Auslieferungsversprechen ist kein Ladeschein. Aus dem Willen des Ausstellers kann sich aber – insbesondere bei Faksimileverwendung – ergeben, daß sich im Rahmen des rechtlich Zulässigen der Aussteller wie ein Ladescheinaussteller behandeln lassen will. Somit können die Wirkungen des echten Ladescheins weitgehend durch Willensauslegung oder mit Hilfe der Arglisteinrede (so Prüssmann, a.a.O.) ersetzt werden. Dies bezieht sich allerdings nicht auf die volle Traditionswirkung des § 450 HGB; auch muß die Übertragung durch Indossament in eine Abtretung umgedeutet werden. In der Praxis bereitet die Benutzung von Konnossementen und Ladescheinen ohne Unterschrift keine Schwierigkeiten.

III. Erteilung einer Abschrift durch den Absender (§ 445 S. 3) **Anm. 3**

Der Frachtführer hat Anspruch auf eine unterzeichnete Abschrift des Ladescheins; dies entspricht § 642 Abs. 3 HGB für das Konnossement. Die Abschrift ist nicht zu verwechseln mit einer Duplikatsausstellung durch den Frachtführer. Sie hat keinerlei Wertpapiercharakter, sondern soll nur den Frachtführer gegen Änderungen des Ladescheins beweisrechtlich sichern.

§ 446

(1) Der Ladeschein entscheidet für das Rechtsverhältnis zwischen dem Frachtführer und dem Empfänger des Gutes; die nicht in den Ladeschein aufgenommenen Bestimmungen des Frachtvertrags sind dem Empfänger gegenüber unwirksam, sofern nicht der Ladeschein ausdrücklich auf sie Bezug nimmt.

(2) Für das Rechtsverhältnis zwischen dem Frachtführer und dem Absender bleiben die Bestimmungen des Frachtvertrags maßgebend.

Inhaltsübersicht

Literatur

I. Allgemeines Anm. 1

II. Maßgeblichkeit des Ladescheins zwischen Frachtführer und Empfänger Anm. 2

III. Einwendungen gegen die Ansprüche aus dem Ladeschein Anm. 3

IV. Verhältnis Frachtführer-Absender (§ 446 Abs. 2) Anm. 4

Literatur: Siehe zu § 444

I. Allgemeines **Anm. 1**

§ 446, der weitgehend der Regelung für das Konnossement in § 656 Abs. 1 und 3 HGB entspricht, unterstellt die Rechtsbeziehungen zwischen dem Frachtführer und dem durch den Ladeschein bestimmten Empfänger allein dem Ladeschein. Das Rechtsverhältnis zwischen Frachtführer und Absender unterliegt daher dagegen weiterhin dem ursprünglichen Frachtvertrag. Beide Rechtsbeziehungen unterstehen dem gesetzlichen Recht des Frachtvertrages. Jedoch kann sich z. B. die Schadensersatzpflicht unterschiedlich gestalten, ebenso auch die Ansprüche des Frachtführers auf Frachtzahlung und Kostenerstattung. Dies hängt jeweils davon ab, welche Vereinbarungen zwischen Absender und Frachtführer getroffen bzw. welche Klauseln im Ladeschein enthalten sind.

Durch Aufstellung und Begebung des Ladescheins entsteht neben der frachtrechtlichen Auslieferungsverpflichtung eine zweite wertpapierrechtliche Verpflichtung des Absenders. Zu ihrer Entstehung bedarf es grundsätzlich eines Begebungsvertrages. Jedoch kommen als Verpflichtungsgründe auch die wertpapierrechtlichen Rechtsscheinfälle in Betracht. S. dazu allgemein Rehfeldt/Zöllner, Wertpapierrecht, § 5.

Das Verhältnis der beiden Rechtsbeziehungen des Frachtführers zum Absender und zum legitimierten Ladescheininhaber ist dogmatisch schwer erklärbar; siehe zum Konnossement BGH vom 10. 10. 1957, BGHZ 25, 300 (301); siehe auch schon RGZ 14, 5 (8); zum neuen Stand Schaps/Abraham Anm. 2 zu § 656 HGB. Durch die Verbriefung werden die Absenderrechte nicht völlig aufgehoben, sondern nur durch die Ladescheinverpflichtung überlagert. Insbesondere wird das Verfügungsrecht des Absenders durch § 447 HGB ausgeschlossen. Die Erfüllung der Pflichten gegenüber dem berechtigten Inhaber des Ladescheins befreit auch gegenüber dem Absender.

Die Bedeutung des Ladescheins erschöpft sich nicht in der Schaffung von Rechten für den berechtigten Inhaber. Vielmehr dient er auch der Bestimmung, wer Empfänger i. S. des Frachtrechts ist (§ 447 HGB) und daher die Empfängerpflichten zu erfüllen hat (vgl. §§ 435, 436 HGB und die entsprechenden Bestimmungen des Binnenschiffahrtsgesetzes). Für die zwischen dem Frachtführer und dem durch den Ladeschein legitimierten Empfänger bestehenden Rechtsbeziehungen ist der Ladeschein nach § 446 Abs. 1 inhaltsbestimmend.

Anm. 2 **II. Maßgeblichkeit des Ladescheins zwischen Frachtführer und Empfänger**

§ 446 Abs. 1 erklärt den Ladeschein dem Empfänger gegenüber für allein maßgeblich. Abreden zwischen Absender und Frachtführer gelten also nicht gegenüber dem Empfänger, soweit der Ladeschein nicht auf sie Bezug nimmt. Im übrigen ist aber der gesetzliche Inhalt des Frachtvertrags auch für Ansprüche aus dem Ladeschein maßgeblich. Geht also z. B. das Gut verloren, ohne daß nach dem gesetzlichen Recht eine Haftung des Frachtführers bestimmt ist (z. B. weil sich der Frachtführer nach § 429 HGB entlasten kann), so besteht kein Anspruch aus dem Ladeschein; teilweise bestr. S. dazu eingehend die Voraufl. Anm. 2 a zu § 446.

Wer im Verhältnis zum Ladescheininhaber überhaupt Frachtführer und Pfandgläubiger des gesetzlichen Frachtführerpfandrechts ist, ergibt sich ebenfalls aus dem Ladeschein (ROHG 17, 96 [98]). Die Höhe der vom Empfänger zu bezahlenden Fracht, Kosten und Auslagen bestimmt sich ebenso wie der Auslieferungsanspruch des Empfängers nach dem Ladeschein. Die Zahlungspflicht des Empfängers kann sich allerdings kaum aus dem Ladeschein selbst, sondern nur aus der Empfängerposition (§§ 435, 436 HGB) ergeben. Hierbei dürfte nach richtiger Auffassung die Annahme des Frachtbriefs durch die Ladescheinausstellung überflüssig werden, also die Annahme des Gutes allein bereits zur Zahlungspflicht des Empfängers nach Maßgabe des Ladescheins führen; so zutreffend Heymann/Kötter Anm. 1 zu § 446; jetzt auch Schlegelberger/Geßler Anm. 5 zu § 446.

Nicht alle Ansprüche des Frachtführers müssen sich unmittelbar aus dem Ladeschein ergeben. So muß sich dem Empfänger z. B. bei der Geltendmachung des Auslieferungsanspruchs solche Erstattungsansprüche des Frachtführers entgegenhalten lassen, mit denen normalerweise nachträglich gerechnet werden muß, z. B. Liegegelder, Aufwendungen für am Ankunftsort erhobene Abgaben usw.; zutreffend Heymann/Kötter Anm. zu § 446, S. 1019.

Durch Bezugnahme des Ladescheins auf den Frachtvertrag kann dessen Inhalt auch zum Inhalt der Rechtsbeziehungen zwischen Frachtführer und legitimiertem Empfänger gemacht werden; BGH vom 29. 1. 1968, LM Nr. 1 zu § 446: „ausdrückliche" Bezugnahme erforderlich. Dabei genügt nach der Rechtsprechung des ROHG und des RG bereits eine ganz allgemeine Bezugnahme (ROHG 17, 70 (74)) zum Verhältnis Konnossement-Chartepartie; RGZ 64, 73 (75ff.); BGH a. a. O.; BGHZ 25, 300 (304f.); BGH vom 5. 12. 1966, VersR 1967, 156f. = AWD 1967, 108; Schaps/Abraham Anm. 2ff. zu § 656 HGB.

Der Inhalt der durch den Ladeschein bestimmten Rechtsbeziehungen zwischen Frachtführer und Ladescheininhaber kann durch Vereinbarungen unter diesen geändert werden. Zu einer solchen Änderung ist jedoch der Unter- oder Zwischenfrachtführer zu Lasten des den Ladeschein ausstellenden Hauptfrachtführers nicht befugt; so zutreffend bereits ROHG 25, 341 (343).

Anm. 3 **III. Einwendungen gegen die Ansprüche aus dem Ladeschein**

Einwendungen des Frachtführers gegenüber dem Inhaber des Ladescheins sind nur nach wertpapierrechtlichen Gesichtspunkten zugelassen. Für den Order-Ladeschein ergibt sich dies aus § 364 Abs. 2 HGB. Danach stehen dem Frachtführer gegenüber dem Empfänger als legitimiertem Inhaber des Order-Ladescheins die drei Gruppen von Einwendungen zu, die in § 364 Abs. 2 aufgeführt sind: Gültigkeitseinwendungen, unmittelbare Einwendungen aus dem Verhältnis zwischen ihm und dem legitimierten Inhaber des Ladescheins, Einwendungen, die sich aus dem Ladeschein selbst ergeben. Bei letzteren ist jedoch zu beachten, daß die auf dem Ladeschein enthaltenen Klauseln, ebenso wie die durch Verweisung anwendbaren Abreden des Frachtvertrages Einwendungen begründen können. Ferner können sich solche aus der gesetzlichen Regelung des Frachtrechts, so etwa bei schuldlosem Verlust der Ladung (Entlastung nach § 429 HGB) ergeben.

Einwendungen, welche die Gültigkeit betreffen, können nicht in jedem Fall dem Inhaber des Ladescheins entgegengesetzt werden, da diesem u. U. guter Glaube zugute kommen kann. S. zu diesen Fragen im einzelnen die Anmerkungen zu § 364 HGB; zur wertpapierrechtlichen Einwendungslehre Rehfeldt/Zöllner, Wertpapierrecht, §§ 21, 25, II.

Bei Inhaber-Ladescheinen gilt für die Einwendungen § 796 BGB, s. hierzu die Kommentar-Literatur zum BGB sowie Rehfeldt/Zöllner, § 21 II. Der Rekta- oder Namensladeschein schneidet dem Frachtführer grundsätzlich keine Einwendungen ab. Da bei ihm die Berechtigung durch Abtretung übertragen wird, gilt § 404 BGB. Allerdings richtet sich beim Erwerber des Rekta-Ladescheins die Rechtsposition gem. § 446 Abs. 1 HGB ebenfalls nur nach dem Inhalt des Ladescheins.

IV. Verhältnis Frachtführer – Absender (§ 446 Abs. 2) Anm. 4

Das Verhältnis zwischen Frachtführer und Absender unterliegt den Bestimmungen des Frachtvertrags, auch wenn ein Ladeschein ausgestellt ist. Es kann daher vorkommen, daß der Frachtführer bestimmte Leistungen (Fracht, Kosten) vom Empfänger nicht verlangen kann, weil sich diese nicht aus dem Ladeschein ergeben, während ihm insoweit der Absender verpflichtet bleibt. S. für Liegegeldansprüche in der Binnenschiffahrt BGH v. 19. 1. 1968, LM Nr. 1 zu § 446. Umgekehrt kann die Haftung des Frachtführers aus dem Ladeschein gegenüber dem Empfänger schärfer sein als die Haftung gegenüber dem Absender. Dann können Regreßansprüche des Frachtführers gegenüber dem Ablader in Betracht kommen. Im Seerecht spielt dies wegen der (sittenwidrigen) Ausstellung reiner Konnossemente gegen Revers eine international bedeutende Rolle. Siehe dazu BGH vom 25. 1. 1973, BGHZ 60, 102; aus der Literatur siehe Abraham, Seerecht, S. 202f.; Schaps/Abraham, Anh. II nach § 656 HGB. Es kann auch vorkommen, daß der Ladeschein haftungsbeschränkende Klauseln enthält, die für das Verhältnis Frachtführer-Absender nicht gelten; BGH v. 20. 3. 1978, VersR 1978, 557 (559).

§ 447

(1) Zum Empfange des Gutes legitimiert ist derjenige, an welchen das Gut nach dem Ladeschein abgeliefert werden soll oder auf welchen der Ladeschein, wenn er an Order lautet, durch Indossament übertragen ist.

(2) Der zum Empfange Legitimierte hat schon vor der Ankunft des Gutes am Ablieferungsorte die Rechte, welche dem Absender in Ansehung der Verfügung über das Gut zustehen, wenn ein Ladeschein nicht ausgestellt ist.

(3) Der Frachtführer darf einer Anweisung des Absenders, das Gut anzuhalten, zurückzugeben oder an einen anderen als den durch den Ladeschein legitimierten

Empfänger auszuliefern, nur Folge leisten, wenn ihm der Ladeschein zurückgegeben wird; verletzt er diese Verpflichtung, so ist er dem rechtmäßigen Besitzer des Ladescheins für das Gut verhaftet.

Inhaltsübersicht

Literatur

I. **Allgemeines** Anm. 1

II. **Der Ladescheinbesitzer als Empfänger (§ 447 Abs. 1)** Anm. 2

III. **Verfügungsrecht des Ladescheininhabers (§ 447 Abs. 2, Abs. 3, 1. Hs.)** Anm. 3

IV. **Schadensersatzpflicht des Frachtführers bei Befolgung von Absenderanweisungen (§ 447 Abs. 3, 2. Hs.)** Anm. 4

Literatur: Siehe zu § 444

Anm. 1

I. Allgemeines

§ 447 bestimmt die Rechtsstellung des Ladescheininhabers. Dieser wird nicht nur durch Abs. 1 als Empfänger legitimiert, sondern erhält, darüber hinausgehend, durch Abs. 2 auch die Absender-Verfügungsrechte. Abs. 3 bindet für den Frachtführer die Befolgung von Absenderverfügungen an die Rückgabe des Ladescheins und macht ihn bei Zuwiderhandlungen dem legitimierten Ladescheininhaber gegenüber haftbar.

Ob § 447 sich nur mit der formellen Legitimation, nicht aber mit der materiellen Anspruchsberechtigung befaßt, (so Heymann/Kötter Anm. 1 zu § 447 und Schlegelberger/Geßler Anm. 2 zu § 447) oder ob er eine Teilregelung der materiellen Anspruchsberechtigungen enthält, ist zweifelhaft. Ritter Anm. zu § 447 sieht in Abs. 1 nur eine Regelung der formellen Legitimation, in Abs. 2 soll das Gesetz dagegen von der materiellen Berechtigung ausgehen. Man sollte sich jedoch durch die unexakte Wortfassung des § 447 nicht irreführen lassen: Die Bestimmung gibt sehr wohl an, wer im materiellrechtlichen Sinne als Berechtigter anzusehen ist, allerdings nicht vollständig.

Erbringt der Frachtführer seine Leistung an den formell legitimierten, aber nicht materiell berechtigten Ladescheinbesitzer, so wird er nach wertpapierrechtlichen Legitimationsgrundsätzen frei.

Anm. 2

II. Der Ladescheinbesitzer als Empfänger (§ 447 Abs. 1)

§ 447 Abs. 1 hat zwei Fälle im Auge: Den Rektaladeschein und den Orderladeschein. Für den Rektaladeschein bestimmt das Gesetz, daß der im Schein genannte Empfänger legitimiert sein soll. Damit ist jedoch eine Abtretung der Rechte aus dem Rektaladeschein nicht ausgeschlossen; RGZ 122, 221 (224).

Durch den Orderladeschein wird der durch Indossament legitimierte Inhaber als Empfänger qualifiziert. Es genügt hierfür nicht die Ausstellung als solche, sondern es ist der Erwerb des Ladescheins durch den Empfänger erforderlich; RGZ 13, 119 (120). Wie bei allen Orderpapieren kommt aber auch die Übertragung des blanko indossierten Orderladescheins in Betracht (§ 365 Abs. 1 HGB, Art. 13, 14 WG). Nach allgemeinen wertpapierrechtlichen Grundsätzen ist auch beim Orderladeschein die Abtretung möglich; ROHG 25, 340f.; RGZ 119, 215 (217); siehe oben Anm. 111ff. zu § 363 (Canaris). Auch diese Rechtsübertragungsarten verschaffen dem Berechtigten die Empfängerstellung (unstr.). Allerdings gestaltet sich bei der Abtretung der Nachweis der Berechtigung schwieriger, da die Legitimationswirkung des Indossaments entfällt; zutreffend Schaps/Abraham Anm. 5 zu § 648 HGB.

Der Inhaberladeschein ist vom Gesetz nicht erwähnt. Bei ihm ist der Besitzer legitimiert. Der Frachtführer wird also frei, wenn er an diesen leistet. Die materielle

Rechtsposition des Empfängers wird durch Einigung und Übergabe des Inhaberladescheins erworben.

Die Legitimation zum Empfang weist dem Ladescheininhaber grundsätzlich die gesamte Rechtsposition des Empfängers zu (s. Anm. 32 zu § 425, ferner §§ 434–436 HGB).

III. Verfügungsrecht des Ladescheininhabers (§ 447 Abs. 2, Abs. 3, 1. Hs.) **Anm. 3**

Nach § 447 Abs. 2 erhält der Ladescheininhaber die frachtrechtlichen Verfügungsrechte des Absenders; der Absender hat nach Weiterbegebung des Ladescheins keine Möglichkeit mehr, dem Erwerber den Auslieferungsanspruch oder die Schadensersatzansprüche zu entziehen, und zwar auch schon vor Ankunft des Gutes am Bestimmungsort. Der Ladescheininhaber erhält somit gem. § 447 Abs. 1 und 2 alle Verfügungsrechte, die Absender und Empfänger haben können. S. hierzu die Anm. zu § 433.

Die Konsequenz aus der Regelung des Abs. 2 ist die in Abs. 3, 1. Hs. klargestellte, daß der Frachtführer keiner Absenderverfügung Folge leisten darf, wenn er nicht zuvor den Ladeschein zurückerhalten hat. Bloßes Vorlegen des Scheins genügt nicht, da der Absender sonst noch nachträglich den Schein weiterbegeben könnte, so daß Konflikte zwischen den mittlerweile befolgten Verfügungen des Absenders und den Rechten des Ladescheinerwerbers eintreten könnten.

Selbstverständlich bestehen für den Absender auch außerhalb des frachtrechtlichen Verfügungsrechtes noch Möglichkeiten, den Frachtführer zur Befolgung von Anweisungen zu zwingen, so vor allem durch Arrest oder einstweilige Verfügung, etwa bei der Ausübung des Verfolgungsrechtes nach § 44 KO; Schaps/Abraham Anm. 29ff. zu § 650 HGB.

IV. Schadensersatzpflicht des Frachtführers bei Befolgung von Absenderanweisungen, § 447 Abs. 3, 2. Hs. **Anm. 4**

Als Sanktion des Verbots der Befolgung von Absenderverfügungen sieht das Gesetz vor, daß der Frachtführer dem Ladescheinberechtigten „für das Gut verhaftet" ist. Dies bedeutet praktisch, daß er Schadensersatz für die Verletzung des Verfügungsrechtes des Ladescheinberechtigten schuldet. S. zu dieser Haftung, die der des § 433 Abs. 2 S. 2 HGB entspricht, Anm. 30 zu § 433.

§ 448

Der Frachtführer ist zur Ablieferung des Gutes nur gegen Rückgabe des Ladescheins, auf dem die Ablieferung des Gutes bescheinigt ist, verpflichtet.

Inhaltsübersicht

Literatur
I. Leistung Zug um Zug gegen Rückgabe des Ladescheins Anm. 1
II. Verlust des Ladescheins Anm. 2
III. Mehrere Ausfertigungen Anm. 3

Literatur: Siehe zu § 444

I. Leistung Zug um Zug gegen Rückgabe des Ladescheins **Anm. 1**

Der Frachtführer braucht nach § 448 das Gut nur Zug um Zug gegen Rückgabe des Frachtbriefs abzuliefern. Hierdurch wird er vor mehrfacher Inanspruchnahme geschützt. § 448 entspricht allgemeinen wertpapierrechtlichen Grundsätzen; s. § 643 HGB für das Konnossement, § 797 Abs. 1 BGB für die Inhaberschuldverschreibung, § 26 Abs. 1 S. 1 OLSchVO für den Orderlagerschein; Art. 39 Abs. 1 WG; Art. 34 Abs. 1 SchG. Daher kann auf Rechtsprechung und Literatur zu diesen Bestimmungen Bezug genommen werden.

Eine Sonderproblematik besteht, wenn der Auslieferungsvorgang sich über längere Zeit, insbesondere über mehrere Tage hinzieht. Teilweise wird hier ein Anspruch des Frachtführers auf Hinterlegung des Ladescheins oder Sicherheitsleistung angenommen; so KG, OLGR 8, 390 (391); Baumbach/Duden Anm. zu § 448. Nach anderer Meinung soll dagegen die Erteilung von Teil-Quittungen bei Vorlage des Ladescheins ausreichen, und der Schein erst nach vollständiger Auslieferung an den Frachtführer abzuliefern sein; Schlegelberger/Geßler Anm. 4 zu § 448, Ratz in der Voraufl. Anm. 1 zu § 448, Ritter Anm. 2 zu § 448. Der letzteren Auffassung wird man sich mit Heymann/Kötter Anm. 1 zu § 448 anschließen können, soweit die Teilquittungen auf dem Ladeschein selbst vermerkt werden.

Auf die exakte Angabe der ausgelieferten Teilmengen auf dem Schein wird es dagegen (entgegen Heymann/Kötter) nicht ankommen, da ein eventueller Dritterwerber eines teilquittierten Ladescheins sich Ungenauigkeiten der Quittung nach § 242 BGB entgegenhalten lassen müßte.

Anm. 2

II. Verlust des Ladescheins

Ist der Ladeschein verloren, so ist damit der Anspruch nicht aufgehoben. Vielmehr muß dann das übliche Verfahren beim Verlust von Wertpapieren angewandt werden.

Der Orderladeschein muß nach § 365 Abs. 2 HGB für kraftlos erklärt werden. Nach Einleitung des Verfahrens besteht ein Anspruch auf Auslieferung gegen Sicherheitsleistung.

Beim Inhaberladeschein sind §§ 799, 800 BGB maßgeblich. Für den Rektaladeschein ist streitig, ob nach § 808 Abs. 2 S. 2 eine Kraftloserklärung erforderlich ist (so Ritter Anm. 2 zu § 448), oder ob die Erteilung einer Quittung durch den Empfänger und die Zustimmung des Absenders ausreichen; so h.M., Ratz in der Voraufl., Anm. 2 zu § 448; Schlegelberger/Geßler Anm. 6 zu § 448; Heymann/Kötter Anm. 2 zu § 448. Die Auffassung von Ritter führt zwar zu besseren Ergebnissen, da sie für den Frachtführer mehr Sicherheit bietet. Der Empfänger kann den Rektaladeschein an einen Dritten abgetreten haben; daher sichern ihn die Erklärungen des Absenders und des im Ladeschein benannten Empfängers nicht ausreichend, wenn der Dritte unter Vorlage des Ladescheins den Auslieferungsanspruch geltend macht. Jedoch ist zweifelhaft, ob bei Ausstellung des Rektaladescheins der Frachtführer eine dem § 808 BGB entsprechende Legitimationswirkung begründen wollte. Somit wird man der h.M. zustimmen müssen. Eine großzügige Anwendung des § 407 BGB kann den Frachtführer wenigstens teilweise schützen.

Anm. 3

III. Mehrere Ausfertigungen

Wird ausnahmsweise der Ladeschein in mehreren Ausfertigungen ausgestellt, so ist die analoge Anwendung des Konnossementrechts (§ 648ff. HGB) zu befürworten; Ritter Anm. 6 zu § 445; Schlegelberger/Geßler Anm. 7 zu § 448; Ratz in der Voraufl.; für Order- und Inhaberladescheine auch Heymann/Kötter Anm. 2 zu § 448; a.A. Düringer/Hachenburg/Bing Anm. 3 zu § 445. Zumindest in der Rheinschiffahrt ist jedoch die Ausstellung mehrerer Ausfertigungen unüblich. Vielmehr wird dort nur ein Original mit mehreren Abschriften ausgestellt; vgl. Laeuen, S. 27f.

§ 449

Im Falle des § 432 Abs. 1 wird der nachfolgende Frachtführer, der das Gut auf Grund des Ladescheins übernimmt, nach Maßgabe des Scheines verpflichtet.

Setzt der Frachtführer, der den Ladeschein ausgestellt hat, Unterfrachtführer ein, so werden diese nach Maßgabe des Scheins verpflichtet, ohne daß damit der erste Frachtführer entlastet würde; so zutreffend Heymann/Kötter Anm. 1 zu § 449; siehe zum Begriff des Unterfrachtführers Anm. 3 und 12ff. zu § 432. Die Ausstellung eines (zusätzlichen) durchgehenden Frachtbriefs ist nicht erforderlich, da § 449 nur auf den Abs. 1 des § 432 verweist; unstr. Siehe zur Haftung in dem nur wenig praktischen Fall der Ausstellung eines durchgehenden Frachtbriefs und eines Ladescheins Heymann/Kötter, a.a.O.; siehe ferner RGZ 137, 301ff. **Anm.**

Wenig klar ist, wann der Unterfrachtführer das Gut „aufgrund des Ladescheins übernimmt“. Nach allgemeiner Auffassung genügt hierfür die bloße Kenntnis des Unterfrachtführers unter Ausstellung des Ladescheins. S. dazu eingehend Heymann/Kötter Anm. 2 zu § 449. Die Frage ist im Binnenschiffahrtsrecht, wo der Ladeschein allein noch vorkommt, wohl praktisch bedeutungslos, da der Ladeschein im allgemeinen mit zahlreichen Durchschriften oder Abschriften ausgefertigt wird, von denen eine das Gut begleitet und daher regelmäßig dem Unterfrachtführer bekannt sein wird.

§ 450

Die Übergabe des Ladescheins an denjenigen, welcher durch den Schein zur Empfangnahme des Gutes legitimiert wird, hat, wenn das Gut von dem Frachtführer übernommen ist, für den Erwerb von Rechten an dem Gute dieselben Wirkungen wie die Übergabe des Gutes.

Inhaltsübersicht

Literatur

I. Allgemeines Anm. 1

II. Voraussetzungen der dinglichen Wirkungen der Übergabe Anm. 2

1. Übernahme des Gutes durch den Frachtführer
2. Übergabe des Ladescheins an einen zum Empfang des Gutes Legitimierten Anm. 3

III. Lastenfreier Erwerb Anm. 4

IV. Eigentumsübertragung nach § 931 BGB Anm. 5

V. Dingliche Wirkungen des CT-Dokuments Anm. 6

Literatur: Kühlberg, Der Verkehrsschutz bei den Traditionspapieren, Diss. Hamburg 1970, S. 44ff.; Stengel, die Traditionsfunktion des Orderkonnossements, Abhandlungen zum deutschen und europäischen Handels- und Wirtschaftsrecht 9, 1975. Siehe im übrigen die Angaben zu § 444.

I. Allgemeines

Anm. 1

Nach § 450 ist der Ladeschein (gleich, ob Inhaber-, Order- oder Rektaladeschein) Traditionspapier, d.h. die Übertragung des Besitzes am Ladeschein hat für die Weiterveräußerung oder Verpfändung die gleiche Wirkung wie die Übertragung des Besitzes am Gut. Diese Regelung entspricht genau dem § 424 HGB für den Orderladeschein und dem § 650 HGB für das Konnossement. Sie ist von Canaris in Anm. 75ff. zu § 363 eingehend erläutert; wegen der geringen praktischen Bedeutung des Ladescheins kann auf eine intensive Kommentierung daher hier verzichtet werden.

Die sogenannte Traditionswirkung der drei genannten Papiere ist seit Jahrzehnten Gegenstand (rein theoretischer) Streitigkeiten. Die „absolute" Theorie sieht in § 450 HGB eine besondere Übereignungsform anstelle von § 929 BGB (in der neueren Literatur vertreten von Kühlberg, S. 54ff.; Heymann/Kötter Anm. 2f. zu § 424, 4 zu § 450; Schumann, Handelsrecht, Bd. II, S. 438; abgelehnt vom BGH, LM Nr. 1 zu § 365 zum Orderlagerschein. Die streng relative Theorie (neuerdings mit Abmilderungen wieder vertreten von Canaris, oben Anm. 75ff. zu § 363) will die Eigentumsübertragung alleine nach §§ 929ff. BGB beurteilen.

Nach ihr hätte § 450 bestenfalls deklaratorische Bedeutung. Die herrschende „Repräsentationstheorie" ersetzt nur die Übergabe des Gutes durch die Übergabe des Papiers, läßt also die Übereignung nach § 929 BGB i.V. mit § 450 HGB geschehen. Gutgläubiger Erwerb von Gütern, die dem Veräußerer nicht gehören, ist nach dieser Theorie nach § 932 BGB möglich; doch gilt dies nur, solange der Frachtführer mittelbarer Besitzer ist, also nicht, wenn er den unmittelbaren Besitz verloren hat oder keinen Besitzmittelungswillen mehr hat (letzteres unter den Vertretern der Theorie wiederum streitig). Auch für die Verpfändung der Güter mit Hilfe des Ladescheins ergeben sich Unterschiede aus den Theorien.

In letzter Zeit wird zunehmend erkannt, daß der Theorienstreit nur in Sonderfällen (Unterschlagung des Gutes durch den Frachtführer, einzelne Fälle gutgläubigen Erwerbs; siehe Anm. 94ff. zu § 336) zu unterschiedlichen Ergebnissen führt. Für den Regelfall kann sich der Erwerber des Gutes, dem dieses unter Aushändigung des Traditionspapiers übereignet wird, jedenfalls darauf verlassen, Eigentümer zu werden. Zur Traditionswirkung und den damit zusammenhängenden Traditionstheorien siehe Canaris, oben Anm. 75ff. und besonders Kühlberg und Stengel, sowie Rehfeldt/Zöllner, S. 119ff.; Abraham, Seerecht, S. 171ff.; Schaps/Abraham, Anm. 8ff. zu § 450.

Anm. 2

II. Voraussetzungen der dinglichen Wirkungen der Übergabe

1. Übernahme des Guts durch den Frachtführer

Die das Gut repräsentierende Wirkung des Ladescheins wird nur dann vom Gesetz angeordnet, wenn der Frachtführer auch wirklich Besitz am Gut übernommen hat – anders als die Haftung aus dem Ladeschein im Verhältnis zum Dritterwerber, die nicht von der Übernahme abhängt. Besitz des Frachtführers am Gut ist also die Grundlage der Traditionswirkung. Es muß sich dabei nach allgemeiner Auffassung um Fremdbesitz handeln, und der Frachtführer muß den Willen haben, den Besitz gerade dem zu vermitteln, der durch den Ladeschein legitimiert ist. Aus diesem Grunde versagt die Traditionswirkung, wenn der Frachtführer für sich selbst oder einen außenstehenden Dritten besitzen will, z.B. im Fall der Unterschlagung.

Anm. 3

2. Übergabe des Ladescheins an einen zum Empfang des Gutes Legitimierten

Hierzu kann auf Anm. 2 zu § 447 verwiesen werden. Legitimiert ist beim Rektaladeschein der Benannte, beim Orderladeschein der durch die Orderklausel bzw. das Indossament bestimmte, beim Inhaberladeschein oder blanko indossierten Orderladeschein der durch Einigung und Übergabe berechtigte Inhaber.

Anm. 4

III. Lastenfreier Erwerb

Der gutgläubige Erwerber eines indossablen und indossierten reinen klauselfreien Ladescheins erwirbt das Eigentum des Gutes lastenfrei, also auch ohne das gesetzliche Pfandrecht des Frachtführers wegen rückständiger Frachtkosten, die er ohne grobe Fahrlässigkeit nicht kennt und die aus dem Ladeschein nicht ersichtlich sind (RGZ 44, 116 (119f.)). Will der Frachtführer trotz Ausstellung eines indossablen Ladescheins sich sichern, so muß er die Kosten in den Ladeschein aufnehmen. Die von Canaris, oben Anm. 100–102a zu § 363 entwickelte, den Erwerberschutz stark einschränkende Lösung ist bedenklich, weil sie den Erfordernissen des internationalen Handels nicht genügend Rechnung trägt. Insbesondere ist der Schutz besitzloser Pfandrechte Dritter (Anm. 102 a) handelsfeindlich und entbehrlich. Hierin zeigt sich die Schwäche der streng-relativen Theorie bzw. der befürworteten Analogie des § 436 Abs. 3 BGB. Für eine Analogie besteht bei Bejahung der Repräsentations-Theorie kein Bedürfnis, da die Frage durch den mit dieser Theorie verbundenen stärkeren Verkehrsschutz ausreichend gelöst ist.

IV. Eigentumsübertragung nach § 931 BGB **Anm. 5**

Das Eigentum am Frachtgut kann außer durch Einigung und Übertragung des Ladescheins auch nach bürgerlich-rechtlichen Übereignungsregeln übertragen werden. Erfolgt die Übereignung nach § 931 BGB, so muß allerdings neben die Abtretung des Herausgabeanspruchs noch die Übergabe des Orderlagerscheins (gegebenenfalls ohne Indossament) treten. So zutreffend RGZ 119, 215 (218) und (für den Orderlagerschein) BGH vom 27. 10. 1967, BGHZ 49, 160 (162f.); BGH vom 15. 12. 1976, WM 1977, 171 (172) (zum Konnossement); siehe oben Anm. 111 zu § 363 (Canaris).

V. Dingliche Wirkung des CT-Dokuments **Anm. 6**

Das Dokument des kombinierten Verkehrs (CT-Dokument, siehe Anm. 6ff. zu § 444 und Anm. 17ff. zu § 425) ist kein gesetzliches Traditionspapier. Doch kann in der wertpapierrechtlichen Weiterveräußerung des Papiers eine Abtretung des Auslieferungsanspruchs gegen den CT-Operator gesehen werden. Damit kann das Gut nach § 931 BGB übereignet werden. Auch gutgläubiger Erwerb ist nach § 934 BGB möglich. Die Traditionswirkung des CT-Dokuments entspricht damit etwa der Wirkung, die dem Ladeschein nach der streng relativen Traditionstheorie zukäme. Sie bleibt aber hinter der von Canaris, oben Anm. 68ff., 116a zu § 363 befürworteten Wirkung zurück; siehe insbesondere Anm. 88ff. zu § 363. Die Abtretung des Herausgabeanspruchs folgt allerdings beim CT-Dokument nur in der Inhaberversion den wertpapierrechtlichen Sonderregeln, während das Order-CT-Dokument nach reinem Abtretungsrecht übertragen werden muß. Siehe dazu Anm. 10 zu § 444.

§ 451

Die Vorschriften der §§ 426 bis 450 kommen auch zur Anwendung, wenn ein Kaufmann, der nicht Frachtführer ist, im Betriebe seines Handelsgewerbes eine Beförderung von Gütern zu Lande oder auf Flüssen oder sonstigen Binnengewässern auszuführen übernimmt.

I. Allgemeines **Anm. 1**

Auf den „Gelegenheitsfrachtführer" finden die §§ 426–450 Anwendung; es wird also vom Merkmal der gewerbsmäßigen Frachtführertätigkeit (dazu Anm. 41 zu § 425) abgesehen.

II. Voraussetzungen für die Anwendung von Frachtrecht auf den Gelegenheitsfrachtführer **Anm. 2**

1. Kaufmannseigenschaft s. dazu §§ 1ff. HGB.

2. Übernahme der Beförderung von Gütern s. hierzu Anm. 33ff. zu § 425.

3. Im Betriebe des Handelsgewerbes
S. dazu § 343 HGB.

Anm. 3 **III. Anwendbares Recht bei Fehlen der Voraussetzungen**

Übernimmt ein Nichtkaufmann die Beförderung von Gütern oder befördert ein Kaufmann außerhalb des Betriebs seines Handelsgewerbes Güter, so gilt grundsätzlich Werkvertragsrecht. Doch dürften viele der zum Frachtrecht entwickelten Grundsätze durch Auslegung ergänzend heranziehbar sein.

§ 452

[1]Auf die Beförderung von Gütern durch die Postverwaltungen des Reichs und der Bundesstaaten finden die Vorschriften dieses Abschnitts keine Anwendung. [2]Die bezeichneten Postverwaltungen gelten nicht als Kaufleute im Sinne dieses Gesetzbuchs.

Literatur

Altmannsperger, PostG, Loseblatt-Komm.; Ohnheiser, Postrecht, 2. Aufl. 1977; Florian/Weigert, Kommentar zur PostO, I, 2. Aufl. 1975; Kämmerer/Eidenmüller, PostG, Loseblattkommentar; Loh, Die Haftung im Postbetrieb, Schriften zum öffentlichen Recht 195, 1972.

Anm. 1 **I. Grundlagen des Postrechts**

Das Postrecht ist in der Bundesrepublik Deutschland rein öffentlich-rechtlich gestaltet. Die Deutsche Bundespost ist ein Sondervermögen des Bundes; siehe unten Anm. 3. Die durch die Benutzung der Einrichtungen des Postwesens entstehenden Rechtsbeziehungen sind nach § 7 PostG vom 28. 7. 1969 (BGBl I, 1006) als öffentlich-rechtliche Postbenutzungsverhältnisse gestaltet. Die Beförderungsleistungen der Post unterliegen danach den Bestimmungen des Postgesetzes, die in §§ 11 ff. auch Haftungsgrenzen vorsehen. Ferner gilt als zuständige Benutzungsordnung die Postordnung vom 16. 5. 1973, letzte Änderung BGBl. 1977 I, 129.

Anm. 2 **II. Keine Anwendung von Frachtrecht auf Postbenutzungsverhältnisse (§ 452 S. 1)**

§ 452 S. 1 HGB bestimmt eindeutig, daß der Abschnitt über den Frachtvertrag auf die Beförderung durch die Post keine Anwendung findet. An die Stelle der noch im Gesetzestext vorgesehenen „Postverwaltungen des Reiches und der Bundesstaaten" treten nunmehr die Deutsche Bundespost und die Landespostdirektion Berlin. Soweit das Postnutzungsverhältnis als öffentlich-rechtliches Benutzungsverhältnis ergänzend der Anwendung von Privatrecht bedarf, ist daher nicht auf §§ 425–451 HGB, sondern auf das Bürgerliche Recht zurückzugreifen; zutreffend Schlegelberger/Geßler Anm. 2 zu § 452. Dagegen ist Frachtrecht anwendbar, soweit die Post als Absender (oder Empfänger) ihrerseits Frachtverträge abschließt. Zum Verhältnis der Deutschen Bundespost zu den Eisenbahnen des öffentlichen Verkehrs siehe § 4 PostG und die Erläuterungen in den Kommentaren zum PostG.

Anm. 3 **III. Die Rechtsstellung der Post (§ 452 S. 2)**

Die Deutsche Bundespost ist keine juristische Person, sondern ein Sondervermögen des Bundes, das nach Maßgabe des PostVerwG vom 24. 7. 1953 (BGBl. I, 676) verwaltet wird. Nach § 4 Abs. 1 und 3 PostVerwG können die Deutsche Bundespost und die Landespostdirektion Berlin im Rechtsverkehr unter ihrem Namen handeln, klagen und verklagt werden. Nach § 452 S. 2 sind die Postverwaltungen jedoch keine Kaufleute im Sinne des HGB. Insbesondere sind die von ihnen mit Privatpersonen abgeschlossenen privatrechtlichen Geschäfte keine Handelsgeschäfte; die mit Kaufleuten abgeschlossenen Geschäfte sind keine beiderseitigen Handelsgeschäfte. Andererseits genießt die Deutsche Bundespost nicht den vollen Schutz des AGB-Gesetzes für Nichtkaufleute; siehe § 24 AGBG.

Anhang I zu § 452

Güterkraftverkehrsgesetz (GüKG)

in der Neufassung vom 6. August 1975 (BGBl. I S. 2132)

Inhaltsübersicht

Literatur
Vorbemerkung
1. Abschnitt: Allgemeine Vorschriften (§§ 1–7)
2. Abschnitt: Güterfernverkehr
1. Titel: Genehmigung (§§ 8–19)
2. Titel: Tarif (§§ 20–25)
3. Titel: Pflichten der am Beförderungsvertrag Beteiligten (§§ 26–32)
4. Titel: Abfertigungsdienst (§§ 33–36)
5. Titel: Sondervorschriften für den Möbelfernverkehr (§§ 37–44)
6. Titel: Sondervorschriften für den Güterfernverkehr der Deutschen Bundesbahn (§§ 45–47)
7. Titel: Sondervorschriften für Werkverkehr (§§ 48–52)
8. Titel: Bundesanstalt für den Güterfernverkehr (§§ 53–76)
9. Titel: Aufsicht (§§ 77–79)
3. Abschnitt: Güternahverkehr
1. Titel: Allgemeiner Güternahverkehr (§§ 80–89)
2. Titel: Güterliniennahverkehr (§§ 90–97)
4. Abschnitt: Straf- und Bußvorschriften (§§ 98–102)
5. Abschnitt: Schlußbestimmungen (§§ 103–106)

Literatur

Hein/Eichhoff/Pukall/Krien, Güterkraftverkehrsrecht, Loseblattsammlung, Kommentar nebst Nebengesetzen, auch diese weitgehend kommentiert, 2 Bände (Kommentierung nicht durchweg auf neuem Stand); Balfanz/von Tegelen, GüKG, Kommentar, Loseblatt, Der Wirtschaftskommentator (C IX/2 a); Münz/Haselau/Herrmann/Liebert, GüKG, Kommentar, 2. Auflage 1976; Konow, DB 1970, 2111.

Vorbemerkung

Der Abdruck der Bestimmungen des GüKG entspricht dem Stand vom 1. 1. 1978. Wegen der häufigen Änderungen muß bei jeder Vorschrift (z. B. anhand der angegebenen Literatur) überprüft werden, inwieweit der Text noch gültig ist. Die stets auf neuestem Stand gehaltene Spezialliteratur macht eine Erläuterung in diesem Kommentar weitgehend überflüssig. Kommentiert sind daher nur die §§ 1–5, 20–20 b, 23, 28, 32, 33, 35–37, 46, 48, 84, 85, 90, 94 und 106, die aus der Sicht des (privatrechtlichen) Frachtrechts wesentlich sind, und auch diese nur, soweit sie speziell privatrechtliche Fragen betreffen. Hinsichtlich der öffentlich-rechtlichen Komponenten des GüKG muß auf die angegebene Literatur verwiesen werden.

Erster Abschnitt

Allgemeine Vorschriften

§ 1

Die Beförderung von Gütern mit Kraftfahrzeugen unterliegt ausschließlich den Bestimmungen dieses Gesetzes. Güter sind auch lebende Tiere.

Anm. 1 **1. Ausschließlichkeit der Regelung des GüKG**

Die Formulierung „ausschließlich" ist insofern irreführend, als unstreitig eine Reihe anderer Bestimmungen, z. B. die Vorschriften des HGB, ergänzend Anwendung finden können. Im übrigen wird das Privatrecht der Frachtverträge keineswegs durch das GüKG selbst, sondern überwiegend durch Rechtsverordnungen auf der Basis des GüKG (KVO, KVORb, BefBMö; s. dazu Anm. 11 f. zu § 425), teilweise auch durch AGB (s. dazu Anm. 13 zu § 425) beherrscht.

Anm. 2 **2. Ausnahmen von der Geltung**

Ausnahmen von der generellen Geltung des GüKG siehe in § 4 GüKG und in der dortigen Anmerkung.

Anm. 3 **3. Grenzüberschreitender Verkehr**

Der grenzüberschreitende Güterkraftverkehr ist nicht von der Anwendung des GüKG ausgenommen; siehe jedoch §§ 23 Abs. 5, 97a, 103 Abs. 3 GüKG sowie Anm. 5 zu Art. 1 CMR, Anh. III nach § 452. Ausländische Straßenfrachtführer sind nicht von der Geltung des GüKG ausgenommen; siehe § 6 b GüKG.

§ 2

(1) Güternahverkehr ist jede Beförderung von Gütern mit einem Kraftfahrzeug für andere innerhalb der Nahzone. Güternahverkehr ist auch die Beförderung mit Kraftfahrzeugen des Güterkraftverkehrs, die die nach der Straßenverkehrs-Zulassungs-Ordnung höchstzulässigen Abmessungen oder Gewichte um mehr als zehn vom Hundert überschreiten, soweit Güter zur unmittelbar anschließenden Beförderung mit der Eisenbahn zu einem Bahnhof oder in unmittelbarem Anschluß an eine Beförderung mit der Eisenbahn von einem Bahnhof jeweils innerhalb der Nahzone der Gemeinde des Bahnhofs befördert werden.

(2) Die Nahzone ist das Gebiet innerhalb eines Umkreises von fünfzig Kilometern, gerechnet in der Luftlinie vom Mittelpunkt des Standorts des Kraftfahrzeugs (Ortsmittelpunkt) aus. Zur Nahzone gehören alle Gemeinden, deren Ortsmittelpunkt innerhalb der Nahzone liegt. Sie ist für jede Gemeinde von der nach Landesrecht zuständigen Behörde öffentlich bekanntzugeben. Gemeinden mit mehr als einhunderttausend Einwohnern oder mit einer Fläche von mehr als einhundert Quadratkilometern können für die Bestimmung von Ortsmittelpunkten in Bezirke eingeteilt werden; für jeden Bezirk kann ein Ortsmittelpunkt bestimmt werden. Jeder dieser bezirklichen Ortsmittelpunkte gilt als Ortsmittelpunkt für das gesamte Gemeindegebiet. Der Ortsmittelpunkt muß ein verkehrswirtschaftlicher Schwerpunkt der Gemeinde oder des Bezirks sein.

(3) Werden Gemeinden oder Gemeindeteile in andere Gemeinden eingegliedert oder zu einer neuen Gemeinde zusammengeschlossen, so können für die in ihrem Gebietsumfang geänderte oder neugebildete Gemeinde bis zu drei bezirkliche Ortsmittelpunkte nach Absatz 2 bestimmt werden, auch wenn die Voraussetzungen des

Absatzes 2 Satz 4 erster Halbsatz nicht vorliegen. Die Bestimmung ist nur zulässig, wenn es für die befriedigende Verkehrsbedienung eines bestimmten Gebietes erforderlich ist, eingerichtete Verkehrsverbindungen aufrechtzuerhalten, die unter Berücksichtigung der bisherigen Ortsmittelpunkte Güternahverkehr im Sinne dieser Vorschrift darstellen. Sind Gemeinden oder Gemeindeteile nach dem 31. Dezember 1968 in eine andere Gemeinde eingegliedert oder zu einer neuen Gemeinde zusammengeschlossen worden, so gelten die Sätze 1 und 2 entsprechend.

(4) Die Landesregierungen bestimmen die Ortsmittelpunkte nach Anhörung der Bundesanstalt für den Güterfernverkehr durch Rechtsverordnung. Sie können ihre Ermächtigung durch Rechtsverordnung weiter übertragen, in den Fällen des Absatzes 2 Satz 4 und des Absatzes 3 jedoch nur auf eine oberste Landesbehörde oder auf eine höhere Landesverkehrsbehörde.

Die Zuordnung einer Beförderung zum Güternahverkehr bedeutet nicht nur, daß die besonderen Bestimmungen des GüKG und des Tarifrechts für den Güternahverkehr anzuwenden sind, sondern daß auch hinsichtlich der Geltung der Beförderungsbedingungen grundsätzlich Vertragsfreiheit besteht. Siehe § 85 GüKG und Anm. 14 zu § 425 HGB. **Anm.**

§ 3

(1) Güterfernverkehr ist jede Beförderung von Gütern mit einem Kraftfahrzeug für andere über die Grenzen der Nahzone hinaus oder außerhalb dieser Grenzen.

(2) Werden Güter für andere auf einem Teil der Strecke mit einem Kraftfahrzeug, auf einem anderen Teil der Strecke mit der Eisenbahn oder einem Binnenschiff in einem Kraftfahrzeug, einem Anhänger oder deren Aufbauten (Huckepackverkehr) oder in Behältern befördert und wird der Vertrag über die Beförderung auf der Gesamtstrecke durch einen Unternehmer geschlossen, der im Besitz einer Genehmigung für den Güterfernverkehr ist, die die Beförderung auf der Gesamtstrecke deckt, so sind die Vorschriften für den Güterfernverkehr mit folgender Maßgabe entsprechend anzuwenden:

1. **Wird die An- oder Abfuhr innerhalb der Nahzone des eingesetzten Kraftfahrzeugs durchgeführt, so gelten hierfür die Bestimmungen des § 12 nicht.**
2. **Wird die An- oder Abfuhr über die Grenzen der Nahzone des eingesetzten Kraftfahrzeugs hinaus oder außerhalb dieser Grenzen durchgeführt, so kann abweichend von § 12 Abs. 1 Nr. 3 an Stelle der Genehmigungsurkunde eine Bescheinigung der Deutschen Bundesbahn über deren Hinterlegung mitgeführt werden.**
3. **Die Beförderung auf der Gesamtstrecke gilt mit der Genehmigung durchgeführt, die der Unternehmer bei der Deutschen Bundesbahn hinterlegt oder die er für die An- oder Abfuhr verwendet.**

Dies gilt nicht für das Verhältnis zwischen dem Unternehmer des Güterfernverkehrs und der Eisenbahn oder dem Schiffahrttreibenden sowie einem für die An- oder Abfuhr innerhalb der Nahzone eingesetzten Unternehmer des Güternahverkehrs.

1. Die Zuordnung der einzelnen Beförderungen zum Güterfernverkehr nach § 3 GüKG bedeutet die Anwendung der §§ 20, 20a, 22, 23, 26, 106 Abs. 2 GüKG und damit die zwingende Geltung nicht nur der tariflichen Beförderungsentgelte, sondern auch der KVO. Sie ist also entscheidend, nicht nur für die öffentlich-rechtlichen Fragen der Genehmigung, sondern auch für die Bestimmung der den privatrechtlichen Inhalt der einzelnen Beförderungsverträge regelnden Normen, insbesondere über Tarife und Beförderungsbedingungen einschließlich der Haftungsregelung. Liegt keine **Anm. 1**

Genehmigung für den Güterfernverkehr vor, so muß dennoch das nach dem GüKG zwingende Privatrecht (insbesondere die KVO) angewandt werden. Andernfalls hätte der Frachtführer, der die Beförderung mit einem nichtkonzessionierten Fahrzeug vornimmt, einen Wettbewerbsvorsprung.

2. Abs. 2 sieht vor, daß auf die dort umschriebenen Huckepack- und Behälterbeförderungen Güterfernverkehrsrecht, also insbesondere auch die KVO anzuwenden ist. Dies bezieht sich auf das Verhältnis zwischen dem Straßenfrachtführer und seinem Absender. Die Rechtsbeziehungen zwischen Eisenbahn bzw. Binnenschiffahrtsfrachtführer und Straßenfrachtführer regeln sich nach Eisenbahn- bzw. Binnenschiffahrtsrecht. Insoweit liegen Unterfrachtverträge vor, die der Landfrachtführer zur Erfüllung seiner dem Absender gegenüber übernommenen Beförderungspflicht abschließt. Im Verhältnis zwischen Landfrachtführer und Absender ist die Bahn bzw. der Binnenschiffahrtsfrachtführer Erfüllungsgehilfe; siehe zum Unterfrachtvertrag die Kommentierung zu § 432 HGB, zum Huckepack- und Containerverkehr die Anmerkungen 17 ff. zu § 425 HGB. Liegen die Voraussetzungen des § 3 Abs. 2 nicht vor, wird insbesondere der Frachtvertrag nicht durch einen Unternehmer des Güterfernverkehrs geschlossen, so untersteht nur die auf der Straße ausgeführte Beförderungsstrecke dem dafür maßgeblichen Güternah- oder Fernverkehrsrecht (letzteres wenn die Straßenbeförderung nicht in den Güterfernverkehrsbereich fällt). Siehe Hein/Eichhoff u. a. Anm. 5 zu § 3; Balfanz/von Tegelen Anm. 2 zu § 3.

§ 4

(1) Die Vorschriften dieses Gesetzes finden keine Anwendung auf

1. **die Beförderung von Gütern durch den Bund, die Länder, die Gemeinden (Gemeindeverbände) und durch andere Körperschaften des öffentlichen Rechts im Rahmen ihrer hoheitlichen Betätigung,**
2. **die Beförderung von Gütern mit Krafträdern oder mit Personenkraftwagen,**
3. **die Beförderung von Leichen in besonders hierfür eingerichteten und ausschließlich solchen Beförderungen dienenden Kraftfahrzeugen,**
4. **die Beförderung eines einzelnen beschädigten Fahrzeugs,**
5. **die Beförderung von lebenden Tieren mit Ausnahme von Schlachtvieh.**

(2) Der Bundesminister für Verkehr wird ermächtigt, durch Rechtsverordnung mit Zustimmung des Bundesrates weitere, im Rahmen des Gesamtverkehrs nicht ins Gewicht fallende Beförderungsfälle allgemein von den Bestimmungen dieses Gesetzes auszunehmen oder sie einer anderen Beförderungsart zuzuordnen.

Anm. 1 Die in § 4 vorgesehenen Ausnahmen haben auch privatrechtliche Bedeutung, da sie zugleich den Anwendungsbereich der KVO bzw. der BefBMö einschränken; siehe dazu Anm. 12, 13 zu § 425.

Anm. 2 Aufgrund der nachstehend abgedruckten Verordnung (Freistellungs-Verordnung GüKG) sind bestimmte Transporte von der Anwendbarkeit des GüKG ausgenommen:

Verordnung über die Befreiung bestimmter Beförderungsfälle
von den Bestimmungen des Güterkraftverkehrsgesetzes
(Freistellungs-Verordnung GüKG)

vom 29. Juli 1969
(Bundesgesetzblatt I S. 1022)

Auf Grund des § 4 Abs. 2 des Güterkraftverkehrsgesetzes vom 17. Oktober 1952 (Bundesgesetzbl. I S. 697), zuletzt geändert durch Gesetz vom 19. Juni

1969 (Bundesgesetzbl. I S. 557), wird mit Zustimmung des Bundesrates verordnet:

§ 1

Von den Bestimmungen des Güterkraftverkehrsgesetzes werden ausgenommen

1. die Beförderung von Geräten und Zubehör zu oder von Theater-, Musik-, Film-, Sport- und Zirkusveranstaltungen, Schaustellungen oder Jahrmärkten, Rundfunk-, Film- oder Fernsehaufnahmen sowie Verkehrssicherheitsveranstaltungen,
2. die Beförderung von Kunstgegenständen und Kunstwerken,
3. die Beförderung von Gütern mit eigenen oder höchstens gegen Ersatz von Aufwendungen zur Verfügung gestellten fremden Kraftfahrzeugen durch Unternehmen, die mildtätigen oder kirchlichen Zwecken im Sinne der §§ 53 und 54 der Abgabenordnung (AO 1977) vom 16. März 1976 (Bundesgesetzblatt I S. 613) dienen, für eigene mildtätige oder kirchliche Zwecke,
4. die gelegentliche Beförderung von Luftfrachtgütern nach und von Flughäfen bei Umleitung der Flugdienste,
5. die Beförderung von Gepäck in Anhängern an Kraftfahrzeugen, mit denen bestimmungsgemäß Reisende befördert werden, und die Beförderung von Gepäck mit Fahrzeugen jeglicher Art nach und von Flughäfen,
6. die Beförderung von Luftfahrzeugen, beschädigten Kraftfahrzeugen oder Anhängern für Mitglieder von Vereinen durch diese Vereine oder in deren Auftrag, soweit nicht mehr als zwei Fahrzeuge zusammen befördert werden,
7. die Beförderung beschädigter oder notgelandeter Luftfahrzeuge,
8. die Beförderung von Gütern durch Privatpersonen mit eigenen Kraftfahrzeugen oder mit fremden Kraftfahrzeugen ohne Anhänger mit einer zulässigen Nutzlast von weniger als 4000 kg für eigene nichtgewerbliche Zwecke,
9. die Beförderung von Abfällen einschließlich Klärschlamm, Fäkalien und ähnlichen Stoffen, nicht jedoch von Erdaushub, Bauschutt und Gestein, das bei der Gewinnung oder Aufbereitung von Bodenschätzen anfällt, von Schlacke, Schrott, Autowracks, Altreifen und Altöl sowie von Produktionsrückständen aus gewerblichen Betrieben, die weiter verwendet werden,
10. die Beförderung von Erde, die durch Öl oder Chemikalien verschmutzt ist,
11. die Beförderung von Tierkörpern zur Tierkörperbeseitigung,
12. die Beförderung von radioaktiven Stoffen,
13. die Beförderung von Geldmitteln, Gold und anderen Edelmetallen, Edelsteinen sowie Wertpapieren in besonders eingerichteten Sicherheitsfahrzeugen, die von der Polizei oder anderen Sicherheitskräften begleitet sind,
14. die Beförderung von Blutkonserven,
15. dic Bcförderung von Werkzeugen und ähnlichen Geräten sowie von Kleinmaterialien für eigene Zwecke eines Unternehmens, soweit diese Güter für Instandsetzungs-, Montage-, Demontage- oder Überprüfungsarbeiten benötigt werden,

15a. die Beförderung von Baubuden, Bauhütten und Baustellen-Wohnwagen von und zu Bauvorhaben,

16. die Beförderung von Auslegern und anderen Teilen selbstfahrender Kräne,
17. das Rücken von Holz,
18. die Beförderung von Knochen und ungegerbten Hautabfällen sowie von tierischen Rohfetten als Schlachtabfall, die nicht zum menschlichen Verzehr bestimmt sind,
19. die Beförderung in besonders eingerichteten Vorführungswagen zum ausschließlichen Zweck der Werbung oder Belehrung.

§ 2

Elektronische Datenverarbeitungsanlagen, Sendeanlagen sowie Teile davon und Büromaschinen können auch im Möbelfernverkehr befördert werden.

§ 3

Diese Verordnung gilt nach § 14 des Dritten Überleitungsgesetzes vom 4. Januar 1952 (Bundesgesetzbl. I S. 1) in Verbindung mit § 105 des Güterkraftverkehrsgesetzes auch im Land Berlin.

§ 4

Diese Verordnung tritt am Tage nach ihrer Verkündung in Kraft.

Siehe zu § 1 Nr. 9 BGH vom 6. 2. 1976, MDR 1976, 555 = LM Nr. 54 zu GüKG: Der Transport von Waschbergemassen ist nicht nach § 1 Nr. 9 von der Anwendung des GüKG freigestellt; a.A. die Vorentscheidung des OLG Düsseldorf vom 27. 3. 1974, DB 1974, 2001. Zu § 1 Nr. 12 siehe BGH v. 30. 6. 1978, VersR 1978, 935.

§ 5

(1) Durch Schaffung von Scheintatbeständen dürfen die Vorschriften dieses Gesetzes nicht umgangen werden.

(2) Ein Scheintatbestand liegt auch dann vor, wenn

1. **die Güter dem befördernden Unternehmer lediglich für die Zeit der Beförderung übereignet werden,**
2. **eine Sendung nach einem Ort innerhalb der Nahzone abgefertigt wird – außer beim Vorlauf für einen Spediteursammelgutverkehr –, sofern von vornherein eine Beförderung darüber hinaus beabsichtigt ist; dabei macht es keinen Unterschied, ob die Beförderung auf demselben Kraftfahrzeug oder mit Umladung unterwegs ausgeführt wird und ob mehrere Unternehmer an der Beförderung beteiligt sind.**

Anm. Zu den Voraussetzungen einer Umgehung nach § 5 GüKG siehe BGH v. 29. 3. 1974, LM Nr. 48 zu GüKG = MDR 1974, 732 = BB 1974, 957 und vom 10. 4. 1974, LM Nr. 50 zu GüKG = MDR 1974, 909.

§ 6

(1) Für jedes Kraftfahrzeug, das im Güterfernverkehr oder im Güternahverkehr verwendet werden soll, muß ein Standort bestimmt werden. Der Unternehmer muß an diesem Standort den Sitz seines Unternehmens oder eine nicht nur vorübergehende geschäftliche Niederlassung haben.

(2) Der Sitz eines Unternehmens kann nur anerkannt werden, wenn – bezogen auf Art und Umfang des Unternehmens – mindestens folgende Voraussetzungen gegeben sind:

a) ein besonderer durch den Unternehmer entsprechend eingerichteter und ständig benutzter Raum, der erforderlich, geeignet und bestimmt ist, Mittelpunkt der geschäftlichen Tätigkeit dieses Unternehmens zu bilden;
b) das Vorhandensein einer zu selbständigem Handeln befugten geschäftskundigen Person, soweit der Unternehmer die Geschäfte nicht selbst wahrnimmt;
c) eine dem Unternehmenszweck entsprechende Tätigkeit von erheblicherem Umfang.

Diese Mindestanforderungen gelten auch für nicht nur vorübergehende geschäftliche Niederlassungen.

(3) Über die Bestimmung des Standortes ist eine amtliche Bescheinigung zu erteilen, die bei allen Fahrten im Kraftfahrzeug mitzuführen und auf Verlangen der zuständigen Kontrollbeamten zur Prüfung auszuhändigen ist.

(4) Für die im Güternahverkehr verwendeten Lastkraftwagen mit einer Nutzlast von nicht mehr als 750 kg gilt der im Fahrzeugschein eingetragene regelmäßige Standort als Standort im Sinne dieses Gesetzes, soweit nicht ein Standort nach den Absätzen 1 bis 3 bestimmt ist.

(5) Sollen Kraftfahrzeuge über die Grenzen der Nahzone hinaus oder außerhalb dieser Grenzen vorübergehend im Nahverkehr verwendet werden, so kann die untere Verkehrsbehörde vorübergehend einen anderen Ort zum Standort erklären, wenn dies aus wirtschaftlichen Gründen geboten und mit dem öffentlichen Interesse an der Aufrechterhaltung eines geordneten Güterkraftverkehrs vereinbar ist.

(6) Ist ein Standort nach den Vorschriften dieses Gesetzes nicht bestimmt worden, so gilt unbeschadet von Absatz 4 als Standort der Ort des Sitzes oder der nicht nur vorübergehenden geschäftlichen Niederlassung, von dem aus das Kraftfahrzeug eingesetzt wird.

§ 6a

(1) Die von der Landesregierung bestimmte Behörde hat auf Antrag des Unternehmers einen Ort als Standort zu bestimmen, an dem der Unternehmer weder den Sitz seines Unternehmens noch eine geschäftliche Niederlassung hat (angenommener Standort).

(2) Der angenommene Standort darf nicht weiter als dreißig Kilometer in der Luftlinie vom Sitz oder der Niederlassung entfernt liegen. Liegt der Sitz oder eine nicht nur vorübergehende geschäftliche Niederlassung des Unternehmers
1. im Zonenrandgebiet oder
2. nördlich des Nordostseekanals nicht weiter als vierzig Kilometer in der Luftlinie von der Westküste des Landes Schleswig-Holstein entfernt,

darf der angenommene Standort entweder nicht weiter als dreißig Kilometer in der Luftlinie vom Sitz oder der Niederlassung oder nicht weiter als fünfzig Kilometer in der Luftlinie sowohl vom Zonenrand oder der Westküste des Landes Schleswig-Holstein als auch vom Sitz oder der Niederlassung entfernt liegen. Die Entfernungen nach den Sätzen 1 und 2 werden zum Ortsmittelpunkt des angenommenen Standorts sowie vom Ortsmittelpunkt der Gemeinde aus gemessen, in der sich der Sitz oder die Niederlassung befindet.

(3) Der angenommene Standort ist für alle Kraftfahrzeuge des Sitzes oder der Niederlassung zu bestimmen. Die erneute Bestimmung eines angenommenen Standortes ist erst nach Ablauf eines Jahres zulässig.

(4) § 6 Abs. 5 gilt auch für Kraftfahrzeuge, für die ein angenommener Standort bestimmt ist.

§ 6b

(1) Bei einer Beförderung von Gütern, die zu einem Teil innerhalb und zu einem anderen Teil außerhalb des Geltungsbereichs dieses Gesetzes durchgeführt wird (grenzüberschreitender Güterkraftverkehr), gilt für ein Kraftfahrzeug, das nicht im Geltungsbereich dieses Gesetzes zugelassen ist, die Gemeinde als Standort, in deren Gebiet das Kraftfahrzeug in diesen Geltungsbereich zuerst einfährt oder ihn zuletzt verläßt.

(2) Bei einer Beförderung von Gütern, bei der Be- und Entladeort innerhalb des Geltungsbereichs dieses Gesetzes liegen (Binnenverkehr), mit einem Kraftfahrzeug, das nicht im Geltungsbereich dieses Gesetzes zugelassen ist, gelten die Vorschriften über den Güternahverkehr, wenn ein Standort nach den Vorschriften dieses Gesetzes bestimmt ist und die Beförderung Güternahverkehr im Sinne des § 2 ist, in allen übrigen Fällen die Vorschriften über den Güterfernverkehr.

§ 7

(1) Mit dem Ziel bester Verkehrsbedienung hat die Bundesregierung darauf hinzuwirken, daß die Wettbewerbsbedingungen der Verkehrsträger angeglichen werden und daß durch marktgerechte Entgelte und einen lauteren Wettbewerb der Verkehrsträger eine volkswirtschaftlich sinnvolle Aufgabenteilung ermöglicht wird.

(2) Die Leistungen und Entgelte der verschiedenen Verkehrsträger hat der Bundesminister für Verkehr insoweit aufeinander abzustimmen, als es die Verhinderung eines unbilligen Wettbewerbs erfordert.

(3) Der Bundesminister für Verkehr kann Richtlinien über die Genehmigung der Verkehrstarife bekanntmachen.

Zweiter Abschnitt

Güterfernverkehr

Erster Titel

Genehmigung

§ 8

(1) Güterfernverkehr im Sinne des § 3 Abs. 1 ist genehmigungspflichtig.

(2) Entstehen Zweifel darüber, ob eine Güterbeförderung genehmigungspflichtig ist, so entscheidet die für den Sitz des Unternehmens zuständige höhere Landesverkehrsbehörde.

(3) Die Entscheidung ist zu begründen und allen an dem Verfahren Beteiligten zuzustellen.

§ 9

(1) Mit Zustimmung des Bundesrates setzt der Bundesminister für Verkehr unter Berücksichtigung des öffentlichen Verkehrsbedürfnisses und der Verkehrssicherheit auf den Straßen die Höchstzahlen der Kraftfahrzeuge für den allgemeinen Güterfernverkehr und den Bezirksgüterfernverkehr (§ 13a) sowie die Höchstzahlen der Fahrzeuge für den Möbelfernverkehr (§ 37) fest und teilt sie auf die Länder auf.

(2) Soweit die nach Absatz 1 für die Länder festgesetzten Höchstzahlen in einem Land überschritten sind, dürfen in diesem Land Genehmigungen erst dann wieder

erteilt werden, wenn und soweit die Höchstzahlen unterschritten sind. Dies gilt nicht, wenn ein Unternehmen im ganzen auf einen Dritten übertragen werden soll und die Dauer der Genehmigung nicht über die Dauer der ursprünglich erteilten Genehmigung erstreckt wird.

§ 10

(1) Die Genehmigung kann im Rahmen des § 9 nur erteilt werden, wenn

1. der Unternehmer und die für die Führung der Geschäfte bestellte Person zuverlässig sind,

2. der Unternehmer oder die für die Führung der Geschäfte bestellte Person fachlich geeignet ist und

3. die Leistungsfähigkeit des Betriebes gewährleistet ist.

(2) Die fachliche Eignung wird durch eine angemessene Tätigkeit in einem Unternehmen des Güterkraftverkehrs oder der Spedition und Lagerei oder durch Ablegung einer Prüfung nachgewiesen. Das Nähere regelt der Bundesminister für Verkehr durch Rechtsverordnung.

(3) Die Genehmigung ist zu versagen, wenn sie mit dem öffentlichen Interesse an der Aufrechterhaltung eines geordneten Güterfernverkehrs unvereinbar ist.

§ 11

(1) Die Genehmigung wird dem Unternehmer für seine Person erteilt. Sie ist nicht übertragbar.

(2) Die Genehmigung wird auf Zeit erteilt. Ihre Gültigkeitsdauer beträgt unbeschadet der Vorschrift des § 9 Abs. 2 Satz 2 grundsätzlich 8 Jahre.

§ 12

(1) Die Genehmigung berechtigt den Unternehmer, ein Kraftfahrzeug im Güterfernverkehr unter folgenden Voraussetzungen einzusetzen (genehmigtes Kraftfahrzeug):

1. Das Kraftfahrzeug muß auf den Namen des Unternehmers zugelassen sein und ihm gehören oder von ihm auf Abzahlung gekauft sein.

2. Für das Kraftfahrzeug muß der in der Genehmigungsurkunde bezeichnete Standort bestimmt sein.

3. Die Genehmigungsurkunde (§ 15) und das Fahrtenbuch (§ 28 Abs. 2) sind auf der gesamten Beförderungsstrecke im Kraftfahrzeug mitzuführen.

4. Das amtliche Kennzeichen des Kraftfahrzeugs ist in das Fahrtenbuch einzutragen.

(2) Verwendet ein Unternehmer des Güterfernverkehrs entweder zu Beginn oder am Ende einer Beförderung im Güterfernverkehr ein Kraftfahrzeug ohne Genehmigung innerhalb der Nahzone (§ 2 Abs. 2) oder ein Kraftfahrzeug mit einer Bezirksgenehmigung innerhalb der Bezirkszone (§ 13a Abs. 1), so gilt diese Beförderung, wenn der Unternehmer auf der übrigen Beförderungsstrecke ein anderes Kraftfahrzeug unter den Voraussetzungen des Absatzes 1 mit einer Genehmigung einsetzt, die die gesamte Beförderung deckt, als gleichfalls mit dem genehmigten Kraftfahrzeug ausgeführt.

(3) Der Bundesminister für Verkehr wird ermächtigt, durch Rechtsverordnung mit Zustimmung des Bundesrates Ausnahmen von der Voraussetzung des Absatzes 1 Nr. 1 für die Fälle zuzulassen, in denen ein im Güterfernverkehr verwendetes Kraftfahrzeug kurzfristig ausfällt. In der Rechtsverordnung ist die höchstzulässige

Dauer eines solchen Einsatzes sowie das seiner Überwachung dienende Verfahren zu regeln.

Anm. Siehe zu Abs. 2 die bedenkliche Entscheidung OLG Hamburg, MVR 1978, 939f.

§ 12a

(1) An Stelle einer Genehmigung dürfen dem Unternehmer mehrere Genehmigungen erteilt werden, wenn diese Genehmigungen den Unternehmer berechtigen, lediglich Kraftfahrzeuge zu verwenden, die einschließlich Anhänger insgesamt eine bestimmte Nutzlast nach folgender Maßgabe nicht überschreiten:

1. Ist die Genehmigung dem Unternehmer erstmalig vor Inkrafttreten dieser Vorschrift erteilt worden, so ist die Nutzlast maßgebend, die das nach den §§ 11, 15 Abs. 2 des Güterkraftverkehrsgesetzes in der Fassung der Bekanntmachung vom 22. Dezember 1969 (Bundesgesetzbl. 1970 I S. 1) genehmigte Kraftfahrzeug einschließlich Anhänger am 1. Januar 1969 oder, wenn die Genehmigung dem Unternehmer erstmalig nach dem 1. Januar 1969 erteilt wurde, im Zeitpunkt der Genehmigungserteilung hatte.

2. Ist die Genehmigung dem Unternehmer erstmalig nach Inkrafttreten dieser Vorschrift erteilt worden, so ist maßgebend das Kraftfahrzeug einschließlich Anhänger mit der größten Nutzlast, das im Zeitpunkt der Genehmigungserteilung auf den Namen des Unternehmers zugelassen war und ihm gehörte oder von ihm auf Abzahlung gekauft war und das er auf Grund der Genehmigung hätte einsetzen können.

(2) Absatz 1 gilt für Genehmigungen für den Möbelfernverkehr mit der Maßgabe, daß an die Stelle der Nutzlast von Kraftfahrzeug und Anhänger die Nutzlast des entsprechenden Fahrzeugs tritt.

(3) An Stelle mehrerer nach Absatz 1 oder 2 erteilter Genehmigungen darf dem Unternehmer eine andere Anzahl von Genehmigungen erteilt werden, sofern die in Absatz 1 oder 2 bezeichnete Nutzlast dabei nicht überschritten wird.

(4) Die Genehmigungen nach den Absätzen 1, 2 oder 3 dürfen nur mit der Maßgabe erteilt werden, daß sie lediglich für Kraftfahrzeuge verwendet werden dürfen, die zu jeder Zeit denselben Standort haben müssen.

(5) Die nach den Absätzen 1, 2 oder 3 erteilten mehreren Genehmigungen gelten als eine Genehmigung im Sinne des § 9.

§ 13

Die Genehmigung kann unter Bedingungen, Auflagen oder mit verkehrsmäßigen Beschränkungen erteilt werden, die sich im Rahmen der verkehrswirtschaftlichen Ziele des Gesetzes halten müssen.

§ 13a

(1) Eine verkehrsmäßige Beschränkung im Sinne des § 13 liegt insbesondere vor, wenn die Genehmigung auf den Güterfernverkehr innerhalb eines Umkreises von höchstens einhundertfünfzig Kilometern, gerechnet in der Luftlinie vom Ortsmittelpunkt des Standortes der Kraftfahrzeuge aus, die auf Grund der Genehmigung eingesetzt werden dürfen, beschränkt wird (Bezirksgenehmigung); zur Bezirkszone gehören alle Gemeinden, deren Ortsmittelpunkt innerhalb des Umkreises liegt.

(2) Sofern es für die befriedigende Verkehrsbedienung eines bestimmten Gebietes erforderlich ist, insbesondere im Hinblick auf die Stillegung von Eisenbahnstrecken oder die Einstellung des Abfertigungsdienstes an Eisenbahnstrecken, und es dem Unternehmer unter Berücksichtigung seiner wirtschaftlichen Lage zugemutet

werden kann, kann eine Bezirksgenehmigung ferner nach § 13 mit der Auflage erteilt werden, daß der Unternehmer regelmäßig nach näherer Bestimmung durch die Genehmigungsbehörde vorgeschriebene Güterlinien bedient. Die Genehmigungsbehörde kann ihm hierfür einen besonderen Tarif genehmigen; auf den Tarif sind die Vorschriften der §§ 20, 22 und 23 anzuwenden. Der Unternehmer ist zur Beförderung nach dem Tarif verpflichtet, wenn

1. die Beförderung mit den regelmäßig für die Linie verwendeten Beförderungsmitteln möglich ist und
2. die Beförderung nicht durch Umstände verhindert wird, die der Unternehmer nicht zu vertreten hat.

Auf eine nach Satz 1 eingerichtete Güterlinie finden die §§ 90 bis 97 keine Anwendung.

§ 14

(1) Für die Erteilung der Genehmigung ist diejenige höhere Landesverkehrsbehörde zuständig, in deren Bezirk der Unternehmer seinen Sitz oder eine nicht nur vorübergehende geschäftliche Niederlassung hat und die Kraftfahrzeuge, die auf Grund der Genehmigung eingesetzt werden sollen, zugelassen sind oder zugelassen werden sollen.

(2) Hat ein Unternehmen im Geltungsbereich dieses Gesetzes keinen Sitz, so entscheidet diejenige höhere Landesverkehrsbehörde, in deren Bezirk der Beladeort liegt.

(3) Die Genehmigungsbehörde ist verpflichtet, vor der Entscheidung über den Antrag auf Erteilung einer Genehmigung die Bundesanstalt für den Güterfernverkehr (§ 53), die beteiligten Verbände des Verkehrsgewerbes, die fachlich zuständige Gewerkschaft und die zuständige Industrie- und Handelskammer zu hören. Vor allen Entscheidungen nach § 13a Abs. 2 ist außer den in Satz 1 genannten Stellen die zuständige Verwaltung der Eisenbahn zu hören, deren Verkehrsgebiet berührt wird, sowie die zuständige Landwirtschaftskammer oder, soweit eine solche nicht besteht, die oberste Landesbehörde für Ernährung und Landwirtschaft. Das Nähere bestimmt der Bundesminister für Verkehr durch Rechtsverordnung.

§ 15

(1) Die Genehmigung wird durch Aushändigung einer Genehmigungsurkunde erteilt.

(2) Die Genehmigungsurkunde muß enthalten

1. einen Hinweis auf dieses Gesetz,
2. die Bezeichnung des Unternehmers und den Sitz des Unternehmens,
3. die Bezeichnung eines Standortes, der für alle Kraftfahrzeuge bestimmt sein muß, für die die Genehmigung verwendet werden soll,
4. die Zeitdauer, für die die Genehmigung erteilt wird, und
5. die Bedingungen, Auflagen oder verkehrsmäßigen Beschränkungen, unter denen die Genehmigung erteilt wird.

(3) Ändert sich die Bezeichnung des Unternehmers oder der Sitz des Unternehmens, so ist die Genehmigungsurkunde der Genehmigungsbehörde zur Berichtigung vorzulegen, Das gleiche gilt, wenn die Genehmigung für Kraftfahrzeuge mit einem anderen als dem nach Absatz 2 Nr. 3 bezeichneten Standort verwendet werden soll. Handelt es sich in diesem Falle um eine Bezirksgenehmigung, so bedarf es zur Berichtigung der Genehmigungsurkunde der vorherigen Zustimmung der für den bisherigen Standort zuständigen Genehmigungsbehörde, wenn

1. der bisherige Standort in einem der in § 6a Abs. 2 genannten Gebiete liegt oder
2. der Standort der Kraftfahrzeuge, die auf Grund der Genehmigung eingesetzt werden sollen, in einem anderen Land liegt.

Die Zustimmung ist zu versagen, sofern die Beibehaltung des bisherigen Standortes für die befriedigende Verkehrsbedienung eines bestimmten Gebietes erforderlich ist und sie dem Unternehmer unter Berücksichtigung seiner wirtschaftlichen Lage zugemutet werden kann. Vor der Entscheidung sind die für den neuen Standort zuständige Genehmigungsbehörde sowie die für den bisherigen und die für den neuen Standort zuständigen Außenstellen der Bundesanstalt für den Güterfernverkehr zu hören.

(4) Die Genehmigungsurkunde darf dem Unternehmer erst ausgehändigt werden, nachdem er den Nachweis der Versicherung erbracht hat (§ 27). Einer Aktiengesellschaft, Kommanditgesellschaft auf Aktien, Gesellschaft mit beschränkter Haftung oder einer Genossenschaft darf die Genehmigungsurkunde erst ausgehändigt werden, wenn außerdem die Eintragung in das Register nachgewiesen ist.

(5) Der Verlust der Genehmigungsurkunde ist der Genehmigungsbehörde zu melden.

§ 16

(weggefallen)

§ 17

Die Genehmigungsbehörde kann jederzeit durch die zuständige Zulassungsbehörde die Betriebssicherheit der Kraftfahrzeuge auf Kosten des Unternehmers nachprüfen lassen.

§ 18

Die Genehmigungsbehörde hat der zuständigen Beufsgenossenschaft die Erteilung der Genehmigung mitzuteilen. Die Anzeigepflicht des Unternehmers nach § 661 der Reichsversicherungsordnung bleibt unberührt.

§ 19

(1) Nach dem Tod des Unternehmers kann der Erbe den Betrieb vorläufig weiterführen oder im ganzen auf einen Dritten übertragen; das gleiche gilt für den Testamentsvollstrecker, Nachlaßpfleger oder Nachlaßverwalter während einer Testamentsvollstreckung, Nachlaßpflegschaft oder Nachlaßverwaltung.

(2) Die Befugnis erlischt, wenn nicht der Erbe binnen drei Monaten nach Ablauf der für die Ausschlagung der Erbschaft vorgesehenen Frist oder die in Absatz 1 zweiter Halbsatz genannten Personen binnen drei Monaten nach der Annahme ihres Amtes oder ihrer Bestellung die Genehmigung beantragt haben; ein in der Person des Erben wirksam gewordener Fristablauf wirkt auch gegen den Nachlaßverwalter.

(3) Wird die Genehmigung erteilt, so gilt sie als die dem Rechtsvorgänger erteilte Genehmigung.

§ 19a

Die Genehmigungsbehörde kann für bestimmte Beförderungen Genehmigungen für Einzelfahrten abweichend von den Vorschriften des § 9, § 10 Abs. 1 Nr. 3, Abs. 2

und 3, § 14 Abs. 3 und der auf Grund des § 103 Abs. 2 und 3 erlassenen Verordnungen erteilen, wenn und soweit dies zur Versorgung der Bevölkerung mit lebensnotwendigen Gütern oder zur Vermeidung schwerwiegender volkswirtschaftlicher Nachteile zwingend geboten ist.

Zweiter Titel

Tarif

§ 20

(1) Die Tarife müssen alle zur Bestimmung des Beförderungsentgelts (Entgelte für die Beförderung und für Nebenleistungen) notwendigen Angaben und alle anderen für den Beförderungsvertrag maßgebenden Beförderungsbedingungen enthalten.

(2) Die Tarife gelten hinsichtlich der Beförderungsleistung auch für den Speditionsvertrag zwischen dem Spediteur und seinem Auftraggeber. Bewirkt der Spediteur die Versendung des Gutes zusammen mit dem Gut eines anderen Auftraggebers in einer Sendung, so ist jedoch das Entgelt für die Beförderung des einzelnen Gutes mindestens nach dem Frachtsatz der für die Sendung anzuwendenden Gewichtsklasse zu entrichten; unberührt bleiben besondere Regelungen nach dem Preisgesetz.

1. § 20 Abs. 1 bildet (zusammen mit §§ 20a, 22, 106 Abs. 2) die Rechtsgrundlage für das gesamte Sonderprivatrecht des Güterfernverkehrs; siehe dazu Anm. 11, 13, 81 zu § 425 sowie Anh. II nach § 452. Die Ermächtigung des Bundesverkehrsministers zum Erlaß von Tarifen in § 20a Abs. 5, 6 GüKG erfährt durch § 20 Abs. 1 ihre Ausgestaltung; sie umfaßt damit neben den Entgelten auch „alle anderen für den Beförderungsvertrag maßgeblichen Beförderungsbedingungen". Zu diesen gehören die vom Bundesverkehrsminister als Teil eines Tarifs erlassenen BefBMö (Anh. IV nach § 452) und die KVO und KVORb (Anh. II nach § 452), die nach § 106 Abs. 2 GüKG als Teil des Reichskraftwagentarifs als aufgrund des § 20a GüKG erlassenen gelten. **Anm. 1**

2. § 20 Abs. 2 S. 1 erweitert die Geltung des Tarifrechts auf den Vertrag zwischen Spediteur und Versender, wenn das Gut im Güterfernverkehr befördert wird, Dies bedeutet, daß der Spediteur seinem Versender die von ihm an den KVO-Frachtführer zu zahlende Tariffracht in Rechnung zu stellen hat. Dies bereitet im Einzelfall, – besonders bei der Sammelladungsspedition – Schwierigkeiten; siehe dazu § 20 Abs. 2 S. 2 GüKG und Hein/Eichhoff u.a. Anm. 14ff. zu § 20 GüKG. **Anm. 2**

Auch die Nach- und Rückforderungsregelungen des § 23 GüKG finden zwischen Spediteur und Versender Anwendung.

Die Anwendbarkeit der Tarife würde formal auch bedeuten, daß die KVO zwischen dem Spediteur und dessen Auftraggeber (Versender) Anwendung fände, da diese nach § 20 Abs. 1 GüKG Bestandteil des Tarifs ist. Der Zweck des § 20 Abs. 2 besteht jedoch ausschließlich darin, die Aushöhlung der Tarife durch Spediteure zu verhindern. An eine Einführung zwingenden Güterfernverkehrsrechts in die speditionsrechtlichen Rechtsbeziehungen zwischen Versender und Spediteur war dagegen niemals gedacht. Daher untersteht der Speditionsvertrag, auch wenn das Gut im Güterfernverkehr befördert wird, nach wie vor den Grundsätzen der Vertragsfreiheit. Siehe im übrigen Anm. 9a zu § 1 KVO, Anh. II nach § 452.

Im Spediteursammelgutverkehr ist die Kundensatz-VO (siehe Anm. 15 zu § 413) inzwischen aufgehoben und durch eine Preisempfehlung des Bundesverbandes Spedition und Lagerei gem. § 99 Abs. 2 Nr. 5 GWB ersetzt. Der Text dieser Empfehlung ist in laufend ergänzter Fassung veröffentlicht bei Krien, Speditions- und Lagerrecht, Nr. 3141.

Soweit der Spediteur die Beförderung im Selbsteintritt selbst ausführt, ist allerdings Frachtrecht anzuwenden; siehe dazu im einzelnen Anm. 9a zu § 1 KVO sowie Anm. 6 zu § 412 und Anm. 13, 14 zu § 413 sowie Bartels, VersR 1975, 598f. und Helm, VersR 1976, 601f.

§ 20a

(1) Die Frachtsätze und alle anderen zur Bestimmung des Beförderungsentgelts notwendigen Angaben des Tarifs werden von Tarifkommissionen festgesetzt.

(2) Die Beschlüsse der Tarifkommissionen nach Absatz 1 bedürfen der Genehmigung des Bundesministers für Verkehr. Er entscheidet im Einvernehmen mit dem Bundesminister für Wirtschaft.

(3) Der Bundesminister für Verkehr soll, wenn er nicht vorher entscheidet, sich innerhalb von drei Wochen nach Eingang des Beschlusses gegenüber der Tarifkommission äußern und innerhalb von zwei Monaten nach Eingang des Beschlusses über die Genehmigung entscheiden.

(4) Der Bundesminister für Verkehr kann im Einvernehmen mit dem Bundesminister für Wirtschaft an Stelle der Tarifkommission Frachtsätze und andere in Absatz 1 genannte Angaben festsetzen, wenn das allgemeine Wohl es erfordert.

(5) Alle anderen für den Beförderungsvertrag maßgebenden Beförderungsbedingungen werden vom Bundesminister für Verkehr festgesetzt.

(6) Die nach diesen Vorschriften festgesetzten und genehmigten Tarife erläßt der Bundesminister für Verkehr durch Rechtsverordnung ohne Zustimmung des Bundesrates. Er kann Rechtsverordnungen, die Frachtsätze und andere in Absatz 1 genannte Angaben enthalten, aufheben, wenn das allgemeine Wohl es erfordert; er bedarf hierzu des Einvernehmens mit dem Bundesminister für Wirtschaft.

Anm. Siehe die Anm. zu § 20 GüKG.

§ 21

(1) Es werden Tarifkommissionen gebildet für
1. den allgemeinen Güterfernverkehr und den Bezirksgüterfernverkehr und
2. den Möbelverkehr.

An Stelle dieser Tarifkommissionen kann eine gemeinsame Tarifkommission gebildet werden.

(2) Die Tarifkommissionen setzen sich aus Tarifsachverständigen der beteiligten Zweige des Güterfernverkehrs zusammen. Die Mitglieder der Tarifkommissionen und ihre Stellvertreter werden vom Bundesminister für Verkehr auf die Dauer von drei Jahren aus dem Kreise der Personen berufen, die ihm von Angehörigen oder Verbänden des Güterfernverkehrsgewerbes vorgeschlagen werden. § 62 Abs. 4 und 5 ist entsprechend anzuwenden. Die Mitglieder der Tarifkommissionen sind ehrenamtlich tätig; sie sind nicht an Aufträge oder Weisungen gebunden.

§ 21a

(1) Bei jeder Tarifkommission wird ein beratender Ausschuß gebildet.

(2) Die beratenden Ausschüsse setzen sich aus Vertretern der Verlader zusammen. Die Mitglieder dieser Ausschüsse und ihre Stellvertreter werden von der Industrie und dem Handel, von der Spedition, dem Handwerk und der Agrarwirtschaft vorgeschlagen. Im übrigen ist § 21 Abs. 2 Satz 2 bis 4 entsprechend anzuwenden.

(3) Die Tarifkommissionen haben ihren beratenden Ausschüssen vor jeder Sitzung, in der über die Festsetzung von Tarifen beschlossen werden soll, nach Maßgabe der Geschäftsordnung Gelegenheit zur Stellungnahme zu geben.

§ 21b

(1) Der Bundesminister für Verkehr errichtet die Tarifkommissionen und ihre beratenden Ausschüsse und bestimmt ihre Zusammensetzung und ihren Aufbau sowie den Sitz der Tarifkommissionen durch Rechtsverordnung ohne Zustimmung des Bundesrates.

(2) Die Tarifkommissionen und ihre beratenden Ausschüsse geben sich Geschäftsordnungen, die der Genehmigung des Bundesministers für Verkehr bedürfen.

(3) Der Bundesminister für Verkehr ist berechtigt, an den Sitzungen der Tarifkommissionen und ihrer beratenden Ausschüsse teilzunehmen oder sich vertreten zu lassen. Er kann Bedienstete der Bundesanstalt für den Güterfernverkehr als Beauftragte entsenden.

§ 22

(1) Die Beförderungsentgelte sollen den wirtschaftlichen Verhältnissen der Unternehmer des Güterkraftverkehrsgewerbes Rechnung tragen; sie sind Mindest-Höchstentgelte, falls in dem Tarif nichts anderes bestimmt ist. Bei Festsetzung der Beförderungsentgelte sind unbillige Benachteiligungen landwirtschaftlicher und mittelständischer Wirtschaftskreise sowie wirtschaftlich schwacher und verkehrsungünstig gelegener Gebiete zu verhindern.

(2) Ermäßigungen des Beförderungsentgelts und andere Vergünstigungen, die nicht veröffentlicht worden sind und nicht unter gleichen Bedingungen jedermann zugute kommen, sind unzulässig. Unzulässig sind ferner Zahlungen oder andere Zuwendungen, die einer Umgehung des tarifmäßigen Beförderungsentgelts gleichkommen.

(3) Die rechtliche Wirksamkeit des Beförderungsvertrages wird durch tarifwidrige Abreden nicht berührt. Die Höhe des Beförderungsentgelts und die Beförderungsbedingungen richten sich auch in diesen Fällen nach den Bestimmungen des Tarifs.

Inhaltsübersicht

1. Grundsätzliche Bedeutung des § 22 Abs. 2, 3 GüKG Anm. 1
2. Fälle tarifwidriger Vergünstigungen Anm. 2
   a) Im Bereich des Entgelts
   b) Haftungserweiterungen Anm. 3
   c) Verkürzungen der Lieferfrist Anm. 4
   d) Unschädliche Sonderabreden Anm. 5
3. Tarifrecht und grenzüberschreitender Verkehr Anm. 6
   a) Beförderungsentgelte Anm. 7
   b) Beförderungsbedingungen Anm. 8
4. Anwendbarkeit der §§ 22, 23 auf Spediteure Anm. 9
5. Anwendbarkeit des § 22 im Güternahverkehr und Güterliniennahverkehr Anm. 10

1. Grundsätzliche Bedeutung des § 22 Abs. 2, 3 GüKG **Anm. 1**

Die Abs. 2, 3 regeln die Frage, welche Abreden im Zusammenhang mit Frachtverträgen im Güterfernverkehr tarifwidrig sind (Abs. 2) und welche Auswirkungen die Tarifwidrigkeit auf die Wirksamkeit und den Inhalt des Frachtvertrages hat (Abs. 3). Es sind nicht nur Umgehungen der Tarife hinsichtlich des Entgelts unzulässig (Abs. 2 S. 2), sondern auch alle anderen Vergünstigungen, die der Beförderungsunternehmer gewährt, sofern sie nur eine gewisse wirtschaftliche oder die Wettbewerbssituation beeinträchtigende Bedeutung haben. Entscheidend ist, ob sich die betreffenden Verhaltensweisen wirtschaftlich als Tarifunter- oder -überschreitung darstellen. Dies ist in der Rechtsprechung unstreitig. BGH v. 3. 3. 1960, VersR 1960, 435 (437) = LM GüKG Nr. 9 = NJW 1960, 1057; v. 22. 11. 1962, VersR 1963, 156 (157); v. 26. 11. 1971, NJW 1972, 390 = LM GüKG Nr. 42. Die Auswirkung tarifwidriger Vergünstigungen besteht nach § 22 Abs. 3 GüKG nicht in der Nichtigkeit des Frachtvertrages. Dieser bleibt vielmehr voll wirksam; anstelle der tarifwidrigen Abrede gilt jedoch der tarifmäßige Inhalt des Vertrages als vereinbart. Dies hängt nicht davon ab, ob der Frachtführer eine Güterfernverkehrsgenehmigung besitzt. Abs. 3 S. 2 stellt auch klar, daß sich die maßgeblichen Beförderungsbedingungen gegenüber anderweitigen Abreden stets durchsetzen. Der Gefahr, daß die ungültigen Abreden zwischen den Parteien aus wirtschaftlichen Gründen als wirksam behandelt werden, wirkt § 23 GüKG mit dem Übergang der Rück- und Nachforderungsansprüche auf die Bundesanstalt für den Güterfernverkehr entgegen. Tarifverstöße werden ferner als Ordnungswidrigkeiten mit Bußgeld geahndet (§ 98 GüKG).

§§ 22a, 24 GüKG gestatten für bestimmte Ausnahmefälle im innerdeutschen Seehafenverkehr dem Güterfernverkehrsunternehmer, hinsichtlich der Entgelte Sonderabmachungen zu treffen. Inwieweit hiernach auch zwingende Beförderungsbedingungen (KVO, BefBMö) abbedungen werden können, ist zweifelhaft; siehe dazu die Anm. zu § 22a GüKG.

An die Stelle des tarifwidrigen vereinbarten Entgelts tritt nach § 22 Abs. 3 S. 2 das Tarifentgelt. Bei Tarifunterschreitung ist dies das niedrigste zulässige Tarifentgelt, wobei allerdings die Wahl der Tarifarten zwischen den Parteien verbindlich sein kann; BGH v. 27. 9. 1967, DB 1968, 127; v. 11. 12. 1968, DB 1969, 2030; v. 12. 6. 1964, LM GüKG Nr. 21 = VersR 1964, 970 = DB 1964, 1554; v. 17. 1. 1968, LM GüKG Nr. 29 = DB 1968, 610. Beim Margentarif ist „Tarifentgelt" im Falle der Überschreitung die Obergrenze, im Falle der Unterschreitung die Untergrenze des Tarifs; Balfanz/von Tegelen Anm. 7 zu § 22 GüKG. Zur Rechtslage bei tarifwidrigen Rahmenverträgen siehe Anm. 55 zu § 425 HGB. Siehe zum Verbot der Haftungsfreizeichnung § 26 GüKG und die dortigen Anmerkungen.

Das GüKG ist nicht Schutzgesetz i. S. § 823 Abs. 2 BGB zugunsten des Güterfernverkehrsunternehmers; BGH v. 30. 1. 1964, VersR 1964, 479 (481 f.) = LM Nr. 37 zu § 823 BGB.

Anm. 2

2. Fälle tarifwidriger Vergünstigungen

a) Im Bereich des Entgelts

Abgesehen vom Fall der offenen Tarifunterschreitung gibt es zahlreiche Möglichkeiten, auf mehr oder weniger versteckte Weise dem Auftraggeber oder anderen Personen finanzielle Vorteile zukommen zu lassen. Hierzu gehören insbesondere: Die Frachtberechnung aufgrund unrichtiger Gewichts-, Orts- oder Warenklassenangabe (BGH v. 15. 4. 1957, VersR 1960, 369 f. = LM GüKG Nr. 1); die Nichteintreibung oder unangemessene Stundung eines Teils der Fracht; versteckte Rabatte in Provisionen an Frachtvermittler u. ä. (siehe zur tarifwidrigen „Vorlageprovision" an den Abfertigungsspediteur BGH v. 22. 10. 1959, VersR 1960, 28 (29), in BGHZ 31, 88 insoweit nicht abgedruckt; BGH v. 5. 6. 1968, VersR 1968, 763 (764); v. 9. 7. 1969, LM GüKG Nr. 36.

Tarifwidrige Vergünstigung ist auch die Rückzahlung eines Teils des richtig berechneten und gezahlten Tarifentgelts; BGH v. 3. 11. 1959, NJW 1960, 284 = LM § 1 UWG Nr. 90a (Baukostenzuschüsse an Verlader); vom 7. 4. 1960, VersR 1960,

508 (Rückvergütung durch Warenlieferung); und v. 29. 9. 1963, VersR 1963, 1118ff.; BGH v. 3. 3. 1960, VersR 1960, 435 (437) = LM GüKG Nr. 9 = NJW 1960, 1057ff.; BGH v. 26. 10. 1961, VersR 1961, 1007 (1008); v. 30. 1. 1964, VersR 1964, 479, auch an eine wirtschaftlich mit dem Absender identische, aber rechtlich selbständige Gesellschaft; zum Abzug von Vermittlungsprovisionen durch eine Genossenschaft von Verladern siehe BVerwG v. 2. 6. 1976, NJW 1976, 2140f.; siehe ferner § 32 GüKG; Zahlung von Schmiergeldern an Angestellte von Auftraggebern, BGH v. 29. 10. 1962, BGHZ 38, 171 (174ff.) = VersR 1962, 1197 = LM GüKG Nr. 16. Siehe zur Zahlung von Schmiergeldern und Gewinnausschüttungen an Verlader, die am Kraftverkehrsunternehmen als Gesellschafter beteiligt sind: BGH v. 16. 3. 1967, NJW 1967, 1322 = LM GüKG Nr. 25.

Zur formellen gesellschaftsrechtlichen Beteiligung eines Verladers am Kraftverkehrsunternehmen siehe BGH v. 3. 3. 1960, VersR 1960, 435ff. = LM GüKG Nr. 9 = NJW 1960, 1056ff.; v. 22. 11. 1962, VersR 1962, 166ff.; v. 15. 6. 1970, LM Nr. 39 GüKG = WM 1970, 1219ff. Zur Aufrechnung mit Gegenforderungen des Absenders siehe BGH v. 29. 3. 1968, LM GüKG Nr. 32 = VersR 1968, 489 (490).

Siehe zur Übersicht über die Fälle der tarifwidrigen Vergünstigung Konow, DB 1970, 2109ff.; Hein/Eichhoff/Pukall/Krien, Anm. 10 zu § 22. Zur Gewährung von Zahlungszielen als tarifwidrige Vergünstigung siehe Gilmer, Deutsche Verkehrszeitung vom 5. 2. 1977, S. 10.

Umstritten ist, ob der unangemessen niedrige Ansatz von Nebengebühren, für die nur Höchsttarife bestehen, eine unzulässige Vergünstigung sein kann. Dies wird vom Bundesaufsichtsamt in ständiger Praxis angenommen und auch in der Literatur teilweise bejaht; siehe dazu Hein/Eichhoff u. a. Anm. 10 zu § 22 GüKG; dagegen unter Berufung auf den Grundsatz der Gesetzmäßigkeit der Verwaltung und der Bestimmtheit der Tatbestände Balfanz/von Tegelen Anm. 2 zu § 22 GüKG. Die Frage wird offengelassen vom BGH im Urt. v. 3. 11. 1959, NJW 1960, 284 = LM § 1 UWG Nr. 90a. Rechtsprechung des BGH liegt, soweit ersichtlich, bisher nicht vor.

Siehe zum Nachforderungsanspruch Anm. 2 zu § 23.

b) Haftungserweiterungen **Anm. 3**

In Rechtsprechung und Literatur ist anerkannt, daß eine Haftungserweiterung nach § 22 Abs. 2 mehr Leistung für das gleiche Entgelt, also eine Tarifunterschreitung darstellen kann. BGH v. 30. 4. 1959, VersR 1959, 502 (503) = LM KVO Nr. 10 = NJW 1959, 1368; Voigt, VP 1960, 183; siehe auch den Beitrag ohne Verfasserangabe in der Deutschen Verkehrszeitung vom 2. 8. 1977 (Übernahme einer erhöhten Haftung für Bruchschäden entgegen § 30e KVO). Haftungseinschränkungen sind ohnehin nach § 26 GüKG unzulässig.

c) Verkürzungen der Lieferfrist **Anm. 4**

Da die Lieferfristregelung des § 26 KVO wegen der teilweise den wirtschaftlichen Verhältnissen nicht entsprechenden langen Lieferfristen für die Verlader eine Belastung darstellt, werden häufig im Einzelfall verkürzte Lieferfristen bzw. Termine vereinbart. Auch dies stellt nach Rechtsprechung und Literatur eine tarifwidrige Abrede dar, so daß bei Einhaltung der in der KVO vorgesehenen Lieferfristen der Verstoß gegen Spezialabreden mit dem Auftraggeber keinen Schadensersatzanspruch des Auftraggebers begründet. Siehe hierzu Anm. 1 zu § 26 KVO; ferner BGH v. 8. 2. 1960, VersR 1960, 304; v. 3. 10. 1963, VersR 1963, 1120 (1121); v. 10. 1. 1968, VersR 1968, 291 (298); Hein/Eichhoff u. a., Anm. 10 zu § 22 GüKG, Anm. 2 zu § 26 GüKG; Balfanz/von Tegelen Anm. zu § 26 GüKG; Guelde/Willenberg, KVO Anm. 12, 13 zu § 26.

Anm. 5 **d) Unschädliche Sonderabreden**

Nicht jede Abweichung von der KVO ist ohne weiteres unwirksam. Vielmehr können z. B. Abreden zwischen Güterfernverkehrsunternehmer und Dritten, z. B. mit dem Eigentümer oder Versender der Güter, wirksam getroffen werden, wenn sie keine tarifwidrigen Vergünstigungen enthalten. Dies hat der BGH mit Urt. v. 15. 10. 1959, VersR 1959, 983 (984) = LM GüKG Nr. 5 = NJW 1960, 39f. zu Recht bestätigt für eine Vereinbarung zwischen Ladungseigentümer und Frachtführer über die Auslieferung an bestimmte Empfänger.

Anm. 6 **3. Tarifrecht und grenzüberschreitender Verkehr**

Für den grenzüberschreitenden Verkehr ist die Rechtslage für Beförderungsentgelte und Vertragsbedingungen unterschiedlich geregelt. Sie unterscheidet sich bei ersteren auch dadurch, ob der Transport dem EWG-Recht untersteht oder nicht.

Anm. 7 **a) Beförderungsentgelte**

Innerhalb der EWG unterliegen Kfz-Beförderungsleistungen dem einheitlichen Margentarif der EWG-VO Nr. 1174/68 (BGBl. 1969 I, S. 1209; abgedruckt bei Hein/Eichhoff u. a. J 220). Die EWG-Tarife können sich nach Art. 1 der VO auch auf Teilstrecken im Transit durch Drittländer erstrecken. Soweit EWG-Tarifrecht anzuwenden ist, gilt das deutsche Tarifrecht nicht. § 22 GüKG ist an sich anzuwenden; doch gilt für den grenzüberschreitenden Verkehr nach § 23 Abs. 5 GüKG der Forderungsübergang auf die Bundesanstalt für den Güterfernverkehr grundsätzlich nicht, so daß die Tarife nur durch das Ordnungswidrigkeitsverfahren nach § 99a GüKG erzwungen werden; siehe im übrigen § 97aff. GüKG.

Im Verkehr mit Nicht-EWG-Ländern sind dagegen die §§ 22, 23 voll anzuwenden. Für die Auslandsstrecken muß, falls solches vorhanden ist, zwingendes ausländisches Tarifrecht angewendet werden. Anderenfalls ist vom Unternehmer für den ausländischen Streckenanteil ein angemessenes Entgelt anzusetzen; deutsches Tarifrecht braucht nicht angewendet zu werden (BayObLG, Beschl. v. 22. 7. 1966, BB 1967, 858). Wird das Entgelt für die Auslandsstrecke unangemessen niedrig angesetzt, so liegt darin eine unzulässige Vergünstigung i. S. von § 33 Abs. 2 S. 1 GüKG (BayObLG, a. a. O.; BGH v. 26. 11. 1971, NJW 1972, 390 = LM GüKG Nr. 42). Hierin liegt, wie der BGH mit Recht bemerkt, keine Erstreckung deutschen Tarifs auf fremdes Hoheitsgebiet, sondern nur eine Absicherung des deutschen Tarifzwangs gegen Umgehungen; siehe ferner Balfanz/von Tegelen Anm. 6 zu § 22 GüKG mit weiteren Nachweisen; ebenso Konow, DB 1970, 2111.

Anm. 8 **b) Beförderungsbedingungen**

Im grenzüberschreitenden Verkehr gilt die CMR. Da diese nach ihrem Art. 1 bereits anzuwenden ist, wenn nur Ausgangs- oder Endpunkt der Kfz-Beförderung in einem Mitgliedsland liegen, ist praktisch der gesamte Deutschland berührende Kfz-Verkehr der CMR unterworfen; siehe Art. 1 CMR Anh. III nach § 452 und die dortige Kommentierung.

Anm. 9 **4. Anwendbarkeit der § 22, 23 auf Spediteure**

§§ 22, 23 GüKG sind voll anwendbar, soweit der Spediteur im Selbsteintritt Güterfernbeförderungsleistungen erbringt; Beispielsfall BGH v. 25. 10. 1962, BGHZ 38, 150ff.; siehe zum Selbsteintritt die Anmerkungen zu § 412 HGB.

Soweit der Spediteur nur die Versendung durch einen anderen Unternehmer in eigenem Namen für Rechnung des Versenders besorgt, ist nach § 20 Abs. 2 GüKG das Tarifrecht ebenfalls maßgeblich; siehe Anm. 2 zu § 20 GüKG. Es kann auch davon ausgegangen werden, daß § 22 Abs. 3 anzuwenden ist, so daß der Spediteur vom Versender grundsätzlich das tariflich festgelegte Entgelt fordern kann. Allerdings regelt das Gesetz die Frage, ob der Tarif hier die gleiche zwingende Wirkung haben soll, nicht eindeutig. Der BGH hat freilich in mehreren Urteilen, teilweise noch zum früheren § 21 Abs. 2 GüKG, mit ausführlicher Begründung die Auffassung vertreten, der Spediteur könne und müsse vom Versender im Falle der Tarifunterschreitung die Frachtdifferenz zwischen der mit dem Versender vereinbarten niedrigen und der höheren Tariffracht nachfordern, auch wenn der Spediteur den Betrag nicht an den Frachtführer gezahlt habe; siehe dazu BGH v. 15. 4. 1957, VersR 1957, 369f. = LM GüKG Nr. 1 = MDR 1958, 907f.; v. 4. 7. 1957, VersR 1957, 527 (528) für einen Fall der Spedition zu festen Kosten; zustimmend Hein/Eichhoff u. a. Anm. 16 zu § 22 GüKG; für § 22 auch Balfanz/von Tegelen Anm. 3 zu § 23 GüKG. Dagegen sind erhebliche Bedenken geltend zu machen. Der Schutz der Bundesbahn als anerkannter Zweck des GüKG erfordert eine derartige erweiternde Auslegung der Vorschriften nicht. Wird der Tarifverstoß aufgedeckt, so kann und muß der Güterkraftverkehrsunternehmer vom Spediteur die Differenz nachfordern. Damit ist dem Wettbewerb Genüge getan. Hat der Spediteur die Versendung zu tarifwidrigen Bedingungen versprochen, so ist es sein Risiko, ob er die Differenz vom Versender erstattet verlangen kann. Folgt man dennoch der Rechtsprechung des BGH, so bleibt in Fällen, in denen der Spediteur den Versender vorsätzlich oder fahrlässig getäuscht hat, mindestens ein Ersatzanspruch des Versenders aus Verschulden bei Vertragsschluß. Dieser setzt allerdings voraus, daß dem Versender überhaupt ein Schaden entstanden ist, was eine billigere legale Beförderungsmöglichkeit oder einen wirtschaftlich gerechtfertigten Verzicht auf die Beförderung überhaupt als Alternative voraussetzt.

5. Anwendbarkeit des § 22 im Güternahverkehr und Güterliniennahverkehr **Anm. 10**

§ 22 Abs. 1 S. 1 und die Absätze 2 und 3 gelten gemäß § 84 GüKG auch im Güternahverkehr; der gesamte § 22 ist nach § 90 Abs. 1 S. 3 GüKG auf den Güterliniennahverkehr anzuwenden. Der Tarifzwang ist nicht verfassungswidrig, siehe BVerfG, Beschl. vom 23. 7. 1970, 1 Bv 130/69; BVerwG vom 28. 3. 1969, BVerwGE 31, 359 (367); zuletzt BVerwG vom 2. 6. 1976, NJW 1976, 2140 mit weiteren Hinweisen.

Im Güternahverkehr ist somit ebenfalls das Tarifentgelt zwingend vorgeschrieben. Der Unternehmer kann bei Abschluß unter Tarif die Differenz nachfordern; siehe eingehend BGH vom 3. 4. 1975, LM Nr. 15 zu GNT = MDR 1975, 732f. Diesem Nachforderungsanspruch gegenüber kann der Kunde in begrenztem Umfang den Arglisteinwand geltend machen, wenn er vom Unternehmer getäuscht worden ist; siehe dazu Anm. 3 zu § 23 GüKG. Da § 23 GüKG nicht für anwendbar erklärt ist, wird im Nahverkehr die Einhaltung der Tarife nur durch das Ordnungswidrigkeitsverfahren sanktioniert (§ 98 Ziff. 1 GüKG).

Bei der Bestimmung der Vertragsinhalte besteht demgegenüber Vertragsfreiheit, da sich das Tarifrecht über die Entgeltfrage nicht hinaus erstreckt; siehe dazu Anm. 14 zu § 425.

§ 22a

(1) Für die Beförderung von Gütern von und nach deutschen Seehäfen, die über See eingeführt worden sind oder über See ausgeführt werden, kann der Unternehmer ohne Bindung an die Tarife Entgelte mit dem Absender schriftlich vereinbaren (Sonderabmachungen). Solche Sonderabmachungen sind nur zulässig,

1. wenn Umstände vorliegen, die bei der Festsetzung der Tarife nicht berücksichtigt worden sind, insbesondere, wenn der Wettbewerb gegenüber anderen Verkehrs-

wegen oder Verkehrsträgern eine Sonderabmachung erfordert und ihm durch einen Wettbewerbstarif nicht Rechnung getragen wird, und

2. wenn die Sonderabmachung eine Gütermenge von mindestens 500 Tonnen in drei Monaten in derselben Verkehrsverbindung oder für denselben Urversender oder für denselben Empfänger umfaßt, und

3. wenn die Sonderabmachung das finanzielle Betriebsergebnis des Unternehmers erhält oder verbessert.

(2) Der Unternehmer hat die Sonderabmachung unverzüglich nach ihrem Abschluß der Bundesanstalt für den Güterfernverkehr (§ 53) mitzuteilen; er hat zusammen mit der Sonderabmachung alle Unterlagen vorzulegen, die den Abschluß sowie die vereinbarten Beförderungsentgelte rechtfertigen.

(3) Sonderabmachungen werden spätestens drei Monate nach Inkrafttreten eines Wettbewerbstarifs nach Absatz 1 Nr. 1 unwirksam.

(4) Ist der Markt für die Beförderung bestimmter Güter in bestimmten Verkehrsverbindungen gestört, so kann der Bundesminister für Verkehr durch Rechtsverordnung ohne Zustimmung des Bundesrates bestimmen, daß in diesen Fällen der Abschluß von Sonderabmachungen längstens für die Dauer eines Jahres der vorherigen Genehmigung des Bundesministers für Verkehr bedarf. Der Markt gilt insbesondere dann als gestört, wenn die durchschnittliche Höhe der während eines Kalenderjahres erhobenen Beförderungsentgelte nicht ausreicht, um die Rentabilität eines ordnungsgemäß geführten und normal beschäftigten Verkehrsunternehmens zu gewährleisten.

Anm. Die im deutschen Seehafenverkehr zulässigen und nach § 24 GüKG bekanntzumachenden Sonderabmachungen sind nach der Fassung des § 22a unstreitig für den Entgeltbereich zulässig. Aus § 24 Nr. 8 GüKG ergibt sich jedoch, daß auch Abweichungen in den Beförderungsbedingungen durch § 22a gedeckt sein können (so zutreffend Balfanz/von Tegelen Anm. 3 zu § 22a; Anm. zu § 24 GüKG.

Daher dürfte z. B. eine Straffung der Lieferfrist des § 26 KVO zulässig sein. § 22a stellt, systematisch gesehen, eine Ausnahme zu § 22 GüKG dar. Soweit eine zulässige Sonderabmachung nach § 22a vorliegt, gilt diese anstelle der Tarife. § 26 GüKG wird durch § 22a dagegen nicht berührt. Eine Haftungserleichterung oder -ausschließung der nach KVO bzw. BefBMö bestehenden Haftung des Unternehmers ist daher auch im Seehafenverkehr als unwirksam zu betrachten.

§ 23

(1) Ist Beförderungsentgelt unter Tarif berechnet, so hat der Unternehmer den Unterschiedsbetrag zwischen dem tarifmäßigen und dem tatsächlich berechneten Entgelt nachzufordern und erforderlichenfalls gerichtlich geltend zu machen und im Wege der Zwangsvollstreckung beizutreiben. Kommt der Unternehmer dieser Verpflichtung innerhalb einer von der Bundesanstalt für den Güterfernverkehr (§ 53) festzusetzenden angemessenen Frist nicht nach, so geht die Forderung auf die Bundesanstalt über, die das zuwenig berechnete Entgelt im eigenen Namen einzuziehen hat. In diesem Falle führt sie an Stelle des Unternehmers die in dem Unterschiedsbetrag enthaltene Umsatzsteuer an das für sie zuständige Finanzamt ab; die Unterschiedsberechnung gilt für den Vorsteuerabzug nach § 15 Abs. 1 des Umsatzsteuergesetzes 1973 als Rechnung des Unternehmers, wenn in ihr der Steuerbetrag gesondert ausgewiesen ist.

(2) Ist Beförderungsentgelt über Tarif berechnet oder sind andere tarifwidrige Zahlungen oder Zuwendungen geleistet, so muß der Leistende diese zurückfordern

und erforderlichenfalls gerichtlich geltend machen und im Wege der Zwangsvollstreckung beitreiben. Kommt der Leistende dieser Verpflichtung innerhalb einer von der Bundesanstalt festzusetzenden angemessenen Frist nicht nach, so geht die Forderung auf die Bundesanstalt über, die das zuviel berechnete Entgelt im eigenen Namen einzuziehen hat. Bei Zuwendungen, die nicht in Geld bestehen, ist der dem Wert der Zuwendung entsprechende Geldbetrag einzuziehen. § 817 Satz 2 des Bürgerlichen Gesetzbuches ist nicht anzuwenden.

(3) Hat ein nach den Absätzen 1 oder 2 Forderungsberechtigter vorsätzlich gehandelt, so geht die Forderung in dem Zeitpunkt auf die Bundesanstalt über, in dem diese dem Schuldner den Übergang mitteilt, im Falle des Konkurses eines Forderungsberechtigten jedoch nur, soweit die Forderung nicht zur Befriedigung der Gläubiger erforderlich ist. Tritt der Konkurs erst innerhalb von drei Monaten nach dem Forderungsübergang ein, so kann der Konkursverwalter verlangen, daß die Bundesanstalt einen entsprechenden Teil der Forderung oder, falls diese bereits eingezogen ist, des Erlöses auf ihn zurücküberträgt.

(4) Der Bundesminister für Verkehr bestimmt durch Rechtsverordnung ohne Zustimmung des Bundesrates die Form, in der die nach Absatz 1 Satz 1 und Absatz 2 Satz 1 Berechtigten die Einziehung nach- oder zurückzufordernder Geldbeträge nachzuweisen haben.

(5) Die Absätze 1 bis 3 finden auf Beförderungen im grenzüberschreitenden Güterkraftverkehr keine Anwendung. Der Bundesminister für Verkehr kann jedoch durch Rechtsverordnung ohne Zustimmung des Bundesrates bestimmen, daß die Absätze 1 bis 3 auf Beförderungen im grenzüberschreitenden Güterkraftverkehr ganz oder teilweise Anwendung finden, wenn das Recht, das an dem außerhalb des Geltungsbereichs dieses Gesetzes liegenden Be- oder Entladeort gilt, entsprechende Bestimmungen enthält.

Inhaltsübersicht

1. Grundsätzliche Bedeutung des § 23 — Anm. 1
2. Nachforderungsansprüche bei nicht vorsätzlicher Tarifunterschreitung (§ 23 Abs. 1) — Anm. 2
   a) Nachforderungen durch den Unternehmer
      aa) Nachforderungsanspruch
      bb) Arglisteinwand — Anm. 3
   b) Der Übergang der Ansprüche auf die Bundesanstalt — Anm. 4
3. Rückforderungsansprüche bei nicht-vorsätzlicher Tarifüberschreitung (§ 23 Abs. 2) — Anm. 5
   a) Rückforderung durch den Leistenden
   b) Übergang des Rückforderungsanspruches auf die Bundesanstalt (§ 23 Abs. 2 S. 2) — Anm. 6
4. Übergang der Nach- und Rückforderungsansprüche auf die Bundesanstalt bei vorsätzlicher Tarifwidrigkeit (§ 23 Abs. 3) — Anm. 7
   a) Grundsätzliches
   b) Vorsatz — Anm. 8
5. Anwendbarkeit des § 23 im Verhältnis zum Versender bei Einschaltung eines Spediteurs — Anm. 9

1. Grundsätzliche Bedeutung des § 23 Anm. 1

§ 23 GüKG dient der Durchsetzung des zwingenden Tarifrechts. Die Bundesanstalt für den Güterfernverkehr hat nach Maßgabe des § 54 Abs. 1 GüKG sowie der VO über die Tarifüberwachung im Güterfernverkehr, in der Fassung vom 7. Juli 1973, BGBl I, 573, Abschn. III (§§ 11 ff.), abgedruckt bei Hein/Eichhoff u. a., C 175, dafür Sorge zu tragen, daß die am Beförderungsvertrag Beteiligten Tarife und Beförderungsbedingungen einhalten. Neben dem Ordnungswidrigkeitsverfahren (§§ 98 ff. GüKG) bedient sich das GüKG einer gemischt öffentlichrechtlich-zivilrechtlichen Methode der Korrektur von Tarifverletzungen. § 23 sieht vor, daß die Bundesanstalt durch privatrechtsgestaltende Verwaltungsakte einen Übergang von Rück- oder Nachforderungsansprüchen auf die Bundesanstalt bewirken kann. Gem. § 412 BGB hat diese öffentlich-rechtlich bewirkte Überleitung der Ansprüche die Wirkung einer Abtretung mit der Folge der Anwendbarkeit der bürgerlichrechtlichen Vorschriften über die Abtretung; BGH vom 27. 9. 1955, Güterverkehr 1956, 40 = WM 1955, 1614 = VRS 9, 443; BGH vom 22. 10. 1959, BGHZ 31, 88 (90f.) = NJW 1960, 335 = LM Nr. 6 zu GüKG = VersR 1960, 28; BGH vom 29. 10. 1962, BGHZ 38, 171 (178ff.) = LM GüKG Nr. 16 = NJW 1963, 102ff. = VersR 1962, 1197 (1199); BVerwG vom 5. 5. 1959, BVerwGE 8, 283 (285). Die Bundesanstalt kann somit nicht mehr Rechte geltend machen, als dem betreffenden Rechtsvorgänger nach Privatrecht zustanden. Der Verwaltungsakt der Überleitung hat keinen Einfluß auf die Existenz oder die Höhe der Ansprüche; BVerwG, a. a. O., S. 284f.; Balfanz/von Tegelen, Anm. 6 zu § 23 mit Hinweisen auf die Rechtsprechung der Oberlandesgerichte. Auch der bürgerlichrechtliche Rechtscharakter der übergeleiteten Ansprüche ändert sich nicht; BGH vom 20. 3. 1975, BGHZ 64, 159 (162) = NJW 1975, 1283 = WM 1975, 523 = MDR 1975, 650. Allerdings muß berücksichtigt werden, daß in den Inhalt der privatrechtlichen Beförderungsverträge bereits durch § 22 Abs. 3 GüKG eingegriffen wird. Denn das geschuldete Entgelt und damit sowohl Nachzahlungs- wie Rückzahlungsansprüche bestimmen sich nach zwingendem Tarifrecht.

Die Frage, ob ein Tarifverstoß vorliegt und ob danach ein Nach- oder Rückforderungsanspruch gegeben ist, bestimmt sich nach § 22 GÜKG; siehe daher die dortige Kommentierung.

§ 23 GüKG unterscheidet zwischen drei Fällen des Tarifverstoßes, die unterschiedlich geregelt sind: Im Falle vorsätzlichen Tarifverstoßes kann die Bundesanstalt nach Abs. 3 die Ansprüche ohne vorherige Fristsetzung sofort überleiten. Es besteht daher keine Möglichkeit für die Beteiligten, die Nach- oder Rückforderungsansprüche noch selbst (und für eigene Rechnung) geltend zu machen. Der Unterschiedsbetrag wird hier in strafähnlicher Weise zugunsten der Bundesanstalt eingezogen. In den Fällen nicht-vorsätzlicher Tarifverletzung muß die Bundesanstalt dagegen bei Tarifunterschreitung nach § 23 Abs. 1 und bei Tarifüberschreitung nach Abs. 2 dem Forderungsberechtigten noch eine angemessene Frist setzen. Erst nach dem fruchtlosen Ablauf geht die Forderung auf die Bundesanstalt über. Vor Ablauf der Frist kann und muß noch der betreffende Forderungsberechtigte die Forderung selbst einziehen. Die Forderung verfällt dem staatlichen Zugriff also nur bei Untätigkeit des Forderungsberechtigten. Siehe dazu, in welcher Weise der Forderungsberechtigte die Geltendmachung nachzuweisen hat, § 23 Abs. 4 sowie § 11ff. der Verordnung über die Tarifüberwachung; Hein/Eichhoff u. a. Anm. 4, 8 zu § 23; Balfanz/von Tegelen Anm. 4 zu § 23 GüKG.

Zur problematischen Stellung des Nach- oder Rückfordernden im Falle der Streitverkündung an die Bundesanstalt bzw. bei deren Nebenintervention s. BGH v. 13. 12. 1968, VersR 1969, 151ff. Siehe zur Nichtanwendbarkeit des § 817 S. 2 BGB unten Anm. 2 und 5.

Anm. 2

2. Nachforderungsansprüche bei nicht vorsätzlicher Tarifunterschreitung

a) Nachforderung durch den Unternehmer

aa) Nachforderungsanspruch

§ 23 Abs. 1 S. 1 GüKG verpflichtet den Unternehmer, im Falle der Berechnung des Entgelts unter Tarif den Unterschiedsbetrag nachzufordern und die Forderung notfalls bis in die Zwangsvollstreckung durchzusetzen. Bei dieser Nachforderung handelt es sich im Regelfall um den frachtvertraglichen Entgeltanspruch. Allerdings gibt es auch Nachforderungsansprüche, die auf anderen Rechtsgrundlagen beruhen, wenn nämlich die Vergünstigung i.S. d. § 22 durch Umgehungsgeschäfte, z.B. tarifwidrige Ausschüttungen an Gesellschafter (siehe Anm. 2 zu § 22 GüKG) oder durch tarifwidrige Frachtrückzahlungen (BGH v. 21. 10. 1961, VersR 1961, 1007; v. 15. 12. 1965, VersR 1966, 157 (158)) bewirkt ist.

In solchen Fällen kann sich die Rückforderung unzulässiger Vergünstigungen insbesondere auf Bereicherungsrecht (§ 812 BGB, BGH v. 21. 10. 1961, a. a. O. oder § 817 S. 1 BGB, BGH v. 3. 3. 1960, VersR 1960, 435 (437) = LM GüKG Nr. 9 = NJW 1960, 1057ff.) gründen. Es handelt sich hierbei um Wertersatzansprüche; BGH v. 7. 4. 1960, VersR 1960, 508. Der Zahlungspflichtige kann sich den Nachzahlungs- und Wertersatzansprüchen gegenüber nicht auf § 817 S. 2 berufen, gleichgültig, ob diese Ansprüche auf die Bundesanstalt übergeleitet sind oder nicht; BGH a. a. O.

Nach richtiger Auffassung des BGH richten sich hierbei die Ansprüche nach § 23 Abs. 2 GüKG u. U. auch gegen dritte Empfänger; BGH v. 3. 3. 1960, VersR 1960, 435 (436); v. 7. 4. 1960, VersR 1960, 508 = NJW 1960, 1250; v. 21. 10. 1961, VersR 1961, 1107 (1108); v. 1. 12. 1965, VersR 1966, 134 (135). Entscheidend ist, daß die diesen Personen gewährten Vergünstigungen sich wirtschaftlich als dem Tarifsystem entgegenwirkende Leistungen darstellen; siehe dazu die in Anm. 2 § 22 GüKG angegebene Rechtsprechung.

Nachforderungsansprüche verjähren nach § 40 KVO in einem Jahr; BGH v. 3. 3. 1972, NJW 1972, 877 = LM GüKG Nr. 44. Die auf Bereicherungsrecht gegründeten Rückforderungsansprüche verjähren dagegen gem. § 195 BGB in 30 Jahren: BGH v. 21. 10. 1961, VersR 1961, 1107 (1108); v. 15. 12. 1965, VersR 1966, 157 (158).

bb) Arglisteinwand Anm. 3

Dem Nachforderungsanspruch des Frachtführers kann der Absender bzw. Empfänger u. U. den Einwand der Arglist entgegensetzen. So grundsätzlich BGH v. 27. 9. 1955, Betrieb 1955, 1163 = JZ 1959, 270 = WM 1955, 1614 = VRS 9, 443. Doch genügt die einfache vorsätzliche Tarifunterbietung durch den Unternehmer noch nicht dafür, daß damit dem Frachtschuldner der Arglisteinwand eröffnet ist; BGH a. a. O. Siehe ferner Balfanz/von Tegelen Anm. 11 zu § 23 mit zahlreichen Literatur- und Rechtsprechungsangaben. Eine analoge Anwendung des § 817 Abs. 2 BGB gegenüber vertraglichen Nachforderungsansprüchen kommt nicht in Betracht; BGH a. a. O. S. 40.

Das Problem kommt nicht nur im Güterfernverkehrsrecht, sondern vor allem auch bei der Güternahbeförderung in Betracht; siehe dazu § 84 GüKG.

Die aus Gründen des öffentlichen Interesses aufgestellte tarifliche Ordnung darf vom Frachtschuldner nicht ohne weiteres durch die Arglisteinrede beiseite geschoben werden. Dies scheint weitgehend unstreitig zu sein, insbesondere für den Fall beiderseitiger Kenntnis der Tarifwidrigkeit; BGH v. 7. 4. 1960, VersR 1960, 508 (509) = NJW 1960, 1250f.; v. 11. 12. 1968, VersR 1969, 273 (275) = LM GüKG Nr. 34; v. 28. 11. 1969, VersR 1970, 151 (152) = LM GüKG Nr. 37 = WM 1970, 695ff. = MDR 1970, 209f. (nicht einmal, wenn der Unternehmer die spätere Nachforderung im voraus eingeplant hatte, dringt der Arglisteinwand durch); vom 7. 12. 1973, MDR 1974, 379 = WM 1974, 262 (264). Auch für den Fall vorsätzlicher Tarifunterbietung durch den Unternehmer bei fahrlässiger Unkenntnis des Kunden von der Tarifwidrigkeit hat der BGH den Nachforderungsanspruch gewährt und dem Frachtschuldner die Arglisteinrede verweigert; BGH vom 19. 4. 1955, NJW 1955, 1755; vom 11. 6. 1959, VersR 1959, 630f. = BB 1959, 759; vom 27. 9. 1957, JZ 1959, 270 = WM 1955, 1614 = DB 1955, 1163 = VRS 9, 443; vom 7. 12. 1973 a. a. O.; siehe auch Bundesverwaltungsgericht vom 4. 7. 1957, DB 1957, 895. Dies gilt jedenfalls dann, wenn der Auftraggeber des öfteren Frachtverträge abschloß, selbst wenn er kein Kaufmann war (BGH v. 7. 12. 1973, a. a. O.).

Praktisch kann der Geltendmachung eines Nachforderungsanspruchs nur ganz ausnahmsweise mit dem Einwand der Arglist entgegengetreten werden. Von der Rechtsprechung anerkannt ist dies nur für Fälle des Güternahverkehrs, in dem § 23 GüKG nicht gilt. Siehe dazu BGH v. 28. 11. 1969, a.a.O.; v. 11. 1. 1974, VersR 1974, 587f.; v. 29. 3. 1974, MDR 1974, 732 (733) = LM GüKG Nr. 48 = DB 1974, 1224f. Auch im Güternahverkehr besteht jedoch der Arglisteinwand nicht, wenn dem Auftraggeber als Großunternehmer der Güternahverkehrstarif und seine zwingende Geltung bekannt sein mußten; BGH v. 30. 4. 1975, MDR 1975, 732f. = LM Nr. 15 zu GNT.

Im übrigen kann dem Partner des Landfrachtführers der Schutz vor Täuschungsmanövern nicht gänzlich verweigert werden. Daher bleibt ihm jedenfalls die Möglichkeit der Aufrechnung mit Schadensersatzansprüchen aus Verschulden bei Vertragsschluß oder § 826 offen; BGH v. 29. 3. 1968, VersR 1968, 489 (490) = LM GüKG Nr. 32 = NJW 1968, 1136ff. Die durch den Schadensersatz wiederherzustellende Vermögenslage (§ 249 BGB) kann jedoch nicht die Erbringung der Beförderungsleistung für ein geringeres Entgelt sein, denn dies würde dem zwingenden Tarifrecht zuwiderlaufen. Wiederherzustellen ist in diesen Fällen vielmehr nur die Lage, die bei richtiger Frachtberechnung bestanden hätte, wenn der Absender nicht getäuscht worden wäre. Wäre es dem Kunden möglich gewesen, bei Kenntnis der Tariffracht eine ihm günstigere Möglichkeit zu wählen (z.B. Selbstbeförderung mit gemietetem Fahrzeug, im Werkverkehr oder durch ein anderes Verkehrsmittel) oder wäre die Nichtausführung der Beförderung wirtschaftlicher gewesen, so ist der zur Herstellung dieser Vermögenslage des Kunden erforderliche Betrag als Schadensersatz zu leisten. In dieser Höhe kann dann auch aufgerechnet werden; so zutreffend Balfanz/von Tegelen a.a.O.; siehe ferner zu diesem Problem Konow, DB 1970, 2111f.

Anm. 4 **b) Der Übergang der Ansprüche auf die Bundesanstalt**

Nach § 23 Abs. 1 S. 2 hat die Bundesanstalt dem Unternehmer eine angemessene Frist zu setzen, innerhalb derer er den Nachforderungsanspruch geltend machen muß. Läuft die Frist ab, ohne daß der Unternehmer den Unterschiedsbetrag nach S. 1 nachfordert, so geht mit dem Fristablauf automatisch der Anspruch auf die Bundesanstalt über, die ihn dann als Rechtsnachfolger des Güterfernverkehrsunternehmers in eigenen Namen geltend macht.

Anm. 5 **3. Rückforderungsansprüche bei nicht-vorsätzlicher Tarifüberschreitung (§ 23 Abs. 2)**

a) Rückforderung durch den Leistenden

Rückforderungsansprüche oder Ausgleichsansprüche für den Tarif übersteigende Fracht oder andere tarifwidrige Zuwendungen muß nach S. 1 der jeweils Leistende vom Unternehmer oder dem betreffenden Begünstigten zurückfordern. Diese Ansprüche sind in aller Regel auf § 812 Abs. 1 S. 1 oder auf § 817 S. 1 BGB gestützt; § 23 Abs. 1 und 2 KVO enthalten vertragliche Sonderregelungen.

„Leistender“ muß nicht der Absender oder Empfänger des Frachtvertrags sein, sondern kann – je nach Sachlage – auch eine andere wirtschaftlich interessierte Person sein. § 23 Abs. 2 S. 3 modifiziert das Bereicherungsrecht insoweit, als eine Zuwendung, die nicht in Geld besteht, nicht in Natur, sondern in Geld gefordert werden kann und muß. Dies ergäbe sich aus § 818 Abs. 2 BGB an sich nur in Fällen der Unmöglichkeit oder des Unvermögens der Naturalherausgabe (z.B. Verbrauch der geleisteten Sachen). § 23 Abs. 2 S. 2 schaltet ferner die Einwendung aus § 817 S. 2 BGB aus.

b) Übergang des Rückforderungsanspruchs auf die Bundesanstalt (§ 23 Abs. 2 S. 2) Anm. 6

Auch die Rückforderungsansprüche des Leistenden gehen nach Fristablauf auf die Bundesanstalt über. Die Rechtslage entspricht insoweit weitgehend der nach Abs. 1 S. 2 für den Nachforderungsanspruch bestehenden.

4. Übergang der Nach- und Rückforderungsansprüche auf die Bundesanstalt bei vorsätzlicher Tarifwidrigkeit (§ 23 Abs. 3) Anm. 7

a) Grundsätzliches

Im Falle des Vorsatzes des Rück- oder Nachforderungsberechtigten geht nach Abs. 3 S. 1 der Nach- oder Rückforderungsanspruch ohne Fristsetzung auf die Bundesanstalt über. Anstelle der Fristsetzung teilt die Bundesanstalt dem Schuldner den Übergang mit. Mit dem Zugang dieser Mitteilung wird der Forderungsübergang wirksam; BVerwG v. 5. 5. 1959, BVerwGE 8, 283ff. Aus verwaltungsrechtlichen Gründen bedarf es allerdings noch der Mitteilung an den Forderungsberechtigten, in dessen Rechte der Verwaltungsakt der Forderungsüberleitung eingreift; siehe hierzu Balfanz/von Tegelen Anm. 8 zu § 23 GüKG. Die Bundesanstalt kann auch im Vorsatzfall die Ansprüche nicht auf sich überleiten, wenn der Unternehmer die Geltendmachung der Ansprüche nachträglich betreibt; BVerwG v. 4. 7. 1957, DB 1957, 895.

b) Vorsatz Anm. 8

Der Vorsatz des Forderungsberechtigten muß sich auf den Tarifverstoß beziehen. Es muß also bei der Tarifüberschreitung der Kunde, bei Tarifunterschreitung der Güterfernverkehrsunternehmer wissentlich und willentlich das Tarifrecht mißachtet oder umgangen haben. Bedingter Vorsatz reicht aus, wie überall im bürgerlichen Recht. Siehe zum Vorsatz in § 23 Abs. 3 GüKG eingehend BGH v. 29. 10. 1962, BGHZ 38, 171 (181ff.) = LM GüKG Nr. 16 = NJW 1963, 102ff. = VersR 1962, 1197 (1200). § 166 BGB ist anwendbar, so daß es auf den Vorsatz des Vertreters ankommt; siehe im einzelnen Balfanz/von Tegelen Anm. 8 zu § 23 GüKG und die dort zitierte Rechtsprechung der Oberlandesgerichte.

Der Vorsatz ist – neben der Existenz der Mitteilung als wirksamen Verwaltungsaktes – Voraussetzung für den Forderungsübergang. Daher nehmen die Zivilgerichte mit Recht die Kompetenz in Anspruch, im Rahmen der Durchsetzung der übergegangenen Forderung den Vorsatz zu überprüfen, auch wenn der Überleitungsbescheid unanfechtbar geworden und eventuell bereits durch die Verwaltungsgerichtsbarkeit überprüft worden ist. Der Vorsatz spielt somit eine doppelte Rolle. Er ist zugleich Wirksamkeitsvoraussetzung des Verwaltungsaktes wie auch der Legalzession als Folge des Verwaltungsaktes. Siehe hierzu eingehend BGH v. 22. 10. 1959, BGHZ 31, 88ff. = LM GüKG Nr. 6 = NJW 1960, 335ff. = VersR 1960, 28ff.; v. 3. 3. 1960, VersR 1960, 435 (438) = LM GüKG Nr. 9 = NJW 1960, 1057ff.; v. 13. 10. 1960, VersR 1960, 1076f.; v. 29. 10. 1962, BGHZ 38, 171 (178ff.) = LM GüKG Nr. 16 = NJW 1963, 102ff. = VersR 1962, 1197 (1199). Zustimmend Balfanz/von Tegelen Anm. 9 zu § 23 GüKG, a.a. Lüke, NJW 1960, 1707. Die von der Rechtsprechung vertretene Lösung ist auch deshalb angemessen, weil der Schuldner durch die Überleitung nicht beschwert wird und ihm daher gegen den Verwaltungsakt keine verwaltungsrechtlichen Rechtsbehelfe zur Verfügung stehen; BVerwGE v. 5. 5. 1959, BVerwGE 8, 283ff. Somit kann sich gegen den Bescheid der Forderungsberechtigte im Verwaltungsgerichtsverfahren und gegen die cessio legis der Schuldner vor den ordentlichen Gerichten mit Bestreiten des Vorsatzes verteidigen.

Anm. 9 **5. Anwendbarkeit des § 23 im Verhältnis zum Versender bei Einschaltung eines Spediteurs**

Nach Auffassung des BGH und der in der Literatur h.M. gilt § 22 GüKG im Verhältnis zwischen Spediteur und Versender auch dann, wenn dieser nicht die Beförderung im Selbsteintritt ausführt; siehe dazu Anm. 9 zu § 22 GüKG. Für § 23 GüKG ist die erweiternde Anwendung gegenüber dem Versender jedoch besonders zweifelhaft. Da der Fernverkehrsunternehmer im Falle der Nachforderung nach § 23 Abs. 1 die Ansprüche gegen den Spediteur geltend machen muß und die Bundesanstalt diese Ansprüche auf sich überleiten kann, besteht kein zwingendes Bedürfnis, § 23 auch noch in einem weiteren Bereich, nämlich gegenüber dem insoweit bestenfalls erstattungspflichtigen Versender anzuwenden. § 23, der es der Bundesanstalt gestattet, in private Rechte einzugreifen, dürfte über den unmittelbaren und sicher feststellbaren Schutzzweck, der Sicherung der Güterfernverkehrstarife zugunsten der Deutschen Bundesbahn, kaum anwendbar sein; zutreffend Balfanz/von Tegelen Anm. 3 zu § 23 GüKG.

Auch der Grundsatz, daß tarifwidrige Vergünstigungen, die Dritten gewährt wurden, von diesen nach § 23 zurückgefordert werden können, kann hier kaum eingreifen, da der etwaige Anspruch bereits gegen den Spediteur besteht und es durchaus diesem selbst überlassen bleiben kann, ob er im Rahmen des rechtlich Möglichen die Differenz vom Versender nachfordert. Anders liegt der Fall freilich, wenn von Seiten des Unternehmers Frachterstattungen direkt dem Versender gewährt werden, da diese nach § 23 Abs. 2 unmittelbar vom Begünstigten zurückgefordert werden können; siehe dazu Anm. 2.

Diese hier vertretene Auffassung wird durch das Urteil des BGH v. 20. 3. 1975, BGHZ 64, 159 (164) = NJW 1975, 1283 (1284) = WM 1975, 523ff. = MDR 1975, 650 bestätigt. Zwar bezieht sich dieses Urteil auf § 31 Abs. 3 Binnenschiffverkehrsgesetz, jedoch nimmt das Urteil ausdrücklich auf die ähnliche Rechtslage § 23 GüKG Bezug. Die Bundesanstalt kann danach die Frachtdifferenz bei Tarifunterschreitung nicht doppelt, nämlich vom Absender und vom Frachtführer als Absender eines (ebenfalls untertariflich abgeschlossenen) Unterfrachtvertrags verlangen. Andernfalls würde die Nachforderung einen Strafcharakter annehmen.

§ 24

Die Bundesanstalt für den Güterfernverkehr (§ 53) veröffentlicht unverzüglich im Verkehrsblatt – Amtsblatt des Bundesministers für Verkehr – folgende Einzelheiten aller Sonderabmachungen, die ihr nach § 22a Abs. 2 mitgeteilt worden sind:

1. **Name des Unternehmers,**
2. **Verkehrsverbindungen,**
3. **Güterart,**
4. **Gütermenge,**
5. **vereinbarte Beförderungsentgelte,**
6. **Tag des Abschlusses der Sonderabmachung,**
7. **Dauer der Sonderabmachung,**
8. **wichtigste Sonderbedingungen.**

§ 25

(weggefallen)

Dritter Titel

Pflichten der am Beförderungsvertrag Beteiligten

§ 26

Der Unternehmer kann die ihm nach den gesetzlichen Vorschriften oder den Beförderungsbedingungen (§ 20) obliegende Haftung durch Vertrag weder ausschließen noch beschränken.

Inhaltsübersicht

1. Wirkung des § 26	Anm. 1	4. Werkverkehr	Anm. 4
2. Grenzüberschreitender Verkehr	Anm. 2	5. Zwingendes Recht nach § 22 GüKG	Anm. 5
3. Güternahverkehr	Anm. 3		

1. Wirkung des § 26

§ 26 erklärt die im Güterfernverkehr maßgeblichen Haftungsbestimmungen für einseitig zwingend. Dies sind in erster Linie die nach § 20 erlassenen Beförderungsbedingungen KVO und BefBMö; siehe Anhänge II und IV nach § 452 sowie Anm. 11ff. zu § 425; ferner Anm. 9a zu § 1 KVO, die Anm. zu §§ 412, 413 und Anm. 43 zu § 425. Zum unstreitig gewordenen Charakter der KVO als zwingende Rechtsnormen siehe Guelde/Willenberg Anm. 9ff. zu § 1 KVO mit zahlreichen Rechtsprechungshinweisen. Anm. 1

Darüber hinaus werden auch die sonst dispositiven Normen des HGB und BGB für zwingend erklärt. Diese treten allerdings hinter die speziellen Bestimmungen der Beförderungsbedingungen zurück (siehe Anm. 1ff. zu § 425), so daß durch § 26 GüKG allenfalls ergänzend anwendbare HGB-Normen zwingenden Charakter annehmen; siehe die Kommentierung zu § 429–431 HGB, insbesondere Anm. 22 zu § 430. Für das BGB-Recht ist nicht eindeutig geklärt, ob alle in Betracht kommenden Haftungsbestimmungen durch § 26 GüKG zwingenden Charakter erhalten sollen. Für die Haftung aus unerlaubter Handlung wird dies allgemein abgelehnt; Balfanz/von Tegelen Anm. zu § 26 GüKG; siehe jedoch BGH vom 28. 5. 1971 und dazu Anm. 86 zu § 429 HGB.

Für die Haftung für positive Forderungsverletzung kann die Frage nur eine Rolle im Bereich der BefBMö spielen, da die KVO in § 31c eine Spezialregelung trifft. Die Haftung für Verschulden bei Vertragsschluß unterfällt nicht dem § 26. Soweit in Verhandlungen bis zum Vertragsabschluß eine Freizeichnung vereinbart wird – vor allem praktisch wegen Auskünften in zweifelhaften Tariffragen –, ist eine derartige Freizeichnung auch mündlich wirksam.

Die zwingende Wirkung nach § 26 erstreckt sich auf das „Ausschließen" oder „Beschränken" der Haftung. Diese Formulierungen sind im wirtschaftlichen Sinne weit auszulegen, da sie mindestens z. T. aus Gründen der Wettbewerbspolitik gegenüber der Bundesbahn erlassen sind. Daher sind auch Einschränkungen der Verjährung BGH v. 7. 12. 1961, VersR 1962, 129 (130) und der Verwirkung der Geltendmachung von Ansprüchen „Beschränkungen" i. S. des § 26. Die Bestimmung betrifft nur die Haftung des Frachtführers. Die Festsetzung einer verkürzten Verjährung für Frachtzahlungsansprüche wird daher nicht berührt. BGH v. 1. 3. 1974, I ZR 48/73 (soweit ersichtlich unveröffentlicht).

2. Grenzüberschreitender Verkehr Anm. 2

§ 26 GüKG gilt nicht für den grenzüberschreitenden Verkehr, soweit dieser der CMR untersteht, d. h. wenn eine Beförderung ihren Anfangs- oder Endpunkt in einem

Mitgliedsland der CMR hat. Dies bedeutet, daß praktisch der gesamte internationale Kraftwagenverkehr nicht nach § 26, sondern der CMR zu beurteilen ist.

Anm. 3 **3. Güternahverkehr**

Im Güternahverkehr gilt seit dem 6. Änderungsgesetz von 1969 § 26 nur, soweit vom Bundesverkehrsminister Beförderungsbedingungen erlassen sind; § 85 Abs. 1 GüKG. Dies ist z. Zt. nur für die Möbelbeförderung im Nahbereich der Fall, für die nach der Verordnung vom 21. 6. 1961 die BefBMö gelten; siehe Anm. 12 zu § 425 sowie Abdruck und Erläuterung in Anh. IV nach § 452. In der Präambel der VO ist ausdrücklich auf die Ermächtigungsgrundlage des § 84 S. 2 GüKG mit Bezug genommen, so daß die Voraussetzungen für die zwingende Wirkung nach § 85 Abs. 1 für den Möbelverkehr vorliegen. Für die Beförderung anderer Güter im Nahbereich bestehen dagegen keine amtlichen Beförderungsbedingungen. Die Haftungsklauseln der dort üblicherweise verwendeten Allgemeinen Geschäftsbedingungen, vor allem der ADSp und der AGNB, sind daher grundsätzlich wirksam; siehe hierzu Anm. 14 zu § 425; zu den ADSp Anm. 109 zu § 429; Abdruck der AGNB in Anhang V nach § 452. Das Verladen von Gütern auf dem Kai eines Seehafens mit einem Gabelstabler ist kein Güternahverkehr und fällt daher auch nicht unter § 26 GüKG; OLG Hamburg, VersR 1970, 1028 (1029f.) = DB 1970, 1028ff.

Anm. 4 **4. Werkverkehr**

§ 26 gilt nicht für den Werkverkehr; § 48 GüKG. Daher sind Haftungsausschlüsse in den „Einheitsbedingungen für Textil-Lohnveredelungsaufträge" nicht nach § 26 GüKG unwirksam; BGH v. 10. 11. 1972, VersR 1973, 73f. = DB 1973, 126f. = WM 1973, 151ff. = LM GüKG Nr. 46. Siehe dazu auch Anm. 48 zu § 425.

Anm. 5 **5. Zwingendes Recht nach § 22 GüKG**

§ 26 wird in einer wenig präzisen Weise durch § 22 Abs. 2 und 3 GüKG ergänzt. Danach darf von der Haftungsregelung auch zugunsten des Unternehmers nicht abgewichen werden, soweit sich die Abweichung als tarifvertragliche Vergünstigung darstellen würde. Ferner erstreckt § 22 GüKG die zwingende Wirkung auf solche Beförderungsbedingungen, die nicht die Haftung betreffen. Im Gegensatz zu § 26 besteht jedoch diese zwingende Wirkung nicht generell, sondern ist davon abhängig, ob eine tarifwidrige Vergünstigung gegeben ist. Dies ist nach ständiger Rechtsprechung des BGH nach wirtschaftlichen Gesichtspunkten zu beurteilen; siehe im einzelnen die Anmerkungen zu § 22 GüKG.

§ 27

(1) Der Unternehmer hat sich gegen alle Schäden, für die er nach den Beförderungsbedingungen haftet, zu versichern. Auf diese Versicherung finden die für die Transportversicherung geltenden Vorschriften des § 148 des Gesetzes über die Beaufsichtigung der privaten Versicherungsunternehmungen und Bausparkassen vom 6. Juni 1931 (Reichsgesetzbl. I S. 315) und des § 187 des Gesetzes über den Versicherungsvertrag (VVG) vom 30. Mai 1908 (Reichsgesetzbl. S. 263) mit späteren Änderungen entsprechende Anwendung.

(2) Der Nachweis der Versicherung ist durch eine vom Versicherer oder seinem Beauftragten zu erteilende Versicherungsbestätigung nach vorgeschriebenem Muster zu erbringen. Der Versicherer oder sein Beauftragter ist verpflichtet, dem Versicherungsnehmer bei Beginn des Versicherungsschutzes die Versicherungsbestätigung kostenlos zu erteilen.

(3) Die Genehmigungsbehörde hat dem Versicherer oder seinem Beauftragten die Nummer und das Ausstellungsdatum der Genehmigungsurkunde mitzuteilen.

(4) Versicherungsunternehmen, mit denen Unternehmer des Güterfernverkehrs eine Versicherung nach Absatz 1 abgeschlossen haben, sind verpflichtet, das Erlöschen des Versicherungsverhältnisses gemäß § 158c VVG unverzüglich der Genehmigungsbehörde anzuzeigen.

(5) Die Genehmigungsbehörde kann jederzeit von dem Unternehmer den Nachweis der Versicherung verlangen.

(6) Der Unternehmer ist verpflichtet, die Genehmigungsurkunde unverzüglich an die Genehmigungsbehörde zurückzugeben, wenn eine ausreichende Schadensversicherung nicht mehr besteht.

(7) Die Einzelheiten des Nachweis- und Meldeverfahrens nach den Absätzen 1 bis 4 bestimmt der Bundesminister für Verkehr und Rechtsverordnung.

Siehe Anm. 100ff. zu § 429 sowie die Anmerkungen zu § 38 KVO, Anh. II nach § 452. **Anm.**

§ 28

(1) Unternehmer und Absender haben dafür zu sorgen, daß über jede Sendung die von dem Bundesminister für Verkehr oder durch das Übereinkommen über den Beförderungsvertrag im internationalen Straßengüterverkehr (CMR; Bundesgesetzbl. 1961 II S. 1120) vorgeschriebenen Beförderungs- und Begleitpapiere ausgefertigt werden. Diese sind bei allen Beförderungen im Güterfernverkehr im Kraftfahrzeug mitzuführen.

(2) Der Unternehmer hat ein Fahrtenbuch zu führen. Einzelheiten über Form und Ausfüllung dieses Fahrtenbuches bestimmt der Bundesminister für Verkehr durch Rechtsverordnung ohne Zustimmung des Bundesrates.

(3) Die Genehmigungsurkunde, das Fahrtenbuch und die Beförderungs- und Begleitpapiere sind auf Verlangen der zuständigen Kontrollbeamten zur Prüfung auszuhändigen.

(4) Im Falle des § 12 Abs. 2 sind die Beförderungspapiere auch während der Beförderung auf der Teilstrecke mitzuführen, auf der ein Kraftfahrzeug ohne Genehmigung eingesetzt wird. Absatz 3 ist insoweit anzuwenden.

Siehe Anm. 15 zu § 426 und Anm. 7 zu § 427. **Anm.**

§ 29

Unternehmer und Spediteure haben über den Güterfernverkehr Bücher zu führen und in diesen die Beförderungsgeschäfte, insbesondere das Beförderungsentgelt, nach den Grundsätzen ordnungsmäßiger Buchführung ersichtlich zu machen. Der Unternehmer hat die Beförderungspapiere und das Fahrtenbuch nach Beendigung der Beförderung fünf Jahre aufzubewahren.

§ 30

Die an dem Beförderungsvertrag Beteiligten sind für die Richtigkeit und Vollständigkeit ihrer Angaben und Erklärungen in den Beförderungspapieren verantwortlich.

§ 31

Der Absender hat bei unrichtiger, ungenauer oder unvollständiger Angabe des Inhalts oder des Gewichts der Sendung oder der Beförderungsstrecke einen Zuschlag zu dem Beförderungsentgelt zu zahlen. Das Nähere bestimmen die Beförderungsbedingungen.

§ 32

(1) Die Vermittlung von Ladegut oder Laderaum im Güterfernverkehr ist nur solchen Personen gestattet, bei denen eine derartige Tätigkeit im Rahmen ihres Gewerbebetriebs üblich ist. Über solche Geschäfte sind Bücher zu führen, die Angaben über die Parteien, das beförderte Ladegut, das Beförderungsentgelt und die Provision enthalten müssen. Die Bücher und sonstigen Unterlagen über das Vermittlungsgeschäft sind fünf Jahre aufzubewahren.

(2) Die am Beförderungsvertrag Beteiligten dürfen, unbeschadet der Vorschriften der §§ 33 bis 36, bei der Beschaffung von Ladegut oder Laderaum sich anderer als der in Absatz 1 bezeichneten Personen nicht bedienen; im übrigen darf den an dem Beförderungsvertrag oder seiner Durchführung Beteiligten eine in bezug auf das Beförderungsentgelt prozentual berechnete Provision nicht gezahlt werden.

(3) Der Vermittler hat gegen den Unternehmer Anspruch auf Vermittlungsprovision nur, wenn der Unternehmer bei dem Vermittler nachgesucht hat, ihm die Gelegenheit zum Abschluß eines Beförderungsvertrags nachzuweisen, und wenn der Beförderungsvertrag infolge der Vermittlung zustande gekommen ist. Ist der Vermittler wegen desselben Ladegutes bereits zur Beschaffung von Laderaum im Auftrag eines Dritten tätig, so hat er gegen den Unternehmer keinen Anspruch auf Provision; das gleiche gilt, wenn der Vermittler Beteiligter an den der Beförderung zugrunde liegenden Rechtsgeschäften ist.

(4) Die für das Vermittlungsgeschäft gezahlte Provision darf weder ganz noch teilweise in irgendeiner Form an Dritte weitergegeben werden.

(5) Der Bundesminister für Verkehr bestimmt im Einvernehmen mit dem Bundesminister für Wirtschaft durch Rechtsverordnung ohne Zustimmung des Bundesrates Höchstsätze für die Bemessung der Vermittlungsprovision und der Entgelte für Nebenleistungen, soweit diese vom Unternehmer gezahlt werden.

Anm. 1 1. Der Frachtvermittler ist Handelsmäkler i. S. der §§ 93ff. HGB. Zu seiner Rechtsstellung siehe daher die Kommentierung zu diesen Bestimmungen.

Anm. 2 2. Aus der Sicht des Frachtrechts spielt § 32 GüKG insbesondere als Möglichkeit der Tarifunterschreitung eine Rolle, wenn an eine mit dem Absender oder Empfänger wirtschaftlich eng verbundene Person oder Gesellschaft Vermittlungsprovisionen gezahlt werden, obwohl die Voraussetzungen einer echten erlaubten Frachtvermittlung nicht vorliegen; siehe dazu BGH v. 3. 3. 1960, VersR 1960, 435 (437) = LM GüKG Nr. 9 = NJW 1960, 1057ff.; BGH v. 22. 11. 1962, VersR 1963, 156 (157). BVerwG v. 2. 6. 1976, NJW 1976, 2140f.: eine Genossenschaft von Verladern, die als Vermittler tätig ist, darf von den Tariffrachten keine Provisionen abziehen, soweit sie für unmittelbare oder mittelbare Mitglieder tätig ist.

Anm. 3 3. Zur Frage der Zulässigkeit der Vermittlung von Laderaum bzw. Ladegut siehe BGH v. 21. 12. 1959, VersR 1960, 170ff. = LM GüKG Nr. 7/8.

Anm. 4 4. Zu den Voraussetzungen, unter denen nach § 32 GüKG eine Vermittlungsprovision verlangt werden kann, siehe BGH v. 9. 7. 1969, LM Nr. 36 zu GüKG; OLG Bamberg, VersR 1965, 1006 (1007).

Vierter Titel
Abfertigungsdienst

§ 33

Abfertigungsspediteur ist ein Spediteur, der im Güterfernverkehr Transporte abfertigt.

1. Siehe zur Rechtsstellung des Abfertigungsspediteurs Anm. 5 zu §§ 407–409; zu den besonderen Abfertigungstätigkeiten § 2 der Anordnung PR Nr. 146/48 über Vergütungen für den Abfertigungsdienst des Güterfernverkehrs mit Kraftfahrzeugen (Abdruck in neuer Fassung bei Hein/Eichhoff u. a. Nr. C 610). Die öffentliche Bestellung zum Abfertigungsspediteur nach § 34 GüKG ist Voraussetzung für den Anspruch auf die Werbe- und Abfertigungsvergütung nach § 35 GüKG. **Anm. 1**

2. Auch die Bestellung zum Abfertigungsspediteur und die damit verbundene Möglichkeit der Gewährung einer Sondervergütung kann zur Umgehung des Tarifzwangs benutzt werden, insbesondere wenn sog. „Werkspeditionen" eingerichtet werden; siehe im einzelnen Balfanz/von Tegelen Anm. 2 zu § 34 GüKG und die dort angegebene Literatur und Rechtsprechung. Siehe ferner BGH v. 13. 12. 1968, VersR 1969, 151 (152). **Anm. 2**

§ 34

(1) Der Abfertigungsspediteur wird von der höheren Landesverkehrsbehörde nach Anhörung der Bundesanstalt für den Güterfernverkehr (§ 53), der Vertretungen des gewerblichen Güterfernverkehrs und der Spedition und Lagerei bestellt.

(2) Bestellt werden kann nur eine handelsgerichtlich eingetragene Speditionsfirma, die zuverlässig ist und nach ihren betrieblichen und wirtschaftlichen Einrichtungen die Gewähr für die Erfüllung der Aufgaben des Abfertigungsdienstes bietet.

(3) Auf die Zurücknahme der Bestellung finden § 78 Abs. 1 Nr. 1 und 5 sowie Abs. 2 Nr. 3 und 4 entsprechende Anwendung. Die Bestellung kann außerdem zurückgenommen werden, wenn der Abfertigungsspediteur wiederholt gegen die Abfertigungsordnung (§ 36) verstoßen hat.

(4) Für die Abfertigungsspediteure des Kraftverkehrs der Deutschen Bundesbahn finden die Vorschriften der §§ 33 bis 36 entsprechende Anwendung mit der Maßgabe, daß die Abfertigungsspediteure durch die Deutsche Bundesbahn nach Anhörung der höheren Landesverkehrsbehörde bestellt werden. Einer Anhörung der Vertretung des gewerblichen Güterfernverkehrs bedarf es nicht.

§ 35

Der Abfertigungsspediteur erhält von dem Unternehmer des Güterfernverkehrs für seine Tätigkeit ein Entgelt, das der Bundesminister für Verkehr im Einvernehmen mit dem Bundesminister für Wirtschaft durch Rechtsverordnung ohne Zustimmung des Bundesrates festsetzt.

Siehe die Anm. zu § 33 GüKG sowie Anm. 5, 95ff. zu §§ 407–409; ferner die Kommentierung von Balfanz/von Tegelen und Hein/Eichhoff u. a. zu § 35 GüKG. **Anm.**

§ 36

Die Aufgaben des Abfertigungsspediteurs bei der Durchführung des Güterfernverkehrs, insbesondere seine Rechte und Pflichten, werden durch eine Abfertigungs-

ordnung geregelt, die der Bundesminister für Verkehr durch Rechtsverordnung ohne Zustimmung des Bundesrates erläßt. Vor Erlaß der Abfertigungsordnung ist der Verwaltungsrat der Bundesanstalt für den Güterfernverkehr (§ 53) zu hören.

Eine Abfertigungsordnung ist bisher nicht erlassen worden. Die Rechtsstellung des Abfertigungsspediteurs richtet sich daher nach allgemeinem Speditionsrecht und nach Tarifrecht. Siehe Anm. 1 zu § 33 GüKG.

Fünfter Titel

Sondervorschriften für den Möbelfernverkehr

§ 37

Für die Beförderung von Möbeln und Umzugsgut im Güterfernverkehr in besonders für die Möbelbeförderung eingerichteten Kraftfahrzeugen oder Anhängern (Fahrzeuge des Möbelfernverkehrs) gelten – unter entsprechender Anwendung der Vorschriften für den allgemeinen Güterfernverkehr auf die Anhänger – ergänzend die Vorschriften der §§ 38 bis 44.

Anm. Das Güterfernverkehrsrecht ist nach § 37 GüKG auch auf den Möbelfernverkehr anzuwenden, soweit nicht §§ 38–44 Sonderregelungen treffen. Der Möbelnahverkehr unterliegt dagegen den Bestimmungen des Güternahverkehrs nach §§ 80ff. GüKG. Allerdings gelten die BefBMö als Rechtsverordnung auch für die Möbelnahbeförderung; siehe dazu sowie zu den Abgrenzungsfragen die Vorbemerkung zu BefBMö Anh. IV nach § 452 HGB.

§ 38

Fahrzeuge des Möbelfernverkehrs sind auch Kraftfahrzeuge mit abnehmbarem Möbelwagenaufbau, ferner Zugmaschinen, die im Fernverkehr ausschließlich als Zugkraft für Möbelwagenanhänger verwendet werden.

§ 39

(1) Der Unternehmer des Möbelfernverkehrs darf außerhalb der Nahzone in Fahrzeugen des Möbelfernverkehrs nur Möbel und Umzugsgut befördern.

(2) Der Unternehmer des Güterfernverkehrs darf außerhalb der Nahzone keine Umzüge (Beförderung von Umzugsgut, Erbgut und Heiratsgut) durchführen. Die Beförderung einzelner Möbelstücke außerhalb eines Umzugs ist erlaubt.

(3) Ausnahmen kann der Bundesminister für Verkehr durch Rechtsverordnung zulassen, wenn und soweit dies zur Durchführung im öffentlichen Interesse liegender Aufgaben erforderlich ist.

§ 40

(1) Die Verwendung von Möbelwagenanhängern ist genehmigungspflichtig.

(2) Die Genehmigung für Möbelwagenanhänger darf nur einem Unternehmer erteilt werden, der eine Genehmigung für den Möbelfernverkehr mit einer motorischen Zugkraft oder für den Güterfernverkehr erhalten hat.

§ 41

(weggefallen)

§ 42

Der Unternehmer darf Restgut bei Ausführung eines Möbeltransports auch auf dem als Zugkraft verwendeten Kraftfahrzeug und in einem nicht besonders für Möbelbeförderung eingerichteten Anhänger befördern.

§ 43

(1) Der Unternehmer des Möbelfernverkehrs kann die Genehmigung mit oder ohne Fahrzeug des Möbelfernverkehrs einem anderen Unternehmer des Möbelfernverkehrs vorübergehend überlassen, der in diesem Falle für die Erfüllung der gesetzlichen Pflichten verantwortlich ist.

(2) Der Unternehmer des Möbelfernverkehrs kann zur Beförderung eines genehmigten Möbelwagenanhängers vorübergehend ein fremdes Kraftfahrzeug und eine einem anderen Unternehmer erteilte Genehmigung für den Güterfernverkehr benutzen.

§ 44

Die Vorschriften der §§ 33 bis 36 über den Abfertigungsspediteur finden auf den Möbelfernverkehr im Sinne des § 37 keine Anwendung.

Sechster Titel

Sondervorschriften für den Güterfernverkehr der Deutschen Bundesbahn

§ 45

(1) Die Deutsche Bundesbahn darf Güterfernverkehr mit eigenen Kraftfahrzeugen betreiben.

(2) Der Bundesminister für Verkehr setzt die Höchstzahl der bundesbahneigenen Kraftfahrzeuge, die im Güterfernverkehr eingesetzt werden dürfen, fest. Die Höchstzahl darf dreieinhalb vom Hundert der für den allgemeinen Güterfernverkehr nach § 9 festgesetzten Zahl nicht übersteigen.

§ 46

Für den Güterfernverkehr der Deutschen Bundesbahn mit bundesbahneigenen Kraftfahrzeugen gelten nicht die Vorschriften der §§ 8 bis 15, ferner der §§ 17 bis 19, 23 mit Ausnahme des Absatzes 1 Satz 1, ferner der §§ 27, 37 bis 44, 58, 77 und 78.

Der Güterfernverkehr der Deutschen Bundesbahn untersteht grundsätzlich dem Güterfernverkehrsrecht mit Ausnahme der in § 46 genannten Vorschriften. In privatrechtlicher Hinsicht sind also insbesondere die Vorschriften über den Tarifzwang, das Verbot tarifwidriger Vergünstigungen und die Unabdingbarkeit der Haftung (§§ 20, 22, 26) uneingeschränkt anwendbar. Die Güterfernbeförderung der Deutschen Bundesbahn unterliegt der KVORb (eingearbeitet in die Kommentierung zur KVO Anh. II nach § 452), zum Güternahverkehr siehe Anm. 16 zu § 425 und Anh. VI nach § 452. Zum Unterfrachtvertrag in diesen Fällen siehe Anm. 9 zu § 432. **Anm.**

§ 47

(1) Die Deutsche Bundesbahn darf zur Durchführung ihres Güterfernverkehrs Unternehmer des genehmigten Güterfernverkehrs beschäftigen. Falls sie solche Unternehmer beschäftigt, hat sie ihnen ein Entgelt in Höhe der nach dem Tarif (§ 20) zu berechnenden Fracht zu zahlen. Hiervon dürfen als Ausgleich für die Leistungen der Deutschen Bundesbahn, insbesondere für die Bereitstellung des Ladegutes, die Fahrzeugdisposition, die Abwicklung des Frachtvertrages und die Abrechnung des Transports mit dem Unternehmer, Abzüge gemacht werden, die der Bundesminister für Verkehr durch Rechtsverordnung ohne Zustimmung des Bundesrates festsetzt. Der Bundesminister für Verkehr kann in Fällen besonderen öffentlichen Interesses Ausnahmen von Satz 2 zulassen.

(2) Bei Güterbeförderung nach Absatz 1 ist Frachtführer die Deutsche Bundesbahn.

(3) Die Unternehmer des genehmigten Güterfernverkehrs unterliegen bei Güterbeförderungen nach Absatz 1 nicht den Vorschriften der §§ 20 und 23 Abs. 1 sowie der §§ 26, 27 und 58; die Vorschriften des § 23 Abs. 2 bis 4 und der §§ 28 und 29 finden entsprechende Anwendung. Die Verpflichtungen nach den §§ 20, 23 Abs. 1 Satz 1 und § 26 treffen an Stelle der Unternehmer die Deutsche Bundesbahn.

(4) Die von der Deutschen Bundesbahn über die Beschäftigung von Unternehmern des genehmigten Güterfernverkehrs abgeschlossenen Verträge dürfen nicht verlängert oder erneuert werden, soweit sie mit diesem Gesetz in Widerspruch stehen.

Anm. Siehe die Anm. zu § 46 GüKG.

Siebenter Titel
Sondervorschriften für den Werkverkehr

§ 48

(1) Werkverkehr ist jede Beförderung von Gütern für eigene Zwecke. Er ist nur zulässig, wenn folgende Voraussetzungen erfüllt sind:

1. Die beförderten Güter müssen zum Verbrauch oder zur Wiederveräußerung erworben oder zum Eigengebrauch oder zur gewerbsmäßigen Vermietung oder zur Veredelung oder Bearbeitung oder Verarbeitung bestimmt oder bestimmt gewesen oder von den Unternehmen erzeugt, gefördert oder hergestellt sein.

2. Die Beförderung muß der Heranschaffung der Güter zum Unternehmen, ihre Fortschaffung vom Unternehmen oder ihrer Überführung entweder innerhalb des Unternehmens oder zum Zweck des Eigengebrauchs außerhalb des Unternehmens dienen.

3. Die Kraftfahrzeuge müssen bei der Beförderung von Angehörigen des Unternehmens, die nicht Angestellte anderer Unternehmen oder selbständige Unternehmer sein dürfen, bedient werden. Werden im Huckepackverkehr die Güter mit der Eisenbahn oder mit einem Binnenschiff in einem Kraftfahrzeug befördert, so darf das Unternehmen bei der An- oder Abfuhr zu oder von der Eisenbahn oder einem Binnenschiff sich auch anderer als der in Satz 1 genannten Personen bedienen.

4. Die Kraftfahrzeuge müssen auf den Namen des Unternehmers zugelassen sein und ihm gehören oder von ihm auf Abzahlung gekauft sein; dies gilt nicht bei Einsatz eines Ersatzfahrzeugs für die Dauer eines kurzfristigen Ausfalls des sonst im Werkverkehr verwendeten Kraftfahrzeugs und für Lastkraftwagen ohne Anhänger mit

einer zulässigen Nutzlast von weniger als 4 t. Der Bundesminister für Verkehr bestimmt durch Rechtsverordnung mit Zustimmung des Bundesrates die höchstzulässige Dauer eines solchen Einsatzes sowie das seiner Überwachung dienende Verfahren.

5. Die Beförderung darf nur eine Hilfstätigkeit im Rahmen der gesamten Tätigkeit des Unternehmens darstellen.

(2) Werkfernverkehr ist Werkverkehr außerhalb der im § 2 Abs. 2 bestimmten Zone. § 2 Abs. 1 Satz 2 und § 3 finden entsprechende Anwendung.

Die §§ 48–52 GüKG betreffen ausschließlich öffentlich-rechtliche Fragen des Werkverkehrs, siehe Franke, BB 1978, 386 u. BVerwG v. 3. 11. 1976, BB 1977, 969. **Anm.**

Privatrechtliche Probleme frachtrechtlicher Art treten nur dann auf, wenn die Grenze zum Frachtvertrag überschritten wird. Die Beförderung im Werkverkehr betrifft vor allem eigene Güter des Unternehmers; in solchen Fällen scheidet mangels Vertrag und Partner ein Frachtgeschäft ohnehin aus. Jedoch ist es auch möglich, daß Güter, die dem Unternehmer nicht gehören, für andere befördert werden, etwa soweit sie aufgrund von Nebenpflichten aus Kauf- oder Werkverträgen befördert werden. Transportgeschäfte können auch zur Umgehung des Tarifzwangs als Werkverkehrsbeförderungen ausgestaltet werden. In solchen Fällen liegt eine Gesetzesumgehung nach § 5 GüKG vor; siehe dazu Anm. 48, 49 zu § 425 HGB.

Wird das Fahrzeug mit Fahrer für Werkbeförderungszwecke angemietet (Lohnfuhrvertrag, siehe Anm. 45 zu § 425) so läge an sich unzulässiger Werkverkehr vor. Der Mieter muß daher den Lohnfuhrvertrag mit einem zugelassenen Kraftverkehrsunternehmer abschließen; siehe im einzelnen BGH v. 17. 1. 1975, VersR 1975, 369ff. = NJW 1975, 780f. = DB 1975, 781ff.

§ 48a

(1) Güter werden nur dann zur Wiederveräußerung im Sinne von § 48 Abs. 1 Nr. 1 erworben, wenn sie im Rahmen einer geschäftlichen Tätigkeit gekauft werden, die ein selbständiges, innerhalb üblicher Geschäftsbeziehungen unabhängiges Handeln des Unternehmens darstellt und nicht von anderen wahrgenommen wird, die an Geschäften über diese Güter beteiligt sind.

(2) Sind die beförderten Güter nicht zur Wiederveräußerung im Sinne von Absatz 1 erworben und ist auch keine der anderen Voraussetzungen des § 48 Abs. 1 Nr. 1 erfüllt, so finden die Bestimmungen über die Güterbeförderung für andere Anwendung.

§ 49

(1) Den Bestimmungen über den Werkverkehr unterliegt auch die Beförderung von Gütern durch Handelsvertreter, Handelsmakler und Kommissionäre, soweit

1. deren geschäftliche Tätigkeit sich auf diese Güter bezieht,
2. die Voraussetzungen nach § 48 Abs. 1 Nr. 2 bis 5 vorliegen und
3. ein Lastkraftwagen von nicht mehr als 4 t Nutzlast ohne Anhänger verwendet wird.

(2) Die Beschränkung nach Absatz 1 Nr. 3 gilt nicht für die Beförderung von Vieh zu den Viehmärkten, Verladestellen und Schlachtstellen.

§ 50

Der Werkfernverkehr ist nicht genehmigungspflichtig. Soll ein Lastkraftwagen mit mehr als 4 t Nutzlast oder eine Zugmaschine mit einer Leistung über 55 PS verwendet

werden, so darf Werkfernverkehr unbeschadet des § 50c Abs. 3 jedoch nur durchgeführt werden, wenn dem Unternehmer für das Kraftfahrzeug eine Beförderungsbescheinigung erteilt ist; dies gilt nicht für Beförderungen im grenzüberschreitenden Güterkraftverkehr sowie für die Beförderung von Gütern, die den eigenen Zwecken eines Unternehmens des gewerblichen Güterkraftverkehrs dient. Es besteht keine Tarifpflicht (§ 20) und keine Versicherungspflicht (§ 27).

§ 50a

(1) Die Beförderungsbescheinigung wird dem Unternehmer für ein bestimmtes Kraftfahrzeug erteilt. Sie ist nicht übertragbar.

(2) Die Beförderungsbescheinigung wird auf Zeit erteilt. Ihre Gültigkeitsdauer beträgt höchstens fünf Jahre.

§ 50b

(1) Für die Erteilung der Beförderungsbescheinigung ist die Bundesanstalt für den Güterfernverkehr (§ 53) zuständig.

(2) Der Antrag auf Erteilung einer Beförderungsbescheinigung ist auf einem von der Bundesanstalt vorgeschriebenen Formblatt in dreifacher Ausfertigung bei derjenigen Außenstelle der Bundesanstalt einzureichen, in deren Bereich das Kraftfahrzeug, für das die Beförderungsbescheinigung erteilt werden soll, zugelassen ist oder zugelassen werden soll. Ist das Kraftfahrzeug nicht im Geltungsbereich dieses Gesetzes zugelassen, ist der Antrag bei der Zentrale der Bundesanstalt zu stellen.

(3) Der Antrag muß enthalten

1. die Erklärung, daß der Antragsteller zulässigen Werkfernverkehr nach §§ 48, 49 durchführen will,
2. diejenigen Angaben, die für eine Bekanntgabe nach § 50c Abs. 1 erforderlich sind,
3. Einzelangaben über das Kraftfahrzeug,
4. die Gültigkeitsdauer, für die die Beförderungsbescheinigung erteilt werden soll.

(4) Eine Ausfertigung des Antrages übersendet die Bundesanstalt an die höhere Landesverkehrsbehörde, in deren Bezirk das Kraftfahrzeug zugelassen ist oder zugelassen werden soll.

§ 50c

(1) Die Bundesanstalt gibt spätestens 14 Tage nach Eingang des Antrages auf Erteilung einer Beförderungsbescheinigung folgende Einzelheiten aus dem Antrag nach Maßgabe des Absatzes 2 bekannt:

1. Name (Firma) und Anschrift des Antragstellers,
2. Größe und Art des benötigten Beförderungsmittels,
3. Güterart nach den Hauptgruppen des Güterverzeichnisses und monatliche durchschnittliche Gütermenge,
4. durchschnittliche Entfernung der Beförderung, gerundet auf volle 100 km,
5. Besonderheiten im Rahmen der Beförderung, soweit der Antragsteller sie angeben will.

(2) Die Bundesanstalt erstellt wöchentlich ein Verzeichnis mit den Angaben nach Absatz 1 (Werkfernverkehrs-Verzeichnis), in dem diejenigen Anträge berücksichtigt sind, die alle nach § 50b Abs. 3 vorgeschriebenen Angaben vollständig enthalten. Die Bekanntgabe erfolgt dadurch, daß die Bundesanstalt das Werkfernverkehrs-Verzeichnis bei ihren Außenstellen zur Einsichtnahme auslegt. Zur Einsichtnahme sind berechtigt die Deutsche Bundesbahn, die nichtbundeseigenen Eisenbahnen des öffent-

lichen Verkehrs, die Binnenschiffsgewerbetreibenden, die Unternehmer des Güterfernverkehrs sowie die bestellten Abfertigungsspediteure. Die Bundesanstalt übersendet den zur Einsichtnahme Berechtigten auf Antrag gegen Erstattung der Kosten das Werkfernverkehrs-Verzeichnis. Die Bundesanstalt teilt den Tag der Bekanntgabe dem Antragsteller mit.

(3) Eine Bekanntgabe entfällt, wenn

1. die beantragte Gültigkeitsdauer der Beförderungsbescheinigung weniger als drei Monate beträgt oder

2. die Beförderungsbescheinigung für gelegentliche Einzelbeförderungen an bestimmten Tagen beantragt wird, die insgesamt nicht mehr als 30 Tage ausmachen dürfen.

In diesen Fällen darf Werkfernverkehr bereits nach Absendung des Antrags auf Erteilung der Beförderungsbescheinigung gemäß § 50b Abs. 2 durchgeführt werden.

(4) Soweit die Deutsche Bundesbahn oder eine nichtbundeseigene Eisenbahn des öffentlichen Verkehrs dem Antragsteller die Durchführung der Beförderungsleistungen anbietet, hat sie ihr Angebot auch an die nach § 50b Abs. 2 zuständige Stelle der Bundesanstalt zu übermitteln.

§ 50d

(1) Die Beförderungsbescheinigung ist zu erteilen:

1. in den in § 50c Abs. 3 genannten Fällen,

2. in allen anderen Fällen, in denen

a) die Nutzlast von Kraftfahrzeugen, für die Beförderungsbescheinigungen beantragt werden, unter Berücksichtigung der dem Antragsteller bereits erteilten oder von ihm gleichzeitig beantragten Beförderungsbescheinigungen nicht in einem offensichtlichen Mißverhältnis zu den Beförderungsleistungen steht, die der Antragsteller auszuführen hat, und

b) der Antragsteller nachweist, daß er innerhalb einer Frist von zwei Monaten seit Bekanntgabe nach § 50c kein für ihn annehmbares Angebot der Deutschen Bundesbahn oder einer nichtbundeseigenen Eisenbahn des öffentlichen Verkehrs zur Durchführung seiner Güterbeförderungen erhalten hat. Ein Beförderungsangebot ist annehmbar, wenn es unter Berücksichtigung der Eigenarten des Unternehmens des Antragstellers den erforderlichen Beförderungsleistungen und den nach Gesetz oder Tarif hierfür zu berechnenden Entgelten entspricht.

(2) Die Bundesanstalt ist berechtigt, vor der Entscheidung über den Antrag auf Erteilung einer Beförderungsbescheinigung den Antragsteller sowie die Deutsche Bundesbahn und eine nichtbundeseigene Eisenbahn des öffentlichen Verkehrs, soweit sie ein den Angaben nach § 50c Abs. 1 entsprechendes Angebot abgegeben haben (Beteiligte), zur Anhörung zu laden. Auf Antrag eines Beteiligten ist sie hierzu verpflichtet. Der Antrag ist innerhalb einer Frist von zwei Monaten seit Bekanntgabe nach § 50c bei der nach § 50 b Abs. 2 zuständigen Stelle der Bundesanstalt zu stellen. Die Anhörung kann gemeinsam erfolgen und als vermittelndes Marktgespräch mit den Beteiligten geführt werden.

(3) Eine Durchschrift der Beförderungsbescheinigung oder des Ablehnungsbescheides erhält die nach § 50b Abs. 4 zuständige Behörde.

§ 50e

(1) Die Beförderungsbescheinigung muß enthalten:

1. einen Hinweis auf dieses Gesetz,

2. die Bezeichnung des Unternehmens,

3. die Bezeichnung des Kraftfahrzeugs, für das die Beförderungsbescheinigung erteilt wird, unter Angabe des amtlichen Kennzeichens,
4. die Gültigkeitsdauer.

(2) Die Beförderungsbescheinigung ist der Bundesanstalt zur Berichtigung vorzulegen, wenn
1. die Angaben über das Unternehmen oder das Kraftfahrzeug nach Absatz 1 Nr. 2 und 3 sich ändern,
2. an die Stelle des Kraftfahrzeugs, für das die Beförderungsbescheinigung erteilt ist, ein anderes Kraftfahrzeug treten soll.

(3) Die Beförderungsbescheinigung oder im Falle des § 50c Abs. 3 Satz 2 eine Durchschrift des Antrages ist bei allen Fahrten im Kraftfahrzeug mitzuführen und auf Verlangen der zuständigen Kontrollbeamten zur Prüfung auszuhändigen.

§ 50f

(1) Die Bundesregierung wird ermächtigt, durch Rechtsverordnung mit Zustimmung des Bundesrates die Erteilung von Beförderungsbescheinigungen für die Dauer von längstens einem Jahr auszusetzen, wenn und soweit dies im öffentlichen Interesse erforderlich ist, um einer drohenden oder bereits eingetretenen Gefährdung der Ausgeglichenheit oder Funktionsfähigkeit des binnenländischen Verkehrs oder der Verkehrssicherheit auf den Straßen zu begegnen. Die Aussetzung kann bis zu einem weiteren Jahr verlängert werden, soweit die Voraussetzungen des Satzes 1 noch vorliegen. Eine weitere Aussetzung ist danach erst wieder nach Ablauf von mindestens zwei Jahren, beginnend mit dem Ende des letzten Aussetzungszeitraums, zulässig.

(2) In der Rechtsverordnung sind Ausnahmen für die Unternehmen mit Sitz oder nicht nur vorübergehender geschäftlicher Niederlassung im Zonenrandgebiet, die Werkfernverkehr durchführen, und zugunsten solcher Unternehmen zuzulassen, die wegen ihrer Eigenart oder geographischen Lage den Werkfernverkehr für bestimmte Güter nicht entbehren, insbesondere auf die öffentlichen Verkehrsunternehmen nicht ausweichen können oder durch die Versagung neuer Beförderungsbescheinigungen in wirtschaftliche Schwierigkeiten geraten würden; ferner für die Fälle, in denen es sich um die Wiedererteilung einer abgelaufenen Beförderungsbescheinigung handelt, deren Versagung auch unter Berücksichtigung der für den Erlaß der Verordnung maßgeblichen Gründe eine unbillige Härte darstellen würde.

§ 51

(1) Die Vorschriften über den Standort in § 6 Abs. 1, 2 und 6 sowie in § 6a finden entsprechende Anwendung. Über die Bestimmung des Standorts ist eine amtliche Bescheinigung zu erteilen, die bei allen Fahrten im Kraftfahrzeug mitzuführen und auf Verlangen der zuständigen Kontrollbeamten zur Prüfung auszuhändigen ist.

(2) Für Lastkraftwagen mit einer Nutzlast von nicht mehr als 4 t und Zugmaschinen mit einer Leistung von nicht mehr als 55 PS sowie für Zugmaschinen, die durch land- und forstwirtschaftliche Betriebe ausschließlich im Werknahverkehr eingesetzt werden und die von der Kraftfahrzeugsteuer befreit sind, gilt der im Fahrzeugschein für den Unternehmer als Fahrzeughalter eingetragene regelmäßige Standort als Standort im Sinne dieses Gesetzes, soweit nicht ein Standort nach Absatz 1 bestimmt ist.

(3) Werden Kraftfahrzeuge des Werkverkehrs über die Grenzen der Nahzone hinaus oder außerhalb dieser Grenzen vorübergehend im Nahverkehr verwendet, so kann die untere Verkehrsbehörde den Einsatzort zum Standort erklären, wenn dies aus

wirtschaftlichen Gründen geboten und mit dem öffentlichen Interesse an der Aufrechterhaltung eines geordneten Güterkraftverkehrs vereinbar ist.

§ 51a

§ 6b gilt auch im Werkverkehr.

§ 52

(1) Bei allen Werkfernverkehrsfahrten, bei denen Kraftfahrzeuge von mehr als 1 t Nutzlast oder Zugmaschinen verwendet werden, sind die von dem Bundesminister für Verkehr vorgeschriebenen Beförderungs- und Begleitpapiere mitzuführen und auf Verlangen den mit der Überwachung des Güterfernverkehrs beauftragten Stellen zur Prüfung vorzulegen.

(2) Unternehmen, die Werkfernverkehr durchführen, haben nach näherer Bestimmung durch den Bundesminister für Verkehr der Bundesanstalt für den Güterfernverkehr (§ 53) monatlich eine Übersicht aller durchgeführten Beförderungen im Werkfernverkehr oder eine Fehlanzeige vorzulegen. Eine Durchschrift hiervon ist fünf Jahre aufzubewahren.

(3) Zur statistischen Erfassung aller Beförderungsleistungen im Werkfernverkehr sind die Durchschriften der in Absatz 2 vorgeschriebenen Übersicht einer Stelle, die vom Bundesminister für Verkehr bestimmt wird, monatlich einzureichen.

(4) Die im Werkfernverkehr ausschließlich für grenzüberschreitende Beförderungen verwendeten und im Geltungsbereich dieses Gesetzes zugelassenen Kraftfahrzeuge mit mehr als 4 t Nutzlast und Zugmaschinen mit einer Leistung über 55 PS sind bei der Bundesanstalt mit einem von ihr vorgeschriebenen Formblatt anzumelden; die von der Bundesanstalt erteilte Meldebestätigung ist bei allen Fahrten im Kraftfahrzeug mitzuführen und auf Verlangen der zuständigen Kontrollbeamten zur Prüfung auszuhändigen. Sie sind abzumelden, wenn sie nicht mehr im Werkfernverkehr verwendet werden.

(5) Die auf Grund der Absätze 1 bis 3 zu treffenden Bestimmungen erläßt der Bundesminister für Verkehr durch Rechtsverordnung ohne Zustimmung des Bundesrates.

Achter Titel

Bundesanstalt für den Güterfernverkehr

§ 53

(1) Zur Herstellung und Gewährleistung der Ordnung im Güterfernverkehr innerhalb seiner verschiedenen Zweige und im Verhältnis zu anderen Verkehrsträgern wird eine bundesunmittelbare Anstalt des öffentlichen Rechts errichtet, die den Namen „Bundesanstalt für den Güterfernverkehr“ führt.

(2) Der Sitz der Bundesanstalt wird durch den Bundesminister für Verkehr nach Anhörung des Bundesrates bestimmt.

(3) Die Bundesanstalt errichtet in den Ländern Außenstellen. Zahl und Sitz der Außenstellen sind von ihr im Einvernehmen mit dem Bundesminister für Verkehr und den jeweils zuständigen obersten Landesverkehrsbehörden zu bestimmen. Das gleiche gilt für die Bestellung der Leiter der Außenstellen und ihrer Stellvertreter, die erfahrene Kenner des Verkehrs sein sollen. Die Außenstellen sind verpflichtet, den

höheren und obersten Landesverkehrsbehörden auf Verlangen alle Auskünfte zu erteilen, die zur Durchführung der Aufsicht gemäß § 77 erforderlich sind.

(4) Der Aufbau der Bundesanstalt wird durch eine Satzung geregelt, soweit das nicht bereits in diesem Gesetz geschieht. Der Bundesminister für Verkehr erläßt die Satzung nach Anhörung des Verwaltungsrats.

(5) Die Bundesanstalt führt ein Dienstsiegel. Es zeigt den Bundesadler mit der Umschrift „Bundesanstalt für den Güterfernverkehr".

§ 54

(1) Die Bundesanstalt hat dafür Sorge zu tragen, daß der Unternehmer, der Spediteur und der Vermittler nach § 32, außerdem alle anderen am Beförderungsvertrag Beteiligten, die ihnen nach diesem Gesetz obliegenden Pflichten erfüllen, vor allem, daß die Tarife, die Beförderungsbedingungen und die Bestimmungen über Sonderabmachungen eingehalten werden.

(2) Die Bundesanstalt hat weiter – hinsichtlich Nummer 3 Buchstabe a im Zusammenwirken mit den Gewerbeaufsichtsämtern – darüber zu wachen, daß

1. Güterfernverkehr nicht ohne die erforderliche Genehmigung sowie Werkfernverkehr nicht in unzulässiger Weise und nicht ohne die erforderliche Beförderungsbescheinigung betrieben werden,

2. die auf § 52 beruhenden gesetzlichen Verpflichtungen eingehalten werden,

3. die Rechtsvorschriften über

a) die Beschäftigung und die Tätigkeiten des Fahrpersonals auf Kraftfahrzeugen,

b) die zulässigen Abmessungen sowie die zulässigen Achslasten und Gesamtgewichte von Kraftfahrzeugen und Anhängern

eingehalten werden, soweit diese Überwachung im Rahmen der Maßnahmen nach § 55 Abs. 1 Nr. 4 durchgeführt werden kann und

4. die Rechtsvorschriften über die Beförderung gefährlicher Güter auf der Straße eingehalten werden, soweit diese Überwachung im Rahmen der Maßnahmen nach § 55 Abs. 1 Nr. 4 durchgeführt werden kann.

(3) Der Bundesanstalt obliegt es ferner, auf Anforderung der Wasser- und Schiffahrtsdirektionen bei der Durchführung der ihnen nach § 31a des Gesetzes über den gewerblichen Binnenschiffsverkehr in der Fassung der Bekanntmachung vom 8. Januar 1969 (Bundesgesetzbl. I S. 65) obliegenden Überwachungsaufgabe gegen Erstattung der ihr dadurch entstehenden Kosten mitzuwirken.

§ 55

(1) Zur Durchführung der Überwachungsaufgaben hat die Bundesanstalt folgende Befugnisse:

1. Sie kann durch Beauftragte die erforderlichen Ermittlungen anstellen, auch Einsicht in die Bücher und Geschäftspapiere aller an der Beförderung oder ihrer Abrechnung und Prüfung Beteiligten sowie der gesetzlich an den Tarif gebundenen Dritten und der Vermittler von Ladegut oder Laderaum (§ 32) nehmen lassen.

2. Sie und ihre Beauftragten können von den in Nummer 1 genannten Beteiligten und den in deren Geschäftsbetrieb tätigen Personen Auskunft über alle Tatsachen verlangen, die für die Durchführung der Überwachung von Bedeutung sind. Die Auskunft ist wahrheitsgemäß nach bestem Wissen und Gewissen zu erteilen. Der zur Erteilung der Auskunft Verpflichtete kann die Auskunft auf solche Fragen verweigern, deren Beantwortung ihn selbst oder einen der in § 383 Abs. 1 Nr. 1 bis 3 der Zivilprozeßordnung bezeichneten Angehörigen der Gefahr strafgerichtlicher Ver-

folgung oder eines Verfahrens nach dem Gesetz über Ordnungswidrigkeiten aussetzen würde.

3. Ihre Beauftragten können Grundstücke und Geschäftsräume der in Nummer 1 genannten Beteiligten betreten, um an Ort und Stelle innerhalb der üblichen Geschäfts- und Arbeitsstunden Ermittlungen durchzuführen. Die im Nummer 2 genannten Personen haben ihnen hierbei jede Auskunft und Nachweisung zu erteilen, deren sie bedürfen.
4. Sie kann auch außerhalb der Geschäftsräume der Beteiligten, insbesondere auf Straßen, auf Autohöfen und an Tankstellen zur Kontrolle der Ladung und zur Prüfung der Begleitpapiere Überwachungsmaßnahmen durchführen.

(2) Die in Absatz 1 Nummer 1 Genannten und die in deren Geschäftsbetrieb tätigen Personen haben den Beauftragten der Bundesanstalt bei der Durchführung der Überwachungsmaßnahmen die erforderlichen Hilfsmittel zu stellen und die nötigen Hilfsdienste zu leisten.

(3) Der Bundesminister für Verkehr erläßt zur Durchführung der der Bundesanstalt nach § 54 Abs. 1 und 2 übertragenen Aufgaben die erforderlichen allgemeinen Verwaltungsvorschriften, im Falle des Absatzes 2 Nr. 3 Buchstabe a im Einvernehmen mit dem Bundesminister für Arbeit.

§ 56

Die Bundesanstalt kann die Durchführung der im Rahmen ihrer Überwachungsaufgaben erforderlichen Verwaltungsmaßnahmen nach den für die Durchsetzung von Verwaltungsmaßnahmen allgemein geltenden Bestimmungen erzwingen.

§ 57

(1) Die Bundesanstalt hat die statistische Erfassung aller Beförderungsleistungen im Güterfernverkehr nach den Weisungen des Bundesministers für Verkehr und im Rahmen der für die Bundesstatistik vorgesehenen Bestimmungen vorzunehmen.

(2) Die Einzelheiten des Verfahrens bestimmt der Bundesminister für Verkehr durch Rechtsverordnung ohne Zustimmung des Bundesrates.

§ 58

(1) Der Unternehmer hat der Bundesanstalt monatlich die für die Überwachung der Tarife und der Sonderabmachungen (Tarifüberwachung) erforderlichen Unterlagen vorzulegen. Die in der Vorlage enthaltenen Erklärungen gelten als Steuererklärungen im Sinne der Reichsabgabenordnung.

(2) Falls der Unternehmer eine Frachtenprüfstelle mit der Vorlage der Unterlagen beauftragt, hat er dies der Bundesanstalt mitzuteilen. Frachtenprüfstellen bedürfen der Zulassung durch die Bundesanstalt.

(3) Der Bundesminister für Verkehr bestimmt die Einzelheiten des Verfahrens bei der Tarifüberwachung durch Rechtsverordnung ohne Zustimmung des Bundesrates.

§ 59

(1) Frachtenprüfstellen im Sinne des § 58 dürfen nicht zugelassen werden, wenn nicht die Gewähr dafür gegeben ist, daß

a) die mit der Frachtenprüfung Befaßten persönlich zuverlässig und fachlich geeignet sind und

b) die für die Durchführung der Prüfung gegebenen Richtlinien der Bundesanstalt ausgeführt werden.

Die Zulassung ist beim Wegfall einer dieser Voraussetzungen zu entziehen.

(2) Allen mit der Frachtenprüfung befaßten Personen ist es unbeschadet der Vorschriften der Reichsabgabenordnung verboten, Geschäfts- oder Berufsgeheimnisse, die bei der Prüfung der Beförderungspapiere zu ihrer Kenntnis gelangen, zu verwerten oder anderen mitzuteilen.

§ 60

(1) Der Unternehmer des Güterfernverkehrs und der Abfertigungsspediteur haben das Unternehmen, der Unternehmer des Güterfernverkehrs und die Deutsche Bundesbahn haben ihre im Güterfernverkehr verwendeten Kraftfahrzeuge und Anhänger der Bundesanstalt auf deren Verlangen anzumelden.

(2) Die Bundesanstalt hat über sämtliche Unternehmen des Fernverkehrs getrennt nach den einzelnen Verkehrszweigen, und über die Abfertigungsspediteure Register zu führen.

(3) Absatz 2 gilt entsprechend für die im Werkfernverkehr verwendeten Kraftfahrzeuge und Anhänger mit mehr als 4 t Nutzlast und Zugmaschinen mit einer Leistung über 55 PS.

§ 61

Organe der Bundesanstalt sind der Verwaltungsrat und der Leiter.

§ 62

(1) Der Verwaltungsrat besteht aus 27 Mitgliedern, und zwar aus
6 Vertretern des Bundesverbandes des Deutschen Güterfernverkehrs (BDF) e.V.,
1 Vertreter des Bundesverbandes des Deutschen Güternahverkehrs (BDN) e.V.,
1 Vertreter der Arbeitsgemeinschaft Möbeltransport Bundesverband e. V.,
2 Vertretern des Bundesverbandes Spedition und Lagerei e. V.,
1 Vertreter der Deutschen Bundesbahn,
1 Vertreter des Deutschen Industrie- und Handelstags,
1 Vertreter des Bundesverbandes der Deutschen Industrie,
1 Vertreter des Zentralausschusses der Deutschen Landwirtschaft,
1 Vertreter des Zentralverbandes des Deutschen Handwerks,
1 Vertreter des Zentralverbandes der Versicherungswirtschaft,
5 Vertretern der Gewerkschaften,
6 Vertretern der obersten Landesverkehrsbehörden.

Die Mitglieder werden vom Bundesminister für Verkehr auf Vorschlag der vorstehenden Gruppen ernannt, die Vertreter der obersten Landesverkehrsbehörden auf Vorschlag des Bundesrates.

(2) Von jedem Vorschlagsberechtigten mit Ausnahme der Deutschen Bundesbahn und der obersten Landesverkehrsbehörden ist dem Bundesminister für Verkehr die doppelte Zahl vorzuschlagen.

(3) Die Mitglieder werden auf 3 Jahre ernannt. Nach der ersten Ernennung scheidet jedes Jahr ein Drittel der Mitglieder aus. Die Ausscheidenden werden durch das Los bestimmt; sie können wiederernannt werden.

(4) Die Mitglieder können jederzeit durch schriftliche Erklärung gegenüber dem Bundesminister für Verkehr ihr Amt niederlegen. Verliert ein Mitglied die Fähigkeit

zur Bekleidung öffentlicher Ämter oder wird über sein Vermögen der Konkurs eröffnet, so erlischt seine Mitgliedschaft. Die Mitgliedschaft erlischt ferner, wenn der Bundesminister für Verkehr feststellt, daß ein Mitglied nicht mehr der Gruppe angehört, die ihn vorgeschlagen hat.

(5) Beim ausscheiden eines Mitglieds während seiner Amtszeit wird sein Nachfolger für den Rest der Amtsdauer des ausgeschiedenen Mitglieds ernannt.

§ 63

(1) Der Verwaltungsrat berät den Leiter bei der Durchführung der Geschäfte.

(2) Der Verwaltungsrat beschließt über
1. die Geschäftsordnung des Verwaltungsrats und des Leiters,
2. die Dienstbezüge des Leiters und der leitenden Angestellten,
3. den Haushaltsplan und den Jahresabschluß,
4. die Vorschläge zur Erhebung der Umlagen und Meldebeiträge gemäß § 75,
5. die Aufnahme von Krediten,
6. (weggefallen),
7. die Richtlinien für die Zulassung von Frachtenprüfstellen (§ 59).

(3) Der Verwaltungsrat kann zur Vorbereitung seiner Entscheidungen Ausschüsse bilden. Die Geschäftsführung in diesen Ausschüssen obliegt dem Leiter.

(4) Die Mitglieder des Verwaltungsrats sind zur Verschwiegenheit über die Angelegenheiten der Bundesanstalt verpflichtet. Sie sind an keinerlei Aufträge oder Weisungen gebunden und haben ihr Amt nach bestem Wissen und Gewissen zu versehen.

§ 64

(1) Der Verwaltungsrat faßt seine Beschlüsse mit Stimmenmehrheit. Bei Stimmengleichheit entscheidet der Vorsitzende. Zur Beschlußfassung ist die Anwesenheit von mindestens 15 Mitgliedern erforderlich.

(2) Der Verwaltungsrat wählt jährlich zu Beginn des Geschäftsjahrs aus seiner Mitte einen Vorsitzenden und einen stellvertretenden Vorsitzenden. Der Vorsitzende beruft die Sitzungen ein. Ordentliche Sitzungen müssen mindestens einmal im Kalendervierteljahr stattfinden. Weitere Sitzungen müssen anberaumt werden, wenn ein Drittel der Mitglieder des Verwaltungsrats oder der Leiter oder der Bundesminister für Verkehr es verlangt.

(3) Die Mitglieder des Verwaltungsrats sind ehrenamtlich tätig; sie erhalten angemessenen Ersatz ihrer Auslagen.

§ 65

(1) Der Leiter wird auf Vorschlag des Verwaltungsrats vom Bundesminister für Verkehr ernannt und unbeschadet der Vorschrift des § 76 Abs. 2 abberufen.

(2) Der Leiter und alle Angestellten der Bundesanstalt sind hauptberuflich tätig. Sie dürfen weder dem Verwaltungsrat noch einem Unternehmen des Transportgewerbes oder der Spedition angehören.

§ 66

Der Leiter führt die Geschäfte der Bundesanstalt. Er hat dem Verwaltungsrat monatlich über den Stand der Geschäfte zu berichten.

§ 67

(weggefallen)

§ 68

(1) Der Leiter und die bei der Bundesanstalt Beschäftigten sind zur Verschwiegenheit über die Angelegenheiten der Bundesanstalt verpflichtet.

(2) Die Pflicht zur Verschwiegenheit gilt auch gegenüber dem Verwaltungsrat und seinen Mitgliedern hinsichtlich der Geschäftsvorgänge des einzelnen Unternehmers. Die Vorschriften der Reichsabgabenordnung bleiben unberührt.

§ 69

Das Rechnungsjahr der Bundesanstalt ist das Kalenderjahr.

§ 70

Der Leiter hat rechtzeitig vor Beginn eines jeden Rechnungsjahres einen Haushaltsplan aufzustellen. Dieser muß alle Einnahmen und Ausgaben, die für das Rechnungsjahr zu erwarten sind, nach Zweckbestimmung und Ansatz getrennt ausweisen und ausgeglichen sein.

§ 71

Der Haushaltsplan bedarf der Genehmigung des Bundesministers für Verkehr im Einvernehmen mit dem Bundesminister der Finanzen; er ist dem Bundesminister für Verkehr spätestens zwei Monate vor Beginn des Rechnungsjahres vorzulegen.

§ 72

Nach Abschluß des Rechnungsjahres hat der Leiter über alle Einnahmen und Ausgaben des abgeschlossenen Rechnungsjahres Rechnung zu legen (Haushaltsrechnung).

§ 73

(1) Der Bundesrechnungshof nimmt die Rechnungsprüfung vor. Er kann sich dabei eines Revisions- und Treuhandunternehmens bedienen.

(2) Die Haushaltsrechnung ist mit dem Prüfungsbericht dem Bundesminister für Verkehr vorzulegen, der die Entlastung im Einvernehmen mit dem Bundesminister der Finanzen erteilt.

§ 74

Die Haushaltsordnung, die Finanz- und Rechnungsbestimmungen und die sonstigen Vorschriften des Bundes über die Wirtschaftsführung finden auf die Bundesanstalt sinngemäß Anwendung.

§ 75

(1) Die Kosten der Bundesanstalt sind durch Umlagen zu decken. Die Höhe der Umlagen wird bei den Unternehmern des Güter- und Möbelfernverkehrs nach dem

Frachtumsatz bemessen. Werden die Frachtunterlagen über eine Frachtenprüfstelle nach § 58 vorgeprüft, so ermäßigt sich die Umlage um einen angemessenen Satz. Es kann eine jährliche Mindestumlage für jede erteilte Genehmigung und für jedes im Güterfernverkehr eingesetzte bundesbahneigene Kraftfahrzeug festgesetzt werden. Jährliche Meldebeiträge werden erhoben von Abfertigungsspediteuren sowie von Unternehmen, denen nach § 50 Satz 2 eine Beförderungsbescheinigung oder nach § 52 Abs. 4 eine Meldebestätigung erteilt ist.

(2) Die Umlagen und Meldebeiträge werden auf Vorschlag des Verwaltungsrats von dem Bundesminister für Verkehr durch Rechtsverordnung ohne Zustimmung des Bundesrates festgesetzt. Sie können nach den Vorschriften über die Beitreibung öffentlicher Abgaben eingezogen werden.

(3) Bei der Festsetzung der Umlagen und Meldebeiträge sind die der Bundesanstalt erwachsenden Kosten zugrunde zu legen. Überschüsse aus dem Geschäftsbetrieb sind zur Senkung der Umlagen und Meldebeiträge für das nächste Rechnungsjahr zu verwenden.

(4) Geldbußen der Bundesanstalt als Verwaltungsbehörde im Sinne des § 36 Abs. 1 Nr. 1 des Gesetzes über Ordnungswidrigkeiten werden zur Kasse der Bundesanstalt vereinnahmt.

§ 76

(1) Die Bundesanstalt untersteht der Aufsicht des Bundesministers für Verkehr. Er kann vom Verwaltungsrat und vom Leiter Auskunft fordern und Einblick in alle Geschäftspapiere der Bundesanstalt nehmen.

(2) Stellt der Bundesminister für Verkehr fest, daß der Leiter der Bundesanstalt bei der Erfüllung der ihm obliegenden Aufgaben nicht gesetzmäßig handelt oder in erheblichem Umfang den Zwecken des Gesetzes zuwiderhandelt, so kann er den Leiter abberufen und vom Verwaltungsrat Vorschläge über eine Neubestellung des Leiters fordern. Kommt der Verwaltungsrat dieser Forderung nicht nach, so kann der Bundesminister für Verkehr die Aufgaben der Bundesanstalt durch von ihm Beauftragte wahrnehmen lassen.

(3) Die durch die Tätigkeit der Beauftragten des Bundesministers für Verkehr entstehenden Kosten trägt die Bundesanstalt.

Neunter Titel

Aufsicht

§ 77

Der Unternehmer unterliegt wegen der Erfüllung der gesetzlichen Vorschriften und der ihm durch die Genehmigung auferlegten Bedingungen, Auflagen und verkehrsmäßigen Beschränkungen unbeschadet der Vorschriften der §§ 53 bis 76 der Aufsicht der Genehmigungsbehörde.

§ 78

(1) Die Genehmigungsbehörde hat die Genehmigung zurückzunehmen,

1. wenn der Unternehmer oder sein Bevollmächtigter über Tatsachen, die für die Erteilung der Genehmigung erheblich waren, wissentlich oder grobfahrlässig unrichtige Angaben gemacht hat,

2. wenn die in § 22 Abs. 2 und in den §§ 26 bis 29 festgesetzten Verpflichtungen wiederholt gröblich verletzt werden,
3. wenn der Unternehmer drei Monate lang kein Kraftfahrzeug mehr besitzt, das der Voraussetzung von § 12 Abs. 1 Nr. 1 entspricht,
4. wenn das Versicherungsverhältnis nach § 27 erloschen ist oder
5. wenn über das Vermögen des Unternehmers der Konkurs eröffnet oder die Eröffnung des Konkurses mangels einer den Kosten des Verfahrens entsprechenden Konkursmasse abgelehnt wird.

(2) Die Genehmigungsbehörde kann die Genehmigung zurücknehmen,

1. wenn Personen, die für die Leitung des Unternehmens verantwortlich sind, gegen die Bedingungen oder Auflagen der Genehmigung wiederholt in grober Weise verstoßen oder die im Interesse der öffentlichen Sicherheit erlassenen Vorschriften trotz Verwarnung nicht erfüllt haben,
2. wenn der Unternehmer die sozialrechtlichen Verpflichtungen, die ihm kraft Gesetzes hinsichtlich der in seinem Betrieb Beschäftigten obliegen, wiederholt nicht erfüllt hat oder wenn gegen Tarifvereinbarungen zwischen den Unternehmern und den Arbeitnehmern verstoßen worden ist,
3. wenn nach Erteilung der Genehmigung andere schwerwiegende Umstände eintreten, aus denen sich die Unzuverlässigkeit der für die Leitung des Unternehmens verantwortlichen Personen ergibt,
4. wenn Personen, die für die Leitung des Unternehmens verantwortlich sind, wegen Verstoßes gegen Tarifvorschriften mehr als zweimal rechtskräftig verurteilt worden sind,
5. wenn der Unternehmer den Fernverkehrsbetrieb nicht binnen drei Monaten nach Erteilung der Genehmigung aufgenommen oder die Genehmigung während einer Dauer von sechs Monaten nicht ausgenutzt hat,
6. wenn der Unternehmer die ihm obliegenden steuerrechtlichen Verpflichtungen wiederholt nicht erfüllt hat oder
7. wenn der Unternehmer im Zwangsvollstreckungsverfahren wegen einer Geldforderung in das bewegliche Vermögen den Offenbarungseid geleistet hat.

(3) In den Fällen des Absatzes 2 Nummer 6 und 7 dürfen die Finanzbehörden den Genehmigungsbehörden Mitteilung über die wiederholte Nichterfüllung der steuerrechtlichen Verpflichtungen oder die Ableistung des Offenbarungseides nach § 325 der Reichsabgabenordnung machen.

(4) Vor der Entziehung der Genehmigung ist die Bundesanstalt zu hören.

§ 79

(weggefallen)

Dritter Abschnitt

Güternahverkehr

Erster Titel

Allgemeiner Güternahverkehr

§ 80

Wer Güternahverkehr mit Lastkraftwagen mit einer Nutzlast von mehr als 750 Kilogramm oder mit Zugmaschinen gewerbsmäßig betreiben will (allgemeiner Güternahverkehr), bedarf der Erlaubnis. Die Erlaubnis wird dem Unternehmer für seine Person zeitlich unbeschränkt erteilt; sie kann auf Antrag auf bestimmte Beförderungsfälle beschränkt werden. Für den Güterliniennahverkehr gelten die besonderen Vorschriften der §§ 90 bis 97.

§ 81

Die Erlaubnis wird nur erteilt, wenn
1. der Antragsteller und die für die Führung der Geschäfte bestellte Person zuverlässig sind,
2. der Antragsteller oder die für die Führung der Geschäfte bestellte Person sachkundig ist und
3. die wirtschaftliche und finanzielle Leistungsfähigkeit des Betriebes als gewährleistet angesehen werden kann.

§ 82

Für die Erteilung der Erlaubnis ist diejenige untere Verkehrsbehörde zuständig, in deren Bezirk der Unternehmer seinen Sitz oder eine gerichtlich eingetragene Zweigniederlassung hat (Erlaubnisbehörde).

§ 83

(1) Auf das Erlaubnisverfahren sind die Vorschriften des
§ 8 Abs. 2 und 3 über die Entscheidung in Zweifelsfällen sowie über die Begründung und Zustellung der Entscheidung,
§ 10 Abs. 2 über den Nachweis der fachlichen Eignung,
§ 14 Abs. 2 über die Zuständigkeit bei einem Sitz des Unternehmens im Ausland,
§ 15 Abs. 1, Abs. 2 Nr. 1 und 2, Abs. 4 Satz 2 und Abs. 5 über Aushändigung, Inhalt und Verlust der Urkunde,
§ 17 über die Nachprüfung der Betriebssicherheit der Kraftfahrzeuge,
§ 18 über die Pflicht zur Mitteilung an die Berufsgenossenschaft und
§ 19 über die Fortführung des Betriebs nach dem Tod des Unternehmers
entsprechend anzuwenden, wobei an die Stelle der nach § 8 Abs. 2 zuständigen höheren Landesverkehrsbehörde die untere Verkehrsbehörde tritt.

(2) Die Vorschrift des § 14 Abs. 3 ist mit der Maßgabe entsprechend anzuwenden, daß eine Anhörung der Bundesanstalt unterbleibt und als beteiligte Verbände des Verkehrsgewerbes die Vertretungen des Güternahverkehrs, des Möbeltransports und der Spedition und Lagerei zu hören sind.

(3) Ändert sich die Bezeichnung des Unternehmers oder der Sitz des Unternehmens, so ist der Erlaubnisbehörde die Erlaubnisurkunde zur Berichtigung vorzulegen.

(4) Wird nach § 103 Abs. 2 Nr. 5 eine Versicherungspflicht eingeführt, so darf die Erlaubnisurkunde dem Unternehmer erst ausgehändigt werden, nachdem er den Nachweis der Versicherung erbracht hat (§ 27).

§ 83a

§ 19a ist entsprechend anzuwenden mit der Maßgabe, daß die Erlaubnisbehörde eine Erlaubnis für Einzelfahrten abweichend von den Vorschriften der §§ 80, 81 Nr. 2 und 3 und § 83 Abs. 2 erteilen kann.

§ 84

(1) Entgelte für die Beförderung und für Nebenleistungen im Güternahverkehr sind Höchstentgelte, falls in dem Tarif nichts anderes bestimmt ist. In dem Tarif kann die Abrechnung oder die Nachprüfung der Abrechnung über eine Abrechnungsstelle angeordnet und die Entrichtung der dafür zu zahlenden Gebühren geregelt werden. Auf den Tarif sind die Vorschriften des § 20 Abs. 2 und des § 22 Abs. 1 Satz 1 erster Halbsatz, Abs. 2 und 3 unmittelbar sowie die Vorschriften des § 20 Abs. 1 entsprechend anzuwenden.

(2) Es werden Tarifkommissionen gebildet für

1. den allgemeinen Güternahverkehr,
2. den Speditionsnahverkehr und
3. den Möbelnahverkehr.

An Stelle dieser Tarifkommissionen kann eine gemeinsame Tarifkommission gebildet werden.

(3) Für den Güterfernverkehr und den Güternahverkehr oder für ihre Zweige können gemeinsame Tarifkommissionen gebildet werden. In diesem Fall gelten die §§ 20a, 21a und 21b unmittelbar sowie § 21 Abs. 2 entsprechend.

Anm. Siehe zu der in Abs. 1 für anwendbar erklärten Vorschrift des § 22 Abs. 2 und 3 die Kommentierung zu § 22, insbesondere Anm. 10. § 23 GüKG ist nicht anwendbar; siehe auch die Ausnahmeregelung für landwirtschaftliche Sonderverkehre in § 89a GüKG.

§ 84a

Die Tarifkommissionen haben die Aufgabe, marktgerechte Beförderungsentgelte zu bilden.

§ 84b

(1) Der Bundesminister für Verkehr errichtet die Tarifkommissionen; er bestimmt ihre Zusammensetzung und ihren Aufbau sowie ihren Sitz durch Rechtsverordnung ohne Zustimmung des Bundesrates.

(2) Die Tarifkommissionen geben sich Geschäftsordnungen, die der Genehmigung des Bundesministers für Verkehr bedürfen.

(3) Die Bundesminister für Verkehr und Wirtschaft sind berechtigt, an den Sitzungen der Tarifkommissionen teilzunehmen oder sich vertreten zu lassen.

§ 84c

(1) Die Tarifkommissionen bestehen jeweils aus zwei zahlenmäßig gleich starken Gruppen von Tarifsachverständigen der in § 84 Abs. 2 genannten Gewerbezweige (Unternehmer) und von Vertretern der Verlader. Die Mitglieder der Gruppe der Unternehmer werden auf Vorschlag von Angehörigen oder Verbänden der beteiligten Gewerbezweige, die Mitglieder der Gruppe der Verlader werden auf Vorschlag der Verbände der Industrie, des Handels, der Spedition, des Handwerks und der Agrarwirtschaft vom Bundesminister für Verkehr auf die Dauer von drei Jahren berufen; das gleiche gilt für ihre Stellvertreter.

(2) Für die Niederlegung des Amts eines Mitglieds der Tarifkommission, das Erlöschen der Mitgliedschaft und das Ausscheiden eines Mitglieds während seiner Amtszeit ist § 62 Abs. 4 und 5 entsprechend anzuwenden; das gleiche gilt für die Stellvertreter der Mitglieder.

(3) Die Mitglieder der Tarifkommissionen sind ehrenamtlich tätig; sie sind nicht an Aufträge oder Weisungen gebunden.

§ 84d

In der Tarifkommission beraten die Gruppe der Unternehmer und die Gruppe der Verlader gemeinsam. Bei Abstimmungen verfügt jede Gruppe über eine Stimme.

§ 84e

(1) Können sich die Gruppe der Unternehmer und die Gruppe der Verlader in der Tarifkommission über ein bestimmtes Beförderungsentgelt nicht einigen, so zeigt die Tarifkommission dies innerhalb einer Frist von 14 Tagen nach der ergebnislos verlaufenen Sitzung dem Vorsitzenden der erweiterten Tarifkommission an.

(2) Die erweiterten Tarifkommissionen bestehen jeweils aus der Gruppe der Tarifsachverständigen der Unternehmer, der Gruppe der Verlader, einem unabhängigen Vorsitzenden und je einem von der Gruppe der Unternehmer und der Gruppe der Verlader benannten unabhängigen Beisitzer. Der Bundesminister für Verkehr beruft den Vorsitzenden und die beiden Beisitzer sowie ihre Stellvertreter für die Dauer von drei Jahren; er kann sie aus wichtigem Grund abberufen. Die §§ 84b und 84c Abs. 2 und 3 finden entsprechende Anwendung.

(3) Der Vorsitzende der erweiterten Tarifkommission beruft diese innerhalb von vier Wochen nach Eingang der Anzeige nach Absatz 1 ein.

(4) Die erweiterte Tarifkommission berät über das Beförderungsentgelt nach Absatz 1. Können sich die Gruppe der Unternehmer und die Gruppe der Verlader wiederum nicht einigen, so beschließt die erweiterte Tarifkommission über das Entgelt. Der Vorsitzende, die beiden Beisitzer, die Gruppe der Unternehmer und die Gruppe der Verlader haben hierbei je eine Stimme. Beschlossen ist das Entgelt, für das mindestens drei Stimmen abgegeben werden.

(5) Die von den Tarifkommissionen und den erweiterten Tarifkommissionen beschlossenen Beförderungsentgelte gelten als marktgerecht.

§ 84f

(1) Die Beschlüsse der Tarifkommissionen und der erweiterten Tarifkommissionen bedürfen der Genehmigung des Bundesministers für Verkehr. Er entscheidet im Einvernehmen mit dem Bundesminister für Wirtschaft.

(2) Der Bundesminister für Verkehr soll, sofern er nicht vorher entscheidet, gegenüber der Tarifkommission innerhalb von drei Wochen und gegenüber der erweiterten Tarifkommission innerhalb von zwei Wochen nach Eingang des Beschlusses sich äußern und innerhalb von zwei Monaten nach Eingang des Beschlusses der Tarifkommission und innerhalb von einem Monat nach Eingang des Beschlusses der erweiterten Tarifkommission über die Genehmigung entscheiden.

(3) Der Bundesminister für Verkehr kann ohne Mitwirkung der Tarifkommissionen oder der erweiterten Tarifkommissionen Beförderungsentgelte festsetzen, wenn Gründe des allgemeinen Wohls es erfordern oder wenn eine Tarifkommission oder eine erweiterte Tarifkommission ein Beförderungsentgelt nicht beschließt; er bedarf hierzu des Einvernehmens mit dem Bundesminister für Wirtschaft.

(4) § 20a Abs. 5 gilt entsprechend.

(5) Der Bundesminister für Verkehr erläßt die von ihm nach diesen Vorschriften genehmigten oder festgesetzten Tarife durch Rechtsverordnung ohne Zustimmung des

Bundesrates. Er kann Rechtsverordnungen, die Beförderungsentgelte und alle anderen zur Bestimmung des Beförderungsentgelts notwendigen Angaben enthalten, aufheben, wenn das allgemeine Wohl es erfordert; er bedarf hierzu des Einvernehmens mit dem Bundesminister für Wirtschaft.

§ 84g

Die Tarife können auch ohne Mitwirkung der Tarifkommissionen von der Landesregierung im Benehmen mit den Bundesministern für Verkehr und Wirtschaft festgesetzt und durch Rechtsverordnung erlassen werden, wenn sie nur für ein Land oder einen Teil des Landes Geltung haben sollen und der Bundesminister für Verkehr für dieses Gebiet nicht bereits einen Tarif erlassen hat; die Landesregierung kann ihre Befugnis durch Rechtsverordnung auf eine oberste Landesbehörde weiter übertragen.

§ 84h

§ 32 mit Ausnahme des Absatzes 2 zweiter Halbsatz und des Absatzes 3 Satz 2 erster Halbsatz findet entsprechende Anwendung.

§ 85

(1) Die Vorschriften des § 26 über das Verbot des Haftungsausschlusses und der Haftungsbeschränkung der Unternehmer sind entsprechend anzuwenden, sofern Beförderungsbedingungen für den Güternahverkehr nach § 84f Abs. 4 festgesetzt sind.

(2) Wird die Versicherungspflicht gegen Güterschäden nach § 103 Abs. 2 Nr. 5 eingeführt, so ist die Vorschrift des § 27 über die besonderen Pflichten der Unternehmer entsprechend anzuwenden.

(3) Die Vorschriften des § 29 über die Buchführungspflicht gelten entsprechend mit der Maßgabe, daß der Unternehmer die Zweitschriften seiner Rechnungen fünf Jahre nach Rechnungsausstellung aufzubewahren hat.

Anm. Zu Abs. 1 siehe Anm. 3 zu § 26; zu Abs. 2 Anm. 14 zu § 425 und 96ff. zu § 429 HGB.

§ 86

Auf allen Fahrten ist eine Ausfertigung der Erlaubnisurkunde mitzuführen und auf Verlangen den zuständigen Kontrollorganen zur Prüfung vorzulegen.

§ 87

Der Unternehmer unterliegt wegen der Erfüllung der gesetzlichen Vorschriften der Aufsicht der Erlaubnisbehörde. Im übrigen gelten die Vorschriften des § 55 Abs. 1 und 2 entsprechend.

§ 87a

(1) Die Bundesanstalt unterstützt die Erlaubnisbehörde, soweit diese darüber zu wachen hat, daß der Unternehmer, der Güternahverkehr betreibt, der Spediteur und der Vermittler nach §§ 84h, 32, außerdem alle anderen am Beförderungsvertrag Beteiligten, die ihnen nach diesem Gesetz obliegenden Pflichten erfüllen, vor allem,

daß die Tarife und die Beförderungsbedingungen eingehalten werden, und daß Güternahverkehr nicht ohne die erforderliche Erlaubnis betrieben wird. Sie wird dabei durch Ermittlungen in Einzelfällen, insbesondere auf Grund von Hinweisen der Erlaubnisbehörde, tätig. Die Einzelheiten regelt der Bundesminister für Verkehr mit Zustimmung des Bundesrates in allgemeinen Verwaltungsvorschriften.

(2) Die Bundesanstalt hat ferner – hinsichtlich Nummer 1 im Zusammenwirken mit den Gewerbeaufsichtsämtern – darüber zu wachen, daß die Rechtsvorschriften über

1. die Beschäftigung und die Tätigkeiten des Fahrpersonals auf Kraftfahrzeugen,
2. die Beförderung gefährlicher Güter auf der Straße,
3. die zulässigen Abmessungen sowie die zulässigen Achslasten und Gesamtgewichte von Kraftfahrzeugen und Anhängern

eingehalten werden, soweit diese Überwachung im Rahmen der Maßnahmen nach § 55 Abs. 1 Nr. 4 durchgeführt werden kann.

(3) Die Vorschriften der §§ 55, 56 finden Anwendung.

§ 87b

(1) Die Unternehmer, die Güternahverkehr betreiben, haben bei der Bundesanstalt ihr Unternehmen und auf Verlangen der Bundesanstalt die im Güternahverkehr verwendeten Kraftfahrzeuge und Anhänger anzumelden. § 60 Abs. 2 findet entsprechende Anwendung.

(2) Die Kosten der Bundesanstalt, die ihr durch die Überwachung nach § 87a und nach Absatz 1 dieser Vorschrift erwachsen, sind durch Umlagen bei den Unternehmern, die Güternahverkehr betreiben, zu decken. Von den Unternehmen werden jährlich Meldebeiträge erhoben. § 75 findet entsprechende Anwendung.

§ 88

(1) Die Erlaubnisbehörde hat die Erlaubnis zurückzunehmen, wenn

1. der Unternehmer oder sein Bevollmächtigter über Tatsachen, die für die Erteilung der Erlaubnis erheblich waren, wissentlich oder grobfahrlässig unrichtige Angaben gemacht hat,
2. Fest-, Mindest- oder Höchsttarife vorgeschrieben sind und die in § 22 Abs. 2 festgesetzten Verpflichtungen (Verbot tarifwidriger Vergünstigungen) oder die Verpflichtung zur Einhaltung der Höchsttarife wiederholt gröblich verletzt werden,
3. die in § 85 Abs. 1 und in § 86 festgesetzten Verpflichtungen (Verbot des Haftungsausschlusses und der Haftungsbeschränkung, Mitführen und Vorlegen der Erlaubnisurkunde) wiederholt gröblich verletzt werden,
4. die Versicherungspflicht gegen Güterschäden nach § 103 Abs. 2 Nr. 5 eingeführt wird und die in § 85 Abs. 2 festgesetzten Pflichten wiederholt gröblich verletzt werden oder
5. nach Erteilung der Erlaubnis Umstände eintreten, aus denen sich die Unzuverlässigkeit des Unternehmers ergibt.

(2) Die Erlaubnisbehörde kann die Erlaubnis zurücknehmen, wenn

1. Personen, die für die Leitung des Unternehmens verantwortlich sind, die im Interesse der öffentlichen Sicherheit erlassenen Vorschriften trotz Verwarnung nicht erfüllt haben,
2. der Unternehmer die sozialrechtlichen Verpflichtungen, die ihm kraft Gesetzes hinsichtlich der in seinem Betrieb Beschäftigten obliegen, wiederholt nicht erfüllt

hat oder wenn gegen Tarifvereinbarungen zwischen dem Unternehmer und den Arbeitnehmern verstoßen worden ist oder

3. **Personen, die für die Leitung des Unternehmens verantwortlich sind, wegen Verstoßes gegen die Tarifvorschriften mehr als zweimal rechtskräftig verurteilt worden sind.**

§ 89

Es gelten nicht die Vorschriften
der §§ 80 bis 83, 85 Abs. 2, §§ 86, 87 und 88 für den Güternahverkehr der Deutschen Bundesbahn;
des § 81 Nr. 1 und 2 für den Güternahverkehr anderer öffentlicher Eisenbahnen;
der §§ 80, 81, 83, 86 und 88 für den Güternahverkehr der Unternehmer des Güterfernverkehrs; die Erlaubnisbehörde hat jedoch eine Bescheinigung über die Berechtigung zur Ausübung des allgemeinen Güternahverkehrs zu erteilen; eine Ausfertigung der Bescheinigung ist auf allen Fahrten mitzuführen und auf Verlangen den zuständigen Kontrollorganen zur Prüfung vorzulegen.

Zweiter Titel

Landwirtschaftliche Sonderverkehre

§ 89a

Die §§ 80 bis 89 über den allgemeinen Güternahverkehr und die §§ 90 bis 97 über den Güterliniennahverkehr sind nicht anzuwenden auf

1. **die Beförderung von Milch und Milcherzeugnissen für andere zwischen landwirtschaftlichen Betrieben, Milchsammelstellen und Molkereien durch landwirtschaftliche Unternehmer im Sinne des § 1 des Gesetzes über eine Altershilfe für Landwirte in der Fassung vom 14. September 1965 (Bundesgesetzbl. I S. 1449) mit eigenen oder von ihnen auf Abzahlung gekauften Kraftfahrzeugen oder Anhängern, sofern der Unternehmer nicht im Besitz der Erlaubnis für den Güternahverkehr ist,**
2. **die in land- und forstwirtschaftlichen Betrieben übliche Beförderung von land- und forstwirtschaftlichen Bedarfsgütern oder Erzeugnissen für andere Betriebe dieser Art**
   a) **im Rahmen der Nachbarschaftshilfe,**
   b) **im Rahmen eines Maschinenringes oder eines vergleichbaren wirtschaftlichen Zusammenschlusses, sofern die Beförderung mit Zugmaschinen durchgeführt wird, die von der Kraftfahrzeugsteuer befreit sind.**

§ 89b

(1) Der Bundesminister für Verkehr kann im Einvernehmen mit den Bundesministern für Wirtschaft und für Ernährung, Landwirtschaft und Forsten Entgelte für Beförderungen nach § 89a Nr. 1 durch Rechtsverordnung ohne Zustimmung des Bundesrates festsetzen.

(2) Soweit der Bundesminister für Verkehr von dieser Ermächtigung keinen Gebrauch gemacht hat, kann die Landesregierung im Benehmen mit den Bundesministern für Verkehr, für Wirtschaft und für Ernährung, Landwirtschaft und Forsten Entgelte nach Absatz 1 durch Rechtsverordnung festsetzen, wenn sie nur für ein Land oder

einen Teil des Landes Geltung haben sollen; die Landesregierung kann ihre Befugnis auf eine oberste Landesbehörde weiter übertragen.

(3) Bei der Festsetzung der Entgelte sind die Selbstkosten für die Beförderung und die Belange der Milcherzeuger angemessen zu berücksichtigen.

§ 89c

Wer Beförderungen nach § 89a durchführt, unterliegt wegen der Erfüllung der gesetzlichen Vorschriften der Aufsicht der unteren Verkehrsbehörde, in deren Bezirk der land- oder forstwirtschaftliche Betrieb gelegen ist. Die Vorschriften des § 55 Abs. 1 und 2 gelten entsprechend.

Dritter Titel
Güterliniennahverkehr

§ 90

(1) Wer Güternahverkehr im Sinne des § 80 zwischen bestimmten Ausgangs- und Endpunkten linien- und regelmäßig betreiben will (Güterliniennahverkehr), bedarf außer der Erlaubnis der Genehmigung. Sie wird dem Unternehmer für seine Person, für die Einrichtung und den Betrieb der Linie, die Streckenführung und für die Zahl, Art und das Fassungsvermögen der Kraftfahrzeuge und den Tarif auf Zeit erteilt. Die Vorschriften des § 20 Abs. 2 Satz 2 zweiter Halbsatz und des § 22 sind unmittelbar und die Vorschriften des § 20 Abs. 1 entsprechend anzuwenden. Der Unternehmer ist zur Beförderung nach dem Tarif verpflichtet, wenn

1. die Beförderung mit den regelmäßig für die Linie verwendeten Beförderungsmitteln möglich ist und

2. die Beförderung nicht durch Umstände verhindert wird, die der Unternehmer nicht abzuwenden und denen er auch nicht abzuhelfen vermag.

(2) Als Güterliniennahverkehr gilt nicht der Zubringer- und Verteilerverkehr für die Verkehrsträger.

Siehe Anm. 10 zu § 22 GüKG; zur Beförderungspflicht Anm. 56 zu § 425. **Anm.**

§ 91

(1) Die Genehmigung wird nur erteilt, wenn die Voraussetzungen des § 81 erfüllt sind.

(2) Die Genehmigung ist zu versagen, wenn durch den beantragten Linienverkehr die öffentlichen Verkehrsinteressen beeinträchtigt würden oder der beantragte Verkehr auf Straßen durchgeführt werden soll, die sich aus Gründen der Verkehrssicherheit oder wegen ihres Bauzustandes für diesen Verkehr nicht eignen.

(3) Eine Beeinträchtigung der öffentlichen Verkehrsinteressen ist gegeben, wenn für den beantragten Verkehr kein öffentliches Verkehrsbedürfnis vorliegt, insbesondere

1. der beantragte Linienverkehr die Erfüllung der Verkehrsaufgaben, die andere bereits bestehende Unternehmen sachgemäß wahrnehmen, zu gefährden geeignet ist oder

2. der beantragte Linienverkehr einer dem öffentlichen Verkehrsbedürfnis mehr entsprechenden Ausgestaltung des Verkehrs durch die bestehenden Verkehrsunter-

nehmen vorgreift und wenn bei einer Notwendigkeit der Verbesserung der Verkehrsbedienung das vorhandene Unternehmen bereit und in der Lage ist, einer solchen Verbesserung innerhalb einer von der Genehmigungsbehörde festzusetzenden Frist Rechnung zu tragen.

(4) Liegen zur Befriedigung eines öffentlichen Verkehrsbedürfnisses mehrere Anträge vor, bei denen die Genehmigungsvoraussetzungen erfüllt sind, so entscheidet die Genehmigungsbehörde nach pflichtgemäßem Ermessen, wem die Genehmigung zu erteilen ist.

§ 92

(1) Für die Erteilung der Genehmigung ist diejenige höhere Landesverkehrsbehörde zuständig, in deren Bezirk der Linienverkehr ausschließlich betrieben werden soll. Die Landesregierungen werden ermächtigt, durch Rechtsverordnung zu bestimmen, daß abweichend von Satz 1 an Stelle der höheren Landesverkehrsbehörde eine andere Behörde zuständig ist. Sie können diese Ermächtigung auf oberste Landesbehörden übertragen.

(2) Soll der Linienverkehr in den Bezirken mehrerer Genehmigungsbehörden desselben Landes betrieben werden, so ist die Genehmigungsbehörde zuständig, in deren Bezirk die Linie ihren Ausgangspunkt hat. Bestehen Zweifel über den Ausgangspunkt, so wird die zuständige Genehmigungsbehörde von der obersten Landesverkehrsbehörde bestimmt. Die zuständige Genehmigungsbehörde trifft ihre Entscheidung im Einvernehmen mit den an der Linienführung beteiligten Genehmigungsbehörden. Kommt ein Einvernehmen nicht zustande, so entscheidet die oberste Landesverkehrsbehörde.

(3) Soll der Linienverkehr in mehreren Ländern betrieben werden, so findet Absatz 2 entsprechende Anwendung. Bestehen zwischen den beteiligten Ländern Zweifel über die Zuständigkeit und kommt eine Einigung der obersten Landesverkehrsbehörden darüber nicht zustande, so entscheidet auf Antrag einer beteiligten obersten Landesverkehrsbehörde für die Bundesregierung der Bundesminister für Verkehr nach Artikel 84 Abs. 5 des Grundgesetzes durch Einzelweisung an die beteiligten obersten Landesverkehrsbehörden. Das gleiche gilt, wenn über die Entscheidung eines Genehmigungsantrags zwischen den Genehmigungsbehörden der beteiligten Länder ein Einvernehmen nicht hergestellt und auch ein Einvernehmen zwischen den obersten Landesverkehrsbehörden darüber nicht erzielt werden kann.

§ 93

(1) Auf das Genehmigungsverfahren sind die Vorschriften des

§ 13 über die Erteilung der Genehmigung unter Bedingungen, Auflagen oder mit verkehrsmäßigen Beschränkungen,

§ 15 Abs. 2 Nr. 3 bis 5 und Abs. 3 über Inhalt und Berichtigung der Urkunde,

§ 15 Abs. 4 Satz 1 über den Nachweis der Versicherung vor Aushändigung der Urkunde und die in

§ 83 Abs. 1 genannten Vorschriften mit Ausnahme des § 14 Abs. 2

anzuwenden, wobei an die Stelle der nach § 8 Abs. 3 zuständigen höheren Landesverkehrsbehörde die nach § 92 zuständige Behörde tritt.

(2) Die Vorschrift des § 14 Abs. 3 ist mit der Maßgabe entsprechend anzuwenden, daß eine Anhörung der Bundesanstalt unterbleibt, als beteiligte Verbände des Verkehrsgewerbes die Vertretung des Güternahverkehrs und der Spedition und Lagerei und außerdem die zuständige Verwaltung der Eisenbahn, deren Verkehrsgebiet berührt wird, sowie der Wegeunterhaltungspflichtige zu hören sind. Falls eine

Genehmigung für den überwiegenden Teil der Strecke bereits einem anderen Unternehmer erteilt wurde, ist auch dieser Unternehmer zu hören.

(3) Die vorgeschriebene Anhörung der zuständigen Verwaltung der Eisenbahn entfällt im Land Berlin.

§ 94

Auf die Pflichten der am Beförderungsvertrag Beteiligten sind die Vorschriften der §§ 27, 28 Abs. 1, §§ 30, 31 und 85 Abs. 1 über die Versicherungspflicht des Unternehmers, die Ausfertigung vorgeschriebener Beförderungs- und Begleitpapiere, die Verantwortlichkeit der Beteiligten für die Richtigkeit und die Vollständigkeit aller Angaben und Erklärungen in den Beförderungspapieren sowie das Verbot des Haftungsausschlusses und der Haftungsbeschränkung anzuwenden. Die Vorschriften des § 84h über die Vermittlung von Ladegut oder Laderaum sind entsprechend anzuwenden.

Siehe zur Versicherungspflicht Anm. 96ff. zu § 429 HGB; zur zwingenden Haftung die Kommentierung zu § 26 GüKG. **Anm.**

§ 95

Auf allen Fahrten sind eine Ausfertigung der Genehmigungsurkunde und vorgeschriebene Beförderungs- und Begleitpapiere mitzuführen und auf Verlangen den zuständigen Kontrollorganen zur Prüfung vorzulegen.

§ 96

Die Vorschriften der §§ 77 und 78 Abs. 1 Nr. 1 und 2 sowie Abs. 2 über die Aufsicht der Genehmigungsbehörde und die Rücknahme der Genehmigung sind entsprechend anzuwenden.

§ 97

(1) Auf den Güterliniennahverkehr der Deutschen Bundesbahn und anderer öffentlicher Eisenbahnen sind die Vorschriften der §§ 90 bis 96 mit Ausnahme des § 91 Abs. 1 anzuwenden.

(2) Wollen die Deutsche Bundesbahn und andere öffentliche Eisenbahnen Kraftfahrzeuge von Unternehmern einsetzen, so bedürfen die Unternehmer der Erlaubnis nach § 80. Die Genehmigungspflicht der Deutschen Bundesbahn und anderer öffentlicher Eisenbahnen bleibt unberührt.

(3) Die Deutsche Bundesbahn ist von der Pflicht befreit, sich gegen Schäden zu versichern (§ 27).

(4) Der von der Deutschen Bundesbahn und anderen öffentlichen Eisenbahnen betriebene Schienenersatzverkehr (§ 3 Abs. 4 der Eisenbahn-Verkehrsordnung vom 8. September 1938 – Reichsgesetzblatt II S. 663) bedarf keiner Genehmigung.

Vierter Abschnitt

Durchführung bestimmter Vorschriften der Europäischen Gemeinschaften

§ 97a

(1) Die Bundesanstalt überwacht die Einhaltung der Pflichten, die nach dem Artikel 5 Abs. 2 und den Artikeln 6, 11 und 13 der Verordnung Nr. 11 des Rates der

Europäischen Wirtschaftsgemeinschaft über die Beseitigung von Diskriminierungen auf dem Gebiet der Frachten und Beförderungsbedingungen gemäß Artikel 79 Abs. 3 des Vertrages zur Gründung der Europäischen Wirtschaftsgemeinschaft vom 27. Juni 1960 (Amtsblatt der Europäischen Gemeinschaften S. 1121, Bundesgesetzbl. II S. 2209) den

1. Unternehmern des Güterfern- und -nahverkehrs sowie des Werkverkehrs,
2. Spediteuren und Vermittlern von Beförderungsleistungen sowie Hilfsunternehmern des Verkehrs obliegen.

(2) Im Rahmen der Überwachung dieser Pflichten ist die Bundesanstalt insbesondere auch zuständig

1. für Entgegennahme von Mitteilungen und Unterrichtungen nach Artikel 5 Abs. 2 der genannten Verordnung und
2. für das Verlangen von Auskünften nach Artikel 13 der genannten Verordnung.

(3) Der Bundesanstalt obliegt ferner die Durchsetzung der Befugnisse, die den Beauftragten der Kommission der Europäischen Wirtschaftsgemeinschaft nach Artikel 14 Abs. 2 der genannten Verordnung zustehen.

§ 97b

(1) Zur Durchführung ihrer Aufgaben nach § 97a verfügt die Bundesanstalt über folgende Rechte und Befugnisse:

a) Prüfung der Bücher und anderer Geschäftsunterlagen der Unternehmen,
b) Anfertigung von Abschriften oder Auszügen aus diesen Büchern und Unterlagen an Ort und Stelle,
c) Zutritt zu allen Geschäftsräumlichkeiten, Betriebsgrundstücken und Fahrzeugen der Unternehmen,
d) Anspruch auf Anforderung jeder Erklärung zu den Büchern und Geschäftsunterlagen.

(2) Der Bundesminister für Verkehr erläßt zur Durchführung der der Bundesanstalt nach § 97a übertragenen Aufgaben die erforderlichen Allgemeinen Verwaltungsvorschriften.

§ 97c

(1) Unbeschadet der Anwendung des Artikels 5 der Verordnung Nr. 11 des Rates der Europäischen Wirtschaftsgemeinschaft (§ 97a) haben die Unternehmer des Güterfern- und -nahverkehrs sowie des Werkverkehrs der Bundesanstalt auf Verlangen alle erforderlichen zusätzlichen Auskünfte über Tarife, Konventionen, Preisvereinbarungen und Beförderungsbedingungen zu erteilen.

(2) Die Bundesanstalt kann für die Erteilung dieser Auskünfte eine Frist von mindestens einem Monat festsetzen.

(3) § 97b gilt entsprechend.

§ 97d

(1) Die im Geltungsbereich dieses Gesetzes zuständige Behörde im Sinne der Artikel 5, 7 und 12 der Verordnung (EWG) Nr. 1174/68 des Rates der Europäischen Gemeinschaften vom 30. Juli 1968 über die Einführung eines Margentarifsystems im Güterkraftverkehr zwischen den Mitgliedstaaten (Amtsblatt der Europäischen Gemeinschaften Nr. L 194 S. 1 vom 6. August 1968) ist die Bundesanstalt für den Güterfernverkehr.

(2) Die Bundesanstalt ist auch die beauftragte Stelle im Sinne des Artikels 8 der Verordnung (EWG) Nr. 1174/68.

(3) Die Bundesanstalt überwacht die Einhaltung der Pflichten nach Artikel 2 Abs. 3 Satz 2 und Artikel 5 Abs. 2, 5 und 6 der Verordnung (EWG) Nr. 1174/68. § 55 findet Anwendung.

(4) Auf Beförderungen, für die Sonderabmachungen nach Artikel 5 der Verordnung (EWG) Nr. 1174/68 getroffen werden, findet § 58 entsprechende Anwendung.

(5) Auf Beförderungen im Güternahverkehr, die der Verordnung (EWG) Nr. 1174/68 unterliegen, findet § 58 entsprechende Anwendung.

(6) Die Kosten der Bundesanstalt, die ihr durch die Überwachung der den Unternehmern des Güternahverkehrs nach der Verordnung (EWG) Nr. 1174/68 obliegenden Pflichten erwachsen, sind durch Umlagen bei den Unternehmern des Güternahverkehrs zu decken. Die Höhe der Umlagen wird nach dem unter die Verordnung (EWG) Nr. 1174/68 fallenden Frachtumsatz bemessen. § 75 findet entsprechende Anwendung.

§ 97e

(1) Der Bundesminister für Verkehr erläßt die im Einvernehmen mit dem Bundesminister für Wirtschaft gemäß Artikel 4 Abs. 1 der Verordnung (EWG) Nr. 1174/68 des Rates der Europäischen Gemeinschaften vom 30. Juli 1968 über die Einführung eines Margentarifsystems im Güterkraftverkehr zwischen den Mitgliedstaaten (Amtsblatt der Europäischen Gemeinschaften Nr. L 194 S. 1 vom 6. August 1968) festgesetzten oder geänderten Tarife durch Rechtsverordnung ohne Zustimmung des Bundesrates. Die §§ 20a, 84f finden keine Anwendung. Die Geltung der bereits nach §§ 20a, 84f erlassenen Tarife bleibt unberührt.

(2) Der Bundesminister für Verkehr erläßt die durch wirksame Entscheidung der Kommission oder des Rates nach Artikel 4 Abs. 2 der Verordnung (EWG) Nr. 1174/68 des Rates der Europäischen Gemeinschaften vom 30. Juli 1968 über die Einführung eines Margentarifsystems im Güterkraftverkehr zwischen den Mitgliedstaaten (Amtsblatt der Europäischen Gemeinschaften Nr. L 194 S. 1 vom 6. August 1968) festgesetzten Tarife durch Rechtsverordnung ohne Zustimmung des Bundesrates.

Fünfter Abschnitt

Bußgeldvorschriften

§ 98

Eine Ordnungswidrigkeit im Sinne des § 3 des Wirtschaftsstrafgesetzes 1954 begeht, wer vorsätzlich oder fahrlässig

1. den Abschluß von Verträgen der in diesem Gesetz genannten Art in Abweichung von den gemäß § 20 Abs. 2, §§ 20a, 22, 84 Abs. 1, §§ 84f, 84g, 89b und 97e verbindlichen Bedingungen, Tarifen und Entgelten anbietet oder vermittelt oder wer solche Verträge abschließt oder erfüllt oder
2. entgegen § 22a Abs. 1 oder entgegen Artikel 2 Abs. 3 Satz 2 der Verordnung (EWG) Nr. 1174/68 des Rates der Europäischen Gemeinschaften vom 30. Juli 1968 über die Einführung eines Margentarifsystems im Güterkraftverkehr zwischen den Mitgliedstaaten (Amtsblatt der Europäischen Gemeinschaften Nr. L 194 S. 1 vom 6. August 1968) eine Sonderabmachung vereinbart oder erfüllt,

a) die eine Gütermenge von weniger als 500 Tonnen in drei Monaten umfaßt, oder
b) obwohl ihn die Bundesanstalt auf die Unzulässigkeit der Sonderabmachung hingewiesen hat,

3. eine unzulässige oder eine höhere als die durch Rechtsverordnung nach § 32 Abs. 5 oder § 84h in Verbindung mit § 32 Abs. 5 zugelassene Provision vom Unternehmer fordert oder annimmt oder als Unternehmer zahlt oder
4. ein anderes als das durch Rechtsverordnung nach § 35 festgesetzte Entgelt fordert, annimmt oder zahlt.

§ 98a

(weggefallen)

§ 99

(1) Ordnungswidrig handelt, wer vorsätzlich oder fahrlässig

1. entgegen § 8 Güterfernverkehr oder § 90 Güterliniennahverkehr betreibt, ohne im Besitz einer Genehmigung zu sein;

1a. entgegen § 12 Abs. 1 Güterfernverkehr in unzulässiger Weise betreibt;

1b. entgegen §§ 48, 49 Werkverkehr in unzulässiger Weise betreibt;

1c. entgegen § 50 Werkfernverkehr betreibt, ohne im Besitz einer Beförderungsbescheinigung zu sein;

1d. entgegen § 80 Güternahverkehr betreibt, ohne im Besitz einer Erlaubnis zu sein;

2. Beförderungen im Güterfernverkehr, Güternahverkehr oder Werkverkehr mit einem Kraftfahrzeug durchführt, für das ein Standort entgegen § 6 Abs. 1, § 51 Abs. 1 Satz 1 nicht bestimmt worden ist;

3. den auf Grund dieses Gesetzes erlassenen Bestimmungen oder vollziehbaren Anordnungen, sofern sie ausdrücklich auf diese Vorschrift verweisen, oder den Bedingungen, Auflagen oder verkehrsmäßigen Beschränkungen der Genehmigung oder der Erlaubnis zuwiderhandelt;

4. als Unternehmer des Güterfern- oder -nahverkehrs, als Spediteur, als in deren Geschäftsbetrieb tätige Person oder als sonst am Beförderungsvertrag Beteiligter
   a) in vorgeschriebenen Beförderungspapieren über Art oder Menge der beförderten Güter oder über die Beförderungsstrecken unrichtige oder unvollständige Angaben macht,
   b) vorgeschriebene Papiere, die im Sinne dieser Bestimmungen unrichtige, ungenaue oder unvollständige Angaben enthalten, den mit der Überwachung des Verkehrs beauftragten Stellen vorlegt oder sie bei der Beförderung von Gütern mit Kraftfahrzeugen mit sich führt,
   c) sich entgegen den Bestimmungen des § 32 Ladegut oder Laderaum vermitteln läßt oder
   d) gegen die in §§ 29, 85 Abs. 3 oder nach § 103 Abs. 2 Nr. 4 angeordnete Buchführungspflicht verstößt;

5. als an der Beförderung oder ihrer Abrechnung und Prüfung Beteiligter oder gesetzlich an den Tarif gebundener Dritter oder Vermittler von Ladegut oder Laderaum oder als in deren Geschäftsbetrieb tätige Person gegen die Bestimmungen des § 6 Abs. 3, des § 22a Abs. 2, der §§ 23, 27, 28, 39, 40 Abs. 1, § 50e Abs. 3, § 51 Abs. 1 Satz 2, §§ 52, 55 Abs. 1 und 2, § 58 Abs. 1, § 60 Abs. 1, § 86, § 87a Abs. 3, § 87b Abs. 1 Satz 1, § 89 letzter Halbsatz oder die Vorschriften über die Beschriftung der Kraftfahrzeuge des Güterfernverkehrs oder des Güternahverkehrs verstößt oder

6. Ladegut oder Laderaum entgegen den Vorschriften des § 32 oder § 84h vermittelt oder sonst gegen Bestimmungen dieser Paragraphen verstößt.

(2) Die Ordnungswidrigkeit nach Absatz 1 Nr. 1 bis 1d und 3 kann mit einer Geldbuße bis zu zehntausend Deutsche Mark, die Ordnungswidrigkeit nach Absatz 2 Nr. 2, 4, 5 und 6 kann mit einer Geldbuße bis zu fünftausend Deutsche Mark geahndet werden.

§ 99a

(1) Ordnungswidrig handelt ferner, wer vorsätzlich oder fahrlässig

1. als Unternehmer des Güterfern-, des Güternahverkehrs oder des Werkverkehrs
   a) entgegen Artikel 5 Abs. 2 der Verordnung Nr. 11 des Rates der Europäischen Gemeinschaften über die Beseitigung von Diskriminierungen auf dem Gebiet der Frachten und Beförderungsbedingungen gemäß Artikel 79 Abs. 3 des Vertrages zur Gründung der Europäischen Wirtschaftsgemeinschaft vom 27. Juni 1960 (Amtsblatt der Europäischen Gemeinschaften S. 1121, Bundesgesetzbl. II S. 2209) die Bundesanstalt nicht unverzüglich über die in Artikel 5 Abs. 1 der genannten Verordnung bezeichneten Tarife, Konventionen, Preisvereinbarungen und Beförderungsbedingungen unterrichtet, die bei Inkrafttreten dieser Vorschrift für das Unternehmen gelten oder nach dem Inkrafttreten dieser Vorschrift für das Unternehmen eingeführt, abgeschlossen oder geändert werden,
   b) dem Artikel 6 der genannten Verordnung über die Ausstellung, Numerierung, Beigabe, Ausfüllung und Aufbewahrung der Beförderungspapiere zuwiderhandelt oder
   c) der Bundesanstalt entgegen § 97c die verlangten Auskünfte nicht fristgemäß, unrichtig oder unvollständig erteilt;
2. als Spediteur, als Vermittler von Beförderungsleistungen oder als Hilfsunternehmer des Verkehrs der Bundesanstalt entgegen Artikel 13 der genannten Verordnung die verlangten Auskünfte nicht fristgemäß, unrichtig oder unvollständig erteilt oder
3. als Unternehmer des Güterfern- oder nahverkehrs
   a) eine Sonderabmachung im Sinne des Artikels 5 der Verordnung (EWG) Nr. 1174/68 des Rates der Europäischen Gemeinschaften vom 30. Juli 1968 über die Einführung eines Margentarifsystems im Güterkraftverkehr zwischen den Mitgliedstaaten (Amtsblatt der Europäischen Gemeinschaften Nr. L 194 S. 1 vom 6. August 1968) nicht schriftlich vereinbart,
   b) entgegen Artikel 5 Abs. 2 der genannten Verordnung eine Sonderabmachung nicht unverzüglich nach ihrem Abschluß der Bundesanstalt mitteilt oder hierbei nicht alle Unterlagen vorlegt, die den Abschluß sowie die vereinbarten Beförderungsentgelte rechtfertigen,
   c) entgegen Artikel 5 Abs. 6 Satz 2 in Verbindung mit Artikel 5 Abs. 5 Halbsatz 1 oder Artikel 5 Abs. 6 Satz 1 der genannten Verordnung eine Sonderabmachung ohne vorherige Genehmigung durch die zuständige Behörde durchgeführt oder
   d) entgegen § 97d Abs. 4 oder 5 in Verbindung mit § 58 Abs. 1 Satz 1 der Bundesanstalt nicht monatlich die für die Überwachung der Sonderabmachungen nach Artikel 5 der genannten Verordnung erforderlichen Unterlagen vorlegt,
4. als Inhaber einer Gemeinschaftsgenehmigung nach der Verordnung (EWG) Nr. 2829/72 des Rates vom 28. Dezember 1972 über das Gemeinschaftskontingent

für den Güterkraftverkehr zwischen den Mitgliedsstaaten (Amtsblatt der Europäischen Gemeinschaften Nr. L 298 S. 16) oder als in dessen Betrieb tätige Person

a) eine Gemeinschaftsgenehmigung entgegen Artikel 2 Abs. 1 der genannten Verordnung für gewerbliche Beförderungen im innerstaatlichen Verkehr der Bundesrepublik Deutschland verwendet,
b) entgegen Artikel 2 Abs. 3 der genannten Verordnung eine Gemeinschaftsgenehmigung an Dritte überträgt,
c) eine Gemeinschaftsgenehmigung, die abgelaufen oder zurückgenommen oder widerrufen worden ist, benutzt,
d) eine Gemeinschaftsgenehmigung entgegen Artikel 2 Abs. 1 der genannten Verordnung für Fahrten zwischen der Bundesrepublik Deutschland und einem Drittland benutzt,
e) eine Gemeinschaftsgenehmigung entgegen Artikel 2 Abs. 3 Satz 4 der genannten Verordnung nicht im Fahrzeug mitführt oder auf Verlangen der zuständigen Kontrollbeamten nicht zur Prüfung aushändigt,
f) das Fahrtenberichtheft entgegen Artikel 5 Abs. 1 der genannten Verordnung nicht im Fahrzeug mitführt oder auf Verlangen der zuständigen Kontrollbeamten nicht zur Prüfung aushändigt,
g) das Fahrtenberichtheft entgegen Artikel 5 Abs. 5 der genannten Verordnung nicht, nicht richtig oder nicht vollständig ausfüllt,
h) die Fahrtenberichte entgegen Artikel 5 Abs. 1 der genannten Verordnung nicht bei jedem Grenzübergang von der Eingangszollbehörde abstempeln läßt,
i) die Fahrtenberichte entgegen Artikel 5 Abs. 1 der genannten Verordnung nicht oder nicht fristgemäß der zuständigen Behörde vorlegt.

(2) Die Ordnungswidrigkeit kann mit einer Geldbuße bis zu zehntausend Deutsche Mark geahndet werden.

§ 99b

(weggefallen)

§ 100

(1) Bei der Durchführung der Überwachungsaufgaben nach §§ 54, 87a haben die Bundesanstalt und ihre Beauftragten Zuwiderhandlungen gegen die gesetzlichen Vorschriften zu erforschen und zu verfolgen. Die Beauftragten der Bundesanstalt haben insoweit die Rechte und Pflichten der Beamten des Polizeidienstes nach den Vorschriften der Strafprozeßordnung und nach dem Gesetz über Ordnungswidrigkeiten. § 163 der Strafprozeßordnung und § 53 des Gesetzes über Ordnungswidrigkeiten bleiben unberührt.

(2) In den Fällen des Absatzes 1 Satz 1 können auch die Bundesanstalt und ihre Beauftragten die Verwarnung nach § 56 des Gesetzes über Ordnungswidrigkeiten erteilen. § 57 Abs. 1 des Gesetzes über Ordnungswidrigkeiten gilt entsprechend.

§ 101

Bei Verstößen gegen Bestimmungen, die den Güterfernverkehr betreffen, ist die zuständige Verwaltungsbehörde im Sinne des Gesetzes über Ordnungswidrigkeiten die Genehmigungsbehörde.

§ 102

Bei Verstößen gegen Bestimmungen, die den allgemeinen Güternahverkehr betreffen, ist die zuständige Verwaltungsbehörde im Sinne des Gesetzes über Ordnungswidrigkeiten die Erlaubnisbehörde (§ 82), bei Verstößen, die landwirtschaftliche Sonderverkehre betreffen, die in § 89c Satz 1 bezeichnete Behörde und bei Verstößen, die den Güterliniennahverkehr betreffen, die Genehmigungsbehörde (§ 92).

§ 102a

(1) Wird ein Verstoß in einem Unternehmen begangen, das im Geltungsbereich des Gesetzes weder seinen Sitz noch eine geschäftliche Niederlassung hat, und hat auch der Betroffene im Geltungsbereich des Gesetzes keinen Wohnsitz, so ist Verwaltungsbehörde im Sinne des § 36 Abs. 1 Nr. 1 des Gesetzes über Ordnungswidrigkeiten die Bundesanstalt.

(2) Die Bundesanstalt ist ferner Verwaltungsbehörde im Sinne des § 36 Abs. 1 Nr. 1 des Gesetzes über Ordnungswidrigkeiten bei Verstößen nach den §§ 98 und 99a im grenzüberschreitenden Güterkraftverkehr.

Sechster Abschnitt

Schlußbestimmungen

§ 103

(1) Der Bundesminister für Verkehr erläßt mit Zustimmung des Bundesrates die zur Durchführung des Gesetzes erforderlichen allgemeinen Verwaltungsvorschriften.

(2) Der Bundesminister für Verkehr kann mit Zustimmung des Bundesrates Rechtsverordnungen erlassen

1. über die Verkehrs- und Betriebssicherheit des Fernverkehrs,
2. über die Beschriftung und Beschilderung der Kraftfahrzeuge des Fern- und Nahverkehrs,
3. über die Wahrnehmung der Befugnisse, die auf Grund der nach früherem Recht erlassenen Tarife dem Reichs-Kraftwagen-Betriebsverband zustanden,
4. über die statistische Erfassung des Güternahverkehrs und über die Einführung von Beförderungs- und Begleitpapieren sowie der Buchführungspflicht im Güterliniennahverkehr und
5. über die Einführung einer Pflicht des Unternehmers, sich gegen Schäden, für die er bei Beförderungen im Güternahverkehr haftet, zu versichern.

(3) Der Bundesminister für Verkehr kann auf dem Gebiet des grenzüberschreitenden Güterkraftverkehrs und des Durchgangsverkehrs, zur Ordnung dieser Verkehre und zur Durchführung internationaler Abkommen sowie von Verordnungen, Entscheidungen und Richtlinien des Rates und der Kommission der Europäischen Gemeinschaften durch Rechtsverordnung Vorschriften erlassen, durch die für diese Verkehre

1. die Genehmigungspflicht und die Pflicht zur Einhaltung anderer Ordnungsvorschriften dieses Gesetzes auch für den nach diesem Gesetz freien Straßengüterverkehr eingeführt werden oder ausländische Unternehmer von der Genehmigungspflicht oder der Einhaltung anderer Ordnungsvorschriften dieses Gesetzes befreit werden,
2. abweichend von den Bestimmungen der §§ 8 bis 19a dieses Gesetzes das Genehmigungsverfahren geregelt sowie abweichend von den Bestimmungen des § 78

dieses Gesetzes der vorübergehende oder dauernde Ausschluß vom grenzüberschreitenden Güterkraftverkehr vorgesehen werden,
3. die Erteilung der Genehmigung dem Bundesminister für Verkehr übertragen wird,
4. die Pflicht zur Einhaltung der Tarifvorschriften dieses Gesetzes aufgehoben wird, soweit es sich um Beförderungsfälle handelt, die in Artikel 16 der Verordnung (EWG) Nr. 1174/68 des Rates vom 30. Juli 1968 über die Einführung eines Margentarifsystems im Güterkraftverkehr zwischen den Mitgliedstaaten genannt sind.

(4) Der Bundesminister für Verkehr kann auf dem Gebiet des grenzüberschreitenden kombinierten Verkehrs (§ 3 Abs. 2) zur Ordnung dieses Verkehrs und zur Durchführung internationaler Abkommen sowie von Verordnungen, Entscheidungen und Richtlinien des Rates und der Kommission der Europäischen Gemeinschaften durch Rechtsverordnung Vorschriften erlassen, durch die für diesen Verkehr
1. auf die Genehmigungspflicht oder die Pflicht zur Einhaltung anderer Ordnungsvorschriften dieses Gesetzes verzichtet wird oder
2. Vorschriften über die Genehmigung, das Genehmigungsverfahren, den Tarif und die Überwachung eingeführt werden oder bestimmt wird, daß Beförderungen ausschließlich im Geltungsbereich dieses Gesetzes nur mit Kraftfahrzeugen durchgeführt werden dürfen, die im Geltungsbereich dieses Gesetzes zugelassen sind.

(5) Rechtsverordnungen nach Absatz 3 Nr. 1 bis 3 und nach Absatz 4 bedürfen der Zustimmung des Bundesrates.

§ 103a

Die Grenzzollstellen und andere für die Kontrolle an der Grenze zuständige Stellen sind berechtigt, Kraftfahrzeuge zurückzuweisen, wenn nicht die Genehmigungsurkunde und die Beförderungspapiere, deren Mitführung vorgeschrieben ist, vorgelegt werden. Die Befugnisse der Bundesanstalt für den Güterfernverkehr bleiben unberührt.

§ 103b

(1) Für Amtshandlungen nach diesem Gesetz und nach den auf diesem Gesetz beruhenden Rechtsvorschriften werden von demjenigen, der die Amtshandlung veranlaßt oder zu dessen Gunsten sie vorgenommen wird, Kosten (Gebühren und Auslagen) erhoben. Kostengläubiger ist der Rechtsträger, dessen Behörde die Amtshandlung vornimmt, bei Auslagen auch der Rechtsträger, bei dessen Behörde die Auslagen entstanden sind.

(2) Die gebührenpflichtigen Tatbestände im Güterverkehr mit Kraftfahrzeugen kann der Bundesminister für Verkehr mit Zustimmung des Bundesrates durch Rechtsverordnung näher bestimmen und dabei feste Gebührensätze oder Rahmensätze vorsehen. Die Gebührensätze sind so zu bemessen, daß zwischen der den Verwaltungsaufwand berücksichtigenden Höhe der Gebühr einerseits und der Bedeutung, dem wirtschaftlichen Wert oder dem sonstigen Nutzen der Amtshandlung andererseits ein angemessenes Verhältnis besteht. Dieser Grundsatz gilt auch bei Festsetzung der Gebühr im Einzelfall, soweit für die Gebühren Rahmensätze festgelegt sind. Die Gebühren dürfen bei der Rücknahme von Genehmigungen fünfhundert Deutsche Mark, in allen übrigen Fällen dreihundert Deutsche Mark nicht überschreiten.

(3) In der Rechtsverordnung nach Absatz 2 können der Umfang der zu erstattenden Auslagen, eine Vorschußpflicht, die Fälligkeit und die Verjährung der Kosten-

ansprüche, die Befreiung von der Kostenpflicht, insbesondere für Unternehmen mit Betriebssitz im Ausland, soweit die Gegenseitigkeit verbürgt ist, sowie das Erhebungsverfahren geregelt werden.

§ 104

Dieses Gesetz tritt am Tage nach der Verkündung in Kraft.

§ 105

Dieses Gesetz gilt nach Maßgabe des § 13 Abs. 1 des Dritten Überleitungsgesetzes vom 4. Januar 1952 (Bundesgesetzbl. I S. 1) auch im Land Berlin. Rechtsverordnungen, die auf Grund dieses Gesetzes erlassen werden, gelten im Land Berlin nach § 14 des Dritten Überleitungsgesetzes.

§ 106

(1) Genehmigungen, die auf Grund des Übergangsgesetzes zur Änderung des Gesetzes über den Güterfernverkehr mit Kraftfahrzeugen (Güterfernverkehrs-Änderungsgesetz) vom 2. September 1949 (Gesetzblatt der Verwaltung des Vereinigten Wirtschaftsgebietes S. 306) erteilt worden sind, gelten fort.

(2) Der Reichskraftwagentarif vom 30. März 1936 (Reichsverkehrsblatt B S. 71) mit seinen bis zum 18. Oktober 1952 ergangenen Änderungen und Ergänzungen gilt als auf Grund des § 20a erlassen.

(3) (weggefallen)

(4) Personen, die nachweislich bis zum Zeitpunkt des Inkrafttretens dieses Gesetzes das Güternahverkehrsgewerbe betrieben haben, gilt die Erlaubnis nach § 80 als erteilt; der Nachweis ist der nach § 82 zuständigen Behörde innerhalb von sechs Monaten nach Inkrafttreten dieses Gesetzes zu erbringen. Die Behörde stellt diesen Personen eine Bescheinigung aus, die als Urkunde im Sinne der §§ 15 und 86 gilt.

Die Neufassung des § 106 Abs. 2 GüKG hat rückwirkende Kraft; BGH v. 30. 4. 1959, VersR 1959, 502 (503) = LM GüKG Nr. 10 = NJW 1959, 1368; v. 22. 10. 1959, LM GüKG Nr. 6 = NJW 1960, 28 = VersR 1960, 28 (29), in BGHZ 31, 88 nicht abgedruckt; v. 3. 11. 1959, NJW 1960, 284 = LM Nr. 91a zu § 1 UWG; siehe eingehend Guelde/Willenberg Anm. 7, 8 zu § 1 KVO. Die zweifelhafte Rechtslage, die nach 1945 bestand (siehe z. B. BGH v. 29. 4. 1952, BGHZ 6, 145ff. und BGH v. 23. 6. 1955, 1324ff.) ist damit beseitigt. **Anm.**

§ 107

Soweit im Rahmen einer kommunalen Neugliederung selbständige Gemeinden aufhören zu bestehen oder in ihrem Gebietsstand geändert werden, wird die Landesregierung ermächtigt, durch Rechtsverordnung anzuordnen, daß die bis zur Neugliederung bestehenden Gemeinden bis zu sechs Jahren seit Wirksamwerden der Neugliederung weiterhin als Gemeinden im Sinne dieses Gesetzes mit dem Gebietsstand, den sie am Tage vor dem Wirksamwerden der Neugliederung hatten, gelten, längstens jedoch bis zur Bestimmung eines Ortsmittelpunktes für die neue Gemeinde. Die Landesregierung kann die Ermächtigung durch Rechtsverordnung weiter übertragen.

Anhang II nach § 452

Kraftverkehrsordnung für den Güterverkehr mit Kraftfahrzeugen (KVO)

Inhaltsübersicht

Literatur

Vorbemerkung

I. Eingangsbestimmungen
§ 1 Geltungsbereich
§ 2 Änderung der KVO-Ausführungsbestimmungen

II. Allgemeine Bestimmungen
§ 3 Berechtigte und Verpflichtete aus dem Beförderungsvertrag
§ 4 Abfertigungsarten
§ 5 Abholung und Zustellung der Güter
§ 6 Haftung für Dritte
§ 7 Übernahme von Beförderungsaufträgen
§ 8 Von der Beförderung ausgeschlossene oder nur bedingungsweise zur Beförderung zugelassene Güter
§ 9 Beförderungspreise, Nebengebühren

III. Bestimmungen über die Beförderungspapiere
§ 10 Form des Frachtbriefes
§ 11 Inhalt des Frachtbriefes
§ 12 Zoll-, Steuer-, Polizei- und sonstige verwaltungsbehördliche Vorschriften
§ 13 Haftung für die Angaben im Frachtbrief

IV. Abschluß des Beförderungsvertrages, Berechnung und Zahlung des Beförderungsentgelts, Nachnahmen
§ 14 Bestellung von Fahrzeugen, Wagenstellungsvertrag
§ 15 Abschluß des Beförderungsvertrages
§ 16 Prüfung des Inhalts der Sendung, Feststellung von Anzahl und Gewicht
§ 17 Beladen der Wagen, Überlastung
§ 18 Verpackung, Zustand und Bezeichnung des Gutes
§ 19 Annahme
§ 20 Frachtberechnung
§ 21 Zahlung der Fracht
§ 22 Frachtzuschläge
§ 23 Frachtnachzahlung und Frachterstattung
§ 24 Nachnahme
§ 25 Einlösung des Frachtbriefes und Abnahme des Gutes
§ 26 Lieferfrist

V. Abänderung des Beförderungsvertrages
§ 27 Nachträgliche Verfügungen des Absenders und Anweisungen des Empfängers
§ 28 Beförderungs- und Ablieferungshindernisse

VI. Haftung aus dem Beförderungsvertrage
§ 29 Ersatzpflicht des Unternehmers
§ 30 Ersatzpflicht für Güterschäden aus besonderen Gefahren
§ 31 Ersatz für andere als Güterschäden
§ 32 Aufwendungen bei Schadensfällen
§ 33 Ersatzpflicht für Schäden aus Hilfsverrichtungen
§ 34 Ausschlüsse von der Ersatzpflicht
§ 35 Ersatzpflichtiger Wert
§ 36 Begrenzung der Ersatzpflicht
§ 37 Verfahren in Schadensfällen
§ 38 Versicherung

VII. Erlöschen und Verjährung der Ansprüche aus dem Beförderungsvertrag
§ 39 Erlöschen der Ansprüche aus dem Beförderungsvertrag
§ 40 Verjährung der Ansprüche aus dem Beförderungsvertrag

Literatur

Guelde/Willenberg, Kraftverkehrsordnung, Kommentar, 2. Aufl. 1972; Muth/Lehmann, KVO, Kommentar, 2. Aufl. 1971; dieses Buch ist in vollem Umfang identisch mit der Kommentierung der KVO durch die Verfasser im Loseblattwerk „Güterkraftverkehrsrecht“ von Hein/Eichhoff u. a.

Vorbem. **Vorbemerkung**

Die KVORb stimmt in weiten Teilen fast wörtlich mit der KVO überein. Von einem gesonderten Abdruck wurde daher abgesehen. Stattdessen wurden die Abweichungen der KVORb von der KVO im Text in eckigen Klammern kursiv angegeben. Soweit die Abweichungen größeren Umfang haben, sind die Texte der KVORb mit den erforderlichen Hinweisen jeweils in der ersten Anmerkung zur betreffenden Vorschrift der KVO wiedergegeben.

I. Eingangsbestimmungen

§ 1

Geltungsbereich

(1) Die KVO gilt für den Güterfernverkehr mit Kraftfahrzeugen, der von Unternehmern ausgeführt wird, die dem RKB angehören.

(2) Sie gilt für diese Unternehmer auch bei Beförderungsleistungen des Güterfernverkehrs von und nach dem Auslande, soweit nicht zwingende ausländische Rechtsvorschriften entgegenstehen.

(3) Welche Beförderungsleistungen als Güterfernverkehr anzusehen sind, ergibt sich aus der Durchführungsverordnung vom 27. März 1936 (RGBl. I Nr. 32) zum Güterfernverkehrsgesetz vom 26. Juni 1935.

(4) Für die Beförderung von Möbeln, Umzugsgut, elektronischen Datenverarbeitungsanlagen, Sendeanlagen sowie Teilen davon und von Büromaschinen mit besonders für die Möbelbeförderung eingerichteten Kraftfahrzeugen oder Anhängern und von Restgut nach § 42 des Güterkraftverkehrsgesetzes gelten besondere Bestimmungen.

(5) Hat ein Spediteur nach den §§ 412, 413 HGB Rechte und Pflichten eines Frachtführers, so gelten die Vorschriften dieser Verordnung über die Haftung aus dem Beförderungsvertrag nur, so weit wie der Spediteur das Gut mit eigenen Kraftfahrzeugen im Güterfernverkehr (§ 12 GüKG) befördert.

Text der KVORb **Anm. 1**

§ 1 KVORb lautet:

Geltungsbereich

(1) Die KVO der Rb gilt für den Güterfernverkehr, den die Reichsbahn mit eigenen Kraftfahrzeugen oder nach Vereinbarungen, die sie gemäß § 29 (1) des Güterfernverkehrsgesetzes vom 26. Juni 1935 mit dem Reichs-Kraftwagen-Betriebsverband (RKB) geschlossen hat, mit Fahrzeugen von Unternehmern ausführt.

(2) Sie gilt für den in (1) bezeichneten Güterfernverkehr auch bei Beförderungsleistungen von und nach dem Auslande, soweit nicht zwingende ausländische Rechtsvorschriften entgegenstehen.

(3) Welche Beförderungsleistungen als Güterfernverkehr anzusehen sind, ergibt sich aus der Durchführungsverordnung vom 27. März 1936 (RGBl I Nr. 32) zum Güterfernverkehrsgesetz vom 26. Juni 1935.

(4) Die KVO der Rb gilt jedoch nicht für Beförderungsleistungen auf Teilstrecken, die die Reichsbahn mit eigenen Kraftfahrzeugen oder mit Kraftfahrzeugen von Unternehmern im Stückgutverkehr in Erfüllung von Frachtverträgen ausführt, die sie nach der Eisenbahn-Verkehrsordnung (EVO) geschlossen hat. Für solche Kraftwagenbeförderungen gelten die Bestimmungen der Eisenbahn-Verkehrsordnung (EVO) und die Eisenbahntarife.

1. Geschichte der KVO **Anm. 2**

Zur Geschichte der KVO siehe Guelde/Willenberg Anm. 1 bis 5 zu § 1 KVO. Die KVO wurde 1936 als Teil des Reichskraftwagentarifs (RKT) aufgrund der Ermächtigung des § 13 des Güterfernverkehrsgesetzes von 1935 vom damaligen Reichs-Kraftwagen-Betriebsverband (RKB) im Einvernehmen mit der Deutschen Reichsbahn und mit Genehmigung des Reichsverkehrsministers erlassen und im Reichsverkehrsblatt 1936, Ausgabe B S. 151, veröffentlicht. Bis 1945 wurde sie mehrfach geändert.

Mit der Auflösung des RKB im Jahre 1945 wurden zwar zahlreiche Bestimmungen der KVO gegenstandlos, sie galt aber in einer durch Praxis und Rechtsprechung angepaßten Form zusammen mit dem GFG weiter. Das GüKG (Anh. I nach § 452) erhielt die Geltung der KVO weiterhin aufrecht. Durch § 106 Abs. 2 GüKG ist jetzt die Rechtsnatur der KVO als Rechtsverordnung eindeutig klargestellt. Siehe § 106 GüKG und die dortige Erläuterung; ganz eingehend Guelde/Willenberg Anm. 6ff. zu § 1 KVO. Für die KVO gilt daher das AGB-Gesetz nicht.

Anm. 3 **2. Rechtsnatur der KVO und Verhältnis zu HGB und BGB**

Die KVO hat nach §§ 106 Abs. 2, 20 Abs. 1, 20a Abs. 6 GüKG heute unstreitig den Charakter einer Rechtsverordnung. Siehe hierzu Anm. 1 zu § 20 GüKG sowie die Anm. zu § 106 GüKG. Die KVO ist aufgrund der §§ 22, 26 GüKG im Bereich des Güterfernverkehrs weitgehend zwingendes Recht. Siehe hierzu Anm. 1, 5 zu § 26 sowie die Anmerkungen zu § 22 GüKG; ferner zum zwingenden Charakter der KVO Guelde/Willenberg Anm 9ff. zu § 1 KVO mit zahlreichen Rechtsprechungshinweisen.

Im Verhältnis zu den Bestimmungen der §§ 425ff. HGB und den Vorschriften des Bürgerlichen Rechts ist die KVO lex specialis. Diese Vorschriften sind also nur ergänzend anzuwenden: BGH v. 22. 1. 1971, BGHZ 55, 217 (219). Siehe dazu Anm. 1ff. zu § 425 HGB; ferner Anm. 9, 10 zu § 15 KVO.

Ebenso wie die KVO ist die KVORb allgemein verbindlich und zwingend; BGH vom 12. 4. 1967, VersR 1967, 597 (598).

Das AGB-Gesetz ist auf die KVO nicht anzuwenden, da sie (heute unstreitig) nicht zu den AGB gehört, sondern objektives Recht darstellt. Daher gilt auch nicht die jetzt in § 5 AGB-Gesetz kodifizierte Unklarheitenregel. Auf Rechtsverordnungen, die allgemeine Benutzungsbedingungen festlegen, kann allerdings der Grundsatz der engen Auslegung von Haftungsausschlüssen anwendbar sein. Siehe dazu (vor dem AGB-Gesetz) aus dem Energieversorgungsrecht (AVB Niederspannung): BGH vom 21. 10. 1958, NJW 1959, 38 = VersR 1958, 853 (854) = MDR 1959, 120f.; bestätigt im Urteil vom 2. 7. 1969, NJW 1969 1903 = DB 1969, 1645 = WM 1969, 1017; siehe ferner BGH vom 27. 1. 1971, NJW 1971, 480 = DB 1971, 1410 = WM 1971, 459.

Anm. 4 **3. Geltungsbereich**

§ 1 KVO, der den Geltungsbereich der KVO absteckt, ist heute weitgehend gegenstandlos geworden bzw. durch andere Vorschriften außer Kraft gesetzt. Der Anwendungsbereich der KVO ergibt sich nach heutiger Rechtslage aus dem GüKG und den zusätzlich anwendbaren Vorschriften des Güterkraftverkehrsrechts. Siehe zum Überblick Anm. 8–27 zu § 425 HGB.

Anm. 5 a) Die Absätze 1 und 3 des § 1 KVO sind praktisch außer Kraft. Auf die Mitgliedschaft in dem (seit 1945 nicht mehr existierenden) RKB kommt es entgegen Absatz 1 nicht mehr an. Vielmehr gilt die KVO heute für alle Beförderungen durch Unternehmer des gewerblichen Güterfernverkehrs. Was Güterfernverkehr ist, wird nicht mehr durch § 1 Abs. 3 KVO, sondern durch § 3 GüKG bestimmt. Siehe diese Vorschriften in Anhang I zu § 452 und die dortige Erläuterung.

Anm. 6 b) Der durch § 3 GüKG grundsätzlich bestimmte Anwendungsbereich ist durch mehrere wichtige Ausnahmen eingeschränkt:

aa) Voraussetzung der Geltung der KVO ist die Anwendbarkeit des GüKG überhaupt. Diese ist insbesondere durch § 4 GüKG und durch die aufgrund des § 4

Abs. 2 erlassene Freistellungsverordnung von 1969 eingeschränkt. Siehe dazu die Kommentierung zu § 4 GüKG sowie die dort abgedruckte Freistellungsverordnung.

bb) Die KVO ist nicht die einzige tarifliche Vertragsordnung im Bereich des Güterfernverkehrs. Vielmehr gilt (auf der gleichen Geltungsgrundlage) für Beförderung im Güterfernverkehr der Deutschen Bundesbahn die teilweise abweichende KVORb. Diese ist in eckigen Klammern in den Text der KVO eingearbeitet bzw. jeweils in Anm. 1 zu der entsprechenden Bestimmung der KVO abgedruckt. **Anm. 7**

cc) Ebenfalls als tarifliche Regelung auf der gleichen Rechtsgrundlage wie die KVO gelten für die Möbelbeförderung die Beförderungsbedingungen für den Möbelverkehr (BefBMö, Abdruck Anhang IV nach § 452). Siehe zu deren Geltungsbereich, insbesondere auch für Umzugsgut, elektronische Datenverarbeitungsanlagen, Sendeanlagen u. Büromaschinen, die Erläuterungen zu § 1 BefBMö. **Anm. 8**

dd) Im grenzüberschreitenden Verkehr gilt praktisch ausschließlich das Übereinkommen über den Beförderungsvertrag im internationalen Straßengüterverkehr (CMR); abgedruckt und erläutert in Anhang III nach § 452 HGB. Die sehr weite Bestimmung des räumlichen Geltungsbereichs in Artikel 1 Abs. 1 CMR schließt die Anwendung der KVO auf alle grenzüberschreitenden Transporte, die Deutschland oder ein anderes europäisches Land als Übernahme- oder Bestimmungsort berühren, aus. **Anm. 9**

ee) Die KVO findet auf Spediteure gemäß § 1 Abs. 5 nur beschränkt Anwendung. Abs. 5 ist durch Verordnung vom 18. 9. 1978 BAnz Nr. 179 v. 22. 9. 1978, S. 1 mit Wirkung ab 1. 10. 1978 neu eingefügt worden. Der Verordnungsgeber hat damit der Rechtsprechung des BGH, durch die eine Anwendung der KVO auf die Fälle der Sammelladungsspedition und der Fixkostenspedition in weitem Umfang begründet worden ist, eine Grenze gesetzt. Siehe zu dieser Rechtsprechung Anm. 6 zu § 412 und Anm. 7, 13, 14 zu § 413 HGB, ferner Anm. 2 zu Art. 41 CMR, Anh. III nach § 452. Soweit die KVO nicht mehr anzuwenden ist, entsteht ein Zustand der Vertragsfreiheit. Anstelle des Landfrachtrechts des HGB greifen jedoch in der Praxis die ADSp (§ 52) ein. Dies war auch das erklärte Ziel der Novelle, die mit der Reform der ADSp gekoppelt worden und gleichzeitig mit ihr in Kraft getreten ist. **Anm. 9a**

Die Haftungsbestimmungen der KVO sind nach dem neuen § 1 Abs. 5 nur noch anzuwenden auf diejenigen Streckenteile einer Beförderung, die der Spediteur als Güterfernverkehrsunternehmer mit eigenem Kraftfahrzeug selbst ausführt. Dies gilt für das Verhältnis des Spediteurs zum Versender. Die Rechtsbeziehungen zwischen dem Spediteur und einem von ihm beauftragten KVO-Frachtführer richten sich dagegen in jedem Falle nach der KVO, wenn deren übrige Anwendungsvoraussetzungen vorliegen. Nach § 52a ADSp hat im Falle des Schadens der Spediteur seine Ansprüche gegen den Frachtführer (die sich in diesem Fall nach der KVO richten) an den Versender abzutreten. Er wird damit von jeder weiteren Haftung, die über § 408 Abs. 1 HGB hinausgeht, befreit.

Nicht mehr unter die KVO-Haftung fallen nach dieser Regelung die Rechtsbeziehungen zwischen Versender und Spediteur in folgenden Fällen:

(1) Güterfernbeförderung im unechten Selbsteintritt, also im Falle des formalen Selbsteintritts des Spediteurs bei tatsächlicher Beförderung der Güter durch einen Güterfernverkehrsunternehmer als Unterfrachtführer.

(2) Im Falle der Fixkostenspedition (§ 413 Abs. 1 HGB) gilt die KVO-Haftung nicht mehr, wenn der Spediteur die Kraftwagenbeförderungsleistung nicht selbst

ausführt. Wenn er sie selbst ausführt, haftet er dem Versender nach KVO, soweit die betreffende Beförderung sich als Fernbeförderung i. S. von § 12 GüKG darstellt. Die Anwendung der KVO kann also nicht mehr auf andere Streckenabschnitte, die keine Fernbeförderung darstellen oder von anderen Unternehmern ausgeführt werden, übergreifen.

(3) Im Falle der Sammelladungsspedition greift ebenfalls die KVO-Haftung im Verhältnis zum Versender nur noch ein, soweit der Spediteur die Sammelladung im Güterfernverkehr mit eigenem Fahrzeug selbst befördert hat. Wird die Ausführung der Fernbeförderung der Sammelladung dagegen vom Spediteur einem dritten Güterfernverkehrsunternehmer übertragen, so haftet der Spediteur auch in diesem Falle dem Versender nicht nach KVO. Auch die im Güternahverkehr vorgenommenen Zubringerdienste, die der Spediteur selbst ausführt, unterliegen in keinem Falle der KVO-Haftung.

Anm. 10 **c) Vereinbarung der KVO außerhalb des gesetzlichen Geltungsbereichs**

Soweit die KVO nicht kraft Gesetzes gilt – also insbesondere im Güternahverkehr, im Bereich der Möbelbeförderung und in den Ausnahmefällen der Freistellungsverordnung – kann sie von den Parteien auch frei vereinbart werden. In der Ausstellung eines KVO-Frachtbriefs durch einen Spediteur wird nur dann eine Vereinbarung der KVO liegen, wenn die Umstände des Falles einen derartigen Willen annehmen lassen. Dies ist nicht der Fall, wenn der Spediteur sich in den Frachtbrief gleichzeitig als Unternehmer, Absender und Empfänger einträgt; OLG Hamburg vom 2. 9. 1976, 9 U 109/75 (unveröffentlicht); BGH v. 30. 6. 1978, VersR 1978, 935 (936).

§ 2
Änderungen der KVO. Ausführungsbestimmungen

(1) Änderungen der KVO [der Rb.] und Ausführungsbestimmungen bedürfen zu ihrer Gültigkeit der Veröffentlichung im Reichsverkehrsblatt B. Sie treten frühestens zwei Wochen nach der Veröffentlichung in Kraft. Für nur vorübergehende Änderungen einzelner Vorschriften kann angeordnet werden, daß sie mit ihrer Veröffentlichung in Kraft treten.

(2) Insoweit die KVO [der Rb.] selbst ihre Ergänzung durch Anordnungen des RKB [der Rb.] vorsieht, bedürfen diese nicht der Zustimmung der Reichsbahn [des RKB] und der Genehmigung des Reichsverkehrsministers.

Anm. 1 § 2 KVO ist nicht mehr gültig. Abs. 2 ist mit dem Wegfall des RKB gegenstandslos geworden. Abs. 1 ist durch das GüKG außer Kraft gesetzt, da dieses in den §§ 20a, 21, 22 ein eigenes Verfahren zur Aufstellung und Änderung von Tarifrecht einschließlich der Beförderungsbedingungen vorsieht.

Anm. 2 Änderungen der KVO werden regelmäßig im Bundesanzeiger veröffentlicht. Der jeweils gültige Text ist in der Loseblattsammlung von Hein/Eichhoff u. a. abgedruckt. Wegen früherer Änderungen siehe Guelde/Willenberg Anm. 1, 3 zu § 1 und 3 zu § 2 KVO.

II. Allgemeine Bestimmungen

§ 3
Berechtigte und Verpflichtete aus dem Beförderungsvertrag

Der Beförderungsvertrag wird zwischen dem Unternehmer und dem frachtbriefmäßigen Absender des Gutes geschlossen.

Der RKB hat jedoch das Beförderungsentgelt, d.h. die Fracht und die Gebühren für Neben- und Sonderleistungen der Unternehmer (Nebengebühren) zu berechnen und vom

Absender oder Empfänger einzuziehen. Insoweit entstehen aus dem Beförderungsvertrag nur zwischen dem RKB und dem Absender oder Empfänger Rechte und Pflichten.

Text der KVORb **Anm. 1**

§ 3 KVORb lautet:

§ 3

Berechtigte und Verpflichtete aus dem Beförderungsvertrag

Der Beförderungsvertrag wird zwischen der *Reichsbahn* **und dem frachtbriefmäßigen Absender des Guts geschlossen.**

§ 3 Abs. 2 KVO ist durch den Wegfall des RKB seit 1945 gegenstandslos geworden. **Anm. 2**

§ 3 Abs. 1 KVO hat rein terminologische Bedeutung. Der „Unternehmer" der KVO ist Landfrachtführer i.S. der §§ 425ff. HGB. Zur Rechtsnatur und zum grundsätzlichen Inhalt seines Beförderungsvertrages siehe Anm. 29ff. zu § 425 HGB. **Anm. 3**

Über den Abschlußvorgang macht § 3 Abs. 1 KVO keine Aussage. Siehe jedoch zu den Fragen, ob der KVO-Frachtvertrag ein Real- und Formalvertrag ist, Anm. 57 zu § 425 HGB sowie Anm. 2–4 zu § 15 KVO.

Fraglich ist, ob durch § 3 Abs. 1 bindend festgelegt ist, wer Partner des Frachtvertrags ist. Liegt ein unterzeichneter Frachtbrief vor, so ergibt sich aus § 3 Abs. 1, daß **Anm. 4** die im Frachtbrief bezeichnete Person auch Absender i.S. des Frachtbriefs ist. Jedoch wird hierdurch nur eine widerlegliche Vermutung begründet. Zwar soll nach der Entscheidung RGZ 99, 245ff der Nachweis, daß ein anderer als der im Eisenbahnfrachtbrief Bezeichnete der wirkliche Absender sei, nicht möglich sein. Diese Entscheidung beruht aber auf der für die KVO vom BGH abgelehnten Formalvertragstheorie (vgl. Anm. 2, 3 zu § 15 KVO). Nach Auffassung des Reichsgerichts kann zwischen dem nicht im Frachtbrief aufgeführten Absender und der Eisenbahn kein Frachtvertrag zustande kommen, weil es an dem hierfür erforderlichen, den Absender bezeichnenden Frachtbrief fehlt. Mit der Ablehnung der Formalvertragstheorie ist dieser Auffassung, die von Guelde/Willenberg Anm. 12 zu § 3 KVO zustimmend zitiert wird, der Boden entzogen. Konsequenterweise hält der BGH an dieser Rechtsprechung auch nicht mehr fest. Nach dem Urteil des BGH vom 30. 1. 1964, Versicherungsrecht 1964, 479 (480), das eine Güterfernbeförderung betrifft, ist die Vermutung, die durch den Frachtbrief hinsichtlich der Absenderstellung der eingetragenen Person begründet wird, widerleglich; ähnlich schon BGH v. 15. 10. 1959, VersR 1959, 983 (984) = LM GüKG Nr. 5 = NJW 1960, 39f. = MDR 1960, 29f. Siehe dazu eingehender Anm. 3 zu § 426 HGB.

Zur Rechtsstellung des Empfängers siehe überblicksweise Anm. 32 zu § 425 HGB. **Anm. 5**

§ 4

Abfertigungsarten

Der Absender kann entweder

a) das Gut als Stückgut dem Unternehmer *[der Reichsbahn]* **zur Verladung übergeben oder**

b) sich ein Fahrzeug für die Verladung des Gutes bestellen (Ladungsverkehr).

Zum Ladungsverkehr gehört auch der Sammelgutverkehr der Spediteure.

Inhaltsübersicht

1. Bedeutung der Unterscheidung zwischen Stückgut und Ladegut Anm. 1
   a) Frachtrechtliche Bedeutung der Unterscheidung Anm. 2
   b) Tarifliche Bedeutung der Unterscheidung Anm. 3
2. Abgrenzung zwischen Stückgut und Ladungsgut Anm. 4
3. Spediteur-Sammelgut Anm. 5

Anm. 1 **1. Bedeutung der Unterscheidung zwischen Stückgut und Ladungsgut**

Die in § 4 KVO getroffene Unterscheidung zwischen Stückgut und Ladungsgut ist in zweierlei Hinsicht von wesentlicher Bedeutung: Stückgut und Ladungsgut werden einmal hinsichtlich der Aufgaben und Haftungsabgrenzung zwischen Unternehmer und Absender unterschiedlich behandelt (frachtrechtliche Unterscheidung); sie werden zum anderen auch hinsichtlich der Berechnung der Fracht unterschieden (tarifrechtliche Unterscheidung). Da die Abgrenzungen für die beiden Bereiche nicht voll übereinstimmen, bedarf es jeweils einer gesonderten Betrachtung; a. A. Guelde/Willenberg Anm. 11 zu § 4 KVO; wie hier BGH v. 12. 4. 1967, VersR 1967, 597 (598).

Anm. 2 **a) Frachtrechtliche Bedeutung der Unterscheidung**

Beträchtliche Auswirkungen hat die Unterscheidung vor allem bei Verladungsschäden. Nach § 17 Abs. 1 KVO sind Stückgüter vom Unternehmer zu verladen, Ladungsgüter dagegen vom Absender – soweit keine Sondervereinbarungen getroffen sind (§ 11 Abs. 2f. KVO). Trifft den Unternehmer keine Verladepflicht, so hat er auch nicht nach § 29 KVO zu haften, wenn das Frachtgut aufgrund fehlerhafter Verladung beschädigt wurde. In Betracht kommt in diesen Fällen nur noch eine Haftung wegen nicht betriebssicherer Verladung; § 17 Abs. 1 S. 3 KVO. Insbesondere bei Vereinbarungen über die Verladung kann also die Eingruppierung des Frachtguts als Stückgut oder Ladungsgut für das Verladerisiko entscheidend sein.

Ferner unterscheidet § 16 Abs. 3, 4 KVO zwischen Stückgut und Ladungsgut. Bei Stückgut hat nach Abs. 3 stets der Unternehmer Anzahl und Gewicht festzustellen; bei Ladungsgütern dagegen nur auf Antrag des Absenders, der im Frachtbrief gestellt werden muß (§ 16 Abs. 4 KVO). Da die Beweiswirkung der Frachtbriefangaben über Gewicht und Stückzahl nur dann eintritt, wenn der Frachtführer zur Überprüfung der Angaben rechtlich verpflichtet ist (siehe dazu Anm. 5, 6 zu § 426) bedeutet für den Regelfall die Qualifikation des Gutes als Stückgut eine Verantwortlichkeit des Frachtführers für Anzahl und Gewicht der Stücke, während bei Ladungsgut eine Beweiswirkung der Frachtbriefangaben nur in dem Sonderfall des § 16 Abs. 4 KVO eintritt.

Stückgüter sind stets nach § 18 Abs. 5 KVO vom Absender deutlich zu signieren. Die Verletzung dieser Kennzeichnungspflicht führt regelmäßig zum Haftungsausschluß wegen Absenderverschuldens, wenn das Gut wegen fehlender oder fehlerhafter Signierung falsch ausgeliefert wurde (§ 34c KVO). Nach § 31 Abs. 2 unterscheidet sich in den Haftungsfällen des § 31 Abs. 1a–c die Haftungshöhe danach, ob Ladungs- oder Stückgut vorliegt.

Anm. 3 **b) Tarifliche Bedeutung der Unterscheidung**

Die Fracht für Stückgut und Ladungsgut wird grundsätzlich nach unterschiedlichen Tarifen berechnet. In bestimmten vom Tarif vorgesehenen Ausnahmefällen wird jedoch bei Stückgut der Ladungsgütertarif und bei Ladungsgut der Stückguttarif angewendet, wenn dies für den Verlader günstiger ist. Siehe hierzu im einzelnen Guelde/Willenberg Anm. 9, 10 zu § 4 KVO.

Anm. 4 **2. Abgrenzung zwischen Stückgut und Ladungsgut**

Ob Stückgut oder Ladungsgut vorliegt, richtet sich gemäß der eindeutigen Formulierung des § 4 KVO nach der Wahl des Absenders, die vom Unternehmer durch den Vertragsschluß bestätigt wird, also nach der Parteivereinbarung (so zutreffend BGH v. 12. 4. 1967, VersR 1967, 597 (598); BGH v. 28. 5. 1971, VersR 1971, 755 (756); OLG Hamburg, VersR 1967, 796 (797).

Dieses Wahlrecht ist nicht, wie Guelde/Willenberg Anm. 11 zu § 4 KVO meinen, durch Tarifvorschriften eingeschränkt; zutreffend BGH v. 12. 4. 1967, a.a.O. Vielmehr ordnet das Tarifrecht grundsätzlich an, daß sich der Tarif nach der (zuvor getroffenen) Wahl der Beförderung als Stückgut oder Ladungsgut zu richten hat. Wenn die Tarifvorschriften ausnahmsweise auf Stückgut die Tarife für Ladungsgut und umgekehrt für anwendbar erklären, so geschieht das zur tariflichen Begünstigung des Absenders, kann aber gegenüber der Vereinbarung der Parteien den frachtrechtlichen Charakter des Transports als Stückgut oder Ladungstransport nicht ändern. Treffen also die Parteien (etwa wegen der Verladungs- oder Kennzeichnungspflicht) die Vereinbarung, daß Güter als Stückgut zu befördern sind, so ist dies in frachtrechtlicher Hinsicht auch dann gültig, wenn aus Tarifgründen der Ladungsgütertarif anzuwenden ist. Eine andere Frage ist allerdings, ob sich aus der tariflichen Behandlung der Güter ein Schluß darauf ziehen läßt, ob die Beförderung als Stückgut oder Ladungsgut von den Parteien gewollt war. Mehr als dies besagt auch die von Guelde, a.a.O., angegebene OLG-Rechtsprechung nicht.

Die Wahl zwischen Stückgut- oder Ladungsgutbeförderung kann formlos, auch stillschweigend getroffen werden. Im Frachtbrief ist keine Angabe über sie vorgesehen. Doch läßt sich nach § 11 Abs. 1e möglicherweise aus der Angabe der Anzahl und Bezeichnung der Stücke auch die Absicht des Absenders, die Sendung als Stückgut zu behandeln, schließen. Das Fehlen solcher Angaben spricht für Ladungsgut; OLG Hamburg, VersR 1967, 796 (797). Ein Vermerk im Frachtbrief, aus dem sich die Verladung durch den Absender ergibt, spricht für Ladungsgut (siehe auch BGH v. 12. 4. 1967, a. a. O., S. 598). Maßgeblich dafür, ob Stückgut- oder Ladungsgutbeförderung gewollt war, sind vorab die tariflichen Gesichtspunkte: Haben sich die Parteien auf den Stückgut- oder Ladungsguttarif geeinigt, so ist anzunehmen, daß sie auch frachtrechtlich die Sendung entsprechend behandelt wissen wollen; OLG Hamburg, VersR 1967, 796 (797). Insoweit kann Guelde/Willenberg Anm. 11 zu § 4 zugestimmt werden; vgl. auch OLG Hamburg, VersR 1967, 1047 (1048).

Weitere Gesichtspunkte ergeben sich aus der Art der Ladung. Frachtstücke von geringerem Gewicht, die wenig Raum in Anspruch nehmen und verpackt und bezeichnet übergeben werden, sind im Regelfall Stückgüter; OLG Hamburg, VersR 1967, 1047 (1048). Maschinen und Anlagen von erheblichem Gewicht oder großen Abmessungen sind dagegen regelmäßig Ladungsgut; z. B. ein Turmdrehkran, BGH vom 21. 4. 1960, BGHZ 32, 194 (196). Werden größere Partien als geschlossene Ladung und unter einheitlichem Frachtbrief aufgegeben, so handelt es sich regelmäßig um Ladungsgut. Es ist jedoch nicht Voraussetzung, daß eine Sendung von Ladungsgut die gesamte Fläche eines Wagens oder Anhängers einnimmt. Vielmehr können mehrere Partien Ladungsgüter auf einem Fahrzeug verladen sein.

Hat der Absender ein Fahrzeug durch Wagenstellungsvertrag (§ 14 KVO) bestellt, so ist ebenfalls grundsätzlich Beförderung als Ladungsgut anzunehmen; OLG Hamburg, VersR 1967, 796 (797). War zwischen den Parteien offensichtlich Verladung einer Maschine durch den Absender vorgesehen, so spricht dies für die Beförderung als Ladungsgut (OLG Hamburg, VersR 1967, 796 (797). Insgesamt zeigt sich nach alledem, daß mangels ausdrücklicher Vereinbarung die gesamten Umstände für die Ermittlung des Parteiwillens maßgeblich sind, so OLG Hamburg, VersR 1967, 796 (797); methodisch wohl auch BGH v. 12. 4. 1967, a. a. O.

3. Spediteur-Sammelgut **Anm. 5**

Spediteur-Sammelgut wird nach § 4b S. 2 KVO stets als Ladungsgut behandelt. Den Sammelgut-Spediteur als Absender trifft also insbesondere die Verladepflicht. Zum Begriff der Sammelladungsspedition siehe Anm. 8ff. zu § 413 HGB. Die tarifrechtliche Lage, wie sie in Anm. 15 zu § 413 HGB dargestellt wurde, ist heute durch die Aufhebung der Kundensatzverordnung im Jahre 1975 verändert worden. An ihre Stelle sind die „Bedingungen und Entgelte für den Spediteur – Sammelgutverkehr mit Kraftwagen und Eisenbahn, empfohlen vom Bundesverband Spedition und Lagerei e. V. getreten. Grundlage ist § 99 Abs. 2 Nr. 5 GWB. Die Empfehlungen sind in ergänzter Form abgedruckt bei Krien, Speditions- und Lagerrecht, Nr. 3141.

Die Rechtsprechung des BGH zur Abgrenzung zwischen Frachtrecht und Speditionsrecht im Bereich der Sammelladung (siehe Anm. 13, 14 zu § 413) ist nach anfänglichem Widerstand einzelner Landgerichte und Oberlandesgerichte weiterhin verfestigt worden. Siehe zur Sammelladungsspedition OLG Köln vom 28. 11. 1974, VersR 1975, 464; LG Berlin vom 14. 4. 1975, VersR 1976, 460; LG Kiel vom 24. 7. 1975, VersR 1976, 461; LG Hamburg vom 10. 7. 1975, VersR 1976, 461; OLG Düsseldorf vom 25. 11. 1976, MDR 1977, 495; LG Berlin vom 16. 5. 1977, VersR 1977, 859. Wegen der weitgehend gemeinschaftlichen Behandlung mit der Fixkostenspedition bleibt auch die Rechtsprechung zu § 413 Abs. 1 von Bedeutung, siehe dazu in neuerer Zeit OLG Köln vom 22. 10. 1973, VersR 1974, 1076 = MDR 1974, 320 = DB 1974, 340; OLG München vom 30. 10. 1974, VersR 1975, 129; OLG Köln vom 28. 11. 1974, VersR 1975, 464; BGH vom 21. 11. 1975, BGHZ 65, 340; OLG Frankfurt vom 25. 11. 1975, NJW 1976, 1036; OLG Bremen vom 12. 2. 1976, VersR 1976, 584; OLG Düsseldorf vom 1. 4. 1976, VersR 1977, 176; OLG Düsseldorf vom 25. 11. 1976, VersR 1977, 1047; OLG Nürnberg vom 16. 3. 1977, 9 U 93/76 (unveröffentlicht); zum Selbsteintritt siehe ferner OLG Saarbrücken vom 19. 12. 1973, VersR 1974, 1171; OLG Stuttgart vom 18. 3. 1975, VersR 1975, 729. Zur Abgrenzung zwischen Speditions- und Frachtrecht im allgemeinen siehe ferner OLG Saarbrücken vom 19. 12. 1973, VersR 1974, 1171; OLG Frankfurt vom 18. 1. 1977, VersR 1977, 735 = DB 1977, 1549; OLG Frankfurt vom 9. 3. 1977, BB 1977, 816.

Die Abgrenzung der Sammelladungsspedition im allgemeinen Frachtrecht (§ 413 Abs. 2 HGB) und im Tarifrecht stimmt nicht voll überein. Im Bereich des § 4 ist die frachtrechtliche Abgrenzung (§ 413 Abs. 2 HGB) maßgeblich. So zutreffend Guelde/Willenberg Anm. 15 zu § 4 KVO.

§ 5

Abholung und Zustellung der Güter

(1) Stückgüter und Ladungsgüter werden, wenn der Absender nichts anderes beantragt oder im Frachtbrief ausdrücklich vorgeschrieben hat, vom Unternehmer *[von der Reichsbahn]* **abgeholt und zugestellt, wenn die Gütermenge, die für einen Urversender von einer Ladestelle abzuholen oder für einen Endempfänger nach einer Ladestelle zuzuführen ist, ein Gewicht von mehr als 2,5 t hat.**

(2) Auch Güter von einem geringeren Gewicht als in (1) genannt, können durch den Unternehmer *[durch die Reichsbahn]* **abgeholt oder zugeführt werden,**

a) wenn die Güter den Laderaum des Kraftfahrzeuges oder Anhängers ausnutzen oder die einzige Ladung des Kraftfahrzeuges oder Anhängers bilden und bei nur einer Stelle aufgeladen oder bei nur einer Stelle abgeladen werden;

b) wenn die mehreren Stellen, an denen die Güter aufgeladen oder abgeladen werden, jeweils auf einer zusammenhängenden Grundfläche liegen, die dem Absender oder dem Empfänger gehört oder von ihm gemietet oder gepachtet ist, oder

c) wenn das Gut lose verladen und in besonderem Maße der Bruch- oder Beschädigungsgefahr ausgesetzt ist oder wenn eine besondere Rollfuhrleistung mit Zwischenumschlag mit erheblichen, den Verfrachtern nicht zumutbaren Umständlichkeiten oder Umwegen oder Kosten verbunden wäre;

d) wenn am Versandort oder am Bestimmungsort kein Spediteur oder Fuhrunternehmer oder Kraftfahrunternehmer des Güternahverkehrs ansässig ist.

(3) Für die Abholung und Zustellung der Güter bestellen RKB und Unternehmer *[bestellt die Reichsbahn]* **ortsansässige Spediteure oder Fuhrunternehmer oder Kraftfahrunternehmer des Güternahverkehrs als ihre Beauftragten. Diese haben die Güter abzuholen oder zuzuführen, wenn die in (1) und (2) für eine Abholung oder Zuführung durch den Unternehmer** *[durch die Reichsbahn]* **geforderten Voraussetzungen nicht erfüllt sind oder wenn in einem der in (2) bezeichneten Fälle der Unternehmer** *[die Reichsbahn]* **die Abholung und Zuführung der Güter nicht selbst ausführen will oder kann.**

Die vorstehende Regelung gilt auch in den Fällen, in denen der Absender die Abholung durch den Unternehmer *[durch die Reichsbahn]* **beantragt oder die Zuführung durch ihn im Frachtbrief vorgeschrieben hat.**

Der RKB *[Die Reichsbahn]* **bestimmt nach Anhörung der örtlichen Vertretung des ortsansässigen Speditions-, Fuhr- und Kraftverkehrsgewerbes, inwieweit die Empfänger über die Zuführung von Gütern, die ihnen nach (1) oder (2) durch die Unternehmer** *[die Reichsbahn]* **zugeführt werden können, anderweitig zu verfügen berechtigt sind, wenn nicht der Absender für die Zuführung im Frachtbrief oder durch nachträgliche Verfügung eine bestimmte entgegenstehende Anordnung getroffen hat.**

Der RKB *[Die Reichsbahn]* **veranlaßt die erforderlichen Bekanntmachungen.**

(4) Für Stückgüter und Teile von Ladungen im Gewicht bis zu 2,5 t, die der Unternehmer *[die Reichsbahn]* **abholt oder zuführt, werden für die Abholung oder Zuführung die Rollgebühren des Einheitsgebührentarifs für bahnamtliche Rollfuhrunternehmer erhoben.**

Auf die Rollfuhr von Stückgütern und Teilen von Ladungen, die von den nach (3) bestellten Beauftragten des RKB oder Unternehmers *[der Reichsbahn]* **ausgeführt wird, finden die für gleiche Leistungen örtlich geltenden Gebühren des bahnamtlichen Rollfuhrdienstes Anwendung.**

(5) Wegen der Haftung der Unternehmer *[der Reichsbahn]* **für Rollfuhrleistungen vgl. § 33** *[§ 30 (3)]*.

Inhaltsübersicht

1. Grundsätzliches Anm. 1
   a) Vorbemerkung
   b) Begriffe „Abholung“ und „Zustellung“ („Zuführung“) Anm. 2
2. Pflicht des KVO-Unternehmers zur Abholung und Zuführung Anm. 3
   a) Grundsätzliches
   b) Bei Gütermengen über 2,5 to Gewicht (§ 5 Abs. 1 KVO) Anm. 4
   c) Bei Gütermengen unter 2,5 to Gewicht Anm. 5–7
3. Vergütungspflicht nach Tarifrecht (§ 5 Abs. 4 KVO) Anm. 8
4. Beauftragung anderer Personen mit Abholung und Zuführung (Rollfuhr durch Dritte) Anm. 9
5. Haftung des KVO-Unternehmers für Abholung und Zuführung Anm. 10
6. Rechtslage bei Beförderung durch einen Spediteur (Selbsteintritt) Anm. 11

1. Grundsätzliches Anm. 1

a) Vorbemerkung

Die mißglückte und reformbedürftige Vorschrift des § 5 regelt – in Vermischung mit tariflichen Teilregelungen – die Pflicht des KVO-Frachtführers zur Abholung und Zuführung von Gütern (sogenannter „Vorlauf“ und „Nachlauf“. Die Regelung ist stark am Eisenbahnrecht orientiert. Sie geht offenbar vom Modellfall einer bahnhofsähnlichen Lade- oder Entladestelle des KVO-Frachtführers aus und betrachtet die Abholung und Zustellung von und nach dieser Stelle als besonderen Beförderungsvorgang. Diese Auffassung wird der heutigen Transporttechnik des KFZ-Verkehrs nicht gerecht. Für den Kraftverkehr als typische Haus-zu-Haus-Beförderungsart besteht allenfalls im Bereich der Sammelladungsbeförderung ein Bedürfnis, wie bei der Eisenbahn zwischen Beförderung, Abholung und Zuführung zu unterscheiden. Die CMR (und ebenso die BefBMö) kennt daher die Begriffe „Abholung", „Zuführung", „Vorlauf" und „Nachlauf" überhaupt nicht, sondern geht als selbstverständlich davon aus, daß die Beförderung von der Stelle der Übernahme zur Stelle der Ablieferung zu erfolgen hat (vgl. Art. 6 Abs. 1b CMR; Anh. III nach § 452). Wird das Frachtgut auf Weisung des Verfügungsberechtigten einem anderen als den im Frachtbrief angegebenen Empfänger zugeführt, so hat nach Art. 16 CMR der Frachtführer Anspruch auf Erstattung der Kosten. Ähnliches sieht § 4 Abs. 5 BefBMö vor.

Anm. 2 **b) Begriffe „Abholung" und „Zustellung" („Zuführung")**

§ 5 bestimmt nicht näher, was unter „Abholung", „Zustellung" oder „Zuführung" zu verstehen ist. Jedoch ist in § 5 Abs. 1 die Rede von der Abholung von einer Ladestelle und von der Zuführung nach einer Ladestelle. Der Begriff „Ladestelle" bezeichnet in § 5 unstreitig die konkrete Stelle, an der nach dem Frachtvertrag zu laden oder zu entladen ist. Ähnliche Begriffe werden auch in § 11 Abs. 1b KVO gebraucht, wonach die „Ein- und Ausladestellen" als nähere Angaben zum Versand- und Bestimmungsort einzutragen sind. Es fragt sich, ob die Begriffe in den beiden Vorschriften dasselbe bedeuten. Auch § 25 Abs. 3, 4 KVO bezieht sich – im Hinblick auf Entladefrist und Wagenstandsgeld – auf den Begriff „Zuführung". Ob dieser den in § 5 vorgesehenen Inhalt hat, ist zweifelhaft; siehe Anm. 8 zu § 25 KVO.

Grundsätzlich muß davon ausgegangen werden, daß der KVO-Frachtführer die Beförderung von der im Frachtbrief angegebenen Ladestelle bis zu der im Frachtbrief angegebenen Entladestelle schuldet. Für eine besondere Abholung oder Zuführung bleibt in solchen Fällen kein Raum. Daher liegt eine „Zuführung" nur vor, wenn das Frachtgut aufgrund einer Verfügung im Frachtbrief nach § 11 Abs. 2d KVO, einer Absenderverfügung nach § 27 Abs. 1i oder einer Empfängeranweisung nach § 27 Abs. 4 KVO an eine andere als die nach § 11 Abs. 1b im Frachtbrief angegebene Stelle versandt wird; so zutreffend Guelde/Willenberg Anm. 3 zu § 5 KVO. Ebenso gibt es keine „Abholung" i.S.d. § 5, wenn die wirkliche Ladestelle im Frachtbrief nach § 11 Abs. 1d angegeben ist.

Bei der Abholungs- und Zustellungspflicht handelt es sich um eine frachtvertragliche Pflicht. Legt man die in der Literatur überwiegend vertretene, jedoch von der Rechtsprechung zu Recht abgelehnte Formalvertragstheorie (siehe zu dieser: Anm. 3–6 zu § 15 KVO) zugrunde, so fällt die „Abholung" in vielen Fällen in die Zeit vor Abschluß des Frachtvertrages, nämlich immer dann, wenn der abholende Fahrer den Frachtbrief nicht annimmt und unterzeichnet. Siehe hierzu konsequenterweise Guelde/Willenberg Anm. 2, 25f. zu § 5. Damit würde ein Stück der vom KVO-Frachtführer geschuldeten Beförderungsleistung zur Nebenpflicht degradiert, für die nach § 33a zwar die KVO-Haftung gälte, deren Rechtsstatus aber im übrigen ungeklärt wäre. Demgegenüber erscheint es klarer und zweckmäßiger, die Vor- und Nachlaufphase als integrale Bestandteile des KVO-Frachtvertrags zu betrachten. Im Ergebnis verfahren auch Guelde/Willenberg in dem in Anm. 10 zu § 15 KVO gebrachten Beispiel in dieser Weise. §§ 5 und 33a KVO haben danach nur die Funktion, klarzustellen: (1) Wie weit die Pflichten und Rechte des Unternehmers und seiner Haftung reichen; (2) daß die Haftung Vor- und Nachläufe auch dann erfaßt, wenn Schadensort und -zeit an sich nach dem Frachtbrief nicht in die dokumentierte Strecke fallen.

Eine Modernisierung des KVO-Rechts müßte Tarifrecht und Frachtrecht klar gegeneinander abgrenzen und die für den LKW typische Beförderungsleistung, die

Haus-zu-Haus-Beförderung, als Normalfall den Bedingungen zugrundeliegen, wie dies in selbstverständlicher Weise der internationalen Ordnung in der CMR entspricht.

Neben den Frachtführerpflichten aus dem Vorlauf können nach richtiger Auffassung auch speditionelle Pflichten aus dem Speditionsvertrag bestehen, wenn der Unternehmer Spediteur ist und Speditionsaufgaben übernommen hat (siehe §§ 412, 413 HGB); zutreffend OLG Stuttgart, Versicherungsrecht 1975, 729 (730): Beurteilung nach ADSp.

2. Pflicht des KVO-Unternehmers zur Abholung und Zuführung **Anm. 3**

a) Grundsätzliches

Die Vermischung von Zulassungsrecht, Tarifrecht und Frachtrecht erschwert die Beurteilung der Frage, in welchem Bereich eine Abholungs- oder Zustellungspflicht besteht. Einerseits ist nach dem Wortlaut des § 5 Abs. 1 KVO die Abholungs- und Zustellungspflicht nicht auf den Tarifbereich des frachtbrieflichen Absende- oder Bestimmungsorts beschränkt; so zutreffend Muth/Lehmann zu § 5 KVO. Andererseits zwingt das Tarifrecht zur Annahme selbständiger Frachtverträge, sobald Abholung oder Zuführung über den Gemeindetarifbereich hinaus in die Nahverkehrszone oder gar in die Fernverkehrszone hineinreichen. Hierfür besteht aber von seiten des KVO-Unternehmers keine Abschlußzwang; vgl. hierzu Anm. 2 zu § 7 Abs. 1 KVO. Daher ist Guelde/Willenberg Anm. 4, 5 zu § 5 KVO zuzustimmen, daß eine Abholung oder Zustellung i. S. d. § 5 KVO nur innerhalb des Gemeindetarifbereichs des im Frachtbrief vorgesehenen Absende- oder Bestimmungsorts möglich ist. Geht die Anschlußstrecke darüber hinaus, so liegt eine selbständige Güternah- oder Güterfernbeförderung vor. Der hierfür erforderliche neue Frachtvertrag kann nach der hier vertretenen Auffassung formlos abgeschlossen werden; siehe Anm. 6 zu § 15 KVO. Überschreitet die Anschlußbeförderung die Nahzone, so handelt es sich um Güterfernverkehr; dann muß ein zweiter Frachtbrief ausgestellt werden (§ 10 Abs. 1 KVO).

b) Bei Gütermengen über 2,5 to Gewicht (§ 5 Abs. 1 KVO) **Anm. 4**

Das Frachtgut ist vom KVO-Unternehmer nach § 5 Abs. 1 KVO von der Ladestelle abzuholen oder einer Ladestelle zuzuführen, wenn sein Gewicht mehr als 2,5 to beträgt. Maßgeblich ist die „Gütermenge", die bei einem „Urversender" abzuholen oder bei einem „Endempfänger" abzuliefern ist. Die Ausdrücke „Urversender" und „Endempfänger" sollen nur die Person bezeichnen, bei der die Ladung nach dem Frachtvertrag (siehe auch § 27 Abs. 4 KVO) tatsächlich abgeholt oder an die tatsächlich abgeliefert werden soll. Ob diese in irgendeiner Beziehung zum Frachtvertrag stehen oder nicht, ist für § 5 Abs. 1 KVO belanglos. Urversender kann z.B. der „Versender" des Speditionsvertrags sein, wenn Absender des KVO-Vertrags ein Spediteur ist, vgl. Anm. 2 zu §§ 407–409; ebenso aber auch der Verkäufer einer Ware, bei dem sie im Auftrag des Endempfängers abgeholt wird oder sogar der Vorlieferant des betreffenden Verkäufers. Endempfänger kann z. B. die Person sein, an die das Frachtgut nach Weisung des absendenden Spediteurs, der wiederum nach Weisungen des Versenders handelt, abzuliefern ist. Siehe zu diesen Fragen Guelde/Willenberg Anm. 11, 12 zu § 5 KVO; Muth/Lehmann Anm. zu § 5 KVO.

Es kommt nicht darauf an, ob die betreffende Gütermenge unter einem Frachtbrief als einheitliche Sendung befördert wird. Maßgeblich ist allein die Menge der an einer bestimmten Stelle zu ladenden oder zu entladenden Güter; Guelde/Willenberg Anm. 6 zu § 5 KVO.

Zur Abholung und Zuführung ist der Unternehmer gerade dann verpflichtet, wenn der Frachtbrief die betreffende Ladestelle nicht ausweist. Doch beschränkt sich die Abholungs- und Zuführungspflicht auf den maßgeblichen Tarifbereich; siehe oben Anm. 3.

Der Absender kann beantragen oder im Frachtbrief vorschreiben, daß die Güter nicht abgeholt oder zugestellt werden sollen.

Anm. 5 **c) Bei Gütermengen unter 2,5 to Gewicht**

Liegt die Gütermenge unter der in § 5 Abs. 1 angegebenen Gewichtsgrenze, so ist der KVO-Unternehmer nicht automatisch zur Abholung und Zuführung verpflichtet. Dabei ist jedoch im einzelnen zu beachten:

aa) Die im Frachtbrief angegebene Ein- oder Ausladestelle ist primär maßgeblich. Der KVO-Frachtführer muß die betreffende Sendung zu dieser Stelle bringen bzw. von dieser Stelle abholen; insoweit liegt keine „Abholung" oder „Zustellung" vor. Siehe hierzu Anm. 2. Der KVO-Frachtführer erfüllt also auch bei Sendungen leichten Gewichts seine Vertragspflichten nicht, wenn er sie in seiner Niederlassung auslädt und dem Empfänger zur Abholung bereitstellt. Ein solches Verhalten kann zur Haftung nach § 31 Abs. 1c KVO führen; Guelde/Willenberg Anm. 10 zu § 5 KVO.

Anm. 6 bb) Soll der KVO-Frachtführer eine Gütermenge unter 2,5 to zur Ladestelle abholen oder von der Entladestelle aus dem Endempfänger zustellen, so muß dies vereinbart werden. Dies kann für die Zuführung durch einen Vermerk im Frachtbrief nach § 11 Abs. 2d KVO erfolgen, den der Frachtführer durch Annahme des Frachtbriefs (§ 15 KVO) akzeptiert.

Anm. 7 cc) Die Abholung und Zustellung von Gütern unter 2,5 to Gütermenge durch den KVO-Frachtführer selbst ist nur bei Vorliegen der Voraussetzungen des § 5 Abs. 2 KVO zulässig. Eine dagegen verstoßende Abmachung ist nach § 134 BGB nichtig und kann allenfalls – soweit das GüKG dies zuläßt – in einen selbständigen Güternahverkehrsvertrag umgedeutet werden; siehe z.B. den Fall OLG Karlsruhe, VersR 1965, 329f. mit ablehnender Anm. v. Züchner. Im übrigen ist in diesen Fällen die Zustellung durch ortsansässige Spediteure oder Nahverkehrsunternehmer zulässig. Siehe hierzu unten Anm. 9.

Ferner ist es möglich, auch Sendungen unter 2,5 to unmittelbar an den Endempfänger zu adressieren, d. h. seine Adresse sofort als Entladestelle im Frachtbrief anzugeben.

Anm. 8 **3. Vergütungspflicht nach Tarifrecht (§ 5 Abs. 4 KVO)**

Die nach § 5 Abs. 1 KVO für Gütermengen über 2,5 to als grundsätzliche Verpflichtung des Unternehmers vorgesehene Abholung und Zuführung ist nach Tarifrecht nicht besonders zu vergüten. Dagegen ist die freiwillig übernommene Abholung und Zuführung bei Gütermengen unter 2,5 to vergütungspflichtig. Siehe dazu im einzelnen Guelde/Willenberg Anm. 21–24 zu § 5 KVO. Die Tariffragen befinden sich seit 1967 in der Schwebe, da kein gültiger Rollfuhrtarif besteht. Dieser müßte aufgrund des § 20a GüKG erlassen werden. Solange kein Tarif besteht, kann der KVO-Unternehmer die Höhe des Rollgeldes nach §§ 316, 315 BGB bestimmen.

Anm. 9 **4. Beauftragung anderer Personen mit Abholung und Zuführung (Rollfuhr durch Dritte)**

§ 5 Abs. 3 KVO übertrug dem RKB und dem Unternehmer gemeinsam die Bestellung ortsansässiger Spediteure oder Frachtführer für den Abholungs- und Zustellungsdienst. Nach Wegfall des RKB ist der Abs. 3 unmittelbar nicht mehr anzuwenden. Aus ihm lassen sich jedoch noch folgende Grundregeln ableiten; vgl. dazu Guelde/Willenberg Anm. 16–20 zu § 5:

a) Der KVO-Unternehmer darf für die Abholung und Zuführung ortsansässige Fuhrunternehmer und Spediteure einsetzen. Dies erfolgt jedoch – entgegen der Formulierung des § 5 Abs. 3 – nicht aufgrund einer generellen Bestellung, sondern jeweils durch Einzelaufträge.
b) Die Abholung und Zuführung durch Rollfuhrunternehmer ist nicht nur dann zulässig, wenn der KVO-Frachtführer zu diesen Leistungen verpflichtet und berechtigt ist, sondern gerade auch dann, wenn die Voraussetzungen der Absätze 1 und 2 des § 5 KVO nicht vorliegen, wenn also der KVO-Frachtführer die Abholung und Zuführung nicht selbst vornehmen dürfte; § 5 Abs. 3 Unterabsatz 2 S. 2 KVO.
c) Der Rollfuhrunternehmer ist Erfüllungsgehilfe des KVO-Frachtführers. Dieser bleibt also Schuldner der Rollfuhrleistung. Für die Haftung stellt § 5 Abs. 5 klar, daß der KVO-Unternehmer nach § 33 für den Rollfuhrunternehmer haftet. Jedoch ist auch sonst § 6 KVO anwendbar.
d) Eine Vergütung (Rollgeld) kann der KVO-Unternehmer nur verlangen, soweit er nicht ohnehin zur kostenlosen Abholung und Zuführung nach § 5 Abs. 1, 4 verpflichtet ist.

5. Haftung des KVO-Unternehmers für Abholung und Zuführung

Anm. 10

§ 5 Abs. 5 KVO verweist auf § 33 KVO. Diese Vorschrift verweist wiederum ausdrücklich auf §§ 29, 32, 34 KVO weiter. Es kann dahinstehen, ob diese Verweisungen nur klarstellenden Charakter haben. Jedenfalls sind Vor- und Nachlauf in die KVO-Haftung voll einbezogen.

6. Rechtslage bei Beförderung durch einen Spediteur (Selbsteintritt)

Anm. 11

Problematisch ist die Rechtslage, wenn ein Spediteur als KVO-Unternehmer (Gemischtbetrieb) die ihm übergebenen Güter selbst befördert. Nach verbreiteter Auffassung fallen in solchen Fällen des Selbsteintritts Vor- und Nachlauf nicht unter die KVO-Haftung, sondern als speditionelle Tätigkeit unter die ADSp bzw. die Rollfuhrversicherung. Vgl. Guelde/Willenberg Anm. 28 zu § 5, 2 zu § 33 KVO; Muth/Lehmann Anm. zu § 33 KVO. In solcher Allgemeinheit jedoch ist diese These nicht haltbar, denn dem Spediteur steht ein Selbsteintrittsrecht nur zu, soweit dessen Ausübung nicht den Interessen des Versenders entgegenlaufen würde; siehe Anm. 2 zu § 412 HGB. Dies wäre aber der Fall, wenn die haftungsrechtliche Situation des Versenders sich durch den Selbsteintritt verschlechterte bzw. zusätzliche Kosten entstünden. Die willkürliche Aufspaltung eines einheitlichen Ferntransportvorgangs in mehrere, teils der KVO, teils den ADSp unterliegenden Transportabschnitte (wobei die risikoreichere Anfangs- und Endphase unter die ADSp-Geltung fiele) dürfte daher grundsätzlich rechtsmißbräuchlich sein. Anders liegt der Fall, wenn die gesonderte Abholung und Zuführung erfolgen, um dem Spediteur eine für den Verlader günstige Sammelladungsversendung zu ermöglichen. Zur Problematik der Sammelladungsversendung siehe Anm. 13, 14 zu § 413 und 6 zu § 412 HGB.

§ 6

Haftung für Dritte

Die Unternehmer haften *[Die Reichsbahn haftet]* **für die Personen, deren sie sich zur Erfüllung und bei Ausführung ihrer Aufgaben bedienen** *[bedient]*.

Inhaltsübersicht

1. Verhältnis des § 6 KVO zu anderen Vorschriften über die Gehilfenhaftung Anm. 1
2. Auslegung des § 6 KVO Anm. 2
3. Bedeutung des § 6 im Rahmen der KVO-Haftung Anm. 3
4. Der von § 6 KVO erfaßte Personenkreis Anm. 4
5. Erfüllung und Ausführung der Aufgaben des KVO-Frachtführers Anm. 5
6. Haftung für Verrichtungsgehilfen Anm. 6

Anm. 1

1. Verhältnis des § 6 KVO zu anderen Vorschriften über die Gehilfenhaftung

§ 6 bestimmt, in welchen Fällen sich der KVO-Frachtführer das Verhalten dritter Personen wie eigenes zurechnen lassen muß. § 6 ist somit lex specialis zu §§ 278 BGB, 431 HGB. Siehe zum Überblick die Erläuterung zu § 431 HGB.

§ 6 KVO stimmt mit § 431 und den entsprechenden eisenbahnrechtlichen Bestimmungen der §§ 456 HGB, 4 EVO, Art. 39 CIM nicht überein. Auch Art. 3 CMR regelt die Zurechnungsfrage anders. Dagegen ist § 6 inhaltlich dem § 278 BGB ähnlich. Zwar weicht die Formulierung des § 6 sprachlich von § 278 BGB ab. Während nämlich § 278 BGB nur die Haftung für Personen, deren sich der Schuldner zur Erfüllung seiner Verbindlichkeiten bedient, anordnet, stellt § 6 darauf ab, daß sich die Unternehmer einer Person „zur Erfüllung und bei Ausführung ihrer Aufgaben" bedienen. Richtiger Auffassung nach kann aber hierbei nur die Erfüllung und Ausführung der vertraglich übernommenen Aufgaben gemeint sein. § 6 entspricht also wohl weitgehend dem § 278 BGB. Dagegen ordnet § 431 HGB die Haftung für „Leute" des Frachtführers auch dann an, wenn diese nicht in Erfüllung, ja nicht einmal in Ausführung der ihnen übertragenen Tätigkeit gehandelt haben. Siehe hierzu Anm. 3 zu § 431. Somit sieht § 6 KVO eine weniger strenge Zurechnung von Handlungen dritter Personen vor als § 431 HGB. Zum praktischen Unterschied siehe jedoch unten Anm. 2.

Anm. 2

2. Auslegung des § 6 KVO

Der inhaltliche Unterschied zwischen § 6 KVO und § 431 HGB hängt jedoch in der Praxis vor allem davon ab, was unter „Erfüllung und Ausführung der Aufgaben" des Unternehmers zu verstehen ist. In anderen Bereichen des Schuldrechts wird § 278 BGB sehr weit ausgelegt, insbesondere auf alle denkbaren Nebenpflichten angewandt und zur Begründung der Haftung aus positiver Vertragsverletzung und Verschulden bei Vertragsschluß verwendet. Der in dieser Hinsicht erweiterte schuldrechtliche Leistungsbegriff kann vor dem Güterfernbeförderungsvertrag nicht Halt machen. Die meisten Personen, die in direktem oder indirektem Auftrag des Unternehmers mit dem Frachtgut oder Fahrzeug in Berührung kommen, oder irgendwie den Absender betreffende Angelegenheiten bearbeiten, können als in Erfüllung der Obhutspflicht oder anderer Pflichten des Frachtführers (vgl. dazu Anm. 67–80 zu § 425) handelnd angesehen werden. Siehe zum Eisenbahnrecht das Urteil des BGH vom 19. 1. 1973, VersR 1973, 651 = LM Nr. 8 zu § 454 HGB = MDR 1973, 651. In diesem Urteil wendet der BGH § 454 HGB auf die Pflicht der Eisenbahn an, den von dem Empfänger zu entladenden Waggon gegen Wegrollen zu sichern

Praktisch scheiden daher aus der Zurechnung nach § 6 nur solche Fälle aus, in denen die betreffenden Personen nur bei Gelegenheit ihrer dienstlichen Tätigkeit, nicht dagegen in Erfüllung oder Ausführung gehandelt haben. Dies ist vor allem bei Diebstahl oder mutwilliger Beschädigung und Zerstörung von Frachtgut der Fall. Von solchen Fällen abgesehen, kann jedoch § 6 KVO durch Auslegung sehr nahe an § 431 HGB angeglichen werden.

Gegen diese von mir bereits früher (Haftung für Schäden an Frachtgütern, S. 113) vertretene Auffassung wendet sich Willenberg (Guelde/Willenberg Anm. 4 zu § 6), in dem er unter Berufung auf § 278 BGB eine erheblich engere Auslegung des § 6 KVO befürwortet. Die von Staudinger/Werner, 10./11. Aufl. Anm. 52 zu § 278 BGB vertretene und von Willenberg befürwortete enge Auslegung des § 278 ist jedoch heute durch eine extensivere Auslegung dieser Bestimmung in der Praxis weit überholt; siehe dazu nur zum Überblick Palandt/Heinrichs Anm. 4–6 zu § 278 BGB. Im übrigen kann die Übernahme der KVO-Formulierung durch § 12 BefBMö keine neuen Auslegungsgrundsätze begründen, sondern nur dazu führen, daß die früher für § 6 KVO maßgebliche Auslegung jetzt auch für die BefBMö gilt. Der Hinweis auf Art. 3 CMR geht fehl, da diese Bestimmung dem § 6 KVO nicht genau entspricht. Daher muß an der grundsätzlich weiten, der sonstigen Anwendung des § 278 BGB entsprechenden Auslegung des § 6 KVO festgehalten werden.

Im übrigen erscheint die Streitfrage von geringer praktischer Bedeutung, was sich schon daraus ergibt, daß keine Rechtsprechung zu dieser Frage existiert.

3. Bedeutung des § 6 im Rahmen der KVO-Haftung **Anm. 3**

§ 6 spricht nicht von Zurechnung von Verschulden, sondern nur von einer Haftung für Personen. Dieser sprachliche Unterschied zu § 278 BGB erklärt sich daraus, daß die KVO teilweise von einer Haftung ohne Verschulden (hier als Gewährhaftung – siehe Anm. 4 zu § 29 – bezeichnet) beherrscht wird.

Auch im Bereich dieser Gewährhaftung ist jedoch die Zurechnung von Gehilfenhandlungen nach § 6 KVO von großer Bedeutung. Denn eine reine Kausalhaftung enthält die KVO in § 29 nur für unmittelbare Schäden aus den der Straße und dem Kraftwagen eigentümlichen Gefahren. Im übrigen Bereich der Gewährhaftung kann sich gem. § 34a KVO der Frachtführer durch den Nachweis höherer Gewalt entlasten. Höhere Gewalt liegt u.a. dann vor, wenn eine Person, die nicht zu den Gehilfen des Frachtführers gehört, durch ihr Handeln den Schaden verursacht hat, bzw. wenn äußere unvorhersehbare Umstände auch mit äußerster Sorgfalt des Frachtführers und seiner Gehilfen nicht abgewandt werden konnte. Siehe dazu eingehend Helm, Haftung, S. 102ff. Auch im Rahmen der höheren Gewalt ist also das Gehilfenverschulden u.U. haftungsentscheidend.

Das gleiche gilt für die Haftung nach § 34 Abs. 1 a, b und d KVO (Lieferfristüberschreitung, Falschauslieferung, Nachnahmefehler), die ebenfalls als Gewährhaftung bis zur höheren Gewalt ausgeschaltet ist. Für alle anderen Vertragsverletzungen greift dagegen die Verschuldenshaftung ein, so für die Schlechterfüllung (§ 31 Abs. 1b KVO) sowie für die Ansprüche aus Leistungsstörungen des allgemeinen Schuldrechts, soweit diese nicht durch Spezialbestimmungen der KVO verdrängt sind. Hier hängt die Haftung im Regelfall vom Verschulden des Gehilfen ab. § 6 KVO entspricht insoweit funktionell dem § 278 BGB.

Die Zurechnung von Gehilfenhandlungen ist ferner überall da wichtig, wo sich der Beförderer auf Haftungsausschlüsse im Falle seines Verschuldens nicht berufen kann, insbesondere für den Fall des Verschuldens bei Haftungsausschlüssen des § 34 KVO; siehe hierzu Anm. 4 zu § 34, Anh. II nach § 452.

4. Der von § 6 KVO erfaßte Personenkreis **Anm. 4**

§ 6 umreißt wie § 278 BGB einen funktionellen Gehilfenbereich. Es kommt nur darauf an, ob sich der Unternehmer der betreffenden Person „bedient", nicht dagegen darauf, ob diese Person selbständig oder unselbständig ist. Neben den beim Unternehmer fest angestellten Personen kommen also auch Gelegenheitspersonal, mitarbeitende Familienangehörige, aber auch selbständige Unternehmer in Betracht. Zu letzteren gehören vor allem Unterfrachtführer (siehe dazu Anm. 17–20 zu § 432 HGB; für die Abholung und Zuführung vgl. Anm. 9 zu § 5 KVO; aus der Literatur insbesondere Guelde/Willenberg Anm. 12–23 zu § 6 KVO). Zu den Unterfrachtführern kann auch die Eisenbahn gehören; klargestellt in § 33c KVO.

Lagerhalter sind Gehilfen nach § 6 KVO, soweit sie im Rahmen des KVO-Frachtvertrags Vor-, Zwischen- und Nachlagerungen vornehmen; siehe § 33d, e KVO. Dagegen sind sie nicht Gehilfen des KVO-Frachtführers, soweit dieser zur Einlagerung nicht verpflichtet ist; siehe dazu Näheres in Anm. 47, 73 zu § 425 HGB.

Anm. 5 **5. Erfüllung und Ausführung der Aufgaben des KVO-Frachtführers**

Handlungen der unter § 6 fallenden Personen werden den Unternehmern zugerechnet, soweit sie sich ihrer „zur Erfüllung und bei Ausführung ihrer Aufgaben bedienen". Entsprechend der oben in Anm. 1, 2 dargelegten grundsätzlichen Auslegung ist darunter die Erfüllung von Pflichten aus dem Beförderungsvertrag zu verstehen. Solche Pflichten beschränken sich nicht auf die Beförderung, sondern betreffen auch alle den Umständen nach dem Unternehmer obliegenden Nebenpflichten. Von praktischer Bedeutung ist die Abgrenzung vor allem für Lade- und Entladetätigkeit der Fahrer. Soweit der Unternehmer zum Verladen und Entladen verpflichtet ist (§ 17 Abs. 1 KVO), wird ihm Verschulden seiner Gehilfen nach § 6 zugerechnet. In der Spezialliteratur zur KVO wird jedoch die Auffassung vertreten, die „freiwillige" Ladehilfe des Fahrers gegenüber dem Absender in Fällen, in denen der Unternehmer nicht zum Laden verpflichtet sei, begründe keine Haftung des Unternehmers nach § 6 KVO; Guelde/Willenberg Anm. 25, 26 zu § 6.

Dies ist jedoch nur mit Einschränkungen richtig. Einmal haftet der Unternehmer jedenfalls für Verschulden der Fahrer bei nicht betriebssicherer Verladung (§ 17 Abs. 1 S. 2 KVO). Zum anderen sieht § 33b KVO ausdrücklich vor, daß der Unternehmer für Ladetätigkeiten haftet, wenn von ihm „Beauftragte" dabei mitwirken. Eine solche Beauftragung liegt auch dann schon vor, wenn die Fahrer diese Hilfeleistung als „Service" mit Wissen des Unternehmers regelmäßig erbringen. Vom Standpunkt des § 6 KVO rechtfertigt sich diese Haftungserweiterung daraus, daß, wenn der KVO-Frachtführer als Fachmann Hilfsdienste leistet, zu denen er nicht vertraglich verpflichtet ist, er dennoch die Anwendung der notwendigen Sorgfalt bei diesen Tätigkeiten schuldet. Würde eine solche Haftung nicht auf die KVO gestützt, so ergäbe sich eine (dann in der Höhe unbeschränkte) Haftung aus Auftrag, Geschäftsführung ohne Auftrag oder culpa in contrahendo. Siehe dazu eingehender Anm. 4 zu § 33 KVO. In einem Urteil, das einen Arbeitsunfall betraf, hat der BGH den Fahrer, der das Abladen einer Maschine organisierte, obwohl der Spediteur nicht zum Abladen verpflichtet war, als nicht im Betriebe des Empfängers tätig behandelt; Urteil vom 13. 12. 1966, VersR 1967, 230f. = MDR 1967, 294 = DB 1967, 329.

Strikt abzulehnen ist die Auffassung, nach der für Ladetätigkeiten regelmäßig überhaupt nicht gehaftet werde, weil sie nach der Real- und Formalvertragstheorie vor dem Abschluß des Vertrags lägen (Guelde/Willenberg Anm. 25 zu § 6 KVO). Dies ist schon deshalb nicht diskutabel, weil der Nebengebührentarif (abgedruckt bei Hein/Eichhoff, u.a. GüKG C 525) für diese Tätigkeiten Gebühren enthält. Siehe zu den zugrundeliegenden Theorien bereits Anm. 2 zu § 5 und 2ff. zu § 15 KVO. Zur Verteilung der Ladepflichten des Laderisikos siehe die Anmerkungen zu § 17 KVO.

Ähnliches gilt für die Hilfstätigkeit beim Ausstellen des KVO-Frachtbriefs. Zwar läßt § 13 Abs. 2 den Absender dem Unternehmer gegenüber auch dann für falsche Ausfüllung des Frachtbriefs haften, wenn Leute des Unternehmers die Ausfüllung vorgenommen haben. Andererseits handeln jedoch die Leute des Unternehmers nicht völlig unverbindlich, wenn sie für den Absender den Frachtbrief ausfüllen. Im Urteil vom 22. 1. 1971, BGHZ 55, 217 (221) = LM Nr. 30 zu KVO = MDR 1971, 373 = BB 1971, 416f. erwähnt der BGH bereits beiläufig und „beispielsweise", in solchen Fällen sei ein Vorvertrag zwischen Absender und Frachtführer, der sich auf das Ausfüllen des Frachtbriefs richte, gegeben. Eine unverbindliche Tätigkeit liegt jedenfalls nicht vor, da das Ausfüllen des Frachtbriefs nach Nr. I, 8 Nebengebührentarif, § 9 Abs. 1 KVO zu vergüten ist. Diese Vergütung wird aber nur dann tariflich geschuldet, wenn ein KVO-Frachtvertrag zustandekommt. Andernfalls gilt das Tarifrecht ohnehin nicht, weil die Ermächtigungsgrundlage der §§ 20, 20a GüKG entfällt. Somit liegt es näher, an eine vorverlegte und besonders honorierte Sorgfaltspflicht des KVO-Unternehmers im Rahmen seines Frachtvertrags zu denken.

6. Haftung für Verrichtungsgehilfen **Anm. 6**

Nach der Rechtsprechung des BGH haftet der KVO-Frachtführer für Ladungsschäden über die Grenzen der KVO-Haftung hinaus auch aus unerlaubter Handlung. In diesem Fall richtet sich die Verantwortlichkeit für Gehilfenhandeln nach § 831 BGB, ist also auf abhängige Gehilfen beschränkt. Siehe hierzu im einzelnen Anm. 80ff. zu § 429 HGB.

§ 7

Übernahme von Beförderungsaufträgen

(1) Eine Pflicht zur Übernahme von Beförderungsaufträgen besteht nicht.

(2) Unternehmer aber, die sich dem RKB gegenüber zur Ausführung aller ihnen über den RKB zugewiesenen Beförderungsaufträge verpflichtet haben, dürfen die Übernahme einer Beförderung nur verweigern,

a) wenn den Bestimmungen der KVO oder den sonstigen allgemeinen Anordnungen des RKB nicht entsprochen wird, oder

b) wenn ihnen keine geeigneten Fahrzeuge zur Verfügung stehen, oder

c) wenn die Beförderung durch Umstände oder Ereignisse verhindert wird, die der Unternehmer auch bei Anwendung der ihm zuzumutenden Sorgfalt und Umsicht weder abzuwenden noch in ihren Wirkungen abzuschwächen vermag (höhere Gewalt).

(3) Der RKB kann bestimmen, daß die Beförderung nur mit Genehmigung einer von ihm beauftragten Stelle abgelehnt werden darf.

Text der KVORb **Anm. 1**

§ 7 RVORb lautet:

§ 7

Übernahme von Beförderungsaufträgen

(1) Die Reichsbahn ist im Güterfernverkehr mit Kraftfahrzeugen zur Übernahme von Beförderungsaufträgen nur in folgendem Rahmen verpflichtet:

a) für Stückgüter in ihren für die Güterbeförderung allgemein eingerichteten Kraftwagenverkehren (Stückgutlinienverkehr), soweit die Güter mit dem regelmäßig verkehrenden Kraftfahrzeugen befördert werden können,

b) für Güter des Spediteursammelgutverkehrs in Verbindungen, die nach einer zwischen dem Speditionsgewerbe und der Reichsbahn geschlossenen Vereinbarung regelmäßig mit Kraftfahrzeugen bedient werden,

c) Für Wagenladungsgüter, wenn sich die Kraftwagenbeförderung unmittelbar an einen Eisenbahnfrachtvertrag anschließt, im Eisenbahnfrachtbrief die Weiterbe-

förderung im Kraftwagenverkehr der Reichsbahn vorgeschrieben ist und die Kraftwagenbeförderung in einer Verkehrsverbindung stattfinden soll, für die die Reichsbahn die Möglichkeit solcher Anstoßbeförderung öffentlich bekanntgemacht hat.

(2) In den in (1) a), b) und c) bezeichneten Fällen kann die Reichsbahn die Übernahme einer Beförderung nur verweigern, wenn

a) den Vorschriften dieser KVO oder den sonstigen allgemeinen Anordnungen der Reichsbahn oder den von ihr etwa für die einzelne Verbindung besonders bekanntgegebenen Bestimmungen nicht entsprochen wird, oder

b) wenn keine geeigneten Fahrzeuge zur Verfügung stehen, oder

c) wenn die Beförderung durch Umstände oder Ereignisse verhindert wird, die die Reichsbahn auch bei Anwendung der ihr zugemuteten Sorgfalt und Umsicht weder abzuwenden noch in ihren Wirkungen abzuschwächen vermag (höhere Gewalt).

Anm. 2 **1. Abschlußzwang**

Im privaten Güterfernverkehr besteht nach § 7 Abs. 1 KVO kein Abschlußzwang. Dagegen unterliegt die Deutsche Bundesbahn im Güterfernverkehr mit Kraftfahrzeugen nach § 7 KVORb einem dort im einzelnen begrenzten Abschlußzwang; siehe Anm. 1.

Im Güternahverkehr gilt für den Sonderfall des Güterliniennahverkehrs ebenfalls ein Kontrahierungszwang; siehe § 90 Abs. 1 S. 3 GüKG Anh. I nach § 425.

Anm. 3 **2. Ungültigkeit der Absätze 2 und 3**

Mit dem Wegfall des RKB sind die Absätze 2 und 3 des § 7 unanwendbar geworden.

§ 8

Von der Beförderung ausgeschlossene oder nur bedingungsweise zur Beförderung zugelassene Güter

(1) Von der Beförderung ausgeschlossen sind

a) die dem Postzwang unterliegenden Gegenstände,

b) Gegenstände, deren Beförderung nach gesetzlicher Vorschrift oder aus Gründen der öffentlichen Ordnung verboten ist,

c) Leichen.

(2) Bedingungsweise sind zur Beförderung zugelassen:

a) Explosionsgefährliche Gegenstände:
   1. Sprengstoffe (Spreng- und Schießmittel und ähnliche Stoffe),
   2. Munition,
   3. Zündwaren, Feuerwerkskörper u. dgl.,
   4. verdichtete, verflüssigte oder unter Druck gelöste Gase,
   5. Stoffe, die in Berührung mit Wasser entzündliche oder die Verbrennung unterstützende Gase entwickeln,

b) selbstentzündliche Stoffe,

c) entzündbare Stoffe,
   1. brennbare Flüssigkeiten,
   2. entzündbare feste Stoffe,

d) giftige Stoffe,

e) ätzende Stoffe,

f) fäulnisfähige, übelriechende oder ekelerregende Stoffe,

g) Gold und Silber, Platin, Geld, Münzen und Papiere mit Geldwert, auch amtl. Wertzeichen, Dokumente, Edelsteine, echte Perlen, besonders wertvolle Spitzen, be-

sonders wertvolle Stickereien sowie andere Kostbarkeiten, ferner Kunstgegenstände, wie Gemälde, Bildwerke, Gegenstände aus Erzguß und Kunstaltertümer,
h) lebende Tiere,
bei Beachtung der für ihre Beförderung vom RKB *[von der Reichsbahn]* **und von den Polizeibehörden getroffenen Vorschriften.**

Text der KVORb Anm. 1

Die KVORb enthält einen zusätzlichen dritten Absatz folgenden Wortlauts:

(3) Für Güter, die anschließend an die Eisenbahnbeförderung mit Kraftwagen oder der Lastwagenbeförderung vorausgehend mit der Eisenbahn befördert werden sollen, kann die Reichsbahn noch über die in (1) und (2) vorgesehenen Bestimmungen hinausgehende Beschränkungen insoweit vorsehen, als das Eisenbahnfrachtrecht solche weitergehenden Beschränkungen enthält.

1. Bedeutung des § 8 Anm. 2

§ 8 KVO ist weitgehend bedeutungslos. Die öffentlich-rechtliche Seite ist durch neuere Vorschriften eingehend geregelt; privatrechtlich ordnet § 8 keine Folgen an. Den Aufzählungen in Absatz 1 und 2 kommt auch nicht die Funktion von Ausnahmen zu einem grundsätzlichen Abschlußgebot zu, da der Güterfernverkehrsunternehmer keinem Abschlußzwang unterliegt; siehe § 7 Abs. 1 KVO. Schließlich trifft § 8 auch keine Regelung über die Folgen eines gegen diese Vorschrift verstoßenden Vertragsabschlusses. Da die Beförderung besonders bei den in § 8 Abs. 2 genannten gefährlichen Gütern im Wirtschaftsleben eine bedeutende Rolle spielt, muß also die Beantwortung der sich ergebenden Fragen aus anderen Vorschriften gefunden werden.

2. Öffentlich-rechtliche Vorschriften über die Beförderung gefährlicher Güter Anm. 3

Rechtsgrundlage für die Zulässigkeit der Beförderung gefährlicher Güter sowie für die Folgen von Verstößen ist für alle Verkehrsmittel das Gesetz über die Beförderung gefährlicher Güter vom 6. 8. 1975, BGBl. I S. 2121; Abdruck bei Hein/Eichhoff, Bd. I. G 272. Speziell für den Straßenverkehr ist die Verordnung über die Beförderung gefährlicher Güter auf der Straße (GefahrgutVStr) vom 10. 5. 1973, BGBl. I S. 449 maßgeblich. Diese Verordnung enthält in ihren Anlagen A und B umfangreiche und ständigen Änderungen unterworfene Verzeichnisse gefährlicher Güter; ohne diese Anlagen bei Hein/Eichhoff, Bd. I G 275 abgedruckt. Ausnahmen zur GefahrgutVStr enthalten die Ausnahmeverordnungen. Die Verordnungen über die Beförderung gefährlicher Güter einschließlich des entsprechenden Europa-Rechts können in einer ergänzbaren Sammlung vom Verlag des Bundesanzeigers, Köln, Postfach 10 806 bezogen werden.

3. Unwirksamkeit von Beförderungsverträgen, die gegen § 8 KVO verstoßen Anm. 4

Vertragsabschlüsse, die gegen öffentlich-rechtliche Beförderungsvorschriften verstoßen, können zwar nicht nach § 8 KVO, aber doch nach § 134 BGB nichtig sein. Nichtig sind danach Frachtverträge über die Beförderung dem Postzwang unterliegender Gegenstände (§ 8 Abs. 1a KVO; s. z. Postrecht die Angaben zu § 452 HGB); durch öffentlich-rechtliche Gesetzgebung verbotene Beförderungen (§ 8 Abs. 1b KVO, z. B. aus gesundheits- und viehseuchenpolizeilichen Gründen; Guelde/Willenberg Anm. 7, 8 zu § 8; Muth/Lehmann § 8 KVO, S. 75). Nichtig können auch Beförderungsverträge sein, die gegen ein wirtschaftspolitisch begründetes gesetzliches Verbot verstoßen. Für den Bereich der Außenwirtschaft ist diese Frage jedoch allenfalls im Rahmen des CMR-Frachtvertrages noch von Bedeutung. Gegen die

Beförderung gerichtete hoheitliche Akte, die sich nur gegen einzelne Personen richten, z. B. Beschlagnahmen, führen dagegen nicht zur Nichtigkeit des Beförderungsvertrages. Streitig ist, ob ein Beförderungsvertrag über Leichen (§ 8 Abs. 1c) im allgemeinen Güterfernverkehr nichtig ist; für Nichtigkeit Muth/Lehmann Anm. zu § 8 (S. 76); für grundsätzliche Wirksamkeit Guelde/Willenberg Anm. 10 zu § 8 KVO. Für die Beförderung von Leichen in besonderen Leichenwagen gelten das GüKG und die KVO nicht; § 4 Abs. 1 Ziff. 3 GüKG (Anh. I zu § 452).

Im übrigen führen öffentlich-rechtliche Normen über die Beförderung gefährlicher Güter (s. oben Anm. 3) nicht zur Nichtigkeit der Frachtverträge. Die KVO sieht jedoch für solche Beförderungen in § 34 n einen Haftungsausschluß vor. Siehe dazu Anm. 13 zu § 34.

Anm. 5 **4. Wertsachen und Kostbarkeiten (§ 8 Abs. 2g KVO)**

Kunstgegenstände und Kunstwerke fallen nach § 1 Nr. 2 der Freistellungs-VO (abgedruckt in Anm. 2 zu § 4 GüKG, Anh. I nach § 452) ohnehin nicht unter das GüKG und damit auch nicht unter die KVO; siehe Anm. 26 zu § 429 HGB. Hinsichtlich der übrigen in Buchstabe g aufgeführten Güter siehe § 34d und e KVO sowie Anm. 15 zu § 34.

Anm. 6 **5. Beförderung lebender Tiere**

Für die Beförderung lebender Tiere gilt nach § 4 Abs. 1 Ziff. 5 GüKG die KVO nur, wenn es sich um Schlachtvieh handelt. Zur Haftung siehe § 34 Abs. 1m KVO sowie Anm. 23 zu § 34; genauere Hinweise bei Guelde/Willenberg Anm. 31–33 zu § 8 KVO. Zur Beförderung von Schlachtvieh siehe auch das Viehseuchengesetz in der Neufassung vom 23. 2. 1977, BGBl. I, S. 313ff.

Anm. 7 **6. Haftung der Absender für Schäden durch gefährliche Güter**

Die KVO und das Landfrachtrecht des HGB enthalten keine besonderen Bestimmungen über die Haftung des Absenders für gefährliche Güter. Demgegenüber sehen Art. 22 Abs. 2 CMR, § 5b ADSp und § 5 Abs. 3 AGNB für derartige Fälle, in denen die Güter ohne Kenntnis des Beförderers von ihrer besonderen Gefährlichkeit aufgegeben werden, eine Haftung ohne Verschulden vor. Im Seerecht enthält § 564b HGB ebenfalls einen besonderen Haftungstatbestand.

Mangels spezieller Vorschriften stellt im Bereich der KVO die Aufgabe gefährlicher Güter eine positive Vertragsverletzung oder Verschulden bei Vertragsschluß dar. Den Absender trifft nicht nur die Pflicht, den Beförderer über Gefahren, die aus den Gütern erwachsen können, aufzuklären, sondern auch eine Obliegenheit, sich über die versandten Güter umfassend und gründlich zu informieren. Dies gilt auch dann, wenn der Absender Spediteur ist. In der Regel wird ein Anscheinsbeweis für eine solche Sorgfaltspflichtverletzung sprechen.

§ 9

Beförderungspreise, Nebengebühren

(1) Die Frachten des Güterfernverkehrs und die Gebühren für Nebenleistungen und für Sonderleistungen der Unternehmer *[der Reichsbahn]* **(Nebengebühren) werden nach dem** *vom RKB [von der Reichsbahn] im Einvernehmen mit der Reichsbahn [dem RKB] und mit Genehmigung des Reichsverkehrsministers* **aufgestellten Tarifen samt ihrer Anwendungsbedingungen berechnet.**

(2) Ermäßigungen und Erhöhungen der Frachten und der Nebengebühren sowie andere Abweichungen von den Tarifen, die nicht in diesen selbst vorgesehen sind und nicht unter gleichen Bedingungen jedermann zugute kommen, sind unzulässig, es sei denn, daß es sich um solche Nebengebühren handelt, für die im Tarif ausdrücklich vorgesehen ist, daß sie in der angegebenen Höhe zwar erhoben werden können, aber nicht erhoben zu werden brauchen.

Unzulässig sind ferner Zahlungen oder andere Zuwendungen – auch in der Form von Leistungen –, die einer Umgehung des tarifmäßigen Beförderungsentgelts gleichkommen. Das gleiche gilt von Aufwendungen irgendwelcher Art an Angestellte oder Familienangehörige der Verfrachter.

Die rechtliche Wirksamkeit des Beförderungsvertrages wird jedoch durch tarifwidrige Abreden und Handlungen nicht berührt. Die Höhe des Beförderungsentgelts richtet sich auch in diesen Fällen nach der KVO *[der Rb.]* **und den Tarifen.**

(3) Für Zwecke der öffentlichen Verwaltungen, für Wohlfahrtszwecke *und für Beförderungen, die der innere Dienst des RKB erfordert [für den Dienstgüterverkehr der Reichsbahn],* **sind im Einvernehmen mit der** *Reichsbahn [mit dem RKB] und mit Genehmigung des Reichsverkehrsministers Preisermäßigungen und sonstige Begünstigungen zulässig.*

(4) Die Tarife und ihre Änderungen müssen im *Reichsverkehrsblatt B* **veröffentlicht werden. Sie treten frühestens im Zeitpunkt ihrer Veröffentlichung in Kraft. Erhöhungen des Beförderungsentgelts oder Erschwerungen der Anwendungsbedingungen der Tarife treten jedoch frühestens 2 Wochen nach der Veröffentlichung in Kraft.**

(5) Die Bestimmungen dieses Paragraphen beziehen sich nicht auf die Gebühren, die Unternehmer, die nicht zum Güterfernverkehr zugelassen sind, oder Spediteure für ihre Mitwirkung bei der Beförderung, insbesondere für speditionelle Verrichtungen im Sammelgut- und sonstigen Ladungsverkehr und für Rollfuhrleistungen erheben. Die *vom RKB [von der Reichsbahn] für diese Leistungen festgesetzten Gebühren gelten jedoch für die von ihm [ihr] oder den Unternehmern mit Rollfuhrleistungen beauftragten Dritten als Höchstsätze. Die Verbindlichkeit von Vereinbarungen des Speditions-, Fuhr- und Kraftwagennahverkehrsgewerbes, durch die diese Gebühren als Mindestgebühren festgelegt werden, bleibt unberührt.*

§ 9 KVO ist weitgehend durch das GüKG und die dazugehörigen Nebenvorschriften außer Kraft gesetzt. Siehe hierzu §§ 20ff. GüKG, Anh. I nach § 452 und die dortige Erläuterung; eingehend Guelde/Willenberg, Erläuterungen zu § 9 KVO.

Zum Tarifrecht im Spediteur-Sammelladungsverkehr siehe Anm. 14 zu § 413 HGB und Anm. 2 zu § 20 GüKG Anh. I nach § 452.

III. Bestimmungen über die Beförderungspapiere

§ 10

Form des Frachtbriefes

(1) Jede Sendung muß von einem Frachtbrief begleitet sein. *Es sind die Frachtbriefe des RKB zu verwenden, die vom RKB gegen Bezahlung der im Tarif genannten Gebühr bezogen werden können.*

(2) Der Frachtbrief ist mit mindestens drei Durchschriften auszufertigen. Die Erstschrift begleitet das Gut, eine Durchschrift erhält der Absender. *Wegen der Verwendung der weiteren Durchschriften trifft der RKB nähere Anordnung.*

Anm. 1 § 10 KVORb lautet:

(1) Jede Sendung muß von einem Frachtbrief begleitet sein. Die Form des Frachtbriefes schreibt die Reichsbahn vor.

Die Frachtbriefe können von den Kraftverkehrsstellen der Reichsbahn gegen Bezahlung der im Tarif genannten Gebühr bezogen werden.

(2) Soll die Kraftwagenbeförderung in unmittelbarer Verbindung mit einer Eisenbahnbeförderung ausgeführt werden, so genügt die Auflieferung der Sendung mit Eisenbahnfrachtbrief. Der vorgedruckte Teil des Frachtbriefs darf jedoch nur Angaben für den Eisenbahnfrachtvertrag enthalten. Die für die Kraftwagenbeförderung nach § 11 erforderlichen weiteren Angaben sind,

wenn die Kraftwagenbeförderung der Eisenbahnbeförderung nachfolgt, im Frachtbrief unter „Etwaige Vorschrift über Weiterbeförderung“,

wenn die Eisenbahnbeförderung der Kraftwagenbeförderung nachfolgt, auf die unbedruckte Rückseite des Frachtbriefes einzutragen.

Anm. 1 **1. Pflicht zur Ausstellung des Frachtbriefes (§ 10 Abs. 1 Satz 1)**

§ 10 Abs. 1 Satz 1 KVO wiederholt die Regelung des § 426 Abs. 1 HGB. Siehe dazu diese Bestimmung sowie Anm. 19 zu § 426. Öffentlich-rechtlich ist die Ausstellung des Frachtbriefes durch § 28 Abs. 1 GüKG vorgeschrieben. Siehe dazu Anm. 15 zu § 426 HGB.

Anm. 2 **2. Frachtbriefformulare (§ 10 Abs. 2 Satz 2)**

§ 10 Abs. 1 Satz 2 KVO ist durch den Wegfall des RKB gegenstandlos geworden. Nach § 28 Abs. 1 Satz 1 GÜKG kann der Bundesminister für Verkehr ein bestimmtes Formular vorschreiben. Da dies bisher nicht geschehen ist, steht es rechtlich jedem KVO-Frachtführer frei, beliebige Muster zu verwenden, die jedoch den Anforderungen des § 11 KVO entsprechen müssen. In der Praxis sind wohl ausschließlich einheitliche Formulare in Gebrauch.

Anm. 3 **3. Ausfertigungen**

Auch zur Frage, wieviele Ausfertigungen des Frachtbriefes auszustellen sind und wie diese beschaffen sein müssen, fehlt es an Bestimmungen des Bundesverkehrsministers nach § 28 Abs. 1 GüKG. Daher gilt insoweit § 10 Abs. 2 S. 1 und 2 KVO weiter. Zur Bedeutung der Absenderausfertigung siehe Anm. 13 und 21 zu § 426 HGB.

§ 11

Inhalt des Frachtbriefes

(1) Der Absender hat in den Frachtbrief einzutragen:

a) Ort und Tag der Ausstellung,

b) den Versand- und Bestimmungsort unter näherer Angabe der Ein- und Ausladestellen,

c) die die Tarifentfernung bestimmenden Gemeindebereiche (Gemeindetarifbereiche), in denen die Ein- und Ausladestellen liegen,

d) Name, Wohnort und, wenn kein Ausladeplatz angegeben ist, auch Wohnung oder Geschäftsstelle des Empfängers, an den das Gut ausgeliefert werden soll, sowie nach Möglichkeit seine Drahtanschrift und Fernsprechnummer,

e) Bezeichnung der Sendung nach ihrem Inhalt, ferner die Angabe des Bruttogewichtes in Kilogramm oder den Antrag auf Feststellung des Gewichtes durch den Unternehmer *[die Reichsbahn]*, **außerdem, wenn die Sendung vom Unternehmer** *[der Reichsbahn]* **als Stückgut übernommen werden soll, die Anzahl der Stücke unter Angabe von Zeichen und Nummer oder Adresse,**

f) Unterschrift des Absenders mit Namen oder Firma sowie seine Wohnung oder Geschäftsstelle, nach Möglichkeit mit Drahtanschrift und Fernsprechnummer,

g) Angabe der durch die Zoll-, Steuer-, Polizei- oder sonstigen Verwaltungsbehörden vorgeschriebenen Begleitpapiere, die dem Frachtbrief beigefügt sind,

h) Angabe der Kosten, die der Absender übernehmen will (Freivermerk),

i) Höhe der Nachnahme, mit der das Gut belastet wird,

[k) Betrag des Lieferwertes].

(2) Außerdem können mit dem Unternehmer folgende Vereinbarungen getroffen werden, die ebenfalls in den Frachtbrief eingetragen werden müssen:

a) Bezeichnung einer bestimmten Zoll- oder Steuerstelle, bei der eine Zoll- oder Steuerbehandlung vorgenommen werden soll,

b) Angabe, daß zur Zoll- oder Steuerbehandlung ein bestimmter Bevollmächtigter hinzugezogen werden soll,

c) Vereinbarung über eine gegenüber den Vorschriften des § 26 abgekürzte Lieferfrist,

d) Weisungen über die Zuführung der Sendung,

e) Erklärung gemäß § 18 (2) (mangelhafte Verpackung),

f) Vereinbarung über Ver- und Entladung des Gutes,

g) Weisungen wegen der Benachrichtigung bei Ablieferungshindernissen,

h) Weisungen wegen der Weiterbeförderung des Gutes auch mit anderen Verkehrsmitteln,

i) Anträge über die im Nebengebührentarif vorgesehenen Leistungen.

(3) Andere als die vorbezeichneten Angaben und Erklärungen darf der Absender in den Frachtbrief nicht eintragen.

Alle Eintragungen im Frachtbrief müssen in deutscher Sprache deutlich geschrieben sein.

Frachtbriefe mit abgeänderten oder radierten Eintragungen brauchen nicht angenommen zu werden. Durchstreichungen sind nur zulässig, wenn sie der Absender mit seiner Unterschrift anerkennt. Handelt es sich um die Zahl der Stücke oder das Gewicht der Sendungen, so sind außerdem die berichtigten Angaben in Buchstaben zu wiederholen.

Inhaltsübersicht

Text der KVORb — Anm. 1

I. Grundsätzliche Bedeutung der Angaben im Frachtbrief — Anm. 2

1. Keine vertragskonstitutive Bedeutung
2. Form des Frachtbriefs — Anm. 3
3. Notwendige und freiwillige Angaben im Frachtbrief — Anm. 4
   a) Notwendige Angaben (§ 11 Abs. 1) — Anm. 5
   b) Freiwillige Angaben (Nebenvereinbarungen, § 11 Abs. 2) — Anm. 6

II. Die einzelnen in § 11 Abs. 1 vorgesehenen Angaben — Anm. 7

1. Ort und Tag der Ausstellung des Frachtbriefs (§ 11 Abs. 1 Buchst. a) — Anm. 8
2. Versand und Bestimmungsort (§ 11 Abs. 1 Buchst. b, c) — Anm. 9
3. Bezeichnung des Empfängers — Anm. 10
4. Bezeichnung der Sendung (§ 11 Abs. 1e KVO) — Anm. 11
5. Angabe der Begleitpapiere — Anm. 12

III. Die freiwilligen Angaben (nach § 11 Abs. 2 KVO) — Anm. 13

Text der KVORb

Anm. 1 § 11 Abs. 2 KVORb lautet abweichend von der KVO:

(2) Außerdem können mit der Reichsbahn folgende Vereinbarungen getroffen werden, die ebenfalls in den Frachtbrief eingetragen werden müssen:
a) Bezeichnung einer bestimmten Zoll- oder Steuerstelle, bei der eine Zoll- oder Steuerbehandlung vorgenommen werden soll,
b) Angabe, daß zur Zoll- oder Steuerbehandlung ein bestimmter Bevollmächtigter hinzugezogen werden soll,
c) Weisungen über die Zuführung der Sendung,
d) Erklärung gemäß § 18 (2) (mangelhafte Verpackung),
e) Vereinbarung über Ver- und Entladung des Gutes,
f) Weisungen wegen der Benachrichtigung bei Ablieferungshindernissen,
g) Weisungen wegen der Weiterbeförderung des Gutes auch mit anderen Verkehrsmitteln,
h) Anträge über die im Nebengebührentarif vorgesehenen Leistungen.

I. Grundsätzliche Bedeutung der Angaben im Frachtbrief

Anm. 2 **1. Keine vertragskonstitutive Bedeutung**

Nach der von der Rechtsprechung vertretenen zutreffenden Auffassung ist die Ausstellung und Annahme des Frachtbriefes nicht Voraussetzung für einen gültigen Abschluß des Frachtvertrages; siehe Anm. 3 zu § 15 KVO. Das Fehlen von Angaben im Frachtbrief führt also nicht zur Unwirksamkeit des Frachtvertrages; BGH vom 29. 4. 1952, BGHZ 6, 145 (146) = BB 1952, 621f. = LM Nr. 2 zu KraftverkehrsO = MDR 1952, 609f. = VersR 1952, 284f.

Anm. 3 **2. Form des Frachtbriefs**

Die Wirksamkeit des Frachtbriefs ist nicht von der Benutzung eines bestimmten Formulares abhängig; siehe Anm. 2 zu § 10. § 11 Abs. 3 S. 2–5 stellt Regeln auf, nach denen der Frachtbrief auszufüllen ist. Die Nichteinhaltung dieser Ordnungsvorschriften hat jedoch nicht die Ungültigkeit zur Folge; der Absender trägt aber bei Zweifeln und Unklarheiten die Beweislast; Guelde/Willenberg Anm. 12 zu § 11 KVO.

Ferner hat nach § 11 Abs. 1 Buchst. f der Absender den Frachtbrief zu unterschreiben. Vielfach wird hierfür in der Praxis ein Stempel oder ein Faksimileeindruck benutzt. Dies führt jedoch nicht zur Ungültigkeit des Frachtbriefs oder des Frachtvertrags; Guelde/Willenberg Anm. 27 zu § 11 KVO. Allerdings erbringt der nicht unterschriebene Frachtbrief keinen Beweis nach § 416 ZPO; siehe dazu Anm. 3ff. zu § 426 HGB; offenlassend BGH vom 15. 10. 1959, VersR 1959, 983 (984).

Anm. 4 **3. Notwendige und freiwillige Angaben im Frachtbrief**

§ 11 unterscheidet zwischen Angaben, die der Absender in den Frachtbrief einzutragen hat (Abs. 1) und solchen, die nur freiwillig getroffene Abreden mit dem Frachtführer im Frachtbrief dokumentieren sollen (Abs. 2). Die Aufteilung auf die beiden Absätze ist jedoch ziemlich unpräzise, da die Buchstaben h und i des Absatzes 1 sachlich der im Absatz 2 zusammengefaßten Gruppe zugehören.

Anm. 5 **a) Notwendige Angaben (§ 11 Abs. 1)**

Hinsichtlich der notwendigen Angaben des § 11 Abs. 1a–g stellt sich die Frage, ob bei ihrem Fehlen überhaupt noch ein wirksamer Frachtbrief vorliegt. Hierbei ist – entgegen Guelde/Willenberg Anm. 4 zu § 11 KVO – zweckmäßigerweise auf die betreffende Funktion der fehlenden Angabe abzustellen. Grundsätzlich wird daher ein vom Absender ausgefülltes Frachtbriefformular als Frachtbrief im Rechtssinne anzusehen sein, auch wenn in ihm die eine oder andere Angabe fehlt; siehe dazu Anm. 22 zu § 426 HGB. Das Fehlen einzelner Angaben kann zwar rechtliche Konsequenzen haben; so kann z. B. das Fehlen der Unterschrift des Absenders die Beweiswirkung des Frachtbriefes mindern; siehe dazu Anm. 3 ff. zu § 426 HGB; das Fehlen von Angaben über das Frachtgut kann den Schadensnachweis erschweren; siehe Anm. 4 ff. zu § 426 HGB. Die Nichtangabe des Nachnahmebetrages (§ 11 Abs. 2i) führt dazu, daß der Frachtführer das Gut ohne Einziehung von Geld abholen darf.

Das Fehlen der Eintragung der Begleitpapiere (§ 11 Abs. 1g) begründet eine Ausnahme von der Haftung des KVO-Frachtführers für fehlerhafte Verwendung (Nichtvorlage) der Begleitpapiere nach § 12 Abs. 9 KVO, es sei denn, der Absender könne das Fehlen des Kausalzusammenhangs zwischen fehlendem Frachtbriefvermerk und fehlerhafter Verwendung nachweisen; BGH v. 4. 7. 1957, VersR 1957, 570 = LM KraftverkehrsO Nr. 9 = DB 1957, 745. Siehe die Anmerkung zu § 9 KVO.

Die Folgen des Fehlens einzelner Angaben im Frachtbrief können also nicht generell beurteilt werden. Insbesondere kann die Bedeutung der Pflicht zur Eintragung der Angaben nicht darin bestehen, daß der KVO-Frachtführer wegen fehlender Angaben im Frachtbrief die Beförderung zurückweisen könnte. Denn der KVO-Frachtführer unterliegt im Gegensatz zur Eisenbahn ohnehin keinem Kontrahierungszwang (siehe Anm. 2 zu § 7 KVO), kann also auch ohne Begründung die Annahme zur Beförderung zurückweisen. Dies wird offenbar von Schmeißer, VersR 1972, S. 325, übersehen. Als privatrechtliche Folge der Verletzung der Pflicht zur ordnungsgemäßen Eintragung ergibt sich jedoch aus § 13 Abs. 1 KVO eine Schadenshaftung des Absenders. Erleidet das Frachtgut wegen fehlender Angaben im Frachtbrief Schäden, so kann der Haftungsausschluß des § 34 Abs. 1c KVO den Unternehmer ganz oder teilweise von der Haftung befreien. Ferner kann die nicht ordnungsgemäße Ausstellung des Frachtbriefes öffentlich-rechtliche Folgen nach Maßgabe des GüKG nach sich ziehen, z. B. eine Ordnungswidrigkeit des KVO-Unternehmers gem. § 99 Abs. 1 Ziff. 4a und b GüKG.

b) Freiwillige Angaben (Nebenvereinbarungen, § 11 Abs. 2 und Abs. 1h und i KVO) Anm. 6

Abs. 2 des § 11 KVO sieht vor, daß zwischen KVO-Frachtführer und Kunden bestimmte Nebenvereinbarungen getroffen werden können, die in den Frachtbrief eingetragen werden müssen. Sachlich würden hierzu eigentlich auch die Eintragungen des Freivermerkes (Abs. 1h) und der Nachnahmeanweisung (Abs. 1i) gehören, da diese nicht zu den „notwendigen" Eintragungen gerechnet werden können. Nach Abs. 3 S. 1 der Vorschrift sind die zusätzlichen Eintragungen auf die in Abs. 2 aufgeführten Vereinbarungen beschränkt.

In der Literatur zur KVO ist weitgehend ungeklärt, welche Konsequenzen sich aus dieser Regelung ergeben. Guelde/Willenberg Anm. 6 zu § 11 KVO weisen auf überwiegend nicht veröffentlichte Urteile von Amtsgerichten, Landgerichten und Oberlandesgerichten aus den Jahren 1950 bis 1967 hin und sind der Auffassung, daß Nebenvereinbarungen, die unter die in § 11 Abs. 2 KVO aufgeführten Fälle passen, ohne Eintragung im Frachtbrief ungültig seien; alle anderen Vereinbarungen seien nicht als Bestandteil des KVO-Vertrages, möglicherweise aber nach BGB-Recht gültig (a. a. O., 10 zu § 11); wohl ähnlich hinsichtlich dieser letzteren Fälle Muth/Lehmann Anm. zu § 11 KVO (S. 94). Dazu ist zunächst festzustellen: Die KVO sieht in § 11 keine Schriftform für Nebenabreden vor; so eindeutig BGH v. 12. 5. 1960, VersR 1960, 627 (629), in BGHZ 32, 297 nicht mit abgedruckt. Mit Sicherheit läßt sich der Bestimmung nur eine Pflicht zur Eintragung im Frachtbrief und eine Begrenzung der zulässigen Eintragungen auf die dort aufgeführten Abreden entnehmen. Inwieweit es sich hier um eine öffentlich-rechtliche Ordnungsvorschrift oder um privatrechtliche Pflichten handelt, ist fraglich. Der BGH a. a. O. läßt die Frage offen; für rein öffentlich-rechtliche Bedeutung OLG Hamm, VRS 12, 396f. Die privatrechtliche Konsequenz der Nichteintragung braucht überdies nicht in der Ungültigkeit der Abreden zu bestehen. Vielmehr kann sie sich auch dahin erschöpfen, daß bei fehlender Eintragung eine widerlegliche Vermutung gegen das Bestehen solcher eintragungspflichtiger Vereinbarungen besteht; so wohl Muth/Lehmann Anm. zu § 11 KVO, S. 94. Die CMR enthält z. B. in Art. 6 ebenfalls in Form einer Mußvorschrift einen Katalog eintragungspflichtiger Tatsachen, bestimmt jedoch in Art. 4 S. 2 ausdrücklich, daß weder der Bestand noch die Gültigkeit des Beförderungsvertrages vom Fehlen oder der Mangelhaftigkeit des Frachtbriefs berührt werden; siehe dazu die Kommentierung zu diesen Vorschriften in Anh. III nach § 452. Dem entspricht die Regelung in § 2 Abs. 3, 7 BefBMö. Der BGH hat sich – soweit erkennbar – bisher in keiner veröffentlichten Entscheidung definitiv zu der Frage geäußert, ob solche Nebenabreden, die nach § 11 Abs. 2 im Frachtbrief einzutragen sind, im Falle der unterlassenen Eintragung unwirksam sind. Im Urteil v. 12. 5. 1960, a. a. O. läßt der BGH die Frage offen, ob eine die Lieferfrist verkürzende Vereinbarung ohne Eintragung im Frachtbrief (§ 11 Abs. 2c KVO) wirksam sein kann, indem er die Eintragung durch die im Frachtbrief vereinbarten Schnellieferzuschläge zur Fracht als erfüllt ansieht. Im Urt. v. 28. 5. 1971, VersR 1971, 755 erwägt der BGH eine abweichende Vereinbarung zur Verladepflicht, ohne die Eintragung im Frachtbrief (§ 11 Abs. 2f. KVO) überhaupt zu erwähnen. Daraus kann geschlossen werden, daß dem Gericht die Gültigkeit einer solchen Vereinbarung ohne Eintragung im Frachtbrief immerhin möglich erschien. Im Urteil vom 18. 11. 1977, DB 1978, 293f. führt der BGH aus, die Vereinbarung über das Entstehen sei „formgerecht, d. h. mit Eintragung im Frachtbrief nach § 11 Abs. 2 ... getroffen". Mit der Frage, was zu gelten habe, wenn die Vereinbarungen nicht im Frachtbrief eingetragen gewesen wäre, brauchte sich der BGH nicht zu beschäftigen. Auch in der Rechtsprechung der Oberlandesgerichte werden formlose Abdingungen der KVO-Rechtslage anerkannt; siehe z. B. OLG Celle, VersR 1953, 114 (115); OLG Düsseldorf, VersR 1955, 547 (Abdingung der Ladepflicht für Stückgut nach §§ 17 Abs. 1, 11 Abs. 2f. KVO mit zustimmender Anmerkung von Schmid-Loßberg. Siehe im übrigen Anm. 4 zu § 17 KVO. Muth/Lehmann Anm. zu § 26 KVO, S. 186f. wollen dem Urteil des BGH v. 10. 1. 1968, VersR 1968, 291ff. entnehmen, daß bei Verkürzung der Lieferfrist „zur Erschwerung dieser höheren Haftungsübernahme durch den Unternehmer ... Schriftform vorgesehen" sei. Das Urteil betraf jedoch einen Fall, in dem weder eine die Lieferfrist verkürzende Vereinbarung noch deren Eintragung im Frachtbrief vorgesehen war. Es enthält auch keinen Hinweis auf die Schriftform.

Die Frage der Nichtigkeit von formlos getroffenen Nebenvereinbarungen muß stattdessen nach §§ 26, 22 Abs. 2 GüKG beurteilt werden. Danach sind alle Haftungseinschränkungen gem. § 26 GüKG und alle wirtschaftlich relevanten Vergünstigungen nach § 22 Abs. 2 GüKG ungültig. Andere Abmachungen können demgegenüber nach dem Grundsatz der Vertragsfreiheit, der insoweit nicht eingeschränkt ist, frei getroffen werden. Nur diese Auffassung ist im übrigen mit der hier im Anschluß an die Rechtsprechung des BGH vertretenen Meinung vereinbar, nach welcher der KVO-Vertrag kein Formalvertrag, also von Ausstellung und Übergabe des Frachtbriefes unabhängig ist; siehe dazu Anm. 3 zu § 15 KVO.

Die konsequente Durchführung der Auffassung, nach der § 11 Abs. 2 eine Schriftform für alle dort aufgeführten Vereinbarungen vorsieht, würde praktisch keine für den Absender verläßlichen nachträglichen Nebenvereinbarungen ermöglichen. Alle telefonischen Abmachungen über Verladung oder Behandlung des Frachtguts bei unvorhergesehenen Abläufen des Transports wären unwirksam; siehe Anm. 4 zu § 17 KVO. Alle im Nebengebührentarif vorgesehenen Leistungen wären nur wirksam vereinbart, wenn im Frachtbrief entsprechende Angaben (§ 11 Abs. 2i KVO) enthalten wären. Eine derartige Einschränkung der Vertragsfreiheit würde der derzeitigen Struktur des Kraftverkehrs vollkommen widersprechen und ist daher abzulehnen. Auch Vertreter der strikten Formaltheorie halten daher nicht durchweg an ihr fest. Guelde/Willenberg, Anm. 20 zu § 17 KVO halten z. B. eine formlose Abdingung der Ladepflicht des Unternehmers bei Stückgütern für möglich, obwohl diese Vereinbarung nach § 11 Abs. 2f. KVO ebenfalls in den Frachtbrief eingetragen werden müßte. Andererseits betrachten Guelde/Willenberg bei Ladungsgut die Eintragung der Abweichung von § 17 KVO im Frachtbrief als Gültigkeitserfordernis; Anm. 8 zu § 17 KVO. Für die Beförderung in Tank- und Silofahrzeugen wird ebenfalls die Übernahme einer Mitwirkungspflicht des KVO-Frachtführers ohne Eintragung im Frachtbrief angenommen; Guelde/Willenberg, Anm. 13f. zu § 17 KVO. Siehe zu diesen Einzelheiten unten Anm. 3ff. zu § 17 KVO.

Volle Beweiswirkung entfaltet ferner ein Anerkenntnis des Absenders hinsichtlich Verpackungsmängeln (§ 11 Abs. 2e, 18 Abs. 2 KVO), wenn es schriftlich außerhalb des Frachtbriefs gegeben wird; Guelde/Willenberg, Anm. 21 zu § 18 KVO.

Wenig sinnvoll ist es ferner, die Wirksamkeit von Nachnahmeanweisungen nach § 11 Abs. 1i an die Eintragung im Frachtbrief zu binden, denn der Absender kann diese Anweisung jederzeit nach § 27 Abs. 1f. formlos nachträglich erteilen; siehe Anm. 3 zu § 24 KVO.

Hält man entgegen der hier vertretenen Auffassung Nebenabreden ohne Eintragung im Frachtbrief für nichtig, so kann sich eine Haftung des KVO-Frachtführers für den Vertrauensschaden eines weniger versierten Kunden aus §§ 309, 307 BGB ergeben. Denn vom Absender kann in aller Regel nicht erwartet werden, daß ihm das Tarifrecht voll geläufig ist und daß er die Nichtigkeit von Abreden außerhalb des Frachtbriefs kennen muß. Das Urteil des BGH vom 3. 10. 1963, VersR 1963, 1120 (1121) lehnt zwar eine solche Haftung des KVO-Frachtführers für den Fall ab, daß mit einem Gemüsegroßhändler eine tarifwidrige Verkürzung der Lieferfrist vereinbart war, weil dieser sich über das Tarifrecht hätte informieren müssen. Diese Entscheidung läßt sich jedoch auf die schwierige und keiner Verordnung sicher zu entnehmende Frage der Formbedürftigkeit nicht übertragen.

II. Die einzelnen in § 11 Abs. 1 vorgesehenen Angaben — Anm. 7

Zu den einzelnen durch § 11 KVO vorgeschriebenen Angaben des Frachtbriefs siehe eingehend die Kommentarliteratur zur KVO: Guelde/Willenberg Anm. 11ff. zu § 11 und Muth/Lehmann zu § 11. Die Angaben im Frachtbrief sind nicht nur für den Beweis des Abschlusses des Frachtvertrages, sondern auch als Grundlage der tariflichen Frachtberechnung von Bedeutung. Allerdings ist nach zwingendem KVO-Tarifrecht die wirklich erbrachte Beförderungsleistung ausschlaggebend. Die Angaben im Frachtbrief, die nicht mit diesem übereinstimmen, sind insoweit unmaßgeblich. Siehe dazu § 22 Abs. 3 GüKG und Anm. 12 zu § 426 HGB; speziell hinsichtlich des Gewichts der Sendung Ziffer 2 der Vorschriften für die Frachtberechnung RKT II/1 (Abdruck in ergänzter Form bei Hein/Eichhoff u. a., Nr. C 521).

1. Ort und Tag der Ausstellung des Frachtbriefes (§ 11 Abs. 1 Buchstabe a) — Anm. 8

Diese Angaben sind unstreitig keine zwingenden Erfordernisse eines gültigen Frachtbriefs; Guelde/Willenberg Anm. 13 zu § 11 KVO. Bedeutender als dieses Datum ist der Zeitpunkt der Beladung durch den KVO-Frachtführer (§ 15), da seine

Eintragung den Beweis für den Zeitpunkt des Beladens und damit für den Beginn der Lieferfrist nach § 26 KVO zugunsten des Absenders bzw. Empfängers erbringt. Auch für die Verjährungsfrist ist der Zeitpunkt der Ausstellung des Frachtbriefes ohne Bedeutung (siehe § 40 Abs. 2 KVO).

Anm. 9 **2. Versand- und Bestimmungsort (§ 11 Abs. 1 Buchst. b, c)**

Diese Angaben sind in mehrfacher Hinsicht von Bedeutung. Einmal ist von diesen Orten die Höhe der Fracht nach Tarif abhängig; aber auch die Beurteilung der Fragen, ob überhaupt die KVO gilt oder ob die Beförderung der CMR oder dem Recht des Güternahverkehrs unterliegt. Ferner ist die Eintragung im Frachtbrief für die Bestimmung der Abholungs- und Zuführungspflichten maßgeblich; siehe dazu Anm. 2ff. zu § 5 KVO.

Anm. 10 **3. Bezeichnung des Empfängers**

Abgesehen davon, daß die Eintragung des Empfängers im Frachtbrief als Unterlage für den Fahrer technisch erforderlich ist, damit das Frachtgut überhaupt ordnungsgemäß ausgeliefert werden kann, wird die Person des Empfängers auch grundsätzlich durch diese Eintragung bezeichnet. Nur durch die Ablieferung an den im Frachtbrief bezeichneten Empfänger oder eine auf Grund einer wirksamen Verfügung bezeichnete andere Person wird der KVO-Unternehmer von seiner Ablieferungspflicht befreit. Jedoch kann bei fehlender oder unrichtiger Bezeichnung des Empfängers im Frachtbrief auch anderweitiger Beweis für die Empfängereigenschaft einer Person erbracht werden. Siehe dazu Anm. 3 zu § 426 und 1 zu § 435 HGB.

Anm. 11 **4. Bezeichnung der Sendung (§ 11 Abs. 1e KVO)**

Die Angaben über die Sendung sind aus tariflichen wie aus frachtrechtlichen Gründen erforderlich. Die Frachtberechnung nach den tariflichen Vorschriften erfolgt jedoch, wenn die Angaben im Frachtbrief nicht mit dem wirklich beförderten Frachtgut übereinstimmen, nach Maßgabe der tatsächlichen Beförderung. Zu Lasten des Empfängers ist allerdings die Angabe im Frachtbrief maßgeblich; siehe § 25 Abs. 2 S. 3 KVO sowie Anmerkung 12 zu § 426 HGB.

Hinsichtlich der Einzelheiten, insbesondere der im Detail erforderlichen Eintragungen muß auf die Spezialliteratur zur KVO verwiesen werden, insbes. auf Guelde/Willenberg Anm. 19ff. zu § 11 KVO; Muth/Lehmann Anm. zu § 11 (S. 96). Wegen der Überprüfung und der Folgen unrichtiger Eintragungen durch den Absender siehe § 16 Abs. 2 bis 4; wegen der Bezeichnung von Stückgütern § 18 Abs. 5 KVO. Entstehen Schäden infolge fehlerhafter Eintragungen über das Frachtgut, so ist die Ersatzpflicht des KVO-Frachtführers nach § 34c KVO ausgeschlossen; der Absender selbst haftet gem. § 13 KVO. Solche Fälle liegen etwa dann vor, wenn wegen unrichtiger Bezeichnung die Güter vom Frachtführer falsch behandelt (z.B. nicht entsprechend vor Hitze oder Frost geschützt werden) oder wenn eine mit den wirklichen am Stückgut angebrachten Signierungen nicht übereinstimmende Angabe im Frachtbrief zur Falschauslieferung führt.

Anm. 12 **5. Angabe der beigefügten Begleitpapiere**

Siehe hierzu § 12 KVO und die dortige Erläuterung.

Anm. 13 **III. Die freiwilligen Angaben nach § 11 Abs. 2 KVO**

Die Angaben nach § 11 Abs. 2 halten besondere Vereinbarungen fest, die bereits vorher getroffen sind oder die in der Annahme des Frachtbriefs durch den KVO-Unternehmer getroffen werden. Solche Vereinbarungen können auch ohne Eintragung im Frachtbrief geschlossen werden; doch ist ihr Nachweis dann erheblich erschwert. Ob solche Vereinbarungen im Frachtbrief wegen Formmangels ungültig sind, ist umstritten; s. oben Anm. 6.

Hinsichtlich der Einzelheiten muß auf die Kommentierung zu anderen Paragraphen der KVO verwiesen werden. Siehe insbesondere:

Zu Buchst. a, b (Zoll- und Steuerbehandlung): § 12 Abs. 5 KVO und Anm. 9ff. zu § 12; zu Buchst. c (Verkürzung der Lieferfrist): § 26 KVO; zu Buchst. d (Zuführung): § 5 KVO und die dortige Erläuterung; zu Buchst. e: § 18 Abs. 2 KVO und Anm. 5 zu § 18; zu Buchst. f (Vereinbarungen über Beladung und Entladung): § 17 KVO und die dortigen Erläuterungen; zu Buchst. g (Benachrichtigung bei Ablieferungshindernissen): § 28 Abs. 2, 5 KVO und Anm. 12 zu § 28; zu Buchst. h: Anm. 75 zu § 425 HGB. Unter Buchstabe i fallen zahlreiche Leistungen, die im einzelnen im Nebengebührentarif (RKT, Teil II/5 vom 1. 1. 1968, abgedruckt bei Hein/Eichhoff u.a. GüKG C 525) aufgeführt sind. Hierzu gehören u.a. Wiegegeld, Zählgeld, Ladegebühr, Lager- und Platzgeld, Standgeld, Abbestellungsgebühr, diverse Gebühren für die Erledigung von Verwaltungsangelegenheiten, Benachrichtigungen usw. Es liegt auf der Hand, daß solche Gebühren, wenn die betreffenden Leistungen erforderlich geworden sind, auch ohne Eintragung im Frachtbrief anfallen können.

§ 12

Zoll-, Steuer-, Polizei- und sonstige verwaltungsbehördliche Vorschriften

(1) Der Absender ist verpflichtet, dem Frachtbrief alle Begleitpapiere beizugeben, die zur Erfüllung der Zoll- und sonstigen verwaltungsbehördlichen Vorschriften bis zur Ablieferung an den Empfänger erforderlich sind; sie sind im Frachtbrief einzeln und genau zu bezeichnen. Diese Papiere dürfen nur Güter umfassen, die Gegenstand des Beförderungsvertrages sind, es sei denn, daß Verwaltungsvorschriften oder die Anwendungsbedingungen des Tarifs etwas anderes bestimmen.

Der Unternehmer *[die Reichsbahn]* **ist berechtigt, aber nicht verpflichtet, die beigegebenen Papiere auf ihre Richtigkeit und Vollständigkeit zu prüfen. Der Absender haftet dem Unternehmer** *[der Reichsbahn]*, **sofern diesen kein Verschulden trifft, für alle Folgen, die aus dem Fehlen, der Unzulänglichkeit oder der Unrichtigkeit der Papiere entstehen. Auch ist für die Dauer eines durch solche Mängel verursachten Aufenthaltes von mehr als 12 Stunden das tarifmäßige Lager- oder Standgeld zu zahlen.**

(2) Der Absender hat für alle Güter, die zur Einfuhr nach dem deutschen Zollgebiet oder zur Durchfuhr durch das deutsche Zollgebiet bestimmt sind, eine deutlich geschriebene Warenerklärung in doppelter Ausfertigung dem Frachtbrief offen beizulegen. Die Beigabe ist auf dem Frachtbrief zu vermerken.

(3) Güter mit Begleitscheinen des deutschen Zollgebietes, zu denen Frachtbriefe auf einen außerhalb des deutschen Zollgebietes gelegenen Bestimmungsort lauten, werden nur angenommen, wenn die Begleitscheine auf das Ausgangszollamt gestellt sind.

(4) Der Absender ist verpflichtet, für die Verpackung und Bedeckung der Güter entsprechend den Zoll- und Steuervorschriften zu sorgen. Sendungen, deren zoll- oder steueramtlicher Verschluß verletzt oder mangelhaft ist, kann der Unternehmer *[die Reichsbahn]* **zurückweisen. Hat der Absender die Güter nicht vorschriftsmäßig verpackt oder nicht mit Decke versehen, so kann der Unternehmer** *[die Reichsbahn]* **dies gegen Berechnung der** *[ihrer]* **Kosten besorgen.**

(5) Solange das Gut unterwegs ist, hat der Unternehmer *[die Reichsbahn]* **die Zoll- und sonstigen verwaltungsbehördlichen Vorschriften für den Absender zu**

erfüllen. Hat der Absender im Frachtbrief erklärt, daß er selbst oder ein Bevollmächtigter zu dieser Behandlung zugezogen werden soll, so ist dem hiernach Bevollmächtigten die Ankunft des Gutes an dem Ort, wo die Zoll- usw. Behandlung stattfinden soll, mitzuteilen. Der Absender oder sein Bevollmächtigter soll alle nötigen Aufklärungen über das Gut geben; er ist jedoch nicht befugt, das Gut in Besitz zu nehmen oder die Behandlung selbst zu betreiben. Erscheint er nicht binnen angemessener Frist, so ist die Behandlung ohne ihn zu veranlassen.

(6) Hat der Absender für die Behandlung durch die Zoll- oder sonstige Verwaltungsbehörde eine unzulässige oder undurchführbare Vorschrift gegeben, so handelt der Unternehmer *[die Reichsbahn]* **nach dem mutmaßlichen Willen des Absenders und teilt ihm die getroffenen Maßnahmen mit.**

(7) Am Bestimmungsort kann der Empfänger die Zoll- usw. Behandlung betreiben, wenn die auf der Sendung ruhenden Fracht- usw. Beträge bezahlt sind und der Absender im Frachtbrief nichts anderes bestimmt hat. Andernfalls hat der Unternehmer *[die Reichsbahn]* **entweder die Behandlung selbst zu veranlassen oder aber nach § 28 (Ablieferungshindernisse) zu verfahren. Die Güter dürfen dem Empfänger nur ausgeliefert werden, wenn nachgewiesen wird, daß der Zoll- oder Steuerbetrag bezahlt oder gestundet ist. Der Unternehmer** *[die Reichsbahn]* **hat bei der ihm** *[ihr]* **nach den Absätzen (5), (6) und (7) obliegenden Tätigkeit die Pflichten eines Spediteurs. Er** *[sie]* **kann für diese Tätigkeit die tarifmäßigen Gebühren erheben.**

(8) Bei den über die Grenze des deutschen Wirtschaftsgebiets ein- und ausgehenden Gütern hat der inländische Empfänger oder Absender die nach den Bestimmungen über die Statistik des Warenverkehrs vorgeschriebenen Anmeldescheine zu beschaffen. Werden die Anmeldepapiere nicht rechtzeitig beigebracht, so kann der Unternehmer *[die Reichsbahn]* **diese Papiere gegen Erstattung der tarifmäßigen Gebühren selbst ausstellen, soweit er nach den genannten Bestimmungen zur Ausfüllung befugt ist.**

(9) Der Unternehmer *[die Reichsbahn]* **haftet für die Folgen des Verlustes oder der unrichtigen Verwendung der im Frachtbrief bezeichneten und ihm beigegebenen Papiere wie ein Spediteur. Er hat aber in keinem Fall einen höheren Schadensersatz zu leisten als bei Verlust des Gutes.**

Inhaltsübersicht

I. Überblick Anm. 1
II. Begleitpapiere Anm. 2
1. Pflicht zur Beigabe der Begleitpapiere (§ 12 Abs. 1 S. 1 KVO) Anm. 3
2. Prüfung der Begleitpapiere durch den Frachtführer (§ 12 Abs. 1 S. 3 KVO) Anm. 4
3. Haftung des Absenders für Fehler bei der Lieferung der Begleitpapiere (§ 12 Abs. 1 S. 4 KVO) Anm. 5
4. Haftung des KVO-Frachtführers für Folgen des Verlustes und der unrichtigen Verwendung der Begleitpapiere (§ 12 Abs. 9 KVO) Anm. 6
a) § 12 Abs. 9 KVO als besonderer Haftungstatbestand
b) Haftungsvoraussetzungen Anm. 7
c) Haftungsfolge Anm. 8
III. Zollbehandlung und sonstige behördliche Behandlung Anm. 9
1. Klarierungsmonopol des Unternehmers (§ 12 Abs. 5 KVO) Anm. 10
2. Pflichten und Rechte des Absenders Anm. 11
3. Einbeziehung des Empfängers Anm. 12

Anm. 1 **I. Überblick**

§ 12 enthält frachtrechtliche, tarifrechtliche und verwaltungsrechtliche (insbes. zollrechtliche) Vorschriften. Hinsichtlich des Tarif- und Verwaltungsrechts, insbes. der Frage, welche Einzelheiten durch anderweitige Regelungen überholt sind, muß auf die

Spezialliteratur zur KVO (insbes. Guelde/Willenberg und Muth/Lehmann) verwiesen werden.

Die Bedeutung des § 12 lag überwiegend im grenzüberschreitenden Verkehr. Dieser unterliegt nunmehr der CMR, auch im Interzonenbereich. Diese enthält in Art. 11 entsprechende Bestimmungen; siehe dort (Anh. III nach § 452).

II. Begleitpapiere

Anm. 2

Die Regelung der KVO entspricht weitgehend dem § 427 HGB. Auf die dortige Kommentierung kann daher grundsätzlich verwiesen werden.

1. Pflicht zur Beigabe der Begleitpapiere (§ 12 Abs. 1 S. 1 KVO)

Anm. 3

Die Formulierung der KVO entspricht fast wörtlich § 427 S. 1 HGB. Die besondere Erwähnung der Pflicht zur genauen Bezeichnung im Frachtbrief bestätigt nur § 11 Abs. 1 Buchst. g; siehe zur Bedeutung dieser Eintragung Anmerkung 5 zu § 11 KVO. Auch das HGB sieht in § 426 Abs. 2 Ziff. 6 die Angabe der Begleitpapiere im Frachtbrief vor. Siehe im übrigen Anm. 3, 4 zu § 427 HGB.

2. Prüfung der Begleitpapiere durch den Frachtführer (§ 12 Abs. 1 S. 3 KVO)

Anm. 4

Das sogen. „Prüfungsrecht“ des Frachtführers hinsichtlich der Richtigkeit oder Vollständigkeit bedürfte an sich keiner Regelung, da es angesichts der Verpflichtung des Absenders zur Beigabe der Begleitpapiere selbstverständlich ist. Die Konsequenz aus der Feststellung von Mängeln der Papiere besteht darin, daß der Frachtführer nicht zur Beförderung verpflichtet ist, bis die Papiere vollständig und richtig vorliegen. § 12 Abs. 1 S. 3 KVO stellt aber zusätzlich klar, daß keine Prüfungspflicht des KVO-Unternehmers hinsichtlich der Vollständigkeit und Richtigkeit der Begleitpapiere besteht. Allerdings ist nach der Rechtsprechung die Bedeutung des § 12 Abs. 1 S. 3 zweifelhaft. Der BGH hat nämlich in einem Fall dem KVO-Unternehmer die Nichtüberprüfung von fehlerhaften Begleitpapieren als Mitverschulden nach § 254 BGB angelastet. Es handelte sich um einen Fall der Einziehung eines Lastkraftwagens im Interzonenverkehr wegen Mängeln der Wagenbegleitscheine der beförderten Waren durch die DDR-Behörden; BGH vom 29. 9. 1953, VersR 1953, 427; entgegengesetzt BGH vom 20. 12. 1956, VersR 1957, 192 und vom 28. 3. 1957, VersR 1957, 388. Im Urt. v. 29. 9. 1953 hat der BGH im Rahmen des § 254 BGB eine Obliegenheit des Kraftführers angenommen, sich selbst durch Prüfung der Begleitpapiere vor Beschlagnahmeschäden zu schützen, mit denen angesichts der damaligen politischen Lage stets zu rechnen war. Ob diese Entscheidung mit § 12 Abs. 1 S. 3 KVO zu vereinbaren ist, kann zweifelhaft sein; dagegen Guelde/Willenberg Anm. 16 zu § 12 KVO.

Immerhin muß jedoch beachtet werden, daß es sich im Rahmen des Mitverschuldens in § 254 BGB nicht um eine dem KVO-Unternehmer gegenüber dem Absender bestehende echte Pflicht, sondern nur um eine Obliegenheit sich selbst gegenüber handelt, auf die möglicherweise § 12 Abs. 1 S. 3 nicht anzuwenden ist.

Im Rahmen einer Haftung des KVO-Frachtführers gegenüber dem Absender kann jedenfalls nach § 12 Abs. 3 eine Prüfungspflicht des KVO-Unternehmers nicht angenommen werden. Guelde/Willenberg Anm. 16 zu § 12 KVO zitieren zwei weitere BGH-Entscheidungen als Belege für eine vom BGH angenommene Prüfungspflicht. Beide Entscheidungen betrafen jedoch die Haftung eines Nichtvertragspartners nach § 823 Abs. 1 BGB wegen fehlender Begleitpapiere. Siehe dazu Anm. 4 zu § 427 HGB a.E.

Anm. 5 **3. Haftung des Absenders für Fehler bei der Lieferung der Begleitpapiere (§ 12 Abs. 1 S. 4 KVO)**

§ 12 Abs. 1 S. 4 KVO entspricht weitgehend dem § 427 S. 2 HGB. Der Absender haftet unstreitig auch nach § 12 KVO ohne Verschulden; BGH v. 20. 3. 1956, VersR 1956, 346 (348); Guelde/Willenberg Anm. 19 zu § 12; Muth/Lehmann Anm. zu § 12. Siehe dazu eingehender Anm. 5 zu § 427 HGB. Die Haftung tritt nicht ein, wenn dem KVO-Frachtführer die Unrichtigkeit der Begleitpapiere bekannt war; BGH a.a.O. Zum Einfluß der fehlerhaften Begleitpapiere auf die Haftung des KVO-Frachtführers Anm. 11 zu § 34 KVO.

Anm. 6 **4. Haftung des KVO-Frachtführers für Folgen des Verlustes und der unrichtigen Verwendung der Begleitpapiere (§ 12 Abs. 9 KVO)**

a) § 12 Abs. 9 KVO als besonderer Haftungstatbestand

§ 12 Abs. 9 KVO enthält einen besonderen Haftungstatbestand, der von §§ 29ff. KVO unabhängig ist, und für den die Haftungsausschlüsse des § 34 KVO nicht gelten. Dies wirkt sich sowohl bei den Voraussetzungen der Haftung als auch bei den Haftungsfolgen aus.

Anm. 7 **b) Haftungsvoraussetzungen**

§ 12 Abs. 9 KVO setzt den Verlust oder die unrichtige Verwendung von Begleitpapieren voraus. Unrichtige Verwendung ist u.a. das Nichtmitführen bei der Beförderung; OLG Hamm, VersR 1955, 689; BGH vom 4. 7. 1957, VersR 1957, 570 = LM KraftverkehrsO Nr. 9 = DB 1957, 745; aber auch der Mißbrauch der Begleitpapiere zur Verdeckung von Schmuggelgut; BGH vom 1. 12. 1955, VersR 1956, 31 = LM KraftverkehrsO Nr. 7 = MDR 1956, 408.

Keine unrichtige Verwendung der Begleitpapiere sieht der BGH in dem eisenbahnrechtlichen Fall der Entscheidung vom 14. 4. 1976, MDR 1976, 906f. = Betrieb 1976, 2013f. = RIW/AWD 1977, 47f. In diesem Falle hatte die Eisenbahn die Sendung von den Begleitpapieren getrennt, so daß die verderbliche Ware die Grenze nicht überschreiten konnte. Die Haftung der Eisenbahn wurde aus Art. 27 § 1 CIM (Allgemeine Güterschadenshaftung), nicht aber aus Art. 13 § 2 Abs. 3 CIM (fehlerhafte Verwendung der Begleitpapiere) begründet.

§ 12 Abs. 9 spricht nur von den „im Frachtbrief bezeichneten und ihm beigegebenen Papieren“. Daraus kann jedoch nicht der Schluß gezogen werden, für Begleitpapiere, die zwar dem Frachtführer übergeben, aber nicht im Frachtbrief aufgeführt sind, werde nicht gehaftet. Vielmehr schafft nach der Rechtsprechung des BGH die Erwähnung im Frachtbrief nur eine Beweisvermutung. Fehlt der Vermerk, so haftet der KVO-Frachtführer nicht für fehlerhafte Verwendung der Begleitpapiere, es sei denn, der Geschädigte könne beweisen, daß die Unterlassung der Eintragung nicht für die fehlerhafte Verwendung der Papiere ursächlich gewesen sei; BGH vom 1. 12. 1955 und vom 4. 7.1957 a.a.O.

§ 12 Abs. 9 KVO ordnet Haftung „wie ein Spediteur“ an. Damit wird nicht nur hinsichtlich der Haftungsfolgen, sondern auch der Voraussetzungen auf das Speditionsrecht verwiesen. Diese Verweisung bezieht sich auf das gesetzliche, im HGB geregelte Speditionsrecht, nicht auf die ADSp. Auch durch die Vereinbarung der ADSp kann die Haftung des KVO-Unternehmers wegen § 26 GüKG nicht ausgeschlossen werden; § 34 S. 1b KVO ist nicht anwendbar; siehe BGH vom 1. 12. 1955 und vom 4. 7. 1957 a.a.O. Buthke, VP 1958, 100. Bei Verschulden (Obhutshaftung) gem. §§ 407, Abs. 2, 390 HGB; dazu Anmerkung 58ff. zu §§ 407–409 HGB. Dies ergibt sich aus dem Umstand, daß die Papiere Zubehör zum Frachtgut gem. § 97 BGB sind. Die Haftung für unrichtige Verwendung der Papiere folgt dagegen den Grundsätzen der positiven Vertragsverletzung; siehe dazu Anm. 70 zu §§ 407–409 HGB.

c) Haftungsfolge **Anm. 8**

Die Haftung ist nach § 12 Abs. 9 S. 2 KVO auf den Betrag begrenzt, der bei Verlust des Gutes zu ersetzen wäre. Dieser ermittelt sich unter Zugrundelegung des § 35 KVO. Dabei ist so zu verfahren, daß der Höchstbetrag der Haftung bei Verlust des Gutes zu errechnen ist und dieser dann die Höchstgrenze der Haftung nach § 12 Abs. 9 KVO bestimmt. Hierbei ist es nicht erforderlich, daß ein Verlust des Gutes überhaupt eingetreten ist; auch mittelbare Schäden werden ersetzt; so zutreffend Guelde/Willenberg Anm. 49 zu § 12 KVO mit weiteren Hinweisen. Grundsätzlich wohl auch BGH vom 1. 12. 1955, VersR 1956, 31.

III. Zollbehandlung und sonstige behördliche Behandlung **Anm. 9**

Die Erledigung von verwaltungs- insbesondere zollrechtlich vorgeschriebenen Handlungen ist zwischen Absender, KVO-Unternehmer und Empfänger aufgeteilt, wobei dem Unternehmer die Hauptrolle zufällt. Ob § 12 Abs. 5 bis 8 KVO auf grenzüberschreitende Transporte Anwendung findet, ist zweifelhaft. Siehe hierzu oben Anm. 1.

1. Klarierungsmonopol des Unternehmers (§ 12 Abs. 5 KVO) **Anm. 10**

Zuständig für die Erfüllung der zoll- und sonstigen verwaltungsbehördlichen Vorschriften ist nach § 12 Abs. 5 S. 1 KVO der Frachtführer. Der Absender darf die Erledigung dieser Verfahren nicht selbst betreiben; § 12 Abs. 5 S. 3, 2. Halbs. Die Güter dürfen an den Empfänger nicht ohne vorherige Bezahlung oder Stundung der Zoll- oder Abgabenbeträge ausgeliefert werden (§ 12 Abs. 7 S. 3 KVO). Nach § 12 Abs. 6 kann der Absender im Rahmen des Zulässigen Vorschriften geben, von denen der KVO-Unternehmer, wenn sie unzulässig oder undurchführbar sind, entsprechend dem mutmaßlichen Willen des Absenders abweichen darf. Im übrigen ist der Unternehmer bei der Erledigung dieser Angelegenheiten frei; siehe auch Anm. 11.

2. Pflichten und Rechte des Absenders **Anm. 11**

Der Absender ist nach § 12 Abs. 4 KVO verpflichtet, für die Verpackung und Bedeckung der Güter entsprechend den Zollvorschriften zu sorgen. Nach Abs. 5 S. 3 hat er dem KVO-Unternehmer die nötige Aufklärung über das Gut zu geben; siehe auch § 12 Abs. 8. Er hat andererseits das Recht, zu verlangen, daß er oder ein von ihm Bevollmächtigter zur Erledigung der Zoll- und anderen Verfahren hinzugezogen werden; Abs. 5 S. 2.

3. Einbeziehung des Empfängers **Anm. 12**

Nach § 12 Abs. 7 kann am Bestimmungsort anstelle des KVO-Unternehmers der Empfänger die Zollbehandlung betreiben, wenn der Absender nicht im Frachtbrief etwas anderes bestimmt hat (Satz 1). Subsidiär bleibt aber der KVO-Unternehmer verantwortlich (Satz 2). Die Ablieferung darf nicht ohne vorherige Bezahlung oder Stundung des Zoll- oder Steuerbetrages erfolgen; Abs. 7 S. 3. Siehe als Beispielsfall für die zivilrechtlichen Auswirkungen dieser Vorschrift BGH vom 23. 6. 1955, WM 1955, 1324 (1326).

§ 13

Haftung für die Angaben im Frachtbrief

(1) Sind die Angaben oder Erklärungen des Absenders im Frachtbrief unrichtig, ungenau, unvollständig oder unzulässig, so trägt er alle daraus entstehenden Folgen

und haftet insbesondere für jeden etwa entstehenden Schaden (vgl. außerdem § 37 (1) 3 des Güterfernverkehrsgesetzes).

(2) Die Haftung des frachtbriefmäßigen Absenders ändert sich nicht, wenn der Unternehmer *[die Reichsbahn]* **auf seinen Antrag den Frachtbrief ausfüllt.**

Inhaltsübersicht

I. Überblick Anm. 1

II. Haftung des Absenders für Angaben im Frachtbrief (§ 13 Abs. 1 KVO) Anm. 2

1. Allgemeines
2. Angaben oder Erklärungen des Absenders Anm. 3
3. Unrichtigkeit, Ungenauigkeit, Unvollständigkeit, unzulässige Eintragungen Anm. 4
4. Zu ersetzender Schaden Anm. 5
5. Mitverschulden des KVO-Unternehmers Anm. 6
6. Ausfüllung des Frachtbriefs durch den KVO-Unternehmer Anm. 7

III. Einfluß der fehlerhaften Ausfüllung auf die Haftung des KVO-Unternehmers Anm. 8

IV. Öffentlich-rechtliche Bedeutung der Frachtbriefausfüllung Anm. 9

Anm. 1 **I. Überblick**

§ 13 Abs. 1 KVO befaßt sich aus mehrerlei Sicht mit den Folgen fehlerhafter Frachtbriefausfüllung. In der Art einer Generalklausel werden dem Absender alle Folgen dieser fehlerhaften Ausfüllung zugewiesen. Die Folgen können u.a. bestehen in der noch besonders hervorgehobenen Haftung des Absenders für Schäden des Frachtführers, aber auch in der Zuweisung der eigenen Schäden an den Absender, ferner in zusätzlichen Aufwendungsersatz- oder Vergütungspflichten des Absenders gegenüber dem Unternehmer. Die Zuweisung der negativen Folgen von Fehlern bei der Frachtbriefausfüllung ist nicht von einem Verschulden abhängig.

Speziell für die Haftung ist in § 13 Abs. 2 klargestellt, daß dem Absender das Handeln des KVO-Unternehmers beim Ausfüllen des Frachtbriefs zugerechnet werden kann. Siehe jedoch genauer unten Anm. 7.

Anm. 2 **II. Haftung des Absenders für Angaben im Frachtbrief (§ 13 Abs. 1 KVO)**

1. Allgemeines

§ 13 KVO entspricht § 426 Abs. 3 HGB. Insbesondere setzt die Haftung des Absenders kein Verschulden voraus. Siehe Anm. 23 zu § 426 HGB.

Anm. 3 **2. Angaben oder Erklärungen des Absenders**

Zu den Angaben oder Erklärungen gehören alle nach § 11 Abs. 1 und 2 KVO erforderlichen bzw. zulässigen Eintragungen. Darüber hinaus werden aber auch die Folgen von solchen Angaben, die an sich nach § 11 Abs. 3 Satz 1 nicht eintragungsfähig sind, nach § 13 Abs. 1 beurteilt.

Anm. 4 **3. Unrichtigkeit, Ungenauigkeit, Unvollständigkeit, unzulässige Eintragungen**

Etwas genauer, aber sachlich kaum von § 326 Abs. 3 HGB abweichend, zählt § 13 Abs. 1 KVO die möglichen Fehler bei der Ausfüllung des Frachtbriefes auf. Mit der Aufnahme der Bezeichnung „ungenau" ist klargestellt, daß das Risiko bei unpräzisen und mißverständlichen Angaben auf der Seite des Absenders liegt. Unzulässig sind insbesondere auch Eintragungen, die gegen zwingendes Tarifrecht verstoßen. Siehe auch Anm. 23 zu § 426 HGB.

Anm. 5 **4. Zu ersetzender Schaden**

Der Schadenersatz nach § 13 KVO ist durch keine besonderen Vorschriften beschränkt. Es sind alle Arten von Vermögensschäden zu ersetzen; für mittelbare

Schäden ausdrücklich BGH vom 23. 11. 1954, BGHZ 15, 224 (227) = VersR 1955, 77 (78). §§ 35, 30 KVO finden keine Anwendung.

5. Mitverschulden des KVO-Unternehmers Anm. 6

Die Haftung des Absenders aus § 13 Abs. 1 KVO kann nach § 254 BGB teilweise, evtl. auch ganz ausgeschlossen sein, wenn den KVO-Unternehmer oder seine Leute ein Mitverschulden an der Schadensentstehung trifft; siehe Anm. 24 zu § 426 HGB. Dies ist besonders dann der Fall, wenn die Unrichtigkeit der Eintragungen dem KVO-Frachtführer bekannt oder erkennbar war. Siehe z. B. zur Abstempelung eines mit dem Original nicht übereinstimmenden Eisenbahnfrachtbrief-Doppels RGZ 107, 272 (273).

6. Ausfüllung des Frachtbriefs durch den KVO-Unternehmer Anm. 7

§ 13 Abs. 2 KVO stellt ausdrücklich klar, daß die Haftung des Absenders auch dann eintritt, wenn der KVO-Unternehmer auf Antrag des Absenders den Frachtbrief ausgefüllt hat. In diesem Falle handelt der Frachtführer als Gehilfe des Absenders gegenüber sich selbst. Allerdings erfaßt die Haftung nach § 13 Abs. 2 KVO nicht jeden Fall, in dem der Frachtführer den Frachtbrief ausgefüllt hat. Eigenmächtiges Handeln des Frachtführers (ohne Antrag des Absenders, auch soweit nur zur Ergänzung lückenhafter Ausfüllung) kann schon deshalb keine Haftung des Absenders zur Folge haben, weil es in diesen Fällen am (formlosen) Antrag des Absenders fehlt.

In Betracht kommt ein Einstehen des Absenders für die fehlerhaften Eintragungen des Unternehmers vor allem dann, wenn dieser die ihm unrichtig übermittelten Daten in den Frachtbrief einträgt. Übermittlungsfehler, besonders bei mündlicher und telefonischer Mitteilung der einzutragenden Angaben, gehen zu Lasten des Absenders. Nimmt der KVO-Frachtführer auch die Ermittlung der einzutragenden Tatsachen auf Antrag des Absenders selbst vor (z. B. Wiegen, Messen, Beschriften der Güter), dann scheidet eine Haftung des Absenders bei Verschulden des Frachtführers regelmäßig aus.

Das Ausfüllen des Frachtbriefes durch den KVO-Unternehmer ist eine nach Nr. I 8 des Nebengebührentarifs (RKT, Teil II/5; abgedruckt bei Hein/Eichhoff u. a. C 525) entgeltliche Tätigkeit. Nach der in der Literatur überwiegend vertretenen und beiläufig vom BGH erwähnten Auffassung soll die Rechtsgrundlage für das Ausfüllen des Frachtbriefes in einem auf eine Geschäftsbesorgung gerichteten Vorvertrag zum Frachtvertrag liegen. BGH vom 22. 1. 1971, BGHZ 55, 217 (221) = LM KraftverkehrsO Nr. 30; Guelde/Willenberg Anm. 18 zu § 13 KVO. Näher liegt die Annahme einer Nebenpflicht aus dem zunächst formlos abgeschlossenen Frachtvertrag. Siehe zum Zustandekommen des Frachtvertrages auch schon vor Übergabe des Frachtbriefs und Frachtguts Anm. 3–6 zu § 15 KVO. Unbestritten ist jedenfalls, daß der Frachtführer aus positiver Vertragsverletzung für schuldhafte Fehler beim Ausfüllen des Frachtbriefs haftet. Nach hier vertretener Auffassung würde die Haftung unter den Voraussetzungen und in den Grenzen des § 31c KVO bestehen, nach wohl herrschender Meinung dagegen unbegrenzt nach bürgerlichem Recht. In Fällen der schuldhaften Verletzung der übernommenen Pflicht zur ordnungsgemäßen Ausfüllung des Frachtbriefs durch den KVO-Frachtführer haftet der Absender diesem nicht nach § 13 Abs. 2 KVO. Eine Schadensteilung nach § 254 BGB ist jedoch auch hier denkbar, soweit auch den Absender ein Verschulden trifft; siehe im übrigen Anm. 5 zu § 6.

III. Einfluß der fehlerhaften Ausfüllung auf die Haftung des KVO-Unternehmers Anm. 8

Hat der Absender den Frachtbrief fehlerhaft ausgefüllt bzw. eine fehlerhafte Ausfüllung durch den Unternehmer zu verantworten, so trägt er nach § 13 Abs. 1 KVO alle Folgen. Dies bedeutet, daß eine Haftung des KVO-Unternehmers für alle beim Absender entstehenden Schäden insoweit ausscheidet, als die Ursache für die Schäden in der fehlerhaften Ausfüllung des Frachtbriefs liegt. Auf Verschulden des Absenders oder seiner Leute kommt es dabei nach § 13 Abs. 1 KVO nicht an.

Guelde/Willenberg Anm. 12 zu § 13, 18 zu § 34 KVO stützen die Haftungsfreiheit des Frachtführers auf den Haftungsausschluß des § 34 Abs. 1 c KVO. Die Folge dieser Auffassung wäre eine Haftung des Frachtführers bei Schäden aus schuldloser Fehlausfüllung des Frachtbriefs. Diese stünde im Gegensatz zu der Haftung des Absenders ohne Verschulden für Schäden auf der Frachtführerseite. Richtiger ist es demgegenüber, in der Folgenzuweisung des § 13 Abs. 1 KVO einen besonderen Haftungsausschließungsgrund zu sehen, der kein Verschulden des Absenders voraussetzt.

Die fehlerhafte Ausfüllung des Frachtbriefs steht einer Haftung des KVO-Frachtführers wegen Falschauslieferung nicht entgegen, wenn der Frachtführer die Nichtübereinstimmung der Empfängerangabe im Frachtbrief mit den Kolli-Aufschriften kennt und ohne Rückfrage gem. § 28 Ziff. 5 u. 6 KVO an den auf den Kolli bezeichneten Empfänger ausliefert; OLG Hamburg v. 13. 3. 1953, VersR 1953, 277.

Anm. 9 **IV. Öffentlich-rechtliche Bedeutung der Frachtbriefausfüllung**

Die Ausfüllung des KVO-Frachtbriefs erfolgt auch in Erfüllung einer öffentlich-rechtlichen Pflicht. Die Verweisung in § 13 Abs. 1 KVO auf den früheren § 37 Abs. 1 S. 3 GüFernverkehrs-Gesetz stellt dies klar. An die Stelle dieser Vorschrift ist nunmehr § 30 GüKG (Anh. I nach § 452) getreten. Die Folgenzuordnung des § 13 KVO gilt somit auch hinsichtlich der öffentlich-rechtlichen Folgen.

IV. Abschluß des Beförderungsvertrages. Berechnung und Zahlung des Beförderungsentgelts. Nachnahmen

§ 14

Bestellung von Fahrzeugen, Wagenstellungsvertrag

(1) Im Ladungsverkehr sind die Fahrzeuge *entweder beim RKB oder* **bei einem Unternehmer zu bestellen.** *Darf der Unternehmer nach den zwischen ihm und dem RKB getroffenen Abmachungen nicht unmittelbar über die Fahrzeuge verfügen oder kann er mangels geeigneten eigenen Laderaums der Anforderung nicht entsprechen, so hat er die Bestellung an den RKB weiterzuleiten.*

(2) Bei der Bestellung sind anzugeben:

a) Name, Wohnort und Wohnung des Absenders, möglichst mit Drahtanschrift und Fernsprechnummer,

b) Name, Wohnort und Wohnung des Bestellers, möglichst mit Drahtanschrift und Fernsprechnummer, wenn der Besteller ein anderer als der Absender ist,

c) Einladeplatz sowie Tag und Stunde, wann das Fahrzeug gestellt werden soll,

d) Name und Wohnort des Empfängers, der Bestimmungsort,

e) Art und ungefähres Gewicht des Gutes.

(3) Ist die Bestellung *[der Antrag auf Bestellung]* **nach (1) angenommen, so hat** *der RKB oder* **der Unternehmer** *[hat die Reichsbahn]* **die Verpflichtung, ein geeignetes Fahrzeug antragsgemäß zu stellen. Kann das Fahrzeug erst zu einem späteren Zeitpunkt gestellt werden, so ist der Besteller zu befragen, ob er mit der späteren Stellung einverstanden ist.**

(4) Die Fahrzeuge sollen grundsätzlich, soweit sie für die Beförderung geeignet und fahrbereit sind, in der Reihenfolge gestellt werden, in der sie angefordert werden.

Der RKB [die Reichsbahn] kann nach pflichtgemäßen Ermessen allgemein oder im Einzelfalle etwas anderes anordnen.

(5) Werden zugesagte Fahrzeuge nicht rechtzeitig gestellt, so werden dem Besteller die von ihm nachgewiesenen Kosten des vergeblichen Versuchs der Auflieferung, höchstens aber der Betrag des Wagenstandgeldes für einen Tag erstattet.

(6) Wird ein Fahrzeug vor der Bereitstellung wieder abbestellt, so hat der Besteller die tarifmäßige Abbestellgebühr zu entrichten.

Wird ein Fahrzeug nach der Bereitstellung unbeladen zurückgegeben oder nach Ablauf der Beladefrist wegen Nichtbeladung dem Besteller wieder entzogen, so ist vom Zeitpunkt der Bereitstellung an das tarifmäßige Wagenstandgeld zu zahlen.

Der RKB [die Reichsbahn] kann für besondere Verhältnisse anordnen, daß neben der Abbestellgebühr oder dem Wagenstandgeld noch eine besondere Vergütung für die geleisteten Leerkilometer zu zahlen ist. Dem Besteller gegenüber ist eine solche Anordnung nur wirksam, wenn sie ihm bei der Annahme der Bestellung mitgeteilt wird.

(7) Holt der Unternehmer *[die Reichsbahn]* **im Auftrage des Bestellers des Fahrzeuges oder des von diesem bezeichneten Absenders Stückgüter oder Teile einer Ladung ab und schließt sich an diese Abholung aus einem nicht vom Unternehmer** *[von der Reichsbahn]* **zu vertretenden Grunde keine Fernbeförderung an, so hat der Auftraggeber dem Unternehmer** *[der Reichsbahn]* **außer den in (6) genannten Gebühren die ortsüblichen Rollgebühren zu bezahlen.**

(8) Bei Bestellung eines Wagens kann der Unternehmer *[die Reichsbahn]* **Sicherheit in Höhe des tarifmäßigen Wagenstandgeldes für einen Tag verlangen.** *Der RKB [die Reichsbahn] kann anordnen, daß unter bestimmten Verhältnissen keine oder eine höhere Sicherheit verlangt werden darf.*

Inhaltsübersicht

Text der KVORb — Anm. 1

I. Grundsätzliches — Anm. 2
1. Wagenstellungsvertrag und Frachtvertrag
2. Gültigkeit des § 14 KVO — Anm. 3
3. Abschließende Regelung des § 14 KVO — Anm. 4

II. Beteiligte Personen — Anm. 5

III. Rechtsnatur und Inhalt des Wagenstellungsvertrages — Anm. 6

IV. Abschluß des Wagenstellungsvertrags — Anm. 7

V. Der Inhalt des Wagenstellungsvertrags — Anm. 8
1. Stellung eines geeigneten Fahrzeugs
2. Zurückweisung des ungeeigneten Fahrzeugs — Anm. 9
3. Beladung und Beförderung im ungeeigneten Fahrzeug — Anm. 10
4. Geeignetheit — Anm. 11
5. Verzögerung der Wagenstellung — Anm. 12

VI. Abbestellung — Anm. 13

VII. Entziehung des Fahrzeugs wegen Nichtbeladung — Anm. 14

VIII. Rollgeld — Anm. 15

Text der KVORb **Anm. 1**

§ 14 Abs. 1 KVORb weicht von § 14 Abs. 1 KVO ab. Der Absatz hat folgenden Wortlaut:

(1) Im Ladungsverkehr ist die Stellung der Fahrzeuge bei den von der Reichsbahn bekanntgegebenen Stellen zu beantragen.

I. Grundsätzliches **Anm. 2**

1. Wagenstellungsvertrag und Frachtvertrag

§ 14 KVO behandelt den sog. „Wagenstellungsvertrag" nach dem Vorbild des Eisenbahnrechts. Während in allen anderen Sparten des Frachtrechts die Stellung eines tauglichen Beförderungsmittels eine der Hauptpflichten aus dem Frachtvertrag selbst ist (siehe Anm. 10 zu § 15 KVO), teilt das Eisenbahnrecht und ihm folgend auch die KVO im Ladungsverkehr die frachtrechtlichen Verpflichtungen in zwei voneinander rechtlich unabhängige Verträge auf: den eigentlichen Frachtvertrag und den ihm vorausgehenden Wagenstellungsvertrag.

Der Frachtvertrag beginnt nach § 15 Abs. 1 KVO (§ 61 Abs. 1 EVO; Art. 8 § 1 CIM) erst mit der Annahme des Guts durch den KVO-Unternehmer (bzw. die Eisenbahn). Er wird daher als Realvertrag bezeichnet; siehe dazu Anm. 7ff. zu § 15 KVO. Da die Erteilung des Beförderungsauftrags im Ladungsverkehr bei Selbstverladung (§ 17 Abs. 1 KVO) regelmäßig vor der Annahme des Gutes durch den Frachtführer liegt, muß sie – ebenso wie die Stellung des geeigneten Wagens – durch einen besonderen Vorvertrag, den Wagenstellungsvertrag erfolgen (§ 14 KVO; § 63 Abs. 4 EVO; das internationale Eisenbahnrecht in der CIM kennt keinen besonderen Wagenstellungsvertrag, verweist aber auf das nationale Recht; Wick, Das internationale Eisenbahnfrachtrecht 1975, Wien 1974, Anm. 5 zu § 14 CIM).

Anm. 3 **2. Gültigkeit des § 14 KVO**

Die bedeutsame Rolle, die dem RKB im Rahmen des § 14 zufällt, hat nach dessen Auflösung nicht dazu geführt, daß die Bestimmung unanwendbar geworden wäre. Vielmehr wird § 14 seitdem so interpretiert, daß er nur noch die Rechtsbeziehungen zwischen KVO-Unternehmer und Besteller regelt.

Anm. 4 **3. Abschließende Regelung des § 14 KVO**

Nach richtiger Auffassung ist die Regelung des § 14 KVO abschließend. Durch sie ist ausgeschlossen, daß gleichzeitig – nämlich vor der Annahme der verladenen Güter zur Beförderung – ein Frachtvertrag besteht. Dies ergibt sich aus der Regelung der Abss. 5–7. Die dort vorgesehenen Bestimmungen über die verspätete Stellung des Wagens durch den Unternehmer (Abs. 5), über Abbestellung (Abs. 6) sowie über die Rollgebühren (Abs. 7) begrenzen Verantwortlichkeit und Kosteneinsatz von Unternehmer und Besteller. Durch die gleichzeitige Anwendung von Frachtrecht würde diese Regelung in tarifrechtlich unzulässiger Weise beiseitegeschoben; siehe hierzu Guelde/Willenberg Anm. 14 zu § 14 KVO mit weiteren Hinweisen.

Allerdings hat der BGH diese Auffassung im Urt. v. 22. 1. 1971, BGHZ 55, 217 (222) = LM KraftverkehrsO Nr. 30 = MDR 1971, 373 nicht geteilt, sondern auf die Zeit vor Annahme des Frachtguts § 428f. HGB für anwendbar erklärt, und zwar ausdrücklich unter Hinweis darauf, daß § 14 KVO keine abschließende Regelung enthalte.

Dieses Urteil ist allerdings zweifelhaft in seiner Tragweite. Die Begründung führt nämlich aus, § 14 KVO regele nur eine genau umrissene Einzelmaßnahme, entziehe dadurch aber nicht andere Maßnahmen und Tätigkeiten einer vertraglichen Abrede. Aus dieser Begründung könnte man an sich darauf schließen, daß hinsichtlich der Stellung des Wagens der § 14 doch eine abschließende Regelung enthalte. Das Urteil betrifft jedoch gerade den Kernpunkt des § 14, nämlich die verspätete Stellung des Wagens (verbunden mit der zusätzlich übernommenen Pflicht zur Verladung). Auf diese will der BGH nämlich neben § 14 Abs. 5 KVO die §§ 428, 429 HGB angewendet wissen. Praktisch bedeutet dies, daß der Schutz der Haftungsbeschränkung des § 14 Abs. 5 KVO für einen noch nicht genau umrissenen Anwendungsbereich dem KVO-Unternehmer entzogen ist; de lege lata ein kaum mit § 22 Abs. 2 GüKG zu vereinbarendes Ergebnis, da durch die betreffenden Sonderabreden (BGH, a.a.O., S. 222) dem Kunden eine tarifwidrige Vergünstigung in Form strengerer Haftung zugewendet würde. Siehe dazu auch Anm. 3, 4 zu § 23 GüKG Anh. I nach § 452; ferner Anm. 10 zu § 15 KVO.

II. Beteiligte Personen Anm. 5

§ 14 setzt an sich die Existenz des 1945 aufgelösten RKB voraus, dem weitgehende Zuteilungsbefugnisse zustanden. Alle Bestimmungen des § 14 müssen nun dahingehend interpretiert werden, daß der Wagenstellungsvertrag ausschließlich zwischen Besteller und Unternehmer abgeschlossen wird. Besteller muß nicht notwendig der spätere Absender sein; siehe § 14 Abs. 2a, b.

III. Rechtsnatur und Inhalt des Wagenstellungsvertrages Anm. 6

Nach allgemeiner Auffassung ist der Wagenstellungsvertrag ein Vorvertrag zum Frachtvertrag, und zwar ein Werkvertrag nach § 631ff. BGB; Guelde/Willenberg Anm. 5f. zu § 14. Der KVO-Unternehmer schuldet die Bereitstellung eines für die vom Besteller angegebene Beförderung geeigneten Wagens am angegebenen Ort zur angegebenen Zeit.

IV. Abschluß des Wagenstellungsvertrags Anm. 7

Wie jeder schuldrechtliche Vertrag kommt der Wagenstellungsvertrag durch Antrag und Annahme gem. §§ 145ff. BGB zustande. Die KVO geht davon aus, daß der Antrag („Bestellung") vom Besteller ausgeht. Die Bestellung (Abs. 1, 2) ist ebenso wie die Annahme (Abs. 3) formlos gültig. Für die Annahme genügt auch die Stellung des Wagens ohne vorhergehende verbale Zusage; OLG Hamburg, VersR 1967, 796 (797). In § 14 Abs. 2 ist der Inhalt der Bestellung angegeben. Doch liegt ein wirksamer Vertragsantrag auch dann vor, wenn einzelne dieser Angaben fehlen. Erklärt sich der KVO-Unternehmer beispielsweise bereit, zu einem bestimmten Zeitpunkt einen Lastzug eines bestimmten Maßes zu stellen, so liegt eine wirksamer Wagenstellungsvertrag vor, ohne daß der Empfänger auch das Gewicht der Güter in der Bestellung hätte angeben müssen.

V. Der Inhalt des Wagenstellungsvertrages Anm. 8

1. Stellung eines geeigneten Fahrzeugs

Nach § 14 Abs. 3 ist der KVO-Unternehmer verpflichtet, ein geeignetes Fahrzeug antragsgemäß zu stellen. In der Literatur zur KVO wird die „Stellung" des Fahrzeugs in Abs. 3–5 mit der „Bereitstellung" des Abs. 6 gleichgesetzt. Sie ist erfolgt, wenn das Fahrzeug an der vereinbarten Einladestelle ladegerecht zur Verfügung gestellt ist; Guelde/Willenberg Anm. 34 zu § 14 KVO; Muth/Lehmann Anm. zu § 14 KVO. Die eventuelle Ungeeignetheit des Fahrzeugs kann grundsätzlich zu zwei Folgen führen: einmal kann der Absender das Fahrzeug zurückweisen; zum anderen kann das Frachtgut in das ungeeignete Fahrzeug verladen und darin befördert werden; hierdurch kann Schaden am Frachtgut entstehen.

2. Zurückweisung des ungeeigneten Fahrzeugs Anm. 9

Das Recht zur Zurückweisung des ungeeigneten Fahrzeugs ergibt sich aus allgemeinem Schuldrecht, da der Gläubiger nur die vom Schuldner geschuldete Leistung – also die Stellung eines geeigneten Fahrzeugs – anzunehmen braucht. Wird ein ungeeignetes Fahrzeug gestellt, so kann die weitere Folge auch darin bestehen, daß ein geeignetes Fahrzeug dann erst verspätet gestellt werden kann oder überhaupt nicht mehr gestellt wird. In diesem Falle stehen dem Besteller die sehr begrenzten Ansprüche aus § 14 Abs. 5 KVO zu; siehe unten Anm. 12.

Anm. 10 **3. Beladung und Beförderung im ungeeigneten Fahrzeug**

Wird das ungeeignete Fahrzeug beladen, so kann sich eine Haftung aus zwei Gesichtspunkten ergeben: Wird die Ungeeignetheit noch vor der Annahme des Frachtguts durch den Frachtführer (§ 15 Abs. 1), also vor Abschluß des Frachtvertrages bemerkt und kommt es nicht mehr zur Beförderung, dann haftet der KVO-Unternehmer für Schäden (z. B. durch Geruchs-Beeinträchtigung der verladenen Güter) dem Besteller gegenüber unbeschränkt aus positiver Vertragsverletzung. Tritt der Schaden wegen des ungeeigneten Fahrzeugs während der Beförderung ein (z. B. bei mangelnder Kühlung, fehlendem Kälteschutz oder unzureichender Belüftung), dann wird dem Absender nach Maßgabe der §§ 29 KVO begrenzt gehaftet. In beiden Fällen kann im Beladen des ungeeigneten Fahrzeugs durch den Absender (oder Besteller) bereits ein Mitverschulden liegen, wenn die Ungeeignetheit erkannt oder fahrlässig nicht erkannt wurde. Der Verladungspflichtige hat vor Beladung die Geeignetheit des Fahrzeugs zu prüfen – was insbesondere für die Reinheit von Tankfahrzeugen erhebliche praktische Bedeutung hat; siehe dazu – für den Bereich der AGNB – OLG Düsseldorf vom 6. 12. 1973, VersR 1975, 234 f. (zweifelhaft); Roesch, VP 1976, 240; Voigt, VP 1964, 71, zur Berücksichtigung des Mitverschuldens siehe Anm. 4 zu § 34 KVO.

Die unglückliche Aufsplitterung des Frachtgeschäfts in einen Wagenstellungs- und einen Frachtvertrag führt hier zu schwer lösbaren Haftungsproblemen, da möglicherweise zwei Anspruchsberechtigte (Besteller und Absender), jedenfalls aber zwei aufeinanderfolgende Haftungszeiträume mit verschiedenen Haftungsfolgen (Wagenstellungsvertrag, Frachtvertrag) zu berücksichtigen sind. Die Problematik wird noch dadurch erschwert, daß die Rechtsprechung zusätzlich Ansprüche aus unerlaubter Handlung gewährt (siehe dazu Anm. 76 ff., insbesondere 87 zu § 429 HGB).

Anm. 11 **4. Geeignetheit**

Die Geeignetheit des gestellten Fahrzeugs richtet sich nach den Angaben des Bestellers; § 14 Abs. 2 KVO. Fehler bei der Angabe des zu verladenen Gutes oder der speziellen Anforderungen an das Fahrzeug (z. B. Kühlfahrzeug, Silo- oder Tankfahrzeug eines bestimmten Reinheitsgrades) gehen zu Lasten des Bestellers. Über die Geeignetheit eines Fahrzeugs können kaum generelle Aussagen gemacht werden; jedoch haben sich in der Praxis bestimmte Standards herausgebildet, die im Zweifel bei der Auslegung der Bestellung berücksichtigt werden müssen. Siehe dazu sehr eingehend mit Hinweisen auf die in den Verkehrszeitschriften veröffentlichten meist anonymen Beiträge Guelde/Willenberg Anm. 16–33 zu § 14; ferner Muth/Lehmann Anm. zu § 14 KVO; Roesch, VP 1976, 240; Voigt, VP 1967, 199 (Silofahrzeuge). Siehe aus der Rspr.: OLG Hamburg vom 30. 11. 1973, VersR 1975, 708 f.

Anm. 12 **5. Verzögerung der Wagenstellung**

Wird die Bereitstellung des Fahrzeugs verzögert, so ist nach § 14 Abs. 5 der KVO-Unternehmer nur in sehr begrenztem Umfang zum Ersatz verpflichtet, nämlich nur zur Zahlung der Kosten der vergeblichen Auflieferung und auch dies nur bis zur Höhe des tariflichen Wagenstandsgeldes für einen Tag. Die Haftung kann also auch bei mehrtägiger Verspätung der Wagenstellung nach Nr. VII Nebengütertarif nur maximal 168,– DM für einen nicht gestellten Lastzug betragen. Da sämtliche mittelbaren Schäden durch diese Regelung vom Ersatz ausgeschlossen sind, bedeutet sie praktisch einen vollständigen Haftungsausschluß für verspätete Bereitstellung des Wagens. Die Vereinbarung einer Vertragsstrafe oder eines höheren Schadensersatzes würde nach § 22 Abs. 2 GüKG als unzulässige Vergünstigung unwirksam sein.

Zusammen mit der sehr großzügig bemessenen Lieferfristregelung des § 26 KVO bedeutet § 14 Abs. 5, daß Eiltransporte im Güterfernverkehr zur Zeit kaum mit einer ernst zu nehmenden rechtlichen Verbindlichkeit vereinbart werden können. Zweifelhaft kann allerdings sein, ob eine bewußte Erfüllungsverweigerung durch den KVO-Unternehmer nicht unter Umständen als positive Vertragsverletzung einen vollen Schadensersatzanspruch begründen kann, denn § 14 Abs. 5 regelt nur die „nicht rechtzeitige Stellung" des Wagens, also den Fall des Schuldnerverzugs. Ferner kann das Sichberufen auf die Haftungsbeschränkung bei vorsätzlicher Nichtstellung des Wagens eine unzulässige Rechtsausübung darstellen.

Die Haftung des KVO-Unternehmers wegen nicht rechtzeitiger Wagenstellung fällt nicht in den Deckungsbereich der KVO-Haftpflichtversicherung; siehe Guelde/Willenberg Anm. 45 zu § 14 KVO.

VI. Abbestellung

Anm. 13

Nach § 14 Abs. 6 KVO hat die Abbestellung für den Besteller nur die Folge der Entstehung einer Gebührenpflicht, nämlich bei Abbestellung vor Bereitstellung des Wagens die Zahlung einer Abbestellungsgebühr nach Nr. VIII Nebengebührentarif; bei Abbestellung nach Bereitstellung des Wagenstandgeldes nach Nr. VII Nebengebührentarif. Eine Leerkilometervergütung nach § 14 Abs. 6 S. 3 KVO kann – nach dem Wegfall des RKB 1945 – nicht verlangt werden. Ob die zusätzliche vertragliche Vereinbarung einer Leerkilometervergütung (dazu Guelde/Willenberg Anm. 39 zu § 14 KVO) tarifrechtlich zulässig ist, erscheint zweifelhaft.

Unter „Bereitstellung" ist die „Stellung" i.S.d. Abs. 3 zu verstehen (siehe oben Anm. 8), nicht schon die vorsorgliche Bereitstellung beim Unternehmer (z. B. nicht die Unterlassung des Einsatzes zu anderer Beförderung).

Mit der Regelung des § 14 Abs. 6 KVO sind alle Ansprüche des KVO-Unternehmers abgegolten. Er kann insbesondere keinen Ersatz entgangenen Gewinns wegen mittlerweile entgangener anderweitiger Beförderungsaufträge verlangen.

Die Vergütungspflicht des Bestellers besteht andererseits nur, wenn der Wagen rechtzeitig gestellt worden ist oder gestellt worden wäre. Wird dagegen der Wagen abbestellt, weil er nicht pünktlich zur Stelle ist, oder weil die Verspätung bereits angekündigt ist, so kann sich ein Rücktrittsrecht des Bestellers aus § 326 BGB, insbesondere nach Abs. 2 wegen Interessewegfalls ergeben. In diesem Falle entsteht kein Gebührenanspruch.

VII. Entziehung des Fahrzeugs wegen Nichtbeladung

Anm. 14

Nach § 14 Abs. 6 S. 2 kann der Unternehmer dem Besteller den Wagen, wenn er innerhalb der Ladefrist (siehe dazu die Anm. zu § 19 KVO) nicht beladen wird, wieder entziehen und Wagenstandgeld fordern.

VIII. Rollgeld

Anm. 15

Nicht zum Wagenstellungsvertrag gehört an sich die Pflicht des Bestellers oder Absenders zur Zahlung von Rollgeld im Falle einer Abholung ohne anschließende Fernbeförderung (§ 14 Abs. 6 S. 2 KVO). Sachlich handelt es sich hierbei um einen Frachtvertrag, da die abgeholten Güter bereits angenommen sind (§ 15 Abs. 1 KVO). Würde sich eine Fernbeförderung anschließen, so wäre die Abholung u. U. gebührenfrei. Endet die Beförderung wegen Ausfalls der Fernbeförderung bereits in der Nahzone, so ist nach § 14 Abs. 6 S. 2 in jedem Falle Rollgeld zu bezahlen. Siehe zur Vergütungspflicht bei der Abholung Anm. 8 zu § 5 KVO.

§ 15

Abschluß des Beförderungsvertrages

(1) Der Beförderungsvertrag ist abgeschlossen, sobald der Unternehmer Gut und Frachtbrief übernommen hat. Als Zeichen der Annahme ist der Frachtbrief nebst Durchschriften nach vollständiger Auflieferung des Gutes vom Unternehmer zu unterschreiben.

(2) Der Unternehmer hat in den Frachtbrief und in die Durchschriften folgendes einzutragen:

a) Tag und Uhrzeit der Be- und Entladung,

b) den Namen des Fahrers und Begleiters,

c) das amtliche Kennzeichen des Lastkraftwagens,

d) die Nutzlast des Motorwagens und des Anhängers bzw. der Anhänger nach dem Kraftfahrzeugbrief,

e) die genaue Anschrift des Fahrzeughalters.

(3) Der vom Unternehmer unterschriebene Frachtbrief dient als Beweis für den Beförderungsvertrag.

Inhaltsübersicht

Text der KVORb — Anm. 1

I. Der KVO-Frachtvertrag, ein Formal- und Realvertrag? — Anm. 2

1. Der KVO-Frachtvertrag ein Formalvertrag? — Anm. 3
   a) Schriftform nach § 15 KVO? — Anm. 4
   b) Ablehnung der Formalvertragstheorie durch die Rechtsprechung — Anm. 5
   c) Eigene Stellungnahme — Anm. 6
2. Der KVO-Frachtvertrag ein Realvertrag? — Anm. 7
   a) Die Theorie vom Realvertrag
   b) Stellungnahme der Rechtsprechung — Anm. 8
   c) Eigene Auffassung — Anm. 9, 10

II. Annahme des Gutes durch den KVO-Frachtführer — Anm. 11

III. Annahme des Frachtbriefes durch den KVO-Frachtführer — Anm. 12

1. Bedeutung der Annahme
2. Bedeutung der Unterschrift des Unternehmers — Anm. 13

IV. Bedeutung der Eintragungen im Frachtbrief (§ 15 Abs. 2 KVO) — Anm. 14

V. Der Frachtbrief als Beweisurkunde — Anm. 15

Anm. 1 **Text der KVORb**

§ 15 KVORb lautet abweichend:

§ 15

Abschluß des Beförderungsvertrages

(1) Der Beförderungsvertrag ist abgeschlossen, sobald die Reichsbahn Gut und Frachtbrief übernommen hat. Als Zeichen der Annahme wird der Frachtbrief nach vollständiger Auflieferung des Gutes mit dem Annahmevermerk versehen, aus dem auch der Tag und die Uhrzeit der Auflieferung ersichtlich sein muß.

(2) Der von der Reichsbahn mit dem Annahmevermerk versehene Frachtbrief dient als Beweis für den Beförderungsvertrag.

(3) Auf Verlangen des Absenders ist die Annahme des Gutes auch in anderer Form, z. B. durch Vermerk in einem Quittungsbuch oder dgl., zu bescheinigen.

Anm. 2 **I. Der KVO-Frachtvertrag, ein Formal- und Realvertrag?**

Nach der in der Literatur zur KVO und zum Eisenbahnrecht herrschenden Meinung soll der Frachtvertrag in diesen Sparten ein Formal- und Realvertrag sein.

Ausgehend von der eisenbahnrechtlichen Tradition und vom Wortlaut des § 15 Abs. 1 KVO steht diese Doppeltheorie auf dem Standpunkt, daß vor der Annahme des Frachtbriefs (Formalvertrag) und des Frachtguts (Realvertrag) kein KVO-Frachtvertrag zustande kommen könne; Literaturangaben siehe unten Anm. 3 und 4.

Beide Aussagen dieser Doppeltheorie werden vor allem aus § 15 Abs. 1 KVO (entsprechend § 61 Abs. 1 EVO und Art 8 § 1 CIM) abgeleitet. Sie müssen aber exakt getrennt werden und können im Ergebnis nicht gleich beurteilt werden.

1. Der KVO-Frachtvertrag ein Formalvertrag? **Anm. 3**

Nach der Theorie vom Formalvertrag (irreführend gelegentlich auch als Formularvertrag bezeichnet) soll der Abschluß des Frachtvertrags an eine bestimmte Form, nämlich die Annahme des Frachtbriefs gebunden sein. Ohne Ausstellung und Annahme eines ordnungsgemäßen Frachtbriefs wäre somit der Frachtvertrag nicht zustande gekommen; bei verspäteter Ausstellung und Annahme bestünden Schwierigkeiten mit der Zurückbeziehung der Vertragswirkungen. Da im Güterfernverkehr tatsächlich nicht selten Beförderungen ohne Frachtbrief vorgenommen werden, würde die Formalvertragstheorie in erheblichem Umfang zur Ungültigkeit von Frachtverträgen führen, wobei völlig ungewiß bliebe, nach welchen Bestimmungen der von beiden Partnern gewollte Beförderungsvorgang zu beurteilen wäre. Siehe hierzu z. B. die Kontroverse zwischen Heise und Konow, BB 1966, 1428ff. Siehe auch unten Anm. 6. Im Eisenbahnrecht, dem die Formalvertragstheorie entstammt, ist diese Problematik nur theoretisch vorhanden, weil die verwaltungsmäßige Organisation der Eisenbahnen eine Beförderung ohne Frachtbrief praktisch ausschließt. Bei den kleinen und mittleren Betrieben des Güterfernverkehrsgewerbes und der besonderen Bedeutung schneller Beförderung in diesem Bereich ist jedoch eine derart verwaltungsmäßige Organisation weder erreichbar noch zweckmäßig.

a) Schriftform nach § 15 KVO? **Anm. 4**

Nach der in der Literatur herrschenden Meinung soll sich aus § 15 Abs. 1 KVO ergeben, daß der KVO-Frachtvertrag nicht zustande kommt, wenn der Frachtbrief nicht ausgestellt oder jedenfalls nicht vom KVO-Frachtführer angenommen wird. Da § 15 Abs. 1 die Schriftform gesetzlich vorschreibe, sei der Frachtvertrag ohne den Frachtbrief wegen Formmangels nichtig (Theorie vom Formalvertrag). Siehe vor allem Guelde/Willenberg Anm. 1, 2 zu § 15 KVO mit zahlreichen Angaben zur Literatur und Rechtsprechung; Konow, BB 1965, 150 und BB 1966, 1430; Heise, BB 1966, 1430. Auch soll die Abholung von Gütern vor Übergabe des Frachtbriefs bzw. zu dem im Frachtbrief genannten Abgangsort nicht unter den KVO-Frachtvertrag fallen; Guelde/Willenberg Anm. 2 und 25ff. zu § 5 KVO; ebenso die Verladung von Ladungsgut durch den KVO-Frachtführer auf Antrag des Absenders gemäß § 17 Abs. 1 S. 2 KVO, für die ein bürgerlich-rechtlicher Vertrag die Rechtsgrundlage sein soll; OLG Celle, WM 1974, 582 (583) unter Berufung auf Guelde/Willenberg Anm. 9 zu § 29 KVO; das OLG Celle übersieht § 33b KVO.

Diese Auffassung herrscht auch im Eisenbahnrecht bei weitem vor. Siehe zur EVO Goltermann/Krien Vorbemerkung 2 vor § 53 EVO; ferner die oben zur KVO angegebene Literatur. Aus der Rechtsprechung RGZ 99, 245 (246). Zur CIM etwas vorsichtiger Goltermann Anm. 1 zu Art. 8 CIM; Finger Vorbem. 2b vor § 53 EVO; mit Einschränkungen auch Weirauch/Heinze Vorbem. 3 vor § 53 EVO. A. A. zur KVO Muth/Lehmann Anm. zu §§ 11, 15 KVO; Schmeißer, VersR 1972, 324ff.; Norf, Das Konnossement im gemischten Warenverkehr, 1976, S. 70f.

Anm. 5 **b) Ablehnung der Formalvertragstheorie durch die Rechtsprechung**

Gegenüber der in der Literatur vorherrschenden Meinung hat die Rechtsprechung weit überwiegend nicht den KVO-Frachtvertrag als Formalvertrag, sondern als formlos gültigen Vertrag angesehen. Die ständige Rechtsprechung des BGH wurde zunächst noch darauf gestützt, daß die KVO keine Rechtsverordnung, sondern eine vereinbarungsbedürftige Vertragsordnung sei, die von den Parteien jederzeit auch stillschweigend abbedungen werden könne; BGH v. 29. 4. 1952, BGHZ 6, 145ff. = BB 1952, 621f. = LM KraftverkehrsO Nr. 2 = MDR 1952, 609f. = VersR 1952, 284f. Bereits nach der Entscheidung des BGH v. 23. 6. 1955, WM 1955, 1324 (1325) ist jedoch der Beförderungsvertrag zivilrechtlich auch dann nach der KVO zu beurteilen, wenn kein Frachtbrief vorliegt. Ebenso entschied der BGH im Urteil vom 30. 4. 1959, VersR 1959, 502 (503), in dem er einen Vertrag mit einem schweizerischen Partner bei Vereinbarung deutschen Rechts der KVO unterstellte, obwohl kein Frachtbrief ausgestellt war; ähnlich BGH vom 7. 12. 1959, VersR 1960, 111; ferner OLG München, VersR 1955, 690.

Weniger deutlich drückten sich die Urteile vom 15. 10. 1959, VersR 1959, 983 (984) = LM GüKG Nr. 5 und vom 1. 2. 1968, VersR 1968, 289 = NJW 1968, 836f. aus. Eindeutig gegen die Formalvertragstheorie jedoch wieder BGH v. 22. 1. 1971, BGHZ 55, 217 (221ff.) = LM KraftverkehrsO Nr. 30 = MDR 1971, 373 = BB 1971, 416. Siehe Auch OLG Hamm, VersR 1957, 125 (126). Für den Eisenbahnfrachtvertrag hat dagegen der BGH am Formalvertrag festgehalten, allerdings ohne nähere Begründung und nur beiläufig; BGH v. 4. 6. 1976, NJW 1976, 1746 (1747), in BB 1976, 1050 insoweit nicht abgedruckt. Für die Formalvertragstheorie nimmt (offenbar in Unkenntnis der BGH-Rechtsprechung) Stellung das OLG Celle, WM 1974, 582 (583).

Anm. 6 **c) eigene Stellungnahme**

Die zur KVO in der Literatur vertretene Formalvertragstheorie beruht einerseits auf der eisenbahnrechtlichen Tradition, andererseits auf einer nicht voll überzeugenden Auslegung des § 15 Abs. 1 KVO. Diese Bestimmung besagt strenggenommen nur, daß der KVO-Frachtvertrag jedenfalls dann als abgeschlossen anzusehen ist, wenn der KVO-Frachtführer Gut und Frachtbrief angenommen hat und daß damit der Vertragsbeginn im Regelfall auf den Zeitpunkt der Übergabe von Gut und Frachtbrief festgelegt ist; zum letzteren siehe Schmeißer, VersR 1972, 327. Darüber, ob der Vertrag auch ohne diese Voraussetzungen zustande kommen k a n n, läßt sich jedoch der Vorschrift nichts entnehmen; zutreffend Schmeißer, VersR 1972, 326. Im Gegensatz zu typischen Formvorschriften enthält § 15 KVO keinen Hinweis auf die Schriftform. Vielmehr ist die Unterschrift des Frachtführers nur als Zeichen der Annahme zu leisten (offenbar unstreitig, vgl. Guelde/Willenberg Anm. 34 zu § 15 KVO). Der KVO-Frachtbrief ist nach § 15 Abs. 3 KVO ein Beweispapier; nach BGH v. 12. 1. 1971, BGHZ 55, 217 (223) dient er „nur" zu Beweiszwecken. Die hier vertretene Auslegung des § 15 KVO stimmt auch mit § 22 Abs. 3 GüKG gut zusammen; siehe dazu Muth/Lehmann Anm. zu § 15 KVO; BGH v. 22. 1. 1971, BGHZ 55, 217 (223). Nach dieser Vorschrift wird die rechtliche Wirksamkeit des Frachtvertrags durch tarifwidrige Abreden nicht berührt. Der Abschluß eines KVO-Frachtvertrags ohne Frachtbrief ist zwar tarifwidrig, muß deshalb aber nicht ungültig sein. Zum gleichen Ergebnis käme man wohl, wenn man den Formalvertragscharakter auf § 15 Abs. 1 KVO stützen wollte, weil in diesem Falle die Ermächtigungsgrundlage zweifelhaft wäre. § 20a GüKG ermächtigt den Verkehrsminister zum Erlaß von „für den Beförderungsvertrag maßgebenden Beförderungsbedingungen"; nach § 106 Abs. 2 GüKG gilt der Reichskraftwagentarif und mit ihm auch die KVO als aufgrund des § 20a GüKG erlassen. Formvorschriften des Frachtvertrags gehören aber nicht zu den „Beförderungsbedingungen", sondern zu den Voraussetzungen des Frachtvertrags. Die Beförderungsbedingungen sollen einheitliche Inhaltsgestaltung im Hinblick auf die Tarifgleichheit mit der Bundesbahn sicherstellen. Der Abschlußvorgang als solcher fällt danach kaum in den Aufgabenbereich der Ermächtigung.

Sachlich entscheidend ist das Argument, daß die Anwendbarkeit der KVO nicht von der Formalie der Ausstellung und Annahme eines Frachtbriefs abhängig sein kann. Wollte man dies annehmen, so stünde es im Belieben des Güterfernverkehrsunternehmers, sich der zwingend vorgeschriebenen Anwendung der KVO willkürlich zu entziehen – zumindest was die privatrechtlichen Beziehungen zum Absender und Empfänger angeht; zutreffend Schmeißer, VersR 1972, 326; OLG Hamm, VersR 1957, 125f.; Norf, Das Konnossement im gemischten Warenverkehr, 1976, S. 69f.

Die von der Rechtsprechung vertretene und hier unterstützte Auffassung vermeidet auch die nahezu uferlosen praktischen Probleme der Formalvertragstheorie. Diese läßt nämlich die Frage nach dem Rechtszustand bei tatsächlicher Ausführung des Frachtvertrags ohne Frachtbrief völlig offen; siehe oben Anm. 3. Die herrschende Meinung nimmt an, es bestünde dann ein HGB-Landfrachtvertrag. Demgegenüber bemerken Guelde/Willenberg, ähnlich Schmeißer, VersR 1972, 324 (325) und schon das OLG Hamm, VersR 1957, 125 (126) zu Recht, daß dies gegen den Willen der Parteien wie auch gegen die tarifliche Ordnung des Güterfernverkehrs verstoßen würde; siehe auch Konow, BB 1965, 149, sowie Heise und Konow, BB 1966, 1428ff. Frachtverträge zu HGB-Bedingungen sind in diesem Bereich nicht zulässig. Andererseits schafft die Auffassung von Guelde/Willenberg ihrerseits neue Probleme. Die Anwendung des Rechts der ungerechtfertigten Bereicherung oder der Geschäftsführung ohne Auftrag sowie der unerlaubten Handlung kann die Haftungsfragen kaum lösen. Es ist auch nicht vertretbar, mit Guelde/Willenberg die Tarifvorschriften zugunsten des Güterfernverkehrsunternehmers anzuwenden, die Bestimmungen über die KVO-Haftung und die KVO-Versicherung dagegen nicht. Immerhin ist zu bedenken, daß gerade der KVO-Frachtführer die Regelung am besten kennen müßte und es daher keineswegs angemessen ist, ihn einseitig zu begünstigen, wenn er das Gut ohne Frachtbrief befördert. Für den Vorlauf muß Guelde/Willenberg Anm. 2, 25 zu § 5 KVO offensichtlich einen besonderen, nur die Zuführung regelnden Vorlauf-Frachtvertrag neben den KVO-Frachtvertrag stellen, auf den die §§ 425ff. HGB anzuwenden sein sollen, der jedoch nach § 33a KVO der KVO-Haftung unterstehen soll. Damit würde die KVO-Haftung durch § 33a KVO auf einen anderen, sonst nicht der KVO unterliegenden Vertrag erstreckt werden, eine Konstruktion, die überdies wegen der Ermächtigungsgrundlage des § 20a GüKG zweifelhaft ist.

Demgegenüber stellt die BGH-Rechtsprechung die besser vertretbare Lösung dar. Insbesondere ist nicht einzusehen, welche nachteiligen Wirkungen sich aus der Aufgabe der Formalvertragstheorie ergeben sollten. In den modernen Kodifikationen des internationalen Frachtrechts zeigt sich demgemäß auch eher eine gegenläufige Tendenz: für den Luftfrachtverkehr bestimmt Art. 5 Abs. 2 WA, für den internationalen Straßengüterverkehr Art. 4 S. 2 CMR, daß das Fehlen eines Frachtbriefs auf die Gültigkeit des Frachtvertrags keinen Einfluß hat; das gleiche gilt für die innerdeutsche Möbelbeförderung nach § 2 Abs. 7 BefBMö. Die AGNB sehen keinen Frachtbrief vor, nach ihrem § 3 Ziff. 1 genügt zum Abschluß des Beförderungsvertrags die formlose Einigung zwischen den Parteien. Zumindest im Luftfrachtverkehr zeigen sich Tendenzen, den Luftfrachtbrief überhaupt durch eine Erfassung der Transporte durch EDV zu ersetzen. Siehe zu dieser Problematik Grönfors, Europäisches Transportrecht 1975, S. 638–647.

Anm. 7 **2. Der KVO-Frachtvertrag ein Realvertrag?**

a) Die Theorie vom Realvertrag

Nach weitaus herrschender Meinung ist der KVO-Frachtvertrag nicht nur ein an die Ausstellung und die Übernahme des Frachtbriefs gebundener Formalvertrag, sondern außerdem auch Realvertrag, da seine Entstehung stets die Übernahme des Gutes voraussetze. Wie im Eisenbahnrecht knüpft diese Theorie auch im Bereich der KVO an die gesetzliche Formulierung an, nach welcher der „Frachtvertrag abgeschlossen" ist, „sobald der Unternehmer Gut und Frachtbrief übernommen hat (§ 15 Abs. 1 S. 1 KVO; entsprechend § 15 Abs. 1 S. 1 KVO Rb; Art. 8 § 1 CIM; § 61 Abs. 1 EVO).

Zum KVO-Recht siehe Guelde/Willenberg Anm. 20ff. zu § 15; Muth/Lehmann Anm. zu § 15 KVO, die sich auf Seite 118 zu Unrecht auf das BGH-Urteil vom 15. 10. 1959 berufen, da dieses Urteil zum Charakter des KVO-Frachtvertrages als Realvertrag nichts aussagt. Zum Eisenbahnrecht siehe Goltermann/Krien Vorbem. 2 vor § 53 EVO und 1 zu Art. 8 CIM; Finger Vorbem. 2a vor § 53 EVO; Weirauch/Heinze Vorbem. 4 vor § 53 EVO; Schlegelberger/Geßler Anm. 9 zu § 454 HGB; Nánássy Anm. 5 zu Art. 27 § 1; 4 zu Art. 8 § 1 CIM; Müllner Anm. 1 zu Art. 8 § 1 CIM.

Anm. 8 **b) Stellungnahme der Rechtsprechung**

Der BGH hat im Urteil vom 22. 1. 1971 (BGHZ 55, 217 (223) = LM KraftverkehrsO Nr. 30 = MDR 1971, 373) die Anwendbarkeit von HGB-Recht auf die Haftung für den Zeitraum vor Annahme des Frachtgutes angenommen. Diese Entscheidung betrifft einen Fall, in dem es zum formlosen Abschluß eines Güterfernverkehrsvertrages gekommen war, die Verspätungshaftung der §§ 31 Abs. 1a, 26 KVO und die Obhutshaftung des § 29 KVO mangels Übernahme jedoch nicht eingriff. Der BGH hat also für den Zeitraum vor Annahme des Gutes durch den Unternehmer die Existenz eines HGB-Frachtvertrages anstelle eines KVO-Frachtvertrages bejaht und §§ 428ff. HGB angewandt. Damit soll die Annahme des Frachtguts offenbar nicht Voraussetzung des Abschlusses eines Frachtvertrages überhaupt, sondern nur der Anwendbarkeit der KVO sein.

Anm. 9 **c) eigene Auffassung**

Die Lösung des BGH beseitigt praktisch die Haftungsbeschränkungen des § 14 Abs. 5 KVO und ist daher nicht mit § 22 Abs. 2 GüKG vereinbar. Die Parteien können sich nämlich im Bereich des zwingenden KVO-Rechts nicht wirksam darüber einigen, einen Frachtvertrag nach HGB-Recht abzuschließen. Die KVO hat – entsprechend der EVO – eine klare Entscheidung für den Realvertrag getroffen. Dies ergibt sich aus der Schaffung eines besonderen Vorvertrags für den Fall der Selbstverladung der Güter, des Wagenstellungsvertrags; § 14 KVO, entsprechend § 63 Abs. 4 EVO. Siehe hierzu Anm. 2 zu § 14 KVO. Bei der Wagenbestellung soll nämlich bereits der Bestimmungsort, der Empfänger, Art und Gewicht des Frachtguts sowie Zeit und Ort der Verladung angegeben werden. Alle entscheidenden Merkmale des Frachtvertrags sind also mit der Wagenbestellung bereits festgelegt; man könnte ebensogut in diesem Augenblick bereits den Abschluß des eigentlichen Frachtvertrags annehmen. Dennoch soll bis zur Annahme des Guts durch den Frachtführer nur ein besonderer Vorvertrag bestehen. Die Zerlegung des Frachtgeschäfts in einen Real-Frachtvertrag und einen Vorvertrag wird auch durch die Ermächtigungsgrundlage des § 20a Abs. 5, 20 GüKG getragen. Da der vom Wagenstellungsvertrag umfaßte Teil des Beförderungsgeschäfts einer besonderen Haftungsordnung unterstellt ist, die insbesondere das

Verspätungsrisiko des Frachtführers begrenzt, können die Parteien auch nach § 22 Abs. 2 GüKG keine Abweichungen vereinbaren; siehe Anm. 3 zu § 14 KVO sowie Anm. 3, 4 zu § 22 GüKG, Anh. I nach § 452.

Andererseits ist es durchaus verständlich, daß der BGH nach einer Lösung zur Umgehung des § 14 KVO sucht. Die Regelung der KVO beruht auf einem die Eisenbahnbeförderung beherrschenden Verwaltungsdenken, das in die unternehmerische Stellung des Fernbeförderers schlecht hineinpaßt. Was für eine Eisenbahnverwaltung eine Unregelmäßigkeit bedeutet, nämlich der Abschluß eines voll wirksamen Vertrages auf mündlichem oder telefonischem Wege, ist für den KVO-Unternehmer und seine Kunden ein selbstverständlicher Vorgang, an den aber die KVO nicht die vollen Rechtswirkungen eines Frachtvertrages anknüpfen will. Durch die Verschiebung des Vertragsabschlusses auf den Zeitpunkt der Annahme der Güter werden entscheidende Pflichten aus dem Frachtgeschäft, nämlich die rechtzeitige Stellung eines geeigneten Beförderungsmittels, zu Gegenständen eines Vorvertrags mit beschränkter Haftung degradiert. Im Seerecht gehört z. B. die Pflicht zur Stellung eines see- und ladungstüchtigen Schiffes zu den international zwingenden, eine Haftung des Verfrachters begründenden Pflichten; siehe dazu § 559 HGB. Im Binnenschiffahrtsrecht gilt (dispositiv) nach §§ 58, Abs. 2 BSchG das gleiche. Der BGH hat die Freizeichnung von der Pflicht zur Stellung eines fahr- und ladungstüchtigen Schiffes als formularmäßige Freizeichnung von einer Kardinalpflicht als ungültig betrachtet; BGH vom 13. 3. 1956, NJW 1956, 1065; vom 23. 6. 1966, VersR 1966, 871 = MDR 1966, 914; v. 25. 6. 1973, VersR 1973, 1060 = MDR 1973, 1002 = NJW 1973, 1878; vom 21. 4. 1975, MDR 1976, 29 = DB 1975, 2126; vom 8. 12. 1975, VersR 1976, 263 = NJW 1976, 672.

Entsprechend der überragenden Bedeutung der sich vor der Beladung und Annahme des Frachtguts abspielenden Vorgänge ist der Frachtvertrag auch in allen anderen Sparten nicht von der Annahme der Güter abhängig, sondern ein reiner Konsensualvertrag. Siehe für das Seefrachtrecht die eindeutige Regelung der §§ 556ff. HGB und Schaps/Abraham, Das Seerecht, 4. Aufl. 1978 Anm. 1 zu § 557 HGB. Für die Binnenschiffahrt siehe Vortisch/Zschucke Anm. 6 zu § 26 BSchG; auch die gesamte Regelung der §§ 27ff. BSchG beruht auf der Vorstellung, daß der Frachtvertrag vor Anlieferung der Güter geschlossen wird. Für die CMR siehe Art. 4, erläutert unten im Anhang III zu § 452; für den Güternahverkehr ausdrücklich in § 3 AGNB Anhang V nach § 452. Für den übrigen Nahverkehr gilt die HGB-Regelung, die keinen Realvertrag vorsieht. Die BefBMö gehen in §§ 1, Abs. 1, 2 Abs. 1 ganz offensichtlich vom Konsensualprinzip aus, siehe Anh. IV nach § 452. **Anm. 10**

Die Realvertrags-Lösung des Eisenbahn- und KVO-Rechts steht auch im übrigen Zivilrecht fast ganz alleine. Beim Darlehen, dem einzigen Vertragstypus, bei dem die Realvertragstheorie praktisch eine Rolle gespielt hat, ist heute in der Literatur, zumindest für seine übliche bankgeschäftliche Ausprägung, der Charakter als Konsensualvertrag anerkannt, so daß die umständliche Vorvertrags-Konstruktion entbehrlich ist; siehe Palandt/Putzo, Einführung zu § 607 BGB. Auch der KVO-Frachtvertrag würde durch eine Umgestaltung als Konsensualvertrag wesentlich elastischer gestaltet und könnte den praktischen Bedürfnissen besser angepaßt werden. Auch käme das Frachtrecht der verschiedenen Sparten der Vereinheitlichung einen Schritt näher. De lege lata ist dies jedoch wegen der eindeutigen Regelung der KVO nicht erreichbar.

II. Annahme des Gutes durch den KVO-Frachtführer **Anm. 11**

Die Annahme des Gutes zur Beförderung hat wichtige Folgen: mit ihr kommt der KVO-Frachtvertrag erst zustande, beginnen auch der Haftungszeitraum des § 29 KVO und die Lieferfrist nach § 26 Abs. 1 KVO sowie u. U. der Beginn der Verjährung nach

§ 40 Abs. 2a KVO. Die Annahme des Gutes bezeichnet ferner zusammen mit der Annahme des Frachtbriefes den Zeitpunkt des Beginns der Vertragswirkungen, wenn keine abweichenden Vereinbarungen vorliegen.

Der Begriff der Annahme ist hier der allgemein frachtrechtliche; siehe dazu Anm. 11 zu § 429; insbesondere auch dazu, daß der Obhutszeitraum mit der „Annahme" vor dem Abschluß des Beförderungsvertrages beginnen kann. Zum Begriff des „Gutes" siehe Anm. 7 zu § 429 HGB.

Anm. 12

III. Annahme des Frachtbriefes durch den KVO-Frachtführer

1. Bedeutung der Annahme

Erst die Annahme des Frachtbriefs begründet dessen Beweiswirkung nach § 15 Abs. 3 KVO; siehe dazu unten Anm. 9. Nach der Formalvertragstheorie, die hier in Übereinstimmung mit der Rechtsprechung des BGH abgelehnt wird (siehe oben Anm. 2) soll die Annahme des Frachtbriefs darüber hinaus ein Formerfordernis für den Abschluß des KVO-Frachtvertrages sein.

Anm. 13

2. Bedeutung der Unterschrift des Unternehmers

Die Unterschrift des Unternehmers unter dem Frachtbrief wird auch von den Vertretern der Formalvertragstheorie nicht als konstitutiv behandelt; Guelde/Willenberg Anm. 34 zu § 15 KVO.

Vielmehr soll der Formalvertrag nicht durch die Unterschrift, sondern durch die Annahme des Frachtbriefs als solche zustande kommen. Damit stimmt allerdings die Auffassung von Guelde/Willenberg Anm. 37 zu § 15, nach welcher der Frachtbrief eine Vertragsurkunde nach § 126 BGB sein soll, kaum zusammen.

Die Unterschrift des KVO-Frachtführers hat also, gleich welcher grundsätzlichen Meinung man sich anschließt, nur Beweisfunktion.

Anm. 14

IV. Bedeutung der Eintragungen im Frachtbrief (§ 15 Abs. 2 KVO)

Nach allgemeiner Auffassung ist § 15 Abs. 2 KVO nur eine Ordnungsvorschrift; auch soweit die Theorie vom Formalvertrag vertreten wird, hat das Fehlen oder die Unrichtigkeit der Eintragung keinen Einfluß auf die Gültigkeit des Frachtvertrages; Guelde/Willenberg Anm. 35 zu § 15 KVO. Abgesehen von der problematischen Beweiswirkung dieser Angaben (vergleiche unten Anm. 9) sind diese vor allem für die Tarifüberwachung von Bedeutung.

Anm. 15

V. Der Frachtbrief als Beweisurkunde

Der angenommene Frachtbrief erbringt nach § 15 Abs. 3 KVO (widerleglichen) Beweis für den Abschluß des KVO-Frachtvertrags. Nach allgemeinen frachtrechtlichen Beweisregeln erstreckt sich die Beweiswirkung auch auf die vom Absender eingetragenen Angaben über das Frachtgut, soweit der Unternehmer zu ihrer Überprüfung verpflichtet war; siehe Anm. 3ff. zu § 426 HGB sowie die Anmerkungen zu § 16 KVO.

Die Beweiswirkung der Eintragungen des Unternehmers nach § 15 Abs. 2 KVO ist dagegen zweifelhaft. Da diese vom Absender nicht unterzeichnet sind, kann der Frachtbrief hinsichtlich dieser Eintragungen keine Beweisurkunde im Sinne von § 416 ZPO sein. In Betracht kommt nur eine freie Beweiswürdigung dieser Eintragungen, wobei die Entgegennahme des Frachtbriefdoppels durch den Absender und die Eintragung durch Personal des Unternehmers zugunsten der Richtigkeit der Eintragungen sprechen können.

§ 16

Prüfung des Inhalts der Sendung. Feststellung von Anzahl und Gewicht

(1) *RKB und* **Unternehmer** *[Die Reichsbahn ist]* **sind jederzeit berechtigt nachzuprüfen, ob die Sendung mit den Eintragungen des Absenders im Frachtbrief übereinstimmt und ob bei Gütern, die nur bedingt zur Beförderung zugelassen sind, die Vorschriften der Polizei** *und des RKB [und der Reichsbahn]* **eingehalten sind. Gebühren werden hierfür nicht erhoben.**

Zur Prüfung des Inhalts ist am Versandort der Absender, am Bestimmungsort der Empfänger tunlichst einzuladen. Erscheint der Berechtigte nicht oder wird die Prüfung auf einem Unterwegsort vorgenommen, so sind *nach Bestimmung des RKB [der Reichsbahn]* **Zeugen zuzuziehen. Weicht das Ergebnis der Nachprüfung von den Eintragungen im Frachtbrief ab, so ist es auf diesem zu vermerken. Geschieht die Nachprüfung am Versandort vor Aushändigung der Durchschrift des Frachtbriefes an den Absender, so ist der Vermerk auch auf diese zu setzen. Wenn die Sendung den Eintragungen im Frachtbrief nicht entspricht und dadurch eine Frachtverkürzung herbeigeführt werden könnte, haften die durch die Nachprüfung verursachten Kosten auf dem Gute.**

(2) *Der RKB [die Reichsbahn] kann auch nach Ablieferung des Gutes den Nachweis der Richtigkeit der Frachtbriefangaben fordern, wenn nach dem pflichtgemäßen Ermessen des RKB [der Reichsbahn] der Verdacht besteht, daß sie unrichtig sind. Absender und Empfänger haben ihm [ihr] hierzu die Einsichtnahme in ihre Geschäftsbücher und sonstige Unterlagen zu gestatten.*

(3) Bei Stückgütern ist der Unternehmer *[die Reichsbahn]* **verpflichtet, Anzahl und Gewicht gebührenfrei festzustellen. Geschieht die Gewichtsfeststellung am Versandort, so ist dem Absender oder dessen Beauftragten freizustellen, ihr beizuwohnen.**

(4) Bei Ladungsgütern ist der Unternehmer *[die Reichsbahn]* **auf Antrag des Absenders, der im Frachtbrief gestellt werden muß, verpflichtet, das Gewicht und gegebenenfalls auch die Stückzahl festzustellen, es sei denn, daß die vorhandenen Wiegevorrichtungen nicht ausreichen oder die Beschaffenheit des Gutes oder die Betriebsverhältnisse die Feststellung nicht gestatten. Das Gewicht hat der Unternehmer** *[die Reichsbahn]* **auch ohne Antrag festzustellen, wenn es im Frachtbrief nicht angegeben ist. Für diese Feststellungen wird die tarifmäßige Gebühr erhoben. Kann das Gewicht am Versandort nicht festgestellt werden, so geschieht es an einem anderen Ort.**

(5) Der Absender kann bei der Aufgabe verlangen, daß ihm Gelegenheit geboten wird, der Feststellung der Stückzahl und des Gewichtes beizuwohnen, wenn dies am Versandort geschieht. Stellt er ein solches Verlangen nicht oder versäumt er die ihm dargebotene Gelegenheit, so hat er, wenn die Feststellung auf seinen Antrag wiederholt wird, die tarifmäßige Gebühr nochmals zu zahlen.

(6) Ergibt die ohne Antrag des Verfügungsberechtigten vorgenommene Nachwiegung der Wagenladungsgüter keine größere Abweichung von dem im Frachtbrief angegebenen Gewicht des verladenen Gutes als zwei vom Hundert, so wird das im Frachtbrief angegebene Gewicht als richtig angenommen.

(7) Die Feststellung des Gewichts und der Stückzahl hat der Unternehmer *oder der RKB* **auf dem Frachtbrief zu bescheinigen. Geschieht die Feststellung am Versandort, so ist die Bescheinigung auch auf die Durchschriften zu setzen, und zwar auch auf die für den Absender bestimmte Durchschrift, wenn sie diesem noch nicht ausgehändigt ist.**

Inhaltsübersicht

Text der KVORb Anm. 1

I. Grundsätzliche Bedeutung des § 16 KVO Anm. 2

II. Prüfung des Inhalts der Sendung (Identitätsprüfung, §16 Abs. 1, 2 KVO) Anm. 3

1. Prüfungsrecht und Prüfungspflicht
2. Ort und Zeit der Prüfung Anm. 4
3. Zuziehung von Absender, Empfänger oder Zeugen Anm. 5
4. Kosten der Überprüfung Anm. 6
5. Überprüfung von Geschäftsbüchern und sonstigen Unterlagen nach Ablieferung (§ 16 Abs. 2 KVO) Anm. 7

III. Überprüfung von Stückzahl und Gewicht (§ 16 Abs. 3, 4) Anm. 8

1. Überprüfung von Stückzahl und Gewicht bei Stückgütern (§ 16 Abs. 3 KVO) Anm. 9
2. Überprüfung von Stückzahl und Gewicht bei Ladungsgütern Anm. 10
   a) Pflicht des Frachtführers zum Wiegen und Zählen
   b) Verwiegung ohne Verpflichtung gegenüber dem Verfügungsberechtigten Anm. 11
   c) Ort und Zeit der Stückzahl- und Gewichtsfeststellung Anm. 12
   d) Hinzuziehung von Absender, Empfänger oder Zeugen Anm. 13
   e) Kosten des Wiegens und Zählens Anm. 14

IV. Vermerke über die Feststellung im Frachtbrief Anm. 15

V. Beweislage hinsichtlich der Identitäts- und Mengenangaben Anm. 16

1. Allgemeines
2. Beweiskraft von Eintragungen des KVO-Frachtführers im Frachtbrief zu seinen Lasten Anm. 17
3. Eintragungen des Absenders im Frachtbrief Anm. 18
4. Beweiswirkungen der Frachtführer-Eintragungen zu seinen Gunsten Anm. 19

Anm. 1 **Text der KVORb**

§ 16 Abs. 7 KVORb lautet abweichend von § 16 Abs. 7 KVO wie folgt:

(7) Die Feststellung des Gewichts und der Stückzahl hat die Reichsbahn auf dem Frachtbrief zu bescheinigen.

Anm. 2 **I. Grundsätzliche Bedeutung des § 16 KVO**

§ 16 KVO hat in zwei Hinsichten Bedeutung: einmal als Grundlage der Frachtberechnung; insoweit wird die Bestimmung teilweise durch § 10 der Verordnung über die Tarifüberwachung im Güterfernverkehr und grenzüberschreitenden Güterkraftverkehr (GüKTV vom 7. 6. 1973; Abdruck bei Hein/Eichhoff u.a. C 175) überlagert. Zum anderen ist jedoch die Feststellung über Identität und Menge der Ladung für Ersatzansprüche wegen Auslieferung falscher oder nach Stückzahl oder Gewicht unvollständiger Ladung von erheblicher praktischer Bedeutung. Die für diesen Fall sich ergebenden Beweisprobleme sind in der KVO nicht geregelt. Für sie muß daher auf allgemeine Rechtsgrundsätze zurückgegriffen werden.

Welche der in § 16 dem RKB zugewiesenen Funktionen nunmehr vom KVO-Unternehmer erfüllt werden und welche ersatzlos weggefallen sind, ist zweifelhaft. Siehe dazu unten Anm. 7.

Bei dem an verschiedenen Stellen des § 16 normierten Überprüfungspflichten des KVO-Unternehmers handelt es sich nicht um echte erzwingbare Schuldnerpflichten, sondern um Obliegenheiten, deren Verletzung für den Unternehmer vor allem Beweisnachteile zur Folge hat; Guelde/Willenberg Anm. 2 zu § 16. Zur Prüfungspflicht bei Ablieferung siehe Anm. 12 zu § 25 KVO.

Anm. 3 **II. Prüfung des Inhalts der Sendung (Identitätsprüfung, § 16 Abs. 1, 2 KVO)**

1. Prüfungsrecht und Prüfungspflicht

Zur Prüfung, ob die Güter mit den Frachtbriefangaben übereinstimmen (sogenannte „Identitätsprüfung“), ist der Unternehmer zwar berechtigt, aber zivilrechtlich nicht verpflichtet. Dies bedeutet einerseits, daß der Absender dem KVO-Frachtführer die Überprüfung des Inhalts der Sendung gestatten muß. Andererseits ist der Unternehmer nicht verpflichtet, die Übereinstimmung von übergebenem Frachtgut und Frachtbriefangaben zu prüfen und haftet auch nicht, wenn auf diese Weise Güter falsch befördert werden. Fällt allerdings dem KVO-Frachtführer die Nichtidentität auf oder mußte sie ihm nach der Art der Güter offensichtlich ohne Überprüfung auffallen (z.B. Säcke statt Kisten), so muß er zumindest beim Absender rückfragen; siehe Guelde/ Willenberg Anm. 4f. zu § 16 KVO mit weiteren Literaturhinweisen.

Das Prüfungsrecht bezieht sich auch auf die Einhaltung der Vorschriften über die Beförderung gefährlicher Güter, die insoweit an die Stelle der RKB-Vorschriften getreten sind; siehe dazu die Kommentierung zu § 8 KVO.

2. Ort und Zeit der Prüfung **Anm. 4**

Wenn auch für Zwecke der Tarifberechnung die Überprüfung zu einem beliebigen Zeitpunkt und an beliebigem Ort vorgenommen werden könnte, so ist normalerweise die Identitätskontrolle am Versandort vorzunehmen. Jedoch kann sie auch unterwegs oder am Bestimmungsort erfolgen; § 16 Abs. 1 S. 3 u. 6. Zur Prüfung nach Ablieferung des Gutes an den Empfänger siehe unten Anm. 7.

3. Zuziehung von Absender, Empfänger oder Zeugen **Anm. 5**

Die Feststellung von Unstimmigkeiten hat nur begrenzten Beweiswert, wenn sie ausschließlich durch den KVO-Frachtführer oder seine Leute erfolgt. Daher sind „tunlichst" andere Personen heranzuziehen, und zwar am Versandort der Absender, am Bestimmungsort der Empfänger (§ 16 Abs. 1 S. 3) und bei Überprüfung unterwegs andere Zeugen (§ 16 Abs. 1 S. 6), die nicht zu den Leuten des KVO-Frachtführers gehören sollten.

4. Kosten der Überprüfung **Anm. 6**

Die Kosten der Überprüfung hat der Absender (bzw. der Empfänger nach § 25 KVO) nur zu zahlen, wenn die falschen Angaben im Frachtbrief zu einer Frachtverkürzung geführt hätten; § 16 Abs. 1 letzter Satz. Sind dagegen die Angaben richtig oder wenigstens tariflich neutral, so muß der KVO-Unternehmer die Kosten der Überprüfung selbst tragen.

5. Überprüfung von Geschäftsbüchern und sonstigen Unterlagen nach Ablieferung (§ 16 Abs. 2 KVO) **Anm. 7**

Zweifelhaft ist, ob der Unternehmer noch nach der Ablieferung ein Überprüfungsrecht in Form des Einsichtsrechts in Geschäftsbücher und sonstige Unterlagen hat. § 16 Abs. 2 KVO gab zwar dem RKB ein solches Recht, das Guelde/Willenberg Anm. 17–20 zu § 16 KVO nunmehr stattdessen dem KVO-Unternehmer gewähren wollen. Es kann aber nicht davon ausgegangen werden, daß eine solche Befugnis dem Frachtführer selbst zustehen soll. Derartige Einsichtsrechte sind für privatrechtliche Verträge ganz ungewöhnlich. § 16 Abs. 2 KVO diente der Ermöglichung der Aufsicht über die Einhaltung der Tarife. Diese wird nunmehr ausschließlich durch die Bundesanstalt für den Güterfernverkehr nach § 55 GüKG vorgenommen. § 16 Abs. 2 KVO ist daher nach richtiger Auffassung gegenstandslos geworden und kann dem KVO-Unternehmer keinerlei Rechte gewähren.

III. Überprüfung von Stückzahl und Gewicht **Anm. 8**

Die Überprüfung der Stückzahl und des Gewichtes der Güter folgt unterschiedlichen Regeln, je nachdem, ob es sich um Stückgüter oder Ladungsgüter handelt.

Wegen der beweisrechtlichen Bedeutung der Überprüfungspflicht (siehe dazu unten Anm. 16 sowie Anm. 6 zu § 426 HGB) ist die Frage nicht nur tarifrechtlich, sondern auch haftungsrechtlich von Bedeutung. Zur Unterscheidung zwischen Stückgut und Ladungsgut siehe die Kommentierung zu § 4 KVO.

Anm. 9 **1. Überprüfung von Stückzahl und Gewicht bei Stückgütern (§ 16 Abs. 3 KVO)**

Nach § 16 Abs. 3 KVO ist der Frachtführer verpflichtet, Anzahl und Gewicht festzustellen. Unterbleibt die Feststellung, so erbringt nach allgemein frachtrechtlichen Grundsätzen die Annahme des Frachtbriefes durch den KVO-Unternehmer widerleglichen Beweis für die Richtigkeit der Frachtbriefangaben. Siehe dazu unten Anm. 18. Darüber hinaus handelt es sich nach der Formulierung der KVO wohl um eine echte Schuldnerpflicht (Nebenpflicht) aus dem Frachtrecht; Guelde/Willenberg Anm. 23 zu § 16 KVO. Der Frachtführer muß den Absender oder dessen Beauftragten hinzuziehen, wenn die Überprüfung des Gewichtes am Versandort geschieht; § 16 Abs. 3 S. 2 KVO. Auch im übrigen ist die Zuziehung des Absenders, Empfängers oder von Zeugen zumindest dann empfehlenswert, wenn Fehlmengen festgestellt werden, da hierdurch der Nachweis für den KVO-Frachtführer erleichtert wird. Siehe dazu unten Anm. 19.

Anm. 10 **2. Überprüfung von Stückzahl und Gewicht bei Ladungsgütern**

a) Pflicht des Frachtführers zum Wiegen und Zählen

Die Pflicht zum Wiegen und Zählen von Ladungsgütern ist in der KVO kompliziert und ungenau geregelt:

aa) Ist das Gewicht der Ladungsgüter im Frachtbrief angegeben, so braucht der KVO-Frachtführer die Angaben grundsätzlich nicht zu überprüfen (§ 16 Abs. 4 S. 1). Beispielsfall: OLG Hamburg v. 14. 7. 1976, VersR 1967, 1047 (1048). Jedoch kann eine ohne Überprüfung ausgestellte Quittung des Fahrers die Beweislast umkehren.

bb) Ist das Gewicht angegeben und im Frachtbrief vom Absender der Antrag auf Überprüfung gestellt, so hat der KVO-Frachtführer das Gut zu zählen bzw. zu wiegen. Diese Pflicht entsteht jedoch ausnahmsweise nicht, wenn „die vorhandenen Wiegeeinrichtungen nicht ausreichen" oder wenn „die Beschaffenheit des Gutes oder die Betriebsverhältnisse die Feststellung nicht gestatten". In diesen Fällen kann somit die Wiegepflicht, von der die Beweiswirkung der Absenderangaben abhängt, kaum mit Sicherheit im voraus festgestellt werden. Das Vorliegen der Ausnahmen hat der KVO-Frachtführer zu beweisen.

cc) Ist das Gewicht im Frachtbrief nicht angegeben, so hat es der KVO-Unternehmer stets festzustellen; § 16 Abs. 4 S. 2 KVO. Diese Feststellungspflicht dient in erster Linie der richtigen Tarifberechnung. Dennoch muß davon ausgegangen werden, daß die Feststellung des Frachtführers gegen diesen auch im Hinblick auf seine Haftung von Bedeutung ist.

Anm. 11 **b) Verwiegung ohne Verpflichtung gegenüber dem Verfügungsberechtigten**

Der KVO-Frachtführer hat nach § 10 GüKTV das Ladungsgut auch dann nachzuwiegen, wenn der Verfügungsberechtigte (zu diesem Begriff siehe Anm. 2 zu § 433 HGB und 1 zu § 27 KVO) keinen Antrag gestellt hat und auch die Gewichtsangaben im Frachtbrief nicht fehlen. Er wird dann in Erfüllung seiner öffentlich-rechtlichen (tarifrechtlichen) Wiegepflicht tätig, ohne dem Kunden gegenüber dazu verpflichtet zu sein.

§ 16 Abs. 6 bestimmt für tarifliche Zwecke, daß eine Abweichung bis 2% als richtig gilt, so daß keine Frachtnachzahlung oder Ermäßigung eintritt. Für Zwecke des

Nachweises von Verlusten ist § 16 Abs. 6 KVO jedoch nicht anwendbar; siehe LG Köln, VersR 1954, 581; Guelde/Willenberg Anm. 38 zu § 16.

c) Ort und Zeit der Stückzahl- und Gewichtsfeststellung Anm. 12

Die Feststellung von Gewicht oder Stückzahl kann nicht nur – wie es am nächsten liegt – am Versandort, sondern auch anderswo geschehen; § 16 Abs. 4 letzter Satz; Abs. 5 S. 1; Abs. 7 S. 2 KVO. Eine volle und sichere Beweiswirkung für die übernommene Gütermenge kann dabei regelmäßig nur dann entstehen, wenn unmittelbar bei Annahme, also bei Verladung der Güter am Versandort gezählt und gewogen wird. Für die Gewichtsfeststellung nach § 10 GüKTV sind hingegen Ort und Zeitpunkt des Verwiegens belanglos.

d) Hinzuziehung von Absender, Empfänger oder Zeugen Anm. 13

Grundsätzlich hat der Absender Anspruch darauf, der Feststellung von Stückzahl und Gewicht beizuwohnen, wenn diese Feststellung am Versandort vorgenommen wird; § 16 Abs. 5 S. 1. Wegen der erhöhten Beweiswirkung der Feststellung hat auch der KVO-Frachtführer ein Interesse an der Anwesenheit des Absenders. Geschieht die Feststellung an einem anderen Ort, so ist eine Hinzuziehung von Zeugen nicht vorgesehen, aber im Hinblick auf die Beweiskraft der Feststellung empfehlenswert.

e) Kosten des Wiegens und Zählens Anm. 14

Wird Ladungsgut aufgrund eines Antrags des Absenders (§ 16 Abs. 4 S. 1) wegen fehlender Gewichtsangabe im Frachtbrief (§ 16 Abs. 4 S. 2) oder zur Wiederholung auf Antrag des Absenders wegen Nichtanwesenheit (§ 16 Abs. 5 S. 2 KVO) verwogen und gezählt, so hat der KVO-Unternehmer Anspruch auf Wiegegeld bzw. Zählgeld nach II, III Nebengebührentarif; Abdruck bei Hein/Eichhoff C 525. Zur Verwiegung auf Antrag des Empfängers siehe § 25 Abs. 5 KVO sowie dort Anm. 12.

Das Wiegen ohne frachtrechtliche Wiegepflicht erfolgt aus rein tarifrechtlichen Gründen (siehe oben Anm. 11) und ist daher grundsätzlich nicht kostenpflichtig. Doch ist nach II, Ziff. 3a Nebengebührentarif Wiegegeld zu erheben, wenn die Differenz zwischen frachtbrieflicher Angabe und tatsächlichem Gewicht mehr als 5 % beträgt.

IV. Vermerke über die Feststellung im Frachtbrief Anm. 15

Die Feststellungen des KVO-Frachtführers hinsichtlich mangelnder Identität zwischen Frachtgut und Frachtbriefangaben sind nach § 16 Abs. 1 S. 5 KVO im Frachtbrief zu vermerken. Der Vermerk ist nach S. 6 auch auf der Frachtbriefdurchschrift einzutragen, wenn diese noch in den Händen des KVO-Unternehmers ist.

Die Stückzahl- und Gewichtsfeststellung ist in jedem Falle in den Frachtbrief und in die noch nicht ausgehändigte Durchschrift einzutragen; § 16 Abs. 7 KVO. Dies gilt auch dann, wenn sie mit den Angaben des Frachtbriefs übereinstimmt.

Inwieweit der zugezogene Absender oder Empfänger die Richtigkeit der Feststellung auf dem Frachtbrief zu bestätigen hat, ist in der KVO nicht geregelt. Doch wird sich zumindest für den Absender eine solche Pflicht als Nebenpflicht aus dem Frachtvertrag ableiten lassen.

Nach allgemeiner Auffassung kann der Frachtführer, obwohl die KVO dies nicht besonders vorsieht, die Beweiswirkung der Absenderangaben durch einen Unbekanntvermerk im Frachtbrief entkräften, jedenfalls soweit er zur Überprüfung nicht verpflichtet ist. Siehe dazu Anm. 10 zu § 426; Guelde/Willenberg Anm. 30 zu § 16 KVO.

Anm. 16 **V. Beweislage hinsichtlich der Identitäts- und Mengenangaben**

1. Allgemeines

Die KVO sieht hierzu keinerlei Beweisregelungen vor. Daher muß auf allgemeines frachtrechtliches Beweisrecht zurückgegriffen werden; siehe Anm. 4ff. zu § 426, insbesondere Anm. 8ff.; Guelde/Willenberg Anm. 45 zu § 16 KVO mit weiteren Hinweisen auf Literatur in Verkehrs- und Versicherungs-Fachzeitschriften; Roesch, VP 1977, 134. Danach erbringen die Vermerke im Frachtbrief grundsätzlich Beweis zu Lasten dessen, der sie eingetragen hat. Der Frachtführer muß also die von ihm und seinem Personal, aber auch von Unterfrachtführern und deren Personal gemachten Eintragungen gegen sich gelten lassen, ebenso wie der Absender die von ihm gemachten Eintragungen; siehe dazu Anm. 4 und 6 zu § 426 HGB.

Anm. 17 **2. Beweiskraft von Eintragungen des KVO-Frachtführers im Frachtbrief zu seinen Lasten**

Nach allgemeiner Auffassung ist der Feststellungsvermerk über Stückzahl und Gewicht eine Quittung gemäß § 368 BGB; vergleiche Guelde/Willenberg Anm. 50 zu § 16 KVO mit weiteren Hinweisen. Zumindest ist klar, daß diese Vermerke Wissenserklärungen mit Beweiswirkung darstellen. In der Rechtsprechung und Literatur zur KVO wird diese Beweiswirkung der Vermerke des Frachtführers im Frachtbrief weitgehend dadurch ausgehöhlt, daß dem Frachtführer die Möglichkeit des Nachweises der Unrichtigkeit durch prima facie-Beweise gewährt wird. So soll die Beweiswirkung bereits dann durch einen prima facie-Gegenbeweis beseitigt sein, wenn der KVO-Frachtführer dartut, daß die Bestätigung auf dem Frachtbrief ohne reale Überprüfungsmöglichkeit erteilt wurde (etwa weil keinerlei Ladepapiere vorhanden waren oder weil der Fahrer beim Verladen geholfen hat und daher in Wahrheit nicht zählen konnte) oder sogar, wenn Stückzahlangaben vom Frachtführer bestätigt werden, obwohl die Überprüfung ihre Fehlerhaftigkeit aufgezeigt hatte; Guelde/Willenberg Anm. 55 zu § 16 KVO; Voigt, VP 1968, 73ff.; OLG Köln, VersR 1969, 1111 (betr. die Bestätigung des Fahrers auf dem Bordero, nicht auf dem Frachtbrief). Für den Fall der Bestätigung von Gewichtsangaben in Frachtbrief ohne Verpflichtung auch Muth/Lehmann Anm. zu § 16; OLG Hamburg, VRS 2, 146f.

Dieser Auffassung gegenüber besteht Grund zu Bedenken. Soweit der KVO-Frachtführer die Pflicht zur Überprüfung nach der KVO hat, muß er sie auch ordnungsgemäß erfüllen. Besteht diese Pflicht nicht – siehe dazu oben Anm. 3, 10, dann braucht er auch eine Prüfung im Frachtbrief nicht zu bestätigen. Die unzutreffende Bestätigung einer in Wahrheit nicht erfolgten Prüfung oder eines unrichtigen Prüfungsergebnisses kann vor allem bei Dritten, aber auch beim Absender selbst im Hinblick auf Unregelmäßigkeiten seiner eigenen Leute, Schäden durch Vertrauen auf die Richtigkeit der Angaben hervorrufen. Will der Frachtführer die Beweiswirkung der Bescheinigung beseitigen, so muß er grundsätzlich einen echten Gegenbeweis führen, d. h. die wirkliche Beschaffenheit, Stückzahl oder Gewicht des übernommenen Frachtguts nachweisen. Gelingt dieser Nachweis nicht, so muß er sich an seinem Frachtbriefvermerk festhalten lassen. Dies schließt nicht aus, daß im Sichberufen des Absenders auf Gefälligkeitsvermerke des Frachtführers eine unzulässige Rechtsausübung liegen kann. Dies würde z. B. auf den von Voigt, VP 1969, 201ff. berichteten, dem Urteil des OLG Köln vom 19. 6. 1969, VersR 1969, 1111 zugrundeliegenden Fall zutreffen, falls unter den dort vorliegenden Umständen die Quittung des Fahrers auf dem Frachtbrief erteilt worden wäre.

Jedoch kann diese Einwendung vom Frachtführer nur gegenüber dem ursprünglich Beteiligten (in der Regel dem Absender), nicht aber gegenüber Dritten und

Rechtsnachfolgern geltend gemacht werden. Dies gilt insbesondere für das Verhältnis zum Empfänger und zu Zessionaren der Auslieferungs- und Ersatzansprüche, da diese, wenn sie von den Umständen der Erteilung des Vermerks keine Kenntnis haben, mit dem Sichberufen auf den Frachtbrief nicht rechtsmißbräuchlich handeln. Nur eine solche Lösung wird den Interessen Dritter, die unter Umständen ihre Gegenleistung an den Absender aufgrund der Frachtbriefangaben bereits erbracht haben, voll gerecht.

Die Rechtslage ist auch dann nicht anders, wenn der KVO-Frachtführer zur Überprüfung der Frachtbriefangaben nicht verpflichtet war, aber dennoch die Angaben bestätigt; zutreffend Voigt, VP 1968, 72. Denn weder vom Absender noch von einem Dritten kann erwartet werden, daß er die komplizierten und unpräzisen Regelungen der Überprüfungspflichten nach der KVO kennt. Auch hier erbringt der Vermerk des KVO-Frachtführers Beweis und erzeugt Vertrauen der auf der Ladungsseite Beteiligten. Der Frachtführer kann über die Verweigerung einer Bestätigung hinaus in diesen Fällen sogar einen Unbekannt-Vermerk im Frachtbrief eintragen; siehe dazu oben Anm. 15 und unten Anm. 18.

3. Eintragungen des Absenders im Frachtbrief Anm. 18

Von der eben dargestellten Rechtslage streng zu unterscheiden ist die Beweislage, wenn kein Vermerk des Frachtführers vorliegt. In diesem Falle erbringt die Absenderangabe Beweis, soweit der KVO-Frachtführer zu ihrer Überprüfung verpflichtet war; zu diesem Grundsatz siehe Anm. 6 zu § 426 HGB; zur Überprüfungspflicht oben Anm. 3, 9, 10. Im übrigen erbringen die Absenderangaben keinen Beweis zu seinen Gunsten, OLG Stuttgart, VRS 25, 188 (189). Zusätzlich kann sich der Frachtführer durch einen Unbekannt-Vermerk sichern; siehe Anm. 10 zu § 426 HGB.

4. Beweiswirkungen der Frachtführer-Eintragungen zu seinen Gunsten Anm. 19

Grundsätzlich können Eintragungen des Frachtführers – etwa über Fehlmengen oder fehlende Identität – keine Beweiswirkung zu seinen Gunsten entfalten. Eine solche Beweiswirkung entsteht jedoch, wenn der Absender, Empfänger oder ein Zeuge die Richtigkeit der Überprüfung bestätigt. War der Absender oder Empfänger bei der Überprüfung anwesend, so ist wohl prima facie anzunehmen, daß er die Angaben überprüft hat, so daß auch ihre Richtigkeit prima facie bewiesen ist.

§ 17

Beladung der Wagen. Überlastung

(1) Die Güter – ausgenommen Stückgüter – sind vom Absender zu verladen. Übernimmt auf Antrag des Absenders der Unternehmer *[die Reichsbahn]* **die Verladung, so kann er** *[sie]* **dafür die im Tarif vorgesehene Gebühr berechnen. Für die betriebssichere Verladung ist der Unternehmer** *[die Reichsbahn]* **verantwortlich.**

(2) Für die Beladung der Fahrzeuge ist die zulässige Belastung maßgebend. *Der RKB bestimmt, inwiefern bei der Beladung der Fahrzeuge [Bei der Beladung ist] je nach der natürlichen Beschaffenheit des Gutes darauf Bedacht zu nehmen ist, daß die zulässige Belastung auch nicht während der Beförderung infolge von Witterungseinflüssen überschritten wird.*

(3) Wird am Versandort bei einer vom Absender verladenen Sendung eine Wagenüberlastung festgestellt, so kann der Unternehmer *[die Reichsbahn]* **vom Absender die Abladung des Übergewichts verlangen. Geschieht dies nicht alsbald oder wird die Überlastung unterwegs festgestellt, so hat der Unternehmer** *[die Reichsbahn]* **das Übergewicht auf Gefahr des Absenders abzuladen. Der abgeladene Teil wird dem**

Absender zur Verfügung gestellt. Trifft dieser binnen angemessener Frist keine Anweisung, so gilt § 28.

Für das auf dem Fahrzeug verbleibende Gewicht wird die Fracht vom Versand- bis zum Bestimmungsort berechnet. Für den abgeladenen Teil wird die Fracht für die durchlaufene Strecke nach dem Frachtsatz berechnet, der vom Versand- bis zum Unterwegsort für die Hauptsendung gilt. Wenn auf Anweisung des Absenders der abgeladene Teil weiter- oder zurückbefördert wird, so ist er als besondere Sendung zu behandeln und für ihn die tarifmäßige Fracht zu berechnen.

Für Ab- und Aufladen, Einlagerung und Wagenaufenthalt können die tarifmäßigen Gebühren erhoben werden.

Inhaltsübersicht

I. Vorbemerkung Anm. 1

II. Öffentlich-rechtliche Vorschriften als Grundlagen der Verladung Anm. 2

III. Die Aufteilung der Verladung nach § 17 Abs. 1 KVO

1. Verladepflicht, Mitwirkungspflicht und Sorgfaltspflichten Anm. 3
2. Die Verteilung der Ladepflicht im besonderen Anm. 4
3. Die Verteilung der Sorgfaltspflichten
   a) Bei Verladung durch den KVO-Frachtführer Anm. 5
   b) Bei Verladung durch den Absender Anm. 6
   c) Insbesondere ordnungsgemäße Verladung durch den Absender und Sorge für betriebssichere Verladung durch den KVO-Frachtführer Anm. 7
      aa) Grundsätzliches
      bb) Überschneidung der Sorgfaltspflichten Anm. 8
      cc) Fallgruppen Anm. 9
   d) Überlagerung durch allgemeine Sorgfaltspflichten Anm. 10
   e) Verantwortung und Schadensteilung als Konsequenz Anm. 11

IV. Überladung des Fahrzeugs Anm. 12

V. Entladung Anm. 13

Anm. 1

I. Vorbemerkung

§ 17 regelt nur die Pflichten bzw. Obliegenheiten der Parteien bei der Verladung der Güter. Die Folgen der Pflichtverletzungen ergeben sich aus anderen Vorschriften: Nach §§ 33 b, 29 KVO haftet der Unternehmer im Rahmen seiner Obhutshaftung, soweit er verladen oder bei der Verladung mitgewirkt hat. Fehler, die dem Absender bei der Verladung unterlaufen, schließen nach § 34 c die Haftung des Unternehmers aus. Entstehen infolge mangelhafter Verladung des Absenders Schäden am Kraftfahrzeug oder an mitbeförderten Gütern oder Personenschäden, so haftet der Absender hierfür nach den Grundsätzen der positiven Vertragsverletzung.

Zur Entladung enthält die KVO keine Regelung. Siehe dazu unten Anm. 13. Zur CMR siehe Anm. 16 zu Art. 3 CMR, Anh. III nach § 452.

Anm. 2

II. Öffentlich-rechtliche Vorschriften als Grundlagen der Verladung

Unabhängig davon, wer die Verladung vorzunehmen hat, sind nach § 17 Abs. 2 S. 1 die öffentlich-rechtlichen Vorschriften über die zulässige Belastung der Fahrzeuge maßgeblich, für deren Einhaltung in erster Linie der KVO-Unternehmer nach § 17 Abs. 1 S. 3 zu sorgen hat. Siehe zur verkehrsrechtlichen Seite §§ 31 Abs. 2, 34, 42 StVZO und 22 StVO.

§ 17 Abs. 2 S. 2 KVO ist mit dem Wegfall des RKB im Jahre 1945 gegenstandslos geworden.

III. Die Aufteilung der Verladung nach § 17 Abs. 1 KVO

Anm. 3

1. Verladepflicht, Mitwirkungspflicht und Sorgfaltspflichten

§ 17 Abs. 1 KVO teilt die Verladung auf den KVO-Frachtführer und den Absender auf. Diese Regelung ist nicht zwingend. Vielmehr kann sich aus besonderen Vereinbarungen, unter Umständen auch aus den Verhältnissen eine andere Verteilung ergeben.

Hinsichtlich der Verladung muß zwischen unterschiedlichen Pflichten unterschieden werden. Einmal muß grundsätzlich bestimmt werden, wer die Tätigkeit des Verladens auszuführen verpflichtet ist. Dies wird durch § 17 Abs. 1 S. 1 KVO bestimmt. Soweit danach der KVO-Frachtführer zur Verladung verpflichtet ist, liegt eine echte Schuldnerpflicht aus dem Frachtvertrag vor. Mit der Annahme des Gutes zur Verladung beginnt der Haftungszeitraum (die Obhut) des Frachtführers; siehe Anm. 11, 14 zu § 429 und Anm. 9 zu § 29 KVO sowie Anm. 4 zu § 33 KVO. Auch nach der Realvertragstheorie ist zu diesem Zeitpunkt der Frachtvertrag bereits abgeschlossen; siehe Anm. 7ff. zu § 15 KVO. Soweit dagegen der Absender zu verladen hat, ist dies nur eine (nicht erzwingbare) Obliegenheit. Der Obhutszeitraum beginnt in diesem Falle erst mit der Beendigung der Verladung. Doch erstreckt § 33 b KVO die Haftung auch auf die Verladung, soweit der KVO-Frachtführer mitgewirkt hat – nach der Realvertragstheorie also auf einen Zeitpunkt vor Vertragsschluß des Beförderungsvertrags.

Aus den Verhältnissen der betreffenden Beförderungssituation können sich dabei Mitwirkungspflichten für den an sich nicht Verladepflichtigen, insbesondere aus dem Grundsatz von Treu und Glauben ergeben. Eine solche Mitwirkung des Personals des Beteiligten ist im Beförderungsgewerbe auch allgemein üblich; BGH v. 10. 11. 1954, VersR 1955, 40; v. 21. 3. 1958, VersR 1958, 376 (377). Mitwirkungspflichten dieser Art ergeben sich in der Praxis besonders bei Transporten, bei denen die Fahrzeuge über besondere Beladeeinrichtungen verfügen, z. B. bei Transporten in Tank- und Silofahrzeugen; Guelde/Willenberg Anm. 13ff. zu § 17; in solchen Fällen liegen wohl aber häufig bereits Sondervereinbarungen der Parteien über die Verladung vor. Abweichende Vereinbarungen können sich auch auf einzelne Hilfstätigkeiten des KVO-Frachtführers bei der Verladung durch den Absender und umgekehrt beziehen. Die mitwirkende Person kann sogar aus der Sicht des Sozialrechts in den Betrieb des anderen Vertragspartners vorübergehend eingegliedert sein; OLG Hamm, VersR 1977, 869; BGH vom 7. 6. 1977, VersR 1977, 959; ähnlicher Fall ferner BGH v. 6. 12. 1977, VersR 1978, 150; siehe zum entgegengesetzten Fall BGH v. 13. 12. 1966, VersR 1967, 230 = LM Nr. 14 b zu § 823 (Ha) und BGH v. 21. 3. 1958, VersR 1958, 376. Nach einer weitverbreiteten Auffassung soll, soweit der Absender zu verladen hat, die Mitwirkung des Personals des Frachtführers, insbesondere des Fahrers bei Verlade- und Entladearbeiten des Absenders oder Empfängers ganz außerhalb des Frachtvertrages und auf volles Risiko des Ladepflichtigen erfolgen: Guelde/Willenberg Anm. 7 zu § 17, 7 zu § 33; Buthke, VP 1958, 65; OLG Hamm, VersR 1974, 28 (30); umgekehrt soll jedoch der Absender für entsprechende Mithilfe seiner Leute voll verantwortlich sein; Anm. 10 zu § 17; Muth/Lehmann Anm. zu § 17 KVO.

Diese Auffassung bedarf der Präzisierung. Erfolgen die Hilfsleistungen aufgrund vertraglicher Nebenpflichten, so sind sie geschuldet, und der Frachtführer haftet dem Vertragspartner für Verschulden des Fahrers als Gehilfen nach § 6 KVO. Dies schließt nicht aus, daß es sich auch um eine bloße Gefälligkeit des Fahrers handeln kann, für die sein Arbeitgeber nicht haftet. Daß die Fälle unterschiedlich zu behandeln sein können, wird auch von der o. a. Literatur anerkannt für Fälle, in denen die Mitwirkung aus technischen Gründen erforderlich ist. Siehe dazu Guelde/Willenberg Anm. 10 zu

§ 17 KVO. Aus den Mitwirkungspflichten ergeben sich notwendig entsprechende Sorgfaltspflichten, die zur Haftung oder Schadensteilung nach § 254 BGB führen können; siehe dazu unten Anm. 10.

Im übrigen unterfallen auch die Ladetätigkeiten aufgrund von Nebenpflichten der Haftung nach § 33 b KVO; siehe dort Anm. 4. Entgegenstehendes ergibt sich auch nicht aus der Entscheidung des OLG Düsseldorf vom 27. 4. 1955, NJW 1955, 1322 = MDR 1955, 613 = VersR 1955, 547.

Von der Pflicht zur Ausführung der Ladetätigkeit sind die bei dieser Gelegenheit auftretenden zusätzlichen **Sorgfaltspflichten** zu unterscheiden. Insbesondere im Hinblick auf die Verantwortung für betriebssichere Verladung (§ 17 Abs. 1 S. 3 KVO) kann den KVO-Frachtführer eine Kontrollpflicht treffen; siehe dazu eingehend unten Anm. 6f. Aber auch andere Nebenpflichten während der Verladung oder als Folgen einer bestimmten Verladung sind möglich, insbesondere beiderseitige Hinweis- und Warnungspflichten bei erkannten Gefahren für Fahrzeug und/oder Ladung und die Pflicht zur vorsichtigen Behandlung bei Kenntnis bestimmter Verladungsarten und Risiken; siehe hierzu unten Anm. 5, 6, 10.

Anm. 4 **2. Die Verteilung der Ladepflicht im besonderen**

§ 17 Abs. 1 KVO weist die Verladung von Ladungsgütern grundsätzlich dem Absender, die von Stückgütern dem KVO-Frachtführer zu. Die Unterscheidung zwischen Stück- und Ladungsgütern ergibt sich aus § 4 KVO. Die Parteien können aber Abweichendes vereinbaren; insbesondere kann der KVO-Unternehmer die Verladung von Ladungsgütern gem. § 17 Abs. 1 S. 2 KVO übernehmen, aber auch umgekehrt. Siehe z. B. die Erörterungen im Urt. des BGH v. 28. 5. 1971, VersR 1971, 755 (756).

Diese Vereinbarungen müssen nach § 11 Abs. 2f. KVO im Frachtbrief eingetragen werden. Die Eintragung ist jedoch kein Wirksamkeitserfordernis; str., siehe Anm. 5 zu § 11 KVO.

Demgegenüber kann sich, wie der Rechtsprechung des BGH am Rand zu entnehmen ist, aus der Art der Verladung ohne formale Vereinbarung oder Frachtbriefeintragung bereits eine Abweichung von der Grundregel des § 17 Abs. 1 S. 1 KVO ergeben; vgl. z. B. BGH v. 28. 5. 1971, a.a.O. Die bloße Mitwirkung von Personal des nicht Ladepflichtigen genügt allerdings nicht zur Annahme einer von der KVO grundsätzlich abweichenden Verteilung der Ladepflichten; BGH, a.a.O. Übernimmt dagegen der KVO-Frachtführer die gesamte Verladung in eigener Regie im Einverständnis mit dem Absender, so trifft ihn die Verladepflicht. Ihm stehen gem. § 17 Abs. 3 letzter Satz KVO und IV Nebengütertarif (Abdruck bei Hein/Eichhoff u.a. C 525) Ansprüche auf eine Ladegebühr zu. Die Vergütungspflicht ist nicht von einer Eintragung im Frachtbrief abhängig, sondern von der tatsächlichen Vereinbarung und Ausführung – wie dies auch bei der eigentlichen Fracht unbestritten der Fall ist; vgl. Anm. 12 zu § 426 HGB. Sie ergibt sich überdies aus der Anwendung des § 354 HGB. Aus der Übernahme einer entgeltlichen Tätigkeit folgt, daß in solchen Fällen auch die sorgfältige Erbringung der Ladeleistung geschuldet ist.

Demgegenüber wird in der Spezialliteratur zur KVO durchweg die Auffassung vertreten, bei Ausführung der Verladung von Ladungsgütern ohne frachtbrieflichen Antrag handle der KVO-Frachtführer außerhalb seiner Verpflichtungen und damit auf Gefahr des Absenders; Züchner, VersR 1968, 723; Voigt, VP 1971, 258.

Willenberg in: Guelde/Willenberg Anm. 6 zu § 17 KVO beruft sich zu Unrecht auf das o.a. Urteil des BGH v. 28. 5. 1971, das eher das Gegenteil aussagt.

Die Auffassung der Literatur beruht auf der Annahme, Abreden über die Verladung seien nach § 11 Abs. 2f. KVO ohne Eintragung in den Frachtbrief unwirksam. Siehe zu dieser unzutreffenden und auch von den betreffenden Autoren nicht konsequent eingehaltenen Auffassung oben Anm. 5 zu § 11 KVO.

Die in der Literatur überwiegend vertretene Trennung von Tätigkeit und Verantwortung widerspricht den Grundsätzen des schuldrechtlichen Vertragsrechts. Die Rechtslage im umgekehrten Fall entspricht dem im vollen Umfang. Der Absender kann im Einverständnis mit dem Frachtführer die an sich diesem obliegende Verladung von Stückgütern vornehmen. Auch diese Abrede ist formlos gültig. Guelde/Willenberg Anm. 20 zu § 17 KVO wollen in diesem Falle die formlose Vereinbarung ohne Eintragung im Frachtbrief gültig sein lassen, obwohl auch für diese Vereinbarung § 11 Abs. 2f. KVO gelten müßte. Damit soll zugunsten des Frachtführers eine abweichende Vereinbarung über die Verladung formlos gültig, zu seinen Lasten dagegen ohne Eintragung nichtig sein. Für eine derart ungleiche Behandlung der Frage besteht kein ersichtlicher Grund.

Die abweichende Vereinbarung über die anderweitige Verladepflicht wird meist als Erlaßvertrag bezeichnet; Guelde/Willenberg Anm. 11 und 21 zu § 17 KVO; Muth/Lehmann Anm. zu § 17 KVO; Züchner, VersR 1968, 723; Voigt, VP 1971, 258. Doch dürfte eher eine Vertragsänderung gem. § 305 BGB in einer solchen Vereinbarung zu sehen sein, da derjenige, der abweichend vom ursprünglich Vorgesehenen nunmehr die Verladung übernimmt, nicht nur Rechte aufgibt, sondern auch neue Schutz- und Sorgfaltspflichten oder sogar die Ladepflicht selbst übernimmt.

Eine abweichende Vereinbarung ist vor allem in solchen Fällen anzunehmen, in denen nach der Natur der Sache die Verladung abweichend von § 17 Abs. 1 KVO von einer bestimmten Partei übernommen werden muß, weil der anderen Partei die Ladeeinrichtungen hierzu fehlen. Dies kann z. B. bei Tank- und Silofahrzeugen, die mit den für die Verladung eingerichteten Pumpen vorgesehen sind, der Fall sein. Daher wird in der Literatur vielfach eine Verkehrssitte angenommen, die eine Mitwirkungspflicht des KVO-Unternehmers bei Beladung solcher Fahrzeuge schafft; Guelde/Willenberg Anm. 13 zu § 17 KVO mit weiteren Angaben; Muth/Lehmann Anm. zu § 17 KVO. Demgegenüber vertritt Roesch, VP 1976, 240 die Auffassung, der Absender oder Versender habe alleine zu verladen und daher auch eine Pflicht zur sorgfältigen Prüfung der Reinheit des Tankfahrzeugs. Die von Roesch, a.a.O. zitierte Entscheidung des OLG Hamburg, VersR 1975, 708 ist aber für diese Frage nicht typisch, da in diesem Fall der Absender die Reinigung des Tankwagens in seiner eigenen Tankreinigungsanlage entgeltlich für den KVO-Unternehmer vor der Beladung übernommen hatte. Im übrigen lassen sich die betreffenden Fragen von einem formalen Ausgangspunkt wie dem des § 17 Abs. 1 KVO aus nicht sachgerecht lösen. Vielmehr muß davon ausgegangen werden, daß bei derartigen Ladevorgängen jede Partei die von ihrer Seite erforderlichen Handlungen sorgfältig auszuführen hat. Insbesondere wird der Absender empfindlicher Güter das Tankfahrzeug selbst überprüfen und vor der Behandlung Erkundigungen über die vorherige Verwendung einzuziehen, der Frachtführer dagegen die nötigen Aufklärungen zu geben haben.

Ebenso begegnen abweichende Vereinbarungen bei der Verladung sperriger, überschwerer oder besonders empfindlicher Stückgüter, deren Verladung entgegen § 17 Abs. 1 KVO nur vom Absender fachgemäß vorgenommen werden kann; z. B. OLG Düsseldorf, VersR 1955, 547. Nach Guelde/Willenberg Anm. 22 zu § 17 KVO, ebenso Muth/Lehmann Anm. zu § 17 KVO soll sich die abweichende Verladepflicht bei solchen Stückgütern rein aus der Natur der Sache ohne besondere Vereinbarung ergeben. Die hierfür zitierten BGH-Urteile vom 10. 11. 1954, VersR 1955, 40 und vom 21. 3. 1958, VersR 1958, 376 decken diese These kaum. Das erstere betrifft nur eine Mitwirkung des KVO-Unternehmers bei der Verladung von Ladungsgut; das zweite einen Fall, in dem nicht einmal erörtert wurde, ob überhaupt Stück- oder

Ladungsgut befördert werden sollte. In beiden Fällen handelte es sich um die Zuweisung der Unfallfolgen nach der RVO, nicht um frachtrechtliche Streitfragen.

In aller Regel wird man von einer formlosen Vereinbarung über die Verladung ausgehen können, die auch die Mitwirkungspflichten regelt. Sollte die Verladung jedoch beiden Parteien erhebliche Schwierigkeiten bereiten, so können die Konflikte kaum durch die „Natur der Sache“ gelöst werden. Gerade dann ist die Notwendigkeit einer Vereinbarung in besonderer Weise gegeben. Sind nämlich beide Parteien nicht zur Verladung bereit, so liegt Dissens und damit Unwirksamkeit des Frachtvertrags bzw. des Wagenstellungsvertrags vor. Zweckmäßigerweise muß sich dann der Absender an ein Unternehmen wenden, das imstande ist, die Verladung durchzuführen. Bei der Frage, ob die Parteien sich über eine Übernahme der Verladung durch den Absender geeinigt haben, spielen die Verhältnisse des Falles (Natur der Sache) als Auslegungskriterien auch stillschweigender Vereinbarungen eine gewichtige Rolle. Mit der Natur der Sache kann aber nicht der Verpflichtungswille der Parteien umgangen werden; zutreffend daher OLG Köln, VersR 1955, 547f. = MDR 1955, 614 = NJW 1955, 1320, das in einem derartigen Fall eine stillschweigende Sondervereinbarung annimmt.

Abweichende Vereinbarungen können sich auch auf einzelne Hilfstätigkeiten des KVO-Frachtführers bei der Verladung durch den Absender und umgekehrt beziehen. Auch können sich solche Mitwirkungspflichten aus dem Beförderungsvertrag nach Treu und Glauben als Nebenpflichten ergeben. Vielfach sind solche Mitwirkungen auch durch die Verkehrssitte geboten.

Anm. 5

3. Die Verteilung der Sorgfaltspflichten

Primär treffen die Sorgfaltspflichten denjenigen, der die Verladung durchzuführen hat. Doch können sich Abweichungen und Überschneidungen aus der Lage des Falles ergeben.

a) Bei Verladung durch den KVO-Frachtführer

Hat der KVO-Frachtführer zu verladen, so übernimmt er damit auch die vollen Sorgfaltspflichten; siehe z. B. den Fall BGH v. 28. 5. 1971, VersR 1971, 755f. Die Mitwirkung des Absenders beschränkt sich in diesen Fällen auf die zutreffende Information des Frachtführers, insbesondere durch richtige Eintragungen im Frachtbrief (siehe dazu § 13 KVO und dort Anm. 2–5, 8). Im Falle der Mithilfe des Absenders treffen diesen die sich aus dem Umfang der Mithilfe ergebenden Sorgfaltspflichten, die sich aber auf die übernommene Mitwirkungshandlung zu beschränken haben.

Anm. 6

b) Bei Verladung durch den Absender

In diesem Falle wird die Verantwortlichkeit durch § 17 Abs. 1 S. 1 und 3 KVO aufgespalten. Der Absender schuldet die ordnungsgemäße, sorgfältige Ausführung der Verladetätigkeit. Dies ergibt sich nach allgemeinem Schuldrecht aus der Verpflichtung zum Laden. § 17 Abs. 1 S. 3 KVO erlegt jedoch dem Frachtführer die Verantwortlichkeit für betriebssichere Verladung auf. Ferner treffen ihn wie jeden Partner eines schuldrechtlichen Vertrages Sorgfaltspflichten allgemeiner Art, insbesondere zu Hinweisen über die Art der Verladung, soweit die Situation dies erfordert. Dies leitet der BGH in den Urtt. v. 7. 11. 1961, VersR 1962, 37 und v. 20. 3. 1970, VersR 1970, 459 (460f.) = MDR 1970, 567f. = LM KraftverkehrsO Nr. 29 teilweise aus der Obhutspflicht des Frachtführers her. Zu Unrecht lehnt Willenberg, in Anlehnung an Konow und Voigt solche Verpflichtungen mit dem Hinweis auf die ausschließliche Regelung des § 17 KVO ab; Guelde/Willenberg Anm. 28 zu § 17 mit weiteren

Hinweisen. Diese Bestimmung trifft nur hinsichtlich der Betriebssicherheit überhaupt eine Regelung über Sorgfaltspflichten der Parteien. Im übrigen bestimmt Abs. 1 S. 1, 2 nur, wer die Vornahme der Ladungstätigkeit schuldet. Wie bei allen anderen Verträgen bedürfen die Mitwirkungs- und Sorgfaltspflichten daher der Ergänzung durch den Grundsatz von Treu und Glauben anhand der tatsächlichen Verhältnisse des Einzelfalles.

c) Insbesondere ordnungsgemäße Verladung durch den Absender und Sorge für betriebssichere Verladung durch den KVO-Frachtführer Anm. 7

aa) Grundsätzliches

Bei Selbstverladung durch den Absender ist diesem selbst der Schutz der Ladung vor Schäden anvertraut. Es ist seine Aufgabe, die Ladung so auf dem Fahrzeug zu verstauen und zu befestigen, daß sie nicht durch Verrutschen, Herabfallen, Erschütterungen oder in ähnlicher Weise beschädigt wird (sog. beförderungssichere Verladung); BGH v. 21. 4. 1960, BGHZ 32, 194 (196f.) = VersR 1960, 530 = MDR 1960, 566ff. = NJW 1960, 2201 = LM KraftverkehrsO Nr. 14; OLG Köln, VersR 1977, 860f.; Guelde/Willenberg Anm. 3 zu § 17, mit Hinweisen auf (teilweise unveröffentlichte) instanzgerichtliche Rechtsprechung und mit zahlreichen Einzelheiten. Zum Unterschied dieser Regelung zu § 6 Abs. 1, 3 AGNB siehe BGH vom 23. 3. 1977, VersR 1977, 517 (518). Siehe ferner zu den Fragen der Haftung und des Verschuldensbeweises Anm. 12 zu § 34 KVO.

Dagegen hat der KVO-Frachtführer dafür zu sorgen, daß die Betriebssicherheit des beladenen Fahrzeugs nicht beeinträchtigt wird. Unter Betriebssicherheit ist die Verkehrssicherheit i.S. des Straßenverkehrsrechts zu verstehen. Zu dieser Auslegung neigt der BGH schon im Urt. v. 21. 4. 1960, a.a.O. Die weitere Rechtsprechung hat sich in dieser Richtung verfestigt; aus der Literatur siehe Guelde/Willenberg Anm. 25 zu § 17 mit weiteren Hinweisen. Nach der im Urt. v. 12. 4. 1967, VersR 1967, 597 (599) entwickelten Formel hat der KVO-Frachtführer dafür zu sorgen, daß die Ladung das ordnungsgemäße Arbeiten der Vorrichtungen des Fahrzeugs nicht beeinträchtigt und den Fahrer bei der Handhabung dieser Vorrichtungen nicht behindert. Nach dem Urt. v. 26. 3. 1962, VersR 1962, 465 (466) = MDR 1962, 548f. = NJW 1962, 1059 = LM KraftverkehrsO Nr. 18, gehört es in aller Regel zu den Pflichten des KVO-Frachtführers, dem Absender die Stelle der Ladefläche, an der vom Ladenden eine schwere Maschine auf dem Lastzug abgestellt werden muß, zu bestimmen. Wird nach solcher Weise die Maschine auf dem hinteren Teil des Anhängers eines unbeladenen Lastkraftwagens abgestellt und kommt durch die fehlerhafte Belastung der Anhänger auf einer Gefällstrecke ins Schleudern und kippt um, so trifft den KVO-Frachtführer die alleinige Verantwortung. Auch eine Pflicht zur Überprüfung, ob schwere Ladungsstücke ordnungsgemäß befestigt sind, wird zu bejahen sein; dagegen OLG Hamm, VersR 1957, 125 (126).

Dagegen ist nach § 17 Abs. 1 S. 3 grundsätzlich keine Verantwortlichkeit des Frachtführers gegeben, wenn z. B. die vom Absender zu verladenden Güter unzureichend befestigt sind und durch Verrutschen beschädigt werden, ohne daß dadurch die Betriebssicherheit des Fahrzeugs in Frage gestellt wäre. Eine Verantwortlichkeit für eine solche Art der dem Absender obliegenden Verladung, die Beschädigungen des Guts während der Beförderung nach Möglichkeit ausschließt, kann aus § 17 Abs. 1 S. 3 KVO nicht hergeleitet werden. Insbesondere läßt sich eine solche nicht aus einer beim Unternehmer vorauszusetzenden größeren Vertrautheit mit der Verladung ableiten; diese kann auch nicht generell angenommen werden; BGH v. 12. 4. 1967, VersR 1967, 597 (599). Als weiteren Beispielsfall aus der Rechtsprechung siehe OLG Hamburg, VersR 1967, 796ff.

Kommt es in Fällen, in denen nicht betriebssicher verladen worden ist, zum Unfall, so beruht auch der dadurch entstandene Ladungsschaden auf der Verletzung der Sorgfaltspflicht des Frachtführers. Dies gilt sogar dann, wenn das Fahrzeug nicht selbst beschädigt wird, wenn z. B. eine kopflastige Ladung in einer Kurve vom Fahrzeug kippt; BGH v. 20. 3. 1970, VersR 1970, 459 (460) = MDR 1970, 567 = LM KraftverkehrsO Nr. 29; gegenteilige Ansicht für einen ähnlichen Fall OLG Hamm, VersR 1957, 125 (126).

Die ältere Rechtsprechung der Oberlandesgerichte neigte wohl insgesamt zu einer einschränkenden Interpretation des § 17 Abs. 1 S. 3 KVO; OLG Düsseldorf, VersR 1955, 547; OLG Celle, VersR 1960, 55; OLG Hamburg, VersR 1967, 796ff. Willenberg in Guelde/Willenberg Anm. 27 zu § 17 KVO ist der Auffassung, die Verpflichtung des Unternehmers, für betriebssichere Verladung zu sorgen, diene allein dem Schutze Dritter, nicht an der Beförderung Beteiligter. § 17 Abs. 1 S. 3 habe alleine öffentlich-rechtlichen Charakter und entspräche dem damaligen § 19 StVO (heute § 22 StVO). Diese Auffassung müßte konsequenterweise zur Verneinung jeglicher Haftung des KVO-Frachtführers für Betriebssicherheit der Verladung führen, wenn der Absender verladepflichtig ist. Zu Überschneidungen der Verantwortlichkeit (dazu Anm. 8) könnte es nicht mehr kommen. Doch wird diese Konsequenz von Willenberg nicht gezogen, der im Ergebnis der Rechtsprechung des BGH dann doch in Anm. 30ff. zu § 17 zustimmt.

Anm. 8 **bb) Überschneidung der Sorgfaltspflichten**

Die Sorgfaltspflichten von Absender und KVO-Frachtführer können sich überschneiden; BGH v. 20. 3. 1970, VersR 1970, 459 (460) = LM KraftverkehrsO Nr. 29 = MDR 1970, 567. Die Schwierigkeit der Auslegung des § 17 Abs. 1 KVO ergibt sich daraus, daß S. 1 dem Absender die Pflicht zu einer bestimmten Tätigkeit, nämlich zum Verladen auferlegt, S. 3 aber für ein bestimmtes Ergebnis der Tätigkeit einen anderen, nämlich den Unternehmer verantwortlich macht; BGH v. 21. 4. 1960, BGHZ 32, 194 (196f.) = VersR 1960, 530 (532) = NJW 1960, 1201 = MDR 1960, 566 = LM KraftverkehrsO Nr. 14.

Hieraus kann sich in den Fällen fehlender Betriebssicherheit sowohl eine Pflichtverletzung des Absenders als auch des KVO-Frachtführers durch mangelnde Überprüfung der Betriebssicherheit ergeben. Die Folge kann in einer Schadensteilung nach § 254 BGB liegen; BGH v. 20. 3. 1970, a.a.O. Dagegen Guelde/Willenberg Anm. 27 zu § 17 KVO; Endermann, VP 1967, 201.

In aller Regel wird sich diese Aufgabenteilung so auswirken, daß der Absender sorgfältig zu verladen, der Frachtführer dagegen die grundsätzlich für die Betriebssicherheit erforderlichen Anweisungen zu geben hat (z. B. Anweisung der Ladefläche) und die vom Absender vorgenommene Verladung auf Betriebssicherheit zu überprüfen hat; BGH v. 20. 3. 1970, a.a.O.; siehe auch bereits BGH v. 21. 3. 1958, VersR 1958, 376 (377) und v. 12. 4. 1967, VersR 1967, 597 (599). Eine solche Überprüfungspflicht wird gar nicht erst in Erwägung gezogen vom OLG Hamm, VersR 1957, 125 (126).

Der Rechtsprechung des BGH ist insgesamt zuzustimmen. Sie belastet den KVO-Unternehmer zu Recht mit dem Risiko betriebssicherer Verladung, das zu seinem Kenntnis- und Einwirkungsbereich gehört und entlastet den Absender von Sorgfaltspflichten, die er in seiner Lage normalerweise nicht erfüllen kann. Der Frachtführer wird durch diese Rechtsprechung nicht mit zusätzlichen Pflichten belastet, da er nach öffentlichem Recht ohnehin die notwendigen Überprüfungen vorzunehmen hat. Ihm werden lediglich die Folgen der Pflichtverletzung gegenüber allen Betroffenen, auch dem Absender und Empfänger, auferlegt. Die Rechtsprechung des BGH wird in ihren Folgen für den KVO-Frachtführer durch die Berücksichtigung von Sorgfaltspflichten des Absenders und die damit herbeigeführte Schadensteilung gemindert. Siehe dazu insbesondere Anm. 10.

cc) Fallgruppen **Anm. 9**

Danach lassen sich drei Gruppen von Fällen unterscheiden:

(1) Die Ladung war so verladen, daß sie nicht ausreichend gegen Beschädigungen geschützt war; die Betriebssicherheit des Fahrzeugs war aber nicht beeinträchtigt; verantwortlich ist allein der Absender; Fälle: BGH v. 12. 4. 1967, VersR 1967, 597ff.; BGH v. 27. 1. 1970, VersR 1970, 318 (319) (Umstürzen einer unzureichend befestigten Maschine). Eine Überprüfungspflicht des KVO-Frachtführers auf „beförderungssichere Verladung" besteht danach nicht, zutreffend Züchner, VersR 1963, 1103ff.

(2) Die Ladung war so verladen, daß sie an sich gegen Beschädigungen geschützt war, aber die Betriebssicherheit des Fahrzeugs war nicht gewährleistet; in diesen Fällen ist allein der KVO-Frachtführer verantwortlich; Fall: fehlerhafte Plazierung von Schwergut auf dem hinteren Teil des Anhängers bei guter Befestigung durch den Absender; BGH v. 20. 3. 1962, VersR 1962, 465 (466f.).

(3) Die Ladung war aus der Sicht des Absenders nicht ordnungsgemäß verstaut oder befestigt; dadurch litt auch die Betriebssicherheit des Fahrzeugs. In diesen Fällen kommt es zur Schadensteilung gem. § 254 BGB. Fall: BGH v. 21. 4. 1960, BGHZ 32, 194 (199).
Dabei ist es nicht erforderlich, daß die mangelnde Betriebssicherheit zu einem Unfall des Fahrzeugs führt. Es reicht vielmehr aus, wenn die Betriebssicherheit fehlt und als Folge der unrichtigen Beladung zufällig nur die Ladung beschädigt wird. Dies ist z. B. der Fall, wenn eine kopflastige Ladung in einer Kurve wegen einer Gleichgewichtsstörung des Fahrzeugs von der Ladefläche kippt; BGH v. 20. 3. 1970, VersR 1970, 459ff. = MDR 1970, 567f. = LM KraftverkehrsO Nr. 29.

d) Überlagerung durch allgemeine Sorgfaltspflichten **Anm. 10**

Diese grundsätzliche Risikoaufteilung wird zusätzlich überlagert durch die Sorgfaltspflichten der Parteien, die sich aus dem allgemeinen Schuldrecht ergeben. Erkennt nämlich der KVO-Frachtführer, daß die Ladung nach der Art ihrer Verladung nicht ausreichend gegen Beschädigungen geschützt ist, so muß er selbstverständlich den Absender auf diesen Umstand hinweisen. Hat er die Gefährdung der Ladung erkannt, und setzt die Beförderung (dazu noch auf einem besonders gefährlichen Weg) fort, so liegt darin eine Verletzung seiner allgemeinen Schuldnerpflichten; BGH v. 20. 3. 1970, a.a.O.; OLG Hamburg, VersR 1970, 51f.; ähnlich zur CMR: Cour de Cassation Paris, ETR 1978, 106 (108f.); dagegen Guelde/Willenberg Anm. 28 zu § 17 KVO. Dies bedeutet jedoch nicht, daß der Frachtführer die Verladung daraufhin zu kontrollieren hätte, ob die Güter ausreichend vor Beschädigungen geschützt sind. Denn dies fällt nicht in seinen Verantwortungsbereich.

Andererseits muß auch dem Absender eine Pflicht auferlegt werden, den KVO-Frachtführer auf mangelnde Betriebssicherheit hinzuweisen, wenn er diese erkannt hat. Mit Recht hat daher der BGH im Urt. v. 26. 3. 1962, a.a.O. die Tatsache, daß der Absender einen solchen Hinweis gegeben hatte, als jedes Verschulden ausschließend gewürdigt. Die Vernachlässigung dieser Hinweispflicht kann sogar zur alleinigen Verantwortlichkeit des Absenders führen, wenn die Betriebssicherheit durch Eigenschaften der Ladung gefährdet wird, die nur dem Absender bekannt sind, so daß der KVO-Frachtführer die mangelnde Betriebssicherheit ohne Hinweise auch bei Anwendung der erforderlichen Sorgfalt nicht erkennen konnte.

Eine besondere Problematik liegt vor, wenn Personal des nicht Ladungspflichtigen bei der Beladung oder Entladung „freiwillig" mithilft, wenn z. B. der Fahrer dem entladungspflichtigen Empfänger beim Entladen zur Hand geht; z. B. in dem CMR-Fall AG Hamburg, VersR 1977, 1048 ff.; dazu grundsätzlich oben Anm. 3. Liegt wirklich ein rein „freiwilliges" Zugreifen des Fahrers vor, dann haftet der Frachtführer nicht für die im Rahmen dieser Eigenmächtigkeit begangenen Fehler des Fahrers. Vielfach ist aber das Mithelfen in bestimmten Geschäftsbeziehungen üblich oder wird vom Empfänger erwartet. In diesen Fällen liegt eine stillschweigende Vereinbarung über die Mithilfe vor. Für den Güternahverkehr ist in § 6 Abs. 4 S. 2 AGNB die Verpflichtung des Frachtführers zur Leistung der ortsüblichen Hilfe ausdrücklich vorgesehen.

Es kann auch sein, daß der Fahrer ermächtigt ist, eine Mithilfe anzubieten. Aus der Tatsache der im Einverständnis mit seinem Dienstherrn angebotenen Mithilfe ergeben sich dann – ebenso wie beim rechtsgeschäftlichen Auftrag – Pflichten zu einem sorgfältigen Verhalten, auch wenn die Tätigkeit nicht besonders vergütet wird. Der Frachtführer haftet dann für das Verschulden des Fahrers. Das gleiche kann gelten, wenn Personal des Absenders oder Empfängers dem lade- oder entladepflichtigen Frachtführer hilft.

Anm. 11

e) Verantwortung und Schadensteilung als Konsequenz

Diese von der Rechtsprechung vorgenommene Aufteilung der Sorgfaltspflichten bei der Verladung führt in vielen Fällen zu einer schwer vorhersehbaren Teilung der Verantwortung und des Schadens nach § 254 BGB. Sie ist gleichwohl unvermeidlich. Denn eine optimale Sicherung von Ladung, Fahrzeug und Drittbeteiligten des Straßenverkehrs kann nur erreicht werden, wenn der KVO-Unternehmer mit seinen Kenntnissen und Erfahrungen über Fahrzeug und Transporttechnik und der Absender mit seinen Kenntnissen und Erfahrungen über Verladung oder Risiken des von ihm zu verladenden Gutes zur Sicherheit beitragen; zutreffend BGH v. 21. 4. 1960, VersR 1960, 530 (532). Daher ist es angemessen und zweckmäßig, wenn beide Parteien gegebenenfalls auch in sich überschneidender Weise Verantwortung tragen.

Anm. 12

IV. Überladung des Fahrzeugs

§ 17 Abs. 3 KVO trifft für den Fall der Überlastung des Fahrzeugs einige besondere Regelungen. Vorausgesetzt ist hierbei, daß der Frachtführer nach öffentlichem Recht mit überladenem Fahrzeug die Fahrt weder beginnen noch fortsetzen darf. War die Ladung durch den Absender zu verladen, so erlegt § 17 Abs. 3 KVO dem Absender alle die Frachtbeförderung betreffenden Folgeschäden auf. Der Frachtführer hat ein Recht, die Abladung des Übergewichts zu verlangen, ferner das Übergewicht unterwegs auf Gefahr des Absenders abzuladen, Ansprüche auf Teilfracht und besondere Vergütung für Auf- und Abladung, Einlagerung und Wagenaufenthalt sowie besondere Beförderungsgebühren bei Weiter- und Rückbeförderung abgeladener Übergewichte. Durch das Abladen wird die Lieferfrist unterbrochen (§ 26 Abs. 4 c KVO).

Grundsätzlich ist also der beladene Absender für die Einhaltung des zulässigen Gewichts verantwortlich. Doch muß der Unternehmer ihm die zulässigen Ladegewichte mitteilen. Außerdem können besondere Verhältnisse Abweichungen von diesem Grundsatz mit sich bringen. Übernimmt aufgrund solcher Umstände der KVO-Unternehmer anstelle des Absenders die Gewichtskontrolle, so treten die in § 17 Abs. 3 bestimmten Folgen nicht ein.

V. Entladung

Anm. 13

Die Entladepflicht ist in der KVO nicht geregelt. § 11 Abs. 2f. sieht jedoch die Eintragung von Vereinbarung über die Entladung in den Frachtbrief vor. Nach § 33 b KVO ist die Entladungstätigkeit des Unternehmers in die Haftung einbezogen.

In der Literatur ist danach nicht geklärt, wen die Entladepflicht trifft. Da das Laden und Entladen recht unterschiedliche Vorgänge sind, können Analogien zwischen Verladung und Entladung kaum weiterhelfen. So ist die Entladung von Ladungsgütern sehr häufig nur mit Hilfe des Fahrzeugs in wirtschaftlicher Weise möglich, während die Beladung durch den Absender erfolgen kann; etwa bei Schuttgütern oder Flüssigkeitstransporten in Tankwagen. Richtigerweise wird die Frage nach allgemeinem Schuldvertragsrecht zu beantworten sein. Danach bedarf es grundsätzlich der Vereinbarung über die Entladungspflicht, deren Inhalt allerdings häufig aus Verkehrssitten oder aus der Natur der Sache sich ergibt. Die Entladung von Tankfahrzeugen fällt z. B. häufig in den Verantwortungs- und Haftungsbereich des KVO-Frachtführers; das gleiche gilt für die Entladung von Massengütern durch Kippfahrzeuge und andere Spezialfahrzeuge mit Entladereinrichtung. Der vertragsmäßige Einsatz solcher Fahrzeuge enthält in der Regel die Vereinbarung, der Frachtführer werde entladen; BGH vom 30. 4. 1975, Deutsche Verkehrszeitung vom 10. 7. 1975 (gekürzt auch in MDR 1975, 732) zu einem Fall des Güternahverkehrs. Im übrigen muß davon ausgegangen werden, daß der Frachtführer zwar die Beförderung, nicht aber die Entladung übernimmt, wenn dies nicht besonders vertraglich vereinbart ist; a. a. O. Denn die vertragliche Übernahme kann alleine Grundlage einer solchen Schuldnerpflicht sein. Sie ist schon deshalb normalerweise nicht anzunehmen, weil der Fahrer eines Kraftfahrzeugs grundsätzlich kein Verladearbeiter ist und überdies gesetzlich zu Ruhepausen verpflichtet ist.

Da dem KVO-Frachtführer die Stellung von Entladepersonal am entfernten Entladungsplatz kaum möglich sein wird, ist in aller Regel keine Übernahme der Entladung anzunehmen. Die damit bestehende grundsätzliche Entladungspflicht des Empfängers kann allerdings kaum aus der Definition der Auslieferung abgeleitet werden; so aber Guelde/Willenberg Anm. 50, 52 § 17 mit weiteren Hinweisen, insbesondere auf unveröffentlichte OLG-Rechtsprechung; Endermann, VP 1967, 202.

Denn die Auslieferung des Frachtguts (= Ablieferung) bedeutet die Verschaffung von Gewahrsam an der Ladung im Einverständnis mit dem Empfänger; unstreitig, siehe eingehend Anm. 12 zu § 429 HGB. Gehört das Entladen nach dem Vertrag zu den Aufgaben des Frachtführers, und ist der Empfänger nicht einverstanden, die Ladung dennoch selbst zu entladen, so kommt es nicht zur Ablieferung. Daher ist die Ablieferung von der Entladepflicht, nicht aber die Entladepflicht von der Ablieferung abhängig. Richtig wird dies von Guelde/Willenberg andererseits in Anm. 52 zu § 17 KVO gesehen; schief aber BGH v. 18. 11. 1977, DB 1978, 293 (294).

Hängt somit die Entladepflicht des KVO-Unternehmers von einer besonderen vertraglichen Übernahme ab, so ist gleichwohl die Auffassung abzulehnen, nach der eine solche Übernahme nur durch Vermerk im Frachtbrief gem. § 11 Abs. 2f. KVO übernommen werden kann; so aber Guelde/Willenberg Anm. 55 zu § 17 KVO mit weiteren Literaturhinweisen.

Dies müßte konsequenterweise zu dem absurden Ergebnis führen, daß der KVO-Unternehmer beispielsweise zum Auspumpen von flüssigen Brennstoffen mit der fahrzeugeigenen Pumpe in den Tank des Empfängers nur verpflichtet wäre, wenn der Frachtbrief einen diesbezüglichen Vermerk enthielte; für diesen Fall sehen denn Guelde/Willenberg Anm. 63 zu § 17 KVO auch wieder eine formlose Nebenvereinbarung zum Frachtvertrag als zulässig an; zustimmend BGH v. 3. 4. 1975 a. a. O. Im übrigen kann hierzu auf die Ausführungen in Anm. 5 zu § 11 und Anm. 4 zu § 17 (bezüglich Verladung) Bezug genommen werden. Insbesondere erscheint es auch beim Entladen als selbstverständlich, daß Leistungs- und Sorgfaltspflichten mit den Gebühren nach dem Nebengütertarif im Einklang stehen. Abzulehnen ist die gekünstelte Unterscheidung beim Entladen von Tankfahrzeugen durch Schwerkraft (Verpflichtung des Frachtführers) und durch Pumpe (keine Verpflichtung ohne Frachtbriefvermerk), wie sie von Voigt, VP 1967, 85 und dem dort wiedergegebenen Urteil des LG Köln vertreten wird. Ergibt sich aus den Vereinbarungen, aber evtl. auch aus den Verhältnissen des betreffenden Falles gem. § 242 BGB ein Zusammenwirken von Frachtführer und Absender bei der Entladung, so bestehen auch entsprechende Sorgfaltspflichten. Es kann daher auch hier zu einer Schadensteilung nach § 254 BGB kommen.

Der Vermerk „frei Haus" gibt keine Hinweise auf eine Entladungspflicht des Absenders; Guelde/Willenberg Anm. 56 zu § 17 KVO.

§ 18

Verpackung, Zustand und Bezeichnung des Gutes

(1) Der Absender hat das Gut, soweit dessen Natur eine Verpackung erfordert, zum Schutze gegen gänzlichen oder teilweisen Verlust oder gegen Beschädigung sowie zur Verhütung einer Beschädigung von Personen, Betriebsmitteln oder anderen Gütern sicher zu verpacken.

(2) Ist der Absender dieser Vorschrift nicht nachgekommen, so kann der Unternehmer *[die Reichsbahn]* **die Annahme des Gutes ablehnen oder auf Kosten des Absenders die Verpackung vervollständigen oder verlangen, daß der Absender im Frachtbrief das Fehlen oder die Mängel der Verpackung anerkennt.**

(3) Der Absender haftet für alle Folgen des Fehlens oder des mangelhaften Zustandes der Verpackung. Er hat insbesondere dem Unternehmer *[der Reichsbahn]* **den Schaden zu ersetzen, der ihm aus solchen Mängeln entsteht. Sofern das Fehlen oder der mangelhafte Zustand der Verpackung im Frachtbrief nicht anerkannt ist, hat der Unternehmer** *[die Reichsbahn]* **die Mängel nachzuweisen.**

(4) Nimmt der Unternehmer *[die Reichsbahn]* **ein Gut zur Beförderung an, das offensichtlich Spuren von Beschädigungen aufweist, so kann er** *[sie]* **verlangen, daß der Absender den Zustand des Gutes im Frachtbrief besonders bescheinigt.**

(5) Stückgüter hat der Absender haltbar, deutlich und in einer Verwechslungen ausschließenden Weise zu zeichnen. Die Zeichen müssen mit den Angaben im Frachtbrief übereinstimmen. Alte Anschriften und Zettel müssen entfernt oder deutlich durchstrichen sein.

Inhaltsübersicht

I. Verpackung Anm. 1
1. Grundsätzliches
2. Umfang der Verpackungspflicht Anm. 2
   a) Erforderlichkeit und Handelsüblichkeit Anm. 3
   b) Erforderlichkeit des Schutzes von Vor-Transportgefahren Anm. 4
3. Rechte des Frachtführers bei Verpackungsmängeln (§ 18 Abs. 2 KVO) Anm. 5
4. Folgen unzureichender Verpackung Anm. 6
   a) Haftung des Absenders (§ 18 Abs. 3
   b) Haftungsbefreiung des KVO-Frachtführers Anm. 7
   c) Mitwirkendes Verschulden des KVO-Frachtführers Anm. 8

II. Annahme beschädigter Güter (§ 18 Abs. 4 KVO) Anm. 9

III. Bezeichnungen der Güter (§ 18 Abs. 5 KVO) Anm. 10

I. Verpackung

Anm. 1

1. Grundsätzliches

Gemäß § 18 Abs. 1 KVO hat der Absender das Frachtgut beförderungssicher zu verpacken. Diese Verpflichtung steht in engem Zusammenhang mit der Pflicht zur ordnungsgemäßen Verladung, § 17 Abs. 1 KVO; siehe daher zum Vergleich die dortige Kommentierung.

Verpackungsmängel können zu Schäden beim Frachtführer, bei den Eigentümern mitverladener Güter, den mit dem Transport betrauten Personen und beim Absender (bzw. Empfänger) selbst führen. Die Schadensersatzpflicht des Absenders ist in § 18 Abs. 3 geregelt. Der Einfluß von Verpackungsmängeln auf die Haftung des Frachtführers für Schäden an den mangelhaft verpackten Gütern selbst richtet sich dagegen grundsätzlich nach § 29ff. KVO; siehe dazu unten Anm. 7.

2. Umfang der Verpackungspflicht

Anm. 2

Die Verpackungspflicht besteht nicht für alle Güter, sondern nur, soweit die Natur des Gutes eine Verpackung erfordert. Diese Aussage wird in § 18 Abs. 1 KVO durch die Angabe der Zwecke der Verpackung weiter präzisiert. Soweit das Gut selbst der Verpackung zum Schutz gegen Schäden bedarf, läge an sich nur eine Obliegenheit des Absenders vor; jedoch soll die Verpackung auch dem notwendigen Schutz der beteiligten Personen, des Beförderungsmittels und anderer Güter dienen. Insoweit ist eine echte Schuldnerverpflichtung gegeben.

Abgesehen von dem selbstverständlichen Fall, daß die Verpackung für den Transport technisch notwendig ist (z. B. Verpackung von Flüssigkeiten in Fässern), ist die Notwendigkeit der Verpackung immer dann anzunehmen, wenn der Schutz des betreffenden Gutes oder von Rechtsgütern anderer vor Einwirkungen des Gutes die Verpackung erfordert.

a) Erforderlichkeit und Handelsüblichkeit

Anm. 3

Maßgeblich für die Pflicht zur Verpackung ist nach einhelliger Auffassung nicht die Verkehrs- oder Handelsüblichkeit, sondern die konkrete Erforderlichkeit; BGH v. 19. 11. 1959, BGHZ 31, 183 (185) = VersR 1960, 30 (31) = NJW 1960, 337 = LM KraftverkehrsO Nr. 13; Guelde/Willenberg Anm. 7 zu § 18; Muth/Lehmann Anm. zu § 18; Wussow, VersR 1964, 1119; Voigt, VP 1967, 22f.; Hannig, VP 1971, 220. Ist z. B. die Verpackung aus Kostengründen vom Absender einfacher gestaltet, als dies zum vollständigen Schutz der Güter erforderlich wäre, so geht diese Sparmaßnahme, auch wenn sie verkehrsüblich ist, auf Kosten des Absenders; zutreffend AG Nienburg, VersR 1974, 30f.

Gleichwohl kann die Handelsüblichkeit eine gewisse Rolle spielen. Einmal kann man davon ausgehen, daß die handelsübliche Verpackung im allgemeinen auch beförderungssicher sein wird. Zum anderen bedarf es einer Abgrenzung zwischen den vom Absender und den vom Frachtführer zu tragenden Risiken, die sich allein nach tatsächlichen Gesichtspunkten nicht treffen läßt; siehe dazu Anm. 4.

Zu der Frage, welche Verpackung für Lkw-Transporte erforderlich ist, haben sich gewisse Standards herausgebildet; siehe dazu die 5 Seiten umfassenden Stichworte bei Guelde/Willenberg Anm. 12 zu § 18 KVO; ferner Heuer, Die Haftung des Frachtführers nach der CMR, S. 94ff.

b) Erforderlichkeit des Schutzes vor Transportgefahren

Anm. 4

Der Schutz vor Transportgefahren bezieht sich auf die normalen Beförderungsrisiken wie Scheuern, Einfluß von Wärme und Kälte, Geruchseinflüsse, Verschmutzung u. ä.; siehe Guelde/Willenberg Anm. 8 zu § 18 KVO mit weiteren Hinweisen; Muth/Lehmann Anm. zu § 18 KVO. Auch gegen die normalen, durch den Straßenverkehr bedingten Erschütterungen muß das Gut durch Verpackung geschützt sein; OLG Celle vom 18. 4. 1977, VersR 1977, 911 f. (Steinzeugformstücke). Dagegen braucht die Verpackung keinen Schutz gegen die in §§ 29, 30 KVO dem Frachtführer auferlegten Risiken zu gewähren. Zumindest für Regen, Schnee, Hagel und Sturm (§ 30a KVO) ist dies unstreitig; BGH vom 19. 11. 1959, a. a. O.; vom 15. 12. 1976, VersR 1977, 174 (175); Guelde/Willenberg Anm. 10 zu § 18 mit weiteren Hinweisen. Es dürfte auch für die Buchstaben b und c des § 30 KVO gelten. In § 30f. wird man dagegen davon auszugehen haben, daß die Güter durch Verpackung gegen die normalen Beförderungsrisiken geschützt sein müssen. Die Haftung nach diesen Absätzen setzt eine solche Verpackung wohl stets zunächst voraus.

Die Abgrenzung zwischen den Risikobereichen des Absenders (Verpackungsmängel) und des KVO-Frachtführers (Transportgefahren) kann jedoch nicht nach rein technischen Gesichtspunkten getroffen werden. Denn vom technischen Standpunkt aus können fast alle Beförderungsrisiken durch aufwendige Verpackungen ausgeschaltet werden. Andererseits verläuft die Grenze zwischen einer normalen Beförderung und besonders schadensanfälligen Situationen fließend (sehr schlechte Straßenverhältnisse, Notwendigkeit von Notbremsungen). Zur Grenzziehung wird daher auf die Zumutbarkeit eines bestimmten Verpackungsaufwandes abzustellen sein, wobei dem Absender mindestens die verkehrsübliche Verpackung jederzeit zuzumuten ist. Daß dem Absender u. U. ausnahmsweise auch ein Verpackungsschutz der Güter gegen Witterungseinflüsse zugemutet werden kann, schließt auch das Urteil des BGH v. 19. 11. 1959, a. a. O., nicht aus, da es eine solche Verpackungspflicht nur „grundsätzlich" verneint.

Gegen Frost und Hitze muß grundsätzlich der Absender die Güter durch entsprechende Verpackung und Wahl des Fahrzeugtyps (z. B. eines Kühlwagens) selbst schützen. Dies ergibt sich aus § 34 S. 1k KVO; BGH v. 12. 5. 1960, BGHZ 32, 297 (300) = VersR 1960, 627 (628) = MDR 1960, 740 = NJW 1960, 1617= LM KraftverkehrsO Nr. 15; Guelde/Willenberg Anm. 10 zu § 18 mit weiteren Hinweisen.

Anm. 5 **3. Rechte des Frachtführers bei Verpackungsmängeln (§ 18 Abs. 2 KVO)**

Dem Frachtführer stehen nach § 18 Abs. 2 KVO drei Möglichkeiten zur Verfügung: Die Verweigerung der Annahme des Guts bedürfte an sich keiner besonderen Erwähnung, da der KVO-Unternehmer ohnehin keinem Abschlußzwang unterliegt; siehe die Anm. zu § 9 KVO. Die zweite Möglichkeit besteht darin, daß der KVO-Frachtführer die Verpackung vervollständigen und gem. § 670 BGB die Kosten dafür vom Absender verlangen kann. Als dritte Möglichkeit steht ihm das Recht gegen den Absender auf Abgabe eines Anerkenntnisses auf dem Frachtbrief hinsichtlich des Fehlens oder der Mängel der Verpackung zu. Bevor der Absender dieses Anerkenntnis erteilt hat, braucht der Frachtführer die Beförderung nicht auszuführen, auch wenn er das Gut bereits angenommen hat; § 273 BGB. Als weitere Möglichkeit kommt dazu noch die Ausführung der Beförderung ohne solches Anerkenntnis. Mit dieser wird durch den Unternehmer nicht etwa die ordnungsgemäße Verpackung anerkannt. Vielmehr bleibt nach § 18 Abs. 3 die Möglichkeit des Nachweises mangelhafter Verpackung bestehen. Siehe auch Guelde/Willenberg Anm. 22, 30 zu § 18 KVO. Allerdings verschlechtert sich die Beweissituation des KVO-Frachtführers.

Anm. 6 **4. Folgen unzureichender Verpackung**

a) Haftung des Absenders (§ 18 Abs. 3 KVO)

Den Absender trifft eine Haftung ohne Verschulden für alle Folgen mangelhafter Verpackung; unstr., Guelde/Willenberg Anm. 23 zu § 18 KVO; siehe zu den ähnlichen

Haftungstatbeständen der unrichtigen Frachtbriefausstellung und des Fehlens oder der Fehlerhaftigkeit der Begleitpapiere §§ 13 Abs. 1 und 12 Abs. 1 S. 4 KVO. Der Frachtführer muß zur Begründung dieser Haftung das Fehlen oder die Mangelhaftigkeit der Verpackung sowie die Ursächlichkeit dieses Umstandes für den Schaden nachweisen. War der Schaden im Frachtbrief – oder auch in anderer Weise – schriftlich anerkannt, so erbringt dieses Anerkenntnis widerleglichen Beweis für die Verpackungsmängel; § 18 Abs. 3 S. 3. Der Beweis erstreckt sich nicht auf die Kausalität zwischen Verpackungsmangel und Schaden; zutreffend Wussow, VersR 1964, 1119; Guelde/Willenberg Anm. 29, 31 zu § 18. Jedoch kann in manchen Fällen ein prima-facie-Beweis eingreifen.

Ist der Schaden nicht dem Frachtführer, sondern einem Dritten entstanden, z. B. in der Person des Fahrers oder an Gütern anderer Absender, dann wird der Frachtführer in der Regel auch den Ersatz dieser Schäden velangen können. Dies ist unzweifelhaft, wenn der Frachtführer selbst dem Dritten nach §§ 29, 30c S. 1 KVO zum Ersatz verpflichtet ist und dann seine Ersatzleistung dem Absender als eigenen Schaden in Rechnung stellen kann. Zutreffend Guelde/Willenberg Anm. 26 zu § 18. Darüber hinaus wird man dem Frachtführer aber auch in Fällen, in denen er dem Dritten gegenüber nicht oder nicht voll zum Ersatz verpflichtet ist, in der Regel die Liquidation des Drittschadens gestatten müssen, wie sie auch dem Absender bei Güterschäden zusteht; siehe zu letzterem Anm. 36 zu § 429. Personenschadensansprüche werden häufig durch §§ 636, 637 RVO ausgeschlossen sein. Ob in solchen Fällen die den Schaden tragenden Berufsgenossenschaften Ansprüche nach § 1542 RVO erwerben können, ist zweifelhaft.

b) Haftungsbefreiung des KVO-Frachtführers **Anm. 7**

In der älteren Literatur und Rechtsprechung wurde teilweise angenommen, der Frachtführer könne sich bei mangelhafter oder fehlender Verpackung gegenüber den Ersatzansprüchen auf § 34 Abs. 1c KVO berufen, ohne daß es dabei jedoch auf ein Verschulden des Absenders ankomme; BGH v. 19. 11. 1959, BGHZ 31, 183 (185) = VersR 1960, 30 (31) = NJW 1960, 337 = LM KraftverkehrsO Nr. 13; ähnlich AG Nienburg, VersR 1974, 30f. Diese im Ergebnis richtige Auffassung kann aber in § 34 Abs. 1c KVO keine Stütze finden, da diese Vorschrift Verschulden voraussetzt.

Voigt, VP 1962, 23, Guelde/Willenberg, Anm. 24 zu § 18 und Hannig, VP 1971, 221, ebenso schon OLG Hamm v. 22. 3. 1956, VersR 1957, 125 (126) nehmen demgegenüber zu Recht an, daß die mangelhafte oder fehlende Verpackung einen besonderen verschuldensunabhängigen Haftungsausschluß darstellt. Nur bei dieser Annahme wird eine in sich einheitliche Risikozurechnung für alle Schäden, gleich ob sie beim Absender oder Frachtführer entstanden sind, erreicht. Zur Frage der Haftungsbefreiung wegen Verpackungsmängeln siehe auch Anm. 15 zu Art. 17 CMR, Anh. III nach § 451. Dort ist auch die Frage, ob Container Verpackungen sind, erörtert.

c) Mitwirkendes Verschulden des KVO-Frachtführers **Anm. 8**

Den KVO-Frachtführer trifft grundsätzlich keine Pflicht, die Beförderung unzureichend verpackter Güter abzulehnen oder ihre Verpackung zu vervollständigen; erst recht nicht die Geeignetheit der Verpackung zu überprüfen; Voigt, VP 1969, 21. Dies ergibt sich eindeutig aus der Kann-Vorschrift des § 18 Abs. 2 KVO. Wenn daraus allerdings gefolgert wird, der Frachtführer sei niemals zur irgendwelchen Schutzmaßnahmen für unzureichend verpackte Güter verpflichtet (so Guelde/Willenberg Anm. 13–16 zu § 18, Muth/Lehmann Anm. zu § 18 KVO), so geht diese Folgerung zu weit. Vielmehr treffen auch den Frachtführer Schutzpflichten aus dem Frachtvertrag. Nach

§ 254 BGB besteht zunächst eine Obliegenheit, eigene Schäden zu verhindern oder gering zu halten. Auch zum Schutz des Absenders wird der Frachtführer aber in bestimmten Situationen etwas unternehmen müssen, wenn ihm die Gefahr durch die unzureichende Verpackung bekannt ist. In aller Regel wird ein Hinweis an den Absender ausreichend sein, aber es können sich auch Situationen ergeben, in denen Vorsichts- oder Rettungsmaßnahmen von Seiten des Frachtführers erforderlich und diesem auch zumutbar sind. Generell kann nicht gefordert werden, daß der Frachtführer wegen mangelhaft verpackter Güter ganz besonders vorsichtig fährt; Voigt, VP 1960, 53ff. und das dort zitierte Urteil des OLG Düsseldorf. Siehe zu den entsprechenden Problemen auch Anm. 10 zu § 17 KVO. Auch das Ruhen der Lieferfrist nach § 24 Abs. 4f. KVO tritt nur ein, wenn den KVO-Frachtführer kein Verschulden trifft.

Anm. 9

II. Annahme beschädigter Güter (§ 18 Abs. 4 KVO)

Bei Annahme offensichtlich beschädigter Güter kann der Frachtführer vom Absender die Anerkennung der Mängel im Frachtbrief verlangen. Hierdurch wird zu seinen Gunsten der Beweis erbracht, daß die betreffenden Beschädigungen bei Annahme zur Beförderung bereits vorhanden waren, also nicht während der Obhutszeit beim Frachtführer entstanden sind. Dieser Nachweis kann auch auf andere Weise als durch das Anerkenntnis erbracht werden. Der Frachtführer ist nach § 18 Abs. 4 KVO nicht verpflichtet, das ihm übergebene Gut auf Beschädigungen zu überprüfen; befördert er das Gut ohne solche Überprüfung, so erleidet er nur den Nachteil, zur Abwehr von Schadensersatzansprüchen des Absenders oder Empfängers nachweisen zu müssen, daß das Gut bei Annahme bereits beschädigt war; Beispielsfall: OLG Hamburg, VersR 1970, 51 (52).

Bemerkt der Frachtführer bei Übernahme die Beschädigung und ist damit zu rechnen, daß sich der Schaden durch die Beförderung vergrößert, so wird sich nach Treu und Glauben auch eine Pflicht des Frachtführers zur Benachrichtigung des Absenders ergeben; OLG Hamburg, VersR 1970, 51 (52); dagegen Guelde/Willenberg Anm. 34 zu § 18; siehe auch oben Anm. 8.

Anm. 10

III. Bezeichnungen der Güter (§ 18 Abs. 5 KVO)

Die dem Frachtführer übergebenen Stückgüter müssen nach § 18 Abs. 5 KVO deutlich und unverwechselbar mit dem Frachtbrief übereinstimmend bezeichnet (signiert) sein. Stimmen die Signaturen nicht mit den Frachtbriefangaben überein, so ist der Frachtbrief unrichtig ausgefüllt. Siehe hierzu § 11 Abs. 1e und § 13 KVO sowie die Anmerkungen zu § 13 insbesondere Anm. 8 zu den Fragen der Haftung.

Kommt es wegen fehlender oder unrichtiger Signierung zu Schäden am Frachtgut, so liegt in der Regel ein haftungsausschließendes Verschulden des Absenders nach § 34 Abs. 1c KVO vor; OLG Stuttgart, VRS 6, 410 (415f.) = VersR 1954, 399 (L); Guelde/Willenberg Anm. 43 zu § 18 mit weiteren Nachweisen.

§ 18 Abs. 5 gilt unmittelbar nur für Stückgüter. Ladungsgüter brauchen daher vom Absender grundsätzlich nicht signiert zu werden; zur Abgrenzung zwischen Stück- und Ladungsgütern siehe § 4 KVO. Aus der Art der Beförderung kann sich aber auch bei Ladungsgütern eine Notwendigkeit der Signierung ergeben, z. B. wenn Teile einer Ladung an verschiedene Empfänger ausgeliefert werden sollen; siehe dazu Guelde/Willenberg Anm. 40 zu § 18. Sind Stückgüter vom Absender nicht signiert worden, so kann sie der KVO-Frachtführer selbst signieren und nach Nr. V Nebengütertarif (Abdruck bei Hein/Eichhoff u. a. C 1525) die dort bestimmte Gebühr berechnen.

§ 19

Annahme

(1) Sofern zwingende Gründe des Betriebes oder öffentliche Interessen es erfordern, kann der RKB [die Reichsbahn] anordnen, daß
a) die Annahme von Gütern ganz oder teilweise eingestellt wird;
b) gewisse Sendungen vorübergehend von der Annahme ausgeschlossen oder nur unter bestimmten Bedingungen zugelassen werden;
c) gewisse Sendungen vorübergehend vorzugsweise zur Beförderung angenommen werden.

Derartige Maßnahmen sind bekanntzumachen.

(2) Der RKB [Die Reichsbahn] gibt die Auslieferungszeiten für Stückgüter örtlich bekannt.

(3) Die Frist, innerhalb der die Beladung regelmäßig beendet sein muß (Ladefrist), bestimmt der RKB [die Reichsbahn], der [die] sie auch bekanntgibt. Wird die **Ladefrist überschritten oder der wegen Unrichtigkeit oder Unvollständigkeit beanstandete Frachtbrief nicht innerhalb der Ladefrist berichtigt übergeben, so hat der Absender das tarifmäßige Wagenstandgeld** *[Standgeld]* **zu zahlen. Der Unternehmer** *[Die Reichsbahn]* **kann, wenn die Ladefrist um mehr als 12 Stunden überschritten wird, das Gut auf Gefahr und Kosten des Absenders ausladen und auf Lager geben.**

Mit dem Wegfall der RKB sind die Absätze 1 und 2 des § 19 KVO gegenstandslos geworden. Abs. 3 ist grundsätzlich gültig geblieben. Die Festsetzung der Ladefristen, die nach dieser Bestimmung vom RKB vorgenommen werden sollte, erfolgte durch den Erlaß des Reichsverkehrsministers vom 29. Oktober 1940 (RVkBl. 1970, B S. 321), Guelde/Willenberg Anm. 2 zu § 19, Muth/Lehmann Anm. zu § 19 KVO. Dieser Erlaß hat folgenden Wortlaut: **Anm. 1**

„In Ausführung der §§ 19 und 25 KVO werden mit Zustimmung des Reichskommissars für Preisbildung folgende Be- und Entladefristen für den Güterfernverkehr mit Kraftfahrzeugen festgesetzt:

1. **Die Ladefrist im Güterfernverkehr beträgt für je angefangene 1000 kg 20 Minuten. Sie beginnt mit der Bereitstellung des Fahrzeugs, bei der Beladung frühestens mit dem Zeitpunkt der beantragten Bereitstellung.**
2. **Wird an mehreren Stellen für den gleichen Urversender oder Endempfänger be- oder entladen, so beginnt die Ladefrist mit der Bereitstellung an der ersten Be- oder Entladestelle.**
3. **Im Sammelgutverkehr steht dem Absender oder Empfänger für jeden Urversender bzw. Endempfänger eine Frist von 20 Minuten für je angefangene 1000 kg zu, beginnend mit der Bereitstellung des Fahrzeugs.**
4. **Die Ladefrist ruht an Sonn- und Feiertagen und von 20 bis 7 Uhr an Werktagen, sofern die Bereitstellung nicht für eine in diesen Zeitraum fallende Stunde beantragt worden ist. Sie ruht ferner während der Zeit, in der die Be- oder Entladung durch irgendwelche vom Verlader oder Empfänger nicht zu vertretende Umstände unterbrochen wird. Sie ruht nicht, wenn dem Absender oder Empfänger bei Vorliegen besonderer Umstände zugemutet werden kann, das Be- oder Entladen auch innerhalb der Ruhezeiten vorzunehmen. Ist die Ladefrist vor Beginn der vorstehend bezeichneten Ruhezeiten abgelaufen, so ist Wagen- oder Ladestandgeld auch für die Ruhezeiten zu zahlen.**
5. **Abweichend von der allgemeinen Regelung können für Güter, die auf Grund ihrer Eigenart längere Ladezeiten beanspruchen, wie in kleinen Packungen gestapelte Waren (z. B. Zigaretten, Keks, Markenartikel, Konserven und dgl.) oder Güter, die**

unverpackt in kleinen Einzelstücken verstaut werden (z. B. Porzellanwaren usw.), längere Ladefristen vereinbart werden.“

Anm. 2 § 19 Abs. 3 bezieht sich nur auf Ladungsgüter, da Stückgüter vom Unternehmer zu verladen sind (§ 17 Abs. 1 S. 1 KVO).

Anm. 3 Die Rechtsfolgen der Fristüberschreitung bestimmen sich nach § 19 Abs. 3 S. 2 (Wagenstandgeld, Nr. VII Nebengebührentarif (Abdruck bei Hein/Eichhoff u.a. C 525)) und S. 3 (Wiederausladungsrecht).

§ 20

Frachtberechnung

(1) Die Fracht wird für die dem Unternehmer mit einem Frachtbrief übergebene *[für die mit einem Frachtbrief übergebene]* **Sendung berechnet. Als eine Sendung dürfen nur Güter aufgeliefert werden, die dem Unternehmer von einem Absender und zur Auslieferung an einen Empfänger übergeben werden.**

(2) Güter, die an mehreren Stellen verladen oder an mehreren Stellen entladen werden, dürfen als eine Sendung nur dann behandelt werden, wenn sämtliche Einladestellen und sämtliche Ausladestellen jeweils innerhalb desselben die Tarifentfernung bestimmenden Gemeindebereichs (Gemeindetarifbereichs) liegen. Wird eine Sendung zwischen Gemeindetarifbereichen derselben Gemeinde befördert, so kann vereinbart werden, daß die Fracht nur zum Teil oder nicht erhoben wird, wenn die Güter dieser Sendung anschließend mit anderen Gütern als neue Sendung weiterbefördert werden; das gleiche gilt, wenn die Güter dieser Sendung in einer vorausgegangenen Sendung befördert worden sind. Die Vereinbarung ist in den Frachtbrief oder eine Anlage zu diesem einzutragen; sie ist nach Vorlage der für die Tarifüberwachung erforderlichen Unterlagen (§ 58 des Güterkraftverkehrsgesetzes) nicht mehr zulässig.

(3) Mit einem Frachtbrief darf höchstens die Gütermenge aufgeliefert werden, die auf dem für die Beförderung gestellten Fahrzeug oder Lastzug verladen wird. Es kann jedoch vereinbart werden, daß binnen eines Tages angebotene und verladebereite Güter bis zu 25 Tonnen als eine Sendung auf mehrere Fahrzeuge oder Lastzüge des Unternehmers oder von diesem auch auf Fahrzeuge oder Lastzüge anderer Unternehmer verteilt werden. Bei der Verteilung einer Sendung auf mehrere Fahrzeuge ist auf jedem Fahrzeug oder Lastzug eine Ausfertigung des Frachtbriefs mitzuführen. Auf jeder Ausfertigung ist zu vermerken, daß die Sendung auf mehrere Fahrzeuge verteilt ist; § 10 Abs. 2 ist entsprechend anzuwenden.

(4) Der Tarif enthält die näheren Bestimmungen über die Frachtberechnung.

Anm. 1 **Text der KVORb**

Abs. 3 KVORb weicht von Abs. 3 KVO ab. Er lautet:

(3) Mit einem Frachtbrief darf höchstens die Gütermenge aufgeliefert werden, die auf dem für die Beförderung gestellten Fahrzeug oder Lastzug verladen wird. Es kann jedoch vereinbart werden, daß binnen eines Tages angebotene und verladebereite Güter bis zu 25 Tonnen als eine Sendung auf mehrere Fahrzeuge oder Lastzüge verteilt werden. Bei der Verteilung einer Sendung auf mehrere Fahrzeuge ist auf jedem Fahrzeug oder Lastzug eine Ausfertigung des Frachtbriefs mitzuführen. Auf jeder Ausfertigung ist zu vermerken, daß die Sendung auf mehrere Fahrzeuge verteilt ist.

Anm. 2 § 20 KVO hat ausschließlich tarifrechtliche Bedeutung; unstreitig, Guelde/Willenberg Anm. 1, 2 zu § 20 KVO. Werden daher Sendungen entgegen den Vorschriften des § 20 unter einem Frachtbrief versandt, so folgt aus dem Verstoß gegen § 20 weder die Unwirksamkeit des Frachtvertrags noch des Frachtbriefs. Insbesondere entfaltet der Frachtbrief die vollen Wirkungen im Verhältnis zum Empfänger. Jedoch richtet sich die Frachtberechnung nach den Tarifvorschriften.

Siehe zu den tariflichen Fragen eingehend die Kommentierungen von Guelde/Willenberg und von Muth/Lehmann.

§ 21

Zahlung der Fracht

(1) Der Absender hat die Wahl, ob er die Fracht bei Aufgabe des Gutes bezahlen oder auf den Empfänger überweisen will.

(2) *Der RKB [Die Reichsbahn] kann jedoch bei Gütern, die schnell verderben oder die wegen ihres geringen Wertes oder ihrer Natur nach die Fracht nicht sicher decken, Vorausbezahlung der Fracht verlangen.*

(3) Der Absender kann als Freibetrag auch gewisse auf dem Beförderungsweg entstehende Kosten oder von diesen oder der Fracht einen bestimmten Betrag übernehmen.

(4) Die Beträge, die der Absender übernehmen will, hat er in der dafür bezeichneten Spalte des Frachtbriefes anzugeben (Freivermerk). Durch Ausfüllung des Freivermerks ohne Beifügung einer Beschränkung verpflichtet sich der Absender zur Bezahlung der ganzen Fracht und aller übrigen Kosten einschließlich der Gebühren nach § 5, die bei der Beförderung entstehen.

(5) Frachtbeträge und sonstige Kosten, deren Bezahlung der Absender nicht laut Frachtbriefvorschrift übernommen hat, gelten als auf den Empfänger überwiesen.

(6) Kann der vom Absender zu bezahlende Freibetrag bei der Aufgabe des Gutes nicht berechnet werden, so kann der RKB *[die Reichsbahn]* **ebenso wie für die vom Absender übernommenen Zoll- und ähnlichen Kosten die Hinterlegung einer Sicherheit verlangen.**

(7) *Weitere Bestimmungen über die Frachtzahlung trifft der RKB [die Reichsbahn].*

§ 21 KVO enthält Ordnungsvorschriften für die Frachtzahlung. Danach kann Frachtzahlung durch den Empfänger (Überweisung der Fracht auf den Empfänger; siehe dazu § 25 KVO und die Anm. zu § 436 HGB) oder durch den Absender vereinbart werden. Durch die bloße Überweisung der Fracht wird der Empfänger noch nicht Frachtschuldner; es bedarf vielmehr nach § 25 Abs. 2 S. 3 KVO hierfür der Annahme des Frachtbriefes und des Gutes; BGH v. 7. 12. 1959, VersR 1959, 111 (112). Der KVO-Frachtführer kann im Falle der Überweisung der Fracht auf den Empfänger die Ablieferung nach § 25 Abs. 1 S. 2 von der Zahlung der auf den Empfänger überwiesenen Frachtbeträge abhängig machen. Auch soweit der Empfänger Frachtschuldner geworden ist, bleibt neben ihm der Absender als Vertragspartner des Frachtführers zur Zahlung verpflichtet. Siehe hierzu Anm. 81f. zu § 425 HGB. Hinsichtlich der Einzelheiten des § 21 KVO siehe Guelde/Willenberg und Muth/Lehmann zu § 21 KVO.

§ 22

Frachtzuschläge

(1) Bei unrichtiger, ungenauer oder unvollständiger Angabe des Inhalts oder bei unrichtiger Angabe des Gewichts der Sendung oder des Bestimmungsbahnhofs oder bei Nichterfüllung einer in dem Begleitpapier angegebenen Anwendungsbedingung

eines in Anspruch genommenen ermäßigten Tarifs sind ohne Rücksicht darauf, ob ein Verschulden des Absenders vorliegt oder nicht, außer dem etwaigen Frachtunterschied Frachtzuschläge nach den folgenden Bestimmungen zu entrichten:

a) wenn die im § 8 (1) und (2) aufgeführten Gegenstände unter unrichtiger, ungenauer oder unvollständiger Inhaltsangabe zur Beförderung aufgegeben werden, beträgt der Frachtzuschlag für jedes Kilogramm Rohgewicht des Versandstückes, worin ein solcher Gegenstand enthalten war: 12,– DM;

b) in anderen Fällen unrichtiger, ungenauer oder unvollständiger Inhaltsangabe oder bei unrichtiger Angabe des Gewichts der Sendung oder des Bestimmungsbahnhofs beträgt, wenn hierdurch eine Frachtverkürzung herbeigeführt werden kann, der Frachtzuschlag das Doppelte des Unterschieds zwischen der sich aus den unrichtigen Angaben ergebenden und der richtig errechneten Fracht. Mindestens wird 1,– DM erhoben. Sind Güter verschiedener Tarifklassen zu einer Sendung vereinigt und kann ihr Einzelgewicht ohne Schwierigkeit festgestellt werden, so wird für die Ermittlung des Frachtzuschlags die Fracht getrennt berechnet, sofern sich dies billiger stellt.

(2) Wird durch unrichtige Gewichtsangabe des Absenders eine Überlastung des Kraftfahrzeugs oder Anhängers herbeigeführt, so beträgt der Frachtzuschlag das Sechsfache der Fracht für das Gewicht, das die zulässige Belastung übersteigt.

(3) Die unter (1) und (2) erwähnten Frachtzuschläge werden nebeneinander erhoben, wenn gegen mehrere dieser Vorschriften gleichzeitig verstoßen wird. Außerdem ist der entstandene Schaden zu ersetzen. Die durch gesetzliche oder polizeiliche Bestimmungen vorgesehenen Strafen werden hierdurch nicht berührt.

(4) Der RKB *[Die Reichsbahn]* **kann von der Erhebung der Frachtzuschläge absehen oder geringere Zuschläge erheben, wenn der Verstoß gegen die Vorschriften auf entschuldbarem Versehen beruht, ein Schaden für den Unternehmer** *[die Reichsbahn]* **nicht oder nicht in Höhe des Frachtzuschlages entstanden und keine erhebliche Gefährdung der Betriebssicherheit herbeigeführt worden ist, oder wenn die Höhe des Zuschlages eine unverhältnismäßige Härte in sich schließt, oder wenn andere Billigkeitsgründe vorliegen.**

(5) Der Frachtzuschlag ist verwirkt, sobald der Beförderungsvertrag abgeschlossen ist. Zur Zahlung ist der Absender verpflichtet. Hat er den Zuschlag noch nicht bezahlt, so braucht das Gut an den Empfänger nur abgeliefert zu werden, wenn dieser den Zuschlag bezahlt. Erfüllt der Empfänger eine Anwendungsbedingung eines nach der Inhaltsangabe im Frachtbrief in Anspruch genommenen ermäßigten Tarifs nicht, so ist er an Stelle des Absenders zur Zahlung eines hierdurch verwirkten Frachtzuschlags verpflichtet.

(6) Die Höhe des Frachtzuschlages und der Grund seiner Erhebung sind auf dem Frachtbrief zu vermerken.

Anm. § 22 KVO hat rein tarifliche Bedeutung. Die nach dieser Vorschrift verwirkten Frachtzuschläge sind gesetzlich festgelegte Vertragsstrafen, die vor allem im öffentlichen Interesse zur Festigung des Tarifsystems festgesetzt sind; § 31 GüKG. Von ihrer Erhebung darf der KVO-Frachtführer nicht absehen. Wenn er die Ansprüche nicht geltend macht, kann die Bundesanstalt die Ansprüche auf sich überleiten; siehe §§ 22, 23 GüKG Anh. I nach § 452.

§§ 339ff. BGB sind auf die Frachtzuschläge des § 22 KVO nicht anzuwenden, da diese nicht aufgrund der Vertragsfreiheit vereinbart, sondern zwingend verordnet sind. Ein Verschulden des Absenders ist nicht Voraussetzung des Frachtzuschlags. Siehe zu den Einzelheiten des § 22 die Kommentierung von Guelde/Willenberg und Muth/Lehmann zu § 22 KVO.

§ 23

Frachtnachzahlung und Frachterstattung

(1) Sind Fracht, Frachtzuschläge, Nebengebühren oder sonstige Kosten unrichtig oder gar nicht erhoben worden, so ist der Unterschiedsbetrag nachzuzahlen oder zu erstatten. *Der RKB [Die Reichsbahn] hat unverzüglich nach Feststellung des Fehlers den Verpflichteten zur Zahlung aufzufordern oder dem Berechtigten den zuviel erhobenen Betrag zu erstatten. Gegen die Feststellung kann der Zahlungspflichtige binnen einer Frist von 6 Wochen Einspruch erheben.*

(2) Weist der Absender nach, daß seine Angaben im Frachtbrief über den Inhalt oder das Gewicht der Sendung den Tatsachen nicht entsprechen, so kann er die Erstattung der infolge der Unrichtigkeit seiner Angaben etwa erhobenen Mehrfracht verlangen. Hat der Absender im Frachtbrief eine im Tarif als Bedingung für eine günstigere Frachtberechnung vorgeschriebene Erklärung nicht oder unrichtig oder ungenau abgegeben, so kann *der RKB [die Reichsbahn]* **beim Vorliegen von Billigkeitsgründen die dadurch erwachsene Mehrfracht erstatten.**

(3) Bei Unterschiedsbeträgen auf Grund des Abs. 1 und 2 bis zu 2,– DM kann von der Erstattung oder Einziehung abgesehen werden.

(4) [3] Zuwenig gezahlte Beträge hat der Absender nachzuzahlen, wenn der Frachtbrief nicht eingelöst wird. Hat der Empfänger den Frachtbrief eingelöst, so haftet der Absender nur für die Nachzahlung derjenigen Kosten, zu deren Vorauszahlung er durch den Freivermerk verpflichtet ist. Im übrigen ist der Empfänger zur Nachzahlung verpflichtet.

(5) [4] Zur Geltendmachung von Ansprüchen auf Erstattung von Fracht, Frachtzuschlägen, Nebengebühren oder sonstigen Kosten sowie zur Empfangnahme zuviel erhobener Beträge ist derjenige berechtigt, der die Mehrzahlung geleistet hat.

(6) [5] Bei Geltendmachung dieser Ansprüche *beim RKB [bei der Reichsbahn]* **ist der Frachtbrief vorzulegen. Ist die Mehrfracht durch den Absender bezahlt, so kann dieser die Erstattung des Unterschiedsbetrages auch auf Grund der ihm ausgehändigten Durchschrift des Frachtbriefes beantragen;** *der RKB [die Reichsbahn]* **kann jedoch bei der endgültigen Erledigung des Erstattungsanspruchs die Vorlage der Urschrift des Frachtbriefes verlangen, um auf ihm die Erledigung zu beurkunden.**

Inhaltsübersicht

Text der KVORb Anm. 1
1. Frachtnachzahlung Anm. 2
a) Anspruchsgrundlage
b) Schuldner der Nachzahlung Anm. 3
2. Frachterstattung Anm. 4
a) Anspruchsgrundlage
b) Gläubiger des Frachterstattungsanspruchs Anm. 5

Text der KVORb — Anm. 1

In der KVORb fehlt Abs. 3. Hierdurch verschieben sich die Bezeichnungen der folgenden Absätze.

1. Frachtnachzahlung — Anm. 2

a) Anspruchsgrundlage

Nach § 23 Abs. 1 KVO ist der KVO-Frachtführer berechtigt, nicht oder unrichtig erhobene Frachten, Frachtzuschläge, Nebengebühren oder sonstige Kosten nachträglich zu erheben. Gem. § 23 Abs. 1 GüKG ist er dazu sogar öffentlich-rechtlich verpflichtet. Die Bundesanstalt kann, falls der KVO-Frachtführer den nicht erhobenen

Teil der Tariffracht nicht nachfordert, unter bestimmten Voraussetzungen dessen Ansprüche auf sich überleiten. Siehe dazu Anm. 1–4, 7, 8 zu § 23 GüKG. Aus diesen Gründen kommt dem Nachforderungsanspruch erhebliche praktische Bedeutung zu.

Anspruchsgrundlage für die Nachforderung ist der Frachtvertrag, da die Tarifvorschriften dessen Inhalt zwingend gestalten und sich die tariflichen Ansprüche an dem tatsächlichen Beförderungsvorgang orientieren.

§ 23 Abs. 1 KVO mißt der Frage, aus welchen Gründen die Tariffracht nicht vollständig erhoben worden ist, keine Bedeutung zu. Daher kommt es nicht darauf an, ob die Tarifunterschreitung aus dem Frachtbrief ersichtlich oder bei genauer Kenntnis des Tarifrechts feststellbar war oder die Mehrforderung sich aus unrichtigen oder unvollständigen Angaben im Frachtbrief ergibt. Für die Erstattung überzahlter Fracht ist dies durch § 23 Abs. 2 weitgehend klargestellt. Es hat aber nach der weiten Fassung des Abs. 1 auch für die Nachzahlungsansprüche zu gelten; so im Ergebnis auch Guelde/Willenberg Anm. 2 zu § 23.

Anm. 3

b) Schuldner der Nachzahlung

§ 23 Abs. 4 KVO erlegt – weitgehend übereinstimmend mit § 70 Abs. 3 EVO – die Nachzahlungspflicht entweder dem Absender oder dem Empfänger auf. Danach muß der Absender vor Einlösung des Frachtbriefs die gesamte Nachzahlung erbringen. Nach Einlösung des Frachtbriefs durch den Empfänger hat der Absender nur noch die Fracht und Kosten nachzuzahlen, die er laut Freivermerk im Frachtbrief zu tragen hat; für alle anderen Nachzahlungsbeträge haftet dann der Empfänger. Diese Regelung stimmt mit § 25 Abs. 2 S. 2 KVO nicht überein, wonach sich die Zahlungspflicht des Empfängers ausschließlich nach dem Frachtbrief richtet. Siehe dazu Anm. 7 zu § 25 und Anm. 15–19 zu § 436 HGB. Es ist zu bezweifeln, ob die Ermächtigungsgrundlage der KVO breit genug ist, dem Empfänger in dieser Weise Zahlungspflichten aufzuerlegen, mit denen er bei Einlösung des Frachtbriefs nicht rechnen konnte.

Anm. 4

2. Frachterstattung

a) Anspruchsgrundlage

Die Ansprüche auf Erstattung zu Unrecht erhobener Fracht und Kosten ergeben sich aus § 23 Abs. 1, 2 KVO. Ohne diese Bestimmungen würden die Ansprüche aus ungerechtfertigter Bereicherung (§ 812 Abs. 1 S. 1 BGB) begründet sein. Dem Bereicherungsanspruch könnten Einwendungen aus § 817 und 818 Abs. 3 BGB entgegengestellt werden. Die Aufnahme des Erstattungsanspruchs in die KVO läßt jedoch einen frachtvertraglichen Rückerstattungsanspruch zugunsten Dritter entstehen, für den Bereicherungsrecht nicht gilt.

Kein Rückerstattungsanspruch besteht in den Fällen des § 23 Abs. 2 S. 2 KVO; der KVO-Frachtführer ist jedoch berechtigt, die Mehrfracht zu erstatten, ohne damit gegen das GüKG zu verstoßen.

Anm. 5

b) Gläubiger des Frachterstattungsanspruchs

Nach § 23 Abs. 5 ist derjenige, der die Mehrzahlung geleistet hat, erstattungsberechtigt. Es ist zweifelhaft, inwieweit der Begriff des „Leistenden" entsprechend den modernen, zu § 812 BGB entwickelten Grundsätzen des Bereicherungsrechts entspricht. Im Interesse der Klarheit wird wohl nicht danach gefragt zu werden brauchen, für wen, sondern nur von wem die Leistung erbracht worden ist.

§ 24

Nachnahme

(1) Der Absender kann das Gut bis zur Höhe seines Wertes mit Nachnahme belasten. Nachnahmen sind erst von einem Mindestbetrag von DM 20,– an zulässig, es sei denn, daß es sich um die Nachnahme von Roll- und Ladegebühren handelt.

(2) Für die Belastung einer Sendung mit Nachnahme wird die tarifmäßige Gebühr erhoben. Wegen der Haftung für Fehler bei der Behandlung von Nachnahmen vgl. §§ 31 und 36.

(3) Weitere Bestimmungen über das Nachnahmeverfahren trifft der RKB.

Text der KVORb Anm. 1

Die KVORb stimmt nur in Abs. 1 und Abs. 2 S. 1 mit der KVO überein. Absätze 2–4 KVORb lauten:

(2) Für die Belastung einer Sendung mit Nachnahme wird die tarifmäßige Gebühr erhoben.

(3) Ist das Gut ohne Einziehung der Nachnahme abgeliefert worden, so hat die Reichsbahn dem Absender den Schaden bis zum Betrag der Nachnahme zu ersetzen, vorbehaltlich ihrer Ansprüche gegen den Empfänger.

(4) Weitere Bestimmungen über das Nachnahmeverfahren trifft die Reichsbahn.

1. Zur Nachnahmeerhebung siehe allgemein Anm. 77 zu § 425 und 53 zu §§ 407–409 HGB, ferner 7 zu § 435 und 14ff. zu § 436 HGB; zur Verjährung siehe § 40 KVO, insbesondere Abs. 1 S. 2 a und Anm. 5. Anm. 2

2. Der Nachnahmeauftrag ist nach § 11 Abs. 1 i KVO im Frachtbrief einzutragen. Anm. 3
Die Eintragung ist jedoch zumindest insoweit kein Wirksamkeitserfordernis, als dieser Auftrag nach § 27 Abs. 1f. KVO auch formlos nachträglich durch den Absender erteilt werden kann. Es erscheint kaum überzeugend, mit Guelde/Willenberg Anm. 4 zu § 24 die ursprüngliche Nachnahmeanweisung an den Formzwang der Frachtbriefeintragung zu binden, sie aber nachträglich formlos zuzulassen. Siehe zu dieser Frage auch Anm. 5 zu § 11 KVO.

3. Mit Annahme von Gut und Frachtbrief wird der Empfänger nach § 25 Abs. 2 Anm. 4
S. 3 KVO verpflichtet, den Nachnahmebetrag nach Maßgabe des Frachtbriefes zu bezahlen. Bis zu diesem Zeitpunkt kann der KVO-Frachtführer nur die Auslieferung des Gutes von der Zahlung abhängig machen. An den im Frachtbrief eingetragenen Betrag ist er dabei nicht gebunden. Siehe im einzelnen Anm. 5 zu § 25 KVO.

4. Die Folgen von Fehlern bei der Einziehung von Nachnahmen bestimmen sich Anm. 5
nach § 31 Abs. 1 d und Abs. 2 KVO. Die Haftungsbeschränkung des § 36 S. 1 KVO greift nicht ein, siehe § 36 S. 2 KVO.

§ 25

Einlösung des Frachtbriefes und Abnahme des Gutes

(1) Am Bestimmungsort werden Frachtbrief und Gut dem Empfänger gegen Empfangsbescheinigung übergeben. Die Übergabe kann von der Zahlung der durch den Beförderungsvertrag begründeten Forderung abhängig gemacht werden.

(2) Nach der Ankunft des Gutes am Bestimmungsort ist der Empfänger berechtigt, die Übergabe des Frachtbriefes und des Gutes zu verlangen. Dieses Recht erlischt, wenn der Absender eine nach § 27 noch zulässige entgegenstehende Verfügung erteilt.

Durch die Annahme des Frachtbriefes und des Gutes wird der Empfänger verpflichtet, *dem RKB [der Reichsbahn]* **nach Maßgabe des Frachtbriefs Zahlung zu leisten.**

(3) Wegen der Zuführung der Güter vgl. § 5.

(4) Wird das Gut vom Unternehmer *[von der Reichsbahn]* **dem Empfänger zugeführt, so ist dieser zu seiner Abnahme innerhalb der im Tarif festgesetzten Entladefrist verpflichtet. Wird das Gut nicht innerhalb dieser Frist abgenommen, so kann das tarifmäßige Wagenstandgeld [Standgeld] erhoben werden.**

Stellt der Empfänger den Antrag auf Feststellung eines behaupteten teilweisen Verlustes oder einer Beschädigung des Gutes, so ist, soweit die Feststellung nicht unverzüglich vorgenommen werden kann, der Unternehmer *[die Reichsbahn]* **berechtigt, entweder das Gut gleichwohl dem Empfänger zu übergeben, wenn dieser dazu bereit ist, oder es auf Lager zu nehmen. In letzterem Falle geht die Lagerung auf Kosten des Unternehmers** *[der Reichsbahn]***, wenn die Feststellung des Tatbestandes gegen ihn ausschlägt, umgekehrt auf Kosten des Empfängers.**

(5) Hat der Absender im Frachtbrief Nachzählung oder Verwiegung des Gutes am Bestimmungsort beantragt oder verlangt der Empfänger bei der Ablieferung, daß die Güter in seiner Gegenwart nachgezählt oder nachgewogen werden, so hat der Unternehmer *[die Reichsbahn]* **diesem Verlangen zu entsprechen, falls geeignete Wiegevorrichtungen vorhanden sind und die Beschaffenheit des Gutes es gestattet. Für die Nachzählung oder Nachwiegung kann die tarifmäßige Gebühr erhoben werden.**

Inhaltsübersicht

1. Auslieferungsanspruch des Empfängers Anm. 1
   a) Grundsatz: Auslieferungsanspruch nach Ankunft des Guts
   b) Bestimmung des Empfängers Anm. 2
   c) Ausnahme: Nachträgliche Verfügung des Absenders Anm. 3
   d) Andere Rechte des Empfängers Anm. 4
2. Sicherungsrechte des Frachtführers Anm. 5
   a) Zurückbehaltungsrecht
   b) Pfandrecht Anm. 6
3. Zahlungspflicht des Empfängers Anm. 7
4. Entladefrist, Wagenstandgeld (§ 25 Abs. 3, Abs. 4 S. 1, 2) Anm. 8
   a) Zuführung
   b) „Abnahmepflicht" des Empfängers Anm. 9
   c) Tarifliche Entladefrist Anm. 10
5. Feststellung von Verlust und Beschädigung (§ 25 Abs. 4 S. 3, 4) Anm. 11
6. Nachzählung oder Verwiegung am Bestimmungsort (§ 25 Abs. 5 KVO) Anm. 12

Anm. 1 **1. Auslieferungsanspruch des Empfängers**

a) Grundsatz: Auslieferungsanspruch nach Ankunft des Guts

§ 25 Abs. 1 S. 1 KVO sieht vor, daß der KVO-Frachtführer dem Empfänger Gut und Frachtbrief zu übergeben hat. Der Anspruch auf diese Auslieferung steht grundsätzlich dem Empfänger zu, sobald das Gut am Bestimmungsort angekommen ist (§ 25 Abs. 2 S. 1 KVO). Der Bestimmungsort wird durch den Frachtbrief oder eine nachträgliche Verfügung des Absenders nach § 27 Abs. 1 oder des vorherigen Empfängers nach § 27 Abs. 4 KVO festgelegt. Siehe auch § 5 KVO. Die Regelung des § 25 Abs. 3 S. 1 KVO entspricht grundsätzlich dem § 435 S. 1 HGB. Siehe dazu Anm. 4–6 zu § 435.

Anm. 2 **b) Bestimmung des Empfängers**

Empfänger ist die im Frachtbrief angegebene (§ 11 Abs. 1e KVO) oder durch eine nachträgliche Verfügung des Absenders nach § 27 Abs. 1d KVO benannte Person. Siehe hierzu Anm. 1 zu § 435 sowie zur Rechtsstellung des Empfängers Anm. 2 zu § 435 HGB. Ob nach der KVO außerhalb des Frachtbriefes wirksam ein

Empfänger benannt werden kann, ist zweifelhaft; siehe Anm. 10 zu § 11 KVO. Da jedoch der Absender nach § 27 Abs. 1d formfrei nachträglich einen anderen Empfänger benennen kann, muß ihm sinnvollerweise die Benennung des Empfängers auch dann zugestanden werden, wenn ein entsprechender Eintrag im Frachtbrief fehlen sollte.

c) Ausnahme: Nachträgliche Verfügung des Absenders **Anm. 3**

Da nach § 27 Abs. 1 KVO das Verfügungsrecht des Frachtführers bis zur Auslieferung des Guts oder bis zur Zahlung der Fracht fortbesteht, kann der Absender bis dahin den Auslieferungsanspruch des Empfängers durch eine solche Verfügung nachträglich zum Erlöschen bringen (§ 25 Abs. 2 S. 2 KVO). Dies entspricht weitgehend der grundsätzlichen Regelung der §§ 435 S. 3, 433 Abs. 2 HGB; siehe Anm. 16 zu § 435. Zum Verhältnis der Verfügungsrechte von Absender und Empfänger siehe Anm. 20 zu § 27 KVO.

d) Andere Rechte des Empfängers **Anm. 4**

Anstelle der Auslieferung kann der Empfänger unter bestimmten Voraussetzungen die Ausführung anderer Verfügungen vom Frachtführer verlangen; siehe § 27 Abs. 4 KVO.

2. Sicherungsrechte des Frachtführers **Anm. 5**

a) Zurückbehaltungsrecht

Der KVO-Frachtführer kann nach § 25 Abs. 1 S. 2 KVO die Übergabe (Auslieferung) des Frachtgutes und Frachtbriefes von der Zahlung der durch den Beförderungsvertrag begründeten Forderung abhängig machen. Maßgeblich ist für dieses Zurückbehaltungsrecht nicht der Umfang der Frachtführerforderungen, der sich aus dem Frachtbrief ergibt, sondern die aus dem Frachtvertrag selbst sich ergebenden Ansprüche. Die Regelung entspricht im Ergebnis weitgehend § 435 S. 1 HGB; siehe Anm. 7 zu § 435.

b) Pfandrecht **Anm. 6**

In der KVO ist keine Regelung des Frachtführer-Pfandrechts enthalten. Daher gilt insoweit unverändert die Regelung des HGB; siehe dazu §§ 440–443 HGB und die dortige Kommentierung.

3. Zahlungspflicht des Empfängers **Anm. 7**

Mit der Annahme von Frachtbrief und Gut wird der Empfänger nach § 25 Abs. 2 S. 3 Schuldner der frachtvertraglichen Zahlungspflichten. Gläubiger der Forderungen ist (nach dem Wegfall des RKB) der KVO-Frachtführer. Maßgeblich für die Leistungspflicht des Empfängers ist nicht der Frachtvertrag, sondern ausschließlich der Frachtbrief. Mit der Auslieferung von Gut und Frachtbrief an den Empfänger verstärkt sich insoweit die Rechtsposition des Frachtführers, als er nunmehr an Stelle seines bis dahin bestehenden Zurückbehaltungsrechts echte Zahlungsansprüche gegen den Empfänger hat – allerdings nur, soweit sich diese aus dem Frachtbrief ergeben. Die Regelung lehnt sich eng an § 436 HGB an; siehe daher die Kommentierung zu dieser Vorschrift, insbesondere Anm. 2.

4. Entladefrist, Wagenstandgeld (§ 25 Abs. 3, Abs. 4 S. 1, 2) **Anm. 8**

a) Zuführung

Abs. 3 verweist wegen der „Zuführung“ auf § 5 KVO. Dennoch ist zweifelhaft, ob die Bestimmung des Abs. 4, die nur für den Fall der „Zuführung“ gelten soll, wirklich auf den Begriff der Zuführung in § 5 abzustimmen ist. Da sich § 25 Abs. 4 mit der Entladefrist und dem Wagenstandgeld befaßt, muß diese Vorschrift sinnvollerweise in allen Fällen gelten, in denen dem Empfänger das Gut zur Entladung angeboten wird; vgl. dazu die allgemeine Regelung des Seefrachtrechts in §§ 594ff. HGB. Auf das Vorliegen der besonderen speziellen Voraussetzungen einer „Zuführung" i.S.d. § 5 KVO kommt es daher wohl nicht an.

Anm. 9 **b) „Abnahmepflicht" des Empfängers**

§ 25 Abs. 4 KVO ist insoweit irreführend, als der Empfänger nicht zur Abnahme „verpflichtet" ist. Als begünstigter Dritter ist der Empfänger überhaupt nicht aus dem Frachtvertrag verpflichtet; zutreffend Muth/Lehmann Anm. zu § 25 KVO; siehe oben Anm. 7. Wird die Entladung nicht innerhalb der tariflichen Entladefrist bewirkt, so tritt lediglich eine Erhöhung der Frachtansprüche des KVO-Frachtführers um das tarifliche Wagenstandgeld ein. Wer Schuldner dieses Wagenstandgeldes ist, wird durch § 25 Abs. 4 nicht festgelegt, sondern bestimmt sich nach allgemeinen Gesichtspunkten (siehe oben Anm. 7).

Verweigert der Empfänger die Abnahme überhaupt, so liegt ein Ablieferungshindernis i.S.d. § 28 Abs. 5 KVO vor. Ein fortwährendes Hinauszögern der Abnahme kann u.U. als sonstiges Ablieferungshindernis der Abnahmeverweigerung gleichgestellt werden. Jedoch bedeutet die bloße Überschreitung der Entladefrist noch kein Ablieferungshindernis.

Anm. 10 **c) Tarifliche Entladefrist**

Die tariflichen Entladefristen ergeben sich aus dem Erlaß des Reichsverkehrsministers vom 29. 10. 1940; abgedruckt in Anm. 1 zu § 19.

Anm. 11 **5. Feststellung von Verlust und Beschädigung (§ 25 Abs. 4 S. 3, 4)**

§ 25 Abs. 4 S. 3, 4 regelt das Verfahren, wenn der Empfänger Antrag auf Feststellung von Verlust oder Beschädigung stellt. Siehe zur Kostentragung auch § 32 S. 2 KVO, zur Bedeutung der Schadensfeststellung § 39 KVO, zum Verfahren § 37 Abs. 1, 2.

Anm. 12 **6. Nachzählung oder Verwiegung am Bestimmungsort (§ 25 Abs. 5 KVO)**

Bei Ablieferung ist an sich eine Abzählung oder Verwiegung nicht durch § 16 KVO vorgeschrieben (siehe Anm. 2 zu § 16). Der Absender kann aber nach § 11 Abs. 1e KVO im Frachtbrief die Nachzählung oder Verwiegung des Gutes am Bestimmungsort vorschreiben; nach § 25 Abs. 5 ist auch der Empfänger berechtigt, die Abzählung oder Verwiegung zu verlangen, falls geeignete Wiegeeinrichtungen vorhanden sind und die Beschaffenheit des Gutes die Zählung oder Verwiegung gestattet. In jedem der beiden Fälle kann der KVO-Frachtführer eine Gebühr (Wiegegeld, Zählgeld nach § 2 II, III Nebengebührentarif, Abdruck bei Hein/Eichhoff u.a. C 525) erheben.

§ 26

Lieferfrist

(1) Die Lieferfrist beginnt für die vom Unternehmer *[von der Reichsbahn]* **bis um 12 Uhr übernommenen Güter um 18 Uhr, für die nachmittags übernommenen Güter um Mitternacht.**

Die Lieferfrist beträgt für je angefangene 300 km 24 Stunden.

Ist der auf die Auflieferung des Gutes folgende Tag ein Sonn- oder Feiertag, so beginnt die Lieferfrist einen Tag später. Ist der letzte Tag der Lieferfrist ein Sonn- oder Feiertag, so läuft die Lieferfrist erst mit der entsprechenden Stunde des nächsten Werktages ab.

Der Absender kann mit dem Unternehmer eine verkürzte Lieferfrist vereinbaren. Die verkürzte Lieferfrist ist im Frachtbrief zu vermerken. *[Die letzten beiden Sätze fehlen in der KVORb.]*

(2) Der RKB [Die Reichsbahn] kann mit Genehmigung des Reichsverkehrsministeriums Zuschlagfristen für folgende Fälle festsetzen:
a) für außergewöhnliche Verhältnisse auf den Verkehrsstraßen, z. B. Glatteis, Schneeverwehungen,
b) für Beförderung nach über 100 km abseits der Hauptverkehrsstraßen gelegenen Orten,
c) für behördlich angeordnete Umleitungen.

(3) Die Lieferfrist ist gewahrt, wenn vor ihrem Ablauf das Gut dem Empfänger zugeführt worden ist oder aus Gründen, die in seiner Person liegen, nicht zugeführt werden konnte. Insbesondere ist sie auch gewahrt, wenn vor ihrem Ablauf der Empfänger von der Ankunft benachrichtigt oder das Gut ihm am Bestimmungsorte zur Abnahme angeboten worden ist.

(4) Der Lauf der Lieferfrist ruht auf die Dauer
a) des Aufenthaltes, der durch Zoll- oder sonstige verwaltungsbehördliche Maßnahmen *oder infolge Kontrolle durch den RKB [durch zoll- oder sonstige verwaltungsbehördliche Maßnahmen]* **verursacht wird.**
b) einer durch nachträgliche Verfügung des Absenders hervorgerufenen Verzögerung der Beförderung,
c) der durch Abladen eines Übergewichtes erforderlichen Zeit,
d) einer ohne Verschulden des Unternehmers *[der Reichsbahn]* **eingetretenen Betriebsstörung, durch die der Beginn oder die Fortsetzung der Beförderung zeitweilig verhindert wird,**
e) einer behördlich angeordneten Straßensperre, durch die der Beginn oder die Fortsetzung der Beförderung zeitweilig verhindert wird,
f) des Aufenthaltes, der ohne Verschulden des Unternehmers *[der Reichsbahn]* **dadurch entstanden ist, daß am Gut oder an der Verpackung Ausbesserungsarbeiten vorgenommen oder vom Absender verladene Sendungen um- oder zurechtgeladen werden mußten.**

Inhaltsübersicht

1. Allgemeines Anm. 1
2. Berechnung der gesetzlichen Lieferfrist Anm. 2
   a) Fristbeginn (§ 26 Abs. 1 S. 1, 3)
   b) Berechnung der Frist Anm. 3
   c) Ende der Lieferfrist Anm. 4
   d) Angemessenheit dieser Regelung Anm. 5
3. Verkürzung der Lieferfrist Anm. 6
   a) Tarifliche Grenze
   b) Vermerk im Frachtbrief als Voraussetzung der Verkürzung? Anm. 7
4. Ruhen der Lieferfrist (§ 26 Abs. 4) Anm. 8
5. Festsetzung von Zuschlagsfristen (§ 26 Abs. 2 KVO) Anm. 9

1. Allgemeines **Anm. 1**

Die KVO geht – übereinstimmend mit dem Eisenbahnrecht, aber abweichend vom Landfrachtrecht des HGB, der CMR, den AGNB, ADSp und BefBMö – von festen gesetzlichen Lieferfristen aus. Die Lieferfrist macht den Frachtvertrag im Güterfernbereich zum Fixgeschäft nach § 361 BGB. Sie hat vor allem haftungsrechtliche

Bedeutung im Hinblick auf die Frage, ob der Frachtführer für eine verzögerliche Beförderung zu haften hat. Diese Haftungsfolge ist für Vermögensschäden in § 31 Abs. 1a und Abs. 2 KVO geregelt. Schäden, die durch Überschreitung der Lieferfrist am Frachtgut selbst entstanden sind, z. B. durch Verderb, sind dagegen nach §§ 29, 35 KVO zu ersetzen; siehe Anm. 3, 6 zu § 31 KVO. Eine Haftung für Verspätungsschäden kommt grundsätzlich nur in Betracht, wenn die Lieferfrist überschritten ist. Der KVO-Frachtführer darf die ihm gesetzlich gewährte Lieferfrist grundsätzlich ausnutzen; BGH vom 8. 2. 1960, VersR 1960, 304; vom 10. 1. 1968, VersR 1968, 291 (292). Eine Schadenshaftung kann sich jedoch evtl. ergeben, wenn der Frachtführer Schaden am Gut innerhalb der Lieferfristen befürchten muß, aber den Absender nicht benachrichtigt; BGH vom 3. 10. 1963, VersR 1963, 1120 (1121). Auch für die Frage, ob innerer Verderb vorliegt, ist die Lieferfrist von Bedeutung. Siehe Anm. 20 zu § 34 KVO.

Zum Überblick über die Lieferfristhaftung in den verschiedenen Sparten des Frachtrechts siehe Anm. 31ff. zu § 429 HGB; ferner Helm, Haftung, S. 28f., 170f.

Die Bemerkung von Guelde/Willenberg Anm. 3 zu § 26, die Rechtsfolgen der Lieferfristüberschreitung seien in § 31 Abs. 1a abschließend geregelt, kann Mißverständnisse hervorrufen. § 31 Abs. 1a regelt nur eine einzige Folge der Lieferfristüberschreitung, nämlich den Ersatz von Vermögensschäden, die keine Güterschäden sind. Daneben kommt die Güterschadenshaftung nach § 29 KVO in Betracht; siehe Anm. 3 zu § 31 KVO; siehe auch Guelde/Willenberg Anm. 3 zu § 31 KVO. Aus der Verspätung der Leistungserbringung könnte ferner auch ein Rücktrittsrecht des Absenders entstehen. Dieses ist für den Fall eines Beförderungshindernisses in § 28 Abs. 2 KVO behandelt. Danach steht dem Absender der Rücktritt in Fällen verschuldeter und unverschuldeter Beförderungshindernisse zu. Es besteht kein Grund, bei Verzögerungen der Beförderung ohne Vorliegen eines Beförderungshindernisses, insbesondere bei schuldhafter Nichtausführung des Beförderungsvertrages, dem Absender den Rücktritt nach § 361 BGB zu versagen. Dagegen jedoch Guelde/Willenberg Anm. 3 zu § 26. § 376 HGB ist, wie Guelde/Willenberg zutreffend bemerken, nicht anwendbar; allerdings deshalb, weil er nur für Kaufverträge gilt. Ein Rücktritt dürfte freilich nur in Betracht kommen, wenn die Beförderung noch nicht begonnen oder irgendwo unterbrochen ist.

Anm. 2 **2. Berechnung der gesetzlichen Lieferfrist**

a) Fristbeginn (§ 26 Abs. 1 S. 1, 3)

Der Beginn der Lieferfrist ist in § 26 Abs. 1 S. 1 genau festgelegt. In S. 3 ist eine Verschiebung des Fristbeginns für den Fall vorgesehen, daß der auf die Auflieferung folgende Tag ein Sonn- oder Feiertag ist. Die Verschiebung tritt nicht ein, wenn dieser Tag ein Samstag ist; § 193 BGB gilt nicht für den Fristbeginn und für Fristverlängerungen sondern nur für die Beendigung der Frist.

Anm. 3 **b) Berechnung der Frist**

Nach § 26 Abs. 1 S. 2 beträgt die Lieferfrist für jeweils angefangene 300 km 24 Stunden. Dies bedeutet, daß z. B. für eine Beförderung über 350 km bei Verladung um 8 Uhr die Frist bis zum übernächsten Tag 18 Uhr, d. h. praktisch 58 Stunden beträgt, obwohl die Beförderung ohne weiteres am gleichen Tag abgewickelt werden könnte.

Anm. 4 **c) Ende der Lieferfrist**

Fällt das Fristende auf einen Sonntag, so verlängert sich die Frist um 24 Stunden. Gemäß dem im Jahr 1965 neu gefaßten § 193 BGB beträgt die Fristverlängerung sogar 48 Stunden, wenn das Ende der Frist auf einen Samstag fällt (zutreffend Guelde/Willenberg Anm. 6 zu § 26).

d) Angemessenheit dieser Regelung Anm. 5

Guelde/Willenberg Anm. 1 zu § 26 halten die Fristregelung der KVO für sachlich angemessen und meinen, die festen Fristen versetzten den Absender in die Lage, zuverlässige Dispositionen über die weitere Behandlung des Beförderungsgutes zu treffen. Dem ist nicht zuzustimmen. Innerhalb der langen Lieferfrist kann das Frachtgut früher oder später abgeliefert werden. Je länger die Frist ist, desto schwieriger ist es, die Entladung, Weiterleitung oder Verarbeitung termingemäß einzuplanen. Ist z.B. bei einem Transport über 350km am Donnerstag um 8 Uhr fertig geladen, so endet die Lieferfrist für die Beförderung am Montag um 18 Uhr. Der Empfänger müßte sich also für die Entfernung am Donnerstagnachmittag, Freitag, Samstag und Montag bereithalten. Dies kann kaum als eine angemessene Regelung bezeichnet werden, zumal § 26 Abs. 4 dem KVO-Frachtführer auch bei kürzeren Fristen zusätzlichen Schutz gewähren würde. In der Praxis werden Güterfernbeförderungen in aller Regel weit schneller durchgeführt, als die langen Lieferfristen dies erfordern. Es wäre sicherlich angemessen, die Fristen modernen Beförderungsverhältnissen anzupassen. So auch Muth/Lehmann Anm. zu § 26 KVO.

3. Verkürzung der Lieferfrist Anm. 6

a) Tarifliche Grenzen

Die Lieferfristen des § 26 Abs. 1 KVO dürfen zwar nach S. 5, 6 verkürzt werden. Tarifrechtlich stößt jedoch die Verkürzung auf enge Grenzen. Nach Nr. 21 Abs. 2 der Vorschriften über die Frachtbeförderung (RKT Teil 2/1 vom 19. 1. 1958 – Abdruck bei Hein/Eichhoff, GüKG, Bd. I C 521) ist die Vereinbarung einer festen Lieferstunde unzulässig. Die Frist selbst darf auch gegen Eilzuschlag nur auf minimal 50% der regulären Frist verkürzt werden. Danach ergibt sich z.B. bei nachmittäglicher Verladung und einem Transport bis 300km Entfernung eine Lieferfrist, die nicht eher als am nächsten Mittag 12 Uhr ablaufen kann – für LKW-Eiltransporte eine sehr lange Zeit. Jede diese Grenzen überschreitende Verkürzung der Lieferfrist ist als tarifwidrige Vergünstigung nach § 22 Abs. 2 GüKG nichtig. An ihre Stelle tritt die gesetzliche Lieferfrist; bei Vereinbarung einer festen Stunde evtl. durch Umdeutung die entsprechende prozentual-verkürzte Lieferfrist, BGH vom 8. 2. 1960, VersR 1960, 304f. Siehe Anm. 4 zu § 22 GüKG, Anh. I nach § 452. Siehe andererseits zu der Frage, unter welchen Voraussetzungen ein Anspruch auf Schnellieferzuschlag entsteht: BGH v. 27. 11. 1968, I ZR 3/67 (unveröffentlicht).

b) Vermerk im Frachtbrief als Voraussetzung der Verkürzung? Anm. 7

Ob der Vermerk im Frachtbrief Voraussetzung für die Gültigkeit ist, erscheint fraglich. Mindestens einen entsprechenden Antrag des Absenders im Frachtbrief verlangt das Spezialschrifttum zur KVO; siehe statt vieler Guelde/Willenberg Anm. 11 zu § 26 KVO. Der Gesetzestext sieht in § 26 Abs. 1 S. 6 nur eine Pflicht zur Eintragung im Frachtbrief vor, nicht dagegen ein Formerfordernis für die Fristverkürzung. Der BGH läßt in den Urteilen vom 8. 2. 1960, VersR 1960, 304 und v. 12. 5. 1960, VersR 1960, 627 (629); wohl auch im Urteil vom 10. 1. 1968, VersR 1968, 291 (293) die Frage offen. Das OLG Celle, VersR 1953, 114 (115) bejaht die Wirksamkeit einer formlosen Lieferfristvereinbarung. Siehe zu diesem Problem generell Anm. 5 zu § 11 KVO. Richtiger erscheint es, die Formbedürftigkeit der Lieferfristverkürzung zu verneinen, da sonst der Absender mit einem ihm nicht erkennbaren Nichtigkeitsrisiko belastet würde. Dies gilt umso mehr, als das KVO-

Frachtbriefformular weder ein besonderes Feld noch einen Hinweis für Lieferfristfragen vorsieht. Hält man an der Formbedürftigkeit der Lieferfristverkürzung fest, so kann sich u. U. ein Schadensersatzanspruch des KVO-Frachtführers nach § 309 BGB ergeben. Siehe Anm. 5 zu § 11 KVO.

Anm. 8 **4. Ruhen der Lieferfrist (§ 26 Abs. 4)**

§ 26 Abs. 4 KVO läßt die Lieferfrist bei Vorliegen der unter den Buchstaben a–f umschriebenen Voraussetzungen ruhen. Dies bedeutet, daß sich durch die betreffenden Ruhezeiten das Fristende weiter hinausschiebt. Insbesondere aus Buchstabe d ergibt sich, daß die Dauer unverschuldeter Betriebsstörungen praktisch der Lieferfrist hinzuzurechnen ist. Damit erweisen sich die ohnehin lang bemessenen Fristen als nicht gewährleistet; praktisch besteht danach bei Verspätungsschäden kaum mehr als eine Haftung für vermutetes Verschulden; siehe Anm. 5 zu § 31. Eine Verschärfung der Haftung könnte nur durch eine enge Interpretation des Begriffes der Betriebsstörung in § 26 Abs. 4d erreicht werden.

Zu behördlichen Kontrollen als Beförderungshindernisse (Buchstabe a) siehe § 28 Abs. 2 KVO; zur nachträglichen Verfügung des Absenders (Buchstabe b) siehe § 27 KVO; zur Abladung von Übergewicht (Buchstabe c) siehe § 17 Abs. 3 KVO und dort Anm. 12; zur Beförderungsverzögerung durch Straßensperren (Buchstabe e) siehe § 28 Abs. 1 KVO und Anm. 5; zur Ausbesserung der Verpackung und zum Zurechtladen des Gutes (Buchstabe f) siehe §§ 18, 17 KVO. Hinsichtlich weiterer Einzelheiten siehe eingehend Guelde/Willenberg Anm. 18–33 zu § 26 KVO.

Anm. 9 **5. Festsetzung von Zuschlagsfristen (§ 26 Abs. 2 KVO)**

Nach § 26 Abs. 2 konnte der RKB in besonderen Fällen Zuschlagsfristen festsetzen. Dieses Recht steht nunmehr gemäß § 103 Abs. 2 Ziff. 3 dem Bundesminister für Verkehr zu. Dieser hat von der Befugnis bisher keinen Gebrauch gemacht.

V. Abänderung des Beförderungsvertrages

§ 27

Nachträgliche Verfügungen des Absenders und Anweisungen des Empfängers

(1) Der Absender kann bis zur Zahlung der Fracht oder der anderen auf der Sendung lastenden Kosten durch den Empfänger oder bis zur Auslieferung der Sendung an den Empfänger nachträglich verfügen:

a) daß das Gut am Versandort zurückgegeben werden soll,

b) daß das Gut unterwegs angehalten werden soll,

c) daß die Ablieferung des Gutes an den Empfänger ausgesetzt werden soll,

d) daß das Gut an einen anderen Empfänger abgeliefert werden soll,

e) daß das Gut nach dem Versandort zurückgesandt werden soll,

f) daß eine Nachnahme nachträglich auferlegt, erhöht, herabgesetzt oder aufgehoben werden soll,

g) daß überwiesene Beträge von ihm selbst anstatt vom Empfänger eingezogen werden sollen,

h) daß ein Gut nach einem anderen Bestimmungsort weitergeleitet werden soll,

i) daß Teile einer Ladung an verschiedenen oder an anderen Ausladestellen, als im Frachtbrief vorgeschrieben war, abgeliefert werden sollen. Eine solche Verfügung ist jedoch nur statthaft, wenn auch die neubezeichneten Ausladestellen für die Frachtberechnung zum selben Gemeindetarifbereich gehören.

In den vorstehend unter d), e), h) und i) vorgesehenen Fällen kann der Absender für die Weiter- oder Rückbeförderung auch eine andere Beförderungsart oder die Benutzung eines anderen Verkehrsmittels vorschreiben.

Verfügungen anderer Art sind unzulässig. Das gleiche gilt für Verfügungen über einzelne Teile der Sendung, ausgenommen den in i) genannten Fall.

Der RKB [die Reichsbahn] kann nähere Bestimmungen für die Erteilung und Ausführung nachträglicher Verfügungen treffen.

(2) Der Unternehmer *[die Reichsbahn]* **darf die Ausführung einer ihm ordnungsgemäß zugegangenen nachträglichen Verfügung nur ablehnen, hinausschieben oder in veränderter Weise vornehmen, wenn**

a) die Verfügung in dem Zeitpunkt, in dem sie ihm *[ihr]* **zugeht, nicht mehr durchführbar ist,**

b) durch ihre Befolgung der regelmäßige Beförderungsdienst gestört wird,

c) ihre Ausführung gesetzliche oder sonstige Bestimmungen, insbesondere Zoll- oder sonstige verwaltungsbehördliche Vorschriften, entgegenstehen, oder

d) der Wert des Gutes die entstehenden Mehrkosten voraussichtlich nicht deckt und diese Mehrkosten nicht sofort entrichtet oder sichergestellt werden.

In diesen Fällen ist der Absender unverzüglich von der Sachlage zu unterrichten.

(3) Verfügt der Absender, daß die Sendung am Bestimmungsort zurückgehalten werden soll, so ist der Unternehmer *[die Reichsbahn]* **berechtigt, für jede Verzögerung** *über den vom RKB [von der Reichsbahn] bestimmten Zeitraum hinaus* **das tarifmäßige Wagenstand- oder Lagergeld zu erheben. Beträgt die Verzögerung mehr als 12 Stunden, so kann der Unternehmer** *[die Reichsbahn]* **das Gut auf Gefahr und Kosten des Absenders abladen und einlagern; der Absender ist hiervon zu benachrichtigen.**

(4) Nach Ankunft des Gutes am Bestimmungsort und nach Erfüllung der aus dem Frachtbrief sich ergebenden Verpflichtungen kann der im Frachtbrief bezeichnete Empfänger Anweisungen erteilen,

a) daß ihm das Gut am Bestimmungsort nach einer anderen als der im Frachtbrief bezeichneten Bestimmungsstelle zugeleitet wird,

b) daß das Gut mit dem Frachtbrief gegen Zahlung der Fracht und der sonst auf dem Gute haftenden Beträge am Bestimmungsort einem Dritten ausgeliefert wird,

c) daß ihm der Frachtbrief gegen Zahlung der Fracht und der sonst auf dem Gut haftenden Beträge, das Gut aber am Bestimmungsort einem Dritten ausgeliefert wird,

d) daß ihm der Frachtbrief, das Gut aber gegen Zahlung der Fracht und der sonst auf dem Gut haftenden Beträge am Bestimmungsort einem Dritten ausgeliefert wird,

e) daß das Gut nach Zahlung oder gegen Nachnahme der Fracht und der sonst auf dem Gute haftenden Beträge mit neuem Frachtbrief vom Bestimmungsort nach einem anderen Ort gesandt wird,

f) daß Teile einer Ladung an verschiedenen oder anderen Ausladestellen, als im Frachtbrief vorgeschrieben war, abgeliefert werden sollen.

(5) Für die Frachtberechnung findet § 20 entsprechende Anwendung.

(6) Wird auf Grund einer nachträglichen Verfügung das Gut unterwegs angehalten, so wird neben etwa erwachsenden sonstigen Kosten die Fracht bis zum Unterwegsort erhoben.

(7) Für die Entgegennahme einer nachträglichen Verfügung des Absenders oder einer Anweisung des Empfängers wird die im Tarif vorgesehene Gebühr nur erhoben, wenn eine Neuabfertigung notwendig ist.

Inhaltsübersicht

I. Allgemeines Anm. 1
II. Das Verfügungsrecht des Absenders (§ 27 Abs. 1, 2) Anm. 2
1. Abschließender Katalog der zulässigen Verfügungen
2. Die einzelnen zulässigen Verfügungen Anm. 3
a) Rückgabe am Versandort (Buchst. a)
b) Anhaltung auf dem Beförderungsweg (Buchst. b) Anm. 4
c) Aussetzung der Ablieferung (Buchst. c und Abs. 3) Anm. 5
d) Ablieferung an einen anderen Empfänger (Buchst. d) Anm. 6
e) Rücksendung des Gutes (Buchst. e) Anm. 7
f) Änderungen von Nachnahmeanweisungen (Buchst. f) Anm. 8
g) Änderung der Zahlungspflicht (Buchst. g) Anm. 9
h) Weiterleitung an einen anderen Bestimmungsort Anm. 10
i) Teilauslieferung an verschiedenen Ausladestellen (Buchst. i) Anm. 11
3. Ablehnungsgründe (§ 27 Abs. 2) Anm. 12
a) Grundsätzliches
b) Die einzelnen Hinderungsgründe des § 27 Abs. 2 KVO Anm. 13
aa) Undurchführbarkeit
bb) Störung des regelmäßigen Beförderungsdienstes Anm. 14
cc) Entgegenstehende Vorschriften Anm. 15
dd) Mangelnde Kostendeckung Anm. 16
III. Das Verfügungsrecht des Empfängers (§ 27 Abs. 4 KVO) Anm. 17
1. Voraussetzungen der Entstehung des Empfängerverfügungsrechts Anm. 18
2. Die einzelnen Verfügungen des Empfängers Anm. 19
IV. Das Verhältnis der Absender- zur Empfängerverfügung Anm. 20
V. Entgelt- und Kostenansprüche (Absätze 5–7) Anm. 21

Anm. 1

I. Allgemeines

§ 27 KVO enthält Spezialbestimmungen zum frachtrechtlichen Verfügungsrecht, durch die §§ 433, 434, 435 HGB weitgehend verdrängt werden. Zur Rechtsnatur des Verfügungsrechts und zu anderen grundsätzlichen Fragen siehe die Anmerkungen zu § 433 HGB.

Die Verfügungsrechte des Absenders nach § 27 Abs. 1 und Abs. 4 können sich im Einzelfall überschneiden, siehe dazu unten Anm. 20.

Das Verfügungsrecht wird durch einseitige Erklärung gegenüber dem Frachtführer ausgeübt. Im Zeitpunkt des Wirksamwerdens dieser Erklärung (Zugang, § 130 BGB) treten die Wirkungen der Verfügung ein. Die Nichtausführung der Weisung führt zur Haftung des KVO-Frachtführers nach § 31 Abs. 1c KVO.

Anm. 2

II. Das Verfügungsrecht des Absenders (§ 27 Abs. 1, 2)

1. Abschließender Katalog der zulässigen Verfügungen

Im Gegensatz zu der erweiterungsfähigen Aufzählung der zulässigen Absenderverfügungen in § 433 HGB (siehe dazu Anm. 9 zu § 433) und in Art. 12 Abs. 1 CMR enthält § 27 Abs. 1 KVO einen abschließenden Katalog der zulässigen frachtrechtlichen Verfügungen; § 27 Abs. 1 S. 3 KVO.

Anm. 3

2. Die einzelnen zulässigen Verfügungen

a) Rückgabe am Versandort (Buchst. a)

Diese Verfügung des Absenders kommt einer Kündigung des Frachtvertrags nach § 649 BGB gleich. Ein Anspruch auf Fracht entsteht jedoch entgegen § 649 BGB nicht. Stattdessen erhält der Frachtführer einen Gebührenanspruch nach XIV A Nebengebührentarif (Abdruck bei Hein/Eichhoff u. a. C 525). In Betracht kommen nach dem Nebengebührentarif ferner weitere Gebühren wie Wagenstandgeld, Rollgebühren, Wegegeld, Zählgebühr, Gebühr für Packmittel usw. Haftungsrechtlich steht die Rückgabe der Ablieferung an den Empfänger gleich.

b) Anhaltung auf dem Beförderungsweg (Buchst. b) Anm. 4

Diese Verfügung berührt die Ausführung des Frachtvertrags nicht endgültig, sondern setzt weitere Verfügungen voraus. Wird eine solche weitere Verfügung nicht oder nicht rechtzeitig getroffen und damit der regelmäßige Beförderungsdienst des KVO-Frachtführers gestört (§ 27 Abs. 2 S. 1 b), so darf dieser das Gut abladen und einlagern; Guelde/Willenberg Anm. 9 zu § 27.

Die Ansprüche des Frachtführers richten sich nach dem speziellen Fall: Wird nach der Anhaltung die Beförderung fortgesetzt, so entstehen die betreffenden Frachtansprüche sowie eventuell zusätzlich Nebengebühren; wird am Anhalteort ausgeliefert, so entsteht ein Anspruch auf Teilfracht nach § 27 Abs. 6 KVO und auf die Gebühr nach XIV A 2 Nebengebührentarif.

c) Aussetzung der Ablieferung (Buchst. c und Abs. 3) Anm. 5

Wird vom Absender die Aussetzung der Ablieferung an den Empfänger verfügt, so fragt sich, ob nach § 25 Abs. 2 S. 2 KVO der Auslieferungsanspruch des Empfängers erlischt. Da die Aussetzung der Ablieferung eine vorübergehende Maßnahme ist, wird man zweckmäßigerweise nur ein Ruhen der Empfängeransprüche annehmen können, das bis zur endgültigen Entscheidung des Absenders wirkt. Jedenfalls hindert die Aussetzung der Ablieferung den Empfänger an der Geltendmachung des Auslieferungsanspruchs.

Der KVO-Frachtführer hat nach § 27 Abs. 3 S. 1 Anspruch auf das tarifmäßige Wagenstand- und Lagergeld (VII, VI, 1 Nebengebührentarif). Er kann ferner das Gut auf Gefahr und Kosten des Absenders abladen und einlagern, wenn die Verzögerung mehr als 12 Stunden beträgt; er hat aber den Absender davon zu benachrichtigen. Die Einlagerung und Benachrichtigung tritt an die Stelle der Ablieferung nach § 29 KVO. Mit ihr ist daher die Obhutshaftung nach § 29 KVO beendet.

d) Ablieferung an einen anderen Empfänger (Buchst. d) Anm. 6

Die Anweisung, das Gut an einen anderen als den ursprünglich (im Frachtvertrag oder bereits durch frühere Absenderverfügungen) benannten Empfänger abzuliefern, bezieht sich zunächst auf einen anderen Empfänger am selben Bestimmungsort. Liegen Wohnsitz oder Geschäftsniederlassung des neuen Empfängers an einem anderen Bestimmungsort, so liegt gleichzeitig eine Verfügung nach § 27 Abs. 1 S. 1 h vor.

Die Anweisung, an einen anderen Empfänger abzuliefern, begründet nach Ankunft des Gutes am Bestimmungsort einen Auslieferungsanspruch des neuen Empfängers nach § 25 Abs. 2 KVO. War das Gut bei Wirksamwerden der Verfügung noch nicht am Bestimmungsort angekommen, so erlangt der vorher benannte Empfänger keinerlei Ansprüche. War das Gut bereits angekommen, so erlöschen die mit der Ankunft entstandenen Rechte des zunächst benannten Empfängers nach § 25 Abs. 2 S. 2 KVO. Die Auslieferung an den vorher benannten Empfänger ist dann Falschauslieferung mit der Haftungsfolge des § 31 Abs. 1 b oder – im Falle des Verlustes des Gutes – des § 29 KVO.

Die verfügungsgemäße Auslieferung des Gutes an einen anderen Empfänger am gleichen Bestimmungsort begründet einen Gebührenanspruch des KVO-Frachtführers nach XIV A 2 Nebengebührentarif.

e) Rücksendung des Gutes (Buchst. e) Anm. 7

Die Anweisung zur Rücksendung des Gutes ändert in der Regel die Beförderungspflicht des KVO-Frachtführers, die sich um die Rückbeförderung erweitert. In diesem Falle braucht kein neuer Frachtbrief ausgestellt zu werden. Jedoch kann der

Absender nach § 27 Abs. 1 S. 2 auch ein anderes Beförderungsmittel vorschreiben. Dann ist der KVO-Frachtführer nur zur Rückversendung wie ein Spediteur verpflichtet. Wird die Rücksendeanweisung erst wirksam, wenn das Gut bereits am Bestimmungsort angekommen ist, dann erlöschen die Rechte des Empfängers gem. § 25 Abs. 2 S. 2 KVO.

Aus § 27 Abs. 6 KVO ergibt sich, daß die Tariffracht bis zum Ort, von dem aus die Rückbeförderung erfolgt, zu zahlen ist. Die Rückbeförderung stellt eine zusätzliche Leistung dar, für die eine neue Fracht geschuldet wird. Daneben tritt der Gebührenanspruch nach XIV A 2 Nebengebührentarif.

Anm. 8 **f) Änderungen von Nachnahmeanweisungen (Buchst. f)**

Zur Nachnahmeerhebung siehe § 24 KVO und die dortige Kommentierung sowie Anm. 5 zu § 11 KVO, ferner Anm. 77 zu § 425 und Anm. 53 zu §§ 407–409 HGB. Die nachträgliche Bestimmung der Pflicht des Frachtführers zur Nachnahmeerhebung schafft die gleiche Rechtslage, wie wenn die betreffende Nachnahmeanweisung von Anfang an gegeben wäre. Sie begründet eine Gebührenpflicht gemäß XIV A 3 Nebengebührentarif.

Anm. 9 **g) Änderung der Zahlungspflicht (Buchst. g)**

Siehe hierzu § 21 KVO und zu Einzelheiten Guelde/Willenberg Anm. 21 zu § 27. Will der Absender umgekehrt dem Empfänger nachträglich eine Frachtzahlungspflicht auferlegen, so kann er nach § 27 Abs. 1f. eine nachträgliche Nachnahmeanweisung verfügen; siehe Anm. 8.

Anm. 10 **h) Weiterleitung an einen anderen Bestimmungsort**

Die Rechtslage entspricht hier weitgehend der bei Rücksendung gegebenen; siehe oben Anm. 7. Auch in diesem Falle kann der Frachtvertrag um eine zusätzliche Beförderungs- oder Versendungspflicht erweitert sein. Im Falle der Weiterbeförderung ist eine neue Frachtberechnung unter Zugrundelegung der Tarifentfernung der Gesamtbeförderung vorzunehmen. Die Weiterleitung kann mit der Bestimmung eines neuen Empfängers (Buchst. d, oben Anm. 6) gekoppelt sein. Liegt der neue Bestimmungsort in einem anderen Gemeindetarifbereich, dann ist die Anordnung der Weiterleitung einer Teilladung nach Buchst. i unzulässig.

Anm. 11 **i) Teilauslieferung an verschiedenen Ausladestellen (Buchst. i)**

Die Anordnung von Teilausladungen an verschiedenen Ausladestellen ist nur im gleichen Gemeindetarifbereich zulässig. Soll ein Teil der Ladung an einem anderen außerhalb dieses Bereiches liegenden Ort ausgeliefert werden, so muß über die erforderliche zusätzliche Beförderung ein neuer Frachtvertrag abgeschlossen werden.

Anm. 12 **3. Ablehnungsgründe (§ 27 Abs. 2)**

a) Grundsätzliches

§ 25 Abs. 2 führt – eng angelehnt an § 72 Abs. 5 EVO – auch die zulässigen Gründe für die Ablehnung der Befolgung der Absenderanweisung vollständig auf. Liegt einer dieser Gründe vor, so kann der Frachtführer entweder die Befolgung der Verfügung ganz verweigern, verschieben oder sie in veränderter Weise vornehmen. Die Wahl zwischen diesen Möglichkeiten liegt im Ermessen des Frachtführers; dieser hat allerdings die Interessen des Absenders wahrzunehmen; Guelde/Willenberg Anm. 30 zu § 27. Verantwortlich gemacht werden kann der KVO-Frachtführer dabei nur, wenn er gegen die Grundsätze des § 665 S. 1 BGB verstößt. § 665 S. 2 ist jedoch insoweit nicht anzuwenden, als der Frachtführer grundsätzlich nicht die Entschließung des Absenders abzuwarten braucht. Jedoch ist ihm wohl, wenn erkennbar gewichtige Interessen auf dem Spiel stehen, eine telefonische Rückfrage und Abwarten mit der Entscheidung zuzumuten; a. A. Guelde/Willenberg Anm. 35 zu § 27.

b) Die einzelnen Hinderungsgründe des § 27 Abs. 2 KVO Anm. 13

aa) Undurchführbarkeit

Ist die Verfügung nicht mehr durchführbar, weil z. B. das Frachtgut schon abgeliefert, eine Nachnahme bereits in zu hohem Betrag erhoben worden ist, oder das Fahrzeug sich auf der Fahrt befindet und nicht mehr angehalten werden kann, dann ist grundsätzlich der Beförderungsvertrag ordnungsgemäß erfüllt, wenn er in der vom Absender ursprünglich vorgeschriebenen Weise erfüllt wird. Doch ist der Frachtführer nicht völlig frei. Erreicht z. B. am Bestimmungsort die Anhalteverfügung nach Abs. 1 S. 1 b den Fahrer noch, so darf er das Gut nicht ohne Rückfrage an den Empfänger ausliefern.

bb) Störung des regelmäßigen Beförderungsdienstes Anm. 14

Die Formulierung entspricht § 72 Abs. 5 b EVO und paßt daher nur schwer auf die individuellen Verhältnisse des Güterfernverkehrs, die einen „regelmäßigen Beförderungsdienst" nicht voraussetzen. Sie wird wohl im Sinne einer Störung des Beförderungsbetriebs (vgl. Art. 12 Abs. 5 b CMR) auszulegen sein. Insbesondere darf der KVO-Frachtführer danach die Befolgung solcher Verfügungen ablehnen, die einer pünktlichen Erfüllung anderer übernommener Beförderungspflichten entgegenstehen. Grundsätzlich bietet aber der Umstand, daß die Kosten der Durchführung einer nachträglichen Verfügung durch die zusätzlichen Tarifansprüche wegen des hohen Arbeits- und Zeitaufwands nicht gedeckt seien, keinen Ablehnungsgrund.

cc) Entgegenstehende Vorschriften Anm. 15

Dieser Verweigerungsgrund ist an sich selbstverständlich, da die betreffende Weisung bereits nach § 134 BGB nichtig ist.

dd) Mangelnde Kostendeckung Anm. 16

Da das Gut nach § 440 HGB dem Frachtführer als Pfandobjekt für die Fracht und Kostenansprüche dient, benötigt er besondere Sicherheiten, wenn der Wert des Gutes die Vergütung und Auslagen für die nachträgliche Vergütung nicht deckt.

III. Das Verfügungsrecht des Empfängers (§ 27 Abs. 4 KVO) Anm. 17

Inhaltlich entsprechend § 435 HGB kann der Empfänger unter den Voraussetzungen des § 27 Abs. 4 KVO ein eigenes Verfügungsrecht geltend machen. Im Gegensatz zur Regelung des HGB werden auch hier die einzelnen Verfügungsrechte aufgezählt. Anders als bei den Absenderverfügungen ist jedoch der Katalog der Empfängerverfügungen vom Gesetz nicht abschließend konzipiert. Für die Ausführung von Empfängerverfügungen werden einheitliche Gebühren nach XIV D Nebengebührentarif (Abdruck bei Hein/Eichhoff u. a. C 525) erhoben.

1. Voraussetzungen der Entstehung des Empfängersverfügungsrechts Anm. 18

§ 27 Abs. 4 KVO verlangt – darin übereinstimmend mit § 435 S. 1 HGB – als Voraussetzung für die Entstehung des Verfügungsrechtes des Absenders zunächst die Ankunft des Gutes am Bestimmungsort. Anders als nach § 435 S. 1 entstehen jedoch die Empfängerrechte erst mit der Erfüllung der sich aus dem Frachtbrief ergebenden

Verpflichtungen, also insbesondere mit der Bezahlung von Fracht und Kosten. Nach der KVO muß der Empfänger somit vorleisten, während nach § 435 BGB das Verfügungsrecht bereits mit der Ankunft entsteht und lediglich seine Geltendmachung Zug um Zug von der Erfüllung der Empfängerverpflichtungen abhängig ist. Daß nach erfolgter Ablieferung auch ohne Bezahlung der Fracht ein Verfügungsrecht des Empfängers bestehen soll (so Guelde/Willenberg Anm. 38 zu § 27 KVO) ist kaum anzunehmen. In diesem Falle ist der Frachtvertrag von Seiten des Frachtführers voll erfüllt. Wünscht der Empfänger eine Anschlußbeförderung, so bedarf es nunmehr des Abschlusses eines neuen Beförderungsvertrages. Nimmt jedoch der Empfänger die ihm zur Ablieferung abgebotenen Güter nicht an und trifft stattdessen eine andere Verfügung, so ist dies grundsätzlich zulässig.

Anm. 19

2. Die einzelnen Verfügungen des Empfängers

Der Katalog der zulässigen Empfängerverfügungen stimmt mit § 27 Abs. 1 nicht überein, weist aber Parallelen auf.

Nach Buchst. a–d sind Verfügungen über die Zuführung von Gütern nach anderen Entladestellen (§ 5 KVO) und an andere Personen zulässig. Alle Ziffern betreffen jedoch nur Varianten der Ablieferung am ursprünglichen Bestimmungsort, da Weiterbeförderungen an einen anderen Ort unter Buchst. e fallen; zutreffend Guelde/Willenberg Anm. 42 zu § 27 KVO.

Die Verfügung nach Buchst. f entspricht der nach § 27 Abs. 1 S. 1 i. Die Anordnung der Weiterversendung aus dem Gemeindetarifbereich hinaus fällt jedoch unter Buchst. e.

Eine besondere Rolle spielt die Anweisung der Weiterbeförderung an einen anderen Ort. Diese setzt, da ein neuer Frachtbrief auszustellen ist, den Abschluß eines neuen Frachtvertrages zwischen dem Empfänger, der nunmehr Absender wird, und dem Frachtführer voraus; insoweit zutreffend Guelde/Willenberg Anm. 44 zu § 27. Aus § 27 Abs. 4 e muß der Schluß gezogen werden, daß hier ausnahmsweise ein Abschlußzwang des KVO-Unternehmers besteht. Wenn, wie Guelde/Willenberg a.a.O. meinen, der Frachtführer den Abschluß beliebig verweigern dürfte, weil im Güterfernverkehrsrecht kein Beförderungszwang besteht, so wäre die ausdrückliche Normierung eines entsprechenden Anweisungsrechts des Empfängers in der KVO sinnlos. Doch wird man wohl die analoge Anwendung des § 27 Abs. 2 KVO befürworten müssen.

Anm. 20

IV. Das Verhältnis der Absender- zur Empfängerverfügung

Das Verfügungsrecht des Empfängers setzt außer der Ankunft des Gutes am Bestimmungsort nach § 27 Abs. 4 stets die vorherige Erfüllung der Verpflichtungen nach Maßgabe des Frachtbriefs voraus. Andererseits endigt nach § 27 Abs. 1 S. 1 das Verfügungsrecht des Absenders mit der Zahlung der Fracht und der Kosten durch den Empfänger. Somit kann es zu Überschneidungen im Bereich des Verfügungsrechts nach der KVO nicht kommen. Vielmehr löst das Verfügungsrecht des Empfängers das des Absenders lückenlos ab; siehe zur Überschneidungsmöglichkeit nach §§ 433, 434 HGB die Anm. 29, 31 zu § 433 HGB; siehe auch BGH v. 22. 1. 1959, VersR 1959, 342 (343).

Anm. 21

V. Entgelt- und Kostenansprüche (Absätze 5–7)

Hinsichtlich der Entgelt- und Kostenansprüche wird auf die Anmerkungen zu den einzelnen Verfügungen (Anm. 3–11 und 17) verwiesen. Eine besondere Gebühr für die „Entgegennahme“ einer Verfügung sieht das Tarifrecht nicht vor; vielmehr wird danach die Gebühr für die Ausführung der Verfügung erhoben (XIV Nebengebührentarif). § 27 Abs. 7 KVO ist daher gegenstandslos.

§ 28

Beförderungs- und Ablieferungshindernisse

(1) Stellen sich der Beförderung eines Gutes Hindernisse entgegen, die durch Umleitung oder durch eine Ersatzbeförderung behoben werden können, so ist das Gut dem Empfänger über die Umgehungsstraßen oder mit der möglichen Ersatzbeförderung zuzuführen. Die Lieferfrist wird über den ursprünglichen Beförderungsweg errechnet. Eine Mehrfracht nach der wirklich ausgeführten Beförderung kann nur erhoben werden, wenn das Gut über eine Umgehungsstraße zugeführt wird und der Absender vor Annahme des Frachtbriefes und des Gutes von dem Unternehmer *oder dem RKB [von der Reichsbahn]* **auf die Notwendigkeit einer Umleitung hingewiesen war.**

(2) In allen anderen Fällen, in denen der Beginn oder die Fortsetzung einer Beförderung zeitweilig oder dauernd verhindert wird, hat der Unternehmer *[die Reichsbahn]* **den Absender um Anweisung zu ersuchen. Der Absender kann daraufhin auch vom Vertrage zurücktreten. Trifft den Unternehmer** *[die Reichsbahn]* **kein Verschulden, so kann er** *[sie]* **in diesen Fällen Zahlung der Fracht für die zurückgelegte Strecke und der Gebühren für die ausgeführten Neben- und Sonderleistungen verlangen. Trifft der Absender die Anweisung, daß das Gut zum Versandort zurückbefördert werden soll, so hat der Unternehmer** *[die Reichsbahn]* **keinen Anspruch auf Fracht und Gebühren.**

(3) Erteilt der Absender innerhalb angemessener Frist keine ausführbare Anweisung, so ist nach (5) ff. zu verfahren. Vom Zeitpunkte der Säumigkeit des Absenders an ist das tarifmäßige Lager- oder Wagenstandsgeld verwirkt.

(4) Fällt das Beförderungshindernis vor dem Eintreffen einer Anweisung des Absenders weg, so ist das Gut dem Bestimmungsort zuzuleiten, ohne daß Anweisungen abgewartet werden; der Absender ist hiervon unverzüglich zu benachrichtigen.

(5) Ist nach Eintreffen der Sendung am Bestimmungsorte der Empfänger nicht zu ermitteln oder verweigert er die Annahme oder löst er den Frachtbrief nicht ein oder ergibt sich vor Einlösung des Frachtbriefes ein sonstiges Ablieferungshindernis, so hat der Unternehmer *[die Reichsbahn]* **den Absender von der Ursache des Hindernisses unverzüglich zu benachrichtigen und seine Anweisung einzuholen.**

Der Absender kann im Frachtbrief vorschreiben, daß er auf seine Kosten telegrafisch benachrichtigt werden soll. Er kann ferner im Frachtbrief vorschreiben, daß ihm das Gut bei Eintritt eines Ablieferungshindernisses ohne vorherige Benachrichtigung zurückgeschickt werden soll oder daß das Gut am Bestimmungsort an einen zu bezeichnenden anderen als den im Frachtbrief genannten Empfänger abgeliefert werden soll.

Der Absender kann im Frachtbrief auch einen Dritten zur Erteilung von Anweisungen über das Gut bevollmächtigen und vorschreiben, daß der Unternehmer *[die Reichsbahn]* **diesen Dritten unmittelbar zu benachrichtigen und seine Anweisung einzuholen hat.**

(6) Ist die Benachrichtigung des Absenders oder des im Frachtbrief bezeichneten Bevollmächtigten nach den Umständen nicht möglich oder ist der Absender oder sein Bevollmächtigter mit der Erteilung der Anweisung säumig oder ist die Erteilung nicht ausführbar, so kann *[die Reichsbahn das Gut auf Lager nehmen oder]* **das Gut unter Einziehung der etwa noch nicht bezahlten Kosten bei einem Spediteur oder in einem**

öffentlichen Lagerhaus auf Gefahr und Kosten des Absenders hinterlegt werden *[hinterlegen]*.

(7) Der RKB kann Bestimmungen erlassen über den Verkauf

a) von Gütern, die nicht abgeliefert werden können, wenn sie schnellem Verderben unterliegen oder nach den örtlichen Verhältnissen weder einem Spediteur oder Lagerhaus übergeben noch sonst eingelagert werden können,

b) von Gütern, die nicht abgeliefert werden können und die vom Absender nicht zurückgenommen werden, wenn ihr Wert durch längere Lagerung unverhältnismäßig vermindert werden würde oder wenn die Lagerkosten in keinem Verhältnis zum Wert des Gutes stehen.

(8) Ist der Frachtbrief vom Empfänger eingelöst, so gelten, wenn der Empfänger das Gut nicht abnimmt oder sich ein sonstiges Ablieferungshindernis ergibt, für die Hinterlegung des Gutes bei einem Spediteur oder in einem öffentlichen Lagerhaus sowie für den Verkauf die Vorschriften der Ziffern (6) und (7) entsprechend mit der Maßgabe, daß überall an die Stelle des Absenders der Empfänger tritt.

Zoll- oder steuerpflichtige Güter dürfen erst nach Vornahme der Zoll- oder Steuerbehandlung bei einem Spediteur oder öffentlichen Lagerhaus hinterlegt oder verkauft werden.

Fällt das Ablieferungshindernis weg, ohne daß eine anderweitige Anweisung des Absenders oder seines Bevollmächtigten bei der Empfangsabfertigung eingetroffen ist und ist der Empfänger zur Annahme bereit, so wird ihm das Gut abgeliefert. Von einer nachträglichen Ablieferung ist der Absender oder sein Bevollmächtigter, soweit diesem das Hindernis schon mitgeteilt war, unmittelbar zu benachrichtigen.

Inhaltsübersicht

Text der KVORb — Anm. 1

I. Überblick — Anm. 2

II. Beförderungshindernisse — Anm. 3

1. Voraussetzungen eines Beförderungshindernisses
   a) Grundsätzliches
   b) Arten von Beförderungshindernissen — Anm. 4
2. Behebbare Beförderungshindernisse (§ 28 Abs. 1 KVO) — Anm. 5
   a) Voraussetzungen
   b) Rechtsfolgen — Anm. 6
3. Nicht behebbare Beförderungshindernisse (§ 28 Abs. 2 KVO) — Anm. 7
   a) Voraussetzungen
   b) Rechtsfolgen — Anm. 8
      aa) Pflicht zur Einholung von Anweisungen
      bb) Pflicht zur Ausführung von Anweisungen — Anm. 9
      cc) Rücktrittsrecht des Absenders — Anm. 10

III. Ablieferungshindernisse — Anm. 11

1. Voraussetzungen (§ 28 Abs. 5 KVO)
2. Rechtsfolgen — Anm. 12
   a) Benachrichtigung und Einholung von Anweisungen
   b) Anweisungen des Absenders — Anm. 13
   c) Hinterlegungsrecht des Frachtführers (§ 28 Abs. 6 KVO) — Anm. 14
   d) Selbsthilfeverkauf — Anm. 15
   e) Verfahren bei Verfügungsrecht des Empfängers (§ 28 Abs. 8 S. 1) — Anm. 16

Anm. 1 **Text der KVORb**

§ 28 Abs. 7 und 8 KVORb weichen von der KVO ab. Sie lauten:

(7) Die Reichsbahn ist ferner berechtigt

a) Güter, die nicht abgeliefert werden können, wenn sie schnellem Verderben unterliegen oder nach den örtlichen Verhältnissen weder einem Spediteur oder Lagerhaus übergeben noch eingelagert werden können, sofort,

b) Güter, die nicht abgeliefert werden können und vom Absender nicht zurückgenommen werden, einen Monat nach Ablauf der lagergeldfreien Zeit, wenn aber ihr

Wert durch längere Lagerung unverhältnismäßig vermindert werden würde oder wenn die Lagerkosten in keinem Verhältnis zum Wert des Gutes stehen würden, schon früher ohne Förmlichkeit bestmöglich zu verkaufen. Von dem bevorstehenden Verkauf ist der Absender zu benachrichtigen, soweit dies nach den Umständen möglich ist. Für den Verkauf kann die Reichsbahn außer den baren Auslagen die tarifmäßige Gebühr erheben.

(8) Ist der Frachtbrief vom Empfänger eingelöst, so gelten, wenn der Empfänger das Gut nicht abnimmt oder sich ein sonstiges Ablieferungshindernis ergibt, für die Lagerung des Gutes, für seine Überweisung an einen Spediteur oder an ein öffentliches Lagerhaus sowie für den Verkauf die Vorschriften der Ziffern (6) und (7) entsprechend mit der Maßgabe, daß überall an die Stelle des Absenders der Empfänger tritt.

Zoll- oder steuerpflichtige Güter dürfen erst nach Vornahme der Zoll- oder Steuerbehandlung bei einem Spediteur oder öffentlichen Lagerhaus hinterlegt oder verkauft werden.

Fällt das Ablieferungshindernis weg, ohne daß eine anderweitige Anweisung des Absenders oder eines Bevollmächtigten bei der Empfangsabfertigung eingetroffen ist, und ist der Empfänger zur Annahme bereit, so wird ihm das Gut abgeliefert. Von einer nachträglichen Ablieferung ist der Absender oder sein Bevollmächtigter, soweit diesem das Hindernis schon mitgeteilt war, unmittelbar zu benachrichtigen.

I. Überblick Anm. 2

§ 28 KVO regelt zwei voneinander zu trennende Gruppen von Störungen bei der Erfüllung des Beförderungsvertrags: Beförderungshindernisse und Ablieferungshindernisse.

Beförderungshindernisse sind solche Umstände, die der ordnungsgemäßen (insbesondere pünktlichen) Erfüllung der Beförderungspflicht entgegenstehen. Sie sind in § 28 Abs. 1–4 geregelt. Diese Bestimmungen stellen leges speciales zu § 428 Abs. 2 HGB dar. Siehe zur Übersicht Anm. 7 ff. zu § 428.

Ablieferungshindernisse sind dagegen solche Umstände, die nur der Erfüllung der Ablieferungspflicht entgegenstehen, dagegen die Möglichkeit der Beförderung nicht berühren. Sie sind in § 28 Abs. 5–8 speziell geregelt. Diese Bestimmungen verdrängen teilweise § 437 HGB; siehe zum Überblick die Anm. zu § 437 HGB.

Für beide Arten von Hindernissen trifft die KVO eine modernere und den Möglichkeiten moderner Transport- und Nachrichtentechnik besser angepaßte Regelung als das HGB.

II. Beförderungshindernisse Anm. 3

1. Voraussetzungen eines Beförderungshindernisses

a) Grundsätzliches

Ein Beförderungshindernis i. S. d. § 28 KVO – siehe Abs. 2 S. 1 – ist ein Umstand, der die Ausführung der geschuldeten Beförderungsleistung „dauernd" oder „zeitweilig" unmöglich macht. Zeitweilig unmöglich ist die Beförderung, wenn sie nicht innerhalb der Lieferfrist (§ 26 KVO) ausgeführt werden kann. Im Gegensatz zur KVO-Regelung erfaßt § 428 Abs. 2 HGB nur „zeitweilige" Beförderungshindernisse, nicht dagegen dauernde.

Das Beförderungshindernis i. S. d. KVO führt somit, wenn es ein dauerndes ist, zur Unmöglichkeit der Hauptleistung, oder wenn es vorübergehender Natur ist, zum Schuldnerverzug, soweit der Frachtführer das Hindernis zu vertreten hat. Guelde/Willenberg Anm. 1 zu § 28 sind der Auffassung, daß Hindernisse, die sich bereits vor dem Abschluß des Beförderungsvertrags ergeben, keine Beförderungshindernisse i. S. d. § 28 sein können. Dies ist sicher richtig, soweit es sich um Fälle handelt, in denen die vereinbarte Beförderung von Anfang an unmöglich war. Dann ist der Frachtvertrag nach § 306 BGB nichtig. Soweit die ursprünglich bestehenden Hindernisse jedoch nur vorübergehender Art sind, steht der Anwendung des § 28 Abs. 1–4 nichts entgegen. Es kann sinnvollerweise keinen Unterschied für die Abwicklung des Frachtvertrages machen, ob z. B. eine Verkehrsstörung, die bei Ausführung der Beförderung bemerkt wird, wenige Minuten vor oder nach Abschluß des Frachtvertrags eingetreten ist. Keine Beförderungshindernisse sind dagegen solche Hindernisse, die schon die Annahme durch den Frachtführer verhindern. In diesem Falle kommt es nach der hier vertretenen Realvertragstheorie (siehe Anm. 7ff. § 15 KVO) überhaupt nicht zum Abschluß eines Frachtvertrags; zutreffend Guelde/Willenberg Anm. 1 zu § 28.

Anm. 4 **b) Arten von Beförderungshindernissen**

Die KVO nennt keine konkreten Beispiele für Beförderungshindernisse. Sie unterscheidet aber zwischen zwei Arten: Solchen, die durch Umleitung oder Ersatzbeförderung behoben werden können (Abs. 1) und solchen, die nicht auf diese Weise behebbar sind (Abs. 2). An diese beiden Arten knüpfen sich unterschiedliche Rechtsfolgen.

Anm. 5 **2. Behebbare Beförderungshindernisse (§ 28 Abs. 1 KVO)**

a) Voraussetzungen

Vorausgesetzt ist, daß die Beförderung durch Umleitung des Fahrzeugs – also über einen anderen Weg – oder durch Ersatzbeförderung innerhalb der Lieferfrist bewirkt werden kann. Ersatzbeförderung ist die Beförderung mit einem anderen Fahrzeug, eventuell durch einen anderen Unternehmer, der als Unterfrachtführer tätig wird, gegebenenfalls auch durch eine andere Art von Beförderungsmittel, z. B. durch die Eisenbahn.

Anm. 6 **b) Rechtsfolgen**

Der KVO-Frachtführer ist verpflichtet, die Beförderung innerhalb der ursprünglichen Lieferfrist (Abs. 1 S. 1) auf einem Umleitungsweg oder durch Ersatzbeförderung auszuführen. Ihm stehen keine zusätzlichen Ansprüche zu, die über die Tariffracht hinaus gingen. Bei der Beurteilung der Frage, zu welchen Umwegen oder zu welcher Ersatzbeförderung der Frachtführer verpflichtet ist, muß diesem Umstand Rechnung getragen werden. Ein behebbares Beförderungshindernis und damit eine Pflicht zur Umleitung oder Ersatzbeförderung liegt daher nicht vor, wenn die in Betracht kommenden Maßnahmen nur mit unzumutbaren Kosten ausgeführt werden könnten. Luftbeförderung kann z. B. dem KVO-Frachtführer als Ersatzbeförderung regelmäßig nicht zugemutet werden. Birgt der Ersatz besondere Gefahren (z. B. unzureichende lichte Höhe von Brücken) so ist sorgfältigste Prüfung der Gefahren Pflicht des Fahrers. BGH vom 26. 10. 1961, VersR 1961, 1108 (1109).

Läßt der KVO-Frachtführer die Ersatzbeförderung durch einen anderen Unternehmer ausführen, so wird dieser als Unterfrachtführer tätig. Der Hauptfrachtführer haftet für ihn nach § 6 KVO; die Haftung richtet sich auch bei Ersatzbeförderung durch die Eisenbahn gem. § 33c KVO nach den Haftungsregelungen der KVO.

Anm. 7 **3. Nicht behebbare Beförderungshindernisse (§ 28 Abs. 2 KVO)**

a) Voraussetzungen

Nach § 28 Abs. 2 KVO werden alle Beförderungshindernisse (siehe oben Anm. 3) behandelt, die nicht durch Umleitung oder Ersatzbeförderung behoben werden können; siehe zur Frage der Zumutbarkeit oben Anm. 6.

b) Rechtsfolgen Anm. 8

aa) Pflicht zur Einholung von Anweisungen

§ 28 Abs. 2 S. 1 KVO verpflichtet den Frachtführer in erster Linie, Anweisungen vom Absender einzuholen; siehe dazu auch Anm. 7 zu § 428 HGB. Eine reine Benachrichtigung genügt nicht. Steht zu erwarten, daß die Beförderung trotz eines vorübergehenden Hindernisses noch innerhalb der Lieferfrist ausführbar sein wird, so liegt zunächst überhaupt kein Beförderungshindernis und damit auch keine Pflicht zur Einholung von Anweisungen vor; siehe zum ganzen Fragenkomplex Guelde/Willenberg Anm. 17ff. zu § 28 KVO mit Hinweisen auf ältere, z. T. unveröffentlichte Rechtsprechung der Oberlandesgerichte und Landgerichte. Doch kann nach den Umständen des besonderen Falles (etwa bei verderblichen Gütern) die allgemeine Sorgfaltspflicht des Frachtführers eine Benachrichtigung des Absenders dennoch erforderlich machen.

Das Einholen der Anweisung ist an keine besondere Form gebunden, hat aber auf schnellem Wege – in der Regel wohl telefonisch – zu erfolgen. Im Frachtbrief können nach § 11 Abs. 2 und 3 keine besonderen Weisungen für den Fall eines Beförderungshindernisses eingetragen werden. § 11 Abs. 2g sieht nur Weisungen bei Ablieferungshindernissen als eintragungsfähig vor. Es besteht jedoch nach der hier vertretenen Auffassung die Möglichkeit, hierüber außerhalb des Frachtbriefs Vereinbarungen im voraus zu treffen; siehe Anm. 5 zu § 11 KVO.

Unterläßt der KVO-Frachtführer das Einholen von Anweisungen, so haftet er dafür nach § 31 Abs. 1c KVO.

bb) Pflicht zur Ausführung von Anweisungen Anm. 9

Der Absender kann die in § 27 Abs. 1 KVO vorgesehenen Weisungen geben, soweit diese noch ausführbar sind. Die Nichtausführung kann zur Haftung nach § 31 Abs. 1c KVO führen; siehe im übrigen Anm. 1ff. zu § 27 KVO. Eine Pflicht zur Ausführung entfällt allerdings, wenn das Hindernis vor dem Eintreffen der Anweisung wegfällt. Dann ist die Beförderung zu Ende zu führen und der Absender davon unverzüglich zu benachrichtigen (§ 28 Abs. 4 KVO). Dies gilt auch dann, wenn die ursprüngliche Lieferfrist bereits überschritten ist. In den meisten Fällen wird diese sich durch § 26 Abs. 4 verlängern.

Erteilt der Absender innerhalb angemessener Frist keine oder nur unausführbare Anweisungen, so hat der KVO-Frachtführer nach § 28 Abs. 3 S. 1 das Recht, wie beim Ablieferungshindernis das Frachtgut zu hinterlegen; siehe unten Anm. 14. Der Frachtführer hat ferner Anspruch auf Lager- und Wagenstandgeld; § 28 Abs. 3 S. 2.

cc) Rücktrittsrecht des Absenders Anm. 10

Der Absender kann, wenn er vom nicht behebbaren Beförderungshindernis Mitteilung erhält, vom Beförderungsvertrag zurücktreten; § 28 Abs. 2. S. 2 KVO. Er schuldet, wenn das Beförderungshindernis vom Frachtführer zu vertreten ist, keine Fracht; wenn es von diesem nicht zu vertreten ist, nur die Distanzfracht; § 28 Abs. 2 S. 3 KVO.

Die Anweisung, das Frachtgut zurückzubefördern, stellt eine Konkretisierung der Rückgabepflicht nach § 346 S. 1 BGB dar. Für die Rückbeförderung wird keine Fracht erhoben; § 28 Abs. 2 S. 4 KVO. Auf die Frage, ob Distanzfracht für den Hinweg gefordert werden kann, ist die Anweisung zur Rückbeförderung ohne Einfluß.

III. Ablieferungshindernisse Anm. 11

1. Voraussetzungen (§ 28 Abs. 5 KVO)

Der Begriff des Ablieferungshindernisses stimmt mit dem des § 437 Abs. 1 HGB überein; siehe dazu Anm. 3ff. zu § 437. Zusätzlich zu den in § 437 HGB genannten

Beispielen, daß der Empfänger nicht zu ermitteln ist oder die Annahme verweigert, stellt § 28 Abs. 5 KVO klar, daß die Nichteinlösung des Frachtbriefs durch den Empfänger, also die Nichtbezahlung der auf ihn überwiesenen Beträge, ein Ablieferungshindernis darstellt; zu weiteren Ablieferungshindernissen siehe Anm. 6 zu § 437 HGB.

Fällt das Ablieferungshindernis nachträglich wieder weg, bevor eine Anweisung des Absenders oder seines Bevollmächtigten eingegangen ist, so ist die Ablieferung nach § 28 Abs. 8 S. 3 KVO vorzunehmen. Nach S. 4 ist der Absender oder sein Bevollmächtigter zu benachrichtigen.

Anm. 12 **2. Rechtsfolgen**

a) Benachrichtigung und Einholung von Anweisungen

Die Pflicht zur Einholung von Anweisungen entspricht dem in § 28 Abs. 2 für nicht behebbare Beförderungshindernisse vorgesehenen; siehe daher oben Anm. 8.

Im Frachtbrief kann nach § 28 Abs. 5 S. 2 telegrafische Benachrichtigung vereinbart werden. Diese besondere Bestimmung ist überflüssig, da § 11 Abs. 2g ohnehin solche Frachtbriefeintragungen ermöglicht. Es besteht nach der letzteren Vorschrift auch die Möglichkeit, eine andere Art der Benachrichtigung vorzuschreiben, so z. B. telefonisch oder durch Fernschreiben. Bei Anordnungen nach Abs. 5 S. 3 entfällt die Benachrichtigungspflicht.

Anstelle des Absenders kann von diesem im Frachtbrief eine dritte Person bevollmächtigt werden. Diese ist dann zu benachrichtigen und hat die Anweisungen zu erteilen.

Anm. 13 **b) Anweisungen des Absenders**

Anweisungen über die Behandlung des Gutes bei Ablieferungshindernissen kann der Absender im Rahmen seines Verfügungsrechts nach § 27 Abs. 1 KVO erteilen; siehe dazu Anm. 1ff. zu § 27 KVO. Gemäß § 28 Abs. 5 S. 3 kann er im Frachtbrief auch die sofortige Rückbeförderung ohne Benachrichtigung oder die Ablieferung an einen anderen Empfänger am Bestimmungsort anordnen; siehe zu diesen Eintragungen Anm. 5, 13 KVO zu § 11 KVO. Die Besonderheit der Anordnung schon im Frachtbrief liegt darin, daß die Benachrichtigungspflicht entfällt. In der Anbringung von Adressen auf den Packstücken, die mit den Frachtbriefangaben nicht übereinstimmen, kann nicht die Angabe einer Notadresse durch den Absender gesehen werden. Ist der frachtbriefmäßige Empfänger nicht zu ermitteln, so muß nach § 28 Abs. 5 und 6 verfahren werden. Auslieferung an den auf den Packstücken angegebenen Adressaten ist Falschauslieferung und führt zum Verlust des Gutes; zutreffend OLG Hamburg v. 13. 3. 1953, VersR 1953, 277f.

Anm. 14 **c) Hinterlegungsrecht des Frachtführers (§ 28 Abs. 6 KVO)**

Ist die Benachrichtigung nicht möglich, der Anweisungsberechtigte mit der Anweisung säumig oder ist diese nicht ausführbar, so kann der KVO-Frachtführer das Gut bei einem Spediteur oder öffentlichen Lagerhaus auf Kosten des Absenders hinterlegen. Diese Regelung entspricht weitgehend § 437 Abs. 1 S. 1 HGB. Obwohl die KVO eine Pflicht zur Benachrichtigung des Absenders von der Hinterlegung nicht vorsieht, muß diese aus praktischen Gründen dennoch bejaht werden; unstr., Guelde/Willenberg Anm. 62 zu § 28. Diese Pflicht läßt sich aus der subsidiären Anwendung des § 437 Abs. 3 begründen.

Anm. 15 **d) Selbsthilfeverkauf**

§ 28 Abs. 7 ermächtigte den RKB zum Erlaß von Bestimmungen über den Selbsthilfeverkauf. Da solche Bestimmungen jedoch nicht erlassen sind, richtet sich die

Zulässigkeit und das Verfahren des Selbsthilfeverkaufs nach § 437 Abs. 2 S. 2 und Abs. 3 HGB; siehe dazu Anm. 16–18 zu § 437. Die Auffassung, nach der dem KVO-Frachtführer nach § 28 Abs. 7 die freie Befugnis zum Verkauf des Gutes zustehen soll (Guelde/Willenberg Anm. 63 zu § 28; Muth/Lehmann Anm. zu § 28) ist nach Wortlaut und Sinn des § 28 Abs. 7 KVO nicht zu begründen. Die Bestimmung sollte nur den RKB ermächtigen, Bestimmungen über den Selbsthilfeverkauf zu erlassen. Diese Befugnis kann nach dem Wegfall des RKB nicht in eine Befugnis des einzelnen Frachtführers zu beliebigem Selbsthilfeverkauf umgedeutet werden.

e) Verfahren bei Verfügungsrecht des Empfängers (§ 28 Abs. 8 S. 1) **Anm. 16**

Löst der Empfänger den Frachtbrief ein, so erlischt das Absenderverfügungsrecht nach § 27 Abs. 1 KVO und wird durch das Verfügungsrecht des Empfängers abgelöst; siehe dazu Anm. 20 zu § 27 KVO. Diesem Umstand trägt § 28 Abs. 8 S. 1 Rechnung.

VI. Haftung aus dem Beförderungsvertrage

§ 29

Ersatzpflicht des Unternehmers

Die Unternehmer ersetzen alle an den beförderten Gütern aller Art einschließlich lebenden Tieren entstandenen direkten Schäden und Verluste durch Transportmittelunfälle und Betriebsunfälle (das sind schadenverursachende Ereignisse, die in unmittelbarem Zusammenhang mit einem Betriebsvorgang der Güterbeförderung mittels Kraftfahrzeug stehen) sowie Schäden, die durch gänzlichen oder teilweisen Verlust oder durch Beschädigung des Gutes in der Zeit von der Annahme zur Beförderung bis zur Auslieferung entstehen.

Inhaltsübersicht

Text der KVORb Anm. 1

Hinweis zur KVORb Anm. 2

I. Allgemeines Anm. 3
1. Überblick
2. Haftungsgrundsatz: Gewährhaftung Anm. 4

II. Die Tatbestände des § 29 KVO Anm. 5
1. § 29 als reine Güterschadenhaftung
2. Obhutshaftung und Haftung für Transportmittelunfälle und Betriebsunfälle Anm. 6
   a) Allgemeines
   b) Der Tatbestand der Obhutshaftung im besonderen Anm. 7
      aa) Verlust und Beschädigung Anm. 8
      bb) Haftungszeitraum Anm. 9
   c) Betriebs- und Transportmittelunfälle im besonderen Anm. 10
   d) Zu ersetzender Schaden Anm. 11
   e) Beweislast Anm. 12

III. Ersatzberechtigter Anm. 13

IV. Konkurrierende Haftung aus anderen Tatbeständen Anm. 14

Text der KVORb **Anm. 1**

§ 29 KVORb lautet:

§ 29

Feststellung des gänzlichen oder teilweisen Verlusts oder der Beschädigung des Gutes

(1) Wird ein gänzlicher oder teilweiser Verlust oder eine Beschädigung des Gutes von der Reichsbahn entdeckt oder vermutet oder vom Verfügungsberechtigten be-

hauptet, so ist die Ursache und der Zeitpunkt des Schadens ohne Verzug schriftlich festzustellen. Bei teilweisem Verlust oder bei Beschädigung ist ferner der Zustand, erforderlichenfalls das Gewicht des Gutes und, soweit möglich, auch der Betrag des Schadens festzustellen.

(2) Das Nähere zur Durchführung dieser Vorschrift bestimmt die Reichsbahn, die insbesondere Anordnung darüber trifft, wer den Tatbestand festzustellen hat, ob der Verfügungsberechtigte und Zeugen oder Sachverständige zuzuziehen sind, ob dem Verfügungsberechtigten eine Abschrift der Tatbestandsaufnahme auszuhändigen oder das Untersuchungsergebnis bekanntzugeben ist und inwieweit für die Feststellung des Tatbestandes eine Gebühr bezahlt werden muß.

(3) Die Vorschriften der Zivilprozeßordnung über die Sicherung des Beweises bleiben unberührt.

Anm. 2 **Hinweis zur KVORb**

Die Haftungsbestimmung des § 29 KVO entspricht für Verlust und Beschädigung dem § 30 Abs. 1 KVORb; Abdruck in Anm. 1 zu § 30 KVO. Einen Sondertatbestand für Betriebs- und Transportmittelunfälle kennt die KVORb nicht, siehe jedoch § 30 Abs. 2 b KVORb.

I. Allgemeines

Anm. 3 **1. Überblick**

Zur systematischen Orientierung über das Haftungssystem der KVO siehe Anm. 37–45 zu § 429 HGB. Zum Verständnis des § 29 KVO müssen die §§ 30–36, insbesondere die Haftungsausschlüsse des § 34 mit berücksichtigt werden. Die Haftung nach § 29ff. ist zwingend geregelt; siehe § 26 GüKG sowie Anm. 3 zu § 22 GüKG, Anh. I nach § 452. Die Haftung nach § 29 ist Vertragshaftung und setzt daher grundsätzlich das Bestehen eines KVO-Frachtvertrages voraus. Zur Fälligkeit des Ersatzanspruchs siehe § 37 Abs. 3 KVO und dort Anm. 7.

Anm. 4 **2. Haftungsgrundsatz: Gewährhaftung**

§ 29 KVO statuiert eine Haftung des KVO-Frachtführers ohne Verschulden; unstr., siehe u. a. BGH v. 12. 5. 1960, BGHZ 32, 297 (300);

Die Bezeichnung dieser Haftung als „Gefährdungshaftung“, wie sie in der Literatur und Rechtsprechung üblich ist, muß jedoch als unzutreffend abgelehnt werden. Der KVO-Frachtführer haftet nicht deshalb ohne Verschulden, weil er das Frachtgut gefährdet. Den Gefahren eines Transports wird es vielmehr freiwillig durch den Beförderungsauftrag des Absenders unterworfen. Der wirkliche Grund für die strenge Haftung liegt vielmehr in der Auferlegung einer gesetzlichen Gewähr für die ordnungsgemäße Obhut und technisch einwandfreie Durchführung des Transports. Diese Gewähr wird andererseits durch Risikoausschlüsse und Risikobegrenzungen des Frachtführers wiederum eingeschränkt. Die Haftung nach der KVO zeigt eher Verwandtschaft mit der kaufrechtlichen Gewährleistung nach §§ 463, 480 Abs. 2 BGB. Daher erscheint die Bezeichnung „Gewährhaftung“ als zutreffender.

Anm. 5

II. Die Tatbestände des § 29 KVO

1. § 29 als reine Güterschadenshaftung

§ 29 betrifft nur Schäden, die an den beförderten Gütern entstehen; siehe unten Anm. 11. Primäre Vermögensschäden durch Verletzung des Beförderungsvertrages fallen dagegen unter § 31 KVO, Ansprüche auf Ersatz von Schadensfeststellungskosten unter § 32 S. 2 KVO.

2. Obhutshaftung und Haftung für Transportmittelunfälle und Betriebsunfälle Anm. 6

a) Allgemeines

Von zentraler Bedeutung ist der in § 29 erst am Ende formulierte Tabestand der Obhutshaftung („Schäden, die durch ... Verlust oder Beschädigung des Guts in der Zeit von der Annahme ... bis zur Auslieferung entstehen"). Dieser Tatbestand, der weitgehend dem § 429 und den übrigen im Frachtrecht bestehenden Obhutstatbeständen entspricht, würde an sich auch die Fälle der Schadensentstehung durch Transportmittel- und Betriebsunfälle erfassen. Für die letzteren gelten jedoch nach §§ 34 S. 2, 30 e KVO nicht alle Haftungsausschlüsse des § 34 S. 2. Im Ergebnis handelt es sich um Anwendungsfälle einer verschärften Haftung; sie sind daher in § 29 KVO besonders aufgeführt.

b) Der Tatbestand der Obhutshaftung im besonderen Anm. 7

Bis auf die Frage des Verschuldens, das in § 29 KVO nicht erforderlich ist, entspricht der Obhutstatbestand des § 29 ganz dem des § 429 Abs. 1 HGB. Daher kann auf die Anmerkungen 3ff. zu § 429 verwiesen werden.

aa) Verlust und Beschädigung des Gutes Anm. 8

Die Begriffe „Verlust" und „Beschädigung" entsprechen den allgemein frachtrechtlichen; siehe dazu Anm. 3–8 zu § 429. Zum Beweis des Verlustes siehe § 37 Abs. 4 KVO und dort Anm. 8. Zum Begriff des „Gutes" siehe Anm. 7 zu § 429 und Anm. 15 zu Art. 17 CMR, Anh. III nach § 452.

bb) Haftungszeitraum Anm. 9

Der Haftungszeitraum (Obhutszeit) ist in § 29 KVO und § 429 HGB grundsätzlich inhaltlich gleich umrissen; siehe Anm. 10–19 zu § 429. Die KVO wendet statt des Begriffes „Ablieferung" den gleichbedeutenden Ausdruck „Auslieferung" an. Die Gleichbedeutung ist unstreitig: Vor Annahme des Gutes kommt nach der KVO kein Frachtvertrag zustande (Realvertragstheorie, siehe Anm. 7ff. zu § 15 KVO).

Nach Guelde/Willenberg Anm. 8 zu § 29 KVO soll die Annahme des Gutes nach der KVO erst erfolgt sein, wenn auch der Frachtbrief dem KVO-Frachtführer übergeben ist, da vorher kein Frachtvertrag bestehe. Die Formalvertragstheorie, auf der diese Auffassung beruht, ist jedoch abzulehnen; siehe Anm. 3ff. zu § 15 KVO. War die Annahme vor Abschluß des Frachtvertrags erfolgt, so beginnt die Obhut gleichwohl mit der Annahme des Frachtguts. Durch den Vertragsabschluß wird dann der Beginn der Haftungszeit rückwirkend auf die Zeit zwischen Annahme und Vertragsabschluß mit erstreckt. Es kann eine Vorlagerung nach § 33 d KVO vorliegen; siehe dazu Anm. 6 zu § 33. Kommt es nach Annahme des Gutes nicht zum Abschluß des Frachtvertrages, so können auch §§ 29ff. KVO nicht eingreifen, da sie einen Frachtvertrag voraussetzen. In diesem Falle können je nach Lage des Falles die Vorschriften der §§ 989ff., 823ff., 812ff., 677ff. BGB als Haftungsgrundlagen in Betracht kommen. Auch kann u.U. ein stillschweigend abgeschlossener Lagervertrag bejaht werden.

Trotz der Übereinstimmung der Begriffe „Annahme" und „Ablieferung" („Auslieferung") zwischen KVO und HGB ergeben sich im einzelnen aus den Sonderbestimmungen der KVO Abweichungen hinsichtlich des Haftungszeitraums; siehe dazu Anm. 13–18 zu § 429 und speziell § 33 KVO.

c) Betriebs- und Transportmittelunfälle im besonderen Anm. 10

§ 29 KVO versucht in einer Klammer-Definition den verwendeten Unfallbegriff wenigstens für den Betriebsunfall genauer zu umreißen: Auch diese Definition trägt indessen zur sachlichen Klärung wenig bei.

Sicher ist zunächst, daß es sich um einen Unfall, d. h. ein plötzlich mit mechanischer Gewalt wirksam werdendes Ereignis handeln muß; BGH v. 12. 5. 1960, BGHZ 32, 297 (298) (Kupplungsschaden als bloße Betriebsstörung, kein Unfall). Daß dieses Ereignis von außen, also von außerhalb des Fahrzeugs oder des Betriebes einwirken muß (so Guelde/Willenberg Anm. 16, 20 zu § 29; Muth/Lehmann Anm. zu § 29 KVO (S. 216) wird weder von der KVO noch von der Rechtsprechung des BGH gefordert. So genügt bereits das Umkippen eines Anhängers wegen kopflastiger Beladung als Transportmittelunfall; BGH v. 26. 3. 1962, NJW 1962, 1059 = MDR 1962, 548 = LM KraftverkehrsO Nr. 18 = VersR 1962, 465.

Eine Abgrenzung zwischen den beiden Arten von Unfällen, deren Begriffe sich weitgehend überschneiden, ist nicht erforderlich, da die KVO sie in den Folgen gleich behandelt.

Im einzelnen bereitet die Feststellung, ob ein Betriebs- oder Transportmittelunfall vorliegt, erhebliche Schwierigkeiten. An sich müßten nach der Definition alle plötzlichen Schadensereignisse bei der Kraftfahrzeugbeförderung als Betriebs- oder Transportmittelunfälle qualifiziert werden. Die Rechtsprechung neigt aber wohl eher dazu, eine reine Betriebsstörung anzunehmen.

Kein Unfall lag zweifelsfrei vor im Fall BGH v. 28. 5. 1965 (Ausfall einer Kühlanlage), NJW 1965, 1593 = MDR 1965, 724 = LM KraftverkehrsO Nr. 22 = VersR 1965, 755; das gleiche gilt für einen Kupplungsschaden; BGH v. 12. 5. 1960, a. a. O.

In einer Reifenpanne und im Abscheren eines Radbolzens, die nur zu einer Transportverzögerung und erst dadurch zum Verderb der Ladung führten, hat das OLG Stuttgart, VersR 1952, 147 (148) nur eine Betriebsstörung, dagegen keinen Unfall gesehen. Ein Motorschaden ist kein Transportmittelunfall; OLG Hamburg, VRS 4, 471 f. (mit zweifelhafter Begründung).

Betriebsunfälle sind auch nicht die im LKW üblichen Erschütterungen während der Fahrt, auch bei besonders schlechten Straßenverhältnissen (Guelde/Willenberg Anm. 19 zu § 29, mit weiteren Hinweisen auf teilweise unveröffentlichte landgerichtliche Rechtsprechung. Dagegen ist das Zurückrollen des LKW's auf abschüssiger Straße und das plötzliche Anziehen der Bremsen als Betriebsunfall betrachtet worden; OLG Celle, VersR 1953, 114 (115).

In den geschilderten Fällen liegen jedoch meist Betriebsstörungen i.S. d. § 26 Abs. 4 d KVO vor, die, wenn sie unverschuldet sind, zum Ruhen der Lieferfrist führen können.

Unter die Ersatzpflicht fallen nur „direkte" Schäden. Hiermit ist wohl der an den Gütern selbst entstehende Schaden gemeint (zutreffend Guelde/Willenberg Anm. 30 zu § 29; Muth/ Lehmann Anm. zu § 29 S. 218). Damit schließt § 29 auch für Betriebs- und Transportmittelunfälle den Ersatz von Schäden aus, die an anderen als den beförderten Gütern entstehen („Vermögensschäden"); siehe dazu oben Anm. 5.

Anm. 11 **d) Zu ersetzender Schaden**

Zu ersetzen sind primär nur Güterschäden, d. h. die am Frachtgut entstehenden Schäden, nicht dagegen als weitere Folge eintretende Vermögensschäden. Entgangener Gewinn kann jedoch nach Maßgabe des § 35 Abs. 1 KVO in Höhe von 10% des Fakturenwertes zusätzlich ersetzt werden; zutreffend BGH v. 21. 4. 1960, BGHZ 32, 194 (202) = NJW 1960, 1201 = MDR 1960, 566 = LM KraftverkehrsO Nr. 14. Primäre Vermögensschäden werden nur nach § 31 KVO ersetzt; siehe die dortige Kommentierung. Kosten der Schadensermittlung und -feststellung sind nach § 32 S. 2, nicht nach § 29 KVO zu ersetzen; BGH v. 9. 11. 1961, VersR 1962, 1110 (1111).

e) Beweislast Anm. 12

Zur Beweislast trifft § 29 KVO keine besonderen Bestimmungen. Der Geschädigte muß daher grundsätzlich die Haftungsvoraussetzungen beweisen; siehe dazu allgemein Anm. 3–10 zu § 426 HGB, ferner Anm. 8 zu § 429 HGB (Beweis des Verlustes und der Beschädigung) und Anm. 19 zu § 429 (Beweis für den Schadenszeitpunkt); ferner wegen der Beweisfunktion des Frachtbriefs Anm. 16–19 zu § 16 KVO.

III. Ersatzberechtigter Anm. 13

Zur Frage, wer die Ersatzansprüche geltend machen kann, siehe Anm. 34ff. zu § 429 HGB. Auch für den Bereich der KVO ist die Schadensliquidation im Drittinteresse in großzügiger Weise zuzulassen. Siehe dazu Anm. 36 zu § 429. Die KVO enthält zu dieser Frage keine spezielle Regelung. Es gelten daher allgemeine frachtrechtliche Grundsätze; BGH v. 30. 4. 1959, VersR 1959, 502 (504); OLG Oldenburg, VersR 1976, 583.

IV. Konkurrierende Haftung aus anderen Tatbeständen Anm. 14

Nach der Rechtsprechung des BGH kann der Geschädigte bei Güterschäden nicht nur aus § 29 KVO, sondern gegebenenfalls auch aus unerlaubter Handlung und aus allgemeiner Vertragspflichtverletzung Ersatz verlangen. Diese Rechtsprechung ist abzulehnen, da sie die in der KVO getroffene Risikoabgrenzung erheblich beeinträchtigt; siehe dazu eingehend Anm. 76ff. zu § 429 HGB.

Dagegen hat der BGH zu Recht den Tatbestand des § 31 KVO für nicht auf Güterschäden anwendbar betrachtet; siehe dazu Anm. 7, 11 zu § 31.

§ 30

Ersatzpflicht für Güterschäden aus besonderen Gefahren

Im Rahmen des § 29 werden insbesondere ersetzt:

a) Schäden und Verluste durch Regen, Schnee und Hagel sowie Sturmschäden.

b) Schäden und Verluste durch Diebstahl, Abhandenkommen und Straßenraub sowohl ganzer Kolli als auch deren teilweisen Inhalts, Schäden durch Diebstahl und Abhandenkommen bei solchen Massengütern, die nur nach Gewicht und unverpackt geladen werden, unter Zugrundelegung der Bedingung „Frei von den ersten 1½ v. H. Verlust", die bei jedem derartigen Verlust unvergütet bleiben,

c) Schäden, die durch beigeladenes Gut (z. B. durch Auslaufen von Flüssigkeiten) hervorgerufen sind. Schäden an unverpackten Gütern, die durch Scheuern und Druck entstanden sind, werden im Höchstfalle mit 1000 DM je Lastzug ersetzt,

d) Schäden durch Unterschlagung, Betrug, Untreue,

e) Schäden durch Bruch. Bruchschäden infolge Fabrikations- und Materialfehlern werden nicht ersetzt. Bruchschäden an Glasballons (gleich, ob gefüllt oder leer), Glas, Glasflaschen, auch gefüllten, sofern sie nicht in Kisten verpackt sind, Porzellan, Steingut, Steinzeug oder hieraus hergestellten Artikeln werden nur bis zum Betrage von 150 DM je Reise eines Lastzuges ersetzt, es sei denn, daß es sich um Schäden durch Transportmittelunfälle oder Betriebsunfälle handelt. In diesen Fällen greift die vorgenannte Ersatzbeschränkung nicht Platz. Das gleiche gilt für Schäden aus höherer Gewalt, soweit für diese (nach § 34 a) eine Ersatzpflicht besteht. Im Falle des Bruches eines Teiles des

betroffenen Gegenstandes werden die erforderlichen Wiederherstellungskosten im Verhältnis des beschädigten Teiles zum Gesamtwert des Gegenstandes vergütet.
Im Falle der Wiederherstellung sind Wertminderungsansprüche ausgeschlossen.

f) **Schäden durch gewöhnlichen Rinnverlust bei Flüssigkeiten in Fässern, Kannen und Kanistern sowie Verluste an Flüssigkeiten in Flaschen, die in Kisten verpackt sind.**
Im Schadensfalle werden folgende Freiteile in Abzug gebracht:
bei Flüssigkeiten in eisernen Fässern 1/2 v. H. je Faß,
bei Flüssigkeiten in hölzernen Fässern 3 v. H. je Faß,
bei Flüssigkeiten in Kannen, Kanistern, Dosen und Büchsen und bei den in Kisten verpackten Flaschen wird ein Freiteil nicht abgezogen.

Inhaltsübersicht

Text der KVORb — Anm. 1
Bemerkungen zu § 30 KVORb — Anm. 2
I. Überblick — Anm. 3
II. Die einzelnen Schadensarten des § 30 — Anm. 4
1. Regen, Schnee, Hagel, Sturm (Buchst. a)
2. Diebstahl, Abhandenkommen etc. (Buchst. b) — Anm. 5
3. Schäden durch beigeladenes Gut (Buchst. c S. 1) — Anm. 6
4. Schäden an unverpackten Gütern (Buchst. c S. 2) — Anm. 7
5. Unterschlagung, Betrug, Untreue (Buchst. d) — Anm. 8
6. Bruchschäden — Anm. 9
a) Bruchschäden als Folgen von Fabrikations- und Materialfehlern (S. 2) — Anm. 10
b) Grundsatz der Haftungsbeschränkung für bestimmte Bruchschäden (Buchst. e S. 3) — Anm. 11
aa) Güter, bei denen die Haftungsbeschränkung gilt — Anm. 12
bb) Berechnung der Haftungsbegrenzung — Anm. 13
cc) Ausnahmen von der Haftungsbeschränkung — Anm. 14
Rinnverluste (Buchst. f) — Anm. 15

Anm. 1 **Text der KVORb**

§ 30 KVORb weicht von dem Text der KVO ab. Er lautet:

§ 30

Umfang der Haftung der Reichsbahn

(1) Die Reichsbahn haftet für den Schaden, der durch gänzlichen oder teilweisen Verlust oder durch Beschädigung des Gutes in der Zeit von der Annahme zur Beförderung bis zur Ablieferung entsteht, sowie für den Schaden, der durch Überschreitung der Lieferfrist entsteht.

Befördert die Reichsbahn das Gut mit Kraftfahrzeug von Haus zu Haus, so beginnt die Haftung in dem Zeitpunkt, in dem das Gut auf dem Fahrzeug verladen ist, und endet mit dem Zeitpunkt, in dem das Gut auf dem Fahrzeug verladen ist, und endet mit dem Zeitpunkt, in dem es vom Fahrzeug abgeladen wird.

(2) Die Reichsbahn haftet nicht für Schäden, die aus einer oder mehreren der nachgenannten Ursachen entstehen:

a) **durch ein Verschulden oder eine nicht von der Reichsbahn verschuldete Anweisung des Verfügungsberechtigten,**
b) **durch höhere Gewalt. Die Reichsbahn kann sich jedoch auf das Vorliegen von höherer Gewalt nicht berufen, wenn der Schaden auf einen Fehler in der Beschaffenheit des Fahrzeugs oder auf ein Versagen seiner Vorrichtungen oder auf die Beschaffenheit des Weges oder die Benutzung des Weges durch andere Personen oder Verkehrsmittel zurückzuführen ist,**

c) aus der mit dem Fehlen einer Verpackung oder mit der mangelhaften Beschaffenheit der Verpackung verbundenen Gefahr für Güter, die ohne Verpackung ihrer Natur nach Verlusten oder Beschädigungen ausgesetzt sind,

d) aus der mit dem Ver- oder Entladen oder mit mangelhafter Verladung verbundenen Gefahr für Güter, die nach den Vorschriften der KVO oder des Tarifs vom Absender verladen oder vom Empfänger entladen werden,

e) aus der für gewisse Güter nach ihrer eigentümlichen natürlichen Beschaffenheit bestehenden besonderen Gefahr des gänzlichen oder teilweisen Verlustes oder der Beschädigung namentlich durch Bruch, Rosten, inneren Verderb, Schwinden, gewöhnlichen oder außergewöhnlichen Rinnverlust (gewöhnliche oder außergewöhnliche Leckage), Austrocknen oder Verstreuen,

f) aus der Gefahr, die dadurch entsteht, daß der Absender von der Beförderung ausgeschlossene Gegenstände unter unrichtiger, ungenauer oder unvollständiger Bezeichnung aufgibt oder daß er nur bedingt zur Beförderung zugelassene Gegenstände unter unrichtiger, ungenauer oder unvollständiger Bezeichnung oder unter Außerachtlassung der vorgeschriebenen Vorsichtsmaßregeln aufgibt.

Konnte nach den Umständen des Falles ein Schaden aus einer oder mehreren der unter c) bis f) bezeichneten Ursachen entstehen, so wird bis zum Nachweis des Gegenteils durch den Berechtigten vermutet, daß der Schaden daraus entstanden ist. Eine Befreiung von der Haftung auf Grund dieser Vorschrift kann nicht geltend gemacht werden, wenn der Schaden durch Verschulden der Reichsbahn entstanden ist.

(3) Für Schäden, die durch Leistungen oder während des Gewahrsams eines für den Güterkraftverkehr der Reichsbahn bestellten bahnamtlichen Rollfuhrunternehmers am Gut eintreten, haftet die Reichsbahn nach den gleichen Grundsätzen, nach denen sie für den bahnamtlichen Rollfuhrdienst ihres Eisenbahnverkehrs die Haftung trägt.

§ 30 Abs. 1 KVORb entspricht ungefähr § 29 KVO. § 30 Abs. 2 KVORb hat in § 34 KVO teilweise eine Parallele; siehe die dortige Kommentierung. Die Haftung für Überschreitung der Lieferfrist (§ 30 Abs. 1 KVORb) ist in der KVO in § 29 geregelt. Zum Vergleich des § 30 KVO mit der CMR siehe Voigt, VP 1965, 34f. **Anm. 2**

Zu § 30 Abs. 2 KVORb siehe BGH v. 12. 4. 1967, VersR 1967, 597–599.

I. Überblick **Anm. 3**

§ 30 KVO ergänzt einerseits § 29 durch Klarstellungen, indem er bestimmte Schadensarten oder Schadensursachen aufzählt, für die ohnehin nach § 29 gehaftet würde. Andererseits enthält er in den Buchstaben b, c, e, f Haftungsausschlüsse bzw. Haftungsbeschränkungen, die besser in §§ 34, 35 KVO geregelt worden wären. Zum Überblick über das System der Haftungsausschlüsse und -beschränkungen siehe Anm. 40, 42 zu § 429 HGB.

II. Die einzelnen Schadensarten des § 30 **Anm. 4**

1. Regen, Schnee, Hagel, Sturm (Buchst. a)

Grundsätzlich stellt § 30a KVO klar, daß der KVO-Frachtführer für die dort aufgezählten Witterungseinflüsse im Rahmen des § 29 KVO zu haften hat. Problematisch ist jedoch das Verhältnis dieser Bestimmung zum Haftungsausschluß des § 34 S. 1a KVO. Danach haftet der Frachtführer nicht für Schäden durch höhere Gewalt. Diese schließt andererseits die Haftung nicht aus, soweit die betreffende Schadensursache zu den der Straße und dem Kraftwagen eigentümlichen Gefahren gehört. Soweit Regen, Schnee, Hagel und Sturm zu den typischen Gefahren der Straße und des Kraftwagens zu rechnen sind, befreit auch der Nachweis höherer Gewalt den

Frachtführer also nicht von der Haftung. Überdies liegt höhere Gewalt ohnehin nicht vor, wenn der Frachtführer mit der äußerst möglichen Sorgfalt den Schaden hätte abwenden können oder soweit Schadensursachen solcher Art wegen ihrer Häufigkeit in Kauf genommen werden müssen.

Praktisch kann danach ein Haftungsausschluß nach § 34a bei Witterungsschäden nur dann in Betracht kommen, wenn die betreffenden Witterungsereignisse so außergewöhnlich sind, daß sie nicht mehr zu den Gefahren der Straße gerechnet werden können, etwa bei allgemeinen Naturkatastrophen wie Orkanen, starken Schneefällen im Hochsommer o.ä. Vorfällen; siehe zu dieser Frage eingehend Guelde/Willenberg Anm. 2–5 zu § 30 KVO.

Die Haftung für Witterungsschäden kann ferner dann ausgeschlossen sein, wenn den Verfügungsberechtigten ein Verschulden trifft, wenn er z.B. Güter, die wegen ihrer besonderen Empfindlichkeit in einem geschlossenen Fahrzeug befördert werden müßten, dem Frachtführer zur Beförderung in gewöhnlichem LKW überläßt (§ 34c KVO). Die Haftung entfällt ferner nach § 18 KVO, wenn die Güter unzureichend verpackt sind, und zwar ohne Rücksicht auf Verschulden des Absenders; siehe Anm. 6 zu § 18 KVO. Doch gehört es im allgemeinen nicht zu den Obliegenheiten des Absenders, das Gut so zu verpacken, daß es gegen Witterungseinflüsse geschützt ist. Vielmehr ist es Sache des Unternehmers, diesen Schutz zu übernehmen und evtl. für Schäden einzustehen; BGH v. 19. 11. 1959, BGHZ 31, 183 (186f.); BGH v. 15. 12. 1976, VersR 1976, 174 (175); siehe Anm. 4 zu § 18 KVO.

Anm. 5 **2. Diebstahl, Abhandenkommen etc. (Buchst. b)**

Buchst. b klärt, daß auch für Schäden durch Diebstahl (i.S. des § 242 StGB), Abhandenkommen (i.S. des BGB, z.B. § 935 BGB) und Straßenraub ohne Rücksicht auf Verschulden des Frachtführers oder seiner Leute gehaftet wird. Der KVO-Frachtführer kann sich nur ausnahmsweise von der Haftung befreien, wenn höhere Gewalt vorliegt (§ 34a KVO).

Die Haftung bei Massengütern, die nur nach Gewicht und unverpackt geladen werden, greift nur ein, wenn und soweit der Verlust mehr als 1,5% des Gewichtsverlusts beträgt. Diese Franchise bedeutet somit bei Minimalschäden eine Haftungsbefreiung, bei größeren Schäden eine Haftungseinschränkung. Für den Begriff des Massengutes kommt es nicht auf den Wert, sondern ausschließlich auf die unverpackte Ladung nach Gewicht an.

Werden Güter nicht nach Gewicht, sondern nach Rauminhalt verladen, so liegt nach § 30b KVO an sich kein Massengut vor. Doch hier ist an eine analoge Anwendung der Franchisebestimmung zu denken.

Nach Guelde/Willenberg Anm. 10 zu § 30 KVO soll die Verladung loser Güter in Silowagen diese nicht zu Massengütern i.S. des § 30 stempeln. In diesen Fällen liegen aber die Voraussetzungen der unverpackten Verladung nach Gewicht im Regelfall vor, so daß § 30b anzuwenden ist.

„Unverpackt" sind Güter nur, wenn sie lose, d.h. unmittelbar in das Fahrzeug verladen sind. Ob die für die Beförderung verwendeten Behältnisse offen oder verschlossen sind, spielt keine Rolle. Die Verladung in offenen Behältern ist daher nicht unverpackt; siehe im einzelnen Guelde/Willenberg Anm. 9–15 zu § 30.

Zum Nachweis des Gewichtsverlustes siehe Anm. 16, 8ff. zu § 16 KVO und Guelde/Willenberg Anm. 16f. zu § 30.

Anm. 6 **3. Schäden durch beigeladenes Gut (Buchst. c S. 1)**

Für Schäden, die einem Gut durch anderes, auf demselben Fahrzeug verladenes Gut zugefügt werden, hat der KVO-Frachtführer an sich schon nach § 29 KVO zu haften. Hierbei kommt es nicht darauf an, wem das mitverladene Gut gehört. Handelt es sich um Güter desselben Absenders, so kann sich aus § 18 Abs. 3 KVO eine Haftungsbefreiung des Frachtführers ergeben, wenn das schädigende Gut unzureichend verpackt war; siehe wegen der möglichen Fälle Guelde/Willenberg Anm. 18–21 zu § 30.

Neben den Ansprüchen aus § 29, 30c KVO können sich aus der Schädigung eines Gutes durch ein Gut eines Dritten weitere Rechtsfolgen ergeben. Einmal kann eine Schadensersatzpflicht des Schädigers aus § 823 Abs. 1, 823 Abs. 2 (besonders bei Verstößen gegen Vorschriften über gefährliche Güter), 831 BGB entstehen. Zum anderen kann der KVO-Frachtführer nach § 18 Abs. 3 gegen den Absender des schädigenden Gutes Regreß nehmen, soweit er selbst den Geschädigten entschädigen muß; Anm. 6 zu § 18. Der Regreßanspruch kann nach § 67 VVG auf den KVO-Versicherer übergehen.

4. Schäden an unverpackten Gütern (Buchst. c S. 2) Anm. 7

Schäden, die durch Scheuern und (zutreffender „oder"; Guelde/Willenberg Anm. 22 zu § 30) Druck an unverpackten Gütern entstehen, sind nach § 18 Abs. 3 KVO nur zu ersetzen, soweit die Güter an sich nicht verpackungsbedürftig waren; Anm. 7 zu § 18 KVO. Nur auf solche Güter bezieht sich § 30c S. 2. Die Bedeutung der Vorschrift liegt nicht in der Gewährung des Anspruchs an sich, die sich auch aus § 29 schon ergeben würde, sondern in der Begrenzung der Haftung auf 1.000,– DM je Lastzug (und Beförderungvorgang). Es handelt sich hierbei um eine Haftungsbegrenzung, nicht um eine Pauschalierung, so daß der Schaden im Rahmen der Begrenzung auf 1.000,– DM nachgewiesen werden muß. Die Haftungsgrenzen des § 35 gehen der des § 30c S. 2 vor, wenn der danach zu ersetzende Betrag unter 1.000,– DM liegt. Es ist also stets nur der jeweils niedrigere Betrag zu ersetzen.

5. Unterschlagung, Betrug, Untreue (Buchst. d) Anm. 8

Die besondere Anführung dieser Schadensursachen ist überflüssig, da sich die Haftung ohnehin aus § 29 ergibt. Die angeführten Delikte setzen stets Vorsatz voraus. Daher gilt auch die Haftungsbeschränkung des § 35 KVO für diesen Fall nicht, wenn man der hier vertretenen Auffassung folgt, nach der § 430 HGB analog anzuwenden ist; siehe Anm. 22 zu § 430 HGB und 2 zu § 35 KVO.

6. Bruchschäden Anm. 9

Buchst. e enthält neben der in S. 1 getroffenen bedeutungslosen Feststellung, daß für Bruchschäden grundsätzlich gehaftet wird, ein schwer durchschaubares Konglomerat von Haftungsausschlüssen und -beschränkungen, die ihrerseits wieder von Rückausnahmen durchbrochen sind. Ergänzt wird die Regelung noch durch § 34 Abs. 1g KVO. Der KVO-Frachtführer darf auch nicht freiwillig eine über die Haftungsgrenzen hinausgehende Haftung übernehmen. Darin würde eine tarifwidrige Vergünstigung nach § 22 Abs. 2 GüKG (siehe dazu Anm. 3 zu § 22 GüKG, Anh. I nach § 452 HGB) zu sehen sein. Siehe dazu den Beitrag o.V. Deutsche Verkehrszeitung v. 2. 8. 1977, S. 8.

a) Bruchschäden als Folgen von Fabrikations- und Materialfehlern (S. 2) Anm. 10

Dieser Haftungsausschluß zeigt eine gewisse Ähnlichkeit mit § 34 Buchstaben k, m und n, weil der Kern zum Schaden bereits im Frachtgut zu sehen ist.

Anm. 11 **b) Grundsatz der Haftungsbeschränkung für bestimmte Bruchschäden (Buchst. e S. 3)**

Die Haftungsbeschränkung für Bruchschäden an den in S. 3 aufgeführten empfindlichen Gütern wird auf 150,– DM pro Reise eines Lastzugs beschränkt.

Anm. 12 **aa) Güter, bei denen die Haftungsbeschränkung gilt**

S. 3 führt auf: Leere und gefüllte Glasballons, Glas, leere und gefüllte, nicht in Kisten verpackte Glasflaschen, Porzellan, Steingut, Steinzeug und hieraus hergestellte Artikel. Problematisch unter diesen überwiegend technisch definierbaren Begriffen ist der Begriff „Steinzeug". Dieser wurde jedoch durch eine unveröffentlichte Entscheidung des OLG Nürnberg v. 27. 9. 1968 definiert: Steinzeug setzt sich aus eisenhaltigem Ton, Quarz und Feldspat zusammen und wird bis zur Sinterung gebrannt. Eine erweiternde Auslegung auf andere Materialien ist nicht zulässig. Siehe dazu eingehend Guelde/Willenberg Anm. 34 zu § 30 KVO; Muth/Lehmann Anm. zu § 30 (S. 228). Unter den Begriff Steinzeug fallen also z.B. gebrannte Tonrohre und dergleichen, nicht dagegen Fertigteile oder Bausteine aus Beton, Eternit, Bims usw.; ebensowenig Natursteine wie Marmorplatten und dergleichen; siehe Guelde/Willenberg a. a. O.

Anm. 13 **bb) Berechnung der Haftungsbegrenzung**

Die Haftungsbegrenzung von 150,– DM berechnet sich pro Reise eines Lastzugs nicht pro Beförderungsvertrag. Treten Bruchschäden bei Gütern verschiedener Absender auf der gleichen Reise auf, so müssen sich diese Absender in die begrenzte Entschädigung teilen. Zu der Schadensberechnung bei Wiederherstellung von teilgeschädigten Gegenständen sowie zum Ausschluß von Wertminderungsschäden bei Wiederherstellung siehe § 30 e S. 6 und 7 sowie Guelde/Willenberg Anm. 39, 40 zu § 30.

Anm. 14 **cc) Ausnahmen von der Haftungsbeschränkung**

Die Haftungsbeschränkung nach S. 3 gilt nicht, wenn der Schaden durch einen Betriebs- oder Transportmittelunfall (siehe dazu Anm. 6, 10 zu § 29) verursacht ist. Vielmehr wird nach S. 4 im gewöhnlichen Umfang, also in der Regel in den Grenzen des § 35 KVO gehaftet. Nach S. 5 hält sich die Haftung ebenfalls in diesem Rahmen, wenn die Ursache für den Bruch in höherer Gewalt lag, diese aber zu den der Straße und dem Kraftwagen eigentümlichen Gefahren gehörte (§ 34 a; siehe Anm. 7 zu § 34). Für andere Ursachen aus dem Bereich der höheren Gewalt wird nach § 34 a überhaupt nicht gehaftet.

Anm. 15 **7. Rinnverluste (Buchst. f)**

Buchst. f S. 1 bestätigt nur, was sich ohnehin aus § 29 ergeben würde: Auch für Rinnverluste haftet der KVO-Frachtführer nach dem Gewährleistungsprinzip. Werden Flüssigkeiten in unverpackten Glasflaschen befördert und kommt es wegen Springens der Flaschen zu Rinnverlusten, so greift die Haftungsbeschränkung des § 30 e S. 3 KVO ein.

S. 2 legt bei gewöhnlichen Rinnverlusten von Flüssigkeiten in Fässern eine Franchise fest. Bis zu 1/2 % des Verlustes bei Eisenfässern bzw. 3 % bei Holzfässern sind danach nicht ersatzfähig. Bei höheren Verlusten bleiben diese Prozentsätze bei der Schadensberechnung vorweg außer Ansatz. S. 3 ist überflüssig, da S. 2 ohnehin nur bei Transport mit Fässern gilt.

§ 31

Ersatz für andere als Güterschäden

(1) Der Unternehmer ersetzt Schäden, die dem verfügungsberechtigten Absender oder Empfänger im Zuge der Beförderung des Gutes entstanden sind:
a) durch Überschreitung der Lieferfrist (§ 26),
b) durch Falschauslieferung,
c) durch schuldhafte nicht ordnungsgemäße Ausführung des Beförderungsvertrages,
d) durch Fehler bei der Einziehung von Nachnahmen.

(2) Schäden der in (1) a) bis c) bezeichneten Art werden bei Ladungsgütern bis zu 30000 DM je Lastzug und bei Stückgütern bis 5000 DM je Absender und Lastzug ersetzt. Schäden nach (1) d) werden bis zur Höhe der Nachnahme, höchstens jedoch mit 5000 DM je Sendung ersetzt.

Inhaltsübersicht

Text der KVORb Anm. 1
Bemerkungen zu § 31 KVORb Anm. 2
I. Allgemeines, insbesondere Verhältnis des § 31 zu § 29 KVO Anm. 3
II. Die Tatbestände des § 31 Abs.1 Anm. 4
1. Die Haftung für Lieferfristüberschreitung (Buchst. a) Anm. 5
a) Allgemeines
Haftung innerhalb der Lieferfrist
b) Verderb von Gütern und Lieferfrist
c) Vermögensschäden Anm. 7
2. Haftung für Falschauslieferung (§ 31 Abs. 1b) Anm. 8
3. Die Haftung für Schlechterfüllung (Buchst. c) Anm. 9
a) Haftung nur für Vermögensschäden
b) Haftung nur für Verschulden Anm. 10
c) Haftungsbegrenzung, Anspruchskonkurrenz Anm. 11
d) Anwendungsfälle Anm. 12
4. Haftung für Nachnahmefehler (Buchst. d) Anm. 13
III. Begrenzung der Haftung nach § 31 Abs. 2 Anm. 14

Text der KVORb **Anm. 1**

§ 31 KVORb weicht von der KVO ab. Er lautet:

§ 31

Beschränkung der Haftung bei Gewichtsverlusten

(1) Bei Gütern, die nach ihrer besonderen natürlichen Beschaffenheit bei der Beförderung regelmäßig einen Gewichtsverlust erleiden, haftet die Reichsbahn ohne Rücksicht auf die Länge der durchfahrenen Strecke nur für den Teil des Gewichtsverlusts, der die nachstehend zugelassenen Verlustgrenzen überschreitet:
a) zwei vom Hundert des Gewichts für die flüssigen oder in feuchtem Zustand aufgegebenen Güter sowie für die nachstehenden Güter: geraspelte oder gemahlene Farbhölzer, Felle, Fettwaren, getrocknete Fische, frische Früchte, frische Gemüse, Häute, Hautabfälle, Hopfen, Hörner und Klauen, frische Kitte, ganze oder gemahlene Knochen, Leder, getrocknetes oder gebackenes Obst, Pferdehaare, Rinden, Salz, Schafwolle, Schweinsborsten, Seife und harte Öle, Süßholz, geschnittener Tabak, frische Tabakblätter, Tierflechsen, Wurzeln.
b) eins vom Hundert des Gewichts bei allen übrigen trockenen Gütern der eingangs bezeichneten Art.

(2) Werden mehrere Stücke auf demselben Frachtbrief befördert, so wird der Gewichtsverlust für jedes Stück besonders berechnet, wenn das Gewicht der einzelnen Stücke im Frachtbrief angegeben ist oder auf andere Weise festgestellt werden kann.

(3) Die Beschränkung der Haftung tritt nicht ein, soweit der Verlust den Umständen nach nicht infolge der besonderen natürlichen Beschaffenheit des Gutes entstanden ist oder soweit der angenommene Satz dieser Beschaffenheit oder den sonstigen Umständen des Falles nicht entspricht.

(4) Ist das Gut verlorengegangen, so wird für Gewichtsverlust nichts abgezogen.

(5) Die weitergehende Haftungsbefreiung der Reichsbahn nach § 30 (2) e) wird hierdurch nicht berührt.

Anm. 2 **Bemerkungen zu § 31 KVORb**

Die Tatbestände des § 31 Abs. 1b–d haben in der KVORb keine Parallele. Doch dürfte hier eine Haftung aus positiver Vertragsverletzung für (vermutetes) Verschulden anzunehmen sein. Die Haftung für (unverschuldete) Überschreitung der Lieferfrist ist in § 30 Abs. 1 KVORb mit geregelt; siehe den Abdruck in Anm. 1 zu § 30 KVO.

Zur Haftungsbeschränkung bei Überschreitung der Lieferfrist siehe § 35 KVORb, abgedruckt und kommentiert in Anm. 1 zu § 35 KVO.

Anm. 3 **I. Allgemeines, insbesondere Verhältnis des § 31 zu § 29 KVO**

§ 31 KVO betrifft, wie sich bereits aus der Überschrift ergibt, nur solche Schäden, die (primär) nicht an den beförderten Gütern entstanden sind („Vermögensschäden“); BGH v. 21. 4. 1960, BGHZ 32, 194 (202); v. 9. 11. 1961, VersR 1961, 1110 (1111). Schäden am beförderten Gut werden dagegen nach § 29 ersetzt; siehe z. B. OLG Celle v. 8. 12. 1952, VersR 1953, 114 (115). Sekundäre Vermögensschäden, die als Folge des Verlustes oder der Beschädigung von Frachtgut an anderen Vermögensgegenständen des Absenders oder Empfängers entstehen, sind nach § 29 grundsätzlich nicht zu ersetzen (vgl. Anm. 5, 11 zu § 29); sie fallen auch nicht unter § 31.

Die Güterschadenshaftung des § 29 hat mit der Beschränkung auf unmittelbare Schäden am Frachtgut, die Haftung nach § 31 mit der in Abs. 2 vorgesehenen Haftungseinschränkung jeweils eine spezifische Begrenzung. Für beide Haftungsfälle gemeinsam gelten jedoch zusätzlich die Haftungsgrenzen des § 35, ebenso auch die Haftungsausschlüse des § 34 – soweit sie passend sind. Zur Anwendung der Haftungsgrenzen des § 35 KVO siehe § 36 KVO und die dortige Kommentierung.

Aus der Unterschiedlichkeit der Haftungsbegrenzungen ergibt sich, daß §§ 29, 31 KVO nicht nebeneinander auf den gleichen Schadensfall anzuwenden sind. Insbesondere kann § 31 in Fällen, in denen der Schaden zunächst am Frachtgut entstanden ist, nicht zur Begründung einer zusätzlichen Haftung für mittelbare Vermögensschäden verwendet werden. Dies ist in Rechtsprechung und Literatur weitgehend unstreitig; a. A. wohl nur OLG Stuttgart, VersR 1952, 147 (148); i. E. auch OLG Hamburg v. 13. 3. 1953, VersR 1953, S. 277.

§ 31 setzt voraus, daß der Schaden „im Zuge der Beförderung“ entstanden ist. Für die Fälle des Abs. 1 Buchst. a, b, d ist dieser Zusammenhang ohne weiteres gegeben. Zu § 31c siehe jedoch unten Anm. 9.

Siehe zu den Konkurrenzfragen auch Anm. 77 und 88 zu § 429 HGB.

Anm.4 **II. Die Tatbestände des § 31 Abs. 1**

Die in § 31 Abs. 1 KVO zusammengefaßten Tatbestände sind heterogen. Strukturell enthalten die Buchstaben a, b und d Haftungstatbestände, die kein Verschulden voraussetzen und ihre Grenze erst bei der höheren Gewalt (§ 34 S. 1a) finden, während Buchst. c eine Haftung für Verschulden begründet.

1. Die Haftung für Lieferfristüberschreitung (Buchst. a) Anm. 5

a) Allgemeines

Die Lieferfristhaftung ist als Gewährhaftung konzipiert. Sie setzt an sich kein Verschulden voraus und findet ihre Grenze erst bei höherer Gewalt (§ 34 S. 1a). Dafür ist sie in ihrer Höhe durch § 31 Abs. 2 beschränkt. Vor allem aber ist ihr Tatbestand wegen der lang bemessenen Lieferfristen der KVO (siehe dazu § 26 KVO) nur selten verwirklicht. Ferner kann der Frachtführer oft den Nachweis einer unverschuldeten Betriebsstörung führen, der ihm eine Verlängerung der Lieferfrist verschafft; siehe Anm. 8 zu § 26 KVO. Praktisch wird damit die strenge Gewährhaftung weitgehend entwertet.

In Rechtsprechung und Literatur wird – in Anlehnung an die Rechtsprechung des Reichsgerichts zum Eisenbahnrecht – allgemein die Auffassung vertreten, daß der KVO-Frachtführer die Lieferfrist in jedem Falle ausnutzen darf und daher eine Verspätungshaftung innerhalb der Lieferfrist gänzlich ausscheidet, auch wenn es dem Frachtführer möglich gewesen wäre, die Beförderung schneller durchzuführen. Siehe hierzu RGZ 100, 50 (53) zum Eisenbahnrecht; BGH vom 8. 2. 1960, VersR 1960, 304; grundsätzlich auch BGH vom 3. 10. 1963, VersR 1963, 1120 (1121) bestätigend BGH vom 10. 1. 1968, VersR 1968, 291 (292); Guelde/Willenberg Anm. 15 zu § 26 KVO. Siehe ferner zum Eisenbahnrecht eingehend Goltermann/Konow, EVO Anm. 15 zu § 82.

Danach schuldet der Frachtführer keine über die Einhaltung der gültigen Lieferfrist hinausgehende Sorgfalt hinsichtlich der Beschleunigung der Beförderung. Diese Rechtsprechung macht es der verladenden Wirtschaft praktisch unmöglich, die technisch durch den Güterkraftverkehr gegebene Möglichkeit der Eilbeförderung in einem rechtlich gesicherten Rahmen auszunutzen. Die Auftraggeber sind darauf angewiesen, die Frachtführer durch außerrechtliche Mittel zu schnellerer Beförderung zu veranlassen. Es unterliegt erheblichem Zweifel, ob ein solches System, das wirtschaftlich sinnvolle Tatbestände ohne rechtlichen Schutz läßt, rechtspolitisch vertretbar ist.

Eine Haftung des KVO-Frachtführers kann sich jedoch aus dem Gesichtspunkt des Verschuldens bei Vertragsschluß ergeben, wenn er den Auftraggeber nicht über die Lieferfrist aufgeklärt hat. Dies gilt besonders, wenn ihm die Verderblichkeit der Güter bzw. die Eilbedürftigkeit des Transportes bekannt war. Vereinbart der KVO-Frachtführer eine nach Tarifrecht unzulässig verkürzte Lieferfrist (siehe dazu Anm. 6ff. zu § 26 KVO), so kommt eine Haftung wegen Teilnichtigkeit nach §§ 309, 307 Abs. 1 S. 1 BGB in Betracht. Dies wurde vom BGH im Urteil vom 3. 10. 1963, VersR 1963, 1120f. in Betracht gezogen. Die Haftung schied jedoch nach § 307 Abs. 1 S. 2 BGB aus, da der Auftraggeber als Kaufmann in enger Berührung mit dem Beförderungsgewerbe stand und in erheblichem Umfang Frachtverträge abgeschlossen hatte. Danach hätte er selbst Erkundigungen über die gesetzlichen Vorschriften hinsichtlich der Beförderungsbedingungen einziehen müssen. Auch eine Schadensteilung nach § 254 BGB kommt danach nicht in Betracht. Nach dieser Rechtsprechung, die kaum Anlaß zur Kritik gibt, scheidet vor allem auch jede Haftung des KVO-Frachtführers bei Einschaltung eines Abfertigungsspediteurs aus. Allerdings gehört die Aufklärung des ursprünglichen Absenders durch den Abfertigungsspediteur zu dessen Spediteurpflichten und kann eine Haftung nach Maßgabe des Speditionsvertrags sowie ein Eintreten des Speditionsversicherers begründen.

b) Verderb von Gütern und Lieferfrist Anm. 6

Kommt es wegen verzögerlicher Beförderung zu Schäden an beförderten Gütern, so sind in keinem Fall Ansprüche aus § 31 Abs. 1a KVO gegeben, da diese

Bestimmung nur primäre Vermögensschäden betrifft. Ansprüche wegen Güterschäden aus § 29 KVO können nur bestehen, wenn die Lieferfrist überschritten ist; siehe Anm. 1 zu § 26. Ist dies der Fall, dann können noch immer haftungsausschließende Gründe – insbesondere innerer Verderb nach § 34 S. 1k – vorliegen.

Anm. 7 **c) Vermögensschäden**

Nach § 31 Abs. 1a sind nur Schäden, die an anderen als den beförderten Gütern enstehen, also primäre Vermögensschäden zu ersetzen; siehe oben Anm. 3. In Betracht kommen inbesondere Folgeschäden wie Kosten für nutzlose Vorhaltungen von Entladungsmöglichkeiten, Lohnkosten, Produktionsausfälle und dergleichen. A. A. OLG Stuttgart, VersR 1952, 147 (148), das § 31 auf Güterschäden durch Lieferfristüberschreitung anwenden will. Ersatz von Körperschäden ist nach § 34 Satz 1f. KVO ausgeschlossen; siehe dort Anm. 16.

Anm. 8 **2. Haftung für Falschauslieferung (§ 31 Abs. 1b)**

Auch die in § 31 Abs. 1 Buchst. b KVO geregelte Gewährhaftung für Falschauslieferung betrifft nur die daraus primär entstehenden Vermögensschäden. Hierzu gehören insbesondere Schäden aus vorübergehenden Nutzungsverlusten, Kosten für die Wiedererlangung des Guts einschließlich der Prozeßkosten für Herausgabeklagen gegen den Besitzer der Güter. Der KVO-Frachtführer haftet auch für den Schaden, der dem absendenden Spediteur dadurch entsteht, daß er wegen der Falschauslieferung Kunden verliert; OLG Stuttgart, VRS 6, 410 (417) = VersR 1954, 399 (L). Die Falschauslieferung kann auch zur Lieferfristüberschreitung führen, so daß nebeneinander eine Haftung nach § 31 Abs. 1a und b anzunehmen ist.

Nicht unter § 31 Abs. 1b fallen Güterschäden infolge Falschauslieferung; siehe oben Anm. 3. Da die Falschauslieferung keine Auslieferung im Sinne des § 29 KVO ist (siehe Anm. 4 zu § 429 HGB), wird durch sie der Haftungszeitraum des § 29 KVO nicht beendet. Kann z. B. das Gut nach der Falschauslieferung nicht mehr wiedererlangt werden, so liegt Verlust im Sinne des § 29 vor. Wird das Frachtgut wegen der Falschauslieferung beschädigt, so greift ebenfalls § 29 ein. Infolge der Falschauslieferung kann auch die Lieferfrist überschritten werden, so daß Schäden am Frachtgut durch Verderb entstehen können, die ebenfalls nach § 29 zu ersetzen sind.

Anm. 9 **3. Die Haftung für Schlechterfüllung (Buchst. c)**

a) Haftung nur für Vermögensschäden, die im Zuge der Beförderung entstanden sind

Buchst. c legt eine Haftung für schuldhafte Schlechterfüllung des Beförderungsvertrags fest. Hierbei handelt es sich um eine (Teil-)Kodifizierung der positiven Vertragsverletzung. Die Haftung nach Buchst. c betrifft – wie der ganze § 31 – nur primäre Vermögensschäden. Auf Güterschäden ist die Bestimmung nicht anwendbar. Diese richten sich vielmehr ausschließlich nach § 29. Siehe dazu Anm. 3, insbesondere das dort angegebene Urteil des BGH v. 21. 4. 1960, BGHZ 32, 194 (202).

Unter § 31 fallen nur Schäden, die „im Zuge der Beförderung des Gutes" entstanden sind. Damit unterstehen Ansprüche aus positiver Vertragsverletzung, die nicht im Zusammenhang mit der Beförderung stehen, nicht der Haftungsbeschränkung des § 31 Abs. 2 KVO. Man wird daher davon ausgehen müssen, daß die auf die Verletzung allgemeiner Verkehrspflichten gestützten Ansprüche aus positiver Vertragsverletzung zur vollen Haftung führen. Solche Ansprüche haben – wie in der Literatur zum bürgerlichen Recht zunehmend erkannt wird – in Wahrheit einen deliktischen Charakter. Folgt man der in der Rechtsprechung vertretenen Auffassung, nach der deliktische Ansprüche den Haftungsbegrenzungen des Frachtrechts nicht unterliegen, so ergibt sich auch für diese Fälle aus positiver Vertragsverletzung eine unbeschränkte Haftung des KVO-Frachtführers. Siehe dazu Anmerkung 76ff. zu § 429 HGB. Das Merkmal „im Zuge der Beförderung" ist wohl großzügig auszulegen. Dies ergibt sich schon daraus, daß im Gesetz selbst der Fall der fehlerhaften Nachnahmeeinziehung offenbar als „im Zuge der Beförderung" liegend betrachtet wird. Das OLG Düsseldorf, VersR 1975, 232 (233) hat daher zu Recht die Ausstellung einer falschen Spediteur-Übernahmebescheinigung dem „Zuge der Beförderung" zugerechnet. Auch die Beschädigung von Abladegeräten, die der Empfänger zur Verfügung gestellt hat (sog. „Ameisen") gehört noch zum „Zuge der Beförderung"; BGH vom 18. 11. 1977, DB 1978, 293 = VersR 1978, 148; ablehnend Willenberg, VersR 1978, 1062f.; siehe auch unten Anm. 4 zu § 33 KVO.

b) Haftung nur für Verschulden **Anm. 10**

Die Haftung nach § 31 Abs. 1c KVO setzt Verschulden des KVO-Frachtführers oder eines seiner Gehilfen (§ 6) voraus. Eine Beweislastbestimmung besteht nicht. Grundsätzlich ist daher der Ersatzverlangende mit dem Beweis belastet. Doch ist eine Heranziehung der von der Rechtsprechung zur positiven Vertragsverletzung entwickelten Beweisgrundsätze zu befürworten. Danach muß der in Anspruch Genommene die Beweise hinsichtlich derjenigen Vorgänge erbringen, die sich in seinem Verantwortungsbereich ereignet haben; siehe dazu Palandt/Heinrichs, 37. Aufl. 1978, 2 zu § 282. Diese Rechtsprechung ist auch vom Gesetzgeber in § 11 Nr. 15a des AGB-Gesetzes anerkannt worden. Diese Bestimmung ist allerdings hier nicht anwendbar.

c) Haftungsbegrenzung, Anspruchskonkurrenz **Anm. 11**

Die Haftung nach § 31 Abs. 1c ist in ihrer Höhe durch § 31 Abs. 2 begrenzt; siehe Anm. 14. Diese Haftungsbegrenzung kann auch nicht dadurch beiseite geschoben werden, daß neben der begrenzten Haftung eine unbegrenzte aus (bürgerlichrechtlicher) positiver Vertragsverletzung zugelassen wird; BGH v. 21. 4. 1960, BGHZ 32, 194 (203); OLG Hamburg, VersR 1970, 51 (52); Guelde/Willenberg 15 zu § 31; Muth/Lehmann zu § 31 (S. 232); siehe ferner Anm. 88 zu § 429.

Gegenüber der Haftung aus § 31 Abs. 1c KVO könnte sich der KVO-Frachtführer an sich auf die Haftungsausschlüsse des § 34 berufen, soweit diese passen, wie etwa Buchstaben b, c, f. Allerdings ist zu berücksichtigen, daß nach richtiger Auffassung die Haftungsausschlüsse des § 34 bei nachgewiesenem Verschulden des Frachtführers oder seiner Leute nicht gelten; siehe Anm. 4 zu § 34. Somit kann die Wirkung des § 34 allenfalls darin bestehen, die oben Anm. 10 befürwortete Beweislastregelung im Bereich der Haftungsausschlüsse auszuschalten; siehe zum Mitverschulden des Absenders oder Empfängers Anm. 11, 12 zu § 34.

d) Anwendungsfälle **Anm. 12**

Als Anwendungsfälle des § 31 Abs. 1c kommen vor allem Verletzungen von Nebenpflichten aus dem Frachtvertrag in Betracht; siehe zur Übersicht mit Hinweisen auf die KVO Anm. 72ff. zu § 425 HGB. Das Urteil des OLG Düsseldorf vom 6. 9. 1973, VersR 1975, 232 (233) sieht in der Ausstellung einer unrichtigen Spediteurübernahmebescheinigung durch den CMR-Frachtführer einen Haftungsfall nach dem (insoweit ergänzend zur CMR anwendbaren) § 31 Abs. 1c KVO. Die Übernahmebescheinigung war vom Verkäufer der Akkreditivbank vorgelegt worden, die wegen fehlenden Mängelvermerks den Kaufpreis an den Verkäufer trotz vorhandener Sachmängel auszahlte. Dem Urteil des BGH vom 18. 11. 1977 (Ameisen-Fall), DB 1978, 293 lag ein Fall zugrunde, in dem die Leute des KVO-Frachtführers die vom Empfänger zur Verfügung gestellten Abladegeräte (Ameisen) beschädigt hatten.

Es muß sich aber nicht um speziell frachtrechtliche, sondern kann sich auch um allgemeine vertragliche Sorgfaltspflichten handeln, die etwa die Sicherheit des Geschäftslokals oder des Kraftfahrzeugs betreffen. Allerdings läßt sich daran zweifeln, ob auch bei Verletzung solcher Pflichten durchweg Spezialität der beschränkten KVO-Haftung gegenüber der unbeschränkten Haftung aus positiver Vertragsverletzung angenommen werden kann.

Anm. 13 **4. Haftung für Nachnahmefehler (Buchst. d)**

Die Haftung für Fehler bei der Einziehung von Nachnahmen nach Buchst. d ist als Haftung ohne Verschulden konzipiert. Versäumt der KVO-Frachtführer danach die Einziehung einer Nachnahme oder zieht er nicht den richtigen Betrag ein, so braucht der Geschädigte ihm kein Verschulden nachzuweisen. Beweispflichtig ist dieser aber für die Schadensentstehung, insbesondere auch dafür, daß die Nachnahme einbringlich gewesen wäre bzw. in welchem Umfang der Schaden bei Verweigerung der Auslieferung wegen Nichtzahlung der Nachnahme nicht entstanden wäre. Dies setzt insbesondere eine Darlegung der Verwertungsmöglichkeiten für das zurückbehaltene Frachtgut voraus.

Zum Recht der Nachnahme allgemein siehe § 24 KVO und die dortige Erläuterung; ferner Anm. 77 zu § 425; 53 zu §§ 407–409.

Guelde/Willenberg Anm. 24 zu § 31 weisen zutreffend darauf hin, daß § 31 Abs. 1d nur für Fehler „bei der Einziehung" der Nachnahme gilt. Ist die Nachnahme richtig eingezogen, wird der Betrag aber aus anderen Gründen nicht abgeliefert, so gilt nicht die beschränkte Haftung nach § 31 Abs. 1 d KVO, sondern unbeschränkte bürgerlich-rechtliche Haftung (§§ 675, 667 evtl. §§ 823ff.). § 30 Abs. 1b gilt nicht, da er sich nur auf Schäden am Frachtgut bezieht.

Anm. 14 **III. Begrenzung der Haftung nach § 31 Abs. 2**

Zu ersetzen ist in allen Fällen der nachgewiesene Schaden bis zu den in § 31 Abs. 2 festgesetzten Haftungsgrenzen. Zu den Begriffen „Ladungsgüter" und „Stückgüter" siehe Anm. 4 zu § 4 KVO. Hinzuweisen ist wegen der Haftung nach § 31 Abs. 1a–c auf die zusätzliche Haftungsbeschränkung des § 36 KVO; Beispielsfall: BGH vom 28. 2. 1975, VersR 1975, 658 = DM 1975, 1073.

Inhaltsübersicht

Text der KVORb Anm. 1

I. Überblick Anm. 2

II. Kosten der Schadensabwendung oder -minderung (§ 32 S. 1) Anm. 3

III. Kosten der Schadensermittlung und -feststellung (§ 32 S. 2) Anm. 4

§ 32

Aufwendungen bei Schadensfällen

Die Kosten für Aufwendungen und Bergungen zur Abwendung oder Minderung eines zu ersetzenden Schadens, soweit sie den Umständen nach geboten waren, gehen zu Lasten des Unternehmers. Das gleiche gilt von den Kosten, die durch die Ermittlung und Feststellung des Schadens entstehen.

Anm. 1 **Text der KVORb**

§ 32 KVORb weicht von der KVO ab. Er lautet:

§ 32

Höhe der Entschädigung bei gänzlichem oder teilweisem Verlust oder bei Beschädigung des Gutes

(1) Muß auf Grund des Beförderungsvertrages von der Reichsbahn für gänzlichen oder teilweisen Verlust des Gutes Ersatz geleistet werden, so wird die Entschädigung berechnet:

nach dem Börsenpreis,

in Ermangelung eines solchen nach dem Marktpreis,

in Ermangelung beider nach dem gemeinen Handelswert oder falls auch ein solcher nicht besteht,

nach dem gemeinen Wert, den Güter derselben Art und Beschaffenheit am Versandort im Zeitpunkt der Annahme zur Beförderung hatten. Jedoch darf die Entschädigung, vorbehaltlich der im folgenden Paragraphen vorgesehenen Beschränkung, 80,– DM für jedes fehlende Kilogramm des Rohgewichts nicht übersteigen. Außerdem sind die Fracht, die Zölle und sonstige, aus Anlaß der Beförderung des verlorenen Gutes bezahlte Beträge zu erstatten.

(2) Bei Beschädigung des Gutes hat die Reichsbahn den Betrag der Wertminderung zu zahlen. Die Entschädigung darf jedoch nicht übersteigen:

a) wenn die ganze Sendung durch die Beschädigung entwertet ist, den Betrag, der im Falle ihres gänzlichen Verlusts zu zahlen wäre,

b) wenn nur ein Teil der Sendung durch die Beschädigung entwertet ist, den Betrag, der im Falle des Verlusts des entwerteten Teiles zu zahlen wäre.

(3) Eine höhere Entschädigung kann nur bei Angabe des Lieferwertes nach § 36 oder bei Vorsatz oder grober Fahrlässigkeit der Reichsbahn nach § 38 beansprucht werden.

(4) Müssen bei der Berechnung der Entschädigung Beträge aus fremden Währungen umgerechnet werden, so ist hierfür der Kurs zur Zeit und am Ort der Zahlung maßgebend.

Die Bestimmung entspricht weitgehend § 85 EVO (Anhang I nach § 460 HGB). Teilweise hat sie in § 35 KVO eine Parallele.

I. Überblick Anm. 2

§ 32 ordnet die Kosten der Schadensabwendung und -minderung sowie der Schadensermittlung und -feststellung dem KVO-Frachtführer zu. Die Vorschrift stellt klar, daß die Kosten und Aufwendungen zusätzlich zu ersetzen sind. Bei Verlusten und Beschädigungen treten sie daher zu dem nach § 35 Abs. 1–3 berechneten Wert hinzu. Andernfalls wäre § 32 praktisch bedeutungslos. Dies hat jedoch wohl auch für die summenmäßige Haftungsgrenze des § 35 Abs. 4 zu gelten.

Inwieweit sich aus § 36 etwas anderes ergeben kann, ist zweifelhaft. Zwar verweist diese Bestimmung auf die für den Totalverlust zu berechnende Maximalentschädigung. Aus § 36 läßt sich auch nicht eindeutig entnehmen, ob diese Verweisung sich nur auf die Berechnung nach § 35 beziehen soll oder ob bei der Berechnung der Maximalentschädigung auch die Kosten und Aufwendungen nach § 32 zugeschlagen werden sollen. Da jedoch § 36 auf § 32 mit Bezug nimmt, ist wohl der Auffassung von Guelde/Willenberg Anm. 6 zu § 36 zuzustimmen, wonach die Berechnung des Ersatzwertes für den Totalverlust auch die Geltendmachung höherer Aufwendungen und Kosten nach § 32 abschneidet. Dies führt freilich dazu, daß im Falle des Totalverlustes der Geschädigte praktisch keinen Ersatz der Kosten und Aufwendungen nach § 32 verlangen kann. Diese Lösung befriedigt wenig, wenn der Fakturenwert der Güter weit unter der 80-DM-Grenze des § 35 Abs. 4 liegt. Auch in diesen Fällen müßte nach der von Guelde/Willenberg vertretenen Auffassung der Geschädigte die u.U. verhältnismäßig hohen Kosten für Schadensermittlung und Schadensfeststellung tragen, obwohl der durch § 35 Abs. 4 KVO abgesteckte Rahmen zumutbarer Haftung nicht erreicht ist.

Ist die Schadensfeststellung einfach und zieht der KVO-Frachtführer dennoch einen Sachverständigen heran, so kann im Sichberufen auf die Haftungsbeschränkung des § 36 ein Rechtsmißbrauch liegen.

Aufwendungen, die der KVO-Frachtführer zur Erfüllung der ihm nach dem Frachtvertrag obliegenden Verpflichtungen macht (z. B. Ersatzbeförderungen nach § 28 Abs. 1 S. 1 KVO; siehe Anm. 6 zu § 28), fallen nicht unter § 32, auch dann nicht, wenn sie schadensverhindernd oder schadensmindernd wirken. Soweit der Absender dem KVO-Frachtführer bei diesen Maßnahmen behilflich war und dafür Kostenerstattung verlangt, gelten für solche Ansprüche daher auch nicht die Haftungsbeschränkungen des § 36.

Anm. 3 **II. Kosten der Schadensabwendung oder -minderung (§ 32 S. 1)**

Droht dem Absender oder Empfänger im Zusammenhang mit dem Beförderungsvertrag ein Schaden, so sind beide Vertragsseiten grundsätzlich verpflichtet, den Schaden abzuwenden oder zu mindern. Diese Pflicht ergibt sich für den KVO-Frachtführer aus der frachtvertraglichen Sorgfaltspflicht, für den Absender oder Empfänger aus § 254 Abs. 2 S. 1 BGB. Kosten und Aufwendungen für die betreffenden Maßnahmen können danach zunächst auf beiden Seiten entstehen. Durch § 32 KVO werden sie jedoch dem KVO-Frachtführer zugewiesen, soweit sie den Umständen nach geboten waren und soweit der abzuwendende oder zu mindernde Schaden vom KVO-Frachtführer zu ersetzen gewesen wäre. Dies bedeutet, daß der Frachtführer keinen Ersatz dieser Kosten verlangen kann, der Absender dagegen Ansprüche auf Kostenerstattung gegen den KVO-Unternehmer hat. Diese Ansprüche unterliegen zusammen mit etwaigen Schadensersatzansprüchen der Haftungsbegrenzung des § 36. Wäre der abzuwendende Schaden nicht vom Frachtführer zu ersetzen, so kann dieser den Ersatz etwaiger Aufwendungen nach §§ 683, 670 BGB vom Absender verlangen, daneben die Gebühr nach XIX Nebengebührentarif; Guelde/Willenberg Anm. 5 zu § 32.

Anm.4 **III. Kosten der Schadensermittlung und -feststellung (§ 32 S. 2)**

Die Schadensermittlung und -feststellung ist in § 37 Abs. 1 KVO primär dem KVO-Frachtführer zugewiesen. Nach § 32 S. 2 hat er dafür die Kosten (im Rahmen der Haftungsgrenzen des § 36) zu tragen. Erfüllt der Frachtführer seine Pflicht zur Schadensfeststellung nicht und muß stattdessen der Verfügungsberechtigte die Schadensfeststellung veranlassen, dann ergibt sich aus § 32 S. 2 KVO ein Erstattungsanspruch des Verfügungsberechtigten, wenn der festgestellte Schaden zu ersetzen gewesen wäre; BGH v. 9. 11. 1961, VersR 1961, 1110 (1111). Siehe dazu mit eingehender Begründung auch Buthke, VP 1959, 5ff.

§ 33

Ersatzpflicht für Schäden aus Hilfsverrichtungen

Der Unternehmer ersetzt im Rahmen der §§ 29, 32 und 34 auch Güterschäden, die eintreten

a) bei der Abholung oder Zuführung der Güter, wenn die Abholung oder Zuführung vom Unternehmer oder durch von ihm Beauftragte besorgt wird, einschließlich der in § 14 Ziffer 7 genannten Fälle,

b) beim Ver-, Aus- oder Umladen der Güter, wenn der Unternehmer oder von ihm Beauftragte dabei mitgewirkt haben.

c) bei einer Beförderung mit der Eisenbahn, die vom Unternehmer innerhalb des von ihm geschlossenen Beförderungsvertrages bewirkt wird,

d) bei einer Vor- und Nachlagerung im Gewahrsam des Unternehmers nach Übernahme des Gutes vom Absender und vor Auslieferung an den Empfänger, soweit die Lagerung nicht die Dauer von jeweils 15 Tagen – Sonn- und Feiertage nicht mitgerechnet – überschreitet.

e) bei Zwischenlagerungen bis zur Dauer von acht Tagen, die während der Beförderung des Gutes erforderlich werden.

Inhaltsübersicht

Text der KVORb Anm. 1

I. Allgemeines Anm. 2

II. Die einzelnen Tatbestände des § 33 Anm. 3

1. Abholung und Zuführung (Buchst. a)
2. Laden (Buchst. b) Anm. 4
3. Beförderung mit der Eisenbahn (Buchst. c) Anm. 5
4. Lagerung (Buchst. d, e) Anm. 6
   Vorlagerung
   Nachlagerung
   Zwischenlagerung

Text der KVORb **Anm. 1**

§ 33 KVORb weicht von der KVO ab. Er lautet:

§ 33

Beschränkung der Höhe der Entschädigung durch den Tarif

Die Reichsbahn kann mit Genehmigung des Reichsverkehrsministers die Preisermäßigung eines Ausnahmetarifs an die Bedingung knüpfen, daß für gänzlichen oder teilweisen Verlust oder bei Beschädigung geringere als die in §§ 31 und 32 vorgesehenen Höchstbeträge gezahlt werden. Hat der Absender im Frachtbrief die Anwendung eines solchen Tarifs vorgeschrieben, so haftet die Reichsbahn nur bis zu dem festgesetzten Höchstbetrag. Eine höhere Entschädigung kann nur bei Angabe des Lieferwertes oder bei grober Fahrlässigkeit der Reichsbahn nach § 38 beansprucht werden.

I. Allgemeines **Anm. 2**

§ 33 KVO ergänzt § 29, indem er teilweise Schadensfälle, die nicht unter die Obhutszeit des § 29 fallen (siehe dazu Anm. 9 zu § 29) der Haftung des § 29 unterstellt. Insoweit bewirkt § 33 eine Erweiterung des Anwendungsbereichs des § 29. Teilweise kommt dem § 33 auch nur klarstellende Bedeutung zu, so hinsichtlich des Transports mit der Eisenbahn (Buchst. c) und in manchen Lagerungsfällen der Buchstaben d und e.

Die Verweisung auf §§ 29, 33, 34 bedeutet nicht nur eine Anwendung des Grundsatzes der Gewährhaftung und der Haftungsausschlüsse. Vielmehr unterliegt die Haftung nach § 33, wie sich aus § 36 deutlich ergibt, zugleich den Haftungsbeschränkungen der §§ 35, 36.

Vielfach werden zu befördernde Güter Spediteuren zur Versendung übergeben, die aber die Güterfernbeförderung im Selbsteintritt vornehmen (sog. „Gemischtbetriebe"). Für diese Fälle wird in der Literatur angenommen, daß die Hilfsverrichtungen nach § 33 grundsätzlich nur der dispositiven Spediteurhaftung (d. h. den ADSp und dem SVS/RVS unterlägen; daher gelte auch die Haftungserstreckung des § 33 nicht; Guelde/Willenberg Anm. 2 zu § 33; Muth/Lehmann Anm. zu § 33 (S. 235);

weniger ausgesprochen OLG Stuttgart, VersR 1975, 729. Dem ist in dieser allgemeinen Form nicht zuzustimmen. Auch meine Äußerung in Anm. 6 zu § 412 HGB ist nicht in dieser Weise zu verstehen. Der echte Selbsteintritt des Spediteurs führt zur Anwendung von Frachtrecht, im Bereich des Güterfernverkehrs zur zwingenden Anwendung der KVO; siehe Anm. 9a zu § 1 KVO; Anm. 5f. zu § 412 und § 26 GüKG Anh. I nach § 452. Damit steht fest, daß der Spediteur für alle mit der Beförderung selbst zusammenhängenden Tätigkeiten so zu haften hat, wie ein von ihm mit der Beförderung betrauter dritter Güterfernverkehrsunternehmer zu haften hätte. Dies gilt insbesondere für die mit in die Frachtführerhaftung einbezogenen Ladetätigkeiten. Aber auch soweit ein etwa beauftragter dritter KVO-Unternehmer sich üblicherweise freiwillig zu Ladetätigkeiten verpflichtet hätte, kann nur die KVO-Haftung eingreifen. Andernfalls würde der Versender durch den Selbsteintritt des Spediteurs schlechter dastehen, als wenn dieser die Beförderung an einen Frachtführer übertragen hätte. Der Selbsteintritt würde also die Rechtsstellung des Versenders verschlechtern, insbesondere die zwingende KVO-Haftpflichtversicherung, verbunden mit einer Haftung ohne Verschulden durch die verschuldensabhängige ADSp/SVS-Regelung ersetzen. Eine solche Wirkung des Selbsteintritts ist mit der Interessenwahrnehmungspflicht des Spediteurs nicht vereinbar, siehe Anm. 2 zu § 412. Entsprechendes gilt für mit der Fernbeförderung zusammenhängende Lagerung, die normalerweise vom beauftragten KVO-Frachtführer mit übernommen worden wäre.

Für Tätigkeiten, die im Falle der Beförderung durch einen dritten Frachtführer in den Aufgabenbereich des Spediteurs gehört hätten, also z. B. das Laden, soweit der Absender verladepflichtig ist (siehe § 17 KVO), muß es dagegen bei der Anwendung von Speditionsrecht bleiben. Daher wohl zutreffend OLG Stuttgart, VersR 1975, 729ff.

Anm. 3

II. Die einzelnen Tatbestände des § 33

1. Abholung und Zuführung (Buchst. a)

Hinsichtlich dieser Begriffe kann auf § 5 KVO und die dortigen Anmerkungen verwiesen werden. Soweit nach dem dort Aufgeführten kein Vor- oder Nachlauf, sondern ein Teil der vereinbarten Beförderung vorliegt, ist § 29 ohnehin anwendbar.

Siehe zur engen Auslegung des Begriffs „Vorlauf“ OLG Stuttgart, VersR 1975, 729 (730); Abgrenzung von der Spediteurtätigkeit.

Anm.4

2. Laden (Buchst. b)

Wer für Schäden beim Verladen und Entladen der Güter zu haften hat, ergibt sich grundsätzlich aus §§ 29, 17 KVO. Soweit den KVO-Frachtführer die Verladepflicht trifft, liegt die Annahme bereits vor dem Verladen. Hat der Absender zu verladen, beginnt der Haftungszeitraum erst mit dem Ende der Verladung (so für die Verladung von Tiefkühlkost zutreffend OLG Celle vom 22. 11. 1973, NJW 1974, 1095 = VersR 1974, 383 = DB 1974, 379 = WM 1974, 582. Soweit der KVO-Frachtführer die Entladung mit übernommen hat, ist die Ablieferung erst mit der Beendigung des Entladens erfolgt; siehe Anm. 11, 14 zu § 429, 3 zu § 17 KVO; dies gilt unabhängig von § 33 b KVO. Bedenklich die nicht die Entscheidung tragenden Bemerkungen im Urteil des BGH vom 18. 11. 1977, DB 1978, 293 (294). Die Bedeutung der letzteren Bestimmung betrifft dagegen die Mitwirkung des KVO-Frachtführers bei Lade- oder Entladevorgängen, die an sich vom Absender oder Empfänger vorzunehmen sind. Mindestens soweit der KVO-Frachtführer zu dieser Mitwirkung verpflichtet ist, hat er somit auch nach §§ 33 b, 29 KVO ohne Verschulden zu haften. Guelde/Willenberg Anm. 7 zu § 33 und Muth/Lehmann Anm. zu § 33 (S. 236) ist demnach nicht zuzustimmen, wenn sie die Auffassung vertreten, § 33 b enthalte keinen selbständigen

Haftungsgrund. Guelde/Willenberg unterscheiden zu Unrecht nicht zwischen einer Pflicht zur Vornahme der Ladetätigkeit und einzelnen Pflichten des Frachtführers zur Vornahme von Mitwirkungshandlungen; siehe dazu im einzelnen Anm. 3 zu § 17. Die von Guelde/Willenberg angeführte Entscheidung des OLG Düsseldorf v. 27. 4. 1955, NJW 1955, 1322 = MDR 1955, 613 = VersR 1955, 547 verneint jede Mitwirkungspflicht des KVO-Unternehmers im gegebenen Fall, kann also zur Stützung der in der Literatur vertretenen Auffassung nicht herangezogen werden.

Die Mitwirkungspflichten dürfen nicht zu eng gesehen werden; siehe ebenfalls Anm. 3ff. zu § 17 KVO. Wirkt der KVO-Frachtführer mit, ohne daß er dazu nach dem Frachtvertrag verpflichtet wäre, so ist zweifelhaft, inwieweit er dennoch nach § 33 b haftet. Die Literatur zur KVO lehnt in diesen Fällen jede Haftung ab; Guelde/Willenberg Anm. 7ff. zu § 33; Muth/Lehmann Anm. zu § 33 (S. 236); OLG Celle, VRS 10, 201 (202); OLG Düsseldorf a. a. O.; AG Osnabrück, VersR 1978, 635. § 33 b KVO stellt aber an sich nur auf die Mitwirkung als solche, nicht auf die Verpflichtung dazu ab. Angesichts der schwierigen Abgrenzung der Lade- und Entladepflichten wäre eine Haftung auch dann nicht unangemessen, wenn eine Mitwirkungspflicht des Frachtführers nicht bestand. Denn auch in diesen Fällen verläßt sich der Ladungsberechtigte vielfach auf die Sachkunde des mitwirkenden KVO-Frachtführers und seiner Leute.

Die Haftung für Umladetätigkeiten im Gewahrsam des Frachtführers ist in § 33 b ebenfalls besonders erwähnt. Die Umladung gehört jedoch in den Haftungszeitraum der KVO-Beförderung, so daß sich die Haftung ohnehin aus § 29 KVO ergäbe.

3. Beförderung mit der Eisenbahn (Buchst. c) **Anm. 5**

§ 33 c stellt klar, daß der KVO-Frachtführer auch dann nach § 29 KVO haftet, wenn er den Transport durch die Eisenbahn als Unterfrachtführer ausführen läßt. Im Verhältnis zum Absender ist die Eisenbahn dann Gehilfe i.S. des § 6 KVO. Das Rechtsverhältnis zwischen KVO-Frachtführer und Eisenbahn bestimmt sich nach §§ 453ff. HGB und der EVO. Aus § 33 c KVO läßt sich kein Schluß darauf ziehen, ob der KVO-Frachtführer sich stets der Eisenbahn als Unterfrachtführer bedienen darf. Dies wird vielmehr regelmäßig von der Art der vorzunehmenden Beförderung und des Beförderungsguts abhängen.

4. Lagerung (Buchst. d, e) **Anm. 6**

Siehe zum Verhältnis der Lagerung zur Beförderung Anm. 47 zu § 425 und 16 zu § 429 HGB; speziell zu § 33 d und e KVO: Buthke, VP 1959, 171ff. In begrenztem Umfang gehört die Verwahrung (Lagerung) von Gütern zu den Nebenpflichten des Frachtführers aus dem Frachtvertrag, wenn die Beförderung nicht sofort ausgeführt wird, das Gut nicht sofort abgeliefert wird oder eine Unterbrechung des Transportvorgangs erforderlich ist. Derartige, vom Frachtführer unter Ausnutzung der Lieferfrist eingeschaltete Lagerungsvorgänge fallen in die Zeit zwischen Annahme zur Beförderung und Ablieferung (Obhutszeit). Für Güterschäden während dieser Lagerzeit wird nach § 29 KVO gehaftet. § 33 d, e ist auf diese Fälle nicht anzuwenden. Siehe zu einem entsprechenden schiffahrtsrechtlichen Fall BGH v. 25. 6. 1973, MDR 1973, 1002 (1003): Haftung nur nach Frachtrecht bei vorübergehender Lagerung in einer Hafenschute. Zutreffend Buthke, VP 1959, 172.

Lagert der KVO-Frachtführer, der Güter „zur Beförderung" angenommen hat, diese aus eigenem Antrieb längere Zeit ein, so liegt nur eine verzögerte Ausführung des Beförderungsvertrags vor. Hier greift ebenfalls § 29 unmittelbar ein, auch wenn die Fristen des § 33 d, e überschritten sind; zutreffend Guelde/Willenberg Anm. 14 zu § 33. Voraussetzung dafür ist jedoch, daß die betreffenden Güter „zur Beförderung" angenommen (siehe Anm. 11 zu § 429) und noch nicht ausgeliefert sind. Übergibt der

Frachtführer aus eigenem Antrieb das Gut einem Dritten zur Verwahrung, so haftet er für diesen nach § 6 KVO; OLG München v. 20. 10. 1955, NJW 1955, 1930 = VersR 1955, 690 (691).

Die Auslieferung, durch die der Haftungszeitraum nach § 29 KVO beendet wird, kann auch dann vollzogen sein, wenn der Frachtführer die Güter im Einverständnis mit dem Verfügungsberechtigten einem Lagerhalter zur Einlagerung übergibt; Guelde/Willenberg Anm. 19 zu § 33. Die Wirkungen einer Auslieferung treten jedoch auch dann ein, wenn der Frachtführer selbst auf Anweisung des Verfügungsberechtigten die Güter endgültig einlagert.

In diesem Falle tritt an die Stelle der Obhut und Haftung nach Frachtrecht die Obhut und Haftung nach Lagervertragsrecht; siehe Anm. 12 zu § 429. Schließlich gilt dies auch im Falle der Einlagerung wegen Ablieferungshindernissen nach § 28 Abs. 5 KVO; siehe dazu Anm. 11 ff. zu § 28 und bei entsprechenden Verfügungen nach § 27; siehe Anm. 5 zu § 27.

Nimmt demgegenüber der KVO-Unternehmer auf Anweisung des Verfügungsberechtigten Lagertätigkeiten vor, die nicht unmittelbar mit der Beförderung zusammenhängen, so kommt zwischen ihm und dem Absender bzw. Verfügungsberechtigten ein besonderer Lagervertrag zustande, für den die KVO überhaupt nicht gelten würde. § 33 d, e erstreckt für die in ihm bestimmt begrenzten Zeiten die Haftung nach KVO auch auf diese Lagergeschäfte; siehe dazu Anm. 47 zu § 425 und 16 zu § 429 HGB.

Vorlagerung i.S. des Buchst. d liegt vor, wenn das Gut vom KVO-Frachtführer zunächst zur Lagerung mit der Absicht späterer Beförderung übernommen wird. Überschreitet die Lagerung die Dauer von 15 Tagen, so ist Lagerrecht anzuwenden.

Nachlagerung nach Buchst. d ist gegeben, wenn das Gut nach Ausführung der Beförderung aufgrund einer Anweisung des Verfügungsberechtigten eingelagert wird; siehe z. B. Anm. 4, 5 zu § 27 KVO. Auch hier gilt Lagerrecht, wenn die Zeit von 15 Tagen überschritten wird.

Zwischenlagerung i.S. des Buchst. e kommt vor allem bei Anhalteverfügungen des Absenders, ebentuell bei Vorliegen von Beförderungshindernissen nach § 28 Abs. 2 vor; OLG München, NJW 1955, 1930 = VersR 1955, 690 (691); Guelde/Willenberg Anm. 18 zu § 33.

Die KVO-Haftung gilt jedoch nur, wenn die Einlagerung „erforderlich" wird und nur, soweit sie 8 Tage nicht überschreitet. Die Bedeutung des § 33 e liegt vor allem darin, daß die Bestimmung eine zeitliche Grenze zieht und die kurze Zwischenlagerung der KVO-Haftung zuordnet. Die längere Zwischenlagerung unterfällt dagegen nicht der KVO, obwohl der Frachtvertrag noch nicht zu Ende ausgeführt ist und daher die Ablieferung noch nicht erfolgt ist.

§ 34

Ausschluß von der Ersatzpflicht

Ausgeschlossen von der Ersatzpflicht sind:

a) Schäden durch höhere Gewalt, jedoch nicht insoweit, als es sich bei den Schadenursachen um die der Straße und dem Kraftwagen eigentümlichen Gefahren handelt,

b) Schäden jeglicher Art, hervorgerufen durch Kriegsereignisse, Verfügung von hoher Hand, Wegnahme oder Beschlagnahme seitens einer staatlich anerkannten Macht,

c) Schäden, die durch Verschulden des Verfügungsberechtigten entstehen,

d) Schäden an ungemünzten und gemünzten oder sonst verarbeiteten Edelmetallen, Juwelen, Edelsteinen, Papiergeld, Wertpapieren jeder Art, Dokumenten und Urkunden,
e) Schäden an Kunstsachen, Gemälden, Skulpturen und anderen Gütern, die einen Sonderwert haben, sofern der Einzelwert den Betrag von 2500 DM übersteigt,
f) körperliche Schäden jeglicher Art, die Personen zugefügt werden,
g) Schäden an Umzugsgut durch Bruch von Glas und Porzellan, auch Schrammschäden, Politurrisse, Leimlösungen, Scheuerschäden,
h) Schäden durch Emaille-Absplitterungen,
i) Fehlmengen und Gewichtsverluste, die aus der Eigenart der betreffenden Güter entstehen,
k) innerer Verderb einschließlich Bombieren,
l) Einwirkungen von Frost und Hitze,
m) Schäden an lebenden Tieren durch Tod oder Seuchen,
n) Schäden an selbstentzündlichen und explosionsgefährlichen Gütern, soweit die Schäden aus der Selbstentzündlichkeit oder Explosionsgefahr herrühren.

Die unter g) bis n) genannten Schäden werden jedoch ersetzt, sofern sie durch Transportmittelunfälle oder Betriebsunfälle verursacht sind.

Inhaltsübersicht

Text der KVORb Anm. 1
Anm. zur KVORb Anm. 2
I. Allgemeines Anm. 3
1. Überblick
2. Nichteingreifen von Haftungsausschlüssen bei Verschulden des KVO-Frachtführers Anm. 4
3. Anwendungsbereich der Haftungsausschlüsse Anm. 5
II. Haftungsausschluß für höhere Gewalt (Buchst. a) Anm. 6
1. Definition der höheren Gewalt
2. Gefahren des Kraftwagens und der Straße Anm. 7
3. Sachliche Abgrenzung der höheren Gewalt Anm. 8
4. Unabwendbarkeit durch äußerste Sorgfalt Anm. 9
5. Beweislast Anm. 10
III. Verschulden des Verfügungsberechtigten (Buchst. c) Anm. 11
1. Allgemeines
2. Fälle des Mitverschuldens Anm. 12
IV. Spezielle Haftungsausschlüsse (§ 34 S. 1 Buchst. b, d–n) Anm. 13
1. Krieg, Verfügungen von hoher Hand, Beschlagnahme (Buchst. b)
a) Kriegsereignisse
b) Verfügungen von hoher Hand, Wegnahmen, Beschlagnahmen Anm. 14
2. Wertvolle Güter (Buchst. d, e) Anm. 15
3. Körperschäden (Buchst. f) Anm. 16
4. Umzugsgut (Buchst. g) Anm. 17
5. Emailabsplitterungen (Buchst. h) Anm. 18
6. Fehlmengen und Gewichtsverluste aus der Eigenart des Gutes (Buchst. i) Anm. 19
7. Innerer Verderb, Bombieren (Buchst. k) Anm. 20, 21
8. Frost und Hitze (Buchst. l) Anm. 22
9. Schäden an lebenden Tieren durch Tod und Seuchen (Buchst. m) Anm. 23
10. Selbstentzündliche und explosionsgefährliche Güter (Buchst. n) Anm. 24

Text der KVORb Anm. 1

§ 34 KVORb weicht von der KVO ab. Er lautet:

§ 34
Vermutung für den Verlust des Gutes, Wiederauffinden des Gutes

(1) Der Verfügungsberechtigte kann das Gut ohne weiteren Nachweis als verloren betrachten, wenn es nicht innerhalb eines Monats nach Ablauf der Lieferfrist abgeliefert oder zur Abholung bereitgestellt worden ist.

(2) Der Entschädigungsberechtigte kann bei Empfang der Entschädigung für das verlorene Gut in der Empfangsbescheinigung verlangen, daß er sofort benachrichtigt wird, wenn das Gut binnen dreier Jahre nach Zahlung der Entschädigung wieder aufgefunden wird. Hierüber ist ihm eine Bescheinigung zu erteilen. Innerhalb eines Monats nach erhaltener Nachricht vom Wiederauffinden des Gutes kann der Entschädigungsberechtigte verlangen, daß ihm das Gut nach seiner Wahl an dem im Frachtbrief angegebenen Versand- oder Bestimmungsort kostenfrei ausgeliefert wird. Die erhaltene Entschädigung hat er nach Abzug der gemäß § 35 für die Überschreitung der Lieferfrist zu gewährenden Entschädigung zurückzuzahlen.

(3) In allen anderen Fällen kann die Reichsbahn über das wieder aufgefundene Gut frei verfügen.

Anm. 2 **Anmerkung zur KVORb**

Dem § 34 KVO teilweise entsprechende Haftungsausschlüsse sind in § 30 Abs. 2 KVORb enthalten. Siehe den Text in Anm. 1 zu § 30 KVO.

I. Allgemeines

Anm. 3 **1. Überblick**

§ 34 KVO enthält eine Zusammenstellung von sehr unterschiedlichen Haftungsausschlüssen. Satz 1 Buchst. a formuliert mit der „höheren Gewalt" eine allgemein formulierte Grenze der Haftung in Form eines Hafttungsausschlusses. Die gesamte Haftung nach §§ 29, 33 und 31 Abs. 1 a, b, d KVO, die grundsätzlich als Haftung ohne Verschulden (Gewährhaftung) konzipiert ist, findet in § 34 Satz 1 a eine Grenze in der höheren Gewalt.

§ 34 S. 1c trifft ebenfalls eine allgemeine, dem § 254 BGB verwandte bzw. durch ihn ergänzte Regelung.

Die übrigen Buchstaben des § 34 S. 1 enthalten spezielle Haftungsausschlüsse, die sich auf bestimmte Schadensursachen oder Schadensarten beziehen.

Für alle Voraussetzungen des haftungsausschließenden Tatbestandes ist der KVO-Frachtführer, der sich auf diesen Tatbestand beruft, beweispflichtig. Siehe zu § 34 S. 1 Buchst. a u. c sowie zu der Frage des Anscheinsbeweises BGH v. 22. 12. 1955, VersR 1956, 84f.; BGH v. 15. 12. 1976, VersR 1977, 174 (175); zum Anscheinsbeweis ferner OLG Köln, VersR 1977, 860 (861); zu § 34 Abs. 1 k u. l: OLG Bremen, VersR 1968, 85; zu § 34 S. 1 a, c: OLG Hamburg, VersR 1954, 363 (364); Hannig, VP 1971, 221; Voigt, VP 1961, 251ff. und 268ff.

Anm. 4 **2. Nichteingreifen von Haftungsausschlüssen bei Verschulden des KVO-Frachtführers**

Die speziellen Haftungsausschlüsse entlasten den Frachtführer von der strengen Haftung ohne Verschulden. Nach ständiger Rechtsprechung des BGH greifen aber die Haftungsausschlüsse der Buchstaben k und l bei Verschulden des KVO-Frachtführers nicht ein. Für das Verschulden trägt der Ersatzberechtigte die Beweislast. Siehe zu § 34 S. 1k (innerer Verderb): BGH vom 12. 5. 1960, BGHZ 32, 297 (301f.); vom 9. 11. 1961, VersR 1961, 1110 (1111); vom 3. 10. 1963, VersR 1963, 1120 (1121); vom 10. 1. 1968, VersR 1968, 291 (292). Siehe zu § 34 Satz 1l (Frost, Hitze) ebenfalls die Entscheidung vom 12. 5. 1960 a. a. O. Zu § 34 S. 1b (Beschlagnahme) hat der BGH die Frage im Jahre 1957 noch offen gelassen; Urteil vom 4. 7. 1957, LM KraftverkehrsO Nr. 9 = VersR 1957, 570 = BB 1957, 768f. = DB 1957, 745.

Bei § 34 S. 1c (Verschulden des Verfügungsberechtigten) führt das Verschulden des KVO-Frachtführers zur Schadensteilung nach § 254 BGB; siehe die BGH-Urteile vom 21. 4. 1960, vom 26. 3. 1962 und vom 13. 12. 1968; unten Anm. 11. In der Literatur hat die Rechtsprechung des BGH inzwischen weitgehende Zustimmung gefunden; siehe Guelde/Willenberg Anm. 2 zu § 34 KVO; Wussow, VersR 1964, 1117f.; Züchner, VersR 1964, 696ff.; Buthke, VP 1958, 157ff.; dagegen früher noch KG, VersR 1959, 342 (344).

Die von der Rechtsprechung entwickelte Auslegung führt zu einer sinnvollen Risikoverteilung, wie sie in einem großen Teil des Frachtrechts durch besondere Bestimmungen verwirklicht ist; siehe dazu eingehend Helm, Haftung, S. 120ff. Jedoch müssen die einzelnen Haftungsausschlüsse des § 34 S. 1 differenziert betrachtet werden. Die Rechtsprechung, die bisher keinen generellen Grundsatz zu § 34 aufgestellt hat, ist nur begrenzt auf andere Haftungsausschlüsse ausdehnbar. Verschulden des KVO-Frachtführers führt nicht in allen Fällen zum gleichen Ergebnis seiner vollen Haftung. Für Buchst. a kommt der Rechtsgrundsatz ohnehin nicht in Betracht, da bei Verschulden des Frachtführers keine höhere Gewalt mehr vorliegt; siehe Anm. 6, 9. Bei Buchst. c (Verschulden des Verfügungsberechtigten) führt das Verschulden des Frachtführers nicht zur vollen Hoffnung, sondern zur Anwendung des § 254 BGB (siehe unten Anm. 11). Für Buchst. d, e (besonders wertvolle Güter) ist der Haftungsausschluß auch im Verschuldensfalle angebracht; siehe unten Anm. 15. Auch Buchst. f muß ohne Rücksicht auf Verschulden eingreifen; siehe Anm. 16.

3. Anwendungsbereich der Haftungsausschlüsse, insbes. § 34 S. 2 Anm. 5

Alle in § 34 S. 1 KVO aufgeführten Haftungsausschlüsse wirken gegenüber der Obhutshaftung des § 29 und gegenüber der Haftung aus § 31 KVO. Die Haftungsausschlüsse des Abs. 1 Buchst. a–f beziehen sich darüber hinaus auch auf die Haftung für Betriebs- und Transportmittelunfälle (§ 29 KVO), während sich der KVO-Frachtführer auf die Haftungsausschlüsse des § 34 S. 1 Buchst. g–n in diesen Fällen nicht berufen kann (§ 34 S. 2); Für das Vorliegen dieser Ausnahmefälle ist der Ersatzverlangende mit der Darlegung und dem Beweis belastet; KG, VersR 1959, 342 (344).

II. Haftungsausschluß für höhere Gewalt (Buchst. a) Anm. 6

1. Definition der höheren Gewalt

Der Begriff der höheren Gewalt ist gesetzlich nicht definiert. Über seine einzelnen Merkmale besteht weder international noch innerhalb Deutschlands volle Einigkeit in Rechtsprechung und Lehre. Nach der am meisten gebrauchten, dem Eisenbahnrecht entstammenden Definition ist höhere Gewalt „ein von außen her auf den (Bahn-)Betrieb einwirkendes, nicht vorhersehbares, auch durch äußerste wirtschaftlich zumutbare Sorgfalt nicht abwendbares Ereignis, das auch nicht wegen seiner Häufigkeit von dem (Bahn-)Unternehmen in Kauf genommen werden muß"; RGZ 101, 95; zur KVO: BGH v. 23. 11. 1955, VersR 1956, 84 (85); Finger Anm. 17 zu § 82 EVO; Schlegelberger/Geßler Anm. 23 zu § 454 HGB; Enneccerus-Nipperdey, S. 1351. Wohl richtiger ist es jedoch, wenn man auch vorhersehbare Ereignisse als höhere Gewalt ansieht, vorausgesetzt, daß es außerhalb der Möglichkeit lag, sie zu vermeiden oder die Entstehung der Folgen zu verhindern; so etwa Goltermann/Konow Anm. 14 zu § 82 EVO; Guelde/Willenberg Anm. 5 zu § 34 KVO. Der Passus „nicht vorhersehbar" ist auch in der neueren Rechtsprechung des BGH nicht mehr enthalten; siehe z.B. BGH vom 28. 2. 1975, NJW 1975, 1597 = LM Nr. 7 zu CMR = DB 1975, 1074 = WM 1975, 521 (522). Jedoch hat das OLG München, VersR 1978, 219, die Sturmflut im Hamburger Hafen vom Januar 1974 als vorhersehbar und daher nicht als höhere Gewalt i. S. von § 34a KVO betrachtet. Wohl eine mittlere Linie scheint der österreichische OGH im Urteil vom 16. 3. 1977, ÖJZ 1978, 101 einzunehmen („nicht zu erwarten").

Eine Haftung ist nicht gegeben, wenn die alleinige Schadensursache unstreitig oder erwiesenermaßen im Bereich höherer Gewalt lag. Wirkten neben dem als höhere Gewalt zu bezeichnenden Umstand eine schuldhafte Handlung des Frachtführers oder seiner Leute oder niederer Zufall mit schadensverursachend, so haftet der Beförderer; für den Verschuldensfall Finger Anm. 17f. zu § 82 EVO; Schlegelberger/Geßler Anm. 33f. zu § 454 HGB.

Die Haftungsgrenze des § 34a KVO ist somit gegenüber der des § 429 (vermutetes Verschulden) vorverlegt. In folgenden Bereichen, in denen nach § 429 HGB nicht gehaftet wird, ist die KVO-Haftung nicht ausgeschlossen:

1. Innerbetriebliche unverschuldete Vorgänge;
2. Außerbetriebliche Vorgänge, die wegen ihrer Häufigkeit beim Betrieb des Beförderungsgewerbes in Kauf genommen werden müssen;
3. Außerbetriebliche Vorgänge, wenn der Beförderer und seine Gehilfen zwar die verkehrsübliche, nicht aber die äußerste wirtschaftlich zumutbare Sorgfalt beobachtet haben.

Anm. 7 **2. Gefahren des Kraftwagens und der Straße**

Gehört die Schadensursache zu den der Straße und dem Kraftwagen eigentümlichen Gefahren, dann befreit sie den KVO-Frachtführer nicht von der Haftung, auch wenn sie an sich als höhere Gewalt zu qualifizieren wäre. Doch dürften eben diese Gefahren gerade wegen ihrer Häufigkeit in aller Regel in Kauf zu nehmen sein, so daß sie ohnehin nicht unter den Begriff der höheren Gewalt fallen. Insoweit kommt der Einschränkung des § 34 S. 1a nur klarstellende Bedeutung zu.

Gefahren der Straße und des Kraftwagens sind vor allem Straßenverkehrsunfälle. Nicht dazu gehören allgemeine Transportrisiken, die auch bei anderen Beförderungsmitteln auftreten, wie typische Gefahren der Erschütterung, Witterungseinflüsse, Diebstahl usw.

Anm. 8 **3. Abgrenzung der höheren Gewalt im einzelnen**

Zur höheren Gewalt gehören nicht die häufiger auftretenden Witterungseinflüsse wie Regen, Schnee, Hagel, Sturm. Für diese wird vielmehr nach § 30a KVO gehaftet; siehe Anm. 4 zu § 30 KVO. Einwirkungen von Frost und Hitze stellen an sich eine besondere Haftungsbefreiung nach § 34 S. 1l dar; siehe unten Anm. 22. Dieser Haftungsausschluß greift aber bei Betriebs- und Transportmittelunfällen nicht durch. Bei ganz außergewöhnlichen außersaisonalen Frost- und Hitzeeinwirkungen, die zu Betriebs- und Transportmittelunfällen führen, kann jedoch ausnahmsweise auch eine Haftungsbefreiung wegen höherer Gewalt eintreten.

Die wichtigste Gruppe von Ursachen, die zur höheren Gewalt zu rechnen sind, sind die Einwirkungen betriebsfremder Dritter, etwa mutwillige Beschädigungen des Kraftfahrzeugs, Terroranschläge u.ä. Häufiger im Straßenverkehr auftretende Unfälle gehören dagegen zu den typischen Gefahren der Straße.

Anm. 9 **4. Unabwendbarkeit durch äußerste Sorgfalt**

Höhere Gewalt ist ausgeschlossen, wenn die Gefahr oder ihre Folgen bei Einsatz der äußersten wirtschaftlich zumutbaren Sorgfalt hätten abgewendet werden können. Dieser Sorgfaltsmaßstab liegt weit oberhalb des allgemeinen Standards des § 276 Abs. 1 S. 2 BGB oder des § 347 HGB. Der Unternehmer muß alles technisch und wirtschaftlich Zumutbare zur Verhütung oder Abwendung des Schadens getan haben. Schon das geringste Verschulden des KVO-Frachtführers oder eines seiner Gehilfen (§ 6 KVO) schließt höhere Gewalt und damit die Haftungsbefreiung aus.

5. Beweislast Anm. 10

Der KVO-Frachtführer muß das Vorliegen aller Voraussetzungen höherer Gewalt nachweisen, also vor allem die Schadensursache, aber auch ihre Außergewöhnlichkeit, Unvorhersehbarkeit und gänzliche Unanwendbarkeit. Alle denkbaren anderen Ursachen, mit Ausnahme derjenigen, die als höhere Gewalt anzusehen sind, müssen ausgeschlossen werden; BGH v. 22. 12. 1955, VersR 1956, 84 (85). Der Beweisunterschied zur Haftung für vermutetes Verschulden besteht darin, daß der KVO-Frachtführer zu seiner Entlastung den Nachweis außerbetrieblicher, nicht wegen ihrer Häufigkeit in Kauf nehmender, auch durch die äußerste wirtschaftliche zumutbare Sorgfalt nicht vermeidbarer Umstände zu führen hat. Bei der Haftung für vermutetes Verschulden würde dagegen der Nachweis irgendeiner verschuldensfreien, auch innerbetrieblichen Schadensursache ausreichend sein. Zweifelhaft ist, ob der Geschädigte das Vorliegen einer der Straße oder dem Kraftwagen eigentümlichen Gefahr nachweisen muß, wenn an sich höhere Gewalt vorlag (so Guelde/Willenberg Anm. 58 zu § 34 KVO). Denn die Gefahren der Straße müssen eben gerade wegen ihrer Häufigkeit in Kauf genommen werden; s.o. Anm. 7.

III. Verschulden des Verfügungsberechtigten (Buchst. c) Anm. 11

1. Allgemeines

Siehe zum Überblick Anm. 24 zu § 429 HGB. Verschulden des Verfügungsberechtigten schließt die Gewährhaftung aus. Verfügungsberechtigter kann sowohl der Absender als auch der Empfänger sein; siehe § 27 KVO und die dortige Kommentierung; im Zusammenhang mit § 34 S. 1c siehe OLG Düsseldorf, NJW 1955, 1322 = VersR. 1955, 547. Der Verfügungsberechtigte muß sich – entsprechend § 254 Abs. 2 S. 2 BGB – schuldhafte Handlungen seiner Erfüllungsgehilfen anrechnen lassen. Hierfür kommt neben dem Personal des Betreffenden insbesondere in Betracht: Der mit dem Absender nicht identische Ur-Versender (z. B. wenn der Absender Spediteur ist); der mit dem Empfänger nicht identische Endempfänger (insbesondere, wenn der Empfänger Empfangsspediteur ist); ferner die mit der Verladung oder Verpackung von Verladerseite beauftragten Spezialunternehmer; selbstverständlich auch das Personal dieser Personen; siehe auch Guelde/Willenberg Anm. 24 zu § 34.

Trifft auch den KVO-Frachtführer oder dessen Gehilfen (§ 6) ein Verschulden, dann ist nach der zutreffenden Rechtsprechung des BGH der Schaden in Anwendung des § 254 BGB zu teilen; BGH v. 21. 4. 1960, BGHZ 32, 194 (301f.); im Grundsatz bestätigend BGH v. 26. 3. 1962, NJW 1962, 1059 = MDR 1962, 548 = LM KraftverkehrsO Nr. 18 = VersR 1962, 465 sowie BGH v. 13. 12. 1968, VersR 1969, 228 (229) (Verschulden des Absenders lag aber in beiden Fällen nicht vor); ferner BGH v. 20. 3. 1970, VersR 1970, 459 (460) = LM Nr. 29 zu KraftverkehrsO = MDR 1970, 567ff.; OLG Stuttgart, VRS 6, 410 (413f.).

Bei der Schadensteilung kommt es nicht auf die Schwere des Verschuldens allein an, sondern auf die gesamten Umstände. In erster Linie ist die Ursächlichkeit maßgeblich. Dies muß jedoch, da eine überwiegende Verursachung logisch nicht möglich ist, als Abwägung der typischen Gefährlichkeiten der betreffenden Sorgfaltspflichtverletzungen verstanden werden. Es kommt danach darauf an, ob die Handlungsweise der einen Partei den Schaden nicht nur ermöglicht, sondern in wesenlich höherem Maße wahrscheinlich gemacht hat, als das Verhalten der anderen (BGH v. 13. 12. 1968, VersR 1968, 228 (230); siehe zu Rechtsprechung ferner Palandt/Heinrichs Anm. 4 zu § 254 BGB.

Läßt sich hierbei kein Überwiegen feststellen, so entscheidet die Schwere des beiderseitigen Verschuldens; siehe BGH v. 21. 4. 1960, BGHZ 32, 194 (198ff.); BGH

v. 13. 12. 1968, a.a.O. Ist das Verschulden des Geschädigten im Verhältnis zum Verschulden des KVO-Frachtführers ganz gering, dann kommt eine Minderung des Schadensersatzes nicht in Betracht; OLG Oldenburg, VersR 1976, 583 (584).

Neben der Berücksichtigung des Mitverschuldens kann auch eine Haftungsbefreiung wegen solcher Umstände in Betracht kommen, die der Absender zwar nicht verschuldet, aber doch nach besonderen Vorschriften zu vertreten hat. Es handelt sich um die Fälle, in denen dem Absender seinerseits von der KVO eine Schadenshaftung ohne Verschulden auferlegt wird, z.B. bei unrichtigen Eintragungen im Frachtbrief, § 13 KVO, oder bei Mängeln und Fehlen der Begleitpapiere, § 12 Abs. 1 und 9 KVO. Hierin müssen zugleich spezielle, verschuldensunabhängige Haftungsausschlußgründe des Frachtführers gesehen werden. Im Falle des Zusammenwirkens von Verschulden des KVO-Frachtführers und derartigen Zurechnungsfällen muß der Schaden nach § 254 BGB geteilt werden. Siehe dazu Helm, Haftung S. 141; wohl auch Heuer, Die Haftung des Frachtführers nach der CMR, 1975, S. 82f. Siehe auch Anm. 4 zu Art. 11 CMR.

Anm. 12 **2. Fälle des Mitverschuldens**

Häufigster Fall des Mitverschuldens dürfte die mangelhafte Verladung durch den Absender und die mangelhafte Entladung durch den Empfänger sein. Hierbei muß beachtet werden, daß ein Verschulden des Verfügungsberechtigten auch vorliegen kann, soweit er nicht zur Verladung selbst, sondern nur zu Mitwirkungshandlungen verpflichtet ist. Andererseits kann auch, soweit der Absender oder Empfänger zu verladen oder zu entladen hat, eine Mitwirkungs- oder Sorgfaltspflicht des KVO-Frachtführers verletzt werden, was zur Schadensteilung nach § 254 führen kann. Zur Verteilung der Verlade-, Mitwirkungs- und Sorgfaltspflichten siehe die Anmerkungen zu § 17 KVO.

Aus der Rechtsprechung siehe BGH v. 21. 4. 1960, BGHZ 32, 194ff.; OLG Stuttgart, VRS 6, 410 (413f.); OLG Düsseldorf, NJW 1955, 1322 = VersR 1955, 547; OLG Hamm, VersR 1957, 125; OLG Hamburg, VersR 1967, 796ff; OLG Köln, VersR 1977, 860f. Hinweise auf unveröffentlichte landgerichtliche Rechtsprechung bei Guelde/Willenberg Anm. 20, 59 zu § 34 KVO. Zur mangelhaften Verladung durch den Absender siehe auch § 30 Abs. 2d KVORb und BGH v. 12. 4. 1967, VersR 1967, 597ff.

Die Beweislast für nicht betriebssichere Verladung trifft den KVO-Frachtführer. Anscheinsbeweise können ihm dabei gestattet werden; Guelde/Willenberg Anm. 59 zu § 34. Wenn der KVO-Frachtführer den Nachweis erbringt, daß der Fahrtverlauf „normal" war, so spricht der prima facie-Beweis für eine schuldhafte nicht beförderungssichere Verladung durch den Absender; OLG Köln, VersR 1977, 860f.

Die nicht ordnungsgemäße Erfüllung der vom Absender aufgrund besonderer Abreden übernommenen Pflicht zur Reinigung eines Tankwagens vor dem Beladen stellt ein Mitverschulden nach § 34 S. 1c KVO dar; OLG Hamburg, VersR 1975, 708. Zur mangelhaften Prüfung der Reinheit von Tankfahrzeugen siehe Voigt, VP 1964, 71.

In Betracht kommt ferner ein Verschulden des Absenders oder seiner Gehilfen beim Verpacken der Güter; siehe z.B. OLG Celle, VersR 1977, 911f. (Steinzeugformteile). Richtigerweise sollte jedoch die Frage der Folgen unzureichender Verpackung verschuldensunabhängig nach § 18 KVO beurteilt werden; siehe Anm. 6–8 zu § 18 KVO. Abzulehnen ist die Auffassung des BGH im Urt. v. 19. 11. 1959, BGHZ 31, 183 (185), aus § 34 S. 1c sei bei Verpackungsmängeln ein verschuldensunabhängiger Haftungsbefreiungsgrund abzuleiten. Die Haftungsbefreiung ergibt sich vielmehr unmittelbar aus § 18 Abs. 3 KVO; siehe Anm. 7 zu § 18. Ähnlich ist die Rechtslage bei den Schadensfolgen unrichtiger oder unzureichender Frachtbriefangaben. Auch in diesem Falle werden durch § 13 KVO alle Folgen dem Absender ohne Rücksicht auf Verschulden zugewiesen.

Daher braucht auf den verschuldensabhängigen § 34 S. 1c nicht zurückgegriffen zu werden; siehe Anm. 8 zu § 13.

Fehlende oder unrichtige Signierung kann ebenfalls als Mitverschulden des Absenders in Betracht kommen; siehe dazu § 18 Abs. 5 und Anm. 10 zu § 18. Liegt der Fehler darin, daß Signaturen und Frachtbriefangaben nicht übereinstimmen, so kann auch eine Haftungsbefreiung des KVO-Frachtführers ohne Verschulden des Absenders eingreifen.

Kein Mitverschulden des Empfängers liegt vor, wenn diesem der zu befördernde Kraftwagen ohne Schlüssel durch Abstellen auf der Straße „abgeliefert" wird und er sich weigert, den Wagen ohne Schlüssel zu übernehmen; OLG Oldenburg, VersR 1976, 583f. Ebenso wurde im Urteil des BGH v. 26. 10. 1961, VersR 1961, 1108 (1109) ein Mitverschulden des Absenders verneint, wenn eine Maschine entgegen § 19 Abs. 4 StVO befördert wurde, obwohl feststand, daß sie die im Straßenverkehr zulässige Höhe überragte und es dadurch zu einem Unfall kam.

Das OLG Düsseldorf, Urt. v. 6. 12. 1973, VersR 1975, 234f. hat in einem AGNB-Lohnfuhr-Fall die mangelhafte Reinigung des Tankwagens, die der Absender selbst gegen besondere Vergütung vorgenommen hatte, diesem nicht als Mitverschulden angerechnet und ihm hierbei das Sichberufen auf die Haftungsausschließungen im Reinigungsvertrag gestattet. Es ist aber doch zweifelhaft, ob die isolierte Betrachtung der beiden Verträge zu einem befriedigenden Ergebnis führt. Es wäre wohl vorzuziehen, in solchen Fällen dem Absender das Sichberufen auf die haftungsausschließenden Klauseln als venire contra factum proprium zu versagen.

IV. Spezielle Haftungsausschlüsse (§ 34 S. 1 Buchst. b, d–n) Anm. 13

1. Krieg, Verfügungen von hoher Hand, Beschlagnahme (Buchst. b)

a) Kriegsereignisse

Der Begriff des Kriegsereignisses entspricht dem in § 608 Abs. 1 Ziff. 2 HGB verwendeten. Siehe hierzu die Kommentare zum Seerecht des HGB (Angaben vor § 425): Schaps/Abraham, Das Seerecht, Seehandelsrecht 4. Auflage 1978, Anm. 12 zu § 608; Prüssmann, Seehandelsrecht, Anm. 2a zu § 608.

Es kommt danach nicht darauf an, ob der Krieg völkerrechtlich erklärt ist. In welchen Fällen Bürgerkrieg und bürgerkriegsähnliche Situationen unter Buchst. b fallen, ist schwer abgrenzbar. In der Regel stellen solche Ereignisse jedoch mindestens auch höhere Gewalt i. S. von Buchst. a dar.

b) Verfügungen von hoher Hand, Wegnahme, Beschlagnahmen Anm. 14

Diese Begriffe gehen unabgrenzbar ineinander über. Die Hauptanwendungsfälle lagen früher, insbesondere in den fünfziger Jahren, im Transitverkehr durch die DDR. Auf diesen Verkehr ist auch heute nicht die CMR, sondern die KVO anzuwenden; siehe Anm. 7 zu Art. 1 CMR, Anh. III nach § 452. Siehe zu den älteren Fällen BGH v. 4. 7. 1957, LM KraftverkehrsO Nr. 19 = DB 1957, 745 = BB 1957, 745 = VersR 1957, 470; dazu die Vorentscheidung OLG Hamm, VersR 1955, 689; Guelde/Willenberg Anm. 14f. zu § 34.

In allen Fällen handelt es sich um Eingriffe öffentlicher Behörden. Auf die Rechtsstaatlichkeit und Legitimiertheit des Eingriffs kommt es nicht an, da bereits die bloße Wegnahme ausreichend ist.

Im innerdeutschen Bereich können sich die Anwendungsfälle aus vielfältigen öffentlich-rechtlichen Gesetzen ergeben; so etwa aus dem Bereich des Strafrechts, des Umwelt oder Gefahrenschutzes, des Notstandsrechts usw. Rechtsprechung zu solchen Fällen liegt, soweit ersichtlich, nicht vor.

In jedem Falle ist zu prüfen, ob den KVO-Frachtführer ein Verschulden trifft; dies ist z.B. der Fall, wenn sein Verstoß gegen öffentlich-rechtliche Verpflichtungen die Beschlagnahme ausgelöst hat; siehe zu einem DDR-Transit-Fall (offenlassend) BGH v. 4. 7. 1957, a.a.O. Wird die Beschlagnahme dadurch verursacht, daß der KVO-Frachtführer die ihm vom Absender übergebenen Begleitpapiere nicht vorlegen kann, so wird seine Haftung aus § 12 Abs. 9 KVO begründet. Gegenüber dieser Haftung ist § 34 S. 1b KVO nicht anzuwenden; siehe BGH v. 1. 12. 1955 und v. 4. 7. 1957; Näheres Anm. 7 zu § 12 KVO.

Anm. 15 **2. Wertvolle Güter (Buchst. d, e)**

Siehe zur Beförderung der betreffenden Güter § 8 Abs. 2g und Anm. 4 zu § 8 KVO sowie Anm. 26 zu § 429. Als beförderte Dokumente kommen nicht der Frachtbrief und Begleitpapiere in Betracht. Siehe zu letzteren § 12 Abs. 9 KVO und dort Anm. 7f.

Kunstwerke und Kunstgegenstände unterfallen nach § 1 Nr. 2 der Freistellungs-VO zum GüKG (Anm. 2 zu § 4 KVO) nicht mehr dem GüKG und daher auch nicht der KVO. Für sie gilt, soweit nichts anderes vereinbart ist, das HGB; siehe Anm. 26 zu § 429 HGB. Was unter „Gütern, die einen Sonderwert haben“, zu verstehen ist, ist zweifelhaft. Gemeint sein kann nicht der hohe Wert eines Stücks an sich, der auch bei gewöhnlichen Handelsgütern sehr hoch sein kann, sondern ein besonders hoher Wert, der in ähnlicher Weise wie bei Kunstwerken und Kunstgegenständen besteht. Maßgeblich wird hierbei ein auf einem allgemeinen Sammler- oder Liebhaberinteresse beruhender besonderer Verkehrswert sein. Für eine Briefmarkensammlung, die insoweit als Ganzes an der Wertgrenze von 2500 DM zu messen ist, BGH v. 29. 4. 1952, VersR 1952, 281, in BGHZ 6, 145ff. nicht mit abgedruckt.

Übersteigt der Sonderwert die Grenze von 2500 DM, dann tritt nach § 34 S. 1e überhaupt keine Haftung ein. Erreicht der Sonderwert diesen Betrag nicht, so wird in den normalen Haftungsgrenzen der KVO (§ 35) gehaftet.

§ 34 S. 1d, e sollte auch bei Verschulden des Frachtführers eingreifen. Anders als bei den anderen Buchstaben des § 34 S. 1 ist der Grund für die Haftungsbefreiung bei wertvollen Gütern nicht in der typischen Schuldlosigkeit des Frachtführers zu sehen, sondern in der allgemeinen Überlegung, daß solche Gegenstände, deren Wert sie gerade der Gefahr des Diebstahls durch Gehilfen des Beförderers aussetzt und deren Bewachung aus dem Rahmen des normalen Beförderungsbetriebs fallen würde, allgemein von der Haftung ausgenommen sein soll. Die ratio legis rechtfertigt in diesem Falle zum Schutze des Unternehmers vor allem außerhalb des normalen und tariflich nicht kalkulierten Risikos die Wirksamkeit der Haftungsbefreiung auch bei Verschulden seiner Gehilfen. Aus diesem Grunde ist Züchner, Deutsche Verkehrs-Zeitung v. 14. 1. 1964, S. 4 und VersR 1964, 698 Recht zu geben, der hier einen vollständigen Haftungsausschluß annimmt; siehe hierzu auch Helm, Haftung S. 125.

Anm. 16 **3. Körperschäden (Buchst. f)**

Den KVO-Frachtführer trifft keine Gewährhaftung für Körperschäden. Dieser Haftungsausschluß ist in der KVO entgegen der Auffassung von Guelde/Willenberg Anm. 32 zu § 34 durchaus sinnvoll. Zwar betrifft die KVO nicht die Beförderung von Personen. Diese können aber immerhin infolge von Vertragsverletzungen Körperschäden erleiden, die nach § 31 Abs. 1c KVO zu ersetzen wären. § 34 S. 1f schließt diese

Haftung aus dem Beförderungsvertrag aus. Dies hat gerade auch für den Fall des Verschuldens zu gelten. Würde § 34 S. 1f im Falle nachgewiesenen Verschuldens des KVO-Frachtführers nicht gelten, so wäre die Bestimmung allerdings überflüssig.

Nach der Rechtsprechung des BGH (siehe Anm. 89 zu § 429) kommt stets eine Haftung für Körperschäden aus unerlaubter Handlung in Betracht.

4. Umzugsgut (Buchst. g) **Anm. 17**

Für die Beförderung von Umzugsgut in Spezialmöbelwagen gelten die BefBMö; siehe § 1 der VO TS Nr. 4/61 Anh. IV nach § 452. Im Güterfernverkehr mit normalen Kraftfahrzeugen ist die Beförderung von Umzugsgut nach § 39 Abs. 2 S. 1 GüKG (Anh. I nach § 452) nicht zulässig. Im Güternahverkehr gilt die KVO nicht. § 34 Abs. 1g hat daher kein Anwendungsfeld mehr. Guelde/Willenberg wollen den Haftungsausschluß für die nach § 39 Abs. 2 S. 2 nach wie vor zulässige Beförderung von einzelnen Möbeln außerhalb von Umzügen anwenden. Da die Bestimmung aber nicht vom Schaden an Möbeln, sondern an „Umzugsgut" spricht, liegt hier bereits eine analoge Anwendung vor, der bei einem Haftungsausschluß Bedenken entgegenstehen.

5. Emailabsplitterungen (Buchst. h) **Anm. 18**

Die Vorschrift ist als Haftungsausschluß eng auszulegen. Lackabsplitterungen fallen nicht darunter; Guelde/Willenberg Anm. 35 zu § 34. Für Verschulden hat der Frachtführer in jedem Fall zu haften, insbesondere, wenn durch unsachgemäßes Laden oder Beladen der Schaden verursacht wird. Der Haftungsausschluß gilt nicht bei Transportmittel- und Betriebsunfällen (§ 34 S. 2).

6. Fehlmengen und Gewichtsverluste aus der Eigenart des Gutes (Buchst. i) **Anm. 19**

Fehlmengen und Gewichtsverluste aus der Eigenart des Gutes sind vor allem solche durch Austrocknen oder Schrumpfen, in der Regel durch Verdunstung eines Teils des Wassergehalts. Für Rinnverluste dagegen wird nach § 30f. KVO gehaftet; siehe Anm. 15 zu § 30. Treten Fehlmengen oder Gewichtsverluste an derartigen Gütern auf, so kann ein Teil als Austrocknungsverlust nach § 34 S. 1i unersetzt bleiben. Es kann daneben aber auch Rinnverlust oder sonstiger Verlust vorliegen, der nicht auf der Eigenart der Güter beruht. Dieser Verlust muß vom Berechtigten nachgewiesen werden; zutreffend Guelde/Willenberg Anm. 36 zu § 34. Der Nachweis, daß der Verlust das nach den physikalischen Gegebenheiten zu Erwartende übersteigt, genügt zur Begründung der Haftung nach § 29.

7. Innerer Verderb, Bombieren (Buchst. k) **Anm. 20**

Innerer Verderb gehört zu den häufigsten Güterschäden überhaupt. Er beschränkt sich keineswegs auf Lebensmittel und Futtermittel, sondern kann auch durch Oxydieren von Metall und andere chemische oder physikalische Prozesse entstehen. Vielfach sind für ihn Klimaeinwirkungen verantwortlich; dann kann sich der Haftungsausschluß mit dem des Buchst. l überschneiden. Bombieren ist das Hervortreten der Böden von Konservendosen bei der Zersetzung des Inhalts, die mit Gasentwicklung verbunden ist; Anwendungsfall: OLG Hamburg v. 28. 2. 1952, VRS 4, 471ff. Das Bombieren ist daher nur ein äußeres Anzeichen inneren Verderbs.

Regelmäßig entsteht derartiger Verderb durch das Hinzutreten weiterer Ursachen, z.B. durch zu lange Beförderung, unzureichende Kühlung oder Belüftung, Hitze, Feuchtigkeit, direkte Sonnenbestrahlung und dergleichen. In solchen Fällen liegt „innerer" Verderb nur vor, wenn „die nächste Ursache für den Schaden die natürliche Beschaffenheit des beförderten Gegenstandes ist"; BGH v. 28. 5. 1965, VersR 1965, 755 (756) = LM KraftverkehrsO Nr. 22 = MDR 1965, 724 (725) = NJW 1965,

1593; BGH v. 10. 1. 1968, VersR 1968, 291; zu Art. 27 § 3e CIM BGH v. 14. 4. 1976, DB 1976, 2013 (2014) = MDR 1976, 906f.

Und zwar muß der Verderb durch „eigentümliche aktive und in den Gütern liegende Eigenschaften" verursacht worden sein; BGH a.a.O. in Anknüpfung an das Seeversicherungsrecht.

Voraussetzung für die Haftungsbefreiung nach Buchst. k ist nach den Urteilen des BGH a.a.O. ferner, daß der Verderb unter den Verhältnissen eintritt, denen das Gut unter den für Gut dieser Art gewöhnlichen Transportverhältnissen ausgesetzt ist. Führen dagegen nicht zu erwartende Umstände zum Verderb, so fallen diese in den Gefahrenbereich des KVO-Frachtführers; die Haftungsbefreiung tritt nicht ein. Daher kann sich der Frachtführer bei Ausfall einer Kühlanlage nicht auf den Haftungsausschluß wegen inneren Verderbs berufen; BGH v. 28. 5. 1965 a.a.O.; ähnlich OLG Bremen, VersR 1968, 85 (86) für Verderb von Frischfleisch, wobei den KVO-Frachtführer die Darstellungs- und Beweislast dafür trifft, daß der Verderb ein „innnerer" war. Zum Verderb bei Kühltransporten siehe Voigt, VP 1968, 175ff. und 189ff. Züchner, DB 1971, 513.

Beim Verderb von Frischfleisch hielt der BGH, Urt. vom 10. 1. 1968, a.a.O. die vom Absender gewählte Transportart, die keine ausreichende Belüftung zuließ, für maßgeblich. Innerer Verderb lag vor, obwohl die Temperatur für einen nach den Erkenntnissen des Veterinärwesens vorgenommenen Transport zu hoch war. Die Wahl der falschen Transportart hatte also der Absender zu vertreten; ähnlich OLG Hamburg, VersR 1970, 51 (52).

Mit dieser Rechtsprechung stimmen auch die Urteile zum Einfluß der Transportdauer auf den inneren Verderb überein. Hält der KVO-Frachtführer die Lieferfrist ein, und kommt es innerhalb dieser zum Verderb, so liegt innerer Verderb vor; der Frachtführer ist auch dann nicht ersatzpflichtig, wenn er das Gut innerhalb der Lieferfrist schneller hätte befördern können; siehe Anm. 5 zu § 31 KVO; BGH v. 8. 2. 1960, VersR 1960, 304; v. 12. 5. 1960, VersR 1960, 627 (629), in BGHZ 32, 297 nicht mit abgedruckt; v. 3. 10. 1963, VersR 1963, 1120; v. 10. 1. 1968, VersR 1968, 291 (292). Im Falle der Überschreitung der Lieferfrist kann sich die Eisenbahn nicht auf den Haftungsausschluß wegen innerem Verderbs (Art. 27 § 3e CIM) berufen, wenn der Geschädigte darlegt, daß bei Einhaltung der Lieferfrist das beförderte Fleisch nicht verdorben wäre; BGH v. 14. 4. 1976, DB 1976, 2013 (2014) = MDR 1976, 906.

Als Fälle inneren Verderbs nach § 34k wurden anerkannt: Verderb von grünen Erbsen wegen mangelhafter Belüftung (Zurückverweisung wegen Aufklärung der Schuldfrage): BGH v. 9. 11. 1961, VersR 1961, 1110 und v. 3. 10. 1963, VersR 1963, 1120 (1121); OLG Hamburg, VersR 1970, 51 Verderb von Gurken: BGH v. 12. 5. 1960, VersR 1960, 627 = BGHZ 32, 297. Verderb von Frischfleisch: BGH v. 10. 1. 1968, VersR 1968, 291ff. Verderb von Räucherfisch: OLG Stuttgart v. 28. 11. 1951, VersR 1952, 147.

Kein innerer Verderb liegt dagegen vor, wenn Eiskrem infolge nicht eingehaltener Temperatur des Kühlwagens verdirbt; BGH v. 28. 5. 1968, a.a.O. (Anm. 20).

Innerer Verderb kann auch an anderen Gütern als Lebensmitteln eintreten, z.B. durch Rosten von Blechen, die bei Verladung bereits naß waren: BGH vom 19. 11. 1959, BGHZ 31, 183ff.

Weitere Fälle siehe in Anm. 17 zu Art. 17 CMR, Anh. III nach § 452.

Anm. 22

8. Frost und Hitze (Buchst. l)

Auf Frost und Hitze als Haftungsausschließungsgründe kann sich der KVO-Frachtführer – wie bei innerem Verderb – nur berufen, soweit diese bei normalen

Beförderungsumständen Schaden verursacht haben; siehe entsprechend Anm. 20. Ist die Hitzeinwirkung dagegen nur deshalb schädlich geworden, weil die Kühlanlage des Kühlwagens nicht funktionierte, dann liegt kein Hitzeschaden vor – ebensowenig wie innerer Verderb; BGH v. 28. 5. 1965, VersR 1965, 755 (756) =NJW 1965, 1593 = LM KraftverkehrsO Nr. 22.

Hitzeschäden nach Buchst. l lagen nach der Rechtsprechung vor bei Verderb von Gurken beim Liegenbleiben eines Fahrzeugs wegen einer Betriebsstörung; BGH v. 12. 5. 1960, BGHZ 32, 297 (298); dagegen nicht wegen des Verderbs von Eiskrem bei Ausfall einer Kühlanlage; BGH v. 28. 5. 1965, a.a.O.

Ein Frostschaden soll nach dem Urteil des BGH v. 19. 11. 1959, BGHZ 31, 183ff. vorliegen, wenn Bleche rosten, die bei 6–8° C Wärme verladen sind, nachts einer Kälte von minus 8–10° C ausgesetzt sind und am nächsten Tag wieder auf plus 8–10° C erwärmt werden. Es ist jedoch zweifelhaft, inwieweit hierfür gerade der Frost und nicht der bloße Temperaturunterschied verantwortlich war.

9. Schäden an lebenden Tieren durch Tod und Seuchen (Buchst. m) **Anm. 23**

Das GüKG und damit die KVO finden nach § 4 Abs. 1 Nr. 5 GüKG auf die Beförderung von lebenden Tieren mit Ausnahme von Schlachtvieh keine Anwendung. § 34 S. 1 Buchst. m hat danach nur noch für die Beförderung von Schlachtvieh Bedeutung. Die Verletzung von Tieren bildet keinen Haftungsausschluß. Nach dem zutreffenden Urt. des OLG Hamm, VersR 1952, 164 gilt der Haftungsausschluß nur für natürlichen Tod, nicht für Tod durch mechanische Einwirkung der Beförderung oder durch Einwirkung anderer gleichzeitig beförderter Tiere. Schädigung durch Seuchen muß nicht zum Tod des Tieres geführt haben, um einen Haftungsausschluß zu begründen.

10. Selbstentzündliche und explosionsgefährliche Güter (Buchst. n) **Anm. 24**

Siehe zu den Vorschriften über gefährliche Güter Anm. 3 zu § 8 KVO. Die Aufzählung des § 8 Abs. 2 a–c ist nicht als vollständig zu betrachten; zutreffend Guelde/Willenberg Anm. 50 zu § 34. Vielmehr muß sich die Einstufung der betreffenden Güter nach dem jeweiligen Stand von Wissenschaft und Technik richten.

Ausgeschlossen ist die Haftung nur für Schäden an den selbstentzündlichen oder explosiven Gütern selbst, nicht an mitbeförderten Gütern, für die nach § 30c KVO gehaftet wird. Der Haftungsausschluß bezieht sich nur auf Schäden, die aus der explosiven oder selbstentzündlichen Natur der Güter herrührt, nicht dagegen auf Schäden aus anderen Ursachen, z.B. durch Nässe und ähnliches.

§ 35

Ersatzpflichtiger Wert

(1) Als Ersatzwert gilt bei den einzelnen Gütern der vom Verfügungsberechtigten nachzuweisende Fakturenwert zuzüglich aller Spesen und Kosten bis zum Bestimmungsort und zuzüglich des nachzuweisenden entgangenen Gewinnes bis höchstens 10 v. H. des Fakturenwertes. Vom Ersatzwert sind die durch den Schadensfall etwa ersparten Kosten abzusetzen.

(2) Bei Gütern, die keinen Fakturenwert haben oder nicht Handelsgut sind, soll im Schadensfall bei Meinungsverschiedenheiten über den Ersatzwert der Zeitwert (auch „gemeiner Wert") durch Sachverständigenverfahren ermittelt werden.

(3) Bei teilweiser Beschädigung einer Sendung wird der Schadensersatz nur für den beschädigten Teil in Höhe des festgestellten Minderwertes geleistet, der im Nicht-

einigungsfalle durch Sachverständigenverfahren zu ermitteln ist. Die Errechnung des Minderwertes hat auf Grund des tatsächlichen Schadens zu erfolgen. Dem Unternehmer steht es frei, beschädigte Güter, sofern sie nicht gemäß behördlicher Weisung vernichtet werden müssen, gegen volle Ersatzleistung zu übernehmen. Eine Verpflichtung zur Übernahme besteht jedoch nicht.

(4) Insgesamt werden je Kilogramm des in Verlust geratenen oder beschädigten Rohgewichts nicht mehr als 80 DM erstattet.

Inhaltsübersicht

Text der KVORb Anm. 1

I. Allgemeines Anm. 2
1. Grundsätzliches
2. Die Haftungsbegrenzungen des § 35 Anm. 3

II. Begrenzung auf Wertersatz Anm. 4
1. Verhältnis des § 35 Abs. 1 und 2 zu § 430 Abs. 1
2. Begriff des Fakturenwerts Anm. 5
3. Einzelheiten zum Fakturenwert Anm. 6
4. Entgangener Gewinn Anm. 7
5. Spesen und Kosten bis zum Bestimmungsort Anm. 8
6. Ersparte Kosten (§ 35 Abs. 1 S. 2 KVO) Anm. 9
7. Berechnung des Schadens nach dem Zeitwert (§ 35 Abs. 2) Anm. 10
   a) Voraussetzungen der Berechnung nach dem Zeitwert
   b) Berechnung des Zeitwertes (gemeinen Wertes); § 35 Abs. 2 Anm. 11
   c) Sachverständigenverfahren Anm. 12

III. Wertersatz bei Teilschäden (§ 35 Abs. 3) Anm. 13
1. Teilbeschädigung
2. Teilverlust Anm. 14
3. Verfahren Anm. 15
4. Übernahmerecht für beschädigte Güter (§ 35 Abs. 3 Satz 3, 4) Anm. 16

IV. Summenmäßige Begrenzung nach Rohgewicht (§ 35 Abs. 4) Anm. 17
1. Die Haftungsbeschränkung nach Gewicht im Vergleich mit ähnlichen Regelungen
2. Rohgewicht Anm. 18
3. Teilschäden Anm. 19
4. Wirkung der Haftungsbegrenzung Anm. 20

Text der KVORb

Anm. 1 § 35 KVORb weicht von der KVO ab. Er lautet:

§ 35

Höhe der Entschädigung bei Überschreitung der Lieferfrist

(1) Bei Überschreitung der Lieferfrist hat die Reichsbahn den nachgewiesenen Schaden bis zur Höhe der Fracht zu ersetzen.

(2) Bei gänzlichem Verlust des Gutes kann keine besondere Entschädigung wegen Lieferfristüberschreitung verlangt werden.

(3) Bei teilweisem Verlust ist Entschädigung für Lieferfristüberschreitung bis zur Höhe der auf den nicht verlorengegangenen Teil der Sendung entfallenden Fracht zu leisten.

(4) Bei Beschädigung tritt die Entschädigung für Lieferfristüberschreitung gegebenenfalls zu der im § 32 vorgesehenen Entschädigung hinzu.

(5) Eine höhere Entschädigung kann nur bei Angabe des Lieferwerts nach § 36 oder bei Vorsatz oder grober Fahrlässigkeit der Reichsbahn nach § 38 beansprucht werden.

(6) In keinem Fall darf beim Zusammentreffen von Lieferfristüberschreitung mit Beschädigung oder teilweisem Verlust des Gutes die Gesamtentschädigung nach (1) zuzüglich derjenigen nach § 32 (1) und (2) höher sein als die Entschädigung bei gänzlichem Verlust des Gutes

I. Allgemeines

Anm. 2

1. Grundsätzliches

§ 35 KVO beschränkt die Haftung des KVO-Frachtführers weit stärker als § 430 HGB. Siehe zur Übersicht Anm. 1 zu § 430. Da die KVO den Charakter einer Rechtsverordnung hat (siehe Anm. 2 zu § 1) handelt es sich bei den Haftungsregeln des § 35 um gesetzliche Sonderregelungen zu §§ 249ff. BGB. Die §§ 276 Abs. 2 und 278 S. 2 BGB, die für vertragliche Haftungseinschränkungen maßgeblich sind, greifen nicht ein; a. A. Guelde/Willenberg, Anm. 2, 3 zu § 35 KVO und 28 zu § 30 KVO. Die zur Begründung der Auffassung von Guelde/Willenberg herangezogene Entscheidung des OLG Köln vom 30. 4. 1957 ist nicht mehr verwertbar, da sie aus der Zeit stammt, in der die KVO noch nicht als Rechtsverordnung anerkannt war. § 35 unterliegt aus dem gleichen Grunde auch nicht der Inhaltskontrolle nach dem AGB-Gesetz (siehe Anm. 2 zu § 1 KVO). Doch kann durch analoge Anwendung des § 430 Abs. 3 der Effekt einer unbeschränkten Haftung im Falle von Vorsatz oder grober Fahrlässigkeit erreicht werden; siehe dazu Anm. 22 zu § 430; dagegen für die KVO Voigt, VP 1961, 60.

Auf Ansprüche aus unerlaubter Handlung ist § 35 KVO nach ständiger Rechtsprechung des BGH nicht anwendbar. Für die Praxis bedeutet die Anwendbarkeit der §§ 823ff. BGB eine weitgehende Möglichkeit zur (systemwidrigen) Durchbrechung der Haftungsbeschränkung; siehe Anm. 76ff. zu § 429.

§ 35 KVO ist zwingendes Recht. Die Haftungsgrenzen können nach § 26 GüKG nicht wirksam herabgesetzt werden. Auch eine Erhöhung der Haftung ist als tarifwidrige Vergünstigung nach § 22 Abs. 2 GüKG unwirksam; siehe § 26 GüKG und Anm. 3 zu § 22 GüKG, Anh. I nach § 452.

2. Die Haftungsbegrenzungen des § 35

Anm. 3

§ 35 enthält mehrere Abweichungen vom allgemeinen Schadensersatzrecht des BGB. Der vom Frachtführer geschuldete Ersatz ist stets Wertersatz und die Schadensersatzschuld daher Geldschuld; zutreffend BGH v. 27. 4. 1967, VersR 1967, 897 (898). § 37 Abs. 5 KVO regelt dies überdies ausdrücklich. Dies entspricht der Rechtslage nach dem HGB; siehe Anm. 5 zu § 430. Grundsätzlich schließt die Vorschrift (mit Ausnahme des entgangenen Gewinns bis 10% des Fakturenwerts) auch den Ersatz von mittelbaren Schäden gänzlich aus; siehe dazu Anm. 6 zu § 430. Als dritte Beschränkung ist die Begrenzung des Ersatzes durch einen in bestimmter Weise zu ermittelnden Wert zu betrachten. Auch dies entspricht grundsätzlich § 430 HGB, doch ist die Wertbestimmung nicht die gleiche. Eine vierte Haftungsbeschränkung ist die Einschränkung auf DM 80.– pro Kilogramm, die im HGB keine Parallele hat, aber ähnlich in andern Spezialbestimmungen des Frachtrechts besteht; siehe Anm. 55, 60, 68, 72ff. zu § 429. Fünftens ist auch die Regelung für Teilschäden in § 35 Abs. 3 eine besondere und zusätzliche Haftungsbegrenzung. Von den erwähnten Haftungsbegrenzungen (Wert, Gewicht, Teilschäden) ist die im konkreten Falle jeweils niedrigste ausschlaggebend.

Die Haftungsbegrenzungen nach § 35 können in gewissen Umfang durch § 32 KVO überschritten werden; siehe dazu Anm. 2 zu § 32.

II. Begrenzung auf Wertersatz

Anm.4

1. Verhältnis des § 35 Abs. 1 und 2 zu § 430 Abs. 1

§ 35 stellt ein geschlossenes System der Begrenzung auf Wertersatz dar. Primär ist die Haftung nach § 35 Abs. 1 auf den Fakturenwert zuzüglich bis zu 10% entgangenen Gewinn begrenzt. Hat das Gut keinen Fakturenwert oder ist es nicht Handelsgut, dann ist nach § 35 Abs. 2 der durch Sachverständigenverfahren festzustellende Zeitwert (gemeiner Wert) maßgeblich. Eine Lücke, zu deren Ausfüllung § 430 Abs. 1 HGB heranzuziehen wäre, enthält diese Regelung nicht. Abzulehnen ist daher die Entscheidung des OLG Hamm, VersR 1954, 94f. und die dazu ergangene Revisionsentscheidung des BGH vom 4. 11. 1955, VersR 1955, 756 (757) = LM § 430 HGB Nr. 1, auf die sich auch der BGH im Urteil vom 28. 2. 1975, VersR 1975, 658 (659) = DB 1975, 1073f. beiläufig bezieht; zustimmend zu dieser Rechtsprechung Guelde/Willenberg Anm. 11 bis 14 zu § 35 KVO; siehe auch unten Anm. 10, 13.

Das Urteil vom 4. 11. 1955 betrifft einen Fall, in dem Markenwaren vom Hersteller an ein Auslieferungslager versandt wurden und nahm den Listenpreis als „Marktpreis" zum Ausgangspunkt. Die Anwendung des § 35 Abs. 2 KVO wurde offensichtlich nur abgelehnt, um die Nachholung des unterbliebenen Sachverständigenverfahrens, das nach § 430 Abs. 1 HGB nicht vorgeschrieben ist, zu vermeiden; a. a. O. S. 757. Diese Lösung kann nicht überzeugen. Vielmehr hätte der BGH unter Zugrundelegung von § 35 Abs. 2 KVO den Zeitwert anhand des Listenpreises ermitteln und sich eher über das (im betreffenden Fall offenkundig überflüssige) Sachverständigenverfahren hinwegsetzen können. Angesichts der Veränderungen des Preisrechts und der Praxis der Preisbildung seit 1955 kommt im übrigen der Entscheidung auch praktisch keine Bedeutung mehr zu. Denn die Preisbildung wird heute nicht mehr durch allgemein anerkannte Listenpreise beherrscht.

§ 35 stellt in Gestalt des Fakturenwertes nur eine Haftungsgrenze auf, die sich am Totalverlust orientiert. Im Falle des Totalverlustes deckt sich diese Grenze mit dem zu ersetzenden Schaden. Bei Beschädigung des (gesamten) Guts ist dagegen der Schaden innerhalb der Grenzen des § 35 Abs. 1 besonders nachzuweisen. Zu ersetzen sind danach bei reparaturfähigen Sachen (d. h. wenn kein Totalschaden vorliegt – siehe dazu Anm. 3 zu § 429 HGB) die Kosten der Reparatur und der verbleibende Minderwert; BGH vom 27. 4. 1967, VersR 1967, 897 (898); OLG Düsseldorf, VersR 1973, 1163; OLG Düsseldorf, VersR 1975, 232 (234) zum Problem des Unternehmergewinns bei Instandsetzung der beschädigten Sache durch den Geschädigten selbst.

Zu ersetzen ist unstreitig der technische Minderwert. Daneben ist aber der Ersatz eines merkantilen Minderwerts nicht ausgeschlossen; Heuer, Haftung des Frachtführers nach der CMR, 1975, S. 121; a.A. Guelde/Willenberg Anm. 51f. zu § 35 mit weiteren Hinweisen. Der merkantile Minderwert ist kein ideeller, sondern ein materieller Schaden; a.A. Guelde/Willenberg a. a. O.; Züchner, VersR 1963, 619; Beitrag o. Verf. DVZ vom 25. 4. 1978, S. 7. Dies wird bei Gütern, die zum Verkauf bestimmt sind, ganz deutlich, kann aber bei anderen Gütern ebenfalls nicht anders entschieden werden. Denn der Geschädigte muß so gestellt werden, daß er in der Verwendung des Gutes freibleibt. Die KVO rechtfertigt keine gegenteilige Lösung.

Anm. 5 **2. Begriff des Fakturenwerts**

Der Fakturenwert ist der Betrag, den der Absender dem Empfänger in Rechnung stellt. § 35 Abs. 1 S. 1 stellt auf das konkrete, der Beförderung zugrundeliegende Umsatzgeschäft ab; BGH vom 28. 2. 1975, VersR 1975, 658 (659) = MDR 1975, 554 = DB 1975, 1073ff. Die Verweisung dieses Urteils auf die Entscheidung des BGH vom 4. 11. 1955, a. a. O. ist insoweit irreführend, als das letztere Urteil von einer wenig präzisen Umschreibung des Fakturenwerts ausgeht.

Kein Fakturenwert besteht demnach, wenn bezüglich der betreffenden Güter kein konkretes Umsatzgeschäft vorliegt; z. B. bei der Versendung zwischen zwei Filialen des Absenders, von einem Herstellerwerk des Absenders zu einem anderen oder an ein Auslieferungslager des Absenders; ferner bei Transporten zur Erfüllung von Mietverträgen und anderen Geschäften und selbstverständlich bei Transporten auf Grund unentgeltlicher Grundgeschäfte. So nunmehr (unter irreführender Verweisung auf das Urteil vom 4. 11. 1955) für den Fall der Versendung an ein Auslieferungslager des Herstellers BGH vom 28. 2. 1975 a.a.O.

Wenn § 35 Abs. 1 S. 1 KVO zusätzlich entgangenen Gewinn in Höhe von 10% des Fakturenwerts für ersatzpflichtig erklärt, so handelt es sich hierbei um den Weiterveräußerungsgewinn des Empfängers. Denn der Gewinn des Absenders ist im Fakturenwert bereits enthalten. Jedenfalls gilt dies für den Normalfall, in dem der Verkäufer als Absender dem Käufer als Empfänger die Güter zusendet. War der KVO-Unternehmer im Auftrag des Käufers mit der Abholung betraut, dann gilt ebenfalls die Rechnung aus dem Kaufvertrag als Maßstab des Fakturenwerts; wie hier Guelde/Willenberg Anm. 6 zu § 35 KVO; Voigt, VP 1965, 55.

Schwierigkeiten bereitet jedoch die Feststellung des Fakturenwertes, wenn dem Transport ein mehrstufiges Absatzgeschäft zugrunde liegt. Die Literatur zur KVO hat hierfür keine einheitlichen Ausgangspunkte aufzuweisen; siehe Guelde/Willenberg Anm. 7 zu § 35. In diesem Falle ist sinnvollerweise davon auszugehen, welcher der am Frachtvertrag Beteiligten geschädigt ist; zur Schadensliquidation im Drittinteresse siehe Anm. 36 zu § 429 HGB. Der Fakturenwert ist der Einkaufspreis, den der Geschädigte zu zahlen hat. Geschädigter ist, wer den Substanzschaden bzw. seinen Gegenwert zu tragen hat; auf Folgeschäden kommt es nicht an. Die Person des in dieser Weise Geschädigten muß unter Zugrundelegung der nach dem Umsatzgeschäft bestehenden Zuweisung des Transportrisikos ermittelt werden. Die Tragung dieses Risikos bestimmt sich bei der Bringschuld nach den Grundsätzen der Erfüllungsgehilfenhaftung, bei der Schickschuld nach den Regeln über die Tragung der Preisgefahr; bei der Holschuld besteht volles Käuferrisiko.

Versendet also der Verkäufer als Absender die Ware auf Weisung des Käufers an dessen Abkäufer als Empfänger, so ist – bei Annahme einer Schickschuld – der Käufer der Geschädigte (§ 447 BGB). Daher ist sein an den Verkäufer zu zahlender Einkaufspreis der Fakturenwert. Ist dagegen Holschuld vereinbart und holt der KVO-Frachtführer die Ware im Auftrag des Käufers ab, um sie unmittelbar an dessen Abkäufer als Empfänger zu bringen, dann hängt es wiederum davon ab, wer im Verhältnis Käufer (Absender) und Ankäufer (Empfänger) das Beförderungsrisiko (Preisrisiko) trägt. Dessen Einkaufspreis ist der Fakturenwert; zu diesem tritt der entgangene Gewinn bis 10% des Fakturenwertes.

3. Einzelheiten zum Fakturenwert **Anm. 6**

Fakturenwert ist der Netto-Rechnungswert ohne Mehrwertsteuer. Rabatte sind abzuziehen, Skonti dagegen nicht; Guelde/Willenberg Anm. 8 zu § 35.

Für die Ermittlung des Fakturenwertes kommt es nicht darauf an, ob der in der Faktura berechnete Preis über oder unter dem Herstellungspreis liegt. Daher hat der BGH im Urteil vom 28. 2. 1975 a. a. O. beim Verlust einer Ladung Zeitschriften den Abgabepreis des Verlags zugrunde gelegt, obwohl dieser die Kosten der Herstellung nicht deckte. Ebensowenig ist ein höherer Wiederbeschaffungspreis zu berücksichtigen; Guelde/Willenberg Anm. 10 zu § 35 KVO.

4. Entgangener Gewinn **Anm. 7**

Der Zuschlag des nachzuweisenden entgangenen Gewinns zum Fakturenwert bezieht sich auf den Gewinn, der dem Geschädigten entgangen ist. Siehe hierzu und zum Verhältnis zum Fakturenwert oben Anmerkung 5. Entgangener Gewinn entsteht nicht, wenn der Käufer einer Ware seine Abkäufer durch Ersatzlieferungen befriedigen kann und ihm daher kein Geschäft entgeht; zutreffend Guelde/Willenberg Anm. 25 zu § 35 KVO.

Anm. 8 **5. Spesen und Kosten bis zum Bestimmungsort**

Spesen und Kosten sind ebenfalls nur zu ersetzen, soweit sie dem Geschädigten entstehen. Ist z. B. die Fracht im Fakturenwert bereits enthalten, so kann sie nicht nochmals berechnet werden. Fracht, Lagerkosten und Nebengebühren sind selbstverständlich nur zu ersetzen, soweit sie der Geschädigte dem KVO-Frachtführer überhaupt schuldet. Soweit durch den Verlust der Güter der Frachtanspruch entfällt, besteht kein Ersatzanspruch.

Zu den Spesen und Kosten gehören ferner nach dem Urteil des BGH vom 13. 12. Steuern; LG und OLG Hamburg, VersR 1950, 164f.; Guelde/Willenberg Anm. 18 zu § 35 KVO mit weiteren Hinweisen. Zölle oder Steuern, die erst durch den Verlust des Gutes fällig werden, fallen nicht unter die Spesen und Kosten. Sie sind nicht ersatzfähige mittelbare Schäden; Guelde/Willenberg, a. a. O.,

Zu den Spesen und Kosten gehören ferner nach dem Urteil des BGH vom 13. 12. 1968, VersR 1968, 228 (230) auch die Kosten für die Beschaffung der nach § 37 Abs. 2 zum Schadensnachweis erforderlichen Belege.

Kosten der Verwertungsmaßnahmen beschädigter Güter sind im Rahmen des Vorteilsausgleiches nach § 35 Abs. 1 S. 2 KVO vom betreffenden anrechenbaren Vorteil wieder abzuziehen; siehe Anm. 9.

Wer die Spesen und Kosten aufgewendet hat, ist ohne Bedeutung; zutreffend OLG Hamburg a. a. O. und Guelde/Willenberg Anm. 20 zu § 35; siehe hierzu Anm. 36 zu § 429 HGB.

Anm. 9 **6. Ersparte Kosten (§ 35 Abs. 1 S. 2 KVO)**

Die Anrechnung ersparter Kosten entspricht dem bürgerlich-rechtlichen Grundsatz der Vorteilsausgleichung. Die dafür geltenden Grundsätze sind heranzuziehen. Kosten der Verwertung beschädigter Güter sind vom anzurechnenden Vorteil wieder abzuziehen; BGH vom 13. 12. 1968, VersR 1969, 228 (230).

Anm. 10 **7. Berechnung des Schadens nach dem Zeitwert (§ 35 Abs. 2)**

a) Voraussetzungen der Berechnung nach dem Zeitwert

In zwei Fallgruppen ist nicht der Fakturenwert, sondern der Zeitwert maßgeblich. Einmal für Güter, die nicht Handelsgut sind, auch wenn über sie eine Rechnung ausgestellt ist. Hierbei handelt es sich in erster Linie um nichtgewerbliche Lieferungen. Der zweite Fall betrifft „Güter, die keinen Fakturenwert haben“. Hierunter fallen nach richtiger Auffassung alle Güter, über die keine Fakturen ausgestellt sind, also insbesondere bei Lieferungen zwischen verschiedenen Niederlassungen der gleichen Person, aber auch solche, die nicht zu Verkaufszwecken, sondern zu anderen Zwecken, z. B. für Ausstellungen, zur Vermietung oder zur Verarbeitung versandt werden. Das OLG Hamm, VersR 1954, 94 (95) und ihm folgend die Revisionsentscheidung des BGH vom 4. 11. 1955, VersR 1955, 756f. = LM § 430 HGB Nr. 1 vertreten die Auffassung, die Formulierung „Güter, die keinen Fakturenwert haben“ bedeute nicht das gleiche wie „Güter, über die keine Fakturen ausgestellt sind“. Daher sei § 35 Abs. 2 so zu lesen als laute er: „Güter, die nach ihrer Natur nicht geeignet sind, fakturiert zu werden“. Diese willkürliche Uminterpretation des § 35 Abs. 2 soll zwischen den Absätzen 1 und 2 des § 35 eine Lücke aufreißen und zur Anwendung des § 430 Abs. 1 HGB führen. Sie ist jedoch als unbegründet abzulehnen; siehe auch oben Anm. 4. Zustimmend zu dieser Rechtsprechung Guelde/Willenberg Anm. 11 bis 14 zu § 35; wohl auch Muth/Lehmann Anm. zu § 35, S. 248. Dagegen Krabbe, VersR 1954, 95.

b) Berechnung des Zeitwertes (gemeinen Wertes); § 35 Abs. 2 Anm. 11

Die Ausdrücke „Zeitwert" oder „gemeiner Wert" entsprechen den in § 430 Abs. 1 HGB verwendeten. Bei Handelsgütern, die keinen Fakturenwert haben, entspricht der gemeine Wert dem „gemeinen Handelswert" des § 430 Abs. 1. Wie in § 430 Abs. 1 HGB ist in § 35 Abs. 2 KVO der Verkäuflichkeitswert zugrunde zu legen; siehe beiläufig BGH vom 28. 2. 1975, VersR 1975, 658 (659) = DB 1975, 1073f.; zutreffend Voigt, VP 1965, 55. Somit kann auf Anm. 11 zu § 430 verwiesen werden. Da in § 35 Abs. 2 KVO der Verkäuflichkeitswert in der Person des Geschädigten zugrunde gelegt wird, kann kein zusätzlich entgangener Gewinn berücksichtigt werden. Jedoch sind ersparte Kosten nach dem Grundsatz der Vorteilsausgleichung auch hier abzuziehen; siehe Anm. 13 zu § 430 HGB. Speziell zu § 35 KVO siehe BGH vom 27. 4. 1967, VersR 1967, 897 (899) (Anrechnung des Schrottwertes einer beschädigten Maschine, nicht des Teilwerts unbeschädigt gebliebener Teile).

c) Sachverständigenverfahren Anm. 12

Das in § 35 Abs. 2 vorgesehene Sachverständigenverfahren ist kein schiedsrichterliches Verfahren nach §§ 1025ff. ZPO. Es dient nur der Schadenfeststellung; der Richter ist an die Sachverständigenfeststellungen nicht gebunden. Nach zutreffender Auffassung ist das Sachverständigenverfahren nicht zwingend; insoweit entsprechend der ausdrücklichen Vorschrift des § 35 Abs. 3 S. 1. In Fällen, in denen der Wert ohne Sachverständige leicht festgestellt werden kann, ist das Sachverständigenverfahren gänzlich entbehrlich. Das Gericht kann aufgrund eigener Sachkenntnis entscheiden; zutreffend Guelde/Willenberg Anm. 37 zu § 35; siehe auch oben Anm. 4.

III. Wertersatz bei Teilschäden (§ 35 Abs. 3) Anm. 13

1. Teilbeschädigung

§ 35 Abs. 3 trifft Sonderregelungen für die Wertfeststellung im Falle einer teilweisen Beschädigung einer Sendung. Zum Fall des Teilverlustes siehe unten Anm. 14; zur Schadensberechnung bei Beschädigung überhaupt siehe oben Anm. 4.

Während § 430 HGB das Problem überproportionalen Schadens an der Sachgesamtheit der Sendung nicht regelt (siehe Anm. 17 zu § 430), beschränkt sich nach § 35 Abs. 3 KVO der Schadensersatz auf den Minderwert des beschädigten Teils der Sendung. Bei Beschädigung eines Teils der Sendung sind also die Auswirkungen dieser Schäden auf den Gesamtwert dieser Sendung nicht zu berücksichtigen. Was in diesem Zusammenhang als „Teil" anzusehen ist, wird allerdings in § 35 Abs. 3 KVO nicht genauer bestimmt. Teilweise treffen hierfür die zu § 35 Abs. 4 gemachten Ausführungen des BGH-Urteils vom 7. 5. 1969, VersR 1969, 703ff. = LM KraftVerkehrsO Nr. 25 zu. Danach kommt es (für die Berechnung der gewichtsmäßigen Haftungsgrenze) nicht auf die Verpackungseinheiten (Ballen mit Fellen), sondern auf die einzelnen Stücke (einzelne Felle) an. Trotz eingehender Begründung klärt die Entscheidung nicht vollständig, nach welchen Kriterien eine Sendung in Teile aufzugliedern ist. Möglich wäre, auf den Begriff der Teilbarkeit in § 752 BGB zurückzugehen. Dieser Begriff kann jedoch auf § 35 KVO nicht übertragen werden, weil in § 752 BGB die Teilbarkeit jede Teilung ausschließen soll, die zur Wertminderung der Sachgesamtheit führt. In § 35 KVO soll dagegen gerade in Fällen, in denen die Sachgesamtheit eine Wertminderung erleidet, diese Wertminderung vom Ersatz ausgeschlossen werden. Zweckmäßiger ist demnach von einer sachenrechtlichen Betrachtungsweise auszugehen. „Teile" einer Sendung müssen selbständige Sachen sein. Damit ist bei Beschädigung von Bestandteilen die Gesamtsache beschädigt; siehe z. B. den Fall OLG Düsseldorf, VersR 1973, 1163 (1164) (Beschädigung eines Konstruktionsteils einer Maschine); wie hier Voigt, VP 1961, 8. Siehe zu der Frage, wann eine sonderrechtsfähige Sache und wann ein Bestandteil vorliegt, die Kommentarliteratur zu § 93 BGB, insbesondere die listenmäßige Aufstellung bei Palandt/Danckelmann Anm. 7 zu § 93. Bestimmend ist danach die Verkehrsauffassung, die auch eine wirtschaftliche Betrachtungsweise zuläßt.

Zusammen verpackte Sachen sind danach ein „Teil" der Sendung, wenn sie nur zusammen handelsfähig sind (z. B. Gebinde mit Lebensmittel-Kleinpackungen; zusammengehörige Werkzeugsätze u. dgl.) Siehe zu der hiermit verwandten Frage, wann Beschädigung und wann Teilverlust vorliegt Anm. 17 zu § 430 HGB.

Anm. 14 **2. Teilverlust**

Teilverlust und Teilbeschädigung sind an sich zu unterscheiden; Anm. 17 zu § 430 HGB. Jedoch muß in § 35 KVO davon ausgegangen werden, daß beide entsprechend zu behandeln sind. Das Urteil des BGH vom 7. 5. 1969, VersR 1969, 703 = LM KraftverkehrsO Nr. 425 behandelt Teilverlust und Teilbeschädigung, die im betreffenden Fall nebeneinander vorlagen, unterschiedslos nach gleichen Grundsätzen.

Zumindest bei der summenmäßigen Haftungsbegrenzung des § 35 Abs. 4 kann der Formulierung des Textes entnommen werden, daß die Haftungsbeschränkung sich am Gewicht des verlorenen Teils orientiert. Da auch für Teilbeschädigungen die wertmäßige Haftungsbegrenzung des § 35 Abs. 3 sich nur nach dem Wert des beschädigten Teils richtet, ist für Teilverlust ebenso zu verfahren; zutreffend Muth/Lehmann Anm. zu § 35 KVO, S. 250; Voigt, VP 1961, 8. Maßgebend ist also nur der Wert des verlorenen Teils einer Sachgesamtheit. Ist dagegen ein Bestandteil einer einheitlichen Sache verloren gegangen, so liegt eine Beschädigung der Gesamtsache vor, deren Wert dann die Haftungsgrenze bildet.

Anm. 15 **3. Verfahren**

Nach § 15 Abs. 3 S. 2 ist der tatsächliche Schaden zugrunde zu legen. Die maßgebliche Methode ist also die konkrete Schadenberechnung. Im Nichteinigungsfalle ist ein Sachverständigenverfahren vorgesehen; siehe dazu oben Anm. 12.

Anm. 16 **4. Übernahmerecht für beschädigte Güter (§ 35 Abs. 3 Satz 3, 4)**

Das Übernahmerecht besteht nur bei „voller Ersatzleistung". Darunter ist nicht schon die Ersatzleistung im Rahmen der Grenzen des § 35 Abs. 4 zu verstehen, sondern die Ersatzleistung nach Maßgabe der §§ 249ff. BGB. Eine Übernahmepflicht besteht nicht; d. h., daß der Frachtführer, wenn der Empfänger trotz ordnungsgemäßer Schadensfeststellung (§ 37) die Annahme beschädigter Güter verweigert, diese Verweigerung als Ablieferungshindernis nach § 28 KVO behandeln kann; zutreffend Züchner, VersR 1963, 618ff.

Anm. 17 **IV. Summenmäßige Begrenzung nach Rohgewicht (§ 35 Abs. 4)**

1. Die Haftungsbeschränkung nach Gewicht im Vergleich mit ähnlichen Regelungen

Die Beschränkung der Haftung nach äußerlich gegebenen Merkmalen, insbesondere nach Gewicht, ist eine auch in anderen Bereichen des Frachtrechts übliche Methode der Haftungsbegrenzung. Die Haftungsgrenzen betragen pro Kilogramm: Nach Artikel 23 Abs. 2 CMR 25 Goldfranken (= etwa 22, 47 DM); nach Artikel 27 CIM 50 Goldfranken (= etwa 50.– DM); nach § 85 EVO DM 100.–; im Lufttransport nach Artikel 20 Abs. 1 WA etwa DM 53.–, nach § 45 LuftverkehrsG DM 67,50. § 54 ADSp beschränkte bisher die Haftung auf DM 1,50 pro Kilogramm. Diese Grenze ist zum 1. 10. 1978 auf DM 3,75 erhöht worden. In der Binnenschiffahrt sind noch weit niedrigere Sätze üblich. Siehe ferner § 660 HGB zum Seerecht; zum Überblick Helm, Haftung S. 146f.

Im Gegensatz zu anderen Regelungen (Art. 24 CMR; Art. 31 CIM; § 90 EVO; Art. 22 Abs. 2 S. 2 WA; § 46 Abs. 2 LuftverkehrsG) sieht die KVO keine Möglichkeit der Deklarierung eines höheren Wertes vor. Der Schutz gegen höhere Schäden kann daher bei der Güterfernbeförderung durch Kraftfahrzeuge nur durch entsprechende (Güter-) Transportversicherung erreicht werden.

2. Rohgewicht **Anm. 18**

Unter Rohgewicht ist das Bruttogewicht der Sendung (Nettogewicht plus Tara) zu verstehen; siehe insbesondere BGH vom 7. 5. 1969, VersR 1969, 703 (704) = VRS 37, 100.

3. Teilschäden **Anm. 19**

§ 35 Abs. 4 bezieht sich auf das kg „des in Verlust geratenen oder beschädigten Rohgewichts". Die Haftungsgrenze ist also nicht nach dem Gesamtgewicht der Sendung, sondern nach dem Gewicht der verlorenen oder beschädigten Teile zu berechnen. Hierbei kommt der Frage, welche Teile des Guts als beschädigte Sachen anzusehen sind, beträchtliche Bedeutung zu. Je größer die zusammengehörige Sachgesamtheit angenommen wird, desto höher wird die nach dem Gewicht bemessene Haftungsgrenze. Dagegen wird in § 35 Abs. 3 allenfalls der überproportionale Wertverlust der Sachgesamtheit von der Haftung ausgeschlossen.

Der BGH hat sich im Urteil vom 7. 5. 1969, VersR 1969, 703ff. = LM KraftverkehrsO Nr. 25 = VRS 37, 100 eingehend mit dem Problem der Bestimmung der Haftungsgrenzen des § 35 Abs. 4 bei Teilverlust und Teilbeschädigung auseinander gesetzt. Danach kommt es bei in Ballen verpackten Rohfellen nicht auf die Packungseinheit an. Maßgeblich ist vielmehr das einzelne Fell zuzüglich eines anteiligen Taragewichts. Damit ist allerdings nicht abschließend gesagt, daß nicht Packungseinheiten doch als beschädigte Teile anzusehen sind, soweit die Verkehrsanschauung in ihnen einheitliche Sachen sieht. Eine einheitliche Grenzziehung ist hierbei kaum denkbar. So ist z. B. die einzelne Zigarette mit Sicherheit nur Bestandteil der Packung, wohl auch die einzelne Packung innerhalb einer Stange mit Zigarettenschachteln. Bei großen Gebinden ist die Rechtslage zunehmend zweifelhaft.

Dem Urteil vom 7. 5. 1969 hat ein Teil der Literatur zugestimmt: Guelde/Willenberg Anm. 58 zu § 35 KVO. Dagegen haben sich ausgesprochen: Goltermann, VRS 37, 100; Roesch, VP 1977, 190ff.; derselbe, VersR 1978, 304. Neuerdings dazu wieder: Beitrag ohne Verfasserangabe, DVZ vom 14. 5. 1977.

Wird eine speziell angefertigte Maschine so beschädigt, daß sie nicht wiederherstellbar ist, so liegt Totalschaden, also Verlust vor, auch wenn einzelne Teile der Maschine nicht beschädigt sind; BGH vom 27. 4. 1967, VersR 1967, 897 (899).

Die Haftungsgrenze des § 54 a Nr. 2 ADSp muß dagegen nach dem Gesamtgewicht der Sendung berechnet werden; siehe Anm. 6 zu § 54 ADSp, Anh. I nach § 415; ferner OLG Bremen, VersR 1977, 176ff.

4. Wirkung der Haftungsbegrenzung **Anm. 20**

Die nach § 35 Abs. 4 KVO bestimmte Haftungssumme begrenzt die Schadensersatzschuld des KVO-Frachtführers. Sie stellt die oberste Grenze der Gesamtentschädigung dar. Über diese hinaus sind auch weder Kosten und Spesen noch entgangener Gewinn nach § 35 Abs. 1 zu ersetzen. Zinsansprüche können jedoch nach den allgemeinen Grundsätzen über die Verzinsung von Schulden zusätzlich geltend gemacht werden.

§ 35 Abs. 4 begrenzt auch die Vermögensschadenhaftung nach § 31 KVO mit Ausnahme des § 31 d; siehe § 36 KVO.

§ 36

Begrenzung der Ersatzpflicht

Ist auf Grund der §§ 29–34 Ersatz zu leisten, so wird in keinem Falle, und zwar auch nicht beim Zusammentreffen verschiedener Schadensursachen, mehr als für gänzlichen Verlust des Gutes ersetzt. Das gilt jedoch nicht für Schäden der in § 31 (1) d) bezeichneten Art, für die in jedem Fall Ersatz beansprucht werden kann.

Anm. 1 **Text der KVORb**

§ 36 KVORb weicht von der KVO ab. Er lautet:

§ 36

Angabe des Lieferwerts (Interesse an der Lieferung)

(1) Der Absender kann den Wert, den er der fristgemäßen Lieferung des unversehrten Gutes über den nach § 32 zu ersetzenden Wert hinaus beimißt – Lieferwert (Interesse an der Lieferung) – im Frachtbrief angeben.

(2) Der Betrag des Lieferwerts ist an der dafür vorgesehenen Stelle des Frachtbriefes in Buchstaben einzusetzen.

(3) Für die Angabe des Lieferwerts werden je angefangene 10 km $^{1}/_{10}$ vom Tausend der angegebenen Summe erhoben. Der Tarif kann einen Mindestbetrag festsetzen.

(4) Ist die Ersatzpflicht nach § 33 auf einen Höchstbetrag beschränkt, so ist eine Angabe des Lieferwerts über diesen Betrag hinaus unzulässig.

Anm. 2 **I. Rechtsnatur der Haftungsbegrenzung des § 36**

§ 36 KVO stellt für Schäden, die nicht unmittelbar die beförderten Güter betreffen, eine Begrenzung der Ersatzpflicht auf, die sich an § 35 KVO orientiert. Die Haftungsgrenze des § 36 unterscheidet sich strukturell von der des § 35. Während sich die Haftungsbegrenzung in § 35 nach dem konkreten Schaden berechnet, legt § 36 den fiktiv-abstrakt nach § 35 zu berechnenden Höchstbetrag zugrunde. In § 36 wird der gedachte Fall des Totalverlustes des Guts der Berechnung zugrunde gelegt, ohne daß überhaupt Schäden am Gut entstanden sein müßten. Der auf diese Weise berechnete Höchstbetrag der Haftung stellt dann eine rein rechnerisch ermittelte summenmäßige Haftungsbegrenzung dar.

Anm. 3 **II. Anwendungsfälle**

§ 36 erfaßt vor allem die Haftung nach § 31 Abs. 1a bis c KVO. Die Haftungsbegrenzung nach § 36 tritt in diesen Schadensfällen neben die des § 31 Abs. 2 S. 1 KVO. Dies wird vom OLG Düsseldorf, VersR 1975, 233 (234) offenbar gänzlich übersehen. Die jeweils niedrigere Grenze ist maßgeblich.

Für Schäden durch Fehler bei der Einziehung von Nachnahmen (§ 31 Abs. 1d) ist dagegen nur die in § 31 Abs. 2 S. 2 festgelegte Grenze von 5000 DM maßgeblich. Nach § 36 S. 2 unterliegt dieser Haftungsfall nicht der Begrenzung des § 36 S. 1.

Betroffen sind ferner die ersatzfähigen Kosten und Aufwendungen nach § 32, die durch § 36 in die Berechnung des Gesamtschadens einbezogen werden müssen. Siehe dazu Anm. 2 zu § 32 KVO.

Für reine Güterschäden (§§ 29, 33) ist § 36 ohne Bedeutung, weil bei diesen ohnehin die Haftungsbegrenzung des § 35 eingreift. Treffen Güterschäden mit (selbständigen) Vermögensschäden im Sinne des § 31 Abs. 1a–c zusammen, so werden die Vermögensschäden nach § 36 nur ersetzt, soweit sie sich im Rahmen der nach § 35 zu berechnenden Entschädigung für Totalverlust halten. Es muß sich aber um Schäden handeln, die im Zusammenhang mit der Beförderung „des" Gutes, also desselben Beförderungsgegenstandes entstanden sind.

§ 37

Verfahren in Schadensfällen

(1) Wird ein gänzlicher oder teilweiser Verlust oder eine Beschädigung des Gutes von dem Unternehmer entdeckt oder von dem Verfügungsberechtigten behauptet, so ist die Ursache und nach Möglichkeit der Zeitpunkt des Schadens ohne Verzug durch den Unternehmer schriftlich festzustellen.

(2) Bei Schadensersatzansprüchen sind die erforderlichen Nachweise über die Ursache und Höhe des Schadens von den Anspruchstellern zu liefern. Insbesondere ist der Frachtbrief vorzulegen. Zwecks Feststellung der Höhe des Schadens sind vorhandene Fakturen sowie Schadensrechnung und sonstige den Ersatzanspruch erweisende Belege durch den Anspruchsteller vorzulegen.

(3) Die Ersatzleistung wird nach Beibringung der vorgenannten Belege, sofern sie die Ersatzpflicht des Unternehmers erweisen, spätenstens innerhalb 14 Tagen vorgenommen.

(4) Der Verfügungsberechtigte kann das Gut ohne weiteren Nachweis als verloren betrachten, wenn es nicht innerhalb eines Monats nach Ablauf der Lieferfrist abgeliefert oder zur Abholung bereitgestellt worden ist.

(5) Der Ersatzpflichtige leistet Schadensersatz in Geld, sofern in den vorstehenden Bestimmungen nichts anderes gesagt ist.

Text der KVORb **Anm. 1**

§ 37 KVORb weicht von der KVO ab. Er lautet:

§ 37

Umfang der Haftung bei Angabe des Lieferwerts

(1) Hat der Absender im Frachtbrief den Lieferwert angegeben, so kann im Falle der Entschädigungspflicht der Reichsbahn beansprucht werden:

a) bei gänzlichem oder teilweisem Verlust oder bei Beschädigung des Gutes
  1. die Entschädigung nach § 32 oder § 33, außerdem
  2. der Ersatz des nachgewiesenen weiteren Schadens bis zur Höhe des Lieferwerts,

b) bei Überschreitung der Lieferfrist
  1. wenn nachgewiesen wird, daß ein Schaden aus der Überschreitung entstanden ist, eine Entschädigung bis zur Höhe des Lieferwerts,
  2. wenn ein Schaden aus Überschreitung der Lieferfrist nicht nachgewiesen wird:
  bei einer Fristüberschreitung bis einschl. 24 Stunden = $^1/_5$ der Fracht,
  bei einer Fristüberschreitung bis einschl. 48 Stunden = $^2/_5$ der Fracht,
  bei einer Fristüberschreitung bis einschl. 72 Stunden = $^3/_5$ der Fracht,
  bei einer Fristüberschreitung bis einschl. 96 Stunden = $^4/_5$ der Fracht,

bei einer Fristüberschreitung von längerer Dauer die ganze Fracht, jedoch nicht mehr als der Betrag des Lieferwerts.

(2) Wird nachgewiesen, daß neben einem Schaden aus Lieferfristüberschreitung ein von der Reichsbahn zu vertretender Schaden aus teilweisem Verlust oder Beschädigung entstanden ist, so kann verlangt werden:

a) die Entschädigung nach § 32 oder § 33, außerdem

b) der Ersatz des gesamten weiteren Schadens einschließlich des durch Überschreitung der Lieferfrist entstandenen Schadens bis zur Höhe des Lieferwerts.

(3) Ist der Betrag des Lieferwerts geringer als die ohne Angabe des Lieferwerts zu gewährende Entschädigung, so kann diese verlangt werden.

(4) Zur Zahlung eines höheren Entschädigungsbetrages ist die Reichsbahn nur bei Vorsatz oder grober Fahrlässigkeit nach § 38 verpflichtet.

Anm. 2

I. Überblick

§ 37 KVO enthält unterschiedliche Regelungen, die nur zum Teil verfahrensrechtlicher Natur sind. Abs. 1 regelt die Pflicht zur Schadensfeststellung. Abs. 2, 4 treffen Sonderregelungen für die Beweisführung im Schadensfalle. Abs. 3 befaßt sich mit der Fälligkeit der Schadensersatzforderung. Abs. 5 betrifft den Inhalt des Ersatzanspruchs (Geldersatz; siehe dazu Anm. 3 zu § 35 KVO. Zur Frage, wem die Ersatzansprüche zustehen, siehe Anm. 34f. zu § 429 HGB.

Anm. 3

II. Schadensfeststellung (§ 37 Abs. 1)

1. Schadensfeststellungspflicht des Unternehmers

Nach § 37 Abs. 1 trifft bei Güterschäden (Verlust oder Beschädigung; siehe Anm. 8 zu § 29 KVO) den KVO-Frachtführer die Pflicht zur Feststellung von Schadensursache und Schadenszeitpunkt, wenn er den Schaden entdeckt oder wenn der Verfügungsberechtigte (siehe die Anmerkungen zu § 27 KVO) einen Schaden behauptet. Die Feststellungspflicht besteht auch, wenn die Behauptung des Schadens durch den Verfügungsberechtigten sich als unzutreffend erweist; Guelde/Willenberg Anm. 7 zu § 37 KVO.

Die Verletzung der Feststellungspflicht führt vor allem zu einer Beweiserschwerung für den KVO-Frachtführer. Führt die Unterlassung der Schadensfeststellung dazu, daß Ursache und Zeitpunkt nicht mehr aufklärbar sind, so muß der KVO-Frachtführer die für ihn ungünstigere Möglichkeit gegen sich gelten lassen. Schadensursache und Schadenszeitpunkt können im Rahmen der Gewährhaftung nach §§ 29ff. KVO vor allem wegen der haftungsausschließenden und -beschränkenden §§ 30, 34 KVO von Bedeutung sein. Für das Vorliegen dieser Voraussetzungen trägt ohnehin der Unternehmer die Beweislast und erschwert sich den Nachweis selbst durch die Unterlassung der Schadensfeststellung. Als weitere Folge kann sich der KVO-Frachtführer auf das Erlöschen der Ansprüche wegen unbeanstandeter Annahme des Gutes durch den Empfänger (§ 39 Abs. 1) nicht berufen, wenn er selbst schuldhaft die Schadensfeststellung versäumt hat (§ 39 Abs. 2c Ziff. 2 KVO).

Anm. 4

2. Verfahren der Schadensfeststellung

Die Schadensfeststellung nach § 37 Abs. 1 KVO setzt kein besonderes Verfahren voraus. Vorgeschrieben ist nur Schriftlichkeit, nicht dagegen die Zuziehung von Sachverständigen oder Zeugen; vgl. den Fall OLG Hamburg, VersR 1967, 796 (798). Doch empfiehlt sich nach Lage des Falles im Interesse des KVO-Frachtführers eine solche Hinzuziehung. Siehe dazu Guelde/Willenberg Anm. 4 zu § 37. Im Hinblick auf die Kostentragung ist der Unternehmer grundsätzlich nicht berechtigt, aufwendige

Feststellungsmaßnahmen bei klaren und einfachen Schadensfällen zu veranlassen; siehe unten Anm. 5.

3. Kostentragung Anm. 5

Die Kosten der Schadensfeststellung, also evtl. auch der Zuziehung eines Sachverständigen, hat nach § 32 S. 2 KVO grundsätzlich der KVO-Frachtführer zu tragen. Doch sind sie, wenn der Haftungshöchstbetrag für Totalverlust für den wirklichen Schaden und die Feststellungskosten zusammen nicht ausreicht, nach § 36 wohl zu Lasten der echten Ersatzleistung in den Haftungshöchstbetrag einzubeziehen; siehe Anm. 2 zu § 32 KVO. In diesem Falle trägt praktisch der Geschädigte die Kosten. Soweit solche Kosten in überflüssiger Höhe entstanden sind (z. B. durch nicht erforderliche Hinzuziehung von Sachverständigen) kann das Sichberufen auf die Haftungsbegrenzung rechtsmißbräuchlich sein.

III. Schadensnachweis durch den Anspruchsteller

Anm. 6

§ 37 Abs. 2 geht von der auch das übrige Frachtrecht beherrschenden Regelung aus, wonach der Anspruchsteller grundsätzlich den Schadensnachweis zu führen hat; siehe Anm. 12 zu § 29 KVO. Der Geschädigte hat im Rahmen des § 29 nachzuweisen, daß Verlust oder Beschädigung vorliegen und daß diese zwischen Annahme und Ablieferung eingetreten sind; evtl. ist auch der Nachweis der Fälle des § 33 KVO erforderlich. Die genaue Schadensursache braucht bei der Haftung nach § 29 KVO nicht nachgewiesen zu werden; vielmehr kann der Frachtführer nur seinerseits durch den Nachweis der Haftungsbefreiungsgründe des § 34, evtl. auch einzelner Ziffern des § 30, sich entlasten.

Die Vorlage des Frachtbriefes, die in § 37 Abs. 2 S. 2 vorgeschrieben ist, kann durch andere Nachweise des Schadens ersetzt werden; siehe Anm. 3ff. zu § 426 HGB und Anm. 16 bis 19 zu § 16 KVO. Die Schadenshöhe nach § 35 Abs. 1 KVO ist gem. § 37 Abs. 2 S. 3 grundsätzlich durch Vorlage der Originalfaktura zu belegen; OLG Darmstadt, VersR 1969, 629 (630); BGH vom 1. 2. 1968, NJW 1968, 836 (837) = VersR 1968, 289 (290) (zur KVO-Versicherung).

Können aus sachlichen Gründen diese Originaldokumente nicht vorgelegt werden, so kann auch auf andere Weise der Beweis für den Fakturenwert erbracht werden; siehe zur EVO Goltermann/Krien Anm. 6, 7 zu § 95.

Die Kosten für die Beschaffung der nach § 35 Abs. 2 erforderlichen Nachweise sind im Rahmen der Kosten nach § 35 Abs. 1 ersatzfähig; BGH vom 13. 12. 1968, VersR 1969, 228 (230).

IV. Fälligkeit des Ersatzanspruches (§ 37 Abs. 3)

Anm. 7

Schadensersatzansprüche aus Vertrag sind grundsätzlich vom Augenblick ihrer Entstehung an fällig (§ 271 BGB). Durch § 37 Abs. 3 KVO wird die Fälligkeit der Ansprüche hinausgeschoben; Guelde/Willenberg Anm. 13 zu § 37. Die 14-Tage-Frist wird im Falle der Unmöglichkeit der Vorlage der Beweispapiere mit der Vorlage der Ersatzbeweise zu laufen beginnen.

V. Nachweis des Verlustes (§ 37 Abs. 4)

Anm. 8

§ 37 Abs. 4 KVO erleichtert dem Verfügungsberechtigten den Nachweis des Verlustes. Er braucht nur nachzuweisen, daß seit Ablauf der Lieferfrist (§ 26) ein Monat vergangen ist, ohne daß das Frachtgut abgeliefert oder zur Abholung bereitgestellt ist. Siehe auch Anm. 4 zu § 429 HGB.

§ 38

Versicherung

Gemäß § 10 (1) Ziff. 4 des Gesetzes über den Güterfernverkehr mit Kraftfahrzeugen vom 26. Juni 1935 sind die beförderten Güter gegen Schäden im Umfange der vorstehend übernommenen Ersatzpflicht der Unternehmer durch den RKB versichert.

Den Versicherern steht das Recht zu, bei der Schadensfeststellung durch ihre Abwicklungsstelle mitzuwirken.

Der Unternehmer ist berechtigt und auf Verlangen des Verfügungsberechtigten verpflichtet, die ihm aus der Versicherung zustehenden Rechte an den Verfügungsberechtigten abzutreten.

Inhaltsübersicht

Text der KVORb Anm. 1
I. Überblick Anm. 1
II. Rechtsnatur und Rechtsgrundlagen der KVO-Haftpflichtversicherung Anm. 3
III. Der Deckungsumfang der KVO-Haftpflichtversicherung Anm. 4
1. Die nach § 27 Abs. 1 GüKG erforderliche Deckung
2. Die tatsächlich in der KVO-Versicherung übliche Deckung Anm. 5
IV. Mitwirkung des Versicherers bei der Schadensfeststellung (§ 38 Abs. 2 KVO) Anm. 6
V. Geltendmachung der Versicherungsansprüche durch KVO-Frachtführer und Geschädigten **Anm. 7**

Anm. 1 **Text der KVORb**

§ 38 KVORb weicht von der KVO ab. Er lautet:

§ 38

Haftung bei Vorsatz oder grober Fahrlässigkeit

Ist in den Fällen der §§ 32, 33, 35 und 37 der Schaden durch Vorsatz oder grobe Fahrlässigkeit der Reichsbahn herbeigeführt, so ist der nachgewiesene volle Schaden jeweils bis zum Doppelten der in diesen Vorschriften vorgesehenen Höchstbeträge zu ersetzen.

I. Überblick

Anm. 2 **Literatur:**

Heuer in Guelde/Willenberg, Anm. zu § 38 KVO; Literaturangaben dort vor Anm. 1 und in Anm. 31; Willenberg, ZVersWiss 1974, 179ff.; Heim, VP 1957, 37; Buthke, VP 1959, 82f.; Roesch, VP 1964, 49ff.; derselbe, VersR 1977, 891ff.; Johannsen, VersR 1978, 108ff.

Siehe zum Überblick über die für den Frachtvertrag bedeutsamen Versicherungen Anm. 100ff. zu § 429 HGB.

§ 38 Abs. 1 KVO ist durch § 104 Abs. 2 GüKG aufgehoben; BGH vom 19. 11. 1959, VersR 1960, 30 (32), in BGHZ 31, 183 nicht abgedruckt. An die Stelle der Versicherung „durch den RKB" ist die durch den KVO-Unternehmer nach § 27 Abs. 1 GüKG abzuschließende KVO-Haftpflichtversicherung getreten.

Anm. 3 **II. Rechtsnatur und Rechtsgrundlagen der KVO-Haftpflichtversicherung**

Die KVO-Versicherung ist – heute unstreitig – eine echte Haftpflichtversicherung; BGH vom 22. 1. 1959, VersR 1959, 342; vom 7. 12. 1961, VersR 1962, 129;

vom 12. 3. 1975, VersR 1975, 655 = MDR 1975, 563f.; vom 15. 12. 1976, BGHZ 68, 18 = VersR 1977, 174; OLG Hamm, VersR 1978, 80 (81). Zur älteren Rechtsprechung und Literatur siehe Heuer in Guelde/Willenberg Anm. 3 zu § 38 KVO. Die KVO-Versicherung unterliegt daher den Vorschriften der §§ 149ff. VVG. Da sie eine Pflichtversicherung ist, sind auf sie auch die zugunsten der Geschädigten erlassenen Sonderbestimmungen der §§ 158b VVG anzuwenden. Siehe zu einem Anwendungsfall des § 158c VVG: BGH vom 24. 3. 1976, VersR 1976, 480ff.

Dagegen sind die AHB nicht anwendbar, da sie weder speziell noch in den üblichen KVO-Policen durch Bezugnahme vereinbart werden. Die Bedingungen der KVO-Versicherung gehören auch nicht zu den „besonderen Bedingungen" zu den AHB. Die KVO-Versicherung steht wegen der Unterschiedlichkeit der versicherten Risiken zur Güterversicherung nicht im Verhältnis einer Doppelversicherung; BGH vom 7. 12. 1961, VersR 1962, 129f.

Die KVO-Haftpflichtversicherung wird in der Praxis aufgrund unterschiedlicher Policen gedeckt. Siehe dazu Anm. 103 zu § 429 HGB.

III. Der Deckungsumfang der KVO-Haftpflichtversicherung Anm. 4

1. Die nach § 27 Abs. 1 GüKG erforderliche Deckung

Nach § 27 Abs. 1 GüKG muß die KVO-Haftpflichtversicherung die Haftung für alle Schäden, für die der Unternehmer „nach den Beförderungsbedingungen" haftet, decken. Demnach ist nur die in der KVO vorgesehene Haftung versicherungspflichtig; diese aber auch in vollem Umfang. Die Versicherungspflicht will keine über die KVO hinausgehenden neuen Ansprüche für den Geschädigten schaffen; BGH vom 19. 11. 1959, VersR 1960, 30 (32) in BGHZ 31, 183 nicht mit abgedruckt. Sie ist auch nicht auf Güterschäden beschränkt. Daher ist die Bezeichnung der KVO-Versicherung als „Güterschadenshaftpflichtversicherung", z. B. bei Züchner, VersR 1969, 684f. irreführend.

Nicht erforderlich ist die Deckung der mit der KVO-Haftung konkurrierenden Haftung aus unerlaubter Handlung; Heuer in Guelde/Willenberg Anm. 5 zu § 38 KVO (das dort zitierte Urteil des BGH vom 19. 11. 1959 betrifft nicht die Haftung aus unerlaubter Handlung). Auch die Haftung des Personals des KVO-Frachtführers ist nicht deckungspflichtig; Voigt, VersR 1972, 1006. Ebensowenig braucht die Haftung aus besonderen Zusagen des KVO-Unternehmers versichert zu werden; siehe BGH vom 19. 11. 1959, VersR 1960, 30 (32), in BGHZ 31, 183 nicht abgedruckt. Eine solche erweiterte Haftung wäre übrigens als tarifwidrige Vergünstigung nach § 22 GüKG unwirksam; siehe dazu Anm. 3 zu § 22 GüKG, Anh. I nach § 452.

Problematisch ist, ob § 27 Abs. 1 GüKG auch die Deckung der Versicherung für vorsätzliche Schädigungen durch den KVO-Unternehmer verlangt. § 152 VVG, der auf die KVO-Haftpflichtversicherung grundsätzlich anwendbar ist, schließt eine solche Deckung an sich gesetzlich aus. Die Bestimmung ist jedoch abdingbar; siehe Johannsen in Bruck/Möller, VVG Band IV, 8. Aufl. 1970, Anm. D 220ff. zu §§ 149–148a VVG; Prölss/Martin, VVG, 21. Aufl. 1977, Anm. 3 zu § 152. Zwar bestehen grundsätzliche Bedenken gegen die Versicherung vorsätzlicher Schädigungen in der Haftpflichtversicherung; siehe Johannsen, a.a.O. Andererseits erfordert die Sicherstellung des geschädigten Dritten in der Pflichthaftpflichtversicherung, daß auch Vorsatzfälle mit in die Versicherung eingeschlossen sind. § 27 Abs. 1 GüKG ist insoweit unmißverständlich formuliert, als er die Deckung „aller" Schäden, für die nach KVO gehaftet wird, in die Pflichthaftpflichtversicherung vorschreibt. Ob eine Versicherung, für die § 152 VVG nicht abbedungen ist, dem § 27 Abs. 1 GüKG genügen würde, ist zweifelhaft. Denn diese Versicherung würde der Intention des § 27 Abs. 1 insoweit entgegenlaufen, als gerade für den besonders schwerwiegenden Fall des Vorsatzes dem Partner des Frachtvertrags die Versicherungspflicht nichts nützen würde. Jedenfalls gilt dies, wenn man entsprechend der zu § 158c VVG unbestrittenen Auffassung den gesetzlichen Leistungsausschluß wegen Vorsatzes nicht unter § 158c Abs. 1 VVG fallen läßt; sieht Heuer in Guelde/Willenberg Anm. 11 zu § 38 KVO; allgemein zu §§ 158c siehe Bronisch/Starke/Sasse, VVG, Anm. 3 und 5 zu § 158c; Prölss/Martin, VVG, Anm. 9 zu § 158c. Zu § 158c VVG vor Inkrafttreten des § 3 PflichtVersG siehe OLG Köln, VersR 1960, 410; OLG München, VersR 1960, 54; zur vorsätzlichen Anmeldepflicht beim primär leistungspflichtigen Versicherer nach § 158c VVG siehe BGH vom 18. 12. 1970, VersR 1971, 238 (239).

Willenberg, ZVersWiss 1974, 186 will den Leistungsausschluß wegen Vorsatzes im Verhältnis zum Geschädigten nach § 158c VVG nicht eingreifen lassen. Ein ähnliches Ergebnis läßt sich in der Praxis durch eine Interpretation der üblichen KVO-Policen ebenfalls erreichen. Danach ist die Haftung für Vorsatz in den Deckungsbereich der Versicherung gegenüber dem Geschädigten einzubeziehen; siehe unten Anm. 5.

Nicht ausreichend ist eine Versicherung mit Ausschluß des Versicherungsschutzes für grobe Fahrlässigkeit. Durch eine solche KVO-Haftpflichtversicherung werden Schäden, die nach § 27 Abs. 1 GüKG deckungspflichtig sind, dem Versicherungsschutz vertraglich entzogen. Würde man diese Klausel nicht im Sinne einer Unwirksamkeit gegenüber dem Dritten (§ 158c Abs. 1 VVG) interpretieren, so würde der Versicherungsvertrag freiwillig so gestaltet sein, daß er den Anforderungen des § 27 Abs. 1 GüKG nicht mehr genügt. Unklar Heuer in Guelde/Willenberg, KVO. In Anm. 7 spricht er sich für die Zuverlässigkeit eines Leistungsausschlusses für grobe Fahrlässigkeit des Unternehmers selbst aus, in Anlehnung an Buthke, VP 1959, 88 und Heim, VP 1957, 37. In Anm. 9 sieht er dann allerdings den Leistungsausschluß für grobe Fahrlässigkeit von Gehilfen als den § 27 GüKG nicht entsprechend an. Für die Ausschließbarkeit grober Fahrlässigkeit auch Willenberg, ZVersWiss 1974, 186.

Anm. 5 **2. Die tatsächlich in der KVO-Versicherung übliche Deckung**

Tatsächlich decken die meisten der in der KVO-Versicherung üblichen Policen nur die Haftung nach der KVO. Ansprüche aus unerlaubter Handlung sind in der Regel nicht einbezogen, wenn sie auch in der Praxis häufig mit reguliert werden; siehe aber Anm. 102 zu § 429 HGB. Auch die persönliche Haftung des Personals des KVO-Frachtführers ist nicht mit gedeckt; siehe dazu Voigt, VP 1960, 183 und VersR 1972, 1006.

Fraglich ist, ob die KVO-Haftpflichtversicherung nach den üblichen Policen die Haftung für Vorsatz des KVO-Unternehmers deckt. Die üblichen Versicherungsbedingungen schließen die Ansprüche wegen Vorsatzes und grober Fahrlässigkeit des Unternehmers aus, ebenso teilweise in den Fällen des Vorsatzes und grober Fahrlässigkeit nicht ordnungsgemäß ausgesuchter und überwachter Gehilfen. Gleichzeitig verweisen die Policen in unterschiedlich deutlicher Formulierung wiederum auf § 158c VVG, wonach die Leistungsfreiheit nicht zu Lasten des Geschädigten gehen kann. Insgesamt gestatten die Formulierungen die Auslegung, daß der Versicherer, falls der Geschädigte ihn belangt (siehe dazu unten Anm. 7) sich nicht auf die Leistungsfreiheit wegen Vorsatz und grober Fahrlässigkeit berufen darf. So wohl auch Heuer in Guelde/Willenberg Anm. 11 zu § 38 KVO. Praktisch bedeutet dies die volle Sicherstellung des Geschädigten und zum Ausgleich die Gewährung eines Regresses des KVO-Haftpflichtversicherers gegen den versicherten Unternehmer in den betreffenden Fällen des Vorsatzes und der groben Fahrlässigkeit. Diese Auslegung entspricht auch den Absichten der Parteien des KVO-Haftpflichtversicherungsvertrags, die zur Erlangung der Genehmigung eine den Anforderungen des § 27 Abs. 1 GüKG entsprechende Versicherung vereinbaren wollen. Die hier vorgeschlagene Auslegung entspricht methodisch dem vom BGH im Urteil vom 12. 3. 1975, VersR 1975, 655 (656f.) im Hinblick auf § 38 Abs. 3 KVO angewandten Verfahren, gesetzliche Bestimmungen interpretativ in den Inhalt des Versicherungsvertrages einzubeziehen; siehe dazu unten Anm. 7. Demnach ist davon auszugehen, daß der Versicherungsschutz nach der KVO-Haftpflichtversicherung auch vorsätzlich und grobfahrlässig durch den Unternehmer verursachte Schäden umfaßt; wie hier im Ergebnis LG Hamburg, VersR 1953, 25; anderer Ansicht mit weiteren Hinweisen Heuer in Guelde/Willenberg Anm. 6ff., insbesondere Anm. 11 zu § 38 KVO; Willenberg, ZVersWiss 1974, 186.

Allerdings ist diese Haftung des KVO-Haftpflichtversicherers subsidiär gegenüber der eventuell bestehenden Transportversicherung (§ 158c Abs. 4 VVG). Der Transportversicherer hat daher, wenn er den Geschädigten befriedigt, nur Regreßansprüche gegen den KVO-Frachtführer selbst. Er kann sich dagegen nicht an den KVO-Haftpflichtversicherer halten.

Siehe zur tarifrechtlichen Unzulässigkeit einer Erweiterung von Haftungspflichten und KVO-Versicherung zugunsten des Kunden Heuer in Guelde/Willenberg Anm. 13 zu § 38.

IV. Mitwirkung des Versicherers bei der Schadensfeststellung (§ 38 Abs. 2 KVO) Anm. 6

Das Recht zur Mitwirkung des KVO-Versicherers bei der Schadensfeststellung (§ 37 KVO) ist durch § 38 Abs. 2 KVO im Frachtvertrag verankert. Der Anspruchsberechtigte hat daher gegenüber dem KVO-Versicherer die gleichen Mitwirkungspflichten, wie sie sich aus § 37 gegenüber dem KVO-Frachtführer ergeben. Siehe zutreffend und eingehend Heuer in Guelde/Willenberg Anm. 16 zu § 38 KVO. Der KVO-Versicherer erhält durch § 38 Abs. 2 KVO die Stellung eines durch den Frachtvertrag begünstigten Dritten im Sinne von § 328 BGB.

V. Geltendmachung der Versicherungsansprüche durch KVO-Frachtführer und Geschädigten Anm. 7

Die KVO-Versicherung begünstigt als echte Haftpflichtversicherung den Geschädigten nicht unmittelbar, sondern gewährt grundsätzlich nur dem KVO-Unternehmer einen Anspruch auf die Befriedigung begründeter und die Abwehr unbegründeter Schadensersatzansprüche, die gegen ihn erhoben werden. Nach dem die Haftpflichtversicherung beherrschenden „Trennungsprinzip" muß grundsätzlich die Frage der Haftpflicht im Haftpflichtprozeß zwischen Geschädigtem und KVO-Frachtführer und die Frage der Versicherungsdeckung im Prozeß zwischen KVO-Frachtführer und KVO-Versicherer entschieden werden.

Ersetzt der KVO-Versicherer dem Geschädigten den Schaden, insbesondere im Hinblick auf § 158c VVG, so kann er gegen den KVO-Frachtführer als Versicherungsnehmer Rückgriff nehmen, wenn er diesem gegenüber nicht zur Deckung verpflichtet war. Dazu siehe BGB vom 10. 11. 1966, VersR 1967, 53ff. und vom 24. 3. 1976, VersR 1976, 480ff. Leistet der Versicherer, ohne nach § 158c VVG verpflichtet zu sein, an den Geschädigten, so kann sich sein Regreßanspruch gegen den KVO-Frachtführer aus § 812 BGB ergeben. BGH vom 24. 3. 1976, a.a.O., S. 481.

Befriedigt der KVO-Frachtführer den Geschädigten, so verwandelt sich sein Anspruch auf Versicherungsleistung in einen Zahlungsanspruch gegen den KVO-Versicherer. Im KVO-Versicherungsvertrag enthaltene Anerkenntnisverbote sind nicht ohne weiteres gültig, da § 154 Abs. 2 VVG zwingend gilt; BGH vom 1. 2. 1968, VersR 1968, 289 (290) und vom 15. 12. 1976, VersR 1977, 174ff.; OLG Hamm, VersR 1978, 80 (81); siehe ferner zu diesem Problemkreis OLG Hamm, VersR 1976, 749.

Nach § 38 Abs. 3 KVO hat der KVO-Frachtführer dem Geschädigten seine Ansprüche gegen den KVO-Versicherer abzutreten. Nach der Rechtsprechung des BGH (Urteil vom 1. 12. 1955, VersR 1956, 31 und nunmehr ausführlich vom 12. 3. 1975, VersR 1975, 655 = DB 1975, 1021 = MDR 1975, 563; zustimmend OLG Hamm, VersR 1978, 80 (82)) erlangt der Geschädigte durch diese Abtretung Zahlungsansprüche gegen den KVO-Versicherer. Der abzutretende Anspruch richtet sich auf Befreiung von einer Verbindlichkeit (nämlich von der Schadensersatzpflicht nach KVO). Bei Abtretung an den Gläubiger der betreffenden Verbindlichkeit verwandelt sich ein Schuldbefreiungsanspruch nach allgemeiner Auffassung in einen Zahlungsanspruch des Geschädigten gegen den zur Befreiung Verpflichteten. Daher kann der Geschädigte in diesen Fällen den KVO-Haftpflichtversicherer nach Abtretung unmittelbar auf Schadensersatz verklagen. Siehe zum Schuldbefreiungsanspruch Gerhardt, Der Befreiungsanspruch, 1966.

Die Anwendung dieser Grundsätze auf den Fall des § 38 Abs. 3 KVO wurde zunächst von Johannsen, in Bruck/Möller, VVG Anm. B 53 zu § 149–158a vertreten. Dagegen geäußert hat sich Willenberg, ZVersWiss 1974, 188; Heuer in Guelde/Willenberg Anm. 18 zu § 38 KVO; Roesch, VP 1964, 54; OLG Düsseldorf, VersR 1957, 579. Der BGH hat jedoch die Verwandlung des Befreiungsanspruchs in einen Zahlungsanspruch im Urteil vom 12. 3. 1975, VersR 1975, 655 ausdrücklich bejaht. Er hat hierzu insbesondere auf § 38 Abs. 3 KVO Bezug genommen. Die von der KVO ausdrücklich vorgesehene Abtretung der Versicherungsansprüche ist auch im Rahmen des KVO-Versicherungsvertrags zu berücksichtigen.

Die Literatur ist der nunmehr bestätigten BGH-Rechtsprechung teilweise gefolgt; siehe Johannsen, VersR 1978, 108ff. Insbesondere von Roesch (VersR 1977, 891) wurden jedoch Bedenken geltend gemacht, die vor allem die Abtretungslösung mit dem Trennungsprinzip für unvereinbar halten. Unzutreffend ist zunächst die Behauptung von Roesch, der Befreiungsanspruch könne sich erst dann in einen Leistungsanspruch verwandeln, wenn die Ersatzpflicht des KVO-Frachtführers festgestellt sei. Der Feststellung der Haftung im Haftpflichtprozeß kommt nur prozeßrechtliche Bedeutung zu. Besteht der Schadensersatzanspruch des Geschädigten gegen den KVO-Frachtführer, so kann dieser – materiell gesehen – auch Schuldbefreiung von seinem Versicherer verlangen. Ein grundsätzlich abtretbarer Schuldbefreiungsanspruch besteht daher in diesem Fall von Anfang an. Ein weiteres Argument von Roesch, S. 893, kann ebensowenig überzeugen. Danach könne § 38 Abs. 3 KVO das Abtretungsverbot des § 7 Nr. 3 AHB nicht verdrängen. Zwar bezieht sich hiermit Roesch auf einen Ansatz im Urteil des BGH vom 12. 3. 1975, wo ausgeführt ist, § 7 Nr. 3 AHB werde durch § 38 Abs. 3 KVO verdrängt. Dieser Ansatz ist jedoch von Anfang an unzutreffend. Die AHB gelten als allgemeine Versicherungsbedingungen nur kraft Vereinbarung. Sie sind für KVO-Versicherungsverträge nicht maßgeblich. § 7 Nr. 3 AHB kann daher auch nicht durch § 38 Abs. 3 KVO verdrängt werden. Allenfalls könnte man sagen, das Trennungsprinzip sei ein allgemeines Rechtsprinzip und habe in § 7 Nr. 3 AHB nur repräsentativ seinen Ausdruck gefunden. Diese Argumentation ist jedoch im Hinblick auf den Direktanspruch nach § 3 PflichtVersG kaum haltbar. Im Ergebnis ist daher der Rechtsprechung des BGH zuzustimmen, nach der im Falle der Abtretung der Geschädigte unmittelbar gegen den KVO-Versicherer klagen kann. Die Zulassung dieser Klage entspricht auch den Grundsätzen der Prozeßökonomie.

VII. Erlöschen und Verjährung der Ansprüche aus dem Beförderungsvertrag

§ 39 *[= § 40 KVO der RB.]*

(1) Mit der Annahme des Gutes durch den Empfänger sind alle Ansprüche *[gegen die Reichsbahn]* **aus dem Beförderungsvertrag erloschen.**

(2) Hiervon sind ausgenommen:

a) Entschädigungsansprüche für Schäden, die durch Vorsatz oder grobe Fahrlässigkeit des Unternehmers *[der Reichsbahn]* **herbeigeführt sind;**

b) Entschädigungsansprüche wegen Lieferfristüberschreitung, wenn sie innerhalb eines Monats, den Tag der Annahme durch den Empfänger nicht mitgerechnet, beim Unternehmer *[bei der Reichsbahn]* **schriftlich angebracht werden;**

c) Entschädigungsansprüche wegen teilweisen Verlustes oder wegen Beschädigung:

1. wenn der teilweise Verlust oder die Beschädigung vor der Auslieferung des Gutes nach § 37 *[nach § 29]* **festgestellt worden ist;**

2. wenn die Feststellung, soweit sie nach § 37 *[nach § 29]* **hätte erfolgen müssen, schuldhaft unterblieben ist;**

3. wenn eine Ladung nach § 27 neu aufgegeben und der teilweise Verlust oder die Beschädigung erst bei der Ablieferung an den letzten Empfänger festgestellt worden ist;

d) Entschädigungsansprüche aus solchen Schäden, die bei der Annahme des Gutes durch den Empfänger äußerlich nicht erkennbar waren, jedoch nur unter folgenden Voraussetzungen:

1. daß der Empfänger unverzüglich nach der Entdeckung des Schadens, spätestens aber binnen einer Woche nach der Annahme des Gutes schriftlich durch ihn die Feststellung des Schadens beantragt und

2. daß er beweist, daß der Schaden in der Zeit, in der sich das Gut im Gewahrsam des Unternehmers oder eines von ihm Beauftragten befand *[in der Zeit zwischen Annahme zur Beförderung und Ablieferung des Gutes]*, **entstanden ist.**

Ist dem Unternehmer der Schaden binnen der bezeichneten Frist angezeigt worden, so genügt es, wenn die Feststellung unverzüglich nach der Anzeige beantragt wird;

e) Ansprüche auf Rückerstattung geleisteter Zahlungen an den RKB *[die Reichsbahn]* **oder gezahlter Nachnahmen an den Unternehmer** *[die Reichsbahn]*.

Inhaltsübersicht

Text der KVORb — Anm. 1

I. Allgemeines — Anm. 2
1. Verhältnis des § 39 KVO zu anderen Vorschriften
2. Anwendungsbereich — Anm. 3

II. Grundsatz des § 39 KVO: Erlöschen bei Annahme — Anm. 4

III. Ausnahmen vom Erlöschen — Anm. 5
1. Vorsätzliche oder grobfahrlässige Schädigung (§ 39 Abs. 2 a KVO) — Anm. 6
2. Lieferfristansprüche (§ 39 Abs. 2 b KVO) — Anm. 7
3. Teilverlust und Beschädigung (§ 39 Abs. 2 c KVO) — Anm. 8
   a) Antrag auf Schadensfeststellung — Anm. 9
   b) Neuaufgabe — Anm. 10
4. Äußerlich nicht erkennbare Schäden (§ 39 Abs. 2 d KVO) — Anm. 11
5. Ansprüche auf Rückerstattung — Anm. 12
6. Annahme unter Vorbehalt — Anm. 13

Text der KVORb **Anm. 1**

Dem § 39 KVO entspricht – mit den angegebenen Abweichungen – der Text des § 40 KVORb. § 39 KVORb betrifft einen anderen Gegenstand und lautet folgendermaßen:

§ 39

Verzinsung der Entschädigungsbeträge

Die von der Reichsbahn zu zahlenden Entschädigungsbeträge sind auf Verlangen vom Tage des Eingangs des Entschädigungsanspruchs an mit 5 v. H. zu verzinsen. Beträge unter 10 DM für die einzelne Frachtbriefsendung werden jedoch nicht verzinst.

Anm. 2

I. Allgemeines

1. Verhältnis des § 39 KVO zu anderen Vorschriften

§ 39 KVO entspricht grundsätzlich § 438 HGB. Die Bestimmung weicht jedoch in zweierlei Weise vom HGB ab: Das Erlöschen der Ansprüche hängt nur von der Annahme der Güter ab. Auf die Bezahlung der Forderung kommt es dagegen nicht an. Zweitens ist die Regelung des § 39 KVO wesentlich genauer als die des HGB-Landfrachtrechts. Ein Rückgriff auf das HGB ist daher durch den speziellen § 39 KVO versperrt. Doch kann hinsichtlich grundsätzlicher Fragen und Begriffe auf die Kommentierung zu § 438 HGB verwiesen werden.

§ 39 KVO lehnt sich eng an § 93 EVO und Art. 46 § 1 CIM an. Dagegen ist die entsprechende Vorschrift des Art. 30 CMR insofern anders strukturiert, als die Annahme des Frachtguts nicht zum Verlust der Ansprüche, sondern nur zu einer Beweisverschlechterung führt.

Anm. 3

2. Anwendungsbereich

Obwohl § 39 KVO uneingeschränkt vom Erlöschen „aller Ansprüche aus dem Beförderungsvertrag" spricht, bezieht sich die Bestimmung doch nur auf Ansprüche gegen den Frachtführer. Forderungen, die dem Frachtführer gegen Absender oder Empfänger zustehen, unterliegen daher keiner derartigen Präklusion. Dies ergibt sich aus dem Vergleich mit den entsprechenden Vorschriften des § 438 HGB und des § 93 EVO; zutreffend Guelde/Willenberg Anm. 1 zu § 39 KVO. Es ergäbe auch keinen vernünftigen Sinn, z.B. die Frachtzahlungsansprüche des Frachtführers mit der Ablieferung erlöschen zu lassen.

§ 39 KVO bezieht sich nur auf vertragliche Ansprüche. Soweit die Rechtsprechung daneben in freier Anspruchskonkurrenz Ansprüche aus unerlaubter Handlung zuläßt, ist es zwar konsequent, diese keiner Präklusion zu unterwerfen. Siehe jedoch grundsätzlich gegen diese Rechtsprechung Anmerkung 76ff. zu § 429 HGB, insbesondere Anm. 91; zu § 39 KVO speziell Guelde/Willenberg Anm. 2 mit dem Hinweis auf weitere Literatur sowie auf das unveröffentlichte Urteil des OLG Düsseldorf vom 15. 7. 1964, 7 U 89/63.

Inwieweit Ansprüche aus positiver Vertragsverletzung dem § 39 KVO unterliegen, ist zweifelhaft. Soweit solche Ansprüche sich auf die Verletzung allgemeiner, nicht frachtvertragstypischer Sorgfaltspflichten stützen, handelt es sich eher um quasivertragliche als um echte Frachtvertragsansprüche. Auch in diesen Fällen paßt § 39 KVO nicht. Zur Behandlung anderer Ansprüche des Absenders oder Empfängers, die nichts mit dem Frachtgut im speziellen zu tun haben, siehe Anm. 15 zu § 438 HGB.

Anm. 4

II. Grundsatz des § 39 KVO: Erlöschen bei Annahme

§ 39 Abs. 1 setzt die Annahme des Gutes durch den Empfänger voraus; siehe dazu Anm. 7ff. zu § 438 HGB. Das Erlöschen ist von Amtswegen zu berücksichtigen und nicht zu verwechseln mit der in § 40 KVO geregelten Verjährung, die nur eine Einrede begründet; siehe Anm. 18 zu § 438 HGB.

III. Ausnahmen vom Erlöschen

Anm. 5

§ 39 Abs. 2 enthält einen Katalog von Ausnahmen von der Präklusionswirkung. Liegt einer dieser Sonderfälle vor, so erlöschen die Ansprüche nicht mit der Annahme des Gutes.

1. Vorsätzliche oder grobfahrlässige Schädigung (§ 39 Abs. 2a KVO)

Anm. 6

Ist der Schaden durch den Unternehmer (oder seine Gehilfen, § 6 KVO) vorsätzlich oder grobfahrlässig verursacht, so unterliegen die Ersatzansprüche nicht der Präklusion nach § 39. Siehe zur groben Fahrlässigkeit Anm. 19 zu § 430 HGB; speziell zu § 39 Abs. 2a KVO siehe BGH vom 26. 10. 1961, VersR 1961, 1108 (1109): Verhalten bei Durchfahrt unter einer Brücke mit zu hoher Ladung; BGH vom 13. 12. 1968, VersR 1969, 228 (229): Vorreinigung eines Tankwagens bei Transport von Feinkorndestillat.

2. Lieferfristansprüche (§ 39 Abs. 2b KVO)

Anm. 7

Ansprüche wegen Überschreitung der Lieferfrist unterliegen nicht der Präklusion, wenn sie binnen eines Monats nach der Annahme schriftlich angemeldet werden. Diese Ausnahme ist erforderlich, weil sich der Umfang von Verspätungsschäden bei Annahme der verspäteten Sendung in aller Regel noch nicht übersehen läßt; siehe auch Anm. 15 zu § 438 HGB.

3. Teilverlust und Beschädigung (§ 39 Abs. 2c KVO)

Anm. 8

Zu den Begriffen des Teilverlustes und der Beschädigung siehe Anm. 5, 6 zu § 429 HGB.

a) Antrag auf Schadensfeststellung

Anm. 9

Bei erkennbaren Teilverlusten und Beschädigungen kann sich der Empfänger vor Rechtsverlusten nach § 39 durch den Antrag auf Schadensfeststellung nach § 37 weitgehend schützen. Bringt er spezifizierte Behauptungen über solche Schäden vor, dann handelt der Frachtführer schuldhaft, wenn er die Schadensfeststellung nach § 37 KVO nicht vornimmt. Damit ist die Präklusion nach § 39 Abs. 2c Ziff. 2 ausgeschlossen. Wird die Schädigung festgestellt, so entfällt ebenfalls die Präklusion.

b) Neuaufgabe

Anm. 10

Ziffer 3 des § 39 Abs. 2c KVO betrifft die Neuaufgabe von Frachtgut aufgrund einer frachtrechtlichen Verfügung gemäß § 27 KVO.

Die Vorschrift bezieht sich nicht auf Stückgut, sondern nur auf Ladungsgut; siehe zur Abgrenzung Anm. 4 zu § 4 KVO. Was unter „Neuaufgabe" zu verstehen ist, wird auch durch die Verweisung auf § 27 nicht voll geklärt, denn diese Bestimmung kennt den Begriff „Neuaufgeben" nicht. Man wird wohl alle Fälle darunter zu fassen haben, in denen die Ablieferung durch einen neuen Vertrag über den Transport des Gutes ersetzt wird; ähnlich Guelde/Willenberg Anm. 28ff. zu § 39 KVO. Der neue Vertrag kann zwischen dem Empfänger und dem bisherigen Frachtführer, aber auch zwischen ihm und einem neuen Frachtführer entstehen; siehe dazu die Anm. zu § 27. Im ersteren dieser beiden Fälle kommt keine dritte Person (auch kein neuer Frachtführer) in die Lage, das Frachtgut überprüfen zu können. Der Schaden wird also erst bei der endgültigen Ablieferung festgestellt werden. Würde man die Präklusionswirkung bereits mit der Beendigung des alten und dem Beginn des neuen Frachtvertrages eintreten lassen, so würde der Ersatzberechtigte schutzlos dem Erlöschen aller Ansprüche ausgesetzt werden.

Für den zweiten der beiden Fälle, in dem ein neuer Frachtführer die Beförderung fortführt, gilt an sich § 39 Abs. 2c Ziff. 3 nicht. Jedoch sollte die Bestimmung aus dieser Sicht erweiternd ausgelegt werden. Insbesondere sollte die Ausnahme auch dann eingreifen, wenn im kombinierten Transport die Weiterbeförderung durch mehrere unterschiedliche Beförderer noch nicht beendet ist. In solchen Fällen ist der Geschädigte ohnehin in der schwierigen Lage, nachweisen zu müssen, in wessen Gewahrsam der Schaden entstanden ist. Ein von ihnen nicht verhinderbares Erlöschen der Ansprüche beim Übergang des Frachtguts von einem Beförderer zum anderen sollte vermieden werden. Allerdings muß die unbestandete Übernahme des Frachtguts durch den nachfolgenden Frachtführer mindestens als Anscheinsbeweis für unbeschädigte Ablieferung an diesen gewertet werden. Denn auch der abliefernde Frachtführer braucht Schutz vor der Gefahr, wegen späterer Schäden in Anspruch genommen zu werden. Läßt sich aber der Schadensort feststellen, so besteht im Rahmen einer vernünftigen Interessenabwägung kein Grund, die Ansprüche gegen den vorhergehenden KVO-Frachtführer als erloschen zu behandeln.

Entsprechende Anwendung empfiehlt sich ferner auf den Fall der Nachlagerung. Will sich der einlagernde Frachtführer später darauf berufen, der Schaden sei bei der von ihm zuvor durchgeführten KVO-Beförderung entstanden und die Ansprüche seien nach § 39 KVO erloschen, so müßte er sich ohnehin die Einrede des Rechtsmißbrauchs entgegen halten lassen.

Anm. 11 **4. Äußerlich nicht erkennbare Schäden (§ 39 Abs. 2d KVO)**

Diese Ausnahme von der Präklusionswirkung lehnt sich sachlich eng an § 438 Abs. 3 HGB an; siehe dazu Anm. 23ff. zu § 438. Auch die von § 39 Abs. 2d ausdrücklich dem Geschädigten auferlegte Beweisbelastung entspricht § 438 Abs. 3 HGB; siehe dort Anm. 24. Unterschiede zwischen der Regelung der KVO und des HGB ergeben sich vor allem aus dem abweichenden Schadensfeststellungsverfahren des § 37 KVO. Siehe als praktischen Anwendungsfall (nicht gelungener Beweis) OLG Stuttgart vom 25. 5. 1970, VersR 1972, 532f.

Anm. 12 **5. Ansprüche auf Rückerstattung**

§ 39 Abs. 2e KVO klärt, daß Ansprüche des Absenders oder Empfängers auf Rückerstattung von Zahlungen nicht unter die Präklusion fallen. Siehe dazu insbesondere § 23 Abs 5 und Anm. 3, 4 zu § 23 KVO; zum Nachnahmerecht siehe die Anm. zu § 24 KVO. Rückerstattungsansprüche wegen Nachnahmen können sich besonders dann ergeben, wenn Nachnahmen zu Unrecht oder zu einem zu hohen Wert eingezogen worden sind.

Anm. 13 **6. Annahme unter Vorbehalt**

Nicht in § 39 geregelt ist der Fall, daß der Empfänger das beschädigte oder unvollständige Gut unter Vorbehalt annimmt. In der Literatur ist unstreitig, daß ein spezifizierter Vorbehalt die Präklusionswirkung jedenfalls dann ausschließt, wenn er vom Frachtführer akzeptiert wird; Guelde/Willenberg Anm. 6f. zu § 39; Züchner, VersR 1965, 832; siehe ferner Anm. 17 zu § 438 HGB. Ungenau Roesch, VP 1977, 134, der offenbar einen einseitigen Hinweis für ausreichend hält. Soweit es sich dabei um den Fall einer wirklichen Beschädigung handelt, dürfte auch der Tarifzwang nach § 22 Abs. 2 GüKG dieser Vereinbarung nicht entgegenstehen. Die Bemerkung von Guelde/Willenberg Anm. 13 § 39 KVO dürfte sich nur auf die generelle Abdingung des § 39 im voraus beziehen.

§ 40 *[= § 41 KVO der Rb.]*

Verjährung der Ansprüche aus dem Beförderungsvertrag

(1) Die Ansprüche aus dem Beförderungsvertrage verjähren *unbeschadet der Verjährung der Ansprüche des Reichs-Kraftwagen-Betriebsverbandes nach den §§ 15 bis 17 GFG* **in einem Jahre.**

Die Verjährungsfrist beträgt indessen drei Jahre:

a) bei Ansprüchen des Absenders auf Auszahlung einer Nachnahme, die der Unternehmer *[die Reichsbahn]* **vom Empfänger eingezogen hat;**

b) bei Ansprüchen auf Auszahlung des Erlöses eines vom Unternehmer *[von der Reichsbahn]* **vorgenommenen Verkaufs;**

c) bei Ansprüchen wegen eines durch Vorsatz verursachten Schadens.

(2) Die Verjährungsfrist beginnt:

a) bei Ansprüchen auf Zahlung oder Erstattung von Fracht, Frachtzuschlägen, Nebengebühren und sonstigen Kosten mit Ablauf des Tages der Zahlung oder, wenn keine Zahlung stattgefunden hat, mit Ablauf des Tages, an dem das Gut zur Beförderung angenommen worden ist;

b) bei Ansprüchen auf Zahlung oder Rückerstattung von Beträgen, die unter einem auf einen Höchstbetrag beschränkten Freivermerk fallen, mit Ablauf des Tages der Abrechnung über den Freibetrag mit dem Absender;

c) bei Ansprüchen des Unternehmers *[der Reichsbahn]* **auf Zahlung von Beträgen, die der Empfänger statt des Absenders oder die der Absender statt des Empfängers gezahlt hatte und die** *der RKB [die Reichsbahn]* **dem Berechtigten zurückerstatten muß, mit Ablauf des Tages der Rückvergütung** *[Rückerstattung]* **des Betrages;**

d) bei Ansprüchen auf Entschädigung wegen gänzlichen Verlustes des Gutes mit Ablauf des 30. Tages nach Beendigung der Lieferfrist;

e) bei Ansprüchen auf Entschädigung wegen teilweisen Verlusts, Beschädigung oder Lieferfristüberschreitung mit Ablauf des Tages der Ablieferung;

f) bei Ansprüchen wegen Nachnahmen mit dem Ablauf des 14. Tages nach Beendigung der Lieferfrist;

g) bei Ansprüchen auf Auszahlung eines Verkaufserlöses mit Ablauf des Verkaufstages;

h) bei Ansprüchen auf Zahlung eines vom Unternehmer *[von der Reichsbahn]* **an die Zollbehörde entrichteten Betrags mit Ablauf des Tages, an dem die Zollbehörde den Betrag angefordert hat.**

(3) Die Verjährung des Anspruchs gegen *den RKB oder* **den Unternehmer** *[gegen die Reichsbahn]* **wird, abgesehen von den allgemeinen gesetzlichen Hemmungsgründen, auch durch seine schriftliche Anmeldung gehemmt. Ergeht auf die Anmeldung ein abschlägiger Bescheid, so läuft die Verjährungsfrist von dem Tage an weiter, an dem** *der RKB oder* **der Unternehmer oder in den Fällen des § 38 (2) und (3) der Versicherer seine** *[an dem die Reichsbahn ihre]* **Entscheidung dem Anmeldenden schriftlich bekanntmacht und ihm die der Anmeldung etwa beigefügten Belege zurückgibt. Den Eingang der Anmeldung oder des Bescheides und der Rückgabe der Belege hat derjenige zu beweisen, der sich auf diese Tatsachen beruft. Weitere Gesuche, die denselben Anspruch zum Gegenstand haben, hemmen die Verjährung nicht.**

(4) Die Unterbrechung der Verjährung regelt sich nach den allgemeinen gesetzlichen Vorschriften.

(5) Die Ansprüche gegen den Unternehmer *[die Reichsbahn]* **wegen gänzlichen oder teilweisen Verlustes oder wegen Beschädigung des Gutes oder wegen Über-**

schreitung der Lieferfrist können nach der Vollendung der Verjährung nur aufgerechnet werden, wenn vorher der gänzliche oder teilweise Verlust, die Beschädigung oder die Überschreitung der Lieferfrist dem Unternehmer *[der Reichsbahn]* **angezeigt oder die Anzeige an ihn abgesandt worden ist. Der Anzeige an den Unternehmer** *[die Reichsbahn]* **steht es gleich, wenn gerichtliche Beweisaufnahme zur Sicherung des Beweises beantragt oder wenn in einem zwischen dem Absender und Empfänger oder einem späteren Erwerber des Guts wegen des gänzlichen oder teilweisen Verlustes, der Beschädigung oder der Lieferfristüberschreitung anhängigen Rechtsstreit dem Unternehmer** *[der Reichsbahn]* **der Streit verkündet wird.**

Inhaltsübersicht

I. Allgemeines Anm. 1
1. Geltung des § 40 KVO für alle Vertragsansprüche
2. Keine Geltung für außervertragliche Ansprüche Anm. 2
3. Abdingbarkeit Anm. 3

II. Die Dauer der Verjährungsfrist Anm. 4
1. Grundsatz: Einjährige Verjährung (§ 40 Abs. 1 Satz 1 KVO)
2. Ausnahmen: Dreijährige Verjährung (§ 40 Abs. 1 Satz 2 KVO) Anm. 5
Anspruch auf Auszahlung einer vom Unternehmer eingezogenen Nachnahme (Buchst. a) Anm. 6
Abführung des Erlöses aus einem vom Unternehmer vorgenommenen Verkauf Anm. 7
Die Verlängerung der Verjährungsfrist Anm. 8

III. Der Beginn der Verjährungsfrist (§ 40 Abs. 2 KVO) Anm. 9
1. § 40 Abs. 2 KVO als Ausnahmeregelung
2. Der Beginn der Verjährung in den Sonderfällen des § 40 Abs. 2 KVO Anm. 10
a) Bei Ansprüchen auf Zahlung oder Erstattung von Fracht und Kosten
b) Beträge, die unter einen Freivermerk fallen Anm. 11
c) Bei der falschen Person eingezogene Beträge Anm. 12
d) Entschädigung wegen gänzlichen Verlusts (§ 40 Abs. 2d KVO) Anm. 13
e) Entschädigung wegen Teilverlust, Beschädigung oder Lieferfristüberschreitung (§ 40 Abs. 2e KVO) Anm. 14
f) Nachnahmeansprüche (§ 40 Abs. 2f KVO) Anm. 15
g) Auszahlung des Verkaufserlöses (§ 40 Abs. 2g) Anm. 16
h) Zollauslagen (§ 40 Abs. 2h KVO) Anm. 17

IV. Hemmung und Unterbrechung der Verjährung (§ 40 Abs. 3, 4 KVO) Anm. 18
1. Anspruchsanmeldung als Voraussetzung der Hemmung Anm. 19
2. Beginn der Hemmungswirkung Anm. 20
3. Endgültige Beendigung der Hemmungswirkung durch Ablehnung des Einspruchs Anm. 21
4. Unterbrechung der Verjährung (§ 40 Abs. 4 KVO) Anm. 22

V. Aufrechnung (§ 40 Abs. 5 KVO) Anm. 23

Anm. 1

I. Allgemeines

1. Geltung des § 40 KVO für alle Vertragsansprüche

§ 40 Abs. 1 KVO erklärt die spezielle Verjährungsregelung für anwendbar auf alle Ansprüche aus dem KVO-Beförderungsvertrag. Es kommt daher nicht darauf an, wem die Ansprüche zustehen, ob z.B. dem Frachtführer, dem Absender oder dem Empfänger. Ebenso ist es gleichgültig, gegen wen sich die Ansprüche richten. Auch Ansprüche gegen den Empfänger können nach § 25 Abs. 2 KVO aus dem Frachtvertrag begründet sein. Daher unterliegen auch solche Ansprüche der Verjährung nach § 40 KVO; BGH vom 5. 7. 1962, LM Nr. 19 zu KraftverkehrsO = MDR 1962, 887 = VersR 1962, 728; BGH vom 17. 7. 1964, VersR 1964, 1045 (1046). Insoweit weicht § 40 grundsätzlich von § 439 HGB ab, der nur Ansprüche gegen den Frachtführer betrifft.

Es kommt ferner auch grundsätzlich nicht darauf an, um welche Art von Ansprüchen es sich handelt. Allerdings können Dauer und Beginn der Verjährungsfrist nach der Art des Anspruchs variieren. Auch hierin weicht § 40 KVO von § 439 HGB ab, da die letztere Vorschrift nur Ansprüche wegen Güterschäden und Verspätung betrifft.

Der einjährigen Verjährung nach § 40 Absatz 1 KVO unterstehen auch Nachforderungsansprüche wegen der Tariffracht, soweit sie auf den Frachtvertrag gestützt sind; BGH vom 29. 10. 1952, BGHZ 8, 66 (71f.); v. 4. 7. 1957, VersR 1957, 527 (528); v. 7. 4. 1960, VersR 1960, 508 (509f.); v. 1. 12. 1965, VersR 1966, 134f.; v. 3. 3. 1972, NJW 1972, 877 = MDR 1972, 585 = LM Nr. 44 zu GüKG. Siehe aber hinsichtlich der auf Bereicherungsansprüche gestützten Nachforderungen unten Anm. 2.

§ 40 KVO ist auf die Beförderung von Möbeln, für die ausschließlich die BefBMö gelten, nicht anwendbar; BGH v. 26. 4. 1967, MDR 1967, 984f. = LM Nr. 28 zu GüKG = VersR 1967, 997f.

2. Keine Geltung für außervertragliche Ansprüche Anm. 2

Nicht von § 40 erfaßt werden Ansprüche, die zwar zwischen den am Vertrag Beteiligten bestehen, aber nicht auf den Beförderungsvertrag gestützt sind. Ansprüche aus unerlaubter Handlung verjähren danach gemäß § 852 in 3 Jahren; BGH vom 9. 3. 1956, VersR 1956, 349 (noch offenlassend); BGH vom 7. 7. 1964, VersR 1964, 1045 (1046): eindeutig für Anwendung des § 852 BGB.

Ansprüche auf Wiedereinforderung von unzulässigen Frachtrückzahlungen aus § 812 BGB verjähren nach § 195 BGB in 30 Jahren; § 40 KVO ist nicht anwendbar. Siehe BGH vom 19. 10. 1961, VersR 1961, 1107 (1108); vom 29. 10. 1962, BGHZ 38, 171 (183); vom 15. 12. 1965, VersR 1966, 157 (158); OLG Bamberg, VersR 1965, 1006 (1008). Siehe zu diesen Fragen auch Anm. 2 zu § 23 GüKG, Anh. I nach § 452.

Geht ein auf ungerechtfertigte Bereicherung gestützter Anspruch auf das gleiche Ziel wie ein beförderungsvertraglicher Anspruch, so soll die Verjährung des § 40 Abs. 1 eingreifen; BGH vom 27. 5. 1957, VersR 1957, 503 (504) = LM Nr. 1 zu § 413 HGB. Es ist fraglich, ob diese Entscheidung mit der Grundhaltung des BGH zur Anspruchskonkurrenz vereinbar ist.

3. Abdingbarkeit Anm. 3

Die Abdingung des § 40 zugunsten des Frachtführers verstößt gegen § 26 GüKG; BGH vom 25. 10. 1962, BGHZ 38, 150 (155). Ebenso ist die Abdingung zu Lasten des Frachtführers wegen § 22 Abs. 2 GüKG unwirksam. Eine Verlängerung der Verjährung ist ohnehin wegen § 225 BGB unwirksam; siehe den Fall BGH vom 14. 7. 1960, VersR 1960, 896. Allerdings gilt dies nur für die vorherige Abdingung vor Eintritt der Verjährung; siehe z.B. den Fall LG Essen, VersR 1971, 732 (733). Dagegen bestehen keine Bedenken, wenn der Frachtführer (oder sein Versicherer) im Schadensfall auf die Geltendmachung der Verjährung verzichtet; er ist darin frei, ob er sich auf die Verjährung berufen will oder nicht; daher kann man ihm auch das Recht zum Verzicht zubilligen; zutreffend Guelde/Willenberg Anm. 1 zu § 40 KVO. Der Verzicht auf die bereits eingetretene Verjährung setzt Kenntnis des Verzichtenden von der Verjährung voraus. Andernfalls fehlt das „für die Wirksamkeit des Verzichtes erforderliche Bewußtsein der Aufgabe eines Rechtes“; BGH vom 13. 10. 1960, VersR 60, 1076 (1078).

II. Die Dauer der Verjährungsfrist Anm. 4

1. Grundsatz: Einjährige Verjährung (§ 40 Abs. 1 Satz 1 KVO)

Einsprüche aus dem KVO-Frachtvertrag verjähren, soweit nicht eine Ausnahme nach § 40 Abs. 1 Satz 2 KVO vorliegt, grundsätzlich in einem Jahr. Gemäß § 224 BGB verjähren Zinsansprüche mit der Hauptforderung.

Anm. 5 **2. Ausnahmen: Dreijährige Verjährung (§ 40 Abs. 1 Satz 2 KVO)**

In § 40 Abs. 1 Satz 2 KVO sind drei Ausnahmefälle aufgeführt, in denen die Verjährungsfrist auf 3 Jahre verlängert ist.

Anm. 6 Der **Anspruch auf Auszahlung einer vom Unternehmer eingezogenen Nachnahme (Buchst. a)** ergibt sich aus §§ 675, 667 BGB. Siehe zum Nachnahmerecht § 24 KVO; Anm. 77 zu § 425 HGB; Anm. 53 zu §§ 407–409 HGB; ferner Anm. 7 zu § 435 HGB und 14ff. zu § 436 HGB. Zum Beginn der Verjährung siehe § 40 Abs. 2f. KVO.

Anm. 7 Der in Buchstabe b vorgesehene Fall der **Abführung des Erlöses aus einem vom Unternehmer vorgenommenen Verkauf** bezieht sich auf § 28 Abs. 7 KVO; siehe dazu Anm. 15 zu § 28 KVO, ferner § 17 Abs. 3 KVO. Zum Beginn der Verjährung siehe § 40 Abs. 2 g KVO.

Verkauft der Frachtführer außerhalb der Sonderbestimmungen der KVO das Gut für den Absender oder Empfänger aufgrund besonderen Auftrags, so liegt ein besonderer Kommissionsvertrag vor. § 40 KVO gilt für diesen Fall nicht.

Anm. 8 Die Verlängerung der Verjährungsfrist auf 3 Jahre nach § 40 Abs. 1 Satz 2 c bezieht sich auf alle Ansprüche aus dem Frachtvertrag wegen **vorsätzlich verursachter Schäden.** Hierunter fallen in erster Linie Schäden am Frachtgut und solche durch Lieferfristüberschreitung (§ 29 KVO). Die dreijährige Verjährung gilt aber auch für andere Schadensersatzansprüche, auch für solche, die dem Frachtführer gegen den Absender zustehen, z.B. aus § 12 Abs. 1 Satz 4, § 13 und § 18 Abs. 3 KVO. Vorsatz der Gehilfen steht dem eigenen Vorsatz des betreffenden Vertragspartners gleich; OLG München, VersR 1955, 690 (691). Danach ist § 6 KVO dafür maßgeblich, ob der Vorsatz eines Dritten dem KVO-Frachtführer zugerechnet wird. Auf der Seite des Absendes oder Empfängers ist § 278 BGB anzuwenden.

Den Beweis für das Vorliegen des Vorsatzes hat die Partei zu führen, die sich auf die verlängerte Verjährungsfrist beruft.

Anm. 9 **III. Der Beginn der Verjährungsfrist (§ 40 Abs. 2 KVO)**

1. § 40 Abs. 2 KVO als Ausnahmeregelung

Die in § 40 Abs. 2 KVO getroffenen Bestimmungen über den Beginn der Verjährungsfristen beziehen sich nur auf besondere Ansprüche. Sie stellen Ausnahmen zur BGB-Regelung dar und sind als solche grundsätzlich nicht analogiefähig. Greift keine der Ausnahmen ein, so verbleibt es bei der Grundregel der §§ 198–200 BGB, wonach die Verjährung grundsätzlich mit der Entstehung des Anspruchs beginnt. Zutreffend Guelde/Willenberg Anm. 11 zu § 40 KVO.

Anm. 10 **2. Der Beginn der Verjährung in den Sonderfällen des § 40 Abs. 2 KVO**

a) Bei Ansprüchen auf Zahlung oder Erstattung von Fracht und Kosten, (§ 40 Abs. 2 a KVO) beginnt die Verjährungsfrist unterschiedlich: Ist im Zusammenhang mit dem Anspruch bereits eine Zahlung geleistet, so beginnt die Verjährung mit dem Zeitpunkt der Zahlung. Dies ist regelmäßig bei Rückerstattungsansprüchen der Fall, aber auch bei Nachforderungen im Falle der Teilzahlung oder der Tarifunterschreitung; siehe hierzu BGH vom 13. 10. 1960, VersR 1960, 1076 (1078); vom 14. 7. 1960, VersR 1960, 896. Sind dagegen noch keine Zahlungen geleistet, so ist der Ablauf des Tages der Annahme des Guts zur Beförderung maßgebend. Zur Annahme siehe Anm. 11 zu § 429 und 11 zu § 15 KVO sowie Anm. 9 zu § 29 KVO. Für den Beginn der Verjährung nach § 40 Abs. 2 a ist zu fordern, daß die Annahme vollständig erfolgt ist. Erstreckt sich die Annahme des aufgrund eines einheitlichen Frachtvertrages anzunehmenden Gutes über mehrere Tage, so ist der Tag der Beendigung der Annahme maßgeblich.

Nach dieser Regelung beginnt die Verjährung zunächst mit der Annahme des Gutes. Werden Zahlungen geleistet, so beginnt eine neue Verjährungsfrist zu laufen, bei weiteren Zahlungen beginnen jeweils wiederum neue Verjährungsfristen. Siehe hierzu BGH vom 7. 4. 1960, VersR 1960, 508 (510). Dies gilt auch, wenn es sich um die Zahlung der tarifwidrig zu gering bemessenen Fracht als Ganzes handelt; BGH vom 27. 5. 1957, VersR 1957, 503 (504) = LM Nr. 1 zu § 413 HGB.

b) Beträge, die unter einen Freivermerk fallen (§ 40 Abs. 2 b KVO). Siehe hierzu § 21 Abs. 3, 4 KVO. **Anm. 11**

c) Bei der falschen Person eingezogene Beträge (§ 40 Abs. 2 c KVO). Diese Bestimmung betrifft den Fall, daß der KVO-Frachtführer Zahlungen, die er vom Absender zu beanspruchen hatte, vom Empfänger erhalten hat, oder umgekehrt. Siehe dazu die Anmerkungen zu § 23 KVO und Anm. 7 zu § 25 KVO; ferner Anm. 2 zu § 436 HGB. In diesen Fällen hat der Unternehmer (anstelle des in der Vorschrift angegebenen RKB) dem Zahlenden die zu Unrecht geleisteten Beträge zu erstatten. Dafür hat er gegen den wirklichen Schuldner Nachzahlungsansprüche. Für diese beginnt die Verjährungsfrist mit dem Tag der Rückvergütung an den zu Unrecht Zahlenden. **Anm. 12**

d) Entschädigung wegen gänzlichen Verlusts (§ 40 Abs. 2 d KVO); hierzu siehe § 29 KVO und die dortigen Erläuterungen; zur Lieferfrist siehe § 26 KVO. **Anm. 13**

e) Entschädigung wegen Teilverlust, Beschädigung oder Lieferfristüberschreitung (§ 40 Abs. 2 e KVO). Siehe zu den Begriffen Teilverlust und Beschädigung Anm. 5, 6 zu § 429 HGB; zur Lieferfristüberschreitung Anm. 5ff. zu § 31 KVO. Tag der Ablieferung ist bei Teilauslieferung der Tag, an dem der letzte Teil der Güter ausgeliefert ist; OLG Hamburg, VersR 1971, 729 (731): zu §§ 439, 414 HGB. **Anm. 14**

f) Nachnahmeansprüche (§ 40 Abs. 2 f KVO). Siehe zum Nachnahmerecht § 24 KVO sowie die Anm. 77 zu § 425 und 53 §§ 407–409 HGB; ferner Anm. 7 zu § 435 und 14ff. zu § 436 HGB: zur Lieferfrist siehe § 26 KVO. **Anm. 15**

g) Auszahlung des Verkaufserlöses (§ 40 Abs. 2 g); siehe hierzu oben Anm. 7 **Anm. 16**

h) Zollauslagen (§ 40 Abs. 2 h KVO); siehe hierzu § 12 Abs. 7 KVO und Anm. 9ff. zu § 12 KVO. Die Erstattungsansprüche des KVO-Frachtführers ergeben sich aus §§ 675, 670 BGB. **Anm. 17**

IV. Hemmung und Unterbrechung der Verjährung (§ 40 Abs. 3, 4 KVO) **Anm. 18**

§ 40 Abs. 3 KVO sieht neben der gesetzlichen Hemmung (§§ 202ff. BGB) eine besondere Hemmung der Verjährung durch Anmeldung des Schadens vor. Die Wirkung dieser Hemmung bestimmt sich nach § 205 BGB. Siehe zu der entsprechenden Regelung der CMR Anm. 8f. zu Art. 32 CMR, Anh. III nach § 452.

1. Anspruchsanmeldung als Voraussetzung der Hemmung **Anm. 19**

Voraussetzung der Hemmung ist eine schriftliche Anmeldung des Anspruchs beim KVO-Frachtführer; mündliche Anmeldung genügt nicht. Voraussetzung ist die Anmeldung des Anspruchs in einer spezifizierten Form. Die bloße Beantragung der Schadensfeststellung nach § 37 Abs. 1 KVO ist nicht ausreichend; zutreffend Guelde/Willenberg Anm. 23 zu § 40 KVO.

Die Anmeldung muß an sich vom Berechtigten vorgenommen werden; doch hat der BGH, wenn ein Spediteur der Absender ist, die Anmeldung auch durch dessen Versender zugelassen; BGH vom 20. 2. 1970, LM Nr. 28 zu KraftverkehrsO = MDR 1970, 485f. = BB 1970, 466 = VersR 1970, 416f. Zur Begründung hat der BGH die Bestimmungen der §§ 407 Abs. 2, 392 Abs. 2 HGB und des § 52 ADSp herangezogen, nach denen der Versender zwar vor der Abtretung der Ansprüche aus dem Frachtvertrag nicht deren Gläubiger, wohl aber ihr wirtschaftlich Berechtigter sei und daher bereits aus eigenem Recht die Schadensanmeldung vornehmen könne. Dem ist zuzustimmen; es würde einen sinnlosen Formalismus bedeuten, die Anmeldung dem wirtschaftlich Berechtigten nicht mit verjährungshemmender Wirkung zu gestatten; Guelde/Willenberg Anm. 24 zu § 40 wollen die Anmeldung durch einen Nichtberechtigten überhaupt zulassen, wenn der Berechtigte einwilligt oder sie nachträglich genehmigt (§ 185 BGB). Sachlich ist dem beizupflichten, wenn auch zweifelhaft ist, ob die Anmeldung des Anspruchs als Verfügung im Sinne des § 185 BGB anzusehen ist. Ablehnend für die CIM: OLG München, VersR 1978, 853 (854).

Die Anmeldung hat gegenüber dem KVO-Frachtführer zu erfolgen. Es genügt aber bereits die Anmeldung beim KVO-Versicherer; BGB vom 20. 2. 1970 a. a. O. Werden KVO-Versicherer und Speditionsversicherer durch dieselbe Firma vertreten, dann genügt jedenfalls auch die Anmeldung bei diesem an den Speditionsversicherer gemäß § 5 Ziff. 1 B SVS, ab 1. 7. 1978 § 5 Ziff. 3 S. 2, 3 SVS/RVS; siehe Anh. II zu § 415. Dies hat der BGH im o. a. Urteil bestätigt. Praktisch bedeutet dies, daß der Versender einen Schaden, der möglicherweise in den Deckungsbereich beider Versicherungen fallen könnte, mit der schriftlichen Anmeldung beim Speditionsversicherer auch im Sinne des § 40 Abs. 3 KVO angemeldet hat. Siehe zu den Versicherungsfragen Anm. 100 ff. zu § 429 HGB und die Anmerkungen zu § 38 KVO.

Anm. 20

2. Beginn der Hemmungswirkung

Die Hemmungswirkung beginnt nach § 40 Abs. 3 Satz 1 KVO mit der Anmeldung, also mit dem Zugang der Anmeldungserklärung, die als (empfangsbedürftige) Rechtshandlung zu betrachten ist. Den Eingang der Anmeldung hat der Anmeldende zu beweisen; § 40 Abs. 3 Satz 3 KVO. Muß die Verjährungsfrist kurz vor Ihrem Ablauf noch gehemmt werden, so ist eine Anmeldung durch Einschreiben mit Rückschein empfehlenswert.

Anm. 21

3. Endgültige Beendigung der Hemmungswirkung durch Ablehnung des Einspruchs

Die Hemmung der Verjährung ist nach § 40 Abs. 3 Satz 2 KVO beendet, wenn der KVO-Frachtführer oder sein Haftplichtversicherer die Ansprüche schriftlich ablehnt und die Belege zurückgibt. Die Ablehnung muß eine endgültige sein. Werden die Belege nicht zurückgegeben, so bleibt die Verjährung weiter gehemmt. Problematisch ist die Frage, ob zur Beendigung der Hemmung die Rückgabe von Kopien der Belege erforderlich ist, wenn diese anstelle der Originale eingereicht waren – wie dies in der Praxis häufig geschieht. Hierfür spricht der Gesichtspunkt, daß diese Auslegung der Rechtssicherheit entgegenkommt, weil der Einreichende nur zu prüfen braucht, ob die von ihm eingereichten Belege zurückgegeben worden sind. Andererseits ist die Rückgabe von bloßen Kopien materiell gesehen ohne jede Bedeutung für die weitere Abwicklung des Falles. Das OLG Celle, WM 1975, 189 (191) = DB 1975, 301 f. hat zu Art. 32 Abs. 2 S. 1 CMR eine Rücksendung eingereichter Kopien nicht für erforderlich gehalten, um die Hemmung zu beenden; ebenso zu Art. 32 Abs. 2 S. 1 CMR: Loewe, ETR 1976, S. 586; Arrondissementsrechtbank Roermond, ETR 1971, 839 (843).

Die Beweislast für die Ablehnung (einschließlich ihres Zugangs) und die Rückgabe der Belege trägt nach § 40 Abs. 3 Satz 3 der KVO-Frachtführer bzw. sein Haftpflichtversicherer.

Die Ablehnung beendet die Hemmung der Verjährung endgültig. Eine Wiederholung der Anmeldung desselben Anspruchs hat nach § 40 Abs. 3 Satz 4 KVO keine erneute Hemmung zur Folge.

4. Unterbrechung der Verjährung (§ 40 Abs. 4 KVO) Anm. 22

§ 40 Abs. 4 KVO verweist überflüssigerweise hinsichtlich der Unterbrechung der Verjährung auf die ohnehin geltenden gesetzlichen Bestimmungen, also auf §§ 208ff. BGB.

V. Aufrechnung (§ 40 Abs. 5 KVO) Anm. 23

§ 40 Abs. 5 KVO entspricht fast wörtlich der Regelung des Landfrachtrechts des HGB (§§ 439 Satz 1, 414 Abs. 3 HGB; siehe dazu Anm. 11 zu § 414). Seit Erscheinen des Kommentars zu § 414 hat sich der BGH im Urteil vom 29. 3. 1974, NJW 1974, 1138f. = VersR 1974, 742ff. erneut mit der Problematik befaßt. Der BGH stellt zu Recht fest, daß nach § 390 Satz 2 BGB vor Eintritt der Verjährung die Aufrechnungslage bereits bestanden haben müsse; davon machten weder die §§ 479 BGB, 414 Abs. 3 HGB noch § 40 Abs. 5 KVO eine Ausnahme. § 40 Abs. 5 beschränke sich darauf, die Aufrechnungserklärung noch nach dem Eintritt der Verjährung zuzulassen.

Anhang III nach § 452

Übereinkommen über den Beförderungsvertrag im internationalen Straßengüterverkehr (CMR)

(BGBl 1961 II 1120)

Präambel

Die Vertragsparteien haben in der Erkenntnis, daß es sich empfiehlt, die Bedingungen für den Beförderungsvertrag im internationalen Straßengüterverkehr, insbesondere hinsichtlich der in diesem Verkehr verwendeten Urkunden und der Haftung des Frachtführers, einheitlich zu regeln, folgendes vereinbart:

Kapitel I
Geltungsbereich

Artikel 1

1. Dieses Übereinkommen gilt für jeden Vertrag über die entgeltliche Beförderung von Gütern auf der Straße mittels Fahrzeugen, wenn der Ort der Übernahme des Gutes und der für die Ablieferung vorgesehene Ort, wie sie im Vertrage angegeben sind, in zwei verschiedenen Staaten liegen, von denen mindestens einer ein Vertragstaat ist. Dies gilt ohne Rücksicht auf den Wohnsitz und die Staatsangehörigkeit der Parteien.

2. Im Sinne dieses Übereinkommens bedeuten „Fahrzeuge“ Kraftfahrzeuge, Sattelkraftfahrzeuge, Anhänger und Sattelanhänger, wie sie in Artikel 4 des Abkommens über den Straßenverkehr vom 19. September 1949 umschrieben sind.

3. Dieses Übereinkommen gilt auch dann, wenn in seinen Geltungsbereich fallende Beförderungen von Staaten oder von öffentlichen Einrichtungen oder Organisationen durchgeführt werden.

4. Dies Übereinkommen gilt nicht

a) für Beförderungen, die nach den Bestimmungen internationaler Postübereinkommen durchgeführt werden;

b) für die Beförderung von Leichen;
c) für die Beförderung von Umzugsgut.

5. Die Vertragsparteien werden untereinander keine zwei- oder mehrseitigen Sondervereinbarungen schließen, die Abweichungen von den Bestimmungen dieses Übereinkommens enthalten; ausgenommen sind Sondervereinbarungen unter Vertragsparteien, nach denen dieses Übereinkommen nicht für ihren kleinen Grenzverkehr gilt, oder durch die für Beförderungen, die ausschließlich auf ihrem Staatsgebiet durchgeführt werden, die Verwendung eines das Gut vertretenden Frachtbriefes zugelassen wird.

Inhaltsübersicht

Literatur

I. Allgemeines Anm. 1
1. Die CMR als internationales und innerstaatliches materielles Recht
a) Rechtsnatur
b) Mitgliederstand Anm. 2
2. Ergänzende Anwendung national-materiellen Rechts Anm. 3
a) Grundsätzliches zur Heranziehung materiellen Rechts
b) Umfang der ergänzenden Anwendung deutschen Rechts Anm. 4
c) Bestimmung des ergänzend heranzuziehenden deutschen Rechts Anm. 5

II. Geltungsbereich (Art. 1 Absätze 1–3) Anm. 6
1. Vertrag über entgeltliche Beförderung auf der Straße durch Kraftfahrzeuge
2. Örtliche Anwendungsvoraussetzungen Anm. 7
3. Sachliche Ausnahmen von der Anwendbarkeit Anm. 8

III. Völkerrechtliche Verbindlichkeit der CMR (Art. 1 Abs. 5) Anm. 9

Literatur:

Costanzo, Il Contratto di Trasporto Internazionale nella CMR, Milano 1971; Dorrestein, Recht van het internationale wegvervoer met name het tractaat C.M.R. Zwolle 1977; Loewe, Erläuterungen zur CMR, ETR 1976, 503–597 (= ECE/ TRANS/14); Hill, Freight Forwarders. 1972: Heuer. Die Haftung des Frachtführers nach der CMR, 1975, Muth, Leitfaden zur CMR, 3. Auflage 1974; Nickel-Lanz, La Convention relative au contrat de transport international de marchandises par route (CMR) Thèse, Lausanne 1976; Precht/Endrigkeit, CMR-Handbuch, 3. Auflage 1972.

Anm. 1

I. Allgemeines

1. Die CMR als internationales und innerstaatliches materielles Recht

a) Rechtsnatur

Die CMR ist zugleich völkerrechtlicher Vertrag und materielles und formelles Privatrecht; siehe hierzu Heuer, S. 22 mit weiteren Angaben; grundlegend Kropholler, Internationales Einheitsrecht, 1975. Zur Entstehungsgeschichte siehe Heuer, S. 11ff.

Durch die Ratifikation ist die CMR aufgrund des Zustimmungsgesetzes vom 16. 8. 1961, BGBl II, 1119 deutsches materielles Recht geworden. Da sie in Art. 1 und 2 ihre Anwendung selbst bestimmt, bedarf es, soweit ihre Vorschriften reichen und anwendbar sind, keiner Festlegung des anwendbaren nationalen Rechts nach den üblichen Grundsätzen des internationalen Privatrechts; zutreffend Kropholler, AWD 1973, 402 (gegen OLG Düsseldorf, VersR 1973, 177). Gerichte der Bundesrepublik Deutschland und der anderen Mitgliedsstaaten haben vielmehr die CMR auf den betreffenden Frachtvertrag unmittelbar anzuwenden. Art. 1 und 2 enthalten Spezialregeln des Kollisionsrechts, die für deutsche Gerichte und Gerichte der anderen Mitgliedsstaaten gelten; siehe hierzu Kropholler, Internationales Einheitsrecht, S. 189ff. und Heuer, S. 21ff.

Die Vereinbarung der Rechtsordnung eines Nichtmitgliedsstaates durch die Parteien ist vor Gerichten der Vertragsstaaten unwirksam. Art. 41 Abs. 1 CMR erklärt die gesamte CMR und damit auch die Kollisionsnormen des Art. 1 für zwingend. Der Grundsatz der Rechtswahlfreiheit der Partei ist damit aufgehoben; zweifelnd Precht/ Endrigkeit, S. 48.

Die CMR gestattet in ihren Schlußbestimmungen, anders als z. B. das Brüsseler Konnossementsabkommen von 1924 (sog. Haager Regeln), nicht die textlich abweichende Inkorporation in die nationalen Rechte; siehe zu dieser Möglichkeit Kropholler, Internationales Einheitsrecht, S. 101 ff.

Es gilt daher in allen Mitgliedsländern die einheitliche englische oder französische Fassung unmittelbar; siehe dazu Art. 51 und die dortige Anmerkung.

Gerichte in Staaten, die der CMR nicht angehören, brauchen dagegen deren Bestimmungen nicht anzuwenden, auch wenn nach Art. 1 an sich die Anwendungsvoraussetzungen vorliegen. Denn sie sind durch die Rechtsanwendungsregel der Art. 1, 2 CMR nicht gebunden. Für diese ausländischen Gerichte gelten zunächst die Normen ihres eigenen Kollisionsrechts. Soweit diese auf die CMR verweisen sollten, ist sie anwendbar. Soweit dem Partner nach dem betreffenden Kollisionsrecht die Rechtswahl gestattet ist, führt der in Art. 6 Abs. 1 k CMR für den Frachtbrief vorgesehene Hinweis auf die CMR zur Anwendung des Abkommens als vereinbartes Recht; siehe dazu Heuer, S. 28. Denn dieser Hinweis enthält eine Verweisung, die als kollisionsrechtliche oder materiell-rechtliche gesehen werden kann. Vorausgesetzt ist allerdings, daß im betreffenden Recht die Verweisung durch Frachtbriefaufdruck als ausreichend anerkannt ist und daß zwingendes nationales Recht nicht die Verweisung hindert. Siehe zu diesem Problemkreis Kropholler, Internationales Einheitsrecht, S. 219 ff.; zur Vereinbarung der CIM durch Frachtbrief siehe Cour de Cassation Paris vom 16. 5. 1977, DVZ 1978 Nr. 48 vom 27. 4. 78, S. 4.

b) Mitgliederstand Anm. 2

Der CMR gehören außer der Bundesrepublik Deutschland nach dem Stand vom 31. 12. 1977, BGBl 1978 II S. 171 folgende Mitgliedsländer an: Bulgarien, DDR, Dänemark, Finnland, Griechenland, Italien, Jugoslawien, Luxemburg, Norwegen, Österreich, Polen, Portugal, Rumänien, Schweden, Schweiz, Spanien, Tschechoslowakei, Ungarn, Vereinigtes Königreich.

Zur Eingrenzung der Hoheitsbereiche, für die die CMR gelten soll, siehe Art. 46 und die dortige Anmerkung.

Der jeweils neueste Stand ist aus den Bekanntmachungen im BGBl Teil II ersichtlich und wird jeweils im Fundstellenverzeichnis B zum Stand des Jahresendes zusammengefaßt.

2. Ergänzende Anwendung national-materiellen Rechts Anm. 3

a) Grundsätzliches zur Heranziehung materiellen Rechts

Die CMR regelt nicht alle regelungsbedürftigen Fragen des internationalen Kraftwagenfrachtrechts. Zur Ergänzung der CMR-Normen bedarf es der Anwendung materieller nationaler Rechtsnormen. Hierzu verweist die CMR selbst in einigen Artikeln auf die nationalen Rechte, so z. B. in Art. 16 Abs. 5 auf die lex sitae und in Art. 29 Abs. 1, 32 Abs. 1 und 3 auf die lex fori, in Art. 5 Abs. 1 Satz 2 auf das Land der Ausstellung des Frachtbriefs. Im übrigen muß zur Bestimmung des ergänzend anwendbaren national-materiellen Rechts auf die Grundsätze des Kollisionsrechts des angerufenen Gerichts zurückgegriffen werden. Erforderlich ist dies z. B. zur Beurteilung der Frage, ob und in welchen Fällen der Frachtführer ein gesetzliches Pfandrecht besitzt; OLG Düsseldorf, VersR 1977, 1047 (1048); siehe hierzu Anmerkung 15 zu

§ 440 HGB; oder zur Bestimmung der Regeln, die für den Schuldnerverzug bei noch nicht ausgeführtem Vertrag zu gelten haben: LG Bremen, ETR 1966, 691 (697). Auch die Frage, für wessen Verschulden der Absender oder Verfügungsberechtigte einzustehen hat (Art. 17 Abs. 2) muß nach dem allgemeinen Vertragsstatut bestimmt werden; schließlich auch die Wirkung der Verjährung (Anm. 2 zu Art. 32). Hierfür sind vor deutschen Gerichten die Regeln des Deutschen Internationalen Schuldrechts maßgeblich, das mangels besonderer Vereinbarung nach dem überwiegenden Sachzusammenhang (sog. hypothetischer Parteiwille) das Schuldstatut begründet; siehe Anm. 28 zu § 425 und Anm. 17 zu §§ 407–409 mit weiteren Hinweisen.

Handelt es sich um Transporte durch deutsche Beförderungsunternehmer und ist entweder der Abgangs- oder Bestimmungsort in der Bundesrepublik Deutschland gelegen und ist die Fracht in deutscher Währung zu zahlen, so ergibt sich bereits aus diesen Umständen ein überwiegender Sachzusammenhang zum deutschen Recht; BGH vom 10. 4. 1974, VersR 1974, 796 (797) = AWD 1974, 348 = NJW 1974, 1615. Werden die ADSp zwischen Absender und CMR-Frachtführer vereinbart, so kann § 65 ADSp die Geltung deutschen Rechts begründen. Insoweit werden die ADSp nach richtiger Auffassung nicht durch zwingendes Recht verdrängt; siehe jedoch zur Rechtsprechung die Anmerkungen zu Art. 41 CMR.

Anm. 4 **b) Umfang der ergänzenden Anwendung deutschen Rechts**

Als Internationales Einheitsrecht hat die CMR die Aufgabe, zur Rechtsangleichung beizutragen. Sie kann diese Aufgabe am besten erfüllen, wenn sie von den Gerichten der beteiligten Staaten möglichst einheitlich interpretiert und ergänzt wird. Soweit irgend möglich, sollte die CMR daher aus sich heraus ohne Rückgriff auf nationale Rechte interpretiert und durch Analogie ergänzt werden; BGH vom 28. 2. 1975, NJW 1975, 1597 (1598) = LM NR. 7 zu CMR = MDR 1975, 554 = WM 1975, 521 = DB 1975, 1074; Österr. OGH vom 16. 3. 1977, ÖJZ 1978, 101. Zur Auslegung internationalen Einheitsrechts siehe in diesem Sinne Kropholler, S. 358 ff.; zur Rechtsfortbildung S. 293 ff. Kropholler fordert auf S. 293 mit Recht, ein Gericht müsse sich vor jeder weitgehenden Rechtsfortbildung fragen, ob sie überhaupt so begründet werden kann, daß die Gerichte der ausländischen Partner ihr folgen werden. Es bedarf einer Abwägung, ob eine rechtsvergleichende Fortbildung in internationalem Geist gewagt oder der Rückzug in das autonome staatliche Zivilrecht angetreten werden soll (Kropholler, S. 303 f.).

Die noch kurze Tradition der deutschen Rechtsprechung zur CMR hat bisher eine deutliche Neigung zur Flucht in das deutsche Recht gezeigt und zwar überdies in die speziellst geregelten Normen – in die KVO; siehe dazu unten Anm. 5. Zwar ließ der erste Senat des BGH im Urteil vom 21. 12. 1973, VersR 1974, 325 ff. = WM 1974, 313 ff. = MDR 1974, 470 f. = NJW 1974, 412 = LM Nr. 3 zu CMR, noch die Möglichkeit offen, eine Lücke in der CMR unter Anwendung allgemeiner frachtrechtlicher Grundsätze zu schließen. Der gleiche Senat hat jedoch dann im Urteil vom 10. 4. 1974, VersR 1974, 796 (797 f.) = NJW 1974, 1614 (1615 f.) = WM 1974, 778 (779) = LM Nr. 4 zu CMR die gleiche Frage doch unter Heranziehung der (ebenfalls unklaren) Regeln der KVO und des HGB entschieden und entgegenstehende Vorschläge hierzu abgelehnt. Siehe zu dieser Frage Anm. 30 zu Art. 17 CMR; gegen diese der Rechtsvereinheitlichung entgegenlaufende Rechtsprechung mit Recht Groth, AWD 1977, 267. Immerhin lehnt aber das bereits zitierte Urteil des BGH vom 28. 2. 1975 für die Auslegung des Art. 17 Abs. 2 CMR (unabwendbares Ereignis) den Rückgriff auf § 34 a KVO ab. Grundsätzlich für eine Ergänzung der CMR aus sich heraus hat sich auch das OLG Düsseldorf, VersR 1974, 1095 (1097) ausgesprochen, wenn auch das

Ergebnis der betreffenden Auslegung zweifelhaft ist; siehe dazu Anm. 7 zu Art. 32 CMR.

c) Bestimmung des ergänzend heranzuziehenden deutschen Rechts **Anm. 5**

Soweit nach dem oben Ausgeführten die Heranziehung deutschen Rechts unvermeidlich ist, stellt sich die Frage, welche Rechtsnormen hierfür in Betracht kommen. Zahlreiche Einzelheiten sind in der KVO und im Landfrachtrecht des HGB unterschiedlich geregelt.

In der Rechtsprechung hat es zunächst Ansätze gegeben, die CMR aus sich selbst heraus auszulegen und zu ergänzen: OLG Hamm vom 4. 11. 1971, VersR 1973, 911 (912). Der BGH hat sich aber dann bedauerlicherweise dafür entschieden, in weitestem Umfang die KVO ergänzend heranzuziehen: BGH vom 10. 4. 1974, VersR 1974, 796ff. = NJW 1974, 1614 = MDR 1974, 733 = DB 1974, 1058 = LM Nr. 4 zu CMR = DTR 1975, 83; OLG Düsseldorf, VersR 1975, 232 (233) (§§ 31 c, 35 KVO ergänzend anzuwenden); OLG München, VersR 1975, S. 129 (130) (obiter dictum, da im Ergebnis weder CMR noch KVO angewandt wurden); OLG Stuttgart vom 23. 3. 1971, Abdruck bei Heuer, S. 201ff. (S. 203) (obiter dictum); OLG Düsseldorf, VersR 1977, 1047 (1048) (obiter dictum, da die KVO zum Pfandrecht keine Regelung enthält).

Weitere Hinweise bei Heuer, S. 35 Fn. 73. Dieser Auffassung hat sich ein Teil der Literatur angeschlossen; insbesondere Precht/Endrigkeit, S. 42f.; Muth/Lehmann; weitere Nachweise bei Heuer, S. 35 Fn. 72.

Allerdings ist der Rückgriff auf die KVO nicht durchgängig erfolgt. Das OLG München hat ihn im Urteil vom 27. 11. 1968, ETR 1971, 115 (124) generell abgelehnt. Bisher hat sich auch noch kein deutsches Gericht in einer veröffentlichten Entscheidung zur Formalvertragstheorie bekannt; siehe Anm. 2 zu Art. 4 CMR. Ein Rückgriff auf § 15 KVO hätte zur Übernahme der Realvertragstheorie und des Wagenstellungsvertrages (§ 14 KVO) führen müssen. Siehe hierzu Anm. 7ff. zu § 15 KVO und § 14 KVO, Anh. II nach § 452; wie hier Heuer, S. 40 Fn 91. Das OLG Hamm hat im Urteil vom 4. 11. 1971, VersR 1973, 911 (912) die Frage der Ersatzberechtigung nach Art. 17 CMR alleine durch Auslegung der CMR entschieden.

Gegen die Heranziehung der KVO als ergänzendes Recht sprechen gewichtige Bedenken. Die KVO ist auch innerhalb Deutschlands nur begrenzt anwendbar für den gewerblichen Kraftverkehr durch konzessionierte Güterfernverkehrsunternehmer. In allen Fällen, in denen die KVO nicht eingreift, müßten andere Regeln ergänzend herangezogen werden. Wenn der deutsche Streckenanteil die Nahverkehrszone nicht überschreitet, wären ergänzend das Landfrachtrecht des HGB oder die betreffenden anwendbaren Bedingungsordnungen (ADSp oder AGNB) anzuwenden. Für die grenzüberschreitende Fernbeförderung durch die deutsche Bundesbahn auf der Straße wäre die KVORb ergänzend anwendbar; für die Beförderung von elektronischen Datenverarbeitungsanlagen, Sendeanlagen sowie Teilen davon in Möbelwagen wären die BefBMö (Anh. IV nach § 452) das ergänzend anwendbare Recht. Siehe zu den Anwendungsbereichen dieser Vertragsordnungen Anm. 11ff. zu § 425. Die bisherige Rechtsprechung muß daher bei konsequenter Fortführung die unglückliche Zersplitterung des deutschen Landfrachtrechts auch in den CMR-Bereich hineintragen. Diese Lösung ist insbesondere für den ausländischen, aber auch für den deutschen Vertragspartner unzumutbar. Hinzu kommt, daß die KVO als eine veraltete und der Straßenbeförderung wenig angemessene Teil-Kopie des Eisenbahnrechts denkbar ungeeignet zur Ergänzung der CMR ist. Auch die formale Begründung des BGH überzeugt nicht. Wie Heuer, S. 35f. zutreffend ausführt, steht die KVO zur CMR nicht im Verhältnis einer lex generalis zur lex specialis, sondern ist nur eine neben der CMR stehende

Sonderregelung des Landfrachtrechts. Auch die tarifrechtliche Begründung für die Heranziehung der KVO ist kaum tragfähig, so daß die KVO seit Inkrafttreten der CMR für grenzüberschreitende Transporte nicht mehr gilt; überzeugend Heuer, S. 36f. mit weiteren Hinweisen; BayOBLG vom 22. 7. 1966, IPR-Rspr. 1966/67 Nr. 39; Voigt, VP 1966, 20. Daher sollte – entgegen der festgefahrenen Rechtsprechung – grundsätzlich das Landfrachtrecht des HGB ergänzend angewendet werden. Wie hier Heuer, S. 35f. mit weiteren Nachweisen in Fn. 72; Voigt, VP 1966, 19ff.; VP 1970, 70; VersR 1973, 504; Züchner, VersR 1969, 683; sowie Beiträge o.V. Deutsche Verkehrszeitung 1972, Nr. 153, S. 11 und Transport-Dienst 1970, S. 1683.

Anm. 6

II. Geltungsbereich (Art. 1 Absätze 1–3)

1. Vertrag über entgeltliche Beförderung auf der Straße durch Kraftfahrzeuge

Art. 1 Abs. 1 S. 1 CMR setzt einen Vertrag über die entgeltliche Beförderung von Gütern (Frachtvertrag) voraus. Für Speditionsverträge gilt die CMR nicht; zutreffend Loewe, ETR 1976, 510f. Die Überführung von Fahrzeugen auf eigenen Rädern fällt nicht unter die CMR, da sie nicht „mittels Fahrzeugen" erfolgt. Siehe zur Abgrenzung gegenüber dem Speditionsvertrag Anm. 43 zu § 425 HGB sowie die Anmerkungen zu §§ 412, 413 HGB; speziell zur CMR siehe Anm. 2 zu Art. 41. Der Cour d'Appel de Paris hat im Urteil vom 9. 6. 1967, ETR 1969, 911 (914f.) die Verjährung nach Art. 32 CMR auf die Beziehungen zwischen Speditionsversender und Frachtführer angewandt. Die zur Begründung der rechtlichen Bindung vorgenommene rein wirtschaftliche Betrachtungsweise läßt sich auf das deutsche Recht kaum übertragen; Gegenstand des CMR-Vertrages muß grundsätzlich die Beförderung, nicht die Besorgung der Versendung sein. Nur in den Fällen der §§ 412, 413 HGB kann es zur Anwendung der CMR auf Speditionsverträge kommen. Siehe hierzu Anm. 2 zu Art. 41.

Die Beförderung muß zwar entgeltlich, nicht aber gewerbsmäßig sein; siehe hierzu Anm. 41 zu § 425 HGB. Zur Rechtsnatur des CMR-Beförderungsvertrags als formlosen Konsensualvertrag siehe Anm. 2 zu Art. 4 CMR.

Die Beförderung muß auf der Straße durch Kraftfahrzeuge vorgesehen sein. Ob die Voraussetzungen der Anwendung der CMR nach Art. 1 vorliegen, bestimmt sich somit nicht nach der tatsächlichen Ausführung der Beförderung, sondern nur nach der übernommenen Verpflichtung; zutreffend Heuer, S. 29f. Daher muß die CMR auch dann angewandt werden, wenn es zur Grenzüberschreitung nicht mehr kommt; zutreffend Heuer, S. 30.

Konsequenterweise muß Entsprechendes auch gelten, wenn entgegen der vertraglichen Vereinbarung die tatsächliche Beförderung nicht oder nur teilweise durch Kraftfahrzeuge erfolgt. Dies ist jedoch in der Literatur zur CMR nicht klar anerkannt. Heuer scheint auf S. 33 vom Gegenteil auszugehen. Loewe, ETR 1976, 512, 524 will in diesem Fall die CMR zwar nur auf die auf der Straße ausgeführten internationalen Streckenabschnitte anwenden. Jedoch kommt er zu einer Haftung des Frachtführers mindestens im Umfang der CMR durch Anwendung der für den Vertragsbruch des Frachtführers geltenden nationalen Bestimmungen. Es erscheint jedoch richtiger und auch sachlich angebracht, entsprechend dem Wortlaut des Art. 1 Abs. 1 S. 1 CMR nur auf den Inhalt der Vertragsvereinbarung, nicht dagegen auf die tatsächliche Ausführung abzustellen. Mit dem Abschluß des CMR-Vertrags kauft sich der Absender in eine eindeutig umrissene Vertragsposition ein. Es ist nicht einzusehen, wieso diese sich durch die willkürliche Abweichung des Frachtführers vom Vertrag ändern sollte.

Für die Huckepack-Beförderung sieht Art. 2 eine besondere Regelung vor.

Als Kraftfahrzeuge im Sinne der CMR kommen nach Art. 1 Abs. 2 nicht nur Lastkraftwagen, Anhänger und Sattelauflieger, sondern auch andere Kraftfahrzeuge in Betracht, insbesondere auch Personen- und Kombiwagen, die in grenznahen Orten für den kleinen Grenzverkehr nicht selten eingesetzt werden. Zur Abgrenzung des Kraftfahrzeugbegriffs siehe Loewe, ETR 1976, 514f.

Soweit Staaten, öffentliche Einrichtungen und Organisationen entgeltliche Beförderungen vornehmen, ist die CMR nach Art. 1 Abs. 4 anzuwenden. Daher ist sie auch für grenzüberschreitende LKW-Transporte der Deutschen Bundesbahn maßgeblich; ebenso für Beförderungen durch staatliche und volkseigene Betriebe.

2. Örtliche Anwendungsvoraussetzungen **Anm. 7**

Für die Anwendung der CMR haben die Gerichte der Mitgliedsstaaten (siehe dazu oben Anm. 1, 2) nur zu prüfen, ob entweder der Ort der Übernahme des Gutes oder der vertraglich vorgesehene Ablieferungsort in einem Mitgliedsstaat liegt. Dabei ist ein durchgehender Beförderungsvertrag vorausgesetzt. Wird das Gut an der Grenze neu aufgegeben, so liegt kein grenzüberschreitender Frachtvertrag vor. Hat der Frachtführer die Beförderungspflicht für einen grenzüberschreitenden Transport übernommen, so spielt demgegenüber die Frage der tatsächlichen Umladung keine Rolle, auch wenn diese an der Grenze erfolgt; zutreffend Precht/Endrigkeit, S. 45f.

Wird bei einem Frachtvertrag, der auf eine grenzüberschreitende Beförderung gerichtet ist, auf Grund des Verfügungsrechts des Absenders das Gut nicht über die Grenze hinweg befördert (siehe Art. 12 CMR), so findet – entsprechend der ursprünglichen Vereinbarung – dennoch die CMR Anwendung. Umgekehrt gilt die CMR nicht, wenn bei einem zunächst auf innerstaatliche Beförderung gerichteten Frachtvertrag auf Grund einer Weisung des Verfügungsberechtigten die Grenze überschritten wird. Soll durch eine derartige Handhabung innerstaatliches Recht umgangen werden, so ist der tatsächlich beabsichtigte Verlauf der Beförderung maßgeblich; siehe hierzu Loewe, ETR 1976, 543f.

Auf Wohnsitz und Staatsangehörigkeit der Parteien kommt es nach Art. 1 Satz 2 ausdrücklich nicht an; zutreffend OLG Nürnberg vom 14. 6. 1965, ETR 1971, 247 (257f.) = AWD 1965, 339; Arrondissementsrechtbank Rotterdam, ETR 1971, 830 (834ff.). Daher ist die CMR zwingende Vertragsordnung für den gesamten aus- und eingehenden Straßengüterverkehr der Bundesrepublik Deutschland. Wie Kropholler AWD 1973, 402, zutreffend bemerkt, durfte daher das OLG Düsseldorf im Urteil vom 18. 11. 1971, VersR 1973, 177 = AWD 1973, 401 keine zusätzlichen Überlegungen darüber anstellen, ob bei einem Transport von der Türkei nach Deutschland die CMR eventuell als vereinbartes Recht gelten sollte.

Der Verkehr nach der DDR und der Verkehr durch die DDR in Drittländer fällt daher unter sie CMR, nicht dagegen der Transitverkehr von der Bundesrepublik Deutschland nach Westberlin und zurück. Denn bei diesen Transporten liegen Übernahme-und Ablieferungsort nicht in zwei verschiedenen Staaten. Ebensowenig ist die CMR anzuwenden, wenn die Bundesrepublik Deutschland nur Transitland ist, Übernahme- und Ablieferungsort dagegen im gleichen Staat liegen (z.B. von Österreich nach Österreich durch Deutschland oder von Freiburg i.Br. nach Aachen durch Frankreich); zutreffend Precht/Endrigkeit S. 45.

Deutsche Gerichte haben die CMR auch auf Transporte anzuwenden, die mindestens von oder nach einem außerdeutschen Mitgliedsland ausgeführt werden; z.B. von der DDR nach Frankreich; OLG Koblenz, VersR 1976, 1151.

3. Sachliche Ausnahmen von der Anwendbarkeit **Anm. 8**

Nach Art. 1 Abs. 4a gilt die CMR nicht für die Beförderung von Post; zumindest für das deutsche Recht ergäbe sich dies wohl bereits aus der Qualifikation des Postbenutzungsverhältnisses als öffentliches Rechtsverhältnis; siehe die Anm. zu § 452 HGB. Die Beförderung von Leichen (Art. 1 Abs. 4b) unterfällt auch im innerstaatlichen

Bereich nicht dem GüKG und der KVO, wenn sie in besonderen Leichenwagen erfolgt. Siehe § 4 Abs. 1 Ziff. 3 GüKG, Anh. I nach § 452.

Die Beförderung von Umzugsgut unterliegt nach Art. 1 Abs. 4c ebenfalls nicht der CMR. Für diese Beförderungsverträge gelten zunächst die allgemeinen Grundsätze des Kollisionsrechts; siehe Anm. 28 zu § 425. Soweit danach deutsches Recht anzuwenden ist, unterliegt die Beförderung in Möbeltransportfahrzeugen den BefBMö; Anh. IV nach § 452. Bei Beförderung in anderen Lastkraftwagen ist dagegen die KVO oder das Landfrachtrecht des HGB anwendbar; siehe §§ 37ff. GüKG, Anh. I nach § 452 und § 1 Abs. 4 KVO, Anh. II nach § 452. Dagegen gilt für die grenzüberschreitende Beförderung von Elektronikgeräten und Büromaschinen (die nicht Umzugsgut sind) die CMR, auch wenn sie in Möbelwagen erfolgt, da die CMR diese Transporte nicht von der Anwendung ausnimmt.

Anm. 9 **III. Völkerrechtliche Verbindlichkeit der CMR (Art. 1 Abs. 5)**

Die CMR legt in Art. 1 Abs. 5 ausdrücklich die Unzulässigkeit entgegenstehender völkerrechtlicher Vereinbarungen fest. Ausnahmen gelten nur für den Fall des kleinen Grenzverkehrs und für die Zulassung eines „das Gut vertretenden Frachtbriefs". Beide Arten von Sonderabkommen sind, zumindest durch die Bundesrepublik Deutschland, bisher nicht abgeschlossen worden; siehe auch Loewe, ETR 1976, 521.

Artikel 2

1. Wird das mit dem Gut beladene Fahrzeug auf einem Teil der Strecke zur See, mit der Eisenbahn, auf Binnenwasserstraßen oder auf dem Luftwege befördert und wird das Gut – abgesehen von Fällen des Artikels 14 – nicht umgeladen, so gilt dieses Übereinkommen trotzdem für die gesamte Beförderung. Soweit jedoch bewiesen wird, daß während der Beförderung durch das andere Verkehrsmittel eingetretene Verluste, Beschädigungen oder Überschreitungen der Lieferfrist nicht durch eine Handlung oder Unterlassung des Straßenfrachtführers, sondern durch ein Ereignis verursacht worden sind, das nur während und wegen der Beförderung durch das andere Beförderungsmittel eingetreten sein kann, bestimmt sich die Haftung des Straßenfrachtführers nicht nach diesem Übereinkommen, sondern danach, wie der Frachtführer des anderen Verkehrsmittels gehaftet hätte, wenn ein lediglich das Gut betreffender Beförderungsvertrag zwischen dem Absender und dem Frachtführer des anderen Verkehrsmittels nach den zwingenden Vorschriften des für die Beförderung durch das andere Verkehrsmittel geltenden Rechts geschlossen worden wäre. Bestehen jedoch keine solchen Vorschriften, so bestimmt sich die Haftung des Straßenfrachtführers nach diesem Übereinkommen.

2. Ist der Straßenfrachtführer zugleich der Frachtführer des anderen Verkehrsmittels, so haftet er ebenfalls nach Absatz 1, jedoch so, als ob seine Tätigkeit als Straßenfrachtführer und seine Tätigkeit als Frachtführer des anderen Verkehrsmittels von zwei verschiedenen Personen ausgeübt würden.

Inhaltsübersicht:

I. Allgemeines Anm. 1

II. Anwendungsvoraussetzungen des Art. 2 Anm. 2

2. Huckepackverkehr
2. Umladungsverkehr Anm. 3
3. Umladung nach Art. 14 Anm. 4

III. Folgen des Art. 2 CMR Anm. 5

1. Rechtsverhältnis zwischen Absender und CMR-Frachtführer
2. Haftungsverhältnisse zwischen CMR-Frachtführer und Huckepack-Beförderer Anm. 6

I. Allgemeines

Anm. 1

Art. 2 CMR trifft Sonderregelungen für bestimmte Fälle des kombinierten Transports. Für den sogenannten Huckepackverkehr gilt grundsätzlich die CMR, teilweise werden jedoch Haftungsbestimmungen für andere Transportmittel für anwendbar erklärt. Dies kann von Fall zu Fall für den Frachtführer günstiger oder ungünstiger sein; siehe unten Anm. 5. Siehe ferner zum Überblick über die möglichen Gestaltungen der Verträge beim kombinierten Transport Anm. 17ff. zu § 425 HGB.

Grundsätzlich hängt die Anwendbarkeit der CMR nur von der vertraglich übernommenen Verpflichtung ab; siehe Anm. 6 zu Art. 1. Ist diese Verpflichtung auf eine Straßenbeförderung gerichtet, und setzt der Frachtführer ganz oder teilweise ein anderes Beförderungsmittel ein, so ist dies an sich eine Vertragsverletzung, die in keinem Fall zu einer haftungsrechtlichen Besserstellung des Frachtführers führen darf. Daher ist die CMR auch in diesen Fällen für die Strecken, auf denen das Gut mit einem anderen Verkehrsmittel als dem Kraftfahrzeug befördert wird, anzuwenden; siehe Anm. 6 zu Art. 1 CMR.

Wird demgegenüber von Anfang an eine Umladung auf ein anderes Verkehrsmittels versprochen, wie dies im kombinierten Transport üblich ist (siehe Anm. 19 zu § 425), dann ist die tatsächliche Ausführung maßgeblich. In ihr liegt eine nachträgliche Leistungsbestimmung im Sinne von § 315 BGB durch den Frachtführer. Daher wird hier die übernommene Verpflichtung erst durch die konkrete Ausführung bestimmt.

Wird dem gegenüber von Anfang an eine Umladung auf ein anderes Verkehrsmittel vereinbart, so unterliegt der Vertrag nur dann und insoweit der CMR als er eine grenzüberschreitende Straßenbeförderung enthält.

II. Anwendungsvoraussetzungen des Art. 2

Anm. 2

1. Huckepackverkehr

Art. 2 Abs. 1 S. 1 CMR bestimmt den Anwendungsbereich des Art. 2 im Sinne des Huckepackverkehrs: Die Sonderregelung ist nur anwendbar, wenn nach der vertraglichen Vereinbarung das Straßenfahrzeug auf einem Teil der Strecke mit der Ladung auf einem Trägerbeförderungsmittel (Seeschiff, Eisenbahn, Binnschiff, Luftfahrzeug) befördert wird. Sollten andere als die genannten Beförderungsmittel später als Träger in Betracht kommen, so müßte Art. 2 analog angewandt werden; Loewe, ETR 1976, 523. Zu den Straßenfahrzeugen gehören auch Wechselaufbauten und Sattelauflieger, nicht dagegen Container und Paletten; Hill, ETR 1976, 183f.

2. Umladungsverkehr

Anm. 3

Nicht der CMR unterliegen demgegenüber die Transporte, wenn die Güter, sei es auch im Container oder auf oder in einer Palette, vom LKW auf ein anderes Transportmittel (z. B. Schiff oder Bahn) verladen werden; unstreitig, siehe Loewe, ETR 1976, 523. Verträge über die Beförderung von Containern von Großbritannien nach dem Kontinent unterliegen also nicht der CMR-Regelung, wenn die Container vom Kraftfahrzeug auf das Schiff und von dort wieder auf einen LKW verladen werden. Allerdings kann die verbleibende Beförderung auf dem Kontinent noch immer grenzüberschreitend sein, so daß auf die betreffende Reststrecke die CMR anzuwenden ist (z. B. von Antwerpen nach Deutschland). Erfolgt die Umladung eigenmächtig durch den Frachtführer, so bleibt die CMR anwendbar; Rechtbank van Koophandel Antwerpen, ETR 1978, 110 (116ff.).

Anm. 4 **3. Umladung nach Art. 14**

Wird das Gut wegen eines Beförderungshindernisses nach Art. 14 auf ein anderes Beförderungsmittel verladen (umgeladen), so wäre an sich die CMR voll anwendbar, da es auf die ursprüngliche (nunmehr durch das Beförderungshindernis unausführbar gewordene) Vereinbarung ankommt. Stattdessen erklärt jedoch Art. 2 Abs. 1 S. 1 offensichtlich die besondere Regelung des Art. 2 für anwendbar. Die Formulierung der CMR ist allerdings insoweit unklar, als offenbar die Voraussetzung der Beförderung des Gutes im Kraftfahrzeug auf dem Trägertransportmittel auch in diesem Fall erforderlich sein soll. Damit könnte eigentlich nur der Fall unter die Ausnahmen fallen, daß die Umladung auf ein anderes Kraftfahrzeug erfolgt und dieses seinerseits auf ein Trägerbeförderungsmittel verladen wird. Die Bestimmung soll jedoch wohl auch den Fall erfassen, daß ein beschädigtes Kraftfahrzeug mit Ladung auf einem anderen Beförderungsmittel weiterbefördert wird.

Anm. 5

III. Folgen des Art. 2 CMR

1. Rechtsverhältnis zwischen Absender und CMR-Frachtführer

Liegen die Voraussetzungen des Art. 2 Abs. 1 S. 1 vor, so gilt die CMR grundsätzlich für die gesamte Beförderung. Insbesondere auch die Fragen der Beförderungspapiere regeln sich ausschließlich nach der CMR. Für die Haftung trifft jedoch Art. 2 S. 2, 3 eine dem network-System im kombinierten Transport (siehe Anm. 22 zu § 425) nahekommende Regelung; zutreffend Loewe, ETR 1976, 524. Die Haftung für Transportgefahren des Trägerbeförderungsmittels richtet sich nämlich nach dem für dieses Beförderungsmittel geltenden zwingenden Recht. Die betreffende Rechtsordnung ist anwendbar, soweit ein Schaden durch ein Ereignis, das nur während und wegen der Beförderung durch das andere Beförderungsmittel eingetreten sein kann, verursacht ist.

Anzuwenden ist danach Seerecht, Binnenschiffahrtsrecht, Eisenbahnrecht oder Luftrecht. Zur Bestimmung des dann anwendbaren Rechts wird fiktiv ermittelt, welches Recht im Falle eines unmittelbaren Frachtvertrags zwischen CMR-Absender und Träger-Beförderer zwingend gelten würde; zutreffend Heuer, S. 176, Precht/Endrigkeit, S. 52. Zu den anwendbaren Normen des Deutschen Rechts siehe Anm. 4–7 zu § 425 und Anm. 72–75 zu § 429 HGB.

Soweit für diesen Fall kein internationales Abkommen gelten würde, muß nach den allgemeinen Grundsätzen des Kollisionsrechts (Anm. 28 zu § 425) zunächst fiktiv die anwendbare nationale Rechtsordnung ermittelt und überprüft werden, ob sie für diesen Fall zwingende Haftungsregelungen vorsieht (z. B. in Deutschland §§ 44ff. LuftVG oder im Falle der Beförderung mit dem Binnenschiff etwa anwendbares schweizerisches Binnenschiffahrtsrecht; siehe zur Übersicht Vreede, ETR 1975, 669ff.) Ergibt sich nach dieser Prüfung nicht die Anwendbarkeit zwingender Normen, dann ist gemäß Art. 2 Abs. 1 S. 3 wiederum die CMR auch für die Haftung zwingend maßgeblich. Haftungsfreizeichnungen sind demnach unwirksam; Heuer, S. 175f.

Die Beweislast für das Vorliegen eines für das Trägerbeförderungsmittel typischen Ereignisses trägt der Geschädigte; ausdrücklich Art. 2 Abs. 1 S. 2.

Die Lösung des Art. 2 CMR ist für den Frachtführer dann günstiger, wenn die anstelle der CMR anwendbaren Regeln weniger scharf sind (z. B. hinsichtlich der Haftungshöhe unter Umständen das Seerecht, § 660 HGB, soweit dieses zwingend gilt). Umgekehrt kann Art. 2 CMR auch zu verschärfter Haftung des CMR-Frachtführers führen, z. B. bei innerdeutschem Huckepackverkehr mit der Eisenbahn wegen der hohen Haftungsgrenzen des § 85 Abs. 1 EVO. In diesem Falle hat jedoch der

CMR-Frachtführer in aller Regel einen entsprechenden Regreßanspruch gegen den Huckepack-Beförderer.

Eine besondere Lage entsteht, wenn die Huckepack-Beförderung auf einem eigenen Träger-Beförderungsmittel des CMR-Frachtführers ausgeführt wird, z. B. bei Huckepackbeförderung von beladenen Straßengüterfahrzeugen der Deutschen Bundesbahn auf der Eisenbahn. Für diesen Fall sieht Art. 2 Abs. 2 eine Doppelfiktion vor, die allerdings nur klarstellt, daß nicht notwendig ein Frachtvertrag über die Benutzung des Trägerbeförderungsmittels abgeschlossen sein muß. Die anwendbare Schadenersatzregelung ist im Ergebnis die gleiche wie nach Abs. 1 S. 1; siehe Loewe, ETR 1976, 524; Precht/Endrigkeit, S. 54; Heuer, S. 177.

2. Haftungsverhältnisse zwischen CMR-Frachtführer und Huckepack-Beförderer **Anm. 6**

Die Haftungsverhältnisse zwischen CMR-Frachtführer und Huckepack-Beförderer werden von der CMR nicht geregelt. Zwischen diesen Parteien besteht ebenfalls ein Frachtvertrag, dessen Inhalt sich nach dem für das Träger-Beförderungsmittel geltenden Recht richtet. Zu beförderndes Gut im Sinne dieses Frachtvertrags ist das Kraftfahrzeug mit seiner Ladung. Dieser Frachtvertrag ermöglicht es dem CMR-Frachtführer, gegen den Huckepack-Frachtführer Regreß zu nehmen.

Kapitel II
Haftung des Frachtführers für andere Personen

Artikel 3

Der Frachtführer haftet, soweit dieses Übereinkommen anzuwenden ist, für Handlungen und Unterlassungen seiner Bediensteten und aller anderen Personen, deren er sich bei Ausführung der Beförderung bedient, wie für eigene Handlungen und Unterlassungen, wenn diese Bediensteten oder andere Personen in Ausübung ihrer Verrichtungen handeln.

Art. 3 CMR entspricht Art. 3 CIM und weitgehend auch § 431 HGB. Die sprachlichen Unterschiede spielen keine Rolle. Insbesondere hätte man die französische und englische Originalformulierung („préposés", „agents and servants") auch mit „Leute" übersetzen können, wie dies im Seerecht in § 607 Abs. 1 HGB für die ähnliche Formulierung der Haager Regeln geschehen ist; siehe hierzu Schaps/Abraham, Das deutsche Seerecht, Band II, 4. Aufl. 1978, Anm. 1 zu § 607 HGB. **Anm.**

Siehe im übrigen zur frachtrechtlichen Gehilfenhaftung die Anmerkungen zu § 431 HGB. Veröffentlichte Rechtsprechung zu Art. 3 CMR liegt, soweit ersichtlich, nicht vor.

Kapitel III
Abschluß und Ausführung des Beförderungsvertrages

Artikel 4

Der Beförderungsvertrag wird in einem Frachtbrief festgehalten. Das Fehlen, die Mangelhaftigkeit oder der Verlust des Frachtbriefes berührt weder den Bestand noch die Gültigkeit des Beförderungsvertrages, der den Bestimmungen dieses Übereinkommens unterworfen bleibt.

Anm. 1 **1. Rechtsnatur und Wirkungen des CMR-Frachtbriefs**

Die Rechtsnatur und die Rechtswirkungen des CMR-Frachtbriefes entsprechen allgemeinen frachtrechtlichen Grundsätzen. Siehe dazu die Anmerkungen zu § 426 HGB.

Anm. 2 **2. Bedeutung des CMR-Frachtbriefes für den Vertragsabschluß**

Nach Art. 4 S. 2 hat das Fehlen, die Mangelhaftigkeit und der Verlust des Frachtbriefs keinen Einfluß auf die Gültigkeit des CMR-Frachtvertrags. Der CMR-Frachtvertrag ist daher kein Formalvertrag (zur Formalvertragstheorie im Recht der KVO siehe Anm. 3–6 zu § 15 KVO, Anh. II nach § 452). Dies ist in Literatur und Rechtsprechung einhellig anerkannt; OLG Köln, AWD 1975, 162; Cour d'Appel de Paris, ETR 1969, 913; Precht/Endrigkeit, Anm. 1 zu Art. 4 CMR; Muth, zu Art. 4 CMR; Heuer, S. 39f. mit zahlreichen weiteren Literaturhinweisen; Precht/Endrigkeit, S. 84; Loewe ETR 1976, 509f.; Züchner, VersR 1964, 221f.; Hill, ETR 1976, 186f. Dies schließt auch aus, daß dem CMR-Frachtvertrag ein Wagenstellungsvertrag im Sinne von § 14 KVO vorausgeht. Vielmehr kommt der Frachtvertrag sofort bei Bestellung des Kraftwagens zustande, wobei es auf die Ausstellung des Frachtbriefs oder die Übernahme des Frachtguts nicht ankommt. Der CMR-Frachtvertrag ist somit auch kein Realvertrag; zur Realvertragstheorie siehe Anm. 7 bis 10 zu § 15 KVO. Stellt der Frachtführer den Wagen nicht, so gelten hierfür die §§ 325, 326 BGB; zutreffend LG Bremen, ETR 1966, 692 (696f.); Züchner, VersR 1964, 222.

Tarifrechtlich ist dagegen die Ausstellung des Frachtbriefs zumindest im Verhältnis zu Frankreich, Italien und den Benelux-Staaten vorgeschrieben; siehe Art. 4 der betreffenden sog. bilateralen Tarife, Abdruck bei Hein/Eichhoff/Pukall, GüKG, C 801ff.

Artikel 5

1. (1) Der Frachtbrief wird in drei Originalausfertigungen ausgestellt, die vom Absender und vom Frachtführer unterzeichnet werden. (2) Die Unterschriften können gedruckt oder durch den Stempel des Absenders oder des Frachtführers ersetzt werden, wenn dies nach dem Recht des Staates, in dem der Frachtbrief ausgestellt wird, zulässig ist. (3) Die erste Ausfertigung erhält der Absender, die zweite begleitet das Gut, die dritte behält der Frachtführer.

2. Ist das zu befördernde Gut auf mehrere Fahrzeuge zu verladen oder handelt es sich um verschiedenartige oder um in verschiedene Posten aufgeteilte Güter, können sowohl der Absender als auch der Frachtführer verlangen, daß so viele Frachtbriefe ausgestellt werden, als Fahrzeuge zu verwenden oder Güterarten oder -posten vorhanden sind.

Anm. 1 **1. Ausfertigungen**

Der in Deutschland übliche Frachtbriefsatz besteht aus vier Blättern, von denen das Deckblatt (weiß) für die Frachtenprüfung durch die Bundesanstalt für den Güterfernverkehr bestimmt ist. Der erste Durchschlag (rosa) ist für den Absender, der zweite (blau) für den Empfänger, der dritte (grün) für den Frachtführer bestimmt. Die Farben entsprechen internationaler Üblichkeit. Siehe insbesondere Muth, zu § 5 CMR. Danach stimmt die Abfolge der Blätter im deutschen Formularsatz nicht exakt mit Art. 5 Abs. 1 Satz 3 CMR überein. Jedoch steht dies nicht im Widerspruch zu Art. 5 CMR; a. A. Precht/Endrigkeit Anm. 5 zu Art. 5 CMR. Zutreffend weist Muth, a. a. O. darauf hin, daß ein unterschriebener Durchschlag als Original zu behandeln ist.

2. Unterschrift, Druck oder Stempelung Anm. 2

Grundsätzlich sind alle drei Originalausfertigungen vom Frachtführer und vom Absender zu unterschreiben. Gedruckte Unterschriften oder ihr Ersatz durch einen Stempel reichen aus, wenn das Recht des Staates, in dem der Frachtbrief ausgestellt ist, dies zuläßt. § 426 Abs. 2 Ziff. 9 HGB läßt eine „im Wege mechanischer Vervielfältigung hergestellte Unterschrift" ausreichend sein. Demnach läßt das deutsche Recht sowohl Druck wie Stempel als Ersatz der Unterschrift zu. Die Auffassung, daß § 15 Abs. 2 KVO maßgeblich sei (Muth, zu Art. 5 CMR) überzeugt nicht. Vielmehr ist die Ergänzung unmittelbar aus dem Landfrachtrecht des HGB zu finden; siehe Anm. 5 zu Art. 1 CMR. Unzutreffend auch Precht/Endrigkeit, die offenbar die in § 426 geregelte Frage der Rechtsprechung überlassen wollen.

3. Bedeutung der Ausfertigungen Anm. 3

Die verschiedenen Ausfertigungen haben unterschiedliche Bedeutung. Alle drei können Beweisfunktion übernehmen; siehe überblicksweise Anm. 3 ff. zu § 426 HGB.

Die Absenderausfertigung kann als Sperrpapier nach Art. 12 Abs. 5a CMR dienen. Siehe dazu Anm. 13 zu § 426 HGB.

Artikel 6

1. Der Frachtbrief muß folgende Angaben enthalten:
(a) Ort und Tag der Ausstellung;
(b) Name und Anschrift des Absenders;
(c) Name und Anschrift des Frachtführers;
(d) Stelle und Tag der Übernahme des Gutes sowie die für die Ablieferung vorgesehene Stelle;
(e) Name und Anschrift des Empfängers;
(f) die übliche Bezeichnung der Art des Gutes und die Art der Verpackung, bei gefährlichen Gütern ihre allgemein anerkannte Bezeichnung;
(g) Anzahl, Zeichen und Nummern der Frachtstücke;
(h) Rohgewicht oder die anders angegebene Menge des Gutes;
(i) die mit der Beförderung verbundenen Kosten (Fracht, Nebengebühren, Zölle und andere Kosten, die vom Vertragsabschluß bis zur Ablieferung anfallen);
(j) Weisungen für die Zoll- und sonstige amtliche Behandlung;
(k) die Angabe, daß die Beförderung trotz einer gegenteiligen Abmachung den Bestimmungen dieses Übereinkommens unterliegt.

2. Zutreffendenfalls muß der Frachtbrief ferner folgende Angaben enthalten:
1. das Verbot umzuladen;
2. die Kosten, die der Absender übernimmt;
3. den Betrag einer bei der Ablieferung des Gutes einzuziehenden Nachnahme;
4. die Angabe des Wertes des Gutes und des Betrages des besonderen Interesses an der Lieferung;
5. Weisungen des Absenders an den Frachtführer über die Versicherung des Gutes;
6. die vereinbarte Frist, in der die Beförderung beendet sein muß;
7. ein Verzeichnis der dem Frachtführer übergebenen Urkunden.
8. Die Parteien dürfen in den Frachtbrief noch andere Angaben eintragen, die sie für zweckmäßig halten.

Inhaltsübersicht:

1. Pflicht zur Eintragung von Tatsachen in den Frachtbrief Anm. 1
2. Fehlen einzelner Angaben Anm. 2
3. Nicht eingetragene Nebenabreden nach Art. 6 Abs. 2 CMR Anm. 3
4. Die einzelnen Angaben nach Art. 6 Abs. 1 Anm. 4
5. Die Angaben nach Art. 6 Abs. 2 CMR Anm. 5
6. Zusätzliche Angaben nach Art. 6 Abs. 3 CMR Anm. 6

Anm. 1 **1. Pflicht zur Eintragung von Tatsachen in den Frachtbrief**

Nach beiden Absätzen des Art. 6 CMR „muß" der Frachtbrief die unter den einzelnen Buchstaben aufgezählten Angaben enthalten. In den nach Art. 51 allein maßgeblichen englischen und französischen Fassungen heißt es: „shall contain" und „doit contenir". Danach erscheint es schon fraglich, ob Art. 6 CMR überhaupt als „Mußvorschrift" qualifiziert werden kann. Sicher ist nur, daß die Parteien die Pflicht haben, die Angaben in den Frachtbrief einzutragen; zutreffend Loewe, ETR 1976, 529. Verstöße gegen diese Pflicht haben teilweise in der CMR geregelte Folgen (Art. 7 CMR). Auf den Bestand des Frachtvertrags selbst ist die Verletzung dieser Pflicht ohne Einfluß (Art. 4 S. 2 CMR).

Anm. 2 **2. Fehlen einzelner Angaben**

Welche weiteren Konsequenzen das Fehlen oder die Unvollständigkeit von Frachtbriefangaben hat, wird in der CMR nicht geregelt. Da die Rechtslage weitgehend der nach HGB und KVO bestehenden entspricht, kann daher auf Anm. 22 zu § 426 und Anm. 5 zu § 11 KVO, Anh. II nach § 452 verwiesen werden. Auch bei Fehlen einzelner Angaben kann daher noch immer ein Frachtbrief vorliegen. Doch kann z.B. die Beweiswirkung vermindert sein.

Anm. 3 **3. Nicht eingetragene Nebenabreden nach Art. 6 Abs. 2 CMR**

Hinsichtlich der in Art. 6 Abs. 2 vorgesehenen Angaben wird die Auffassung vertreten, alle dort erwähnten Nebenabreden seien ungültig, wenn sie nicht im Frachtbrief eingetragen seien; Muth zu Art. 6 (S. 53) für den Fall der Lieferfristvereinbarung; ebenso Precht/Endrigkeit, Anm. 5 zu Art. 6 CMR; wohl auch Voigt, VersR 1953, 501ff.; neuestens LG Kleve, VersR 1978, 761f. Auch der Leitsatz der Entscheidung des OLG Stuttgart vom 24. 1. 1967, NJW 1967, 1054 steht auf diesem Standpunkt. Die Entscheidung selbst enthält jedoch nur den Satz: „übrigens ist im Frachtbrief eine Lieferfrist nicht vereinbart (Art. 6 Abs. 2f., vgl. Art. 9 Abs. 1 CMR)." Dieser Satz deutet eher darauf hin, daß lediglich der Beweis nicht als erbracht angesehen wurde, weil die Lieferfristvereinbarung nicht im Frachtbrief eingetragen war.

Nach der häufiger vertretenen Gegenmeinung sind dagegen solche Abreden auch ohne Eintragung im Frachtbrief gültig; OLG Saarbrücken, VersR 1972, 757 (758); OLG Köln, AWD 1975, 162 (betr. eine Nachnahmeanweisung nach Art. 6 Abs. 2c). Danach entfällt bei Nebenabreden außerhalb des Frachtbriefs nur der Beweisvorteil des Art. 9 CMR. Zustimmend Heuer, S. 133f. mit weiteren Literaturangaben; ebenso OLG Saarbrücken, VersR 1972, 757 (758) für die mündliche Vereinbarung einer Lieferfrist. Gegen OLG Stuttgart, a.a.O. auch Libouton, ETR 1973, S. 25, 54 und Loewe, ETR 1976, 531f.; wohl auch Voigt, VP 1965, 184.

Auch das Urteil des BGH vom 28. 2. 1975, NJW 1975, 1597 =LM CMR Nr. 7 = MDR 1975, 554 = WM 1975, 347 = DB 1975, 1074 geht wohl davon aus, daß die in Art. 6 Abs. 2e CMR vorgesehene Eintragung von Weisungen des Absenders über die Versicherung des Gutes keinem Formzwang unterliegt. Der beklagte Spediteur hatte als CMR-Frachtführer die Verpflichtung zur Versicherung der transportierten Güter übernommen. Offenbar lagen keine Eintragungen im Frachtbrief hierüber vor, da in der Vorinstanz darüber gestritten wurde, in welcher Weise – evtl. nachträglich durch Anerkenntnis in Gestalt eines Fernschreibens – der Frachtführer die Pflicht zur Deckung der Versicherung übernommen haben könnte. Die Feststellung der Vorinstanzen, der Frachtführer habe die Pflicht zur Versicherung übernommen, wurde vom BGH nicht beanstandet. Sie hätte beanstandet werden müssen, wenn die Eintragung im Frachtbrief eine Gültigkeitsvoraussetzung gewesen wäre.

Mit der wohl überwiegenden Auffassung ist der Formzwang für frachtvertragliche Abreden nach der CMR abzulehnen – soweit das Abkommen nicht, wie z. B. in Art. 24 und 26, die Eintragung im Frachtbrief zum Wirkungserfordernis macht. Da der Frachtvertrag selbst formfrei ist, können die in Art. 6 Abs. 2 erwähnten Einzelheiten ohne Ausstellung eines Frachtbriefs im voraus vereinbart werden. Es wäre absurd, später die Verbindlichkeit etwa durch Telex gegebener Lieferfristzusagen deshalb zu verneinen, weil ihre Eintragung im Frachtbrief versäumt worden ist. Außerdem würde jede nachträgliche Vereinbarung z.B. über Nachnahmeerhebung, Lieferfristen oder Versicherung nach Ausstellung des Frachtbriefs durch den Formzwang praktisch weitgehend unmöglich gemacht werden. Die Problematik entspricht der nach § 11 Abs. 2 KVO bestehenden. Siehe daher auch die dortige Anm. 6.

4. Die einzelnen Angaben nach Art. 6 Abs. 1 Anm.4

Hinsichtlich der einzelnen in Abs. 1 vorgesehenen Angaben kann auf Anm. 22 zu § 426 und 8ff. zu § 11 KVO verwiesen werden. Es treten jedoch Besonderheiten hinzu, die sich aus der Internationalität des CMR-Frachtvertrags ergeben. Der Ort der Ausstellung (Buchstabe a) spielt z.B. eine Rolle für die Bestimmung des nach Art. 5 Abs. 1 S. 2 ergänzend anzuwenden nationalen Rechts. Die Stelle der Übernahme des Gutes oder die für die Ablieferung vorgesehene Stelle (Buchstabe d) entscheiden über die Anwendbarkeit der CMR überhaupt (Art. 1 Abs. 1 CMR). Die Angabe, daß die Beförderung der CMR unterliegt (Buchstabe k) kann es unter Umständen ermöglichen, die CMR auch vor Gerichten, die durch die Rechtsanwendungsregeln der CMR nicht gebunden sind, als vereinbartes Recht zu behandeln; siehe Anm. 1 zu Art. 1 CMR.

5. Die Angaben nach Art. 6 Abs. 2 CMR Anm. 5

Die Nichteintragung der meisten in Abs. 2 aufgeführten Angaben im Frachtbrief schließt nur die Beweiswirkung des Frachtbriefs, nicht dagegen anderweitige Nachweise entsprechender Vereinbarung aus; siehe oben Anm. 3. Zur Nachnahmeerhebung (Buchstabe c) siehe Art. 21 und die dortige Kommentierung; zur Angabe des Werts der Sendung und des besonderen Lieferinteresses (Buchstabe d) siehe Art. 24 und 26; bei diesen Angaben ist die Eintragung im Frachtbrief konstitutiv; siehe Anm. 2 zu Art. 24 und die Anm. zu Art. 26; zur Lieferfristvereinbarung (Buchstabe f) siehe Art. 19 und Art. 17 Anm. 28f. Das Verzeichnis der dem Frachtführer übergebenen Urkunden (Buchstabe g) hat insbesondere für Art. 11 Bedeutung; siehe dort Anm. 6.

6. Zusätzliche Angaben nach Art. 6 Abs. 3 CMR Anm. 6

Die Eintragung weiterer den Frachtvertrag oder die Güter betreffende Angaben ist ohne Einschränkung zulässig nach Art. 6 Abs. 3. Hierzu kommt insbesondere die Rückseite der Frachtbriefformulare in Betracht. Diese Angaben nehmen an der Beweiskraft des Frachtbriefs nach Art. 9 Abs. 1 teil. Hierzu gehört z. B. die Begründung eines anfänglichen Empfänger-Verfügungsrechts nach Art. 12 Abs. 3. Auch die Vereinbarung über die Verwendung offener Fahrzeuge ist nach Art. 6 Abs. 3 CMR in den Frachtbrief einzutragen. Die Eintragung ist Voraussetzung des Haftungsausschlusses des Art. 17 Abs. 4a CMR; siehe dazu Anm. 14 zu Art. 17.

Artikel 7

(1) Der Absender haftet für alle Kosten und Schäden, die dem Frachtführer dadurch entstehen, daß folgende Angaben unrichtig oder unvollständig sind:

a) die in Artikel 6 Absatz 1, Buchstabe b, d, e, f, g, h und j bezeichneten Angaben;

b) die in Artikel 6 Absatz 2 bezeichneten Angaben;

c) alle anderen Angaben oder Weisungen des Absenders für die Ausstellung des Frachtbriefes oder zum Zwecke der Eintragung in diesen.

(2) Trägt der Frachtführer auf Verlangen des Absenders die in Absatz 1 bezeichneten Angaben in den Frachtbrief ein, wird bis zum Beweise des Gegenteils vermutet, daß der Frachtführer hierbei im Namen des Absenders gehandelt hat.

(3) Enthält der Frachtbrief die in Artikel 6 Absatz 1 Buchstabe k bezeichneten Angaben nicht, so haftet der Frachtführer für alle Kosten und Schäden, die dem über das Gut Verfügungsberechtigten infolge dieser Unterlassung entstehen.

Inhaltsübersicht:

I. Haftung des Absenders für unrichtige oder unvollständige Angaben im Frachtbrief Anm. 1

1. Rechtsnatur der Haftung

2. Gründe der Haftung Anm. 2

3. Eintragungen durch den Frachtführer für den Absender (Art. 7 Abs. 2) Anm. 3

II. Haftung des Frachtführers für fehlenden Hinweis auf die Geltung der CMR (Art. 7 Abs. 3 CMR) Anm. 4

I. Haftung des Absenders für unrichtige oder unvollständige Angaben im Frachtbrief

Anm. 1 **1. Rechtsnatur der Haftung**

Die in Art. 7 Abs. 1 vorgesehene Haftung für fehlerhafte Angaben im Frachtbrief oder zum Frachtbrief setzt unstreitig kein Verschulden voraus. Sie entspricht damit sehr weitgehend der Regelung in § 426 Abs. 3 HGB und in den Spezialbestimmungen anderer Bereiche des Frachtrechts, z. B. § 13 KVO. Siehe dazu Anm. 23 zu § 426 und Anm. 1ff. zu § 13 KVO, Anh. II nach § 452.

Anm. 2 **2. Gründe der Haftung**

Der Absender haftet zunächst für alle unrichtigen oder unvollständigen Angaben, die der Frachtbrief enthält. Ausgenommen sind die Buchstaben a (Ort und Tag der Ausstellung), c (Name des Frachtführers) und i (Fracht- und Kostenangaben), die entweder vom Frachtführer einzutragen oder von ihm zu kontrollieren sind. Fehlen die Angaben nach Art. 7 Abs. 1 völlig, so tritt keine Haftung des Absenders ein. Der Frachtführer hat dann die Möglichkeit, die Eintragung der Angaben vom Absender nach Art. 6 zu verlangen, soweit dessen Kenntnisse hierfür erforderlich sind. Er kann bis dahin die Ausführung der Beförderung verweigern.

Die Haftung tritt auch ein, wenn die unrichtigen oder unvollständigen Angaben des Absenders nicht in den Frachtbrief eingetragen sind. Es genügt, wenn die Mitteilung der Angaben von ihm stammt; dies ergibt sich deutlich aus Art. 7 Abs. 1c und Art. 7 Abs. 2.

3. Eintragungen durch den Frachtführer für den Absender (Art. 7 Abs. 2) Anm. 3

Die deutsche Übersetzung der nach Art. 51 CMR ausschließlich maßgeblichen englischen und französischen Texte des Art. 7 Abs. 2 ist unpräzise; nach den Originaltexten wird vermutet, daß der Frachtführer mit der Eintragung „on behalf of" bzw. „comme agissant pour le compte de l'expéditeur" gehandelt hat. Da es sich nicht um einen Fall von Stellvertretung handelt, ist die Frage, in wessen Namen der Frachtführer die Eintragung vornimmt, ohne Interesse. Vielmehr soll die Vorschrift wohl eine Vermutung dafür begründen, daß der Frachtführer entsprechend dem ihm erteilten Auftrag gehandelt habe. Im Ergebnis bedeutet danach Art. 7 Abs. 2: Hat der Frachtführer den Frachtbrief „auf Verlangen" des Absenders ausgefüllt, so werden diese Angaben grundsätzlich so behandelt, als hätte sie der Absender selbst eingetragen, als hätte der Frachtführer als Gehilfe des Absenders in Erfüllung der Absenderpflichten gegenüber sich selbst ordnungsgemäß gehandelt. Dies entspricht § 13 Abs. 2 KVO; siehe dort Anm. 7.

Den Nachweis für das (zumindest konkludente) „Verlangen des Absenders" hat der Frachtführer zu erbringen; zutreffend Loewe, ETR 1976, 535. Die durch Art. 7 Abs. 2 CMR begründete Vermutung bezieht sich dann nur darauf, daß der Frachtführer bei der Eintragung ordnungsgemäß gehandelt hat. Der Absender kann jedoch diese Vermutung entkräften, indem er z. B. nachweist, daß der Frachtführer von den ihm übermittelten Angaben abgewichen ist oder eigenmächtig seine eigenen Angaben eingetragen hat. Besonders ist dieser Nachweis auch geführt, wenn die Frachtbriefeintragungen von den Unterlagen abweichen, die dem Frachtführer vom Absender hierfür zur Verfügung gestellt worden sind oder wenn der Frachtführer es übernommen hat, selbständig die Angaben zu ermitteln und in den Frachtbrief einzutragen, und hierbei unsorgfältig verfahren ist.

II. Haftung des Frachtführers für fehlenden Hinweis auf die Geltung der CMR (Art. 7 Abs. 3 CMR) Anm. 4

Der Hinweis auf die Geltung der CMR (Art. 6 Abs. 1k) dient der Sicherung der Anwendbarkeit der CMR vor Gerichten von Nicht-Mitgliedsstaaten; siehe dazu Anm. 1 zu Art. 1 CMR. Fehlt dieser Hinweis, so kann dies dazu führen, daß der Vertrag nicht nach der CMR, sondern nach anderen Rechtsnormen beurteilt wird. Bei Transporten von und nach der Bundesrepublik Deutschland kann dies nur vor einem Gericht geschehen, das an die Rechtsanwendungsregeln des Art. 1 CMR nicht gebunden ist, also vor einem Gericht eines Nicht-Mitgliedsstaates. Vor den Gerichten von Mitgliedsstaaten kann allenfalls ein Schaden dadurch entstehen, daß der Verfügungsberechtigte die Voraussetzungen der Anwendbarkeit der CMR im Prozeß nachweisen muß; siehe Loewe, ETR 1976, 535; Heuer, S. 144f. Verschlechtert sich durch das Fehlen des Hinweises auf die CMR die Rechtsstellung des Verfügungsberechtigten, dann kann er nach Art. 7 Abs. 3 vom Frachtführer Ausgleich dieser Nachteile verlangen. Diese Regelung kann aber praktisch nur in einem besonderen Prozeß wirksam werden, der gegen den Frachtführer vor einem Gericht geführt wird, das seinerseits an die Rechtsanwendungsregeln der CMR gebunden ist. Zu den mit Art. 7 Abs. 3 CMR verbundenen Problemen siehe Loewe, ETR 1976, 535f. und Heuer, S. 146f., die darauf hinweisen, daß Art. 7 Abs. 3 praktisch eine Korrektur ausländischer Urteile durch Gerichte von CMR-Staaten erzwingt.

Artikel 8

1. Der Frachtführer ist verpflichtet, bei der Übernahme des Gutes zu überprüfen

a) die Richtigkeit der Angaben im Frachtbrief über die Anzahl der Frachtstücke und über ihre Zeichen und Nummern;

b) den äußeren Zustand des Gutes und seiner Verpackung.

2. Stehen dem Frachtführer keine angemessenen Mittel zur Verfügung, um die Richtigkeit der in Absatz 1 Buchstabe a) bezeichneten Angaben zu überprüfen, so trägt er im Frachtbrief Vorbehalte ein, die zu begründen sind. Desgleichen hat er Vorbehalte zu begründen, die er hinsichtlich des äußeren Zustandes des Gutes und seiner Verpackung macht. Die Vorbehalte sind für den Absender nicht verbindlich, es sei denn, daß er sie im Frachtbrief ausdrücklich anerkannt hat.

3. Der Absender kann vom Frachtführer verlangen, daß dieser das Rohgewicht oder die anders angegebene Menge des Gutes überprüft. Er kann auch verlangen, daß der Frachtführer den Inhalt der Frachtstücke überprüft. Der Frachtführer hat Anspruch auf Ersatz der Kosten der Überprüfung. Das Ergebnis der Überprüfung ist in den Frachtbrief einzutragen.

Inhaltsübersicht:

I. Allgemeines Anm. 1

II. Überprüfung des Frachtguts durch den Frachtführer nach Art. 8 Anm. 2

1. Überprüfung des Frachtguts nach Art. 8 Abs. 1 CMR Anm. 3
   a) Überprüfung der Anzahl der Frachtstücke sowie der Zeichen und Nummern (Art. 8 Abs. 1 a CMR) Anm. 4
   b) Überprüfung des äußeren Zustandes des Frachtguts und der Verpackung (Art. 8 Abs. 1 b CMR) Anm. 5
   c) Vorbehalte nach Art. 8 Abs. 2 CMR Anm. 6
2. Überprüfung auf Verlangen des Absenders (Art. 8 Abs. 3 CMR) Anm. 7
   a) Überprüfung des Gewichts oder der Menge (Art. 8 Abs. 3 S. 1)
   b) Überprüfung des Inhalts Anm. 8
   c) Kosten der Überprüfung Anm. 9
   d) Eintragung des Untersuchungsergebnisses im Frachtbrief Anm. 10

Anm. 1

I. Allgemeines

Art. 8 CMR ist vor allem im Zusammenhang mit Art. 9 und 10 CMR zu sehen. Siehe daher zu den Auswirkungen der Untersuchung, der unterlassenen Untersuchung und der Eintragungen im Frachtbrief Anm. 2, 3 zu Art. 9 und Anm. 3 zu Art. 10 CMR.

Anm. 2

II. Überprüfung des Frachtguts durch den Frachtführer nach Art. 8

Der CMR-Frachtführer hat bei der Übernahme das Frachtgut zu überprüfen. Die in Abs. 1 bezeichneten Überprüfungen obliegen dem Frachtführer ohne weitere Voraussetzungen. In Abs. 3 sind demgegenüber diejenigen Überprüfungsmaßnahmen aufgeführt, zu denen er nur auf Verlangen des Absenders verpflichtet ist. Wird dieses Verlangen nicht erhoben, so besteht keine Überprüfungspflicht; Beispielsfall: LG Offenburg, VersR 1969, 560 (561).

Anm. 3

1. Überprüfung des Frachtguts nach Art. 8 Abs. 1 CMR

Hinsichtlich der in Art. 8 Abs. 1 vorgesehenen Überprüfung des Frachtguts auf Zahl, Zeichen, Nummern und äußerem Zustand von Gut und Verpackung ist zweifelhaft, ob den Frachtführer eine echte Schuldnerpflicht trifft. Die englischen und französischen Originaltexte (siehe Art. 51) sprechen von „shall check“ und „est tenu de verifier". Daraus ergibt sich nicht eindeutig, ob echte, erzwingbare schuldrechtliche Verpflichtungen oder nur Obliegenheiten gemeint sind. Eher ist an die Bezeichnung einer echten Schuldnerpflicht zu denken, wie etwa in Art. 14 Abs. 1 (Heuer S. 99 Fn 263). Eindeutig ist nach Art. 9 Abs. 2, daß die Beweiswirkung des Frachtbriefs durch die Eintragung begründeter Vorbehalte widerlegt werden kann. Der Frachtführer verliert daher mit der Versäumnis der Überprüfung und der Eintragung des begründeten Vorbehalts eine Möglichkeit, die Beweisfunktion des Frachtbriefs zu seinen Gunsten zu durchbrechen. Er muß dann z. B. bei äußerlich erkennbaren Mängeln dem einzelnen beweisen, daß diese bereits bei Annahme des Guts vorhanden waren; siehe OLG Düsseldorf vom 8. 5. 1969, ETR 1970, 447 (466) (Beweis nicht geführt); OLG Düsseldorf vom 7. 2. 1974, VersR 1975, 638f. (Beweis geführt); Tribunal de Commerce Charleroi, ETR 1977, 776 (782). Ferner kann das Fehlen der Vorbehalte die Ersatzansprüche des Frachtführers nach Art. 10 beeinträchtigen. Darüber hinaus könnte die Unterlassung der Überprüfung des Frachtguts den Frachtführer evtl. zu einer Haftung verpflichten, wenn hierdurch dem Absender oder Empfänger ein Schaden entstünde. Ein solcher Fall kann z. B. vorliegen, wenn tiefgefrorenes Importobst wegen mangelhafter Überprüfung der Gefriertemperatur zur Beförderung übernommen wird und dann nach dem Transport für den Empfänger entwertet ist; OLG Karlsruhe v. 18. 10. 1967, DB 1967, 2002. Dies würde jedoch das Bestehen einer echten Schuldnerpflicht voraussetzen. Für die KVO ist eine solche Pflicht wohl zu bejahen; siehe Anm. 9 zu § 16 KVO. Für die CMR wird die Frage jedoch überwiegend verneint: Heuer, S. 98; Precht/Endigkeit zu Art. 8 CMR; Muth Anm. zu Art. 8 CMR; wohl auch Loewe, ETR 1976, 537; Voigt, VP 1970, 173ff.; Züchner, VersR 1969, 682 (688); OLG Düsseldorf, VersR 1975, 232 und VersR 1975, 638 (639). Eine Haftung aus positiver Vertragsverletzung wegen Verletzung der Untersuchungspflicht nach Art. 8 Abs. 1b nimmt dagegen das OLG Karlsruhe im Urt. v. 1. 10. 1967, DB 1967, 2022, an. Für die Beförderung verderblicher Lebensmittel stellt das internationale Übereinkommen ATP (Anm. 17 zu Art. 17 a. E.) in seinen Anhängen Standards für die Überprüfung auf.

Die Möglichkeit, daß zwischen Frachtführer und Absender unter Umständen eine Verpflichtung zur Überprüfung des Frachtvertrags bei Abschluß ausdrücklich vereinbart wird, ist im Hinblick auf Art. 41 CMR zweifelhaft.

a) Überprüfung der Anzahl der Frachtstücke sowie der Zeichen und Nummern (Art. 8 Abs. 1a CMR) Anm. 4

Der Frachtführer hat die Angaben im Frachtbrief mit dem Frachtgut selbst zu vergleichen. Stehen ihm keine angemessenen Mittel dafür zur Verfügung, ist z. B. eine sehr große Anzahl von verladenen Einzelstücken praktisch nicht zählbar, oder sind Zeichen oder Nummern unleserlich geworden, dann entfällt die Prüfungspflicht. Der Frachtführer muß aber entsprechende Vorbehalte im Frachtbrief eintragen und dort auch begründen, warum die Mittel dafür nicht zur Verfügung standen. Zum Vorbehalt siehe eingehender unten Anm. 6.

b) Überprüfung des äußeren Zustandes des Frachtguts und der Verpackung (Art. 8 Abs. 1b CMR) Anm. 5

Die Prüfungsobliegenheiten des Frachtführers beziehen sich nach Art. 8 Abs. 1b auch auf den äußeren Zustand und die Verpackung des Frachtguts. Auch insoweit kann der Frachtführer durch Eintragung begründeter Vorbehalte die Beweiswirkung des Frachtbriefs nach Art. 9 Abs. 2 widerlegen; Art. 8 Abs. 2 S. 2 CMR. Die Begründung muß sich hier auf die Mängel in Zustand und Verpackung beziehen.

Unter „äußerem Zustand" kann allerdings nur derjenige Zustand des Gutes verstanden werden, der sich mit den Mitteln und der Sorgfalt überprüfen läßt, die dem CMR-Frachtführer zur Verfügung stehen; zutreffend Muth zu Art. 8 CMR, der auf die englischen und französischen Originaltexte („apparent condition" und „état apparent") hinweist. Vom Frachtführer können weder besondere Warenkenntnisse noch spezielle Prüfeinrichtungen verlangt werden. Führt er mit einem Gefrierfahrzeug Beförderungen aus, so dürfte er wohl verpflichtet sein, die Temperatur des Guts bei Übernahme zu überprüfen, allerdings nur soweit dies mit dem bei einem Thermofahrzeug normalerweise vorhandenen Gerät möglich ist; wieweit dies der Fall ist, kann als Tatfrage nicht generell beantwortet werden. Grundsätzlich zutreffend für eine Überprüfungspflicht OLG Karlsruhe, DB 1967, 2022 (tiefgekühlte Kartoffeln); dagegen Voigt, VP 1970, 173, Muth a. a. O. und Precht/Endrigkeit zu Art. 8 CMR; ferner OLG Stuttgart vom 18. 12. 1968, ablehnend zitiert bei Züchner, VersR 1969, 686f. Von einem Frachtführer, der sich darauf spezialisiert hat, kälteempfindliche Pflanzen in geheizten Fahrzeugen zu befördern, kann eine Überprüfung des äußeren Zustandes der Pflanzen bei Übernahme verlangt werden; Cour d'Appel Toulouse, ETR 1972, 412 (415f.).

Anm. 6 **c) Vorbehalte nach Art. 8 Abs. 2 CMR**

Nach Art. 8 Abs. 2 kann der Frachtführer sich durch Vorbehalte im Frachtbrief gegen Beweisnachteile sichern. Einmal kann er einen Vorbehalt eintragen, wenn ihm keine angemessenen Möglichkeiten zur Prüfung der Angaben über die Anzahl der Frachtstücke und über Zeichen und Nummern zur Verfügung stehen. Zum anderen kann er nach S. 2 Vorbehalte hinsichtlich des äußeren Zustandes der Güter und ihrer Verpackung eintragen. Die Begründung im Frachtbrief ist Wirksamkeitsvoraussetzung dieser Vorbehalte; Loewe, ETR 1976, 538. Sie muß auch in die Absenderausfertigung und zwar vor der Übergabe an den Absender eingetragen worden sein; Loewe, a. a. O.

Die vom Frachtführer eingetragenen Vorbehalte sind für den Absender ohne dessen im Frachtbrief eingetragene ausdrückliche Anerkennung lt. Abs. 2 S. 3 nicht verbindlich. Diese Regelung stellt einen Widerspruch zu Art. 9 und 10 CMR dar. Sie kann daher nur mit entsprechender Einschränkung interpretiert werden. Die Vorbehalte sind insoweit doch verbindlich, als sie die Beweiswirkungen des Frachtbriefs nach Art. 9 und die Haftung nach Art. 10 ausschließen. Darüber hinaus entfalten sie jedoch keine Wirkung zu Lasten des Absenders, wenn er sie nicht im Frachtbrief anerkannt hat. Der anerkannte Vorbehalt erbringt somit Beweis zugunsten des Frachtführers für das Bestehen äußerer Mängel, der nicht anerkannte Vorbehalt stellt dagegen eine völlig offene Beweislage her; zutreffend Loewe, ETR 1976, 539. Für völlige Unverbindlichkeit nicht anerkannter Vorbehalte Voigt, VP 1970, 173. Auch diese Auffassung ist nach dem Text der CMR vertretbar. Art. 9 Abs. 2 CMR müßte dann so interpretiert werden, daß dort nur vom Absender anerkannte Vorbehalte gemeint seien. Der Frachtführer könnte sich dann aber ohne Mitwirkung des Absenders nicht gegen die Beweisregelung nach Art. 9 Abs. 2 schützen. Ihm bliebe nichts anderes übrig, als die Beförderung überhaupt zu verweigern. Daher ist die von Loewe, a. a. O. vertretene differenziertere Lösung vorzuziehen.

Die offene Beweislage, die nach dieser Meinung durch den nicht anerkannten Vorbehalt entsteht, zwingt freilich den Ersatzverlangenden ebenfalls, nachzuweisen, daß der Schaden nach Annahme der Güter durch den Frachtführer entstanden ist, die Güter also unbeschädigt übernommen worden sind. Andererseits kann sich z. B. der Frachtführer, wenn er sich auf Verpackungsmängel nach Art. 17 Abs. 4b CMR berufen will, nicht auf einen nicht anerkannten Vorbehalt stützen, sondern muß den Verpackungsmangel nachweisen.

2. Überprüfung auf Verlangen des Absenders (Art. 8 Abs. 3 CMR) Anm. 7

a) Überprüfung des Gewichts oder der Menge (Art. 8 Abs. 3 S. 1)

Nach Art. 8 Abs. 3 S. 1 CMR muß der Frachtführer auf Verlangen des Absenders auch das Rohgewicht oder die anders (z. B. in Raummaßen) angegebene Menge überprüfen und das Ergebnis der Prüfung in den Frachtbrief eintragen. Diese Überprüfung und Eintragung ist für den Absender z. B. von Bedeutung, wenn er mit der Absenderausfertigung des Frachtbriefs gegenüber seinem Abkäufer oder der finanzierenden Akkreditivbank den Nachweis der Übernahme bestimmter Waren führen will. Dies ist etwa der Fall, wenn die Absenderausfertigung als Dokument im Sinne von Art. 24 der einheitlichen Richtlinien und Gebräuche für Dokumentenakkreditive (ERG) verwendet wird. Die Pflicht zur Überprüfung des Frachtguts nach Art. 8 Abs. 3 S. 1 ist eine echte Schuldnerpflicht, weil der Absender auf den Vermerk im Frachtbrief unter Umständen dringend angewiesen ist. Die englischen und französischen Originaltexte sind hier ebenfalls eindeutig formuliert („the sender shall be entitled" und „l'expéditeur a le droit ...").

b) Überprüfung des Inhalts Anm. 8

Der Frachtführer hat auf Verlangen auch den Inhalt der Frachtstücke zu überprüfen. Dabei kann es sich allerdings nur um eine oberflächliche, für den Frachtführer zumutbare Prüfung handeln. Denn der Frachtführer verfügt nicht über ausreichende Warenkenntnis für eine eingehende Prüfung der Qualität und des inneren Zustands der Güter.

c) Kosten der Überprüfung Anm. 9

Der Frachtführer hat nach Art. 8 Abs. 3 S. 3 CMR Anspruch auf Ersatz der Kosten der Überprüfung. Wird ihm hierfür kein Vorschuß entsprechend den ergänzend anwendbaren §§ 675, 669 BGB gewährt, so kann er die Untersuchung verweigern.

d) Eintragung des Untersuchungsergebnisses im Frachtbrief Anm. 10

Die Eintragung des Untersuchungsergebnisses im Frachtbrief verbessert die Beweislage zugunsten des Absenders. Denn dann kann der Absender im Schadensfall beweisen, daß der Frachtführer das Gut ohne Schäden von ihm übernommen hat. Versäumt der Frachtführer die Eintragung, so muß er sich wohl ebenso behandeln lassen, wenn er nicht seinerseits nachweisen kann, daß der Schaden bei Übernahme des Gutes doch bereits bestanden hat.

Artikel 9

1. Der Frachtbrief dient bis zum Beweise des Gegenteils als Nachweis für den Abschluß und Inhalt des Beförderungsvertrages sowie für die Übernahme des Gutes durch den Frachtführer.

2. Sofern der Frachtbrief keine mit Gründen versehenen Vorbehalte des Frachtführers aufweist, wird bis zum Beweise des Gegenteils vermutet, daß das Gut und seine Verpackung bei der Übernahme durch den Frachtführer äußerlich in gutem Zustande waren und daß die Anzahl der Frachtstücke und ihre Zeichen und Nummern mit den Angaben im Frachtbrief übereinstimmten.

I. Der Frachtbrief als Beweis für den Abschluß und Inhalt des Frachtvertrags (Art. 10 Abs. 1 CMR) Anm. 1

Der CMR-Frachtbrief wird nach Art. 5 Abs. 1 CMR von Absender und Frachtführer unterzeichnet. Er erbringt daher nach Art. 9 Abs. 1 CMR (widerleglichen)

Beweis für den Abschluß, aber auch für den Inhalt des Frachtvertrags. Da der Frachtbrief nach Art. 4 S. 2 CMR für die Gültigkeit des Frachtvertrags ohne Bedeutung ist, können diese Tatsachen auch auf andere Weise nachgewiesen werden. Siehe zur Beweiswirkung des Frachtbriefs allgemein Anm. 3 zu § 426 HGB.

Der CMR-Frachtbrief erbringt auch Beweis dafür, daß die in ihm aufgeführte Person Absender ist; für einen Spediteur als Frachtführer siehe OLG München vom 30. 10. 1974, VersR 1975, 129 (130). Auch der im Frachtbrief angegebene Bestimmungsort ist nicht verbindlich, wenn nachgewiesen werden kann, daß auch eine inländische Anschlußbeförderung vereinbart war; auf diese ist dann die CMR anzuwenden; Rechtbank van Koophandel Antwerpen, ETR 1977, 411 (417).

Beim Fehlen einzelner der in Art. 6 vorgeschriebenen Angaben kann für die betreffenden Vereinbarungen ebenfalls durch andere Beweismittel Beweis erbracht werden, str. Siehe dazu Anm. 2, 3 zu Art. 6.

Die Beweiswirkung nach Art. 9 Abs. 1 erstreckt sich auch auf die Übernahme des Gutes durch den Frachtführer. Siehe zu den nach der CMR unterschiedlichen Arten der Beweiswirkung (international): Loewe, ETR 1976, 540. Nach deutschem Recht dürften beide Absätze des Art. 9 als echte Beweislastregeln anerkannt sein.

Anm. 2 **II. Beweiskraft der Angaben über das Gut (Art. 9 Abs. 2 CMR)**

1. Beweisgrundsatz

Grundsätzlich, d. h. wenn der Frachtbrief keine Vorbehalte enthält, erbringen auch die Angaben über den äußeren guten Zustand von Gut und Verpackung bei der Übernahme durch den Frachtführer sowie über die Zahl der übernommenen Frachtstücke und die Übereinstimmung ihrer Zeichen und Nummern mit den Frachtbriefangaben Beweis. Auch diese Beweiswirkung ist widerleglich; zutreffend Willenberg, VersR 1969, 561. Siehe vergleichend Anm. 5 zu § 426 HGB. Die Beweiswirkung für den Zustand kann nur soweit reichen, wie etwaige Mängel vom Frachtführer bei ordnungsgemäßer Untersuchung nach Art. 8 Abs. 1 b CMR entdeckt werden konnten. Siehe zur Überprüfungspflicht Anm. 5 zu Art. 8.

Anm. 3 **2. Vorbehalte im Frachtbrief**

Die Beweiswirkung ist ausgeschlossen, wenn der Frachtführer in den Frachtbrief mit Gründen versehene Vorbehalte eingetragen hat. Siehe hierzu Art. 8 Abs. 2 und dort Anm. 5. Die Anerkennung der Vorbehalte durch den Absender nach Art. 8 Abs. 2 S. 3 ist für die Durchbrechung der Beweiswirkung nach Art. 9 Abs. 2 nicht erforderlich; str., siehe Anm. 6 zu Art. 8 CMR und vergleichend Anm. 8ff. zu § 426 HGB.

Artikel 10

Der Absender haftet dem Frachtführer für alle durch mangelhafte Verpackung des Gutes verursachten Schäden an Personen, am Betriebsmaterial und an anderen Gütern sowie für alle durch mangelhafte Verpackung verursachten Kosten, es sei denn, daß der Mangel offensichtlich oder dem Frachtführer bei der Übernahme des Gutes bekannt war und er diesbezüglich keine Vorbehalte gemacht hat.

Anm. 1 **I. Haftungsgrundsatz**

Der Absender haftet nach Art. 10 CMR dem Frachtführer für Schäden und Kosten, die durch die mangelhafte Verpackung des Gutes verursacht sind. Die Haftung setzt kein Verschulden des Absenders voraus. Sie entspricht weitgehend der in § 18 Abs. 3 KVO vorgesehenen Haftung; siehe dazu Anm. 6 zu § 18 KVO, Anh. II nach

§ 452. Über den Umfang der Verpackungspflicht bestimmt die CMR nichts. Auch aus Art. 17 Abs. 4 b läßt sich nichts Präzises herleiten. Siehe daher Anm. 2 zu § 18 KVO.

Die Vorschrift setzt voraus, daß der Frachtführer auch Schäden, die nicht ihm selbst, sondern Dritten entstanden sind, ersetzt verlangen kann. Dies gilt insbesondere von Personenschäden beim Personal des Frachtführers und seiner Subunternehmer, für Schäden an gemietetem Betriebsmaterial und an Gütern dritter Absender. Diese Drittschäden können vom Frachtführer liquidiert werden. Es ist nicht erforderlich, daß der Frachtführer seinerseits dem Dritten gegenüber haftpflichtig ist.

II. Kostentragung

Anm. 2

Neben der Schadenshaftung ordnet Art. 10 auch eine Kostentragungspflicht des Absenders an. In Betracht kommen vor allem die Kosten der Nachverpackung, der erforderlichen Sicherungsarbeiten für Fahrzeug und andere Ladung und die Kosten der Reinigung; ferner die Kosten, die durch Zeitverluste, zusätzliche behördliche Kontrollen usw. entstehen.

III. Beweislast und Ausnahmen

Anm. 3

Wer den Beweis für die mangelhafte Verpackung zu führen hat, wird von der CMR nicht ausdrücklich bestimmt. Nach allgemeinem Beweisrecht muß daher der Frachtführer, der sich auf Art. 10 beruft, dessen Voraussetzungen beweisen. Dem Absender steht demgegenüber zunächst die Möglichkeit zur Verfügung, den Beweis des Gegners zu entkräften, d. h. seinerseits darzutun, daß die Verpackung nicht mangelhaft war. Zusätzlich läßt Art. 10 jedoch auch dann die Haftung entfallen, wenn der Mangel offensichtlich oder dem Frachtführer bei der Übernahme bekannt war. Hierfür ist der Absender beweispflichtig.

Die Haftungsbefreiung entfällt jedoch, wenn der Frachtführer im Frachtbrief Vorbehalte nach Art. 8 Abs. 2 und Abs. 1 b gemacht hat – siehe hierzu Anm. 6 zu Art. 8. Der Grund für diese Rückausnahme liegt darin, daß der Absender durch den Vorbehalt ausreichend gewarnt ist und davon ausgegangen werden kann, daß er die Risiken, die mit der schlechten Verpackung verbunden sind, in Kauf nimmt.

In welcher Weise die Vorbehalte gemacht werden müssen, ist in Art. 10 nicht bestimmt. Insbesondere wird nicht erwähnt, ob sie im Frachtbrief enthalten oder mit einer Begründung versehen sein müssen. Ebensowenig wird die Anerkennung der Vorbehalte durch den Absender gefordert. Somit besteht an sich die Möglichkeit, jede Art mündlicher Vorbehalte als ausreichend zur Begründung der Haftung anzusehen. Eine analoge Anwendung der Einschränkung des Art. 8 Abs. 2, zumindest aber die Eintragung in den Frachtbrief wird überwiegend gefordert; Precht/Endrigkeit Anm. 3 zu Art. 10; Loewe, ETR 1976, 542. An der Richtigkeit dieser Einschränkung bestehen jedoch Zweifel. Zunächst ist bei der Erweiterung von Formalien stets Vorsicht geboten. Zum anderen bestehen auch Bedenken, ob diese Auffassung den Interessen der Beteiligten wirklich gerecht wird. Wenn schon der Absender durch jede Art von Beweis für die Offensichtlichkeit oder Kenntnis der Verpackungsmängel seine Haftung abwenden kann, so muß auch der Frachtführer seine Vorbehalte frei beweisen dürfen. Andernfalls würde der Frachtführer, der mit Rücksicht auf den Absender auf die Eintragung des Mängelvorbehalts im Frachtbrief verzichtet, die Sache aber offen mit dem Absender bespricht, seine Ersatzansprüche verlieren.

Artikel 11

1. Der Absender hat dem Frachtbrief die Urkunden beizugeben, die für die vor der Ablieferung des Gutes zu erledigende Zoll- oder sonstige amtliche Behandlung

notwendig sind, oder diese Urkunden dem Frachtführer zur Verfügung zu stellen und diesem alle erforderlichen Auskünfte zu erteilen.

2. Der Frachtführer ist nicht verpflichtet zu prüfen, ob diese Urkunden und Auskünfte richtig und ausreichend sind. Der Absender haftet dem Frachtführer für alle aus dem Fehlen, der Unvollständigkeit oder Unrichtigkeit der Urkunden und Angaben entstehenden Schäden, es sei denn, daß den Frachtführer ein Verschulden trifft.

3. Der Frachtführer haftet wie ein Kommissionär für die Folgen des Verlustes oder der unrichtigen Verwendung der im Frachtbrief bezeichneten und diesem beigegebenen oder dem Frachtführer ausgehändigten Urkunden; er hat jedoch keinen höheren Schadensersatz zu leisten als bei Verlust des Gutes.

Anm. 1 **I. Pflicht zur Stellung der Begleitpapiere und zur Auskunft (Art. 11 Abs. 1 CMR)**

Art. 11 Abs. 1 CMR entspricht inhaltlich § 427 S. 1 HGB und § 12 Abs. 1 KVO. Zusätzlich ist eine Auskunftspflicht des Absenders vorgesehen. Siehe zu den entsprechenden Regelungen Anm. 3 zu § 427 HGB und Anm. 2, 3 zu § 12 KVO, Anh. II nach § 452. Die Aufführung der Begleitpapiere im Frachtbrief ist im Gegensatz zur KVO nicht vorgesehen. Praktischer Fall: Fehlen der Einfuhrpapiere für Gefrierfleisch; achttägiger Aufenthalt an der spanischen Grenze, Kantongerecht Delft, ETR 1966, 722.

Anm. 2 **II. Prüfungspflicht des Frachtführes (Art. 11 Abs. 2 S. 1 CMR)**

Ebenso wie nach § 12 Abs. 1 S. 3 KVO trifft den Frachtführer keine Pflicht zur Prüfung der Begleitpapiere und Auskünfte. Nach der Rechtsprechung zur KVO bestehen jedoch Zweifel, ob dem Frachtführer die Unterlassung der Prüfung nicht doch unter Umständen als Mitverschulden anzurechnen ist, wenn ihm selbst durch fehlende oder fehlerhafte Papiere Schaden (z. B. durch Beschlagnahme des Fahrzeugs) entsteht; siehe dazu Anm. 4 zu § 12 KVO.

Anm. 3 **III. Haftung des Absenders (Art. 11 Abs. 2 S. 2 CMR)**

1. Haftungsgrundsatz

Ebenso wie nach § 427 S. 2 HGB und § 12 Abs. 1 S. 4 KVO haftet der Frachtführer nach Art. 11 Abs. 2 S. 2 CMR ohne Rücksicht auf Verschulden für alle aus unrichtigen Papieren entstehenden Schäden. Diese Haftung wird jedoch – insoweit abweichend vom innerdeutschen Recht – auch auf schuldlos unrichtige „Angaben" erweitert. Die deutsche Übersetzung der nach Art. 51 allein maßgeblichen englischen und französischen Fassungen ist unkorrekt und verschleiert einen zusätzlichen Haftungstatbestand. Der englische Originaltext spricht von Haftung für „absence, inadequacy or irregularity of such documents or information". Er nimmt damit auf Art. 11 Abs. 1 Bezug, wo ebenfalls der Ausdruck „information" benutzt wird. Die französische Fassung spricht von Haftung für Fehler „de ces documents et renseignements" und nimmt damit ebenfalls auf die gleichlautende Formulierung in Abs. 1 Bezug. Daher hätten in der deutschen Übersetzung korrekterweise die Ausdrücke „information" bzw. „renseignements" in beiden Absätzen gleich ausgedrückt werden müssen, nicht dagegen in Abs. 1 mit „Auskünfte" und in Abs. 2 S. 2 mit „Angaben". Nach dem Sinn der Regelung ist es kaum zweifelhaft, daß die CMR in Abs. 2 S. 2 eine Haftung ohne Verschulden auch für Auskünfte außerhalb der Begleitpapiere einführen wollte.

Anm. 4 **2. Haftungsbefreiung des Frachtführers bei Schäden an Frachtgütern**

Aus Art. 11 Abs. 2 S. 2 muß wohl auch der Schluß gezogen werden, daß der Frachtführer für Schäden am Frachtgut, die durch mangelhafte oder fehlende Begleitpapiere oder Auskünfte entstehen, nicht haftet. Danach würde Art. 11 Abs. 2 S. 2 einen besonderen Haftungsbefreiungsgrund innerhalb der Haftung nach Art. 17 CMR darstellen; Loewe, ETR 1976, 542f. Siehe ferner Anm. 11 zu § 34 KVO sowie Helm, Haftung S. 141; Heuer, S. 81f.

3. Ausnahme im Falle des Verschuldens des Frachtführers Anm. 5

Im Falle eines Verschuldens des Frachtführers tritt weder die Haftung des Absenders noch die vollständige Haftungsbefreiung des Frachtführers ein. Das Verschulden bezieht sich nicht auf die Prüfung der Begleitpapiere, zu welcher der Frachtführer nicht verpflichtet ist, sondern auf andere Verschuldenssituationen, etwa beim Versuch, die Grenze zu überschreiten, obwohl dem Frachtführer bewußt ist, die erforderlichen Dokumente nicht zu besitzen. Hinsichtlich der Haftung des Frachtführers kann in solchen Fällen eine Schadensteilung nach § 254 BGB in Betracht kommen; siehe dazu Helm, Haftung S. 140f.

IV. Haftung des Frachtführers für Verlust oder unrichtige Verwendung der Begleitpapiere (Art. 11 Abs. 3 CMR) Anm. 6

Entsteht durch den Verlust oder die unrichtige Verwendung der Begleitpapiere dem Absender oder Empfänger ein Schaden, so sieht Art. 11 Abs. 3 eine besondere Haftung des Frachtführers vor. Hinsichtlich ihrer Ausgestaltung wird auf die für die Haftung des Kommissionärs geltenden Bestimmungen verwiesen. Hier liegt zunächst eine Verweisung auf das ohne die Anwendbarkeit der CMR maßgebliche nationale Recht vor; siehe dazu Anm. 3f. zu Art. 1 CMR. Im deutschen Recht ist damit die Haftung „wie ein Transport-Kommissionär" also wie ein Spediteur gemeint; unstr., Heuer, S. 147ff.; Precht/Endrigkeit Anm. 3 zu Art. 11; Muth Anm. zu Art. 11; Voigt, VP 1965, 122 (123); Loewe, ETR 1976, 543. Maßgeblich sind daher §§ 407 Abs. 2, 390 HGB, daneben aber auch die allgemeinen Grundsätze der Leistungsstörungen, soweit keine Güterschäden, sondern allgemeine Vermögensschäden entstanden sind. Für die Zurechnung von Gehilfenhandlungen gilt anstelle von Art. 3 CMR hier § 278 BGB; Heuer, S. 149 mit weiteren Hinweisen. Die Verweisung auf das Speditionsrecht macht in Verbindung mit Art. 41 Abs. 1 CMR diese Bestimmungen zu zwingendem Recht. Daher können allgemeine Geschäftsbedingungen wie z. B. die ADSp nicht eingreifen; siehe auch Anm. 7 zu § 12 KVO. Die Haftung ist auf die für den Fall des Verlustes des Guts maßgeblichen Beträge beschränkt.

Nach richtiger Auffassung kommt es nicht darauf an, ob die betreffenden Begleitpapiere im Frachtbrief aufgeführt sind; Heuer, S. 150 mit eingehender Begründung auch für den Fall, daß die Begleitpapiere zwar dem Frachtführer übergeben, aber im Frachtbrief nicht aufgeführt waren.

Züchner, VersR 1969, 684f. meint, die Haftpflicht aus Art. 11 Abs. 3 CMR sei durch die üblichen CMR-Haftpflichtpolicen (zu diesen siehe Anm. 106 zu § 429 HGB) nicht abgedeckt. Bei Art. 11 Abs. 3 handele es sich nicht um eine frachtrechtliche Haftung. Dies ist jedoch nicht zutreffend. Wenn auch Art. 11 Abs. 3 auf das Speditionsrecht weiter verweist, so bleibt doch der Frachtvertrag der Haftungsgrund; zutreffend Heuer, S. 149 Fn. 503.

Die üblichen CMR-Policen gewähren global für die Haftung nach der CMR Deckung und schließen das Risiko nach Art. 11 Abs. 3 nicht aus. Die Versicherungsdeckung kann demnach nicht verneint werden. Sollten nach dem Wortlaut der einzelnen Policen noch Unklarheiten hierüber bestehen, so würde § 5 AGB-Gesetz nunmehr zur Auslegung im hier vertretenen Sinne zwingen.

Artikel 12

1. Der Absender ist berechtigt, über das Gut zu verfügen. Er kann insbesondere verlangen, daß der Frachtführer das Gut nicht weiterbefördert, den für die Ablieferung vorgesehenen Ort ändert oder das Gut einem anderen als dem im Frachtbrief angegebenen Empfänger abliefert.

2. Dieses Recht erlischt, sobald die zweite Ausfertigung des Frachtbriefes dem Empfänger übergeben ist oder dieser sein Recht nach Artikel 13 Absatz 1 geltend macht. Von diesem Zeitpunkt an hat der Frachtführer den Weisungen des Empfängers nachzukommen.

3. Das Verfügungsrecht steht jedoch dem Empfänger bereits von der Ausstellung des Frachtbriefes an zu, wenn der Absender einen entsprechenden Vermerk in den Frachtbrief eingetragen hat.

4. Hat der Empfänger in Ausübung seines Verfügungsrechtes die Ablieferung des Gutes an einen Dritten angeordnet, so ist dieser nicht berechtigt, seinerseits andere Empfänger zu bestimmen.

5. Die Ausübung des Verfügungsrechtes unterliegt folgenden Bestimmungen:

a) der Absender oder in dem in Absatz 3 bezeichneten Falle der Empfänger hat, wenn er sein Verfügungsrecht ausüben will, die erste Ausfertigung des Frachtbriefes vorzuweisen, worin die dem Frachtführer erteilten neuen Weisungen eingetragen sein müssen, und dem Frachtführer alle Kosten und Schäden zu ersetzen, die durch die Ausführung der Weisungen entstehen;

b) die Ausführung der Weisungen muß zu dem Zeitpunkt, in dem sie die Person erreichen, die sie ausführen soll, möglich sein und darf weder den gewöhnlichen Betrieb des Unternehmens des Frachtführers hemmen noch die Absender oder Empfänger anderer Sendungen schädigen;

c) die Weisungen dürfen nicht zu einer Teilung der Sendung führen.

6. Kann der Frachtführer auf Grund der Bestimmungen des Absatzes 5 Buchstabe (b) die erhaltenen Weisungen nicht durchführen, so hat er unverzüglich denjenigen zu benachrichtigen, der die Weisungen erteilt hat.

7. Ein Frachtführer, der Weisungen nicht ausführt, die ihm unter Beachtung der Bestimmungen dieses Artikels erteilt worden sind, oder der solche Weisungen ausführt, ohne die Vorlage der ersten Ausfertigung des Frachtbriefes verlangt zu haben, haftet dem Berechtigten für den daraus entstandenen Schaden.

Inhaltsübersicht

I. Überblick Anm. 1

II. Der Inhalt des Verfügungsrechts (Art. 12 Abs. 1 CMR) Anm. 2

1. Allgemeine Verfügungsmöglichkeit
2. Die einzelnen Verfügungen Anm. 3

III. Die Person des Verfügungsberechtigten Anm. 4

1. Allgemeines
2. Ersetzung des Absenderverfügungsrechtes durch das Verfügungsrecht des Empfängers Anm. 5
   a) Durch Übergabe der zweiten Ausfertigung an den Empfänger
   b) Durch Geltendmachung der Empfängeransprüche Anm. 6
   c) Durch Frachtbriefvermerk Anm. 7
   d) Grenzen des Empfänger-Verfügungsrechts Anm. 8

IV. Voraussetzungen und Einschränkungen des Verfügungsrechts (Art. 12 Abs. 5 CMR) Anm. 9

1. Vorlage der Absenderausfertigung des Frachtbriefs
2. Ersatz von Kosten und Schäden Anm. 10
3. Ausführbarkeit und Zumutbarkeit der Weisungen Anm. 11
4. Teilung der Sendung Anm. 12

V. Haftung für Nichtausführung von Weisungen Anm. 13

VI. Ausführung von Weisungen ohne Vorlage der Absenderausfertigung Anm. 14

I. Überblick

Anm. 1

Art. 12 regelt das frachtrechtliche Verfügungsrecht von Absender und Empfänger. Hinsichtlich der grundsätzlichen Fragen kann hierzu auf die Kommentierung zu § 433 HGB verwiesen werden. Zu der Frage, ob dem frachtrechtlich Verfügungsberechtigten auch die Schadensersatzansprüche aus dem Frachtvertrag zustehen, siehe Anm. 35 zu § 429 HGB sowie Anm. 30 zu Art. 17 CMR. Soweit die CMR-Bestimmungen über das Verfügungsrecht einzelne Fragen nicht genau regeln, muß zunächst eine Ergänzung aus der CMR heraus versucht werden. Eine ergänzende Anwendung der KVO, wie sie vom BGH im Urt. v. 10. 4. 1974, NJW 1974, 1614 (1615f.) = VersR 1974, 796 = LM Nr. 4 zu CMR) vorgenommen wird, ist abzulehnen; siehe Anm. 4f. zu Art. 1 CMR.

II. Der Inhalt des Verfügungsrechts (Art. 12 Abs. 1 CMR)

Anm. 2

1. Allgemeine Verfügungsmöglichkeit

Art. 12 Abs. 1 CMR bestimmt den Inhalt der frachtvertraglichen Verfügungsbefugnis in Satz 1 nicht präzise. Die in Satz 2 aufgezählten einzelnen Verfügungsmöglichkeiten stellen nur Beispielsfälle dar. § 433 Abs. 1 HGB ist zwar anders formuliert; es ist aber unstreitig, daß auch dort die aufgezählten Verfügungsmöglichkeiten nur Beispiele darstellen; siehe dazu Anm. 9 zu § 433.

2. Die einzelnen Verfügungen

Anm. 3

Art. 12 Abs. 1 S. 2 sieht drei spezielle Arten von Verfügungen vor: die Anhaltung, die Ablieferung am geänderten Ort und die Ablieferung an einen anderen Empfänger. Diese Verfügungen können auch gekoppelt werden, etwa durch vorübergehende Anhaltung, dann Auslieferung an anderem Ort an anderen Empfänger. Vorgeschrieben werden kann auch z. B. ein anderer als der vorgesehene Reiseweg oder die Rückbeförderung der Güter. Aus Abs. 5 ergeben sich jedoch Einschränkungen der Verfügungsbefugnis. Siehe im einzelnen zu den üblichen Verfügungen Anm. 3ff. zu § 27 KVO.

III. Die Person des Verfügungsberechtigten

Anm. 4

1. Allgemeines

Zunächst ist nach Abs. 1 der Absender verfügungsberechtigt. Er wird aber nach Abs. 2 in bestimmten Fällen durch den Empfänger abgelöst; siehe z. B. OLG Saarbrücken vom 21. 11. 1974, VersR 1976, 267 (269). Die CMR spricht hier, ganz wie § 433 Abs. 2 HGB, von „Erlöschen" des Verfügungsrechts. Doch ist zweifelhaft, ob hiermit ein endgültiges Erlöschen auch für den Fall gemeint ist, daß der Empfänger das Verfügungsrecht nicht ausübt. Bei Annahmeverweigerung läßt Art. 15 Abs. 2 S. 2 dann das Verfügungsrecht an den Absender zurückfallen. Nach richtiger Auffassung ergibt sich, soweit deutsches Recht ergänzend anzuwenden ist, jedoch auch in anderen Fällen der Nichtausübung aus der Anwendung von § 333 BGB ein Zurückfallen des Verfügungsrechts an den Absender; siehe dazu Anm. 26f. zu § 433 HGB; zur CMR besonders auch BGH vom 10. 4. 1974, VersR 1974, 796 (798) = NJW 1974, 1614 (1616) = MDR 1974, 733 = LM Nr. 4 zu CMR. Es kann angenommen werden, daß nach anderen Rechtsordnungen, die grundsätzlich keinen Vertrag zugunsten Dritter kennen, für die Praxis eine ähnliche Lösung begründet werden kann. Andernfalls ließe sich das Problem der Verfügung über nicht angenommene Güter nicht angemessen lösen.

Anm. 5 **2. Ersetzung des Absenderverfügungsrechtes durch das Verfügungsrecht des Empfängers**

Das Verfügungsrecht des Absenders wird in den folgenden Fällen durch das des Empfängers ersetzt; siehe aber Art. 15 Abs. 1 S. 2 und Anm. 3 zu Art. 15:

a) Durch Übergabe der zweiten Ausfertigung an den Empfänger

Das Verfügungsrecht des Absenders erlischt nach Art. 12 Abs. 2 S. 1, sobald die das Frachtgut begleitende zweite Ausfertigung des Frachtbriefs (Art. 5 Abs. 1 S. 2) dem Empfänger übergeben ist.

Anm. 6 **b) Durch Geltendmachung der Empfängeransprüche**

Als weiteren Grund für das Erlöschen des Verfügungsrechtes sieht Art. 12 Abs. 2 S. 1 die Geltendmachung der dem Empfänger nach Art. 13 Abs. 1 zustehenden Rechte vor. Diese bestehen vor allem in einem Anspruch auf Ablieferung von Gut und zweiter Frachtbriefausfertigung, im Verlustfall in dem Recht auf Geltendmachung der Ersatzansprüche. Bis zur Geltendmachung der Rechte durch den Empfänger ist der Absender auch nach Ankunft des Gutes noch verfügungsberechtigt. Dies führt aber im Ergebnis zu keiner Überschneidung der Verfügungsrechte; siehe Heuer, S. 154.

Anm. 7 **c) Durch Frachtbriefvermerk**

Der Empfänger erwirbt das Verfügungsrecht von der Ausstellung des Frachtbriefs an, wenn der Absender im Frachtbrief einen entsprechenden Vermerk eingetragen hat; Art. 12 Abs. 3 CMR. Wird der Frachtbrief – wie üblich – bei Übernahme der Güter durch den Frachtführer ausgestellt, so entsteht überhaupt kein Verfügungsrecht des Absenders. Wird jedoch der Frachtbrief erst nachträglich ausgestellt, so steht das Verfügungsrecht zunächst dem Absender, von der Ausstellung an dem Empfänger zu. Die Zulässigkeit der betreffenden Frachtbriefeintragung beruht auf Art. 6 Abs. 3 CMR. Ohne daß dies in der CMR genau bestimmt wäre, kann davon ausgegangen werden, daß dem Absender, soweit er dem Empfänger das Verfügungsrecht durch Frachtbriefvermerk zuwendet, kein eigenes Verfügungsrecht mehr zusteht. Nur bei dieser Interpretation kann die Wirkung des Frachtbriefvermerks, den Empfänger sicher vor anderweitiger Verfügung des Absenders zu schützen, erreicht werden. Ein Rückfall des Verfügungsrechts an den Absender muß jedoch bei Nichtannahme des Frachtguts auch in diesem Fall angenommen werden.

Anm. 8 **d) Grenzen des Empfänger-Verfügungsrechts**

Die Anordnung des Empfängers, das Frachtgut an einen Dritten abzuliefern, berechtigt nach Art. 12 Abs. 4 diesen nicht, seinerseits andere Empfänger zu bestimmen. Dies bedeutet, daß mit der ersten Benennung des Empfängers zwar noch eine weitere Person als Empfänger benannt werden kann, diese aber nicht mehr die Möglichkeit zur Weiterleitung der Empfängerrechte hat. Alle anderen Verfügungen kann der vom Empfänger benannte weitere Empfänger (Dritte) dagegen treffen.

Anm. 9 **IV. Voraussetzungen und Einschränkungen des Verfügungsrechts (Art. 12 Abs. 5 CMR)**

1. Vorlage der Absenderausfertigung des Frachtbriefs

Nach Art. 12 Abs. 5 setzt die Ausübung des Verfügungsrechtes durch den Empfänger die Vorlage der ersten Ausfertigung des Frachtbriefs (Absenderausfertigung, Art. 5 Abs. 1 S. 3 CMR) voraus. Die zu befolgenden neuen Weisungen müssen in diese Ausfertigung eingetragen sein. Damit kann der Absender, wenn er die erste

Ausfertigung des Frachtbriefs aus der Hand gibt, insbesondere wenn er sie an den Abnehmer der zu befördernden Güter weitergibt, über das Gut selbst nicht mehr verfügen. Daher eignet sich die erste Ausfertigung des Frachtbriefs als Sperrpapier; siehe Anm. 13 zu § 426 HGB.

Die Eintragung der Verfügung schützt den Frachtführer vor der Gefahr, wegen Falschauslieferung oder falscher Behandlung des Gutes haftbar gemacht zu werden. Führt der Frachtführer eine Absenderanweisung ohne Vorlegung der Absenderausfertigung des Frachtbriefs aus, so haftet er dem Berechtigten nach Abs. 7; siehe unten Anm. 14. Ausnahmsweise kann der Absender nach Art. 15 Abs. 1 S. 2 ohne Vorlage der Absenderausfertigung verfügen, wenn der Empfänger die Annahme verweigert; siehe Anm. 3 zu Art. 15.

Nach Art. 12 Abs. 5 a ist anzunehmen, daß die Absenderausfertigung des Frachtbriefs nur vorzuweisen, nicht aber dem Frachtführer zu übergeben ist. Die Übersetzung der englischen und französischen Originalausdrücke „produce" bzw. „presenter" wäre terminologisch besser entsprechend Art. 12 Abs. 7 mit „Vorlegen" übersetzt worden. Der Frachtführer kann somit die Absenderausfertigung des Frachtbriefs nicht als Beweisstück behalten. Jedoch kann im Prozeß ihre Vorlegung nach § 422 ZPO i.V. mit § 810 BGB erzwungen werden.

2. Ersatz von Kosten und Schäden **Anm. 10**

Der Frachtführer braucht die Anweisungen nur auszuführen gegen Ersatz der ihm entstehenden Kosten und Schäden; Art. 8 Abs. 5 a CMR. Dies wird von Loewe, ETR 1976, 544 bestritten, der einen Anspruch des Frachtführers auf Vorauszahlung oder Sicherheit nur bei begründeten Bedenken hinsichtlich der Zahlungsfähigkeit oder Zahlungswilligkeit anerkennen will. Der Text der CMR sagt zu dieser Frage nichts. Daher greifen bei Anwendung deutschen Rechts, da auch die Vorschriften des HGB schweigen, §§ 675, 669 BGB ein, wonach der Geschäftsführer Vorschuß für seine Aufwendungen verlangen kann. Bis zur Erfüllung dieser Vorschußpflicht steht ihm ein Zurückbehaltungsrecht nach § 273 Abs. 1 BGB zu. Es ist freilich möglich, daß das Verlangen eines Vorschusses in bestimmten Situationen rechtsmißbräuchlich sein kann. Immerhin ist jedoch zu bedenken, daß die Frage des gesetzlichen Frachtführer-Pfandrechts den nationalen Regelungen überlassen ist und daher dieses dem Frachtführer unter Umständen keine ausreichende Sicherheit bietet.

3. Ausführbarkeit und Zumutbarkeit der Weisungen **Anm. 11**

Nach Abs. 5 b muß, damit die Weisungen verbindlich sind, ihre Ausführung möglich sein. Diese Selbstverständlichkeit hätte keiner Regel bedurft. Darüber hinaus darf jedoch die Ausführung der Weisung den gewöhnlichen Betrieb des Unternehmens des Frachtführers nicht hemmen; vgl. dazu Anm. 14 zu § 27 KVO. Ferner darf sie die Absender oder Empfänger anderer Sendungen nicht schädigen. Dies kann vor allem dann eintreten, wenn mitverladene Güter Dritter durch die Verzögerung der Beförderung oder durch eine andere Straßenführung geschädigt würden. Nach Art. 12 Abs. 6 muß in den Fällen der Nichtausführung nach Abs. 5 b der Weisungsgeber unverzüglich benachrichtigt werden. Der Verstoß gegen die Benachrichtigungspflicht führt, ohne daß dies in der CMR besonders geregelt wäre, zur Schadensersatzpflicht nach den Grundsätzen der positiven Vertragsverletzung.

4. Teilung der Sendung **Anm. 12**

Unverbindlich ist auch eine Weisung, die zu einer Teilung der Sendung führen würde. „Sendung" ist hier die unter einem Frachtbrief reisende Partie; Loewe, ETR 1976, 545. Sollen also über zu befördernde Güter unter Umständen verschiedene

Weisungen erteilt werden, so ist es zweckmäßig, mehrere Frachtbriefe über jeweils einen Teil der Güter als Sendungen auszustellen.

Anm. 13 **V. Haftung für Nichtausführung von Weisungen**

Art. 12 Abs. 7 sieht eine unbegrenzte Haftung vor. Diese setzt kein zusätzliches Verschulden voraus und betrifft alle Schäden, die dem Berechtigten (Absender oder Empfänger) durch die Nichtausführung an anderen Vermögensbestandteilen als den beförderten Gütern entstehen. Für Güterschäden trifft demgegenüber Art. 17 CMR eine ausschließliche Regelung; Heuer, S. 159; siehe Anm. 31 zu Art. 17. Vorausgesetzt ist hierbei stets, daß die Weisung unter Wahrung der Voraussetzungen des Weisungsrechtes erteilt wurde. Insbesondere die Einschränkungen des Abs. 5 stellen den Frachtführer von der Befolgungspflicht und damit auch von der Haftung frei.

Anm. 14 **VI. Ausführung von Weisungen ohne Vorlage der Absenderausfertigung**

Der zweite in Abs. 7 enthaltene Tatbestand knüpft die Haftung an die Nichtvorlage der Absenderausfertigung. Er schützt somit den berechtigten Inhaber des Sperrpapiers; siehe oben Anm. 8. Vernünftigerweise muß dieser daher als „Berechtigter" angesehen werden. Denn nur er ist nach Abs. 5 a formal legitimiert, das Verfügungsrecht auszuüben. Allerdings ist nicht sicher, ob ihm auch das materielle Weisungsrecht zusteht. Würde man in solchen Fällen die Ersatzansprüche dem Absender zuwenden, so würde die Absenderausfertigung des Frachtbriefs ihre wertpapierähnliche Funktion nicht voll erfüllen können. Siehe zu weiteren Einzelheiten Heuer, S. 158.

Artikel 13

1. Nach Ankunft des Gutes an dem für die Ablieferung vorgesehenen Ort ist der Empfänger berechtigt, vom Frachtführer zu verlangen, daß ihm gegen Empfangsbestätigung die zweite Ausfertigung des Frachtbriefes übergeben und das Gut abgeliefert wird. Ist der Verlust des Gutes festgestellt oder ist das Gut innerhalb der in Artikel 19 vorgesehenen Frist nicht angekommen, so kann der Empfänger die Rechte aus dem Beförderungsvertrage im eigenen Namen gegen den Frachtführer geltend machen.

2. Der Empfänger, der die ihm nach Absatz 1 zustehenden Rechte geltend macht, hat den Gesamtbetrag der aus dem Frachtbrief hervorgehenden Kosten zu zahlen. Bei Streitigkeiten hierüber ist der Frachtführer zur Ablieferung des Gutes nur verpflichtet, wenn ihm der Empfänger Sicherheit leistet.

Anm. 1 **I. Rechte des Empfängers nach Ankunft des Frachtguts**

Art. 13 Abs. 1 CMR entspricht weitgehend § 435 S. 1 und 2 HGB. Siehe daher Anm. 4ff. zu § 435 HGB; zur Rechtstellung des Empfängers generell Anm. 1–3 zu § 435 HGB; zum Begriff der Ablieferung siehe Anm. 12ff. zu § 429 HGB.

Anm. 2 **1. Person des Empfängers**

Empfänger ist die Person, an die das Frachtgut adressiert ist; regelmäßig also der nach Art. 6 Abs. 1 e CMR im Frachtbrief angegebene Empfänger. In Betracht kommt aber auch der nach Art. 12 Abs. 1, 2 zu bestimmende Empfänger. Auch der nach Art. 12 Abs. 4 bestimmte „Dritte" ist Empfänger.

Anm. 3 **2. Rechte des Empfängers**

Der Empfänger erwirbt mit der Ankunft nach Art. 13 Abs. 1 S. 1 CMR zunächst die Ansprüche auf Ablieferung des Guts und der den Transport begleitenden zweiten

Ausfertigung des Frachtbriefs (Art. 5 Abs. 1 S. 3 CMR). Die Vorweisung der ersten Ausfertigung (Absenderausfertigung) durch den Empfänger ist hierbei im Gegensatz zu Art. 12 Abs. 5 a CMR nicht erforderlich; Loewe, ETR 1976, 545.

An die Geltendmachung dieser Ansprüche knüpft sich nach Art. 12 Abs. 2 in jedem Fall auch der Übergang des Verfügungsrechts vom Absender auf den Empfänger, soweit der Empfänger dieses nicht schon nach Art. 12 Abs. 3 früher erlangt hat. Ferner stehen dem Empfänger die Ersatzansprüche zu, wenn der Verlust festgestellt oder die Lieferfrist nach Art. 19 CMR überschritten ist; siehe hierzu Anm. 24ff. zu Art. 17 und Art. 19 CMR.

Der BGH läßt im Urteil vom 10. 4. 1974, NJW 1974, 1614 (1615) = VersR 1974, 1614 = LM Nr. 4 zu CMR = ETR 1975, 83 (86) die Frage offen, ob dem Empfänger nur die Ermächtigung zur Geltendmachung der Rechte oder aber die volle Rechtsinhaberschaft zustehe. Nach Auffassung des BGH-Urteils vom 1. 10. 75, VersR 1976, 168 soll neben dem Empfänger auch der Absender zur Geltendmachung der Rechte berechtigt sein.

Art. 13 Abs. 1 S. 2 betrifft an sich nicht die Ansprüche wegen Beschädigung des Frachtguts. Auch diese müssen jedoch vom Empfänger geltend gemacht werden können; Helm, Haftung S. 37, 46f., 155f.; OLG Hamm vom 4. 11. 1971, VersR 1973, 911 (912) = ETR 1974, 499ff.; siehe ferner Anm. 30 zu Art. 17.

Ein besonderes Verfahren zur Feststellung des Verlustes sieht die CMR nicht vor. Als festgestellt muß der Verlust aber betrachtet werden, wenn die Frist des Art. 20 Abs. 2 abgelaufen ist (Loewe, ETR 1976, 545) oder wenn dem Empfänger oder Absender der Verlust vom Frachtführer mitgeteilt worden ist. Verlust des Gutes oder Überschreitung der Lieferfrist liegen nicht vor, wenn der Absender aufgrund des ihm zustehenden Verfügungsrechts nach Art. 12 Abs. 1 CMR die Rücksendung angeordnet hat; Arrondissementsrechtbank Middelburg, vom 26. 6. 1963, Schip en Schade 1974, Nr. 30 = ETR 1966, 736; Loewe, ETR 1976, 545f.

II. Zahlungspflicht des Empfängers **Anm. 4**

Art. 13 Abs. 2 CMR entspricht § 436 HGB insoweit, als der Empfänger verpflichtet wird, die aus dem Frachtbrief hervorgehenden Kosten zu zahlen. Siehe dazu Anm. 14ff. zu § 436. Wann genau der Zahlungsanspruch des Frachtführers gegen den Empfänger entsteht, ist nach Art. 13 Abs. 2 CMR nicht klar. Jedoch muß man wohl davon ausgehen, daß der Frachtführer den Anspruch erst mit der Ablieferung erlangt, und daß ihm bis zur Leistung des Betrages oder der vorgesehenen Sicherheit ein Zurückbehaltungsrecht zusteht. Welcher Art die zu leistende Sicherheit sein muß, bestimmt die CMR nicht. Sie sagt auch nichts darüber, nach welchem Recht sich diese Sicherheit zu bestimmen hat. Zweckmäßigerweise sollte sich die Sicherheitsleistung nach dem Recht des Zahlungsortes richten – in Deutschland also nach § 232ff. BGB.

Ein Anspruch des Frachtführers auf Erstattung von Kosten gegen den Empfänger kann sich ausnahmsweise auch ohne Vorliegen der Voraussetzungen des Art. 13 Abs. 2 aus dem Gesichtspunkt der Geschäftsführung ohne Auftrag ergeben (§ 683 BGB).

Die Pflicht zur Zahlung und Sicherheitsleistung bezieht sich nach der jetzigen Fassung der CMR nicht auf die Geltendmachung der Verfügungsrechte nach Art. 12, deren Ausführung der Frachtführer nur von der Zahlung der zusätzlichen Kosten und Schäden abhängig machen darf. Die ursprünglichen sich aus dem Frachtbrief ergebenden Ansprüche muß er demgegenüber gegen den endgültigen Empfänger bei Ablieferung des Gutes geltend machen.

Artikel 14

1. Wenn aus irgendeinem Grunde vor Ankunft des Gutes an dem für die Ablieferung vorgesehenen Ort die Erfüllung des Vertrages zu den im Frachtbrief festgelegten Bedingungen unmöglich ist oder unmöglich wird, hat der Frachtführer Weisungen des nach Artikel 12 über das Gut Verfügungsberechtigten einzuholen.

2. Gestatten die Umstände jedoch eine von den im Frachtbrief festgelegten Bedingungen abweichende Ausführung der Beförderung und konnte der Frachtführer Weisungen des nach Artikel 12 über das Gut Verfügungsberechtigten innerhalb angemessener Zeit nicht erhalten, so hat er die Maßnahmen zu ergreifen, die ihm im Interesse des über das Gut Verfügungsberechtigten die besten zu sein scheinen.

Anm. 1

I. Allgemeines

Art. 14 CMR behandelt die Rechtspflichten des Frachtführers beim Auftreten von Beförderungshindernissen. Hierunter sind solche Hindernisse zu verstehen, die der Ausführung des Frachtvertrages vor der Ankunft am Ablieferungsort entgegenstehen. Die sog. Ablieferungshindernisse sind demgegenüber in Art. 15 geregelt. Sie liegen vor, wenn das Gut nach seiner Ankunft nicht abgeliefert werden kann.

Die Regelung der Beförderungshindernisse in Art. 14 CMR hat Parallelen in anderen frachtrechtlichen Bereichen; siehe dazu § 428 Abs. 2 HGB und Anm. 7ff. zu § 428, sowie § 28 Abs. 1 bis 4 KVO und Anm. 3ff. zu § 28 KVO, Anhang II nach § 452.

Art. 14 CMR unterscheidet zwischen zwei Fällen der Verhinderung der Ausführung des Frachtvertrags: Abs. 1 behandelt solche Fälle, in denen die Erfüllung des Vertrages zu den vorgesehenen Bedingungen überhaupt unmöglich ist; Abs. 2 betrifft dagegen solche Fälle, in denen die Umstände immerhin noch eine abweichende Art der Erfüllung ermöglichen. Der erstere Fall entspricht ungefähr den sog. nichtbehebbaren Beförderungshindernissen des § 28 Abs. 2 KVO; der zweite den behebbaren Hindernissen des § 28 Abs. 1 KVO.

Anm. 2

II. Verfahren bei nicht behebbaren Beförderungshindernissen (Art. 14 Abs. 1 CMR)

1. Voraussetzungen

Art. 14 setzt voraus, daß die Erfüllung des Frachtvertrages zu den im Frachtbrief festgelegten Bedingungen unmöglich wird. Anders als § 28 Abs. 2 KVO betrifft die Bestimmung nicht nur die Beförderungspflicht, sondern möglicherweise auch andere im Frachtbrief übernommene Pflichten, z.B. eine bestimmte Zollbehandlung oder Pflege des Transportguts.

Die Bestimmung setzt Unmöglichkeit voraus. In Übereinstimmung mit den englischen und französischen Originalfassungen stellt auch der deutsche Text nicht darauf ab, ob die Erfüllung dem Frachtführer unmöglich wird, sondern spricht nur generell von Unmöglichkeit. Darunter ist demnach die objektive Unmöglichkeit zu verstehen; Precht/Endrigkeit, Anm. 1 zu Art. 14 CMR. Tritt nur subjektive Unmöglichkeit ein, so muß der Frachtführer einen Dritten (in der Regel einen Unterfrachtführer) für die Ausführung heranziehen.

Maßgeblich sind die im Frachtbrief vorgesehenen Bedingungen, nach denen sich der Frachtführer zu richten hat. Widersprechen sich Frachtvertrag und Frachtbrief, so ist der letztere für Art. 14 maßgeblich. Ist dagegen ein Frachtbrief überhaupt nicht ausgestellt, dann wird man wohl Art. 14 Abs. 1 analog anzuwenden haben. An die Stelle der im Frachtbrief vorgesehenen treten die im Frachtvertrag abgesprochenen Bedingungen.

Zu den im Frachtbrief aufgeführten Bedingungen gehören z. B. Umladungsverbote, Lieferfristen, vorgeschriebene Reiserouten; Loewe, ETR 1976, 547.

Unmöglichkeit ist nicht gegeben, wenn der Frachtführer den Vertrag unter zumutbaren zusätzlichen Erschwernissen noch erfüllen kann, also z. B. durch Umladung oder Umwegbeförderung. Die Frage des evtl. geschuldeten zusätzlichen Entgelts wird in der CMR nicht geregelt und muß daher aus dem Frachtvertrag selbst unter Heranziehung nationalen Rechts beantwortet werden; Loewe, ETR 1976, 547. Siehe als Fall der Unmöglichkeit OLG Hamm, NJW 1976, 2077 (2078): der Empfänger versieht den Frachtführer nicht mit den nötigen Zollpapieren.

2. Rechte und Pflichten des Frachtführers **Anm. 3**

Der Frachtführer ist bei den nichtbehebbaren Beförderungshindernissen des Art. 14 Abs. 1 CMR verpflichtet, Weisungen einzuholen. Diese sind im Regelfall vom Absender und nur im Ausnahmefall des Art. 12 Abs. 3 vom Empfänger (OLG Hamm, NJW 1976, 2077 (2078)) zu erteilen. Sie binden den Frachtführer unter den Voraussetzungen des Art. 12. Die Vorlage der Absenderausfertigung des Frachtbriefs ist nach Art. 12 Abs. 5a erforderlich. Kann diese nicht vorgelegt werden, z. B. weil sie sich bereits auf dem Weg zum Empfänger oder bei diesem befindet, dann muß die Weisung als nicht erteilt betrachtet werden; siehe auch Anm. 2 zu Art. 15. Loewe, ETR 1976, 547 will jedoch im Falle des Art. 12 Abs. 3 dem Empfänger das Weisungsrecht auch ohne Vorlage der Absenderausfertigung des Frachtbriefs zugestehen. Das Nichteinholen der Weisung bzw. das Befolgen einer Weisung des nicht verfügungsberechtigten Empfängers führt zur Haftung wegen positiver Vertragsverletzung; OLG Hamm a. a. O. Eine Abweichung von den Weisungen führt zur Haftung nach Art. 12 Abs. 7 CMR. Kosten, die durch die Befolgung der Weisungen entstehen, sind dem Frachtführer nach Art. 16 Abs. 1 zu ersetzen; siehe dazu Anm. 1 zu Art. 16.

Der Frachtführer hat jedoch weiterhin auch das Recht, nach Art. 16 Abs. 2 das Gut auszuladen, zu verwahren oder einem Dritten in Verwahrung zu geben. In den Fällen des Art. 16 Abs. 3 CMR kann er das Gut auch verkaufen lassen; siehe hierzu Anm. 3 ff. zu Art. 16.

Ein Recht des Absenders zum Rücktritt vom Vertrag sieht die CMR – anders als § 428 Abs. 2 HGB; siehe dazu Anm. 8 ff. zu § 428 HGB – nicht vor. Es ist zweifelhaft, ob die CMR dem Absender ein derartiges Recht gewähren will. Aus Art. 16 Abs. 2 kann hierüber nichts ausgesagt werden, da sich die Rechte der beiden Partner nicht gegenseitig ausschließen würden. An eine eventuelle analoge Anwendung von § 428 Abs. 2 HGB ist daher, soweit deutsches Recht ergänzend gilt, zu denken.

III. Verfahren bei behebbaren Beförderungshindernissen (Art. 14 Abs. 2 CMR) **Anm. 4**

Auch wenn die Umstände eine von den im Frachtbrief festgelegten Bedingungen abweichende Beförderung gestatten, muß der Frachtführer zunächst Weisungen des Verfügungsberechtigten einholen; anders als nach § 28 Abs. 1 KVO. Er darf aber, wenn er innerhalb angemessener Zeit keine Weisungen erhält, die nach seiner Meinung für das Interesse des Verfügungsberechtigten besten Maßnahmen treffen. Fälle dieser Art liegen etwa vor, wenn die Straßenverbindungen dauernd unterbrochen sind, aber eine Beförderung über Umwegstraßen durch die Eisenbahn oder über See, evtl. auch mit dem Flugzeug möglich bleibt.

Art. 14 Abs. 2 CMR sieht kein eigenverantwortliches Handeln des Frachtführers ohne Einholung von Weisungen vor. Im Interesse des Verfügungsberechtigten kann aber unter Umständen schnelles Handeln dringlich geboten sein. Liegen Umstände vor, unter denen das Einholen von Weisungen schädlich sein könnte, so wird man dem

Frachtführer ein Recht zum eigenen Handeln zubilligen müssen, entsprechend §§ 675, 665 BGB; ähnlich auch Muth zu Art. 14 KVO.

Die Kostenfrage ist in Art. 14 für diesen Fall nicht geregelt. Daher sind hier die Bestimmungen des Landfrachtrechts und, da diese zu der Frage schweigen, §§ 675, 670 BGB ergänzend anzuwenden. Eine Ergänzung der CMR durch § 28 Abs. 1 KVO ist abzulehnen. Abgesehen von der grundsätzlichen Ablehnung der ergänzenden Heranziehung der KVO – siehe oben Anm. 5 zu Art. 1 – würde die kostenlose Ersatzbeförderung im internationalen Kraftfahrzeug-Transport dem Frachtführer nicht zumutbar sein. Anders als im innerdeutschen Güterfernverkehr steht dem Frachtführer im internationalen Bereich vielfach kein dicht ausgebautes Straßennetz zur Verfügung, das eine kostenlose Umwegbeförderung zumutbar erscheinen ließe; siehe hierzu Anm. 6 zu § 28 KVO.

Artikel 15

1. Treten nach Ankunft des Gutes am Bestimmungsort Ablieferungshindernisse ein, so hat der Frachtführer Weisungen des Absenders einzuholen. Wenn der Empfänger die Annahme des Gutes verweigert, ist der Absender berechtigt, über das Gut zu verfügen, ohne die erste Ausfertigung des Frachtbriefes vorweisen zu müssen.

2. Der Empfänger kann, auch wenn er die Annahme des Gutes verweigert hat, dessen Ablieferung noch so lange verlangen, als der Frachtführer keine dem widersprechenden Weisungen des Absenders erhalten hat.

3. Tritt das Ablieferungshindernis ein, nachdem der Empfänger auf Grund seiner Befugnisse nach Artikel 12 Absatz 3 Anweisung erteilt hat, das Gut an einen Dritten abzuliefern, so nimmt bei der Anwendung der Absätze 1 und 2 dieses Artikels der Empfänger die Stelle des Absenders und der Dritte die des Empfängers ein.

Anm. 1

I. Allgemeines

Zu den Begriffen „Beförderungshindernis“ und „Ablieferungshindernis“ siehe Anm. 1 zu Art. 14. Ablieferungshindernisse i.S. von Art. 15 sind in der CMR nicht definiert; siehe dazu Anm. 3 zu § 437 HGB. Nach dem Urteil des Kantongerecht Rotterdam vom 24. 5. 1966, ETR 1966, 729 (733) ist die Weigerung unverzüglicher Abnahme des Gutes durch den Empfänger ein Ablieferungshindernis i.S. v. Art. 15 CMR.

Anm. 2

II. Rechte und Pflichten des Frachtführers bei Ablieferungshindernissen

1. Pflicht zur Einholung von Weisungen

Nach Art. 15 Abs. 1 CMR hat der Frachtführer bei Auftreten von Ablieferungshindernissen Weisungen des Absenders einzuholen. Hierbei ist vorausgesetzt, daß dem Empfänger zunächst ein Verfügungsrecht über das Gut zusteht; Art. 12 Abs. 2 S. 2 und Abs. 3 CMR. Ist die Ablieferung an den Empfänger nicht möglich, so ist an ihrer Stelle nach dessen Weisungen zu verfahren. Damit erhält der Frachtvertrag einen geänderten Inhalt; das Ablieferungshindernis ist behoben. Man muß daher davon ausgehen, daß ein Ablieferungshindernis nur dann vorliegt, wenn es durch das Weisungsrecht des Verfügungsberechtigten nicht behoben werden kann oder behoben wird. Solche Fälle hat Art. 15 Abs. 1 S. 1 im Auge. Insbesondere ist ein Ablieferungshindernis dann gegeben, wenn der Empfänger am Ablieferungsort nicht ermittelt werden kann, aber auch dann, wenn er die Annahme des Gutes verweigert. Letzterer Fall hat durch die CMR eine präzise Sonderregelung erfahren; siehe unten Anm. 3ff.

Die Frage, ob der Absender, wenn er nunmehr Weisungen erteilt, die Absenderausfertigung des Frachtbriefs vorlegen muß, ist nur für den Sonderfall der Annahmeverweigerung (negativ) in Art. 15 Abs. 1 S. 2 geregelt. Für die anderen Fälle von Ablieferungshindernissen fehlt es an einer Bestimmung. Loewe, ETR 1976, 548 sieht nur in der Ausübung der Rechte nach Art. 16 Abs. 2 eine Lösung. Dem ist zuzustimmen. Jede andere Handhabung könnte für Frachtführer oder Empfänger schwerwiegende Nachteile mit sich bringen. Mit dem Fall der Annahmeverweigerung, in dem der Empfänger seine Rechte selbst nicht wahrnehmen will, sind die übrigen Ablieferungsstörungen hinsichtlich der Interessenlage nicht vergleichbar.

Precht/Endrigkeit, Anm. 5 zu Art. 15 CMR sprechen sich mit überzeugender Begründung dafür aus, daß die Absender-Ausfertigung vom verfügenden Absender nicht nur am Ablieferungsort, sondern wahlweise auch am Ort der geschäftlichen Niederlassung des Frachtführers vorgelegt werden kann. In diesem Falle muß dann der Frachtführer die Weisung an den Fahrer weiter übermitteln.

Zu den Kostenfolgen der Einholung von Weisungen siehe Art. 16 Abs. 1 CMR.

Die in Art. 15 Abs. 1 S. 1 geregelte Pflicht zur Einholung von Weisungen stellt nur eine der möglichen Verhaltensalternativen für den Frachtführer dar. Er kann nämlich stattdessen von Anfang an nach Art. 16 Abs. 2 und 3ff. CMR das Gut ausladen und einlagern, evtl. auch verkaufen. Doch ist auch hierbei grundsätzlich vorausgesetzt, daß zunächst eine Entscheidung des verfügungsberechtigten Empfängers, soweit diese erlangt werden kann, eingeholt wird.

2. Annahmeverweigerung Anm. 3

a) Grundsatz: Rückfall des Verfügungsrechtes an den Absender

Für den Fall der Annahmeverweigerung sieht Art. 15 Abs. 1 S. 2 zunächst ein subsidiäres Verfügungsrecht des Absenders vor. Dieses ist – als Ausnahme zu Art. 12 Abs. 5a – nicht von der Vorlegung der Absenderausfertigung des Frachtbriefs abhängig.

Der Annahmeverweigerung steht der Fall gleich, daß der Empfänger die dem Frachtführer zustehenden Beträge nicht zu zahlen bereit ist; Loewe, ETR 1976, 548; siehe dazu auch Anm. 5 zu § 437 HGB.

b) Abgrenzung der Rechte von Absender und Empfänger Anm. 4

Der Rückfall des Verfügungsrechtes an den Absender schafft eine in Art. 16 genauer geregelte Situation, in der Absender- und Empfängerrechte genau gegeneinander abgegrenzt sind. Nach Art. 15 Abs. 2 besteht auch nach der Annahmeverweigerung der Auslieferungsanspruch des Empfängers fort, bis eine Absenderverfügung beim Frachtführer eingetroffen ist. Gemeint ist wohl das Eintreffen der Weisung am Ablieferungsort. Daher darf und muß noch ausgeliefert werden, wenn etwa die Weisung des Absenders bei der Zentrale bereits eingegangen, aber noch nicht an den Ablieferungsort weitergeleitet ist.

3. Sonderfall: Benennung eines Dritten durch den Empfänger nach Art. 12 Abs. 3 (Art. 15 Abs. 3 CMR) Anm. 5

Eine besondere Situation liegt nach Art. 15 Abs. 3 CMR vor, wenn der Empfänger, dem gemäß Art. 12 Abs. 3 durch Frachtbriefvermerk das sofortige Alleinverfügungsrecht zugewendet worden ist, einen Dritten als neuen Empfänger benannt hat. Tritt dann ein Hindernis ein, das die Ablieferung an den benannten Dritten verhindert, so muß sich nach Art. 14 Abs. 3 der Frachtführer wegen der Weisungen an den ursprünglich benannten Empfänger wenden. Verweigert der Dritte die Annahme, so steht das subsidiäre Verfügungsrecht nicht dem Absender, sondern dem ursprünglich im Frachtbrief benannten Empfänger zu; bis zum Eingang der Weisungen kann der benannte Dritte noch Auslieferung verlangen.

Auf andere Fälle des Empfängerverfügungsrechtes als den in Art. 12 Abs. 3 geregelten kann die Sonderbestimmung des Art. 15 Abs. 3 nicht ausgedehnt werden; Loewe, ETR 1976, 549.

Wegen der Kosten siehe Art. 16 Abs. 1 und dort Anm. 1.

Wenn auch der im Frachtbrief benannte Empfänger seine Rechte nicht ausübt, ist der Frachtführer im Endergebnis auf den Verkauf nach Art. 16 Abs. 3 S. 2 CMR angewiesen.

Artikel 16

1. Der Frachtführer hat Anspruch auf Erstattung der Kosten, die ihm dadurch entstehen, daß er Weisungen einholt oder ausführt, es sei denn, daß er diese Kosten verschuldet hat.

2. In den in Art. 14 Absatz 1 und in Artikel 15 bezeichneten Fällen kann der Frachtführer das Gut sofort auf Kosten des Verfügungsberechtigten ausladen; nach dem Ausladen gilt die Beförderung als beendet. Der Frachtführer hat sodann das Gut für den Verfügungsberechtigten zu verwahren. Er kann es jedoch auch einem Dritten anvertrauen und haftet dann nur für die sorgfältige Auswahl des Dritten. Das Gut bleibt mit den aus dem Frachtbrief hervorgehenden Ansprüchen sowie mit allen anderen Kosten belastet.

3. Der Frachtführer kann, ohne Weisungen des Verfügungsberechtigten abzuwarten, den Verkauf des Gutes veranlassen, wenn es sich um verderbliche Waren handelt oder der Zustand des Gutes eine solche Maßnahme rechtfertigt oder wenn die Kosten der Verwahrung in keinem Verhältnis zum Wert des Gutes stehen. Er kann auch in anderen Fällen den Verkauf des Gutes veranlassen, wenn er innerhalb einer angemessenen Frist gegenteilige Weisungen des Verfügungsberechtigten, deren Ausführung ihm billigerweise zugemutet werden kann, nicht erhält.

4. Wird das Gut auf Grund der Bestimmungen dieses Artikels verkauft, so ist der Erlös nach Abzug der auf dem Gut lastenden Kosten dem Verfügungsberechtigten zur Verfügung zu stellen. Wenn diese Kosten höher sind als der Erlös, kann der Frachtführer den Unterschied beanspruchen.

5. Art und Weise des Verkaufes bestimmen sich nach den Gesetzen oder Gebräuchen des Ortes, an dem sich das Gut befindet.

Anm. 1 **I. Anspruch auf Kostenerstattung (Art. 16 Abs. 1 CMR)**

Der Frachtführer hat Anspruch auf Erstattung der Kosten für die Einholung und Ausführung der Weisungen; siehe auch Anm. 83 zu § 452 HGB. Der Anspruch entfällt, soweit der Frachtführer die Kosten verschuldet hat, d.h., soweit ihre Aufwendung bei Anwendung der im Verkehr erforderlichen Sorgfalt hätte vermieden werden können. Das Verschulden bezieht sich auch auf die Herbeiführung der Lage, aus der sich das Beförderungs- oder Ablieferungshindernis ergibt; Loewe, ETR 1976, 549.

Anm. 2 **II. Recht zur Ausladung und Verwahrung des Frachtguts (Art. 16 Abs. 2 CMR)**

1. Ausladung und Beendigung des Frachtvertrags

Für die Fälle des nicht behebbaren Beförderungshindernisses (Art. 14 Abs. 1; siehe Anm. 2f. zu Art. 14) und des Ablieferungshindernisses (Art. 15) gewährt Art. 16 Abs. 2 CMR dem Frachtführer ein Recht auf Ausladung des Guts. Macht er davon Gebrauch, so ist der Frachtvertrag damit beendet. An seine Stelle tritt ein Verwahrungs- oder Geschäftsbesorgungsvertrag; siehe unten Anm. 3. Die Beendigung des Frachtvertrages bedeutet zunächst, daß der Frachtführer, auch wenn nach der Ausladung das Hindernis wegfallen sollte, nicht zur Wiedereinladung und Weiterbeförderung verpflichtet ist. Auch das frachtrechtliche Weisungsrecht des Verfügungsberechtigten endet. Die Ausladung steht einer Ablieferung gleich; Loewe, ETR 1976, 550.

Welche Fracht im Falle vorzeitiger Ausladung zu bezahlen ist, regelt die CMR nicht. Für den Fall vorzeitiger Beendigung nach Weisungen des Verfügungsberechtigten bestimmen die bilateralen Tarife zwischen der Bundesrepublik Deutschland und Frankreich, Italien und den Benelux-Ländern (Abdruck bei Hein/Eichhoff u.a., C 801 ff.) in Art. 7 Abs. 4, daß die zurückgelegte Strecke maßgeblich ist. Für die Beendigung des Frachtvertrags nach Art. 16 Abs. 2 S. 1 CMR ist jedoch nichts vorgesehen. Daher muß hier auf das ergänzend anwendbare (ggf. deutsche) Recht zurückgegriffen werden. Dies wären wohl hier die Regelungen über Teilunmöglichkeit in §§ 323–325 BGB.

2. Verwahrung des Gutes (Art. 16 Abs. 2 S. 2 und 3 CMR) **Anm. 3**

Dem Frachtführer, der das Gut nach Abs. 2 S. 1 ausgeladen hat, stehen zwei Möglichkeiten zur Verfügung: Er kann das Gut selbst verwahren. In diesem Falle richten sich die Rechte und Pflichten nach Verwahrungs-, bzw. Lagervertragsrecht. Welches nationale Recht anzuwenden ist, bestimmt sich nach den Kollisionsbestimmungen des angerufenen Gerichts; ebenso Willenberg, NJW 1968, 1022; Precht/Endrigkeit, Anm. 4 zu Art. 16 CMR; Kantongerecht Rotterdam vom 24. 5. 1966, ETR 1966, 720 (733).

Die zweite Möglichkeit (Abs. 2 S. 3) besteht darin, daß der Frachtführer das Gut einem Dritten zur Verwahrung übergibt. Er haftet dann nach Geschäftsbesorgungsrecht nur für culpa in eligendo. Die Verwahrung muß nicht zwingend einem öffentlichen Lagerhaus oder einem gewerblichen Lagerhalter übertragen werden.

Abs. 2 S. 4 stellt klar, daß die bisherigen aus dem Frachtbrief hervorgehenden Ansprüche (Fracht, Nachnahmen, Kosten etc.) sowie die neuen Kosten das Gut belasten. Der Verwahrer braucht daher das Gut nicht ohne Bezahlung dieser Beträge auszuliefern. Welche Rechte (Pfandrechte oder Zurückbehaltungsrechte) dann eingreifen, ist in der CMR bewußt offen gelassen; Loewe, ETR 1976, 550 f. Siehe zur Frage des anwendbaren nationalen Rechts Anm. 15 zu § 440 HGB.

III. Notverkauf des Gutes (Art. 16 Abs. 3–5 CMR) **Anm. 4**

1. Voraussetzungen des Notverkaufs

Art. 16 Abs. 3 gewährt dem Frachtführer das Recht zum Notverkauf unter drei unterschiedlichen Voraussetzungen.

a) Nach Abs. 3 S. 1 ist der Notverkauf zulässig bei verderblichen Waren oder bei Gütern, deren Zustand eine solche Maßnahme rechtfertigt. **Anm. 5**

b) Weiter ist dem Frachtführer der Notverkauf aus eigenen wirtschaftlichen Interessen gestattet, nämlich wenn die Kosten der Verwahrung in keinem Verhältnis zum Wert stehen würden. Dies ist z.B. bei geringwertigen, aber schutzbedürftigen Massengütern häufig der Fall. **Anm. 6**

c) Auch für andere Güter steht dem Frachtführer das Notverkaufsrecht zu. Er muß jedoch zuerst Weisungen einholen und darf den Notverkauf erst vornehmen, wenn er innerhalb angemessener Frist vom Verfügungsberechtigten keine gegenteiligen ihm zumutbaren Weisungen erhält. Die CMR geht dabei davon aus, daß der Frachtführer grundsätzlich nicht verpflichtet ist, über längere Zeit die Rolle eines Verwahrers auf Vorschuß zu übernehmen oder die Verwahrungskosten vorzufinanzieren. Bezahlt der Verfügungsberechtigte die Verwahrungskosten, so ist dem Frachtführer die Verwahrung im eigenen Lager mindestens für eine begrenzte Zeit grundsätzlich zuzu- **Anm. 7** muten, jedenfalls aber die Unterbringung in einem Lagerhaus auf Kosten des Verfügungsberechtigten. Ein Recht zum Notverkauf steht ihm dann nicht zu.

Anm. 8 **2. Verfahren beim Notverkauf**

Das Verfahren des Notverkaufs richtet sich gemäß Art. 16 Abs. 5 nach der lex rei sitae; für in Deutschland befindliche Güter ist daher § 437 Abs. 2 S. 2 maßgeblich; siehe dazu Anm. 17 zu § 437 HGB. Die CMR sieht keine besondere Pflicht zur Benachrichtung des Absenders oder Empfängers vor, vom Fall des Art. 16 Abs. 3 S. 2 abgesehen. Doch könnte in Art. 16 Abs. 5 auch insoweit eine Verweisung gesehen werden. Dann würde hier § 437 Abs. 3 HGB maßgeblich sein.

Anm. 9 **3. Zuweisung des Erlöses**

Art. 16 Abs. 4 CMR trifft die selbstverständlich erscheinenden Bestimmungen über die Verwendung des Verkaufserlöses. Deckt der Erlös nicht die Kosten, so bleiben die unbezahlten Ansprüche des Frachtführers ausdrücklich aufrechterhalten.

Kapitel IV
Haftung des Frachtführers

Artikel 17

1. Der Frachtführer haftet für gänzlichen oder teilweisen Verlust und für Beschädigung des Gutes, sofern der Verlust oder die Beschädigung zwischen dem Zeitpunkt der Übernahme des Gutes und dem seiner Ablieferung eintritt, sowie für Überschreitung der Lieferfrist.

2. Der Frachtführer ist von dieser Haftung befreit, wenn der Verlust, die Beschädigung oder die Überschreitung der Lieferfrist durch ein Verschulden des Verfügungsberechtigten, durch eine nicht vom Frachtführer verschuldete Weisung des Verfügungsberechtigten, durch besondere Mängel des Gutes oder durch Umstände verursacht worden ist, die der Frachtführer nicht vermeiden und deren Folgen er nicht abwenden konnte.

3. Um sich von seiner Haftung zu befreien, kann sich der Frachtführer weder auf Mängel des für die Beförderung verwendeten Fahrzeuges noch gegebenenfalls auf ein Verschulden des Vermieters des Fahrzeuges oder der Bediensteten des Vermieters berufen.

4. Der Frachtführer ist vorbehaltlich des Artikels 18 Absatz 2 bis 5 von seiner Haftung befreit, wenn der Verlust oder die Beschädigung aus den mit einzelnen oder mehreren Umständen der folgenden Art verbundenen besonderen Gefahren entstanden ist:

(a) Verwendung von offenen, nicht mit Planen gedeckten Fahrzeugen, wenn diese Verwendung ausdrücklich vereinbart und im Frachtbrief vermerkt worden ist;

(b) Fehlen oder Mängel der Verpackung, wenn die Güter ihrer Natur nach bei fehlender oder mangelhafter Verpackung Verlusten oder Beschädigungen ausgesetzt sind;

(c) Behandlung, Verladen, Verstauen oder Ausladen des Gutes durch den Absender, den Empfänger oder Dritte, die für den Absender oder Empfänger handeln;

(d) natürliche Beschaffenheit gewisser Güter, derzufolge sie gänzlichem oder teilweisem Verlust oder Beschädigung, insbesondere durch Bruch, Rost, inneren Verderb, Austrocknen, Auslaufen, normalen Schwund oder Einwirkung von Ungeziefer oder Nagetieren, ausgesetzt sind;

(e) ungenügende oder unzulängliche Bezeichnung oder Numerierung der Frachtstücke;
(f) Beförderung von lebenden Tieren.

5. Haftet der Frachtführer auf Grund dieses Artikels für einzelne Umstände, die einen Schaden verursacht haben, nicht, so haftet er nur in dem Umfange, in dem die Umstände, für die er auf Grund dieses Artikels haftet, zu dem Schaden beigetragen haben.

Inhaltsübersicht:

I. Allgemeines Anm. 1

II. Haftung für Verlust und Beschädigung des Frachtguts (Obhutshaftung) Anm. 2
1. Der Grundtatbestand des Art. 17 Abs. 1
   a) Verlust oder Beschädigung zwischen Übernahme und Ablieferung
   b) Haftungsgrundsatz Anm. 3
      aa) Haftung für vermutetes Verschulden (Art. 17 Abs. 1 und 2) Anm. 4
      bb) Verschärfter Verschuldensmaßstab Anm. 5
      cc) Gewährhaftung für Fahrzeugmängel (Art. 17 Abs. 3 CMR) Anm. 6
2. Haftungsausschlüsse Anm. 7
   a) Allgemeines
   b) Nichtbevorrechtigte Haftungsausschlüsse (Art. 17 Abs. 2, 18 Abs. 1 CMR) Anm. 8
      aa) Verschulden des Verfügungsberechtigten Anm. 9
      bb) Weisungen des Verfügungsberechtigten Anm. 10
      cc) Besondere Mängel des Gutes Anm. 11
      dd) Unabwendbare Umstände Anm. 12
   c) „Bevorrechtigte" Haftungsausschlüsse (Art. 17 Abs. 4, Art. 18 Abs. 2–5) Anm. 13
      aa) Offene Fahrzeuge (Art. 17 Abs. 4a und Art. 18 Abs. 3 Anm. 14
      bb) Verpackungsmängel (Buchst. b) Anm. 15
      cc) Laden, Entladen, Stauen und andere Behandlung des Guts durch den Absender oder Empfänger (Buchst. c) Anm. 16
      dd) Natürliche Beschaffenheit (Buchst. d) Anm. 17, 18
      ee) Ungenügende Bezeichnung und Numerierung (Buchst. e) Anm. 19
      ff) Schäden bei Beförderung von lebenden Tieren (Art. 17 Abs. 4 Buchst. f und Art. 18 Abs. 5) Anm. 20
   d) Schadensteilung (Art. 17 Abs. 5) Anm. 21
3. Umfang des Schadensersatzes Anm. 22
4. Reklamationen, Klagen, Verjährung Anm. 23

III. Verspätungshaftung Anm. 24
1. Allgemeines
2. Überschreitung der Lieferfrist (Art. 19) Anm. 25
   a) Vereinbarte Lieferfrist Anm. 26
   b) Mangels Vereinbarung Anm. 27
3. Umfang des Schadensersatzes Anm. 28
4. Reklamationen, Klagen, Verjährung Anm. 29

IV. Person des Ersatzberechtigten Anm. 30

V. Konkurrierende Ansprüche Anm. 31
1. Vertragsansprüche
2. Außervertragliche Ansprüche Anm. 32
3. Haftung des Personals des CMR-Frachtführers Anm. 33

VI. Versicherungsfragen Anm. 34

I. Allgemeines

Anm. 1

Zum Überblick über das Haftungssystem der CMR siehe Anm. 64–71 zu § 429. Art. 17 enthält – ähnlich wie § 429 HGB – zwei verschiedene Haftungstatbestände: Die Haftung für Verlust und Beschädigung des Frachtguts (Obhutshaftung) und die Haftung für Verzögerung der Ausführung des Transports (Verspätungshaftung). Regelungstechnisch sind die Haftungsbestimmungen folgendermaßen gestaltet: Zunächst ist in Art. 17 Abs. 1 eine grundsätzliche Haftung ohne Erwähnung von Verschuldensfragen festgelegt. Art. 17 Abs. 2 bis 5 grenzen dann durch besondere Bestimmungen ab, in welchen Fällen und in welchem Umfang diese Haftung nicht eintritt. Die im Bereich der Haftungsausschlüsse auftretenden Beweisfragen sind in Art. 18 CMR geregelt. Wegen des untrennbaren Zusammenhangs werden beide Artikel hier gemeinsam und systematisch geordnet kommentiert.

Anm. 2 **II. Haftung für Verlust und Beschädigung des Frachtguts (Obhutshaftung)**

1. Der Grundtatbestand des Art. 17 Abs. 1

a) Verlust oder Beschädigung zwischen Übernahme und Ablieferung

Die Begriffe des Verlustes und der Beschädigung in Art. 17 Abs. 1 sind unstreitig die allgemeinen frachtrechtlichen; siehe Heuer, S. 68, 71, Helm, Haftung, S. 95f.

Daher kann hier auf Anm. 4–9 zu § 429 und 17 zu § 430 verwiesen werden, wo auch die Rechtsprechung zur CMR mitverarbeitet ist. Siehe insbesondere auch BGH vom 3. 7. 1974, NJW 1974, 1616 = WM 1974, 864 = DB 1974, 1618 = AWD 1974, 495.

Das gleiche gilt auch für die den Anfang und das Ende der Obhutszeit bestimmenden Begriffe der „Übernahme" und der „Ablieferung". Die „Übernahme" im Sinne der CMR entspricht der „Annahme" nach § 429 HGB und den meisten anderen frachtrechtlichen Bestimmungen. Daß die CMR anders als § 29 KVO die Wörter „zur Beförderung" nicht enthält, ist entgegen Muth zu Art. 17, S. 76 belanglos. Denn auch in § 429 HGB ist diese Klarstellung nicht enthalten. Dennoch ist unstreitig, daß auch hier nur die Annahme zur Beförderung den frachtrechtlichen Haftungszeitraum beginnen läßt; siehe dazu Anm. 11 zu § 429 HGB.

Der Begriff der „Ablieferung" ist mit dem in § 429 HGB und anderen frachtrechtlichen Bestimmungen verwendeten Begriff auch inhaltlich identisch; unstr., Heuer, S. 60, 65; Helm, Haftung, S. 96ff.; beide mit weiteren Nachweisen; OLG Hamm vom 13. 3. 1976, NJW 1976, 2077 (2078). Siehe daher zu den Begriffen der Übernahme und der Ablieferung Anm. 10ff. zu § 429 HGB.

Besonderheiten gelten allerdings bei der Einzelabgrenzung der Obhutszeit. Sie wird in Anm. 11ff. zu § 429 besonders behandelt. Siehe zum Laden und Entladen jedoch auch unten Anm. 16. Erklärt der Empfänger bei Ablieferung Vorbehalte wegen Güterschäden, so wird widerleglich vermutet, daß die (im einzelnen nachzuweisenden) Schäden vor der Ablieferung, also in der Obhutszeit entstanden sind; siehe Anm. 3–5 zu Art. 30.

Anm. 3 **b) Haftungsgrundsatz**

Umstritten ist, welcher Haftungsgrundsatz dem Art. 17 CMR zugrundeliegt. Die Frage läßt sich nur aus dem Zusammenhang zwischen Absatz 1 und 2 beantworten. Der letzte der in Abs. 2 enthaltenen Haftungsausschlüsse (Verursachung durch „Umstände, die der Frachtführer nicht vermeiden und deren Folgen er nicht abwenden konnte") stellt in Wahrheit keinen speziellen Fall einer Haftungsbefreiung, sondern eine allgemeine Grenze der Frachtführerhaftung dar. Er ist nur deshalb gemeinsam mit den anderen in Abs. 2 geregelten Haftungsausschlüssen untergebracht, weil hierdurch die Beweislast auf den Frachtführer gelegt wird (Art. 18 Abs. 1). Hätte man den Grundsatz in Abs. 1 übertragen, so wäre eine dem § 429 Abs. 1 formulierungstechnisch ähnliche Fassung entstanden. Siehe zum allgemeinen Charakter des Haftungsausschlusses für unabwendbare Umstände Heuer S. 51.

Anm. 4 **aa) Haftung für vermutetes Verschulden (Art. 17 Abs. 1 und 2)**

Die Formulierung des Art. 17 Abs. 2 entspricht sehr präzise den englischen und französischen Originaltexten. Ihre Interpretation ist jedoch international umstritten. Der reine sprachliche Text deutet auf Verschulden. Der Frachtführer haftet, wenn er nicht nachweisen kann, daß gerade er die Schadensursache nicht vermeiden oder deren Folgen nicht abwenden konnte. Im Gegensatz zur üblichen Definition der höheren Gewalt (siehe dazu Anm. 6 zu Art. 34 KVO, Anh. II nach § 452) wird hier nicht zwischen innerbetrieblichen und außerbetrieblichen Schadensursachen unterschieden;

zutreffend Loewe, ETR 1976, 555. Innerbetriebliche Schadensursachen werden nämlich auch dann nicht zur höheren Gewalt gerechnet, wenn der Schuldner sie auch bei aller Sorgfalt nicht vermeiden konnte. Mit dem Hinweis auf höhere Gewalt könnte sich der Schuldner also nicht von Fehlern eigenen betriebszugehörigen Personals und der verwendeten Materialien von der Haftung befreien. Eine solche Haftung ohne Verschulden für innerbetriebliche Schadensursachen ist in Art. 17 Abs. 1 und 2 mit Sicherheit nicht vorgesehen. Andernfalls wäre Art. 17 Abs. 3, der diese Haftung für den Fall des Fahrzeugmangels speziell einführt, überflüssig; siehe dazu Helm, Haftung S. 35f.; Heuer S. 51; Loewe, ETR 1976, 555; Züchner, VersR 1964, 222 und VersR 1969, 686; Voigt, VP 1964, 7.

Aus der Rechtsprechung: BGH vom 28. 2. 1975, NJW 1975, 1597 (1598) = MDR 1975, 554 = LM Nr. 7 zu CMR = WM 1975, 521 (522); Österr. OGH vom 16. 3. 1977, ÖJZ 1978, 101; OLG München vom 16. 1. 1974, ETR 1974, 615 (620).

Auch die Entstehungsgeschichte der Neufassung des Art. 27 CIM, an den sich Art. 17 anlehnt, ergibt, daß der (international umstrittene) Begriff der höheren Gewalt auch dort bewußt aufgegeben worden ist. Zwar sind einige der an der Revisionskonferenz Beteiligten der Auffassung gewesen, materiell trete keine Änderung ein. Da jedoch die Änderung gerade zur Beseitigung von Streitigkeiten erfolgt ist, kann auf frühere Auslegungen und Begriffe, wie auf die höhere Gewalt, nicht mehr zurückgegriffen werden. Siehe dazu Helm, Haftung S. 41f.; Becker, Die Haftung der Eisenbahn ..., 1968, S. 111ff.; Heuer S. 87; Loewe ETR 1976, 555f.; BGH vom 28. 2. 1975 a. a. O., der auch zur Mißdeutung dieser Entstehungsgeschichte in der Denkschrift der Bundesregierung zur CMR zutreffend Stellung nimmt.

Danach scheiden zwei Merkmale der höheren Gewalt (wie sie im deutschen Rechtskreis verstanden wird), für Art. 17 Abs. 2 CMR aus: die CMR erlegt dem Frachtführer keine grundsätzliche Haftung für unverschuldete betriebsinterne Schadensursachen auf; unverschuldete außerbetriebliche Schadensursachen können vom Frachtführer zu seiner Entlastung auch dann vorgebracht werden, wenn sie wegen ihrer Häufigkeit bei Beförderungsgeschäften in Kauf genommen werden müssen. Die Entlastung setzt also auch keine außergewöhnlichen, elementaren Ursachen voraus; siehe zu dieser Abgrenzung Helm, Haftung, S. 108f.; Becker a. a. O., S. 111.

Danach ist die Haftung in Art. 17 jedenfalls keine Haftung bis zur höheren Gewalt im Sinne des deutschen Begriffs: noch offenlassend BGH vom 21. 12. 1966, NJW 1967, 499 (500) = VersR 1967, 153 = LM Nr. 1 zu CMR; gegen die Gleichsetzung von höherer Gewalt und unabwendbarem Ereignis dann aber eindeutig im Urt. vom 28. 2. 1975, NJW 1975, 1597 (1598f.) = MDR 1975, 554 = LM Nr. 7 zu CMR = WM 1975, 521 (523) = DB 1975, 1074.

Siehe aus der Literatur Helm, Haftung S. 35f.; Heuer S. 49ff.

Vom internationalen Standpunkt aus siehe für eine von der „höheren Gewalt" losgelöste Interpretation: Loewe, ETR 1976, 554ff.; Österr. OGH vom 16. 3. 1977, ÖJZ 1978, 101 (101).

Französische Rechtsprechung ist hierzu wegen des unterschiedlichen Inhalts des Begriffs „force majeure" gegenüber dem deutschen Begriff „höhere Gewalt" kaum aussagekräftig; Becker, Die Haftung der Eisenbahn ..., 1968, S. 111; Muth zu Art. 17 CMR (S. 74); OLG München vom 16. 1. 1974, ETR 1974, 615 (618f.).

Damit kann die Haftung nach Art. 17 Abs. 1 und 2 CMR in die Gruppe der Haftungen für vermutetes Verschulden eingereiht werden – allerdings mit verschärften Sorgfaltsanforderungen, siehe unten Anm. 5. Diese Auffassung wurde von mir bereits früher vertreten (Helm, Haftung S. 35f.). Ihr hat sich bisher nur Heuer, S. 49ff. angeschlossen.

Die deutsche Rechtsprechung und herrschende Meinung halten demgegenüber daran fest, es handle sich nicht um einen Fall der Haftung für vermutetes Verschulden. Die Frage ist überwiegend von theoretischer Bedeutung, da die Ergebnisse weitgehend mit der hier vertretenen Auffassung übereinstimmen; siehe z. B. BGH vom 28. 2. 1975 a. a. O.; Loewe, ETR 1976, 555; Precht/Endrigkeit, Anm. vor Art. 17 CMR (S. 85) meinen allerdings, der Frachtführer habe „grundsätzlich auch für Zufall einzustehen". Dies widerspricht – außer im Falle des Art. 17 Abs. 3 – eindeutig der Formulierung des Art. 17 CMR, der bei nachgewiesenem Zufall den Frachtführer mit Sicherheit nicht haften läßt.

Die im Begrifflichen hier zutage tretende Verwirrung erklärt sich zum Teil durch die Einführung des unglücklichen Terminus „Gefährdungshaftung" in Rechtsprechung und Literatur; dieser Ausdruck wird für die Haftung nach Art. 17 CMR in zahlreichen Urteilen und der Literatur ständig verwendet, siehe z. B. BGH vom 28. 2. 1975 a. a. O.; OLG Celle, VersR 1977, 860; OLG Koblenz, VersR 1976, 1151; OLG München vom 16. 1. 1974, ETR 1974, 615 (617). Precht/Endrigkeit a. a. O.; Loewe, ETR 1976, 553.

Im Frachtrecht hat dieser Ausdruck, der aus dem außervertraglichen Haftpflichtrecht stammt, keinerlei Berechtigung. Der Frachtführer nimmt keine einseitigen Handlungen vor, die das Frachtgut gefährden und seine besonders strenge Haftung begründen könnten. Eine solche Vorstellung lag zwar dem preußischen Eisenbahngesetz von 1838 zugrunde; sie ist aber von der technischen Entwicklung überholt. Absender und Frachtführer unterwerfen gemeinsam und bewußt das Gut den Transportgefahren – so auch Rinck, Gefährdungshaftung, 1959, S. 10f.; Heuer S. 53 und S. 49, Fn. 2. In Wahrheit wird dem Frachtführer mit der Haftung bis zur höheren Gewalt (z. B. in §§ 29 KVO, 454 HGB, 82 EVO) eine Art von frachtrechtlicher Teil-Gewährleistung für sicheren Transport auferlegt, die regelmäßig durch besondere Haftungsausschlüsse durchbrochen ist. Hier liegt eine sinnvolle Risikoverteilung, nicht dagegen die Auferlegung strenger Haftung wegen einseitiger Gefährdung vor.

Alle Äußerungen, nach denen das Haftungsprinzip des Art. 17 Abs. 1 und 2 irgendwo zwischen Gefährdungshaftung und Verschuldenshaftung anzusiedeln sei, verschleiern nur die reale Tatsache: selbst Tatbestände anerkannter „Gefährdungshaftung" enthalten wesentliche Verschuldenselemente (so z. B. § 7 StVG und auch die eisenbahnrechtliche Haftung nach §§ 454 HGB, 82 EVO). Eine Alternative Gefährdungshaftung – Verschuldenshaftung ist daher weder berechtigt noch aussagekräftig.

In Wahrheit ist der Frachtführer nach Art. 17 Abs. 2 – außer bei Fahrzeugmängeln – von jeder Haftung frei, wenn er nachweisen kann, daß der Schaden auf gänzlich unverschuldete Umstände zurückzuführen ist. Dies entspricht auch durchaus den Ergebnissen der Rechtsprechung; siehe dazu unten Anm. 12.

Anm. 5 **bb) Verschärfter Verschuldensmaßstab**

Entscheidend sind demgegenüber die sachlichen Fragen: Daß auch innerbetriebliche und häufige Ursachen den Frachtführer entlasten können, wenn sie unverschuldet sind, ist bereits dargelegt worden. Allein maßgeblich ist – vom Anwendungsbereich des Abs. 3 abgesehen – das (vermutete) Verschulden. Dieses Verschulden ist in Abs. 2 in zwei Teilbereiche aufgespalten: Verschulden bei der Entstehung der Schadensursache und solches bei der Nichtabwendung der Schadensfolgen. Entscheidend ist jedoch der Haftungsmaßstab, der nach Art. 17 Abs. 2 zugrundezulegen ist. Da es darauf ankommt, ob gerade der Frachtführer die Ursachen vermeiden oder die Schadensfolge abwenden konnte, muß genauer bestimmt werden, welche Anforderungen an seine Sorgfalt gestellt werden sollen. Vorausgesetzt ist dabei, daß ihm die Handlungen der Personen, für die er nach Art. 3 einzustehen hat, zugerechnet werden.

Bei der Bestimmung des Sorgfaltsmaßstabs könnte bei ergänzender Anwendung des deutschen Rechts auf § 276 Abs. 1 S. 2 BGB zurückgegriffen werden. Danach käme es auf die im Verkehr erforderliche Sorgfalt an. Demgegenüber ist es jedoch dem Beförderungsvertragsrecht angemessener, von dem Maßstab der „äußersten wirtschaftlich zumutbaren Sorgfalt" auszugehen, wie er im Eisenbahnrecht sowohl als Teilmerkmal der höheren Gewalt (früheres internationales Recht, heute noch in §§ 454 HGB, 82 EVO) als auch unstreitig im neuen Art. 27 CIM enthalten ist. Daß dieser Sorgfaltsmaßstab zugrundezulegen ist, kann als allgemein anerkannt betrachtet werden; Loewe, ETR 1976, 555; BGH vom 21. 12. 1966, NJW 1967, 499 (500) = VersR 1967, 153 = LM Nr. 1 zu CMR; vom 28. 2. 1975, NJW 1975, 1597 (1599) = MDR 1975, 545 = LM Nr. 7 zu CMR = WM 1975, 521 (523) = DB 1975, 1074; OLG Celle, VersR 1977, 860; weitere OLG-Urteile aus früheren Jahren. Die Auffassung hat sich auch international durchgesetzt, siehe Österr. OGH vom 16. 3. 1977, ÖJZ 1978, 101 f., der sich u. a. auch auf BGH vom 28. 2. 1975 beruft.

Es handelt sich somit bei Art. 17 CMR um eine Haftung für vermutetes Verschulden mit verschärftem Sorgfaltsmaßstab; die wirtschaftliche Zumutbarkeit ist zu berücksichtigen. Der Vergleich mit § 7 Abs. 2 StVG (siehe z. B. BGH vom 28. 2. 1975, a. a. O.; Precht/Endrigkeit; Züchner, VersR 1964, 223, Voigt, VP 1964, 7f. und VP 1973, 97) ist dagegen unzutreffend und unangebracht. Dort ist es im Hinblick auf die Gefährdung von Menschenleben zweifelhaft, ob die geschuldete Sorgfalt ohne weiteres in wirtschaftlicher Zumutbarkeit ihre Grenze finden kann. Ein Rückgriff auf eine rein nationale Regelung aus dem Bereich des Deliktrechts würde auch international nicht zur Vereinheitlichung beitragen. Siehe hierzu Helm, Haftung S. 36f., Heuer S. 52f.

Es ist daher zu hoffen, daß der BGH seine Rechtsprechung – in Anlehnung an das Eisenbahnrecht – noch präzisiert und die Frage der wirtschaftlichen Zumutbarkeit in die nach Art. 17 Abs. 2 geschuldete Sorgfalt ausdrücklich einbezieht. Im Urteil vom 21. 12. 1966 a. a. O. ist dieser Gesichtspunkt zwar angesprochen worden, aber es kam auf ihn für die Entscheidung nicht an.

cc) Gewährhaftung für Fahrzeugmängel (Art. 17 Abs. 3 CMR) **Anm. 6**

Art. 17 Abs. 3 stellt einen Sondertatbestand der Obhutshaftung dar; siehe Heuer, S. 59. Soweit die Schadensursache in einem Fahrzeugmangel besteht, haftet der Frachtführer nach dem reinen Kausal- oder Gewährleistungsprinzip. Ihm stehen keine Möglichkeiten der Haftungsbefreiung zu. Insbesondere kann er sich nicht darauf berufen, daß die Mängel für ihn unvermeidlich oder evtl. durch den Vermieter oder sein Personal verschuldet seien. Hat er allerdings einen Anhänger mit dem Frachtgut vom Vorbeförderer übernommen, so kann dieser sich auf die Fahrzeugmängel nicht berufen; Rechtbank van Koophandel Antwerpen, ETR 1975, 540, 545. Siehe zum Fall des Verderbs von Pfirsichen wegen Getriebebruchs und dadurch begründete Transportunterbrechung OLG Zweibrücken, VersR 1967, 1145 (1146); ferner Muth zu Art. 17 CMR, S. 78 mit Hinweisen auf unveröffentlichte Rechtsprechung; Heuer, S. 88f. Siehe auch die in gewisser Hinsicht ähnliche Haftung für Betriebs- und Transportmittelunfälle nach der KVO; Anm. 10 zu § 29 KVO, Anh. II nach § 452.

Nicht in der CMR geregelt ist die Frage, wer das Vorliegen und die Ursächlichkeit eines Fahrzeugmangels zu beweisen hat. Art. 18 trifft hierzu keine Regelung. Heuer, S. 49 will die Beweislast dem Geschädigten auferlegen. Die Beweislage ist aber komplizierter: Um der Haftung zu entgehen, muß nach den Grundsätzen der Abs. 1 und 2 ohnehin der Frachtführer den Beweis für die konkrete Schadensursache und ihre Ursächlichkeit sowie für ihre Unabwendbarkeit führen. Die Entlastung bleibt ihm dabei versagt, wenn es ihm nicht gelingt, eine von Fahrzeugmängeln unabhängige

Ursache, die zur Haftungsbefreiung nach Art. 17 Abs. 2 oder 4 führt, nachzuweisen. Siehe zum Mißlingen dieses Beweises bei einem Reifenbrand Arrondissementsrechtbank Amsterdam, ETR 1966, 718 (720f.). Nur wenn dem Frachtführer dies gelingt, kann der Geschädigte in die Lage kommen, beweisen zu müssen, daß auch Fahrzeugmängel mitgewirkt haben. Siehe z. B. OLG Köln, VersR 1975, 709f. (Fahrzeugmängel als Alternative zu mangelhafter Verladung); zum Beweis für den Defekt der Kühlanlage eines Fahrzeugs durch Temperaturmessung bei angetautem Gefrierfleisch BGH vom 3. 7. 1974, NJW 1974, 1616 = BB 1974, 618 = WM 1974, 864 = AWD 1974, 495.

Die Haftung für Fahrzeugmängel kann nach Art. 17 Abs. 5 CMR vermindert sein; siehe dazu unten Anm. 21.

Was im einzelnen zu den Fahrzeugmängeln zu rechnen ist, kann zweifelhaft sein. Maßgeblich ist, welche Fahrzeugart vereinbart war. Wurde kein Kühlfahrzeug bestellt, dann kann auch das Fehlen einer Kühleinrichtung nicht als Mangel betrachtet werden; Corte di Appelo Venezia, ETR 1975, 242 (247). Zu den Fahrzeugmängeln gehören einmal Mängel an allen technischen Einzelteilen, z. B. am Getriebe, mit dessem Ausfall die Beförderung verderblicher Güter verzögert wird (OLG Zweibrücken, VersR 1967, 1145 (1146)). Siehe zur Verspätungshaftung bei verderblichen Gütern aber unten Anm. 27.

Eine besondere Rolle spielen Reifenschäden, insbesondere Reifenbrände. Mängel an den Reifen gehören jedenfalls zu den Fahrzeugmängeln nach Art. 17 Abs. 3; siehe Rechtbank van Koophandel, Antwerpen, ETR 1969, 1028 (1029); Brand fast neuer Reifen: Arrondissements-Rechtbank Amsterdam, ETR 1966, 718 (720f.); LG Frankfurt vom 17. 4. 1968, Heuer, S. 213; LG Wuppertal vom 12. 1. 1968, Heuer, S. 221. Gerade bei Reifenschäden kann aber auch die Ursache in einer von außen kommenden unabwendbaren Fremdeinwirkung liegen. Dann ist der Frachtführer von der Haftung nach Art. 17 Abs. 2 befreit. Hierzu bedarf es nicht notwendig der Feststellung einer bestimmten Einwirkung als Ursache. Es genügt vielmehr, wenn der Frachtführer nachweist, daß nach der Lage des Falles praktisch nur eine Fremdeinwirkung in Betracht kommen kann; Arrondissements-Rechtbank Rotterdam, ETR 1966, 137; wohl auch bei gleichzeitigem Undichtwerden zweier fast neuer Reifen; Gerechthof Amsterdam, ETR 1966, 305ff. Weitere Hinweise bei Libouton, ETR 1973, 36f. Dagegen hat die Arrondissements-Rechtbank Rotterdam unter dem 21. 1. 1969, ETR 1969, 998 (1002f.) den Nachweis ausreichender Kontrolle genügen lassen. Siehe zu der Frage des Nachweises der Schadensursache eingehender unten Anm. 8.

Zu den Mängeln des Fahrzeugs gehören auch solche an fahrzeugeigenen Zusatzanlagen wie Verladeanlagen, Kranen, Pumpen, Rohrleitungen etc. Dagegen gilt für klimatechnische Zusatzeinrichtungen, insbesondere für Kühlanlagen eine Sonderregelung; siehe dazu unten Anm. 18.

Anm. 7

2. Haftungsausschlüsse

a) Allgemeines

Haftungsausschlüsse sind Ausnahmetatbestände, bei deren Vorliegen die sonst nach dem Haftungsgrundsatz gegebene Haftung entfällt. Grundsätzlich müssen die Voraussetzungen dieser Ausschlußtatbestände von dem bewiesen werden, der sich auf sie beruft. Jedoch enthält die CMR in Art. 18 einige Sonderregelungen für diese Beweisführung. In Anlehnung an das Eisenbahnfrachtrecht (Art. 27, 28 CIM; §§ 82, 83 EVO) unterscheidet die Literatur zur CMR zwischen „bevorrechtigten" und „nichtbevorrechtigten" Haftungsausschlüssen. Die bevorrechtigten Haftungsausschlüsse sind in Art. 17 Abs. 4 zusammengefaßt. Art. 18 Abs. 2, 3 CMR erleichtern für sie die Beweislast zugunsten des Frachtführers. Die nichtbevorrechtigten Haftungsausschlüsse des Art. 17 Abs. 2 sind dagegen nicht beweisrechtlich privilegiert. Bei ihnen trägt der Frachtführer die volle Beweislast auch für die Kausalität. Dies ist in Art. 18 Abs. 1 auch noch einmal klargestellt.

Außer den Beweislastbestimmungen enthält Art. 18 in Abs. 4, 5 noch Vorschriften, die besser in Art. 17 Abs. 4 Buchst. d, f gepaßt hätten, weil sie die dort geregelten Haftungsausschlüsse einschränken.

Treffen die in den Haftungsausschlüssen aufgeführten Schadensursachen mit solchen zusammen, die der Frachtführer zu vertreten hat, dann gilt die Sonderregelung des Art. 17 Abs. 5; siehe dazu unten Anm. 21.

Neben den in Art. 17 Abs. 2 und 4 aufgeführten Haftungsausschlüssen enthält die CMR einen weiteren in Art. 22 Abs. 2 (Heuer, S. 82).

Die Haftungsausschlüsse greifen nach Art. 29 CMR bei Vorsatz und grober Fahrlässigkeit des Frachtführers nicht ein.

b) Nichtbevorrechtigte Haftungsausschlüsse (Art. 17 Abs. 2, 18 Abs. 1 CMR) **Anm. 8**

Bei den nichtbevorrechtigten Haftungsausschlüssen des Art. 17 Abs. 2 hat der Frachtführer den vollen Beweis für die betreffende Schadensursache zu erbringen (Art. 18 Abs. 1). Grundsätzlich muß daher die konkrete Schadensursache festgestellt werden; andere Schadensursachen müssen ausgeschlossen sein; Arrondissements-Rechtbank te Alkmaar vom 5. 6. 1967, ETR 1967, 1013 (1020f.).

Ausnahmsweise kann auch die Feststellung der konkreten Schadensursache unterbleiben, wenn zur Gewißheit des Gerichts nachgewiesen ist, daß nur ein von außen kommender unabwendbarer Umstand den Schaden verursacht haben kann; Arrondissements-Rechtbank Rotterdam, ETR 1966, 137; Gerechthof Amsterdam vom 21. 10. 1965, ETR 1966, 305 (312f.); siehe auch oben Anm. 6. Grundsätzlich ist dem zuzustimmen. Doch muß die Ursache wenigstens soweit geklärt sein, daß Gegenmaßnahmen des Frachtführers zur Schadensabwendung als ausgeschlossen erscheinen. Daher hat das OLG Düsseldorf im Urteil vom 21. 8. 1969 (Heuer, S. 199ff.) im Falle des Brandes einer Baumwoll-Ladung kein unabwendbares Ereignis angenommen, weil der Gefahr der Entzündung der Ladung von außen durch Abdeckung mittels einer größeren Plane hätte begegnet werden können. Unrichtig dagegen Arrondissements-Rechtbank Rotterdam, ETR 1969, 998 (1002f.), die in einem Reifenbrandfall die Entlastung wegen ausreichender Kontrolle des Reifendruckes zugelassen hat; siehe dazu auch oben Anm. 6.

aa) Verschulden des Verfügungsberechtigten **Anm. 9**

Verschulden des Verfügungsberechtigten schließt nach Art. 17 Abs. 2 die Haftung des Frachtführers aus. Zum Begriff des Verfügungsberechtigten siehe die Anmerkungen zu Art. 12 CMR. Dem Verfügungsberechtigten ist das Verschulden seiner Erfüllungsgehilfen (soweit deutsches Recht ergänzend gilt, § 278 BGB; siehe Anm. 3 zu Art. 1) zuzurechnen. Art. 3 CMR ist nicht anwendbar.

Verschulden des Verfügungsberechtigten kann auch in Fällen des Art. 17 Abs. 4, insbesondere in Buchst. b–e vorliegen. Die Haftungsausschlußgründe stehen dann in Konkurrenz, wobei wegen der günstigeren Beweislage regelmäßig die Gründe des Abs. 4 im Vordergrund stehen werden.

Das Verschulden des Verfügungsberechtigten setzt keine Verletzung echter Vertragspflichten voraus. Vielmehr genügt die schuldhafte Verletzung einer dem Verfügungsberechtigten sich selbst gegenüber bestehenden Obliegenheit zur Schadensverhinderung. Der Frachtführer kann – obwohl dies in der CMR nicht entsprechend formuliert ist – dem Empfänger auch Verschulden des Absenders (also eines anderen Verfügungsberechtigten) entgegenhalten; Loewe, ETR 1976, 554.

Entgegen der Formulierung des Art. 17 Abs. 2 führt Verschulden des Verfügungsberechtigten in vielen Fällen nicht zum totalen Haftungsausschluß, sondern zur Schadensteilung nach Art. 17 Abs. 5; siehe dazu unten Anm. 21.

Anm. 10 **bb) Weisungen des Verfügungsberechtigten**

Geht der Schaden auf Weisungen des Verfügungsberechtigten zurück, so ist der Frachtführer in der Regel von der Haftung befreit. Dies ist die Konsequenz des Grundsatzes, daß der Frachtführer zur Befolgung der Weisungen des Verfügungsberechtigten verpflichtet ist; siehe Art. 12 CMR. Ist dagegen der Schaden auf die Befolgung einer Weisung zurückzuführen, die vom Frachtführer verschuldet ist, so tritt die Haftungsbefreiung nicht ein. Fälle solcher Art liegen vor allem dann vor, wenn vom Frachtführer falsche Informationen gegeben oder Benachrichtigungen unterlassen worden sind.

Anm. 11 **cc) Besondere Mängel des Gutes**

Besondere Mängel des Gutes sind solche von der normalen Beschaffenheit abweichende Eigenschaften, die aus sich heraus zu Schäden führen können. Insoweit ähneln sie den in Abs. 4 Buchst. d besonders geregelten Fällen der „natürlichen Beschaffenheit"; siehe unten Anm. 17, 18. Während es sich aber bei diesen um Schäden handelt, die sich aus der normalen („natürlichen") Schadensanfälligkeit von Gütern ergeben, betrifft Abs. 2 Fälle, in denen die Güter mangelhaft sind, also von der normalen, ordnungsgemäßen Beschaffenheit abweichen; Heuer, S. 85, Loewe, ETR 1976, 554; wohl auch Muth zu Art. 17, S. 76. Sind Güter z. B. wegen Lackierungsschäden dem Rost besonders ausgesetzt, so fällt der Rostschaden unter Abs. 2; handelt es sich dagegen um Metallteile, die normalerweise der Rostgefahr unterliegen (z. B. unbehandelte Eisenteile), so fallen Rostschäden unter Art. 17 Abs. 4d CMR mit der Folge des erleichterten Nachweises der Kausalität. Siehe zu diesen Fragen Heuer, S. 85f.

Anm. 12 **dd) Unabwendbare Umstände**

Zur Bedeutung dieses Haftungsausschlusses siehe oben Anm. 4, zum Verschuldensmaßstab Anm. 5. Die Rechtsprechung hat als unabwendbare Umstände anerkannt:

Einen Verkehrsunfall, bei dem sich der Fahrer völlig verkehrsgerecht verhalten hat; OLG München, ETR 1974, 615 (620f.). Kein unabwendbares Ereignis ist dagegen der Diebstahl eines Lastzuges, der über Nacht unbewacht auf einem Tankstellengelände an der deutsch-niederländischen Grenze abgestellt war; BGH vom 21. 12. 1966, NJW 1967, 499ff.; ebensowenig der Diebstahl eines Lkw, der in Italien eine Viertelstunde unbewacht abgestellt war; OLG Celle, VersR 1977, 860; ebenso zum Diebstahl eines für zwei Stunden unbewachten Fahrzeugs, das ohne Beifahrer unterwegs war: österr. OGH vom 16. 3. 1977, ÖJZ 1978, 101f.; Diebstahl von Zigaretten aus einem Lkw in Chiasso ist kein unabwendbares Ereignis; Rechtbank van Koophandel Antwerpen, ETR 1977, 437 (441); Einbruchdiebstahl in ein Kraftfahrzeug ist kein unabwendbares Ereignis; Tribunal de Commerce Bruxelles, ETR 1974, 330.

Ebenfalls nicht auf unabwendbarem Ereignis beruhen Rostschäden an Blechen, die auf einem offenen Fahrzeug befördert werden; OLG Frankfurt, VersR 1978, 535.

Abgelehnt wurde ein unabwendbares Ereignis ferner von der deutschen Rechtsprechung in Anlehnung an § 7 Abs. 2 StVG bei Straßenverkehrsunfällen, in denen ein – wenn auch geringfügiges – Mitverschulden des Fahrers nicht auszuschließen war: Unfall mit Durchbrechen der Leitplanke einer Autobahn mit ungeklärten Einzelheiten; OLG Bremen vom 12. 2. 1976, VersR 1976, 584f.; Umkippen bei einem

Ausweichmanöver, wenn der Fahrer zu weit in der Mitte der Fahrbahn gefahren ist, LG Duisburg, DVZ vom 15. 3. 1977, S. 11. Ein Brand ist kein unabwendbares Ereignis, wenn nicht nachgewiesen werden kann, daß die Bremsbeläge nicht heißgelaufen waren; OLG Düsseldorf v. 18. 11. 1971, insoweit in VersR 1973, 177 und AWD 1973, 401 f. nicht mit abgedruckt.

Hinsichtlich der Lieferfristhaftung wurde die Vereisung der Straße als unabwendbares Ereignis abgelehnt, jedenfalls wenn die Abfahrt nicht so früh wie möglich erfolgt war; OLG Saarbrücken, VersR 1972, 757 (758).

Als unabwendbares Ereignis kann es entgegen Arrondissements-Rechtbank Rotterdam, ETR 1969, 998 (1002 f.) nicht genügen, daß neuwertige Reifen trotz genauer Druckkontrolle sich entzündet haben, da hiermit ein Fahrzeugmangel als Ursache nicht ausgeschlossen werden kann (Art. 17 Abs. 3; siehe oben Anm. 6). Scharfes Bremsen ist nur dann ein unabwendbares Ereignis, wenn es unter Einbeziehung der heutigen Verkehrsdichte als vollkommen ungewöhnlich und unvorhersehbar betrachtet werden muß; Vredegerecht Antwerpen, ETR 1972.

Die Blockade der Autobahn-Grenzübergänge in Österreich im Sommer 1978 ist als „unabwendbares Ereignis“ nur für diejenigen Frachtführer anzusehen, die ohne eigene Beteiligung in den Autostau geraten sind; Beitrag ohne Verfasserangabe, DVZ Nr. 79 vom 8. 7. 1978, S. 6. Allerdings müssen auch diese den Nachweis führen, daß es ihnen trotz der vorherigen Ankündigung nicht möglich war, sich aus dem Stau herauszuhalten bzw. die Fahrt zu verschieben.

c) „Bevorrechtigte“ Haftungsausschlüsse (Art. 17 Abs. 4, Art. 18 Abs. 2–5) **Anm. 13**

Die Besonderheit der bevorrechtigten Haftungsausschlüsse liegt in der Erleichterung der Beweisführung zugunsten des Frachtführers. Auch für diese Ausnahmetatbestände trägt zwar der Frachtführer grundsätzlich die Beweislast. Er muß also zunächst das Vorliegen eines der Umstände des Art. 17 Abs. 4 nachweisen; siehe z. B. Züchner, VersR 1967, 1027; i. E. auch OLG Düsseldorf, VersR 1973, 178 (179); LG Köln vom 7. 12. 1965, zu Unrecht ablehnend besprochen bei Voigt, VP 1967, 168. Für die Kausalität zwischen diesem Umstand und dem Schaden genügt jedoch dann die Darlegung ihrer Möglichkeit; Art. 18 Abs. 2 S. 1. Es ist daher in diesem Falle nicht der Nachweis einer Wahrscheinlichkeit des Kausalverlaufs erforderlich; siehe hierzu eingehend und mit zahlreichen Hinweisen auf Literatur und Rechtsprechung Heuer, S. 110 ff.; dazu, daß keine Wahrscheinlichkeit nachgewiesen werden muß, siehe die in der Kommentierung zu Art. 83 EVO (Anh. I nach § 460 HGB) enthaltenen Literatur- und Rechtsprechungshinweise. Unpräzise OLG Düsseldorf, VersR 1973, 178 (179); Willenberg, NJW 1968, 1023 und Voigt, VP 1967, 168, die zwischen der Beweisfrage für den Umstand selbst (z. B. fehlerhafte Verladung) und der „Darlegung“ der Möglichkeit der Kausalität nicht unterscheiden.

Zweifelhaft ist allerdings, ob Art. 18 Abs. 2 S. 1 CMR mit dem Erfordernis der „Darlegung“ der Möglichkeit des Kausalverlaufs wirklich weniger verlangt als mit einem „Beweis“. Für eine solche Unterscheidung Heuer, S. 111; Goltermann/Konow, Anm. 2 zu Art. 28 CIM; Züchner, VersR 1967, 1027; wohl auch Muth zu Art. 18 CMR. Unentschieden Hannig, VP 1971, 243.

Dagegen gehen andere Autoren ohne weiteres von einer vollen Beweisobliegenheit des Frachtführers aus; Loewe, ETR 1976, S. 562; wohl auch Precht/Endrigkeit, Anm. 1 zu Art. 18 CMR; Wick, Das Internationale Eisenbahnfrachtrecht, 1974, Anm. 4 zu Art. 28 CIM.

Der Auffassung von Heuer ist zuzustimmen. Wird die Möglichkeit der Kausalität substantiiert dargelegt, so greift die Vermutung ein. War z. B. eine Maschine nicht einwandfrei verpackt, so genügt dies noch nicht für Art. 18 Abs. 2. Vielmehr muß auch noch dargelegt werden, daß der Verpackungsmangel zu dem Schaden führen konnte; Arrondissementsrechtbank Roermond, ETR 1977, 432 (435). Ein substantiiertes Bestreiten der Möglichkeit führt zur Beweiserhebung (z. B. durch Sachverständigengutachten). Steht danach die Unmöglichkeit des dargelegten Kausalverlaufs im konkreten Falle zur Überzeugung des Gerichts fest, so muß die Kausalitätsvermutung notwendig entfallen; London Court of Appeal, ETR 1977, 138 (153f.). Führt dagegen auch die Beweisaufnahme zu keiner Klärung, dann muß nach der Beweislast entschieden werden. Da die CMR die Kausalitätsvermutung nur an die Darlegung, nicht an den Beweis der Möglichkeit knüpft, bleibt sie in diesen Fällen bestehen. Es ist also so lange von der Kausalität auszugehen, als nicht ihr Fehlen positiv nachgewiesen ist.

Die Vermutung der Kausalität, die sich an diese Darlegung knüpft, kann jedoch widerlegt werden. Der Geschädigte kann also seinerseits beweisen, daß der an sich mögliche Kausalverlauf im speziellen Fall nicht vorgelegen hat. Regelmäßig wird dies durch den Nachweis eines anderen Kausalverlaufs geschehen müssen. Siehe im einzelnen Heuer, S. 114f. Als Beispiele siehe OLG Köln, VersR 1975, 709f. (Fahrzeugmängel als alternative Ursache gegen mangelhafte Verladung; Beweis mißglückt); OLG Hamm, VersR 1974, 28 (Defekt der Kühlanlage gegen zu enges Verladen von Schweinehälften durch den Absender); OLG Stuttgart, NJW 1968, 1054 (Verderb von Traubensaft bei möglicher überlanger Fahrzeit).

Die dargestellte Rechtslage entspricht Art. 28 Abs. 2 CIM; dagegen muß nach der abweichenden Formulierung des § 83 Abs. 2 EVO wohl von einer Beweispflicht der Eisenbahn ausgegangen werden. In der Kommentarliteratur zum Eisenbahnrecht scheint der Unterschied bisher nicht erkannt zu sein: Finger, EVO, 4. Aufl. 1970, Anm. 9c–e zu § 83 EVO; Goltermann/Konow, Anm. 15 zu § 83 EVO; Weirauch/Heinze, 4. Aufl. 1962, Anm. 32 zu § 83 EVO. Im Bereich der Transportversicherung enthält § 3 Abs. 2 ADB eine ähnliche Regelung. Zu dieser siehe OLG Köln, VersR 1978, 760f.

Die internationale Rechtsprechung zu diesem Problem ist wenig aufschlußreich, da die Rechtsordnungen in den Einzelheiten des Beweisrechts schon im grundsätzlichen keine Übereinstimmung zeigen.

Anm. 14 **aa) Offene Fahrzeuge (Art. 17 Abs. 4a und Art. 18 Abs. 3)**

Die Beförderung im offenen Fahrzeug ist nur dann ein Haftbefreiungsgrund, wenn sie ausdrücklich vereinbart und im Frachtbrief eingetragen war. In diesem Falle ist also der Frachtbriefeintrag konstitutiv; siehe dazu Anm. 6 zu Art. 6 CMR. Der Hinweis des Frachtführers auf frühere einverständlich vorgenommene Beförderungen im offenen Wagen reicht nicht aus; OLG Frankfurt, VersR 1978, 535 (536); ebenso im Ergebnis OLG Düsseldorf, ETR 1970, 446 (466f.).

Die Beförderung im offenen Fahrzeug ist nur dann ein Haftungsbefreiungsgrund, festgehaltene Vereinbarung haftet der Frachtführer für daraus entstehende Schäden. Eine Berufung auf Verpackungsmängel kommt nur dann in Betracht, wenn wegen dieser die Schäden auch im bedeckten Wagen entstanden wären. In der Sache daher zutreffend OLG Frankfurt, VersR 1978, 535 (536) (Verrosten von Feinblech); die Kritik von Schönwerth, ebenda, erscheint nach Lage des Falles nicht berechtigt.

Das Eisenbahnrecht regelt in Art. 27 § 3a CIM und in § 83 Abs. 2a EVO die Frage ähnlich. Doch kann hier das Tarifrecht auch ohne Frachtbriefeintragung die Beförderung im offenen Waggon rechtfertigen. Dagegen enthält die CMR keine entsprechende Bestimmung.

Die Beweiserleichterung des Art. 18 Abs. 2 gilt grundsätzlich auch für die Gefahr aus der Beförderung im offenen Wagen. Doch schließt Art. 18 Abs. 3 sie im Falle außergewöhnlich großen Abgangs oder bei Verlust von ganzen Frachtstücken aus. In diesen Fällen stellt also Art. 17 Abs. 4a nur einen nicht bevorrechtigten Haftungsausschluß dar. Wird Getreide als Schüttgut im offenen Wagen befördert, so beruhen Rinnverluste zugleich auf der Beschaffenheit des Gutes (d). Insoweit ist Art. 18 Abs. 3 CMR nicht analog anzuwenden; LG Offenburg mit zustimmender Anmerkung von Willenberg, VersR 1969, 560ff.

bb) Verpackungsmängel (Buchst. b) **Anm. 15**

Der Haftungsausschluß für Verpackungsmängel entspricht Art. 27 § 3b CIM und § 83 Abs. 1b EVO; zur KVO siehe Anm. 7 zu § 18, Anh. II nach § 452. Fehlen oder Mängel der Verpackung stellen nur dann einen Haftungsausschließungsgrund dar, wenn die Güter ihrer Natur nach bei fehlender oder mangelhafter Verpackung Verlusten oder Beschädigungen ausgesetzt sind, d. h. wenn es sich um an sich empfindliche Güter handelt; zutreffend Heuer, S. 94 gegen Züchner, VersR 1967, 432. Ob eine solche Verpackungsbedürftigkeit gegeben ist, richtet sich nach der Art der vorgesehenen Beförderung. Ist z. B. Beförderung im offenen Wagen vereinbart, so müssen Güter, die in geschlossenen Wagen keinen Schutz vor Witterungseinflüssen oder Rinnverlusten benötigen, unter Umständen doch verpackt werden; insoweit i. E. zutreffend Züchner a.a.O. Daher liegt kein Verpackungsmangel vor, wenn Eisenblech unverpackt befördert wird und der Schaden durch eine nicht im Frachtbrief eingetragene Verwendung eines offenen Wagens entstanden ist; OLG Frankfurt, VersR 1978, 535 (536); siehe auch oben Anm. 14. Kraftfahrzeuge sind normalerweise nicht verpackungsbedürftig; OLG Düsseldorf vom 8. 5. 1969, ETR 1970, 446 (468). Siehe zur Erforderlichkeit der Verpackung Anm. 2ff. zu § 18 KVO. Aus der Rechtsprechung siehe ferner: OLG Düsseldorf vom 21. 8. 1969, Heuer, S. 199 (201) (keine Haftungsbefreiung wegen eventuell mangelhafter Verpackung von Rohbaumwolle in einem Brandfall). Besonders verpackungsbedürftig im Hinblick auf eine Brandentstehung sind Streichhölzer; Tribunale di Milano, ETR 1974, 490. Grundsätzlich verpackungsbedürftig sind auch sog. Schüttgüter, die bei offener Verladung Rieselverlusten ausgesetzt sind; siehe dazu Voigt, VP 1970, S. 71; Züchner, VersR 1967, 432 und unten Anm. 17.

Das Losreißen einer Stahlblechrolle von einer Palette spricht für mangelhafte Verpackung: Arrondissementsrechtbank Roermond, ETR 1974, 201ff. Der Frachtführer muß bei einer beschädigten Maschine nicht nur darlegen, daß sie nicht ordnungsgemäß verpackt war, sondern auch, daß sie ihrer Art nach dadurch Schaden erleiden konnte: Arrondissementsrechtbank Roermond, ETR 1977, 432 (435).

Ein Sonderproblem bildet die Mangelhaftigkeit von Containern, Wechselaufbauten, Tanks und dergleichen. Sind diese fest mit dem Fahrzeug verbunden, so sind sie Bestandteile des Fahrzeugs. Ihre Mangelhaftigkeit führt zur Haftung nach Art. 17 Abs. 3. Werden sie dagegen auf das Fahrzeug verladen oder aufgelegt, dann ist die Rechtslage zweifelhaft; siehe Heuer, S. 96f.; Guelde/Willenberg Anm. 32 zu § 15 KVO. Im Sinne einer vernünftigen Risikoabgrenzung muß wohl darauf abgestellt werden, wer nach dem Vertrag die Container zu stellen hat. Werden vom Absender gestellte Container befördert, so müssen sie wohl stets als Verpackung betrachtet werden; zutreffend OLG Hamburg, MDR 1970, 1016. Wird dagegen der Container vom Frachtführer im Zusammenhang mit der konkreten Beförderung gestellt, dann muß ein Mangel des Containers als Fahrzeugmangel angesehen werden. Im ersteren Falle bezieht sich nämlich der Frachtvertrag auf die Beförderung von Ware und Absender-Container, im zweiten Falle nur auf die Beförderung der Ware. Fehler bei der Stauung des Containers sind daher bei Verlader-eigenem Container Verpackungsmängel, bei Frachtführer-eigenem Container Ladefehler, bei denen es wiederum auf die Ladepflicht ankommt, siehe unten Anm. 16; siehe ferner Anm. 8 zu § 429 HGB.

Für den Nachweis des Verpackungsmangels gilt das in Anm. 13 Gesagte. Der Beweis kann durch einen anerkannten Vorbehalt erbracht werden; siehe dazu Anm. 7 zu Art. 8 CMR. Werden mangelhaft verpackte Marmorplatten vom Fahrer in Kenntnis der Bruchgefahr befördert und zusätzlich unterwegs noch umgeladen, um eine Beiladung anderer Güter zu ermöglichen, so ist der Frachtführer nicht wegen Art. 17 Abs. 4b von der Haftung befreit; OLG Köln, VersR 1972, 778.

Anm. 16 **cc) Laden, Entladen, Stauen und andere Behandlung des Guts durch den Absender oder Empfänger (Buchst. c)**

Der Haftungsbefreiungsgrund des Art. 17 Abs. 4c wird in der Literatur und Rechtsprechung zur CMR in unterschiedlichster Weise ausgelegt; siehe hierzu eingehend aufgrund internationaler Rechtsprechung Wijffels, ETR 1976, 208–230; Groth, AWD 1977, 266.

Unstreitig ist zunächst, daß er nicht nur Schäden betrifft, die beim Verladen, Entladen oder sonstigen Behandlungen selbst entstehen, sondern auch solche, die als Folge mangelhafter Ladung und Stauung später während der Beförderung eintreten; siehe insbesondere OLG München vom 27. 11. 1968, ETR 1971, 115 (127); LG Berlin, ETR 1974, 762ff.; weitere Nachweise bei Heuer, S. 101, Fn. 269.

Vielfach wird jedoch darauf abgestellt, wem die betreffenden Tätigkeiten obliegen – eine Frage, die in der CMR nicht geregelt und in § 17 Abs. 4c nicht erwähnt ist. Der Frachtführer soll demnach nur dann von der Haftung befreit sein, wenn der Absender oder Empfänger oder die von diesen beauftragten Dritten in Erfüllung einer dem Absender oder Empfänger obliegenden Verpflichtung gehandelt haben. Siehe zum Überblick über die internationale Rechtsprechung Wijffels, a. a. O. und Libouton, ETR 1963, 42ff.

Demgegenüber weist Loewe, ETR 1976, 558f. zutreffend darauf hin, daß Art. 17 Abs. 4c CMR nur von der Tatsache der Verladung etc. als solcher spricht. Es kommt daher für die Haftungsbefreiung allein darauf an, wer tatsächlich verladen oder entladen, gestaut oder sonst das Gut behandelt hat. War dies der Absender oder Empfänger, so entfällt die Haftung für alle Schäden, die auf fehlerhafter Ausführung dieser Tätigkeiten beruhen; zutreffend Heuer, S. 101; Voigt, VP 1965, 149f. und VP 1971, 258; OLG München, ETR 1971, 115 (127); OLG Düsseldorf, VersR 1973, 178 (179); wohl auch OLG Düsseldorf, ETR 1970, 446 (470).

Die Frage der Haftung des Frachtführers für diese Tätigkeiten stellt sich ohnehin nur, soweit nicht der Absender oder Empfänger selbst zu laden oder entladen haben. Fällt nämlich nach dem Frachtvertrag diese Tätigkeit in den Wirkungsbereich des Absenders oder Empfängers, so liegt sie regelmäßig vor der Übernahme oder nach der Ablieferung; siehe dazu Anm. 14 zu § 425 sowie die Anmerkungen zu § 17 KVO; zutreffend auch Heuer, S. 100f.

Aus der Rechtsprechung siehe folgende Fälle: mangelhafte Befestigung einer vom Absender zu verladenden Maschine auf dem Wagen; keine Haftung des Frachtführers (OLG Hamm, VersR 1973, 911 (912)); ähnlich Gerechtshof s'Gravenhage, ETR 1974, 319; mangelhafte Stauung von Obststeigen durch den Absender fällt grundsätzlich unter Art. 17 Abs. 4c; jedoch verwehrte Art. 29 dem Frachtführer die Geltendmachung des Haftungsausschlusses, weil der Fahrer die Schadensmöglichkeit erkannt und es beim Hinweis an die griechischen Verladearbeiter belassen hatte (OLG München, ETR 1971, 115 (123ff.)); zu enge Verladung von Schweinehälften in einem Kühlwagen ist alleine dem Absender zuzurechnen, auch wenn der Fahrer geholfen hat, die Türen des Wagens durch Zurückstoßen gegen eine Mauer gewaltsam zu schließen. Hierin liegt zwar eine Mithilfe, die jedoch nicht als Mitverschulden anzurechnen ist (OLG Hamm, VersR 1974, 28ff.); werden Paletten mit in Säcken verpacktem Ruß vom Absender mangelhaft gestaut, so ist der Frachtführer nicht haftbar (OLG Köln, VersR 1975, 709f.); die Stauung von wasserempfindlichen Tapeten bis zur Berührung mit der Plane kann haftungsbefreiende Fehlverladung sein; doch tritt die Haftungsbefreiung nicht ein, wenn das Gut später wegen Beiladung vom Frachtführer umgeladen worden ist, da dann der Nachweis fehlerhafter Verladung nicht geführt ist (OLG Düsseldorf, VersR 1973, 178f.); werden mangelhaft verladene Marmorplatten noch einmal zum Aufnehmen einer Beiladung umgeladen, so entfällt die Berufung auf Art. 17 Abs. 4c CMR; OLG Köln, VersR 1972, 778; fällt eine Blechrolle wegen fehlerhafter Befestigung auf einem Fahrzeug durch den Absender um, so liegt an sich ein Haftungsbefreiungsgrund nach Art. 17 Abs. 4c vor. Ein haftungsgründendes Mitverschulden liegt jedoch darin, daß der Fahrer nach dem Wiederaufrichten der Rolle weitergefahren ist, so daß weitere Rollen umfallen konnten (OLG Saarbrücken, VersR 1976, 267ff. = NJW 1975, 500f.); Art 17 Abs. 4c ist nicht analog auf Ansprüche aus positiver Vertragsverletzung anzuwenden, die darauf beruhen, daß der Frachtführer den Transport auf Anweisung des nicht verfügungsberechtigten Empfängers vorzeitig abgebrochen hat; OLG Hamm, NJW 1976, 2077 (2078).

Ausländische Gerichte erlegen teilweise dem Frachtführer eine Verpflichtung zum Stauen oder zur Kontrolle der Stauung auf, wobei es dann nicht darauf ankommen soll, wer die Stauarbeiten tatsächlich durchgeführt hat; siehe zum Beispiel Österr. OGH vom 25. 9. 1968, ETR 1973, 309ff. (316ff.); Cour de Cassation Paris, ETR 1978, 106 (108f.); Tribunal de Commerce Charleroi, ETR 1977, 776 (783); Cour d'Appel de Liege, ETR 1970, 716 (722ff.). Siehe weitere Hinweise bei Wijffels, ETR 1976, 208ff. Fälle solcher Art lassen sich – wenn der Absender die Arbeiten durchgeführt hat – am besten über Art. 17 Abs. 5 lösen; siehe dazu unten Anm. 21.

dd) Natürliche Beschaffenheit (Buchst. d) **Anm. 17**

Art. 17 Abs. 4d schließt die Haftung des Frachtführers für Schaden aus natürlicher Schadensanfälligkeit der Güter grundsätzlich aus. Eine Sonderregelung gilt jedoch nach Art. 18 Abs. 4 bei Beförderung dieser Güter in Fahrzeugen mit besonderen Klimaeinrichtungen; siehe unten Anm. 18. Die natürliche Schadensanfälligkeit der Güter stellt einen bevorrechtigten Haftungsausschließungsgrund dar, während die „besonderen Mängel" in Abs. 2 als nicht bevorrechtigter Haftungsausschluß behandelt sind; siehe zur Abgrenzung oben Anm. 11. Art. 17 Abs. 4d umfaßt vor allem die in der KVO in § 34 S. 1 Buchst. k erwähnten Fälle inneren Verderbs, aber auch die dort in Buchst. g, h, i und n geregelten Fälle; siehe dazu Anm. 17ff. zu § 34 KVO.

Aus der deutschen Rechtsprechung siehe folgende Fälle: zu den verderblichen Gütern gehören vor allem viele Arten von Lebensmitteln, z. B. Pfirsiche; doch greift Buchst. d nicht ein, wenn die in Steigen verpackten Pfirsiche nicht verdorben, sondern zerdrückt sind. Vielmehr entfällt dann die Haftung nur, soweit ein Verladefehler nach Buchst. c vorliegt (OLG München, ETR 1971, 115 (127)); zu den verderblichen Gütern gehört auch Fleisch; siehe OLG Koblenz, VersR 1976, 1151 (1152); siehe aber zur Beförderung in Kühlwagen unten Anm. 18. Wegen der möglichen Gärung ist auch Traubensaft ein verderbliches Gut; OLG Stuttgart, NJW 1968, 1054 (1055). Innerer Verderb im Sinne von Art. 17 Abs. 4d CMR liegt vor, wenn tiefgekühlte Bohnen zwar noch voll genußtauglich sind, aber wegen Verklumpung nur noch in Großküchen und Konservenfabriken verwendet werden können; OLG Celle, WM 1975, 189 (190) = DB 1975, 301; zu weiteren Fällen des Art. 17 Abs. 4d siehe unten Anm. 18; zur internationalen Rechtsprechung siehe Libouton, ETR 1973, 46 mit weiteren Hinweisen; Muth zu Art. 17 CMR.

Besonders bruchgefährdet sind z. B. Eier, Steinzeugrohre, Flachglas, Glasballons und -flaschen, Porzellan, Steingut, Marmorplatten (LG Hagen, VersR 1977, 910) und ähnliche Güter; siehe Heuer, S. 102f. Vielfach liegt auch hier mangelhafte Verpackung nach Buchst. b vor; siehe oben Anm. 15.

Zu den Gefahren aus der natürlichen Beschaffenheit gehören auch Rost und Oxydation von Metallen. Auch in diesen Fällen liegt häufig Verpackungsmangel vor; siehe OLG Frankfurt, VersR 1978, 535 (536) (Verrosten von Feinblechen bei vertragswidrigem Transport im offenen Wagen fällt nicht unter Art. 17 Abs. 4 d.

Rieselverluste durch Beförderung von Getreide in unverpacktem Zustand fallen ebenfalls unter Buchst. d; LG Offenburg, VersR 1969, 560 mit zustimmender Anmerkung von Willenberg. Das LG Offenburg hat hierbei Art. 18 Abs. 3 nicht analog angewandt, obwohl zugleich eine Beförderung im offenen Wagen vorlag; siehe hierzu auch Voigt, VP 1970, 70ff.

Anhaltspunkte über leicht verderbliche Lebensmittel gibt das Übereinkommen über internationale Beförderungen leicht verderblicher Lebensmittel und über die besonderen Beförderungsmittel, die für diese Beförderungen zu verwenden sind (ATP), BGBl. 1974 II S. 566 (Abdruck bei Hein/Eichhoff u.a. J 131). Dem Abkommen sind Anhänge mit technischen Daten und Verfahrungsweisen beigefügt.

Anm. 18 Für Mängel an solchen Einrichtungen des Fahrzeugs, die zum Schutze des Gutes gegen Einwirkung von Hitze, Kälte, Temperaturschwankungen oder Luftfeuchtigkeit dienen, sieht Art. 18 Abs. 4 CMR vor, daß sich der Frachtführer auf den Haftungsausschluß des Art. 17 Abs. 4 d (natürliche Beschaffenheit) nur berufen darf, wenn er nachweist, daß er bei der Auswahl, bei Instandhaltung und Verwendung dieser Einrichtungen „alle ihm nach den Umständen obliegenden Maßnahmen getroffen" und die ihm erteilten besonderen Weisungen beachtet hat. Praktisch bedeutet dies, daß bei Verderb von Gütern durch Mängel von klimatechnischen Anlagen des Fahrzeugs eine Haftung für vermutetes Verschulden des Frachtführers hinsichtlich dieser Anlagen besteht; zutreffend OLG Koblenz, VersR 1976, 1151 (1152). Diese Sonderregelung geht Art. 17 Abs. 3 (siehe oben Anm. 6) vor, der keine Entlastung zulassen würde; Libouton, ETR 1973, S. 53f. Siehe aus der Rechtsprechung Arrondissements-Rechtbank Maastricht, Schip en Schade 1967, Nr. 16; Kantongerecht Delft, ETR 1966, 722 (727f.) (Verderb von Fleisch bei achttägigem Aufenthalt an der Grenze); Cour d'Appel Toulouse, ETR 1971, 131 (136f.) und ETR 1971, 412 (415f.); OLG Nürnberg vom 14. 6. 1965, ETR 1971, 247 (259ff.) (Verstoß gegen die Weisung, Steinpilze bei −2 Grad Celsius zu befördern); OLG Koblenz, VersR 1976, 1153 (1154) (Verderb von Fleisch); LG Frankfurt, AWD 1971, 414f. (Verderb von Früchten wegen mangelhafter Kontrolle der Temperatur); Queen's Bench Division; ETR 1976, 246 (255ff.) und London Court of Appeal, ETR 1977, 138 (154f.).

In der Rechtsprechung wird jedoch auch die gegenteilige Auffassung eines Vorrangs von Art. 17 Abs. 3 vor Art. 18 Abs. 4 CMR vertreten; eindeutig Arrondissements-Rechtbank Rotterdam, ETR 1971, 830 (837); wohl auch die beiläufige Begründung des BGH-Urteils vom 3. 7. 1974, WM 1974, 864 (865) = NJW 1974, 1616 (gekürzt) = DB 1974, 1618ff. = AWD 1974, 495ff. (Auftauen von Gefrierfleisch als Folge eines Defekts der Klimaanlage); wohl auch Rechtbank van Koophandel Antwerpen, ETR 1975, 540 (545ff.). Nach dieser Auffassung wäre allerdings Art. 18 Abs. 4 CMR weitgehend überflüssig. An seine Stelle würde praktisch eine Garantie des Frachtführers für Funktionstüchtigkeit der klimatechnischen Einrichtungen treten. Dies scheint mit der von der CMR vorgenommenen Risikoabgrenzung kaum vereinbar zu sein.

Der Verschuldensmaßstab in Art. 14 Abs. 4 CMR ist wohl der normale, also nach deutschem Recht § 347 HGB: Sorgfalt eines ordentlichen Kaufmanns. Jedoch dürfte jeder Vorstoß gegen das internationale Übereinkommen ATP (siehe Anm. 17 a.E.)

schuldhaft sein. In den Anhängen zu diesem Übereinkommen sind u. a. Kühlverfahren und Tabellen über Temperaturbedingungen enthalten.

Zum Kühlgutverkehr nach der CMR siehe speziell Züchner, DB 1971, 513ff.

ee) Ungenügende Bezeichnung und Numerierung (Buchst. e) **Anm. 19**

Die ungenügende Bezeichnung und Numerierung der Frachtstücke (siehe auch Art. 6 Abs. 1 g) kann leicht zu Verwechslungen, zur Falschauslieferung oder falschen Behandlung von Frachtstücken führen. Sie ist vielfach ein Sonderfall des Verschuldens des Verfügungsberechtigten nach Art. 17 Abs. 2. Doch setzt Art. 17 Abs. 4 e kein Verschulden voraus. Zu den Beweisfragen siehe insbesondere Art. 8 Abs. 1 a CMR und dort Anm. 4.

ff) Schäden bei Beförderung von lebenden Tieren (Art. 17 Abs. 4 Buchst. f und Art. 18 Abs. 5) **Anm. 20**

Der Haftungsausschluß des Abs. 4 Buchst. f bezieht sich nur auf die typische aus der Tierbeförderung sich ergebende Gefahr (Erkrankung, Verletzung, Verenden u. ä.). Der Frachtführer muß sich nach Art. 15 Abs. 5 entlasten, daß er alle ihm nach den Umständen üblicherweise obliegenden Maßnahmen getroffen und ihm erteilte besondere Weisungen beachtet hat. Praktisch wird im Falle von Schäden bei Beförderung lebender Tiere für vermutetes Verschulden gehaftet. Siehe auch § 34 S. 1 m KVO und dort Anm. 23; ferner das Europ. Übereink. über den Schutz von Tieren beim internationalen Transport, BGBl. 1973 II, S. 722ff.

d) Schadensteilung (Art. 17 Abs. 5) **Anm. 21**

Art. 17 Abs. 5 sieht eine Schadensteilung für den Fall vor, daß Haftungsbefreiungsgründe nur zum Teil die Schadensursachen bilden. Die Bestimmung ist – auch in den entsprechenden englischen und französischen Originalfassungen – unglücklich formuliert. Denn in Art. 17 ist wegen der weiten Fassung des Abs. 1 nicht präzise bestimmt, für welche Umstände der Frachtführer zu haften hat. Geht man von einer sog. „Gefährdungshaftung" aus (siehe dazu oben Anm. 4), so müßte man bei jedem Fall des Haftungsausschlusses die „Gefährdung" als Schadensursache mit berücksichtigen. Es käme nicht zu vollständigen Haftungsausschlüssen, sondern stets nur zur Schadensteilung. Dies ist aber ersichtlich nach der CMR nicht gemeint. Vielmehr soll offenbar die Schadensteilung nur eintreten, wenn neben den haftungsschließenden Umständen besondere, dem Frachtführer zuzurechnende Umstände für den Schaden ursächlich sind. Hierzu gehören vor allem Mängel des Fahrzeugs (Art. 17 Abs. 3), aber unstreitig auch schuldhafte Handlungen des Frachtführers. Die reine Transportgefahr ist jedenfalls dem Frachtführer nicht anzulasten.

In welcher Weise die Schadensteilung vorzunehmen ist, bestimmt Abs. 5 nicht. Zweckmäßigerweise ist dabei, soweit deutsches Recht ergänzend anzuwenden ist, auf die zu § 254 BGB entwickelten Grundsätze zurückzugreifen; siehe hierzu Helm, Haftung, S. 136ff.; Heuer, S. 108; OLG Köln, VersR 1972, 778 (779).

Im Falle des Vorsatzes oder der gleichstehenden Fahrlässigkeit des Frachtführers (Art. 29 CMR) kann es nicht zur Schadensteilung kommen, da in diesem Falle die Haftungsausschlüsse des Art. 17 ohnehin nicht eingreifen. Der Frachtführer haftet daher voll; zutreffend Heuer, S. 108.

Siehe aus der Rechtsprechung OLG Saarbrücken, VersR 1976, 267ff. (Umfallen von Weißblechrollen, die vom Absender fehlerhaft gestaut waren, Fortsetzung der Fahrt trotz Kenntnis des Fahrers von der Gefahr für die übrige Ladung); OLG Zweibrücken, VersR 1967, 1145 (1146f.) (Verderb von Pfirsichen durch mangelhafte Verladung, unsachgemäßes Umladen und verzögerte Beförderung); OLG Köln, VersR

1972, 778 (Fahrtantritt in Kenntnis unzureichender Verladung und Verpackung von Marmorplatten; ganz überwiegendes Verschulden des Frachtführers).

Aus der internationalen Rechtsprechung siehe Hof's-Hertogenbosch, ETR 1966, 698 (706f.) (Lade- und Verpackungsfehler gegenüber einer Fahrweise, die den Umständen nicht angepaßt war); Arrondissements-Gerechthof Roermond, ETR 1969, 1005 (1009) (Verladefehler und Nichtanbringen eines zum Fahrzeug gehörenden, zur Sicherung der Ladung erforderlichen Schutzes); siehe ferner Libouton, ETR 1973, 46.

Anm. 22 **3. Umfang des Schadensersatzes**

Der zu leistende Schadensersatz bestimmt sich nach den haftungseingrenzenden Vorschriften der Art. 23 Abs. 1–5 CMR und Art. 24–27 CMR. Voller Schadensersatz ist im Falle des Vorsatzes und der gleichgestellten Fahrlässigkeit nach Art. 29 zu leisten; siehe die dortige Kommentierung.

Anm. 23 **4. Reklamationen, Klagen, Verjährung**

Die Geltendmachung der Schadensersatzansprüche unterliegt den Einschränkungen der Art. 30 und 31 sowie der Verjährung nach Art. 32 CMR. Siehe die dortige Kommentierung.

Anm. 24 **III. Verspätungshaftung**

1. Allgemeines

Die Haftung für Überschreiten der Lieferfrist ist in Art. 17 Abs. 1 gemeinsam mit der Obhutshaftung geregelt. Da auch bei ihr die Haftungsausschließungsgründe grundsätzlich eingreifen und auch die Beweislastregelung des Art. 18 gilt, kann generell auf die Anmerkungen 2ff. verwiesen werden. Die haftungsausschließenden Umstände des Art. 17 Abs 2 können ebenso wie zu Verlust und Beschädigung auch zu Lieferfristüberschreitungen führen. Ebenso sind Fallgestaltungen denkbar, in denen die haftungsausschließenden Umstände des Abs. 4 die Ursachen von Verspätungen werden können, immer dann nämlich, wenn die Gefährdung des Gutes Aufenthalte (z.B. zum Nachverpacken, Umstauen, Sortieren, Kühlen, Belüften von Gütern) erforderlich macht und damit die Einhaltung der Lieferfrist vereitelt; zutreffend Züchner, VersR 1964, 224. Jedoch sind im Verhältnis zur Lieferfristhaftung die Ausschlußgründe des Art. 17 Abs. 4 nicht bevorrechtigt, soweit der durch die Überschreitung der Lieferfrist entstandene Schaden kein Schaden am Frachtgut selbst ist. Art. 18 Abs. 2 sieht nämlich nur für den Nachweis der Kausalität zwischen haftungsbefreiendem Umstand und Güterschaden eine Beweiserleichterung vor.

Anm. 25 **2. Überschreitung der Lieferfrist (Art. 19)**

Wann eine Lieferfrist überschritten ist, wird durch Art. 19 CMR bestimmt. Primär maßgeblich ist die vereinbarte Frist. Fehlt es an dieser Vereinbarung, so ist die einem sorgfältigen Frachtführer vernünftigerweise zuzubilligende Frist maßgeblich. Die CMR sieht demnach, anders als das Eisenbahnrecht und die KVO (siehe dazu § 26 KVO und die dortige Kommentierung) keine festen Lieferfristen vor. Im Ergebnis ähnelt daher die Rechtslage der nach § 428 Abs. 1 HGB gegebenen; siehe dazu Anm. 4 zu § 428. Dies hat vor allem deshalb große Bedeutung, weil damit im internationalen Straßengüterverkehr der Beförderer nicht den Schutz der zwingenden überlangen Fristen genießt, wie er im innerdeutschen Güterfernverkehr besteht. Eine verzögerliche Ausführung der Beförderung kann daher viel leichter zur Haftung führen, als im innerdeutschen Bereich; siehe dazu Anm. 5 zu § 26 KVO.

a) Vereinbarte Lieferfrist **Anm. 26**

Die Vereinbarung einer Lieferfrist kann grundsätzlich formlos erfolgen. Dies ist wohl herrschende Meinung für den Fall, daß kein Frachtbrief ausgestellt worden ist; Art. 4 Abs. 2 CMR. Züchner, VersR 1969, 685 meint demgegenüber, eine Lieferfrist könne ohne Ausstellung eines Frachtbriefs überhaupt nicht vereinbart werden. Nach richtiger und auch in der Rechtsprechung dominierender Auffassung ist auch bei Ausstellung eines Frachtbriefs die Eintragung der Lieferfrist nicht Voraussetzung der Gültigkeit ihrer Vereinbarung; siehe Anm. 3 zu Art. 6.

Inwieweit Auskünfte des Frachführers über die voraussichtliche Beförderung als Lieferfristvereinbarungen zu beurteilen sind, ist eine Frage der Ermittlung des rechtsgeschäftlichen Willens der Parteien und daher vom Abschlußstatut des Beförderungsvertrages mit abhängig.

Untersteht nach den Grundsätzen des deutschen Kollisionsrechts der ergänzend anzuwendende Frachtvertrag deutschem Recht (siehe oben Anm. 3 zu Art. 1), dann ist nach deutscher Rechtsprechung auch der Vertragsabschluß deutschem Recht zu unterstellen; siehe dazu Staudinger/Firsching, 10./11. Aufl. 1978, Anm. 160 vor Art. 12 EGBGB mit zahlreichen Hinweisen; Kegel, Internationales Privatrecht, 4. Aufl. 1977, S. 274f.

Keine Lieferfristvereinbarung liegt etwa vor, wenn sich der Beförderer beim Wechsel von Fernschreiben nicht festlegen läßt („Wir tun alles Erdenkliche und Mögliche, können aber nicht . . . garantieren“); LG Kleve, VersR 1975, 465. Dagegen ist eine Lieferfrist vereinbart, wenn eine Beförderung so abgesprochen wird, daß sie zu einem festen Stichtags-Zeitpunkt noch ankommt, auch wenn diese Vereinbarung nicht im Frachtbrief eingetragen ist; OLG Saarbrücken, VersR 1972, 757 (758).

Züchner, VersR 1964, 223ff. und Voigt, VP 1965, 185 meinen, die Vereinbarung einer objektiv nicht einhaltbaren zu kurzen Frist verstoße – soweit deutsches Recht ergänzend gelte – gegen § 138 BGB und sei daher nichtig. Eher kommt jedoch eine Nichtigkeit nach § 306 BGB in Betracht, wobei gemäß § 139 wohl nur die Lieferfristabrede nichtig sein wird. Aus § 307 BGB können sich in diesem Fall Ansprüche des Absenders auf Ersatz des Vertrauensschadens ergeben.

Ist die Lieferfrist nicht durch Bestimmung eines bestimmten Ablieferungstermins, sondern in einem Zeitmaß (Stunden, Tage, Wochen) festgelegt, so stellt sich die Frage nach dem Beginn der Frist. Maßgeblich muß der vereinbarte Beginn der Beförderung sein. Fehlt es auch an einer solchen Vereinbarung, so kann die Lieferfrist nicht vor der Übernahme der Güter beginnen. Ihr Anfang ist auf den Zeitpunkt anzusetzen, an dem ein sorgfältiger Frachtführer die Beförderung begonnen hätte. Denn hier ist für einen Teil der Fristbestimmung keine Vereinbarung vorhanden, so daß die Regelung, die Art. 19 für diesen Fall vorsieht, anzuwenden ist; anders Voigt, VersR 1973, 501ff.

b) Mangels Vereinbarung **Anm. 27**

Wenn keine Lieferfrist vereinbart ist, muß der Frachtführer innerhalb der Frist, die vernünftigerweise einem sorgfältigen Frachtführer zuzubilligen ist, die Beförderung ausführen. Dabei sind die Umstände der Beförderung zu berücksichtigen, insbesondere bei teilweiser Beladung die für die vollständige Beladung erforderliche Zeit.

Wer z.B. leicht verderbliche Birnen von Südfrankreich nach der Bundesrepublik Deutschland befördert, muß als sorgfältiger Frachtführer ggf. für einen Fahrerwechsel sorgen. Er kann sich nicht auf die durch die Höchst-Fahrzeiten erzwungenen Ruhepausen berufen; LG Kleve, VersR 1975, 466. Die normale Fahrzeit von Belgien an die italienische Grenze darf 35–40 Stunden nicht überschreiten. Sonntagsfahrverbote führen nicht zur Verlängerung, Corte di Appelo Venezia, ETR 1975, 242 (247f.).

Züchner, VersR 1964, 223f. und Voigt, VP 1965, 185, wollen demgegenüber die Lieferfrist der KVO in den CMR-Frachtvertrag als die Frist, die „vernünftigerweise einem sorgfältigen Frachtführer zuzubilligen ist" wieder hineininterpretieren. Dies ist nach Art. 19 CMR nicht zulässig, da die Frist „unter Berücksichtigung der Umstände" zu bestimmen ist. Solche Umstände sehen die festen Lieferfristen der KVO dagegen nicht vor. Der Gesichtspunkt des Schutzes der Bundesbahn vor dem Wettbewerb der Straße, der die generelle und überlange Festsetzung der KVO-Lieferfristen bestimmt, ist in der CMR nicht maßgeblich.

Bei den „Umständen", die für die Frist von Bedeutung sind, müssen auch die für den Beginn der Beförderung maßgeblichen mit berücksichtigt werden; abweichend wohl Voigt, VersR 1973, 504.

Ist keine Lieferfrist vereinbart, so ist Art. 20 Abs. 1 CMR zu beachten; die Verlustvermutung tritt 60 Tage nach Übernahme ein.

Anm. 28 **3. Umfang des Schadensersatzes**

Die Haftung setzt nur die Entstehung eines Schadens voraus, der sowohl an den Frachtgütern entstehen kann, als auch an anderen Vermögenswerten des Geschädigten. Siehe zum Schaden an Frachtgütern LG Kleve, VersR 1975, 465 (verdorbene Birnen). Zu allgemeinen Vermögensschäden siehe OLG Saarbrücken, VersR 1972, 757 (758) (Nachentrichtung von Einfuhrabgaben wegen Versäumung des Stichtags als Folge der Lieferfristüberschreitung).

Der Umfang des Schadensersatzes ist in Art. 23 Abs. 5 auf die Höhe der Fracht beschränkt; siehe dazu unten Anm. 8 zu Art. 23.

Anm. 29 **4. Reklamationen, Klagen, Verjährung**

Siehe hierzu Art. 30 Abs. 3 CMR (Vorbehalt binnen 21 Tagen); zur Geltendmachung Art. 31 und zur Verjährung Art. 32 CMR.

Anm. 30 **IV. Person des Ersatzberechtigten**

Zur Frage, wer ersatzberechtigt nach Art. 17 Abs. 1 CMR ist, bestimmt das Abkommen nichts Konkretes. Doch ließe sich aus dem Zusammenhang der Vorschriften schließen, daß stets der Verfügungsberechtigte die Ersatzansprüche geltend machen kann; denn die Bestimmungen der CMR setzen dies voraus. Insbesondere ergibt sich dies aus Art. 27 und 20, die dem Verfügungsberechtigten den Zinsanspruch zusprechen und ihm gestatten, sich auf die Verlustfiktion bei Fristablauf zu berufen. Der hier und bereits von mir in „Haftung", S. 37 vertretenen Auslegung der CMR aus sich heraus haben sich angeschlossen: OLG Hamm, VersR 1973, 911 (912) = ETR 1974, 499 (501); OLG Saarbrücken, VersR 1976, 267 (268) = NJW 1975, 500f.; Heuer, S. 178, Fn. 672, bereits ausdrücklich gegen die BGH-Rechtsprechung; Groth, AWD 1977, 267; dagegen hat sich jedoch der BGH im Urteil vom 10. 4. 1974 ausgesprochen: NJW 1974, 1614ff. = MDR 1974, 733f. = VersR 1974, 796ff. = AWD 1974, 348f. = LM Nr. 4 zu CMR = DB 1974, 1058 = ETR 1975, 83ff. Im Urteil vom 21. 12. 1973 hatte er noch die hier vertretene Lösung in Erwägung gezogen: NJW 1974, 412ff. = MDR 1974, 470 = VersR 1974, 325 (326) = ETR 1975, 91 = LM Nr. 3 zu CMR. Seine Stellungnahme gegen die Koppelung von Verfügungsberechtigung und Aktivlegitimation bezüglich des Schadensersatzes begründet der BGH nicht überzeugend. Der Rückgriff auf die – ebenfalls unklare – Regelung der KVO hätte, schon im Interese der internationalen Rechtsangleichung, vermieden werden sollen; siehe Anm. 4 zu Art. 1 CMR und Anm. 35 zu § 425 HGB.

Sachlich ist die Entscheidung vom 10. 4. 1974 berechtigt, soweit sie sich auf die Zurückweisung der Drittbegünstigung gemäß § 333 BGB stützt. Denn in diesem Falle fällt die Verfügungsbefugnis und mit ihr auch die Aktivlegitimation für den Schadensersatzanspruch an den Absender zurück; siehe Anm. 4 zu Art. 12 und Anm. 26 zu § 433 HGB. Diese Begründung hätte ausgereicht, um die Entscheidung des BGH zu rechtfertigen. Dagegen ist die generelle Verneinung der Koppelung von Ersatzberechtigung und Verfügungsbefugnis nach der CMR nicht entscheidungstragend gewesen. Es ist zu hoffen, daß der BGH an ihr nicht festhält, wenn ein Fall zur Entscheidung steht, in dem die Verfügungsrechte und Schadensersatzansprüche vom Empfänger nicht zurückgewiesen worden sind. In solchen Fällen wäre es nicht angebracht, dem Absender noch Ersatzansprüche zu gewähren. Weder die CMR noch das Landfrachtrecht des HGB zwingen zu dieser doppelten Prozeßrisiko-Belastung des Frachtführers.

Gegen eine einheitliche Festlegung der Anspruchsberechtigung hat sich auch Loewe, ETR 1976, 552 ausgesprochen; siehe ferner Cour d'Appel de Paris, Bull. Transp. 1970, 167.

Folgt man der hier vertretenen Auffassung, so ergeben sich für die Legitimation nach der CMR folgende Grundsätze: Sie steht dem Absender grundsätzlich alleine zu bis zur Ankunft am Ort der Ablieferung; Art. 12 Abs. 2 CMR. Allein legitimiert ist der Empfänger von der Ablieferung des Gutes an, oder vom Zeitpunkt der Annahme der zweiten Ausfertigung des Frachtbriefs; Art. 13 Abs. 1, 12 Abs. 2 CMR; die Legitimation steht ferner dem Empfänger von Anfang an zu, wenn ein entsprechender Vermerk über die Verfügungsberechtigung im Frachtbrief aufgenommen ist; Art. 13 Abs. 1, 12 Abs. 3 CMR; siehe Anm. 5ff. zu Art. 12 CMR. Aktivlegitimiert kann auch eine dritte Person im Fall des Art. 12 Abs. 4 CMR sein.

Einen besonderen Fall hatte der niederländische Hoge Raad (im Urteil vom 13. 12. 1973, ETR 1974, 602; Urteilsanmerkung von Dorrestein, ETR 1974, 724ff. und Czapski, AWD 1974, 161ff.) zu entscheiden. Der Frachtvertrag war zunächst (formfrei) von einem Importeur abgeschlossen, das Gut aber bei einer Fabrik in dessen Auftrag abgeholt worden; diese war im Frachtbrief als Absender eingetragen und hatte ihn mit unterzeichnet. Der Hoge Raad gewährte dem ursprünglichen Vertragspartner die Ersatzansprüche. Die Frage wäre, wie Dorrestein a.a.O. zutreffend bemerkt, im Verhältnis zwischen den Parteien besser über Art. 4 und 9 Abs. 1 CMR gelöst worden. Danach konnte die Eintragung der Fabrik im Frachtbrief als Absender – jedenfalls im Verhältnis zwischen den Parteien – sie nicht zum Absender machen. Vielmehr konnte die bloße Beweisvermutung nach Art. 9 Abs. 1 CMR für die Absendereigenschaft der in dem Frachtbrief eingetragenen Fabrik widerlegt werden – mit der Konsequenz, daß die Ersatzansprüche dem Importeur als wirklichen Absender zustanden.

Die vom BGH im Urteil vom 10. 4. 1974 und ebenso vom OLG Koblenz, VersR 1976, 1151 offengelassene Frage, ob der Empfänger aus eigenem Recht zur Geltendmachung von Ersatzansprüchen berechtigt ist, oder ob er nur ermächtigt ist, Ansprüche des Absenders geltend zu machen, läßt sich anhand der großzügigen Praxis der Drittschadensliquidation beantworten: Der formell Legitimierte kann Leistung an sich selbst fordern; siehe Anm. 36 zu § 429.

V. Konkurrierende Ansprüche Anm. 31

1. Vertragsansprüche

Art. 17 CMR regelt die Haftung des Frachtführers erschöpfend, soweit Verluste und Beschädigungen des Frachtguts während der Obhutszeit betroffen sind, und soweit sich Ansprüche aus Überschreitung der Lieferfrist ergeben; Heuer S. 185. Wären neben Art. 17 noch Ansprüche aus anderen vertraglichen Anspruchsgrundlagen (z.B. nach deutschem Recht aus Unmöglichkeit, Schuldnerverzug und positiver Vertragsverletzung) zugelassen, so könnten damit die Haftungsausschlüsse des Art. 17 Abs. 2

und 4 und die Haftungsbeschränkungen des Art. 23 ausgeschaltet werden. Siehe dazu Heuer S. 142, 151, 159, 184f.; Voigt, VP 1965, 124; ferner oben Anm. 88 zu § 429 HGB.

Dagegen schließt die CMR eine (insoweit unbeschränkte) Haftung aus allgemeinem Vertragsrecht nicht aus, soweit nicht gerade die in Art. 17 Abs. 1 geregelten Fälle betroffen sind. Dies ist in der Literatur unstreitig; eingehend Heuer S. 183ff.; Precht/Endrigkeit S. 84; Muth S. 72; LG Bremen, ETR 1966, 691 (697). Insbesondere werden Schäden, die durch Verletzung von Vertragspflichten unmittelbar an anderen Vermögenswerten als an Frachtgut entstehen, nach besonderen Tatbeständen der CMR ersetzt: Art. 7 Abs. 3 (fehlender Frachtbriefhinweis auf die CMR), dazu Anm. 4 zu Art. 7; Art. 11 Abs. 3 (Verlust und unrichtige Verwendung der Begleitpapiere), dazu Anm. 6 zu Art. 11; Art. 12 Abs. 7 (Nichtbeachtung von Weisungen) dazu Anm. 13f. zu Art. 12; Art. 21 (Nichteinziehung von Nachnahmen), dazu Anm. 4 zu Art. 21. Zum Überblick über diese Haftungstatbestände und ihrer Konkurrenzmöglichkeiten siehe Heuer, S. 141ff.

Die in der CMR geregelten Haftungstatbestände sind Sonderfälle der allgemeinen Vertragsbruchhaftung, die im deutschen Recht als positive Vertragsverletzung bezeichnet wird. Soweit sie eingreifen, sind sie leges speciales zum allgemeinen Recht der Leistungsstörungen, das durch sie ausgeschaltet ist. Neben ihnen sind jedoch auch andere Anwendungsfälle der positiven Vertragsverletzung möglich; zutreffend Heuer S. 183 mit zahlreichen Literaturhinweisen; Loewe, ETR 1976, 552.

Der BGH hat z.B. im Urteil vom 28. 2. 1975, NJW 1975, 1597ff. = MDR 1975, 554 = WM 1975, 521 = LM Nr. 7 zu CMR = DB 1975, 1074 den CMR-Frachtführer für die Unterlassung des Abschlusses einer Transportversicherung haften lassen; hierbei ist allerdings zweifelhaft, ob es sich nicht eher um eine Spediteurpflicht gehandelt hat. Das OLG Hamm, NJW 1976, 2077 (2078) hat ebenfalls eine Haftung aus positiver Vertragsverletzung wegen vorzeitiger Beendigung des Frachtvertrags bejaht. Eine Haftung aus allgemeinem Schuldrecht besteht auch für nicht rechtzeitige Stellung des Wagens; zutreffend Züchner, VersR 1964, 222; Precht/Endrigkeit S. 84; LG Bremen, ETR 1966, 691 (697).

Das OLG Düsseldorf, VersR 1975, 638 (639) hat eine Haftung aus positiver Vertragsverletzung wegen Nichtaufnahme eines Vorbehalts in den Frachtbrief abgelehnt. Jedoch lag die Begründung darin, daß aus Art. 8 keine entsprechende Verpflichtung des Frachtführers abgeleitet wurde; dagegen hat das OLG Karlsruhe im Urteil vom 10. 10. 1967 eine derartige Haftung bejaht; siehe Anm. 3 zu Art. 8.

Die Haftung aus positiver Vertragsverletzung ist nach der CMR – anders als nach § 31 Abs. 1c KVO – nicht der Höhe nach begrenzt; siehe Anm. 9ff. zu § 31 KVO. Das OLG Düsseldorf, VersR 1975, 232 (233) will § 31 Abs. 1 KVO ergänzend anwenden. Dieses Verfahren ist grundsätzlich abzulehnen; siehe Anm. 5 zu Art. 1. Es würde überdies eine systemfremde Haftungsbegrenzung (§ 31 Abs. 2 KVO) in den CMR-Frachtvertrag einführen.

Daß die vertragliche Haftung des CMR-Frachtführers aus Haftungstatbeständen außerhalb der CMR nicht durch den Haftpflichtversicherungsvertrag gedeckt ist (so Voigt, VP 1965, 124) ist nur teilweise zutreffend. Soweit die Versicherer nach ihren CMR-Haftpflichtpolicen ausdrücklich Gefahren „im Rahmen der Haftungsbestimmungen der CMR . . . oder nach den gesetzlichen Bestimmungen" decken, sind die Haftpflichtfälle aus schuldrechtlichen Leistungsstörungen jedenfalls mit eingeschlossen.

Anm. 32 **2. Außervertragliche Ansprüche**

Ansprüche aus unerlaubter Handlung werden durch die CMR zwar nicht ausgeschlossen. Für sie gelten aber nach Art. 28 Abs. 1 die Haftungsausschlüsse und

-einschränkungen der CMR. Siehe die Anm. zu Art. 28 und Anm. 80ff. zu § 429 HGB, insbesondere Anm. 84.

3. Haftung des Personals des CMR-Frachtführers Anm. 33

Siehe hierzu Art. 28 Abs. 2 CMR und dort Anm. 8.

VI. Versicherungsfragen Anm. 34

Siehe zu den mit der CMR-Beförderung zusammenhängenden Versicherungsfragen Anm. 100ff. zu § 429 HGB, insbesondere Anm. 102 und 106.

Artikel 18

(1) Der Beweis, daß der Verlust, die Beschädigung oder die Überschreitung der Lieferfrist durch einen der in Artikel 17 Absatz 2 bezeichneten Umstände verursacht worden ist, obliegt dem Frachtführer.

(2) Wenn der Frachtführer darlegt, daß nach den Umständen des Falles der Verlust oder die Beschädigung aus einer oder mehreren der in Artikel 17 Absatz 4 bezeichneten besonderen Gefahren entstehen konnte, wird vermutet, daß der Schaden hieraus entstanden ist. Der Verfügungsberechtigte kann jedoch beweisen, daß der Schaden nicht oder nicht ausschließlich aus einer dieser Gefahren entstanden ist.

(3) Diese Vermutung gilt im Falle des Artikels 17 Absatz 4 Buchstabe a nicht bei außergewöhnlich großem Abgang oder bei Verlust von ganzen Frachtstücken.

(4) Bei Beförderung mit einem Fahrzeug, das mit besonderen Einrichtungen zum Schutze des Gutes gegen die Einwirkung von Hitze, Kälte, Temperaturschwankungen oder Luftfeuchtigkeit versehen ist, kann sich der Frachtführer auf Artikel 17 Absatz 4 Buchstabe d nur berufen, wenn er beweist, daß er alle ihm nach den Umständen obliegenden Maßnahmen hinsichtlich der Auswahl, Instandhaltung und Verwendung der besonderen Einrichtungen getroffen und ihm erteilte besondere Weisungen beachtet hat.

(5) Der Frachtführer kann sich auf Artikel 17 Absatz 4 Buchstabe f nur berufen, wenn er beweist, daß er alle ihm nach den Umständen üblicherweise obliegenden Maßnahmen getroffen und ihm erteilte besondere Weisungen beachtet hat.

Art. 18 ist in den Erläuterungen zu Art. 17 mitkommmentiert. Zum Überblick siehe Anm. 7 zu Art. 17. Zu Art. 18 Abs. 1 siehe insbesondere Anm. 8, zu Abs. 2 Anm. 13; zu Abs. 3 Anm. 14, zu Abs. 4 Anm. 18, zu Abs. 5 Anm. 20. Anm.

Artikel 19

Eine Überschreitung der Lieferfrist liegt vor, wenn das Gut nicht innerhalb der vereinbarten Frist abgeliefert worden ist oder, falls keine Frist vereinbart worden ist, die tatsächliche Beförderungsdauer unter Berücksichtigung der Umstände, bei teilweiser Beladung insbesondere unter Berücksichtigung der unter gewöhnlichen Umständen für die Zusammenstellung von Gütern zwecks vollständiger Beladung benötigen Zeit, die Frist überschreitet, die vernünftigerweise einem sorgfältigen Frachtführer zuzubilligen ist.

Siehe Anm. 24–29 insbesondere Anm. 25, 26 zu Art. 17 CMR. Anm.

Artikel 20

(1) Der Verfügungsberechtigte kann das Gut, ohne weitere Beweise erbringen zu müssen, als verloren betrachten, wenn es nicht binnen dreißig Tagen nach Ablauf der vereinbarten Lieferfrist oder, falls keine Frist vereinbart worden ist, nicht binnen sechzig Tagen nach der Übernahme des Gutes durch den Frachtführer abgeliefert worden ist.

(2) Der Verfügungsberechtigte kann bei Empfang der Entschädigung für das verlorene Gut schriftlich verlangen, daß er sofort benachrichtigt wird, wenn das Gut binnen einem Jahr nach Zahlung der Entschädigung wieder aufgefunden wird. Dieses Verlangen ist ihm schriftlich zu bestätigen.

(3) Der Verfügungsberechtigte kann binnen dreißig Tagen nach Empfang einer solchen Benachrichtigung fordern, daß ihm das Gut gegen Befriedigung der aus dem Frachtbrief hervorgehenden Ansprüche und gegen Rückzahlung der erhaltenen Entschädigung, gegebenenfalls abzüglich der in der Entschädigung enthaltenen Kosten, abgeliefert wird; seine Ansprüche auf Schadenersatz wegen Überschreitung der Lieferfrist nach Artikel 23 und gegebenenfalls nach Artikel 26 bleiben vorbehalten.

(4) Wird das in Absatz 1 bezeichnete Verlangen nicht gestellt oder ist keine Anweisung in der in Absatz 3 bestimmten Frist von dreißig Tagen erteilt worden oder wird das Gut später als ein Jahr nach Zahlung der Entschädigung wieder aufgefunden, so kann der Frachtführer über das Gut nach dem Recht des Ortes verfügen, an dem es sich befindet.

Anm. 1

I. Verlustfiktion (Art. 20 Abs. 1 CMR)

Die Regelung des Art. 20 Abs. 1 CMR entspricht weitgehend der Bestimmung des § 37 Abs. 4 KVO; Fristbeginn und Fristdauer weichen jedoch voneinander ab; siehe Anm. 4 zu § 429 HGB. Zum Begriff der Übernahme siehe Anm. 2 zu Art. 17.

Streitig ist, ob Art. 20 Abs. 1 eine unwiderlegliche Vermutung oder Fiktion des Verlustes begründet (so Heuer, S. 70; Precht/Endrigkeit Anm. 1 zu Art. 20; im Ergebnis auch OLG Stuttgart vom 23. 3. 1971, Heuer, S. 201 (206), das zwar von einer Beweiserleichterung spricht, diese aber doch praktisch als Fiktion behandelt). Die Gegenmeinung sieht in Art. 20 Abs. 1 nur eine widerlegliche Vermutung des Verlustes. Die Wiederauffindung vor Empfang der Entschädigung würde daher dazu führen, daß der Geschädigte auch nach Ablauf der Frist die Güter noch annehmen muß; Loewe, ETR 1976, S. 564; wohl auch OLG Frankfurt, VersR 1978, 169 (171), das in Art. 20 Abs. 1 nur eine „Beweiserleichterung" sieht. Nach der Formulierung nach Art. 20, insbesondere der Absätze 2 bis 4 spricht alles für eine Fiktion. Darüber hinaus würde Art. 20 Abs. 1 seinen Zweck, den Verfügungsberechtigten aus seiner Lage der Unsicherheit zu befreien, verfehlen, wenn dieser im Falle der Wiederauffindung das Gut doch noch annehmen müßte; so aber Loewe a.a.O. In dieser Situation wäre er z.B. wirtschaftlich nicht in der Lage, eine sinnvolle Entscheidung für eine anderweitige Beschaffung der überfälligen Güter zu treffen; vielmehr liefe er Gefahr, die Güter doppelt zur Verfügung zu haben. Siehe dazu Anm. 15 zu § 430 HGB.

Anm. 2

II. Wiederauffindung

1. Allgemeines

Grundsätzlich kann der Verfügungsberechtigte, d.h. der zum Schadensersatz Berechtigte (Anm. 30 zu Art. 17) sich auch bei Wiederauffindung des Gutes mit dem Schadensersatz zufrieden geben; dies ergibt sich aus den Bestimmungen des Art. 20 Abs. 2–3, aber auch aus allgemeinen Erwägungen; zu diesen siehe Anm. 15 zu § 430

HGB. Die CMR gewährt jedoch dem Ersatzberechtigten Möglichkeiten, dennoch wiederaufgefundene Güter zurückzuverlangen.

2. Rückforderungsrecht Anm. 3

a) Verlangen nach Benachrichtigung (Abs. 2)

Das Zurückforderungsrecht des Verfügungsberechtigten hinsichtlich der Güter setzt nach Art. 20 Abs. 2 voraus, daß der Verfügungsberechtigte beim Empfang der Entschädigung das Verlangen nach Benachrichtigung im Falle der Wiederauffindung binnen Jahresfrist stellt. Tut er dies nicht, so verliert er den Herausgabeanspruch hinsichtlich der wiederaufgefundenen Güter, muß sich also mit dem Schadenersatzanspruch begnügen (Art. 20 Abs. 4).

b) Herausgabeanspruch bei Benachrichtigung (Art. 20 Abs. 3) Anm. 4

Bei Benachrichtigung nach Abs. 2 muß sich der Verfügungsberechtigte innerhalb von 30 Tagen entscheiden, ob er die Entschädigung behalten und das Gut dem Frachtführer überlassen will (Abs. 4) oder ob er es vorzieht, das wiederaufgefundene Gut herauszuverlangen. Versäumt er die Frist, so kann er keine Herausgabe mehr verlangen.

Die CMR trifft keine Bestimmung für den (gewiß häufigen) Fall, daß Güter zwar nach Ablauf der Frist des Abs. 1, aber vor Leistung der Entschädigung wiederaufgefunden werden. In diesem Falle muß dem Verfügungsberechtigten ebenfalls das Wahlrecht zustehen; siehe zur Begründung oben Anm. 1.

Der Herausgabeanspruch setzt die Rückzahlung der Entschädigung voraus. Ansprüche wegen Lieferfristüberschreitung (Art. 23) und wegen eines deklarierten Lieferinteresses (Art. 26) bleiben auch bei Rückgabe bestehen; Art. 20 Abs. 3, 2. Halbsatz.

3. Verfügungsrecht des Frachtführers über wiederaufgefundene Güter (Abs. 4) Anm. 5

Hat der Verfügungsberechtigte nach dem oben Gesagten keinen Anspruch auf Herausgabe, so darf der Frachtführer gemäß Art. 20 Abs. 4 über das Gut verfügen. Will er das Gut verkaufen, so gilt die Einwilligung des Eigentümers nach § 185 BGB als erklärt. Will er das Gut selbst behalten, so kann er vom Verfügungsberechtigten die Übereignung verlangen; siehe Anm. 15 zu § 430 HGB.

Artikel 21

Wird das Gut dem Empfänger ohne Einziehung der nach dem Beförderungsvertrag vom Frachtführer einzuziehenden Nachnahme abgeliefert, so hat der Frachtführer, vorbehaltlich seines Rückgriffsrechtes gegen den Empfänger, dem Absender bis zur Höhe des Nachnahmebetrages Schadenersatz zu leisten.

I. Allgemeines Anm. 1

Zum Begriff und den Arten der Nachnahmen siehe Anm. 77 zu § 425 und 53 zu §§ 407–409 HGB, zur KVO siehe die Anmerkungen zu § 24 KVO sowie Anm. 13 zu § 31 KVO; Hinweise auf die internationale Rechtsprechung siehe bei Libouton, ETR 1973, S. 55.

II. Voraussetzungen der Haftung nach Art. 21 CMR Anm. 2

1. Wirksame Nachnahmevereinbarung

Ob die Vereinbarung einer Nachnahme zu ihrer Wirksamkeit der Eintragung in den Frachtbrief bedarf, ist streitig. Für Eintragungsbedürftigkeit siehe Beitrag ohne

Verfasserangabe, Deutsche Verkehrszeitung Nr. 53 vom 17. 5. 1977, S. 7; wohl auch Muth zu Art. 6 CMR, S. 53f. Demgegenüber ist die formfreie Vereinbarung der Nachnahme zugelassen worden vom OLG Köln, AWD 1975, 162f. Entsprechend der oben in Anm. 3 zu Art. 6 CMR vertretenen Auffassung haben sich für die Formfreiheit ferner ausgesprochen: Heuer, S. 160; Loewe, ETR 1976, 566.

Eine Nachnahmeweisung, die nicht in den Frachtbrief eingetragen ist, muß jedoch vom Absender voll nachgewiesen werden, da ihm Art. 9 Abs. 1 nicht zugute kommt. Die Nachnahmeweisung muß klar dahin lauten, das Frachtgut nicht ohne Erhebung des bestimmt bezeichneten Nachnahmebetrags auszuliefern. Hierfür genügt eine Klausel wie „Kasse gegen Dokumente", die im Frachtvertrag überdies keinen Sinn erbringt, nicht; zutreffend OLG Köln, AWD 1975, 162 (163).

Anm. 3 **2. Ablieferung ohne Einziehung des Nachnahmebetrags**

Grundsätzlich wird der Nachnahmebetrag in bar zu erheben sein. Doch kann die Frage, ob der Fahrer auch einen Scheck entgegennehmen darf, international kaum einheitlich beantwortet werden.

Mangels besonderer Weisung dürfte im internationalen Transport ein Scheck im Regelfall kein vollwertiger Ersatz für Bargeld sein. Gegen die Annehmbarkeit von Schecks für den deutschen Bereich Heuer, S. 161; Precht/Endrigkeit, Anm. zu Art. 21 CMR; Muth, Anm. zu Art. 21. Für die Annehmbarkeit von Schecks dagegen Loewe, ETR 1976, 566.

Anm. 4 **3. Kein Verschuldenserfordernis**

Zu der Frage, ob Art. 21 CMR Verschulden voraussetzt, werden verschiedene Auffassungen vertreten. Die Bestimmung selbst erwähnt kein Verschulden. Das OLG Köln, AWD 1975, 162f. spricht daher von der „besonderen Strenge der echten Gefährdungshaftung". Die Bezugnahme auf das Urteil des BGH vom 21. 12. 1966, VersR 1967, 153 = NJW 1967, 499 (500) = LM Nr. 1 zu CMR ist indessen unrichtig, da sich dieses Urteil nur auf Art. 17 CMR bezieht.

Für Verschuldenshaftung demgegenüber Beitrag ohne Verfasserangabe, DVZ vom 17. 5. 1977, S. 7. Loewe, ETR 1976, 566 will offenbar die Haftung bei Eintragung im Frachtbrief ohne Verschulden, bei formloser Verinbarung der Nachnahme dagegen nur bei nachgewiesenem Verschulden eintreten lassen.

Die Annahme einer reinen Erfolgshaftung wird nicht nur durch den Text der CMR nahegelegt; sie entspricht auch eher der Funktion der Nachnahme, die eine Verlängerung der Sicherheit nach dem Zug-um-Zug-Prinzip bedeutet. Der Frachtführer, der die Einziehung einer Nachnahme übernimmt – wozu er nicht verpflichtet ist – sollte zweckmäßigerweise eine Garantie für die Einziehung geben.

Anm. 5 **III. Haftungshöhe**

Art. 21 begrenzt die Haftung auf die Höhe des Nachnahmebetrags. Weitere Haftungseinschränkungen sind nicht vorgesehen; Art. 23 und 24 CMR sind nicht anwendbar. Zweifelhaft ist, ob ein Nachweis zulässig ist, daß der Absender im Verhältnis zum Empfänger keinen Anspruch auf den nachzunehmenden Betrag gehabt hätte und daher keinen Schaden erlitten habe, weil er den Betrag ohnehin an den Empfänger zurückzahlen müsse. Im Interesse der Sicherheit des Nachnahme-Einzugverfahrens sollte dieser Einwand jedoch nicht zugelassen werden. Fragen der endgültigen Kosten- und Preiszahlungspflicht müssen grundsätzlich im Verhältnis zwischen Absender und Empfänger, evtl. im Prozeß zwischen Frachtführer und Empfänger (siehe unten Anm. 6) geklärt werden.

IV. Vorbehalt des Rückgriffsrechts

Anm. 6

Art. 21 behält dem Frachtführer ausdrücklich ein „Rückgriffsrecht" gegen den Empfänger vor. Der Ausdruck „Rückgriff" ist eine unglückliche Übersetzung der englischen und französischen Originaltexte. Im Sinne deutschen Rechts handelt es sich nicht um die Begründung eines Rückgriffs, also einer auf eine dritte Person verlagerten Entschädigungspflicht, sondern nur um die Klarstellung, daß dem Frachtführer seine Zahlungsansprüche gegen den Empfänger erhalten bleiben. Diese Ansprüche ergeben sich aus Art. 13 Abs. 2 CMR. Bei ergänzender Anwendung deutschen Rechts kann, soweit Art. 13 Abs. 2 keine Ansprüche gewährt, an eine analoge Anwendung von § 255 BGB (bzw. des Grundsatzes der Vorteilsausgleichung) gedacht werden.

Artikel 22

(1) Der Absender hat den Frachtführer, wenn er ihm gefährliche Güter übergibt, auf die genaue Art der Gefahr aufmerksam zu machen und ihm gegebenenfalls die zu ergreifenden Vorsichtsmaßnahmen anzugeben. Ist die Mitteilung im Frachtbrief nicht eingetragen worden, so obliegt es dem Absender oder dem Empfänger, mit anderen Mitteln zu beweisen, daß der Frachtführer die genaue Art der mit der Beförderung der Güter verbundenen Gefahren gekannt hat.

(2) Gefährliche Güter, deren Gefährlichkeit der Frachtführer nicht im Sinne des Absatzes 1 gekannt hat, kann der Frachtführer jederzeit und überall ohne Schadenersatzpflicht ausladen, vernichten oder unschädlich machen; der Absender haftet darüber hinaus für alle durch die Übergabe dieser Güter zur Beförderung oder durch ihre Beförderung entstehenden Kosten und Schäden.

I. Allgemeines

Anm. 1

Dem Absender wird in Art. 22 Abs. 1 CMR eine Verpflichtung zur Aufklärung über die Gefährlichkeit der zu befördernden Güter auferlegt. Diese Pflicht hat eine doppelte Bedeutung. Ihre Verletzung setzt nach Abs. 2, 1. Halbsatz den Frachtführer in den Stand, die gefährlichen Güter ohne Ersatzpflicht auszuladen, zu vernichten oder unschädlich zu machen. Nach Abs. 2, 2. Halbsatz begründet sie ferner eine Pflicht des Absenders zum Schadens- und Kostenersatz. Siehe zur Frage der Beförderung gefährlicher Güter Anm. 3, 4 und 7 zu § 8 KVO; ferner Anm. 84 zu § 425 HGB.

II. Aufklärungspflicht

Anm. 2

Der Absender muß den Frachtführer auf die genauen Gefahren der zur Beförderung übergebenen gefährlichen Güter aufmerksam machen. Wenn es sich um Güter handelt, die in eine der Gefahrenklassen des Übereinkommens über die internationale Beförderung gefährlicher Güter auf der Straße (ADR, siehe Anm. 3 zu § 8 KVO) fallen, dann dürfte die Mitteilung der Gefahrklasse bereits ausreichend sein. Art 22 bezieht sich jedoch nicht ausdrücklich auf das (später abgeschlossene) ADR-Abkommen. Daher können auch solche Güter gefährlich im Sinne des Art. 22 sein, die nicht im ADR aufgeführt sind.

Die Aufklärung erfolgt regelmäßig im Frachtbrief. Doch ist auch eine andere Aufklärung (z. B. brieflich) zulässig, wobei lediglich dem Absender die Beweisvermutung des Art. 9 Abs. 1 CMR nicht zugute kommt.

III. Recht zur Ausladung, Vernichtung oder Unschädlichmachung

Anm. 3

Die Regelung des Art. 22 Abs. 2, 1. Halbsatz entspricht weitgehend dem seerechtlichen Vorbild des § 564b Abs. 1 S. 2 HGB. Der Frachtführer muß die nach

Lage des Falles schonendste Maßnahme treffen. Bei der Beurteilung der Notwendigkeit von Maßnahmen muß ihm ein weiter Spielraum gelassen werden; Loewe, ETR 1976, 567.

Anm. 4

IV. Haftung des Absenders

Art. 22 Abs. 2, 2. Halbsatz begründet eine Haftung für Kosten und Schäden, die sich aus der Versäumnis der Angabe der Gefährlichkeit der Güter (Abs. 1) ergeben. Diese Haftung setzt – ähnlich wie die entsprechenden Haftungstatbestände in anderen Teilbereichen des Frachtrechts – kein Verschulden voraus; siehe Anm. 24 zu § 425. Es handelt sich hier um eine echte Gefährdungshaftung, die auch im Umfang nicht begrenzt ist. Der Frachtführer hat nicht nur Anspruch auf Ersatz seiner eigenen Schäden, sondern auch auf die Kosten der Unschädlichmachung der Güter, ferner auf Ersatz der Entschädigungen, die er an Dritte zahlen muß. Unmittelbare Ansprüche Dritter gegen den Absender können dagegen nicht auf die CMR gestützt werden. Sie sind aber vielfach aus §§ 823 Abs. 1 und 2 BGB begründet.

Artikel 23

(1) Hat der Frachtführer auf Grund der Bestimmungen dieses Übereinkommens für gänzlichen oder teilweisen Verlust des Gutes Schadenersatz zu leisten, so wird die Entschädigung nach dem Wert des Gutes am Ort und zur Zeit der Übernahme zur Beförderung berechnet.

(2) Der Wert des Gutes bestimmt sich nach dem Börsenpreis, mangels eines solchen nach dem Marktpreis oder mangels beider nach dem gemeinen Wert von Gütern gleicher Art und Beschaffenheit.

(3) Die Entschädigung darf jedoch 25 Franken für jedes fehlende Kilogramm des Rohgewichts nicht übersteigen. Unter Franken ist der Goldfranken im Gewicht 10/31 Gramm und 0,900 Feingehalt zu verstehen.

(4) Außerdem sind – ohne weiteren Schadenersatz – Fracht, Zölle und sonstige aus Anlaß der Beförderung des Gutes entstandene Kosten zurückzuerstatten, und zwar im Falle des gänzlichen Verlustes in voller Höhe, im Falle des teilweisen Verlustes anteilig.

(5) Wenn die Lieferfrist überschritten ist und der Verfügungsberechtigte beweist, daß daraus ein Schaden entstanden ist, hat der Frachtführer dafür eine Entschädigung nur bis zur Höhe der Fracht zu leisten.

(6) Höhere Entschädigungen können nur dann beansprucht werden, wenn der Wert des Gutes oder ein besonderes Interesse an der Lieferung nach den Artikeln 24 und 26 angegeben worden ist.

Inhaltsübersicht

I. Überblick Anm. 1

II. Der Haftungsumfang bei Totalverlust des Gutes Anm. 2

1. Grundsatz des Wertersatzes (Art. 23 Abs. 1)
2. Berechnung des Wertes Anm. 3
3. Deklaration eines erhöhten Lieferinteresses (Art. 26) Anm. 4
4. Summenmäßige Begrenzung der Haftung (Art. 23 Abs. 3 CMR) Anm. 5

III. Berechnung der Entschädigung bei Teilverlust Anm. 6

IV. Berechnung des Ersatzes bei Beschädigung Anm. 7

V. Berechnung der Entschädigung bei Überschreitung der Lieferfrist (Art. 23 Abs. 5 CMR) Anm. 8

VI. Überschneidung der Haftungsgrenzen zwischen Güterschadens- und Verspätungshaftung Anm. 9

I. Überblick

Anm. 1

Art. 23 bis 27 CMR regeln den Umfang des Schadensersatzes für Verlust und Beschädigung des Frachtguts und für Überschreitung der Lieferfrist. Alle dort festgelegten Haftungsgrenzen gelten nicht im Falle von Vorsatz und gleichgestellter Fahrlässigkeit (Art. 29). Art. 23 Abs. 6 stellt klar, daß eine Erhöhung der in Art. 23 Abs. 1 bis 5 vorgesehenen Haftungsgrenzen nur im Rahmen der Art. 24 und 26 möglich ist. Dieser Absatz ist weitgehend überflüssig, da sich seine Aussage aus der Natur der Haftungsbeschränkungen ohnehin ergibt; siehe Heuer, S. 123.

Für den Fall des Verlustes oder Teilverlustes legen zunächst Art. 21 Abs. 1 und 2 den Grundsatz des Wertersatzes fest; siehe dazu Anm. 5ff. zu § 430 HGB. Art. 26 gestattet eine Abweichung von diesem Grundsatz. Art. 23 Abs. 3 stellt eine summenmäßige Grenze für diesen Wertersatz auf. Sie kann durch Deklaration des Wertes (Art. 24) oder eines Lieferinteresses (Art. 26) erhöht werden.

Für die Beschädigung des Frachtguts verweist Art. 25 weitgehend auf die Bestimmungen des Art. 23.

Für Überschreitung der Lieferfrist ergeben sich die Haftungsbeschränkungen (auf die Höhe der Fracht) aus Art. 23 Abs. 5. Auch diese Haftungsgrenze kann nach Art. 26 durch Deklaration eines Lieferinteresses erhöht werden. Siehe zur Überschneidung der unterschiedlichen Haftungsgrenzen unten Anm. 9.

II. Der Haftungsumfang bei Totalverlust des Gutes

Anm. 2

1. Grundsatz des Wertersatzes (Art. 23 Abs. 1)

Die CMR-Haftung für Verlust des Frachtguts ist – darin ähnlich § 430 Abs. 1 HGB – nach dem Wertersatzprinzip geregelt. Hieraus ergeben sich weitere Konsequenzen grundsätzlicher Art: Naturalrestitution und Ersatz mittelbarer Schäden sind ausgeschlossen; siehe Anm. 5f. zu § 430; zur CMR speziell OLG Frankfurt, VersR 1978, 169 (172); OLG Düsseldorf v. 18. 11. 71, insoweit nicht mit abgedruckt in VersR 1973, 177 und AWD 1973, 401f.. Libouton, ETR 1973, S. 47 wendet sich mit Recht gegen die Urteile des Cour d'Appel de Paris, ETR 1969, 911ff. und von Poitiers, Bull. Transp. 1971, 168, die mittelbare Schäden außerhalb der Grenzen des Art. 23 für ersatzfähig ansehen; zutreffend Rechtbank van Koophandel Antwerpen, ETR 1977, 420 (427f.). Aus dem Wertersatzprinzip ergibt sich ferner, daß der Wert voll zu ersetzen ist, auch wenn der Schaden niedriger ist; siehe Anm. 8ff., insbesondere Anm. 10 zu § 430 HGB. Anders als § 430 Abs. 1 HGB und Art. 35 Abs. 1 KVO legt Art. 23 Abs. 1 CMR jedoch den Wert am Übernahmeort zur Zeit der Übernahme der Bemessung der Entschädigung zugrunde. Frachten, Zölle und Kosten werden dann nach Art. 23 Abs. 4 zugeschlagen. Nach den Entscheidungen des London Court of Appeal, ETR 1977, 751ff. und des House of Lords, ETR 1978, 75ff. in Buchanan vs. Babco soll eine hohe Branntweinsteuer, die wegen des Verlustes von Whisky vom Absender bezahlt werden muß, unter Art. 23 Abs. 4 fallen. Es handelt sich jedoch eher um einen mittelbaren Schaden, der nicht ersatzfähig ist. Die Kosten der Rückbeförderung, Einlagerung und Besichtigung beschädigter Güter werden nicht nach Art. 23 Abs. 4 erstattet; Queen's Bench Division, ETR 1974, 737 (746).

Zu den Unterschieden zwischen den verschiedenen Sparten des Frachtrechts siehe Anm. 18 zu § 430.

2. Berechnung des Wertes

Anm. 3

Die Berechnung nach Börsenpreis, Marktpreis oder gemeinem Wert entspricht im Ergebnis der nach § 430 HGB; siehe Anm. 18 und 11 zu § 430. An einem Börsenpreis wird es regelmäßig bei den im LKW beförderten Gütern fehlen; der Marktpreis ist mit dem gemeinen Handelswert des § 430 HGB identisch; zutreffend Heuer, S. 119; siehe daher Anm. 11 zu § 430. Marktpreis ist auch ein staatlich festgelegter Preis. Daher ist bei Beförderungen aus Staatshandelsländern der dort festgesetzte Monopolpreis maßgeblich; zustimmend Heuer, S. 119 gegen LG Bremen vom 14. 5. 1970, abgedruckt bei Heuer, S. 208 (210). Dies ergibt sich allein daraus, daß die CMR als internationales Recht in die Preisbildungssysteme der Mitgliedstaaten eingepaßt sein muß.

Der Marktpreis für exportierten Whisky ist der vom Käufer fob zu zahlende Preis. Eine Branntweinsteuer, die nur deshalb zu entrichten ist, weil der Whisky das Inland nicht verlassen hat, kann nicht auf den Marktpreis aufgeschlagen werden. Sie kann jedoch nach Art. 23 Abs. 4 zu erstatten sein; House of Lords London, ETR 1978, 75ff.

Im Zweifel ist der im konkreten Fall vereinbarte Verkaufspreis mangels anderen Sachvortrags der Parteien als Marktpreis anzusehen; OLG Nürnberg vom 14. 6. 1965, ETR 1971, 247 (262); Corte di Appelo Venezia, ETR 1975, 242 (248). Zumindest muß dies dann gelten, wenn der Preis nach den Verhältnissen des Abholeorts berechnet ist und die Beförderung vom Käufer besorgt wird (entsprechend einem fob-Preis). Für eine Berücksichtigung des konkreten Verkaufspreises unter Abzug eines Gewinnanteils auch Loewe, ETR 1976, 568.

Anm. 4 **3. Deklaration eines erhöhten Lieferinteresses (Art. 26)**

Sollen über den Wert des Gutes hinaus Ersatzmöglichkeiten gesichert werden, so genügt nicht Deklaration eines höheren, in Wahrheit nicht existierenden Wertes. Vielmehr muß dann ein Lieferinteresse nach Art. 26 deklariert werden. Im Rahmen dieses Lieferinteresses entfällt die Beschränkung auf Wertersatz. Damit werden mittelbare Schäden ersatzfähig.

Anm. 5 **4. Summenmäßige Begrenzung der Haftung (Art. 23 Abs. 3 CMR)**

Wie auch andere frachtrechtliche Haftungsordnungen sieht Art. 23 Abs. 3 CMR eine Begrenzung des Wertersatzes auf einen bestimmten Betrag pro kg beförderten Frachtguts vor. Dabei orientiert sich die Bestimmung am kg Rohgewicht des beförderten Gutes. Rohgewicht ist das Bruttogewicht der Ware (Nettogewicht zuzüglich Verpackung); siehe Anm. 18 zu § 35 KVO; Heuer, S. 121.

Die Haftungsbegrenzung pro kg ist in Art. 23 Abs. 3 S. 1 in Goldfranken ausgedrückt. Dieser Goldfranken ist in Abs. 3 S. 2 mit 10/31 g Feingold von 900/1000 Gehalt definiert. Es handelt sich um den sogenannten „franc germinal", den französischen Franc von 1803. Diese Rechnungseinheit wird auch in anderen internationalen Übereinkommen verwendet, so z. B. in Art. 57 § 1 CIM (Anh. II nach § 460). Der sogenannte Poincaré-Franken, der in Art. 22 Abs. 4 WA (Anh. VII/2 nach § 452) und in § 487 a Abs. 3 HGB verwendet wird, hat demgegenüber mit einem definierten Gehalt von 0,0655 g Feingold nur etwa 1/5 des Werts des Germinal-Franken.

Der in Art. 23 Abs. 3 verwendete Gold-Franken ist kein Zahlungsmittel, sondern nur eine künstliche Rechnungseinheit, deren Umrechnungskurs zur jeweiligen Landeswährung erst ermittelt werden muß. Wegen der Ausschaltung der Golddeckung im internationalen Währungssystem muß der Gold-Franken in der CMR wie in anderen internationalen Konventionen durch das Sonderziehungsrecht ersetzt werden. Doch bedarf diese Änderung der CMR einer Ratifikation durch die Mitgliedstaaten und kann daher erst nach einer gewissen Übergangszeit in Kraft treten. In der Praxis wird der Gold-Franken bereits heute weitgehend durch die Sonderziehungsrechte ersetzt. Bisher fand deshalb eine doppelte Umrechnung statt: von Gold-Franken in Sonderziehungsrechte und von diesen in die jeweilige Landeswährung. Mit dem Inkrafttreten der Neufassung des Übereinkommens über den internationalen Währungsfond am 1. April 1978 ist eine

Umrechnung von Goldwert in Sonderziehungsrechte nicht mehr möglich, da eine solche im Abkommen nicht mehr vorgesehen ist. Es gibt daher z. Zt. keine exakte Methode der Umrechnung. Aus diesem Grunde wird für eine Übergangszeit, bis zum Ersatz des Gold-Frankens durch das Sonderziehungsrecht in der CMR, eine innerstaatliche Umrechnungsgesetzgebung vorbereitet. Bis dahin bilden die von der Deutschen Bundesbahn im Tarif- und Verkehrsanzeiger laufend veröffentlichten Umrechungstabellen nach Art. 57 § 2 CIM einen Anhaltspunkt, obgleich diese unter Zuhilfenahmen des sog. UIC-Franken nach einer etwas abweichenden Methode berechnet werden. Im Oktober 1978 betrug danach der Wert eines Gold-Frankens D-Mark 0,899; die Haftungsbegrenzung pro kg Frachtgut lag also bei DM 22,47. Siehe zu den Problemen der Bestimmung des CMR-Gold-Frankens Klingsporn, WM 1978, 918ff. und Braun, Deutsche Verkehrszeitung vom 7. 11. 1978, S. 11, der ebenfalls eine Orientierung am UIC-Franken als einzige z. Zt. praktikable Möglichkeit empfiehlt. Zu den insoweit vergleichbaren Problemen des § 487 a Abs. 3 HGB siehe OLG Hamburg, VersR 1974, 993ff. = ETR 1974, 701ff.

Die Haftungsbegrenzung der CMR liegt im unteren Bereich der im Frachtrecht üblichen Begrenzungen; siehe dazu Anm. 17 zu § 35 KVO. Sie ist aber doch wohl dem Wert moderner Frachtgüter angemessen. Der Wert importierter Luftfrachtgüter betrug beispielsweise im deutschen Durchschnitt des Jahres 1976 DM 76,65/kg; beim Flughafen Bremen sogar nur DM 24,92 (Deutsche Verkehrszeitung vom 1. 6. 1978, S. 8).

Die summenmäßige Haftungsbegrenzung durch Art. 23 Abs. 3 bezieht sich nicht auf die in Abs. 4 bestimmten Kosten. Diese können zusätzlich gefordert werden; zutreffend Voigt, VP 1965, 55.

III. Berechnung der Entschädigung bei Teilverlust Anm. 6

Über die Berechnung der Entschädigung bei Teilverlust trifft die CMR keine vollständige Regelung. Aus Art. 23 Abs. 3 ist – zumindest in den englischen und französischen Originalfassungen – eindeutig zu entnehmen, daß bei Festlegung der summenmäßigen Begrenzung der Haftung nur das fehlende Gewicht maßgeblich sein soll, nicht dagegen das Gesamtgewicht der Sendung; siehe eingehend Heuer, S. 121. Für die Berechnung der zu ersetzenden Kosten nach Abs. 4 ist ebenfalls eine anteilige Entschädigung vorgesehen. Dabei ist allerdings nicht bestimmt, wie die Anteile zu berechnen sind – nach Wert oder nach Gewicht. Für Berechnung nach den Gewichtsanteilen, die auch der üblichen Frachtberechnung entspräche: Loewe, ETR 1976, 569.

Die Frage, welcher Wertverlust der Schadensberechnung nach Art. 23 Abs. 1 und 2 zugrundezulegen ist, wird demgegenüber in Art. 23 nicht beantwortet. Die in Abs. 3 und 4 für den Teilverlust vorgesehenen Regelungen legen es nahe, auch hier nur vom Wert des verlorenen Teils auszugehen. Dies entspräche auch der im innerdeutschen Recht nach der KVO bestehenden Rechtslage; siehe Anm. 14 und 19 zu § 35 KVO und Anm. 17 zu § 430. Für diese Lösung hat sich Heuer, S. 120f. ausgesprochen.

Andererseits ist in Art. 25 Abs. 1 die grundsätzliche Ermittlung der zu ersetzenden Wertdifferenz im Falle der Beschädigung offensichtlich am Gesamtwert orientiert; nur die Haftungsgrenzen berechnen sich bei Teilbeschädigung nach dem Teilwert (Abs. 2 Buchst. b); siehe Anm. 2 zu Art. 25. Daher spräche durchaus einiges dafür, auch bei Verlust zunächst die Entwertung der ganzen Sendung als Maßstab zu nehmen, die Haftungsgrenzen des Abs. 3 und die Höhe der Kostenerstattung dann aber nach dem Gewicht des verlorenen Teils zu berechnen. Gegen diese Lösung sprechen auch sachlich nicht die in Anm. 17 zu § 430 aufgeführten Gründe. Denn Art. 25 Abs. 2 CMR sichert in ausreichendem Maße das Interesse des CMR-Frachtführers an einer Begrenzung der Haftung – darin anders als § 430 HGB. Siehe im übrigen Anm. 2 zu Art. 25.

Anm. 7

IV. Berechnung des Ersatzes bei Beschädigung

Bei Beschädigung des Frachtguts wird gemäß Art. 25 entsprechend Art. 23 Abs. 2 verfahren; siehe aber im einzelnen Art. 25 und die dortige Kommentierung.

Anm. 8

V. Berechnung der Entschädigung bei Überschreitung der Lieferfrist (Art. 23 Abs. 5 CMR)

Die Lieferfristhaftung ist nach Art. 23 Abs. 5 auf den Betrag der Fracht, also der vom Absender geschuldeten Vergütung begrenzt; Anwendungsfall: OLG Saarbrücken, VersR 1972, 757 (758). Doch kann diese Haftungsgrenze durch Deklaration eines Lieferinteresses nach Art. 26 erhöht werden.

Anm. 9

VI. Überschneidung der Haftungsgrenzen zwischen Güterschadens- und Verspätungshaftung

Entsteht durch Versäumung der Lieferfrist ein Schaden am Frachtgut oder wird ein Schaden am Frachtgut kausal für die Versäumung der Lieferfrist, dann überschneiden sich die Haftungsbegrenzungen der Obhutshaftung (nur unmittelbarer Schaden am Frachtgut, summenmäßig begrenzt; Art. 23 Abs. 1 bis 4) und der Lieferfristhaftung (Vermögensschäden bis zur Höhe der Fracht, Art. 23 Abs. 5). Für die Lösung des hierdurch entstehenden Konkurrenzproblems hat die CMR keinerlei Bestimmungen getroffen. Wendet man beide Haftungsgrenzen gemeinsam an, so zwingt ihre Formulierung dazu, den Ersatz nur im Rahmen der jeweils niedrigsten Grenze zu gewähren (Art. 23 Abs. 3: „. . . darf . . . jedoch . . . nicht übersteigen"; Art. 23 Abs. 5: „. . . nur bis zur Höhe der Fracht . . ."). Diese doppelte Haftungseinschränkung entspricht kaum dem gesetzgeberischen Zweck des Abkommens. Es ist kein Grund zu sehen, aus dem die durch Verspätung verursachten Verluste und Beschädigungen nicht im gleichem Umfang ersetzt werden sollten wie andere – insbesondere die aus ungeklärten Ursachen. Daher würde es sich empfehlen, der für das Eisenbahnrecht entwickelten Regelung (Art. 34 § 3 CIM; § 88 Abs. 2 EVO) zu folgen und den Ersatz für alle Verlust- und Beschädigungsschäden nach Art. 23 Abs. 1–4 und nur die reinen Vermögensschäden durch Verspätung nach Abs. 5 zu bemessen. Danach sind bei allen Güterschäden, die durch Verspätung entstehen, mittelbare Folgeschäden aus der Ersatzpflicht ausgeschlossen; die Haftungsbegrenzung wird nach dem kg-Bruttogewicht gemäß Art. 23 Abs. 3 berechnet. Für alle Vermögensschäden, die auf Grund des Verlustes oder der Beschädigung des Frachtguts und der dadurch bedingten Überschreitung der Lieferfrist beruhen, hat das gleiche zu gelten. Nach den Regeln über die Verspätungshaftung in den Grenzen des Art. 23 Abs. 5 sind dagegen diejenigen Schäden zu ersetzen, die infolge Lieferfristüberschreitung nicht am Frachtgut, sondern an anderen Vermögenswerten des Verfügungsberechtigten entstehen. Treten Schäden am Frachtgut und tritt unabhängig davon ein Vermögensschaden wegen Überschreitung der Lieferfrist ein, so sind beide Schäden in den jeweiligen Grenzen zu ersetzen. Dies ist beispielsweise der Fall, wenn wegen eines Fahrzeugmangels der Wagen sich verspätet, ein Teil der Ware verdirbt und ein anderer Teil wegen Verspätung nur zu niedrigerem Preis verkauft werden kann. Dann ist der Verderb nach Art. 23 Abs. 1 bis 4 zu entschädigen, der Preisverlust für die nicht verdorbene Ware nach Abs. 5.

Wie hier – mit etwas abweichender Begründung – Heuer, S. 137–139; zumindest teilweise auch Voigt, VP 1971, 29f.; Libouton, ETR 1973, 57. Anders jedoch LG Kleve, VersR 1975, 465 (466), das auf einen Schaden an beförderten Gütern infolge Lieferfristüberschreitung Art. 23 Abs. 5 CMR anwendet. Allerdings hätte die hier vertretene Lösung wohl im betreffenden Fall zu keiner anderen Entscheidung geführt.

Artikel 24

Der Absender kann gegen Zahlung eines zu vereinbarenden Zuschlages zur Fracht einen Wert des Gutes im Frachtbrief angeben, der den in Artikel 23 Absatz 3 bestimmten Höchstbetrag übersteigt; in diesem Fall tritt der angegebene Betrag an die Stelle des Höchstbetrages.

I. Allgemeines Anm. 1

Art. 24 hat nur die Bedeutung, die summenmäßige Haftungsgrenze des Art. 23 Abs. 3 CMR zu erhöhen; siehe dazu Anm. 1 und 5 zu Art. 23. In der Praxis hat Art. 24 kaum Bedeutung erlangt. Die üblichen CMR-Haftpflichtversicherungs-Policen sehen nur eine eingeschränkte Deckung der durch Wertdeklaration erhöhten Haftpflicht vor.

II. Voraussetzungen der Erhöhung der Haftungsgrenze Anm. 2

Die Deklaration des erhöhten Wertes muß, um die Wirkung des Art. 24 zu erreichen, im Frachtbrief erfolgen; siehe auch Art. 6 Abs. 2 d CMR. Nicht eindeutig geregelt ist die Frage, ob der Frachtführer die Eintragung der Werterhöhung im Frachtbrief akzeptieren muß. Ist vor Ausfertigung des Frachtbriefs noch kein Frachtvertrag zustande gekommen, so kann der Frachtführer selbstverständlich den Abschluß verweigern. War dagegen ein Frachtvertrag bereits abgeschlossen, so muß wohl eine Pflicht des Frachtführers zum Akzeptieren der Werterhöhung angenommen werden.

Die in Art. 24 vorgesehene Zahlung eines Frachtzuschlags ist keine Voraussetzung der Erhöhung der Haftungsgrenze. Sie stellt nur klar, daß eine Pflicht zum Akzeptieren des erhöhten Wertes im Frachtbrief nur bei Zahlung des Zuschlags besteht.

Artikel 25

(1) Bei Beschädigung hat der Frachtführer den Betrag der Wertverminderung zu zahlen, die unter Zugrundelegung des nach Artikel 23 Absatz 1, 2 und 4 festgestellten Wertes des Gutes berechnet wird.

(2) Die Entschädigung darf jedoch nicht übersteigen,

a) wenn die ganze Sendung durch die Beschädigung entwertet ist, den Betrag, der bei gänzlichem Verlust zu zahlen wäre;

b) wenn nur ein Teil der Sendung durch die Beschädigung entwertet ist, den Betrag, der bei Verlust des entwerteten Teiles zu zahlen wäre.

I. Allgemeines Anm. 1

Zum Begriff der Beschädigung siehe Anm. 6 zu § 429 HGB; zur Berechnung der Entschädigung Anm. 16 zu § 430 HGB. Allerdings ist zu beachten, daß die CMR, was Ort und Zeitpunkt der Wertermittlung angeht, von § 430 abweicht. Siehe dazu Anm. 2 zu Art. 23 CMR. Zur Berücksichtigung des merkantilen Minderwerts siehe Anm. 4 zu § 35 KVO. Art. 25 CMR entspricht weitgehend Art. 33 CIM; siehe daher auch die Kommentierung zu dieser Vorschrift, Anh. II nach § 460 HGB.

II. Wertverminderung als Grundlage der Ersatzberechnung (Art. 25 Abs. 1 CMR) Anm. 2

Art. 25 Abs. 1 CMR sieht einen Ersatz der Wertverminderung im Falle der Beschädigung vor. Es ist daher zunächst (vorbehaltlich der Haftungsbegrenzung nach Abs. 2) der reale Wert der Gesamtsendung (zuzüglich der Kosten nach Art. 23 Abs. 4) festzustellen und mit dem gedachten Wert, den die Sendung zur Zeit und am Ort der Übernahme gehabt hätte, wenn sie damals bereits beschädigt gewesen wäre, zu vergleichen. Hierbei sind die aufgewendeten Kosten nach Art. 23 Abs. 4 ebenfalls anteilig zu reduzieren. Die hierdurch ermittelte Differenz bildet den Ausgangspunkt der Haftung.

Ein Grundsatz, nach dem die Wertverminderung sich nur nach den beschädigten Teilen einer Sendung berechnen soll (so Loewe, ETR 1976, 570f.; wohl auch Precht/Endrigkeit, Anm. zu Art. 25) ist der CMR nicht zu entnehmen. Vielmehr läßt sich aus Art. 25 Abs. 2 Buchst. a und b eher ableiten, daß zunächst zu prüfen ist, ob die gesamte Sendung oder nur ein Teil der Sendung entwertet ist. Käme es nämlich stets nur auf den Vergleich der Werte der beschädigten Teile an, so wäre die Aufgliederung in Buchst. a und b sinnlos. In der deutschsprachigen Literatur zu Art. 33 CIM ist die Problematik, so weit ersichtlich, nicht behandelt; siehe dazu auch die Anm. zu Art. 33 CIM, Anh. II nach § 460. Für die hier vertretene Auffassung, nach der grundsätzlich bei Beschädigung von der Verminderung des Gesamtwerts der Sendung auszugehen ist, BGH vom 3. 7. 1974, NJW 1974, 1616 (1616) = WM 1974, 864 (865) = AWD 1974, 495 = DB 1974, 1618. Von der Regelung des § 35 Abs. 3 KVO weicht die CMR daher in Art. 25 Abs. 1 grundsätzlich ab; zutreffend BGH, a.a.O.

Anm. 3

III. Begrenzung des Wertersatzes (Art. 25 Abs. 2)

Die nach Abs. 1 ermittelte Wertminderung ist grundsätzlich voll zu ersetzen. Sie findet jedoch in Abs. 2 ihre Grenze.

Anm. 4

1. Bei Entwertung der ganzen Sendung (Buchst. a)

Wird die ganze Sendung durch die Beschädigung entwertet, dann ist die für den gedachten Fall des Totalverlusts maßgebliche Entschädigung nach Art. 23 zu berechnen. Dieser Betrag bildet auch für den Ersatz wegen Beschädigung die Höchstgrenze. Eine Entwertung der ganzen Sendung setzt nicht notwendig die Beschädigung aller zu ihr gehörenden Stücke voraus. Vielmehr hängt es von den Umständen des Einzelfalles ab, ob die Beschädigung einzelner Stücke wirtschaftlich zur Entwertung der ganzen Sendung führt. Siehe dazu BGH vom 3. 7. 1974, NJW 1974, 1616 (1616f.) = WM 1974, 864 (865) = AWD 1974, 495 = DB 1974, 1618.

Anm. 5

2. Bei Entwertung nur eines Teils der Sendung (Buchst. b)

Wenn nur ein Teil der Sendung entwertet ist, der übrige Teil dagegen seinen Wert behalten hat, z. B. bei Gütern, bei denen die beschädigten Stücke problemlos nachgeliefert und die unbeschädigten ohne Schwierigkeiten und ohne Preisnachlaß veräußert oder verwendet werden können, dann wird die Grenze der für die Wertminderung nach Abs. 1 zu leistenden Entschädigung nach den für Teilverlust vorgesehenen Regeln berechnet; siehe Anm. 6 zu Art. 23. Wird ein Packstück aus einer Sendung beschädigt, so wird die Begrenzung nach dem Gewicht dieses Packstücks berechnet: zutreffend Züchner ZfV 1966, 198; zumindest wenn das Packstück für den Handel eine Einheit bildet.

Artikel 26

(1) Der Absender kann gegen Zahlung eines zu vereinbarenden Zuschlages zur Fracht für den Fall des Verlustes oder der Beschädigung und für den Fall der Überschreitung der vereinbarten Lieferfrist durch Eintragung in den Frachtbrief den Betrag eines besonderen Interesses an der Lieferung festlegen.

(2) Ist ein besonderes Interesse an der Lieferung angegeben worden, so kann unabhängig von der Entschädigung nach den Artikeln 23, 24 und 25 der Ersatz des weiteren bewiesenen Schadens bis zur Höhe des als Interesse angegebenen Betrages beansprucht werden.

Art. 26 CMR gestattet dem Absender die Deklaration eines Lieferinteresses. Mit dieser werden sämtliche Haftungsbeschränkungen der Art. 23, 24 und 25 durchbrochen. Insbesondere kann der Absender im Falle des Art. 26 verlangen: Ersatz des vollen über den Wertersatz hinausgehenden Schadens, insbesondere auch des mittelbaren Folgeschadens bei Verlust und Beschädigung des Frachtguts; siehe Anm. 2, 3 zu Art. 23; Ersatz von Güterschäden über die Grenze des Art. 23 Abs. 3 hinaus; siehe Anm. 5 zu Art. 23; Ersatz von Schäden aus Lieferfristüberschreitung über die Grenze des Art. 23 Abs. 5 hinaus; siehe Anm. 8 zu Art. 23. **Anm.**

Die Deklaration des Lieferinteresses muß im Frachtbrief erfolgen; die Eintragung ist also konstitutiv. Siehe im übrigen Anm. 2 zu Art. 24.

Von der Möglichkeit zur Angabe eines Lieferinteresses wird offenbar in der Praxis kaum Gebrauch gemacht. Die üblichen CMR-Haftpflichtversicherungs-Policen schließen die Haftung aus Art. 26 CMR nur in die Deckung ein, soweit sie 10% der nach Art. 23, 24 zu berechnenden Entschädigung nicht überschreitet.

Artikel 27

(1) Der Verfügungsberechtigte kann auf die ihm gewährte Entschädigung Zinsen in Höhe von 5 v. H. jährlich verlangen. Die Zinsen laufen von dem Tage der schriftlichen Reklamation gegenüber dem Frachtführer oder, wenn keine Reklamation vorausging, vom Tage der Klageerhebung an.

(2) Wird die Entschädigung auf Grund von Rechnungsgrößen ermittelt, die nicht in der Währung des Landes ausgedrückt sind, in dem die Zahlung beansprucht wird, so ist die Umrechnung nach dem Tageskurs am Zahlungsort der Entschädigung vorzunehmen.

Art. 27 gewährt dem Verfügungsberechtigten einen Anspruch auf 5% Zinsen ohne Nachweis des Schuldnerverzugs und ohne Rücksicht auf die Kaufmannseigenschaft der Parteien. **Anm.**

Artikel 28

(1) Können Verlust, Beschädigungen oder Überschreitungen der Lieferfrist, die bei einer diesem Übereinkommen unterliegenden Beförderung eingetreten sind, nach dem anzuwendenden Recht zur Erhebung außervertraglicher Ansprüche führen, so kann sich der Frachtführer demgegenüber auf die Bestimmungen dieses Übereinkommens berufen, die seine Haftung ausschließen oder den Umfang der zu leistenden Entschädigung bestimmen oder begrenzen.

(2) Werden Ansprüche aus außervertraglicher Haftung für Verlust, Beschädigung oder Überschreitung der Lieferfrist gegen eine der Personen erhoben, für die der Frachtführer nach Artikel 3 haftet, so kann sich auch diese Person auf die Bestimmungen dieses Übereinkommens berufen, die die Haftung des Frachtführers ausschließen oder den Umfang der zu leistenden Entschädigung bestimmen oder begrenzen.

Inhaltsübersicht

I. Außervertragliche Ansprüche gegen den Frachtführer Anm. 1
1. Allgemeines
2. Grundsätzliche Zulässigkeit außervertraglicher Ansprüche Anm. 2
3. Anwendbares Recht Anm. 3
4. Ansprüche, die Art. 28 Abs. 1 CMR unterliegen Anm. 4
a) Außervertragliche Ansprüche
b) Wegen Verlust, Beschädigung und Überschreitung der Lieferfrist Anm. 5
c) Ansprüche dritter Geschädigter Anm. 6
5. Für anwendbar erklärte haftungseinschränkende Bestimmungen Anm. 7

II. Ansprüche gegen Gehilfen des Frachtführers (Art. 28 Abs. 2 CMR) Anm. 8

Anm. 1 **I. Außervertragliche Ansprüche gegen den Frachtführer**

1. Allgemeines

Der CMR-Frachtführer kann – insbesondere gegenüber dem Eigentümer des beförderten Guts – außervertraglich, vor allem aus unerlaubter Handlung haftbar sein; siehe dazu Anm. 80ff. zu § 429 HGB. Wie im deutschen Recht (Anm. 89ff. zu § 429) ist auch in anderen nationalen Rechten grundsätzlich die Durchbrechung der Haftungseinschränkungen der CMR durch außervertragliche Ansprüche möglich. Damit wäre die in der CMR vorgesehene Risikoverteilung gestört; siehe dazu Anm. 82 und 91ff. zu § 429. Die CMR sieht daher in Art. 28 Abs. 1 eine Anwendung ihrer haftungsausschließenden und -einschränkenden Bestimmungen auch auf außervertragliche Ansprüche vor; siehe zum Vergleich mit anderen Bestimmungen der frachtrechtlichen Sonderordnungen Anm. 84ff. zu § 429.

Anm. 2 **2. Grundsätzliche Zulässigkeit außervertraglicher Ansprüche**

Art. 28 Abs. 1 CMR schließt außervertragliche Ansprüche nicht aus, sondern unterwirft sie nur den Beschränkungen der CMR. Es ist daher auch im grenzüberschreitenden Kraftwagentransport grundsätzlich möglich, als Geschädigter die Ansprüche auf außervertragliche Bestimmungen zu stützen. Für die Haftungsvoraussetzungen greift Art. 28 Abs. 1 nicht ein; anderer Ansicht wohl Willenberg, NJW 1968, 1024 unter Berufung auf eine unveröffentlichte Entscheidung des LG Frankfurt. Allerdings dürfte das Vorliegen der Haftungsvoraussetzungen des Art. 17 Abs. 1 CMR in aller Regel leichter nachzuweisen sein als der Tatbestand einer unerlaubten Handlung, so daß die theoretische Zulässigkeit außervertraglicher Ansprüche für den Geschädigten zumeist bedeutungslos sein wird. Immerhin sind aber auch außervertragliche Ansprüche ohne Verschulden denkbar, die günstiger als die Haftung nach Art. 17 Abs. 1 CMR sein können. So könnte z. B. unter gegebenen Umständen ein Anspruch aus § 904 S. 2 BGB leichter zu begründen sein als nach Art. 17 Abs. 1 CMR.

Anm. 3 **3. Anwendbares Recht**

Die hier vor allem in Betracht kommenden Ansprüche aus unerlaubter Handlung unterstehen nach den Grundsätzen des deutschen internationalen Deliktsrechts dem Recht des Tatorts. Liegen der Ort der Handlung und der Ort des Schadenserfolges in verschiedenen Ländern, so kann sich nach deutscher Rechtsprechung der Geschädigte auf die ihm günstigere Rechtsordnung stützen; siehe statt vieler Kegel, Internationales Privatrecht, § 18 IV a; Palandt/Heldrich Anm. 2 zu Art. 12 EGBGB.

Anm. 4 **4. Ansprüche, die Art. 28 Abs. 1 CMR unterliegen**

a) Außervertragliche Ansprüche

Art. 28 Abs. 1 CMR bezieht sich nur auf außervertragliche Ansprüche. Hierzu gehören nicht nur die Ansprüche aus unerlaubter Handlung, sondern auch andere, etwa aus ungerechtfertigter Bereicherung, aus Geschäftsführung ohne Auftrag oder aus Notstand. Eine Anwendung auf Ansprüche aus Verschulden bei Vertragsschluß muß wohl ebenfalls bejaht werden, da es sich bei diesen Ansprüchen nicht um echte Vertragsansprüche handelt.

Vertragsansprüche, die neben den in Art. 17 Abs. 1 Geregelten bestehen, können nicht durch Art. 28 Abs. 1 den Beschränkungen der CMR unterworfen werden, soweit sich dies nicht unmittelbar aus der betreffenden CMR-Bestimmung ergibt; siehe Anm. 31 zu Art. 17. Insbesondere können die Haftungseinschränkungen der Art. 23ff. nicht durch Art. 28 Abs. 1 auf andere Vertragsansprüche übertragen werden.

b) Wegen Verlust, Beschädigung und Überschreitung der Lieferfrist Anm. 5

Art. 28 Abs. 1 CMR beschränkt sich auf die außervertraglichen Ansprüche aus Verlust, Beschädigung oder Überschreitung der Lieferfrist. Diese sind in Art. 17 Abs. 1 CMR geregelt. Andere außervertragliche Ansprüche des Geschädigten (z. B. aus Pflichtverletzungen, die zu Körperverletzungen oder primären Vermögensschäden führen) unterliegen daher nicht dem Art. 28 Abs. 1 CMR; zutreffend Voigt, VP 1966, 20; Züchner, VersR 1969, 683. Dies bedeutet z. B., daß Art. 28 Abs. 1 auch nicht der Geltendmachung von Schmerzensgeldansprüchen im Falle von Personenschäden gemäß § 847 BGB entgegengesetzt werden kann.

c) Ansprüche dritter Geschädigter Anm. 6

Die Frage, ob auch Ersatzansprüche von Personen, die am Frachtvertrag nicht beteiligt sind, durch Art. 28 Abs. 1 eingeschränkt werden, ist in der CMR nicht völlig eindeutig entschieden. Aus der sehr weiten Formulierung könnte man ablesen, daß auch diese Ansprüche betroffen sein sollen; so Loewe, ETR 1976, S. 574. Andererseits befaßt sich die CMR grundsätzlich nur mit der Regelung des internationalen Straßenfrachtrechts. Würde man nach Art. 28 die Ansprüche dritter am Frachtvertrag nicht beteiligter Personen verkürzen, so würde der Straßenfrachtvertrag zum Vertrag zu Lasten Dritter werden. Art. 28 Abs. 1 CMR wird man daher dem Anspruch des Dritten nur dann entgegensetzen können, wenn der Absender für ihn in verdeckter Stellvertretung oder doch mit seinem Einverständnis das Frachtgut der Gefährdung ausgesetzt hat. Siehe dazu Anm. 93 zu § 429 und eingehend Helm, Haftung, S. 324ff.; für die CMR zutreffend Heuer, S. 188.

5. Für anwendbar erklärte haftungseinschränkende Bestimmungen Anm. 7

Bestimmungen, durch welche die Haftung des Frachtführers ausgeschlossen wird, sind neben den Absätzen 2 und 4 des Art. 17 CMR auch alle anderen Bestimmungen, die sich irgendwie als haftungsausschließend erweisen; z. B. Art. 22 Abs. 2. Auch die Beweislastregelungen sind mit einzubeziehen; so z. B. (ohne nähere Ausführungen) OLG Hamm, VersR 1974, 28 (29f.) hinsichtlich Art. 18 CMR. Zwar könnte man daraus, daß die CMR in Art. 29 die Beweislastbestimmungen erwähnt, in Art. 28 dagegen nicht, den gegenteiligen Schluß ziehen. Doch läßt die enge Verknüpfung von Haftungsausschluß und Beweislast keine unterschiedliche Behandlung der Fragen zu. Zweifelhaft könnte auch sein, ob die Versäumung der Rüge nach Art. 30 CMR unter Art. 28 Abs. 1 fällt. An sich modifiziert Art. 30 nur die Beweislast für den Fall der Vertragshaftung. Dies führt aber vielfach in der Praxis ebenfalls zum Ausschluß der Haftung. Art. 30 würde viel von seiner Bedeutung verlieren, wenn er auf konkurrierende Deliktsansprüche nicht anzuwenden wäre. Daher muß auch Art. 30 zu den in Art. 28 Abs. 1 erwähnten haftungsausschließenden Bestimmungen gezählt werden.

Bestimmungen, die den Umfang der Haftung bestimmen oder begrenzen, sind insbesondere die Art. 23 bis 27 CMR.

Alle haftungseinschränkenden Bestimmungen stehen, auch soweit sie außervertraglichen Ansprüchen entgegengesetzt werden, unter dem Vorbehalt des Art. 29 CMR.

Anm. 8 **II. Ansprüche gegen Gehilfen des Frachtführers (Art. 28 Abs. 2 CMR)**

Art. 28 Abs. 2 CMR bezieht die Gehilfen des Frachtführers, also insbesondere sein Personal und die von ihm beschäftigten Unterfrachtführer, in den Schutz des Art. 28 Abs. 1 CMR mit ein. Gegen diese Personen, die zum Absender in keinem Vertragsverhältnis stehen, kommen nur außervertragliche Ansprüche in Betracht. Siehe dazu eingehend Anm. 97ff. zu § 429; siehe als Anwendungsfall: OLG Hamm, VersR 1974, 28ff. (Unterfrachtführer).

Die Regelung der CMR schützt nicht nur den Gehilfen selbst, sondern vor allem auch den Frachtführer vor den indirekten Folgen der außervertraglichen Haftung der Gehilfen. Die Haftung des Gehilfen ist jedoch durch Art. 28 Abs. 2 nicht generell ausgeschlossen. Der Gehilfe kann vielmehr aufgrund der außervertraglichen Bestimmungen in dem Umfang in Anspruch genommen werden, in dem der Frachtführer ebenfalls zu haften hätte; zutreffend Voigt, VersR 1972, 1006.

Der in Anspruch genommene Gehilfe kann sich nach Art. 29 CMR auf die Haftungserleichterungen nicht berufen, wenn er vorsätzlich oder grobfahrlässig gehandelt hat. Es kommt hierbei nur auf sein eigenes Verhalten an; zutreffend Voigt, VersR 1972, 1006.

Artikel 29

(1) Der Frachtführer kann sich auf die Bestimmungen dieses Kapitals, die seine Haftung ausschließen oder begrenzen oder die Beweislast umkehren, nicht berufen, wenn er den Schaden vorsätzlich oder durch ein ihm zur Last fallendes Verschulden verursacht hat, das nach dem Recht des angerufenen Gerichtes dem Vorsatz gleichsteht.

(2) Das gleiche gilt, wenn Bediensteten des Frachtführers oder sonstigen Personen, deren er sich bei Ausführung der Beförderung bedient, Vorsatz oder ein dem Vorsatz gleichstehendes Verschulden zur Last fällt, wenn diese Bediensteten oder sonstigen Personen in Ausübung ihrer Verrichtungen handeln. In solchen Fällen können sich auch die Bediensteten oder sonstigen Personen hinsichtlich ihrer persönlichen Haftung nicht auf die in Absatz 1 bezeichneten Bestimmungen dieses Kapitels berufen.

Inhaltsübersicht

I. Durchbrechung der Haftungseinschränkungen des Frachtführers (Art. 29 Abs. 1 und Abs. 2 S. 1 CMR) Anm. 1
1. Allgemeines
2. Vorsatz und gleichgestellte Fahrlässigkeit Anm. 2
3. Entfallen der Haftungsvergünstigungen Anm. 3
4. Gehilfenverschulden Anm. 4
5. Versicherung der erhöhten Haftung Anm. 5

II. Durchbrechung des Haftungsprivilegs des Art. 28 Abs. 2 CMR zu Lasten der Gehilfen (Art. 29 Abs. 2 S. 2 CMR) Anm. 6

Anm. 1 **I. Durchbrechung der Haftungseinschränkungen des Frachtführers (Art. 29 Abs. 1 und Abs. 2 S. 1 CMR)**

1. Allgemeines

Art. 29 Abs. 1 durchbricht die Haftungsausschließungen, Haftungsbegrenzungen und Beweisumkehrungen der CMR im Falle des Vorsatzes und der gleichgestellten

Fahrlässigkeit. In diesen Fällen tritt somit eine unbeschränkte Haftung des CMR-Frachtführers ein. Diese richtet sich, soweit deutsches Recht ergänzend anwendbar ist – siehe dazu Anm. 3 zu Art. 1 CMR – nach §§ 249ff. BGB. Art. 29 Abs. 1 entspricht ungefähr Art. 25 WA in der Fassung von 1929.

2. Vorsatz und gleichgestellte Fahrlässigkeit Anm. 2

Diese Begriffe müssen, obwohl dies in Art. 29 nur für die gleichgestellte Fahrlässigkeit ausgedrückt ist, nach dem Recht des angerufenen Gerichtes bestimmt werden. Denn es ist sachlich nicht möglich, diese voneinander abhängigen Begriffe nach verschiedenen Rechtsordnungen zu bestimmen. Nach deutschem Recht ist Vorsatz Wissen und Wollen der Tatumstände einschließlich des Erfolgs; bedingter Vorsatz genügt.

Umstritten ist dagegen die Frage, was unter einer Fahrlässigkeit zu verstehen ist, die nach deutschem Recht „dem Vorsatz gleich steht". Schon die beiden Originaltexte der CMR stimmen nicht überein. Im englischen Text ist die Rede von „such default . . . as is considered as equivalent to wilful misconduct". Der französische Text spricht dagegen von einer „faute . . . qui . . . est considéré comme équivalente au dol". Der französische Originaltext entspricht ziemlich genau der deutschen Version. Dagegen ist der angloamerikanische Begriff des wilful misconduct nicht identisch mit Vorsatz. Die deutsche Formulierung des § 25 WA neuer Fassung (siehe Anhang VII/2 zu § 452) entspricht etwa dem angloamerikanischen Begriff „wilful misconduct", wenn sie die volle Haftung davon abhängig macht, ob der Luftfrachtführer „leichtfertig und in dem Bewußtsein, daß ein Schaden mit Wahrscheinlichkeit eintreten werde" verursacht hat. Nach deutscher Rechtsdogmatik kann in diesen Fällen bedingter Vorsatz oder bewußte Fahrlässigkeit vorliegen. Dies hängt davon ab, ob der Betreffende den Schaden billigend in Kauf genommen hat. Es ist jedoch darauf hinzuweisen, daß in der angloamerikanischen Rechtsprechung nicht selten auch Fälle als wilful misconduct bezeichnet wurden, in denen das Bewußtsein des wahrscheinlichen Schadenseintritts durchaus gefehlt hat. Siehe dazu eingehend Modjaz, Die unbeschränkte Haftung des Beförderers im internationalen Luft- und Straßentransport, Diss. Frankfurt 1967, S. 48ff.

Die erhebliche Ähnlichkeit mit Art. 25 WA alter Fassung läßt es zweckmäßig erscheinen, die deutsche Rechtsprechungstradition zu dieser Vorschrift auf die CMR zu übertragen. Im Sinne dieser Bestimmung ist die grobe Fahrlässigkeit als dem Vorsatz gleichstehend behandelt worden; BGH vom 17. 4. 1958, BGHZ 27, 101 (106) = VersR 1958, 401; BGH vom 10. 5. 1974, VersR 1974, 766 (767) = LM Nr. 9 zu WA = MDR 1974, 823 = BB 1974, 860. Für Art. 29 CMR hat sich das OLG München im Urteil vom 27. 11. 1968, ETR 1971, 115 (125ff.) dieser Auffassung mit eingehender Begründung angeschlossen. Das OLG Hamm, VersR 1974, 28 (30) prüft zwar in einem Anwendungsfall des Art. 29 CMR das Vorliegen von Vorsatz, erwähnt aber die „gleichgestellte Fahrlässigkeit" mit keinem Wort. Daraus kann kaum mit Heuer, S. 75, Fn. 142 der Schluß gezogen werden, es wolle nur den bedingten Vorsatz dem unbedingten gleichgestellt wissen. Zumindest hätte eine derartige Behandlung des Falles einer Begründung bedurft.

In der Literatur sind die Auffassungen geteilt. Die wohl herrschende Meinung geht dahin, Art. 29 CMR wolle nur klarstellen, daß der bedingte Vorsatz dem unbedingten gleichstehe; Marsilius, Zeitschr. f. d. internationalen Eisenbahnverkehr 1967, 295ff.; Heuer, S. 74; Precht/Endrigkeit Anm. 1 zu § 29; Muth Anm. zu Art. 29; wohl auch Voigt, VP 1972, 1006; o. Begr. auch LG Hamburg, VersR 1973, 28. Für Gleichstellung von Vorsatz und grober Fahrlässigkeit nach deutschem Recht dagegen Modjaz, a.a.O., S. 39ff., 108ff.; zum Warschauer Abkommen Schleicher/Reymann/

Abraham, Das Recht der Luftfahrt, 3. Aufl. 1960. S. 366ff.; Helm, Haftung, S. 88f.; Wesemann, AWD 1961, 192.

Die Autoren, die eine Gleichstellung von Vorsatz und grober Fahrlässigkeit ablehnen, berufen sich auf die – in vieler Hinsicht unklare – Entstehungsgeschichte des Art. 29 CMR. Die CMR hat sich jedoch bewußt einer Definition des gleichstehenden Verschuldens enthalten und diese Frage dem Recht des angerufenen Gerichts überlassen. Nach deutschem Recht liegt es am nächsten, die grobe Fahrlässigkeit dem Vorsatz gleichzustellen. Alle im Frachtrecht dem Art. 29 CMR funktionell ähnlichen Bestimmungen stellen die grobe Fahrlässigkeit dem Vorsatz im Hinblick auf die Durchbrechung von Haftungsbeschränkungen gleich; § 430 Abs. 3 HGB, § 48 LuftVG, § 11 BefBMö, § 91 EVO. Neuerdings stellt in einem vergleichbaren Zusammenhang auch § 11 Nr. 7 AGBG den Vorsatz und die grobe Fahrlässigkeit gleich. Entsprechendes gilt für die bisherige Rechtsprechung zur unbeschränkten Haftung bei eigenem Vorsatz und grober Fahrlässigkeit des Schuldners bzw. eines seiner leitenden Angestellten; siehe dazu Anm. 13 der Vorbem. zu den ADSp, Anh. I nach § 415 sowie Anm. 4 zu § 1 AGNB, Anh. V nach § 452. Jedenfalls in den Fällen, die funktionell dem Art. 28 CMR entsprechen, stellt daher das deutsche Recht die grobe Fahrlässigkeit dem Vorsatz gleich. Darauf, ob Fahrlässigkeit und Vorsatz strukturell unterschiedlicher Natur sind (so vom theoretischen Ansatzpunkt Marsilius und Heuer, a.a.O.) kommt es demgegenüber nicht an. Abgesehen davon ist dieser Strukturunterschied ein künstlicher, da sich Fälle denken lassen, in denen schlechterdings nicht zu entscheiden ist, ob der Täter den Erfolg „billigend in Kauf genommen" hat, ob also Vorsatz oder Fahrlässigkeit vorlag.

Die von Marsilius, Heuer u. a. vorgeschlagene Gleichstellung nur des bedingten Vorsatzes mit dem unbedingten Vorsatz würde überdies auch nicht dem angelsächsischen Begriff des „wilful misconduct" entsprechen. Vielmehr würden danach Fälle, die in angelsächsischen Ländern zur vollen Haftung führen würden, in Deutschland nur die beschränkte Haftung auslösen. Auch dies ist kein wünschenswertes Ergebnis.

Mit der Rechtsprechung ist daher daran festzuhalten, daß nach deutschem Recht die grobe Fahrlässigkeit dem Vorsatz gleichsteht. Für das ausländische Recht läßt sich wegen der sehr unterschiedlichen Schuldbegriffe kaum eine definitive Aussage machen. Loewe, ETR 1976, 576 meint, die bisherige Judikatur neige zur Gleichstellung von grober Fahrlässigkeit mit Vorsatz. Dies scheint zumindest für die kontinentaleuropäische Rechtsprechung zutreffend zu sein. Zur französischen Rechtsprechung siehe Rodière, ETR 1971, 578; zu Art 32 Abs. 1 S. 2 Cour de Cassation, ETR 1974, 314 (318); zum französischen, belgischen und niederländischen Recht siehe Libouton, ETR 1973, 60; zum österreichischen Recht siehe OGH, OGHZ 47 (1974) Nr. 106; zum schweizerischen Recht Aisslinger, Die Haftung des Straßenfrachtführers; 1975, S. 107f.

Anm. 3 **3. Entfallen der Haftungsvergünstigungen**

Art. 29 Abs. 1 CMR umschreibt die Wirkung des Vorsatzes und der gleichgestellten Fahrlässigkeit sehr weit. Der Frachtführer verliert in diesen Fällen das Recht, sich auf sämtliche haftungsausschließenden und -begrenzungen Bestimmungen sowie auf alle Beweislastumkehrungen zu berufen. Daher greifen die Art. 17 Abs. 2–5, Art. 18, Art. 23ff. und viele weitere Haftungseinschränkungen nicht ein.

Anm. 4 **4. Gehilfenverschulden**

Dem Frachtführer wird nach Art. 29 Abs. 2 S. 1 auch Vorsatz und gleichgestellte Fahrlässigkeit von Gehilfen zugerechnet. Es muß sich also nicht um „eigenes" schweres Verschulden handeln.

5. Versicherung der erhöhten Haftung Anm. 5

Inwieweit die erhöhte Haftung nach Art. 29 CMR durch die CMR-Haftpflichtversicherung (siehe Anm. 106 zu § 429) gedeckt ist, kann wegen der Unterschiedlichkeit der üblichen Policen nicht allgemein bestimmt werden. In aller Regel wird die erhöhte Haftung nicht speziell ausgeschlossen, wohl aber durch Versicherungssummen begrenzt. Zur Frage des Haftungsausschlusses bei Vorsatz und grober Fahrlässigkeit siehe auch Anm. 5 zu § 38 KVO, Anh. II nach § 452.

II. Durchbrechung des Haftungsprivilegs des Art. 28 Abs. 2 CMR zu Lasten der Gehilfen (Art. 29 Abs. 2 S. 2 CMR) Anm. 6

Die vom Frachtführer eingesetzten Gehilfen können sich grundsätzlich nach Art. 28 Abs. 2 im Rahmen der außervertraglichen Haftung gegenüber dem Absender auf die Haftungseinschränkungen der CMR berufen; siehe Anm. 8 zu Art. 28. Auch dieses Privileg wird jedoch gemäß Art. 29 Abs. 2 S. 2 CMR im Falle von Vorsatz oder gleichgestellter Fahrlässigkeit der betreffenden Person ausgeschlossen.

Kapitel V
Reklamation und Klagen

Artikel 30

(1) Nimmt der Empfänger das Gut an, ohne dessen Zustand gemeinsam mit dem Frachtführer zu überprüfen und ohne unter Angaben allgemeiner Art über den Verlust oder die Beschädigung an den Frachtführer Vorbehalte zu richten, so wird bis zum Beweise des Gegenteils vermutet, daß der Empfänger das Gut in dem im Frachtbrief beschriebenen Zustand erhalten hat; die Vorbehalte müssen, wenn es sich um äußerlich erkennbare Verluste oder Beschädigungen handelt, spätestens bei der Ablieferung des Gutes oder, wenn es sich um äußerlich nicht erkennbare Verluste oder Beschädigungen handelt, spätestens binnen sieben Tagen, Sonntage und gesetzliche Feiertage nicht mitgerechnet, nach der Ablieferung gemacht werden. Die Vorbehalte müssen schriftlich gemacht werden, wenn es sich um äußerlich nicht erkennbare Verluste oder Beschädigungen handelt.

(2) Haben Empfänger und Frachtführer den Zustand des Gutes gemeinsam überprüft, so ist der Gegenbeweis gegen das Ergebnis der Überprüfung nur zulässig, wenn es sich um äußerlich nicht erkennbare Verluste oder Beschädigungen handelt und der Empfänger binnen sieben Tagen, Sonntage und gesetzliche Feiertage nicht mitgerechnet, nach der Überprüfung an den Frachtführer schriftliche Vorbehalte gerichtet hat.

(3) Schadensersatz wegen Überschreitung der Lieferfrist kann nur gefordert werden, wenn binnen einundzwanzig Tagen nach dem Zeitpunkt, an dem das Gut dem Empfänger zur Verfügung gestellt worden ist, an den Frachtführer ein schriftlicher Vorbehalt gerichtet wird.

(4) Bei der Berechnung der in diesem Artikel bestimmten Fristen wird jeweils der Tag der Ablieferung, der Tag der Überprüfung oder der Tag, an dem das Gut dem Empfänger zur Verfügung gestellt worden ist, nicht mitgerechnet.

(5) Frachtführer und Empfänger haben sich gegenseitig jede angemessene Erleichterung für alle erforderlichen Feststellungen und Überprüfungen zu gewähren.

Inhaltsübersicht:

I. Allgemeines Anm. 1
1. Verhältnis des Art. 30 CMR zu § 438 HGB
2. Äußerlich erkennbare und nicht erkennbare Schäden; einseitige und gemeinsame Schadensfeststellung Anm. 2

II. Schadensrüge und -feststellung bei Güterschäden Anm. 3
1. Vorbehalte bei Fehlen einer gemeinsamen Schadensfeststellung
a) Zeitpunkt und Form des Vorbehalts
b) Inhalt des Vorbehalts Anm. 4
c) Folgen der Versäumung des Vorbehalts Anm. 5
2. Rechtslage bei gemeinsamer Schadensfeststellung (Art. 30 Abs. 2 CMR) Anm. 6

III. Vorbehalte bei Lieferfristüberschreitung Anm. 7
1. Bei reinen Vermögensschäden
2. Bei Güterschäden durch Lieferfristüberschreitung Anm. 8

IV. Mitwirkungspflichten der Beteiligten (Abs. 5) Anm. 9

V. Nichteingreifen des Art. 30 bei Vorsatz und gleichgestellter Fahrlässigkeit Anm. 10

Anm. 1

I. Allgemeines

1. Verhältnis des Art. 30 CMR zu § 438 HGB

Art. 30 regelt die Präklusion bei vorbehaltsloser Annahme des Frachtguts durch den Empfänger. Siehe hierzu Anm. 1ff. zu § 438 HGB mit Hinweisen auf die anderen frachtrechtlichen Sonderordnungen. Im Gegensatz zu § 438 HGB führt die vorbehaltslose Annahme nach Art. 30 Abs. 1 CMR im Falle des Verlustes und der Beschädigung von Frachtgut nicht ohne weiteres zum Erlöschen der Ersatzansprüche, sondern nur zu Beweisverschlechterungen. Nur hinsichtlich der Lieferfristhaftung (Abs. 3) und teilweise bei gemeinsamer Schadensfeststellung (Abs. 2) hat die Unterlassung des Vorbehalts eine rechtsvernichtende Wirkung. Siehe dazu unten Anm. 5. Diese Wirkung ist andererseits nicht wie nach § 438 HGB von der Bezahlung der Fracht abhängig; siehe dazu Anm. 11 zu § 438. § 438 HGB kann, wegen der sehr unterschiedlichen Regelung, auch nicht ergänzend angewendet werden. Schon gar nicht kann die Bestimmung zur Korrektur des Art. 30 CMR verwendet werden, wie dies von Züchner, VersR 1968, 824ff. vorgeschlagen wird.

Anm. 2

2. Äußerlich erkennbare und nicht erkennbare Schäden; einseitige und gemeinsame Schadensfeststellung

Art. 30 unterscheidet zwischen äußerlich erkennbaren und nicht erkennbaren Verlusten oder Beschädigungen. Eine Untersuchungspflicht des Empfängers ist nicht vorgesehen. Erkennbar ist danach nur, was ohne Öffnen der Verpackung von außen beim Betrachten der Güter feststellbar ist; siehe Anm. 24 zu § 438. Äußerlich nicht erkennbar kann z. B. die innere Verunreinigung von Chemikalien sein; Rechtbank van Koophandel Antwerpen, ETR 1977, 420 (425).

Grundsätzlich geht Art. 30 CMR bei Güterschäden von der Möglichkeit einer gemeinsamen Feststellung des Schadens aus. Die Rechtslage mit oder ohne gemeinsame Schadensfeststellung ist unterschiedlich in Absätzen 1 und 2 geregelt.

Anm. 3

II. Schadensrüge und -feststellung bei Güterschäden

1. Vorbehalte bei Fehlen einer gemeinsamen Schadensfeststellung

a) Zeitpunkt und Form des Vorbehalts

Bei äußerlich erkennbaren Schäden muß, wenn keine gemeinsame Schadensfeststellung vorgenommen worden ist, der Vorbehalt der Haftung vom Empfänger spätestens bei Ablieferung erklärt werden; Art. 30 Abs. 1 S. 1, 2. Halbsatz CMR. Die Vorbehalte sind, wie sich aus Art. 30 Abs. 1 S. 2 ergibt, formfrei; siehe zur insoweit uneinheitlichen französischen Rechtsprechung Libouton, ETR 1973, S. 61; Willenberg,

NJW 1968, 1024. Ein mündlicher Vorbehalt genügt grundsätzlich; Tribunal de Commerce Bruxelles, ETR 1974, 773 (775). Der Nachweis ist allerdings unter Umständen schwierig. Der Vorbehalt muß an den Frachtführer gerichtet sein. Eine Reklamation beim Absender ist nicht ausreichend; Hof van Beroep te Gent vom 17. 11. 1967, ETR 1969, 145 (148). Selbst bei Erteilung einer vorgedruckten „reinen" Quittung kann der Nachweis eines mündlichen Vorbehalts noch geführt werden; Rechtbank van Koophandel Kortrijk, ETR 1974, 768ff.

Bei äußerlich nicht erkennbaren Güterschäden müssen die Vorbehalte innerhalb sieben Werktagen nach Ablieferung erklärt werden; Art. 30 Abs. 1 S. 1, 2. Halbsatz. Siehe zur Fristberechnung Abs. 4. Der Vorbehalt ist hier an die Schriftform gebunden.

b) Inhalt des Vorbehalts **Anm. 4**

Die CMR sagt nichts Präzises zu der Frage, welcher Mindestinhalt für den Vorbehalt zu fordern ist. Die Angaben müssen die Schäden nicht im einzelnen genau wiedergeben. Jedoch wird man eine konkrete Angabe über die Art der Beschädigung und über den ungefähren Umfang verlangen müssen. Nicht näher substantiierte allgemeine Vorbehalte wie etwa durch Stempel „angenommen unter Vorbehalt" sind danach wirkungslos; Loewe, ETR 1976, S. 577.

c) Folgen der Versäumung des Vorbehalts **Anm. 5**

Die Folgen der Versäumung der Erhebung von Vorbehalten wegen Güterschäden bestehen ausschließlich in der in Abs. 1 S. 1 angeordneten Verschlechterung der Beweislage. Da die dort festgelegte Vermutung dahin geht, daß das Frachtgut wie im Frachtbrief beschrieben abgeliefert sei, ergibt sich aus dem Zusammenspiel mit Art. 9 Abs. 2 CMR, daß die Sache zunächst so behandelt wird, als sei das Gut in einwandfreiem Zustand übernommen und in dem gleichen Zustand auch wieder abgeliefert worden. Der Geschädigte bleibt also mit dem Beweis belastet, daß der Schaden doch noch in der Obhutszeit und nicht nachher entstanden ist; siehe Anm. 2 zu Art. 17. Bei Erhebung des Vorbehalts ist dagegen die Frage, ob die Güter bei Ablieferung beschädigt waren, beweisrechtlich wieder gänzlich offen.

Daß die Versäumung des Vorbehalts nicht zum Erlöschen der Ansprüche, sondern nur zur Beweisverschlechterung führt, ergibt sich eindeutig aus der Formulierung des Art. 30 Abs. 1 CMR; zutreffend OLG Zweibrücken vom 23. 9. 1966, VersR 1967, 1145 (1147); OLG Karlsruhe vom 18. 10. 1967, DB 1967, 2022; Cour de Cassation de Belgique, ETR 1975, 68 (70f.); Precht/Endrigkeit Anm. 1 zu Art. 30 CMR; Muth Anm. zu Art. 30 CMR; Loewe, ETR 1976, 578. Der Versuch von Züchner, VersR 1968, 824ff., durch Vergleichungen mit § 438 HGB und anderen frachtrechtlichen Sonderbestimmungen die eindeutige Formulierung des Art. 30 Abs. 1 S. 1 doch in ein Erlöschen der Ansprüche bei Versäumung der Rüge umzuinterpretieren, ist nicht überzeugend. Entgegen Züchner a. a. O., S. 827 sehen auch die englischen und französischen Originalfassungen der Bestimmung völlig eindeutig eine bloße Beweisverschlechterung und kein Erlöschen vor.

Ist kein Frachtbrief ausgestellt, so muß sich die Vermutung des Art. 30 Abs. 1 S. 1 darauf richten, daß das Gut in dem Zustand, in dem es vom Frachtführer übernommen ist, auch von ihm abgeliefert worden ist. Allerdings muß dieser Zustand vom Ersatzverlangenden nachgewiesen werden. Die Vermutung des Art. 9 Abs. 2 CMR entfällt; Loewe, ETR 1976, 578.

2. Rechtslage bei gemeinsamer Schadensfeststellung (Art. 30 Abs. 2 CMR) **Anm. 6**

Bei gemeinsamer Überprüfung des Frachtguts durch den Frachtführer und den Empfänger spricht eine Vermutung für die Richtigkeit des Überprüfungsergebnisses.

Hinsichtlich der äußerlich erkennbaren Schäden ist die Vermutung unwiderleglich, bei äußerlich nicht erkennbaren Schäden wird sie unwiderleglich, wenn nicht binnen 7 Werktagen an den Frachtführer schriftliche Vorbehalte gerichtet werden. Siehe zur Fristberechnung Abs. 4; zum Recht auf Zuziehung zur gemeinsamen Schadensfeststellung siehe unten Anm. 9. Beispielsfall: Rechtbank van Koophandel Antwerpen, ETR 1977, 420 (425).

Anm. 7

III. Vorbehalte bei Lieferfristüberschreitung

1. Bei reinen Vermögensschäden

Im Falle der Lieferfristüberschreitung ist der Vorbehalt binnen 21 Tagen (nicht Werktagen) schriftlich geltend zu machen. Zur Fristberechnung siehe Abs. 4. Die Versäumung des Vorbehaltes führt hier – anders als in Abs. 1 – zu einem völligen Verlust der Ersatzansprüche; zutreffend Arrondissementsrechtbank Roermond vom 30. 5. 1968, ETR 1969, 1019 (1024). Bei der Geltendmachung von Vorbehalten wegen Lieferfristüberschreitung erscheint es nicht notwendig, eine Konkretisierung des Schadens im Vorbehalt bereits zu verlangen. Vielfach wird in den ersten 3 Wochen nach der Ablieferung noch nicht exakt feststellbar sein, ob überhaupt ein Vermögensschaden entstanden, oder ob dieser noch abwendbar ist – insbesondere bei Ansprüchen dritter Personen gegen den Empfänger wegen verspäteter Weiterlieferung. Die Funktion des Vorbehaltes liegt hier darin, den Frachtführer auf die Gefahr einer Schadensersatzpflicht aufmerksam zu machen. Dazu ist ein spezifizierter Vorbehalt nicht erforderlich, zumal da die Haftung eng begrenzt ist und daher überraschend hohe Schadensersatzansprüche nicht auftreten können.

Anm. 8

2. Bei Güterschäden durch Lieferfristüberschreitung

Ist durch Lieferfristüberschreitung ein Güterschaden entstanden (z. B. durch Verderb) so muß zunächst die Vorbehaltsregelung des Abs. 1 eingreifen. Also muß der Schaden bei Ablieferung oder, wenn er nicht äußerlich erkennbar war, binnen sieben Tagen gemeldet werden. Wird diese Frist versäumt, so tritt die Beweisumkehr ein. Die 21-Tage-Frist des Abs. 3 greift bei Güterschäden nicht ein; zutreffend Hof van Beroep Gent vom 17. 11. 1967, ETR 1969, 145 (148f.). Fraglich ist höchstens, ob, wenn der Vorbehalt zunächst nur mündlich erfolgt und nicht schriftlich nachgeholt wird, ein Rechtsverlust nach Abs. 3 eintreten kann. Die Frage ist zu verneinen. Denn Art. 30 Abs. 3 ist für Vermögensschäden konzipiert. Bei Güterschäden ist die Haftung nach Art. 17 Abs. 1 CMR grundsätzlich nicht vom Nachweis einer bestimmten Schadensursache durch den Geschädigten abhängig. Es besteht kein Grund, unter den unterschiedlichen denkbaren Schadensursachen gerade die Lieferfristüberschreitung durch Anwendung des Art. 30 Abs. 3 zu privilegieren. Siehe dazu auch Anm. 9 zu Art. 23 CMR und Anm. 78 zu § 429 HGB.

Anm. 9

IV. Mitwirkungspflichten der Beteiligten (Abs. 5)

Die in Art. 30 Abs. 5 vorgesehene Pflicht des Frachtführers und Empfängers, sich gegenseitig jede angemessene Erleichterung zu gewähren, ist an sich nach allgemeinen Grundsätzen selbstverständlich. Die CMR trifft für die Verletzung dieser Pflicht keine Sanktionen; Loewe, ETR 1976, S. 579. Rechtsfolgen können sich aber aus allgemeinen Rechtsgrundsätzen ergeben. Behindert etwa der Frachtführer den Empfänger bei der Überprüfung des Frachtguts, so kann das spätere Sichberufen auf die Unterlassung des Vorbehalts treuwidrig sein. Umgekehrt wird man aus Abs. 5 ein Recht des Frachtführers auf Heranziehung zur gemeinsamen Schadensfeststellung ableiten können. Erhebt der Empfänger einen Vorbehalt wegen äußerlich erkennbarer Schäden und lehnt gleichzeitig die gemeinsame Schadensfeststellung ab, so wird er sich so behandeln lassen müssen, als habe er den Vorbehalt nicht erhoben; jedenfalls dann, wenn er dem Frachtführer durch dieses Verhalten die Möglichkeit zur Aufklärung des Schadensfalls abgeschnitten hat.

V. Nichteingreifen des Art. 30 bei Vorsatz und gleichgestellter Fahrlässigkeit **Anm. 10**

Sämtliche für den Frachtführer günstigen Folgen des Art. 30 greifen nicht ein, wenn der Schaden durch Vorsatz und gleichgestellte Fahrlässigkeit verursacht ist; siehe Art. 29 CMR und die dortige Kommentierung.

Artikel 31

(1) Wegen aller Streitigkeiten aus einer diesem Übereinkommen unterliegenden Beförderung kann der Kläger, außer durch Vereinbarung der Parteien bestimmte Gerichte von Vertragsstaaten, die Gerichte eines Staates anrufen, auf dessen Gebiet

a) der Beklagte seinen gewöhnlichen Aufenthalt, seine Hauptniederlassung oder die Zweigniederlassung oder Geschäftsstelle hat, durch deren Vermittlung der Beförderungsvertrag geschlossen worden ist, oder

b) der Ort der Übernahme des Gutes oder der für die Ablieferung vorgesehene Ort liegt.

Andere Gerichte können nicht angerufen werden.

(2) Ist ein Verfahren bei einem nach Absatz 1 zuständigen Gericht wegen einer Streitigkeit im Sinne des genannten Absatzes anhängig oder ist durch ein solches Gericht in einer solchen Streitsache ein Urteil erlassen worden, so kann eine neue Klage wegen derselben Sache zwischen denselben Parteien nicht erhoben werden, es sei denn, daß die Entscheidung des Gerichtes, bei dem die erste Klage erhoben worden ist, in dem Staat nicht vollstreckt werden kann, in dem die neue Klage erhoben wird.

(3) Ist in einer Streitsache im Sinne des Absatzes 1 ein Urteil eines Gerichtes eines Vertragsstaates in diesem Staat vollstreckbar geworden, so wird es auch in allen anderen Vertragsstaaten vollstreckbar, sobald die in dem jeweils in Betracht kommenden Staat hierfür vorgeschriebenen Formerfordernisse erfüllt sind. Diese Formerfordernisse dürfen zu keiner sachlichen Nachprüfung führen.

(4) Die Bestimmungen des Absatzes 3 gelten für Urteile im kontradiktorischen Verfahren, für Versäumnisurteile und für gerichtliche Vergleiche, jedoch nicht für nur vorläufig vollstreckbare Urteile sowie nicht für Verurteilungen, durch die dem Kläger bei vollständiger oder teilweiser Abweisung der Klage neben den Verfahrenskosten Schadenersatz und Zinsen auferlegt werden.

(5) Angehörige der Vertragsstaaten, die ihren Wohnsitz oder eine Niederlassung in einem dieser Staaten haben, sind nicht verpflichtet, Sicherheit für die Kosten eines gerichtlichen Verfahrens zu leisten, das wegen einer diesem Übereinkommen unterliegenden Beförderung eingeleitet wird.

Inhaltsübersicht

I. Allgemeines Anm. 1
1. Übersicht
2. Verhältnis zum EuGÜb Anm. 2
3. Streitigkeiten, die unter Art. 31 fallen Anm. 3

II. Internationale Zuständigkeit (Art. 31 Abs. 1 CMR) Anm. 4
1. Parteivereinbarung
2. Gesetzliche Regelung der internationalen Zuständigkeit Anm. 5

III. Einreden der Rechtshängigkeit und der Rechtskraft (Art. 31 Abs. 2 CMR) Anm. 6

IV. Internationale Vollstreckbarkeit (Art. 31 Abs. 3, 4 CMR) Anm. 7

V. Sicherheitsleistung für Gerichtskosten Anm. 8

I. Allgemeines

Anm. 1 **1. Übersicht**

Art. 31 CMR befaßt sich mit vier verschiedenen Problemkreisen aus dem Bereich des internationalen Zivilprozeßrechts: In Absatz 1 mit der internationalen Zuständigkeit, in Absatz 2 mit den Einreden der Rechtshängigkeit und der Rechtskraft; in Absatz 3 und 4 mit der internationalen Vollstreckbarkeit und in Absatz 5 mit der Frage der Sicherheitsleistung für die Prozeßkosten.

Die Bestimmungen des Art. 31 gelten unter den Anwendungsvoraussetzungen des Art. 1 CMR als selbständige Normen des internationalen Zivilprozeßrechts. Sie enthalten ihre eigenen Rechtsanwendungsregeln. Es bedarf daher nicht mehr der Vorschaltung der nationalen Regeln des internationalen Zivilprozeßrechts; zutreffend Loewe, ETR 1976, S. 579; siehe auch Anm. 1 zu Art. 1.

Zu den Voraussetzungen für die Vereinbarung einer Schiedsklausel siehe Art. 33.

Anm. 2 **2. Verhältnis zum EuGÜb**

Im Verhältnis zu dem Übereinkommen der Europäischen Gemeinschaft über die gerichtliche Zuständigkeit und die Vollstreckung gerichtlicher Entscheidungen in Zivil- und Handelssachen von 1968 (EuGÜb), BGBl. 1972 II 774 sind die Regeln des Art. 31 CMR leges speciales; Art. 57 EuGÜb. Siehe hierzu die Kommentierung bei Baumbach/Lauterbach/Albers, ZPO, 36. Aufl. 1978, S. 2273ff.; Literaturangaben bei Kegel, Internationales Privatrecht, 4. Aufl. 1977, S. 491. Doch kann das EuGÜb anwendbar sein, soweit eine Frage in Art. 31 CMR nicht geregelt ist.

Anm. 3 **3. Streitigkeiten, die unter Art. 31 fallen**

Art. 31 bestimmt in Absatz 1, für welche Streitigkeiten die Regeln dieses Absatzes gelten sollen. Hierauf nehmen die Absätze 2 und 3 und damit auch Abs. 4 Bezug. Obwohl Abs. 5 nicht ausdrücklich auf Abs. 1 verweist, ist doch aus dem Zusammenhang zu schließen, daß auch dieser Absatz nur für Verfahren über Streitigkeiten im Sinne des Abs. 1 gelten soll. Demnach ist die in Abs. 1 getroffene Abgrenzung maßgeblich für alle Einzelregeln des Art. 31 CMR.

Der Artikel ist anwendbar auf Streitigkeiten aus einer der CMR unterliegenden Beförderung. Diese Eingrenzung beschränkt die Anwendbarkeit des Art. 31 nicht auf vertragliche Ansprüche. Vielmehr unterliegen auch außervertragliche Ansprüche (Art. 28 Abs. 1) dem Art. 31, wenn sie auf einer CMR-Beförderung beruhen; Loewe, ETR 1976, 579. Das gleiche wird wohl auch für Ansprüche gegen Gehilfen des CMR-Frachtführers zu gelten haben; Art. 28 Abs. 2. Nach dem Wortlaut der Vorschrift scheinen Ansprüche aus nicht ausgeführtem Frachtvertrag nicht unter Art. 31 zu fallen; so Loewe, ETR 1976, 579. Es läßt sich aber auch die Auffassung vertreten, daß auch eine nur vereinbarte Beförderung dem Abkommen unterliegt und dieser Tatbestand für Art. 31 ausreicht. Eine derartige Auslegung erscheint zweckmäßig, weil sie zusammengehörige Sachfragen, z.B. bei teilweiser Ausführung der Beförderung, nicht auseinanderreißt.

Anm. 4

II. Internationale Zuständigkeit (Art. 31 Abs. 1 CMR)

1. Parteivereinbarung

Art. 1 Abs. 1 S. 1 begründet das Recht der Parteien auf Vereinbarung der Zuständigkeit eines beliebigen Gerichtes in einem der Vertragsstaaten. Die deutsche Übersetzung läßt dies nicht mit voller Deutlichkeit erkennen. Die englischen und französischen Originalfassungen (siehe Art. 51 CMR) lassen aber keinen Zweifel zu. Die Parteien haben also die freie Wahl zwischen den Gerichten von Vertragsstaaten der CMR. Gerichte anderer Staaten können nicht vereinbart werden; Loewe. ETR 1976, 580. Dies hindert freilich die Gerichte von Nichtvertragsstaaten nicht daran, eine entsprechende Vereinbarung dennoch als wirksam anzuerkennen.

Aus der englischen Fassung ergibt sich auch klar, daß die Vereinbarung der Zuständigkeit einer Gerichtsbarkeit keine ausschließliche sein kann. Es bleibt den Parteien daher stets unbenommen, auch die in Abs. 1 benannten internationalen Zuständigkeiten zu nutzen; siehe unten Anm. 5.

Über die Form der Gerichtsstandvereinbarung trifft die CMR ebensowenig Bestimmungen wie über ihre Auslegung. Diese Fragen bleiben daher den nationalen Rechtsordnungen überlassen; für die Frage der Gültigkeit der Gerichtsstandvereinbarungen sind die einzelnen nationalen Regelungen nicht anwendbar, soweit das EuGÜb (siehe oben Anm. 2) gilt, das in Art. 17 Formerfordernisse aufstellt. Siehe zu diesen Erfordernissen die beiden Entscheidungen des EuGH vom 14. 12. 1976, NJW 1977, 494 u. 495; ferner die BGH-Urteile vom 4. 5. 1977, AWD 1977, 649f. = WM 1977, 795f. und vom 16. 5. 1977, AWD 1977, 432 = MDR 1977, 1013; dazu Grüter, DB 1978, 381ff.; Baumbach/Lauterbach/Albers, ZPO, 36. Aufl. 1978, Anm. zu Art. 17 EuGÜb (S. 2278). Soweit das EuGÜb nicht eingreift, ist die Frage, welches Statut für die Gültigkeit und Auslegung der Gerichtsstandvereinbarungen gilt, problematisch. In der deutschen Rechtsprechung herrscht hierüber keine Klarheit; siehe zur Übersicht Staudinger/Firsching, 10./11. Aufl. 1978, Anm. 181ff. zu Art. 12 EGBGB; Literaturangaben ferner bei Kegel, Internationales Privatrecht, 4. Aufl. 1977, S. 479f.

2. Gesetzliche Regelung der internationalen Zuständigkeit **Anm. 5**

Während sich die Parteivereinbarung auf bestimmte Gerichte beziehen kann (am deutlichsten in der englischen Fassung), stellt Art. 31 Abs. 1 S. 1 selbst nur Regeln für die internationale Zuständigkeit der Gerichtsbarkeit fest. Innerhalb dieser Gerichtsbarkeit muß das aktuell zuständige Gericht noch durch die nationalen Zuständigkeitsregeln bestimmt werden; in Deutschland §§ 12ff. ZPO. Siehe dazu Loewe, ETR 1976, 581; a.A. OLG Düsseldorf vom 18. 11. 1971, in VersR 1973, 177 und AWD 1973, 401f. nicht mitabgedruckt, das Art. 31 Abs. 1 S. 1b eine Regelung der örtlichen Zuständigkeit entnehmen will. Zutreffend OLG Saarbrücken, NJW 1975, 500 = VersR 1976, 267 (268).

Das Fehlen einer örtlichen Zuständigkeitsregelung in der CMR kann zu großen Schwierigkeiten führen, wenn das betreffende zuständige Recht für diesen Fall keine konkrete örtliche Zuständigkeit bestimmt. Die bloße Feststellung, daß die betreffenden Staaten völkerrechtlich verpflichtet sind, eine dem Art. 31 Abs. 1 entsprechende örtliche Zuständigkeit zur Verfügung zu stellen (Loewe S. 581) hilft im konkreten Fall kaum weiter. Daher ist daran zu denken, für diesen Fall die Regeln des Abs. 1 S. 1a und b doch als echte Gerichtsstandbestimmungen anzusehen und dem Kläger die Anrufung eines für die dort bestimmten Orte zuständigen Gerichtes zu gestatten.

Art. 31 Abs. 1 S. 1 u. S. 2 bezeichnen als international zuständig nur die Gerichtsbarkeit von Mitgliedsstaaten der CMR; unter diesen aber wiederum nur diejenigen, in deren Gebiet einer der in a und b bezeichneten Orte liegen. Zur Zusammenfassung von Regreßprozessen siehe Art. 39 Abs. 2. Hinsichtlich des Ortes der Zweigniederlassung oder Geschäftsstelle ist zu bemerken, daß beide nur dann die internationale Zuständigkeit begründen, wenn durch ihre Vermittlung der Beförderungsvertrag geschlossen worden ist; Loewe, ETR 1976, 581; zumindest der englische Text läßt dies klar erkennen.

Art. 31 Abs. 1 kann nicht verhindern, daß Gerichte in Nichtvertragsstaaten sich für zuständig erklären, da diese an die CMR nicht gebunden sind. In diesem Falle kann sogar über Art. 31 Abs. 2 die Klageerhebung in einem CMR-Vertragsstaat mit der Einrede der Rechtshängigkeit oder Rechtskraft blockiert werden; siehe unten Anm. 6.

Anm. 6 **III. Einreden der Rechtshängigkeit und der Rechtskraft (Art. 31 Abs. 2 CMR)**

Grundsätzlich werden durch Abs. 2 die Einreden der Rechtshängigkeit und der Rechtskraft international anerkannt. Hierfür kommt es nicht darauf an, ob die Sache in einem Vertragsstaat oder in einem Nichtvertragsstaat anhängig ist. Ausnahmsweise kann trotz Rechtshängigkeit oder Rechtskraft eine neue Klage in einem Vertragsstaat erhoben werden, wenn das Urteil in dem betreffenden Staat nicht vollstreckt werden kann. Dies wird vor allem dann der Fall sein, wenn das erste Verfahren in einem Nichtvertragsstaat anhängig ist oder war. Denn unter Vertragsstaaten sind die Urteile nach Art. 31 Abs. 3 CMR grundsätzlich vollstreckbar, es sei denn, daß Gründe des ordre public die Vollstreckbarkeit verhindern; Loewe, ETR 1976, S. 582.

Die Einrede der Rechtskraft gilt auch für klagabweisende Urteile, arg. e Art. 31 Abs. 4; Loewe, ETR 1976, 581. Art. 31 Abs. 2 setzt voraus, daß es sich um die gleiche Sache handelt; ein bloßer Zusammenhang der Prozesse reicht nicht aus; Rechtbank van Koophandel Brussel, ETR 1975, 419 (425).

Anm. 7 **IV. Internationale Vollstreckbarkeit (Art. 31 Abs. 3, 4 CMR)**

Abs. 3 erklärt die in einem Vertragsstaat ergangenen Urteile für in allen anderen Vertragsstaaten vollstreckbar. Die Vollstreckbarkeitserklärung darf nur an die Erfüllung formaler Erfordernisse geknüpft werden. Eine sachliche Nachprüfung des Urteils ist unzulässig. Damit ist nur noch die Frage, ob überhaupt die Voraussetzungen des Art. 31 Abs. 1 (Streitigkeiten aus der CMR unterliegender Beförderung) erfüllt sind, zu prüfen.

Abs. 4 nimmt 2 Gruppen von Urteilen aus der internationalen Vollstreckbarkeit aus: Für vorläufig vollstreckbar erklärte Urteile und klagabweisende Urteile, die dem Kläger Schadensersatz- und Zinspflichten auferlegen.

Anm. 8 **V. Sicherheitsleistung für Gerichtskosten**

Art. 31 Abs. 5 befreit Staatsangehörige der CMR-Vertragsstaaten, die ihren Wohnsitz in einem dieser Staaten haben, für alle Rechtsstreitigkeiten wegen einer CMR-Beförderung von einer eventuell bestehenden nationalen Pflicht zur Leistung einer Sicherheit für die Prozeßkosten. Aus der Sicht des deutschen Rechts verdrängt Art. 31 Abs. 5 CMR die Vorschrift des § 110 ZPO. Insbesondere kommt es auf die Gegenseitigkeit nach § 110 Abs. 2 Ziff. 1 ZPO nicht mehr an. Problematisch ist die Frage, ob Angehörige der Vertragsstaaten durch Art. 31 Abs. 5 auch von der Sicherheitsleistung vor den Gerichten ihres Heimatstaates befreit sein sollen. Zwar ist Loewe, ETR 1976, S. 584 darin rechtzugeben, daß es an sich nicht Aufgabe der CMR ist, diese Frage zu lösen. Aber andererseits enthält Art. 31 Abs. 5 CMR keinen Hinweis auf eine Ausnahme und es spricht auch einiges dafür, die Parteien vor dem gleichen Gericht gleich zu behandeln, insbesondere im Falle der Widerklage.

Artikel 32

(1) Ansprüche aus einer diesem Übereinkommen unterliegenden Beförderung verjähren in einem Jahr. Bei Vorsatz oder bei einem Verschulden, das nach dem Recht des angerufenen Gerichtes dem Vorsatz gleichsteht, beträgt die Verjährungsfrist jedoch drei Jahre.

Die Verjährungsfrist beginnt

a) bei teilweisem Verlust, Beschädigung oder Überschreitung der Lieferfrist mit dem Tage der Ablieferung des Gutes;

b) bei gänzlichem Verlust mit dem dreißigsten Tage nach Ablauf der vereinbarten Lieferfrist oder, wenn eine Lieferfrist nicht vereinbart worden ist, mit dem sechzigsten Tage nach der Übernahme des Gutes durch den Frachtführer;

c) in allen anderen Fällen mit dem Ablauf einer Frist von drei Monaten nach dem Abschluß des Beförderungsvertrages.

Der Tag, an dem die Verjährung beginnt, wird bei der Berechnung der Frist nicht mitgerechnet.

(2) Die Verjährung wird durch eine schriftliche Reklamation bis zu dem Tage gehemmt, an dem der Frachtführer die Reklamation schriftlich zurückweist und die beigefügten Belege zurücksendet. Wird die Reklamation teilweise anerkannt, so läuft die Verjährung nur für den noch streitigen Teil der Reklamation weiter. Der Beweis für den Empfang der Reklamation oder der Antwort sowie für die Rückgabe der Belege obliegt demjenigen, der sich darauf beruft. Weitere Reklamationen, die denselben Anspruch zum Gegenstand haben, hemmen die Verjährung nicht.

(3) Unbeschadet der Bestimmungen des Absatzes 2 gilt für die Hemmung der Verjährung das Recht des angerufenen Gerichtes. Dieses Recht gilt auch für die Unterbrechung der Verjährung.

(4) Verjährte Ansprüche können auch nicht im Wege der Widerklage oder der Einrede geltend gemacht werden.

Inhaltsübersicht

I. Allgemeines Anm. 1
1. Anwendungsbereich des Art. 32 CMR
2. Wirkungen der Verjährung Anm. 2

II. Dauer der Verjährungsfrist Anm. 3

III. Beginn der Verjährungsfrist (Art. 32 Abs. 1 S. 3) Anm. 4
1. Bei Teilverlust, Beschädigung und Lieferfristüberschreitung (a) Anm. 5
2. Bei gänzlichem Verlust (b) Anm. 6
3. In allen anderen Fällen (c) Anm. 7

IV. Hemmung der Verjährung (Art. 32 Abs. 2) Anm. 8
1. Voraussetzungen und Dauer der Hemmung
2. Ergänzend anwendbares Recht (Art. 32 Abs. 2 S. 1 CMR) Anm. 9

V. Unterbrechung der Verjährung (Art. 32 Abs. 3 S. 2) Anm. 10

VI. Geltendmachung als Einrede oder per Widerklage (Art. 30 Abs. 4) Anm. 11

I. Allgemeines

Anm. 1

Zur Verjährung im Frachtrecht siehe allgemein die Anmerkungen zu § 439 HGB.

1. Anwendungsbereich des Art. 32 CMR

Art. 32 betrifft alle Ansprüche aus einer der CMR unterliegenden Beförderung; siehe dazu Anm. 3 zu Art. 31. Die Verjährungsbestimmungen des Art. 32 gelten danach auch für Ansprüche, die der Frachtführer stellt; Gerechtshof Amsterdam, ETR 1975, 531 ff.; Hof van Beroep Amsterdam, ETR 1976, 266 ff., mit eingehender Begründung; für Ansprüche auf Zahlung von Fracht: BGH vom 28. 2. 1975, VersR 1975, 445 = LM Nr. 6 zu CMR = NJW 1975, 1075 = ETR 1975, 523; für Ansprüche des Frachtführers auf Ersatz verauslagter Einfuhr-Umsatzsteuer: OLG Nürnberg, NJW 1975, 501. Allerdings kann für diese Ansprüche Abs. 2 des Art 32 nicht gelten; siehe unten Anm. 8.

Nach Artikel 32 verjähren auch außervertragliche Ansprüche, wenn sie nur eine der CMR unterliegende Beförderung betreffen; für Deliktsansprüche nach deutschem Recht OLG Düsseldorf, VersR 1976, 1161; OLG Düsseldorf vom 8. 5. 1969, ETR 1970, 446 (462); für Ansprüche aus § 812 Abs. 1 S. 1 BGB auf Rückzahlung überzahlter Fracht: BGH vom 18. 2. 1972, VersR 1972, 873 (874) = NJW 1972, 1003f. = MDR 1972, 585f. = LM Nr. 2 zu CMR = DB 1972, 1162f.

Anm. 2 **2. Wirkungen der Verjährung**

Art. 32 regelt – abgesehen von den Sonderfragen des Abs. 4 – nicht, nach welchem Recht sich die Wirkungen der Verjährung bestimmen. Nach allgemeiner Auffassung ist dies das den Anspruch beherrschende Recht (lex causae); siehe eingehend Staudinger/Firsching, 10./11. Auflage 1978, Anm. 261ff. vor Art. 12 EGBGB. Maßgeblich ist daher vor deutschen Gerichten das nach den Regeln des deutschen internationalen Schuldrechts zu bestimmende, ergänzend anwendbare Recht; siehe dazu Anm. 3 zu Art. 1 CMR; zur Anwendbarkeit von § 211 Abs. 2 BGB (Prozeßstandschaft) siehe BGH v. 17. 10. 75, VersR 1976, 36ff.

Anm. 3 **II. Dauer der Verjährungsfrist**

Art. 32 Abs. 1 S. 1 führt grundsätzlich die Verjährung innerhalb eines Jahres ein. Im Falle von Vorsatz und gleichgestellter Fahrlässigkeit (siehe dazu Anm. 2 zu Art. 29) ist die Frist jedoch nach Satz 2 auf 3 Jahre verlängert. Die Fristberechnung folgt grundsätzlich dem für die Verjährung geltenden Recht; siehe oben Anm. 2. Doch trifft Abs. 1 S. 4 eine dem § 187 Abs. 1 BGB entsprechende internationale Regelung für den Fristbeginn.

Anm. 4 **III. Beginn der Verjährungsfrist (Art. 32 Abs. 1 S. 3)**

Der Beginn der Verjährung ist in Art. 32 Abs. 1 S. 3 verhältnismäßig genau geregelt. Im einzelnen ist jedoch zu bemerken:

Anm. 5 **1. Bei Teilverlust, Beschädigung und Lieferfristüberschreitung (a)**

Die nach a maßgebliche „Ablieferung“ ist die tatsächliche, wie sie auch in Art. 17 Abs. 1 zugrunde gelegt ist; siehe dazu Anm. 2 zu Art. 17 und Anm. 11ff. zu § 429 HGB. Keine Ablieferung in diesem Sinne liegt vor, wenn beschädigte Güter an den Spediteur zurückbefördert werden; Cour d'Appel de Bruxelles, ETR 1969, 925 (927f.); Einlagerung in Erwartung von Weisungen des Verfügungsberechtigten ist keine Ablieferung und setzt die Verjährungsfrist nicht in Gang; Hofs' Hertogenbosch, ETR 1966, 698 (706).

Zu den Begriffen „Teilverlust“ und „Beschädigung“ siehe Anm. 5 und 6 zu § 429 und Anm. 17 zu § 430 HGB.

Anm. 6 **2. Bei gänzlichem Verlust (b)**

Der Begriff des Verlustes, der in Buchstabe b vorausgesetzt ist, entspricht dem des Art. 17 Abs. 1; siehe dazu Anm. 2 zu Art. 17 und Anm. 4 zu § 429. Zur Vereinbarung einer Lieferfrist siehe Anm. 26 zu Art. 17; zum Begriff der Übernahme siehe Anm. 2 zu Art. 17 CMR und 11 zu § 429 HGB. Die 60-Tagefrist gilt bei Sammelladungen nur für die Empfänger, die einen Totalverlust erlitten haben; Rechtbank van Koophandel, Brüssel, ETR 1975, 419 (426).

Anm. 7 **3. In allen anderen Fällen (c)**

Buchstabe c betrifft die Fälle, in denen kein Güterschaden und keine Lieferfristüberschreitung vorliegen, insbesondere auch alle Ansprüche des Frachtführers gegen

Absender oder Empfänger, aber auch z. B. Frachterstattungsansprüche des Absenders gegen den Frachtführer.

Da der Beförderungsvertrag nach der CMR ein Konsensualvertrag ist (siehe Anm. 2 zu Art. 4 CMR), muß das Ausstellungsdatum des Frachtbriefes nicht notwendig den Tag des Vertragsschlusses bezeichnen. Orientiert man sich am Frachtbrief-Datum, so läuft man Gefahr, die Verjährungsfrist versäumt zu haben, wenn der Gegner nachweist, daß der Frachtvertrag formfrei schon vor der Ausstellung des Frachtbriefes abgeschlossen war. Die Feststellung des Tages des Vertragsschlusses kann erhebliche Zweifelsfragen mit sich bringen; siehe dazu z. B. den Fall OLG Düsseldorf, VersR 1974, 1095 (1097).

Das OLG Düsseldorf a. a. O. will beim Beginn der dreimonatigen Vorfrist nach Buchstabe c den Tag des Vertragsschlusses mitrechnen, weil sich Abs. 1 S. 4 nicht auf diese Frist beziehe. In diesem Falle hätte es aber nahegelegen, S. 4 analog anzuwenden oder doch auf § 187 Abs. 1 BGB zurückzugreifen.

IV. Hemmung der Verjährung (Art. 32 Abs. 2) Anm. 8

1. Voraussetzungen und Dauer der Hemmung

Die Regelung des Art. 32 Abs. 2 CMR betrifft nur Ansprüche gegen den CMR-Frachtführer; BGH vom 28. 2. 1975, VersR 1975, 445 = NJW 1975, 1075 = LM Nr. 6 zu CMR = ETR 1975, 523. Die Bestimmung entspricht weitgehend § 40 Abs. 3 KVO. Zu Abs. 2 S. 1 siehe daher Anm. 19–21 zu § 40 KVO, Anh. II nach § 452, wo auch die Rechtsprechung zur CMR teilweise mitverarbeitet ist.

Die Hemmung der Verjährung setzt eine schriftliche Reklamation voraus. Nach dem Urteil der Rechtbank van Koophandel Antwerpen, ETR 1977, 437 genügt eine Reklamation durch Telex; dies gilt wohl auch für das deutsche Recht. Ebenfalls nach einem Urteil der Rechtbank van Koophandel Antwerpen, ETR 1976, 295 (300) soll als Reklamation auch eine Folge von Briefen genügen, in denen zunächst der Schaden gerügt, später Ersatzansprüche angemeldet werden. Doch wird man den Beginn der Hemmung erst mit dem Zugang des Briefes annehmen können, der die Erhebung von Ersatzansprüchen mit Sicherheit erkennen läßt.

Eine nähere Spezifikation des Schadens ist für die Reklamation nicht erforderlich; OLG Düsseldorf, VersR 1976, 1161 (1163). Die Übersendung der Schadensunterlagen soll dafür ausreichen; OLG Düsseldorf, VersR 1973, 178 (180).

Problematisch kann sein, wer wem gegenüber die schriftliche Reklamation erheben muß. Jedenfalls genügt die Reklamation durch den Empfänger auch für Ansprüche des Absenders; OLG Düsseldorf, VersR 1973, 178 (180). Die Reklamation durch einen Havariekommissar, der für Rechnung und im Namen des Ladungsbeteiligten handelt, genügt; Tribunal de commerce de Mons, ETR 1977, 300 (303f.). Nach einem Urteil der Rechtbank van Koophandel Antwerpen, ETR 1974, 503 (511f.) soll bereits die schriftliche Forderung der Transportversicherer, auf die die Ansprüche übergegangen sind, genügen, wenn sie an einen vom Frachtführer benannten Versicherungsmakler gerichtet ist; die Reklamation des Transportversicherers, auf den keine Ansprüche übergegangen sind, reicht dagegen nicht aus; Cour d'Appel de Aix en Provence, ETR 1969, 918 (922).

Anders als nach § 40 Abs. 3 KVO genügt nach der CMR die Anmeldung des Schadens beim Haftpflichtversicherer des Frachtführers nicht. Wegen des Fehlens der Versicherungspflicht in der CMR unterscheidet sich insoweit auch die zugrundeliegende Ausgangslage.

Die Zurückweisung der Reklamation beendet die Hemmung nur, wenn sie vom Frachtführer selbst kommt; zutreffend Cour d'Appel de Toulouse, ETR 1971, 131 (135f.). Nach einem Urteil des Hof s'Gravenhage, ETR 1976, 767 soll es jedoch ausreichen, wenn ein Versicherungsmakler sie für den Frachtführer ausspricht. Man wird jedoch in solchen Fällen fordern müssen, daß aus der Erklärung nicht nur die Ablehnung der Leistung des Haftpflichtversicherers, sondern auch des Frachtführers als Vertretenen klar hervorgeht.

Die Beweislastbestimmungen des Art. 32 Abs. 2 S. 3 CMR und des Abs. 3 S. 3 KVO entsprechen sich.

Art. 32 Abs. 2 S. 2 CMR trifft für die teilweise Ablehnung eine Sonderregelung, die in der KVO nicht enthalten ist. Die teilweise Ablehnung beendet die Hemmung der Verjährung. Sie muß nicht ausdrücklich erfolgen. Es genügt vielmehr, wenn sich aus der schriftlichen Antwort auf die Reklamation der Wille ergibt, nur einen Teil des Schadens zu ersetzen; OLG Celle, WM 1975, 189 (191) = DB 1975, 301f. Ob auch in diesem Falle die Rücksendung der Belege Voraussetzung für die Beendigung der Hemmung ist, bezweifelt das OLG Celle, läßt aber die Frage dahingestellt.

Art. 32 Abs. 2 S. 4 CMR deckt sich inhaltlich mit § 40 Abs. 3 S. 4 KVO; siehe dort Anm. 21.

Anm. 9 **2. Ergänzend anwendbares Recht (Art. 32 Abs. 2 S. 1 CMR)**

Da die Regelung der Verjährung in Art. 32 nicht vollständig ist, insbesondere die Wirkung der Verjährung nicht beschrieben ist, verweist Abs. 3 S. 1 auf das Recht des angerufenen Gerichts, also bei Rechtsstreitigkeiten vor deutschen Gerichten auf § 205 BGB. Neben der besonderen Hemmung des Art. 32 Abs. 2 CMR eröffnet Art. 32 Abs. 3 S. 1 auch die Möglichkeit einer Hemmung nach den allgemeinen Vorschriften des deutschen Rechts (§§ 202ff. BGB); BGH vom 28. 2. 1975, VersR 1975, 445 = NJW 1975, 1075 = LM Nr. 6 zu CMR = ETR 1975, 523.

Anm. 10 **V. Unterbrechung der Verjährung (Art. 32 Abs. 3 S. 2)**

Für die Unterbrechung der Verjährung verweist Art. 32 Abs. 3 S. 2 ebenfalls auf das Recht des angerufenen Gerichts; vor solchen Gerichten sind also wie nach § 40 Abs. 4 KVO die §§ 208ff. BGB und die Bestimmungen der ZPO maßgeblich. Siehe dazu OLG Düsseldorf, VersR 1973, 178 (180); Ohne weitere Begründung hat der BGH im Urteil vom 28. 2. 1975, a. a. O. deutsches Recht auf die Unterbrechung der Verjährung nach Art. 32 CMR angewandt.

Anm. 11 **VI. Geltendmachung als Einrede oder per Widerklage (Art. 30 Abs. 4)**

Abs. 4 entspricht Art. 47 § 4 CIM. Die Bestimmung klärt, daß verjährte Ansprüche auch nicht als Einreden oder per Widerklage geltend gemacht werden können. Hiermit ist neben dem Zurückbehaltungsrecht (§ 273 BGB) und der Einrede des nichterfüllten Vertrags (§ 320 BGB) auch die Aufrechnung ausgeschlossen; so ohne nähere Begründung BGH vom 29. 3. 1974, VersR 1974, 742 (743) = LM Nr. 33 zu KVO = NJW 1974, 1138f. Eine dem § 40 Abs. 5 KVO entsprechende genauere Regelung fehlt jedoch in der CMR. Daher ist insoweit auf nationales Recht (wohl auf das Schuldstatut, siehe Anm. 3 zu Art. 1) zurückzugreifen. Danach würde sich die Frage der Aufrechnung nach §§ 439, 414 Abs. 3 regeln. Siehe zu diesen Bestimmungen Anm. 11 zu § 414 und Anm. 23 zu § 40 KVO.

Artikel 33

Der Beförderungsvertrag kann eine Bestimmung enthalten, durch die die Zuständigkeit eines Schiedsgerichts begründet wird, jedoch nur, wenn die Bestimmung vorsieht, daß das Schiedsgericht dieses Übereinkommen anzuwenden hat.

Eine Schiedsgerichtsklausel, die nicht die in § 33 bestimmte Verweisung auf die CMR enthält, ist gemäß Art. 41 CMR nichtig. Die Parteien müssen dann die nach Art. 31 zuständigen Gerichte anrufen. Siehe im einzelnen Loewe, ETR 1976, 587f. Anm.

Da die CMR Bestandteil der jeweiligen nationalen Rechte ist, könnte eine Bestimmung in der Schiedsgerichtsklausel, die in allgemeiner Form auf ein bestimmtes nationales Recht verweist und damit die Anwendung der CMR zur Folge hat, als ausreichend für Art. 33 betrachtet werden. Dies scheint die Arrondissementsrechtbank Rotterdam, ETR 1971, 273 (278) in Erwägung gezogen zu haben. Allerdings ist es zweifelhaft, ob eine derartige Bezugnahme die Anwendbarkeit der CMR in ausreichendem Maße sicherstellen kann.

Enthält zwar die Schiedsgerichtsklausel eine Verweisung auf die CMR, wendet aber das Schiedsgericht das Abkommen nicht an, dann richtet sich die Möglichkeit der Anrufung der ordentlichen Gerichte nach der jeweiligen nationalen Rechtsordnung.

Kapitel VI

Bestimmungen über die Beförderung durch aufeinanderfolgende Frachtführer

Artikel 34

Wird eine Beförderung, die Gegenstand eines einzigen Vertrages ist, von aufeinanderfolgenden Straßenfrachtführern ausgeführt, so haftet jeder von ihnen für die Ausführung der gesamten Beförderung; der zweite und jeder folgende Frachtführer wird durch die Annahme des Gutes und des Frachtbriefes nach Maßgabe der Bedingungen des Frachtbriefes Vertragspartei.

Anm. 1

I. Allgemeines

Die Art. 34 bis 40 entsprechen teilweise § 432 HGB und lehnen sich an das eisenbahnrechtliche Vorbild (Artt. 26, 49 bis 52 CIM) an. Während aber bei der internationalen Eisenbahnbeförderung infolge der Streckenzuständigkeit der Eisenbahnen die einheitliche Beförderung unter einem Frachtbrief ein alltäglicher Vorgang ist, kommt diese Art der Beförderung offenbar im internationalen KFZ-Verkehr seltener vor. Siehe als Anwendungsfälle: Hof van Beroep te Gent, ETR 1976, 231ff.; Rechtbank van Koophandel Brussel, ETR 1975, 419 (426f.); Rechtbank van Koophandel Antwerpen, ETR 1975, 542; Rechtbank van Koophandel Antwerpen, ETR 1975, 550. Hinsichtlich der Grundbegriffe des Rechts des Unterfrachtvertrags siehe die Anmerkungen zu § 432 HGB, wo auch die Literatur zur CMR mitberücksichtigt ist.

II. Anwendungsvoraussetzungen des Art. 34 Anm. 2

Art. 34 CMR setzt voraus, daß eine internationale Straßenbeförderung vorliegt. Der kombinierte Transport fällt höchstens insoweit unter Art. 34, als auf der Straße mehrere Frachtführer eine grenzüberschreitende Beförderung ausführen. Weiterhin verlangt Art. 34, daß die internationale Beförderung Gegenstand eines einzigen Vertrages ist. Der erste Frachtführer muß also die Verpflichtung zur Beförderung auch für die von den nachfolgenden Frachtführern ausgeführten Beförderungsteile übernommen haben. Der Frachtvertrag zwischen ihm und den weiteren ausführenden Frachtführern muß ein echter Unterfrachtvertrag sein; siehe dazu Anm. 3 zu § 432 HGB. Wenn kein Frachtbrief ausgestellt ist, kann Art. 34 nicht eingreifen; Hill ETR 1976, 197f.

Der Fall, daß der Hauptfrachtführer keinen Teil der Beförderung selbst ausführt, sondern die gesamte Beförderungstätigkeit einem oder mehreren Unterfrachtführern überträgt, fällt an sich nicht unter Art. 34. Doch ist hier an eine analoge Anwendung zu denken. Das OLG Düsseldorf hat im Urteil vom 8. 5. 1969, ETR 1970, 446 (466) den Unterfrachtführer nach Art. 34 haften lassen, obwohl er wohl die Beförderung über die gesamte Strecke allein ausgeführt hatte. Dagegen wurde die Frage der Analogie vom gleichen Gericht im Urteil vom 1. 4. 1976 (18 U 196/75), VersR 1978, 173 wieder offen gelassen; im betreffenden Fall lag ohnehin kein Unterfrachtvertrag, sondern ein Unterspeditionsvertrag vor. Unmittelbar angewendet auf derartige Fälle wurde Art. 34 von Queen's Bench Division, ETR 1976, 246 (249 ff.) bestätigt durch den London Court of Appeal, ETR 1977, 138 (171). Allerdings lag in diesem Fall die Voraussetzung der Ausstellung eines Frachtbriefs durch den Hauptfrachtführer nicht vor; a. a. O. S. 165; die Frage gewinnt nur dann praktische Bedeutung, wenn ein Unterfrachtführer in Anspruch genommen werden soll. Denn der Hauptfrachtführer haftet ohnehin für den Unterfrachtführer nach Art. 3 CMR; zutreffend: Hill, ETR 1976, 198. Siehe zu einem derartigen Fall: OLG Düsseldorf vom 1. 4. 1976 (18 U 191/75), VersR 1976, 176.

Art. 34 ist als ein Ganzes zu lesen. Auch die Haftung nach dem ersten Halbsatz setzt daher den vollen Eintritt in den Frachtvertrag und damit die Übergabe von Gut und Frachtbrief voraus, auch wenn dies in der Formulierung des Artikels nicht ausgedrückt ist; Precht/Endrigkeit Anm. 3 zu Art. 34; Heuer, S. 170; Loewe, ETR 1976, 588; Rechtbank van Koophandel Antwerpen, ETR 1977, 411 (417). Anderer Ansicht im Ergebnis London Court of Appeal a. a. O.; wie hier wohl auch Rechtbank van Koophandel Antwerpen, ETR 1975, 540 (543 f.).

Anm. 3

III. Rechtsfolgen des Art. 34

1. Eintritt in den Frachtvertrag

Der Unterfrachtführer wird nach Art. 34, 2. Halbsatz Vertragspartner unter den Bedingungen des Frachtbriefs. Zwischen dem Absender bzw. Empfänger und dem Unterfrachtführer entstehen also volle frachtvertragliche Beziehungen, für deren Inhalt der Frachtbrief maßgeblich ist. Dies entspricht § 432 Abs. 2 HGB; siehe dort Anm. 21.

Anm. 4

2. Haftungsfolgen

Hauptfrachtführer und Unterfrachtführer haften dem Absender und Empfänger persönlich als Gesamtschuldner. Die Rechtslage entspricht damit im Ergebnis der nach § 432 Abs. 2 HGB bestehenden; siehe Anm. 23 zu § 432. Ansprüche wegen Verlust oder Beschädigung oder Überschreitung der Lieferfrist können allerdings (anders als nach § 432 HGB) gemäß Art. 36 CMR nur gegen den übernehmenden, den ausliefernden und den speziell betroffenen Frachtführer geltend gemacht werden.

Artikel 35

(1) Ein Frachtführer, der das Gut von dem vorhergehenden Frachtführer übernimmt, hat diesem eine datierte und unterzeichnete Empfangsbestätigung auszuhändigen. Er hat seinen Namen und seine Anschrift auf der zweiten Ausfertigung des Frachtbriefes einzutragen. Gegebenenfalls trägt er Vorbehalte nach Artikel 8 Absatz 2 auf der zweiten Ausfertigung des Frachtbriefes sowie auf der Empfangsbestätigung ein.

(2) Für die Beziehungen zwischen den aufeinanderfolgenden Frachtführern gilt Artikel 9.

Siehe die Erläuterungen zu Artt. 8 und 9 CMR. Art. 8 Abs. 3 ist nicht in Art. 35 mit aufgeführt. Es besteht also keine Überprüfungspflicht des Unterfrachtführers; Loewe, ETR 1976, S. 590. **Anm.**

Artikel 36

Ersatzansprüche wegen eines Verlustes, einer Beschädigung oder einer Überschreitung der Lieferfrist können, außer im Wege der Widerklage oder der Einrede in einem Verfahren wegen eines auf Grund desselben Beförderungsvertrages erhobenen Anspruches, nur gegen den ersten, den letzten oder denjenigen Frachtführer geltend gemacht werden, der den Teil der Beförderung ausgeführt hat, in dessen Verlauf das Ereignis eingetreten ist, das den Verlust, die Beschädigung oder die Überschreitung der Lieferfrist verursacht hat; ein und dieselbe Klage kann gegen mehrere Frachtführer gerichtet sein.

Art. 36 begrenzt die Passivlegitimation für die Haftung bei Güterschäden und Lieferfristüberschreitungen bei mehreren Frachtführern – ähnlich Art. 43 § 3 S. 1 CIM. Materiell gesehen haften auch eventuelle weitere Unterfrachtführer dem Berechtigten nach Art. 34. Dies ergibt sich aus der ausdrücklichen Zulassung dieser Haftung in der Form von Einrede oder Widerklage durch Art. 34. Gleichzeitig stellt die Bestimmung klar, daß mehrere Frachtführer mit ein und derselben Klage verklagt werden können. Eine nach Art. 31 getroffene Gerichtstandsvereinbarung mit dem Hauptfrachtführer wirkt auch gegen die Unterfrachtführer; Loewe, ETR 1976, 591. **Anm.**

Siehe zu Art. 36 Rechtbank van Koophandel Antwerpen, ETR 1974, 504 (510ff.).

Artikel 37

Einem Frachtführer, der auf Grund der Bestimmungen dieses Übereinkommens eine Entschädigung gezahlt hat, steht der Rückgriff hinsichtlich der Entschädigung, der Zinsen und der Kosten gegen die an der Beförderung beteiligten Frachtführer nach folgenden Bestimmungen zu:

a) der Frachtführer, der den Verlust oder die Beschädigung verursacht hat, hat die von ihm oder von einem anderen Frachtführer geleistete Entschädigung allein zu tragen;

b) ist der Verlust oder die Beschädigung durch zwei oder mehrere Frachtführer verursacht worden, so hat jeder einen seinem Haftungsanteil entsprechenden Betrag zu zahlen; ist die Feststellung der einzelnen Haftungsanteile nicht möglich, so haftet jeder nach dem Verhältnis des ihm zustehenden Anteiles am Beförderungsentgelt;

c) kann nicht festgestellt werden, welche der Frachtführer den Schaden zu tragen haben, so ist die zu leistende Entschädigung in dem unter Buchstabe b bestimmten Verhältnis zu Lasten aller Frachtführer aufzuteilen.

Art. 37 verteilt intern zwischen den mehreren nach Art. 34 haftenden Frachtführern die Schadenstragung; ähnlich Art. 49 § 1 CIM; siehe auch Anm. 24ff. zu § 432 HGB. Die Regelung des Art. 37 kann zwischen den beteiligten Frachtführern abbedungen werden; Art. 40 CMR. **Anm.**

Artikel 38

Ist ein Frachtführer zahlungsunfähig, so ist der auf ihn entfallende, aber von ihm nicht gezahlte Anteil zu Lasten aller anderen Frachtführer nach dem Verhältnis ihrer Anteile an dem Beförderungsentgelt aufzuteilen.

Anm. Art. 38 regelt den internen Schadensausgleich im Falle der Zahlungsunfähigkeit abweichend von Art. 37. Die Bestimmung entspricht § 426 Abs. 1 S. 2 BGB und Art. 49 § 2 CIM. Auch Art. 36 ist abdingbar; Art. 40 CMR.

Artikel 39

(1) Ein Frachtführer, gegen den nach den Artikeln 37 und 38 Rückgriff genommen wird, kann nicht einwenden, daß der Rückgriff nehmende Frachtführer zu Unrecht gezahlt hat, wenn die Entschädigung durch eine gerichtliche Entscheidung festgesetzt worden war, sofern der im Wege des Rückgriffs in Anspruch genommene Frachtführer von dem gerichtlichen Verfahren ordnungsgemäß in Kenntnis gesetzt worden war und in der Lage war, sich daran zu beteiligen.

(2) Ein Frachtführer, der sein Rückgriffsrecht gerichtlich geltend machen will, kann seinen Anspruch vor dem zuständigen Gericht des Staates erheben, in dem einer der beteiligten Frachtführer seinen gewöhnlichen Aufenthalt, seine Hauptniederlassung oder die Zweigniederlassung oder Geschäftsstelle hat, durch deren Vermittlung der Beförderungsvertrag abgeschlossen worden ist. Ein und dieselbe Rückgriffsklage kann gegen alle beteiligten Frachtführer gerichtet sein.

(3) Die Bestimmungen des Artikels 31 Absatz 3 und 4 gelten auch für Urteile über die Rückgriffsansprüche nach den Artikeln 37 und 38.

(4) Die Bestimmungen des Artikels 32 gelten auch für Rückgriffsansprüche zwischen Frachtführern. Die Verjährung beginnt jedoch entweder mit dem Tage des Eintrittes der Rechtskraft eines Urteils über die nach den Bestimmungen dieses Übereinkommens zu zahlende Entschädigung oder, wenn ein solches rechtskräftiges Urteil nicht vorliegt, mit dem Tage der tatsächlichen Zahlung.

Anm. 1 **I. Einwendungen im Rückgriffsverfahren (Art. 39 Abs. 1)**

Der Frachtführer, der an den Geschädigten Ersatz geleistet hat, kann nach Art. 37 gegen den oder die anderen Frachtführer Rückgriff nehmen. Dieser Regreßanspruch ist an sich nicht von einer gerichtlichen Verurteilung des zunächst in Anspruch genommenen Frachtführers abhängig; unzutreffend Precht/Endrigkeit Anm. 1 zu Art. 39. Der Regreßpflichtige kann im Rückgriffsverfahren einwenden, die primäre Haftung des Regreßnehmers bestehe nicht, wenn kein gerichtliches Urteil gegen den primär haftenden vorliegt oder wenn dem Regreßpflichtigen nicht nach Art. 39 die Möglichkeit zur Beteiligung an dem Verfahren gegeben worden ist. Das In-Kenntnis-Setzen erfolgt nach deutschem Recht in der Regel durch Streitverkündung (nach §§ 72ff. ZPO). Siehe zum englischen Recht Queen's Bench Division, ETR 1974, 167ff.

Anm. 2 **II. Internationale Zuständigkeit für den Rückgriffprozeß (Art. 39 Abs. 2, 3 CMR)**

Art. 39 Abs. 2 trifft eine Sonderregelung zu Art. 31 Abs. 1 CMR, die es erlaubt, die Regreßprozesse zusammenzufassen; siehe Anm. 4f. zu Art. 31.

Anm. 3 **III. Internationale Vollstreckbarkeit (Art. 39 Abs. 3)**

Siehe Anm. 7 zu Art. 31.

IV. Verjährung von Regreßansprüchen (Art. 39 Abs. 4) Anm. 4

Siehe zur Verjährung die Erläuterungen zu Art. 32. Die Abweichung betrifft nur den Beginn der Verjährungsfrist, der für andere Prozesse in Art. 32 Abs. 1 S. 3 geregelt ist. Siehe dazu Anm. 4ff. zu Art. 32.

Artikel 40

Den Frachtführern steht es frei, untereinander Vereinbarungen zu treffen, die von den Artikeln 37 und 38 abweichen.

Abweichend von Art. 41 gestattet Art. 40 den beteiligten Frachtführern, ihre internen Regreßpflichten abweichend von den Bestimmungen der Art. 37, 38 CMR zu regeln. Geschieht dies durch Allgemeine Geschäftsbedingungen, so ist das AGB-Gesetz zu beachten, insbesondere dessen § 9, der nach § 24 AGB-Gesetz auch unter kaufmännischen Partnern gilt. Die Ausgleichsvorschriften unter Gesamtschuldnern dürften weitgehend unter § 9 Abs. 2 Nr. 1 des Gesetzes fallen. Siehe auch § 12 AGB-Gesetz. Anm.

Kapitel VII
Nichtigkeit von dem Übereinkommen widersprechenden Vereinbarungen

Artikel 41

(1) Unbeschadet der Bestimmungen des Artikels 40 ist jede Vereinbarung, die unmittelbar oder mittelbar von den Bestimmungen dieses Übereinkommens abweicht, nichtig und ohne Rechtswirkung. Die Nichtigkeit solcher Vereinbarungen hat nicht die Nichtigkeit der übrigen Vertragsbestimmungen zur Folge.

(2) Nichtig ist insbesondere jede Abmachung, durch die sich der Frachtführer die Ansprüche aus der Versicherung des Gutes abtreten läßt, und jede andere ähnliche Abmachung sowie jede Abmachung, durch die die Beweislast verschoben wird.

I. Wirkung des Art. 41 Anm. 1

Art. 41 CMR erklärt die Bestimmungen der CMR (mit Ausnahme der §§ 37 und 38) für beiderseits zwingendes Recht. Der Frachtführer darf also, soweit die CMR nichts besonderes gestattet, die Rechtslage durch Vereinbarung weder zu seinen Gunsten noch zu seinen Ungunsten abweichend gestalten. Die getroffenen Abreden sind nichtig. An ihrer Stelle gilt die Regelung der CMR. Art. 41 Abs. 2 klärt zusätzlich, daß auch die Beweislastveränderung und die Abtretung von Versicherungsansprüchen an den Frachtführer nichtig sind. Beispielsfall für Abs. 2: LG Duisburg, ETR 1976, 290ff. Abs. 2 bezieht sich nur auf Ansprüche aus der Güterversicherung, nicht auf solche aus der CMR-Haftpflichtversicherung; österr. OGH v. 15. 12. 1977, VersR 1978, 980.

Für den deutschen Bereich hat Art. 41 vor allem die Auswirkung, daß die Vereinbarung der ADSp und der AGNB für internationale Straßentransporte, die der CMR unterfallen, unwirksam ist.

II. Anwendung der CMR auf Speditionsverträge (§§ 412, 413 HGB) Anm. 2

Die Anwendung der §§ 412, 413 HGB führt in Verbindung mit Art. 41 CMR in den Fällen des Selbsteintritts, der Sammelladungsspedition und der Fixkostenspedition zur zwingenden Anwendung der CMR. Siehe dazu Anm. 4ff. zu § 412 sowie Anm. 7 und 12ff. zu § 413 HGB. Danach gilt (unstreitig) die CMR zwingend, soweit der Spediteur die Beförderung selbst ausführt. Darüber hinaus ist nach der Rechtsprechung des BGH und der meisten OLGe in den Fällen der §§ 412, 413 HGB die CMR auf den Speditionsvertrag anwendbar, wenn die Güter auf einem erheblichen Teil der Strecke im grenzüberschreitenden Kraftverkehr befördert worden sind, und zwar auch dann, wenn der Spediteur die Beförderung nicht selbst ausgeführt hat. Siehe die zu §§ 412 und 413 a.a.O. angegebene Rechtsprechung. Seit dem Erscheinen des Kommentars zu §§ 412, 413 (1972) sind weitere Urteile ergangen, durch die diese Rechtsprechungslinie verfestigt wurde. Siehe zur zwingenden Anwendung der CMR in diesen Fällen: BGH vom 18. 2. 1972, NJW 1972, 1004 = MDR 1972, 585 = VersR 1972, 873 = LM Nr. 2 zu CMR = DB 1972, 1162f. (Fixkostenspedition); BGH vom 17. 10. 1975, VersR 1976, 36 (Selbsteintritt); BGH vom 21. 11. 1975, BGHZ 65, 340ff. = BB 1976, 440ff. = VersR 1975, 433 = AWD 1976, 229ff. (Fixkostenspedition). Aus der Rechtsprechung der OLGe siehe OLG Köln, VersR 1974, 1076 = AWD 1975, 159; OLG München, VersR 1975, 129; OLG Bremen, VersR 1976, 584f. (Fixkostenspedition); OLG Frankfurt, NJW 1976, 1036f. (Fixkostenspedition); OLG Oldenburg, AWD 1978, 58f. (Fixkostenspedition); OLG Düsseldorf, VersR 1978, 1016f. Abweichend, für Anwendung des Art. 41 nur bei Selbstausführung des Vertrags im Falle der Fixkostenspedition: OLG Düsseldorf, VersR 1977, 176. Siehe ferner BGH vom 13. 1. 1978, NJW 1978, 1160 (kein Eingreifen des § 413 Abs. 2, wenn Frachtgut vor Transportbeginn abhanden kommt).

Aus der neueren Literatur siehe Baumhöfener, VersR 1974, 589; Bartels, VersR 1975, 598; Schmidt, VersR 1975, 985; derselbe, AWD 1975, 47; Bischof, VersR 1976, 305ff.; Helm, VersR 1976, 601ff.; ferner Helm, Aktuelle Fragen des Deutschen Speditionsrechts, Schriften des Deutschen Vereins für internationales Seerecht, Reihe A Heft 32, Hamburg 1978; Papp, Haftungsrechtliche Fragen im Zusammenhang mit §§ 412, 413, Diss. Köln 1973.

Zur entsprechenden Problematik der KVO-Anwendung siehe Anm. 9a zu § 1 KVO, Anh. II nach § 452. Aus der Rechtsprechung seit 1972 siehe: OLG Köln, VersR 1975, 464; OLG Stuttgart, VersR 1975, 729ff.; OLG Frankfurt, DB 1976, 2153 = VersR 1976, 655; OLG Frankfurt, DB 1977, 1549 = VersR 1977, 735; BGH v. 23. 6. 1978, VersR 1978, 946.

Zur Fixkostenspedition bei Beförderung mit der Eisenbahn siehe OLG Köln, VersR 1974, 1076 = AWD 1974, 159.

Zur Abgrenzung zwischen Speditionsvertrag und Frachtrecht im Hinblick auf die CMR siehe aus der ausländischen Rechtsprechung, Rechtbank van Koophandel Antwerpen, ETR 1975, 548; Rechtbank v. Koophandel Antwerpen, ETR 1977, 411 (416f.); Rechtbank v. Koophandel Antwerpen, ETR 1978, 110ff.; Tribunal de Commerce Bruxelles, ETR 1978, 285 (290); Gerechtshof s'Gravenhage, ETR 1968, 1227 (1234f.); Hof v. Beroep Bruxelles, ETR 1974, 608; Hill, ETR 1976, 192ff.

Kapitel VIII

Schlußbestimmungen

Vorbem. Die Schlußbestimmungen der CMR sind, mit Ausnahme des Art. 51 (wegen der dort festgelegten Verbindlichkeit der englischen und französischen Originalfassungen) privatrechtlich von untergeordneter Bedeutung. Auf eine Kommentierung dieser Bestimmungen wird daher hier verzichtet. Siehe zu ihnen Loewe, ETR 1976, S. 595ff.; Precht/Endrigkeit und Muth, Erläuterungen zu diesen Artikeln.

Artikel 42

(1) Dieses Übereinkommen steht den Mitgliedstaaten der Wirtschaftskommission für Europa sowie den nach Absatz 8 des der Kommission erteilten Auftrages in beratender Eigenschaft zu der Kommission zugelassenen Staaten zur Unterzeichnung oder zum Beitritt offen.

(2) Die Staaten, die nach Absatz 11 des der Wirtschaftskommission für Europa erteilten Auftrages berechtigt sind, an gewissen Arbeiten der Kommission teilzunehmen, können durch Beitritt Vertragsparteien des Übereinkommens nach seinem Inkrafttreten werden.

(3) Das Übereinkommen liegt bis einschließlich 31. August 1956 zur Unterzeichnung auf. Nach diesem Tage steht es zum Beitritt offen.

(4) Dieses Übereinkommen ist zu ratifizieren.

(5) Die Ratifikation oder der Beitritt erfolgt durch Hinterlegung einer Urkunde beim Generalsekretär der Vereinten Nationen.

Artikel 43

(1) Dieses Übereinkommen tritt am neunzigsten Tage nach Hinterlegung der Ratifikations- oder Beitrittsurkunden durch fünf der in Artikel 42 Absatz 1 bezeichneten Staaten in Kraft.

(2) Dieses Übereinkommen tritt für jeden Staat, der nach Hinterlegung der Ratifikations- oder Beitrittsurkunden durch fünf Staaten ratifiziert oder beitritt, am neunzigsten Tage nach Hinterlegung seiner Ratifikations- oder Beitrittsurkunde in Kraft.

Artikel 44

(1) Jede Vertragspartei kann dieses Übereinkommen durch Notifizierung an den Generalsekretär der Vereinten Nationen kündigen.

(2) Die Kündigung wird zwölf Monate nach dem Eingang der Notifizierung beim Generalsekretär wirksam.

Artikel 45

Sinkt durch Kündigungen die Zahl der Vertragsparteien nach Inkrafttreten dieses Übereinkommens auf weniger als fünf, so tritt das Übereinkommen mit dem Tage außer Kraft, an dem die letzte dieser Kündigungen wirksam wird.

Artikel 46

(1) Jeder Staat kann bei Hinterlegung seiner Ratifikations- oder Beitrittsurkunde oder zu jedem späteren Zeitpunkt durch Notifizierung dem Generalsekretär der Vereinten Nationen gegenüber erklären, daß dieses Übereinkommen für alle oder für einen Teil der Hoheitsgebiete gelten soll, deren internationale Beziehungen er wahrnimmt. Das Übereinkommen wird für das Hoheitsgebiet oder die Hoheitsgebiete, die in der Notifizierung genannt sind, am neunzigsten Tage nach Eingang der Notifizierung beim Generalsekretär der Vereinten Nationen oder, falls das Übereinkommen noch nicht in Kraft getreten ist, mit seinem Inkrafttreten wirksam.

(2) Jeder Staat, der nach Absatz 1 erklärt hat, daß dieses Übereinkommen auf ein Hoheitsgebiet Anwendung findet, dessen internationale Beziehungen er wahrnimmt, kann das Übereinkommen in bezug auf dieses Hoheitsgebiet gemäß Artikel 44 kündigen.

Artikel 47

Jede Meinungsverschiedenheit zwischen zwei oder mehreren Vertragsparteien über die Auslegung oder Anwendung dieses Übereinkommens, die von den Parteien durch Verhandlung oder auf anderem Wege nicht geregelt werden kann, wird auf Antrag einer der beteiligten Vertragsparteien dem Internationalen Gerichtshof zur Entscheidung vorgelegt.

Artikel 48

(1) Jede Vertragspartei kann bei der Unterzeichnung, bei der Ratifikation oder bei dem Beitritt zu diesem Übereinkommen erklären, daß sie sich durch den Artikel 47 des Übereinkommens nicht als gebunden betrachtet. Die anderen Vertragsparteien sind gegenüber jeder Vertragspartei, die einen solchen Vorbehalt gemacht hat, durch den Artikel 47 nicht gebunden.

(2) Jede Vertragspartei, die einen Vorbehalt nach Absatz 1 gemacht hat, kann diesen Vorbehalt jederzeit durch Notifizierung an den Generalsekretär der Vereinten Nationen zurückziehen.

(3) Andere Vorbehalte zu diesem Übereinkommen sind nicht zulässig.

Artikel 49

(1) Sobald dieses Übereinkommen drei Jahre lang in Kraft ist, kann jede Vertragspartei durch Notifizierung an den Generalsekretär der Vereinten Nationen die Einberufung einer Konferenz zur Revision des Übereinkommens verlangen. Der Generalsekretär wird dieses Verlangen allen Vertragsparteien mitteilen und eine Revisionskonferenz einberufen, wenn binnen vier Monaten nach seiner Mitteilung mindestens ein Viertel der Vertragsparteien ihm die Zustimmung zu dem Verlangen notifiziert.

(2) Wenn eine Konferenz nach Absatz 1 einberufen wird, teilt der Generalsekretär dies allen Vertragsparteien mit und fordert sie auf, binnen drei Monaten die Vorschläge einzureichen, die sie durch die Konferenz geprüft haben wollen. Der Generalsekretär teilt allen Vertragsparteien die vorläufige Tagesordnung der Konferenz sowie den Wortlaut dieser Vorschläge mindestens drei Monate vor der Eröffnung der Konferenz mit.

(3) Der Generalsekretär lädt zu jeder nach diesem Artikel einberufenen Konferenz alle in Artikel 42 Absatz 1 bezeichneten Staaten sowie die Staaten ein, die auf Grund des Artikels 42 Absatz 2 Vertragsparteien geworden sind.

Artikel 50

Außer den in Artikel 49 vorgesehenen Mitteilungen notifiziert der Generalsekretär der Vereinten Nationen den in Artikel 42 Absatz 1 bezeichneten Staaten sowie den Staaten, die auf Grund des Artikels 42 Absatz 2 Vertragsparteien geworden sind,

a) die Ratifikationen und Beitritte nach Artikel 42;
b) die Zeitpunkte, zu denen dieses Übereinkommen nach Artikel 43 in Kraft tritt;
c) die Kündigung nach Artikel 44;
d) das Außerkrafttreten dieses Übereinkommens nach Artikel 45;
e) den Eingang der Notifizierungen nach Artikel 46;
f) den Eingang der Erklärungen und Notifizierungen nach Artikel 48 Absatz 1 und 2.

Artikel 51

Nach dem 31. August 1956 wird die Urschrift dieses Übereinkommens beim Generalsekretär der Vereinten Nationen hinterlegt, der allen in Artikel 42 Absatz 1 und 2 bezeichneten Staaten beglaubigte Abschriften übersendet.

Zu Urkund dessen haben die hierzu gehörig bevollmächtigten Unterzeichneten dieses Übereinkommen unterschrieben.

Geschehen zu Genf am neunzehnten Mai neunzehnhundertsechsundfünfzig in einer einzigen Urschrift in englischer und französischer Sprache, wobei jeder Wortlaut gleichermaßen verbindlich ist.

Anh. IV nach § 452

Beförderungsbedingungen für den Möbelverkehr (BefBMö)

vom 21. Juli 1961

Vorbemerkungen: Vorbem.

Die BefBMö sind als Teil der Verordnung TS Nr. 4/61 über den Tarif für den Möbelverkehr mit Kraftfahrzeugen vom 21. Juli 1961 erlassen. Diese Verordnung wird, da sie Tarifsätze enthält, laufend ergänzt. Die jeweils neueste Fassung ist abgedruckt bei Hein/Eichhoff u. a. GüKG, C 570.

Die BefBMö beruhen auf der Ermächtigung der §§ 21 Abs. 1 und 84 S. 1 und 2 GüKG. Sie gelten für die Beförderung von Möbeln und Umzugsgut mit besonders für die Möbelbeförderung eingerichteten Kraftfahrzeugen oder Anhängern und von Restgut nach § 42 GüKG, und zwar auch im Lande Berlin; § 1 und 3 der VO TS Nr. 4/61.

Der Tarif einschließlich der BefBMö gilt auch für „Beförderungen von elektronischen Datenverarbeitungsanlagen, Sendeanlagen sowie Teilen davon und von Büromaschinen mit besonders für die Möbelbeförderung eingerichteten Kraftfahrzeugen oder Anhängern"; mit Ausnahme der §§ 4 Abs. S. 2, 14 Nr. 7, 15b, 16 Abs. 2 (siehe Art. 1 der VO TSM Nr. 1/73 (auszugsweise abgedruckt bei Hein/Eichhoff u. a., GüKG C 570, S. 16).

Die BefBMö können hier nur im begrenzten Umfang – in erster Linie durch Verweisung auf die Erläuterungen zum HGB, zur KVO und zur CMR – kommentiert werden. Im übrigen muß auf den eingehenden Kommentar von Bischof, Beförderungsbedingungen für den Möbelverkehr mit Kraftfahrzeugen, Verlag „Der Möbelspediteur" Frankfurt (ohne Jahresangabe, nach dem Stand vom Januar 1975) verwiesen werden. Dieser Kommentar enthält auch Hinweise auf unveröffentlichte Rechtsprechung.

Tarif
für den Möbelverkehr mit Kraftfahrzeugen

TEIL I

Beförderungsbedingungen

§ 1

Vertrag

(1) Der Vertrag wird zwischen dem Unternehmer des Möbelverkehrs und dem Auftraggeber geschlossen.

(2) Der Unternehmer kann einem anderen Unternehmer (Zweitunternehmer) die Durchführung des Vertrags ganz oder teilweise übertragen, wenn der Auftraggeber sich damit einverstanden erklärt hat.

Anm. 1 1. Die Terminologie der BefBMö entspricht der in der KVO und den AGNB verwendeten. Der „Unternehmer" ist Frachtführer im Sinne des § 425 HGB.

Anm. 2 2. Absatz 1 stellt klar, daß der Vertragsschluß nicht die Übergabe des Frachtguts an den Unternehmer voraussetzt, sondern durch formlosen Vertragsabschluß zustande kommen kann. Siehe hierzu § 2 Abs. 7 BefBMö und Anm. 57 zu § 425 HGB sowie Anm. 2ff. zu § 15 KVO, Anh. II nach § 452.

Anm. 3 3. Die BefBMö sind zwingendes Recht nach §§ 22, 26, 85 GüKG. Soweit neben ihnen „besondere Bedingungen" vereinbart werden, sind diese unwirksam in dem Umfang, in dem sie den BefBMö widersprechen. Im übrigen unterstehen sie als allgemeine Geschäftsbedingungen dem AGB-Gesetz.

§ 2

Frachtbrief

(1) Für jede Sendung ist vor Beginn der Beförderung ein Frachtbrief auszustellen. Der Frachtbrief ist vom Auftraggeber und vom Unternehmer zu unterzeichnen. Die Unterschriften können — außer bei der Beförderung von Umzugsgut — gedruckt oder durch Stempel des Auftraggebers oder des Unternehmers ersetzt werden. Als eine Sendung gelten die Güter, die auf Grund eines Vertrages für einen Auftraggeber von einem Versandort an einen Empfänger nach einem Bestimmungsort bei einer Fahrt befördert und an dem Bestimmungsort entladen werden. Bei Beförderung neuer Handelsmöbel darf der Unternehmer die Sendung zwecks Umladung zwischenlagern.

(2) Bei Beförderung im Nahverkehr im Sinne des § 2 des Güterkraftverkehrsgesetzes kann der Unternehmer auf die Ausstellung des Frachtbriefs verzichten, soweit keine anderen Rechtsvorschriften entgegenstehen.

(3) Der Frachtbrief muß folgende Angaben enthalten:

1. Ort und Tag der Ausstellung,
2. Name und Anschrift des Auftraggebers,
3. Name und Anschrift des Unternehmers,
4. Tag der Übernahme des Gutes zur Beförderung,
5. Versandort und Beladestelle, Bestimmungsort und Entladestelle sowie die für die Berechnung des Beförderungsentgelts zugrunde zu legenden Eisenbahntarifbahnhöfe und die Tarifentfernung,
6. Name und Anschrift des Empfängers,
7. tarifmäßige Bezeichnung der Art des Gutes,
8. bei Umzugsgut und sonstigen Möbeln den nach Beladung festgestellten benötigten Laderaum in Möbelwagenmeter, bei neuen Handelsmöbeln den Rauminhalt der beförderten Frachtstücke in Kubikmeter,
9. die mit der Beförderung verbundenen Kosten (Beförderungsentgelt, Entgelte für Nebenleistungen, Zölle und andere Kosten, die vom Vertragsabschluß bis zur Ablieferung anfallen),
10. den Betrag einer bei der Ablieferung des Gutes einzuziehenden Nachnahme,
11. die Kosten, die der Auftraggeber übernimmt,
12. im grenzüberschreitenden Verkehr die Grenzübergangsstellen und das Bruttogewicht der Sendung,
13. Nebenabreden und Vereinbarungen über Nebenleistungen,

14. amtliches Kennzeichen, Standort, Bezeichnung und Nummer der Genehmigung sowie Laderaum in Möbelwagenmeter für das Kraftfahrzeug und den Anhänger.

(4) Der Frachtbrief ist mit 3 Durchschriften auszufertigen. Die Erstschrift ist für die Tarifüberwachung, die erste Durchschrift für den Empfänger, die zweite Durchschrift für den Unternehmer, die dritte Durchschrift für den Auftraggeber bestimmt. Die Erstschrift und die erste Durchschrift sind bei der Beförderung mitzuführen.

(5) Die Eintragungen im Frachtbrief müssen in deutscher Sprache deutlich und unauslöschbar geschrieben sein. Im Frachtbrief darf nicht radiert werden. Durchstreichungen und Änderungen sind nur zulässig, wenn sie durch Unterschrift anerkannt sind.

(6) Beauftragt der Unternehmer einen Zweitunternehmer mit der Beförderung, so hat er diesem vor Beginn der Beförderung die Erstschrift und die erste und zweite Durchschrift des Frachtbriefs auszuhändigen. Name und Anschrift des Zweitunternehmers sind im Frachtbrief einzutragen. Der Zweitunternehmer hat den ihm ausgehändigten Frachtbrief ebenfalls zu unterzeichnen. Die Unterschrift kann — außer bei der Beförderung von Umzugsgut — gedruckt oder durch Stempel des Zweitunternehmers ersetzt werden. Für die Tarifüberwachung ist dem Zweitunternehmer eine Durchschrift der Kundenrechnung auszuhändigen.

(7) Das Fehlen oder Mängel des Frachtbriefs berühren weder die Gültigkeit noch den Inhalt des Vertrages.

(8) Der Auftraggeber haftet für die Richtigkeit und Vollständigkeit seiner Angaben.

Abs. 1 und 2 stellen klar, daß im Möbelfernverkehr eine Pflicht zur Ausstellung eines Frachtbriefs besteht, die vor allem öffentlich-rechtlich motiviert ist. Jedoch dürfte auch ein zivilrechtlicher Anspruch des Frachtführers auf Ausstellung des Frachtbriefs durch den Absender bestehen. Siehe dazu § 426 und dort Anm. 19. Der Frachtbrief ist nicht konstitutiv für den Frachtvertrag. Siehe Abs. 7. **Anm. 1**

Zur Bedeutung des Frachtbriefes und der dort einzutragenden Angaben siehe Anm. 3ff. zu § 426 HGB. **Anm. 2**

Die Haftung des Auftraggebers nach § 2 Abs. 8 BefBMö setzt kein Verschulden voraus. Sie entspricht § 426 Abs. 3 HGB; siehe dazu Anm. 23 zu § 426. **Anm. 3**

§ 3

Zoll- und sonstige Verwaltungsvorschriften

Der Unternehmer hat den Auftraggeber über die zu beachtenden Vorschriften zu unterrichten. Der Auftraggeber hat dem Unternehmer die Urkunden zur Verfügung zu stellen, die für die Zoll- und sonstige amtliche Behandlung notwendig sind, und ihm alle erforderlichen Angaben zu machen. Der Unternehmer ist nicht verpflichtet zu prüfen, ob die vom Auftraggeber gelieferten Urkunden und Angaben richtig sind.

Siehe die Erläuterungen zu § 427 HGB und zu § 12 KVO, Art. 11 CMR. **Anm.**

§ 4

Beladen und Entladen

(1) Das Be- und Entladen obliegt dem Unternehmer. Das Be- und Entladen neuer Handelsmöbel umfaßt nicht das Heranbringen zum Fahrzeug und das Fortschaffen vom Fahrzeug.

(2) Hat der Auftraggeber das Be- oder Entladen übernommen, so haftet er für alle durch seine Tätigkeit verursachten Schäden. Für die betriebssichere Beladung der Fahrzeuge bleibt der Unternehmer verantwortlich.

Anm. 1 § 4 Abs. 1 S. 2 gilt nicht für die Beförderung von elektronischen Datenverarbeitungsanlagen, Sendeanlagen und Büromöbeln. Siehe Vorbemerkung vor den BefBMö.

Anm. 2 Für die Möbelbeförderung weist § 4 Abs. 1 BefBMö die Ladetätigkeit grundsätzlich dem Unternehmer (Frachtführer) zu. Bei abweichender Vereinbarung bleibt der Unternehmer für die betriebssichere Beladung des Fahrzeugs verantwortlich. Siehe dazu die Erläuterungen zu § 17 KVO. Demnach umfaßt der Haftungszeitraum gemäß § 9 Abs. 1 BefBMö grundsätzlich auch Lade- und Entladungstätigkeit, die zu der „dem Unternehmer obliegenden Behandlung" des Gutes gehören. Bei vertragsmäßiger Selbstbeladung und Entladung beginnt er mit beendeter Beladung oder begonnener Entladung. Die Haftung nach §§ 9, 10 BefBMö erstreckt sich jedoch bei Selbstverladung (unabhängig vom zeitlichen Rahmen) auf die Kontrolle der betriebssicheren Verladung. Zur Haftung des Absenders siehe Anm. 84 zu § 425.

§ 5

Nachträgliche Weisungen des Auftraggebers und des Empfängers

(1) Der Auftraggeber darf nachträgliche Weisungen erteilen. Er kann insbesondere den Unternehmer anweisen, die Sendung an einem anderen als dem vorgesehenen Ort oder an einen anderen als den im Frachtbrief angegebenen Empfänger abzuliefern oder die Sendung unterwegs anzuhalten.

(2) Dieses Recht erlischt, wenn der Empfänger die Sendung oder den Frachtbrief angenommen hat. Von diesem Zeitpunkt an hat der Unternehmer die Weisungen des Empfängers zu befolgen. Der Empfänger kann nur verlangen, daß die Sendung am Bestimmungsort ganz oder zum Teil an einen anderen als der im Frachtbrief bezeichneten Stelle oder an einen Dritten abgeliefert wird.

(3) Hat der Empfänger in Ausübung seines Weisungsrechts die Ablieferung der Sendung an einen Dritten verlangt, so ist dieser nicht berechtigt, seinerseits Weisungen zu erteilen.

(4) Wer nach Absatz 1 oder 2 eine Weisung erteilt (Weisungsgeber), hat dem Unternehmer für die Ausführung der Weisung das tarifmäßige Entgelt zu entrichten. Soweit der Tarif hierfür ein Entgelt nicht vorsieht, hat der Weisungsgeber dem Unternehmer alle durch zweckentsprechende Ausführung der Weisung entstandenen Aufwendungen zu ersetzen.

(5) Der Unternehmer kann die Ausführung einer nachträglichen Weisung ablehnen, wenn der gewöhnliche Betrieb seines Unternehmens gehemmt oder andere Auftraggeber geschädigt werden. In diesem Fall hat er unverzüglich den Weisungsgeber zu benachrichtigen.

Anm. Siehe zum Weisungsrecht des Auftraggebers und Empfängers die Erläuterungen zu §§ 433 und 434 HGB sowie Anm. 12 zu § 435 mit Hinweisen auf ähnliche Spezialvorschriften des Frachtrechts.

§ 6
Beförderungs- und Ablieferungshindernisse

(1) Bei Beförderungshindernissen, die sich nicht alsbald beheben lassen, sowie bei Ablieferungshindernissen hat der Unternehmer die Weisungen des Berechtigten (§ 5) unverzüglich einzuholen.

(2) Erhält der Unternehmer in angemessener Frist keine Weisungen oder sind diese nicht ausführbar, so ist § 437 Abs. 2 und 3 des Handelsgesetzbuches anzuwenden.

(3) Der Unternehmer hat Anspruch auf Erstattung der Aufwendungen, die ihm dadurch entstehen, daß er Weisungen zweckentsprechend ausführt oder ohne Weisung Maßnahmen nach Absatz 2 trifft. Dies gilt nicht, wenn er das Beförderungs- oder Ablieferungshindernis zu vertreten hat.

Siehe die Anmerkungen zu §§ 428 Abs. 2 und 437 HGB, ferner zu § 28 KVO und Art. 14, 15 CMR. **Anm.**

§ 7
Empfangsbescheinigung

Der Unternehmer hat sich den Empfang der Sendung auf der Erstschrift und der ihm verbleibenden Durchschrift des Frachtbriefs vom Empfänger bestätigen zu lassen.

§ 8
Rechnungserteilung

Der Unternehmer hat eine nach dem Tarif aufgegliederte Rechnung zu erteilen.

§ 9
Haftung

(1) Der Unternehmer haftet für den gänzlichen oder teilweisen Verlust und die Beschädigung des Gutes, sofern der Verlust oder die Beschädigung während der dem Unternehmer obliegenden Behandlung oder Beförderung des Gutes eintritt.

(2) Der Unternehmer haftet ferner für Schäden, die durch Überschreitung einer mit dem Auftraggeber vereinbarten Lieferfrist eintreten.

1. Siehe zum Überblick Anm. 56–63 zu § 429 HGB. **Anm. 1**

2. Die Vereinbarung einer Lieferfrist muß nach Art. 2 Abs. 3 Ziff. 13 BefBMö in den Frachtbrief aufgenommen werden. Da jedoch Mängel des Frachtbriefs nach Art. 2 Abs. 7 auf den Inhalt des Frachtvertrags keinen Einfluß haben, sind auch Lieferfristabreden, die nicht in den Frachtvertrag aufgenommen sind, wirksam; siehe zur ähnlichen Problematik Anm. 26 zu Art. 17 CMR, Anh. III nach § 452. Ist keine Lieferfrist besonders vereinbart, dann verbleibt es bei § 428 Abs. 1 HGB. Da es heute wohl kaum noch ortsübliche Fristen für Möbelbeförderungen geben wird, kommt es auf die Angemessenheit der Frist an. Siehe zu den Folgen der Fristüberschreitung Anm. 5f. zu § 428. **Anm. 2**

3. Hinsichtlich der Einzelheiten der Haftung siehe Bischof, BefBMö (oben Vorbem.), Kommentierung zu § 9, mit Hinweisen auf unveröffentlichte Rspr. **Anm. 3**

§ 10

Ausschluß der Haftung

(1) Der Unternehmer ist von seiner Haftung befreit:

1. für Schäden, die durch Verschulden des Auftraggebers oder des Weisungsberechtigten entstehen,

2. für Schäden infolge höherer Gewalt, sofern sie nicht auf Mängeln des für die Beförderung verwendeten Fahrzeugs oder auf den der Straße eigentümlichen Gefahren beruhen,

3. für Schäden, die durch Krieg oder kriegsähnliche Ereignisse sowie Verfügungen von hoher Hand, insbesondere durch Beschlagnahme, verursacht worden sind.

(2) Hat der Unternehmer die üblichen Vorsichtsmaßnahmen getroffen, so ist er von der Haftung befreit für:

1. den Inhalt von Behältern aller Art, dessen Einpacken nicht vom Unternehmer durchgeführt wurde,

2. den Inhalt von Laderaum, der auf Veranlassung des Weisungsberechtigten beladen stehenbleibt, sofern nicht Besonderes vereinbart ist,

3. Schäden durch Rost, Schimmel, Lecken, Auslaufen, Schädlingsfraß, durch Leimlösungen, noch feuchten Anstrich, Zerfallen von Holzgefäßen sowie Witterungseinflüsse,

4. Bruch oder Beschädigung von Marmorplatten, Glas, Porzellan, Spiegeln, Glühkörpern, Beleuchtungskörpern, Lampenschirmen, Bildern, Skulpturen, Leisten, Linoleum, Öfen, Rundfunk-, Fernseh- oder ähnlich empfindlichen Geräten, Pflanzen und Tieren,

5. Beschädigung der zu befördernden Güter, wenn ihre Größe oder Schwere den Raumverhältnissen an der Be- und Entladestelle nicht entspricht und der Unternehmer den Auftraggeber vorher darauf hingewiesen hat,

6. Schäden, die durch explosive, feuergefährliche, strahlende, selbstentzündliche, giftige, ätzende Stoffe, durch Öle, Fette sowie Tiere entstehen, sobald diese Güter dem Unternehmer vom Auftraggeber übergeben worden sind,

7. Schäden an Kostbarkeiten, Kunstgegenständen, Geld und Wertpapieren.

Diese Haftungsbefreiungen gelten nicht, wenn der Schaden auf Mängeln des für die Beförderung verwendeten Fahrzeugs oder auf den der Straße eigentümlichen Gefahren beruht.

(3) Eine Befreiung von der Haftung auf Grund dieser Vorschriften kann nicht geltend gemacht werden, wenn der Schaden durch Verschulden des Unternehmers entstanden ist. § 254 des Bürgerlichen Gesetzbuches bleibt unberührt.

Anm. Siehe hierzu Anm. 59 zu § 429, ferner die ähnlichen Formulierungen in §§ 34 KVO, 15 AGNB, Art. 17 Abs. 2 und 4 CMR.

§ 11

Beschränkung der Haftung

(1) Die Haftung umfaßt nicht Vermögensschäden, die als Folge des Verlustes oder der Beschädigung des Gutes eintreten.

(2) Die Haftung wird wie folgt beschränkt:

1. Bei Verlust oder Beschädigung des Gutes gilt § 430 Abs. 1 und 2 des Handelsgesetzbuches.

2. Die Entschädigung für Verlust oder Beschädigung, die auf Grund eines Vertrages zu leisten ist, beträgt höchstens 2000 Deutsche Mark für jeden Möbelwagenmeter, der zur Erfüllung des Vertrages benötigt wird.

(3) Bei Überschreitung der Lieferfrist nach § 9 Abs. 2 ist die Haftung des Unternehmers begrenzt auf die Höhe des nach dem Vertrag zu entrichtenden Gesamtentgelts.

(4) Der Unternehmer ist berechtigt, die Entschädigung in Geld zu leisten.

(5) Die Beschränkung der Haftung des Unternehmers nach den Absätzen 1 bis 3 entfallen, wenn der Unternehmer den Schaden vorsätzlich oder grob fahrlässig verursacht hat.

Siehe hierzu Anm. 60 zu § 429 sowie die Anmerkungen zu den §§ 430 HGB, §§ 31 Abs. 2, 35, 36 KVO; 23–26 CMR. **Anm.**

§ 12

Haftung für Dritte

Der Unternehmer haftet für Personen, deren er sich zur Erfüllung und bei Ausführung der von ihm übernommenen Leistungen bedient.

Siehe hierzu Anm. 2 zu § 431 HGB. **Anm.**

§ 13

Verjährung der Ansprüche aus dem Vertrag

(1) Schadensersatzansprüche aus dem Vertrag verjähren in einem Jahr.

(2) Die Verjährungsfrist beginnt mit dem Tage der Ablieferung der Sendung, bei gänzlichem Verlust drei Monate nach der Annahme der Sendung zur Beförderung.

(3) Die Verjährung des Anspruchs gegen den Unternehmer wird, abgesehen von den allgemeinen gesetzlichen Hemmungsgründen, auch dadurch gegenüber dem Unternehmer gehemmt, daß der Anspruch schriftlich geltend gemacht wird. Lehnt der Unternehmer den Anspruch ab, so läuft die Verjährungsfrist von dem Tag an weiter, an dem der Unternehmer dies demjenigen, der den Anspruch geltend gemacht hat, schriftlich mitteilt.

(4) Die Verjährung anderer Ansprüche aus dem Vertrag regelt sich nach den allgemeinen gesetzlichen Vorschriften.

Siehe hierzu die Kommentierung zu § 439 HGB. **Anm.**

TEIL II

Entgelte und Berechnungsvorschriften

§§ 14–17

Die §§ 14–17 befassen sich mit der Berechnung des tariflichen Entgelts. Sie werden laufend geändert durch Rechtsverordnungen, die im Bundesanzeiger veröffentlicht werden. Von ihrem Abdruck wird abgesehen.

Anhang V nach § 452

Allgemeine Beförderungsbedingungen für den gewerblichen Güternahverkehr mit Kraftfahrzeugen (AGNB)

vom 1. Januar 1956

§ 1
Geltungsbereich

1. Die AGNB gelten für alle Beförderungsleistungen im gewerblichen Güternahverkehr.

2. Welche Beförderungsleistungen als Güternahverkehr anzusehen sind, ergibt sich aus § 2 des Güterkraftverkehrsgesetzes (GüKG) vom 17. Oktober 1952 (BGBl. I, S. 679).

3. Die AGNB gelten auch bei Beförderungsleistungen des Güternahverkehrs von und nach der sowjetischen Besatzungszone sowie von und nach dem Auslande, soweit nicht zwingende Rechtsvorschriften entgegenstehen.

4. Die AGNB gelten nicht für

a) die Beförderung von Umzugsgut, Erbgut oder Heiratsgut in Spezialmöbelwagen, die unter die Allgemeinen Beförderungsbedingungen des deutschen Möbeltransportes fällt,

b) die Speditionsrollfuhr im Nahverkehr, die unter die ADSp fällt, und den bahnamtlichen Rollfuhrverkehr.

Literatur:

Cantrup/Willenberg/Hill, Der gewerbliche Güternahverkehr, 1977, S. 206ff.; Herrmann, AGNB, 1969; AGNB, hrsg. und erläutert v. der Redaktion der Zeitschrift „Speditionspraxis", 1961; Helm, Haftung für Schäden an Frachtgütern, 1966, insbesondere S. 24ff.

I. Rechtsnatur und Geltung der AGNB

Anm. 1 **1. Entstehungsgeschichte**

Die AGNB wurden im Jahre 1955 gemeinsam von der Arbeitsgemeinschaft Güternahverkehr, dem Deutschen Industrie- und Handelstag, dem Gesamtverband des deutschen Groß- und Außenhandels und dem Deutschen Transportversicherungsverband unter Federführung des Deutschen Industrie- und Handelstages aufgestellt und zur Anwendung empfohlen. Sie haben den Rechtscharakter allgemeiner Geschäftsbedingungen. Unrichtig Roesch VersR 1978, 300, der dies verneint. Ihre verhältnismäßig ausgewogene Regelung lehnt sich in vielen Punkten an die KVO (siehe Anh. II nach § 452) an. Für die AGNB wurde vom Bundesgesetzgeber durch die Änderung des GüKG von 1969 bewußt gegenüber der Rechtsprechung des BGH die Vertragsfreiheit im Güternahverkehr wiederhergestellt; siehe dazu Anm. 14 zu § 425.

Anm. 2 **2. Die AGNB als vereinbarungsbedürftige AGB; kein genereller Handelsbrauch**

Die Rechtsnatur der AGNB als allgemeine Geschäftsbedingungen bedeutet, daß ihre Anwendung zwischen den Parteien vereinbart werden muß. Die AGNB gelten nicht ipso jure. Sie sind auch nicht in ihrer Gesamtheit Handelsbrauch. Zumindest ist eine Geltung als überörtlicher Handelsbrauch bisher allgemein abgelehnt worden. Das Urteil des BGH vom 1. 12. 1965, VersR 1966, 135 (137) verlangte sogar „ausdrückliche Vereinbarung". Daß auch eine stillschweigende Vereinbarung möglich ist, stellt jedoch in Berichtigung des Urteils vom 1. 12. 1965 der BGH im Urteil vom 28. 11. 1969, VersR 1970, 151 (152) = LM Nr. 33 zu GüKG = MDR 1970, 209 klar. Auch die Urteile des BGH vom 12. 6. 1964, VersR 1964, 970 = LM Nr. 21 zu GüKG (insoweit nicht abgedruckt); vom 11. 12. 1968, MDR 1969, 547 = LM Nr. 34 zu GüKG = VersR 1969, 2030 und vom 7. 12. 1973, WM 1974, 262 beanstandeten die Feststellung des Berufungsgerichtes, nach der die AGNB kein Handelsbrauch sind, nicht.

Dagegen wurden die AGB gelegentlich als örtlicher Handelsbrauch anerkannt. Diese Feststellungen wurden vom BGH in der Revision nicht beanstandet; siehe BGH vom 8. 12. 1965, VersR 1966, 180 (181) = LM Nr. 1 zu AGNB = NJW 1968, 884. Die Frage, inwieweit die AGNB Handelsbrauch sind, ist eine rein tatsächliche und kann daher von der Rechtsprechung nicht abschließend beurteilt werden; zutreffend BGH vom 28. 11. 1969, a. a. O., ebenso BGH vom 1. 3. 1974, LM Nr. 14 zu GNT = DB 1974, 1223 (1224) = MDR 1974, 732 sowie das unveröffentlichte Urteil vom gleichen Tage I ZR 48/73. In diesem Urteil wird sogar ausdrücklich darauf hingewiesen, daß zu diesen Fragen Tatsachenermittlungen getroffen werden müßten; eine Geltung komme unter Umständen durch Handelsbrauch sogar gegenüber einem Nichtkaufmann (Kies- und Sandwerk) in Betracht. Im Urteil des BGH vom 11. 11. 1977, I ZR 80/75, WM 1978, 140 ff. (insoweit nicht abgedruckt) waren die AGNB für Erdbewegungen im Autobahnbaustellenbereich nicht Handelsbrauch. Der Unternehmer mußte auch nicht mit ihrer Verwendung rechnen. Siehe zur Feststellung von Handelsbräuchen im Hotelgewerbe die grundsätzlichen Ausführungen des BGH-Urteils vom 24. 11. 1976, NJW 1977, 385 ff. = WM 1977, 258 ff.

Immerhin dürfte jedoch der Durchsetzungsgrad der AGNB kaum so hoch sein, daß sie als überörtlicher Handelsbrauch Geltung beanspruchen könnten.

3. Vereinbarung der AGNB — Anm. 3

Die Vereinbarung der AGNB wird nunmehr durch das AGB-Gesetz zusätzlich erschwert. Zwar gilt § 2 AGB-Gesetz nicht bei Verwendung der AGNB in Verträgen mit Kaufleuten und der öffentlichen Hand (§ 24 Abs. 1 AGB-Gesetz). Gegenüber nichtkaufmännischen Kunden (z. B. nichteingetragenen Landwirten und privaten Bauherren) setzt jedoch die Vereinbarung der AGNB gemäß § 2 AGB-Gesetz den (nachgewiesenen) ausdrücklichen Hinweis des Frachtführers auf die AGNB und die Verschaffung der Möglichkeit zur Kenntnisnahme voraus. Soweit der Auftraggeber die AGNB zu verwenden pflegt, kann die Vereinbarung durch „Kennenmüssen" des Nahverkehrsunternehmers ersetzt sein. Dies wird angedeutet im Urteil des BGH vom 11. 11. 1977 (oben Anm. 2). Siehe hierzu im einzelnen die Kommentarliteratur zum AGB-Gesetz. Im kaufmännischen Anwendungsbereich ist auch weiterhin eine stillschweigende Vereinbarung, insbesondere auch aufgrund laufender Geschäftsbeziehungen möglich. Siehe hierzu aus der neueren Rechtsprechung zu AGB BGH vom 8. 12. 1976, DB 1977, 248 = WM 1977, 76. Hierfür können auch Vermerke auf nicht-vertragskonstitutiven Urkunden, z. B. in Versandanzeigen und Rechnungen ausreichen, wenn sie zuvor laufend erfolgt sind; siehe zu unterschiedlichen AGB BGH vom 24. 3. 1965, NJW 1965, 1324 = MDR 1965, 475; vom 7. 5. 1969, MDR 1970, 136 = DB 1969, 1053; vom 2. 4. 1962, NJW 1962, 544 = VersR 1962, 552; vom 28. 5. 1973, LM Nr. 47 zu AGB = MDR 1973, 845. Neuerdings jedoch einschränkend BGH v. 7. 6. 1978, DB 1978, 1587 = BB 1978, 1085.

Grundsätzlich möglich ist auch eine Verweisung auf die AGNB in Geschäftsbedingungen eines Generalunternehmers als Auftraggeber; siehe BGH vom 11. 11. 1977 (oben Anm. 2).

Versäumt es der Frachtführer, die AGNB zu vereinbaren, so genießt er nach den üblichen Policen wohl keinen Schutz durch die AGNB-Haftpflichtversicherung; zumindest ist die über die AGNB hinausgehende Haftung unversichert.

Anm. 4

II. Anwendung des AGB-Gesetzes auf die AGNB

Als allgemeine Geschäftsbedingungen unterliegen die AGNB den Vorschriften des AGB-Gesetzes. Soweit sie Unklarheiten enthalten, sind sie nach § 5 AGB-Gesetz zu Lasten des Güternahverkehrsunternehmers auszulegen. Individualvertragliche Vereinbarungen gehen den AGNB-Bestimmungen auch dann vor, wenn sie formlos, ggf. sogar stillschweigend getroffen sind. Im Anwendungsbereich gegenüber kaufmännischen Kunden unterliegen die AGNB der richterlichen Inhaltskontrolle nach § 9 AGB-Gesetz. Doch dürfte die Ähnlichkeit mit den Regelungen der KVO und der EVO, die den Charakter von Rechtsverordnungen haben, bei der Anwendung des § 9 zugunsten der AGNB die Beurteilung einzelner Klauseln als unangemessene Benachteiligung des Kunden weitgehend ausschließen; siehe zu zwei Fällen, in denen Konnossementsbedingungen der Regelung in anderen Bereichen des Frachtrechts ähnelten: BGH vom 9. 2. 1978, VersR 1978, 419 (419) und BGH vom 20. 3. 1978, VersR 1978, 557.

Im Anwendungsbereich gegenüber nichtkaufmännischen Kunden finden dagegen die §§ 10, 11 AGB-Gesetz Anwendung. Besonders § 11 Nr. 7 läßt in diesem Bereich die Haftungsbeschränkungen und Haftungsausschlüsse der AGNB im Falle grober Fahrlässigkeit auch einfacher Gehilfen unwirksam werden. Siehe zur Einwirkung des AGB-Gesetzes die Kommentierungen zu den einzelnen Bestimmungen der AGNB.

Bei Verwendung gegenüber kaufmännischen Kunden greift die bisherige Rechtsprechung zum Recht der Allgemeinen Geschäftsbedingungen einschränkend ein. Insbesondere ist nach dauernder Rechtsprechung die Freizeichnung für grobe Fahrlässigkeit und Vorsatz leitender Angestellter sowie für Organisationsverschulden unwirksam. Siehe dazu Vorbem. 13 vor § 1 ADSp, Anh. I nach § 415, ferner zum neueren Stand Helm, VersR 1977, 588; aus der neuesten Rechtsprechung ferner OLG Hamburg, VersR 1977, 612f. (grobes Organisationsverschulden bei KaiBetrO) und BGH vom 2. 12. 1977, VersR 1978, 175ff. (zu den ADSp).

Anm. 5

III. Der Anwendungsbereich nach der Formulierung des § 1 AGNB

Die AGNB erstrecken nach § 1 Ziff. 1, 2 ihre Anwendung – soweit sie überhaupt eingreifen – auf den gewerblichen Güternahverkehr i. S. v. § 2 GüKG (Anh. I nach § 452); zu den dort geltenden Rechtsbestimmungen siehe Anm. 14 zu § 425 HGB. Der Anwendung auf den grenzüberschreitenden Verkehr nach § 1 Ziff. 3 AGNB steht nunmehr das zwingende Recht der CMR entgegen. Im Verkehr zwischen der Bundesrepublik Deutschland und der DDR gilt ebenfalls die CMR; im Berlin-Transit-Verkehr dagegen die KVO. Siehe Anm. 7 zu Art. 1 CMR, Anh. III nach § 452.

Für Umzugsgut und Möbelbeförderung gelten – auch für den Nahverkehr – zwingend die BefBMö; siehe Anh. IV nach § 452. Die Speditionsrollfuhr unterliegt regelmäßig den (ebenfalls vereinbarungsbedürftigen) ADSp, siehe Anh. I nach § 415; seit 1978 in Neufassung gültig, offizieller Text BAnz 1978, Nr. 211 vom 9. 11. 1978, S. 5.

Läßt der Spediteur die Rollfuhr durch einen Unternehmer ausführen, der nicht selbst Spediteur ist, so können zwischen diesen Parteien die AGNB vereinbart werden; § 1 Abs. 4b gilt nicht für diesen Fall; LG Hamburg, VersR 1977, 1052.

Werden AGNB und ADSp gleichzeitig vereinbart, so ist die Rechtslage ungeklärt. Zunächst entschied der BGH in derartigen Fällen der Vereinbarung mehrerer AGB, daß keine der Regelungen Anwendung finden könne; BGH vom 28. 4. 1953, BGHZ 9, 301 ff. (die entsprechende Passage jedoch nicht mit abgedruckt) und vom 8. 7. 1955, BGHZ 18, 98 (100); beiläufig auch BGH vom 3. 12. 1964, MDR 1965, 273 = VersR 1965, 230. Spätere Urteile, die sich allerdings nicht auf die AGNB bezogen, lösten die Konfliktsfrage demgegenüber durch die Anerkennung eines Rangverhältnisses zwischen den Bedingungen bzw. durch Zuweisung bestimmter Regelungsbereiche an jede der verschiedenen Bedingungen: BGH vom 12. 12. 1960, VersR 1961, 170 (171) (ADSp und Konnossementsbedingungen); BGH vom 24. 5. 1962, VII ZR 5/61 (unveröffentlicht, betrifft mehrere Bedingungen eines Werkunternehmers); BGH vom 3. 12. 1964, VersR 1965, 230 (231) und vom 21. 10. 1971, WM 1972, 54 (55) (beide Urteile betreffen unterschiedliche Konnossementsbedingungen der Binnenschiffahrt). Es erscheint daher zweifelhaft, ob nicht auch bei Kollisionen zwischen ADSp und AGNB beide Bedingungen in gewissem Umfang zur Anwendung kommen können, wobei den AGNB eine Spezialität zukommen könnte.

§ 2
Vertragsgegenstand

1. Ein Vertrag im Sinne dieser Bedingungen wird zwischen dem Unternehmer des Güternahverkehrs – nachfolgend „Unternehmer" genannt – und dem Auftraggeber geschlossen.

2. Der Vertrag kann geschlossen werden als

a) Beförderungsvertrag, der die Beförderung von Gütern mit einem Kraftfahrzeug zum Gegenstand hat (§ 3),

b) Lohnfuhrvertrag, der die Stellung eines bemannten Kraftfahrzeuges durch den Unternehmer nach Weisung des Auftraggebers zum Gegenstand hat (§ 25).

Siehe zur Unterscheidung zwischen Beförderungsvertrag (Frachtvertrag) und **Anm.**
Lohnfuhrvertrag Anm. 45 zu § 425 HGB.

§ 3
Beförderungsvertrag

1. Der Beförderungsvertrag nach § 2, 2a ist abgeschlossen, wenn sich Unternehmer und Auftraggeber darüber einig sind, daß der Unternehmer ein Gut mit der Sorgfalt eines ordentlichen Frachtführers gegen eine Vergütung vereinbarungsgemäß befördern soll.

2. Zwischen Auftraggeber und Unternehmer wird vereinbart, ob die Vergütung ganz oder teilweise vom Auftraggeber gezahlt oder vom Empfänger erhoben wird. Ist die Höhe der Vergütung nicht vereinbart, so ist bei Bestehen eines Tarifs die tarifmäßige Vergütung, in Ermangelung eines solchen die übliche Vergütung als vereinbart anzusehen.

3. Hat der Empfänger die Vergütung zu zahlen, verweigert aber die Zahlung, so ist der Auftraggeber zur Begleichung verpflichtet. In diesem Falle darf der Unternehmer nur mit Einwilligung des Auftraggebers das Gut an den Empfänger abliefern.

4. Die Vergütung wird mit der Ablieferung des Gutes fällig, soweit nichts anderes vereinbart ist. Der Unternehmer ist berechtigt, vom Zeitpunkt der Fälligkeit ab

Verzugszinsen in Höhe von 2 v. H. über dem jeweiligen Diskontsatz der Bank Deutscher Länder zu verlangen.

Anm. 1 **1. Abschluß des Beförderungsvertrages**

§ 3 Abs. 1 AGNB stellt klar, daß der Frachtvertrag in Übereinstimmung mit dem HGB und der CMR ein reiner Konsensualvertrag sein soll; siehe zum KVO-Frachtvertrag als Realvertrag Anm. 7ff. zu § 15 KVO, Anh. II nach § 452. Gleichzeitig ergibt § 3 Abs. 1 AGNB, daß die Ausstellung eines Frachtbriefes kein Wirksamkeitserfordernis ist; siehe dazu Anm. 3ff. zu § 15 KVO. Die Ausstellung von Frachtbriefen ist im Güternahverkehr nicht üblich; Cantrup/Willenberg/Hill, S. 230.

Anm. 2 **2. Vereinbarungen über die Zahlung der Fracht**

Siehe zum Anspruch auf Zahlung der Vergütung („Fracht" im Sinne des HGB) Anm. 81 zu § 425 HGB; zur Zahlungspflicht des Empfängers siehe die Anmerkungen zu § 436 HGB.

§ 4

Beförderungsart

1. **Der Unternehmer ist zur Stellung eines gedeckten oder mit Planen versehenen Fahrzeuges nur verpflichtet, wenn es vom Auftraggeber ausdrücklich verlangt wird oder wenn er bei Anwendung der im Verkehr erforderlichen Sorgfalt erkennen muß, daß Art oder Beschaffenheit des zu befördernden Gutes die Verwendung eines solchen Fahrzeuges erfordert.**
2. **Soweit nichts anderes vereinbart ist, werden alle Güter von einem nur mit einem Fahrer besetzten Fahrzeug, also ohne Begleiter, befördert.**

§ 5

Übergabe des Gutes

1. **Das Gut ist dem Unternehmer in beförderungsfähigem Zustand zu übergeben. Es muß so beschaffen sein, daß es bei ordnungsmäßiger Verladung an anderen mitgeführten Gütern keinen Schaden anrichten kann. Stückgüter sind vom Auftraggeber haltbar und deutlich in der Weise zu kennzeichnen, daß Absender und Empfänger feststellbar sind.**
2. **Der Unternehmer hat das Gut so unterzubringen, daß es normalerweise gegen Beschädigung geschützt ist.**
3. **Sollen ätzende, giftige, feuergefährliche oder explosive Güter oder solche, deren Transport nur mit polizeilicher Erlaubnis oder unter polizeilicher Bewachung gestattet ist, befördert werden, so ist der Auftraggeber verpflichtet, den Unternehmer bei Auftragserteilung davon zu unterrichten. Unterbleibt die Unterrichtung, so haftet der Auftraggeber dem Unternehmer für Schäden, die infolge fehlender Unterrichtung bei der Beförderung dieser Güter entstehen.**
4. **Entspricht das Gut nicht den Vorschriften des Absatzes 1, so kann der Unternehmer die Annahme ablehnen. Die vergebliche An- und Abfahrt und die damit verbundene Zeitversäumnis sind ihm in diesem Falle zu vergüten. Lassen sich Mängel der Verpackung ohne größere Aufwendungen beseitigen, so ist der Unternehmer berechtigt, aber nicht verpflichtet, diese Mängel auf Kosten des Auftraggebers zu beheben.**
5. **Der Unternehmer ist nur dann verpflichtet, Güter, die offensichtliche Zeichen von Beschädigungen aufweisen, anzunehmen, wenn ihm der Zustand des Gutes bei dessen Übergabe schriftlich bestätigt wird.**

1. Beschaffenheit des Gutes bei Annahme **Anm. 1**

§ 5 Abs. 1 Satz 1 und Abs. 3 AGNB regeln die Frage der Verpackungs- und Sicherungspflicht des Absenders und der Haftung für Verletzung dieser Pflicht in Übereinstimmung mit anderen frachtrechtlichen Regelungen. Siehe dazu Anm. 84 zu § 425 HGB mit weiteren Hinweisen.

2. Beförderung gefährlicher Güter **Anm. 2**

Siehe hierzu Anm. 84 zu § 425 HGB, ferner die Kommentierung zu § 8 KVO, Anh. II nach § 452.

3. Kennzeichnungspflicht des Absenders **Anm. 3**

Zu § 5 Abs. 1 S. 2, Abs. 4 AGNB siehe vergleichend § 18 Abs. 5 KVO, Anh. II nach § 452 und dort Anm. 10.

4. Unterbringung des Gutes (§ 5 Abs. 2 AGNB) **Anm. 4**

Siehe hierzu die Kommentierung zu § 6 AGNB. Cantrup/Willenberg/Hill, S. 232 ist darin zuzustimmen, daß § 5 Abs. 2 eine wenig sinnvolle Bestimmung ist, da sie im wesentlichen nur ausdrückt, was in § 6 Abs. 3 AGNB speziell noch einmal bestimmt ist.

§ 6

Beladen, Entladen, Ladearbeit auf dem Fahrzeug

1. **Soweit nicht nach Vereinbarung oder örtlicher Übung etwas anderes gilt, ist das Be- und Entladen von Gütern durch den Auftraggeber bzw. Absender oder Empfänger vorzunehmen. Hierbei ist unter Beladen die Bewegung des Gutes bis zum Wagenboden, unter Entladen die Bewegung des Gutes in umgekehrter Richtung zu verstehen.**
2. **Wenn der Unternehmer das Be- und Entladen ganz oder teilweise vornimmt, so kann er hierfür entsprechend seiner Leistung eine angemessene Vergütung verlangen. Für den Fall, daß das Be- und Entladen vom Unternehmer ganz oder teilweise vorgenommen wird, gilt das Gut schon bei Beginn des Beladens als angenommen und erst nach Abschluß des Entladens als abgeliefert.**
3. **Die betriebssichere Verladung des Gutes auf dem Fahrzeug obliegt dem Unternehmer; ebenso die Ladearbeit auf dem Fahrzeug, soweit hierüber nichts anderes vereinbart ist.**
4. **Auftraggeber bzw. Absender oder Empfänger haben die erforderlichen Ladevorrichtungen zur Verfügung zu stellen. Der Unternehmer hat die ortsübliche Hilfe zu leisten.**

1. Allgemeines **Anm. 1**

Das Beladen und Entladen des Fahrzeugs wird in § 6 AGNB anders als in § 17 KVO geregelt. Auf die dortige Kommentierung kann daher nur teilweise verwiesen werden. Zum Überblick über die Haftungsfragen siehe Anm. 14 zu § 429 HGB. Die Regelung des § 6 wird vom BGH in einem Fall, in dem die AGNB nicht galten, als Beispiel angeführt; Urt. v. 8. 11. 1967, VersR 1968, 342 (343f.), in BGHZ 49, 218 nicht mit abgedruckt.

2. Verteilung der Pflicht zum Laden und Entladen **Anm. 2**

Nach § 6 Abs. 1 AGNB hat grundsätzlich der Absender zu verladen und der Empfänger zu entladen. Dabei ist das Stauen und Bewegen des Gutes auf dem Wagen nicht in die Pflichten von Absender und Empfänger einbezogen, sondern fällt in den Aufgabenbereich des Frachtführers (Abs. 3). Insbesondere wird in den AGNB nicht die Unterscheidung zwischen betriebssicherer und beförderungssicherer Verladung gemacht – darin erheblich abweichend von § 17 KVO; siehe die dortigen Anmerkungen, insbesondere Anm. 7. Der Frachtführer kann auch das Laden und Entladen übernehmen. In diesem Falle kann er hierfür eine besondere Vergütung verlangen, § 6 Abs. 2 S. 1.

Die Verteilung der Lade- und Staupflichten nach § 6 ist bei Aufstellung der AGNB bewußt in Abweichung von der KVO vorgenommen worden. Diese Gestaltung kann nicht dadurch unterlaufen werden, daß § 6 AGNB im Sinne des § 17 KVO uminterpretiert wird; so zutreffend BGH vom 23. 3. 1977, DB 1977, 1500f. = VersR 1977, 517 (518). Siehe zu dieser Frage vom Standpunkt des Güternahverkehrsgewerbes eingehend Cantrup/Willenberg/Hill, S. 232ff.

Dagegen ist es möglich, daß die Parteien eine andere Handhabung vereinbart haben, ohne daß hierfür notwendig eine besondere Vergütung nach § 6 Abs. 2 S. 1 AGNB in Rechnung gestellt worden ist; zutreffend BGH vom 22. 3. 1977 a. a. O. und (beiläufig) vom 22. 4. 1977, VersR 1977, 662 (663) = MDR 1977, 911. Insbesondere bei sehr schwerem Stückgut kann eine Mithilfe des Absenders bei der Befestigung des Guts auf dem Wagen als stillschweigend oder kraft Ortsüblichkeit vereinbart betrachtet werden; BGH vom 22. 4. 1977 a. a. O.; LG Heilbronn, VersR 1977, 1025f. (mit weiteren Hiweisen). Diese Auffassung wird auch durch § 4 AGB-Gesetz gestützt, wonach die Individualvereinbarung Vorrang vor den Bestimmungen der AGB hat, auch wenn sie stillschweigend getroffen ist. Auch wenn sich hieraus eine Ladepflicht des Absenders ergibt, so trifft doch auch den Frachtführer ein Verschulden, wenn er bei tonnenschwerem Gut die Fahrt ohne gehörige Befestigung antritt und unvorsichtig fährt; OLG Düsseldorf vom 4. 6. 1976, 18 U 73/76 (unveröffentlicht): Schadensteilung zwischen Frachtführer und Absender im Verhältnis 3:1.

Anm. 3 **3. Einfluß der Lade- und Entladepflicht auf den Haftungszeitraum**

Die Haftung des Frachtführers erstreckt sich nach § 14b KVO auf die Zeit zwischen Annahme und Ablieferung. Dieser Obhutszeitraum beginnt im Normalfall gemäß § 6 Abs. 1 S. 2 mit dem Niedersetzen des Guts durch den Absender auf den Wagenboden. Er endet mit dem Anheben des Guts auf den Wagenboden durch den Empfänger. Hat der AGNB-Frachtführer dagegen das Laden oder Entladen übernommen, so liegt die Annahme bereits mit dem Beginn des Ladens vor und die Ablieferung ist erst (frühestens) mit dem Abschluß des Entladens vollzogen; § 6 Abs. 2 S. 2 AGNB.

Anm. 4 **4. Hilfsverpflichtungen**

§ 6 Abs. 4 legt die Hilfspflichten der beiden Parteien fest. Verletzungen dieser Pflichten führen zu Schadensersatz wegen positiver Vertragsverletzung. Siehe hierzu die Anm. 10, 11 zu § 17 KVO. Die Haftung nach den AGNB ergibt sich aus § 16; siehe die dortige Kommentierung.

§ 7

Angaben über das Gut, Überlastung

1. Der Unternehmer ist im Rahmen der Sorgfaltspflicht eines ordentlichen Frachtführers verpflichtet, nachzuprüfen, ob das Gut nach Zahl, Art, Inhalt und Gewicht mit den Eintragungen des Absenders im Beförderungspapier überein-

stimmt. Zur Prüfung von geschlossenen Behältnissen oder Verpackungen ist der Unternehmer nicht verpflichtet.
Etwaige Kosten der Nachwiegung hat der Auftraggeber zu tragen, wenn er keine oder unrichtige Gewichtsangaben gemacht hat.

2. a) Der Unternehmer ist dafür verantwortlich, daß das Fahrzeug nur im Rahmen des zulässigen Gesamtgewichtes beladen wird.

b) Wird eine Überlastung des Fahrzeuges festgestellt, die auf unrichtigen Gewichtsangaben oder auf anderen vom Auftraggeber zu vertretenden Gründen beruht, die dem Unternehmer nicht erkennbar sind, so hat der Auftraggeber alle dem Unternehmer durch die Überbelastung erwachsenen Schäden und Kosten zu tragen. Wird die vom Auftraggeber zu vertretende Überlastung des Fahrzeugs am Versandort festgestellt, so hat der Auftraggeber die Abladung des Übergewichts vorzunehmen. Wird dem Verlangen des Unternehmers auf Abladung des Übergewichts nicht entsprochen oder wird die Überlastung des Fahrzeuges aus Gründen, die der Auftraggeber zu vertreten hat, erst unterwegs festgestellt, so erfolgt die Abladung des Übergewichts für Rechnung und Gefahr des Auftraggebers.

c) Von einer durch den Unternehmer vorgenommenen Abladung des Übergewichts ist der Auftraggeber in jedem Falle unverzüglich zu benachrichtigen.

d) Erfolgt im Falle des Buchstaben b) die Abladung des Übergewichts, so wird für das auf dem Fahrzeug verbleibende Gewicht die Vergütung vom Versand- bis zum Bestimmungsort berechnet. Für den abgeladenen Teil wird die Vergütung für die gefahrene Strecke anteilig berechnet. Wenn auf Anweisung des Auftraggebers der abgeladene Teil weiter- oder zurückbefördert wird, so ist diese Beförderung als besondere Beförderungsleistung zu behandeln und zu vergüten.

1. Überprüfung des Frachtguts bei Annahme (Abs. 1) Anm. 1

Anders als nach § 16 KVO ist der AGNB-Frachtführer bei allen Arten von Gütern zur Nachprüfung bei Annahme verpflichtet. Siehe im übrigen die Kommentierung zu § 16 KVO, Anh. II nach § 452, insbesondere Anm. 8ff.

2. Überlastung des Fahrzeugs (Abs. 2) Anm. 2

Siehe hierzu § 17 Abs. 2, 3 KVO und dort Anm. 12.

§ 8

Wartezeit

1. Für Wartezeiten wird die vereinbarte oder angemessene Entschädigung berechnet. Als Wartezeit gilt die Zeit von der Bereitstellung des Fahrzeuges zum Be- und Entladen bis zum Beginn des Ladegeschäftes und jede nicht vom Unternehmer verursachte Unterbrechung des Ladegeschäftes.

2. Ist eine Abholzeit vereinbart und dauert bei der Abholung des Gutes die Wartezeit unangemessen lange, so braucht der Unternehmer den Vertrag nicht zu erfüllen. Für die vergebliche An- und Abfahrt und die damit verbundene Zeitversäumnis steht ihm die vereinbarte oder angemessene Vergütung zu.

3. Hält der Unternehmer eine vereinbarte Abholzeit nicht ein, so braucht der Auftraggeber nach Ablauf einer angemessenen Frist den Vertrag nicht zu erfüllen. In diesem Falle kann der Unternehmer keine Ansprüche stellen.

Anm. Im Güternahverkehr sind gesetzlich keine Lade- oder Entladefristen vorgeschrieben. Die in § 8 AGNB getroffene Regelung stellt gänzlich auf die Vereinbarung oder den Einzelfall ab.

§ 9
Papiere

1. Der Auftraggeber hat dem Unternehmer die Beförderungs- und Begleitpapiere mitzugeben, die zur ordnungsmäßigen Durchführung der Beförderungsleistung und zur Erfüllung von Zoll-, Steuer- und Polizeivorschriften erforderlich sind, soweit nicht der Unternehmer auf Grund von öffentlich-rechtlichen Vorschriften für deren Mitwirkung verantwortlich ist.

2. Der Auftraggeber haftet für die Schäden, die aus dem Fehlen von Papieren oder aus unrichtigen Angaben in den von ihm ausgefüllten Papieren entstehen. Er haftet auch dann, wenn der Unternehmer nach Angaben des Auftraggebers das Papier ausfüllt und der Auftraggeber diese Angaben unterzeichnet.

3. Der Unternehmer haftet für die Schäden, die dadurch entstehen, daß er nicht die von ihm mitzuführenden und ihm vom Auftraggeber mitgegebenen Beförderungs- und Begleitpapiere bei sich führt.

Anm. Zur Pflicht des Absenders, die Beförderungs- und Begleitpapiere mitzugeben, siehe § 12 Abs. 1, 2 KVO und dort Anm. 2ff. Zur Haftung des Absenders für Verletzungen dieser Pflicht siehe Anm. 5 zu § 12 KVO. Zur Haftung des Frachtführers für nicht ordnungsgemäße Verwendung, insbesondere auch Nichtmitführen der Begleitpapiere siehe Anm. 5ff. zu § 12 KVO.

§ 10
Zeitliche Abwicklung der Aufträge

1. Beförderungsverträge sind innerhalb der vereinbarten Fristen, im übrigen unverzüglich auszuführen.

2. Die Abholung und Anlieferung hat in der ortsüblichen Geschäftszeit zu erfolgen, falls nichts anderes vereinbart worden ist.

Anm. Im Güternahverkehr existiert keine zwingende Lieferfristregelung. Daher unterscheidet sich § 10 AGNB grundsätzlich von § 26 KVO. § 10 S. 1 AGNB drückt nur aus, was sich auch aus § 271 BGB ergeben würde. Die sofortige Fälligkeit bedeutet auch nach dieser Vorschrift nur Leistungspflicht wie nach den Umständen möglich. § 10 S. 2 AGNB entspricht § 358 HGB und ist daher überflüssig. Siehe zur Auslieferung von Gütern beim Empfänger außerhalb der Geschäftszeit auch § 13 Abs. 3 S. 2 AGNB.

§ 11
Nachnahme

Der Auftraggeber kann das Gut bis zur Höhe seines Wertes zuzüglich seiner Frachtkosten mit Nachnahme belegen. In diesem Falle darf der Unternehmer das Gut nur gegen Zahlung des Nachnahmebetrages in bar ausliefern. Der nachgenommene Betrag ist dem Auftraggeber unverzüglich zuzuleiten. Aufrechnungsansprüche des Unternehmers gegenüber dem Auftraggeber bleiben unberührt.

Zum Nachnahmerecht siehe Anm. 77 zu § 425 mit weiteren Verweisungen; zur Haftung für Fehler bei der Einziehung von Nachnahmen siehe § 16b AGNB und § 17 Abs. 2b AGNB. Anm.

§ 12
Beförderungshindernisse

1. Beförderungshindernisse sind solche Umstände, welche die Beförderung des Gutes nach seiner Übergabe vor Ankunft am Bestimmungsort zeitweilig oder dauernd verhindern.

2. Bei Beförderungshindernissen hat der Unternehmer den Auftraggeber unverzüglich zu benachrichtigen und dessen Weisung einzuholen.

3. Ist nachweisbar die Benachrichtigung des Auftraggebers oder die Einholung seiner Weisung nicht möglich, so kann der Unternehmer das Gut nach seiner Wahl zum Auftraggeber zurückbefördern oder einlagern.

4. Hat der Auftraggeber das Beförderungshindernis zu vertreten, so hat er die Vergütung für die zurückgelegte Strecke und eine etwaige Rückbeförderung sowie etwa entstehende Nebenkosten zu tragen. Hat der Unternehmer das Beförderungshindernis zu vertreten, so kann der Auftraggeber nicht mit irgendwelchen Kosten belastet werden.

Zu den Beförderungshindernissen siehe Anm. 3–10 zu § 28 KVO, Anh. II nach § 452. Die AGNB unterscheiden nicht zwischen behebbaren und nicht behebbaren Beförderungshindernissen. Anm.

§ 13
Ablieferungshindernisse

1. Ablieferungshindernisse sind solche Umstände, welche nach Ankunft des Gutes am Bestimmungsort dessen Ablieferung verhindern.

2. Beim Vorliegen eines Ablieferungshindernisses finden die Bestimmungen des § 12 Absätze 2 bis 4 entsprechende Anwendung.

3. Wenn der Unternehmer, ohne daß es vereinbart ist, außerhalb der ortsüblichen Geschäftszeit das Gut anliefert und aus diesem Grunde seinen Beförderungsauftrag nicht ausführen kann, liegt kein Ablieferungshindernis vor. In diesem Falle hat der Unternehmer die Anlieferung innerhalb der nächsten Geschäftszeit erneut vorzunehmen.

Zu den Ablieferungshindernissen siehe § 437 HGB und die dortige Kommentierung sowie die Anm. 11–16 zu § 28 KVO, Anh. II nach § 452. Hinterlegung und Selbsthilfeverkauf sind in den AGNB nicht speziell vorgesehen. Werden jedoch die Güter durch den Absender nicht mehr entgegengenommen, dann hat der Frachtführer die Rechte nach § 437 HGB. Anm.

§ 14
Ersatzpflicht des Unternehmers

Der Unternehmer haftet

a) für alle an dem Gut entstandenen unmittelbaren Schäden und Verluste durch Transportmittelunfälle oder Betriebsunfälle; Betriebsunfälle sind schadenverur-

sachende Ereignisse, die in unmittelbarem Zusammenhang mit einem Betriebsvorgang der Güterbeförderung mittels Kraftfahrzeug stehen;

b) für alle Schäden, die durch gänzlichen oder teilweisen Verlust oder durch Beschädigung des Gutes, auch durch beigeladene Güter, in der Zeit von der Annahme zur Beförderung bis zur Ablieferung entstehen.

Anm. Zur Regelung der Haftung nach den AGNB siehe überblicksweise Anm. 46–55 zu § 429 HGB. Die Haftungsregelung stimmt inhaltlich voll mit § 29 KVO überein; siehe daher die Kommentierung zu dieser Vorschrift, Anh. II nach § 452.

§ 15
Ausschlüsse von der Ersatzpflicht

1. Von der Ersatzpflicht gemäß § 14a) und b) sind ausgeschlossen:

a) Schäden durch höhere Gewalt, jedoch nicht insoweit, als es sich bei den Schadensursachen um die der Straße und dem Kraftwagen eigentümlichen Gefahren, um Schäden und Verluste durch Regen, Schnee, Eis, Hagel oder Sturm sowie um Schäden durch Straßenraub handelt;

b) Schäden durch Kriegsereignisse, Verfügungen von hoher Hand oder Beschlagnahme;

c) Schäden in dem Umfang, in dem sie durch ein Verschulden des Auftraggebers, Absenders, Empfängers oder deren Erfüllungsgehilfen verursacht worden sind;

d) Bruchschäden am Gut infolge von Fabrikations- und Materialfehlern;

e) Schäden an ungemünzten oder gemünzten oder sonst verarbeiteten Edelmetallen, Juwelen, Edelsteinen, Papiergeld, Wertpapieren jeder Art, Dokumenten und Urkunden, an Kunstsachen, Gemälden, Skulpturen und anderen Gütern, die einen Sonderwert haben, sofern der Einzelwert den Betrag von 2500,– DM übersteigt.

2. Soweit der Unternehmer nachweist, daß er mit der Sorgfalt eines ordentlichen Frachtführers gehandelt hat, sind von der Ersatzpflicht gemäß § 14b) ausgeschlossen

a) Schäden an Umzugsgut durch Bruch von Glas oder Porzellan sowie Schrammschäden, Politurrisse, Leimlösungen, Scheuerschäden;

b) Schäden durch Emailleabsplitterungen;

c) Fehlmengen und Gewichtsverluste, die aus der Eigenart der betreffenden Güter entstehen;

d) innerer Verderb einschließlich Bombieren;

e) Schäden an lebenden Tieren durch Tod oder Seuchen;

f) Schäden an selbstentzündlichen und explosionsgefährlichen Gütern, soweit die Schäden aus der Selbstentzündlichkeit oder Explosionsgefahr herrühren;

g) Einwirkungen von Frost und Hitze.

3. Bei Vor-, Zwischen- oder Nachlagerungen haftet der Unternehmer für solche Schäden nicht, die nach dem 15. Tage der Lagerung eintreten, es sei denn, daß die Dauer der Lagerung über den 15. Tag hinaus durch sein Verschulden notwendig wurde.

Anm. 1 **1. Allgemeines**

Die Haftungsausschlüsse des § 15 AGNB lehnen sich eng an die Regelung der KVO an, weichen jedoch in Einzelheiten ab.

2. Haftungsausschlüsse, die sowohl bei der Obhutshaftung als auch bei Haftung für Transportmittel- und Betriebsunfälle eingreifen (Abs. 1) Anm. 2

Buchstabe a entspricht § 34 Abs. 1a KVO und § 30a, b KVO. Jedoch ist die Haftung für Diebstahl ausgeschlossen – entgegen § 30b KVO. Siehe Anm. 4, 5 zu § 30 KVO und Anm. 6ff. zu § 34 KVO.

Buchstabe b entspricht § 34 Abs. 1b KVO; siehe Anm. 13 zu § 34 KVO. Zu Buchstabe c siehe § 34 Abs. 1c KVO und Anm. 11f. zu § 34 KVO. Zweifelhaft ist die Entscheidung des OLG Düsseldorf vom 6. 12. 1973, VersR 1975, 234f., die eine in besonderem Auftrag erfolgte Reinigung des Tankwagens durch den Absender diesem nicht als Mitverschulden anrechnet.

§ 15 Abs. 1d entspricht etwa § 30e S. 2 KVO; siehe Anm. 10 zu § 30 KVO. Buchstabe e betrifft die in § 34 Buchstabe d und e KVO geregelten Fälle; siehe Anm. 15 zu § 34 KVO.

3. Haftungsausschlüsse gegenüber der Obhutshaftung Anm. 3

§ 15 Abs. 2 sieht Haftungsausnahmen nur für den Fall vor, daß die Haftung sich auf den allgemeinen Obhutstatbestand des § 14b AGNB stützt. Insoweit entsprechen die in § 15 Abs. 2 zusammengefaßten Haftungsbefreiungsgründe denen des § 34 Abs. 1g–n und § 34 Abs. 2 KVO: Sie greifen gegenüber der Haftung aus Transportmittel- und Betriebsunfällen nicht durch. Auch gegenüber der Obhutshaftung kann sich der Frachtführer auf sie nur berufen, wenn er gleichzeitig den Nachweis des Nichtverschuldens führt. Die Haftungsausschlüsse des § 15 Abs. 2 a–g entsprechen wörtlich denen des § 34 Abs. 1g–n KVO; siehe dazu die Anm. 17ff. zu § 34 KVO.

4. Vor-, Zwischen- und Nachlagerung Anm. 4

Zu § 15 Abs. 3 siehe § 33d KVO und dort Anm. 6.

§ 16

Ersatz für andere als Güterschäden

Der Unternehmer ersetzt auch Vermögensschäden, die nicht im Zusammenhang mit einem Güterschaden entstehen und die dem verfügungsberechtigten Auftraggeber oder Empfänger entstanden sind

a) durch Falschauslieferung;

b) durch Fehler bei der Auftragserledigung von Nachnahmen;

c) durch sonstige Verletzungen des Beförderungsvertrages, in diesem Falle jedoch nur bei Verschulden des Unternehmers.

§ 16 entspricht weitgehend § 31 Abs. 1 KVO; die Haftungsbeschränkung ist jedoch nicht in § 16 selbst, sondern in § 17 Abs. 2b, c AGNB geregelt. Im Unterschied zu § 31 KVO betrifft § 16 AGNB nicht nur Vermögensschäden, die „im Zuge der Beförderung des Guts entstanden" sind. Nach dem Wortlaut soll die Bestimmung also für alle Arten von Verletzungen des Beförderungsvertrags gelten. Siehe dazu Anm. 9 zu § 31 KVO. Zur Nachnahmeerhebung siehe § 11 AGNB. Anm.

§ 17

Haftungsbeschränkungen

1. Haftungsbeschränkungen bei besonderen Gefahren

I. Bei Haftung nach §§ 14a) und b), 15.

a) Entstehen bei Gütern, die nur nach Gewicht und unverpackt geladen werden, Schäden durch Diebstahl und Abhandenkommen, bleiben die ersten 1 1/2 v. H. Verlust bei der Schadenersatzleistung außer Ansatz.

b) Schäden an unverpacktem Gut, die durch Scheuern oder Druck entstanden sind, werden nur bis zum Höchstbetrage von 1000,– DM je Lastzug ersetzt.

II. Bei Haftung nach §§ 14b), 15.

a) Enstehen Schäden durch Rinnverluste bei Flüssigkeiten in Fässern und anderen Behältern, werden folgende Freiteile in Abzug gebracht:

aa) bei Flüssigkeiten in hölzernen Fässern 3 v. H. je Faß;

bb) bei Flüssigkeiten in anderen Behältern 1/2 v. H. je Behälter.

b) Bruchschäden an Glas, Glasflaschen, sofern sie nicht in Kisten oder Kästen verpackt sind, Glasballons, Porzellan, Steingut, Steinzeug oder hieraus hergestellte Artikel werden nur bis zum Höchstbetrag von 150,– DM je Schadensereignis ersetzt. Im Falle des Bruches eines Teiles der betroffenen Sendung werden die erforderlichen Wiederherstellungskosten im Verhältnis des beschädigten Teiles zum Gesamtwert der Ladung vergütet. Im Falle der Wiederherstellung sind Wertminderungsansprüche ausgeschlossen.

2. Allgemeine Höchstgrenzen

a) Schäden an beförderten Sendungen werden je Schadensereignis im Höchstfall mit 100000,– DM ersetzt.

b) Vermögensschäden gemäß § 16 werden je Schadensereignis bis zum Höchstbetrag von 10000,– DM ersetzt.

c) Übersteigt der Schadensbetrag je Schadensereignis die Summe von 100000,– DM bei Güterschäden oder 10000,– DM bei Vermögensschäden, so werden die Schäden mehrerer Beteiligter anteilig ersetzt.

Anm. 1 **1. Allgemeines**

Die Haftungsbeschränkungen des § 17 AGNB sind der KVO nachgebildet, aber systematisch anders geordnet. Soweit sich der Frachtführer gegenüber nichtkaufmännischen Kunden auf sie beruft, sind sie im Falle von Vorsatz und grober Fahrlässigkeit des Frachtführers oder seiner (selbständigen und unselbständigen) Erfüllungsgehilfen nach § 11 Nr. 7 AGB-Gesetz, für Fälle von Schuldnerverzug und Unmöglichkeit sogar bei leichter Fahrlässigkeit (gem. § 11 Nr. 8 AGB-Gesetz) unwirksam. Im Verhältnis zu kaufmännischen Kunden können sie nicht als unwirksam angesehen werden, da sie sich an die KVO als Gesetz im materiellen Sinne anlehnen; siehe Anm. 4 zu § 1 AGNB.

Zur Möglichkeit, die Haftungbegrenzungen der AGNB durch Ansprüche aus unerlaubter Handlung zu durchbrechen, siehe Anm. 89ff. zu § 429 HGB, insbesondere Anm. 94.

Anm. 2 **2. Die besonderen Haftungsbeschränkungen des § 17 Abs. 1 AGNB**

Abs. 1 Ia entspricht § 30b KVO; siehe dazu Anm. 5 zu § 30 KVO.

Abs. 1 Ib hat in § 30c S. 2 KVO seine Parallele; siehe Anm. 7 zu § 30 KVO.

Die Haftungsbegrenzungen des § 17 Abs. 1 II greifen nur gegenüber der Obhutshaftung des § 17b durch und lassen die Haftung für Transportmittel- und Betriebsunfälle unberührt. Abs. 1 IIa ähnelt § 30f KVO; siehe Anm. 15 zu § 30 KVO. Abs. 1 IIb lehnt sich eng an § 30e S. 3–7 an; siehe Anm. 11ff. zu § 30 KVO.

3. Die allgemeinen Haftungshöchstgrenzen des § 17 Abs. 2 Anm. 3

Für Schäden an beförderten Gütern sieht § 17 Abs. 2a eine Höchstgrenze der Haftung je Schadensereignis in Höhe von 100000,– DM vor. Hierin weichen die AGNB von der KVO, die ihre allgemeine Haftungsgrenze in § 35 Abs. 4 am Gewicht der Sendung orientiert, erheblich ab. Die BefBMö richten in § 11 Abs. 2b die Haftungsgrenzen nach der Zahl der benötigten Möbelwagenmeter. Je nach Lage des Falles kann sich die eine oder die andere Begrenzung der Haftung für den Geschädigten als vorteilhafter oder nachteiliger erweisen. Eine generell „unangemessene Benachteiligung" im Sinne von § 9 AGB-Gesetz ist in der Beschränkung pro Schadensereignis bei kaufmännischen Kunden wohl nicht anzunehmen.

Die Berenzung der Haftung für Vermögensschäden (§ 17 Abs. 2b) ähnelt § 31 Abs. 2 KVO. Die Verteilung des Höchstschadenersatzes auf mehrere Beteiligte entspricht gesetzlichen Vorbildern vor allem im Bereich der Drittschadenshaftung, etwa in der seerechtlichen Haftungsbeschränkung der §§ 486ff. HGB oder der Begrenzung der Haftung nach § 12 StVG und § 37 LuftVG.

§ 18
Ersatzpflichtiger Wert

1. Als Ersatzwert gilt bei den einzelnen Gütern der vom Auftraggeber nachzuweisende Fakturenwert zuzüglich aller Spesen und Kosten bis zur Ablieferungsstelle und zuzüglich des von ihm nachzuweisenden entgangenen Gewinnes bis höchstens 10 v. H. des Fakturenwertes, soweit der Fakturenwert nicht schon den Gewinn einschließt. Vom Ersatzwert sind die durch den Schadensfall etwa ersparten Kosten abzusetzen.

2. Soweit für Güter, die Handelsgut sind, eine Faktura noch nicht ausgestellt ist, gilt der allgemeine Handelswert am Schadenstag als Ersatzwert. Der gemeine Handelswert basiert auf Großhandelspreisen.

3. Bei Gütern, die keinen Fakturenwert haben oder nicht Handelsgut sind, ist im Schadensfalle der Zeitwert (auch „gemeiner Wert" genannt) zu ersetzen.

4. Bei teilweiser Beschädigung einer Sendung wird der Schadenersatz nur für den beschädigten Teil in Höhe des festgestellten Minderwertes geleistet. Die Errechnung des Minderwertes hat auf Grund des tatsächlichen Schadens zu erfolgen. Dem Unternehmer steht es frei, beschädigte Güter, soweit sie nicht gemäß behördlicher Weisung vernichtet werden müssen oder Markenartikel darstellen, gegen volle Ersatzleistung zu übernehmen. Bei Markenartikeln steht dem Auftraggeber auf Basis von Wiederverwendungswerten ein Vorkaufsrecht zu.

Zu Abs. 1 siehe den inhaltsgleichen § 35 Abs. 1 KVO und dort Anm. 4ff.. Die Absätze 2 und 3 sind genauer als § 35 Abs. 2 KVO ausgestaltet; siehe Anm. 10ff. zu § 35 KVO. § 18 Abs. 4 AGNB lehnt sich an § 35 Abs. 3 KVO an, sieht aber Sondervorschriften für beschädigte Markenartikel vor. Siehe im einzelnen Anm. 13–16 zu § 35 KVO. Anm.

Die Regelung weicht zwar in Einzelheiten von § 430 HGB ab, ist aber sicherlich nicht unangemessen im Sinne von § 9 AGB-Gesetz. Siehe jedoch § 11 Nr. 7, 8 AGB-Gesetz.

§ 19
Haftung für Dritte

Der Unternehmer haftet für seine Leute und für andere Personen, deren er sich bei Ausführung der von ihm übernommenen Beförderung bedient.

Anm. Die Bestimmung gleicht § 431 HGB. Siehe die dortige Kommentierung.

§ 20
Aufwendungen bei Schadensfällen

Kosten der Bergung und andere Aufwendungen zur Abwendung oder Minderung eines zu ersetzenden Schadens sowie Kosten, die durch Ermittlung oder Feststellung des Schadens entstehen, gehen zu Lasten des Unternehmers.

Anm. Siehe hierzu die Kommentierung zu § 32 KVO, Anh. II nach § 452.

§ 21
Versicherung

1. Der Unternehmer hat sich gegen alle Schäden, für die er nach diesen Beförderungsbedingungen haftet, zu versichern, andernfalls kann er sich nicht auf diese berufen.

2. Im Schadensfalle ist der Unternehmer auf Verlangen des Schadenersatzberechtigten verpflichtet, die ihm aus der Versicherung zustehenden Rechte an diesen abzutreten.

Anm. Siehe Anm. 105 zu § 429 HGB sowie die Anm. zu § 38 KVO.

§ 22
Erlöschen der Ansprüche aus dem Beförderungsvertrag

1. Mit Annahme des Gutes durch den Empfänger erlöschen alle Ansprüche gegen den Unternehmer aus dem Beförderungsvertrag.

2. Ausgenommen sind

a) Ansprüche des Auftraggebers aus § 16;

b) Ansprüche für vom Unternehmer nachweislich vorsätzlich oder grobfahrlässig herbeigeführte Schäden;

c) Ansprüche wegen Verlust oder Beschädigung des Gutes, wenn sich der Empfänger bei der Annahme den Anspruch ausdrücklich vorbehalten hat;

d) Ansprüche aus solchen Schäden, die bei der Annahme des Gutes durch den Empfänger äußerlich nicht erkennbar waren unter der Voraussetzung, daß der Empfänger unverzüglich nach der Entdeckung und spätestens innerhalb einer Woche nach Annahme des Gutes den Schaden beim Unternehmer geltend macht.

Anm. § 22 AGNB entspricht teilweise dem § 39 KVO (Anh. II nach § 452). Bei Schäden am Frachtgut ergeben sich Abweichungen daraus, daß die AGNB keine Regeln über die Schadensfeststellung enthalten. An die Stelle der Schadensfeststellung tritt daher nach § 22 Abs. 1c der einfache Vorbehalt der Ansprüche. Die Ausnahme der auf § 16 AGNB gestützten Ansprüche von der Präklusion durch § 22 Abs. 2a AGNB ist sachgerechter als die globale Regelung der KVO; siehe dazu Anm. 3 zu § 39 KVO und 15 zu § 438 HGB.

§ 23
Pfandrecht des Unternehmers

1. Der Unternehmer hat wegen aller durch den Beförderungsvertrag begründeten Forderungen gegen den Auftraggeber einschließlich aller Auslagen und Vorschüsse ein Pfandrecht an dem Gut. Es besteht, solange der Unternehmer das Gut im Besitz hat.

2. Der Pfandverkauf richtet sich nach den Bestimmungen des Bürgerlichen Gesetzbuches.

3. Soweit ein Pfandrecht nicht zur Entstehung gelangt ist, steht dem Unternehmer an dem Gut ein Zurückbehaltungsrecht zu.

4. Der Auftraggeber bestellt dem Unternehmer außerdem ein Pfandrecht an dem Gut auch wegen dessen Forderungen, die sich nicht auf die betreffende Sendung beziehen, soweit diese nicht strittig sind, oder für den Fall, daß die Vermögenslage des Schuldners die Erfüllung der Forderung des Unternehmers gefährdet.

§ 23 trifft Sonderbestimmungen zu § 440 HGB. Abs. 4 gewährt dem Frachtführer ein Pfandrecht am Frachtgut auch für inkonnexe Forderungen des Frachtführers. Dieses Pfandrecht geht, soweit die Forderung sich nicht aus demselben Frachtvertrag ergibt, über § 440 HGB hinaus. Es ist daher insoweit ein Vertragspfandrecht und entfaltet nur Wirkung, soweit die verpfändeten Güter dem Absender gehören; siehe dazu Anm. 21ff., insbesondere Anm. 26 zu § 410 HGB. **Anm.**

§ 24
Erfüllungsort und Gerichtsstand

Erfüllungsort und Gerichtsstand für alle Ansprüche aus dem Beförderungsvertrag ist der Sitz des Unternehmers.

§ 24 AGNB ist uneingeschränkt gültig, soweit er den Erfüllungsort betrifft. Die Regelung verstößt jedoch im Verhältnis zu Nichtkaufleuten gegen § 38 Abs. 3 ZPO. In diesem Falle gelten nur die gesetzlichen Gerichtsstände der §§ 12ff. ZPO. **Anm.**

§ 25
Lohnfuhrvertrag

1. Der Lohnfuhrvertrag ist abgeschlossen, wenn sich Unternehmer und Auftraggeber darüber einig sind, daß der Unternehmer ein bemanntes Fahrzeug zur Verwendung nach Weisung des Auftraggebers stellt.

2. Auf den Lohnfuhrvertrag (§ 2, 2b) finden die Beförderungsbedingungen entsprechende Anwendung mit der Maßgabe, daß der Unternehmer nicht für Schäden haftet, die durch den Auftraggeber verursacht worden sind.

Siehe zum Lohnfuhrvertrag Anm. 45 zu § 425 HGB. **Anm.**

§ 26
Verjährung

1. Alle Ansprüche aus Beförderungs- und Lohnfuhrverträgen verjähren in sechs Monaten.

2. Die Verjährung beginnt mit der Fälligkeit des Anspruchs bzw. der Kenntnis des eingetretenen Schadens seitens des Berechtigten, spätestens jedoch mit der Ablieferung des Gutes.

§ 26 AGNB verkürzt die Verjährung gegenüber der gesetzlichen Regelung in §§ 439, 414 HGB. Siehe die Kommentierung zu diesen Vorschriften. Die abgekürzte Verjährung gilt nach der herrschenden Rechtsprechung nicht gegenüber Ansprüchen aus unerlaubter Handlung. Siehe zu § 26 AGNB speziell OLG Düsseldorf vom 30. 6. 1977, VersR 1977, 912f.; zur Anspruchskonkurrenz allgemein Anm. 89ff. zu § 429; zur Auswirkung von AGB auf Deliktsansprüche Anm. 94 zu § 429; zur Einwirkung der vertraglichen Verjährungsfristen auf Deliktsansprüche Anm. 3 zu § 414 HGB.

Eine Bestimmung in Konnossementsbedingungen der Binnenschiffahrt, die ein Erlöschen der Ansprüche gegen den Frachtführer innerhalb einer Frist von drei Monaten vorsieht, hat der BGH im Urteil vom 20. 3. 1978, VersR 1978, 557 (558) nach AGB-Recht für unwirksam erklärt und zum Vergleich auf die Jahresfrist des § 612 HGB hingewiesen. Im Urteil v. 28. 4. 1977, VersR 1977, 717f.= WM 1977, 785 hat jedoch der gleiche Senat eine dreimonatige Verjährung in Konnossementsbedingungen der Binnenschiffahrt unbeanstandet gelassen; ebenso OLG Hamm, DB 1978, 1399. Zur Frage der Verjährungsverkürzung bei Vorsatz und grober Fahrlässigkeit siehe Anm. 12 zu § 414; das dort angegebene BGH-Zitat ist unrichtig. Es muß heißen: BGHZ 38, 150 (155).

Anhang VI nach § 452

Güternahverkehr der Eisenbahnen auf der Straße

Vorbem. **Vorbemerkung**

Für die Güternahbeförderung von Stückgütern auf der Straße gelten seit 1. Januar 1976 die unten abgedruckten „Stückgut-Beförderungsbedingungen“. Sie sind Bestandteil des Deutschen Eisenbahn-Güter- und Tiertarifs (Teil I Abt. C).

Siehe zu diesen Bedingungen die Anm. zu § 3 Abs. 4 und 77 EVO, Anh. I nach § 460; Goltermann/Konow, Anm. 5 zu § 77 EVO; Konow, DB 1977, 1589.

Aus den Stückgutbedingungen ist nur der Abschnitt B, der die Beförderung auf der Straße betrifft, im folgenden abgedruckt.

Bedingungen für die Stückgutbeförderung durch die deutschen Eisenbahnen von Haus zu Haus

(Stückgut-Beförderungsbedingungen)

Abschnitt B

Stückgutbeförderung auf der Straße

I. Beförderung auf der Straße in Verbindung mit Beförderung auf der Schiene

§ 1

Anwendbare Bestimmungen

(1) Im Stückgut-Hausverkehr in Verbindung mit Beförderung auf der Schiene werden für die Beförderung auf der Straße die Bestimmungen im Abschnitt A, der EVO mit Ausführungsbestimmungen (DEGT Teil I Abt. A) oder der CIM mit den Einheitlichen und Besonderen Zusatzbestimmungen (DCU/DCS) entsprechend angewendet, soweit nachstehend nichts anderes bestimmt ist.

Soweit im DEGT Teil I Abt. A die Versand- oder Empfangsabfertigung, der Versand- oder Bestimmungsbahnhof genannt ist, tritt an ihrer Stelle der für den Versandort bzw. der für den Empfangsort zuständige Stückgutbahnhof.

§ 2

Form und Inhalt des Frachtbriefs

(1) Der für die Beförderung auf der Schiene vorgeschriebene Frachtbrief gilt für die Gesamtbeförderung.

(2) Anstelle des Bestimmungsbahnhofs gemäß § 56 (1) EVO ist der Bestimmungsort einschließlich Postleitzahl und Stückgutleitzahl nach Spalte 1 des Anhangs IV einzutragen.

§ 3

Annahme der Stückgüter. Abschluß des Frachtvertrags

(1) Die Sendungen werden innerhalb der ortsüblichen Geschäftszeiten von der Eisenbahn beim Absender abgeholt.

(2) In besonderen Fällen kann die Eisenbahn die Auflieferung bei einem Stückgutbahnhof oder bei einer Annahmestelle verlangen. Die Einrichtung von Annahmestellen und die Annahmezeiten werden durch Aushang bekanntgemacht.

(3) Der Frachtvertrag ist abgeschlossen, sobald die Eisenbahn das Gut mit dem Frachtbrief zur Beförderung angenommen hat.

(4) Stellt der Stückgutbahnhof des Versandorts fest, daß eine Sendung nicht zur Beförderung angenommen werden durfte, so gilt der Frachtvertrag als nicht abgeschlossen; das Gut wird an den Absender zurückgegeben. Die Beförderung zum Stückgutbahnhof und zurück ist in diesem Fall unentgeltlich. Für Verlust oder Beschädigung der Sendung übernimmt die Eisenbahn die Haftung nach §§ 4 und 82 ff. EVO. Ist die Beförderung des Gutes mit Kraftfahrzeugen nach gesetzlichen oder polizeilichen Bestimmungen nicht zulässig, so wird es dem Absender auf dem Stückgutbahnhof zur Verfügung gestellt.

(5) Ist der Frachtbrief mangelhaft oder offensichtlich unrichtig ausgefüllt, so ist die Eisenbahn berechtigt mit Zustimmung des Absenders Änderungen oder Ergänzungen des Frachtbriefs vorzunehmen. Die Zustimmung ist nicht erforderlich, wenn ihre Einholung nach Lage des Falles nicht zumutbar ist. Die Haftung des Absenders nach § 57 EVO ändert sich hierdurch nicht.

(6) Der Frachtbrief und die etwa nach § 56 (1) c) EVO beigefügten Zusatzblätter werden vom Stückgutbahnhof des Versandortes mit dessen Tagesstempel oder dem maschinellen Buchungsvermerk sowie dem Zeichen für die Übernahme des Gutes versehen.

§ 4

Von der Beförderung ausgeschlossene oder nur bedingt zur Beförderung zugelassene Stoffe und Gegenstände

(1) Von der Beförderung sind ausgeschlossen:

a) Stoffe und Gegenstände, die nach den einschlägigen Gesetzen oder Verordnungen auf der Straße nicht befördert werden dürfen;
b) die unter § 54 (1) EVO fallenden Stoffe und Gegenstände;
c) Stoffe und Gegenstände, die sich zur Beförderung mit den eingesetzten Kraftfahrzeugen nicht eignen;

d) radioaktive Stoffe der Klasse IVb Ziff. 2 bis 4 der Anlage C zur EVO/des RID (Anlage I zur CIM).

(2) Wird die Beförderung gefährlicher Güter übernommen, so müssen nachstehende Bedingungen erfüllt sein:

a) Bei Sendungen mit Gütern, die der Verordnung über die Beförderung gefährlicher Güter auf der Straße (GefahrgutVStr) unterliegen:
   1. Der Frachtbrief muß in Spalte „Inhalt" den Vermerk tragen
      – im Binnenverkehr „Anlage C zu EVO/GGVS",
      – im internationalen Verkehr „RID/GGVS".
   2. Sind für die Beförderung Unfallmerkblätter notwendig, so hat der Absender in der Spalte „Begleitpapiere" des Frachtbriefs „Unfallmerkblatt" einzutragen und diese dem Frachtbrief beizugeben.
   3. Ist für die Beförderung die Kennzeichnung des Fahrzeugs nach § 8 GefahrgutVStr vorgeschrieben, so hat der Absender in der Spalte „Inhalt" des Frachtbriefs „Warntafeln" zu vermerken.
   4. Versandstücke mit Gütern der GefahrgutVStr müssen mit der Bezettelung nach dieser Verordnung versehen sein.
b) Bei Sendungen mit Gütern, die dem Sprengstoffgesetz unterliegen, außerdem:
   1. Der Frachtbrief muß in der Spalte „Inhalt" den Vermerk „Explosionsgefährlich" tragen.
   2. In der Spalte „Inhalt" des Frachtbriefs muß vermerkt sein
      – für Güter der Anlage II Abschnitt A des Sprengstoffgesetzes: „Anlage II/A Sprengstoffgesetz (ohne Erlaubnis)",
      – für Güter der Anlage II Abschnitt B des Sprengstoffgesetzes: „Anlage II/B Sprengstoffgesetz (ohne Erlaubnis und ohne Befähigungsschein)",
      – für Güter des § 5 Abs. 2 der 2. DV Sprengstoffgesetz: „Klasse I (II oder T 1) der 2. DV Sprengstoffgesetz (ohne Erlaubnis und ohne Befähigungsschein)".
   3. Versandstücke, die Gefahrzettel Nr. 1 nach Anlage C zur EVO/des RID nicht tragen, müssen mit der Bezeichnung „Explosionsgefährlich" versehen sein.

§ 5

Ermittlung des Gewichts

Falls die Eisenbahn das Gewicht der Sendung ermittelt, geschieht dies auf dem Stückgutbahnhof.

§ 6

Verpackung, Zustand und Bezeichnung des Gutes

(1) Stellt der Stückgutbahnhof des Versandorts fest, daß das Gut entgegen der Vorschrift des § 62 (1) EVO (Artikel 12 § 2 CIM) unverpackt oder mangelhaft verpackt ist, so ist die Eisenbahn berechtigt, Mängel an der Verpackung zu beseitigen oder das Gut an den Absender zurückzubefördern. Die Haftung des Absenders nach § 62 (3) EVO ändert sich hierdurch nicht. Entsprechendes gilt für Güter, die Beschädigungen oder offensichtlich Spuren von Beschädigungen aufweisen, die vor der Annahme schon bestanden.

(2) Die Bezeichnung der Stückgüter muß
– den Versandort einschließlich Postleitzahl und
– den Bestimmungsort einschließlich Postleitzahl und Stückgutleitzahl

nach Spalte 1 des Anhangs IV enthalten. Stellt der für den Versandort zuständige Stückgutbahnhof fest, daß das Gut ungenügend bezeichnet ist, so gilt Absatz 1 Satz 1 entsprechend.

(3) Bei Rückgabe des Gutes an den Absender ist die Beförderung zum Stückgutbahnhof und zurück unentgeldlich. Für die Haftung der Eisenbahn gilt § 3 (4) sinngemäß.

§ 7

Zahlungsvermerk (Freivermerk)

Der Zahlungsvermerk (Freivermerk) hat wie folgt zu lauten:

a) „frei“,
wenn der Absender die Fracht, ausgenommen die Hausfracht Empfang, sowie alle Kosten, die nach dem Tarif von der Versandabfertigung in Rechnung gestellt werden können, übernehmen will;

b) „frei einschließlich ....“ (Bezeichnung der Kosten),
wenn der Absender neben den Kosten zu a) noch weitere Kosten übernehmen will;

c) „frei Haus“,
wenn der Absender die Fracht sowie alle Kosten, die nach dem Tarif von der Versandabfertigung in Rechnung gestellt werden können, übernehmen will;

d) „frei Haus einschließlich ....“ (Bezeichnung der Kosten),
wenn der Absender neben den Kosten zu c) noch weitere Kosten übernehmen will;

e) „frei Hausfracht Versand“,
wenn der Absender nur die Hausfracht Versand übernehmen will;

f) „unfrei“,
wenn die Fracht und alle Kosten auf den Empfänger überwiesen werden sollen.

§ 8

Nachträgliche Verfügungen

(1) Der Absender kann verfügen, daß

a) das Gut am Stückgutversandort zurückgegeben werden soll;
b) die Ablieferung des Gutes ausgesetzt werden soll;
c) das Gut an einen anderen Empfänger abgeliefert werden soll;
d) das Gut in einem anderen Bestimmungsort abgeliefert werden soll;
e) das Gut nach dem Stückgutversandort zurückgesandt werden soll;
f) eine Nachnahme nachträglich aufgehoben werden soll.

(2) Solange der Absender das Frachtbriefdoppel nicht vorlegen kann, weil es ihm noch nicht ausgehändigt ist, wird der nachträglichen Verfügung vorläufig insoweit entsprochen, als das Gut auf dem Versand-Stückgutbahnhof zurückgehalten oder seine Ablieferung ausgesetzt wird.

§ 9

Ablieferung des Gutes

(1) Gut und Frachtbrief werden dem Empfänger gegen Zahlung der sich aus dem Frachtvertrag ergebenden Beträge und gegen Empfangsbescheinigung innerhalb der ortsüblichen Geschäftszeiten an dessen Haus übergeben.

(2) Selbstabholung durch den Empfänger oder einen von ihm Bevollmächtigten wird – abweichend von Absatz 1 – von der Eisenbahn insbesondere zugelassen, wenn

ein Kunde mit regelmäßigem und größerem Stückgutaufkommen dies beantragt, aufgrund der örtlichen Verhältnisse beim Empfangs-Stückgutbahnhof eine besondere Bereitstellung möglich ist und im Interesse aller Empfänger die Wirtschaftlichkeit der Hausbedienung im Einzugsbereich des Stückgutbahnhofs dadurch nicht wesentlich beeinträchtigt wird. Dabei wird die Eisenbahn auch besondere betriebliche oder örtliche Verhältnisse des Empfängers berücksichtigen. Wird einem Kunden die Selbstabholung nicht zugestanden, so trägt die Eisenbahn in betriebswirtschaftlich vertretbarem Rahmen Sorge für eine ausreichend häufige und wirtschaftliche Hausbedienung.

(3) Anstelle der Übergabe am Haus des Empfängers kann die Eisenbahn das Gut beim Stückgutbahnhof oder bei einer Hilfsauslieferstelle zur Abholung bereitstellen, wenn

a) ihr die Ablieferung beim Empfänger aufgrund besonderer Umstände nicht zumutbar ist oder andere zwingende Gründe dies erfordern,
b) der Empfänger an einem Ort wohnt, der nicht Stückgutort ist.

(4) Güter, die mit dem für die Bedienung des Bestimmungsorts eingesetzten Kraftfahrzeug nicht befördert werden können, werden dem Empfänger beim Stückgutbahnhof zur Abholung bereitgestellt. Sendungen mit leicht verderblichen Gütern kann die Eisenbahn dem Empfänger beim Stückgutbahnhof zur Abholung bereitstellen.

(5) In den Fällen der Absätze 3 und 4 ist der Empfänger von der Ankunft des Gutes zu benachrichtigen. Die Benachrichtigung unterbleibt, wenn der Empfänger schriftlich darauf verzichtet hat oder wenn sie nach den Umständen nicht möglich ist.

(6) Wird die Sendung dem Empfänger auf einem Stückgutbahnhof zur Abholung bereitgestellt, so endet der Frachtvertrag mit der Übergabe an den Empfänger. Das Gut ist innerhalb von 48 Stunden abzunehmen. Die Abnahmefrist beginnt mit der Bereitstellung des Gutes. Der Lauf der Frist ruht an Sonn- und Feiertagen. Wird der Empfänger von der Ankunft des Gutes benachrichtigt, so beginnt die Abnahmefrist mit dem Zeitpunkt, in dem die Benachrichtigung als bewirkt gilt (§ 78 Abs. 3 EVO).

Für das Benachrichtigen wird die im Anhang III (Abschnitt VI A) festgelegte Gebühr erhoben.

(7) Wird eine Sendung, die dem Empfänger nicht gemäß Absatz 1 abgeliefert werden konnte, zum Stückgutbahnhof oder zur Hilfsauslieferstelle zurückbefördert, so wird für die Rückbeförderung Hausfracht nicht erhoben.

(8) Der im Frachtbrief bezeichnete Empfänger kann die Anweisungen erteilen,

a) ihm den Frachtbrief, das Gut aber gegen Zahlung der sich aus dem Frachtvertrag ergebenden Beträge am Bestimmungsort einem Dritten auszuliefern,
b) ihm den Frachtbrief gegen Zahlung der sich aus dem Frachtvertrag ergebenden Beträge, das Gut aber am Bestimmungsort einem Dritten auszuliefern.
c) das Gut nach Zahlung oder gegen Nachnahme der sich aus dem Frachtvertrag ergebenden Beträge mit neuem Frachtbrief von dem für den Bestimmungsort zuständigen Stückgutbahnhof nach einem anderen Bestimmungsort zu senden. Hausfracht zum ursprünglichen Bestimmungsort wird nicht erhoben. Ist diese bereits vorausgezahlt, so wird sie auf die Fracht für die Weiterbeförderung angerechnet.

(9) Die Anweisungen sind an den für den Bestimmungsort zuständigen Stückgutbahnhof zu richten. Sie sind nur zulässig, solange sich das Gut noch auf dem Stückgutbahnhof befindet.

§ 10

Haftung der Eisenbahn

Die Eisenbahn übernimmt für die Beförderung die Haftung nach §§ 4, 82 ff. EVO oder nach den entsprechenden Bestimmungen der CIM.

§ 11

Höhe der Entschädigung bei Überschreitung der Lieferfrist

Der Entschädigung nach § 88 EVO oder nach Artikel 34 und 36 CIM wird die Gesamtfracht für die Beförderung auf der Schiene und auf der Straße zugrunde gelegt.

§ 12

Fracht. Frachtberechnung. Nebengebühren

(1) Die Frachten für die Beförderung auf der Straße (Hausfrachten) sind – abweichend von § 6 (1) EVO – Höchstfrachten.

(2) Grundlagen der Frachtberechnung für die Beförderung zwischen Stückgutbahnhöfen und den zugehörigen Stückgutorten sind
– das Gewicht der Sendung in Kilogramm und
– die Ortsklasse des Stückgutorts gemäß Anhang IV.

(3) Das Frachtberechnungsgewicht ist das wirkliche Gewicht der Sendung, soweit nicht erhöhte oder verminderte Gewichte gelten.

(4) Die Frachten für Sendungen im Gewicht bis 4000 kg sind im Anhang II enthalten; die Frachten für Sendungen mit höheren Gewichten werden vereinbart.

(5) Die Eisenbahn kann zur Deckung außergewöhnlichen Aufwands und für zusätzliche Leistungen Zuschläge zu den Hausfrachten erheben. Sie werden durch Aushang bekanntgegeben.

(6) Sind bei Sendungen mit den Zahlungsvermerken „frei Haus" und „frei Haus einschließlich ...." im Empfang (Bezeichnung der Kosten)
– Zuschläge nach Absatz 5 und/oder
– höhere Hausfrachten als im Versand berechnet
zu erheben, so werden die Zuschläge bzw. Unterschiede zwischen den Hausfrachten vom Empfänger erhoben.

(7) Hat der Absender in den Fällen, in denen die Sendung dem Empfänger auf einem Stückgutbahnhof bereitgestellt wird, die Hausfracht Empfang bereits gezahlt, so wird diese nach Abzug einer Bearbeitungsgebühr von 2 DM an den Empfänger ausgezahlt. Beträge unter 2 DM werden nicht ausgezahlt. Hat die Eisenbahn den zur Bereitstellung führenden Umstand zu vertreten, so wird die Hausfracht voll ausgezahlt.

(8) Für Nebenleistungen kann die Eisenbahn Nebengebühren gemäß Anhang III erheben.

§ 13

(bleibt frei)

§ 14

(bleibt frei)

II. Beförderung ausschließlich auf der Straße

(Zwischenortsverkehr)

§ 15

Allgemeines

(1) Für die Beförderung von Stückgütern ausschließlich mit Kraftfahrzeugen zwischen Stückgutorten ohne vorausgehende oder nachfolgende Beförderung auf der Schiene gelten die Vorschriften des Abschnitts I, soweit nachstehend nichts anderes bestimmt ist.

(2) Die Eisenbahn ist zum Abschluß eines Beförderungsvertrags nicht verpflichtet.

§ 16

Gewichtsangaben im Frachtbrief

Im Frachtbrief ist das Gewicht des Gutes vom Absender einzutragen.

§ 17

Frachtberechnung

(1) Die Grundlagen der Frachtberechnung sind
- das Gewicht der Sendung in Kilogramm,
- die Ortsklasse des Versandorts gemäß Anhang IV,
- die Ortsklasse des Bestimmungsorts gemäß Anhang IV.

(2) Erhoben wird die Summe der Hausfrachten, die sich aus dem Anhang II nach der Ortsklasse des Versandorts und der des Bestimmungsorts ergibt.

§ 18

Nachträgliche Verfügungen und Anweisungen des Empfängers sind nicht zugelassen.

Sachregister

Die fetten Zahlen verweisen auf den jeweiligen Paragraphen, die mageren auf die Anmerkungen

Abfallbeförderungsverordnung 425 35
Abfallbeseitigung als Frachtvertrag **425** 35
Abfertigungsarten nach KVO **452,** Anh. II (**4** KVO) 1 ff.
Abfertigungsspediteur 452, Anh. I (**33** GüKG)
Abhandenkommen, Haftung nach KVO **452,** Anh. II (**30** KVO) 5
Abholung nach KVO, Begriff und Unternehmerpflicht **452,** Anh. II (**5** KVO) 2 f.
Abholungsschäden nach KVO **452,** Anh. II (**33** KVO) 3
Ablieferung
des Frachtbriefs und frachtrechtliches Verfügungsrecht **433** 21
des Frachtguts **429** 12
des Frachtguts ohne Bezahlung und Pfandrechtsgeltendmachung **442** 3
Ablieferungshindernis 428 7 ff.
Annahmeverweigerung **437** 5
Benachrichtigungspflicht, schuldhafter Verstoß **437** 11
Beschlagnahmen **437** 6
Binnenschiffahrtsrecht **437** 2
nach CMR **452,** Anh. III (Art. 15 CMR) 1 ff.
einstweilige Verfügung gegen Auslieferung **437** 6
Empfängerbenachrichtigung **437** 10
Güterfernverkehr **437** 2
Güternahverkehr **437** 1
Hinterlegungsrecht **437** 12 ff.
Kosten der Benachrichtigung **437** 7
nach KVO **452,** Anh. II (**28** KVO) 11 ff.
Möbelverkehr **437** 2, **452,** Anh. IV (**6** BefBMö) 1
Nachrichtenverbindungen, Bedeutung der Verbesserten **437** 1
Selbsthilfeverkauf **437** 16 ff.
Spediteur **437** 2
Streik **437** 6
Untunlichkeit der Benachrichtigung **437** 18
Verfügungsrecht und Benachrichtigung **437** 10
Verschulden **437** 3
Verweigerung der Annahme **437** 5
Ablieferungspflicht des Frachtführers **425** 70
Abreden, tarifwidrige im Güterfernverkehr **452,** Anh. I (**22** GüKG) 1 ff.
Abschleppen 425 46
Abschluß des Frachtvertrags
Abschlußfreiheit **425** 56
Abschlußzwang **425** 56
CMR-Frachtvertrag **452,** Anh. III (Art. 4 CMR) 1 ff.
Nichtigkeit **425** 56
Schweigen als Abschlußerklärung **425** 58
Verschulden bei Vertragsschluß **425** 60
Abschluß des Wagenstellungsvertrags 452, Anh. II (**14** KVO) 7
Abschlußfreiheit im Landfrachtrecht **425** 56
Absender des Frachtguts
Ablieferungshindernis, Benachrichtigung durch Frachtführer **437** 7
Absenderrecht und Empfängerrecht **433** 26
Anhalten des Frachtguts **433** 11
Anweisungen an Frachtführer **433** 14
Aufklärungspflicht nach CMR **452,** Anh. III (Art. 22 CMR) 1 ff.
Auslieferung an anderen Empfänger **433** 13
Bedeckungspflicht für Güter nach KVO **452,** Anh. II (**12** KVO) 11
Beförderungshindernisse, Rücktrittsrecht **428** 7
Bestimmungsprobleme **425** 31
Begleitpapier, Pflicht zur Stellung nach CMR **452,** Anh. III (Art. 11 CMR) 1
Begleitpapiere, Pflicht zur Übergabe **427** 3
CMR-Frachtführer, Verhältnis zum Absender **452,** Anh. III (Art. 2 CMR) 5
Drittschadensliquidation **429** 36
Eingriff in Transportablauf **426** 13
Eintragung des – im Frachtbrief **426** 3
Empfängerrecht und Absenderrecht **433** 26
Empfängerrechte und Absenderrechte, Abgrenzung **435** 8
Empfängerrechte und frachtrechtliches Verfügungsrecht des – **433** 26
Erlöschen der Absenderrechte **438** 15
Erlöschen des frachtrechtlichen Verfügungsrechts **433** 19 ff.

Absender des Frachtguts (Fortsetzung)
Ersatzberechtigter gegenüber Frachtführer **429** 35
Frachtbriefausfüllung, fehlerhafte nach KVO **452,** Anh. II (**13** KVO) 1 ff.
Frachterstattung nach KVO **452,** Anh. II (**23** KVO) 4 f.
Gefahrenhinweise nach CMR **452,** Anh. III (Art. 22 CMR) 2
Haftung bei Gefährlichkeit der Güter **452,** Anh. III (Art. 22 CMR) 4
Haftung für Frachtbriefangaben **426** 23 ff.
Haftung für Frachtbriefangaben nach KVO **452,** Anh. II (**13** KVO) 1 ff.
Haftung für unrichtige Begleitpapiere **427** 5
Haftung wegen unzureichender Verpackung **452,** Anh. II (**18** KVO) 6
Hauptpflichten, nicht erfüllte **435** 7
Herr des Transportvorgangs **433** 22
Konkurs des – **425** 64
Kostbarkeiten, erforderliche Angaben **429** 28
KVO-Pflichten und Rechte **452,** Anh. II (**12** KVO) 11
Ladeschein, Wertergebung **447** 3
Rückgabe des Frachtguts **433** 12
Rücknahme, Unterscheidung zur Annahme **438** 10
Rücktritt wegen Beförderungshindernis **428** 7
Rücktritt wegen Verzugs oder Unmöglichkeit **428** 6
Schadensersatzanspruch des Frachtführers gegen – **425** 84
Schadensliquidation im Drittinteresse **429** 36
Selbstverladung nach KVO **452,** Anh. II (**17** KVO) 7
Tod des – **425** 66
Übergabe der Begleitpapiere **427** 1 ff.
Unterfrachtführer als Vertragspartner **432** 22
Unterfrachtführer, Rechtsbeziehungen zum – **432** 15
Unternehmer, Abgrenzung der Rechte und Pflichten des – nach KVO **452,** Anh. II (**12** KVO) 9 ff.
Verfügungen bis zur Ankunft des Guts **426** 13
Verfügungen nach KVO **452,** Anh. II (**27** KVO) 1 ff.
Verfügung, zulässige über das Frachtgut **433** 10
Verfügungsrecht nach CMR **452,** Anh. III (Art. 12 CMR) 4
Verladungspflicht nach KVO **452,** Anh. II (**17** KVO) 4, 6
Verpackung, Haftung für mangelhafte nach CMR **452,** Anh. III (Art. 10 CMR) 1
Verpackungspflicht nach KVO **452,** Anh. II (**12** KVO) 11
Weisungen an Frachtführer **433** 10
Weisungen bei Ablieferungshindernissen nach CMR **452,** Anh. III (Art. 15 CMR) 1 ff.
Zahlungspflicht des Empfängers und Absenderstellung **436** 20
Absenderanweisungen und Empfängeranweisungen, Widerspruch **434** 1
Absenderausfertigung des Frachtbriefs, Anspruch auf – **426** 21
Absenderausfertigung des Frachtbriefs und Sperrwirkung **426** 13
Absenderrechte und Vorlage des Frachtbriefs **426** 16
Abtretung der Ansprüche gegen KVO-Versicherer **452,** Anh. II (**38** KVO) 7
AGNB-Haftpflichtversicherung 429 104
Allgemeine Beförderungsbedingungen für den gewerblichen Güternahverkehr mit Kraftfahrzeugen (AGNB)
Ablieferungshindernis **452,** Anh. V (**13** AGNB) 1
AGB-Gesetz, Anwendung **452,** Anh. V (**1** AGNB) 4
Allgemeine Geschäftsbedingungen **452,** Anh. V (**1** AGNB) 2
Beförderungsart **452,** Anh. V (**4** AGNB)
Beförderungshindernisse **452,** Anh. V (**12** AGNB) 1
Beförderungsvertrag **452,** (**3** AGNB) 1 f.
Begleitpapiere **452,** Anh. V (**9** AGNB) 1
Beladen **452,** Anh. V (**6** AGNB) 1
Entladen **452,** Anh. V (**6** AGNB) 1
Erfüllungsort **452,** Anh. V (**24** AGNB) 1
Erlöschen der Ansprüche **452,** Anh. V (**22** AGNB) 1
Fahrzeugüberlastung **452,** Anh. V (**7** AGNB) 2
Frachtgutüberprüfung **452,** Anh. V (**7** AGNB) 1
Geltung **452,** Anh. V (**1** AGNB) 1
Gerichtsstand **452,** Anh. V (**24** AGNB) 1
Güternahverkehr, Anwendung auf gewerblichen **452,** Anh. V (**1** AGNB) 5
Haftung **452,** Anh. V (**14** AGNB) 1
Haftungsausschlüsse **452,** Anh. V (**15** AGNB) 1 ff.
Haftungsbeschränkungen **452,** Anh. V (**17** AGNB) 1 ff.
Handelsbrauch, kein genereller **452,** Anh. V (**1** AGNB) 2
Lade- und Staupflichten, Verteilung **452,** Anh. V (**6** AGNB) 2
Lieferfristregelung, keine zwingende **452,** Anh. V (**10** AGNB) 1
Lohnfuhrvertrag **452,** Anh. V (**25** AGNB) 1
Möbelbeförderung **452,** Anh. V (**1** AGNB) 5
Nachnahme **452,** Anh. V (**11** AGNB) 1
Pfandrecht **452,** Anh. V (**23** AGNB) 1

Rechtsnatur **452,** Anh. V (**1** AGNB) 1
Speditionsrollfuhr **452,** Anh. V (**1** AGNB) 5
Übergabe des Guts **452,** Anh. V (**5** AGNB) 1 ff.
Vereinbarung **452,** Anh. V (**1** AGNB) 2
Verjährung **452,** Anh. V (**26** AGNB) 1
Vermögensschäden, Ersatz für – **452,** Anh. V (**16** AGNB) 1
Versicherung **452,** Anh. V (**22** AGNB) 1
Vertragsgegenstand **452,** Anh. V (**2** AGNB) 1
Wartezeit **452,** Anh. V (3 AGNB) 1
Allgemeine Deutsche Binnen-Transportversicherung 429 101
Allgemeine Deutsche Seeversicherungsbedingungen 429 101
Allgemeine Geschäftsbedingungen, AGNB als – **452,** Anh. V (**1** AGNB) 2
Allgemeine Geschäftsbedingungen und KVO **452,** Anh. II (**1** KVO) 3
Änderung des ursprünglichen Frachtvertrags **425** 3
Angaben, erforderliche bei Kostbarkeiten **429** 28
Anhangkähne, Selbstfahrende **425** 5
Anhalten des Frachtguts **433** 11
Ankunft des Frachtguts und Empfängerrechte **433** 24
Ankunft des Frachtguts und frachtrechtliches Verfügungsrecht **433** 21
Annahme
des Frachtbriefs **426** 3, 6, 18
des Frachtguts und Erlöschen der Ansprüche **438** 8 ff.
des Frachtguts und bloße Inbesitznahme **436** 7
des Frachtguts und Zahlungspflicht **436** 3 ff.
verweigerte und Absenderrechte **433** 27
Annahmeerklärung (Frachtgut), anfechtbare **436** 9
Annahmeverweigerung
nach CMR **452,** Anh. III (Art. 15 CMR) 3 ff.
durch Empfänger **435** 13
des Frachtguts **437** 5
Anschlußtransporte, linienmäßige **425** 20
Anspruchskonkurrenzen im Frachtrecht **429** 77 ff.
Anwendungsbereiche einzelner Haftungsregelungen **425** 3
Arbeitnehmerhaftung für Transportschäden **429** 98
Auftraggeber im Frachtrecht **425** 31
Aufwendungsersatz für Frachtführer **425** 83
Ausfertigung des Frachtbriefs **426** 13
Ausgleich zwischen Haupt- und Unterfrachtführer **432** 27
Ausladen des Beförderers und Haftung **429** 14
bloßes des Frachtguts **429** 12
Auslieferung des Frachtguts an anderen Empfänger **433** 13
Auslieferung an Nichtberechtigten **429** 4
Außenstellen der Bundesanstalt für Güterfernverkehr **452,** Anh. I (**53** GüKG)
Ausstellung des Frachtbriefs **426** 18
Auswahlverschulden bei unversicherten Frachtführern **429** 106

barge-Container, schwimm- und manövrierfähige **425** 5
Bedienstete im Eisenbahnrecht **431** 3
Beendigung des Frachtvertrags
Erfüllung, vollständige **425** 61
frachtvertragliche Gründe **425** 63
werkvertragsrechtliche Gründe **425** 62
Beförderung
Beförderungserfolg als Leistungsgegenstand **425** 34
Beförderungshindernisse nach KVO **452,** Anh. II (**28** KVO) 1 ff.
Beförderungsmittel **425** 36
Beförderungspflicht **425** 56
Begleitpapiere, Pflicht zur Übergabe **427** 1 ff.
Frachtbrief, Auskunft über Einzelheiten der – **426** 11
Frachtvertrag, zentrales Bestimmungselement **425** 33
Frachtverträge **425** 38
Gepäcktransport **425** 33
Güterbegriff **425** 38
Hauptpflicht **425** 37
Hindernis nach CMR **452,** Anh. III (Art. 14 CMR) 1
als Nebenpflicht **425** 47 f.
Personenbeförderung **425** 38
Unterfrachtführer **425** 40
Übernahme **425** 40
Verhinderung **428** 10
Verkehrsmittel, anderes als vorgesehenes **429** 18
Verladen **425** 33
Verzögerung **425** 62
Beförderungsbedingungen im EG-Recht **452,** Anh. I (**22** GüKG) 8
Beförderungsbedingungen für den Möbelverkehr (BefBMö) siehe Möbelverkehr, Beförderungsbedingungen
Beförderungsbescheinigung im Werkverkehr **452,** Anh. I (**50**d GüKG)
Beförderungsfälle, von den Bestimmungen des GüKG befreite **452,** Anh. I (**4** GüKG)
Beförderungshindernisse
Absenderverschulden **429** 12
Begriff **428** 9
Entschädigung des Frachtführers **429** 14

Beförderungshindernisse (Fortsetzung)
Rücktrittsrecht des Absenders **428** 7 ff.
Verhinderung **428** 10
zeitweilige Verhinderung **428** 11
Beförderungshindernisse nach CMR **452,** Anh. III (Art. 14 CMR) 1 ff.
Beförderungshindernisse im Möbelverkehr **452,** Anh. IV (**6** BefBMö) 1
Beförderungskette und Frachtführerpfandrecht **441** 1 ff.
Beförderungsmittel
und Haftungsregelung **425** 3
Veränderung des vorgesehenen **425** 3
Beförderungspreise nach KVO **452,** Anh. II (**9** KVO)
Beförderungsvertrag nach KVO **452,** Anh. II (**3** KVO) 1 ff.
Beförderungszeit
Bestimmung der Lieferfrist **428** 2 ff.
feste Lieferfrist **428** 3
gestaffelte Lieferfrist **428** 3
Güterfernverkehr, Haftung für Verspätung **429** 43
Haftung bei Überschreitung **428** 5
Haftung für Verspätungsschäden **429** 31 ff.
internationaler Güterkraftverkehr, Verspätungshaftung **429** 69
Lieferfrist nach CMR **452,** Anh. III (Art. 17 CMR) 26 f.
Lieferfristüberschreitung nach CMR und Vorbehalte **452,** Anh. III (Art. 30 CMR) 7 f.
Lieferfristüberschreitung nach KVO **452,** Anh. II (**31** KVO) 5
Möbelbeförderung, Haftung für Verspätungsschäden **429** 61
Rücktrittsrecht des Absenders bei Nichteinhaltung **428** 6
Unmöglichkeit wegen Lieferfristüberschreitung **428** 6
Verlust, Annahme des nach Überfälligkeit **435** 5
Verspätungshaftung nach CMR **452,** Anh. III (Art. 17 CMR) 24
Verspätungshaftung und Schuldnerverzug, Konkurrenz **429** 78
Begleitpapiere
nach CMR **452,** Anh. III (Art. 11 CMR) 1
Haftung für unrichtige **427** 5 f.
nach KVO **452,** Anh. II (**12** KVO) 1 ff.
öffentlich rechtliche Bestimmungen **427** 7
Pflicht des Absenders zur Übergabe **427** 1 ff.
Begünstigungseigenschaft des Empfängers **435** 15
Beladen im Möbelverkehr **452,** Anh. IV (**4** BefBMö) 1
Bereicherungsanspruch des Empfängers **436** 19
Beschädigung des Frachtguts **429** 6
Beschädigung des Frachtguts und Wertersatz **430** 16
Beschlagnahme als Ablieferungshindernis **437** 6
Beschlagnahme des Frachtguts **429** 4
Beseitigung von Abfall **425** 35
Besitzübernahme des Frachtguts und Zahlungspflicht des Empfängers **436** 5
Betriebssicherheit der Verladung **452,** Anh. II (**17** KVO) 7
Betriebsunfall nach KVO **452,** Anh. II (**29** KVO) 10
Betrug, Haftung nach KVO **452,** Anh. II (**30** KVO) 8
bevorrechtigte Haftungsausschlüsse nach CMR **452,** Anh. III (Art. 17 CMR) 13
bevorrechtigte Pfandrechte des Handelsrechts **443** 6
Beweis
des CMR-Frachtbriefs **452,** Anh. III (Art. 9 CMR), 1 ff.
für Eigenschaften übernommener Güter **426** 5 ff.
eines Frachtvertrages **426** 3
Beweislage für Identitäts- und Mengenangaben nach KVO **452,** Anh. II (**16** KVO) 16 ff.
Beweislast
für Frachtgutverlust **429** 8
für höhere Gewalt nach KVO **452,** Anh. II (**34** KVO) 10
für mangelhafte Verpackung nach CMR **452,** Anh. III (Art. 10 CMR) 3
für Schadenszeitpunkt **429** 19
Beweisregeln, allgemeine frachtrechtliche **426** 6
Beweisurkunde, KVO-Frachtbrief **452,** Anh. II (**15** KVO) 15
Bezeichnung, ungenügende nach CMR **452,** Anh. III (Art. 17 CMR) 19
Bezirksgüterfernverkehr im Linienbetrieb **425** 56
Binnenkonnossement, Haftung aus dem – **444** 4
Binnenschiffahrtsrecht
Abdingbarkeit des deutschen – **425** 28
Anhangkähne, selbstfahrende **425** 5
Ablieferungshindernis **436** 3
barge-Container, selbstfahrende **425** 5
Beweislastverschiebungen im Haftungsrecht **429** 72
Binnenkonnossement, Haftung aus – **444** 4
Binnenschiff, Ausführung des Transport mittels **425** 5
Binnenschiff, Transport mit **425** 5
dispositives Recht **425** 5
Empfängerbestimmung durch wertpapierrechtliche Legitimation **425** 32
Frachtbriefausstellung **426** 19
Frachtschiffe, selbstfahrende **425** 5
frachtvertragliches Verfügungsrecht **433** 7

Freizeichnung für anfängliche Fahr- bzw. Ladungsuntüchtigkeit **429** 72
Formulare, verwendete für Frachtbriefe und Binnenkonnossemente **425** 28
Gehilfenhaftung **431** 2
Gesetz über die privatrechtlichen Verhältnisse der Binnenschiffahrt **425** 5
Haftung für Verspätung **429** 32
Haftungsbegrenzung bei Frachtführern **430** 1
Haftungsregelungen **429** 72
Ladeschein **444** 1
Pfandrechte, bevorrechtigte **443** 2
Pfandrecht des Frachtführers **440** 1
Rechtswahlklausel **425** 28
Schadensfeststellungsverfahren **438** 6
Schadenshaftung **444** 3
Schleppvertrag **425** 46
Schubleichter, selbstfahrende **425** 5
Seefrachtrecht, Abgrenzung **425** 6
Seerecht, Vereinbarung der Anwendung **425** 5
Skripturhaftung aus Binnenkonnossement **444** 4
Unterfrachtführer, Haftungsausgleich mit Hauptfrachtführer **432** 8
Verfügungsrecht, frachtvertragliches **433** 7
Verjährungsfragen **439** 2
Verspätungshaftung **429** 32
Wert des beschädigten Gutes **430** 18
Zahlungspflicht des Empfängers **436** 2
Börsenwert der Handelsware **430** 11
Bombieren und KVO-Haftung **452,** Anh. II (**34** KVO) 20
bruchgefährdete Güter **452,** Anh. III (Art. 17 CMR) 17
Bruchschäden nach KVO **452,** Anh. II (**30** KVO) 9
Brüsseler Konnossementsabkommen von 1924 **452,** Anh. III (Art. 1 CMR) 1
Buchführung im Güterfernverkehr **452,** Anh. I (**29** GüKG)
Bund, Beförderung von Gütern durch den – **452,** Anh. I (**4** GüKG)
Bundesanstalt für Güterfernverkehr
Anstalt, bundesunmittelbare des öffentlichen Rechts **452,** Anh. I (**53** GüKG)
Aufgaben **452,** Anh. I (**53** GüKG)
Aufsicht des Bundesministers für Verkehr **452,** Anh. I (**76** GüKG)
Außenstellen **452,** Anh. I (**53** GüKG)
EG-Vorschriften, Überwachung **452,** Anh. I (**97**a ff. GüKG)
Frachtenprüfstelle **452,** Anh. I (**58** GüKG)
Leiter **452,** Anh. I (**68** GüKG)
Organe **452,** Anh. I (**61** GüKG)
Statistik **452,** Anh. I (**57** GüKG)
Tarifüberwachung **452,** Anh. I (**58** GüKG)
Übergang des Rückforderungsanspruchs aus Tarifüberschreitung **452,** Anh. I (**23** GüKG) 7 ff.
Überwachungsaufgaben **452,** Anh. I (**54** GüKG)
Verwaltungsrat **452,** Anh. I (**62** GüKG)
Bundesbahn s. Deutsche Bundesbahn

Carrier **425** 30
Chartervertrag mit employment-Klausel **425** 25
CMR s. Übereinkommen über den Beförderungsvertrag im internationalen Straßengüterverkehr
CMR-Fremdunternehmer-Policen **429** 106
CMR-Haftpflichtversicherung **429** 106
Combined Transport Operator **425** 19
Container als Frachtgut **429** 7
Container, Mangelhaftigkeit und CMR-Haftung **452,** Anh. III (Art. 17 CMR) 15
Containerbeförderung und Beweiswirkung des Frachtbriefs **426** 6
Containerbeförderung und CMR **425** 21
Containerverkehr, Haupt- und Unterfrachtführer **432** 8
Containerverkehr, internationaler **425** 20
Containerverkehr, Schaffung internationalen Abkommens **425** 22
Containerverkehr, Weltkonferenz **425** 22
Container-Transporte und Absenderverfügungen **426** 13
CTO-Vertrag **425** 19

Dauerfrachtverträge **425** 55
Deckungsumfang der KVO-Haftpflichtversicherung **452,** Anh. II (**38** KVO) 4
Deliktshaftung
des Frachtführers **429** 77 ff.
des Frachtführers, formularvertraglicher Ausschluß **429** 94
des Frachtführers und frachtvertragliche Sonderhaftung **429** 89 ff.
von Subunternehmern **429** 97
Deutsche Bundesbahn
Abschlußzwang im Güterfernverkehr mit KfZ **452,** Anh. II (**7** KVO) 1
Lohnfuhrvertrag mit Güterfernverkehrsunternehmen **425** 45
Sondervorschriften für Güterfernverkehr **452,** Anh. I (**45 ff.** GüKG)
als Unterfrachtführer **425** 25
Deutsches Frachtrecht **425** vor 1
Deutsches Recht und CMR **452,** Anh. III (Art. 1 CMR) 3 f.
DDR-Verkehr und CMR-Anwendung **452,** Anh. III (Art. 1 CMR) 7
Diebstahlshaftung nach KVO **452,** Anh. II (**30** KVO) 5

Dienstmann als Landfrachtführer **425** 41
Dokument des kombinierten Transports **429** 22
Dokumentation kombinierter Transporte **444** 6 ff.
Dokumentenakkreditiv und kombinierter Transport **444** 6
Drittschadensliquidation **429** 36
Durchfrachtverkehr der Reedereien **425** 24
Durchfrachtvertrag, echter **425**, 19
Durchfrachtgeschäft und Solidarhaftung **432** 11
Durchkonnossement
echte, von Verfrachtern ausgestelltes **444** 7
der Reedereien **425** 24
unechtes **425** 18

echter Durchfrachtvertrag **425** 19
EG-Übereinkommen über gerichtliche Zuständigkeit und Vollstreckung gerichtlicher Entscheidungen in Zivil- und Handelssachen **452,** Anh. III (Art. 31 CMR) 2
Eigentümer – Besitzerverhältnis und frachtvertragliche Haftung **429** 81
Eigentumslage und Frachtbrief **426** 15a
Eigentumsübertragung am Frachtgut **450** 5
Einheitliche Regeln für ein Dokument des kombinierten Transports **444** 9
Einheitliche Richtlinien für ein kombiniertes Transportdokument **432** 11
Einrede des nichterfüllten Vertrags durch Frachtführer **435** 7
Eintritt des Unterfrachtführers in Hauptfrachtvertrag **432** 22
Eisenbahnfrachtbrief **426** 3
Eisenbahnfrachtrecht, s. a. Deutsche Bundesbahn
Absender als Vertragspartner **425** 31
Bedienstete **431** 3
CIM **425** 4
Container-Transport **425** 25
Eisenbahnfrachtbrief **426** 3
Empfängerbestimmung **435** 1
europäische CIM-Eisenbahnen **425** 20
Formularvertragscharakter **425** 57
Frachtbrief **426** 2
Frachtbrief, Beweiswirkungen
Frachtbrief, Pflicht zur Ausstellung **426** 19
grenzüberschreitender Bereich **425** 4
Großcontainer-Verkehr der europäischen Eisenbahnen **425** 25
Güternahverkehr auf der Straße Anh. VI nach **452**
Haftung des Frachtführers **429** 73
höhere Gewalt **452,** Anh. II (**34** KVO) 6
innerstaatlicher Bereich, Regelungen **425** 4
Intercontainer **425** 25
internationales Übereinkommen über Eisenbahnfrachtverkehr **425** 4
kein Frachtführer **432** 9
Kraftwagenführer als Erfüller **432** 9
KVO-Frachtführer und Eisenbahntransport **452,** Anh. II (**33** KVO) 5
Landfrachtführer, Eisenbahn als – **432** 9
multi-modaler Transport **425** 20
offener Wagen-Transport **452,** Anh. III (Art. 17 CMR) 14
Pfandrechte, bevorrechtigte **443** 2
Realvertragscharakter **425** 57
Schadenfeststellungsverfahren **438** 6
Stückgutbeförderung von Haus zu Haus **452,** Anh. VI
Transfracht GmbH **425** 25
Transfracht-Geschäftsbedingungen **425** 25
Transfracht und Verlader, Haftung nach EVO **425** 25
Transfracht – Übergabeschein **425** 25
Unterfrachtführer, Eisenbahn als – **432** 9
Verjährungsfragen **439** 2
Eisenbahnnetz, ergänzende Schiffahrts- und Kraftwagenlinien **425** 20
Emailabsplitterungen und KVO-Haftung **452,** Anh. II (**34** KVO) 18
Empfänger beim Frachtvertrag **425** 32
Empfänger des Frachtguts s. a. Zahlungspflicht des Frachtgutempfängers
Abnahmepflicht nach KVO **452,** Anh. II (**25** KVO) 9
Absender-Verfügungsrecht, Konkurrenz **433** 29
Absenderrechte bei Teilankunft **435** 5
Absenderrechte und Empfängerrechte, Abgrenzung **435** 8
Abtretbarkeit der Empfängerrechte **435** 2
Allgemeine Geschäftsbedingungen und Empfängerpflichten **436** 2
Anfechtung der Annahme des Frachtguts **436** 8
Ankunft des Guts, Bedeutung **435** 4
Ankunft des Guts und Rechte nach CMR **452,** Anh. III (Art. 13 CMR) 1 ff.
Annahme, Anspruchsverlust begründende **438** 8
Annahme des Frachtguts und Frachtbriefs und Zahlungspflicht **436** 3 ff.
Annahme, Vertretung bei **436** 8
Annahme des Frachtguts unter Vorbehalt **436** 10
Annahmeverweigerung **437** 5
Annahmeverweigerung, Abgrenzung zur Zurückweisung **435** 13
Anwartschaft des Empfängers **435** 1
Auslieferung, veränderte **435** 1
Auslieferungsanspruch **435** 11
Auslieferungsanspruch des – und Rechte des Frachtführers **435** 7

Auslieferungsanspruch nach KVO **452,** Anh. II (**25** KVO) 1
Begriff **435** 1
Begünstigter i. S. des § 333 BGB **435** 15
Benachrichtigung bei Ablieferungshindernis **437** 10
Bereicherungsanspruch **436** 19
Bezeichnung **435** 1
Binnenschiffahrtsrecht **435** 3
Bringschuld des Frachtführers **435** 11
Drittbegünstigter **435** 2
Eisenbahnfrachtvertrag **435** 1
Eisenbahnrecht **435** 3
Empfangsspediteur **435** 1
Empfangsspediteur als Empfänger **435** 6
Empfängerrechte, Inhalt und Überblick **435** 8 ff.
Empfängerrechte nach Ankunft des Frachtguts **433** 24
Empfängerrecht, unentziehbares **435** 1
Erfüllungspflichten **435** 7
Erlöschen der Empfängerrechte **438** 15 ff.
Ersatzansprüche, Geltendmachung **435** 13
Forderungsrecht **435** 7
Frachtbriefeintragung **435** 1
Frachtbriefübergabe **435** 10
Frachtvertrag, Empfängerrechte bestimmt nach – **435** 9
Frachtvertrag, Widerspruch zu Frachtbrief und Empfängerrechte **435** 9
frachtvertragliches Verfügungsrecht **435** 12
Frachtzahlung, Verweigerung **435** 13
Geltendmachung der Empfängerrechte **435** 2
Güternahverkehr **435** 3
internationaler Straßenverkehr **433** 3
Ladeschein, Bezeichnung des – **435** 1
Ladescheinbesitzer als Empfänger **447** 2
Legitimation **447** 1 ff.
Lieferfristüberschreitung **435** 5
Möbelbeförderung **435** 3
Nicht-Ermittelbarkeit **437** 4
Not-Weisungsrecht **434** 1 ff.
Rechte nach CMR **452,** Anh. III (Art. 13 CMR) 3
kein Rechtsnachfolger des Absenders **435** 2
Rechtsstellung (Überblick) **435** 2
Spediteursstellung **435** 1
Schuldnerstellung **436** 1
Teilankunft und Empfängerrechte **435** 5
Teilannahme des Frachtguts **436** 6
Verfügungsrecht **433** 28 ff.
Verfügungsrecht nach CMR **452,** Anh. III (Art. 12 CMR) 5 ff.
Verfügungsrecht nach KVO **452,** Ahn. II (**27** KVO) 17 ff.
Verfügungsrecht, frachtvertragliches **435** 12
Verfügungsrecht, nicht ausgeübtes **433** 27
Verlust, festgestellter und Empfängerrechte **435** 5
Verlust, kein Anspruch bei gänzlichem oder teilweisen – **435** 13
Verpfändbarkeit der Empfängerrechte **435** 2
Verpflichtungen **435** 2
Vertragliche Verpflichtung gegenüber Frachtführer **436** 21
Vertretung bei Annahme **436** 8
Verweigerung der Annahme **437** 5
Vorbehalt, Annahme des Frachtguts unter – **436** 10
Weisungen des – **434** 4
Zahlungspflicht des Empfängers **452,** Anh. II (**25** KVO) 7
Zollbehandlung nach KVO **452,** Anh. II (**12** KVO) 12
Zufallsempfänger **435** 1
Zug-um-Zug Rechte des Empfängers **435** 7
Zurückweisung **435** 15
Zwangsvollstreckung in Empfängerrechte **435** 2
Entgegennahme des Frachtguts **429** 11
Entgelte im Güternahverkehr **452,** Anh. I (**84** GüKG)
Entgelt, tarifwidriges § 452, Anh. I (**22** GüKG)
Entgeltlichkeit des Frachtvertrags **425** 4
Entladen
durch Beförderer und Haftung **429** 14
und CMR-Haftung **452,** Anh. III (Art. 17 CMR) 16
nach KVO **452,** Anh. II (**17** KVO) 13
im Möbelverkehr **452,** Anh. IV (**4** BefBMö) 1
Entschädigung nach CMR **452,** Anh. III (Art. 23 CMR) 1 ff.
Entschädigung des Frachtführers bei Beförderungshindernis **428** 14
Erfolg der Beförderung **425** 34
Erfüllung des Frachtvertrags **435** 7
Erfüllungsgehilfen des Frachtführers **429** 99
Erfüllungsgehilfenregelung **431** 2
Erfüllungsort, Recht des – der geschuldeten Leistung **425** 28
Erfüllungsverweigerung **428** 6
Ergänzung des Eisenbahnnetzes **425** 20
Erkennbarkeit von Frachtgutmängeln **438** 23 f.
Erlaubnis im Güternahverkehr **452,** Anh. I (**80 ff.** GüKG)
Erlöschen der Ansprüche nach Annahme und Zahlung **438** 7 ff.
Erlöschen des Frachtführerpfandrechts **440** 10 ff.
Erlöschen des frachtrechtlichen Verfügungsrechts **433** 19 ff.
Ersatzberechtigter nach CMR gegenüber Frachtführer **452,** Anh. III (Art. 17 CMR) 30

Ersatzberechtigter bei Ersatzansprüchen aus Frachtvertrag **429** 34 ff.
Europa, CIM-Eisenbahnen **425** 20

Fahrlässigkeit des Frachtführers nach CMR **452,** Anh. III (Art. 29 CMR) 2
Fahrtenbuch im internationalen Straßenverkehr **452,** Anh. I (**28** GüKG)
Fahrzeug mit besonderen Beladeeinrichtungen **452,** Anh. II (**17** KVO) 3
Fahrzeug, Beförderung eines beschädigten **452,** Anh. I (**4** GüKG)
Fahrzeug, offenes und CMR-Haftung **452,** Anh. III (Art. 17 CMR) 14
Fahrzeugmängel, Gewährhaftung für – nach CMR **452,** Anh. III (Art. 17 CMR) 6
Fahrzeugstellung beim Wagenstellungsvertrag **452,** Anh. II (**14** KVO) 8 ff.
Fahrzeugüberlastung nach KVO **452,** Anh. II (**17** KVO) 12
Fälligkeit des Frachtanspruchs **425** 81
Falschauslieferung des Frachtguts **429** 4
Falschauslieferung nach KVO **452,** Anh. II (**31** KVO) 8
Fakturenwert nach KVO **452,** Anh. II (**35** KVO) 5 ff.
Fehlmengen und KVO-Haftung **452,** Anh. II (**34** KVO) 19
Feststellung von Schäden am Frachtgut **438** 20 ff.
Feststellungsvermerke im Frachtbrief **426** 9
FIATA Combined Transport Bill of Lading (FBL) 425 26, **444** 8
Fixgeschäft im Güterfernbereich **452,** Anh. II (**26** KVO) 1
Fixkostenspedition und KVO **452,** Anh. II (**1** KVO) 9
Flugpläne und Verspätung **428** 4
Formalvertrag, KVO-Frachtvertrag als – **452,** Anh. II (**15** KVO) 1 ff.
Formalvertragstheorie 425 57
Formalvertragstheorie und fehlende Angaben im Frachtbrief **426** 22
Frachtberechnung, Frachtbrief als Grundlage der – **426** 12
Frachtberechnung nach KVO **452,** Anh. II (**20** KVO) 1 ff.
Frachtbrief
Ablieferung und frachtrechtliches Verfügungsrecht **433** 21
Abreden, Aufnahme besonderer über Beförderung **426** 11
Absender, Ausfüllung des – durch A. **426** 4
Absender, fehlerhafte Ausfüllung nach KVO **452,** Anh. II (**13** KVO) 1 ff.
Absenderangabe, fehlende **426** 22
Absenderangaben im –, Entfallen der Beweiskraft **426** 11
Absenderausfertigung **426** 13
Absenderhaftung für Angaben **426** 23 ff.
Absenderhaftung nach CMR **452,** Anh. III (Art. 7 CMR) 1 ff.
Angaben **426** 22
Angaben, fehlen einzelner **426** 22
Angaben, fehlende nach KVO **452,** Anh. II (**11** KVO) 2
Angaben im CMR-Frachtbrief **452,** Anh. III (Art. 6 CMR) 1 ff.
Angaben, Mindesterfordernisse **426** 22
Angaben, notwendige und freiwillige **452,** Anh. II (**11** KVO) 5, 6
Angaben, unrichtige **426** 15, 22
Ankunft des Frachtguts, vorherige und Empfängerrechte **433** 24
Annahme des –, Bedeutung **426** 6
Annahme des – und Zahlungspflicht des Empfängers **436** 3
Annahme durch KVO-Frachtführer **452,** Anh. II (**15** KVO) 12 ff.
Annahme vom Frachtführer **426** 3
Anspruch auf Ausstellung **426** 19
Ausfertigung an Absender **426** 13
Ausfertigungen des CMR-Frachtbrief **452,** Anh. III (Art. 5 CMR) 1
Ausfertigungen nach KVO **452,** Anh. II (**10** KVO) 3
Ausstellung der Absenderausfertigung, Anspruch **426** 21
Ausstellung und Annahme, Unterschied **426** 18
Ausstellung, verbindlich vorgeschriebene **426** 19
Beförderungsbedingungen für den Möbelverkehr **452,** Anh. IV (**2** BefBMö) 1 ff.
Beförderungseinzelheiten **426** 11
Beschädigung von Gütern und Beweiswirkung des – **426** 6
Beweis des CMR-Frachtbriefs **452,** Anh. III (Art. 9 CMR) 1 ff.
Beweis für Gütereigenschaften **426** 5
Beweis, Frachtbrief als – für Vertragsabschluß und -inhalt **426** 3
Beweispapier **426** 3
Beweisregeln, allgemeine frachtrechtliche **426** 6
Beweisurkunde nach KVO **452,** Anh. II (**15** KVO) 15
Binnenschiffahrtsrecht **426** 19
Bußgeldverfahren bei unrichtigen Angaben **426** 15
CMR-Frachtbrief-Angaben **452,** Anh. III (Art. 6 CMR) 1 ff.

CMR-Frachtbrief und Vertragsabschluß **452,** Anh. III (Art. 4 CMR) 2
Container-Beförderung, Beweiswirkung des – **426** 6
Container-Transporte **426** 2
Einlösung nach KVO **452,** Anh. II (**25** KVO) 1 ff.
Eintragungen des Absenders, Wirkungen für Frachtführer **426** 4
Eintragungen durch Frachtführer-Personal **426** 4
Eisenbahnfrachtbrief **426** 3
Eisenbahnfrachtrecht **426** 2
Eisenbahnrecht, Pflicht zur Ausstellung **426** 19
eisenbahnrechtliche Sonderbestimmungen für Beweiswirkungen **426** 7
Eigentumslage und Frachtbrief **426** 15a
Empfangsbekenntnis auf Absenderausfertigung **426** 13
Empfängerbezeichnung **435** 1
Fehlen **426** 2
Feststellungsvermerk des KVO-Frachtführers **452,** Anh. II (**16** KVO) 15
Formalvertragstheorie und Inhaltserfordernisse **426** 22
Formulare **426** 22
Form nach KVO **452,** Anh. II (**10** KVO) 2
Formulare nach KVO **452,** Anh. II (**11** KVO) 2
Frachtberechnung, Grundlage **426** 12
Frachtführer, Annahme **426** 3
Frachtführervermerke **426** 8
Frachtvertrag, Abweichung **436** 18
Frachtvertrag, abweichender und Empfängerrechte **435** 9
Frachtzuschlag bei unrichtigen Angaben im – **426** 15
Funktion **425** 1
Gegenbeweis **426** 3
grob unvollständiger **426** 22
Güternahverkehr **426** 19
Haftung des Absenders für Angaben **426** 23 ff.
Identitätsprüfung nach KVO **452,** Anh. II (**16** KVO) 3
Inhalt **426** 22
innerdeutscher Güterfernverkehr mit Lkw **426** 2
innerdeutsche Straßenbeförderung Beweiswirkung des – **426** 6
internationale Luftbeförderung **426** 2
internationaler Straßenfrachtvertrag **426** 2
internationales Straßentransportrecht, Beweiswirkungen im **426** 7
Konnossement, Abgrenzung **426** 16
konstitutive Urkunde **426** 2
Kraftverkehrsrecht, Bedeutung des – im K. **426** 15
KVO-Frachtbrief **452,** Anh. II (**10** KVO) 1 ff.
KVO-Frachtführer, Annahme **452,** Anh. II (**15** KVO) 12 ff.
Ladeschein, Abgrenzung **426** 16
Lagerschein, Abgrenzung **426** 16
Landfrachtrecht, Beweiswirkung des – **426** 6
Luftfrachtbrief **426** 3
Luftrecht **426** 19
Mängelvermerke, Verlangen auf Eintragung **426** 9
mittelbarer Besitz, Verschaffung **433** 23
Möbelbeförderung, Pflicht zur Ausstellung **426** 19
Möbeltransport **426** 2
Möbelverkehr, Beförderungsbedingungen **452,** Anh. IV (**2** BefBMö) 1 ff.
Nachnahmeauftrag nach KVO, Eintragung **452,** Anh. II (**24** KVO) 3
öffentlich-rechtliche Funktion **426** 15
Ordnungsstrafe bei unrichtiger Angaben **426** 15
Rechtsnatur **426** 16
Sperrpapier **426** 13
Traditionspapier, Abgrenzung **426** 16
Tarifüberwachung, – als Unterlage im Kraftverkehrsrecht **426** 15
Übergabe **426** 14
Übergabe und frachtrechtliches Verfügungsrecht **433** 23
Unbekannt – Vermerke **426** 10
Unterschrift des Frachtführers **426** 3
Unterschrift des KVO-Unternehmers **452,** Anh. II (**15** KVO) 13
Unterschrift, fehlende **426** 22
Urkundenfunktion **426** 4
ursprünglicher **432** 21
Verladungsabreden nach KVO **452,** Anh. II (**17** KVO) 4
Verlust von Gütern und Beweiswirkung des – **426** 6
kein Wertpapier **426** 16
Zahlungspflicht, Grundlage **436** 15 ff.
Frachtenprüfstelle der Bundesanstalt für Güterfernverkehr **452,** Anh. I (**58** GüKG)
Frachtführer s. a. Haftung des Frachtführers; Pfandrecht des Frachtführers
Ablieferung des Frachtguts **429** 12
Ablieferung des Frachtguts gegen Rückgabe des Ladescheins **448** 1 ff.
Ablieferung des Frachtguts ohne Vorbehalt der Vormännerechte **442** 1 ff.
Ablieferungshindernis **452,** Anh. III (Art. 15 CMR) 1 ff.
Ablieferungshindernis, Rechtsstellung des – **437** 7 ff.

Frachtführer (Fortsetzung)
Ablieferungspflicht **425** 70
Absender und CMR-Frachtführer **452,** Anh. III (Art. 2 CMR) 5
Absender, Verhältnis zum – und Ladeschein **446** 4
Absenderbenachrichtigung bei Ablieferungshindernis **437** 7
Absenderverfügungen, Interesse an – **433** 27
Absenderverfügung, Verbot der Befolgung nach Ladescheinweitergabe **447** 4
Absenderweisungen **433** 10
Annahme beschädigter Güter nach KVO **452,** Anh. II (**18** KVO), 9
Annahme des Frachtbriefs **426** 18
Annahme des Frachtguts **429** 11
Annahme des Guts, des Frachtbriefs durch KVO-Frachtführer **452,** Anh. II (**15** KVO) 11ff.
Annahmeverweigerung durch Empfänger und Frachtführerinteresse **433** 27
Ansprüche aufgrund erteilter Weisung **433** 15
Arbeitnehmer **429** 98
Aufwendungsersatz **425** 83
Ausladung bei Beförderungshindernis nach CMR **452,** Anh. III (Art. 16 CMR) 2
Befolgungspflicht **425** 71
Beförderungshindernisse nach CMR und Frachtführerpflichten **452,** Anh. III (Art. 14 CMR) 1
Beförderungspflicht **425** 68
Begleitpapiere, Prüfung durch – nach KVO **425,** Anh. II (**12** KVO) 4
Benachrichtigungspflicht bei Ablieferungshindernis, schuldhafter Verstoß **437** 11
Besitzmittler **436** 5
betriebssichere Verladung des KVO-Führers **452,** Anh. II (**17** KVO) 7
Bundesbahn **425** 30
CMR-Frachtführer **452,** Anh. III (Art. 2 CMR) 5
Deutsche Bundesbahn als – im Güterfernverkehr **452,** Anh. I (**47** GüKG)
Dienstmann **425** 41
Drittschädiger – Verhältnis **496** 96
Einlagerungspflicht beim Lagerhalter **425** 75
Einrede des nichterfüllten Vertrags **435** 7
Eisenbahn als – **432** 9
Empfangsbekenntnis des – in Absenderausführung des Frachtbriefs **426** 13
Empfänger des Guts, Rechtsbeziehungen zum – **446** 1ff.
Empfängerbenachrichtigung bei Ablieferungshindernis **437** 10
Entladepflicht nach KVO **452,** Anh. II (**17** KVO) 13
Entladetätigkeit **429** 14
Entschädigung bei Beförderungshindernissen **428** 14
Erfüllungsgehilfe **431** 2
Ersatz von Aufwendungen **425** 83
Feststellungsvermerk im Frachtbrief **426** 8f.
Fracht **425** 81
Frachtanspruch, normaler **425** 81
Frachtbrief, Annahme **426** 3
Frachtbrief, Ausfüllung durch KVO-Unternehmer **452,** Anh. II (**13** KVO) 7
Frachtbrief, Verlangen nach Ausstellung **426** 1ff.
Frachtbrief, unrichtige Angaben und Haftung **426** 24
Frachtbriefausfüllung durch – und Haftung **426** 25
Frachtgutüberprüfung nach CMR **452,** Anh. III (Art. 8 CMR) 1ff.
Frachtrechtssparten, verschiedene **425** 30
Frachtzahlungsanspruch, Höhe **425** 81
Gehilfen **429** 97
Gelegenheits – **425** 29
Gepäckträger **425** 41
gesetzliche Definition **425** 29
grenzüberschreitender Straßengüterverkehr **425** 30
Hauptpflichten **425** 67ff.
Haftpflichtversicherung **429** 102
Haftung bei unrichtigen Frachtbriefangaben **426** 24
Haftung des KVO-Frachtführers wegen Begleitpapiere **425,** Anh. II (**12** KVO) 1ff.
Hauptfrachtführer **432** 12
Hinterlegung bei Ablieferungshindernis **437** 12ff.
Kaufmann kraft Gesetzes **425** 29
Kette mehrerer und Frachtführerpfandrecht **441** 1ff.
Konkurs **425** 64
Kostenerstattungsanspruch bei Weisungseinholung nach CMR **425,** Anh. III (Art. 16 CMR) 1
KVO-Frachtführer **429** 103
KVO-Frachtführer, Erfüllung und Ausführung seiner Aufgaben **425,** Anh. II (**6** KVO) 5
KVO-Frachtführer-Haftung **425,** Anh. II (**29** KVO) 3ff.
KVO-Frachtführer, Erledigung verwaltungsrechtlicher Handlungen **425,** Anh. II (**12** KVO) 9
KVO-Frachtführer, Überprüfungsrechte **452,** Anh. II (**16** KVO) 3ff.
Ladeschein, Anspruch auf Abschrift **445** 3
Ladeschein, Unterzeichnung **445** 2
Ladetätigkeit **429** 14
Ladetätigkeit im Möbelverkehr **452,** Anh. IV (**4** BefBMö) 1

Lagerungen **429** 16
Lagerungspflicht **425** 73
Leute des – **431** 3
Mängelrüge für Absender **425** 79
Mußkaufmann **429** 29
Nachmann, Auslieferung des Frachtguts an – **441** 14
Nachnahmeeinziehung **425** 77
Nebenpflichten **425** 72ff.
Nicht-Geltendmachung des Pfandrechts **442** 5
Notverkauf nach CMR **452,** Anh. III (Art. 16 CMR) 4ff.
Obhutspflicht **425** 69
Organisationsmängel **429** 80
Pfandrecht nach KVO **452,** Anh. II (**25** KVO) 6
Pflichtwidrigkeit **429** 23
Positive Vertragsverletzung bei Schäden des Absenders **427** 7
Rechte **425** 81ff.
Rückgriff nach CMR **452,** Anh. III (Art. 37 CMR) 7
Rückgriffsverlust des ausliefernden Frachtführers **442** 9ff.
Reederei **425** 30
Schadensanerkennung **438** 22
Schadensersatzanspruch gegen Absender **425** 84
Schadensersatzanspruch nach KVO wegen unrichtiger Frachtbriefausfüllung **452,** Anh. II (**13** KVO) 5f.
Schadensersatzanspruch wegen Mangel der Begleitpapiere **427** 5
Selbsthilfeverkauf **437** 16ff.
Sicherungsrechte nach KVO **452,** Anh. II (**25** KVO) 5ff.
Sonderbeziehung zu Drittpersonen **429** 95ff.
Sorgfaltspflichtverletzung **429** 23
Spediteur **425** 30
Stückgutverladung nach KVO **452,** Anh. II (**17** KVO) 4
Subunternehmer **429** 97
Tätigkeit mehrerer nacheinander **427** 5
Tod des **425** 65
Übereignung **426** 15a
Überprüfung des Frachtguts nach CMR **452,** Anh. III (Art. 8 CMR) 1ff.
Überprüfungsrechte des KVO-Frachtführers **452,** Anh. II (**16** KVO) 3ff.
Unterfrachtführer, Rückgriff und Ausgleich **432** 24ff.
Unterlassung, pflichtwidrige der Mängelbeanstandung **425** 79
Unterlassungen, Rechtswidrigkeit **429** 80
Unternehmer **425** 30
Unterschrift des – bei Frachtbrief **426** 3
Versäumnisse gegenüber Vormännern **442** 5
Verjährung der Ansprüche gegen – **439** 1ff.
Verladepflicht nach KVO **452,** Anh. II (**17** KVO) 3ff.
Verpackung, Wissen um gefährliche **452,** Anh. II (**18** KVO) 8
Verpackungsmängel und Rechte des KVO-Frachtführers **452,** Anh. II (**18** KVO) 5
Versicherungen **429** 100ff.
Versicherungspflicht **425** 78
Verwahrung des Guts bei Beförderungshindernis nach CMR **452,** Anh. III (Art. 16 CMR) 3
Verzollungspflicht **425** 76
Verzug **426** 6
Weisungen des Absenders **433** 10
Weisungen des Absenders, Frachtführeransprüche **433** 15
Weisungen wegen Beförderungshindernis nach CMR **452,** Anh. III (Art. 14 CMR) 3
Weiterversendungspflicht **425** 75
Zurückbehaltungsrecht **435** 7
Zurückbehaltungsrecht nach KVO **452,** Anh. II (**25** KVO) 5
Zurückbehaltungsrecht, Nichtausübung **442** 4
Frachtgut
Begriff **429** 7
Übernahme **426** 4
Verfügungen des Absenders **433** 11
Verlust und Beschädigung **429** 4
Frachtgutschaden, Feststellungsverfahren **438** 20ff.
Frachtrecht aller Sparten, Überblick **425** 2
Frachtrechtssparten, Frachtführer in den verschiedenen – **425** 30
Frachtschiffe, selbstfahrende **425** 5
Frachtvermittler **452,** Anh. I (**32** GüKG) 1
Frachtvertrag s. a. Abschluß des Frachtvertrags; Beendigung des Frachtvertrags; Frachtbrief; Beförderungszeit; Haftung; Verfügungsrecht, frachtvertragliches; Kraftverkehrsordnung; CMR
Abfallbeseitigung **425** 35
Ablieferungshindernisse **437** 1ff.
Absender **425** 31
Absender, Rechtsstellung **425** 86
Absenderverpflichtung und Zahlungspflicht des Empfängers **436** 20
Allgemeine Beförderungsbedingungen für gewerblichen Güternahverkehr mit Kraftfahrzeugen (AGNB) **452,** Anh. V (**1** AGNB) 2
Annahme des Guts und Abschluß des Vertrags **429** 11
Arten **425** 39
Auftrag **425** 48
Beförderung als Hauptpflicht **425** 37
Beförderungsbegriff **425** 33ff.

Frachtvertrag (Fortsetzung)
Beförderungsvorschriften, Verstoß gegen öffentlich-rechtliche **452,** Anh. II (**8** KVO) 4
Beweis für Abschluß **426** 3
Chartervertrag mit employment-Klausel **425** 45
CMR-Anwendung **452,** Anh. III (Art. 1 CMR) 1 ff.
Dauerfrachtverträge **425** 55
Doppeltheorie beim KVO-Frachtvertrag **452,** Anh. II (**15** KVO) 2
Entgelt, tarifwidrig vereinbartes **452,** Anh. I (**22** GüKG) 1
Entgeltlichkeit **425** 48
Empfänger **425** 32
Empfänger, Rechtsstellung **425** 86
Empfängerpflicht zur Zahlung und Absenderpflichten **436** 20
Empfängerrechte **435** 9
Empfängerstellung **436** 1
Erfüllung, Bedeutung für frachtrechtliches Verfügungsrecht **433** 19
Erlöschen der Ansprüche nach Annahme und Zahlung **438** 7 ff.
Fixgeschäft im Güterfernverkehr **452,** Anh. II (**26** KVO) 1
Formalvertrag, KVO-Frachtvertrag **452,** formbedürftiger Realvertrag **425** 57
Formalvertragstheorie des KVO-Vertrags, Rechtsprechung **452,** Anh. II (**15** KVO) 5
Formen, besondere **425** 54
Frachtberechnung und tarifwidrige Vergünstigung **452,** Anh. I (**22** GüKG) 2
Frachtbrief, Abweichung **436** 18
Frachtbrief, abweichender und Empfängerrechte **435** 9
Frachtbriefeintragungen, Wirkungen **426** 4
Frachtführer **425** 30
Gesamtschuldnerschaft Empfänger und Absender **436** 20
Gesamtschuldnerische Haftung des Haupt- und Unterfrachtführers **432** 23
Gepäcktransport bei Personenbeförderung **425** 50
Geschäftsbesorgungs-Vertrag **425** 52
Gewerbsmäßigkeit **425** 41
Güterkraftsverkehrsgesetz, Anwendung **452,** Anh. I (**1** GüKG) 1 ff.
Haftungserweiterung und Tarifunterschreitung **452,** Anh. I (**22** GüKG) 3
Hauptfrachtführer **432** 12
Kaufverträge als Umgehungsgeschäfte **425** 49
Kiestransport, laufende **425** 55
KVO-Frachtvertrag **452,** Anh. II (**15** KVO) 1 ff.
Ladeschein, Bedeutung **444** 4
Lagerungen, vereinbarte **429** 16
Lagervertrag, Abgrenzung **425** 47
Land, Binnengewässer **425** 39
Leihe **425** 48
Lieferfristverkürzung und Tarifunterschreitung **452,** Anh. I (**22** GüKG) 4
Lohnfuhrvertrag, Abgrenzung **425** 45
Mängelrüge **438** 1
Miete von Beförderungsmitteln, Abgrenzung **425** 44
Nachforderungsansprüche bei nicht vorsätzlicher Tarifunterschreitung **452,** Anh. I (**23** GüKG) 2 ff.
Nichtigkeit **425** 59
Obhutszeit und Vertragsbeginn **429** 11
Postbenutzungsverhältnis und Frachtrecht **452** 1
Rahmenverträge **425** 54
Realvertrag, KVO-Frachtvertrag **452,** Anh. II (**15** KVO) 7 ff.
Rechtsnatur **425** 51
Rollfuhrvertrag, Abgrenzung **425** 45
Rücktritt des Absenders **428** 6 ff.
Schadensfälle, schnelle Klärung und Erledigung **438** 1
Schadensfeststellung vor Annahme **438** 20
Schleppvertrag **425** 42
Schriftform des KVO-Frachtvertrags **452,** Anh. II (**15** KVO) 4
Schweigen als Abschlußerklärung **425** 58
Selbsteintritt des Spediteurs **425** 43
Sonderabreden und Tarifeinhaltung **452,** Anh. I (**22** GüKG) 5
Spediteur, Selbsteintritt **452,** Anh. II (**33** KVO) 2
Speditionsvertrag, Abgrenzung **425** 40, 43
Tarifüberschreitung, Rückforderungsanspruch bei nicht-vorsätzlicher **452,** Anh. I (**23** GüKG) 5
Teilfrachtvertrag **425** 54
Tod einer Partei **425** 65
Transfrachtbeförderung **426** 3
Übernahme der Beförderung **425** 40
Übernahme der Obhut **425** 42
Umgehungsgeschäft **425** 49
Unterfrachtvertrag **432** 12 ff.
Verfügungsrechte, frachtvertragliche **433** 1 ff.
Vergünstigung, tarifwidrige **452,** Anh. I (**22** GüKG) 2
Verjährung **439** 1 ff.
Vertrag zugunsten Dritter **425** 53; **433** 1
Vertragliche Verpflichtung des Empfängers **436** 21
Vertragseintritt des Unterfrachtführers **432** 21
Vertragsinhalt, Beweiswirkung **426** 4
Vorvertrag, Wagenstellungsvertrag als – **452,** Anh. II (**14** KVO) 6

Wagenstellungsvertrag, Abgrenzung **452,** Anh. II (**14** KVO) 1
Weisungen des Absenders **433** 10
Werksfernverkehr eines Textilveredelungsbetriebes **425** 48
Werkvertrag, Untertyp **425** 51
Zahlungspflicht des Empfängers und Absenderpflicht **436** 20
Zwischenfrachtvertrag **425** 54
Frachtvertragliches Verfügungsrecht s. Verfügungsrecht, frachtvertragliches
Frachtzahlung, Verweigerung **435** 13
Frachtzuschlag bei unrichtigem Frachtbrief **426** 15
Freistellungsanspruch des Frachtführer-Arbeitnehmers **429** 98
Freistellungs-Verordnung GüKG 452, Anh. I (**4** GüKG)
Freizeichnung für Gehilfenhaftung **429** 99
Freizeichnung gegenüber Nichtkaufleuten **430** 22
Frostschäden und KVO-Haftung **452,** Anh. II (**34** KVO) 22

gebrochener Verkehr 425 18
gefährliche Güter, Transport und KVO-Haftung **452,** Anh. II (**35** KVO) 24
Gehilfenhaftung nach KVO **452,** Anh. II (**6** KVO) 1 ff.
Geld, Haftung des Frachtführers **429** 26 ff.
Gelegenheitsfrachtführer 429 29; **451** 1 ff.
Geltungsbereich der CMR **452,** Anh. III (Art. 1 CMR) 6
Gemeinde, Beförderung von Gütern durch – **452,** Anh. I (**4** GüKG)
Genehmigung für Güterfernverkehr **452,** Anh. I (**9** ff. GüKG)
Genehmigung für Güterliniennahverkehr **452,** Anh. I (**90** ff. GüKG)
Gepäckträger bahnamtlich bestellter **425** 41
Gepäcktransport als Beförderung **425** 33
Gepäcktransport bei Personenbeförderung **425** 50
Gesamtschuldnerschaft zwischen Empfänger und Absender **436** 20
Geschäftsbesorgungsvertrag, Frachtvertrag als – **425** 51
gesellschaftsrechtliche Kooperationsformen und Absendereigenschaft **425** 31
Gesetz über die privatrechtlichen Verhältnisse der Binnenschiffahrt **425** 5
Gesetzliche Pfandrechte des Handelsrechts, Einteilung **443** 3
Gewährhaftung
für Fahrzeugmängel nach CMR **452,** Anh. III (Art. 17 CMR) 6
im Frachtrecht **429** 21
im Güterfernverkehr **429** 39
im Güternahverkehr **429** 48
nach KVO und Verschulden des Verfügungsberechtigten **452,** Anh. II (**34** KVO) 11
bei Möbelbeförderung **429** 58
Gewerbsmäßigkeit des Frachtführers **425** 41
Gewichtsverluste und KVO-Haftung **452,** Anh. II (**34** KVO) 19
Gewinn, Ersatz entgangenen nach KVO **452,** Anh. II (**35** KVO) 7
Grenzüberschreitung s. international
Großcontainer-Verkehr, kombinierter der europäischen Eisenbahnen **425** 25
Güterbegriff 425 38
Güterfernverkehr
Ablieferungshindernis **437** 2
Begriff **452,** Anh. I (**3** GüKG)
Buchführung **452,** Anh. I (**29** GüKG)
Bundesanstalt für den Güterfernverkehr **452,** Anh. I (**23** GüKG) 1 ff.
Deutsche Bundesbahn mit Kfz, Abschlußzwang **452,** Anh. II (**7** KVO) 2
Deutsche Bundesbahn, Sondervorschriften **452,** Anh. I (**45** ff. GüKG)
Eisenbahn, Haftung **429** 38
Entgelt, tarifwidrig vereinbartes **452,** Anh. I (**22** GüKG) 1
Ersatzberechtigter **429** 41
Frachtrechtliches Verfügungsrecht **433** 4
Fixgeschäft **452,** Anh. II (**26** KVO) 1
Genehmigungspflicht **452,** Anh. I (**9** ff. GüKG)
Gewährhaftung als Haftungsgrundsatz **429** 39
Haftungsausschlüsse **429** 40
Haftungsbeschränkungen **429** 42
Haftungsbestimmungen, zwingende **452,** Anh. I (**26** GüKG) 1
Haftungserweiterung, Tarifunterschreitung durch **452,** Anh. I (**22** GüKG) 3
Haftungsgrenze **429** 44
Kraftfahrzeug-Beförderungsleistungen und EG-Recht **452,** Anh. I (**22** GüKG) 7
Kraftverkehrsordnungen **429** 38
Lieferfristverkürzung und Tarifunterschreitung **452,** Anh. I (**22** GüKG) 4
Obhutshaftung **429** 38
Präklusion der Ersatzansprüche **429** 45
Schadensfeststellungsverfahren **438** 2
Sonderabreden und Tarifeinhaltung **452,** Anh. I (**22** GüKB) 5
Spediteur, Selbsteintritt **452,** Anh. I (**22** GüKG) 9
Standortbestimmung für Kfz **452,** Anh. I (**6** GüKG)
Statistik **452,** Anh. I (**57** GüKG)
Tarif **425** 81; **452,** Anh. I (**20** GüKG)

Güterfernverkehr (Fortsetzung)
Tarifunterschreitung, Nachforderungsanspruch **452,** Anh. I (**23** GüKG) 2ff.
Tarifüberschreitung, Rückforderungsansprüche bei nicht-vorsätzlicher **452,** Anh. I (**23** GüKG) 5
Tarifüberwachung, Verordnung (GüKTV) **452,** Anh. II (**16** KVO) 2
tarifwidrige Abreden **452,** Anh. I (**22** GüKG) 1ff.
Tätigkeiten, einzelne **429** 38
Unternehmenssitz **452,** Anh. I (**6** GüKG)
Unternehmerhaftung **429** 38
Verfügungsrecht, frachtrechtliches **433** 4
Verjährung der Ersatzansprüche **429** 45
Verjährungsfragen **439** 2
Vermittlung von Ladegut oder Laderaum **452,** Anh. I (**32** GüKG)
Verspätungsschäden **429** 43
Vertragsverletzungen **429** 43
Zahlungspflicht des Empfängers **436** 2
Güterkraftverkehrsgesetz 452, Anh. I
Güterliniennahverkehr 452, Anh. I (**90**ff. GüKG)
Güterliniennahverkehr, Beförderungspflicht **425** 56
Gütermengen und KVO-Unternehmerpflichten **452,** Anh. II (**5** KVO) 2ff.
Güternahverkehr
Ablieferungshindernisse **437** 1
Allgemeine Beförderungsbedingungen für den gewerblichen Güternahverkehr mit Kraftfahrzeugen (AGNB) **452,** Anh. V (**1**ff. AGNB)
Annahme des Frachtguts und Zahlungspflicht des Empfängers **436** 3
Begriff **452,** Anh. I (**2** GüKG)
Betriebsmittelunfälle, Sonderhaftung **429** 50
Deliktsansprüche **429** 85
Eisenbahnen auf der Straße Anhang VI nach **452**
Empfängerrechte **435** 3
Entgelte **452,** Anh. I (**84** GüKG)
Erlaubnis, Rücknahme **452,** Anh. I (**88** GüKG)
Erlaubnisgrenze **452,** Anh. I (**80** GüKG)
Erlaubnisurkunde, Mitführung auf Fahrten **452,** Anh. I (**86** GüKG)
Ersatzberechtigter **429** 51
Frachtbriefausstellung **426** 19
Frachtrechtliches Verfügungsrecht **433** 3
Gehilfenhaftung **431** 2
Gewährhaftung als Haftungsgrundsatz **429** 48
Haftungsausschlüsse **429** 49
Haftungsbegrenzung bei Frachtführern **430** 1
Haftungsbeschränkungen **429** 52
Haftungsbestimmungen, nicht zwingende **452,** Anh. I (**28** GüKG) 3
keine Versicherungspflicht **429** 104
Nahzone **452,** Anh. I (**2** GüKG)
Obhutshaftung **429** 47
Präklusion **429** 54
Schadensfeststellungsverfahren **438** 2
Standortbestimmung für Kfz **452,** Anh. I (**6** GüKG)
Stückgutbeförderung von Haus zu Haus Anh. VI nach **452**
Tarife **425** 81
Tarifkommissionen **452,** Anh. I (**84** GüKG)
Tarifzwang **452,** Anh. I (**22** GüKG) 10
Transportmittelunfälle, Sonderhaftung **429** 50
Unternehmenssitz **452,** Anh. I (**6** GüKG)
Verfügungsrecht, frachtrechtliches **433** 2
Verjährung **429** 54
Verjährungsfragen **439** 2
Vermögensschäden nicht am Frachtgut **429** 53
Vertragsverletzungen, Haftung für **429** 53
Zahlungspflicht des Empfängers **436** 2
Güterschadenshaftpflichtversicherung 452, Anh. II (**38** KVO) 4
Güterversicherung 429 101

Haftpflichtversicherungen des Frachtführers **429** 102ff.
Haftpflichtversicherung im kombinierten Transport **429** 107
Haftpflichtversicherung nach KVO
Abtretung an Geschädigten **452,** Anh. II (**38** KVO) 7
Deckung, tatsächlich übliche **452,** Anh. II (**38** KVO) 5
Deckungsumfang **452,** Anh. II (**38** KVO) 4
Doppelversicherungsproblem **452,** Anh. II (**38** KVO) 3
Geltendmachung der Ansprüche **452,** Anh. II (**38** KVO) 7
Mitwirkung des Versicherers bei Schadensfeststellung **452,** Anh. II (**38** KVO) 6
Rechtsgrundlagen **452,** Anh. II (**38** KVO), 3
Rechtsnatur **452,** Anh. II (**38** KVO) 3
Trennungsprinzip **452,** Anh. II (**38** KVO) 7
Transportversicherung, eventuell bestehende **452,** Anh. II (**38** KVO) 5
Vorsätzliche Schäden **452,** Anh. II (**38** KVO) 4
Haftung s. auch Haftung des Frachtführers, Haftung des Haupt- und Unterfrachtführers
Absenderhaftung für Begleitpapiere **427** 5
Absenderhaftung für Begleitpapiere nach CMR **452,** Anh. III (Art. II CMR) 3
Absenderhaftung bei gefährlichen Gütern nach CMR **452,** Anh. III (Art. 22 CMR) 4
FIATA Combined Transport B/L (FBL) **425** 26

für Frachtbriefangaben **426** 23
für Frachtbriefangaben nach KVO **452,** Anh. III (**13** KVO) 1 ff.
Gehilfenhaftung nach KVO **452,** Anh. II (**6** KVO) 1 ff.
im kombinierten Großcontainer-Verkehr der europäischen Eisenbahnen **425** 25
der KVO-Frachtführer für Folgen des Verlustes und unrichtige Verwendung der Begleitpapiere **452,** Anh. II (**12** KVO) 7
KVO-Haftungssystem **452,** Anh. II (**29** KVO) 3
KVO-Haftung, keine Anwendung bei Versender-Spediteur-Rechtsbeziehungen **452,** Anh. II (**1** KVO) 9
aus Ladeschein **444** 4
für Lieferzeitüberschreitung **428** 5
für Lieferzeitüberschreitung nach KVO **452,** Anh. II (**26** KVO) 1
für Lieferfristüberschreitung nach KVO **452,** Anh. II (**31** KVO) 5
für Lohnfuhrunternehmer **425** 45
für Unterfrachtführer **425** 40
für Vermögensschäden, primäre und sekundäre nach KVO **452,** Anh. II (**31** KVO) 3
für Verpackung, unzureichende des Absenders nach KVO **452,** Anh. II (**18** KVO) 6
für Verspätung im Luftrecht **428** 4

Haftung Dritter wegen Transportschäden
Arbeitnehmer **429** 98
Erfüllungsgehilfe, Haftungsausnahme zugunsten **429** 99
Frachtführer-Drittschädiger-Verhältnis **429** 96
Gehilfenhaftung **429** 97
Haftungsausnahmen zugunsten von Gehilfen **429** 99
Kraftfahrzeug-Haftpflichtversicherung **429** 96
Subunternehmer **429** 97
Verkehrsteilnehmer, andere **429** 96

Haftung des Frachtführers
Abhandenkommen nach KVO **452,** Anh. II (**30** KVO) 5
Abholungsschäden **452,** Anh. II (**33** KVO) 3
Ablieferung des Frachtguts und Ende der Obhut **429** 12
Ablieferung ohne Bezahlung und Pfandrechtsgeltendmachung und Haftung gegenüber Vormännern **442** 1 ff.
Abtretung von Ansprüchen des Absenders **429** 96
Allgemeine Geschäftsbedingungen und Konkurrenzen **429** 83 ff.
Analogie zu § 430 HGB **430** 23
andere Personen, Haftung für – **431** 4
Annahme als Voraussetzung **429** 11
Annahme des Frachtguts und Vertragsabschluß **429** 11
Anspruchskonkurrenzen, **429** 77 ff.
Ausladen, bloßes des Frachtguts **429** 12
Ausladetätigkeit **429** 14
Auslieferung an Nichtberechtigten **429** 4
außervertragliche Haftung, Gehilfenhaftung **431** 2
beförderungstypische Haftungssituation und Gehilfenhaftung **431** 2
Begleitpapierverlust nach CMR **452,** Anh. III (Art. 11 CMR) 6
Behördeneingriffe **452,** Anh. II (**34** KVO) 14
Beladetätigkeit **429** 14
Beschädigung **429** 6
Beschädigung des Frachtguts und Haftungsbeschränkung **430** 3
Beschädigung des Frachtguts, Wertersatz **430** 16
Beschaffenheit der Ware und CMR-Haftung **452,** Anh. III (Art. 17) 17
Beschlagnahme **429** 4
Beschlagnahmen und KVO **452,** Anh. II (**34** KVO) 14
Betriebsunfall nach KVO **452,** Anh. II (**29** KVO) 10
Betrug nach KVO **452,** Anh. II (**30** KVO) 8
bevorrechtigte Haftungsausschlüsse nach CMR **452,** Anh. III (Art. 17 CMR) 13
Beweislast für Entschädigungswert **430** 14
Beweislast für Schadenszeitpunkt **429** 19
Beweislast für Verlust oder Beschädigung **429** 8
Binnenschiffahrtsrecht **429** 72
Bombieren nach KVO **452,** Anh. II (**34** KVO) 20
bruchgefährdete Ware und CMR-Haftung **452,** Anh. III (Art. 17 CMR) 17
Bruchschäden nach KVO **452,** Anh. II (**30** KVO) 9
CMR-Geltung wegen fehlenden Hinweises **452,** Anh. III (Art. 7 CMR) 4
Containermangelhaftigkeit und CMR-Haftung **452,** Anh. III (Art. 17 CMR) 15
Delikt und frachtvertragliche Sonderhaftung, Konkurrenz **429** 89 ff.
Deliktshaftung **429** 77 ff., 85
Deliktshaftung und Freizeichnung **429** 94
Diebstahl nach KVO **452,** Anh. II (**30** KVO) 5
Drittschadensliquidation **429** 36
Drittschädiger, Verhältnis zum **429** 96
Eigentumsverletzungen **429** 80
Eigentümer-Besitzerverhältnis und frachtvertragliche Haftung **429** 81
Eisenbahnrecht **429** 73
Erfüllungsgehilfenregelung **431** 2
Ersatzansprüche gegen Dritte **430** 15

Haftung des Frachtführers (Fortsetzung)
Ersatzberechtigter **429,** 34ff.
Ersatzberechtigter nach CMR **452,** Anh. III (Art. 17 CMR) 30
Ersparnisse, Abzug bei Entschädigung **430** 13
Emailleabsplitterungen nach KVO **452,** Anh. II (**34** KVO) 18
entgangener Gewinn nach KVO **452,** Anh. II (**35** KVO) 7
Entgegennahme als Voraussetzung **429** 11
Entladen des Guts durch Absender oder Empfänger nach CMR **452,** Anh. III (Art. 17 CMR) 16
Entladetätigkeit **429** 14
Entschädigungswert bei Totalverlust **430** 11
Entlastung durch Nachweis unverschuldeter Ursache **429** 20
Falschauslieferung **429** 4
Falschauslieferung nach KVO **452,** Anh. II (**31** KVO) 8
Fahrlässigkeit, dem Vorsatz gleichgestellte nach CMR **452,** Anh. III (Art. 29 CMR) 2
Fahrzeugmängel und Gewährhaftung nach CMR **452,** Anh. III (Art. 17 CMR) 6
Fahrzeuge, offene und CMR-Haftung **452,** Anh. III (Art. 17 CMR) 14
Fakturenwert nach KVO (Wertbegrenzung) **452,** Anh. II (**35** KVO) 5
Fehlmengen nach KVO **452,** Anh. II (**34** KVO) 19
Fiktion des Verlusts **429** 4
Frachtgut, Begriff **429** 7
Frachtvertragliche Sonderhaftung, Konkurrenz mit Delikthaftung **429** 89ff.
Freizeichnungen, Anwendbarkeit von – in allgemeinen Beförderungsbedingungen auf konkurrierende Deliktstatbestände **429** 94
Freizeichnung für mittelbare Schäden **429** 92
Freizeichnung gegenüber Nichtkaufleuten **430** 22
Frostschäden nach KVO **452,** Anh. II (**34** KVO) 22
Gehilfenhaftung im Möbelverkehr **452,** Anh. IV (**12** BefBMö) 1
Gehilfenhaftung nach CMR **452,** Anh. III (Art. 2 CMR) 6
Gehilfenverschulden **430** 20
Gehilfenvorsatz, Haftungsausschluß **431** 2
Geld, Sonderregelung **429** 26
Gemeiner Handelswert als Entschädigung **430** 11
Gesetzliche Vertreter **431** 2
Gewahrsamsübernahme vor Entladen vom Empfänger **429** 14
Gewährshaftung **429** 21
Gewährhaftung für Fahrzeugmängel nach CMR **452,** Anh. III (Art. 17 CMR) 6
Gewährhaftung nach KVO und Verschulden des Verfügungsberechtigten **452,** Anh. II (**34** KVO) 11
Gewichtsverluste nach KVO **452,** Anh. II (**34** KVO) 19
Grobe Fahrlässigkeit **430** 19
Güter, Transport selbstentzündlicher und explosionsgefährlicher nach KVO **452,** Anh. II (**34** KVO) 24
Güter, Transport wertvoller nach KVO **452,** Anh. II (**34** KVO) 15
Güterfernverkehr, Spezialnormen **429** 37ff.
Güternahverkehr, Anwendung der HGB-Normen **429** 1
Güternahverkehr, Spezialnormen **429** 46ff.
Güterversicherung **429** 101
Haftpflichtversicherungen **429** 102ff.
Haftungsausschluß im Möbelverkehr **452,** Anh. IV (**11** BefBMö) 1
Haftungsausschlüsse nach CMR **452,** Anh. III (Art. 17 CMR) 7ff.
Haftungsausschluß nach KVO **452,** Anh. II (**34** KVO) 1ff.
Haftungsausschluß nach KVO und Frachtführerverschulden **452,** Anh. II (**34** KVO) 4
Haftungsbeschränkung **430** 1ff.
Haftungsbegrenzung nach KVO und allgemeines Schadensersatzrecht **452,** Anh. II (**35** KVO) 3
Haftungsbegrenzung nach KVO, Rechtsnatur **452,** Anh. II (**36** KVO) 2
Haftungsbeschränkung, Wegfall bei Vorsatz und grober Fahrlässigkeit **430** 19
Haftungseinschränkungen nach CMR, Durchbrechung **452,** Anh. III (Art. 29 CMR) 1ff.
Haftungserweiterung und Tarifunterschreitung **452,** Anh. I (**22** GüKG) 3
Haftungsgrundsatz nach CMR **452,** Anh. III (Art. 17 CMR) 2
Haftungsumfang nach CMR **452,** Anh. III (Art. 23 CMR), 1ff.
Haftungsvoraussetzungen **429** 2ff.
Haftungszeitraum **429** 10ff.
HGB-Normen, Bedeutung **429** 1
Hinterlegung als Erfüllungssurrogat **437** 15
Hitzeschäden nach KVO **452,** Anh. II (**34** KVO) 22
höhere Gewalt nach CMR **452,** Anh. III (Art. 17 CMR) 4
höhere Gewalt und Haftungsausschluß nach KVO **452,** Anh. II (**34** KVO) 6
Konkurrenz frachtvertraglicher mit allgemeinen Haftungstatbeständen **429** 76ff.
Konkurrenzen und Allgemeine Geschäftsbedingungen **429** 83ff.
Konkurrenzfragen **429** 33

Körperschäden und KVO **452,** Anh. II (**34** KVO) 16
Kostbarkeiten, Sonderregelung **429** 26
Kostenersatz nach KVO **452,** Anh. II (**35** KVO) 8
Kriegsereignisse und KVO **452,** Anh. II (**34** KVO) 13
Kunstgegenstände, Sonderregelung **429** 26
KVO-Frachtführer-Haftung **452,** Anh. II (**29** KVO) 3ff.
KVO-Haftpflicht-Versicherung **452,** Anh. II (**38** KVO) 3
Laden durch Absender oder Empfänger nach CMR **452,** Anh. III (Art. 17 CMR) 16
Lagerungsschäden **452,** Anh. II (**33** KVO) 6
Lagerhalter, Haftung für – **431** 4
Lagerschäden **452,** Anh. II (**33** KVO) 4
Landfrachtrecht, Verdrängung durch speziellere Regelung **429** 1
Leute, Haftung für **431** 3
Lieferfristüberschreitung nach KVO **452,** Anh. II (**31** KVO) 5
Lohnfuhrunternehmer, Haftung für – **431** 4
Luftfrachtrecht **429** 75
Mängel des Guts und Haftungsausschluß nach CMR **452,** Anh. III (Art. 17 CMR) 11
Minderung **429** 5
Mittelbare Schäden, Ausschluß **430** 6
Möbelbeförderung, Spezialnormen **429** 56ff.
Möbelverkehr **452,** Anh. IV (**9** BefBMö) 1f.
Nachlagerung **429** 16
Nachlagerungsschäden **452,** Anh. II (**33** KVO) 6
Nachnahmefehler nach KVO **452,** Anh. II (**31** KVO) 13
Nachnahmehaftung nach CMR **452,** Anh. III (Art. 21 CMR) 5
Naturalrestitution, Ausschluß **430** 5
Nichtausführung von Weisungen nach CMR **452,** Anh. III (Art. 12 CMR) 13
Obhutshaftung nach CMR **452,** Anh. III (Art. 17 CMR) 2
Obhutshaftung nach KVO **452,** Anh. II (**29** KVO) 6ff.
Obhutshaftung und allgemeine Vertragshaftung **429** 77
Obhutszeit **429** 10
Offene Fahrzeuge und CMR-Haftung **452,** Anh. III (Art. 17 CMR) 14
Organisationsmängel **429** 80
Ort und Zeit der Ablieferung, Entschädigungswert **430** 12
Pflichtwidrigkeit **429** 23
Präklusion nach CMR **452,** Anh. III (Art. 30 CMR) 1
Rechte Dritter, am Vertrag nicht beteiligter Personen **429** 93
Reifenschäden nach CMR **452,** Anh. III (Art. 17 CMR) 6
Rinnverluste nach KVO **452,** Anh. II (**30** KVO) 15
Risikoverteilung nach KVO **452,** Anh. II (34 KVO) 4
Risikozuteilung, Grundsatz **429** 92
Rohgewichtsbegrenzung bei KVO-Schäden **452,** Anh. II (**35** KVO) 17
Sachverständigenverfahren nach KVO zur Schadensberechnung **452,** Anh. II (**35** KVO) 11
Schaden, erforderlicher **429** 9
Schaden, keiner beim Anspruchsberechtigten **430** 9
Schaden unter Wertgrenze **430** 10
Schäden durch beigeladenes Gut nach KVO **452,** Anh. II (**30** KVO) 6
Schadensberechnung nach Zeitwert **452,** Anh. II (**35** KVO) 10
Schadensfeststellungspflicht nach KVO **452,** Anh. II (**37** KVO) 3
Schadensfeststellungsverfahren nach KVO **452,** Anh. II (**37** KVO) 4
Schadensliquidation im Drittinteresse **429,** 36
Schadensursache **429** 20
Schadensverursachender Umstand **429** 22
Schadenszeitpunkt, Beweislast **429** 19
Schlechterfüllung nach KVO **452,** Anh. II (**31** KVO) 9
Seerecht **429** 74
Sondernormen, Bedeutung **429** 1
Sorgfaltspflichtverletzung **429** 23
Speditionsrollfuhr, Anwendung der HGB-Normen **429** 1
Speditionsrollfuhr nach den ADSp, Spezialnormen **429** 55
Spesenersatz nach KVO **452,** Anh. II (**35** KVO) 8
Stauen durch Absender oder Empfänger und CMR-Haftung **452,** Anh. III (Art. 17 CMR) 16
Teilbeschädigung des Frachtguts, Wertersatz **430** 17
Teilverlust **429** 5
Teilverlust des Frachtguts, Wertersatz **430** 17
Teilverlust nach KVO **452,** Anh. II (**35** KVO) 15
Tiere, Schäden an lebenden nach KVO **452,** Anh. II (**34** KVO) 23
Totalverlust des Frachtguts **429** 4
Totalverlust, Entschädigungsberechnung **430** 11
Transportmittel, verladene als Frachtgut **429** 7

Haftung des Frachtführers (Fortsetzung)
Transportmittelunfall nach KVO **452,** Anh. II (**29** KVO) 10
Transportrisiken und Versicherungsarten **429** 100
Transportversicherung **429** 101
Übernahmerecht für beschädigte Güter **452,** Anh. II (**35** KVO) 16
Umstände, unabwendbare nach CMR **452,** Anh. III (Art. 17 CMR) 12
Umzugsgut mit normalem Kfz und KVO-Haftung **452,** Anh. II (**34** KVO) 17
unabwendbare Umstände nach CMR **452,** Anh. III (Art. 17 CMR) 12
unerlaubte Handlung des CMR-Frachtführers **452,** Anh. III (Art. 28 CMR) 1 ff.
unerlaubte Handlung, Haftungskonkurrenz **429** 80
Unmöglichkeit der Erlangung **429** 4
Unterfrachtführer, Haftung für – **431** 4
Unterlassen, Rechtswidrigkeit **429** 80
Unterschlagung nach KVO **452,** Anh. II (**30** KVO) 8
Untreue nach KVO **452,** Anh. II (**30** KVO) 8
Verderb, innerer nach KVO **452,** Anh. II (**34** KVO) 20
Verderb von Gütern und Lieferfrist nach KVO **452,** Anh. II (**31** KVO) 6
Verfügungen von hoher Hand und KVO **452,** Anh. II (**34** KVO) 14
Verfügungsberechtigter, Verschulden nach KVO **452,** Anh. II (**34** KVO) 11
Verlust des Frachtguts **429** 4
Verlust des Frachtguts und Haftungsbeschränkung **430** 2
Verlusthaftung nach CMR **452,** Anh. III (Art. 17 CMR) 2
Verjährung der Ansprüche nach KVO-Frachtvertrag **452,** Anh. II (**40** KVO) 1 ff.
Verkehrsunfall und CMR-Haftung **452,** Anh. III (Art. 17 CMR) 12
Vermögensschäden, primäre und sekundäre nach KVO **452,** Anh. II (**31** KVO) 3
Verpackungsmängel nach CMR **452,** Anh. III (Art. 17 CMR) 15
Verschulden **429** 20
Verschulden des Berechtigten **429** 24
Verschulden des KVO-Frachtführers und Nichteingreifen von Haftungsausschlüssen **452,** Anh. II (**34** KVO) 4
Verschulden, Haftung für vermutetes nach CMR **452,** Anh. III (Art. 17 CMR) 4
Verschuldensmaßstab, verschärfter nach CMR **452,** Anh. III (Art. 17 CMR) 5
Verschuldensvermutung **429** 21
Verspätungshaftung und allgemeine Vertragshaftung **429** 78
Verspätungsschäden **429** 31 ff.
Vertragsansprüche nach CMR **452,** Anh. III (Art. 17 CMR) 31
Vertragshaftung, allgemeine und frachtvertragliche Sonderhaftung **429** 88 ff.
Vertragsrisiko **430** 3
Vorlagerung **429** 16
Vorlagerungsschäden **452,** Anh. II (**33** KVO) 6
Vormänner, Haftung gegenüber **442** 1 ff.
Vorsatz **430** 19
Vorsatz nach CMR **452,** Anh. III (Art. 29 CMR) 2
Vorteilsausgleichung **452,** Anh. II (**35** KVO) 9
Wegnahme und KVO **452,** Anh. II (**34** KVO) 14
Weisungen nach und Haftungsausschluß nach CMR **452,** Anh. III (Art. 17 CMR) 10
Wertermittlungsmethode für beschädigtes Gut **430** 18
Wertersatz bei Beschädigung **430** 16
Wertersatz bei Totalverlust nach CMR **452,** Anh. III (Art. 23 CMR) 2
Wertersatzbegrenzung nach KVO **452,** Anh. II (**35** KVO) 4
Wertersatzbeschränkung bei Totalverlust **430** 5
Wertersatzschuld **430** 5
Wertminderung als Grundlage der Ersatzberechnung nach CMR **452,** Anh. II (Art. 25 CMR) 2
Wertpapiere, Sonderregelung **429** 26
Wiederauffindungsgut des Guts nach CMR **452,** Anh. III (Art. 20 CMR) 2
Wiederauffindung verlorener Güter **430** 15
Zeit und Ort der Ablieferung, Entschädigungswert **430** 12
Zubringerdienste **429** 15
Zufallshaftung **429** 78
Zufallshaftung nach CMR **452,** Anh. III (Art. 17 CMR) 4
Zuführungsschäden **452,** Anh. II (**33** KVO) 3
Zwischenlagerung **429** 16
Zwischenlagerungsschäden **452,** Anh. II (**33** KVO) 6

Haftung des Haupt- und Unterfrachtführers
Absender, Rechtsbeziehungen zum Unterfrachtführer **432** 15
Ausgleich **426** 27
Binnenschiffahrtsrecht **432** 8
Durchfrachtgeschäft **432** 11
Eintritt des Unterfrachtführers in Hauptfrachtvertrag **432** 21
Eisenbahnverkehr **432** 9
gesamtschuldnerische Haftung **432** 23
Hauptfrachtführer-Haftung **432** 17 ff.

Luftfracht **432** 10
praktische Bedeutung **432** 1
Rückgriff **432** 26
Samtfrachtführer **432** 6
Seefracht **432** 10
Teilfrachtführer **432** 5
Unterfrachtführer **432** 3
Unterfrachtführer als „andere Person" **432** 20
Unterfrachtvertrag, echter **432** 2
Unterfrachtvertrag, Voraussetzungen **432** 12
Unterfrachtvertrag zwischen Landfrachtführern **432** 7
Verschulden, kein feststellbares **432** 27
Zwischenfrachtführer **432** 4
Haftungsregelung, Anwendungsbereich einzelner **425** 3
Haftungsregelung, frei vereinbarte **425** 3
Hagelschäden nach KVO **452,** Anh. II (**30** KVO) 4
Hauptfrachtführer, Begriff **432** 12f.
Hauptfrachtführer, Haftung und Ausgleich mit Unterfrachtführer **432** 1
Hauptfrachtführer als Spediteur zu festen Kosten **432** 3
Hauptpflichten des Frachtführers
Ablieferung **425** 70
Beförderung **425** 68
Folgepflicht **425** 71
Obhut **425** 69
HGB-Landfrachtrecht, Anwendungsbereich und Bedeutung **425** 1
Hindernis, s. Ablieferungshindernis, Beförderungshindernis
Hinterlegung bei Ablieferungshindernis **437** 12ff.
Hitzeschäden und KVO-Haftung **452,** Anh. II (**34** KVO) 22
höhere Gewalt nach CMR **452,** Anh. III (Art. 17 CMR) 4
höhere Gewalt und Haftungsausschluß nach KVO **452,** Anh. II (**34** KVO) 6
Huckepack-Verkehr
Begriff **425** 17
und CMR-Regeln **452,** Anh. II (Art. 2 CMR) 1ff.
Haupt- und Unterfrachtführer **432** 8

internationales Abkommen über Eisenbahnfrachtverkehr **425** 4
Identitätsprüfung nach KVO **452,** Anh. II (**16** KVO) 3
Inbesitznahme, bloße des Frachtguts und Zahlungspflicht des Empfängers **436** 7
Inhaberladeschein 444 2
Inhalt des Frachtbriefs **426** 22
innerdeutscher Güterfernverkehr, gestaffelte Lieferfristen **428** 3
innerdeutsches Kraftfahrzeug-Transportrecht 425 11
innerdeutsches Landtransportrecht und CMR 425 21
innerdeutsches Straßenfrachtrecht und Absenderausfertigung des Frachtbriefs **426** 13
Intercontainer 425 25
Intercontainer-Übergabeschein 425 25
internationales CMR Recht 452, Anh. III (Art. 1 CMR) 1
internationaler Containerverkehr 425 20
internationales Einheitsrecht CMR 452, Anh. III (Art. 1 CMR) 4
internationaler Güterkraftverkehr
Ersatzberechtigter **429** 70
Haftung, verschärfte für vermutetes Verschulden **429** 66
Haftungsausschlüsse **429** 67
Haftungsbeschränkungen **429** 68
Obhutshaftung **429** 65
Präklusion **429** 71
Verjährung **429** 71
Verspätungshaftung **429** 69
internationaler Güterkraftverkehr und Anwendung des GüKG, **452,** Anh. I (**2** GüKG) 3
internationaler Kraftverkehr 425 10
internationales Privatrecht und internationales Einheitsrecht **425** 28
internationale Rheinschiffahrt 425 28
internationale Straßenbeförderung nach CMR **452,** Anh. III (Art. 34 CMR) 2ff.
internationaler Straßengüterverkehr, CMR s. Übereinkommen über den Beförderungsvertrag im internationalen Straßengüterverkehr
internationaler Straßengüterverkehr, Fahrtenbuch **452,** Anh. I (**28** GüKG)
internationales Straßentransportrecht, Beweiswirkung des Frachtbriefs **426** 7, 10
internationaler Verkehr und Tarifrecht **452,** Anh. I (**22** GüKG) 6ff.
internationale Vollstreckbarkeit nach CMR **452,** Anh. III (Art. 32 CMR) 7
internationale Zuständigkeit nach CMR **452,** Anh. III (Art. 31 CMR) 1

Kaufmann, Frachtführer als – **425** 29
Kaufvertrag als Umgehungsgeschäft **425** 49
Kiestransport, laufender **425** 55
Klarierungsmonopol des Unternehmens **452,** Anh. II (**12** KVO) 10
Körperschäden und KVO-Haftung **452,** Anh. II (**34** KVO) 16
Kollisionsrecht und deutscher Landfrachtverkehr **425** 28
Kollisionsrecht, Spezialregeln im CMR **452,** Anh. III (Art. 1 CMR) 1

kombinierter Transport 425 17
Dokumente **444** 7ff.
Durchkonnossement des FIATA **425** 26
einheitliches Dokument **425** 22
und Freizeichnung für Gehilfen **429** 99
Großcontainer-Verkehr der europäischen Eisenbahnen **425** 25
Haftpflichtversicherung **429** 107
Network-System **425** 22
Rechtsvereinheitlichung **425** 22
typische Vertragsbedingungen **425** 23
Kommissionärspfandrecht, bevorzugtes **443** 4
Konkurs des Absenders **425** 64
Konkurs des Frachtführers **425** 64
Konnexität und Frachtführerpfandrecht **440** 7
Kostbarkeiten, Haftung des Frachtführers **429** 26ff.
Kosten des Schadensfeststellungsverfahrens **438** 28
Kostennachnahmen und Frachtführerpfandrecht **440** 6
Kraftfahrzeug, Allgemeine Beförderungsbedingungen für den gewerblichen Güternahverkehr mit – (AGNB) **452,** Anh. V (**1ff.** AGNB)
Kraftfahrzeug-Beförderungsleistungen und EG-Recht **452,** Anh. I (**22** GüKG) 7
Kraftfahrzeug-Haftpflichtversicherung, Haftung für Frachtschäden **426** 96
Kraftfahrzeugunfall, Schäden an der Ladung **429** 96
Kraftfahrzeugverkehr, Lieferzeit **428** 4
Kraftloserklärung verlorenen Ladescheins **448** 2
Krafträder, Güterbeförderung **452,** Anh. I (**4** GüKG)
Kraftverkehrsrecht, Frachtbrief als Unterlage der Tarifüberwachung **426** 15
Kraftverkehrsordnung für den Güterverkehr mit Kraftfahrzeugen (KVO), Text **452,** Anh. II
Abfertigungsarten **452,** Anh. II (**4** KVO) 1ff.
Abhandenkommen **452,** Anh. II (**30** KVO) 5
Abholung, Begriff **452,** Anh. II (**5** KVO) 2
Abholungsschäden **452,** Anh. II (**33** KVO) 3
Ablieferungshindernisse **452,** Anh. II (**28** KVO) 11ff.
Abschluß des Beförderungsvertrags **452,** Anh. II (**15** KVO) 1ff.
Absenderpflichten und -rechte nach Zollvorschriften **452,** Anh. II (**12** KVO) 11
Absenderverfügungen **452,** Anh. II (**27** KVO) 1ff.
Abtretung der Versicherungsansprüche an Geschädigten **452,** Anh. II (**38** KVO) 7
AGB-Gesetz, keine Anwendung **452,** Anh. II (**1** KVO) 3
Annahme beschädigter Güter **452,** Anh. II (**18** KVO) 9
Annahme des Guts durch Frachtführer **452,** Anh. II (**15** KVO) 11
Auslieferungsanspruch des Empfängers **452,** Anh. II (**25** KVO) 1
Beschädigungsfeststellung **452,** Anh. II (**25** KVO) 10
Beschleunigungsgebot **452,** Anh. II (**31** KVO) 5
Beförderungshindernisse **452,** Anh. II (**28** KVO) 1ff.
Beförderungspreise **452,** Anh. II (**9** KVO)
Beförderungsvertrag, Berechtigte und Verpflichtete **452,** Anh. II (**3** KVO) 1ff.
Begleitpapiere **452,** Anh. II (**12** KVO) 1ff.
Behördeneingriffe **452,** Anh. II (**34** KVO) 14
Beladeeinrichtung, besondere eines Fahrzeugs **452,** Anh. II (**17** KVO) 3
Beiladung, Schaden durch – **452,** Anh. II (**30** KVO) 6
betriebssichere Verladung **452,** Anh. II (**17** KVO) 7
Betriebsunfall **452,** Anh. II (**29** KVO) 10
Betrug **452,** Anh. II (**30** KVO) 8
Beweis für Abschluß **452,** Anh. II (**15** KVO) 15
Beweislage für Identitäts- und Mengenabgaben **452,** Anh. II (**16** KVO) 16ff.
Beweislast für höhere Gewalt nach KVO **452,** Anh. II (**34** KVO) 10
Bombieren **452,** Anh. II (**34** KVO) 20
Bruchschäden **452,** Anh. II (**30** KVO) 9
Bruchschäden **452,** Anh. II (**30** KVO) 10
CMR-Anwendung **452,** Anh. III (Art. 1 CMR) 5
Deutsche Bundesbahn, Abschlußzwang im Güterfernverkehr mit Kraftfahrzeugen **452,** Anh. II (**7** KVO) 1
Diebstahl **452,** Anh. II (**30** KVO) 5
Eisenbahnbeförderung und KVO-Frachtführer **452,** Anh. II (**33** KVO) 5
Emailabsplitterungen **452,** Anh. II (**34** KVO) 18
Empfänger, Zollbehandlung durch den – **452,** Anh. II (**12** KVO) 12
Empfängerbestimmung **452,** Anh. II (**25** KVO) 2
Empfängerverfügungen **452,** Anh. II (**27** KVO) 17ff.
entgangener Gewinn **452,** Anh. II (**35** KVO) 7
Entladepflicht **452,** Anh. II (**17** KVO) 13
Erlöschen der Ansprüche **452,** Anh. II (**39** KVO) 2
Fahrzeug mit besonderen Beladeeinrichtungen **452,** Anh. II (**17** KVO) 3

Fahrzeugstellung nach Wagenstellungsvertrag **452,** Anh. II (**14** KVO) 8ff.
Fakturenwert (Wertersatzbegrenzung) **452,** Anh. II (**35** KVO) 5f.
Falschauslieferung **452,** Anh. II (**31** KVO) 8
Fehlmengen **452,** Anh. II (**34** KVO) 19
Feststellungsvermerke im Frachtbrief **452,** Anh. II (**16** KVO) 15
Fixkostenspedition, Anwendung **452,** Anh. II (**1** KVO) 9
Formalvertrag, KVO-Frachtvertrag **452,** Anh. II (**15** KVO) 1ff.
Frachtberechnung **452,** Anh. II (**20** KVO) 1f.
Frachtbrief, Form und Inhalt **452,** Anh. II (**10, 11** KVO)
Frachtbriefannahme durch KVO-Frachtführer **452,** Anh. II (**15** KVO) 12ff.
Frachtbriefausfüllung, fehlerhafte durch Absender **452,** Anh. II (**13** KVO) 1ff.
Frachterstattung **452,** Anh. II (**23** KVO) 4f.
Frachtnachzahlung **452,** Anh. II (**23** KVO) 1ff.
Frachtvertrag und Wagengestellungsvertrag **452,** Anh. II (**14** KVO) 1
Frachtzahlung **452,** Anh. II (**21** KVO)
Frachtzuschläge **452,** Anh. II (**22** KVO)
Frostschäden **452,** Anh. II (**34** KVO) 22
gefährliche Güter, Transport **452,** Anh. II (**34** KVO) 24
Gehilfenhaftung **452,** Anh. II (**6** KVO) 1ff.
Geltungsbereich **452,** Anh. II (**1** KVO) 4
gesetzliche Lieferfrist **452,** Anh. II (**26** KVO) 1
Gewährhaftung und Verschulden des Verfügungsberechtigten **452,** Anh. II (**34** KVO) 11
Gewichtsverluste **452,** Anh. II (**34** KVO) 19
Güter, Transport selbstentzündlicher und explosionsgefährlicher **452,** Anh. II (**34** KVO) 24
Güter, Transport wertvoller **452,** Anh. II (**34** KVO) 15
Güter, von Beförderung ausgeschlossene **452,** Anh. II (**8** KVO) 1ff.
Güterbezeichnung **452,** Anh. II (**18** KVO) 10
Güterfernverkehr, tarifliche Regelung im – **452,** Anh. II (**1** KVO) 8
Gütermengen, unterschiedliche und Unternehmerpflichten **452,** Anh. II (**5** KVO) 2ff.
Güterschaden **452,** Anh. II (**29** KVO) 11
Güterschäden, Ersatzpflicht aus besonderen Gefahren **452,** Anh. II (**30** KVO) 1ff.
Haftpflichtversicherung **452,** Anh. II (**38** KVO) 3
Haftungsausschlüsse für Frachtführer **452,** Anh. II (**34** KVO) 3
Haftungsbegrenzung, Rechtsnatur **452,** Anh. II (**36** KVO) 2
Haftungsbegrenzung und allgemeines Schadensersatzrecht **452,** Anh. II (**35** KVO) 3
Haftungssystem der KVO **452,** Anh. II (**29** KVO) 3
Hagelschäden **452,** Anh. II (**30** KVO) 4
Hitzeschäden **452,** Anh. II (**34** KVO) 22
höhere Gewalt, Haftungsausschluß **452,** Anh. II (**34** KVO) 6
höhere Gewalt und Unabwendbarkeit durch äußerste Sorgfalt **452,** Anh. II (**34** KVO) 9
Identitätsprüfung **452,** Anh. II (**16** KVO) 3ff.
innerdeutsche Probleme **452,** Anh. II (**34** KVO) 14
innerer Verderb **452,** Anh. II (**34** KVO) 20
internationaler Verkehr **452,** Anh. II (**1** KVO) 9
Klarierungsmonopol des Unternehmers **452,** Anh. II (**12** KVO) 10
Körperschäden **452,** Anh. II (**34** KVO) 16
Kosten der Schadensabwendung **452,** Anh. II (**32** KVO) 1ff.
Kostenersatz bei Schäden **452,** Anh. II (**35** KVO) 8
Kraftwagengefahren **452,** Anh. II (**34** KVO) 7
Kriegsereignisse **452,** Anh. II (**34** KVO) 13
Kunstwerktransport **452,** Anh. II (**34** KVO) 15
Ladefrist **452,** Anh. II (**19** KVO)
Ladeschäden **452,** Anh. II (**33** KVO) 4
Ladungsgut **452,** Anh. II (**4** KVO) 1ff.
Ladungsgüterüberprüfung **452,** Anh. II (**16** KVO) 10ff.
Lieferfrist **452,** Anh. II (**26** KVO) 1ff.
Lieferfristhaftung **452,** Anh. II (**26** KVO) 1
Lieferfristruhen **452,** Anh. II (**26** KVO) 8
Lieferfristverkürzung **452,** Anh. II (**26** KVO) 6
Mitverschulden **452,** Anh. II (**34** KVO) 12
Nachlagerungsschaden **452,** Anh. II (**33** KVO) 6
Nachnahme **452,** Anh. II (**24** KVO) 1ff.
Nachnahmefehler, Haftung für **452,** Anh. II (**31** KVO) 13
Nachzählung **452,** Anh. II (**25** KVO) 10
Nebengebühren **452,** Anh. II (**9** KVO)
Pfandrecht des Frachtführers **452,** Anh. II (**25** KVO) 6
Präklusion der Ansprüche **452,** Anh. II (**39** KVO) 2ff.
Realvertrag, KVO-Frachtvertrag **452,** Anh. II (**15** KVO) 1ff.
Rechtsnatur **452,** Anh. II (**1** KVO) 3
Rechtsverordnung **452,** Anh. II (**1** KVO) 3
Regenschäden **452,** Anh. II (**30** KVO) 4

Kraftverkehrsordnung für den Güterverkehr mit Kraftfahrzeugen (KVO) (Fortsetzung)
Rinnverluste **452,** Anh. II (**30** KVO) 15
Risikoverteilung **452,** Anh. II (**34** KVO) 4
Rohgewichtsbegrenzung bei Schadensersatz **452,** Anh. II (**35** KVO) 17
Rollfuhr durch Dritte **452,** Anh. II (**5** KVO) 9
Sachverständigenverfahren für Schadensfeststellung **452,** Anh. II (**35** KVO) 11
Sammelladungsspedition, Anwendung **452,** Anh. II (**1** KVO) 9
Schadensabwendung, Kosten der – **452,** Anh. II (**32** KVO) 1ff.
Schadensberechnung nach Zeitwert **452,** Anh. II (**35** KVO) 10
Schadensersatz wegen unrichtiger Frachtbriefausfüllung **452,** Anh. II (**13** KVO) 5
Schadensfeststellung und Mitwirkung des Versicherers **452,** Anh. II (**38** KVO) 6
Schadensfeststellungspflicht des Unternehmers **452,** Anh. II (**37** KVO) 3
Schadensteilung **452,** Anh. II (**17** KVO) 11
Schlachtviehbeförderung **452,** Anh. II (**8** KVO) 6
Schlechterfüllung **452,** Anh. II (**31** KVO) 9
Schneeschäden **452,** Anh. II (**30** KVO) 4
Schriftform des KVO-Vertrags **452,** Anh. II (**15** KVO) 4
Selbsthilfeverkauf **452,** Anh. II (**28** KVO) 15
Sicherungsrechte des Frachtführers **452,** Anh. II (**25** KVO) 5ff.
Sorgfaltspflichten, überschneidende **452,** Anh. II (**17** KVO) 8
Spediteur als KVO-Unternehmer **452,** Anh. II (**5** KVO) 11
Spediteure, Anwendung **452,** Anh. II (**1** KVO) 9
Spediteur-Sammelgut **452,** Anh.II(**4** KVO) 4
Spesenersatz bei Schäden **452,** Anh. II (**35** KVO) 8
Straßengefahren **452,** Anh. II (**34** KVO) 7
Stückgut **452,** Anh. II (**4** KVO) 1ff.
Stückgutverladung **452,** Anh. II (**17** KVO) 4
Stückgüterüberprüfung **452,** Anh. II (**16** KVO) 9
Sturmschäden **452,** Anh. II (**30** KVO) 4
tarifliche Entladefrist **452,** Anh. II (**25** KVO) 10
tarifliche Vertragsordnung, KVO und KVORb **452,** Anh. II (**1** KVO) 7
Teilschäden **452,** Anh. II (**35** KVO) 19
Teilverluste und Teilbeschädigung **452,** Anh. II (**35** KVO) 14
Tiere, Beförderung lebender **452,** Anh. II (**8** KVO) 6
Tiertransport, Schäden **452,** Anh. II (**34** KVO) 23
Transitverkehr durch DDR **452,** Anh. II (**34** KVO) 14
Transportgefahren, Schutz vor – **452,** Anh. II (**18** KVO) 4
Transportmittelunfall **452,** Anh. II (**29** KVO) 10
Überladung des Fahrzeugs **452,** Anh. II (**17** KVO) 12
Übernahmerecht für beschädigte Güter **452,** Anh. II (**35** KVO) 16
Überprüfungen **452,** Anh. II (**16** KVO) 3ff.
Umzugsguttransport **452,** Anh. II (**34** KVO) 17
unerlaubte Handlung und Deckung **452,** Anh. II (**38** KVO) 4
Unfallbegriff **452,** Anh. II (**29** KVO) 10
Unternehmerpflichten **452,** Anh. II (**12** KVO) 9ff.
Unterschlagung **452,** Anh. II (**30** KVO) 8
Untreue **452,** Anh. II (**30** KVO) 8
unverpackte Güter, Schäden an – **452,** Anh. II (**30** KVO) 7
Verderb, innerer **452,** Anh. II (**34** KVO) 20
Verderb von Gütern und Lieferfrist **452,** Anh. II (**31** KVO) 6
Vereinbarung der KVO **452,** Anh. II (**1** KVO) 9
Verfügungsrecht des Absenders **452,** Anh. II (**27** KVO) 1ff.
Verfügungsrecht des Empfängers **452,** Anh. II (**27** KVO) 17ff.
Verfügungen von hoher Hand **452,** Anh. II (**34** KVO) 14
Verjährung der Ansprüche aus KVO-Beförderungsvertrag **452,** Anh. II (**40** KVO) 1
Verladepflicht **452,** Anh. II (**17** KVO) 1ff.
Verlustfeststellung **452,** Anh. II (**25** KVO) 10
Vermögensschäden, Haftung für primäre und sekundäre **452,** Anh. II (**31** KVO) 3
Verpackung, unzureichende **452,** Anh. II (**18** KVO) 6ff.
Verpackungspflicht des Absenders **452,** Anh. II (**18** KVO) 1ff.
Verrichtungsgehilfe, Haftung für **452,** Anh. II (**6** KVO) 6
Verschulden des Frachtführers und Haftungsausschlüsse **452,** Anh. II (**34** KVO) 4
Versicherungsansprüche, Geltendmachung durch Frachtführer und Geschädigten **452,** Anh. II (**38** KVO) 7
Verwiegung **452,** Anh. II (**25** KVO) 10
Vorlagerungsschäden **452,** Anh. II (**23** KVO) 6
Vorvertrag vor Frachtvertrag **452,** Anh. II (**14** KVO) 1
Wagengestellungsvertrag **452,** Anh. II (**14** KVO) 1ff.

Wegnahme **452,** Anh. II (**34** KVO) 14
Wertersatzbegrenzung bei Haftung des Frachtführers **452,** Anh. II (**35** KVO) 4
Witterungseinflüsse und höhere Gewalt **452,** Anh. II (**34** KVO) 8
Witterungsschäden **452,** Anh. II (**30** KVO) 4
Zahlungspflicht des Empfängers **452,** Anh. II (**25** KVO) 7
Zeitwert als Schadensberechnung **452,** Anh. II (**35** KVO) 10
Zollbehandlung **452,** Anh. II (**12** KVO) 9ff.
Zuführungsschäden **452,** Anh. II (**33** KVO) 3
Zurückbehaltungsrecht des Frachtführers **452,** Anh. II (**25** KVO) 5
Zustellung, Begriff **452,** Anh. II (**5** KVO) 2
Zwischenlagerungsschäden **452,** Anh. II (**33** KVO) 6

Kraftwagengefahren und KVO-Haftung **452,** Anh. II (**34** KVO) 7
Kraftwagenlinien, eingetragene **425** 20
Kriegsereignisse und KVO-Haftung **452,** Anh. II (**34** KVO) 13
Kunstgegenstände, Beförderung **452,** Anh. I (**4** GüKG) 2
Kunstgegenstände, Haftung des Frachtführers **429** 26ff.
KVO-Haftpflichtversicherung 429 103
KVO-Recht und CMR-Auslegung 452, Anh. III (Art. 1 CMR) 5

Ladefrist nach KVO **452,** Anh. II (**19** KVO)
Laden des Beförderers und Haftung **429** 14
Laden und CMR-Haftung **452,** Anh. III (Art. 17 CMR) 16
Ladeschäden nach KVO **452,** Anh. II (**33** KVO) 4
Ladeschein
Abschrift, Anspruch des Frachtführers auf – **445** 3
Absender-Frachtführer-Verhältnis **446** 4
Ausfertigungen, mehrere **448** 3
Auslieferungsanspruch, Verbriefung **444** 4
Beweiskraft **444** 4
Binnenschiffahrt **444** 1
dingliche Wirkung **450** 6
Dokumentation kombinierter Transporte **444** 6
Einwendungen des Frachtführers gegen Ansprüche aus Ladeschein **446** 3
Empfänger des Frachtguts **447** 2
Empfänger-Frachtführer-Verhältnis **446** 2
Frachtbrief, Abgrenzung zum **444** 2
Frachtführer-Absender-Verhältnis **446** 4
Funktion **444** 3
gutgläubiger Erwerb **450** 4
Haftung **444** 4
Inhaberladeschein **444** 2
kombinierte Transporte, Dokumente **444** 6ff.
Konossement, Inhalt wie – **445** 1
Kraftloserklärung nach Verlust **448** 2
Ladescheinbesitzer als Empfänger **447** 2
Ladescheininhaber, Verfügungsrecht **447** 3
Landfrachtrecht, Bedeutung **444** 1
Lastenfreier Erwerb **450** 4
Orderladeschein **444** 2
Rechtsbeziehungen zwischen Frachtführer und Empfänger, Maßgeblichkeit des Ladescheins **446** 1
Rechtsstellung des Ladescheininhabers **447** 1
Rektaladeschein **444** 2
Repräsentationstheorie **450** 1
Rheinschiffahrt, internationale **444** 1
Rückgabe **448** 1ff.
Schadenshaftung aus dem – **444** 3
Sollerfordernisse, Fehlen **445** 1
Traditionspapier **444** 2
Traditionspapier **450** 1
Transporte, kombinierte und Dokumente **444** 6ff.
Transportdauer und Zweck des – **444** 3
Unterfrachtführer **449** 1
Übertragung **444** 2
Unterzeichnung durch Frachtführer **445** 2
Verfüngungsmöglichkeit **444** 3
Verfügungsrecht des Ladescheininhabers **447** 3
Verlust **448** 2
Vertragsansprüche, Verbriefung **444** 4
Wertpapier **444** 2
Wohnortangabe **445** 1

Ladungsgut, Überprüfung nach KVO **452,** Anh. II (**16** KVO), 10
Ladungsverkehr bei Selbstverladung, Erteilung des Beförderungsauftrags **452,** Anh. II (**14** KVO), 2
Lagerhalterpfandrecht, bevorzugtes **443** 4
Lagerung durch Frachtführer und Haftung **429** 16
Lagerungspflicht des Frachtführers **425** 73
Lagerungsschäden nach KVO **452,** Anh. II (**33** KVO) 6
Lagervertrag und Transportverpflichtungen **425** 47
Land, Beförderung von Gütern durch den – **452,** Anh. I (**4** GüKG)
Landfrachtrecht
Abschlußfreiheit **425** 56
Absender **425** 31
anzuwendendes Recht **425** 1
Auftraggeber **425** 31
Ersatzansprüche, Person des Berechtigten **429** 34ff.
Haftung des Frachtführers (Überblick) **429** 1

Landfrachtrecht (Fortsetzung)
Haftungsregelung, Verdrängung durch spezielle Normen **429** 1
Ladeschein, Ungebräuchlichkeit **444** 1
Landfrachtvertrag, Abgrenzung von anderen Verträgen **425** 39
Wert des beschädigten Gutes **430** 18
Überblick **425** 1
Unterabgrenzungen **425** 8
Zahlungspflicht des Empfängers **436** 2
Landwirtschaftlicher Sonderverkehr 452, Anh. I (**89a** GüKG)
Leichenbeförderung 452, Anh. I (**4** GüKG)
Leichentransport und CMR **452,** Anh. III (Art. 1 CMR) 8
Leistungsstörungen im Frachtrecht **428** 6
Leute (Begriff) **431** 3
Lieferfrist, Bestimmung **428** 2ff.
Lieferfrist nach KVO **452,** Anh. II (**26** KVO), 1ff.
Lieferfristhaftung nach KVO **452,** Anh. II (**26** KVO) 1
Lieferfristüberschreitung nach CMR, Vorbehalte **452,** Anh. III (Art. 30 CMR) 7
Lieferfristverkürzung und Tarifunterschreitung **452,** Anh. I (**22** GüKG) 4
Literatur 425 vor 1
Lohnfuhrvertrag, Abgrenzung zum Frachtvertrag **425** 45
Lohnfuhrvertrag, Abgrenzung zum Unterfrachtvertrag **432** 14
Lohnfuhrvertrag zwischen Bundesbahn und Güterfernverkehrsunternehmen **425** 45
Luftfrachtbrief 426 3
Luftfrachtführer 425 30
Luftfrachtrecht
Absender als Vertragspartner **425** 31
Frachtbrief **426** 2
Frachtbrief, Beweiswirkungen **426** 7
Flugpläne, unerbindliche **428** 4
Gehilfen, Haftungsausnahmen für – des Frachtführers **429** 99
Hauptpflicht **425** 7
Haftung des Frachtführers **429** 75
Haftung für Verspätung **428** 4
innerdeutscher Bereich **425** 7
Konkurrenzen im Haftungsrecht **429** 87
Luftfrachtbrief **426** 3
Luftfrachtführer **425** 30
Schadenfeststellungsverfahren **438** 6
Unterfrachtvertrag, Haftungsausgleich **432** 10
Verjährungsfragen **439** 2
Warschauer Abkommen **425** 7

Mängel des Frachtguts, Feststellungsverfahren **438** 20ff.
Mängelrüge 438 1
Mängelrüge für Absender durch Frachtführer **425** 79
Mängelvermerke im Frachtbrief **426** 9
Margentarif, einheitlicher der EG für Kfz-Beförderungsleistungen **452,** Anh. I (**22** GüKG) 7
Marktwert der Handelsware **430** 11
Miete von Beförderungsmitteln, Abgrenzung zum Frachtvertrag **425** 44
Mitverschulden des KVO-Frachtführers **452,** Anh. II (**34** KVO) 12
Mittel der Beförderung **425** 36
Möbelbeförderung
und Ablieferungshindernis **436** 165
und Einbeziehung der Ladetätigkeit **429** 14
und Frachtbrief **426** 2
und Frachtbriefausstellung **426** 19
und Haftpflichtversicherung **429** 104
Lieferfrist **428** 4
und Schadensfeststellungsverfahren **438** 4
und Verjährung frachtrechtlicher Ansprüche **439** 7
und Wert des beschädigten Gutes **430** 18
und Zahlungspflicht des Empfängers **436** 2
Möbelnahverkehr, Tarifkommission **452,** Anh. I (**84** GüKG)
Möbelfernbeförderung, Tarife 425 81
Möbelfernverkehr
Fahrzeuge, eingerichtete **452,** Anh. I (**37, 38** GüKG)
Möbelwagenanhänger, Genehmigungspflicht **452,** Anh. I (**39** GüKG)
Nahzone, Überschreitung **452,** Anh. I (**39** GüKG)
Möbelverkehr, Beförderungsbedingungen (BefBMö)
Ablieferungshindernisse **452,** Anh. IV (**6** BefBMö)1
Beförderungshindernisse **452,** Anh. IV (**6** BefBMö)1
Beladen **452,** Anh. IV (**4** BefBMö)1
Empfangsbescheinigung **452,** Anh. IV (**8** BefBMö)
Ermächtigungsgrundlage Vorbem. **452,** Anh. IV (**1** BefBMö)
Frachtbrief **452,** Anh. IV (**2** BefBMö) 1ff.
Gehilfenhaftung **452,** Anh. IV (**12** BefBMö)1
Haftung **452,** Anh. IV (**9** BefBMö) 1f.
Haftungsausschluß **452,** Anh. IV (**10** BefBMö) 1
Möbelverkehrsunternehmer **452,** Anh. IV (**1** BefBMö) 2
Rechnungserteilung **452,** Anh. IV (**8** BefBMö)
Unternehmer als Frachtführer **452,** Anh. IV (**1** BefBMö) 1
Verwaltungsvorschriften **452,** Anh. IV (**3** BefBMö) 1

Weisungsrechte gegenüber Frachtführer **452,** Anh. IV (**5** BefBMö) 1
Zollvorschriften **452,** Anh. IV (**3** BefBMö) 1
zwingendes BefBMö-Recht **452,** Anh. IV (**1** BefBMö) 3
zwingendes Recht **452,** Anh. IV (**1** BefBMö) 3
Möbelverkehr, Haftung des Frachtführers
Ersatzberechtigter **429** 62
Gewährhaftung als Grundsatz **429** 58
Haftungsausschlüsse **429** 59
Haftungsbeschränkungen **429** 60
Obhutshaftung **429** 57
Präklusion **429** 63
Verjährung **429** 63
Verspätungsschäden **429** 61
multimodale Transporte 425 20

Nachforderungsansprüche bei nicht vorsätzlicher Tarifunterschreitung **452,** Anh. I (**23** GüKG) 2ff.
Nachlagerung und Frachthaftung **429** 16
Nachlagerungsschäden nach KVO **452,** Anh. II (**33** KVO) 6
Nachnahme nach KVO **452,** Anh. II (**24** KVO) 1ff.
Nachnahmeansprüche und Frachtführeransprüche **440** 6
Nachnahmeneinziehung durch Frachtführer **425** 77
Nachnahmefehler, Haftung für – nach KVO **452,** Anh. II (**31** KVO) 13
Nachnahmevereinbarung nach CMR **452,** Anh. III (Art. 21 CMR) 1ff.
Nachrichtenverbindung, Bedeutung der – zwischen Absender und Transportmittel **434** 2
Nachzählung am Bestimmungsort **452,** Anh. II (**25** KVO) 10
Nahzone im Güternahverkehr **452,** Anh. I (**2** GüKG)
nationales Recht und CMR **452,** Anh. III (Art. 1 CMR) 3f.
Nebenpflicht, Beförderungsleistung als – **425** 48
Nebenpflichten des Frachtführers
Anweisung, Einholung **425** 74
Benachrichtigung **425** 74
Einlagerung beim Lagerhalter **425** 75
Lagerung **425** 73
Mängelrüge für Absender **425** 79
Nachnahmeneinziehung **425** 77
Versicherungspflicht **425** 78
Verzollungspflicht **425** 76
Weiterversendung **425** 75
Network-System 425 22
Nicht-Geltendmachung des Frachtführerpfandrechts **442** 5
Nichtigkeit des Frachtvertrages **425** 59
Notverkauf nach CMR **452,** Anh. III (Art. 16 CMR) 4ff.
Not-Weisungsrecht 434 1ff.
Numerierung, ungenügende nach CMR **452,** Anh. III (Art. 17 CMR) 19

Obhutshaftung nach CMR **452,** Anh. III (Art. 17 CMR) 2
Obhutshaftung nach KVO **452,** Anh. II (**29** KVO) 6ff.
Obhutszeit des Frachtführers **429** 10
Obhutspflicht des Frachtführers **425** 69
Obhutsübernahme bei Lohnfuhr- und Frachtvertrag **425** 45
Offene Fahrzeuge und CMR-Haftung **452,** Anh. III (Art. 17 CMR) 14
Orderladeschein 444 2
Ordnungswidrigkeiten nach GüKG **452,** Anh. I (**98ff.** GüKG)
Organisationsmängel, Haftung des Frachtführers **429** 80
Ortsmittelpunkte im Güternahverkehr **452,** Anh. I (**2** GüKG)
Ortsveränderung und Beförderungsbegriff **425** 33ff.

Palettenbeförderung und CMR 425 21
Personenbeförderung 425 38
Personenkraftwagen, Güterbeförderung **452,** Anh. I (**4** GüKG)
Pfandrecht des Frachtführers
Ablieferung des Guts ohne Vorbehalt der Vormännerrechte **442** 1
Auslagen, gesicherte **440** 6
Besitz des Frachtführers am Gut **440** 3
besitzloses – **440** 12
bevorrechtigtes **443** 4
Dauer **440** 10ff.
Eigentum des Absenders **440** 4
Erlöschen **440** 10ff.
Forderungen, gesicherte **440** 6
Frachtführer, zwei oder mehrere aufeinander folgende **441** 2
Frachtvertrag, Fehlen eines rechtswirksamen **440** 2
gerichtliche Geltendmachung des besitzlosen – **440** 13
gewerblicher Nah-Verkehr (AGNB), **452,** Anh. V (**23** AGNB) 1
gutgläubiger Erwerb **466** 4
internationaler Verkehr **440** 15
Kette aufeinanderfolgender Frachtführer **441** 1
konnexe Forderungen **440** 7
Kostennachnahmen **440** 6
Lagergelder **440** 6
Nachnahmeansprüche **440** 6

Pfandrecht des Frachtführers (Fortsetzung)
Pfandrechtsverlängerung bei Vormänner – Nachmännerkette **441** 5
Prioritätsgrundsatz **440** 9
Rang **440** 9
Schadensersatzansprüche, gesicherte **440** 6
Spediteur als Vormann **441** 7
Spediteure und Frachtführer, Zusammenwirken mehrerer **441** 1
Spediteurpfandrecht, Unterschied **440** 1
Spediteurseinschaltung **441** 6
Vertragspfandrecht, anzuwendende Vorschriften **440** 8
Vormann, Pfandrecht des – **440** 3
Vormänner-Nachmänner-Kette und Pfandrechtsverlängerung **441** 5
Vormänner-Pfandrechte, Fortdauer **441** 13
Vormännerrechte **441** 10
Vormännerrechte, Ausübung **441** 11
Zurückbehaltungsrecht, Abgrenzung **440** 1
Zweck **440** 1
Pfandrechte, bevorrechtigte **443** 4
Pflichtwidrigkeit des Frachtführers **429** 23
Post, Rechtsstellung **452** 3
Postrecht, rein öffentliches **452** 1
Postverkehr und CMR-Beförderung **452,** Anh. III (Art. 1 CMR) 8
Präklusion durch Annahme und Zahlung **438** 1ff.
Präklusion nach CMR **452,** Anh. III (Art. 30 CMR) 1
Prioritätsgrundsatz und bevorrechtigte Pfandrechte **443** 6
Privatgleisanschluß, Frachtgutablieferung **429** 12

Rahmenverträge **425** 55
Rang des Frachtführerpfandrechts **440** 9
Rangordnung bevorrechtigter Pfandrechte **443** 6
Rangordnung nicht bevorrechtigter Pfandrechte **443** 8
Ratifikation der CMR **452,** Anh. III (Art. 1 CMR) 1
Realvertrag, KVO-Frachtvertrag als – **452,** Anh. II (**15** KVO) 1ff.
Recht, auf Frachtverträge anzuwendendes **425** 1
Rechtsnatur des Frachtvertrags **425** 51
Rechtswahlklausel für das BSchG **425** 28
Regenschäden nach KVO **452,** Anh. II (**30** KVO) 4
Reichs-Kraftwagen-Betriebsverband **452,** Anh. II (**1** KVO) 2
Reichskraftwagentarif **452,** Anh. II (**1** KVO) 2
Reifenschäden nach CMR **452,** Anh. II (**17** KVO) 6
Rektaladeschein **444** 2
Repräsentationstheorie für Ladeschein **450** 1
Rheinschiffahrt, internationale und Ladeschein **444** 1
Rheinschiffahrt, Ladeschein und Frachtbrief **444** 3
Rinnverluste nach KVO **452,** Anh. II (**30** KVO) 15
Rohgewichtsbegrenzung bei KVO-Schäden **452,** Anh. II (**35** KVO) 17f.
Rollfuhr durch Dritte nach KVO **452,** Anh. II (**5** KVO) 9
Rollfuhr-Versicherung **429** 109
Rollfuhrvertrag, Abgrenzung zum Frachtvertrag **425** 45
Rollgeld beim Wagenstellungsvertrag **452,** Anh. II (**14** KVO) 15
Rückforderungsanspruch bei nicht-vorsätzlicher Tarifüberschreitung **452,** Anh. I (**23** GüKG) 5
Rückgriff eines Frachtführers nach CMR **452,** Anh. III (Art. 37 CMR) 7
Rückgriff zwischen Haupt- und Unterfrachtführer **432** 26
Rückgriffsverlust des ausliefernden Frachtführers **442** 9
Rücknahme durch Absender **438** 10
Rücktritt des Absenders wegen Beförderungshindernis **428** 7
Rücktritt des Absenders wegen Verzug oder Unmöglichkeit **428** 6
Rücktritt vom Werkvertrag **425** 62

Sachverständiger und Feststellung eines Frachtgutschadens **438** 20ff.
Sachverständigenverfahren nach KVO **452,** Anh. II (**35** KVO) 12
Sammelladungsspedition und KVO **452,** Anh. II (**1** KVO) 9
Samtfrachtführer **432** 6
Schadensbegriff im Frachtrecht **429** 9
Schadensersatzanspruch s. ferner Haftung, Haftung des Frachtführers
Absender wegen positiver Vertragsverletzung des Frachtführers **427** 6
Ersatzberechtigter beim Frachtvertrag **429** 34ff.
Drittschadensliquidation **429** 36
Frachtbriefausfüllung, fehlerhafte nach KVO **452,** Anh. II (**13** KVO) 5
Frachtführer wegen Unrichtigkeit der Begleitpapiere **427** 5
formelle Legitimation **435** 35
Schadensliquidation im Drittinteresse **429** 36
Vermögensschäden, primäre und sekundäre nach KVO **452,** Anh. II (**31** KVO) 3
Schadensfeststellung nach CMR **452,** Anh. III (Art. 30 CMR) 3
Schadensfeststellung, gemeinsame nach CMR **452,** Anh. III (Art. 30 CMR) 6

Schadensfeststellung vor Frachtgutannahme **438** 20ff.
Schadensfeststellungspflicht nach KVO **452,** Anh. II (**37** KVO) 3
Schadensfeststellungsverfahren **438** 19ff.
Schadensfeststellungsverfahren nach KVO **452,** Anh. II (**37** KVO) 4
Schadensgeneigte Arbeit und Arbeitnehmerhaftung **429** 98
Schadensliquidation im Drittinteresse **429** 36
Schadensrüge nach CMR **452,** Anh. III (Art. 30 CMR) 3
Schadensteilung nach CMR **452,** Anh. III (Art. 17 CMR) 21
Scheintatbestand, Kaufvertrag als – **425** 49
Scheintatbestände und GüKG **452,** Anh. I (**5** GüKG)
Schlachtviehbeförderung **452,** Anh. I (**4** GüKG)
Schiedsgerichtsklausel nach CMR **452,** Anh. III (Art. 34 CMR) 1
Schlachtviehbeförderung nach KVO **452,** Anh. II (**8** KVO) 6
Schlechterfüllung, Haftung für nach KVO **452,** Anh. II (**31** KVO) 9
Schleppvertrag als Frachtvertrag **425** 42
Schleppvertrag, Rechtsnatur **425** 46
Schneeschäden nach KVO **452,** Anh. II (**30** KVO) 4
Schriftform des KVO-Frachtvertrags **452,** Anh. II (**15** KVO) 4
Schubleichter, selbstfahrende **425** 5
Schuldner der Fracht **425** 81
Schuldnerstellung des Frachtgutempfängers **436** 1
Schuldnerverzug **428** 6
Schutzklausel für Gehilfen **429** 99
Schweigen als Abschlußerklärung **425** 58
Seefrachtrecht
Absender **425** 31
Befrachter **425** 31
Durchkonnossemente für Seestrecken **444** 7
Haftung des Frachtführers **429** 74
Leutebegriff **431** 3
Schadensfeststellungsverfahren **438** 6
Sonderabmachungen im deutschen Seehafenverkehr **452,** Anh. I (**22a** GüKG)
Tarifvorschriften **452,** Anh. I (**22a** GüKG)
Unterfrachtvertrag, Haftungsausgleich **432** 10
Verfrachter **425** 30
Visby-Rules **429** 87
Wert des beschädigten Gutes **430** 18
Selbsteintritt des Spediteurs **452,** Anh. II (**33** KVO) 2
Selbsthilfeverkauf bei Ablieferungshindernis **437** 16ff.
Selbsthilfeverkauf nach KVO **452,** Anh. II (**28** KVO) 15
Skripturhaftung bei Binnenkonnossement **444** 4
Solidarhaftung im Durchfrachtgeschäft **432** 11
Sonderabreden im Frachtvertrag und Tarifeinhaltung **452,** Anh. I (**22** GüKG) 5
Sorgfaltspflichten, überschneidende nach KVO **452,** Anh. II (**17** KVO) 8
Sorgfaltspflichtverletzung des Frachtführers **429** 23
Spediteur
Abschluß des Vertrags als Frachtführer **425** 57
als Absender oder Empfänger **435** 1
als Empfänger **435** 6
Güterfernbeförderung im Selbsteintritt **452,** Anh. I (**22** GüKG) 9
und KVO **452,** Anh. II (**1** KVO) 9
als KVO-Unternehmer **452,** Anh. II (**5** KVO) 11
als Nachmann und Pfandrechtsverlängerung **441** 8
Selbsteintritt **425** 43; **452,** Anh. II (**33** KVO) 2
als Vormann und Pfandrechtsverlängerung **441** 6ff.
Spediteurhaftpflichtversicherung **429** 102, 108
Spediteur-Sammelgut nach KVO **452,** Anh. II (**4** KVO) 4
Spediteurspfandrecht, bevorzugtes **443** 4
Speditionsnahverkehr, Tarifkommission **452,** Anh. I (**84** GüKG)
Speditionsrollfuhr nach ADSp, Haftung des Spediteurs **429** 55
Speditions- und Rollfuhrversicherung **429** 109
Spediteur-Übernahmebescheinigung, Ausstellung einer unrichtigen – **425** 28
Speditionsvertrag, Abgrenzung vom Frachtvertrag **425** 40
Speditionsvertrag, Abgrenzung zum Unterfrachtvertrag **432** 13
Speditionsvertrag und CMR-Recht **452,** Anh. III (Art. 1 CMR) 6; **452,** Anh. III (Art. 41 CMR) 2
Standortbestimmung im Güternah- und Fernverkehr **452,** Anh. I (**6** GüKG)
Stauen und CMR-Haftung **452,** Anh. III (Art. 17 CMR) 16
Straßenbeförderung, internationale nach CMR **452,** Anh. III (Art. 34 CMR) 2
Straßenfrachtrecht und Tarifrecht **425** 81
Straßengefahren und KVO-Haftung **452,** Anh. II (**34** KVO) 7
Streik als Ablieferungshindernis **437** 6
Stückgut und Ladungsgut nach KVO **452,** Anh. II (**4** KVO) 1ff.
Stückgut, Überprüfung nach KVO **452,** Anh. II (**16** KVO) 9
Stückgut, Verladung nach KVO **452,** Anh. II (**17** KVO) 4

Stückgutbeförderung von Haus zu Haus **452,** Anh. VI
Sturmschäden nach KVO **452,** Anh. II (**30** KVO) 4
Subunternehmer des Frachtführers, Haftung **429** 97

Tarif, EG, für Kfz-Beförderungsleistungen **452,** Anh. I (**22** GüKG) 7
Tarif im Güterfernverkehr **452,** Anh. I (**20** GüKG)
Tarif bei Stückgut und Ladungsgut **452,** Anh. II (**4** KVO) 1ff.
Tarifkommission für Güternahverkehr **452,** Anh. I (**84** GüKG)
Tarifrecht, Durchsetzung des zwingenden – **452,** Anh. I (**23** GüKG) 1ff.
Tarifüberschreitung, Rückforderungsansprüche **452,** Anh. I (**23** GüKG) 5
Tarifüberwachung, Verordnung im Güterfernverkehr und grenzüberschreitenden Güterkraftverkehr **452,** Anh. II (**16** KVO) 2
Tarifunterschreitung, Nachforderungsansprüche **452,** Anh. I (**23** GüKG) 2ff.
Tarifverletzungen, Korrektur **452,** Anh. I (**23** GüKG) 1
Teilbeschädigung des Frachtguts und Wertersatz **430** 17
Teilfrachtführer 432 5
Teilfrachtvertrag 425 54
Teilfrachtvertrag, Abgrenzung zum Unterfrachtvertrag **432** 3
Teilstrecken, Frachtanspruch **425** 82
Teilverlust nach CMR **452,** Anh. III (Art. 23 CMR) 6
Teilverlust des Frachtguts **429** 5
Teilverlust des Frachtguts und Wertersatz **430** 17
Teilverlust nach KVO **452,** Anh. II (**35** KVO) 15
Tiere, Beförderung lebender nach KVO **452,** Anh. II (**8** KVO) 6
Tierbeförderung 452, Anh. I (**4** GüKG)
Tierbeförderung und Schäden nach CMR **452,** Anh. III (Art. 17 CMR) 20
Tiertransport, Schäden durch Tod und Seuchen bei KVO **452,** Anh. II (**35** KVO) 23
Tod des Absenders **425** 66
Tod des Frachtführers **425** 65
Totalverlust nach CMR **452,** Anh. III (Art. 23 CMR) 1ff.
Totalverlust des Frachtguts **429** 4
Totalverlust des Frachtguts und Entschädigung **430** 11
Traditionspapier, Ladeschein als – **450** 1
Transfrachtfrachtbrief 426 3
Transfracht-Geschäftsbedingungen 425 25
Transfracht-GmbH 425 25
Transfracht-Übergabeschein 425 25
Transitverkehr und CMR-Regeln **452,** Anh. III (Art. 1 CMR) 7
Transitverkehr durch DDR **452,** Anh. II (**34** KVO) 14
Transport
Dokumente beim kombinierten **444** 5ff.
Durchkonnossement der FIATA für kombinierten **425** 26
einheitliches Dokument für kombinierten – **425** 22
gebrochener **425** 18
kombinierter **425** 17
kombinierter und Freizeichnung für Gehilfen **429** 99
multi-modele **425** 20
Network-System beim kombinierten – **425** 22
Rechtsvereinheitlichung des kombinierten – **425** 22
typische Vertragsbedingungen beim kombinierten – **425** 23
Transporteur 425 30
Transportgefahr und Verpackungspflicht nach KVO **452,** Anh. II (**18** KVO) 4
Transportmittel als Frachtgut **429** 7
Transportmittelunfall 452, Anh. II (**29** KVO), 10
Transportrisiken und Versicherungsarten **429** 100
Transportschäden, s. Haftung des Frachtführers, Haftung Dritter
Transporttechnik, veränderte und Auslegung **430** 3
Transportversicherung 429 101

Übereinkommen über den Beförderungsvertrag im internationalen Straßengüterverkehr (CMR)
Ablieferungshindernisse **452,** Anh. III (Art. 15 CMR) 1ff.
Absenderausfertigung **452,** Anh. III (Art. 12 CMR) 9
Absenderhaftung für fehlerhaften CMR-Frachtbrief **452,** Anh. III (Art. 7 CMR) 1ff.
Absenderhaftung für unrichtige Papiere **452,** Anh. III (Art. 11 CMR) 3
Absenderhaftung wegen Verpackung **452,** Anh. III (Art. 10 CMR) 1
Absenderverfügungen **452,** Anh. III (Art. 12 CMR) 4
Absenderverlangen auf Überprüfung **452,** Anh. III (Art. 9 CMR) 7
Annahmeverweigerung **452,** Anh. III (Art. 15 CMR) 3ff.
Aufklärungspflicht des Absenders **452,** Anh. III (Art. 22 CMR) 1ff.
Ausladung bei Beförderungshindernis **452,** Anh. III (Art. 16 CMR) 2

außervertragliche Ansprüche **452,** Anh. III (Art. 28 CMR) 2
Beförderungshindernisse **452,** Anh. III (Art. 14 CMR) 1ff.
Begleitpapierstellung **452,** Anh. III (Art. 11 CMR) 1
Beschädigungshaftung **452,** Anh. III (Art. 17 CMR) 2
bevorrechtigte Haftungsausschlüsse **452,** Anh. III (Art. 17 CMR) 13
Beweislast für Verpackungsschäden **452,** Anh. III (Art. 10 CMR) 3
Bezeichnung, ungenügende und Haftungsausschluß **452,** Anh. III (Art. 17 CMR) 19
bruchgefährdete Ware **452,** Anh. III (Art. 17 CMR) 17
Bundesrepublik als Transitland **452,** Anh. III (Art. 1 CMR) 7
Containermangel **452,** Anh. III (Art. 17 CMR) 15
Containerverkehr **452,** Anh. III (Art. 2 CMR) 3
DDR-Verkehr **452,** Anh. III (Art. 1 CMR) 7
Empfängerpersonen **452,** Anh. III (Art. 13 CMR) 2
Empfängerrechte **452,** Anh. III (Art. 13 CMR) 3
Empfängerverfügungsrecht **452,** Anh. III (Art. 12 CMR) 5ff.
Entladen durch Absender oder Empfänger **452,** Anh. III (Art. 17 CMR) 16
Ersatzberechtigung, des Verfügungsberechtigten **452,** Anh. III (Art. 17 CMR) 30
Fahrlässigkeit, dem Vorsatz gleichgestellte des Frachtführers **452,** Anh. III (Art. 29 CMR) 2
Fahrzeugmängel und Gewährhaftung **452,** Anh. III (Art. 17 CMR) 6
Frachtbrief, Beweiswirkung **452,** Anh. III (Art. 9 CMR) 1ff.
Frachtbrief, Rechtsnatur und Wirkungen **452,** Anh. III (Art. 4 CMR) 1
Frachtbrief und Vertragsabschluß **452,** Anh. III (Art. 4 CMR) 2
Frachtbriefangaben **452,** Anh. III (Art. 6 CMR) 1ff.
Frachtbriefausstellung, tarifrechtlicher Zwang zur Ausstellung **452,** Anh. III (Art. 4 CMR) 2
Frachtbrieforiginalausfertigungen **452,** Anh. III (Art. 5 CMR) 1
Frachtbriefvermerk und Empfängerverfügungsrecht **452,** Anh. III (Art. 12 CMR) 7
Frachtbriefvorbehalte **452,** Anh. III (Art. 9 CMR) 3
Frachtführerhaftung für fehlenden CMR-Haftung **452,** Anh. III (Art. 7 CMR) 4
Frachtführerhaftung für Verlust der Begleitpapiere **452,** Anh. III (Art. 11 CMR) 6
Frachtgutüberprüfung durch Frachtführer **452,** Anh. III (Art. 8 CMR) 1ff.
Frachtvertrag als Voraussetzung **452,** Anh. III (Art. 1 CMR) 6
Frachtvertrag, unmittelbare Anwendung auf **452,** Anh. III (Art. 1 CMR) 1
Gefahrenhinweise durch Absender **452,** Anh. III (Art. 22 CMR) 2
Gehilfen, Ansprüche gegen – des Frachtführers **452,** Anh. III (Art. 28 CMR) 8
Gehilfenhaftung **452,** Anh. III (Art. 4 CMR) 1
Gehilfenverschulden **452,** Anh. III (Art. 29 CMR) 4
Geltungsanspruch **452,** Anh. III (Art. 1 CMR) 6
gesetzliche Regelung internationaler Zuständigkeit **452,** Anh. III (Art. 31 CMR) 5
Gewährhaftung für Fahrzeugmängel **452,** Anh. III (Art. 17 CMR) 6
grenzüberschreitender Frachtvertrag **452,** Anh. III (Art. 1 CMR) 7
Güterschadens- und Verspätungshaftung, Überschneidung der Haftungsgrenzen **452,** Anh. III (Art. 23 CMR) 9
Haftung für fehlerhaften Frachtbrief **452,** Anh. III (Art. 7 CMR) 1ff.
Haftung und Verschulden des Verfügungsberechtigten **452,** Anh. III (Art. 17 CMR) 9
Haftung und Weisungen des Verfügungsberechtigten **452,** Anh. III (Art. 17 CMR) 10
Haftungsausschlüsse **452,** Anh. III (Art. 17 CMR) 7ff.
Haftungsausschlüsse, bevorrechtigte **452,** Anh. III (Art. 17 CMR) 13
Haftungseinschränkungen, Durchbrechung **452,** Anh. III (Art. 29 CMR) 1ff.
Haftungsgrundsatz **452,** Anh. III (Art. 17 CMR) 3
Haftungssystem nach CMR **452,** Anh. III (Art. 17 CMR) 1
Haftungsumfang bei Totalverlust **452,** Anh. III (Art. 23 CMR) 2
Haftungsverhältnisse zwischen CMR-Frachtführer und Huckepack-Beförderer **452,** Anh. III (Art. 3 CMR) 6
höhere Gewalt **452,** Anh. III (Art. 17 CMR) 4
Huckepackverkehr **452,** Anh. III (Art. 2 CMR) 1ff.
internationale Straßenbeförderung **452,** Anh. III (Art. 34 CMR) 2ff.
internationale Vollstreckbarkeit **452,** Anh. III (Art. 32 CMR) 7

Übereinkommen über den Beförderungsvertrag im internationalen Straßengüterverkehr (CMR) (Fortsetzung)
internationale Zuständigkeit **452,** Anh. III (Art. 31 CMR) 1
kombinierter Transport **452,** Anh. III (Art. 34 CMR) 2
Kostenersatz nach Anweisung **452,** Anh. III (Art. 12 CMR) 10
Kostenerstattungsanspruch bei Weisungen **452,** Anh. III (Art. 16 CMR) 1
Kostenerstattungsanspruch nach CMR **452,** Anh. III (Art. 16 CMR) 1 ff.
Kraftfahrzeuge im Sinne der CMR **452,** Anh. III (Art. 1 CMR) 6
KVO als ergänzendes Recht **452,** Anh. III (Art. 1 CMR) 5
KVO-Rückgriff **452,** Anh. III (Art. 1 CMR) 5
Laden durch Absender oder Empfänger **452,** Anh. III (Art. 17 CMR) 16
Lebensmittelverderb **452,** Anh. III (Art. 17 CMR) 17
Leichenbeförderung **452,** Anh. III (Art. 1 CMR) 8
Lieferfrist, vereinbarte **452,** Anh. III (Art. 17 CMR) 26
Lieferfristüberschreitung **452,** Anh. III (Art. 17 CMR) 25
Lieferfristüberschreitung, Vorbehalte **452,** Anh. III (Art. 30 CMR) 7
Lieferinteresse, erhöhtes bei Wertersatz **452,** Anh. III (Art. 23 CMR) 4
Mitgliederstand **452,** Anh. III (Art. 1 CMR) 2
Nachnahmevereinbarung **452,** Anh. III (Art. 21 CMR) 1 ff.
nationales Recht, Umfang der ergänzenden Anwendung **452,** Anh. III (Art. 1 CMR) 4
national-materielles Recht, ergänzende Anwendung **452,** Anh. III (Art. 1 CMR)
Notverkauf **452,** Anh. III (Art. 16 CMR) 4 ff.
Numerierung, ungenügende und Haftungsausschluß **452,** Anh. III (Art. 17 CMR) 19
Obhutshaftung **452,** Anh. III (Art. 17 CMR) 2
offene Fahrzeuge, Transport als Haftbefreiungsgrund **452,** Anh. III (Art. 17 CMR) 14
örtliche Anwendungsvoraussetzungen **452,** Anh. III (Art. 1 CMR) 6
örtliche Zuständigkeitsregelung, fehlende **452,** Anh. III (Art. 31 CMR) 5
Parteivereinbarung hinsichtlich Zuständigkeit **452,** Anh. III (Art. 31 CMR) 4
Personal, Haftung des CMR-Frachtführers für **452,** Anh. III (Art. 17 CMR) 33
Passivlegitimation bei mehreren Frachtführern **452,** Anh. III (Art. 36 CMR) 6
positive Vertragsverletzung **452,** Anh. III (Art. 17 CMR) 31
Postbeförderung **452,** Anh. III (Art. 1 CMR) 8
Präklusion bei vorbehaltloser Annahme **452,** Anh. III (Art. 30 CMR) 1
Rechtsangleichungsfunktion durch CMR **452,** Anh. III (Art. 1 CMR) 4
Rechtshängigkeitseinreden und internationale Anerkennung **452,** Anh. III (Art. 31 CMR) 6
Rechtskraft und internationale Anerkennung **452,** Anh. III (Art. 31 CMR) 6
Rechtsnatur **452,** Anh. III (Art. 1 CMR) 1
Reifenschäden **452,** Anh. III (Art. 17 CMR) 6
Rückgriff eines Frachtführers **452,** Anh. III (Art. 37 CMR) 7
Rückgriffsrecht des Frachtführers **452,** Anh. III (Art. 22 CMR) 6
Schadensanfälligkeit, natürliche als Haftungsausschluß **452,** Anh. III (Art. 17 CMR) 17
Schadensersatz nach Anweisung **452,** Anh. III (Art. 12 CMR) 10
Schadensersatz, Verfügungsberechtigung und Aktivlegitimation **452,** Anh. III (Art. 17 CMR) 30
Schadensfeststellung **452,** Anh. III (Art. 30 CMR) 3
Schadensfeststellung, gemeinsame **452,** Anh. III (Art. 30 CMR) 6
Schadenshaftung des Absenders **452,** Anh. III (Art. 10 CMR) 1 f.
Schadensrüge **452,** Anh. III (Art. 30 CMR) 3
Schadensteilung wegen teilweiser Haftungsbefreiung **452,** Anh. III (Art. 17 CMR) 21
Schiedsgerichtsklausel **452,** Anh. III (Art. 34 CMR) 1
Sicherheitsleistung für Gerichtskosten **452,** Anh. III (Art. 32 CMR) 8
Speditionsbeförderung, keine CMR-Geltung **452,** Anh. III (Art. 1 CMR) 6
Speditionsverträge, CMR-Anwendung **452,** Anh. III (Art. 41 CMR) 2
Stauen durch Absender oder Empfänger **452,** Anh. III (Art. 17 CMR) 16
Straßenbeförderung, internationale **452,** Anh. III (Art. 34 CMR) 2 ff.
Streitigkeiten, Zuständigkeit **452,** Anh. III (Art. 31 CMR) 1 ff.
Teilung der Sendung **452,** Anh. III (Art. 12 CMR) 12
Teilverlustentschädigung **452,** Anh. III (Art. 23 CMR) 6
Tierschäden bei Beförderung **452,** Anh. III (Art. 17 CMR) 20

Totalverlustentschädigung **452,** Anh. III (Art. 23 CMR) 2
Transitland Bundesrepublik **452,** Anh. III (Art. 1 CMR) 7
Transitverkehr nach Westberlin **452,** Anh. III (Art. 1 CMR) 7
Transport, kombinierter **452,** Anh. III (Art. 34 CMR) 2
Überprüfungen auf Absenderverlangen **452,** Anh. III (Art. 8 CMR) 7f.
Umladungsverkehr **452,** Anh. III (Art. 2 CMR) 3
Umstände, unabwendbare als Haftungsausschluß **452,** Anh. III (Art. 17 CMR) 12
unerlaubte Handlung, Ansprüche aus – **452,** Anh. III (Art. 17 CMR) 32
unerlaubte Handlung des Frachtführers **452,** Anh. III (Art. 28 CMR) 1ff.
Unmöglichkeit des Transports **452,** Anh. III (Art. 14 CMR) 2
Unterfrachtführer, Transport durch – **452,** Anh. III (Art. 35 CMR) 2
Verfügungsrecht **452,** Anh. III (Art. 12 CMR) 1ff.
Verlustfeststellungsverfahren, kein besonderes nach CMR **452,** Anh. III (Art. 13 CMR) 3
Verlustfiktion **452,** Anh. III (Art. 20 CMR) 1
Verlusthaftung **452,** Anh. III (Art. 17 CMR) 2
Verjährungsfristen **452,** Anh. III (Art. 32 CMR) 1ff.
Verkehrsunfall **452,** Anh. III (Art. 17 CMR) 12
Verpackungsmängel und Haftungsausschluß **452,** Anh. III (Art. 17 CMR) 15
Verpackungspflicht des Absenders **452,** Anh. III (Art. 10 CMR) 1
Verschulden, Haftung für vermutetes **452,** Anh. III (Art. 17 CMR) 4
Verschuldensmaßstab, verschärfter **452,** Anh. III (Art. 17 CMR) 5
Versicherungsfragen **452,** Anh. III (Art. 17 CMR) 34
Verspätungshaftung **452,** Anh. III (Art. 17 CMR) 24
Verspätungshaftung und Güterschädenhaftung, Überschreitung der Haftungsgrenzen **452,** Anh. III (Art. 23 CMR) 9
Vertragsansprüche aus allgemeinem Recht **452,** Anh. III (Art. 17 CMR) 31
Verwahrung des Guts bei Beförderungshindernis **452,** Anh. III (Art. 16 CMR) 3
Vorbehalt bei Fehlen gemeinsamer Schadensfeststellung **452,** Anh. III (Art. 30 CMR) 3ff.
Vorbehalte im Frachtbrief **452,** Anh. III (Art.8 CMR) 6
Vorsatz des Frachtführers **452,** Anh. III (Art. 29 CMR) 2
völkerrechtliche Verbindlichkeit **452,** Anh. III (Art. 1 CMR) 9
völkerrechtlicher Vertrag **452,** Anh. III (Art. 1 CMR) 1
Vollstreckbarkeit, internationale **452,** Anh. III (Art. 32 CMR) 7
Wagenstellungsvertrag, vorausgehender **452,** Anh. III (Art. 4 CMR) 2
Weisungen an Frachtführer **452,** Anh. III (Art. 12 CMR) 11
Weisungen bei Ablieferungshindernissen **452,** Anh. III (Art. 15 CMR) 2
Weisungen bei Beförderungshindernissen **452,** Anh. III (Art. 14 CMR) 3f.
Weisungen des Verfügungsberechtigten und Haftung **452,** Anh. III (Art. 17 CMR) 10
Wertersatz bei Totalverlust **452,** Anh. III (Art. 23 CMR) 2
Wertminderung als Grundlage der Ersatzberechnung **452,** Anh. III (Art. 25 CMR) 2
Wiederauffindung **452,** Anh. III (Art. 20 CMR) 2
Zahlungspflicht des Empfängers **452,** Anh. III (Art. 13 CMR) 4
Zufallshaftung **452,** Anh. III (Art. 17 CMR) 4
zwingendes Recht **452,** Anh. III (Art. 41 CMR) 1
Übernahme der Beförderung **425** 40
Übernahme des Frachtguts **426** 4
Übernahmerecht für beschädigte Güter **452,** Anh. II (**35** KVO) 16
Überprüfungsrechte des KVO-Unternehmers **452,** Anh. II (**16** KVO) 3ff.
Überseeverkehr, gemischter 425 18
Umgehung eines Frachtvertrages **425** 49
Umladungsverkehr und CMR-Regeln **452,** Anh. III (Art. 2 CMR) 3
Umzugsgut und CMR-Regeln **452,** Anh. III (Art. 1 CMR) 8
Umzugsgut und Beförderung mit Kfz **452,** Anh. II (**34** KVO) 17
unabwendbare Umstände nach CMR **452,** Anh. III (Art. 17 CMR) 12
Unbekannt-Vermerke im Frachtbrief **426** 10
unechtes Durchkonnossement 425 18
Unerlaubte Handlung und frachtvertragliche Sonderhaftung **429** 80
Unfallbegriff nach KVO **452,** Anh. II (**29** KVO) 10
Unmöglichkeit des CMR-Transports **452,** Anh. III (Art. 14 CMR) 2
Unmöglichkeit der Erlangung des Frachtguts **429** 4

Unterfrachtführer und Ladeschein **449** 1
Unterfrachtführer als Vertragspartner des Absenders **432** 22
Unterfrachtführertransport und CMR **452,** Anh. III (Art. 35 CMR) 2
Unterfrachtvertrag 425 54
Unterfrachtführer, Eisenbahn als – **432** 9
Unterfrachtvertrag, Abgrenzung zum Lohnfuhrvertrag **432** 14
Unterfrachtvertrag, Abgrenzung zum Speditionsvertrag **432** 13
Unterfrachtvertrag, Abgrenzung zum Teilfrachtvertrag **432** 3
Unterfrachtvertrag, echter 432 2
Unternehmer, Verwaltungspflichten nach KVO **452,** Anh. II (**12** KVO) 9ff.
Unterschlagung, Haftung nach KVO **452,** Anh. II (**30** KVO) 8
Untreue, Haftung nach KVO **452,** Anh. II (**30** KVO) 8
Urkundenfunktion des Frachtbriefs **426** 4

verdeckte Stellvertretung und Absendereigenschaft **425** 31
Verderb von Gütern und Lieferfrist nach KVO **452,** Anh. II (**31** KVO) 6
Verderb, innerer und KVO-Haftung **452,** Anh. II (**34** KVO) 20
Verfrachter 425 30
Verfügungen von hoher Hand und KVO-Haftung **452,** Anh. II (**34** KVO) 14
Verfügungsrecht, frachtvertragliches
- Ablieferung des Frachtbriefs, Erlöschen des – **433** 21
- Ablieferungshindernis **437** 10
- Absenderverfügung, zulässige **433** 10
- Anhalten des Guts **433** 11
- Ankunft des Gutes, Erlöschen des Rechts auf – **433** 21
- Annahme, verweigerte durch Empfänger **433** 27
- Anweisungen, andere **433** 14
- Aufwendungen, Ersatzansprüche für – **433** 17
- Auslieferung an anderen Empfänger **433** 13
- Begriff **433** 2
- Binnenschiffahrtsrecht **433** 6
- Eisenbahnrecht **433** 6
- Empfängereingriff und Absenderrecht **433** 22
- Empfängerverfügungsrecht **433** 28ff.
- Erlöschen des – **433** 19ff.
- Frachtführeranspruch **433** 15ff.
- Güterfernverkehr **433** 4
- Güternahverkehr **433** 3
- Inhalt **433** 9ff.
- Konkurrenz Absender-Empfängerverfügungsrecht **433** 29
- Ladescheininhaber **447** 3
- Nachnahmeanweisung **433** 14
- Not-Weisungsrecht **434** 1ff.
- Rechtsgrundsätze, Begründung des – aus allgemeinen **433** 9
- Rückgabe des Guts **433** 12
- Schäden **433** 18
- Schuldrechtliche Natur **433** 2
- Verfügungen, zulässige **433** 10
- Verteilung des –, Übersicht **433** 31
- Weisungen und Frachtvertrag **433** 10
- Werkvertragsrecht, Grundgedanken **433** 9

Verfügungsrecht, frachtvertragliches nach CMR
- Absender, verfügungsberechtigter **452,** Anh. IIII (Art. 12 CMR) 4
- Absenderausfertigung des Frachtbriefs und Empfängerrecht **452,** Anh. III (Art. 12 CMR) 9
- Absenderrecht, Abgrenzung zu Empfängerrechten **452,** Anh. III (Art. 15 CMR) 4
- Annahmeverweigerung **452,** Anh. III (Art. 12 CMR) 4
- Ausführbarkeit der Weisungen **452,** Anh. III (Art. 12 CMR) 11
- Beispielsfälle **452,** Anh. III (Art. 12 CMR) 2
- Empfängerrecht, Grenzen **452,** Anh. III (Art. 12 CMR) 8
- Empfängerverfügungsrecht **452,** Anh. III (Art. 12 CMR) 5
- Einschränkungen **452,** Anh. III (Art. 12 CMR) 9
- Ersatz, Ausführung der Anweisungen gegen – **452,** Anh. III (Art. 12 CMR) 10
- Frachtbriefvermerk und Empfängerverfügungsrecht **452,** Anh. III (Art. 12 CMR) 7
- Haftung für Nichtausführung von Weisungen **452,** Anh. III (Art. 13 CMR) 13
- Schadensersatz nach Anweisungen **452,** Anh. III (Art. 12 CMR) 10
- Teilung der Sendung **452,** Anh. III (Art. 12 CMR) 12
- Verschulden des Verfügungsberechtigten und Frachtführerhaftung **452,** Anh. III (Art. 17 CMR) 9
- Voraussetzungen **452,** Anh. III (Art. 12 CMR) 9
- Weisungen, Nichtausführung **452,** Anh. III (Art. 13 CMR) 13
- Zumutbarkeit der Weisungen **452,** Anh. III (Art. 12 CMR) 11

Verfügungsrecht, frachtvertragliches nach KVO
- Ablehnungsgründe **452,** Anh. II (**27** KVO) 12ff.

Ablieferung an anderen Empfänger **452,** Anh. II (**27** KVO) 5
Absenderverfügung, Verhältnis zur Empfängerverfügung **452,** Anh. II (**27** KVO) 20
Anhaltung auf dem Beförderungsweg **452,** Anh. II (**27** KVO) 3
Aussetzung der Ablieferung **452,** Anh. II (**27** KVO) 4
Ausübung **452,** Anh. II (**27** KVO) 2
Empfängerverfügung, Verhältnis zur Absenderverfügung **452,** Anh. II (**27** KVO) 20
Entgeltansprüche **452,** Anh. II (**27** KVO) 21
Kostenansprüche **452,** Anh. II (**27** KVO) 21
Nachnahmeanweisungen, Änderungen **452,** Anh. II (**27** KVO) 8
Rückgabe am Versandort **452,** Anh. II (**27** KVO) 2
Rücksendung des Guts **452,** Anh. II (**27** KVO) 6
Spezialbestimmungen **452,** Anh. II (**27** KVO) 1
Teilauslieferung an verschiedene Ausladestellen **452,** Anh. II (**27** KVO) 11
– des Absenders **452,** Anh. II (**27** KVO) 2ff.
– des Empfängers **452,** Anh. II (**27** KVO) 17ff.
Weiterleitung an anderen Bestimmungsort **452,** Anh. II (**27** KVO) 10
Zahlungspflicht, Änderung **452,** Anh. II (**27** KVO) 9
Vergünstigung, tarifwidrige **452,** Anh. I (**22** GüKG) 2
Vergütung für nicht erbrachte Leistung **452** 82
Verjährung nach CMR **452,** Anh. III (Art. 32 CMR) 1ff.
Verjährung frachtrechtlicher Ansprüche **439** 1ff.
Verjährung nach KVO-Beförderungsvertrag **452,** Anh. II (**40** KVO) 1ff.
Verkehrs-Haftpflichtversicherungen für Frachtführer **429** 102
Verkehrsmittel, Änderung des vorgesehenen **429** 18
Verkehrsmittel, Bedeutung des tatsächlich benutzten **425** 3
Verkehrsunfall 429 96
Verkehrsunfall und CMR-Haftung **452,** Anh. III (Art. 17 CMR) 12
Verladen als Beförderung **425** 33
Verladung nach KVO 452, Anh. II (**17** KVO) 3ff.
Verladung und öffentlich-rechtliche Vorschriften **452,** Anh. II (**17** KVO) 2
Verladungsabreden nach KVO und Frachtbriefeintragung **452,** Anh. II (**17** KVO) 4
Verlust des Frachtguts **429** 4
Verlust des Frachtguts und Empfängerrecht **435** 13
Verlustfeststellung nach CMR **452,** Anh. III (Art. 13 CMR) 3
Verlustfeststellung nach KVO **452,** Anh. II (**25** KVO) 10
Verlusthaftung nach CMR **452,** Anh. III (Art. 17 CMR) 2
Verpackungsmängel und CMR-Haftung **452,** Anh. III (Art. 17 CMR) 15
Verpackungspflicht nach CMR **452,** Anh. III (Art. 10 CMR) 1ff.
Verschulden des CMR-Frachtführers **452,** Anh. III (Art. 17 CMR) 4ff.
Versicherungen des Frachtführers **429** 100ff.; **452,** Anh. V (**21** AGNB) 1
Versicherungsansprüche aus KVO-Haftpflichtversicherung **452,** Anh. II (**38** KVO) 7
Versicherungspflicht des Frachtführers **425** 78
Versicherungspflicht des Unternehmers **452,** Anh. I (**27** GüKG)
Verspätungshaftung nach CMR **452,** Anh. III (Art. 17 CMR) 24ff.
Vertrag zugunsten Dritter, Frachtvertrag als – **425** 53
Vertragsansprüche nach CMR **452,** Anh. III (Art. 17 CMR) 31
Vertretung bei Frachtgutannahme **436** 8
Verwaltungsvorschriften und Möbelverkehr **452,** Anh. IV (**3** BefBMö) 1
Verwiegung am Bestimmungsort **452,** Anh. II (**25** KVO) 10
Verzögerung der Beförderung **425** 62
Verzollungspflicht des Frachtführers **425** 76
Völkerrechtliche Verbindlichkeit der CMR **452,** Anh. III (Art. 1 CMR) 9
Vollstreckbarkeit, internationale nach CMR **452,** Anh. III (Art. 31 CMR) 7
Vorbehalt nach CMR bei Schäden **452,** Anh. III (Art. 30 CMR) 3ff.
Vorlagerung und Frachthaftung **429** 16
Vorlagerungsschäden nach KVO **452,** Anh. II (**33** KVO) 6
Vormänner, Rechtsverlust des ausliefernden Frachtführers gegen – **442** 12
Vorsatz des Frachtführers nach CMR **452,** Anh. III (Art. 29 CMR) 2
Vorvertrag zum Frachtvertrag **452,** Anh. II (**14** KVO) 2

Wagenstandsgeld nach KVO **452,** Anh. II (**25** KVO) 8
Wagenstellungsvertrag
Abbestellung **452,** Anh. II (**14** KVO) 13
abschließende Regelung des § 14 KVO **452,** Anh. II (**14** KVO) 4

Wagenstellungsvertrag (Fortsetzung)
Abschluß **452,** Anh. II (**14** KVO) 7
Beladung und Beförderung im ungeeigneten Fahrzeug **452,** Anh. II (**14** KVO) 10
Besteller **452,** Anh. II (**14** KVO) 5
Entziehung des Fahrzeugs wegen Nichtbeladung **452,** Anh. II (**14** KVO) 14
Fahrzeug, Stellung eines geeigneten **452,** Anh. II (**14** KVO) 8
Frachtgutannahme, Zeit vor und Frachtvertragsrecht **452,** Anh. II (**14** KVO) 4
Frachtvertrag, Abgrenzung **452,** Anh. II (**14** KVO) 1
Frachtvertrag, kein gleichzeitiger **452,** Anh. II (**14** KVO) 4
Geeignetheit des gestellten Fahrzeugs **452,** Anh. II (**14** KVO) 11
Haftung wegen ungeeigneten Fahrzeugs **452,** Anh. II (**14** KVO) 10
Inhalt **452,** Anh. II (**14** KVO) 6
internationales Eisenbahnrecht **452,** Anh. II (**14** KVO) 2
Ladungsverkehr bei Selbstverladung **452,** Anh. II (**14** KVO) 2
Rechtsnatur **452,** Anh. II (**14** KVO) 6
Rollgeld **452,** Anh. II (**14** KVO) 15
Unternehmer **452,** Anh. II (**14** KVO) 5
Verzögerung der Wagenstellung **452,** Anh. II (**14** KVO) 12
Vorvertrag zum Frachtvertrag **452,** Anh. II (**14** KVO) 6

Wandelung des Frachtvertrags **425** 62
Wechselaufbauten als Frachtgut **429** 7
Weisungen bei Ablieferungshindernissen nach CMR **452,** Anh. III (Art. 15 CMR) 2
Weisungen bei Beförderungshindernissen nach CMR **452,** Anh. III (Art. 14 CMR) 3f.
Weisungsrecht des Empfängers und Verfügungsrecht des Absenders **434** 1
Weltcontainerkonferenz von 1972 **425** 22
Werksfernverkehr eines Textilveredelungsbetriebes **425** 48
Werkverkehr und Haftbestimmungen **452,** Anh. I (**26** GüKG) 4
Werkverkehr, öffentlich rechtliche Fragen **452,** Anh. I (**48ff.** GüKG)
Werkvertrag, Frachtvertrag als – **425** 51
Wertersatz nach CMR **452,** Anh. III (Art. 23 CMR) 1ff.
Wertguttransport und KVO-Haftung **452,** Anh. II (**34** KVO) 15
Wertminderung als Grundlage der CMR-Ersatzberechnung **452,** Anh. III (Art. 25 CMR) 2
Wertpapiere, Haftung des Frachtführers **429** 26
Widerspruch Frachtbrief und Frachtvertrag **436** 18
Widerspruch Frachtvertrag und Frachtbrief **435** 9
Wiederauffindung des Guts nach CMR **452,** Anh. III (Art. 20 CMR) 2
Wiederauffindung verlorenen Frachtguts **430** 15
Witterungsschäden nach KVO **452,** Anh. II (**30** KVO) 4

Zahlungspflicht des Frachtgutempfängers
Absenderstellung, Verhältnis zur – **436** 20
Allgemeine Geschäftsbedingungen **436** 2
Allgemeine Geschäftsbedingungen **436** 17
Analogie, unzulässige auf ähnliche Fälle **436** 1
Anfechtung der Frachtgutannahme **436** 8
Annahme, Willenserklärung **436** 7
Annahme des Frachtbriefs **436** 3, 13
Annahme des Guts **436** 3
Annahme durch Dritte **436** 8
Annahme unter Vorbehalt **436** 10
Auslagen **436** 17
Ausnahmecharakter **436** 1
Binnenschiffahrtsrecht **435** 2
Bereicherung, ungerechtfertigte **436** 19
Besitzmittler, Frachtführer als **436** 5
Besitzübernahme **436** 5
Frachtberechnung nach KVO **452,** Anh. II (**20ff.** KVO)
Frachtbrief, Abweichung vom Frachtvertrag **436** 18
Frachtbrief, Zahlungspflicht nach Maßgabe des – **436** 15
Frachtnachzahlung nach KVO **452,** Anh. II (**23** KVO) 1ff.
Frachtzahlung nach CMR **452,** Anh. III (Art. 13 CMR) 4
Gebühren **436** 17
Gesamtschuldnerschaft mit Absender **436** 20
Güterfernverkehr **436** 2
Güternahverkehr **436** 2
Inhalt der Empfängerpflicht **436** 14
Inbesitznahme, bloße nicht ausreichend **436** 7
Lagergeld **436** 17
Liegegeld **436** 17
Landfrachtrecht **436** 2
Möbelbeförderung **436** 2
Nachnahmen **436** 17
Präklusionswirkung **438** 11ff.
Schuldmitübernahme, gesetzliche **436** 20
Schuldnereigenschaft **436** 1
Standgeld **436** 17
Tariffracht bei KVO-Frachtbrief **436** 16
Teilannahme **436** 6
Vertragliche Verpflichtung **436** 21
Vorbehalt, Annahme des Frachtguts unter – **436** 10
Vorfracht **436** 17

Zahlung leisten **436** 14
Zölle **436** 17
Zeitwertberechnung nach KVO **452,** Anh. II (**35** KVO) 10ff.
Zollbehandlung nach KVO **452,** Anh. II (**12** KVO) 9ff.
Zollvorschriften und Möbelverkehr **452,** Anh. IV (**3** BefBMö) 1
Zubringertransporte, linienmäßige **425** 20
Zubringer-Verkehrsmittel, An- und Abtransport mit – **429** 15
Zufallsempfänger des Frachtguts **435** 2
Zuführung nach KVO, Begriff und Unternehmerpflicht **452,** Anh. II (**5** KVO) 2f.
Zuführungsschäden nach KVO **452,** Anh. II (**33** KVO) 3
Zurückbehaltungsrecht des Frachtführers **435** 7
Zurückbehaltungsrecht und Frachtführerpfandrecht 436 1
Zurückbehaltungsrecht, Nichtausübung **442** 4
Zurückweisung des Frachtguts durch Empfänger **435** 15
Zuständigkeiten nach CMR **452,** Anh. III (Art. 31 CMR) 1ff.
Zwingendes CMR-Recht 452, Anh. III (Art. 41 CMR) 1
Zwischenfrachtführer 432 4
Zwischenfrachtvertrag 425 54
Zwischenlagerung und Frachthaftung **429** 16
Zwischenlagerungsschäden nach KVO **452,** Anh. II (**33** KVO) 6

FSC
www.fsc.org
MIX
Papier | Fördert
gute Waldnutzung
FSC® C083411

Kolibri 360 GmbH
Ferdinand-Jühlke-Straße 7
99095 Erfurt, Deutschland
produktsicherheit@kolibri360.de